상 자리는 존귀한 자리이다. 당신은 교제(郊祭)에 쓰이는 희생물인 소를 보지 못했소(子見夫犧牛乎)? 몇 년 동안 잘 길러 비단옷을 입히고 풀과 콩을 먹이지만, 막상 태묘(太廟)에 끌려 들어가게 되었을 때 그 소가 어미 잃은 외로운 송아지가 되기를 바란들 무슨 소용이 있겠소. 그만 돌아가시오. 나는 차라리 살아서 더러운 진흙 속에서 꼬리를 끌고 다니겠소(寧其生而曳尾塗中)." 하였다.

이상이 《사기》에 보이는 〈장자열전〉의 전부다. 그는 양의 혜왕(梁惠王), 제의 선왕(齊宣王)과 동시대 인물이다. 따라서 맹자와도 동시대의 사람이다. 그러나 마서륜(馬敍倫)의 장자연표(莊子年表)에는 BC 369년에 태어나 BC 286년에 죽었다고 추정했다. 이 연표대로 보면 장자는 63세를 산 것이 된다.

앞에서 말한 대로 그는 박학다식해서 도리어 출셋길이 막혔고, 10만여 자의 《장자》는 우언(寓言)이 대부분이다. 온갖 비유를 끌어다가 인사(人事)와 세정(世情)을 말했으므로 난해하기 이를 데 없다.

오로지 《노자》에 학설의 근거를 두고 자기 사상을 온축(蘊蓄)했으므로 세상에서는 노장(老莊)으로 통칭하게 되고, 이들은 도가(道家)의 조상이 되었으며, 후일 도교(道敎)가 나타나자, 그들의 책은 이교도의 바이블이 뇌었다.

2.《장자(莊子)》의 성립

장자의 저술은《사기》〈노장신한열전(老莊申韓列傳)〉에는 10만여 자라 했고,《한서(漢書)》〈예문지(藝文志)〉에는 52편이라 하였으나, 당(唐)나라 육덕명(陸德明)의《경전석문서록(經典釋文舒錄)》에는 다음 7종의 판본이 기록되어 있다.

〈최선주(崔譔注)〉10권 27편.〈상수주(尚秀注)〉20권 26편.〈사마표주(司馬彪注)〉21권 52편.〈곽상주(郭象注)〉33권 33편.〈이이집해(李頤集解)〉30권 30편.〈맹씨주(孟氏注)〉18권 52편.〈왕숙지의소(王叔之義疎)〉3권.

이상은 모두가 진(晉)나라 때 사람들의 주석(註釋)이나, 현재는 곽상이 주석한 33편 본만이 전해 내려온다. 사마표가 주석한 52편 본이 가장 오래되고 또 가장 큰 것으로 여겨져, 이 책에는 육덕명이《경전석문서록》에서 지적한 〈알혁(閼奕)·의수(意修)·위언(危言)·유부(游鳧)·자서(子書)〉의 여러 편과,《사기》에 기록되어 있는 〈외루허(畏累虛)〉편과,《북제서(北齊書)》〈두필전(杜弼傳)〉에 보이는 〈혜시(惠施)〉편과,《남사(南史)》〈문학전(文學傳)〉에 보이는 〈마추(馬捶)〉편 등, 지금의 곽상본에 보이지 않는 여러 편이 더 들어 있던 것으로 추측된다.

곽상의 33편 본《장자》는 현존하는 최고의 판본으로, 근년 돈황(燉煌)에서 발견한 당나라 때의 필사본과 러시아(구 소련)에서 발견한 북송(北宋)의 여혜경(呂惠卿)의《여관문진장자의본(呂觀文進莊子義本)》과 일본 교토(京都) 고산사(高山寺)에서 발견된 필사본 등도 있으나 완전하지 못하다.

따라서 《장자》의 정통본(正統本)인 《곽상본》은 송(宋)나라 때 간행한 것을 청(淸)나라 때 여서창(黎庶昌)이 1884년 복각(覆刻)한 《고일총서본(古逸叢書本)》 같은 송나라 때 간행된 다른 《장자》 판본을 1929년 상해(上海)의 상무인서관(商務印書館)에서 복각한 《속고일총서본(續古逸叢書本)》, 명(明)나라 때 간행된 《장자》 판본을 1929년 상해 상무인서관에서 복각한 《사부총간본(四部叢刊本)》 및 《도장본(道藏本)》이 있는데, 《고일총서본》과 《사부총간본》과 《도장본》은 군데군데 탈오(脫誤)가 있고, 《속고일총서본》은 가장 좋은 것으로 65,213자로 되어 있다.

《장자》의 주석서로는 먼저 진나라 곽상의 《장자주(莊子注)》가 으뜸이고, 당나라 때에는 노자를 조종으로 삼는 도교를 국교로 삼았기 때문에, 장자는 남화진인(南華眞人)이라는 시호(諡號)가 742년에 추증되고, 《장자》도 《남화진경(南華眞經)》으로 이름하여 지식인의 필독서로 읽히게 되었다. 당시 육덕명의 《장자음의(莊子音義)》와 성현영(成玄英)의 《장자소(莊子疏)》가 유명하다.

송나라로 내려오자 《장자》는 더욱 읽혀져 소동파(蘇東坡)·왕안석(王安石) 등도 탐독하여 논술한 바가 있고, 여혜경(呂惠卿)이 《여관문진장자의본》을 저술했음은 전기한 바이고, 현존하는 주석서로는 임희일(林希逸)의 《장자구의(莊子口義)》가 가장 유명하다.

또 명나라 때는 육서성(陸西星)의 《장자부묵(莊子副墨)》, 초횡(焦竑)의

《장자익(莊子翼)》이 유명하며, 청나라 때는 임운명(林雲銘)의 《장자인(莊子因)》, 육수지(陸樹芝)의 《장자설(莊子雪)》, 진수창(陣壽昌)의 《장자정의(莊子正義)》, 왕선겸(王先謙)의 《장자집해(莊子集解)》, 곽경번(郭慶藩)의 《장자집석(莊子集釋)》 등이 있고, 민국 중화 이후로는 마서륜의 《장자의증(莊子義證)》이 있고, 최근에는 왕숙민(王叔岷)의 《장자교석(莊子校釋)》, 유문전(劉文典)의 《장자보정(莊子補正)》 등이 있다.

3. 《莊子》의 내용

《장자》는 현재 33편으로 되어 있는데, 〈내편(內篇)〉 7편, 〈외편(外篇)〉 15편, 〈잡편(雜篇)〉 11편으로 나눈다. 이 중에서 〈내편〉이 가장 오래된 것으로 장자 사상의 정수(精髓)는 이 속에 들어 있다 하며, 장자 사상의 흐름을 계승하는 후인들의 제2차적 저작으로 본다.

4. 《莊子》의 사상

장자의 중심사상은 곧 〈無〉字에 있다 하겠다. 즉 무대(無待)·무심(無心)·무정(無情)·무용(無用)·무명(無名)·무공(無功)·무기(無己)·무위(無爲)·무지(無知)·무언(無言)·무변(無辯)·무시비(無是非)·무피차(無彼此)·무귀천(無貴賤)·무생사(無生死)·무성패(無成敗)·무종시(無終始)·무득실(無

6

得失)·무동이(無同異)·무증애(無憎愛)·무영욕(無榮辱)·무내외(無內外)·무형(無形) 등이 그의 사상의 분류 목록이다.

① 無待 : 아무런 기대함 없이 멋대로 행동한다. 곧 목적 없이 소요한다.

② 無心 : 아무런 마음이 없다. 무심히 자연의 변화를 따라갈 뿐 세속의 온갖 명리에 무관심하다.

③ 無情 : 세속적인 인정이 없다. 일체의 희로애락이나 욕정도 없다. 따라서 마음의 갈등도 없다.

④ 無用 : 속인은 유용하기를 힘쓰고 무용을 수치로 알지만, 도리어 장자는 무용만을 용(用)으로 여겼다. 무용한 굽은 나무는 천수를 누린다고 하였다.

⑤ 無名 : 그는 명예를 구하지 않았다. 속인은 명예 때문에 생명을 버리기도 하지만, 장자는 명예를 구하지 않으며, 갈등이나 시비가 없게 되어 도리어 치욕이 없다.

⑥ 無功 : 공로가 있어도 누리지 아니하고, 탐내지도 않는다. 속인들은 공로를 다투기 때문에 제 몸을 망치지만, 그는 공을 중시하지 않으므로 남과 다투는 일도 없다.

⑦ 無己 : 자기를 잊어 고집을 세우는 일이 없으므로 어린아이같이 천진난만하여 자연의 변화에 따를 뿐이다.

⑧ 無爲 : 인위적인 행위가 없다. 인위적으로 어떤 목적을 달성하려 하다가 사람은 천성을 잃지만, 그는 무위하므로 천성에 편안하고, 따라서 정치도 무위의 치(治)를 행해야 한다고 여겼다.

⑨ 無知 : "모르면 약", "아는 게 병"이란 말처럼 억지로 알려고도 하지 않고 아는 척하지도 않는다.

⑩ 無言 : 말이 없는 것이다. 알아도 말이 없고, 몰라도 알려 하지 않는다. 세상에는 말 때문에 모든 분쟁이 생기고 말이 화의 근원이 된다. 속인도 말이 없음이 최선의 생활 지혜일 것이다.

⑪ 無辯 : 강변(强辯)함이 없는 것이다.「사필귀정(事必歸正)」이란 말이 있듯이, 모든 일이 변명으로 되는 것이 아니고, 道는 변명과 말로써는 표현되는 것이 아니다.

⑫ 無是非 : 道는 순진하고 거짓이 없어 시비와 가부(可否)를 초월한다. 평가기준은 상대적이고, 시비는 애매한 것이므로 차라리 시비가 없음이 마땅하다.

⑬ 無彼此 : 그것이 그것이고, 이것이 있으면 그것도 있으니 피차를 구분할 필요가 없다. 시비를 초월해야 참다운 道를 체득할 수 있다고 보는 것이다.

⑭ 無貴賤 : 귀천은 속인이 구분 짓는 한계다. 귀천도 상대적이니, 어느 것이 귀하고 어느 것이 천한가? 귀천을 넘어선 대동(大同)의 세계만

이 인간사회에서도 지상낙원이다.

⑮ 無生死 : 삶과 죽음을 자연의 순환과정으로 보아 일체시하며, 삶을 좋아하거나 죽음을 싫어하지 않는다. 생사를 일체로 보아 초연하게 여긴다.

⑯ 無成敗 : 道를 체득한 자는 성패에 무관심하다. 성패는 속인들의 집착하는 바이고, 초월자는 오불관언(吾不關焉)하는 것이다.

⑰ 無終始 : 천도는 순환하여 시종이 없으므로 이런 道를 체득한 자는 시종을 느끼지 않아 무궁에 순화할 수가 있다.

⑱ 無得失 : 道에는 득실의 구분이 없다. 얻으면 잃는 게 자연법칙이다. 따라서 장자는 한때의 득실로 희로의 감정을 나타내지 않는다고 하였다.

⑲ 無同異 : 대도(大道)는 순일하여 동이(同異)의 구별이 없다. 보는 입장에 따라 같게도 보이고 다르게도 보이므로 득도라는 동이의 느낌을 갖지 않는다. 동이는 편견에서 비롯되는 것이다.

⑳ 無憎愛 : 성인(聖人)은 일시동인(一視同仁)하여 피차의 분별이 없고, 귀천의 구분이 없으므로 애증(愛憎)의 감정도 없다. 득도자는 애증을 한가지로 본다.

㉑ 無榮辱 : 영욕의 구분도 속인이 정하는 것, 득도자는 이런 것에 담담하고 무감각하다.

㉒ 無內外 : 우주는 일체요, 대도는 혼일(混一)한데, 어찌 득도자에게 상대적이요, 속인의 관심사인 내외의 구분이 있겠는가?

㉓ 無形 : 무형은 유형보다 낫다. 대도는 형상이 없어 신묘함을 헤아리기 어렵다. 그래서 불언(不言)의 교(敎)를 행하고, 표현함이 없이 마음속에서 깨닫는다.

이를 종합해 보면 기대함이 없으므로 무궁(無窮)에서 마음을 노닐 수가 있고, 마음이 없으므로 득실에 관계하지 아니하며, 정이 없으므로 만물에 막히지 아니하고, 쓰임이 없으므로 그의 천수를 누릴 수가 있다.

이름이 없으므로 허영을 찾지 않고, 공이 없으므로 재력을 숨길 수 있으며, 자신에 무관심하므로 자연에 순응할 수가 있고, 인위적 행위가 없으므로 성명(性命)의 정을 잃지 아니하며, 지혜를 부리지 아니하므로 정(精)을 유지할 수가 있고, 말이 없으므로 시비가 생기지 아니하며, 변명이 없으므로 편견을 갖지 않는다.

시비가 없으므로 道를 잃지 아니하고, 귀천이 없으므로 애락의 감정이 마음에 들지 않으며, 처음과 끝이 없으므로 사생과 사후의 소재를 알지 못하여 천균(天均 : 옳은 것과 그른 것을 아울러 한가지로 봄)에서 쉬게 된다.

곧 무심에서 시작하여 천균에 이르는 장자의 道는 일반적으로 무위자연(無爲自然)·염담허정(恬淡虛靜)이라는 숙어로 표현한다. 이러한 道가 세상에 행해질 때 혼탁한 세상은 가버리고, 참으로 행복스러운 무하유지향(無何有之鄕)이 도래한다는 것이다.

장자 莊子

차 례

장자
莊子

내편
內篇

1. 소요유
逍遙遊

도남붕익(圖南鵬翼)

소요유(逍遙遊)란 속세를 초월하여 어떤 구속도 받지 않는 절대적으로 자유로운 인간의 생활을 의미한다. 장자는 이런 생활을 하는 인간을 궁극적인 인간이라는 뜻으로 지인(至人)이라 부르고, 또 인간을 초월한 인간이라는 뜻으로 신인(神人)이라 부른다. 이 〈소요유〉 편은 이러한 지인 또는 신인의 아무런 구속을 받지 않는 생활, 자유분방한 경지를 장자 특유의 기상천외한 비유와 기지로써 종횡으로 빛을 높여 묘사하고 있다.

1.

北冥[1]有魚북명유어 其名爲鯤[2]기명위곤

북쪽 바다(北冥)에 물고기가 있어 그 이름을 곤(鯤)이라고 하는데

鯤之大곤지대 不知其幾千里也부지기기천리야

그 크기가 몇 천리나 되는지 알지를 못한다.

化而爲鳥화이위조 其名爲鵬[3]기명위붕

그것이 변화해서 새가 되니, 그 이름을 붕(鵬)이라 하며,

鵬之背붕지배 不知其幾千里也부지기기천리야

이 붕의 등 넓이도 몇 천리나 되는지 알지를 못한다.

怒而飛[4]노이비 其翼若垂天之雲기익약수천지운

이 새가 한번 기운을 내어 날면 그 날개는 마치 하늘에 드리운 구름과 같다.

是鳥也시조야 海運[5]則將徙於南冥해운즉장사어남명

이 새는 바다 기운이 움직일 때 남쪽 바다로 옮겨가려고 하는데,

南冥者남명자 天池[6]也천지야

남쪽 바다란 천지(天池)를 말한다.

---

1) 北冥(북명) : 북쪽 바다, 곧 北海. 冥은 어둡다, 아득하다, 저승.

2) 鯤(곤) : 물고기 이름. 상상 속의 큰 물고기.

3) 鵬(붕) : 붕새(鵬)는 하루에 9만 리를 날아간다는 상상(想像)의 새.

4) 怒而飛(노) : 성내어 날다, 온 힘을 다하여 날다.

5) 海運(해운) : 바다 기운의 움직임.

6) 天池(천지) : 하늘의 못. 큰 바다와 넓은 하천은 자연의 조화로 이루어지는 것이지, 인위적으로 만들어지는 것이 아니다. 그래서 천지(天池)라고 한 것이다. 따라서 북명(北冥)도 역시 천지임을 알 수 있다.

齊諧[7]者제해자 志怪者也지괴자야

《제해(齊諧)》란 기괴(奇怪)함을 적은 책으로,

諧之言曰해지언왈 :

그 책에는 이런 말이 있다.

"鵬之徙於南冥也붕지사어남명야 水擊三千里수격삼천리

"붕새가 남쪽 바다로 옮겨갈 때에는 물결을 치는 것이 3천 리요,

摶扶搖[8]而上者九萬里박부요이상자구만리 去以六月息者也거이육월식자야"

회오리바람(扶搖)을 타고 9만 리나 올라가 6개월을 가서야 쉰다."

野馬[9]也야마야 塵埃也진애야 生物之以息相吹也생물지이식상취야

아지랑이(野馬)와 티끌(塵埃)은 생물들이 불어내는 입김이다.

天之蒼蒼천지창창 其正色邪기정색야?

하늘이 저렇게 푸른 것은 저 하늘의 본래의 빛인가?

其遠而無所至極邪기원이무소지극야?

너무 멀어서 끝이 없는 까닭인가?

其視下也기시하야 亦若是則已矣역약시즉이의

저 위에서 이 지상을 굽어보아도 또한 이러할 뿐이다.

且夫水之積也不厚차부수지적야불후 則負大舟也無力즉부대주야무력

대체로 물이 고인 곳이 깊지 못하면,

---

7) 齊諧(제해) : 사람의 이름이라고도 하고, 또는 책이름이라고도 함. 제해(齊諧)란 말은 세계가 하나로 조화한다는 뜻.

8) 摶扶搖(박부요) : 회오리바람을 탐. 摶(박)은 '바람 風'자와 합하여 摶風이라 할 때는 빙 돌며 날다, 새가 바람을 타고 날쌔게 날아오르다의 뜻.

9) 野馬(야마) : 아지랑이. 말의 일종으로 조그만 말. (《이아爾雅》)

覆杯水於坳堂[10]之上복배수어요당지상

한 잔의 물을 뜰의 패인 곳(坳堂)에 부으면,

則芥爲之舟즉개위지주 置杯焉則膠치배언즉교

하나의 지푸라기는 배 모양 뜨지만, 술잔을 띄우면 가라앉는다.

水淺而舟大也수천이주대야

물은 얕고 배는 크기 때문이다.

風之積也不厚풍지적야불후

바람이 쌓인 것이 두텁지 않으면,

則其負大翼也無力즉기부대익야무력

저 붕새의 큰 날개를 날리기에는 무력할 것이다.

故九萬里則風斯在下矣고구만리즉풍사재하의 以後乃今培風[11]이후내금배풍

그러므로 9만 리쯤이나 올라가야 바람이 그 밑에 쌓이게 되고,

背負靑天而莫之夭閼者배부청천이막지요알자 而後乃今將圖南[12]이후내금장
도남.

가로막는 것이 없어야 곧 남쪽으로 갈 수 있는 것이다.

蜩與鷽鳩笑之[13]曰조여학구소지왈 :

---

10) 坳堂(요당) : 뜰 가운데 우묵하게 팬 땅. 당뇨(堂坳).

11) 培風(배풍) : 바람을 타는 것.

12) 圖南(도남) : 남쪽으로 발전하려는 뜻으로, 큰 사업을 하려 함을 가리키는 말. 여기서
   먼 남쪽 바다로 향하여 날개를 활짝 펴고 날아가는 붕새의 모습에 비유하여, 큰 사업이
   나 새로운 계획을 추진하기 위해 웅대한 마음가짐으로 다른 분야나 지역으로 옮겨가는
   것에서 「도남붕익(圖南鵬翼)」이라는 성어가 생겨났다. 같은 고사에서 유래하는 「붕정만
   리(鵬程萬里)」, 「도남(圖南)」, 「붕익(鵬翼)」이라는 성어도 있다.

13) 蜩與鷽鳩笑之(조여학구소지) : 매미와 메까치가 이를 비웃다. 여기서 "작은 메까치가
   큰 붕새를 보고 웃는다"는 뜻으로, 되지 못한 소인(小人)이 위인(偉人)의 업적과 행위

매미와 메까치(鷽鳩)는 이를 비웃어 말하기를,

"我決起14)而飛아결기이비 槍楡榜15)창유방

"우리는 한껏(決起) 솟아올라 느릅나무나 박달나무가 있는 곳까지 올라가려 해도,

時則不至시즉부지 而控於地而已이공어지이이

때로는 이르지 못하고 땅바닥에 떨어지고 마는데,

奚以16)之九萬里而南爲해이지구만리이남위?"

어째서 9만 리나 올라가서 남쪽으로 가려 하는가?"

適莽蒼17)者적망창자 三飡而反18)삼손이반 腹猶果然복유과연

가까운 들판으로 가는 사람은 세 끼만 먹고 돌아와도 배가 여전하지만,

適百里者적백리자 宿舂糧9)숙용량

백리를 가는 사람은 전날 밤부터 양식을 준비해야 하고,

適千里者적천리자 三月聚糧삼월취량

천리를 가는 사람은 3개월 동안의 양식을 준비해야 하는 법이니,

之二蟲지이충 又何知우하지?

이 두 마리 벌레들이 또한 무엇을 알겠는가?

小知不及大知소지불급대지

를 비웃는다는 비유로 「학구소붕(鷽鳩笑鵬)」이라는 성어를 쓴다.

14) 決起(결기) : 있는 힘을 다해 날아오름.

15) 槍楡榜(창유방) : 느릅나무나 박달나무에 날아가 머물다. 槍은 다다르다, 머물다의 뜻.

16) 奚以(해이) : 해위(奚爲)와 같다. 어떻게, 어째서.

17) 適莽蒼(적망창) : 가까운 교외의 들판에 나감. 莽蒼(망창)은 들판, 근교(近郊).

18) 三飡而反(삼손이반) : 세 끼만 먹고 돌아오다.

19) 宿舂糧(숙용량) : 전날 밤에 양식을 찧음. 宿은 전날 밤. 舂(용)은 찧다, 절구질하다.

작은 지혜는 큰 지혜에 미치지 못하고,

小年不及大年소년불급대년
단명하는 이는 장수하는 이에 미치지 못한다.

奚以知其然也해이지기연야?
어째서 그런 줄을 아는가?

朝菌不知晦朔[20]조균부지무삭
아침나절에만 사는 버섯은 그믐과 초승을 알지 못하고,

蟪蛄不知春秋혜고부지춘추 此小年也차소년야
쓰르라미는 봄과 가을을 알지 못하니, 수명이 짧기 때문이다.

楚之南有冥靈[21]者초지남유명령자
초(楚)나라 남쪽에 명령(冥靈)이라는 것이 있는데,

以五百歲爲春이오백세위춘 五百歲爲秋오백세위추
5백 년을 봄으로 삼고 5백 년을 가을로 삼았다.

上古有大椿[22]상고유대춘
또 태고 적에 큰 참죽나무가 있었는데

以八千歲爲春이팔천세위춘 八千歲爲秋팔천세위추
8천 년을 봄으로 삼고 8천 년을 가을로 삼았다.

而彭祖[23]乃今以久特聞이팽조내금이구특문 衆人匹之중인필지

---

20) 晦朔(회삭) : 그믐과 초하루. 여기서는 한 달을 말한다.

21) 冥靈(명령) : 나무의 이름이라고도 하고, 바다거북의 이름이라고도 한다.

22) 大椿(대춘) : 일설에는 무궁화나무라고도 한다.

23) 彭祖(팽조) : 요(堯)임금의 신하인데 8백 년을 살았다고 한다.《사기》〈초세가(楚世家)〉에는 팽조가 오제(五帝) 중 한명인 전욱(顓頊)의 손자라고 기록되어 있다. 하(夏)왕

그런데 팽조(彭祖)가 지금에 와서 오래 산 것으로 소문이 났으니,

不亦悲乎불역비호!
또한 슬프지 아니한가?

湯之間棘[24]也是已탕지문극야시이
탕왕(湯王)이 극(棘)에게 물은 것도 이와 같은 것이다.

窮髮[25]之北有冥海者궁발지북유명해자 天池也천지야
궁발(窮髮)의 북쪽에 명해(冥海)가 있는데 천지(天池)다.

有魚焉유어언 其廣數千里기광수천리
거기에 물고기가 있는데, 그 넓이가 수천 리나 되고,

未有知其脩[26]者미유지기수자 其名爲鯤기명위곤
그 길이를 아는 자가 없는데, 그 이름을 곤(鯤)이라 한다.

有鳥焉유조언 其名爲鵬기명위붕
또 거기에 한 마리 새가 있는데, 그 이름을 붕(鵬)이라 한다.

背若泰山배약태산 翼若垂天之雲익약수천지운
등은 태산(泰山)과 같고, 날개는 하늘에 드리운 구름과 같은데,

搏扶搖羊角而上者九萬里[27]박부요양각이상자구만리
회오리바람을 타고 9만 리를 솟아올라,

조부터 상(商)왕조에 걸쳐 그는 약 8백 년을 살았는데, 그의 장수 이야기에 관한 것은 일찍이 진한(秦漢) 이전에 전해졌다고 한다.

24) 棘(극) : 탕왕(湯王)의 신하 이름.

25) 窮髮(궁발) : 초목도 자라지 않는 북극지방의 불모지.

26) 脩(수) : 길이.

27) 搏扶搖羊角而上者九萬里(박부요양각이상자구만리) : 회오리바람을 타고 빙글빙글 돌면서 9만 리 꼭대기까지 올라감. 扶搖는 회오리바람, 羊角은 양의 뿔, 회오리바람.

絕雲氣절운기 負靑天부청천

구름을 벗어나고 청천을 등에 진 연후에야

然後圖南연후도남 且適南冥也차적남명야

남쪽을 도모하여 남쪽 바다로 간다.

斥鴳28)笑之 曰척안소지 왈 :

작은 메추라기(斥鴳)가 이를 비웃어 이렇게 말한다.

"彼且奚適也피차해적야? 我騰躍而上아등약이상

"저들은 바야흐로 어디로 가는 걸까? 우리는 뛰어올라,

不過數仞29)而下불과수인이하 翶翔蓬蒿之間30)고상봉호지간

두어 길도 못가서 도로 내려와 쑥대밭 사이를 날아다니는데,

此亦飛之至也31)차역비지지야 而彼且奚適也이피차해적야?"

이런 정도도 우리로선 최상의 비행인데, 저것은 대체 어디로 가는 걸까?"

此小大之辯32)也차소대지변야

이것이 바로 작은 것과 큰 것의 차이를 의미한다.

故夫知效一官고부지효일관

---

28) 斥鴳(척안) : 작은 메추라기.

29) 仞(인) : 길. 옛날 길이의 단위. 1인(仞)은 8자 혹은 7자에 해당함. 주(周)・한(漢)대의
1자는 22.5cm.

30) 翶翔蓬蒿之間(고상봉호지간) : 쑥대밭 사이를 빙빙 날아다니다. 翶翔(고상)의 翶는 새
가 날면서 날개를 위아래로 흔드는 것을 말하고, 翔(상)은 날개를 움직이지 않고 날아
가는 것을 말하는데, 곧 날개를 펼치고 뜻을 얻은 듯이 노닌다는 뜻과 제멋대로 날뛴
다는 의미로 쓰인다. 蓬蒿之間(봉호지간)은 쑥대밭 사이.

31) 此亦飛之至也(차역비지지야) : 이 정도도 우리가 날아다닐 수 있는 최상의 비행이다.
飛之至는 날 수 있는 최상의 경지.

32) 辯(변) : 辨과 같음. 차이, 구별의 뜻.

그러므로 대체로 지혜가 겨우 한 관직이나 담당할 만하고,

行比一鄕[33]행비일향

행실이 한 고을의 인망(人望)을 받기 적당한 정도이며,

德合一君덕합일군

덕(德)은 한 나라 임금에게 쓰일 정도라서,

而徵一國[34]者이징일국자 其自視也기자시야

한 나라의 신하로 임명된 자가 스스로 뽐내는 것은

亦若此矣역약차의.

이 메추라기와 같은 것이다.

而宋榮子[35]이송영자 猶然笑之유연소지

그러나 송영자(宋榮子)는 오히려 이들을 비웃는다.

且擧世而譽之[36]차거세이예지 而不加勸[37]이불가권

그는 온 세상이 그를 칭찬해도 연연해하지 않고,

擧世而非之거세이비지 而不加沮[38]이불가저

온 세상이 그를 비난해도 기가 꺾이지 않으니,

定乎內外之分[39]정호내외지분

---

33) 行比一鄕(행비일향) : 행실이 한 고을의 인망을 받기 적당하다. 比(비)는 比合으로 적당한 정도나 상태. 알맞음.

34) 徵一國(징일국) : 한 나라에 기용되어 쓰이다.

35) 宋榮子(송영자) : 전국시대 송(宋)나라 사람 송경(宋牼)을 말함. 송견(宋銒)이라고도 함. 무저항주의·반전(反戰)주의 사상가.

36) 且擧世而譽之(차거세이예지) : 온 세상이 그를 기리다.

37) 不加勸(불가권) : 으스대지 않다.

38) 不加沮(불가저) : 기가 꺾이지 않다. 沮(저)는 기가 꺾인 모습.

안팎의 분수가 정해져 있고,

辯乎榮辱之竟변호영욕지경 斯已矣사이의
영예와 굴욕의 경계가 구분되면 그만일 뿐이다.

彼其於世피기어세 未數數然也40)미삭삭연야
그런 사람은 세상에 아직 흔치 않다.

雖然猶有未樹41)也수연유유미수야.
비록 그렇다 해도 아직 지극한 덕을 세웠다고 할 수는 없다.

夫列子42)부열자 御風而行어풍이행
대저 열자(列子)는 바람을 타고 돌아다니며,

泠然善也영연선야 旬有五日43)而後反순유오일이후반
시원하게 잘 지내다가 보름 만에야 돌아온다.

彼於致福者피어치복자 未數數然也미삭삭연야
그래서 그는 복을 받는 사람 중에서 아직도 그리 흔한 사람은 아니다.

此雖免乎行차수면호행
그러나 이는 비록 걸어다니는 것은 면했다 하더라도,

---

39) 定乎內外之分(정호내외지분) : 자기의 내면과 외물(外物)을 확연히 구분 짓다. 안팎의 분수가 정해져 있다.

40) 未數數然也(미삭삭연야) : 급급해 하지 않다. 곧 초연하다. 數數(삭삭)은 누차, 자주, 빈번히. 급급하다.

41) 樹(수) : 세우다.

42) 列子(열자) : 전국시대 초기의 철학자, 이름은 어구(禦寇). 도가(道家)의 사상가로서, 전설의 인물. BC 400년경 정(鄭)나라에 살았다고 전하나,《사기(史記)》에는 그 전기가 보이지 않는다.

43) 旬有五日(순유오일) : 15일. 보름.

猶有所待者也유유소대자야

오히려 의지해야 할 바람이 있어야 한다.

若夫乘天地之正44)약부승천지지정 而御六氣之辯45)이어육기지변

그러나 저 천지의 바른 기운을 타고 육기(六氣)의 변화를 몰아서

以遊無窮者이유무궁자 彼且惡乎待哉피차오호대재!

무궁에 노니는 자는 그가 다시 무엇을 의지할 필요가 있겠는가!

故曰고왈 "至人無己46)지인무기

그러므로 "지인(至人)은 물아(物我)의 구별이 없고,

神人47)無功신인무공 聖人無名성인무명"

신인(神人)은 공을 의식하지 않으며, 성인(聖人)은 명예를 무시한다."

┃해설┃

　　이상은 〈소요유〉편의 앞부분인데, 장자는 먼저 동물세계를 이끌어 다가 인간세계를 풍유(諷諭)하고 있다. 곧 곤(鯤)과 붕(鵬)인 최대의 동물과 매미·메까지·메추라기 등 작은 짐승과를 견주어 인간의 대지(大知)와 소지(小知)에 비유하고 있다.

　　또 장자는 자기의 견해를 확증하기 위하여 또 다른 생물의 세계에도 언급하여 버섯이나 쓰르라미와 명령(冥靈), 큰 참죽나무(大椿) 등에 견

---

44) 天地之正(천지지정) : 천지의 올바른 기운.

45) 六氣之辯(육기지변) : 六氣의 변화. 六氣는 음(陰)·양(陽)·풍(風)·우(雨)·회(晦)·명(明) 등 천지 사이의 여섯 가지 기운. 또 음양의 여섯 가지 기운. 한(寒)·서(暑)·조(燥)·습(濕)·풍(風)·화(火).

46) 至人無己(지인무기) : 至人은 자기가 없다. 至人은 도덕(道德)이 극치(極致)에 이른 사람. 덕(德)이 높은 사람. 진인(眞人).

47) 神人(신인) : 신통한 능력을 가진 사람.

주어 소년(小年)과 대년(大年)의 차이를 설명하고 있다.

다음으로, 상식적인 가치와 규범의 세계를 초월하여 거의 절대자의 경지를 소요하는 송영자(宋榮子)·열자(列子)를 끌어다가 속인의 지식과 능력의 한계를 비웃고, 더 나아가 지인(至人)·신인(神人)·성인(聖人)의 경지를 설명하여 초월자·절대자를 크게 다룸으로써 장자의 절대 자유의 세계에 소요하는 고차원의 사상을 피력하고 있다.

2.

堯讓天下於許由[1] 曰요양천하어허유왈 :

요(堯)임금이 천하를 허유(許由)에게 선양(禪讓)하면서 말했다.

"日月出矣일월출의 而爝火[2]不息이작화불식

"해와 달이 떠 있는데 횃불을 계속 밝히고 있으면,

其於光也기어광야 不亦難乎불역난호?

그 횃불의 빛을 밝히기란 또한 어렵지 않소?

時雨[3]降矣시우강의 而猶浸灌[4]이유침관

---

1) 堯讓天下於許由(요양천하어허유왈) : 요임금이 허유(許由)에게 천하를 물려주려고 하다. 讓(양)은 임금이 살아있으면서 다른 사람에게 왕위를 물려줌. 유교의 이상적인 정권 교체 방식으로, 천자(天子)가 제위(帝位)를 유덕자(有德者)에게 양도하는 것을 말함. 곧 요(堯)·순(舜)·우(禹) 사이에 행해진 정권의 이양을 말하는 것으로, 유교 정치의 모범이 되었다. 요임금이 만년에 자신의 자리를 허유에게 선양하려 하자, 허유는 한사코 사절하고 기산(箕山) 아래로 도망쳐 몸소 밭을 갈면서 생계를 유지했다고 한다. 후에 요임금이 다시 그를 불러 구주(九州)의 우두머리로 임명하려 하자, 허유는 어지러운 소리를 너무 많이 들었다며 영수(潁水)가에서 자신의 귀를 씻어 자신의 고결함을 보였다고 한다.

2) 爝火(작화) : 횃불, 관솔불.

제때에 알맞은 비가 왔는데 오히려 인력으로 물을 댄다면,

其於澤也기어택야, 不亦勞乎불역로호?

그 적시어 주는 것이 또한 헛수고가 아니겠소?

夫子立而天下治부자립이천하치 而我猶尸之5)이아유시지

그대가 서야 천하가 잘 다스려질 텐데, 내가 아직도 그 자리에 있으니,

吾自視缺然6)오자시결연 請致天下청치천하"

내 자신이 볼 때 모자라오. 그러니 청컨대 천하를 맡아 주시오."

許由曰허유왈 : 허유가 대답했다.

"子治天下자치천하 天下旣已治也천하기이치야

"임금께서 천하를 다스렸으므로 천하는 이미 잘 다스려지고 있습니다.

而我猶代子이아유대자 吾將爲名乎오장위명호?

그런데 내가 임금을 대신한다면 나는 장차 명예를 위하라는 말입니까?

名者명자 實之賓7)也실지빈야 吾將爲賓乎오장위빈호?

명예는 실질의 손(賓)인데 나를 손님이 되라는 말입니까?

鷦鷯8)巢於深林초료소어심림 不過一枝불과일지

뱁새(鷦鷯)가 깊은 숲에 깃들어도 한 개의 나뭇가지에 의지할 뿐이고,

---

3) 時雨(시우) : 때맞추어 단비가 내림. 時는 적시(適時)의 뜻. 時食이라 하면 그 계절에 특
   별히 있는 음식.

4) 浸灌(침관) : 논에 물을 대다.

5) 我猶尸之(아유시지) : 내가 아직도 그 자리에 있다. 尸(시)는 맡다, 주관하다, (자리에)
   임하다.

6) 缺然(결연) : 모자라다, 결함이 있는.

7) 賓(빈) : 손님. 주(主)와 대(對)가 됨을 이르는 말.

8) 鷦鷯(초료) : 뱁새. 작은 새를 말한다.

偃鼠飮河 不過滿腹9)언서음하 불과만복

두더지가 강물을 마셔도 그 배를 채우는 데 불과합니다.

歸休乎君귀휴호군 子無所用天下爲여무소용천하위!

그러니 임금께서는 돌아가십시오. 나는 천하가 쓸데가 없습니다!

庖人雖不治庖 尸祝不越樽俎而代之矣10)포인수불치포 시축불월준조이대지
의"

요리사가 음식을 잘 만들지 못한다 해서 시축(尸祝)이 준조(樽俎)를 넘어
가서 음식을 만들 수는 없는 법이지요"

| 해설 |

절대의 지위인 천자의 자리를 물리치고 귀를 씻은 허유는 자신의
자유를 구가하는 정신세계의 제왕이다.

그래서 허유는 암연히, "신주(神主)는 술병과 도마를 뛰어넘을 수
없다."하였다. 「신주」는 허유 자신의 비유요, 「요리인」은 요임금의
비유다. 신(神)의 세계의 인간―우주의 절대자를 희망하는 자는 속세의
일을 거들떠보지도 않는다.

3.

肩吾1)問於連叔2) 曰견오문어연숙왈 :

---

9) 偃鼠飮河 不過滿腹(언서음하 블괴만복) : 두더지가 강물을 마셔노 자기 배를 채우는 데
불과하다. 사람은 한계가 있으므로 자기의 타고난 분수에 만족하여야 함을 비유한 말.
偃鼠(언서)는 두더지.

10) 庖人雖不治庖 尸祝不越樽俎而代之矣(포인수불치포 시축불월준조이대지의) : 숙수(熟手 : 요
리사)가 음식을 잘못 만든다고 해서 시축(尸祝)이 술단지나 제사상을 뛰어 넘어가서 숙수
일을 대신하지는 않는다. 尸祝은 신주(神主)들 뜻함.

견오(肩吾)가 연숙(連叔)에게 물었다.

"吾聞言於接輿3)오문언어접여 大而無當4)대이무당

"내가 접여(接輿)의 말을 들으니, 그 말이 크기만 할 뿐 타당성이 없고,

往而不返왕이불반 吾驚怖其言오경포기언

가기만 했지 돌아올 줄 모르더군. 나는 그 말에 놀라 두려워했네.

猶河漢5)而無極也유하한이무극야

마치 하늘의 은하(河漢)처럼 끝이 없더군.

大有逕庭6)대유경정 不近人情焉불근인정언"

현실과 너무 동떨어져서 사람의 정과는 너무 거리가 멀더군."

連叔 曰연숙왈 : "其言謂何哉기언위하재?"

연숙이 물었다. "그 말은 무슨 뜻인가?"

曰왈 : 견오가 말했다.

"藐姑射之山7)막고야지산 有神人居焉유신인거언

"막고야산(藐姑射山)에 신인(神人)이 사는데,

肌膚若氷雪기부약빙설 淖約8)若處子요약약처자

---

1) 肩吾(견오) : 옛날의 전설적인 득도자(得道者). 또는 신(神)의 이름.

2) 連叔(연숙) : 옛날의 전설적인 현인(賢人).

3) 接輿(접여) : 공자(孔子)와 같은 시대인 춘추시대 초(楚)나라 은자(隱者).

4) 大而無當(대이무당) : 크기만 하고 사리에 타당하지 않음.

5) 河漢(하한) : 하늘의 은하(銀河). 혹은 황하(黃河)와 한수(漢水).

6) 大有逕庭(대유경정) : 정도에 심한 차이가 있다.

7) 藐姑射山(막고야산) : 북쪽 바다 속에 있는 신선이 산다는 산. 막고야산은 바로 無爲의 道를 갖춘 자유인이 사는 곳을 가리키는 것이다.

8) 淖約(요약) : 유화(柔和)하고 예쁜 것을 뜻한다. 작약(綽約)과도 통한다. 부드럽고 가냘

살결이 얼음이나 눈 같고, 부드럽고 아름다운 자태가 처녀 같으며,

不食五穀불식오곡 吸風飮露흡풍음로

오곡은 먹지 않고, 바람과 이슬을 마시며,

乘雲氣御飛龍9)승운기어비룡 而遊乎四海之外이유호사해지외

구름을 타고 비룡(飛龍)을 몰아 사해(四海) 밖을 노닐고 있다고 하네.

其神凝10)기신응 使物不疵癘11)而年穀熟사물부자려이년곡숙

그가 정신을 집중하면 만물이 병들지 않고, 곡식이 풍년이 든다네.

吾以是狂而不信也오이시광이불신야"

나는 그 말이 하도 허황되어 믿을 수가 없네."

連叔曰연숙왈 : 연숙이 물었다.

"然연! 瞽者12)無以與乎文章之觀고자무이여호문장지관

"그럴 것일세. 장님에게는 아름다운 무늬를 보일 필요가 없고,

聾者13)無以與乎鍾鼓之聲농자무이여호종고지성

귀머거리에게는 음악소리가 필요 없는 법이네.

豈唯形骸有聾盲哉기유형해유롱맹재?

어찌 육체적으로만 장님과 귀머거리가 있겠는가?

픈 모양을 뜻하는 말이기도 하다.

9) 乘雲氣御飛龍(승운기어비룡) : 구름 기운을 타고 비룡(飛龍)을 몰아 사해(四海) 밖에 노닐다. 雲氣는 기상(氣象)이 달라짐에 따라 구름이 움직이는 모양.

10) 神凝(신응) : 신(神)이 모인다(神凝)고 하는 것은 응신(凝神)의 단계에 이른다는 말이다. 곧 정신을 집중한다는 뜻.

11) 疵癘(자려) : 질병. 재해.

12) 瞽者(고자) : 장님.

13) 聾者(농자) : 귀머거리.

夫知亦有之부지역유지 是其言也 猶時女也14)시기언야 유시여야

지(知)에도 귀머거리와 장님이 있으니, 이 말은 바로 자네를 두고 하는 말일세.

之人也지인야 之德也지덕야 將旁礴萬物以爲一15)장방박만물이위일

실로 신인의 덕은 만물을 혼연일체(渾然一體)로 통일하는 힘을 가지고 있네.

世蘄乎亂16)세기호란

그렇지만 세상 사람들이 천하를 다스려 달라고(蘄乎亂) 해도,

孰弊弊言17)以天下爲事숙폐폐언이천하위사?

누가 수고롭게 애쓰면서 천하의 일로 관심사를 삼겠는가?

之人也지인야 物莫之傷물막지상

그런 사람은 아무것으로도 해칠 수가 없네.

大浸稽天而不溺8)대침계천이불익 大旱金石流대한금석류

홍수(大浸)가 나서 하늘까지 닿아도 그는 빠지지 않을 것이고, 큰 가뭄에 쇠나 돌이 녹아 흐르고,

土山焦而不熱토산초이불열

흙이나 산이 타더라도 그는 뜨거워하지 않을 것일세.

---

14) 是其言也 猶時女也(시기언야 유시여야) : 이 말은 바로 자네에게 딱 들어맞는 말이다.

15) 將旁礴萬物以爲一(장방박만물이위일) : 만물을 화합시켜 하나로 만들다. 旁礴은 혼합하다. 以爲一은 하나로 하다.

16) 蘄乎亂(기호란) : 다스려 주기를 바람. 곧 이런 신인들이 천하를 다스려 주기를 바란다는 뜻.

17) 弊弊言(폐폐언) : 부지런히 힘써서 심신이 피로한 모양.

18) 大浸稽天而不溺(대침계천이불닉) : 큰 홍수가 나서 하늘에까지 닿는다 해도 물에 빠지지 아니한다. 大浸은 홍수. 稽(계)는 닿다, 지(至)와 같다.

是其塵垢粃糠 將猶陶鑄堯舜者也19)시기진구비강 장유도주요순자야

이렇게 그는 먼지와 때, 쭉정이와 겨를 가지고도 요(堯)와 순(舜) 같은 이를 마음대로 빚어낼 수 있을 것이니,

孰肯以物爲事20)숙긍이물위사"

이런 인물이 어찌 세속의 일에 관계하려 하겠는가?"

宋人資章甫21)송인자장보 而適諸越22)이적저월

송(宋)나라 사람이 장보관(章甫冠)을 팔려고 월(越)나라로 갔더니,

越人短髮文身월인단발문신 無所用之무소용지

월나라 사람들은 모두 머리를 깎고 문신(文身)을 하였기 때문에 그 갓이 쓰일 곳이 없었다.

堯治天下之民요치천하지민 平海內23)之政평해내지정

요(堯)는 천하의 백성을 다스려 나라 안의 정치를 고르게 한 다음,

往見四子왕견사자 藐姑射之山막고야지산

막고야산(藐姑射山)으로 가서 네 명의 신인(神人)을 만나보고는,

汾水24)之陽분수지양 窅然25)喪其天下焉요연상기천하언

---

19) 是其塵垢粃糠 將猶陶鑄堯舜者也(시기진구비강 장유도주요순자야) : 이 神人은 먼지, 때, 쭉정이, 겨를 가지고서도 요와 순임금 같은 이를 마음대로 빚어낼 수 있음. 陶鑄(도주)는 도기(陶器)나 주물(鑄物)의 장인이 기물(器物)을 만들어내는 것.

20) 孰肯以物爲事(숙긍이물위사) : 누가 세속 일 따위를 일삼으려 하겠는가.

21) 章甫(장보) : 장보관(章甫冠). 은(殷)나라 때부터 쓰던 관(冠)의 하나 공자(孔子)가 이 관을 썼으므로 후세에 유생(儒生)들이 많이 썼음.

22) 適諸越(적저월) : 월(越)나라로 가다.

23) 海內(해내) : 바다로 둘러싸인 육지(陸地)라는 뜻으로, '나라 안'을 일컫는 말.

24) 분수(汾水) : 요(堯)가 도읍을 세웠다는 산서성(山西省) 평양(平陽) 부근을 흐르는 강.

25) 窅然(요연) : 까마득해지다. 멍해지다.

분수(汾水)의 북쪽에 와서 그만 멍해져 천하를 잊고 말았다.

| 해설 |

막고야산(藐姑射山) 신인(神人)의 이야기를 견오(肩吾)와 연숙(連叔) 두 득도자의 문답을 통해 말하고 있다. 살결이 눈같이 희고 처녀같이 아름다운 이 신인은 구름과 용을 타고 우주 간을 자유자재로 노니는데, 이 같은 유화(柔和)와 강인(强靭)을 지닌 우주의 절대적 존재인 신인의 위대한 공덕 앞에서는 모든 인간의 공덕은 무(無)에 가까운 것이다. 그래서 장자는 세상에서 가장 귀히 여기는 요순(堯舜)의 공덕까지도 이 신인의 그것에 비하면 하잘 것이 없다 하였다.

4.

惠子¹⁾謂莊子曰혜자위장자왈 :

혜자(惠子)가 장자(莊子)에게 말했다.

"魏王貽我大瓠之種위왕이아대호지종 我樹之成而實五石아수지성이실오석

"위(魏)나라 왕이 나에게 큰 박씨를 하나 보내주기에 내가 그것을 심었더니, 다섯 섬 들이나 되는 박이 열렸네.

以盛水漿²⁾이성수장 其堅不能自擧也기견불능자거야.

그 속에다 마실 것(水漿)을 채워 두었더니 무거워서 들 수가 없고,

剖之以爲瓢부지이위표 則瓠落³⁾無所容즉호락무소용

---

1) 혜자(惠子) : 전국시대 장자와 같은 때의 논리학자·정치가·사상가. 원이름은 혜시(惠施).

2) 水漿(수장) : 마실 물. 장(漿)은 마시는 물의 총칭.

3) 瓠落(호락) : 瓠落(호락)은 얇고 평평하다는 뜻. 瓠(호)는 바가지, 표주박.

다시 두 쪽으로 쪼개 바가지를 만들었더니 너무 넓어서 쓸 수가 있어야지.

非不呺然4)大也비불효연대야 吾爲其無用而掊之오위기무용이부지"

텅 비어 크기는 했지만, 나는 아무 소용도 없어 그것을 부수어버렸네."

莊子曰장자왈 : 장자가 말했다.

"夫子固拙於用大矣5)부자고졸어용대의

"자넨 참으로 큰 것을 쓸 줄 모르는군.

宋人有善爲不龜手6)之藥者송인유선위불균수지약자

송나라 사람 중에 손 트는 데 쓰는 약을 잘 만드는 자가 있었지.

世世以洴澼絖7)爲事세세이병벽광위사

그런데 그는 대대로 세탁업을 하고 있었네.

客聞之객문지 請買其方百金청매기방백금

어떤 사람이 그 소문을 듣고 그 약방문을 백금(白金)을 주고 사려 하였네.

聚族而謀曰취족이모왈 : 그래서 그는 가족을 모아놓고 말하기를,

'我世世爲洴澼絖아세세위병벽광 不過數金불과수금

'우리는 대대로 세탁업을 해왔지만, 겨우 몇 푼 벌이밖에 못했다.

今一朝而鬻技百金8)금일조이육기백금 請與之청여지'

이제 그 약방문(鬻技)을 팔면 하루아침에 백금을 얻게 되니 얼마나 좋

---

4) 呺然(효연) : 크고 비어 있는 모습.

5) 拙於用大矣(졸어용대의) : 큰 것을 사용하는 방법이 서투르다.

6) 龜手(균수) : 손이 트다.

7) 洴澼絖(병벽광) : (면 또는 견사를) 물에 헹궈 빨다. 묵은 솜을 물에 띄워 빨래(표백)하는 것. 병(洴)은 씻는 것, 벽(澼)은 빠는 것, 광(絖)은 솜.

8) 鬻技百金(육기백금) : 손 트지 않는 약의 비방을 百金을 받고 팔다. 鬻(육) 팔다.

은가? 팔아버리자.'하였다네.

客得之객득지 以說吳王이새오왕

그래서 그 객은 이 약방문을 가지고 손 트지 않는 약을 (水中戰에 이용할
것을) 오왕에게 유세하였지.

越有難월유난 吳王使之將오왕사지장

월(越)나라와 전란(戰亂)이 일어나자 오왕이 그 객을 장수로 삼아,

冬與越人水戰동여월인수전 大敗越人대패월인

겨울에 월나라와 수전(水戰)을 하여 월나라 군사를 크게 쳐부수었네.

裂地而封之열지이봉지

그래서 오왕은 그 사람에게 땅을 나누어 봉토(封土)를 주었네.

能不龜手능불균수 一也일야

손 트는 데 쓰는 약방문은 한 가지지만,

或以封혹이봉 或不免於洴澼絖혹불면어병벽광 則所用之異也즉소용지이야

한 사람은 땅을 하사받았고 한 사람은 세탁업을 면하는 데 그쳤으니, 이는
쓰는 법이 달랐기 때문일세.

今子有五石之瓠금자유오석지호

지금 자네는 닷 섬 들이 바가지를 가지고 있으면서,

何不慮以爲大樽하불려이위대준, 而浮乎江湖이부호강호

어째서 그것으로 큰 통을 만들어 강호(江湖)에 띄울 것을 생각 못하고,

而憂其瓠落無所容이우기호락무소용?

그것이 넓어서 쓸데가 없다고만 근심하는가?

則夫子즉부자 猶有蓬之心9)也夫유유봉지심야부!"

자네야말로 아직도 틀에 박힌 좁은 소견에 갇혀 있는 게 아닌가!"

| 해설 |

사람이나 동물은 모두 치열한 생존경쟁 속에서 살아가고 있다. 그러므로 살아남기 위한 무기로서 어떤 능력이나 재주를 지녀야 할 것이다. 그러나 그것이 때로는 스스로를 파멸시키는 약점이 되기도 한다.

5.

惠子謂莊子曰혜자위장자왈 : 혜자가 장자에게 말했다.

"吾有大樹오유대수人謂之樗[1])인위지저

"우리 집에 큰 나무가 있는데 사람들이 가죽나무라 부르네.

其大本擁腫[2])기대본옹종 而不中繩墨[3])이부중승묵

그 밑둥은 울퉁불퉁한 혹투성이라 먹줄(繩墨)을 댈 수가 없고,

其小枝卷曲기소지권곡, 而不中規矩[4])이부중규구

그 작은 가지들도 꼬불꼬불해서 규구(規矩)에 맞지를 않네.

立之塗입지도 匠者不顧장자불고

---

9) 蓬之心(봉지심) : '쑥 같은 마음, 꼬불꼬불하고 좀생이 같은 마음'을 가리킨다. 틀에 박힌 좁은 소견. 지식이 부족하여 사리를 통달하지 못함, 자기의 지식이나 생각이 보잘 것없음.

1) 樗(저) : 가죽나무. 나무의 냄새를 맡으면 몹시 악취가 나는 악목(惡木)이다. 재목으로 쓸 모가 없는 나무라는 뜻이다.

2) 大本擁腫(대본옹종) : 울퉁불퉁한 큰 줄기. 大本은 나무의 몸체를 말한다.

3) 繩墨(승묵) : 먹줄을 치다.

4) 規矩(규구) : 그림쇠(컴퍼스)와 자.

그것이 길가에 서 있으나 목수는 돌아보지도 않네.

今子之言금자지언 大而無用대이무용 衆所同去也중소동거야"

지금 그대의 말은 이 나무와 같아, 커도 쓸모가 없는지라 뭇사람들이 듣지 않고 모두 떠나버리는 걸세."

莊子曰장자왈 : 장자가 말했다.

"子獨不見狸狌5)乎자독불견리성호?

"자네는 삵을 보지 못했는가?

卑身而伏비신이복 以候敖者6)이후오자

그놈이 땅에 납작 엎드려 짐승을 노리고 있다가

東西跳梁7)동서도량不避高下불피고하

이리저리 날뛰며 높은 곳 낮은 곳도 가리지 않고 뛰어다니다가는,

中於機辟8)중어기벽死於罔罟9)사어망고

혹 덫에 치이기도 하고 혹은 그물에 걸려 죽는다네.

今夫斄牛10)금부리우其大若垂天之雲기대약수천지운

그러나 지금 저 들소는 그 크기가 하늘에 드리운 구름 같지만,

此能爲大矣차능위대의 而不能執鼠이불능집서

이놈은 크기만 했지 쥐 한 마리도 잡을 수 없네.

---

5) 狸狌(이성) : 살쾡이. 삵.
6) 候敖者(후오자) : 나와 노는 작은 짐승들을 노리다. 候는 살피다, 망보다, 염탐하다. 敖者(오자)는 나와 노는 짐승들.
7) 東西跳梁(동서도량) : 먹이를 찾아 껑충거리며 이리저리 날뜀.
8) 機辟(기벽) : 덫.
9) 罔罟(망고) : 그물. 罔은 網과 같다. 罟도 역시 그물.
10) 斄牛(리우) : 털이 검고 꼬리가 긴 소

今子有大樹금자유대수 患其無用환기무용

이제 자넨 큰 나무를 가지고 있으면서 그것이 쓸 데가 없는 것을 걱정하지만,

何不樹之於無何有之鄕11)하불수지어무하유지향 廣莫之野광막지야

왜 그것을 무하유지향(無何有之鄕)의 광막한 들에다 심어 놓고,

彷徨乎無爲其側방황호무위기측 逍遙乎寢臥其下12)소요호침와기하?

그 곁을 방황하면서 무위(無爲)로 날을 보내고, 그 아래에서 유유자적하면서 낮잠이라도 자는 것이 좋지 않겠는가?

不夭斤斧불요근부 物無害者13)물무해자

(이 큰 나무는) 도끼에 잘려질 염려도 없고, 아무도 해칠 자가 없을 테지.

無所可用무소가용 安所困苦哉안소곤고재?"

쓰일 데가 없으니 또 무슨 괴로움이 있겠는가?"

| 해설 |

혜자와 장자의 문답에는 화룡점정(畵龍點睛)의 묘(妙)가 있다. 곧 「무용(無用)의 용(用)」을 부르짖고 있다. 참으로 위대한 인간은 자신을 일체의 세속적 구속으로부터 벗어나 비상(飛翔)해야 하듯이, 참으로 유용한 것은 세속의 유용함을 초월하는 것이다.

---

11) 無何有之鄕(무하유지향) : 인공을 가하지 않은 자연 그대로의 낙토(樂土). 곧 이상향(理想鄕). 서양에서 말하는 유토피아도 결국은 어느 곳에도 없는 땅이라는 말이다. 장자가 말하는 무하유지향도 언어상으로는 어느 곳에도 없는 곳이라는 이미지이지만, 우리 의식 저 건너편에 확실히 존재하는, 우리가 도달해야 할 가장 높은 안식처이다.

12) 逍遙乎寢臥其下(소요호침와기하) : 그 아래에서 유유자적하면서 잠을 자다.

13) 物無害者(물무해자) : 그 무엇도 그를 해칠 자가 없다.

세속의 유용함을 넘어서면, 곧 세속에서 무용하다는 가운데 진짜 유용한 것이 있는 것이다. 그러나 속세인의 눈은 고정화되고 습관화된 기성의 가치체계에 응결되어 모든 존재물의 자유로운 가치, 참된 유용성을 보지 못한다.

장자는 이런 세속인이 보지 못하는 자유로운 가치와 참된 유용성을 발견하여 홀로 즐기고, 홀로 소요하며 세속을 초월하자는 것이다.

2. 제물론
齊物論

장자의 꿈도 한 세상, 나비의 꿈도 한 세상

제물론이란 만물을 가지런하게(齊一) 보는 의론이란 뜻으로, 만물은 하나라는 논리를 밝히고 있다. 인간은 절대자가 되기 위해서는 일체의 존재를 하나로 보는 입장에 서야 된다는 것이다. 세상의 사물을 구별하고 인간의 소지(小知)로써 그것을 분별하는 것은 왜곡된 것이고, 세상의 모든 분란·모순·선악·시비가 모두 만물을 가지런하게 보지 않는 데서 연유한다는 것이다. 따라서 제물론은 만물을 하나로 보는 궁극적인 「하나(一)」의 세계를 밝힌 것이다.

호접몽(胡蝶夢)

1.

南郭子綦[1]남곽자기 隱机而坐은궤이좌

남곽자기(南郭子綦)가 안석(案席)에 기대앉아

仰天而噓앙천이허 苔焉似喪其耦[2]답언사상기우

하늘을 우러러 길게 숨을 내쉬니, 그 멍청한 모습(苔焉)이 마치 짝을 잃은 것 같다.

顏成子游[3]안성자유 立侍乎前입시호전 曰왈:

안성자유(顏成子游)가 그 앞에 시립하고 있다가 물었다.

"何居乎하기호? 形固可使如槁木 而心固可使如死灰乎[4]형고가사여고목 이심고가사여사회호?

"무엇을 하고 계십니까? 형체는 진실로 마른 나무같이 하시고, 마음은 진실로 불 꺼진 재와 같이 하고 계시니 말입니다.

今之隱机者금지은궤자 非昔之隱机者也비석지은궤자야"

지금 안석에 기대 앉아 계신 분은 전에 안석에 앉아계시던 분이 아닙니다."

子綦曰자기왈: 남곽자기가 말했다.

---

1) 南郭子綦(남곽자기) : 인명(人名)으로, 가공의 철학자를 지칭한다. 남곽은 성곽(城郭)의 남쪽 지역을 말한다.

2) 苔焉似喪其耦(답언사상기우) : 멍하니 자신의 짝을 잃어버린 듯함. 苔焉(답언)은 몸이 흐트러진 듯한 모습.

3) 顏成子游(안성자유) : 남곽자기의 제자, 이름은 언(偃). 안성자유는 성 안에 사는 출신이 귀한 사람이지만, 거꾸로 성 밖의 피지배계층인 남곽자기에게 道를 물었다는 역설적인 우언(寓言)이다.

4) 形固可使如槁木 而心固可使如死灰乎(형고가사여고목 이심고가사여사회호) : 육체는 진실로 마른 나무처럼 정지시킬 수 있고, 마음은 불 꺼진 재와 같이 아무것도 느끼지 않을 수 있는가? 形은 형체(形體) 곧 육신(肉身), 心은 精神을 의미한다.

"偃언 不亦善乎불역선호 而問之也이문지야!

"언(偃)아, 너 또한 착하지 아니한가, 네가 그렇게 물으니!

今者吾喪我5)금자오상아 汝知之乎여지지호?

지금 나는 내 자신을 잊고 있었는데, 너도 그것을 알았느냐?

女聞人籟6)여문인뢰 而未聞地籟7)이미문지뢰

너는 인뢰(人籟)는 들었을 것이나 지뢰(地籟)는 아직 못 들었을 것이고,

女聞地籟여문지뢰 而未聞天籟8)夫이미문천뢰부!"

네가 지뢰는 들었더라도 천뢰(天籟)는 아직 못 들었을 것이다!"

子游曰자유왈 : 자유가 물었다.

"敢問其方감문기방?" : "무슨 말씀입니까?"

子綦曰 자기왈 : 남곽자기가 대답했다.

"夫大塊噫氣9)부대괴애기 其名爲風기명위풍

"무릇 대지가 내뿜는 숨을 바람이라 한다.

是唯無作시유무작 作則萬竅怒呺10)작즉만규노효

이것이 일지 않으면 몰라도, 한번 일기만 하면 지상의 온갖 구멍이 모두 세차게 울부짖는다.

而獨不聞之蓼蓼11)乎이독불문지료료호?

---

5) 吾喪我(오상아) : 내가 나를 장사지내다, 곧 나 자신을 잃어버림.

6) 人籟(인뢰) : 사람이 악기를 연주하여 내는 소리, 곧 인간의 음악.

7) 地籟(지뢰) : 대지가 올리는 음향, 곧 바람소리.

8) 天籟(천뢰) : 하늘의 음악. 인뢰와 지뢰의 근본이 되는 대자연, 즉 우주의 소리.

9) 大塊噫氣(대괴애기) : 대지가 내뿜는 숨. 大塊는 큰 땅덩어리, 大地 여기서는 대자연, 곧 道를 상징한다. 噫氣(애기)는 숨을 내쉼. 트림함. 噫

10) 怒呺(노효) : 세차게 소리를 지름. 怒는 세차다.

그대만 유독 휙휙 불어오는 바람소리를 듣지 못했는가?

山林之畏佳산림지외가 大木百圍之竅穴대목백위지규혈

산속의 숲이 우거지고 백 아름이나 되는 큰 나무에 패어 있는 구멍은,

似鼻 似口 似耳 似枅사비사구사이사계

코 같기도 하고 입 같기도 하며, 귀와도 같고, 목이 긴 병과도 같으며,

似圈 似臼 似洼者 似汚者사권사구사와자사오자

고리와도 같고 절구와도 같으며, 연못과도 같고 웅덩이 같은 것이 있는데,

激者 謞者 叱者 吸者 叫者 譹者 宎者 咬者격자학자질자흡자규자효자
요자교자 前者唱于전자창우 而隨者唱喁이수자창우

물이 세차게 흐르는 소리, 화살이 날아가는 소리, 질책하는 소리, 숨을
들이키는 소리, 외치는 소리, 웅웅거리는 소리, 웃는 듯한 소리, 가냘픈 새
소리, 앞선 바람이 우우하고 울리면 뒤따르는 바람이 웡웡 소리를 낸다.

泠風則小和12)영풍즉소화 飄風則大和13)표풍즉대화

산들바람에는 작게 화답하고, 거센 회오리바람에는 크게 화답한다.

厲風14)濟여풍제 則衆竅爲虛즉중규위허

그러다가 세찬 바람이 한번 자면 모든 구멍들은 텅 비게 되는 것이니,

而獨不見之調調之刁刁乎15)이독불견지조조지조조호?"

---

11) 寥寥(요료) : 불어오는 바람소리. 휙휙 부는 바람소리.

12) 泠風則小和(영풍즉소화) : 산들바람이 불면 작게 화답함. 영풍(泠風)은 맑은 바람,
   곧 산들바람.

13) 飄風則大和(표풍즉대화) : 거센 회오리바람이 불면 크게 화답함. 飄風은 회오리바람.

14) 厲風(여풍) : 세찬 바람. 폭풍(暴風), 열풍(烈風).

15) 而獨不見之調調之刁刁乎(이독불견지조조지조조호) : 자낸 나뭇가지들이 흔들거리고 살
   랑거리는 모양을 보지 못했는가? 而는 너. 調調는 크게 흔들거리는 것. 刁刁는 살랑살

너는 나뭇가지들이 흔들거리고 살랑거리는 모습을 보지 못했는가?”

子游日자유왈 : 자유가 말했다.

“地籟則衆竅是已지뢰즉중규시이

“지뢰(地籟)는 모든 구멍이 내는 것이고,

人籟則比竹16)是已인뢰즉비죽시이

인뢰(人籟)는 비죽(比竹)에서 나온 소리 같은데,

敢問天籟감문천뢰”

그러면 천뢰(天籟)는 무엇입니까?”

子綦日자기왈 : 남곽자기가 말했다.

“夫吹萬不同17)부취만부동

“대체로 그 불어대는 것이 만 가지로 같지 않지만,

而使其自已也이사기자기야

그래서 모두가 다 제멋대로 내는 것이니,

咸其自取함기자취 怒者其誰邪노자기수야!”

그러면 그 성난 듯 소리치는 것은 누가 그렇게 만드는 것인가!”

| 해설 |

장자는 남곽자기와 안성자유의 문답을 통하여, 자연의 소리를 인

랑 흔들거리는 것.

16) 比竹(비죽) : 생황·퉁소 따위의 대나무로 만든 악기를 통틀어 이르는 말인데, 여기서는 사람이 만든 악기의 비유로 든 것이다.

17) 吹萬不同(취만부동) : 불어대는 소리가 만 가지로 저마다 다름. 吹萬은 뭇사람들의 논의이다. 그래서 뭇사람의 논의를 천뢰라 한 것이다. 세 가지(천뢰·지뢰·인뢰)는 뭇사람들의 어지러운 논의를 비유한 것이다.

뢰·지뢰·천뢰로 나누어 놓고, 천뢰란 다른 것이 아니라, 인뢰를 인뢰로써 듣고 지뢰를 지뢰로써 듣는 것이 곧 천뢰라고 하였다.

곧 만뢰(萬籟)의 울림은 모두가 자기 자신의 원리에 의하여 울리는 모든 소리로서, 그 배후에서 울리게 하는 어떤 존재도 없다는 것이다. 따라서 천뢰란 이 자기 자신에 의해서 울리는 만뢰를 만뢰 그 자체대로 듣는 것이라 하였다.

달리 말해서, 하늘이란 사람이나 땅과 대립하는 초월적 존재가 아니고, 사람은 사람이고, 땅은 땅 그 자체인 것을 말한다. 곧 하늘이란 있는 그대로 자연적인 것을 말하는 것으로, 모든 분별을 넘어서 있다는 것이다.

따라서 사람이 이 하늘의 입장에 섰을 때 일체를 있는 그대로 긍정할 수가 있다. 그는 일체의 존재를 있는 그대로 긍정하기 때문에 일체의 존재와 한가지가 될 수 있다. 이것이 망아지경(忘我之境)이다.

이런 경지에 들어가야만 비로소 자신의 진면목(眞面目)을 볼 수 있다. 그러므로 남곽자기는 안석에 기대어 깊은 숨을 쉬었다. 깊은 숨을 쉰 그는 자신과 일체의 만물을 천뢰로써 들을 수가 있는 것이다. 곧 일체의 언론은 바람이 구멍을 지나며 내는 소리와 같다는 점을 역설하고 있다.

2.

大知閑閑 小知閒閒[1] 대지한한 소지간간

큰 지혜는 여유롭고, 작은 지혜는 잗달으며,

---

1) 大知閑閑 小知閒閒(대지한한 소지간간) : 큰 지혜는 여유롭고, 작은 지혜는 촘촘하다. 大知는 큰 지혜. 閒閒(간간)은 엿보고 자세히 살핌. 閒은 틈. '간' 으로 읽는다.

大言炎炎 小言詹詹[2]대언담담 소언첨첨

큰 말은 담담하고, 작은 말은 수다스럽다.

其寐也魂交[3]기매야혼교 其覺也形開[4]기교야형개

잠잘 때는 혼이 외부 세계와 교섭을 갖고, 깨어 있을 때에도 감각이 작용해서 외부와 접촉을 갖는다.

與接爲搆[5]여접위구 日以心鬪일이심투

그래서 외부와 어울려 날마다 마음의 갈등을 갖는다.

縵[6]者 窖[7]者 密[8]者만자고자밀자

그리하여 너그러운 사람, 음험한 사람, 은밀한 사람이 있다.

小恐惴惴[9]소공췌췌 大恐縵縵[10]대공만만

조금 두려워 걱정하는 사람이 있고, 크게 두려워하여 멍한 자도 있다.

其發若機栝[11]기발약기괄 其司是非之爲也기사시비지위야

마치 활을 쏘듯이 말을 빨리하는 것은 시비를 잘 가리는 사람을 두고

---

2) 大言炎炎 小言詹詹(대언담담 소언첨첨) : 큰 말은 담담하고, 작은 말은 수다스럽다. 炎은 아름답고 성한 모양. '담'으로 읽는다.

3) 其寐也魂交(기매야혼교) : 잠이 들면 혼백이 교접하여 꿈을 꾸는 것.

4) 其覺也形開(기교야형개) : 잠에서 깨어나면 신체가 욕망의 문을 열고 外物을 받아들임. 形은 형체(形體), 곧 신체(身體).

5) 與接爲搆(여접위구) : 외물과 접촉하여 분쟁(감정)을 일으킴. 여접(與接)은 여물접(與物接)의 생략. 사물과 접하다.

6) 縵(만) : 마음을 넓게 쓰는 모양.

7) 窖(고) : 깊이 생각하는 모양.

8) 密(밀) : 세밀하게 마음을 쓰는 모양.

9) 惴惴(췌췌) : 깜짝깜짝 작게 놀라는 모양.

10) 縵縵(만만) : 멍하게 생기 잃은 모양.

11) 其發若機栝(기발약기괄) : 그 움직임이 마치 쇠뇌의 화살처럼 빠름.

하는 말이요,

其留如詛盟기류여저맹 其守勝之謂也기수승지위야

딱 잡아떼어 맹세하듯이 하는 자는 자기 고집을 세워 남을 이기자는 사
람을 두고 하는 말이며,

其殺如秋冬12)기살여추동 以言其日消也이언기일소야

가을과 겨울에 낙엽 떨어지듯 쇠퇴(衰退)해 가는 것은 날로 소멸(消滅)
해 감을 말함이니,

其溺之所爲之기닉지소위지 不可使復之也불가사복지야

이런 사람은 물욕에 흠뻑 빠져 돌이킬 수가 없는 것이다.

其厭也如緘13)기염야여함 以言其老洫14)也이언기로혁야

그 덮어 누르는 것이 꿰매 봉한 듯한 것은 늙어서 욕심이 넘침을 말
함이니,

近死之心15)근사지심 莫使復陽也막사부양야

그것은 죽음에 가까운 마음으로서 다시 살릴 수가 없다.

喜怒哀樂희노애락 慮嘆變慹16)여탄변접 姚佚啓態17)요질계태

---

12) 其殺如秋冬(기쇄여추동) : 가을과 겨울에 초목이 시드는 것과 같음. 殺는 衰와 같다.

13) 其厭也如緘(기염야여함) : 그 덮어 누름이 꿰매 봉한 듯하다. 厭(염)은 덮어버림. 욕망에
빠진 모습을 표현한 것. 緘(함)은 봉합함. 봉합한 것처럼 확고하다는 뜻.

14) 老洫(노혁) : 늙어서 욕심이 넘침. 늙을수록 욕심이 더 심해진다는 뜻. 洫(혁)은 溢(넘치
다)과 같다.

15) 近死之心(근사지심) : 죽음에 가까운 마음.

16) 慮嘆變慹(여탄변접) : 억측・탄식・변심・집착의 네 가지 태두. 嘆은 과거에 대한 탄식,
變은 옛 일에 대해 마음을 바꾸는 변심, 慹(접)은 꼼짝도 하지 아니하는 모양. '접'으로
읽는다.

17) 姚佚啓態(조질계태) : 경망스러운 행동, 사치스럽고 방종한 행동, 솔직함, 용모를 꾸밈.

사람에게는 기쁨·노여움·애달픔·즐거움·걱정·한탄·변덕·집착·
경솔·방탕·솔직·꾸밈 따위가 있어,

樂出虛 蒸成菌[18]악출허 증성균

그것들은 음악이 마치 피리의 빈 구멍에서 나오듯, 땅의 습기를 머금고
버섯이 나오듯이,

日夜相代乎前일야상대호전 而莫知其所萌[19]이막지기소맹

밤낮으로 교대하여 내 앞에 나오건만, 그것이 어디로부터 나오는지를
알지 못한다.

已乎 已乎[20]이호 이호! 旦暮得此단모득차 其所由以生乎기소유이생호

아서라, 말아라! 아침저녁으로 이를 경험하니, 그것이 발생하는 곳이 있
으리라.

非彼無我[21]비피무아 非我無所取[22]비아무소취

만약 그러한 감정들이 없다면 「나」라는 주체도 없고, 「나」라는 주체
가 없으면 그들을 받아들일 수가 없다.

是亦近矣시역근의 而不知所爲使이부지소위사

이렇게 저 감정들과 나 사이는 가깝지만, 누가 그렇게 시키는 줄을 알
지 못한다.

姚는 경솔함. '조'로 읽는다.

18) 樂出虛 蒸成菌(악출허 증성균) : 음악이 빈 공간에서 나오고 습기가 버섯을 자라게 함.

19) 萌(맹) : 싹트는 곳. 곧 온갖 감정의 변화가 싹트는 원인.

20) 已乎 已乎(이호 이호) : 그만두어라! 止의 뜻. 궁극의 원인을 알지 못하는 데 대한 한탄.

21) 非彼無我(비피무아) : 저것이 아니면 나라는 주체를 확인할 수 없음. 彼는 희노애락(喜怒
哀樂)의 감정을 말한다.

22) 非我無所取(비아무소취) : 내가 아니면 희노애락을 취할 데가 없다. 所取는 객체니, 주체
인 소위 '나(我)'를 제외한 모든 것(境界)이다.

若有眞宰23)약유진재 而特不得其眹24)이특부득기진

그에 대하여는 참 주재자가 있는 것 같은데 그 행적을 알 수가 없고,

可行已信 而不見其形가행이신 이불견기형 有情而無形유정이무형

또 그것이 작용을 하고 있는 줄을 믿지만, 그 형체를 볼 수가 없으며,
그런 실정은 있으나 형상은 없다.

百骸九竅六藏25)백해구규육장眹而存焉26)해이존언吾誰與爲親오수여위친?

우리 몸에는 백 개의 골절과 아홉 개의 구멍과 여섯 개의 내장이 있는데,
나는 그 가운데 어느 것과 가장 가까울까?

汝皆說之乎27)여개열지호 其有私焉기유사언?

그것들을 모두 좋아할 것인가, 특별히 어느 하나만을 좋아할 것인가?

如是皆有爲臣妾28)乎여시개유위신첩호?

혹은 그 모두를 머슴으로 만들 수 있을까?

其臣妾不足以相治乎기신첩부족이상치호

그 머슴들을 잘 다스릴 수는 없을까?

其遞相爲君臣乎기체상위군신호

서로 번갈아가며 군신(君臣)이 되게 할 수는 없을까?

---

23) 眞宰(진재) : 참다운 주재자. 결국 아래 글의 道를 말하는 것이지만, 여기서는 道를 직접
   말하지 않고 그것을 추구하는 과정만 드러낸 것이다.

24) 特不得其眹(특부득기진) : 다만 그 조짐(구체적인 모습)을 알 수 없다. 眹(진)은 눈동자,
   조짐(兆眹), 점괘.

25) 百骸九竅六藏(백해구규육장) : 백 개의 뼈마디, 아홉 개의 구멍, 여섯 개의 장기.

26) 眹而存焉(해이존언) : 몸에 갖추어져 있음. 眹(해)는 갖추다. 存은 신체를 지칭한다.

27) 皆說之乎(개열지호) : 모두 좋아할 것인가. 百骸, 九竅, 六藏을 말한다.

28) 臣妾(신첩) : 노예나 머슴, 하인.

其有眞君存焉²⁹⁾기유진군존언

아니면 진정한 주재자가 있는 것인가?

如求得其情與不得여구득기정여부득

그러나 그 실정을 찾아 알거나, 알지 못하거나,

無益損乎其眞³⁰⁾무익손호기진

그 참된 주재자와는 아무 상관이 없을 것이다.

一受其成形일수기성형 不亡以待盡불망이대진

한번 사람의 몸으로서 형체를 받으면 이것을 잘 보존하여 목숨이 다할
때까지 기다려야 할 것이다.

與物相刃相靡³¹⁾여물상인상미 其行進如馳³²⁾기행진여치

그런데 주위의 사물에 얽매여 서로 마찰을 일으키며 삶을 뜀박질하듯이
서로 따르기도 하면서 그 가는 것이 달리듯이 하고,

而莫之能止이막지능지 不亦悲乎불역비호!

멈출 줄을 모르니 또한 슬프지 아니한가!

終身役役³³⁾而不見其成功종신역역이불견기성공

그러므로 종신토록 발버둥 쳐도 끝내 성공을 보지 못하고,

茶然³⁴⁾疲役而不知其所歸날연피역이부지기소귀 可不哀邪가불애사

---

29) 其有眞君存焉(기유진군존언) : 참다운 존재(眞君)는 있는 것인가.

30) 無益損乎其眞(무익손호기진) : 참다운 존재를 보태거나 덜어낼 수 없음. 곧 참다운 존재
   의 실상을 알거나, 알지 못하거나 참다운 진실 자체에는 아무런 영향이 없다는 뜻.

31) 靡(미) : 마찰을 일으키는 것.

32) 行進如馳(행진여치) : 가는 것이 달리듯 한다. 馳는 달리다.

33) 役役(역역) : 애쓰는 모양, 발버둥 치듯 하는 것.

34) 茶然(날연) : 날연히. 피곤하여 기운(氣運)이 없음. 茶(날)은 나른하다.

고달파 쓰러지면서도 돌이킬 줄을 모르니, 또한 애달프지 아니한가!

人謂之不死인위지불사 奚益35)해익

세상 사람들이 이를 아직 살아 있다고 하지만, 무슨 이로움이 있겠는가!

其形化기형화 其心與之然36)기심여지연 可不謂大哀乎가불위대애호!

겉모습이 늙어감에 따라 그 마음도 따라서 늙어간다면 큰 슬픔이라 말하지 않을 수 있겠는가!

人之生也인지생야 固若是芒37)乎고약시망호!

인간의 삶이란 이렇게 어리석은 것인가!

其我獨芒기아독망 而人亦有不芒者乎이인역유불망자호?

나만 홀로 어리석고 세상 사람들은 어리석지 않은 것인가?

夫隨其成心而師之38)부수기성심이사지 誰獨且無師乎수독차무사호

대체로 사람이 道에 어긋나지 않는 마음(成心)을 스승으로 삼는다면 어느 누구인들 스승이 될 수 없겠는가?

奚必知代而心自取者有之해필지대이심자취자유지 愚者與有焉우자여유언

그런 스승은 변천하는 이치를 알아서 道를 이룬 사람에게만 있는 것이 아니고, 道를 이루지 못한 어리석은 사람에게도 다 같이 있는 것이다.

未成乎心而有是非미성호심이유시비

아직도 마음에 성심(成心)이 생기지 않았는데 시비를 따진다면

是今日適越而昔至也39)시금일적월이석지야 是以無有爲有40)시이무유위유

---

35) 奚益(해익) : 무슨 이로움이 있겠는가!

36) 心與之然(심여지연) : 마음이 육체를 따라 그렇게 노화해 가는 것.

37) 芒(망) : 사리에 어두움, 아둔함.

38) 隨其成心而師之(수기성심이사지) : 성심(成心)을 따라서 그것을 스승으로 삼음.

오늘 월(越)나라를 떠나면서 어제 도착했다는 것과 같고, 아무것도 없는 것을 있다고 하는 것과 같다.

無有爲有무유위유 雖有神禹[41]수유신우 且不能知차불능지

없는 것을 있다고 한다면 비록 저 신령스러운 우(禹)임금이라도 알 수가 없을 것이니,

吾獨且柰何哉오독차내하재!

내 어찌 이를 알겠는가!

| 해설 |

앞에서 자연세계의 만뢰(萬籟)를 설명하고 이어서 인간세계의 만뢰, 곧 인간 정신의 소요(騷憂)와 알력(軋轢), 자기주장의 절규와 자기상실의 신음소리를 만뢰에 견주어 서술하고 있다. 그리고 인간의 만뢰인 마음의 갈등은 여러 가지 양상으로 나타남을 설명한다. 인간 심리의 만뢰를 만뢰로 성립시키는 것은 인간의 마음을 지배하는 절대자, 곧 진재(眞宰), 자연인 것이다.

---

39) 今日適越而昔至(금일적월이석지) : 오늘 월나라로 떠나서 어제 도착했다고 하는 것. 일의 불합리함을 뜻하며, 〈천하(天下)〉 편에서는 이 말을 혜시(惠施)가 한 말로 인용하고 있다.

40) 是以無有爲有(시이무유위유) : 이것은 없는 것을 있다고 하는 것이다.

41) 神禹(신우) : 신령한 우임금. 우(禹)는 《사기》 〈하본기(夏本記)〉에 의하면, 전욱(顓頊)의 손자이며, 곤(鯀)의 아들이다. 요(堯)의 치세에 대홍수가 발생하여 섭정인 순(舜)이 그에게 치수(治水)를 명하였다. 13년간 고심 노력한 끝에 사업에 성공, 천하를 9주(州)로 나누고 공부(貢賦)를 정하였다. 舜이 죽자 인망(人望)을 모은 그가 제위를 계승하여 나라 이름을 하(夏)로 고치고 안읍(安邑)에 도읍하였다. 치세 10년 만에 죽자 제후들의 추대로 아들 계(啓)가 천자가 되었으며, 이때부터 천자 자리를 세습화하여 하왕조가 시작되었다. 그의 전설은 한민족(漢民族)의 홍수 전설과 관련이 있으며, 신화학(神話學), 고대사학(古代史學) 상 중요한 주제가 된다.

이런 문제는 인간의 육체의 경우에도 마찬가지이다. 사람의 몸에는 백 개의 뼈마디, 아홉 개의 구멍, 여섯 개의 내장이 있지만, 이들도 모두 어디 하나로 집중되어 있을 것이고, 이것들을 지배하는 무엇이 있으리라 본다.

요컨대 인간 정신과 육체의 움직임의 배후에는 그것을 지배하는 절대자가 있을 것이나, 그 절대자는 「실정은 있으나 형상은 없어」 눈으로 볼 수가 없다. 그리하여 인간은 자연을 자연으로서 받아들일 때 참된 자신이 되는 것이다.

자연세계의 만뢰를 그대로 천뢰로 듣는 것처럼 인간 생활의 일체를 곧 자연으로서 받아들일 때 사람은 그 인간적인 모든 굴레로부터 벗어날 수가 있는 것이다. 그리하여 사람이란 이 자연의 섭리를 따라 살아야 하는데 사람 중에는 이런 이치를 알지 못하고 부질없이 외계 사물에 이끌려 갈등을 일으켜 자신을 헛되게 소모하고 있다. 이런 사람은 마치 수천 리 떨어진 남쪽의 월나라를 오늘 떠나면서 어제 도착한다는 모순을 나타내는 사람이다. 사물을 지각함은 곧 헛된 환상으로 시비가 개입되어서는 안 된다는 점을 역설하고 있다.

3.

夫言非吹也[1] 부언비취야
무릇 말은 단순히 불어내는 바람소리가 아니다.

言者有言[2] 언자유언

---

1) 夫言非吹也(부언비취야) : 무릇 말은 바람소리가 아니다. 말에는 말하고자 하는 바가 있기 때문에 그냥 바람소리와는 다르다.

2) 言者有言(언자유언) : 말에는 뜻하는 바가 담겨져 있다. 有言은 有所言之志를 말한다.

말에는 뜻하는 바가 담겨 있다.

其所言者特未定也기소언자특미정야

그러나 말하고자 하는 의미를 유독 확정할 수 없다면

果有言邪과유언야 其未嘗有言邪기미상유언야

과연 말이 있는 것인가? 아니면 일찍이 말이 있지 않은 것인가?

其以爲異於鷇音3)기이위이어구음 亦有辯乎4)역유변호 其無辯乎기무변호?

그리고 그것이 새 새끼의 지저귀는 소리와 다르다고 할 어떤 구분이 있는가? 혹은 구분이 없는가?

道惡乎隱而有眞僞5)도오호은이유진위?

참된 道는 어디에 숨었기에 이처럼 참(眞)과 거짓(僞)이 있게 되었는가?

言惡乎隱而有是非6)언오호은이유시비?

참된 말은 어디에 숨었기에 이처럼 시(是)와 비(非)로 갈리는가?

道惡乎往而不存도오호왕이부존 言惡乎存而不可언오호존이불가?

道는 어디를 간들 존재하지 않으랴? 말은 어디에 있은들 옳지 않으랴?

道隱於小成7)도은어소성 言隱於榮華8)언은어영화

道는 작은 성취 때문에 숨겨지고, 참된 말은 화려한 꾸밈 때문에 가려

---

3) 鷇音(구음) : 새 새끼의 울음소리.

4) 亦有辯乎(역유변호) : 구분이 있는 것인가?

5) 道惡乎隱而有眞僞(도오호은이유진위) : 참된 道는 어디에 숨었기에 이처럼 眞과 僞가 있게 되었는가. 惡는 '어디에'의 뜻으로 '오'로 읽는다.

6) 言惡乎隱而有是非(도오호은이유진위) : 참된 道는 어디에 숨었기에 시(是)와 비(非)가 갈리게 되었는가.

7) 小成(소성) : 조그만 성취, 보통 사람들이 바라는 성공.

8) 言隱於榮華(언은어영화) : 말은 화려한 꾸밈 때문에 가려진다. 榮華는 겉모습만 화려하게 꾸며서 본래의 뜻을 가려버리는 위선(僞善)을 의미한다.

진다.

故有儒 墨之是非9)고유유 묵지시비

그러므로 유가(儒家)와 묵가(墨家)의 시비가 생겨나,

以是其所非이시기소비 而非其所是이비기소시

옳다는 것을 그르다고 하고, 그르다는 것을 옳다고 여긴다.

欲是其所非而非其所是욕시기소비이비기소시

옳은 것을 그르다고 하고, 그른 것을 옳다고 하려면

則莫若以明10)즉막약이명

밝은 지혜로써 구분하는 것만 같지 못하다.

物無非彼 物無非是11)물무비피 물무비시

사물(物)에는 저것 아닌 것이 없고, 이것 아닌 것이 없다.

自彼則不見12)자피즉불견 自知則知之13)자지즉지지

---

9) 故有儒 墨之是非(고유유 묵지시비) : 그러므로 유가(儒家)와 묵가(墨家)의 시비가 있게 됨.
유가와 묵가가 서로 자신이 옳다고 시비를 따지게 되었다는 뜻.

10) 莫若以明(막약이명) : 밝은 지혜로써 보통사람들의 시비를 초월한 지혜.

11) 物無非彼 物無非是(물무비피 물무비시) : 모든 사물은 저것(彼) 아닌 것이 없고 또 이것
(是) 아닌 것이 없다. 이 말은 어떠한 사물이든 저것이기도 하고 이것이기도 하다는 뜻이
니, 결국 어떠한 것도 고정된 것으로 특정할 수 없다는 말이며, 단일하게 규정해서도 안
된다는 말이다. 곧 모든 존재는 자신의 입장에서 보면 이것이고 상대의 입장에서 보면
저것으로 지칭할 수 있기 때문에 피차피시(彼此彼是)의 구분은 절대적인 기준이 될 수
없다.

12) 自彼則不見(자피즉불견) : 저것(彼)의 입장에서 보면 그 자신(彼)이 보이지 않음. 곧 자신
을 대상화하지 않는 한 상대의 입장에서 볼 때 자신이 저것(彼)이 된다는 사실을 인식하
지 못한다는 뜻.

13) 自知則知之(자지즉지지) : 스스로 알게 되면 그것을 알게 됨. 곧 자신을 스스로 저것(彼)
으로 대상화해서 알 수 있다는 뜻.

그러나 저것으로부터는 보지 못하고, 스스로 아는 것만 안다.

故曰고왈 : 彼出於是피출어시 是亦因彼시역인피

그러므로 저것은 이것 때문에 생겨나고 이것 역시 저것 때문에 생겨난다.

彼是피시 方生14)之說也방생지설야

곧 저것과 이것은 상대적으로 생겨난다는 주장이다.

雖然수연 方生方死 方死方生15)방생방사 방사방생

비록 삶이 있기에 죽음이 있고, 죽음이 있기에 삶이 있다.

方可方不可방가방불가 方不可方可방불가방가

옳음이 있기에 그름이 있고, 그름이 있기에 옳음이 있으며,

因是因非인시인비 因非因是인비인시

옳음(是)에 기인하여 그름(非)이 있고, 그름에 기인하여 옳음이 있다.

是以聖人不由시이성인불유

그러므로 성인(聖人)은 이런 상대적 입장에 서지 않고,

而照之于天이조지우천 亦因是也역인시야

하늘(天 : 自然)의 입장에서 바라본다. 이것이야말로 시(是 : 天)에 기인한 것이다.

是亦彼也시역피야 彼亦是也피역시야

이것이 곧 저것이요, 저것이 곧 이것이다.

彼亦一是非피역일시비 此亦一是非차역일시비

저것에도 하나의 是와 非가 있고, 이것에도 하나의 是와 非가 있다.

---

14) 方生(방생) : 함께 생겨나는 것. 방(方)은 병(竝)의 뜻.

15) 方生方死 方死方生(방생방사 방사방생) : 삶이 있으면 반드시 죽음이 있고, 죽음이 있으면 반드시 삶이 있다.

果且有彼是乎哉과차유피시호재

그렇다면 과연 저것(彼)과 이것(是)의 구분이 있는 것인가?

果且無彼是乎哉과차무피시호재

과연 저것(彼)과 이것(是)의 구별이 없는 것인가?

彼是莫得其偶피시막득기우 謂之道樞6)위지도추

저것과 이것을 갈라놓을 수 없는 것을 도추(道樞)라 한다.

樞始得其環中17)추시득기환중 以應無窮이응무궁

문짝의 지도리(樞)는 고리 속에 끼워져야 무궁(無窮)에 응할 수가 있다.

是亦一無窮 非亦一無窮也18)시역일무궁 비역일무궁야

시(是) 또한 하나의 무궁이요, 비(非) 또한 하나의 무궁이다.

故曰고왈 "莫若以明막약이명"

그러므로 "밝음으로써 비추어 보는 것만 같지 못하다."는 것이다.

| 해설 |

　본래 참됨도 거짓됨도 없는 道(實在)가 어째서 진위(眞僞)의 구별이
생기며, 본래 옳음도 그름도 없는 말(認識)이 어째서 시비가 생겨나는
가? 원래 도처에 존재하는 道는 인간의 편견에 의하여 진위의 대립이
생기고, 원래 모든 것이 옳은 말이 인간의 허식적인 문화에 의하여 시

---

16) 道樞(도추) : 道의 지도리(돌쩌귀), 道의 요체(要諦). 실재(實在)의 진상(眞相).

17) 得其環中(득기환중) : 둥근 고리의 중심이란 가장 알맞은 중심이 되는 위치이며 바로 空
의 상태를 가리킨다.

18) 是亦一無窮 非亦一無窮也(시역일무궁 비역일무궁야) : 是도 하나의 무궁(無窮)이요, 非 또
한 하나의 무궁이다. 곧 是와 非가 모두 무궁한 천변만화(千變萬化)를 하나로 포괄한다는
뜻이다.

비가 생긴다는 것이다. 그래서 유묵(儒墨)의 시비가 생겨났으나, 이는 명백한 이치, 곧 일체의 인간적 상대성을 초월한 천지·자연의 절대적 진리에 입각하지 않았기 때문에 생긴 것이다.

4.

以指喩指之非指 不若以非指喩指之非指也[1]이지유지지비지 불약이비지유지지
비지야

손가락을 가지고 손가락이 손가락 아님을 밝히는 것은, 손가락 아닌 것을 가지고 손가락이 손가락 아님을 밝히는 것만 못하고,

以馬喩馬之非馬　不若以非馬喩馬之非馬也[2]이마유마지비마　불약이비마유
마지비마야

말(馬)로써 말이 말 아님을 깨우치는 것은 말이 아닌 것(萬物)으로써 말

---

1) 以指喩指之非指 不若以非指喩指之非指也(이지유지지비지 불약이비지유지지비지야) : 손가
   락으로 손가락이 손가락 아님을 밝히는 것은 손가락 아닌 것으로 손가락이 손가락 아님
   을 밝히는 것만 못하다. 喩(유)는 밝히다. 만물제동(萬物齊同)의 입장에서는 손가락은 손
   가락이면서 손가락 아닌 것이기도 하다. 그 때문에 공손룡(公孫龍)의 「지지비지론(指指非
   指論)」처럼 엄지손가락은 손가락이 아니라 하는 것만 못하다는 뜻이다.

2) 以馬喩馬之非馬 不若以非馬喩馬之非馬也(이마유마지비마 불약이비마유마지비마야) : 말을
   가지고 말이 말 아님을 밝히는 것은 말이 아닌 것을 가지고 말이 말 아님을 밝히는 것만
   못하다. 공손룡(公孫龍)의 「백마비마론(白馬非馬論)」과 같은 논리다. 공손룡은 白은 빛깔
   을 가리키는 개념이고, 馬는 형체를 가리키는 개념이므로 白馬는 백마이지 말이 아니라고
   주장한다. 빛깔을 가리키는 개념과 형체를 가리키는 개념은 엄격히 구분된다는 뜻이다.
   그리고 말에는 백마뿐 아니라 흑마(黑馬), 황마(黃馬) 등도 있지만, 백마에는 흑마나 황마
   는 해당되지 않으므로 백마는 백마이지 말이 아니라고 주장한다. 백마와 말이라는 개념
   사이에는 넓고 좁은 의미의 차이가 있어서 일치하지 않으므로 백마를 말이라 할 수 없다
   는 것이다. 또 공손룡은 여러 빛깔의 말에서 빛깔을 빼버린 것이 말이고, 백마는 그러한
   말에다가 흰 빛깔을 더한 것이므로 백마는 백마이지 말이 아니라고 주장한다. 곧 말이라
   는 일반개념과 백마라는 특수개념을 동일시해서는 안 된다는 것이다.

이 말 아님을 깨우치는 것만 같지 못하다.

天地一指也 萬物一馬也3)천지일지야 만물일마야

천지는 하나의 손가락이요, 만물은 한 마리의 말이다.

可乎可 不可乎不可4)가호가 불가호불가

세속의 사람들은 나에게 가(可)한 것을 가하다 하고, 나에게 불가한 것을 불가하다고 한다.

道行之而成도행지이성 物謂之而然물위지이연

길은 사람이 자주 다녀서 이루어지듯이, 사물은 사람들이 자주 그렇게 일컫기 때문에 그러한 이름이 생기는 것이다.

惡乎然 然於然5)오호연 연어연

어째서 그러한가? 그렇다고 하니까 그러한 것이다.

惡乎不然오호불연 不然於不然불연어불연

어째서 그렇지 아니한가? 그렇지 않으니까 그렇지 않은 것이다.

物固有所然 物固有所可6)물고유소연 물고유소가

---

3) 天地一指也 萬物一馬也(천지일지야 만물일마야) : 만물제동의 입장에서 보면 天地도 한 개의 손가락과 같고, 萬物도 한 마리의 말과 같다는 뜻.

4) 可乎可 不可乎不可(가호가 불가호불가) : 나에게 可한 것을 可하다고 하고, 나에게 不可한 것을 不可하다 함. 세속의 사람들은 본래 하나인 만물을 可와 不可로 나누어 습관적인 사고와 주관적인 편견에 따라 可와 不可를 판단한다는 뜻.

5) 惡乎然 然於然(오호연 연어연) : 어째서 그렇다고 하는가? 그렇다고 하는 데서 그렇다고 하는 것이다. 무엇을 근거로 그렇다고 하는가? 그렇다고 해야 할 이유가 있어서 그렇다고 하는 것이 아니라 습관이 그렇다고 하기 때문에 그것을 기준으로 그렇다고 판단한다는 뜻.

6) 物固有所然 物固有所可(물고유소연 물고유소가) : 사물은 본래 그러한 바가 있고, 사물은 본래 可한 바가 있다. 어떤 사물이든 모두 그러함(然)과 가함(可)이 있으므로 습관과 편견을 기준으로 然과 可를 판단함은 옳지 않다는 뜻.

사물에는 원래 그러한 바가 있고, 사물에는 원래 가한 바가 있다.

無物不然무물불연 無物不可무물불가

그렇지 않은 사물이 없고 可하지 않은 사물이 없다.

故爲是擧莛與楹[7])고위시거정여영 厲與西施[8])나여서시

그러므로 이를 위하여 나뭇가지와 기둥, 문둥이와 서시(西施)를 예로 들어보자.

恢恑憰怪[9])회궤휼괴 道通爲一[10])도통위일

관대함과 변덕스러움, 간사함과 괴상함의 대립도 道로는 통합되어 하나가 된다.

其分也成也 其成也毁也[11])기분야성야 기성야훼야

그 분화하는 것은 그대로 생성하는 것이고, 생성하는 것은 그대로 허물어지는 것이다.

---

7) 楹(영) : 기둥.

8) 厲與西施(나여서시) : 문둥이와 서시. 厲는 나환자. '나'로 읽는다. 西施는 춘추시대의 월(越)나라 미인(美人). 월나라의 왕 구천(句踐)이 오(吳)나라에 망한 뒤, 서시를 오나라 왕 부차(夫差)에게 보냈는데, 부차가 반하여 국사(國事)를 돌보지 아니하여 구천과 범소백(范少伯)의 침공을 받아 망했다.

9) 恢恑憰怪(회궤휼괴) : 관대함, 흉측함, 괴상망측한 걸 표현하는 단어인데 공통점 하나가 있다. 네 글자 모두 마음을 나타내는 심방변(忄)으로 구성되어 있다는 것이다.

10) 道通爲一(도통위일) : 道를 통해서 하나가 되게 함. 곧 道의 입장에서 보면 위의 나뭇가지와 기둥, 문둥이와 서시(西施), 관대함과 변덕스러움, 간사함과 괴상함 등의 차별상을 모두 포용하여 동일한 가치를 지닌 것으로 여긴다는 뜻. 곧 道 앞에서는 모든 차별적인 것이 하나가 된다는 말이다.

11) 其分也成也 其成也毁也(기분야성야 기성야훼야) : 하나인 道가 분열하면 (상대세계의 사물이) 성립되고, (상대세계의 사물이) 성립되면 (그것은 또) 파괴된다. 이것은 하나의 사물이 나누어지는 것은 또 다른 사물이 성립되는 것이고, 상대세계의 사물이 성립되면 성립된 그것은 곧 파괴된다는 뜻.

凡物無成與毁범물무성여훼 復通爲一부통위일

따라서 만물은 생성도 허물어짐도 없이 다시 통해서 하나가 된다.

唯達者知通爲一유달자지통위일 爲是不用而寓諸庸[12]위시불용이우제용

그러므로 道에 이르면 만물이 하나임을 알게 된다. (세속의 습관이나 편견을) 따르지 않고, 일체를 용(庸 : 自然)에 맡긴다.

庸也者용야자 用也용야 用也者용야자 通也통야 通也者통야자 得也득야 適得而幾矣적득이기의

용(庸)은 곧 용(用)이요, 용(用)은 곧 통(通)이며, 통(通)은 곧 득(得)이다. 득하면 道에 가깝다.

因是已[13]인시이 已而不知其然이이부지기연 謂之道위지도

오직 따를 뿐 그런 까닭조차 의식하지 못하는 것을 道라 한다.

勞神明[14]爲一노신명위일 而不知其同也이부지기동야 謂之朝三위지조삼

신명(神明)을 수고롭게 하여 하나로 만들려고만 하고, 그 동일한 것을 알지 못함을 조삼(朝三)이라 한다.

何謂朝三하위조삼 曰狙公[15]賦芧왈저공부서

무엇을 조삼이라 하는가? 저공(狙公)이 원숭이들에게 도토리를 주면서,

曰왈 : "朝三而暮四[16]조삼이모사" 衆狙皆怒중저개노

---

12) 爲是不用而寓諸庸(위시불용이우제용) : 道를 통한 사람은 자신의 주관적 판단(편견)에 따라 사물을 판단하지 않고 자연의 道에 맡긴다는 뜻. 庸은 일정하여 변하지 아니하다의 뜻. 주희(朱熹)는 庸을 평상(平常)으로 풀이했다.

13) 因是已(인시이) : 절대의 是를 따름. 是는 곧 道. 因是는 위의 "자신의 주관적 판단(편견)에 따라 사물을 판단하지 않고 자연의 道에 맡긴다"는 태도를 가리킨다.

14) 勞神明(노신명) : 神明을 수고롭게 하다. 공연히 정신을 피곤하게 한다는 뜻. 神明은 (사람의) 정신 (상태)를 이른다.

15) 狙公(저공) : 원숭이를 기르는 사람.

"아침에 세 개, 저녁에 네 개를 주겠다."라고 하자, 모든 원숭이들이 일제히 화를 냈다.

曰曰 : "然則朝四而暮三연즉조사모삼."

그래서 "그렇다면 아침에 네 개, 저녁에 세 개를 죽겠다."하니,

衆狙皆悅중저개열

모든 원숭이들이 일제히 기뻐하였다.

名實未虧[7]명실미휴 而喜怒爲用이희노위용 亦因是也[8]역인시야

명(名)과 실(實)이 다르지 않은데 기쁨과 성냄의 작용이 달랐으니, 또한 주관적인 판단에 따랐기 때문이다.

是以聖人和之以是非시이성인화지이시비 而休乎天鈞[9]이휴호천균

그러므로 성인은 시비를 조화시키고 자연적인 균제(均齊)에 맡기니,

是之謂兩行[20]시지위양행

이것을 양행(兩行)이라 한다.

---

16) 朝三而暮四(조삼이모사) : "아침에 세 개, 저녁에 네 개"라는 뜻으로, 당장 눈앞에 나타나는 차별만을 알고 그 결과가 같음을 모름의 비유로, 여기에서 간사한 꾀를 써서 남을 속임을 이르는 「조삼모사(朝三暮四)」라는 성어가 생겨났다.

17) 名實未虧(명실미휴) : 명(名)과 실(實)에 아무런 변화가 없다.

18) 亦因是也(역인시야) : 또한 눈앞의 이익에 연연하지 않고 절대의 是인 道를 따라야 한다. 곧 이는 기뻐하고 노여워하는 마음이 작용하여 상대적 是非의 是를 따랐기 때문이다.

19) 天鈞(천균) : 하늘은 균등함. 자연평등의 이치.

20) 兩行(양행) : 두 가지가 다 시행됨. 자신의 주관적인 판단에 의지하여 시비를 나누지 않고 천하의 시비를 따르기 때문에 是와 非가 모두 인정된다는 뜻. 兩行은 유가의 대동(大同)과도 통한다. 대동은 대동소이(大同小異)에서 비롯된 말이다. 이는 '크게(大) 보면 같지만(同) 작게(小) 보면 다르다(異)'는 의미다. 그러니 가능한 한 크게 보아 차이를 줄이는 게 대동이 목표하는 바다. 兩行도 대동과 마찬가지로 크게 볼 때 가능하다.

인간세계에는 이것과 저것, 삶과 죽음, 可와 不可가 있지만, 이는 모두 상대적으로 생각하여 생기는 것으로 절대자(聖人)의 입장에서 보면 이는 동일한 것이며, 이를 초월해야 道를 얻게 되는 것이다. 그리하여 절대자의 입장에 서게 되면 손가락이 손가락인 동시에 손가락이 아니요, 말이 말인 동시에 말이 아니다. 이런 도추(道樞)의 입장에 서면 천지의 크기도 손가락 한 개요, 만물의 많음도 말 한 필과 같다.

그리하여 인간은 나뭇가지와 기둥, 문둥이와 서시(西施)를 구별하지만, 이는 인간의 망집(妄執)에서 나타나는 것이요, 초월자의 입장에서 보면 동일시된다는 것이다. 그러나 사람들은 아직도 「조삼모사(朝三暮四)」의 경지를 벗어나지 못한다.

5.

古之人고지인 其知有所至矣기지유소지의 惡乎至1)오호지

옛사람은 그 지혜가 지극한 바가 있었다. 어디에까지 이르렀던가?

有以爲未始有物者유이위미시유물자 至矣盡矣지의진의 不可以加矣불가이가의

첫째로 태초에 만물이 존재하지 않았다고 여겼는데, 이는 지극하고 극진하여 더할 수가 없었다.

其次以爲有物矣기차이위유물의 而未始有封也이미시유봉야

그 다음에는 만물은 있었으나 한계가 없다는 것이고, 그 다음으로는 한계는 있었으나 시비(是非)가 없었다는 것이다.

其次以爲有封焉기차이위유봉언 而未始有是非也이미시유시비야

---

1) 惡乎至(오호지) : 어느 곳에 이르렀는가. 惡(오)는 何와 같으며 여기서는 하처(何處)의 뜻.

그 다음은 사물과 사물의 구별은 있지만, 아직 시(是)와 비(非)는 없다고 생각했다고 한다.

是非之彰也 道之所以虧也[2] 시비지창야 도지소이휴야

그러므로 시비가 생겨나자 道가 허물어지고,

道之所以虧 愛之所以成[3] 도지소이휴 애지소이성

道가 허물어지자 편애(偏愛)가 생겨났다는 것이다.

果且有成與虧乎哉 과차유성여휴호재 果且無成與虧乎哉 과차무성여휴호재

그러면 과연 道에는 성쇠(成衰)가 있었던가? 과연 성쇠가 없었던가?

有成與虧 故昭氏之鼓琴也[4] 유성여휴 고소씨지고금야

성쇠가 있었음은 옛날 소씨(昭氏)가 거문고를 뜯을 때요,

無成與虧 故昭氏之不鼓琴也[5] 무성여휴 고소씨지불고금야

성쇠가 없었음은 소씨가 거문고를 뜯지 않았을 때다.

---

2) 是非之彰也 道之所以虧也(시비지창야 도지소이휴야) : 시비가 생기는 것은 道가 무너진 까닭이다. 곧 是非의 가치판단이 가해지자 道가 허물어졌다는 뜻으로, 만물제동(萬物齊同)의 입장을 버리고 시비를 따지기 시작하면 道에서 점점 멀어진다는 의미다.

3) 道之所以虧 愛之所以成(도지소이휴 애지소이성) : 道가 허물어지자 인간의 편애(偏愛)가 생겨나다. 만물제동의 입장을 버리면 만물을 차별적으로 대하는 인간의 애증(愛憎)과 호오(好惡)가 생김을 비유한 것이다.

4) 有成與虧 故昭氏之鼓琴也(유성여휴 고소씨지고금야) : 성쇠(盛衰)가 있는 것은 소씨(昭氏)가 거문고를 뜯는 것과 같다. 곧 昭氏가 거문고를 연주하여 한 곡을 이루는(成) 것은 다른 많은 곡들을 잃는(虧) 것과 같다는 뜻. 여기서 성쇠는 인간의 애증(愛憎)과 호오(好惡)가 생긴다는 뜻이고, 휴(虧)는 道가 허물어짐을 의미한다. 昭氏는 성은 소(昭), 이름은 문(文). 옛날 거문고를 잘 뜯던 사람.

5) 無成與虧 故昭氏之不鼓琴也(무성여휴 고소씨지불고금야) : 성쇠(盛衰)가 없는 것은 소씨가 거문고를 연주하지 않는 것과 같다. 不鼓琴은 아무 곡조도 타지 않으면 오음(五音)이 모두 다 살아있게 된다는 뜻으로, 소씨가 거문고를 연주하지 않으면 그로 인해 다른 모든 곡들을 다 들을 수 있다는 역설적인 표현.

昭文之鼓琴也소문지고금야 師曠[6]之枝策也사광지지책야

소문(昭文)이 거문고를 뜯고 사광(師曠)이 지팡이로 박자를 맞추며,

惠子之據梧也혜자지거오야 三子之知幾乎삼자지지기호!

혜시(惠施)가 오동나무 책상에 기대어 변론함에 그들 세 사람의 재지(才知)는 거의 완성의 지경에 가까웠다!

皆其盛者也개기성자야 故載之末年고재지말년

모두 자기 분야에서 완성의 경지에 이르러 후세에 그 이름이 실려 있다.

唯其好之也유기호지야 以異於彼[7]이이어피 其好之也기호지야 欲以明之彼욕이명지피

다만 그들이 좋아한 것이 성인들의 그것(道)과는 달랐으니, 그들이 좋아한 것은 그것(道)을 드러내고자 한 것이다.

非所明而明之비소명이명지 故以堅白之昧終[8]고이견백지매종

그것은 밝혀야 할 것이 아닌데 밝혔기 때문에 견백(堅白)의 궤변(詭辯)으로 일생을 마치게 된 것이다.

而其子又以文之綸終이기자우이문지륜종 終身無成종신무성

더구나 소문(昭文)의 아들은 소문의 기술을 배우고도 일생 동안 그것을 발전시킬 수가 없었다.

若是而可謂成乎약시이가위성호 雖我亦成也수아무성야

---

6) 師曠(사광) : 자는 자야(子野). 진(晋)나라 평공(平公) 때의 악사(樂師). 음률에 정통했다.

7) 以異於彼(이이어피) : 성인의 그것(道)과는 달리하다. 곧 道의 경지와는 달랐다는 뜻. 彼에 대해서는 여러 가지 해석이 있다.

8) 以堅白之昧終(이견백지매종) : 견백(堅白)의 궤변(詭辯)으로 일생을 마치다. 堅白之昧는 전국시대 공손룡(公孫龍), 혜시(惠施) 등의 논리학파에 의하여 주장된 궤변. 사물의 실체성과 속성과의 관계를 분석해서 단단하고 흰 돌은 한 개의 것이 아니고 단단한 돌과 흰 돌의 두 개라는 식으로 말함. 따라서 「견백동이지변(堅白同異之辯)」이라고도 한다.

이와 같이 하고서 道를 이루었다고 말할 수 있다면 비록 나라고 이루지 못할 바가 없으며,

若是而不可謂成乎약시이불가위성호 物與我無成也물여아무성야

또한 이와 같이 하고서 道를 이루었다고 말할 수 없다면 남이나 나 또한 이루지 못할 것이다.

是故滑疑之耀9)시고골의지요 聖人之所圖也성인지소도야

그러므로 마음속의 의심스럽던 일이 마침내 환하게 밝아지도록 함은 성인이 도모하는 바다.

爲是不用而寓諸庸10)위시불용이우제용 此之謂以明차지위이명

편견을 버리고 용(庸 : 自然)에 붙여주는 것이니, 이를 명(明 : 自然의 밝음)이라 한다.

| 해설 |

道가 허물어지자 편애(偏愛)가 생겨나고, 심지어는 견백(堅白)의 궤변에까지 빠지고 만다. 좀 두드러졌다는 소문(昭文)・사광(師曠)・혜시(惠施)의 지교(智巧)로도 절대자의 경지에는 들어가지 못하고 있다. 따라서 장자는 만물제동(萬物齊同)의 실재의 진상을 도추・천균(天鈞 : 자연적 균제均齊)・양행(兩行) 등의 말로써 설명하고 이것들을 간과하는 예지(叡智), 곧 절대적 지혜인 명(明)을 자기의 지혜로 삼아야 인간

---

9) 滑疑之耀(골의지요) : 희미한 가운데 감추어져 있는 그윽한 빛. 곧 마음속의 의심스럽던 일이 마침내 환하게 밝아짐. 滑(골)은 어지러이 질서 없는 혼돈을 의미하므로 희미하고 혼돈한 가운데 감춰진 그윽하고 어두운 밝음.

10) 爲是不用而寓諸庸(위시불용이우제용) : 이 때문에 편견을 버리고 용(庸)에 맡김. 道를 터득한 사람은 자신의 주관적 견해로 사물을 판단하지 않고 자연의 道에 맡긴다는 뜻 용(庸)은 일정하여 변하지 아니하는 「상주불변(常住不變)」의 자연(自然).

의 모든 갈등을 초월할 수 있다고 말하고 있다. 곧 시비와 편견을 초월해야 道를 알 수 있음을 강조한 대목이다.

6.

今且有言於此금차유언어차

지금 여기에 어떤 말(言)이 있는데,

不知其與是類乎부지기여시류호 其與是不類乎기여시불류호

이 말이 진리인지, 진리가 아닌지 알지 못하는가?

類與不類유여불류 相與爲類[1]상여위류 則與彼無以異矣즉여피무이이의

유사한 것과 유사하지 않은 것을 서로 유사한 것으로 간주하면 저것(비진리)과 다를 것이 없을 것이다.

雖然수연 請嘗言之[2]청상언지

비록 그렇지만 시험 삼아 한 번 말해 보고자 한다.

有始也者유시야자 有未始有始也者유미시유시야자

처음이 있다고 하는 자가 있고, 처음부터 있지 않았다는 자가 있으며,

有未始有夫未始有始也者유미시유부미시유시야자

처음이 처음부터 있지 않았다는 것부터가 애당초 있지 않았다는 자가 있다.

有有也者유유야자 有無也者[3]유무야자 有未始有無也者유미시유무야자

---

1) 爲類(위류) : 동일한 범주로 분류한다는 뜻. 끼리끼리라는 뜻.

2) 請嘗言之(청상언지) : 시험 삼아 말해 보고자 한다. 한번 밀해보자. 嘗(상)은 시(試)와 같다.

3) 有無也者(유무야자) : 無라는 말이 있음. 곧 그 무엇이 있다고 표현하는 것은 그 이전에 그 무엇이 없었던 때가 있음을 내포하고 있기 때문에 有의 부정으로서 無가 있다고 말

또 있다는 자가 있고 없다는 자가 있으며, 있음이나 없음이 처음부터 있지 않았다는 자가 있고,

有未始有夫未始有無也者[4]유미시유부미시유무야자

있음이나 없음이 처음부터 있지 않았다는 것부터가 처음부터 있지 않았다는 자가 있다.

俄而有無矣아이유무의

(이렇듯 말로 표현할 수 있게 되자) 이윽고 있다(有) 없다(無) 하지만,

而未知有無之果孰有孰無也이미지유무지과숙유숙무야

그 있음과 없음은 과연 어느 것이 있고, 어느 것이 없는지 알 수가 없다.

今我則已有謂矣금아즉이유위의 而未知吾所謂之其果有謂乎이미지오소위지기과유위호 其果無謂乎기과무위호?

지금 내가 이미 말했지만, 내 말한 바가 과연 말함이 있었는지, 과연 말함이 없는 것인지조차 알 수가 없다.

| 해설 |

장자는, 道는 체험에 의해서만 얻어지는 것이고, 모든 대립과 모순이 한데 엉긴 혼돈(混沌)으로서의 가치가 있으며, 이 유일 절대의 가치를 인식의 세계로 끌고 와 언어로 표현함으로써 그 절대성은 상실되고 상대적 가치에 빠진다고 생각한다. 그래서 "시험삼아 말해 보겠다."고

할 수 있다는 뜻.

4) 有未始有夫未始有無也者(유미시유부미시유무야자) : 처음에 無라는 말이 아직 있지 않았다는 말이 아직 있지 않았다는 말이 있다. 즉 바로 위 구절의 未始有無에 대한 부정을 통해 그것조차 없었던 때가 있다고 말할 수 있다는 뜻. 앞의 경우와 마찬가지로 부정의 부정이 계속 이어진다.

하였다. 그리고 「시(始)」, 「무시(無始)」, 「무무시(無無始)」로, 또는 「유」·「무」·「무무(無無)」·「무무무(無無無)」 형식의 논리를 전개하고 있다. 그러나 언어의 표현으로는 「유무((有無)」의 범주를 넘어서지 못하지만, 道는 이 범주를 넘어서 있기 때문이다.

7.

天下莫大於秋豪之末¹⁾천하막대어추호지말 而太山爲小²⁾이태산위소
천하에 털끝보다 더 큰 것이 없고, 태산이 작은 것이 될 수도 있으며,

莫壽乎殤子 而彭祖爲夭³⁾막수어상자 이팽조위요
일찍 죽은 자식보다 더 장수한 이가 없고, 팽조는 요사(夭死)했다.

天地與我竝生 而萬物與我爲一⁴⁾천지여아병생 이만물여아위일

---

1) 天下莫大於秋豪之末(천하막대어추호지말) : 천하에 가을 털의 끝보다 큰 것이 없다. 가을 털은 흔히 가장 작은 사물의 비유로 쓰이지만, 앞의 구절에서 이어지는 부정의 부정을 통해 그보다 작은 사물을 들 수 있고, 또 그러한 반복을 통해 보다 작은 사물을 무한히 들 수 있기 때문에 역설적으로 그런 것들과 비교하면 도리어 가장 큰 사물이 될 수 있다는 뜻. 秋豪之末(추호지말)은 흔히 가장 작은 사물의 비유로 쓰인다.

2) 太山爲小(태산위소) : 태산은 작은 것이 될 수 있다. 보통 태산은 가장 큰 사물의 비유로 쓰이지만, 가을 털끝의 경우와 마찬가지로 그보다 더 큰 사물은 무한하기 때문에 그런 것들과 비교하면 오히려 가장 작은 사물이 될 수 있다는 뜻.

3) 莫壽乎殤子 而彭祖爲夭(막수호상자 이팽조위요) : 일찍 죽은 아이보다 장수(長壽)한 사람이 없고 팽조(彭祖)는 일찍 죽었다. 상자(殤子)는 나이가 어려서 죽은 아이를 가리키는 말이나, 왕위를 계승하지 못하고 일찍 죽은 세자(世子)나 왕자를 가리키는 말로도 쓰인다. 彭祖는 800년이나 살았다는 중국 전설 속의 인물. 팽조가 실제로 800년을 살았다고 하는 것은 고증할 수 없으나, 중국 다수의 역사서에 팽조에 대한 언급이 있다.

4) 天地與我竝生 而萬物與我爲(천지여아병생 만물여아위일) : 천지도 나와 함께 살고 만물도 나와 하나다. 만물제동(萬物齊同)의 입장에서는 천지와 만물이 모두 나와 일체(一體)라는 뜻이다. 한편 "내가 태어나기 이전에는 천지가 있는 줄 모르고, 내 죽은 뒤에도 또한 천

천지도 나와 함께 살고, 만물도 나와 하나이다.

旣已爲一矣기이위일의 且得有言乎차득유언호?

이미 하나가 되었으니, 또 무슨 말이 있겠는가?

旣已謂之一矣기이위지일의 且得無言乎차득무언호

그러나 이미 하나라고 말하였으니, 말한 바가 없다고 하겠는가?

一與言爲二일여언위이 二與一爲三이여일위삼

하나라는 사실과 말이 합쳐 둘이 되고, 이 둘은 나누기 이전의 하나와 합쳐 셋이 된다.

自此以往자차이왕 巧歷5)不能得교력불능득 而况其凡乎이황기범호!

이렇게 이어가면 아무리 역수(曆數)에 교묘한 사람이라도 계산해내지 못하거늘, 하물며 평범한 사람에게 있어서랴!

故自無適有고자무적유以至於三이지어삼而况自有適有乎이황자유적유호!

그러므로 무에서 유로 나가는 것만으로도 벌써 셋이 되는데, 하물며 유에서 유로 나아감에 있어서랴!

無適焉 因是已6)무적언 인시이

그래서 나아가지 말고 절대의 是(道 : 자연)를 따를 뿐이다.

지가 있는지 알지 못하니, 이것이 천지가 나와 종시(終始)를 나란히 하는 것이다."라는 해석이 있다.

5) 巧歷(교력) : 역법에 뛰어남.

6) 無適焉 因是已(무적언 인시이) : 나아가지 말고 절대의 是(道)를 따를 뿐이다. 곧 절대의 一인 道의 세계에 머물러 절대의 시(是)를 따르는 것이 최선임을 말하고 있다. 無適은 「주일무적(主一無適)」과 같은 뜻으로 볼 수 있다. 곧 마음을 한 군데 집중하여 잡념을 없앤다는 의미로 경(敬)을 설명한 말이다.

| 해설 |

道의 입장에서 보면 극소도 극대가 되고, 순간도 영원이 되기 때문에 천하에 추호(秋毫)의 끝보다 더 큰 것이 없고, 태산도 작은 것이 되며, 요절한 자식보다 더 장수함이 없고, 8백 년을 산 팽조도 단명한 것이 되는 것이다.

8.

夫道未始有封 言未始有常[1]부도미시유봉 언미시유상

무릇 道는 애초에 한계가 없는 것이나, 말(言)에는 처음부터 시비(是非)에 일정함이 있지 않았다.

爲是而有畛也위시이유진야 請言其畛청언기진

그러므로 사물에 구별이 생기게 되었으니, 그 구별에 대해서 말해 보려고 한다.

有左有右 有倫有義[2]유좌유우 유륜유의

좌(左)가 있고 우(右)가 있으며, 윤(倫)이 있고 의(義)가 있으며,

有分有辯 有競有爭[3]유분유변 유경유쟁

---

1) 道未始有封 言未始有常(도미시유봉 언미시유상) : 道는 본시 경계가 있지 않으나, 말에는 시비(是非)에 일정함이 없다. 곧 道는 본시 이것저것의 구별이 없고 한 덩어리의 혼돈(混沌)이었다는 뜻. 封은 경계의 뜻.

2) 有左有右 有倫有義(유좌유우 유륜유의) : 왼쪽이 있고 오른쪽이 있고, 인륜과 의리가 있다. 有左有右는 공간적 구분의 대표로 든 것이고, 有倫有義는 사람과 사람 사이의 관계를 규정하는 내용을 든 것이다.

3) 有分有辯 有競有爭(유분유변 유경유쟁) : 신분과 차별이 있고, 겨룸과 다툼이 있다. 사람과 사람을 지위에 따라 차별적으로 규정하고, 사람과 사람이 이익을 놓고 다투는 어지러운 대립 상황을 표현한 것이다.

분(分)이 있고 변(辯)이 있으며, 경(競)이 있고 쟁(爭)이 있어,

此之謂八德4)차지위팔덕

이것을 팔덕(八德)이라 한다.

六合5)之外육합지외 聖人存而不論6)성인존이불론

육합(六合) 밖은 성인은 그냥 놓아두고 논하지 않고,

六合之內육합지내 聖人論而不議7)성인론이불의

육합 안은 성인이 논하면서도 시비를 따지지는 않는다.

春秋經世춘추경세 先王之志선왕지지 聖人議而不辯성인의이불변

《춘추(春秋)》는 세상을 다스린 선왕(先王)의 뜻으로서, 성인은 토의는 하면서도 말하지는(辯 : 판단) 않는다.

故分也者 有不分也8)고분야자 유불분야

사물을 구분하지만, 그 중에는 구분할 수 없는 것이 있다.

辯也者 有不辯也9)변야자 유불변야

사물을 구별하지만 그 중에는 구별할 수 없는 것이 있다.

---

4) 八德(팔덕) : 인(仁)·의(義)·예(禮)·지(智)·충(忠)·신(信)·효(孝)·제(悌)의 여덟 가지 덕(德)을 말하는데, 이것은 모든 인간이 가지고 있는 작용이라고 규정한 것이다.

5) 六合(육합) : 천지(天地)와 사방(四方)을 합친 개념으로「육합지내(六合之內)」라고 하면 물리적인 공간 전체, 곧 이 세상을 의미하고, 「육합지외(六合之外)」는 이 세상 바깥, 곧 형이상(形而上)의 세계, 불가지(不可知)의 세계를 의미한다.

6) 存而不論(존이불론) : 그냥 두고 논(論)하지 않음. 존(存)은 내버려둔다는 뜻.

7) 論而不議(논이불의) : 논(論)하기만 하고 是非를 따지지 않음. 곧 다른 사람의 견해를 두고 옳다 그르다 하지 않음. 議는 시비를 따진다는 뜻.

8) 故分也者 有不分也(고분야자 유불분야) : 사물을 구분하지만 그 가운데는 구분할 수 없는 것이 있다.

9) 辯也者 有不辯也(변야자 유불변야) : 사물을 구별하지만, 그 가운데는 구별할 수 없는 것이 있다. 곧 말로 구별해서 표현할 수 없는 것이 있다는 뜻.

曰왈 : 何也하야?

말하자면, 어째서 그러한가?

聖人懷之 衆人辯之以相示也[10]성인회지 중인변지이상시야

성인은 道를 자기 몸에 품지만 보통 사람은 그것을 변별함으로써 그것을 내보인다.

故曰고왈 : 辯也者 有不見也[11]변야자 유불견야

그러므로 말하자면, 변별함으로는 아직 보지 못하는 것이 있다는 것이다.

| 해설 |

세인의 언어로써 표현되는 無에서 有로, 有에서 有로 전개되는 경로는 좌우·논의·분변(分辯)·경쟁의 팔덕(八德)으로 발전되며, 팔덕이란 팔득(八得)으로서, 인간이 道에다 심지(心知)의 분별을 가하여 얻어진 결과라고 본다.

9.

夫大道不稱[1]부대도불칭 大辯不言대변불언

무릇 큰 道는 일컬을 수가 없고, 큰 말은 말하지 않으며,

大仁不仁대인불인 大廉不嗛대렴불겸

위대한 인(仁)은 어질지 않고, 크게 청렴함은 겸손하지 않으며,

---

10) 聖人懷之 衆人辯之以相示也(성인회지 중인변지이상시야) : 성인은 그것을 품고, 보통사람들은 그것을 구별해서 서로 내보인다. 곧 성인은 사물을 차별하지 않고 있는 그대로 보고, 보통사람은 사물을 차별하여 내보임으로써 서로 옳다고 다툰다는 뜻.

11) 辯也者 有不見也(변야자 유불견야) : 인간의 구별 능력으로는 道를 파악할 수 없다는 의미.

1) 大道不稱(대도불칭) : 큰 道는 일컬을 수 없다. 곧 大道는 언어로 표현할 수 없다는 뜻.

大勇不忮[2]대용불기

참된 용기는 남을 해치지 않는다.

道昭而不道도소이부도 言辯而不及언변이불급

道가 밝혀지면 道가 아니고, 말이 변증되면 미치지 못하며,

仁常而不成인상이불성 廉清而不信[3]염청이불신

인(仁)이 계속되면 이루어지지 못하고, 청렴이 드러나면 미덥지 못하며,

勇忮而不成용기이불성

용기가 사나워지면 이루어지지 못한다.

五者园而幾向方矣[4]오자완이기향방의

이 다섯 가지는 둥글고자 하는데, 오히려 모난 데로 가까워지려 한다.

故知止其所不知고지지기소부지 至矣지의

그러므로 앎이 그 알지 못하는 데서 그치면 최선이다.

孰知不言之辯숙지불언지변 不道之道부도지도

누가 말 없는 말과 표현되지 않는 道를 알 것인가?

若有能知약유능지 此之謂天府[5]차지위천부

만일 이를 아는 이가 있다면 이를 천부(天府)라고 일컬으니,

---

2) 大勇不忮(대용불기) : 참된 용기는 남을 해치지 않는다. 忮(기)는 해치다, 사납다의 뜻.

3) 廉清而不信(염청이불신) : 청렴함이 드러나면 믿어주지 않음. 곧 청렴함을 드러내어 분명하
게 하면 사람들이 도리어 그의 결백을 믿어주지 않는다는 뜻. 清은 분명하게 한다는 뜻.

4) 五者园而幾向方矣(오자완이기향방의) : 다섯 가지는 둥글고자 하는데도 도리어 모난 데
로 가까워지려 하다. 곧 위에서 나오는 道·言·仁·廉·勇 다섯 가지는 본시 원만함을
추구하지만, 그것을 바깥으로 드러내고자 위에서 나오는 昭·辯·常·清·忮와 같은 행
위를 함으로써 도리어 본래의 목적과 어긋나 모난 데로 가려 한다는 뜻.

5) 天府(천부) : 자연의 보고(寶庫).

注焉而不滿주언이불만 酌焉而不竭작언이불갈

부어도 가득 차지 않고, 퍼내도 마르지 않아서,

而不知其所由來이부지기소유래 此之謂葆光[6]차지위보광

그 말미암는 바를 모른다. 이것을 보광(葆光)이라 한다.

┃해설┃

　최상의 지혜는 직선에 의하여 달라지지 않는 원주와 같이, 시비의
편견에 의하여 다치지 않는 자연의 지혜, 인식의 한계를 알아 그 한계
밖에서 멈추는 지혜라고 하였다.

10.

故昔者[1]堯問於舜曰고석자요문어순왈 :

그래서 옛날에 요(堯)가 순(舜)에게 물었다.

"我欲伐宗膾胥敖[2]아욕벌종회서오

"내가 종(宗)·회(膾)·서오(胥敖)를 정벌코자 하는데,

南面而不釋然[3]남면이불석연 其故何也기고하야?"

---

6) 葆光(보광) : 숨겨져 있는 빛이란 뜻으로 절대적인 지혜.

1) 昔者(석자) : 이전(以前), 옛날, 昔은 예, 옛날, 앞서.

2) 我欲伐宗膾胥敖(아욕벌종회서오) : 내가 宗나라와 膾나라, 胥敖(서오)를 정벌하고자 한다.
　宗과 膾는 나라 이름이고 서오(胥敖)는 종족 이름이다. 宗(종)은 총(叢)·숭(崇)이라고 기
　록되어 있는 곳도 있는데, 《서경(書經)》 등에 나오는 숭산(崇山)으로 지금의 호남성 풍현
　(灃縣) 부근이라 함. 膾(회)는 회(鄶)·회(檜)로 된 곳도 있는데, 《시경(詩經)》에 보이는
　회국(鄶國)으로 지금의 하남성 밀현(密縣) 부근이라 함. 胥敖(서오)는 지금의 운남성 귀주
　(貴州) 산악지대에 사는 묘족(苗族).

내가 남면(南面)하고 있으면서 그것이 석연치 않으니, 까닭이 무엇인가?"

舜曰순왈 : 순(舜)이 대답했다.

"夫三子者부삼자자 猶存乎蓬艾之間4)유존호봉애지간 若不釋然약불석연 何哉하재?

"무릇 그 세 나라는 아직도 쑥대밭 사이에 있는 것과 같은데, 폐하께서 석연치 않다 하시니 어째서입니까?

昔者十日竝出석자십일병출 萬物皆照만물개조

옛날에 열 개의 태양이 한꺼번에 나타나 만물을 고루 비추었는데,

而況德之進乎日者乎이황덕지진호일자호!"

지금 폐하의 덕은 그런 태양보다도 더 나은데 무엇이 석연치 않다 하십니까!"

齧缺5)問乎王倪6)曰설결문호왕예왈 :

설결(齧缺)이 왕예(王倪)에게 물었다.

"子知物之所同是7)乎자지물지소동시호?"

"선생님께서는 만물이 그 나름대로 다 옳다고 하는 바를 아십니까?"

---

3) 南面而不釋然(남면이불석연) : 남면하는 제왕으로서 석연치 않음. 南面은 예전에 임금이 남쪽을 향하여 앉아서 뭇 신하의 조례(朝禮)를 받았던 데서 이르는 말. 불석연(不釋然)은 미심쩍었던 것이나 원한 등이 풀리지 않음.

4) 猶存乎蓬艾之間(유존호봉애지간) : 아직도 쑥밭 사이에 있음. 쑥밭 사이는 곡식이 자라지 않는 황폐한 땅이라는 뜻으로 세 나라가 아직 미개한 야만(野蠻) 상태에 머물러 있다는 뜻이다.

5) 齧缺(설결) : 요임금 때의 현인(賢人)으로 허유(許由)의 은사이며, 왕예의 제자.

6) 王倪(왕예) : 요임금 때의 현인. 설결의 스승.

7) 物之所同是(물지소동시) : 만물이 다 옳다고 하는 바. 만물제동(萬物齊同)의 세상을 표현한 말이다.

曰 : "吾惡乎知之오오호지지!"

왕예가 말했다. : "내가 그것을 어떻게 알겠느냐!"

"子知子之所不知邪자지자지소부지야?"

"선생님께서는 선생님께서 그것을 모르신다는 사실을 아십니까?"

曰 : "吾惡乎知之오오호지지!"

왕예가 말했다. : "내가 그것을 어떻게 알겠느냐!"

"然則物無知邪연즉물무지야?"

"그러면 물(物)이란 알 수 없는 것입니까?"

曰 : 왕예가 말했다.

"吾惡乎知之오오호지지! 雖然수연 嘗試言之8)상시언지 :

"내가 어떻게 그것을 알겠는가! 그렇지만 내가 한번 말해 보겠네.

庸詎知吾所謂知之非不知邪9)용거지오소위지지비부지야

나의 안다고 하는 것이 진정 모르는 것이 아닌 줄을 어떻게 알며,

庸詎知吾所謂不知之非知邪10)용거지오소위부지지비지야?

나의 모른다고 하는 것이 진정으로 아는 것이 아닌 줄 어떻게 아는가?

且吾嘗試問乎女차오상시문호녀

내 그럼 한번 자네에게 물어보겠네.

---

8) 嘗試言之(상시언지) : 시험 삼아 말해 보다. 곧 한번 말해보다. 상(嘗)과 시(試)는 모두 한번 해본다는 뜻.

9) 庸詎知吾所謂知之非不知邪(용거지오소위지지비부지야) : 내가 알지 못한다고 하는 것이 모르는 것임을 어찌 알겠는가. 곧 무엇에 대해 모른다고 생각하는 것이 사실은 참된 앎일 수 있다는 것임을 말하고 있다.

10) 庸詎知吾所謂不知之非知邪(용거지오소위부지지비지야) : 무엇에 대해 모른다고 생각하는 것이 사실은 참된 앎일 수 있다는 뜻.

民濕寢則腰疾偏死 鰌然乎哉¹¹⁾추연호재 민습침즉요질편사?

사람이 습기 찬 곳에서 자면 허리를 앓아 반신불수가 되어 끝내는 죽으니, 미꾸라지도 그러한가?

木處則惴慄恂懼¹²⁾목처즉췌율순구 猨猴然乎哉원후연호재?

나무에 올라가면 몸이 떨리며 두려우니, 원숭이도 그러한가?

三者孰知正處¹³⁾삼자숙지정처?

이 세 가지 거처 중에 어느 것이 바른 거처인 줄을 누가 알겠는가?

民食芻豢¹⁴⁾민식추시 麋鹿食薦미록식천

사람은 소와 돼지를 잡아먹고, 순록과 사슴은 풀을 뜯어먹으며,

蝍蛆甘帶¹⁵⁾즉저감대 鴟鴉¹⁶⁾耆鼠치아기서

지네는 뱀을 달게 먹고, 솔개나 까마귀는 쥐를 즐겨 먹는다.

四者孰知正味사자숙지정미?

이 넷 가운데 어느 것이 바른 맛인 줄을 누가 알겠는가?

猨猵狙以爲雌¹⁷⁾원편저이위자

---

11) 民濕寢則腰疾偏死 鰌然乎哉(민습침즉요질편사 추연호재) : 사람은 습기 찬 데서 자면 허리병이 생기고 반신불수가 되는데, 미꾸라지도 그런가? 溼은 濕과 같다. 偏死(편사)는 몸 한쪽이 마비되는 것. 鰌(추)는 미꾸라지. 곧 사람은 물고기와 달리 습하지 않은 건조한 곳에서 사는 것이 편안함을 지적한 내용.

12) 惴慄恂懼(췌율순구) : 4자 모두 두려워서 떤다는 말.

13) 三者孰知正處(삼자숙지정처) : 세 거처 중에서 어느 것이 올바른 거처인 줄을 아는가? 사람과 물고기, 원숭이는 각기 다른 서식지에서 살고 있는데, 그 어느 것이 올바른 거처인지 절대적인 기준이 될 수 없음을 말한다.

14) 芻豢(추환) : 芻는 소나 양 같은 가축. 豢(환)은 개나 돼지 같은 가축. 돼지라고 할 때는 豢(시)로 읽는다.

15) 帶(대) : 작은 뱀.

16) 鴟鴉(치아) : 솔개와 까마귀.

원숭이는 같은 유(類)의 편저(猵狙)라는 원숭이를 암컷으로 삼고,

麋與鹿交미여록교 鰍與魚遊추여어유

순록은 사슴과 짝하며, 미꾸라지는 물고기와 논다.

毛嬙18)麗姬19)모장여희 人之所美也인지소미야

모장(毛嬙)과 여희(麗姬)는 사람들이 아름답다고 여기지만,

魚見之深入어견지심입 鳥見之高飛조견지고비

물고기가 그들을 보면 깊이 숨고, 새들이 그들을 보면 높이 날며,

麋鹿見之決驟미록견지결취

순록과 사슴이 그들을 보면 결사적으로 도망치니,

四者孰知天下之正色哉사자숙지천하지정색재?

이 네 가지 중 어느 것이 천하의 바른 아름다움인 줄을 누가 알겠는가?

自我觀之자아관지 仁義之端20)인의지단 是非之塗21)시비지도 樊然淆亂22)
번연효란 吾惡能知其辯오오능지기변!"

내가 볼 때 인의(仁義)의 실마리(端緒)나 시비의 갈림길이 어수선하게
뒤섞여 어지러우니, 내 어찌 능히 그 구별을 알겠는가!"

齧缺日설결왈 : 설결이 말했다.

---

17) 猨猵狙以爲雌(원편저이위자) : 원숭이는 같은 유(類)의 편저(猵狙)라는 원숭이를 암컷으
로 삼다. 猨과 猵狙는 모두 원숭이 종류이지만, 여기서는 문맥상 암컷원숭이가 猨이고
수컷원숭이가 猵狙이다. 猵狙는 원숭이와 비슷하나 머리가 개 모양임. 족제비과의 수달
로도 봄.

18) 毛嬙(모장) : 전국시대 월왕(越王)의 애첩이었던 미녀.

19) 麗姬(여희) : 춘추시대 진(晋) 헌공(獻公)의 총희(寵姬)였던 시녀.

20) 端(단) : 조리(條理)의 가준.

21) 塗(도) : 길.

22) 樊然淆亂(번연효란) : 복잡하게 얽혀 어수선하고 어지러움.

"子不利害자불이해 則至人固不知利害乎즉지인고부지이해호?"

"선생님께서 이해(利害)를 모르신다니, 그러면 지인(至人)은 진실로 이해(利害)를 모르는 것입니까?"

王倪曰왕예왈 : 왕예가 대답했다.

"至人神矣지인신의 大澤焚而不能熱대택분이불능열

"지인은 신(神)이다. 큰 늪이 불에 타도 그를 뜨겁게 할 수가 없고,

河漢23)冱而不能寒하한호이불능한

하한(河漢)의 물이 얼어붙어도 그를 춥게 할 수가 없으며,

疾雷破山질뢰파산 風振海풍진해 而不能驚이불능경

벼락이 산을 깨고, 바람이 바다를 뒤엎어도 그를 놀라게 할 수가 없다.

若然者약연자 乘雲氣승운기 騎日月기일월 而遊乎四海之外이유호사해지외

그런 사람은 구름을 타고 해와 달을 몰아 사해(四海) 밖으로 놀므로,

死生無變於己사생무변어기 而況利害之端乎이황이해지단호!"

죽음과 삶도 그 마음을 움직이지 못하는데, 하물며 이로움과 해로움의 실마리 따위야 말이나 되겠느냐!"

| 해설 |

최고의 지혜를 설명하고자 장자는 요와 순, 설결과 왕예 등의 대화를 이용하고 있다. 요컨대 이 대목은 지덕(至德)은 이해와 생사 등의 범위를 넘어서야 이루어진다는 점을 강조하고 있다.

---

23) 河漢(하한) : 황하(黃河)와 漢水(한수). 큰 물.

11.

瞿鵲子[1]問乎長梧子[2]曰구작자문호장오자왈 :

구작자(瞿鵲子)가 장오자(長梧子)에게 물었다.

"吾聞諸夫子[3]오문제부자 聖人不從事於務성인부종사어무

"내가 우리 선생님(夫子)에게서 들으니, 성인은 속된 일에 종사하지
아니하며,

不就利 不違害[4]불취리 불위해

이익을 추구하지도 않고, 해를 피하려고도 않으며,

不喜求불희구 不緣道불연도

구하기를 좋아하지도 않고, 道를 따르려고도 하지 않으며,

無謂有謂 有謂無謂[5]무위유위 유위무위

말을 하지 않아도 말함이 있고, 말을 해도 말함이 없으며,

而遊乎塵垢之外[6]이유호진구지외

멀리 속세 밖에서 노닌다고 하였습니다.

---

1) 瞿鵲子(구작자) : 옛날의 현인. 장오자(長梧子)의 제자. 공자의 제자라고도 함. 그 이름에는
   깜짝 놀라 이리저리 두리번거리는 까치라는 의미가 들어 있다.
2) 長梧子(장오자) : 옛날의 현인. 큰 벽오동나무 밑에 사는 명상자(冥想者)란 뜻.
3) 夫子(부자) : 구작의 스승(瞿鵲之師)이라 했는데, 공자를 빗댄 것이라는 주장이 있다.
4) 不就利 不違害(불취리 불위해) : 이로움을 추구하지도 않고, 해로움을 피하지 아니함. 세
   속적인 이해에 얽매이지 않는다는 뜻.
5) 無謂有謂 有謂無謂(무위유위 유위무위) : 말하지 않는 말함이 있고, 말이 있지만 말함이
   없음. 말없이 침묵을 지키지만, 말을 하지 않아도 의미가 전달되고, 말에 얽매여 道를 잃
   는 일이 없다는 뜻.
6) 塵垢之外(진구지외) : 사해지외(四海之外)와 마찬가지로 세속적 이해를 초월하여 절대의
   세계에 노닒을 비유.

夫子以爲孟浪之言부자이위맹랑지언

선생님은 이것을 맹랑한 말이라고 하였으나,

而我以爲妙道之行也이아이위묘도지행야

나는 그것을 미묘한 道의 나타남이라고 하였습니다.

吾子以爲奚若오자이위해약?"

선생님께서는 어떻게 생각하십니까?"

長梧子曰장오자왈 : 장오자가 대답했다.

"是黃帝之所聽熒也시황제지소청형야 而丘也何足以知之이구야하족이지지!

"이는 황제(黃帝)가 들어도 현혹될 터인데, 공구(孔丘)가 어떻게 그것을 알겠느냐?

且女亦大早計7)차여역대조계

그리고 자네도 너무 속단을 한 걸세.

見卵而求時夜 見彈而求鴞炙8)견란이구시야 견탄이구효자

달걀을 보고 새벽 알리기를 바라는 것이나, 탄환을 보고 새구이를 찾는 것과 같네.

子嘗爲女妄言之 女以妄聽之9)여상위여망언지 여이망청지 奚해?

---

7) 大早計(대조계) : 속단하다. 성급히 판단하다.

8) 見卵而求時夜 見彈而求鴞炙(견란이구시야 견탄이구효자) : 달걀을 보고 새벽을 알리는 닭의 울음소리를 구하고, 탄환을 보고 새구이를 구하다. 여기에서 "일이 이루어지기도 전에 결과를 보려는 성격이 매우 급한 사람"을 비유하는 「견란구계(見卵求鷄)」라는 성어가 생겨났다. "우물에 가서 숭늉 찾는다.", "콩밭에 가서 두부 찾는다." 등의 속담과 비슷한 뜻이다.

9) 嘗爲女妄言之 女以妄聽之(상위여망언지 여이망청지) : 되는 대로 하는 말이니 너무 진지하게 듣지 말라는 뜻. 여기서 되는 대로 말한다는 뜻으로, "어떤 이야기라도 들려 달라." 라는 뜻의 「고망언지(姑妄言之)」 성어가 생겨났다.

내 자네를 위하여 망령되이 말해 보려 하니, 자네도 망령되게 들어줌이 어떠한가?

旁日月방일월 挾宇宙협우주 爲其脗合10)위기문합

그 성인은 일월을 짝하고 우주를 끼고서 만물과 하나가 되어,

置其滑涽11)치기골혼 以隸相尊이예상존

몸을 혼돈 속에 두고서 천한 것을 존귀한 것으로 보네.

衆人役役중인역역 聖人愚芚성인우둔 參萬歲而一成純12)참만세이일성순

뭇사람들은 힘써 일하지만 성인은 어리석은 양 만년을 꿰뚫으면서 한결같이 순수한 道를 지켜나가네.

萬物盡然13)만물진연 而以是相蘊14)이이시상온

그리고 만물을 다 그대로 옳게 여겨 그런 대로 모두 감싸주네.

予惡乎知說生之非惑邪여오호지설생지비혹야!

내 어찌 삶을 즐기는 것이 하나의 미혹이 아닌 줄을 알겠는가!

予惡乎知惡死之非弱喪여오호지오사지비약상 而不知歸者邪이부지귀자사!

내 어찌 죽음을 싫어하는 것이 어려서 고향을 떠나 돌아갈 길을 모르는 것이 아닌 줄을 알겠는가!

---

10) 爲其脗合(위기문합) : 일체가 되기를 추구함. 곧 만물과 일체가 됨을 뜻한다. 脗(문)은 입술, 꼭 맞음. 脗合은 윗입술과 아랫입술이 꼭 맞춤을 형용한 것이다.

11) 置其滑涽(치기골혼) : 혼돈한 道에 두다. 곧 분명하게 알 수 없는 혼돈의 道에 자신을 머물게 한다는 뜻.

12) 參萬歲而一成純(참만세이일성순) : 만년의 세월을 합쳐서 하나로 하고 순수한 세계를 이룩함. 參은 뒤섞다는 뜻.

13) 萬物盡然(만물진연) : 만물이 다 그러함.

14) 以是相蘊(이시상온) : 이로써 서로 감싸다. 곧 만물제동(萬物齊同)의 세계에서는 시비나 이해를 따져 서로 자기가 옳고 상대가 그르다고 공격하지 않는다는 뜻.

麗之姬[15)여지희 艾封人[16)之子也애봉인지자야

여희(麗姬)는 애(艾) 땅의 국경을 지키는 관리의 딸이었다.

晉國之始得之也진국지시득지야 涕泣沾襟체읍첨금

진(晋)나라에서 처음으로 그녀를 데려왔을 때에는 그녀는 눈물로 옷깃을 적셨으나,

及其至於王所급기지어왕소 與王同筐床여왕동광상

급기야 진왕(晉王)의 처소로 들어가 왕과 침상을 같이하고,

食芻豢[17)식추환 而後悔其泣也이후회기읍야

고기 맛을 본 뒤로는 전날에 울었던 것을 후회했다고 하네.

子惡乎知夫死者不悔其始之蘄生乎여오호지부사자불회기시지기생호?

그러니 내가 어찌 죽은 자가 애당초 살기를 바랐던 일을 뉘우치지 않는다는 것을 알 수 있겠는가?

夢飮酒者몽음주자 旦而哭泣단이곡읍

꿈에 술을 마시고 즐기던 사람이 아침에는 곡을 하며 울고,

夢哭泣者 旦而田獵[18)몽곡읍자 단이전렵

꿈에 곡을 하고 울던 사람이 아침에는 사냥을 나가 즐기네.

方其夢也방기몽야 不知其夢也부지기몽야

한창 꿈을 꿀 때에 그것이 꿈인 줄을 알지 못하고,

---

15) 麗姬(여희) : 춘추시대 때 여융(驪戎)의 여자. 진헌공(晋獻公) 12년에 여융을 정벌해 그녀를 얻어 돌아왔다. 헌공의 총애를 받아 부인이 되었다. 태자 신생(申生)을 모살(謀殺)하고 공자 중이(重耳 : 훗날 晉나라 文公)와 이오(夷吾 : 관중管仲의 이름)를 몰아냈다.

16) 封人(봉인) : 변경(邊境)을 지키던 벼슬아치.

17) 食芻豢(식추환) : 쇠고기 돼지고기 등을 먹다. 곧 고기 맛을 보다.

18) 田獵(전렵) : 사냥하다.

夢之中又占其夢焉[19]몽지중우점기몽언 覺而後知其夢也각이후지기몽야

꿈속에서 그 꿈을 점치다가 깬 뒤에야 그것이 꿈인 줄을 아네.

且有大覺而後知此其大夢也차유대각이후지차기대몽야

또한 크게 깨달은 뒤라야 이것이 큰 꿈인 줄을 아네.

而愚者自以爲覺이우자자이위각 竊竊然知之[20]절절연지지

그러나 어리석은 사람들은 스스로 깨어 있다고 생각해 은근히 지혜롭다고 여기면서,

'君乎군호! 牧乎목호!' 固哉고재!

'임금이시여! 하인들아!' 하니 참으로 고루하구나!

丘也與女皆夢也구야여녀개몽야

공구도 자네와 더불어 모두 꿈을 꾸고 있네.

予謂女夢亦夢也여위여몽역몽야

내가 자네더러 꿈을 꾼다고 하는 나 역시 꿈을 꾸고 있네.

是其言也시기언야 其名爲弔詭[21]기명위적궤

나의 이런 말을 일컬어 조궤(弔詭)라고 하네만,

萬世之後만세지후 而一遇大聖이일우대성 知其解者지기해자

만세 후에나 이 말뜻을 이해하는 한 성인을 만나 그 의미를 알게 될 수

---

19) 夢之中又占其夢焉(몽지중우점기몽언) : 꿈속에서 꿈속의 꿈을 점침. 꿈을 꿀 때는 꿈을 현실이라고 생각하기 때문에 다시 꿈속의 꿈을 점쳐서 길흉을 예측하는 부질없는 짓을 한다는 뜻.

20) 竊竊然知之(절절연지지) : 똑똑한 체하면서 스스로 지혜롭다 여김. 竊竊(절절)은 세밀하게 따지는 모양으로 똑똑한 체하는 태도를 말한다.

21) 弔詭(조궤) : 매우 기괴하다는 뜻. 곧 세속적인 상식이 매우 다른 말. 그로테스크한 수수께끼.

만 있어도,

是旦暮遇之也시단모우지야

그것은 아침에 만났다가 저녁에 또 만난 듯이 대단히 일찍 만난 것이라고 할 수가 있다.

旣使我與若辯矣기사아여약변의 若勝我약승아

가령 내가 그대와 논쟁했는데, 그대가 나를 이기고,

我不若勝아불약승 若果是也약과시야 我果非也邪약과비야야?

내가 그대를 이기지 못했다면 그대는 참으로 옳고 나는 참으로 그르단 말인가?

我勝若아승약 若不吾勝약불오승 我果是也아과시야 而果非也邪이과비야야?

내가 그대를 이기고 그대가 나를 이기지 못했다면 나는 참으로 옳고 그대는 참으로 그르단 말인가?

其或是也 其或非也邪22)기혹시야 기혹비야야?

또는 한쪽이 완전히 옳거나, 한쪽이 완전히 그른가?

其俱是也기구시야 其俱非也邪기구비야야

아니면 양쪽이 모두 옳거나, 양쪽이 모두 그르단 말인가?"

我與若不能相知也아여약불능상지야 則人固受其黮闇23)즉인고수기탐암

이를 나와 그대가 판단할 수 없는 것이라면, 남들은 오리무중에 빠지고 말 것이니,

---

22) 其或是也 其或非也邪(기혹시야 기혹비야야) : 어느 한쪽이 옳고, 다른 한쪽은 그르단 말인가. 양자택일의 논리가 정당한 것인지를 묻는 것이다.

23) 人固受其黮闇(인고수기탐암) : 사람들이 오리무중에 빠지고 말 것이다. 논쟁의 결과를 기다리는 제삼자는 더더욱 시비를 알 수 없게 된다는 뜻. 黮闇(탐암)은 분명하지 못한 모양. 오리무중. 黮이나 闇은 모두 어둡다는 뜻.

吾誰使正之오수사정지 使同乎若者正之사동호약자정지?

그러면 나는 누구로 하여금 바로잡게 할 수 있겠는가?

旣與若同矣기여약동의 惡能正之오능정지!

그는 이미 자네와 같은 의견이니, 어떻게 바로잡을 수가 있겠는가?

使同乎我者正之사동호아자정지 旣同乎我矣기동호아의 惡能正之오능정지?

나와 의견이 같은 사람으로 하여금 바로잡게 한다면, 그는 이미 나와 같은 의견을 가진 사람이니 어떻게 바로잡을 수가 있겠는가!

使異乎我與若者正之사이호아여약자정지 旣異乎我與若矣기이호아여약의 惡能正之오능정지!

나와 그대 모두와 의견이 같은 사람으로 하여금 바로잡으려고 한다면 이미 나와 그대 모두와 다른 의견이니, 어떻게 바로잡을 수가 있는가!

使同乎我與若者正之사동호아여약자정지 旣同乎我與若矣기동호아여약의 惡能正之오능정지!

나와 그대 모두와 의견이 같은 사람으로 하여금 바로잡게 한다면 이미 나와 그대 모두와 의견이 같으니, 어찌 바로잡을 수 있겠는가!

然則我與若與人俱不能相知也연즉아여약여인구불능상지야 而待彼也邪24)이 대피야야?"

그렇다면 나와 그대, 그리고 다른 사람까지도 모두 알 수 없을 것이니, 또 다른 사람을 기다려야 할 것인가?"

"何謂和之以天倪25)하위화지이천예?"

---

24) 待彼也邪(대피야야) : 또 다른 사람을 기다려야 할 것인가. 또 다른 사람을 기다린다 하더라도 같은 결과가 일어날 뿐이기 때문에 기다릴 필요가 없음을 말한 것이다.

25) 和之以天倪(화지이천예) : 천예로써 조화롭게 함. 天倪(천예)는 자연의 道를 뜻하며 道에 의한 구분, 곧 절대적 규정을 의미한다. 〈우언〉 편에도 '和以天倪' 라는 말이 나오는데

천예로써 모든 것을 화합게 한다 함은 무슨 말인가?

曰왈 : "是不是시불시 然不然연불연

"옳음과 그름이 있고, 그런 것과 그렇지 못한 것이 있다.

是若果是也시약과시야 則是之異乎不是也亦無辯즉시지이호불시야역무변

옳음이 과연 정말 옳다면 이 절대적인 옳음이 세속 세계에서 옳지 않다고 하는 것과 다른 것임은 또한 말할 필요도 없다.

然若果然也연약과연야 則然之異乎不然也亦無辯즉연지이호불연야역무변

그렇다고 한 것이 과연 정말 그런 것이라면, 그렇다고 한 것이 세속 세계에서 그렇지 않다고 하는 것과 다른 것임은 또한 말할 필요도 없다.

化聲之相待화성지상대 若其不相待약기불상대

그 끝이 없는 순환, 곧 변화를 되풀이하는 것은 상대적이라 해결되기를 기다릴 필요가 없네.

和之以天倪화지이천예 因之以曼衍26)인지이만연 所以窮年27)也소이궁년야

이것을 천예에다 조화시키고 만연(曼衍)에다 붙여버려야 천년(天年)을 마치는 까닭이 되네.

忘年忘義망년망의 振於無竟28)진어무경 故寓諸無竟고우제무경"

그래야 세월도 잊고 의론도 잊어, 무한한 경지에 노닐 수가 있네. 그러므로 무한한 경지에 몸을 붙여 두는 것일세."

천균(天鈞)과 같은 맥락의 뜻이다.

26) 曼衍(만연) : 끝이 없는 변화. 무궁(無窮).

27) 窮年(궁년) : 천년(天年), 곧 하늘이 준 수명을 다한다는 뜻으로, 종기천년(終其天年)과 같은 뜻이다.

28) 振於無竟(진어무경) : 무한한 경지에서 자유자재로 움직임. 진(振)은 소요(逍遙)와 같은 뜻.

구작자와 장오자의 문답을 빌어, 절대자는 생사의 변화, 시비의 대립을 하나로 여기고, 시공을 초월하여 절대적 경지에서 무한한 생의 자유를 향유, 소요하는 우주적 인격임을 밝히고 있다.

세속의 인간은 삶을 기뻐하고 죽음을 싫어하지만, 절대자의 입장에서 보면 죽음이란 인간이 본래의 자연으로 돌아가는 것이므로 마치 어려서 고향을 떠났다가 늙어서 고향으로 돌아가는 것과 같다.

옛날 여희(麗姬)가 진헌공에게 잡혀 궁중으로 들어갈 때는 울었으나, 진헌공의 애첩이 되어 갖은 호강을 다할 때 전에 울었던 것을 후회한 것처럼, 죽어보면 살아서 죽기 싫어하던 것이 후회스러울지도 모르는 것이다.

이렇게 시비의 논의는 상대적이기 때문에 그 대립은 처음부터 존재하지 않는 것과 같다고 할 수 있다. 그러므로 절대자는 처음부터 동화된 경지, 곧 천예(天倪)에 의하여 그 대립을 조화시키고 심지(心知)의 분별을 만연(曼衍), 곧 처음부터 한계가 없는 경지에서 혼돈화(混沌化) 함으로써 진실로 편안한 인간정신의 해방을 갖게 되는 것이다.

12.

罔兩問景曰[1])망량문경왈 : 망량(罔兩)이 그림자에게 물었다.

"曩[2])子行낭자행 今子止금자지

"아까는 자네가 가더니 지금은 자네가 서 있고,

---

1) 罔兩問景曰(망량문경왈) : 망량(罔兩)이 그림자에게 묻다. 罔兩(망량)은 그림자 옆에 생기는 그늘. 곧 그림자의 그림자. 景은 영(影)과 통하여 그림자.
2) 曩(낭) : 조금 전, 아까.

曩子坐낭자좌 今子起금자기

아까는 자네가 앉아 있더니, 지금은 자네가 일어나 있으니,

何其無特操3)與하기무특조여?"

어째서 그렇게 지조가 없는가?"

景曰경왈 : 그림자가 대답했다.

"吾有待而然者邪오유대이연자야

"내가 의지하고 있는 것이 있기 때문에 그렇겠지.

吾所待又有待而然者邪오소대우유대이연자야.

그리고 내가 의지하는 것도 또 의지하는 것이 있어 그렇겠지.

吾待蛇蚹4)오대사부 蜩翼5)邪조익야?

내가 의지하고 있는 건 뱀의 비늘이나 매미의 날개와 같다고 할까?

惡識所以然오식소이연? 惡識所以不然惡識所以不然오식소이불연오식소이불연?"

어찌 그런 까닭을 알고, 어찌 그렇지 않은 까닭을 알겠는가?"

| 해설 |

속인은, 형체는 그림자를 나타내고, 그림자는 형체에 의존한다고 생각한다. 또 형체는 조물주가 만들어내므로 조물주는 모든 형체의 궁극적인 원인이라고 생각한다. 그러나 조물주는 형상이 없는 자연이므로 일체 만물이 조물주에 의하여 만들어진다는 것은 실로 일체 만물이 자

---

3) 特操(특조) : 지조.

4) 蛇蚹(사부) : 뱀의 비늘.

5) 蜩翼(조익) : 매미의 날개.

연으로서 존재하는, 곧 인과적(因果的) 파악을 초월하고 있는 것이다.

만물은 인간의 인과적 파악을 넘어서 자생자화(自生自化)하는 것이다. 그래서 道는 이 자생자화하는 일체 만상의 생멸·변화의 흐름 그 자체인 것이다. 그러므로 일체 존재가 자생자화하는 실재의 세계에서는 형체도 그림자도 망량(罔兩)도 다만 자연으로 존재해서 자연적으로 변화하기 때문에 어떠한 인과관계도 없고, 서로 의존하는 것도 없는 것이다. 따라서 장자는 이런 만상(萬象)의 자생자화를 상식적으로 상대관계가 있는 그림자와 망량과의 문답을 통해서 설명하고 있다.

13.

昔者莊周夢爲胡蝶¹⁾석자장주몽위호접
오래 전에 장주(莊周)는 꿈에 나비가 되었다.

栩栩然²⁾胡蝶也허허연호접야 自喩適志³⁾與자유적지여! 不知周也부지주야
팔랑팔랑 나는 것이 분명히 나비였다! 스스로 즐겁고 만족하여 자기가 장주인 줄을 알지 못했다.

俄然覺아연각 則蘧蘧然⁴⁾周也즉거거연주야
그러다가 조금 뒤에 문득 깨어보니 놀랍게도 분명히 장주였다.

不知周之夢爲胡蝶與 胡蝶之夢爲周與⁵⁾부지주지몽위호접여 호접지몽위주여?

---

1) 胡蝶(호접) : 나비.

2) 栩栩然(허허연) : 나비가 팔랑팔랑 경쾌하게 나는 모양. 가볍게 움직이는 모양의 표현.

3) 適志(적지) : 뜻에 맞음.

4) 蘧蘧然(거거연) : 놀란 모양.

5) 不知周之夢爲胡蝶與 胡蝶之夢爲周與(부지주지몽위호접여 호접지몽위주여) : 장주가 꿈에 나비가 된 것인지, 나비가 꿈에 장주가 된 것인지를 알지 못하겠다. "꿈이 현실인지 현실

장주가 꿈에 나비가 된 것인지, 나비가 꿈에 장주가 된 것인지를 알지 못하겠다.

周與胡蝶주여호접 則必有分矣즉필유분의 此之謂物化6)차지위물화
장주와 나비는 반드시 구분이 있을 것이니, 이를 물화(物化)라고 한다.

| 해설 |

유명한 장주의「호접몽(蝴蝶夢)」으로써 이 편의 끝을 맺고 있다. 속인은 꿈과 현실과 나와 나비를 구분하지만, 참된 道를 터득하면 피차의 구별이 없고 모든 것이 하나로 통한다. 따라서 是와 非, 可와 不可, 아름다움과 추함, 크고 작음, 길고 짧음 등의 모든 가치의 대립이 하나로 보이게 되면 꿈도 현실이요, 인간도 나비로 물화(物化)되는 것이다.

이런 경지에서야만 참다운 우주의 신비, 실존의 진리, 참된 道를 터득할 수 있는 것이다.

이 꿈인지, 도대체 그 사이에 어떤 구별이 있는 것인가? 장주와 나비 사이에는 피상적인 구별, 차이는 있어도 절대적인 변화는 없다. 장주가 곧 나비이고, 나비가 곧 장주라는 경지, 이것이 바로 여기서 말하고자 하는 세계이다. 물아(物我)의 구별이 없는 萬物一體의 절대경지에서 보면 장주도 나비도, 꿈도 현실도 구별이 없다. 다만 보이는 것은 만물의 변화에 불과할 뿐인 것이다." 이렇듯 피아(彼我)의 구별을 잊는 것 또는 물아일체의 경지를 비유해「호접지몽(胡蝶之夢)」이라 한다. 오늘날에는 인생의 덧없음을 비유해서 쓰이기도 한다.
6) 物化(물화) : 사물의 변화, 만물의 끝없는 유전(流轉).

3. 양생주
養生主

삶을 기르는 道

양생주(養生主)란 생명을 기르는 근본적인 道라는 뜻이다. 자연을 따라 자연에 거스르지 않으면서 세속을 초월하는 생활의 지혜를 밝힌 대목이다. 장자는 이런 자기를 진(眞)의 자기로 보고, 그것을 온전히 기르기 위하여 현실과의 관계라는 방법을 밝히고 있다.

포정해우(庖丁解牛)

1.

吾生也有涯[1]오생야유애 而知也無涯이지야무애

우리의 생명에는 끝이 있으나 지식에는 끝이 없다.

以有涯隨無涯[2]이유애수무애 殆已태이

끝이 있는 것으로써 끝이 없는 것을 따르면 위태하다.

已而爲知者이이위지자 殆而已矣태이이의

위험한 줄 알면서 지식을 추구함은 더욱 위태로운 일이다.

爲善無近名위선무근명

선을 행하되 명예에 가깝게 하지 말고,

爲惡無近刑위악무근형

악을 행하더라도 형벌에 가깝게 하지 말며.

緣督以爲經 可以保身[3]연독이위경 가이보신

오직 중정(中正 : 중심, 가운데)을 따르는 것을 떳떳한 도리로 삼는다면, 그로써 몸을 보존할 수가 있고,

可以全生가이전생 可以養親가이양친 可以盡年가이진년

삶을 온전히 할 수가 있으며, 어버이를 봉양할 수가 있고, 천수(天壽)를 누릴 수가 있다.

---

1) 涯(애) : 물가, 끝, 한계.

2) 以有涯隨無涯(이유애수무애) : 끝이 있는 것을 가지고 끝이 없는 것을 추구함. 끝이 있는 것은 인간의 생명의 유한함을 비유한 것이고, 끝이 없는 것은 지식의 무한함을 비유한 것이다.

3) 緣督以爲經 可以保身(연독이위경 가이보신) : 中의 경지를 따라 그것을 삶의 근본원리로 삼으면 자기 몸을 안전하게 지킬 수 있다. 緣督(연독)은 일체의 선악과 시비를 無化시켜 無心한 상태에 이르는 것을 의미한다. 緣은 따르다. 督은 中의 뜻, 가운데, 중정(中正). 經(경)은 삶의 근본원리.

| 해설 |

양생주란 생명를 보양하는 근본적인 道란 뜻이다. 세속의 생활에 있어서 초월자의 생활의 지혜를 밝힌 것이다. 곧 인간의 세상을 살아나감에 있어서 자기의 생을 온전하게 하려면 어떻게 살아나가야 할 것인가 하는 근본 원리를 설명한 대목이다.

2.

庖丁爲文惠君解牛[1] 포정위문혜군해우

포정(庖丁)이 문혜군(文惠君)을 위하여 소를 잡는데,

手之所觸수지소촉 肩之所倚견지소의

그 손을 놀리는 것이나 어깨로 받치는 것이나,

足之所履족지소리 膝之所踦슬지소기

발로 딛는 것이나 무릎을 굽히는 모양이나,

砉然嚮然[2] 획연향연 奏刀騞然주도획연 莫不中音막부중음

칼질하는 소리가 처음에는 슥슥 하고 울리며, 칼을 움직여 나가면 서걱 서걱 소리가 나는데, 모두 음률에 맞지 않음이 없었다.

合於桑林之舞[3] 합어상림지무 乃中經首之會[4] 내중경수지회

---

1) 庖丁爲文惠君解牛(포정위문혜군해우) : 포정(庖丁)이 문혜군(文惠君)을 위해서 소를 잡았다. 庖丁(포정)은 요리를 직업으로 하는 백정. 정(丁)은 성, 또는 이름이라고도 함. 文惠君은 〈소요유〉 편에 나온 양(梁)나라 혜왕(惠王).

2) 砉然嚮然(획연향연) : 슥슥 하는 칼질 소리가 나다. 砉然(획연)은 소의 가죽과 뼈가 서로 떨어져 나가는 소리를 나타낸 의성어. 嚮然(향연)은 울리는 소리.

3) 桑林之舞(상림지무) : 은(殷)나라 탕왕(湯王)이 상림(桑林) 땅에서 기우제를 지낼 때 춘 춤.

4) 經首之會(경수지회) : 요임금 때의 음악이라고 전해지는 함지곡(咸池曲)의 한 악장(樂章) 이름.

상림(桑林)의 춤에 맞고, 경수(經首)의 장단에도 맞았다.

文惠君曰문혜군왈 : 문혜군이 말했다.

"譆희! 善哉선재! 技蓋至此乎기합지차호?"

"아, 훌륭하구나! 재주가 이런 지경에까지 이를 수가 있는가?"

庖丁釋刀對曰포정석도대왈 :

포정이 칼을 놓고 이렇게 대답했다.

"臣之所好者道也신지소호자도야 進乎技矣진호기의

"제가 좋아하는 것은 道로서, 그것은 기술에 앞서는 것입니다.

始臣之解牛之時시신지해우지시 所見無非牛者5)소견무비우자

처음 제가 소를 잡을 때는 눈에 보이는 것이 온전한 소의 모습뿐이었습니다.

三年之後삼년지후 未嘗見全牛也6)미상견전우야

그런데 3년이 지난 뒤에는 온전한 소는 보이지 않게 되었습니다.

方今之時방금지시 臣以神遇신이신우 而不以目視이불이목시

지금에 와서 저는 영감(靈感)으로써 대할 뿐 눈으로 보지를 않습니다.

官知止而神欲行7)관지지이신욕행

곧 감관(感官)은 멈춰버리고 영감(靈感)만 작용하고 있습니다.

依乎天理의호천리 批大郤비대극

그래서 소 몸뚱이 조직의 자연적인 이치를 따라서 뼈와 살이 붙어 있는

---

5) 所見無非牛者(소견무비우자) : 눈에 보이는 것이 온전한 소의 모습뿐이었다. 처음에는 소가 완전한 하나의 물체로 보였기 때문에 어디서부터 손을 써야 할지 몰랐다는 뜻.

6) 未嘗見全牛也(미상견전우야) : 온전한 소의 모습은 보이지 않았다. 소 전체의 모습이 보이는 것이 아니라, 근골과 뼈, 살 등 부분적으로 볼 수 있게 되었다는 뜻.

7) 神欲行(신욕행) : 영감의 작용. 神欲(신욕)은 신묘(神妙)한 작용, 신기(神技) 등을 의미한다.

틈을 젖히는 것이나,

導大窾[8]도대관 因其固然인기고연

뼈마디에 있는 큰 구멍에 칼을 집어넣는 것이나, 모두 자연의 이치를 따라 갈라져 나갑니다.

技經肯綮之未嘗기경긍경지미상 而況大軱[9]乎이황대고호!

그 기술은 뼈와 살이 합친 곳에서는 칼이 걸린 적이 한 번도 없는데, 하물며 큰 뼈에 부딪치는 일이야 있겠습니까?

良庖歲更刀[10]양포세경도 割也할야

훌륭한 포정은 1년에 한 번 칼을 바꾸는데, 그것은 살을 베기 때문이며,

族庖[11]月更刀족포월경도 折也절야

보통 포정은 한 달에 한 번 칼을 바꾸니, 그것은 뼈에 칼이 부딪쳐 칼이 부러지기 때문입니다.

今臣之刀十九年矣금신지도십구년의 所解數千牛矣소해수천우의

그러나 지금 저의 칼은 19년 동안이나 썼고, 또 잡은 소도 수천 마리나 되지만,

而刀刃若新發於硎이도인약신발어형

그 칼날은 지금 막 새로 숫돌에다 간 것 같습니다.

彼節者有間피절자유간 而刀刃者無厚이도인자무후

---

8) 導大窾(도대관) : 큰 틈새로 칼을 움직이다. 導는 칼을 움직이다. 窾(관)은 구멍, 틈새.

9) 大軱(대고) : 커다란 뼈. 軱(고)는 휘어진 큰 뼈로 여기에 부딪치면 칼날이 파손된다.

10) 良庖歲更刀(양포세갱도) : 솜씨 좋은 백정은 일 년에 한 번 칼을 바꾼다. 良庖는 솜씨 좋은 백정. 보통의 백정보다 솜씨가 뛰어나지만, 아직 道의 경지까지는 이르지 못한 백정을 말한다.

11) 族庖(족포) : 보통의 백정. 族은 衆과 같다.

저 뼈에는 틈이 있고 칼날에는 두께가 없습니다.

以無厚入有間12)이무후입유간

두께가 없는 것으로써 틈이 있는 데다 넣으므로,

恢恢13)乎其於遊刃14)必有餘地矣회회호기어유인필유여지의

넓고 넓어 그 칼날을 휘둘러도 반드시 여유가 있습니다.

是以十九年而刀刃若新發於硎시이십구년이도인약신발어형

그러므로 19년이나 되었어도 그것은 지금 막 숫돌에다 갈아낸 것 같습니다.

雖然수연 每至於族매지어족 吾見其難爲오견기난위

그러나 막상 뼈와 심줄이 한데 얽힌 곳을 만났을 때에는 저도 그 다루기 어려움을 보고,

怵然爲戒15)출연위계 視爲止시위지 行爲遲행위지

조심하며 경계하여 곧 눈길을 멈추고 행동을 천천히 하며,

動刀甚微동도심미

칼을 놀리는 것도 매우 미묘해집니다.

謋然已解16)획연이해 如土委地여토위지

---

12) 以無厚入有間(이무후입유간) : 두께가 없는 것으로써 틈 사이로 들어감. 날카로운 칼날을 뼈와 살 사이의 공간에 밀어 넣는다는 뜻. 無厚는 두께가 없는 칼날, 날카로운 칼날을 밀하고, 有間은 뼈와 살의 틈새를 말한다.

13) 恢恢(회회) : 넓고 넓은 모양.

14) 遊刃(유인) : 칼날을 움직임.

15) 怵然爲戒(출연위계) : 두려워하면서 경계함. 怵然(출연)은 깜짝 놀라는 모습. 긴장상태를 나타낸다.

16) 謋然已解(획연이해) : 스슥 하고 이미 뼈와 살이 분리됨. 謋然은 살이 뼈에서 스슥 하고

그러다가 스슥 하고 갈라지면 마치 흙덩이가 땅에 떨어지듯 살덩이가 와르르 헤집니다.

提刀而立제도이립 爲之四顧위지사고 爲之躊躇[7]滿志위지주저만지
그제야 칼을 들고 일어서서 사방을 둘러보며 머뭇머뭇 만족해하며,

善刀而藏之선도이장지"
칼을 잘 닦아 집어넣습니다."

文惠君曰문혜군왈 : 문혜군이 말했다.

"善哉선재! 吾聞庖丁之言오문포정지언 得養生焉득양생언"
"훌륭하구나! 나는 포정의 말을 듣고 양생법(養生法)을 배웠도다."

|해설|

포정(庖丁)이 문혜군(文惠君) 앞에서 소를 잡는 천연적인 이치를 들어, 오늘날, 인간의 지적 욕망의 갈구가 현재와 같은 고도의 문명을 만들어냈지만, 반면 이 유익한 문명의 이기는 도리어 인간의 파멸을 가져오고 있다. 이는 결과적으로 매우 위태한 상태를 초래할 것이고, 다시 원시의 천연적인 인간생활을 갈구하게 되는 것이다.

3.

公文軒[1)]見右師[2)]而驚 曰공문헌견우사이경왈 :

떨어져 나오는 소리를 표현한 의성어. 謋은 뼈를 발라내는 소리, 백정의 칼 쓰는 소리.

17) 爲之躊躇(위지주저) : 머뭇거림. 곧 소와 일체가 된 망아(忘我)의 상태에서 머뭇거린다는 뜻.

1) 公文軒(공문헌) : 성은 공문(公文), 이름은 헌(軒). 전국시대 송(宋)나라 사람.

공문헌(公文軒)이 우사(右師)를 보고 놀라 물었다.

"是何人也시하인야? 惡乎介也3)오호개야?

"이 사람이 누구인가? 어째서 외발이 되었는가?

天與천여 其人與기인여?"

하늘이 그렇게 만들었는가? 사람이 그렇게 만들었는가?"

日왈 : 우사(右師)가 대답했다.

"天也천야 非人也비인야

"하늘이 그렇게 만든 것이지, 사람이 그렇게 만든 것이 아니네.

天之生是使獨也천지생시사독야 人之貌有與也인지모유여야

하늘이 나를 낳을 때 외발로 만들었다네. 사람의 모양은 하늘이 부여한 것이라,

以是知其天也이시지기천야 非人也비인야"

하늘이 이렇게 만든 것으로 알고, 사람이 그리 한 것이 아니라고 생각하네."

澤雉十步一啄택치십보일탁 百步一飮백보일음

늪에 사는 꿩은 열 걸음 가다가 한번 먹이를 쪼아 먹고, 백 걸음을 가다가 한 모금의 물을 마시면서도,

不蘄畜乎樊中4)불기휵호번중

둥우리 안에 갇혀 길러지기를 바라지 않는다.

---

2) 右師(우사) : 관명(官名). 전국시대 송나라 사람이라고도 함.

3) 惡乎介也(오호개야) : 어찌하여 발이 하나뿐인가. 介(개)는 刖(월)과 통하는 글자로, 발꿈치를 자르는 형벌.

4) 不蘄畜乎樊中(불기휵호번중) : 새장 속에서 길러지기를 바라지 않음. 蘄(기)는 바라다. 畜(휵)은 기르다, 양육하다. '휵'으로 읽는다.

神雖王신수왕　不善也불선야

원기는 비록 왕성해질지 모르지만 마음이 즐겁지 않기 때문이다.

| 해설 |

공문헌(公文軒)과 우사(右師)의 문답에서, 삶을 기르는 것은 완전한 신체를 지님으로써 이루어짐보다는 하늘로부터 주어진 삶에 순응하며 사는 삶, 꿩이 우리 속에서 모자람 없이 먹이를 먹으며 살기보다 자연 속에서 고생하면서 먹이를 찾아다니는 삶이 진정한 삶의 양생법임을 말하고 있다.

4.

老聃¹⁾死노담사　秦失²⁾弔之진일조지　三號而出³⁾삼호이출

노담(老聃)이 죽었을 때 진일(秦失)이 가서 조문을 하는데, 세 번 곡을 하고 나와 버렸다.

弟子曰제자왈 : 진일의 제자가 물었다

"非夫子之友邪비부자지우야?"

"그분은 선생님의 친구가 아니었습니까?"

曰왈 : 진일이 대답했다.

"然연"

"친구지."

---

1) 老聃(노담) : 노자(老子). 성은 이(李), 이름은 이(耳), 자는 담(聃).
2) 秦失(진일) : 노자(老子)의 벗. 失은 佚과 같음.
3) 三號而出(삼호이출) : 세 번 곡을 하고 나와 버리다. 형식적인 조문만 하고 나와 버렸다는 뜻.

"然則弔焉若此연즉조언약차 可乎가호?"

"그렇다면 조문을 그렇게 해서 되겠습니까?"

曰왈 : 진일이 대답했다.

"然연 始也시야 吾以爲其人也오이위기인야 而今非也이금비야

"그렇지. 처음에는 나도 그가 훌륭한 사람이라고 여겼는데, 이제 보니 그렇지가 않네.

向吾入而弔焉향오입이조언

아까 내가 들어가 조문을 할 때,

有老者哭之유로자곡지 如哭其子여곡기자 少者哭之소자곡지 如哭其母여곡기모

늙은이는 마치 자기 자식이나 잃은 듯이 곡을 하고, 젊은이는 마치 자기 어머니가 돌아간 듯이 곡을 하더군.

彼其所以會之피기소이회지 必有不蘄言而言필유불기언이언

그가 사람들을 모이게 한 데는 반드시 위로하는 말을 바라지 않는다고 하면서도 위로하는 말을 하게 하고,

不蘄哭而哭者불기곡이곡자

곡하기를 바라지 않는다고 하면서도 곡하게 함이 있었을 것이다.

是遁天倍情 忘其所受4)시둔천배정 망기소수

이것은 천리(天理)를 저버리고 인정에 어긋나 하늘로부터 받은 바를 잃어버린 것이다.

---

4) 是遁天倍情 忘其所受(시둔천배정 망기소수) : 이것은 천리를 저버리고 인정에 어긋나 하늘로부터 받은 바를 잃어버린 것이다. 遁(둔)은 달아나다, 회피하다. 倍(배)는 배반(背叛). 天은 자연의 道. 情은 인정(人情). 忘其所受(망기소수)는 하늘로부터 생명의 본질이 무엇인지를 잊어버림.

古者謂之遁天之刑5)고자위지둔천지형

예부터 이것을 일러 둔천지형(遁天之刑)이라고 하지.

適來6)적래 夫子時也부자시야 適去7)적거 夫子順也부자순야

마침 이 세상에 태어난 것은 그가 태어날 때가 되었기 때문이고, 그가 마침 떠난 것은 그가 마침내 자기의 천분(天分)에 순응한 것이다.

安時而處順8)안시이처순 哀樂不能入也애락불능입야

그 때(生)를 편안히 맞이하고, 그 갈 때(死)를 순응하면 슬픔과 즐거움의 감정이 마음에 스며들지를 못하지.

古者謂是帝之縣解9)고자위시제지현해"

옛날에는 이를 천제(天帝)의 현해(縣解)라고 불렀다."

指窮於爲薪지궁어위신 火傳也화전야 不知其盡也부지기진야

(이 말이 가리키는 뜻은) 손으로 땔나무를 계속 밀어 넣으면 불의 번짐은 끝날 줄을 모른다는 것이다.

| 해설 |

진일(秦佚)과 제자의 대화 속에서 묘체(妙諦)를 얻어 오직 道에 따라 살아나가야 천수를 누리고 가족을 보양하고 인간의 질서를 확립할 수 있다 함이다. 따라서 인간은 속세의 모든 오욕(五慾)을 버리고 오직 천도(天道)에 순응하면서 살아나가야 참된 삶을 누릴 수 있는 것이다.

---

5) 遁天之刑(둔천지형) : 하늘을 어긴 형벌. 천리(天理)를 벗어난 죄.

6) 適來(적래) : 때마침 올 때(適來之時).

7) 適去(적거) : 때마침 갈 차례(適去之順). 결국 태어날 때와 죽을 때를 의미한다.

8) 安時而處順(안시이처순) : 태어나는 때를 편안히 맞이하고, 죽는 때를 순응함.

9) 縣解(현해) : 천제의 속박으로부터 벗어남. 현(縣)은 현(懸)의 뜻. 곧 속박의 뜻.

4. 인간세
人間世

쓸모없음의 쓸모(無用之用)

인간세란 인간사회란 뜻이다. 세상에서 해석하는 道를 말하고 있다. 장자는 인지(人知)는 배척하나 인간의 집단생활은 배척하지 않는다. 장자는 이런 인간사회에서 생활해 나가면서 자신을 다치지 않고 자기를 상실치 않는 지혜를 구체적으로 설명하고 있다. 공자(孔子)와 안회(顔回)와의 문답에서 보이는 마음의 제(齊), 공자와 자고(子高)와의 문답에서 보이는 명(明)과 의(義), 장석(匠石)과 제자와의 문답에서 보이는 무용의 용(無用之用) 등은 어느 것이나 처세술을 보인 것이다.

공 자

1.

顔回見仲尼[1]請行안회견중니청행

안회(顔回)가 중니(仲尼)를 뵙고 하직 인사를 하자,

曰왈 : 공자가 물었다.

"奚之[2)]해지?"

"어디로 가려느냐?"

曰왈 : 안회가 말했다.

"將之衛장지위"

"위(衛)나라로 가려고 합니다."

曰왈 : 중니가 말했다.

"奚爲焉해위언?"

"무엇하러 가려느냐?"

曰왈 : 안회가 말했다.

"回聞衛君회문위군 其年壯기년장 其行獨기행독

"제가 듣건대, 위나라 임금은 나이는 젊은데, 그 행동은 독단적이라,

輕用其國[3)]경용기국 而不見其過이불견기과

나라 일을 가벼이 경영하고, 자기 허물을 보지 못한다고 합니다.

輕用民死[4)]경용민사 死者以國量乎澤[5)]사자이국량호택

---

1) 仲尼(중니) : 공자의 자(字).

2) 奚之(해지) : 어디로 가려는가? 之는 간다는 뜻의 동사.

3) 輕用其國(경용기국) : 나라 일을 가벼이 경영하고 국력을 함부로 소진시킨다는 뜻.

4) 輕用民死경용민사 : 백성들의 죽음을 가볍게 이용함. 백성들을 함부로 전쟁에 동원하여

백성을 마구 부려 죽는 백성이 나라에 가득하여 못을 메우고,

若蕉약초 民其無如矣민기무여의
파초처럼 많아 백성들이 갈 곳이 없다고 합니다.

回嘗聞之夫子日회상문지부자왈 :
전에 선생님께서는 저에게 말씀하시기를,

'治國去之6)치국거지 亂國就之7)난국취지 醫門多疾8)의문다질'
'다스려지는 나라를 떠나 어지러운 나라로 가라. 의원의 집에는 환자
가 많다.'고 하셨습니다.

願以所聞思其則원이소문사기즉 庶幾其國有瘳乎서기기국유추호?"
제가 들은 바를 실천하면 그 나라를 치유할 수 있지 않겠는지요?"

仲尼日중니왈 : 중니가 대답했다.

"譆희! 若殆往而刑耳약태왕이형이!
"허허! 네가 가보았자 형벌만 받을 것이다!

夫道不欲雜9)부도불욕잡
무릇 道는 잡박(雜駁)해지기를 꺼린다.

죽게 한다는 뜻.

5) 死者以國量乎澤(사자이국량호택) : 나라 안에 죽은 사람들이 연못에 넘칠 정도로 가득하다.

6) 治國去之(치국거지) : 다스려진 나라에서는 떠나간다. 곧, 잘 다스려진 나라는 더 이상 다스릴 필요가 없으니 떠난다는 뜻.

7) 亂國就之(난국취지) : 어지러운 나라로 나아감. 어지러운 나라로 가서 난국을 바로잡아야 한다는 뜻.

8) 醫門多疾(의문다질) : 의원의 집에는 환자가 많음. 나라가 어지러운 것을 질병에 비유하고, 다스리는 것을 질병을 치료하는 일에 비유한 말이다.

9) 夫道不欲雜(부도불욕잡) : 무릇 道는 잡박(雜駁)한 것을 꺼린다. 道는 뒤섞여 순수성이 훼손되는 것을 꺼린다는 뜻.

雜則多 多則擾[10]잡즉다 다즉요

잡박해지면 많고, 많으면 어지러워지며,

擾則憂요즉우 憂而不救우이불구

어지러워지면 걱정이 생기고, 걱정이 생기면 구제할 수가 없다.

古之至人고지지인 先存諸己[11]선존저기

그러므로 옛 지인(至人)들은 먼저 자신의 道를 돌아보고,

而後存諸人이후존저인

그런 뒤에 다른 사람에게 道를 보존하게 하였다.

所存於己者未定소존어기자미정

자기 안에 보존되어야 할 道가 아직 안정되지 않았다면,

何暇至於暴人之所行[12]하가지어포인지소행?

어느 겨를에 포학한 사람들의 행동에 미칠 수 있겠는가?

且若亦知夫德之所蕩차약역지부덕지소탕 而知之所爲出乎哉이지지소위출호재?

너 또한 德이 혼란해지는 까닭과 지혜가 어디서 생겨나는지를 아느냐?

---

10) 雜則多 多則擾(잡즉다 다즉요) : 뒤섞이면 마음이 여러 갈래로 분열되고, 분열되면 동요하게 됨. 擾(요)는 불안하고 어지러운 모양.

11) 先存諸己(선존저기) : 먼저 자신의 道를 돌아본다. 諸己(저기)는 《맹자》〈이루 상〉편에, "행하여도 얻지 못하거든 자기 자신에게서 잘못을 구할 것이다(行有不得者皆反求諸己)"라고 했는데 비슷한 맥락이다. 「反求諸己(반구저기)」는 "잘못을 자신에게서 찾는다"라는 뜻으로, 어떤 일이 잘못 되었을 때 남의 탓을 하지 않고 그 일이 잘못된 원인을 자기 자신에게서 찾아 고쳐 나간다는 의미를 담고 있다. 우임금의 아들 백계(伯啓)의 고사에서 유래되었다.

12) 何暇至於暴人之所行(하가지어포인지소행) : 어느 겨를에 포악한 사람의 행동에 미칠 수 있겠는가. 곧 "어느 겨를에 포학한 소행을 바로잡을 수 있겠느냐?"는 질문. 暴人(포인)은 위(衛)나라의 군주 같은 폭군을 지칭한다.

德蕩乎名13)덕탕호명 知出乎爭지출호쟁

德은 명예를 구하는 데서 허물어지고, 지혜는 다투는 데서 생겨나는 법이다.

名也者 相軋也14)명야자 상알야 知也者지야자 爭之器也쟁지기야

명예는 서로 해치는 것이요, 지혜는 서로 다투는 데 쓰는 도구다.

二者凶器이자흉기 非所以盡行也비소이진행야

이 두 가지는 흉기인지라 그것으로 사람을 이끌어갈 것은 아니다.

且德厚信矼차덕후신강 未達人氣미달인기

또 德이 두텁고 신용이 확실해도 남의 기분에 통달하지 못하고,

名聞不爭15)명문부쟁 未達人心미달인심

명예를 다투지 않아도 남의 마음에 통하지 못하는데,

而彊以仁義繩墨之言16)術暴人之前者이강이인의승묵지언술포인지전자

인(仁)이니, 의(義)니, 법도(法度)니 하는 말로써 포악한 사람 앞에서 지껄이는 것은,

是以人惡有其美也시이인악유기미야

남의 악을 기화로 삼아 자신의 잘남을 뽐내는 것이니,

命之曰菑17)人명지왈재인

---

13) 德蕩乎名(덕탕호명) : 德은 명예를 구하려는 데서 허물어진다. 명예욕으로 인해 德이 상실된다는 뜻. 蕩(탕)은 어지러운 모양.

14) 名也者 相軋也(명야자 상알야) : 명예는 서로 다투는 것이다. 남을 헐뜯고 비난하는 수단으로 이용된다는 뜻. 軋은 삐걱거리다.

15) 名聞不爭(명문부쟁) : 명예를 다투지 않음. 名聞은 명예로운 소문, 곧 성문(聲聞)과 같다.

16) 仁義繩墨之言(인의승묵지언) : 인의(仁義)의 말과 법도에 맞는 말. 곧 도덕규범에 맞는 말을 뜻한다. 繩墨(승묵)은 먹줄과 먹, 規矩(규구)는 그림쇠(컴퍼스)와 곡자. 準繩(준승)은 수준기(水準器)와 먹줄로서, 모두 법도라는 뜻으로 쓰인다.

이런 사람을 일러 화를 불러들이는 사람이라 한다.

菑人者재인자 人必反菑之인필반재지

남을 불행하게 만드는 사람은 반드시 반대로 남으로부터 화를 입는다.

若殆爲人菑夫약태위인재부!

그러니 너도 아마 남으로부터 재앙을 당하게 될 것이다!

且苟爲悅賢而惡不肖차구위열현이오불초

또 진실로 위나라 군주가 현인을 좋아하고 어리석은 사람(不肖)을 미워
한다면,

惡用而求有以異오용이구유이이?

무엇 때문에 굳이 너를 등용해서 특별한 일을 하게 하겠느냐?

若唯無詔[18]약유무조 王公必將乘人而鬪其捷왕공필장승인이투기첩

너는 오로지 말을 하지 말아야 한다. 위나라 임금은 권력으로 반드시
다른 사람의 약점을 노려 논쟁에서 이기려 할 것이다.

而目將熒之이목장형지 而色將平之이색장평지

그러면 너의 눈은 현혹될 것이고, 너의 기색은 공손해질 것이며,

口將營之구장영지 容將形之용장형지 心且成之[19]심차성지

입은 변명하는 말을 늘어놓을 것이며, 용모는 거짓으로 꾸며서 마침내
그의 비위를 맞추게 될 것이다.

是以火救火 以水救水[20]시이화구화 이수구수

---

17) 菑(재) : 재앙. 災와 같다.

18) 若唯無詔(약유무조) : 너는 오로지 아무 말도 하지 말아야 함. 若은 너, 詔(조)는 言과
   같은 뜻.

19) 心且成之(심차성지) : 마음이 상대의 비위를 맞추어 줌. 곧 자신의 판단을 버리고 상대
   의 그릇된 판단을 옳다고 인정해 준다는 뜻.

이는 불로써 불을 끄고 물로써 물을 막는 격이라,

名之曰益多[21]명지왈익다 順始無窮순시무궁

이를 일컬어 악을 더해준다고 하며, 처음부터 순종하게 된다면 끝이 없을 것이다.

若殆以不信厚言약태이불신후언 必死於暴人之前矣필사어폭인지전의

그러나 만일 네가 신용을 받지도 못하면서 심한 말을 하다가는 반드시 포악한 사람 앞에서 죽게 될 것이다.

且昔者桀殺關龍逢[22]차석자걸살관룡봉 紂殺王子比干[23]주살왕자비간

또 옛날에 걸왕(桀王)은 관용봉(關龍逢)을 죽였고, 주왕(紂王)은 왕자 비간(比干)을 죽였다.

是皆脩其身以下傴拊人之民시개수기신이하구부인지민

이들은 모두 자기 몸을 닦아 신하의 몸으로서 군왕의 백성을 구제하였으나,

以下拂其上者也이하불기상자야

반면에 신하의 몸으로서 그 군왕을 거스른 것이다.

故其君因其脩以擠之고기군인기수이제지

---

20) 以火救火 以水救水(이화구화 이수구수) : 불로 불을 끄고, 물로 물을 구함. 불난 집에 부채질한다는 뜻.

21) 名之曰益多(명지왈익다) : 이를 일컬어 惡을 더 보태준다고 함. 악을 구제하지는 못할 망정 도리어 조장함.

22) 關龍逢(관룡봉) : 하(夏)나라 걸왕(桀王) 때의 어진 신하. 걸왕이 황음무도(荒淫無道)하여 정사를 돌보지 않았을 때, 관룡봉은 늘 직간(直諫)을 하면서 물러나지 않았다. 이에 걸왕은 관룡봉이 요망한 말로 윗사람을 농락한다고 죄를 물어 구금하여 죽였다.

23) 比干(비간) : 은(殷)나라 주(紂)왕 때의 충신. 주왕의 숙부이며, 상(商)나라의 정치인으로서, 주왕(紂王)의 폭정에 간언하다 살해되었다. 미자(微子), 기자(箕子)와 함께 상(商) 말기 세 명의 어진 사람(三仁)으로 꼽는다.

그러므로 그 임금은 그들의 어진 성질 때문에 도리어 이들을 없애버린 것이다.

是好名者也시호명자야

이는 이들이 명예를 존중했기 때문이다.

昔者堯攻叢枝胥敖[24]석자요공총지서오 禹攻有扈[25]우공유호

옛날, 요(堯)는 총지(叢枝)와 서오(胥敖) 두 나라를 쳤고, 우(禹)는 유호(有扈)를 친 일이 있다.

國爲虛厲국위허려 身爲刑戮[26]신위형륙

그래서 세 나라는 폐허가 되고 백성은 죽음을 당했으며, 그 군주는 처형되었으니,

其用兵不止[27]기용병부지 其求實無已기구실무이

이는 이 세 나라가 모두 전쟁을 그치지 않고, 실리 추구를 중지하지 않았기 때문이다.

是皆求名實者也시개구명실자야

이는 모두 명예와 실리를 구한 예이다.

而獨不聞之乎이독불문지호?

그런데 너만 유독 (그런 사실을) 듣지 못했느냐?

名實者명실자 聖人之所不能勝也성인지소불능승야 而況若乎이황약호!

명예와 실리에 대하여는 성인도 억제하기 어렵거늘, 하물며 너에게 있

---

24) 叢枝(총지) : 〈제물론〉 편에 나오는 종(宗) 또는 숭(崇)으로 옛날 오랑캐 나라 이름.

25) 有扈(유호) : 중국의 옛날 나라 이름. 지금의 섬서성 호현(鄠縣) 북쪽에 있었다.

26) 身爲刑戮(신위형륙) : 몸이 형륙을 당하다. 군주가 죽임을 당했다는 뜻. 刑戮은 죄지은 사람을 형벌(刑罰)에 따라 죽임.

27) 用兵不止(용병부지) : 용병을 그만두지 않음. 用兵은 전쟁의 뜻. 전쟁을 그치지 않음.

어서이라!

雖然수연 若必有以也약필유이야 嘗以語我來[28]상이어아래"

비록 그렇지만, 너에게는 반드시 까닭이 있을 것이니, 내게 한번 말해 보아라."

顔回曰안회왈 : 안회가 말했다

"端而虛단이허 勉而一면이일 則可乎즉가호?"

"몸가짐을 단정히 하고 겸허하며 근면하고 순일하면 됩니까?"

曰왈 : 공자가 말했다.

"惡! 惡可[29]오! 오가!

"아! 어찌 그런 정도로 되겠느냐!

夫以陽爲充孔揚부이양위충공양 采色不定채색부정

너는 겉으로 보기에는 덕이 충만해 있는 것 같으나, 안색마저도 안정되지 않고,

常人之所不違상인지소불위 因案人之所感인안인지소감 以求容與其心이구용여기심

보통 사람들은 그를 거스르지 못하며, 사람들이 느끼는 것을 억누르고 자기 마음대로 할 것을 추구한다.

名之曰 日漸之德不成명지왈일점지덕불성 而況大德乎이황대덕호!

이런 것을 일러 '날마다 덕을 조금씩 이루어 나가는 것도 불가능하다.'

---

28) 嘗以語我來(상이어아래) : 시험 삼아 나에게 말해 보라. 嘗은 시(試)와 같다. 來는 권고를 나타내는 조사.

29) 惡 惡可(오 오가) : 아! 어찌 되겠는가! 앞의 惡는 상대의 의견을 반박하는 뜻의 감탄사. 뒤의 惡는 어찌.

라고 하는 것인데, 하물며 대덕(大德)에 있어서이랴!

將執而不化30)장집이불화

위나라 임금은 고집이 세어서 조금도 감화를 받지 않을 것이고,

外合而內不訾31)외합이내불자 其庸詎可乎기용거가호!"

겉으로는 듣는 척하면서 속으로는 마음 쓰지 않을 것이니, 어찌 되겠는가!"

"然則我內直而外曲32)연즉아내직이외곡 成而上比33)성이상비

"그렇다면 저는 속은 곧되 겉은 완곡하고, 또 말을 할 때는 옛사람의 가르침에 비유하겠습니다.

內直者내직자 與天爲徒34)여천위도

속이 곧은 사람은 하늘과 벗이 되는 것이며,

與天爲徒者여천위도자 知天子之與己皆天之所子지천자지여기개천지소자

하늘과 벗이 되는 자는 천자가 자기와 더불어 다 같이 하늘의 자식임을 알 것이니,

而獨以己言蘄乎而人善之이독이기언기호이인선지

유독 자기의 말을 가지고 남이 옳다고 해주기를 바라거나,

蘄乎而人不善之邪기호이인불선지야?

---

30) 將執而不化(장집이불화) : 자기 생각에 집착하여 남의 감화를 받지 않음. 執은 집착.

31) 外合而內不訾(외합이내불자) : 겉으로는 합치된 듯하면서도 속으로는 헤아리지 않음.

32) 內直而外曲(내직이외곡) : 안으로는 강직하고 겉으로는 굽힘. 내심(內心)으로는 강직함을 지키면서도 밖으로는 공손한 태도를 유지한다는 뜻.

33) 成而上比(성이상비) : 자기 견해를 내세울 때는 옛사람의 가르침에 비유한다. 成은 成見. 成見은 이루어져 틀이 잡힌 견해. 上比는 옛날로 거슬러 올라가서 옛사람들과 비긴다는 뜻.

34) 與天爲徒(여천위도) : 하늘과 더불어 한 무리가 됨. 천도(天道)인 자연을 따른다는 뜻.

또는 옳지 않다고 해주기를 바라겠습니까?

若然者 人謂之童子35)약연자 인위지동자 是之謂與天爲徒시지위여천위도

이런 이들을 사람들은 동자(童子)라 하고, 하늘의 벗이 된 사람이라 합니다.

外曲者외곡자 與人之爲徒也여인지위도야

또 겉으로 자신의 뜻을 굽히는 자는 다른 사람들과 벗이 된 자들이니,

擎跽曲拳36)경기곡권 人臣之禮也인신지례야

손을 드리우고 무릎을 꿇고 몸을 굽히며 머리를 숙이는 것은 신하의 예로서,

人皆爲之인개위지 吾敢不爲邪오감불위야!

사람들이 모두 그것을 행하거늘, 저라고 감히 그렇게 하지 않을 수 있겠습니까!

爲人之所爲者위인지소위자 人亦無疵焉인역무자언

남이 하는 대로 하면 남도 나를 비난하지 않을 것이니,

是之謂與人爲徒시지위여인위도

이를 일러 사람과 더불어 벗이 된다고 합니다.

成而上比者성이상비자 與古爲徒여고위도

그리고 말을 하되 옛일에 비유하는 것은 옛과 벗이 되는 것이니,

其言雖敎기언수교 謫之實也적지실야

---

35) 若然者 人謂之童子(약연자 인위지동자) : 이런 사람을 사람들이 일러 어린아이라고 함. 童子는 천진하여 아직 자연의 본성을 잃지 않은 사람을 비유한 것이다.

36) 擎跽曲拳(경기곡권) : 손은 드리우고, 무릎을 꿇고, 몸은 굽히고, 머리는 숙임. 삼가 禮를 행하는 모양.

그 말에 비록 가르치고 꾸짖는 뜻이 포함되어 있더라도,

古之有也고지유야 非吾有也비오유야

그것은 옛날부터 있던 것이요, 제가 만들어낸 것이 아닙니다.

若然者약연자 雖直不爲病37)수직불위병

그렇게 하는 자는 비록 곧더라도 해를 받지 않을 것이므로,

是之謂與古爲徒시지위여고위도 若是약시 則可乎즉가호?"

이를 일러 옛과 벗이 된다고 합니다. 이렇게 하면 되겠습니까?"

仲尼曰중니왈 : 중니가 말했다.

"惡오! 惡可오가? 大多政 法而不諜38)대다정 법이불첩

"아! 어찌 될 수가 있느냐? 너무 방법이 많고, 법도를 따른다고 해도 안심할 수가 없다.

雖固수고 亦無罪역무죄 雖然수연 止是耳矣지시이의 夫胡可以及化39)부호가입급화!

비록 죄를 얻지는 않을 테지만, 거기에서 그칠 뿐 어찌 남에게 감화를 줄 수 있겠느냐!

猶師心者也유사심자야"

너는 아직도 자신의 분별심(分別心)에 너무 얽매여 있구나."

顔回曰안회왈 : 안회가 말했다.

"吾無以進矣40)오무이진의 敢問其方감문기방"

---

37) 雖直不爲病(수직불위병) : 비록 곧더라도 해가 되지 않음. 곧은 태도를 지니더라도 자신에게 해가 되지 않는다는 뜻.

38) 大多政 法而不諜(대다정 법이불첩) : 바로잡는 방법이 너무 많고, 법도를 따른다고 해도 안심할 수가 없다. 諜(첩)은 안심하다.

39) 夫胡可以及化(부호가이급화) : 어찌 상대를 감화시키기까지 할 수 있겠는가. 胡는 어찌.

"저는 더 이상 나아갈 방법이 없습니다. 좋은 방법을 가르쳐 주십시오."

仲尼曰중니왈 : 중니가 말했다.

"齋41)재 吾將語若오장어약

"재계(齋戒)하라. 내 너에게 말해주겠다.

有而爲之 其易邪42)유이위지 기이야?

다른 마음이 있어 그것을 한다면 그리 쉽게 되겠느냐?

易之者 皞天不宜43)이지자 호천불의"

그것을 그리 쉽게 하려 하면 하늘도 마땅치 않게 여길 것이다."

顔回 曰안회왈 : 안회가 말했다.

"回之家貧회지가빈 唯不飮酒不茹葷44)者數月矣유불음주불여훈자수월의

"저는 집이 가난하여 술도 마시지 않고, 생선이나 고기 요리도 먹지 않은 지가 몇 달이 되었습니다.

若此약차 則可以爲齋乎즉가이위재호?"

이만하면 재계가 되었다고 말할 수 있겠습니까?"

曰왈 : 중니가 말했다.

"是祭祀之齋시제사지재 非心齋也비심재야"

---

40) 吾無以進矣(오무이진의) : 나는 더 나아갈 수 없음. 더 이상 여기에 더할 것이 없음을 말한 것이다.

41) 齋(재) : 재계(齋戒)하라. 齋는 재계하다, 정진(精進)하다.

42) 有而爲之 其易邪(유이위지 기이야) : 다른 마음을 가지고 그것을 한다면 그것이 그리 쉽겠는가?

43) 易之者 皞天不宜(이지자 호천불의) : 그것을 쉽게 여기는 사람은 밝은 하늘도 마땅치 않게 여길 것이다. 皞(호)는 깨끗하고 밝다.

44) 葷(훈) : 생선이나 육류로 만든 요리. 고기요리. 파 마늘 따위의 냄새나는 채소.

"그것은 제사 때의 재계이지, 마음의 재계는 아니다."

回曰회왈 : 안회가 말했다.

"敢問心齋감문심재?"
"마음의 재계란 무엇입니까?"

仲尼曰중니왈 : 중니가 말했다.

"若一志약일지 無聽之以耳而聽之以心무청지이이이청지이심
"너는 뜻을 한가지로 가져라. 그래서 귀로 듣지 말고 마음으로 들으며,

無聽之以心而聽之以氣무청지이심이청지이기
마음으로 듣지 말고 기(氣)로 들어라.

聽止於耳청지어이 心止於符45)심지어부
듣는 것은 귀에서 그치고, 마음은 외부 자극에서 멈추지만,

氣也者 虛而待物者也46)기야자 허이대물자야
기(氣)는 비워져 있기 때문에 온갖 걸 다 포용한다.

唯道集虛47)유도집허 虛者허자 心齋也심재야"
오직 道는 허한 데서 모이니, 허한 것이 곧 마음의 재계이다."

顔回曰안회왈 : 안회가 말했다.

"回之未始得使회지미시득사 實自回也실자회야
"제가 가르침을 듣지 못했을 때는 제기 지 자신임을 의식하고 있었습

---

45) 心止於符(심지어부) : 마음은 지각(知覺)에서 멈춤. 符는 부합(符合)한다는 뜻으로, 외부 사물을 지각하는 작용을 의미한다.

46) 氣也者 虛而待物者也(기야자 허이대물자야) : 기(氣)라는 것은 비어 있기 때문에 사물을 기다리는 것임. 곧 氣로 듣는다는 것은 마음을 비우고 사물을 있는 그대로 포용한다는 뜻.

47) 唯道集虛(유도집허) : 道는 오직 마음을 비우는 곳에 응집됨. 集은 응집(凝集)의 뜻이다.

니다.

得使之也득사지야 未始有回也미시유회야 可謂虛乎가위허호?"

그러나 가르침을 듣고 난 후에는 자신이 회(顔回)라는 의식이 완전히
없어졌습니다.

可謂虛乎가위허호?"

이것을 허(虛)라고 하겠습니까?"

夫子曰부자왈 : 공자가 말했다.

"盡矣진의! 吾語若오어약

"지극하도다! 내 너에게 말해 주리라.

若能入遊其樊而無感其名약능입유기번이무감기명

네가 위나라로 들어가 주유하면서도 명예 따위에는 사로잡히지 마라.

入則鳴입즉명 不入則止불입즉지

너의 말이 용납되거든 입을 놀리고, 용납되지 않거든 그만두어라.

無門無毒48)무문무독 一宅49)而寓於不得已일택이우어부득이 則幾矣즉기의

(마음에) 문과 담장을 치지 않고, 오로지 道를 거처로 삼아 부득이 할
때에만 말할 수 있다면 거의 완전하다고 하겠다.

絶迹易 無行地難50)절적이 무행지난

---

48) 無門無毒(무문무독) : 마음의 문을 닫지 않음. 곧 안팎을 구별하는 인위적인 기준을 버
    린다는 뜻이다.

49) 一宅(일택) : 한결같이 道를 거처로 삼다.

50) 絶迹易 無行地難(절적이 무행지난) : 자취를 끊는 것은 쉽지만, 걷고자 하면서 땅을 밟
    지 않는 것은 어렵다. 곧 세속에서 자취를 끊고 은거하기는 쉽지만, 세속에 살면서 세속
    적인 행위를 하지 않기는 어렵다는 뜻. 곽상(郭象)은 "일체의 행위를 하지 않는 無爲는
    쉽지만, 행위를 하면서 本性을 해치지 않기는 어렵다."라고 풀이했다.

세속으로부터 자취를 끊는 것은 쉽지만, 세속에 살면서 땅 위를 걸어 다니지 않기는 어렵다.

爲人使위인사 易以僞이이위

남에게 부림을 받는 처지가 되면 거짓을 저지르기가 쉽지만,

爲天使위천사 難以僞난이위

하늘의 부림을 받는 처지가 되면 거짓을 저지르기 어렵다.

聞以有翼飛者矣문이유익비자의 未聞以無翼飛者也미문이무익비자야

날개로 난다는 말은 들었어도 날개 없이 난다는 말은 듣지 못했으며,

聞以有知知者矣문이유지지자의 未聞以無知知者也미문이무지지자야

지혜로써 안다는 말은 들었어도, 무지(無知)로써 안다는 소리는 듣지 못했다.

瞻彼闋者51)첨피결자 虛室生白52)허실생백 吉祥止止53)길상지지

저 비어 있는 방을 보라. 빈 방 안에 흰빛이 있고, 거기에는 반드시 길한 징조가 깃들어 있다.

夫且不止부차부지 是之謂坐馳54)시지위좌치

무릇 마음이 정지하고 있지 않으면 이를 일러 좌치(坐馳)라고 한다.

---

51) 瞻彼闋者(첨피결자) : 저 비어 있는 방을 보라. 闋(결)은 空의 뜻. 瞻(첨)은 관조(觀照) 하다는 뜻.

52) 虛室生白(허실생백) : 비어 있는 방에 햇살이 비침. 방이 비면 햇빛이 쏟아져 들어와 환하게 밝아진다는 뜻. 마음을 비우는 자에게는 복이 있음의 비유. 마음이 무상무념(無想無念)이면 진리에 도달할 수 있음.

53) 吉祥止止(길상지지) : 길한 징조가 머문다. 앞의 止는 머문다는 뜻이고, 뒤의 止는 장소, 비어 있는 곳을 의미한다. 吉祥은 길한 징조.

54) 坐馳(좌치) : 앉아 있으면서 달린다는 뜻. 곧 겉으로는 조용히 앉아 있으나, 마음속으로는 분주함을 말함.

夫徇耳目內通而外於心知부순이목내통이외어심지

무릇 귀와 눈의 작용을 안으로 받아들여 마음의 지각(知覺)을 벗어난다면,

鬼神將來舍[55]귀신장래사 而況人乎이황인호!

귀신도 와서 깃들일 것이니, 하물며 사람이야 말해 무엇 하랴!

是萬物之化也시만물지화야 禹舜之所紐也우순지소뉴야

이것이야말로 만물을 교화하는 길이며, 우(禹)와 순(舜)도 근본으로 삼은 바이고,

伏戲几蘧[56]之所行終복희궤거지소행종 而況散焉者乎이황산언자호!"

복희(伏羲)나 궤거(几蘧)도 이로써 한평생을 마쳤는데, 하물며 범인에게 있어서이랴."

| 해설 |

공자와 그의 제자 안회의 대화를 통하여 득도자의 간쟁(諫爭)하는 방법을 서술하고 있다. 그래서 마지막 공자의 말에 핵심이 있고 초점이 있다. 안회가 드디어 마음의 재계를 하자, 공자는 득도자의 갈 길을 토로했다. 장자에 있어서 득도자, 곧 참다운 초월자는 인간 자체의 부정자(否定者)도 현실세계의 도피자도 아니다.

이렇게 장자는 인간의 세계에 살아나가는 처세의 지혜, 곧 허(虛)의 철학을 남의 대화를 비는 형식으로 잘 설명하고 있다. 그래서 인간사

---

55) 來舍(내사) : 와서 머문다는 뜻.

56) 伏戲几蘧之所行終(복희궤거지소행종) : 복희씨는 전설 속에서 상고시대 동이족(東夷族)의 유명한 수령으로 태호(大皥)로 불리기도 한다. 三皇의 하나로, 처음으로 백성에게 어렵(漁獵)·농경·목축 등을 가르치고, 팔괘(八卦)와 문자를 만들었다고 함. 복희(伏羲)라고 한다. 궤거(几蘧)는 상고시대 전설적인 제왕(帝王)의 이름이다.

회의 표리(表裏), 권력의 본질과 권력자의 생태, 인간의 약점, 비굴함, 추함의 단편을 잘 알고 이에 적절히 대처함으로써 인간의 자유를 최대한으로 누리자는 면에서 장자는 더할 수 없는 심리 치료사요, 사회 분석자이며, 심오한 철학자라 하겠다.

2.

葉公子高¹⁾將使於齊섭공자고장사어제 問於仲尼曰문어중니왈 :
섭공자고(葉公子高)가 제(齊)나라에 사신으로 가게 되어 공자에게 물었다.

"王使諸梁也甚重²⁾왕시저량야심중
"임금이 이 저량(諸梁)에게 주신 사명은 매우 중요합니다.

齊之待使者제지대사자
그러므로 제나라에서 사신을 접대하는 데는 매우 공경스러울 것이지만,

蓋將甚敬而不急개장심경이불급
교섭하는 일에 있어서는 그리 급하게 굴지 않을 것 같습니다.

匹夫猶未可動필부유미가동 而況諸侯乎이황제후호!
필부의 마음도 움직이기가 쉽지 않거늘, 하물며 제후야 더 말할 나위가 있겠습니까!

吾甚慄之³⁾오심율지

---

1) 葉公子高(섭공지고) : 춘추시대 초(楚)나라 대부(大夫). 성은 심(沈), 이름은 저량(諸梁), 자가 자고(子高), 초의 섭(葉) 땅을 영유하고 있으나, 제후가 아니므로 公이 될 수 없으나, 감히 葉公이라 스스로 참칭하여 공자가 좋게 보지 않은 듯함.
2) 王使諸梁也甚重(왕시제량야심중) : 왕이 자신을 사신으로 보내는 까닭은 국가의 중대한 일이 걸려 있기 때문이라는 뜻. 使는 뒤의 '齊之待使者'처럼 사신이라는 명사로 쓰일 때는 '사'로 읽지만, 사신의 임무를 맡겨 보낸다는 뜻일 때는 '시'로 읽는다.

저는 매우 걱정을 하고 있습니다.

子常語諸梁也자상어제량야 曰왈 :
선생님께서 전에 저에게 말씀하시기를,

'凡事若小若大범사약소약대 寡不道以懽成4)과부도이환성
'무릇 작은 일이나 큰일이나 도리에 어긋나게 처리하고서 만족스럽게
성취하기란 매우 어렵다.

事若不成사약불성 則必有人道之患즉필유인도지환
그 일이 만일 이루어지지 않으면 반드시 남의 노여움을 살 우려가 있고,

事若成사약성 則必有陰陽之患즉필유음양지환
만일 성공했다 하더라도 무리가 있었기 때문에 병이 나게 되는 것이다.

若成若不成而後無患者약성약불성이후무환자 唯有德者能之유유덕자능지'
그러나 성공하든 성공하지 못하든, 후환이 없게 하는 것은 오직 덕이
있는 자라야 가능하다.'고 하셨습니다.

吾食也오식야 執粗而不臧집조이부장
저는 식사를 할 때 거친 밥을 먹고 좋은 밥을 찾지 않으며,

爨無欲淸之人5)찬무욕청지인
밥을 지을 때는 시원하기를 바라는 사람이 없는데,

今吾朝受命而夕飮冰6)금오조수명이석음빙 我其內熱與아기내열여!

---

3) 吾甚慄之(오심율지) : 내 그것을 매우 두려워함. 慄(율)은 두려워함.

4) 寡不道以懽成(과부도이환성) : 도리에 어긋나게 행동하고서 만족스런 성취를 이루기란
매우 어렵다. 寡(과)는 드물다, 어렵다는 뜻. 懽(환)은 합당하다.

5) 爨無欲淸之人(찬무욕청지인) : 음식을 조리할 때 불을 많이 사용하지 않는다는 뜻. 음식
을 호화스럽게 장만하려면 불을 여러 군데 지펴 더우므로 요리사가 시원하기를 바라지
만, 자신은 그렇게 하지 않는다는 뜻. 爨(찬)은 불 땔 때의 뜻.

지금 제가 아침에 사명을 받고 저녁에는 얼음도 먹어야 하니, 그것은 내 속이 더워지기 때문이겠지요?

吾未至乎事之情 而旣有陰陽之患矣[7]오미지호사지정 이기유음양지환의

그러니 저는 일의 실상에 손도 대기 전에 이미 음양의 병에 걸린 것입니다.

事若不成사약불성 必有人道之患필유인도지환

게다가 일을 만약 성공하지 못하면 남의 노여움까지 살 것이니,

是兩也시량야 爲人臣者不足以任之위인신자부족이임지

이렇게 되면 두 가지가 겹치게 됩니다. 남의 신하된 자로서 이런 임무는 감당키 어렵습니다.

子其有以語我來자기유이어아래"

그러니 선생님께서는 저에게 한 말씀 해주십시오."

仲尼曰중니왈 : 중니가 말했다.

"天下有大戒二천하유대계이 其一命也기일명야 其一義也기일의야

"천하에는 크게 경계해야 할 일이 두 가지 있으니, 하나는 천명이고, 또 하나는 의(義)입니다.

子之愛親命也자지애친명야 不可解於心불가해어심

자식이 어버이를 사랑함은 명(命)이니, 언제나 마음에서 사랑함이 떠나서는 안되고,

臣之事君신지사군 義也의야 無適而非君也[8]무적이비군야

---

6) 今吾朝受命而夕飮冰(금오조수명이석음빙) : 지금 제가 아침에 명령을 받고 나서 저녁에는 얼음을 마셔야 하다. 몸속에 열이 났다는 것을 표현한 것이다.

7) 吾未至乎事之情 而旣有陰陽之患矣(오미지호사지정 이기유음양지환의) : 저는 아직 일의 실상에 손도 대지 않았는데, 이미 음양의 재앙이 생김. 情은 實의 뜻.

신하가 임금을 섬기는 것은 의이니, 어디를 가나 그 임금을 모셔야 합니다.

無所逃於天地之間 是之謂大戒⁹⁾무소도어천지지간 시지위대계

이는 하늘과 땅 사이에서 피할 수 없는 것이라, 이를 대계(大戒)라 하는 것입니다.

是以夫事其親者시이부사기친자 不擇地而安之불택지이안지 孝之至也효지지야

그러므로 무릇 어버이를 섬기는 이는 어떤 처지에 있거나 그 어버이를 편안히 해드리는 것이 효의 지극함이요,

夫事其君者 不擇事而安之¹⁰⁾부사기군자 불택사이안지 忠之盛也충지성야

무릇 임금을 섬기는 자는 어떤 일을 당해서나 임금을 안심하게 하는 것이 충(忠)의 융성함입니다.

自事其心者자사기심자 哀樂不易施乎前¹¹⁾애락불역이호전

또 자기의 마음에 충실한 자는 슬퍼하거나 즐거워하는 감정에 마음이 치우치지 않습니다.

知其不可奈何而安之若命지기불가내하이안지약명 德之至也덕지지야

---

8) 無適而非君也(무적이비군야) : 가는 곳마다 모두 임금이 있다는 뜻.

9) 無所逃於天地之間 是之謂大戒(무소도어천지지간 시지위대계) : 천지 사이에 피할 곳이 없으니, 이를 일러 대계(大戒)라 한다. 無所逃(무소도)는 피할 곳이 없다는 뜻. 大戒는 대경대법(大經大法)이라고 풀이했는데, 大經大法은 공명정대(公明正大)한 원리와 법칙을 말한다.

10) 夫事其親者 不擇地而安之(부사기친자 불택지이안지) : 무릇 어버이를 섬기는 자는 처지를 가리지 않고 어버이를 편안하게 해드림. 不擇事는 처지를 가리지 않음. 지위의 높고 낮음이나 녹봉(祿俸)의 많고 적음을 따지지 않고 부모를 섬긴다는 뜻.

11) 哀樂不易施乎前(애락불역이호전) : 슬퍼하거나 즐거워하는 감정에 따라 마음이 치우치지 않음. 일의 성패로 인해 슬퍼하거나 즐거워하지 않는다는 뜻. 施는 옮기다의 뜻일 때는 '이'로 읽는다.

그 어찌할 수 없는 것을 알았을 때는 마음을 편히 하고 천명에 따르니 덕의 지극함입니다.

爲人臣子者위인신자자 固有所不得已[12]고유소부득이

남의 신하나 자식 된 자는 원래 부득이한 것이라,

行事之情 而忘其身[13]행사지정 이망기신 何暇至於悅生而惡死[14]하가지어열생이오사!

그 일의 실정에 나아갈 뿐, 어느 겨를에 삶을 기뻐하고 죽음을 싫어하겠습니까?

夫子其行可矣부자기행가의!

그러니 당신은 가는 것이 옳습니다!

丘請復以所聞구청복이소문

내가 들은 바를 거듭 일러주겠소

凡交범교 近則必相靡以信[15]근즉필상미이신

무릇 가까운 교제라면 반드시 믿음으로 친할 것이고,

遠則必忠之以言원즉필충지이언 言必或傳之언필혹전지

멀리 있는 사람이면 반드시 말로써 성의를 전해야 하는 사람이 있어야 합니다.

---

12) 固有所不得已(고유소부득이) : 본디 그만둘 수 없음. 부득이함. 固는 본디.

13) 行事之情 而忘其身(행사지정 이망기신) : 일의 실상과 맞닥뜨려 자기를 잊음. 곧 최선을 다해 일을 수행하고 자신의 안위(安危)를 돌보지 않는다는 뜻.

14) 何暇至於悅生而惡死(하가지어열생이오사) : 어느 겨를에 삶을 기뻐하고 죽음을 싫어하겠는가. 자신의 안위(安危) 따위는 돌아볼 겨를이 없다는 뜻.

15) 近則必相靡以信(근즉필상미이신) : 가까우면 반드시 서로 신의(信義)로 맺어야 함. 가까운 나라는 직접 만날 수 있기 때문에 신(信)을 직접 보여주면서 관계를 맺어야 한다는 뜻이다. 相靡(상미)는 서로 관계를 맺는다는 뜻이다.

夫傳兩喜兩怒之言부전량희량노지언 天下之難者也천하지난자야

대체로 양쪽이 함께 기뻐하거나, 양쪽이 함께 노여워할 말을 전하는 것은 천하의 어려운 일입니다.

夫兩喜必多溢美之言부량희필다일미지언

대체로 양쪽이 다 기뻐할 때는 반드시 지나친 칭찬이 따르게 되고,

兩怒必多溢惡之言양노필다일악지언

양쪽이 모두 노여워하고 있을 때는 반드시 지나친 비난이 많아질 것입니다.

凡溢之類妄범일지류망 妄則其信之也莫망즉기신지야막

대체로 지나친 것은 망령된 것이고, 망령되면 신용을 얻지 못하며,

莫則傳言者殃16)막즉전언자앙

믿음이 막연해지면 말을 전한 자가 화를 당하게 됩니다.

故法言17)曰고법언왈 : 그러므로 《법언(法言)》에도 이르기를 :

'傳其常情전기상정 無傳其溢言무전기일언 則幾乎全즉기호전'

'진실만을 전하고 지나친 말을 전하지 않으면 거의 몸을 보전할 수가 있다.'고 했습니다.

且以巧鬪力者차이교투력자 始乎陽 常卒乎陰8)시호양 상졸호음

---

16) 莫則傳言者殃(막즉전언자앙) : 믿음이 막연해지면 말을 전한 사람은 화를 당하게 됨. 곧 군주가 신뢰하지 않게 되면 말을 전한 사람이 화를 당한다는 뜻.

17) 法言(법언) : 전 13권. 전한(前漢) 말 양웅(揚雄, BC53~AD18)의 대표작으로,《논어》의 체재를 모방한 문답체의 수상론집이다. 고성(古聖)과 경서(經書)에 어긋나는 법가(法家) 나 음양가(陰陽家) 등 제자(諸子)의 사조(思潮)를 바로잡고 법(先王이나 古聖이 정한 典則)에 의해 대도(大道)를 밝히려고 하였다.

18) 始乎陽 常卒乎陰(시호양 상졸호음) : 기쁜 마음으로 시작하다가 노여워하는 마음으로

또 기교로써 힘을 다투는 자는 처음에는 즐거운 기분으로 시작하지만, 끝에 가서는 노여워지니,

大至則多奇巧대지즉다기교

너무 열중하다가 지나친 기교가 많아지기 때문이며,

以禮飲酒者이례음주자 始乎治시호치 常卒乎亂상졸호란

예를 갖추어 술을 마시는 사람도 처음에는 바른 정신에서 시작해서 항상 어지럽게 끝나니,

大至則多奇樂대지즉다기락

쾌락(快樂)을 추구하는 마음이 극에 이르면

凡事亦然범사역연 始乎諒 常卒乎鄙19)시호량 상졸호비

대체로 모든 일이 그리하여, 처음에는 어질지만 나중에 가서는 비루해지며,

其作始也簡기작시야간 其將畢也必巨기장필야필거

그 시작은 단순했던 일이 그 끝날 때는 반드시 거창해지는 법이지요.

夫言者부언자 風波也풍파야 行者행자 實喪也실상야

말은 풍파요, 행동은 득실이 있습니다.

風波易以動풍파이이동 實喪易以危실상이이위

대체로 풍파는 움직이기 쉽고, 득실은 쉬 위태로워집니다.

故忿設無由고분설무유

그러므로 분노가 일어나는 것도 별다른 이유가 없고,

끝남. 陽은 기쁜 감정, 陰은 노여운(怒) 감정.

19) 始乎諒 常卒乎鄙(시호량 상종호비) : 처음에는 어진 마음에서 시작하다가 항상 끝에 가서는 비루해짐. 諒(량)은 어질다. 鄙(비)는 비루하다.

巧言偏辭[20]교언편사

오직 교활한 말이나 속이는 말에서 기인합니다.

獸死不擇音수사불택음 氣息茀然[21]기식발연 於是並生心厲어시병생심려

짐승이 죽을 때는 마구 소리를 지르고 숨이 거칠어지는데, 이때에 거친 마음이 아울러 생깁니다.

剋核大至[22]극핵대지 則必有不肖之心應之즉필유불초지심응지

(사람도 이와 같아서) 그 죄를 다스림이 도를 넘으면 반드시 나쁜 마음 으로 대응하기 마련인데,

而不知其然也이부지기연야

왜 그렇게 되는지는 스스로도 모릅니다.

苟爲不知其然也구위부지기연야 孰知其所終숙지기소종!

참으로 그렇게 되는 줄을 알지 못하니, 그 결과를 누가 알겠습니까?

故法言日고법언왈 : 그러므로 《법언》에도 이르기를 :

'無遷令 無勸成[23]무천령 무권성'

'임금의 명령을 함부로 고쳐서도 안되고, 무리하게 이루려 하지도 말 라.'고 하였습니다.

過度益也[24]과도일야

---

20) 巧言偏辭(교언편사) : 교묘한 말과 치우친 말.

21) 氣息茀然(기식발연) : 숨이 거칠어지다. 氣息(기식)은 숨소리. 茀(발)은 숨찬 모양. '발' 로 읽는다.

22) 剋核大至(극핵대지) : 문책이 극에 달하다. 剋核(극핵)은 급박하게 문책한다는 뜻. 剋은 急과 같은 뜻, 核은 엄하다.

23) 無遷令 無勸成(무천령 무권성) : 君主의 명령을 함부로 바꾸지 말고, 억지로 이루려고 하지도 말아야 한다. 遷令(천령)은 명령을 바꾼다는 뜻. 勸成(권성)은 일이 이루어지도 록 상대방에게 권면한다는 뜻.

정도가 지나치면 넘치기 때문입니다.

遷令勸成殆事천령권성태사

명령을 고치거나, 억지로 이룩하려는 것은 위태로운 일입니다.

美成在久[25]미성재구 惡成不及改악성불급개 可不愼與가불신여!

좋은 일은 오래 걸려야 이루어지고, 나쁜 일은 고치고자 해도 겨를이 없으니, 가히 삼가지 않을 수 있겠습니까!

且夫乘物以遊心차부승물이유심 託不得已以養中탁부득이이양중 至矣지의

또한 사물의 자연스러움에 맡겨 마음을 노닐고, 부득이함에 응함으로써 중심(中心)을 기르면 지극할 것입니다.

何作爲報也[26]하작위보야?

어찌 작위(作爲)로 복명(復命)을 할 것인가?

莫若爲致命 此其難者[27]막약위치명 차기난자"

임금의 명령을 받은 그대로 전달하는 것이 낫습니다. 그것이 그리 어려운 일이겠습니까."

| 해설 |

섭공자고(葉公子高)와 공자의 문답을 통하여 처세—교제의 방법—를 설명하고 있다. 인간은 역사적 현실 속에서의 구체적인 존재로서 아버

---

24) 過度益也(과도일야) : 정도가 지나치면 넘치는 말이 됨. 益(일)은 넘치다. '일'로 읽는다.

25) 美成在久(미성재구) : 좋은 일은 오래 걸려 이루어진다. 훌륭한 성과를 이루려면 오랜 시간이 필요함을 이르는 말.

26) 何作爲報也(하작위보야) : 어찌 작위(作爲)로 (상대 군주에게) 보고하겠는가. 作爲는 인위적인 행위.

27) 莫若爲致命 此其難者(막약위치명 차기난자) : 명령대로 전하는 것보다 좋은 방법이 없다. 그것이 그리 어려운 일이겠는가.

지나 아들, 지배자나 피지배자가 되지 않으면 안 된다. 그래서 이들의 관계를 규정지어 놓은 것이 인륜(人倫)이요, 사람은 이 인륜을 벗어날 수 없는 것이다.

그리고 인간 개체는 언어에 의하여 서로 유대를 맺고 있는데, 이 언어를 전달하는 사명이 매우 중요한 것이다. 양쪽이 기쁨에 넘칠 때는 그 말의 과장이 지나칠 경우가 많게 되고, 양쪽이 성을 내고 있을 때는 나쁜 면으로 과장이 따르게 되는 경우가 많다. 그러니 말을 남에게 전하는 자는 반드시 자연의 섭리대로 해야만 후환이 없고 화를 입지 않는다고 하였다.

이런 담담한 심정과 언어, 이것이 현세를 자연스럽게 사는 지혜인 것이다.

3.

顔闔¹⁾將傳衛靈公大子안합장차위령공태자 而問於蘧伯玉²⁾曰이문어거백옥왈 :
안합(顔闔)이 장차 위나라 영공(靈公)의 태자의 스승이 되어 가려 할 때 거백옥(蘧伯玉)에게 물었다.

"有人於此³⁾유인어차 其德天殺기덕천살
"여기에 어떤 사람이 있는데, 그의 德은 선천적으로 잔인합니다.

與之爲無方여지위무방 則危吾國즉위오국
그의 무법한 행동에 동조하면 나라를 위태롭게 할 것이고,

---

1) 顔闔(안합) : 노(魯)나라의 현인(賢人).

2) 蘧伯玉(거백옥) : 성은 거(蘧), 이름은 원(瑗), 백옥(伯玉)은 자(字). 위(衛)나라의 대부(大夫).

3) 有人於此(유인어차) : 여기에 어떤 사람이 있음. 위 영공(靈公)의 태자 괴외(蒯聵)를 두고 가정해서 하는 말이다.

與之爲有方여지위유방 則危吾身즉위오신

그를 법대로 행동하도록 고치려 하면 내 몸이 위태롭게 됩니다.

其知適足以知人之過기지적족이지인지과 而不知其所以過이부지기소이과

그런데 그의 지혜는 남의 잘못을 아는 데는 넉넉하지만, 자기의 잘못은 모릅니다.

若然者약연자 吾奈之何오내지하?"

이런 사람을 대할 때 나는 어떻게 해야 합니까?"

蘧伯玉曰거백옥왈 : 거백옥이 말했다.

"善哉問乎선재문호! 戒之愼之계지신지 正汝身也哉정여신야재!

"참, 훌륭한 질문이오. 부디 조심하고 삼가서 당신의 몸을 바르게 하시오.

形莫若就 心莫若和4)형막약취 심막약화

겉모습은 그를 따르는 것보다 좋은 방법이 없고, 마음은 그와 화합하면서 그를 감화시키는 것보다 좋은 방법이 없습니다.

雖然수연 之二者有患지이자유환

비록 그러나 이 두 가지로는 후환이 있을 것이오.

就不欲入 和不欲出5)취불욕입 화불욕출

겉으로 그를 따르더라도 자신이 빠져 들어가지 않고, 마음으로 그와

---

4) 形莫若就 心莫若和(형막약취 심막약화) : 겉으로 그를 따르고, 마음은 그를 감화시키는 것이 좋은 방법임. 形은 겉으로 행동하는 모습. 就는 상대에게 순응하는 태도. 心은 속마음.

5) 就不欲入 和不欲出(취불욕입 화불욕출) : 겉으로 그를 따르더라도 자신이 빠져 들어가지 않고, 마음으로 그와 화합하더라도 그를 감화시키려는 속마음이 겉으로 드러나지 않게 함. 곧 그를 따르더라도 그와 동화되어 자신을 잃어버리는 지경에까지 빠지지는 말라는 뜻.

화합하더라도 그를 감화시키려는 속마음이 겉으로 드러나지 않게 하며,

形就而入[6]형취이입 且爲顚爲滅 爲崩爲蹶[7]차위전위멸 위붕위궐

겉으로 따르더라도 빠져 들어가게 되면 자신은 자빠지고 붕괴되어 버릴
것입니다.

心和而出 且爲聲爲名 爲妖爲孼[8]심화이출 차위성위명 위요위얼

또 마음으로 그를 감화시키려는 의도가 드러나면 명성이 널리 알려져
그에 따르는 재앙이 따를 것이오.

彼且爲嬰兒피차위영아 亦與之爲嬰兒역여지위영아

그래서 그가 어린애처럼 행동하면 당신 또한 그와 함께 어린아이처럼
행동하십시오.

彼且爲無町畦[9]피차위무정휴 亦與之爲無町畦역여지위무정휴

그가 규범에 어긋난 행동을 하면 당신도 그와 같이 행동하고,

彼且爲無崖 亦與之爲無崖[10]피차위무애 역여지위무애

그가 방종한 행동을 하면 당신 또한 그렇게 하여,

---

6) 形就而入(형취이입) : 겉으로 따르다가 빠져 들어감.

7) 且爲顚爲滅 爲崩爲蹶(차위전위멸 위붕위궐) : 자빠지고 없어지고 붕괴되고 거꾸러지다.
   상대와 동화되어 惡을 저지름으로써 자신이 상실됨을 비유한 표현이다. 顚滅崩蹶(전멸
   붕궐)은 모두 부정적 의미로 악을 저지르게 됨을 비유한 말이다.

8) 心和而出 且爲聲爲名 爲妖爲孼(심화이출 차위성위명 위요위얼) : 마음으로 그를 감화시
   키려다가 속마음이 드러나면 명성이 알려져서 재앙을 초래할 것이다. 孼(얼)은 재앙. 곽
   상은 "괴외(蒯聵)가 안합(顔闔)이 자신을 이기려고 하는 의도가 드러나면 마음을 받아
   재앙이 자신에게 미칠 것이다."라고 풀이했다.

9) 彼且爲無町畦(피차위무정휴) : 그가 행위와 규범에 벗어난 행동을 함. 町畦(정휴)는 밭
   과 이랑의 구획을 이르는 말로, 행위규범(行爲規範)을 가리키는 말이다.

10) 彼且爲無崖 亦與之爲無崖(피차위무애 역여지위무애) : 그가 방종한 행동을 하면 당신
    또한 방종한 행동을 함. 無崖(무애)는 끝없는 행동, 곧 방탕한 행위를 뜻한다.

達之 入於無疵[11]달지 입어무자

그와 행동이 통하게 되면, 허물이 없는 지경에 들어가게 될 것이오.

汝不知夫螳螂乎여부지부당랑호?

당신은 저 사마귀(螳螂)란 놈을 모르오?

怒其臂以當車轍[12]노기비이당거철 不知其不勝任也부지기불승임야

그놈은 앞발을 들고 수레바퀴 앞에 버티면서 자신이 감당할 수 없음을 모르니,

是其才之美者也시기재지미자야 戒之愼之계지신지

이는 자신의 재능을 뽐내는 것이니, 경계하고 삼가시오!

積伐而美者以犯之 幾矣[13]적벌이미자이범지 기의

당신의 재주를 자꾸 자랑해서 그에게 항거하면 당신은 곧 위태롭게 될 것이오.

汝不知夫養虎者乎여부지부양호자호?

또 당신은 저 호랑이 사육하는 이를 모르오?

不敢以生物與之불감이생물여지 爲其殺之之怒也위기살지지노야

---

11) 達之 入於無疵(달지 입어무자) : 그와 행동이 통하게 되면 허물이 없는 지경에 들어가게 됨. 자신이 위태롭게 되는 지경에 빠지지 않는다는 뜻. 達之는 이런 식의 행동에 통달함. 之는 위에서 말한 방법들을 이르는 말이다.

12) 以當車轍(이당거철) : 앞발을 들고 수레바퀴에 맞섬. 當은 감당하다. 轍(철)은 수레바퀴 자국이지만, 여기서는 수레바퀴를 의미한다. 여기서 「당랑거철(螳螂拒轍)」의 성어가 생겨났는데, 사마귀가 수레를 가로막는다는 말로, 자기 분수를 모르고 상대가 되지 않는 사람이나 사물과 대적한다는 비유로 쓴다.

13) 積伐而美者以犯之 幾矣(적벌이미자이범지 기의) : 자신의 능력을 자랑하여 남을 업신여기면 위태로워질 것이오. 자신의 능력을 믿고 강직하게 간(諫)하면 위태롭다는 뜻이다. 伐(벌)은 자랑한다는 뜻. 幾矣(기의)는 위태로움.

먹잇감을 산 채로 주지 않음은 호랑이가 그것을 죽이는 행동이 매우 사나워질까 걱정하기 때문이고,

不敢以全物與之불감이전물여지 爲其決之之怒也[14]위기결지지노야

한 마리를 통째로 주지 않는 것은 그 호랑이가 먹잇감을 물어뜯는 버릇이 사나워질까 걱정하기 때문이오.

時其飢飽시기기포 達其怒心[15]달기노심

그러므로 호랑이가 배고픈지 어떤지를 잘 살펴 그 노여움을 잘 다스려야 합니다.

虎之與人異類 而媚養己者順也[16]호지여인이류 이미양기자순야

호랑이가 사람과는 서로 종류를 달리하지만, 호랑이가 자기를 기르는 사람에게 잘 따르는 것은 (사육사가) 범의 본성을 따르기 때문이오.

故其殺者고기살자 逆也역야

그러므로 호랑이가 사육사를 해치는 것은 그 본성을 거슬렀기 때문이오.

夫愛馬者부애마자 以筐盛矢 以蜄盛溺[17]이광성시 이신성뇨

무릇 말을 사랑하는 사람은 광주리에다 말똥을 담고 동이에다 오줌까지 받지요

---

14) 爲其決之之怒也(위기결지지노야) : 먹잇감을 물어뜯는 버릇이 사나워짐을 걱정하기 때문임. 決은 발기발기 찢다.

15) 達其怒心(달기노심) : 노여운 마음을 다스리다. 성냄을 잘 다스린다는 말. 達은 기술 따위를 훤히 알거나 아주 능란하다는 뜻.

16) 虎之與人異類 而媚養己者順也(호지여인이류 이미양기자순야) : 호랑이와 사람은 서로 종류를 달리하지만, 호랑이가 자신을 사육하는 사람을 잘 따르는 것은 사육사가 호랑이의 본성을 따르기 때문이다.

17) 以筐盛矢 以蜄盛溺(이광성시 이신성뇨) : 광주리에 말똥을 담고 커다란 조개껍질에 말 오줌을 담는다. 矢(시)는 屎(시)와 통하여 똥. 溺(뇨)는 오줌. 蜄(신)은 커다란 조개껍질.

適有蚉虻僕緣적유문맹복연 而拊之不時이부지불시

그때 마침 모기나 등에가 말 등에 붙으면 느닷없이 말 등에 붙은 그것
들을 때리지요.

則缺銜毁首碎胸[18]즉결함훼수쇄흉

그러면 말은 놀라 재갈을 끊고 주인의 머리를 들이받거나 가슴을 다치
게 되지요.

意有所至 而愛有所亡[19]의유소지 이애유소망 可不愼邪가불신야!"

이렇듯 뜻이 한 가지 목적에만 사로잡히면 친애함을 잊는 수가 있으니,
삼가지 않을 수 있겠소!"

| 해설 |

이 대목은 노나라의 현인 안합(顔闔)과 위나라의 어진 대부 거백옥
(蘧伯玉)과의 태자 교육에 관한 문답으로, 곧 이 세상에 살면서 어떻게
남을 교화시킬 것인가 하는 교육방법을 토론한 것이다.

위나라 영공(靈公)의 태자 괴외(蒯聵)는 아주 난폭한 사람이었다. 이
런 자를 다루는 데는 마치 호랑이에게 먹이를 주는 조련사(調練師)가
호랑이의 심리를 잘 이용하듯 상대방의 비위를 잘 맞추면서도 자신의
인위적인 교화를 상대방이 모르도록 은밀히 작용하여 점차로 상대를
교화시키면 목적을 달성시킬 것이라 하였다.

그러나 오비이락(烏飛梨落) 격으로, 말을 아끼는 사람이 말 등에 앉

---

18) 則缺銜毁首碎胸(즉결함훼수쇄흉) : 그러면 말은 놀라 재갈을 물어뜯고, 사육사의 머리
를 들이받거나 가슴을 걷어찰 것이다. 銜(함)은 재갈. 毁首(훼수)는 머리를 들이받아 다
치게 한다는 뜻. 碎胸(쇄흉)은 발로 차 가슴을 다친다는 뜻.

19) 意有所至 而愛有所亡(의유소지 이애유소망) : 뜻이 한 가지 목적에 사로잡히면 친애함
을 잊어버림. 뜻은 말을 사랑하는 데 있었지만, 그 방법을 잊어버렸다는 뜻.

은 모기나 등에를 쫓아주다 해를 당하듯, 그 방법이 잘못되어도 안 되지만, 사마귀가 수레바퀴에 항거하듯, 분수없이 함부로 굴다간 아예 해를 당하고 만다는 것이다.

그러니 남을 교화하고자 하는 자는 마땅히 무심(無心)과 순종의 미덕을 배워 자연의 본성을 거스르지 않는 범위 내에서 자신을 잘 보존하면서 자기의 재능을 은연히 잘 발휘해야 할 것이다.

4.

匠石¹⁾之齊장석지제 至乎曲轅²⁾지호곡원 見櫟社樹견력사수

장석(匠石)이 제(齊)나라로 가다가 곡원(曲轅)에 이르러 그곳 사당 앞에 서 있는 상수리나무를 보았다.

其大蔽數千牛³⁾기대폐수천우 絜之百圍⁴⁾혈지백위

그 나무의 크기는 수천 마리의 소를 가릴 만하고, 둘레는 백 아름이나 되며,

其高臨山十仞而後有枝기고임산십인이후유지

그 높이는 산을 굽어볼 정도이고, 열 길 위에 가지가 뻗어 있으며,

其可以爲舟者기가이위주자 旁十數방십수

배를 만들 수 있는 정도의 나뭇가지도 여남은 개나 되었다.

觀者如市관자여시

---

1) 匠石(장석) : 장(匠)은 장인(匠人), 곧 목수(木手). 석(石)은 이름.

2) 曲轅(곡원) : 땅 이름, 또는 산 이름, 또는 길 이름이라고도 함.

3) 其大蔽數千牛(기대폐수천우) : 그 크기가 수천 마리의 소를 가릴 수 있음. 蔽는 가리다.

4) 絜之百圍(혈지백위) : 둘레를 헤아려보면 백 아름이나 됨. 絜(혈)은 헤아려보다. 百圍(백위)는 백 아름. 圍는 둘레.

나무를 보려는 구경꾼들이 저잣거리를 이루고 있었다.

匠伯不顧장백불고 遂行不輟5)수행불철

그러나 장석은 돌아보지도 않고 그대로 걸음을 멈추지 않고 걸어갔다.

弟子厭觀之6)제자염관지 走及匠石주급장석 曰왈 :

그의 제자들은 실컷 구경을 하고 나서 장석을 뒤쫓아 달려가 물었다.

"自吾執斧斤以隨夫子자오집부근이수부자 未嘗見材如此其美也미상견재여차기미야

"저희가 도끼를 들고 선생님을 따른 후로, 여태껏 이렇게 좋은 재목을 보지 못했는데,

先生不肯視선생불긍시 行不輟행불철 何邪하야?"

선생님은 돌아보지도 않고 자꾸 가기만 하시니 어째서입니까?"

曰왈 : 장석이 말했다.

"已矣이의 勿言之矣물언지의!

"그만두어라. 더 말하지 말라!

散木7)也산목야 以爲舟則沈이위주즉침

쓸 데가 없는 나무다. 그것으로 배를 만들면 가라앉을 것이고,

以爲棺槨則速腐이위관곽즉속부 以爲器則速毁이위기즉속훼

그것으로 관을 만들면 쉬 썩을 것이며, 그것으로 그릇을 만들면 금방 깨진 것이고,

以爲門戶則液橫이위문호즉액만 以爲柱則蠹이위주즉두

---

5) 遂行不輟(수행불철) : 그대로 걸음을 멈추지 않고 걸어가다. 불철(不輟)은 그만두지 않음.

6) 厭觀之(염관지) : 그 나무를 실컷 구경함.

7) 散木(산목) : 쓸모없는 잡목(雜木). 문목(文木)과 반대의 뜻.

그것으로 문을 만들면 진액이 흐를 것이며, 그것으로 기둥을 만들면 좀이 슬 것이다.

是不材之木也시부재지목야 無所可用8)무소가용 故能若是之壽고능약시지수"
이것이야말로 재목이 될 수 없는 나무로서 아무 쓸 데가 없다. 그래서 이렇게 수명이 긴 것이다."

匠石歸장석귀 櫟社見夢日역사현몽왈
장석이 집에 돌아오니, 사당 앞의 상수리나무가 꿈속에서 이렇게 말했다.

"女將惡乎比予哉여장오호비여재?
"그대는 나를 무엇에 비교하려 하느냐?

若將比予於文木9)邪약장비여어문목야?
그대는 나를 문목(文木)에 비교하려느냐?

夫柤梨橘柚果蓏之屬부사리귤유과라지속
아가위나무·배나무·귤나무·유자나무·과일·오이 따위는

實熟則剝10)실숙즉박 剝則辱박즉욕
그 열매가 익기만 하면 곧 박탈당하여 욕을 본다.

大枝折대지절 小枝泄소지예
큰 가지는 꺾이고 작은 가지는 잘린다.

此以其能苦其生者也차이기능고기생자야
그것들은 그 유능한 구실 때문에 제 생명을 괴롭히는 것이다.

---

8) 無所可用(무소가용) : 쓸 만한 데가 없음.

9) 文木(문목) : 인간세계에서 쓰이는 나무. 곧 세상에서 쓸모 있는 나무. 쓸모가 있고 재능이 있는 사람을 뜻하기도 한다.

10) 實熟則剝(실숙즉박) : 과실이 익으면 사람들에게 잡아 뜯김. 剝은 과실이 사람들에 의해 따지는 것을 뜻한다.

故不終其天年而中道夭¹¹⁾고부종기천년이중도요

그러므로 그 타고난 천명을 온전히 보전하지 못하고 중도에 일찍 죽고 마는 것이니,

自掊擊於世俗者也¹²⁾자부격어세속자야

이는 스스로 세속에 수탈당하는 것이다.

物莫不若是¹³⁾물막불약시

모든 사물이 이렇지 않은 것이 없다.

且予求無所可用久矣차여구무소가용구의

나 또한 쓸모가 없기를 바란 지가 오래 되었다.

幾死기사 乃今得之내금득지 爲予大用위여대용

몇 번이나 죽을 고비를 넘기고 이제야 겨우 목적을 이루었으니,

使予也而有用사여야이유용

그것이 나로서는 큰 쓰임(大用)이 될 수 있었던 것이다.

且得有此大也邪차득유차대야야?

가령 내가 쓸모가 있었던들 이렇게 클 수가 있었겠는가?

且也차야 若與予也皆物也약여여야개물야 奈何哉其相物也내하재기상물야?

또한 그대나 나나 다 같이 물건인데, 어째서 상대를 물건으로 대할 수 있겠는가?

---

11) 不終其天年而中道夭(부종기천년이중도요) : 천수(天壽)를 마치지 못하고 도중에 요절함.

12) 自掊擊於世俗者也(자부격어세속자야) : 스스로 세속 사람들로부터 수탈을 당한다. 掊(부)는 수탈하다.

13) 物莫不若是(물막불약시) : 모든 사물이 이와 같지 않음이 없음. 세속의 사람들은 이렇듯 유용함으로써 자신의 생명을 해친다.

而幾死之散人14)이기사지산인 又惡知散木우오지산목!"

그대는 거의 죽어가는 쓸모없는 사람이니, 또한 어찌 쓸모없는 나무를 알아보겠는가!"

匠石覺而診其夢장석교이진기몽

장석이 깨어나 그 꿈을 말하자,

弟子曰제자왈 : 제자들이 물었다.

"趣取無用15)취취무용 則爲社何邪즉위사하야?"

"스스로 쓸모없기를 바라면서 사당 앞의 나무가 된 것은 어째서일까요?"

曰왈 : 장석이 말했다.

"密! 若無言16)밀! 약무언!

"쉿! 입을 다물라!

彼亦直寄焉피역직기언 以爲不知己者詬厲也이위부지기자구려야

저 나무는 일부러 사당에 몸을 의지하고 있으면서 자기를 알아주지 못하는 사람의 비방과 욕을 받고 있을 뿐으로서,

不爲社者불위사자 且幾有翦乎차기유전호!

그것이 사당 앞의 나무가 되지 않았다 하더라도 아무에게나 베이지는 않았을 것이다!

且也彼其所保與衆異차야피기소보여중이

---

14) 散人(산인) : 쓸모없는 사람.

15) 趣取無用(취취무용) : 스스로 쓸모없기를 바람. 趣(취)는 지취(志趣), 의지와 취향, 곧 사당 앞의 상수리나무(櫟社樹)가 추구하는 가치.

16) 密! 若無言!(밀! 약무언!) : 쉿! 너는 아무 말도 하지 말라! 密은 조용히 하라는 뜻.

그리고 그 나무가 자신을 지키려는 수단은 예사 무리들의 수단과는 아주 다르다.

而以義喩之 不亦遠乎17)이이의유지 불역원호!"

그런데 너희들은 세속의 도리로써 그 나무를 이해하니 너무 거리가 멀지 않느냐!"

| 해설 |

이 세상을 살아가는 데는 자기의 재능이나 존재를 숨겨야 천수를 누릴 수 있다는 내용이다. 곧 무용(無用)의 용(用)이라는 처세 방법을 나무의 예를 들어 설명하고 있다.

꽃이 아름다우면 먼저 꺾이고, 나무도 곧으면 재목으로 쓰기 위하여 먼저 잘린다. 사람도 남보다 두드러지면 질투 내지는 증오의 대상이 되어 제 나이를 살지 못하고 요절을 당하는 수가 있다.

그러나 속인은 이를 모르고 어떻게든지 남보다 낫고 남보다 잘 살고 남보다 많이 가지려 한다. 이렇게 지나친 욕심과 허세를 부리다가 천수를 못 누리고 중도에 세상을 등져야 하는 경우가 허다하다.

5.

南伯子綦遊乎商之丘1)남백자기유호상지구 見大木焉有異견대목언유이

---

17) 以義喩之 不亦遠乎(이의유지 불역원호) : 세속의 도리로써 이해한다면 또한 거리가 멀지 않은가. 義는 인간사회의 규범. 喩는 이해하다. 인간사회의 기준으로 상수리나무의 태도를 왈가왈부하는 것은 참다운 평가와는 거리가 있다는 뜻.

1) 南伯子綦遊乎商之丘(남백자기유호상지구) : 남백자기(南伯子綦)가 상구(商丘)에서 노닐다. 〈제물론〉 편 처음에 나오는 남곽자기와 같은 인물. 商丘(상구)는 장자의 고국 송(宋)나

남백자기(南伯子綦)가 상구(商丘)를 유람할 때 큰 나무를 보았는데, 보통 나무와는 다른 데가 있었다.

結駟千乘²⁾결사천승 隱將芘其所藾³⁾은장비기소뢰

나무의 그늘 속에 네 마리의 말이 끄는 수레 천 대를 숨길 수 있을 정도였다.

子綦曰자기왈 : 남백자기가 말했다.

"此何木也哉차하목야재? 此必有異材夫차필유이재부!"

"이것이 무슨 나무인가? 이것은 반드시 특이한 재목이 되겠다!"

仰而視其細枝앙이시기세지

그는 이렇게 말하면서 위를 올려다보며 나뭇가지를 살펴보았다.

則拳曲而不可以爲棟梁즉권곡이불가이위동량

그러나 그 가지는 꾸불꾸불해서 대들보로도 쓸 수가 없고,

俯而見其大根부이견기대근 則軸解而不可爲棺槨⁴⁾즉축해이불가이위관곽

또 그 밑동을 보니 뒤틀리고 속이 갈라져 관곽(棺槨)으로 쓸 수도 없었다.

咶其葉⁵⁾시기엽 則口爛而爲傷⁶⁾즉구란이위상

그리고 그 잎을 따서 핥아보니 입안이 부르터 상처가 나고,

라의 지명. 현재 하남성에 상구(商邱)란 지명이 있음.

2) 結駟千乘(결사천승) : 말 네 필이 끄는 수레 천 대. 駟(사)는 네 필의 말이 끄는 수레.

3) 隱將芘其所藾(은장비기소뢰) : 그 그늘에 가릴 수 있음. 芘(비)는 덮다, 감싸다. 藾(뢰)는 덮다, 그늘.

4) 軸解而不可爲棺槨(축해이불가위관곽) : 속이 갈라져서 관곽(棺槨)으로 쓸 수 없음. 軸解(축해)는 심목(心木)이 치밀하지 못하여 이리저리 갈라졌다는 뜻. 棺槨은 棺은 속 널. 槨은 바깥 널.

5) 咶其葉(시기엽) : 잎사귀를 핥음. 咶(시)는 혀로 핥다.

6) 口爛而爲傷(구란이위상) : 입속이 불에 덴 것처럼 상처가 남.

嗅之後지 則使人狂酲三日而不已7)즉사인광정삼일이불이

냄새를 맡으니 사흘 동안이나 취해서 깨어나지를 못했다.

子綦曰자기왈 : 남백자기가 말했다.

"此果不材之木也차과부재지목야 以至於此其大也이지어차기대야

"이 나무는 과연 쓸모가 없는 나무로구나. 그래서 이렇게까지 자랐구나.

嗟乎차호! 神人以此不材신인이차부재!"

아, 저 신인(神人)들도 이 나무처럼 쓸모없음으로써 자신의 천명을 보전
할 수가 있었을 것이로구나!"

| 해설 |

옹이투성이에 구절양장(九折羊腸)같이 구부러진 나무는 아무짝에도
쓸 데가 없어 영구히 살아가는 것을 장자는 예찬하고 있다. 다시 말해
서 장자는 세속의 실리주의, 공리주의에 대하여 통렬한 반박을 가하는
것이다.

6.

宋有荊氏1)者송유형씨자 宜楸柏桑의추백상

송나라에 형씨(荊氏)란 곳이 있어, 가래나무 · 잣나무 · 뽕나무가 자라기
에 적합했다.

其拱把而上者2)기공파이상자 求狙猴之杙者斬之구저후지익자참지

---

7) 使人狂酲三日而不已(사인광정삼일이불이) : 사람을 미친 듯 취하게 하여 사흘이 지나도
취기가 가시지 않음. 酲은 숙취.

1) 荊氏(형씨) : 송나라에 있는 땅이름. 氏(씨)는 지명에 붙는 접미사.

그런데 그 나무 중에 두께가 한 줌 이상 되는 굵기의 나무는 원숭이를 매는 말뚝으로 쓰기 위해서 베어 가고,

三圍四圍삼위사위 求高名之麗3)者斬之구고명지려자참지

세 아름, 네 아름 되는 나무는 큰 집을 짓는 데 대들보로 쓰기 위해서 베어 가며,

七圍八圍칠위팔위 貴人富商之家求櫸傍4)者斬之귀인부상지가구선방자참지

일곱 아름이나 여덟 아름 되는 나무는 귀인이나 부상(富商)들의 관재(棺材)로 베어 갔다.

故未終其天年고미종기천년 而中道已夭於斧斤이중도이요어부근

그러므로 그 나무들은 천수를 누리지 못하고 중도에서 도끼에 베임을 당했으니,

此材之患也차재지환야

이는 쓸모가 있음으로 인한 재앙이다.

故解5)之以牛之白顙者6)고해지이우지백상자 與豚之亢鼻者7)여돈지항비자

그러므로 하신(河神)에 대한 제사에는, '이마가 흰 소나, 코가 위로 향

---

2) 其拱把而上者(기공파이상자) : 그 가운데 두께가 한 뺨 이상 되는 나무. 拱把(공파)는 한 줌, 한 뺨.

3) 麗(려) : 대들보

4) 櫸傍(선방) : 관 옆에 붙이는 관재(棺材). 櫸은 관판(棺板)으로, 널빤지 한 장으로 널 한 쪽 온 판이 되는 관재(棺材)를 말한다.

5) 解(해) : 봄에 행해지는 황하의 신 하신(河神)에 대한 제사.

6) 牛之白顙者(우지백상자) : 이마가 흰 소. 흰색은 흉색(凶色)이고, 검은색은 길색(吉色)이다. 顙(상)은 이마.

7) 豚之亢鼻者(돈지항비자) : 돼지 중에서 코가 하늘을 보고 있는 것. 亢鼻는 높은 코, 곧 들창코인 돼지.

한 돼지나,

　　與人有痔病者여인유치병자 不可以適河불가이적하

　　치질이 있는 사람은 하신(河神)에게 제물(祭物)이 될 수 없다.'했다.

　　此皆巫祝以知之矣차개무축이지지의 所以爲不祥也소이위불상야

　　이것들은 모두 무당이나 축관(祝官)들이 아는 것으로서, 길하지 않다고
여기기 때문이다.

　　此乃神人之所以爲大祥也[8]차내신인지소이위대상야

　　그러나 이것들을 신인은 더욱 길한 것으로 여긴다.

　│해설│

　　그는 당시의 지식의 위선과 형식주의를 철저하게 배격했다. 그는 세
속인의 가치관의 근거가 되는 속세적 유용성(有用性)을 무용한 것으로
보고 세속적 무용성(無用性)이야말로 참으로 유용한 것이라고 본 것이
다. 이 무용의 용(無用之用)이야말로 초월자가 세속을 살아가는 처세의
지혜인 것이다.

7.

支離疏[1]者지리소자

---

8) 此乃神人之所以爲大祥也(차내신인지소이위대상야) : 무당이나 축관(巫祝)들이 길하지 않
　　다고 여기는 것들을 희생(犧牲)으로 쓰지 않는 것이 도리어 살아남게 되므로 道를 득한
　　신인이 더욱 길하다고 여기는 것이다.

1) 支離疏(지리소) : 지리(支離)는 지리멸렬(支離滅裂)이라는 뜻으로, 곧 지체장애인(肢體障碍人)
　　을 형용한 말이다. 소(疏)는 그의 이름. 〈열어구〉 편의 지리익(支離益)도 동일한 맥락의 인
　　물로서, 모두 자신의 몸이 지리멸렬함으로써 생명을 온전히 할 수 있음을 비유한 것이다.

지리소(支離疏)라는 자가 있었다.

頤隱於臍이은어제 肩高於頂견고어정

그는 턱이 배꼽 아래 숨겨 있고, 어깨는 정수리보다 높으며,

會撮指天[2]괄최지천 五管[3]在上오관재상

상투는 하늘을 가리키고, 오장은 위에 있으며,

兩髀爲脅양비위협

양 넓적다리는 옆구리에 붙어 있다.

挫鍼治繲[4]좌침치해 足以餬口[5]족이호구

그러나 그는 바느질이나 옷 빨래로 호구지책을 삼기에 넉넉했고,

鼓筴播精[6]고책파정 足以食十人족이사십인

키를 까불어 곡식을 골라 열 식구를 먹이기에 족했다.

上徵武士[7]상징무사 則支離攘臂而遊於其間즉지리양비이유어기간

나라에서 군인을 징발할 때면 그는 언제나 팔을 휘두르면서 그곳을 돌아다닐 수가 있었고,

上有大役[8]상유대역 則支離以有常疾不受功즉지리이유상질불수공

나라에 큰 부역이 있을 때에도 장애인이라 하여 언제나 면제되었다.

---

2) 會撮指天(괄최지천) : 상투는 하늘을 가리킴. 괄최(會撮)는 상투. 여기서 會는 '괄' 撮는 '최'로 읽는다.

3) 五管(오관) : 오장(五臟).

4) 挫鍼治繲(좌침치해) : 바느질과 세탁. 挫鍼(좌침)은 바늘로 꿰맨다는 뜻. 繲는 헌 옷.

5) 餬口(호구) : 입에 풀칠이나 한다는 뜻으로 겨우 끼니를 이어감.

6) 鼓筴播精(고책파정) : 키를 까불어 쌀을 골라냄. 버려진 곡식을 가져다가 벼알갱이를 골라낸다는 뜻.

7) 上徵武士(상징무사) : 나라에서 군인을 징집함. 徵은 징발, 징용의 뜻.

8) 上有大役(상유대역) : 나라에 큰 부역(賦役)이 있음.

上與病者粟상여병자속 則受三鐘[9]與十束薪즉수삼종여십속신

그러나 나라에서 병자에게 곡식을 나누어줄 때는 그는 三종(鍾)의 양식에 열 단의 나무도 배급받았다.

夫支離其形者부지리기형자 猶足以養其身유족이양기신 終其天年종기천년

이렇듯 그 몸을 지리하게 한 사람도 오히려 무사히 자기 자신을 보신하여 천수를 누릴 수 있었거늘,

又況支離其德者乎우황지리기덕자호!"

하물며 그 덕을 지리하게 한 사람에 있어서야 더 말할 것이 있겠는가?

| 해설 |

천하에서 제일 추하게 생긴 곱사둥이의 생태를 빌어 장수하는 방법을 말하고, 이어 공자와 접여의 이야기에서 속세 인정의 험악함을 서술하고 있다. 불구자이기 때문에 징병, 징용에도 끌려가지 않으며, 도리어 나라에서 구휼(救恤)이 있을 때는 톡톡히 덕을 본다.

남이 병신이라 손가락질하지만 그럼으로써 성한 사람보다 더 천수를 누리니, 이야말로 무용의 용(無用之用)의 처세법이다. 그러므로 육체적인 불구자라도 이렇거늘 정신적인 불구자, 곧 속인의 도덕을 무시하는 인간이야말로 얼마나 자기 본래의 생을 길게 누릴 수 있겠는가?

8.

孔子適楚공자적초

공자가 초나라에 갔을 때,

---

9) 三鐘(삼종) : 부피의 단위. 곧 1종(鐘)은 6곡(斛) 4두(斗).

楚狂接輿[1]초광접여 遊其門曰유기문왈 :

초나라의 미치광이 접여(接輿)가 공자의 문 앞에서 이렇게 노래하였다.

"鳳兮鳳兮[2]봉혜봉혜 何如德之衰也하여덕지쇠야!

봉새야, 봉새야, 쇠한 德을 어찌하리!

來世不可待내세불가대 往世不可追也왕세불가추야

오는 세상 기다릴 수 없고, 지나간 세상 따를 수 없으니,

天下有道천하유도 聖人成焉성인성언

천하에 道 있으면 성인은 그것을 이루고,

天下無道천하무도 聖人生焉[3]성인생언

천하에 道 없으면 자신의 삶만 지키며,

方今之時 僅免刑焉[4]방금지시 근면형언

바야흐로 지금 같은 세상을 만나서는 겨우 형벌(刑)이나 면할 따름이로 구나.

---

1) 楚狂接輿(초광접여) : 초나라의 미치광이 접여. 接輿는 춘추시대 초(楚)나라의 은사(隱士) 육통(陸通)의 자다. 미친 사람처럼 가장해 세상을 피했다. 《논어》〈미자(微子)〉편에 따르면 초나라의 광인(狂人) 접여가 공자의 집 문 앞을 지나며 노래했다. "봉새(鳳)여, 봉새여, 어찌 덕이 이리 쇠했는가! 지나간 것을 간(諫)할 수 없지만, 오는 것은 그래도 따를 수 있으니, 그만두어라, 그만두어라! 오늘날 정치에 종사하는 자는 위험하다." 초나라 왕이 그가 현명하다는 소식을 듣고 기용하려 하자, 이름을 바꾸고 다른 곳으로 숨어버려 세상과 절연했다고 한다. 사람들이 초광(楚狂)이라 불렀다.

2) 鳳兮鳳兮(봉혜봉혜) : 공자를 봉새로 비유한 것이다. 봉새는 세상에 道가 행해지면 나오고 道가 행해지지 않으면 숨는데, 공자는 세상이 어지러운데도 은거(隱居)하지 않았다고 나무라는 말.

3) 聖人生焉(성인생언) : (천하에 道가 없으면) 성인은 그저 자신의 생명을 지킴. 몸을 숨기고 그저 살아갈 따름이라는 뜻.

4) 方今之時 僅免刑焉(방금지시 근면형언) : 지금 같은 때를 만나서는 겨우 형벌을 면할 따름이다. 方은 바야흐로, 장차.

福輕乎羽5)복경호우 莫之知載막지지재

복은 깃털보다 가볍지만, 실을 줄 모르고,

禍重乎地 莫之知避6)화중호지 막지지피

화는 땅보다 무겁건만 그것을 피할 줄을 모르네.

已乎已乎이호이호 臨人以德7)임인이덕!

그만두소, 그만두소, 남에게 덕을 베풀기를!

殆乎殆乎태호태호 畫地而趨8)획지이추!

위태롭도다, 위태롭도다, 땅에 금을 그어놓고 쫓아다니는 것이!

迷陽迷陽미양미양 無傷吾行9)무상오행!

가시나무여, 가시나무여. 나의 발을 찌르지 마라!

吾行卻曲10)오행각곡 無傷吾足무상오족!"

나는 굽이굽이 돌아가니, 내 발은 못 찌르리!"

山木自寇11)也산목자구야

산의 나무는 유용하기 때문에 스스로 해를 당하고,

---

5) 福輕乎羽 莫之知載(복경호우 막지지재) : 복은 깃털보다도 가벼운데 실을 줄 모르다. 복의 가벼움을 비유한 표현으로, 복은 날려버리기 쉬움.

6) 禍重乎地 莫之知避(화중호지 막지지피) : 화는 땅덩이보다 무거운데 피할 줄 모름. 재앙의 무거움이 심함을 비유한 표현이다.

7) 臨人以德(임인이덕) : 도덕으로 세상 사람들에 임하다. 자신의 덕을 드러냄으로써 사람들을 대한다는 뜻.

8) 畫地而趨(획지이추) : 땅에 금을 그어놓고 쫓아다니다. 규범(規範)을 내세움으로써 스스로 그 속에 갇힘을 비유한 말이다.

9) 無傷吾行(무상오행) : 내 발을 찌르지 마라. 傷은 가시가 찌르는 것.

10) 吾行卻曲(오행각곡) : 내 걸음은 물러나기도 하고 돌아가기도 함.

11) 山木自寇(산목자구) : 산의 나무는 스스로를 해치다.

膏火自煎也고화자전야

기름은 불이 붙기 때문에 제 자신을 태운다.

桂可食계가식 故伐之고벌지

계수나무는 먹을 수 있기 때문에 베어지고,

漆可用칠가용 故割之고할지

옻나무는 쓸모가 있기 때문에 사람들이 베어 간다.

人皆知有用之用 而莫知無用之用也[12]인개지유용지용 이막지무용지용야

사람은 모두 쓸모 있음의 쓸모만을 알고, 쓸모 없음의 쓸모는 아무도
알지 못한다.

| 해설 |

　초나라 미치광이 접여가 공자가 묵고 있는 집 앞을 지나면서 풍자
한 이 이야기는《논어》〈미자(微子篇)〉편에는 다만 "봉황새여, 봉황
새여, 덕이 어째서 그리 쇠하였느뇨? 지나간 일은 간할 수가 없으나
앞으로의 일은 그래도 따라갈 수가 있으리. 그만두소, 그만두소 요즘
정치하는 사람들은 위태롭도다."라고만 한 것을 여기서는 더 부연하
여 속인의 유용의 용(有用之用)에 대한 무용의 용(無用之用)을 강조하
여 공자의 이상주의에 비판적인 태도를 취하고 있다.

---

12) 人皆知有用之用 而莫知無用之用也(인개지유용지용 이막지무용지용야) : 사람들은 모두
　　쓸모 있음의 쓸모만을 알고, 쓸모없음의 쓸모는 아무도 알지 못함. 莫知는 아무도 알지
　　못한다는 뜻. 위의 네 가지 비유는 모두 자신의 쓸모 때문에 오히려 스스로를 해치는
　　예로 나열하고 있다.

5. 덕충부
德充符

형상을 초월한 형상

덕충부란 덕이 마음에 충만하면 그 부험(符驗), 곧 조짐이 외면으로 나타난다는 뜻이다. 장자는 이를 주장하기 위하여 외형은 불완전하지만 내심에 덕을 갖춘 인물을 예로 들고 있다. 그래서 장자는 세상에서 모든 사람들이 싫어하는 절름발이·곱사등이·언청이 등을 예를 들어 외형은 비록 불구이지만, 내심에 덕을 갖춘 道의 체득자로서, 이런 사람만이 세속적인 가치관이나 상대적인 편견을 초월하고, 자기 내심에 절대적인 자유로운 세계를 갖게 된다는 것을 역설하고 있다.

올자(兀者)

1.

魯有兀者王駘¹⁾노유올자왕태 從之遊者종지유자

노나라에 죄를 지어 발뒤꿈치를 잘린 왕태(王駘)라는 사람이 있었는데,

與仲尼相若여중니상약

그를 따라 배우는 자의 수가 공자의 제자 수와 비슷했다.

常季²⁾問於仲尼曰상계문어중니왈:

상계(常季)가 공자에게 물었다.

"王駘왕태 兀者也올자야 從之遊者³⁾종지유자 與夫子中分魯여부자중분로

"왕태는 죄를 지어 발뒤꿈치를 잘린 자인데도 그를 따라 배우는 자가 선생님의 제자 수와 같아 노나라를 반분하고 있습니다.

立不敎 坐不議⁴⁾입불교 좌불의

그는 서 있어도 가르치지도 않고, 앉아 있어도 논하지도 않습니다.

虛而往허이왕 實而歸실이귀

그러나 그에게 배우는 사람들은 빈 마음으로 그를 찾아가 가득 채워 돌아온다고 합니다.

固有不言之敎고유불언지교 無形而心成者邪⁵⁾무형이심성자야?

---

1) 兀者王駘(올자왕태) : 죄를 지어 다리를 잘린 왕태(王駘). 兀(올)은 발뒤꿈치를 베는 형벌. 발 잘리는 형벌(刖刑월형)을 받은 사람, 절름발이. 王駘는 가공의 인물.

2) 常季(상계) : 공자의 제자.

3) 從之遊者(종지유자) : 그를 따라 배우는 자. 곧 왕태에게 배우는 제자. 遊는 배우다. 之는 왕태를 가리킨다.

4) 立不敎 坐不議(입불교 좌불의) : 서서 가르치지도 않고, 앉아서도 토론 한번 하지 않음.

5) 無形而心成者邪(무형이심성자야) : 겉으로 드러남이 없으면서도 마음으로 이루는 것이 있는 게 아닌가요?

그에게는 참으로 말하지 않는 가르침과, 드러냄이 없이 마음으로 감화되어 이루어지는 것이 있는 게 아닌가요?

是何人也시하인야?"

대체 그는 어떤 사람입니까?"

仲尼曰중니왈 : 중니가 말했다.

"夫子부자 聖人也성인야 丘也구야 直後而未往耳직후이미왕이

"그분은 성인이다. 나는 다만 미처 가 뵙지를 못했다.

丘將以爲師구장이위사 而況不如丘者乎이황불여구자호!

나도 장차 그를 스승으로 삼으려는데, 하물며 나만 못한 사람들이야 어떠하겠느냐!

奚假魯國해가로국! 丘將引天下而與從之구장인천하이여종지"

어찌 노나라뿐이겠느냐? 나는 온 천하 사람들을 모두 데리고 가서 함께 그를 따르고자 한다."

常季曰상계왈 : 상계가 물었다.

"彼兀者也피올자야 而王先生이왕선생 其與庸亦遠矣6)기여용역원의

"그는 죄를 지어 발을 잘린 사람인데도 선생님보다 훌륭하다 하니, 저희 같은 평범한 사람들에 비하면 훨씬 뛰어난 분이겠군요.

若然者약연자 其用心也기용심야 獨若之何7)독약지하?"

그런 사람의 마음 쓰는 법은 도대체 어떠한가요?"

---

6) 其與庸亦遠矣(기여용역원의) : 저희 같은 범상한 사람들에 비하면 훨씬 뛰어난 분일 것임. 庸은 보통, 범상한.

7) 獨若之何(독약지하) : 도대체 어떠한 마음을 가진 사람인가? 獨은 도대체. 之는 마음 씀을 가리키는 대명사.

仲尼曰중니왈 : 중니가 말했다.

"死生亦大矣8)사생역대의 而不得與之變이부득여지변
"죽고 사는 것은 또한 큰일이지만, 그것으로 그를 변화시킬 수는 없다.

雖天地覆墜 亦將不與之遺9)수천지복추 역장불여지유
비록 하늘이 무너지고 땅이 꺼져도 또한 그와 함께 떨어지지 않는다.

審乎無假10)심호무가 而不與物遷이불여물천
거짓 없는 참된 道를 잘 살펴서, 사물과 함께 옮겨 다니지 않고,

命物之化명물지화 而守其宗也이수기종야"
사물의 변화를 명(命)에 맡겨 근본인 道를 지키는 사람이다."

常季曰상계왈 : 상계가 물었다.

"何謂也하위야?"
"무슨 말씀입니까?"

仲尼曰중니왈 : 중니가 말했다.

"自其異者視之자기이자시지 肝膽楚越也11)간담초월야
"모든 것을 다른 각도에서 보면, 간(肝)과 쓸개(膽)도 초나라와 월나라

---

8) 死生亦大矣(사생역대의) : 죽고 사는 문제 또한 중대한 것이다. 죽고 사는 문제조차도
   그의 마음을 흔들어 놓을 수 없다는 의미다.

9) 雖天地覆墜 亦將不與之遺(수천지복추 亦將不與之遺) : 비록 하늘이 무너지고 땅이 꺼져
   도 또한 그와 함께 떨어지지 않음. 遺는 떨어지다.

10) 審乎無假(심호무가) : 거짓 없는 참된 道를 잘 살핌. 審(심)은 잘 살펴서 안다는 뜻. 無
    假는 거짓이 없음.

11) 肝膽楚越(간담초월) : 가까이 있어도 멀리 있는 것처럼 보이는 경우를 비유하는 말. 서로
    밀접한 관계일지라도 관점에 따라서 초나라와 월나라처럼 사이가 멀어질 수 있고, 적대시
    하거나 서로 다른 것도 가까워지거나 같은 생각이 된다는 뜻이다. 입장이나 견해가 다르
    면 가까운 관계도 멀게 느껴지고, 서로 다른 것도 동일한 것으로 보인다는 말이다.

와의 거리만 하고,

自其同者視之[12]자기동자시지 萬物皆一也만물개일야

모든 것을 같은 입장에서 보면 만물이 모두 하나다.

夫若然者부약연자 且不知耳目之所宜차부지이목지소의

무릇 그러한 자는 또한 귀와 눈의 즐거움을 알지 못하고,

而游心於德之和이유심어덕지화

마음을 德의 조화에 노닐게 하여,

物視其所一[13]물시기소일 而不見其所喪[14]이불견기소상

만물을 동일한 견지에서 보고, 잃어버린 발에는 마음을 쓰지 않는다.

視喪其足시상기족 猶遺土也유유토야"

그러므로 발 한쪽 없는 정도는 흙 한 덩이 버린 것으로 여긴다."

常季曰상계왈 : 상계가 말했다.

"彼爲己피위기 以其知得其心이기지득기심

"그가 자기 자신을 수양한 것은 자기의 지혜로써 자기 내심의 진리를 깨닫고,

以其心得其常心이기심득기상심 物何爲最之哉물하위최지재?"

자기의 마음을 가지고 변하지 않는 마음(常心)을 터득한 것인데, 다른 사람들이 무엇 때문에 그에게 몰려듭니까?"

---

12) 自其同者視之(자기동자시지) : 같다는 점을 기준으로 보자면.

13) 物視其所一(물시기소일) : 만물을 동일한 견지에서 바라봄. 일체의 차별상을 넘어서 만물을 고르게 본다는 뜻.

14) 不見其所喪(불견기소상) : 발 하나 잃어버린 것은 마음 쓰지 않음. 절름발이 왕태는 자신이 발 하나 잃은 것에 얽매이지 않는다는 뜻. 不見은 마음 쓰지 않는다는 뜻. 所喪은 잃어버린 것, 곧 왕태가 잃어버린 한쪽 발.

仲尼曰중니왈 : 중니가 말했다.

"人莫鑑於流水15)인막감어류수 而鑑於止水이감어지수

"사람은 흘러가는 물에는 비춰볼 수가 없고, 고요한 물에 비추어보아
야 한다.

唯止能止衆止16)유지능지중지

오직 멈추어 있는 것만이 멈추기를 바라는 모든 것을 멈추게 할 수 있다.

受命於地17)수명어지 唯松柏獨也在유송백독야재 冬夏靑靑동하청청

땅으로부터 생명을 받은 것은 무수하지만, 오직 소나무와 잣나무만이
겨울과 여름에도 항상 푸르고,

受命於天18)수명어천 唯舜獨也正유순독야정

하늘로부터 생명을 받은 무리들 가운데 오직 순(舜)임금만이 홀로 올바
르니,

幸能正生 以正衆生19)행능정생 이정중생

다행히 자기의 삶을 바로 세워 나아가 중생의 삶을 바르게 할 수 있
었다.

---

15) 人莫鑑於流水(인막감어류수) : 사람은 흐르는 물을 거울삼지 않고 고요하고 잔잔한 물
   을 거울삼는다.
16) 唯止能止衆止(유지능지중지) : 오직 멈추어 있는 것만이 멈추기를 바라는 모든 것을 멈
   출 수 있음. 자신의 모습(정지된 모습)을 비추어 보고자 하는 사람들이 고요한 물에 모
   이는 것처럼, 자신의 멈추어 있는 모습(참된 모습)을 찾고자 하는 사람들이 멈추어 있
   는 사람에게 모여든다는 뜻
17) 受命於地(수명어지) : 땅으로부터 생명을 받은 것. 땅에 뿌리를 내리고 사는 식물 따위
   를 가리킨다.
18) 受命於天(수명어천) : 하늘로부터 생명을 받은 것. 사람을 가리킨다.
19) 幸能正生 以正衆生(행능정생 이정중생) : 다행히 자신의 삶을 바로 세워 중생의 삶을
   바르게 할 수 있었다.

夫保始之徵[20]부보시지징 不懼之實불구지실

무릇 道의 근원을 보존하고 있다는 징표는 두려워하지 않는다는 사실이다.

勇士一人용사일인 雄入於九軍[21]웅입어구군

용사(勇士) 한 사람이 수많은 적군 속으로 용감하게 쳐들어가,

將求名而能自要者장구명이능자요자 而猶若此이유약차

장차 명예를 구하여 스스로 그럴 수 있는 자도 오히려 이와 같거늘,

而況官天地이황관천지 府萬物부만물

하물며 천지를 주재하고 만물을 포장(包藏)하며,

直寓六骸[22]직우육해 象耳目[23]상이목

육해(六骸)를 임시 숙소로 삼고, 이목을 허상(虛像)으로 여기며,

一知之所知[24]일지지소지 而心未嘗死者乎이심미상사자호!

지혜로 알 수 있는 모든 것을 하나로 여기고, 마음이 일찍이 한 번도 죽지 않은 사람에 있어서랴?

彼且擇日而登假피차택일이등하

---

20) 保始之徵(보시지징) : 道의 근원을 보존하고 있다는 징표. 始는 근원의 뜻으로 곧 근원의 道를 가리킨. 徵은 징표, 증거.

21) 雄入於九軍(웅입어구군) : 적의 대군 속으로 용감하게 쳐들어가다. 雄은 용감하다. 九軍은 천자의 6군(軍), 제후의 3군을 총칭하여 9軍이라 함. 혹은 그 수가 매우 많은 군대, 즉 대군(大軍)을 이르는 말.

22) 直寓六骸(직우육해) : 육체를 다만 잠깐 머물다 가는 거처로 여김. 直은 다만. 寓는 잠시 머무는 임시 거처. 六骸는 머리와 몸뚱이와 사지(四肢).

23) 象耳目(상이목) : 이목(耳目)을 허상(虛像)으로 여기다. 곧 보이는 것과 들리는 것은 허상으로 여긴다는 뜻.

24) 一知之所知(일지지소지) : 사람의 지혜로 알 수 있는 모든 것을 모두 하나로 여김. 一은 그 대상을 모두 한 가지로 여긴다는 뜻. 일체의 차별을 두지 않은 상태에서 대상을 바라본다는 뜻.

그는(왕태)는 앞으로 어느 날을 기다려 멀리 떠나려 할 것이다.

人則從是也인즉종시야 彼且何肯以物爲事乎피차하긍이물위사호!"

그러므로 사람들은 그를 따르려 하나, 그가 또한 어찌 여러 사람들이 따르기를 즐겨할 것인가?"

| 해설 |

장자는 이 〈덕충부〉 편에서도 앞에서와 같이 장애인을 모델로 하여 道를 역설하고 있다. 먼저 왕태(王駘)는 공자와 같은 시대, 같은 나라 노(魯)나라에서 형벌을 받아 다리가 불구가 된 사람이다. 그러나 내면적인 德은 공자보다도 훨씬 나아 제자들이 문전성시(門前成市)를 이루고 있다.

이를 이상히 여긴 공자의 제자 상계가 그 까닭을 물으니, 공자는 장황하게 대답하고 있다. 이 공자의 말은 물론 유가(儒家)의 공자 자신의 말은 아니다. 장자가 공자의 말로 가탁(假託)하여 자기 사상을 피력하고 있다. 곧 그 왕태야말로 자기 해탈을 하여 속인과는 판이하게 생을 영위해 나가는 인물이다.

그는 사철 푸른 송백(松柏)같이, 만인이 우러러보는 순(舜)과 같이, 절대부동의 경지를 닦아 명경지수(明鏡止水)에 자신을 비춰보듯, 자신을 죄다 알고 그 여력으로 남을 교화해 나간다. 그러므로 무언(無言)의 교(敎)를 행할 수 있고, 불시(不視) 불목(不目)의 효과를 거두는 사람이다.

따라서 학생들이 그에게 갈 때에는 텅 비어 있던 것이 그의 문을 나올 때에는 가득 채워져 있다. 그래서 소문 없이 사람들이 그의 집으로 모이니, 이야말로 장자가 주장하는 무위자연(無爲自然)의 道를 터득한 자라 하겠다.

2.

申徒嘉[1]신도가 兀者也올자야

신도가(申徒嘉)는 형벌을 받아 발을 잘린 자로서,

而與鄭子産[2]同師於伯昏無人[3]이여정자산동사어백혼무인

정자산(鄭子産)과 함께 백혼무인(伯昏無人)에게 배웠다.

子産謂申徒嘉 曰자산위신도가왈 :

자산이 신도가에게 말했다.

"我先出아선출 則子止즉자지 ; 子先出자선출 則我止즉아지"

"내가 먼저 나가거든 자네가 머물러 있고, 자네가 먼저 나가면 내가
머물러 있음세."

其明日기명일 又與合堂同席而坐우여합당동석이좌

이튿날 또 같은 방에 자리를 함께하고 앉아 있었다.

子産謂申徒嘉曰자산위신도가왈 :

자산이 신도가에게 말했다.

"我先出아선출 則子止즉자지 子先出자선출 則我止즉아지

(어제) 내가 먼저 나가거든 자네가 머물러 있고, 자네가 먼저 나가면 내
가 머물러 있겠다고 말했는데,

---

1) 申徒嘉(신도가) : 신도(申徒)는 성, 가(嘉)는 이름. 정(鄭)나라의 현인. 가공의 인물이다.

2) 鄭子産(정자산) : 정나라의 철인정치가(哲人政治家). 성은 공손(公孫), 이름은 교(僑), 자는
   자산(子産). 춘추시대 후기의 뛰어난 정치가로, 당시 초(楚)나라와 진(晉)나라 같은 강대
   국 사이에서 압박받던 정(鄭)나라를 교묘한 외교정책과 내정개혁을 통해 유지함으로써 공
   자에 의해 군자로 칭송되었다. 공자보다 약 50년 전에 죽었음.

3) 伯昏無人(백혼무인) : 가공의 인물로,〈전자방(田子方)〉,〈열어구(列禦寇)〉편에는 열자
   (列子)의 스승으로 나온다.

今我將出금아장출 子可以止乎자가이지호 其未邪기미야?

지금 내가 나가려고 하니 자네는 머물러 있겠는가, 아니면 그럴 수 없겠는가?

且子見執政而不違차자견집정이불위 子齊執政乎자제집정호?"

또한 자네는 정권을 쥐고 있는 나를 보고도 피하지 않으니, 자넨 정권을 잡은 나와 같단 말인가?"

申徒嘉曰신도가왈 : 신도가가 말했다.

"先生之門선생지문 固有執政焉如此哉고유집정언여차재?

"선생님 문하에서 집정(執政)이란 세속적 지위가 이렇게까지 문제가 되는가?

子而說子之執政而後人者也자이열자지집정이후인자야!

자네는 자기가 집정관임을 내세워 사람을 무시하고 있네!

聞之曰문지왈 : 내가 듣기로는,

'鑑明則塵垢不止[4]감명즉진구부지 止則不明也지즉불명야

'거울이 맑으면 먼지가 끼지 못하고 먼지가 끼면 밝지 못하네.

久與賢人處구여현인처 則無過즉무과'

어진 사람과 오래도록 같이 있으면 허물이 없어진다.'고 하네.

今子之所取大者금자지소취대자 先生也선생야

지금 자네가 큰 道를 배우겠다고 모시는 사람은 바로 선생님인데,

而猶出言若是이유출언약시 不亦過乎불역과호!"

---

4) 鑑明則塵垢不止(감명즉진구부지) : 거울이 깨끗하면 티끌이나 때가 붙지 않음. 鑑明은 거울이 밝다는 뜻으로, 인간의 마음을 비유한 표현이고, 塵垢(진구)는 티끌과 때로 과오 (過誤)를 비유한 것이다. 止는 붙다.

아직도 이 같은 말을 하니 또한 잘못이 아닌가!"

子產曰자산왈 : 자산이 말했다.

"子旣若是矣5)자기약시의 猶與堯爭善유여요쟁선

"자네는 그런 꼴을 해가지고도 오히려 요임금과 선(善)을 겨루려 드니,

計子之德不足以自反邪계자지덕부족이자반야?"

자네의 德을 헤아려 스스로 반성할 줄 모르는가?"

申徒嘉曰신도가왈 : 신도가가 말했다.

"自狀其過以不當亡者衆자상기과이부당망자중

"세상에는 스스로 잘못을 변명하면서 부당하게 발을 잘렸다고 하는 자는 많으나,

不狀其過以不當存者寡불상기과이부당존자과

제 잘못을 변명하지 않으면서 그 잘못이 발을 잘리기에 마땅한 죄였다고 생각하는 사람은 적네.

知不可奈何而安之若命6)지불가내하이안지약명

그것도 운명이니 인력으로 어찌할 수 없다는 것을 알아, 그런 상태에 평안하면서 운명에 따르는 것은,

惟有德者能之유유덕자능지

오직 德이 있는 사람이라야 할 수 있네.

遊於羿之彀中7)유어예지구중 中央者중앙자

---

5) 子旣若是矣(자기약시의) : '자넨 이미 그런 꼴을 하고'곧 월형(刖刑)을 받아 절름발이 신세가 된 신도가의 처지를 표현한 말이다.

6) 知不可奈何而安之若命(지불가내하이안지약명) : 어찌할 수 없음을 알아서 마치 운명처럼 그것을 편안히 여김.

예(羿)의 화살의 사정거리 안에 놀 때 그 과녁의 한가운데는

中地也중지야 然而不中者연이부중자 命也명야

화살이 적중하는 자리이다. 그런데도 화살에 맞지 않는 것은 운명이다.

人以其全足笑吾不全足者多矣인이기전족소오부전족자다의

그런데 사람들은 자기 발이 완전하다고 내 발의 불완전함을 비웃는 자가 많네.

我怫然8)而怒아불연이노

그럴 때는 나도 불끈 화가 나지만,

而適先生之所이적선생지소 則廢然而反9)즉폐연이반

선생님이 계신 곳으로 가면 말끔히 잊어버리고 돌아오곤 하네.

不知先生之洗我以善邪부지선생지세아이선야!

아마도 선생님께서 나를 선(善)으로 씻어 주셔서 그런지는 알 수 없으나,

吾與夫子遊十九年矣오여부자유십구년의

내가 선생님을 따른 지 19년 동안에

而未嘗知吾兀者也이미상지오올자야

선생님께서는 아직 한 번도 내가 발을 잘린 사람이라는 것을 의식하신 적이 없네.

---

7) 遊於羿之彀中(유어예지구중) : 예(羿)의 화살 사정권 안에서 놀다. 예는 중국의 전설에 나오는 영웅. 활의 명수로 알려져 있다. 《회남자(淮南子)》에 의하면, 예는 옛날 요(堯)임금의 신하로 10개의 태양이 떠올라 곡식을 말려 죽이므로 그 중에서 9개를 쏘아 떨어뜨리고 백성을 해치는 괴수를 퇴치하였다는 신화적 인물이다. 彀(구)는 활을 당기는 것.

8) 怫然(발연) : 불끈 화를 내다. 발연(勃然)과 통한다.

9) 廢然而反(폐연이반) : 말끔히 잊어버리고 본래의 평정한 마음으로 돌아옴. 廢然은 넋을 잃은 모양. 反은 본래의 고요한 마음으로 돌아온다는 뜻.

今子與我遊於形骸之內금자여아유어형해지내

지금 자네와 나는 형체를 넘어선 정신세계 안에서 교유하고 있는데,

而子索我於形骸之外이자색아어형해지외 不亦過乎불역과호!"

자네는 나를 형체의 겉모양에서 찾으려 하니, 또한 잘못이 아닌가?"

子産蹴然[10]改容更貌曰자산축연개용경모왈

자산이 이에 몹시 놀라 낯빛을 바꾸고 태도를 고치고는 말했다.

"子無乃稱[11]자무내칭!"

"자넨 더 이상 말하지 말게!"

| 해설 |

이 대목에서도 장자는 형벌로 다리를 잘린 신도가(申徒嘉)와 저 유명한 정나라 재상 자산(子産)을 등장시켜 그의 사상을 피력하고 있다. 속세인이 장애자를 싫어하고 무시하듯, 정자산 또한 장애인인 신도가와 함께 행동하기를 싫어하니, 신도가는 스승의 위력을 빌어 정자산을 코가 납작하게 만든다.

곧 정자산은 세속적인 가치, 부귀와 영예를 내세워 신도가를 무시하자, 신도가는 세속적인 무가치, 비천과 굴욕으로 대처하여 정자산을 굴복시키고 있다.

영광과 귀천을 버리고 만물을 포용하는 덕을 지닌 자는 절름발이를 절름발이로 보지 않고 집정관이라도 담담하게 본다. 오직 자기 해탈만을 힘써 모든 장애를 정신적으로 구제하고 해방하는 복음을 전파할 뿐

---

10) 蹴然(축연) : 깜짝 놀라는 모습.

11) 子無乃稱(자무내칭) : 자넨 더 이상 말하지 말게. 無乃는 더 이상 ~하지 말라는 뜻.

이다. 따라서 형벌의 화(禍)는 천명이고, 德에 충실한 자는 천명만 들으므로 신체상의 장애는 거들떠보지도 않는다.

3.

魯有兀者叔山無趾[1]노유올자숙산무지 踵見仲尼종현중니

노나라에 숙산무지(叔山無趾)라는 발을 잘린 자가 있어 중니를 찾아가 만났다.

仲尼曰중니왈 : 중니가 말했다.

"子不謹자불근 前旣犯患若是矣전기범환약시의

"그대는 근신할 줄 몰라 전부터 이미 죄를 저질러 이렇게 된 것이니,

雖今來수금래 何及矣하급의?"

비록 이제 내게 와서 배운들 어찌 구제할 수가 있겠소?"

無趾曰무지왈 : 숙산무지가 말했다.

"吾唯不知務而輕用吾身오유부지무이경용오신 吾是以亡足오시이망족

"저는 다만 세상일을 몰라 내 몸을 경솔하게 썼기 때문에 나의 발을 잃게 된 것입니다.

今吾來也금오래야 猶有尊足者存유유존족자존

지금 제가 찾아온 것은 오히려 내 발보다 더 소중한 깃이 남아 있어,

吾是以務全之也오시이무전지야

나는 그것을 힘써 보존하려 합니다.

---

1) 叔山無趾(숙산무지) : 숙산(叔山)은 성, 이름은 무지(無趾). 가공의 인물. 無趾란 발가락이 없다는 뜻.

夫天無不覆부천무불복 地無不載지무부재

무릇 하늘은 가려주지 않는 것이 없고, 땅은 실어주지 않는 것이 없습니다.

吾以夫子爲天地[2]오이부자위천지 安知夫子之猶若是也안지부자지유약시야!"

나는 선생님을 하늘과 땅으로 여겼는데, 어찌 선생님께서 이 같으실 줄 알았겠습니까?"

孔子曰공자왈 : 공자가 말했다.

"丘則陋矣 夫子胡不入乎[3]구즉루의 부자호불입호? 請講以所聞청강이소문!"

"내가 생각이 짧았습니다. 선생을 어찌 맞아들이지 않겠소? 내 들은 바를 말하지요."

無趾出무지출 孔子曰공자왈 :

숙산무지가 나가자, 공자는 제자들에게 말했다.

"弟子勉之제자면지!

"제자들아, 노력하라!

夫無趾부무지 兀者也올자야 猶務學以復補前行之惡유무학이부보전행지악

무릇 무지는 발을 잘린 사람인데도 오히려 학문에 힘을 써 지난 잘못을 보충하려 하거늘,

而況全德之人乎이황전덕지인호!"

하물며 너희들처럼 덕을 온전히 한 사람에 있어서이랴!"

---

2) 吾以夫子爲天地(오이부자위천지) : 나는 선생님을 하늘과 땅이라고 여겼다. 곧 하늘과 땅이 차별 없이 덮어주고 실어주는 것처럼 포용해줄 줄 알았다는 뜻.

3) 丘則陋矣 夫子胡不入乎(구즉루의 부자호불입호) : 제가 생각이 짧았습니다. 선생께서는 어찌 들어오지 않으십니까. 陋(루)는 식견이 얕고 좁음. 공자가 숙산무지에게 夫子라고 한 것은 공자가 상대를 대하는 최고의 경칭이다.

無趾語老聃曰무지어노담왈 :

숙산무지가 노담을 찾아가 말했다.

"孔丘之於至人공구지어지인 其未邪기미야!

"공구는 지인(至人)이 되기에는 아직도 멀었습니다!

彼何賓賓以學子爲4)피하빈빈이학자위?

그는 어찌하여 번번이 선생에게 배우려고 하는 걸까요?

彼且蘄以誠詭幻怪5)之名聞피차기이숙궤환괴지명문

그는 또 수수께끼나 속임수 따위의 명성으로 소문나기를 바라는데,

不知至人之以是爲己桎梏6)邪부지지인지이시위기질곡야?"

지인(至人)은 그런 명성이 자신의 질곡(桎梏)이라는 것을 모르고 있는
걸까요?"

老聃曰노담왈 : 노담이 말했다.

"胡不7)直使彼以死生爲一條호부직사피이사생위일조

"단지 그로 하여금 죽고 사는 것을 같은 이치로 여기며,

以可不可爲一貫者이가불가위일관자

옳고 그른 것을 같은 이치로 여기게 하여,

解其桎梏해기질곡 其可乎기가호?"

---

4) 彼何賓賓以學子爲(피하빈빈이학자위) : 그는 어찌하여 자꾸만 선생에게 배우려고 하는
걸까요? 賓賓은 자주. 子는 노담(老聃)을 가리킨다.

5) 誠詭幻怪(숙궤환괴) : 수수께끼나 속임수. 誠詭는 수수께끼. 幻怪는 덧없고 괴이(怪異)함.

6) 桎梏(질곡) : 차꼬(着錮)와 수갑(手匣)이라는 뜻으로, 마음과 몸을 몹시 속박하여 자유를
누리지 못하게 하는 것.

7) 胡不(호불) : 어찌하여 ~하지 않는가. 다음의 其可乎까지 연결되어 '~하는 것이 좋지 않
겠는가?'하는 뜻이다.

그의 질곡에서 벗어나게 하는 것이 좋지 않겠나?"

無趾曰무지왈 : 숙산무지가 말했다.

"天刑之 安可解[8]천형지 안가해?"
"그런 속박은 하늘이 준 형벌인데 어떻게 벗을 수가 있겠습니까?"

| 해설 |

이번에는 발을 잘린 죄인 숙산무지(叔山無趾)와 공자와 노자(老子)를 등장시켜 장자는 자기 사상의 일단을 피력하고 있다. 숙산무지와 노자는 함께 명예를 질곡(桎梏)으로 삼아 공자가 학문과 예교(禮敎)를 중시하여 지인과는 거리가 멀다고 비난하고 있다. 그러므로 내면적인 덕을 쌓으면 외형적인 불구 정도는 문제가 되지 않는다.

4.

魯哀公[1]問於仲尼曰노애공문어중니왈 :
노나라 애공(哀公)이 공자에게 물었다.

"衛有惡人焉위유악인언 曰哀駘它[2]왈애태타

---

8) 天刑之 安可解(천형지 안가해) : 하늘이 그에게 내린 형벌인데, 어찌 풀 수 있겠습니까. 之는 중니를 가리킨다.

1) 魯哀公(노애공) : 춘추시대 말의 노(魯)나라 군주(君主 : 재위 BC 494~BC 468)이다. 공자는 여러 나라를 편력하다가 노나라로 돌아와 BC479년에 죽었다. 이 문답은 물론 우화(寓話)이다.

2) 哀駘它(애태타) : 인명(人名). 가공의 인물. "남과 잘 화합할 뿐 내 의견만을 주장하지 않는다" 라는 뜻의 외모가 심히 슬프도록 흉하고 등이 굽은 그는 덕으로 주변 사람들을 빨아들인 인물로 등장한다.

"위나라에 용모가 추악한 사람이 있어 이르기를, 애태타(哀駘它)라고 부릅니다.

丈夫與之處者장부여지처자 思而不能去也사이불능거야

그런데 사나이가 그와 함께 있으면 그를 사모해서 떠나려 하지 않고,

婦人見之부인견지 請於父母曰청어부모왈

여자들은 그를 보고 나면 자기 부모에게 말하기를,

'與爲人妻여위인처 寧爲夫子妾者영위부자첩자'

'다른 사람의 아내가 되기보다는 그의 첩이 되고 싶다'고 하며,

十數而未止也십수이미지야

그런 여자가 열 명이 넘어도 그칠 줄을 모르오.

未嘗有聞其唱者也3)미상유문기창자야 常和而已矣4)상화이이의

그리고 그는 일찍이 자기주장을 내세우는 것을 들어본 적이 없고, 항상 다른 이의 의견에 따르기만 할 뿐이오.

無君人之位以濟乎人之死무군인지위이제호인지사

그는 임금의 자리에 있어서 남의 죽음을 구제할 수 있는 것도 아니고,

無聚祿以望人之腹무취록이망인지복

녹(祿)을 많이 모아 남의 배를 부르게 해준 적도 없소.

又以惡駭天下우이악해천하 和而不唱5)화이불창

---

3) 未嘗有聞其唱者也(미상유문기창사야) : 아직 그가 일찍이 자기주장을 내세우는 것을 들어 본 적이 없음. 唱은 자기주장을 내세우다, 먼저 노래하다는 뜻. 뒤의 和와 상대되는 말이다.

4) 常和而已矣(상화인이이의) : 항상 다른 사람의 주장에 다를 뿐이다. 和는 앞의 唱과 상대되는 말로 남의 주장을 따르다,

5) 和而不唱(화이불창) : 남의 주장을 따르기만 하고 먼저 나서서 주장하지 않음. 남의 이론

게다가 그의 추함은 온 천하를 놀라게 하고, 또 남의 주장을 따르기만 하고 먼저 나서서 주장하지 않으며,

知不出乎四域지불출호사역 且而此雄合乎前차이자웅합호전

지식이라야 천지사방의 다른 사람들보다 뛰어난 것도 아닌데, 모든 남녀들이 그의 앞에 모여듭니다.

是必有異乎人者也시필유이호인자야

이 사람은 반드시 보통 사람과는 다른 사람일 것입니다.

寡人召而觀之과인소이관지 果以惡駭天下과이악해천하

과인이 불러서 살펴보았더니 과연 추한 용모로 천하를 놀라게 할 만하더군요.

與寡人處여과인처 不至以月數부지이월수

그러나 과인과 함께 있은 지 한 달이 못되어,

而寡人有意乎其爲人也이과인유의호기위인야

과인은 그 사람됨에 마음이 끌리더니,

不至乎期年부지호기년 而寡人信之이과인신지

1년이 되지 않아 나는 그를 신임하게 되었소.

國無宰국무재 寡人傳國焉과인전국언

때마침 나라에 재상 자리가 비어 있어 나는 그에게 국정을 맡기려 하였더니,

悶然而後應 氾而若辭6)민연이후응 범이약사

_____

과 설에는 찬성하지만, 자기의 학설은 적극적으로 주장하지 않음.

6) 悶然而後應 氾而若辭(민연이후응 범이약사) : 한동안 무심히 있다가 응낙하면서도 얽매이지 않으려 사양하는 듯했습니다. 悶然(민연)은 무심한 모양. 氾(범)은 얽매임이 없는

그러나 내키지 않는 듯 무심한 표정으로 승낙은 하면서도 얽매이지 않으려 사양하는 듯했습니다.

寡人醜乎과인추호 卒授之國졸수지국

그래서 과인은 갑자기 그에게 국정을 맡기려고 한 것을 부끄럽게 여겼는데,

無幾何也무기하야 去寡人而行거과인이행

그는 얼마 가지 않아서 과인을 버리고 떠나버렸소.

寡人卹焉若有亡也[7]과인휼언약유망야 若無與樂是國也[8]약무여락시국야

그래서 과인은 서글퍼져서 무엇을 잃은 것 같았으며, 이 나라의 즐거움을 함께할 사람이 없는 듯했습니다.

是何人者也시하인자야?"

대체 그는 어떤 사람이오?"

仲尼曰중니왈 : 중니가 말했다.

"丘也구야 嘗使於楚矣상시어초의

"제가 일찍이 초나라에 사신으로 간 적이 있습니다.

適見豚子食於其死母者[9]적견돈자식어기사모자

모양.

7) 寡人卹焉若有亡也(과인휼언약유망야) : 과인은 슬퍼서 무엇을 잃어버린 것 같음. 卹(휼)은 불쌍히 여기다. 恤(구휼할 휼)과 통한다.

8) 若無與樂是國也(약무여락시국야) : 이 나라의 즐거움을 함께할 사람이 없는 듯하다. 樂是國은 이 나라 다스리는 것을 즐거워한다는 뜻.

9) 適見豚子食於其死母者(적견돈자식어기사모자) : 마침 새끼돼지들이 죽은 어미돼지의 젖을 빨고 있는 것을 보다. 豚子(돈자)는 새끼돼지. 豚은 豚과 같다. 食은 젖을 빨다. 새끼돼지들이 어미젖을 빠는 이야기는 사랑은 덕에 있는 것이지 형체에 있지 아니함을

그때 마침, 새끼돼지들이 죽은 어미 돼지의 젖을 빨고 있는 것을 보았습니다.

少焉眴若[10]소언현약 皆棄之而走개기지이주

그런데 조금 있다가 그 새끼들은 깜짝 놀라 모두 제 어미를 버리고 달아났습니다.

不見己焉爾불견기언이

그것은 단지 어미돼지의 시선이 자기들을 보지 않고 있었기 때문일 뿐이며,

不得類焉爾부득류언이

어미돼지가 본래의 모습과 같지 않았기 때문일 따름이었습니다.

所愛其母者소애기모자 非愛其形也비애기형야

새끼돼지들이 어미돼지를 사랑하는 것은 그 형체를 사랑하는 것이 아니라,

愛使其形者也애사기형자야

그 형체를 움직이게 하는 것을 사랑하는 것입니다.

戰而死者전이사자 其人之葬也기인지장야 不以翣資[11]불이삽자

그러므로 전사자를 장사지낼 때는 삽(翣)을 보내지 않고,

비유한 것이다.

10) 眴若(현약) : 깜짝 놀라는 모양.

11) 不以翣資(불이삽자) : 새의 깃털로 장식하여 보내지 아니함. 翣(삽)의 용도는 관의 좌우에 세워 해를 가리거나 먼지가 끼는 것을 방지하는 것이다. 장사에 삽을 쓰는 것은 사자의 영혼이 지하세계에서 천상세계로 비상하도록 기원하는 의미이다. 중국 한대 이전에는 꿩의 깃털로 삽을 만들었다. 그 이후에는 깃털 대신 네모난 나무판자로 부채 모양을 만들고 그 위에 흰 베를 바르거나 화포(畫布)를 씌우는 것으로 바뀌었다. (한국일생의례사전)

刖者之屨월자지구 無爲愛之무위애지

발을 잘린 자에게는 신을 보내도 좋아하지 않습니다.

皆無其本矣개무기본의

이는 다 그것들을 필요로 하는 근본이 없기 때문입니다.

爲天子之諸御위천자지제어 不爪翦 不穿耳[12]부조전 불천이

천자의 시녀가 된 여인들은 손톱도 깎지 못하게 하고, 귀도 뚫지 못하게 합니다.

娶妻者止於外[13]취처자지어외 不得復使부득부사

또 새로이 장가를 간 사람에게는 그 젊은 아내를 위하여 숙직도 면해주고 부역도 시키지 않습니다.

形全猶足以爲爾형전유족이위이 而况全德之人乎이황전덕지인호!

이처럼 형체만 온전해도 오히려 이렇게 사랑을 받거늘, 하물며 온전하게 德을 구비한 사람이야 일러 무엇 하겠습니까?

今哀駘它未言而信[14]금애태타미언이신 無功而親무공이친

지금 애태타는 말을 하지 않아도 남이 믿고, 공이 없어도 친해 오며,

使人授己國사인수기국 唯恐其不受也유공기불수야

사람으로 하여금 자기 나라를 맡기게 하면서도 오직 그가 받지 않을까 두려워하게 하였으니,

---

12) 不爪翦 不穿耳(부조전 불천이) : 손톱을 깎지 않고, 귀를 뚫지 않음. 즉 육체를 손상시키지 않는다는 뜻.

13) 娶妻者止於外(취처자지어외) : 아내를 맞이한 사람은 밖에 머무르게 함. 관리 중에서 새로 장가든 사람은 궁궐 밖, 곧 관리의 사택(私宅)에 머물게 한다는 말. 取는 娶와 통한다.

14) 未言而信(미언이신) : 말을 하지 않아도 사람들이 믿음. 굳이 말을 내어 하지 않아도 사람들이 그가 훌륭하다고 믿는다는 뜻.

是必才全而德不形者也시필재전이덕불형자야"

이 사람은 반드시 재능이 온전하면서도 그 덕이 드러나지 않는 인물일 것입니다."

哀公曰애공왈 : 애공이 말했다.

"何謂才全하위재전?"
"재능이 온전하다는 것은 무엇을 말함인가요?"

仲尼曰중니왈 : 중니가 말했다.

"死生存亡사생존망 窮達貧富궁달빈부 賢與不肖현여불초
"죽음과 삶, 존재와 패망, 빈궁과 영달, 현명함과 어리석음(不肖),

毀譽饑渴寒暑훼예기갈한서 是事之變시사지변 命之行也명지행야
비방과 칭찬, 주림과 목마름, 추위와 더위 따위는 모두 사물의 변화요, 천명의 운행으로서,

日夜相代乎前일야상대호전 而知不能規乎其始者也이지불능규호기시자야
밤낮으로 우리 눈앞에서 일어나지만, 어떠한 지혜로써도 그 시원(始原)을 엿볼 수는 없습니다.

故不足以滑和15)고부족이골화 不可入於靈府불가입어령부
그 때문에 마음의 평안을 어지럽히기에는 부족하며, 정신 속으로 들어오지 않게 해야 합니다.

使之和豫通而不失於兌사지화예통이불실어열
그런 변화로 하여금 조화롭고 즐겁게 하여 막힘없이 통하게 함으로써

---

15) 不足以滑和(부족이골화) : 마음의 평안을 어지럽히기에는 부족함. 그런 변화를 따라가면서 마음의 평정을 어지럽힐 만한 가치가 없다는 뜻. 滑(골)은 어지럽히다. 和는 마음의 평안.

기쁨을 잃지 않게 해야 하며,

使日夜無郤而與物爲春사일야무극이여물위춘

또 그것은 밤낮으로 쉬지 않아서 만물과 더불어 봄기운 속에서 놀게 되는 것입니다.

是接而生時於心者也시접이생시어심자야

이것은 만물과 접촉하여 마음속에서 때를 만들어내는 것입니다.

是之謂才全시지위재전"

이를 일러 재능이 온전하다고 하는 것입니다."

哀公曰애공왈 : 애공이 말했다.

"何謂德不形하위덕불형?"

"무엇을 덕이 드러나지 않는다고 하는 겁니까?"

曰왈 : 중니가 말했다.

"平者 水停之盛也16)평자 수정지성야

"평평한 것으로는 정지하고 있는 물이 가장 성대합니다.

其可以爲法也기가이위법야 內保之而外不蕩也내보지이외불탕야

그것은 수준(水準)의 법이 되니, 안으로는 그 본성을 보존하고 겉으로는 움직이지 않기 때문입니다.

德者덕자 成和之修也성화지수야

덕이란 그 화를 뒤아 이루어진 것입니다.

德不形者 物不能離也17)덕불형자 물불능리야"

---

16) 平者 水停之盛也(평자 수정지성야) : 평평한 것으로는 정지하고 있는 물이 가장 성대함. 평평한 것의 비유로는 멈추어 있는 물이 가장 적합하다는 뜻.

17) 德不形者 物不能離也(덕불형자 물불능리야) : 덕이 밖으로 드러나지 않는 사람은 만물

그러므로 덕이 드러나지 않는 사람에게는 만물이 떠나지를 못합니다."

哀公異日以告閔子[18]曰애공이일이고민자왈 :

애공이 다른 날, 민자건(閔子騫)에게 말했다.

"始也시야 吾以南面而君天下오이남면이군천하

"처음에 나는 남면(南面)하여 천하를 다스리게 되었을 때,

執民之紀[9]집민지기 而憂其死이우기사 吾自以爲至通矣오자이위지통의

백성들의 기강을 바로잡고, 그들이 굶어죽지나 않을까 염려하는 것으로써 최고의 방편으로 여겼습니다.

今吾聞至人之言금오문지인지언 恐吾無其實공오무기실

그러나 지금 나는 지인(至人)에 대한 말을 듣고서 나 자신이 아무 德도 없으면서,

輕用吾身而亡其國경용오신이망기국

경솔하게 내 몸을 움직여 나라를 망칠까 걱정하게 되었소.

吾與孔丘오여공구 非君臣也비군신야 德友而已矣덕우이이의"

나와 공구는 군신의 사이가 아니고, 德으로써 맺은 친구일 따름이오."

이 떠날 수 없다. 곧 완전한 평정을 이룬 사람은 마치 물이 모든 평면의 기준이 되는 것처럼, 일체만물의 모범이 되므로 사람들이 그의 곁에서 떠날 수 없다는 뜻.

18) 閔子(민자) : 춘추시대 말기 노(魯)나라 사람. 이름은 손(損)이고, 자는 자건(子騫)이다. 공자의 제자였으며, 공자보다 15살 연하다. 효성과 덕행으로 유명하다. 어려서 부모로부터 모진 학대를 받았지만, 효도를 극진히 하여 부모를 감동시켰다고 한다. 권력 앞에서도 굽히지 않는 의기를 지녔다.

19) 執民之紀(집민지기) : 백성들의 기강(紀綱)을 잡음. 紀는 기율, 기강, 질서, 법도, 곧 지배 권력을 의미한다.

장자는 지금까지 죄를 짓고 다리가 잘린 자, 곧 왕태, 신도가, 숙산무지 등을 등장시켜 그들이 한결같이 외형적으로 불구자이면서도 내면적으로 덕이 충만되어 절대자의 경지에 들어갔음을 보여주고 있다.

그러나 이번에는 몸은 성하여 전신에는 이상이 없으나, 다만 추악한 얼굴을 한 남성 애태타(哀駘它)에게서 내면의 德을 찾고 있다. 그 애태타의 모습을 보면 천하인이 모두 기겁을 하여 도망할 것이나, 그를 차츰 대해 보면 그만큼 온전한 재능을 가지고 德을 드러내지 않는 자가 없다. 그래서 여자는 물론 남자까지도 그를 가까이 하려 든다.

이는 모든 세간의 규범과 환경을 초월하여 마음의 德을 닦아 조화로써 만물을 상대하므로 온갖 만물이 깃드는 보금자리가 되고, 만물의 척도가 되는 수평(水平)같이 하나의 기준이 될 수 있는 것이다. 이런 사람이야말로 참으로 절대자의 심성을 가졌고, 완전한 지혜와 은연(隱然)의 덕을 쌓아 모든 사람을 지배할 수 있고, 만물을 구제할 수 있는 진정한 지인이라 할 것이다.

5.

闉跂支離無脹1)說衛靈公인기지리무신세위령공

인기지리무신(闉跂支離無脹)이 위나라 영공에게 유세를 했다.

靈公說之영공열지

영공은 그를 매우 좋아했다.

而視全人2)이시전인 其脰肩肩3)기두견견

---

1) 闉跂支離無脹(인기지리무신) : 인명. 절름발이에 곱사등이며 언청이인 가공의 인물.

그래서 영공은 신체가 온전한 사람을 보면 오히려 그의 목이 가늘고 길어 보였다.

甕盎大癭4)說齊桓公옹앙대영세제환공 桓公說之환공열지

또 옹앙대영(甕盎大癭)이 제나라 환공(桓公)에게 유세하자, 환공이 기뻐하였는데,

而視全人이시전인 其脰肩肩기두견견

그 이후로 환공은 온전한 사람을 보면 그 목이 너무 가늘고 길게 느껴졌다.

故德有所長고덕유소장 而形有所忘이형유소망

그러므로 덕이 높으면 그 모양은 잊히는 것이다.

人不忘其所忘인불망기소망 而忘其所不忘이망기소불망

그런데 사람들은 잊어야 할 것은 잊지 못하고, 잊지 말아야 할 것은 잊는다.

此謂誠忘5)차위성망

이를 일러 성망(誠忘)이라 한다.

故聖人有所遊고성인유소유 而知爲孽6)이지위얼

그러므로 성인은 따로 마음을 소요(逍遙)하는 데가 있어서 지식을 잉여

---

2) 全人(전인) : 온전한 사람. 곧 장애인이 아닌 보통 사람.

3) 其脰肩肩(기두견견) : 목이 가늘고 김. 脰(두)는 목. 肩肩(견견)은 가늘고 긴 모양.

4) 甕盎大癭(옹앙대영) : 목에 물동이 같은 혹이 달린 장애자. 가공의 인물.

5) 此謂誠忘(차위성망) : 잊어야 할 것은 잊지 못하고, 잊지 말아야 할 것은 잊는 마음의 병을 일러 성망(誠忘)이라 한다. 명(明)을 버리고 지(智)만 좇는 것이 곧 성망(誠忘)인 셈이다.

6) 知爲孽(지위얼) : 孽은 孽子(얼자)로 서자(庶子), 재앙(災殃)의 뜻이 있는데, 정확하게는 잉여물이라는 뜻이다.

물로 여기며,

約爲膠약위교 德爲接덕위접 工爲商공위상
예의(禮義)는 아교풀로 여겨 세속의 德을 기워 붙이는 것쯤으로 생각
하며, 기술은 한낱 장삿속이라고 생각한다.

聖人不謀성인불모 惡用知오용지
성인은 일을 꾀하지 않으니 지혜를 어디에 쓰며,

不斵불착 惡用膠오용교
깎지 않으니 아교풀을 무엇에 쓰며,

無喪무상 惡用德오용덕
잃지 않으니 도덕을 무엇에 쓰며,

不貨불화 惡用商오용상?
물건을 팔지 않으니 상업을 무엇에 쓰겠는가?

四者 天鬻也7)사자 천육야
이 네 가지는 하늘이 길러주는 것이요,

天鬻者천육자 天食也천사야
하늘이 길러줌은 하늘이 주는 밥이다.

旣受食於天기수사어천 又惡用人우오용인?
이미 하늘의 밥을 받았으니, 또 어찌하여 사람의 것을 쓰겠는가?

有人之形유인지형 無人之情무인지정
성인은 사람의 형체는 가지고 있으면서 사람의 정을 가지고 있지 않다.

---

7) 四者天鬻也(사자천육야) : 네 가지는 자연이 길러주는 것임. 四者는 위의 불모(不謀), 불
착(不斵), 무상(無喪), 불화(不貨)를 말한다. 鬻(육)은 기른다는 뜻.

有人之形유인지형 故群於人고군어인

성인은 사람의 형체를 가지고 있으면서 사람들과 무리지어 살고,

無人之情무인지정 故是非不得於身고시비부득어신

사람의 정이 없기 때문에 시비의 분별이 몸에 침입하지 못한다.

眇乎小哉 所以屬於人也[8]묘호소재 소이속어인야!

아득히 작은 존재로구나, 인간에게 속한 것이여!

謷乎大哉 獨成其天[9]오호대재 독성기천

놀랄 만큼 크구나, 홀로 자연의 道를 이룸이여!

| 해설 |

앞에서는 절름발이나 추남으로서 덕을 쌓아 범인을 초월한 예를 들고 있으나, 여기서는 절름발이에 곱사등이, 언청이까지 겸한 장애자에다 혹부리를 등장시켜 형체를 초월한 세계, 곧 세속적 편견을 버린 만물제동(萬物齊同)의 세계에서 자유로이 소요하는 득도자의 경지를 설명하고 있다.

곧 성인은 형체를 잊은 만물제동의 세계에서 잊어버리지 않는 제멋대로의 자유를 소요한다. 그는 자기 내면에 빼앗기지 않는 자유를 가졌기 때문에 모든 편견의 근원인 지적(知的) 분별을 「곁가지」즉「생명의 잉여분비(剩餘分泌)」로 생각하고, 인간의 건전한 생명을 제약하

---

8) 眇乎小哉 所以屬於人也眇(묘호소재 소이속어인야) : 아득히 작은 존재로구나, 인간에게 속한 것이여! 성인은 인간에 속해 있기 때문에 아주 작고, (하늘에서 받은 道를 완성하기 때문에 매우 크다.) 眇(묘)는 애꾸눈이란 뜻도 있지만, 아주 작다는 뜻이 있다.

9) 謷乎大哉 獨成其天(오호대재 독성기천) : 놀랄 만큼 크구나, 홀로 자연의 덕을 이룸이여! (성인은 인간에 속해 있기 때문에 아주 작고,) 하늘에서 받은 道를 완성하기 때문에 매우 크다. 謷(오)는 크다. 天은 자연의 道

는 세속적 규범을 「아교풀」 즉 「인위적인 강제」로 생각하며, 상식적인 도덕 가치를 「접붙임」 즉 「타협적인 허식」으로 생각하고, 모든 기예(技藝)와 기교를 「상업」 즉 「자기를 세상에 파는 수단」으로 생각하는 것이다.

다시 말해서 성인은 「꾀하지 않으니」 곧 모든 자연의 이치에 맡겨 생각하지 않으므로 지혜를 쓸 필요가 없고, 「깎지 않으니」 곧 본래 있는 대로의 자신대로 살면서 인위적인 조탁(彫琢)을 가하지 않으므로 겉으로부터 아무것도 붙일 필요가 없으며, 「잃지 않으니」 곧 자기 자신을 세속적인 매물(賣物)로 삼지 않으며, 기예나 기교로써 자기를 상품화할 필요가 없다는 것이다.

그러므로 이 「꾀하지 않고」, 「깎지 않으며」, 「잃지 않고」, 「팔지 않는」 네 가지를 「하늘(자연)이 길러주는 것」이라 한다. 그리고 「하늘이 길러주는 것」은 하늘 곧 절대세계로부터 받은 생명의 양식으로 즐거운 생활을 하니 속세에서 무엇을 더 구할 것인가?

때문에 성인은 「사람의 형체를 가지고 있으면서 사람의 정은 없는 것」이다. 이렇게 장자는 속인의 정념을 초극했으므로, 시비·호오(好惡)의 편견에 치우치는 법이 없다. 그래서 성인은 인간적인 형체라는 면에서는 작은 존재이나, 세인의 정념을 넘어선 초인이라는 면에서는 거대하다고 말하고 있다.

6.

惠子[1]謂莊子曰 혜자위장자왈 : 혜자(惠子)가 장자에게 말했다.

---

1) 惠子(혜자) : 성(姓)은 혜(惠), 이름은 시(施), 宋나라 사람이다. 명가(名家)에 속하는 학자로서 장자(莊子)와 같은 시대의 사람이고, 공손룡(公孫龍)보다 약간 앞 시대의 사람이

"人故無情乎인고무정호?"

"인간은 본디 감정이 없는가?"

莊子曰 장자왈 : 장자가 말했다.

"然연"

"그렇다네."

惠子曰혜자왈 : 혜자(惠子)가 말했다.

"人而無情인이무정 何以謂之人하이위지인?"

"사람으로서 감정이 없으면 어떻게 사람이라 할 수 있겠나?"

莊子曰 장자왈 : 장자가 말했다.

"道與之貌 天與之形2)도여지모 천여지형 惡得不謂之人오득불위지인?"

"道가 모양을 만들어 주었고, 하늘이 형체를 만들어 주었으니, 어떻게 사람이라 하지 않을 수 있는가?"

惠子曰 혜자왈 : 혜자(惠子)가 말했다.

"旣謂之人기위지인 惡得無情오득무정?"

"이미 사람이라고 한다면 어떻게 정(情)이 없을 수 있겠는가?"

莊子曰 장자왈 : 장자가 말했다.

"是非吾所謂情也시비오소위정야

다. 양(梁)의 혜왕(惠王), 양왕(襄王)을 섬겨 재상이 되었으나, 종횡가(縱橫家) 장의(張儀)에게 쫓겨 초(楚)나라로 갔다가 후에 고향으로 돌아와서 생애를 마쳤다. 박학한 사람으로 알려졌으며, 그의 저서는 수레로 다섯이나 되었다고 하는데, 현재까지 전하는 것은 없다.

2) 道與之貌 天與之形(도여지모 천여지형) : 道가 모습을 주었고, 하늘이 형체를 주었음. 道와 天, 貌와 形은 대구(對句)에 불과할 뿐 그 의미는 다름이 없다.

"이는 내가 말하는 감정이 아닐세.

吾所謂無情者오소위무정자 言人之不以好惡內傷其身언인지불이호오내상기신
내가 말하는 정이 없다는 것은, 사람으로서 호오(好惡)를 가지고 안으로 그 자신을 상하게 하지 않고,

常因自然而不益生也상인자연이불익생야"
항상 자연에 맡겨 생명을 인위적으로 더해가지 않는 것을 말하는 것일세."

惠子曰 혜자왈 : 혜자(惠子)가 말했다.

"不益生불익생 何以有其身하이유기신?"
"생명을 인위적으로 더해가지 않으면 어떻게 그 몸을 보존할 수가 있겠나?"

莊子曰 장자왈 : 장자가 말했다.

"道與之貌도여지모 天與之形천여지형
"道가 모양을 만들어 주었고, 하늘이 형체를 만들어 주었으니,

無以好惡內傷其身무이호오내상기신
호오(好惡)로써 안으로 그 몸을 해치지 않아야 하는 것이네.

今子外乎子之神금자외호자지신 勞乎子之精노호자지정
그런데 지금 자네는 정신을 밖으로 소비하고 자네의 정력을 수고롭게 하여,

倚樹而吟3)의수이음 據槁梧而瞑거고오이명
나무에 기대서시 신음소리나 내고, 말라버린 오동나무 안석에 기대 졸기나 하고 있네.

---

3) 倚樹而吟(의수이음) : 나무에 기대 신음소리를 냄. 吟은 혜시의 독특한 음조를 빗대서 야유하는 표현.

天選子之形천선자지형 子以堅白鳴4)자이견백명!"

하늘이 자네의 형체를 갖추어 놓았는데, 자네는 견백(堅白) 따위나 지껄이고 있군."

| 해설 |

앞에서 성인은 "사람의 형체를 가지고 있으면서 사람의 정은 없다"고 했다. 이것에 관련하여 장자와 혜자의 토론으로, 성인 곧 절대자도 사람과 아주 다른 것이 아니라, 속인의 모습과 감정을 근본적으로는 가졌으되 속인의 그것과는 다른 좀 더 차원 높은 생각과 작용을 한다는 것이다.

---

4) 以堅白鳴(이견백명) : 견백론(堅白論) 따위의 궤변을 떠들어댐. 견백론 따위의 허튼 소리로 세상에 널리 알려졌다는 뜻. 견백은 〈제물론〉 편에 보이는 堅白同異(견백동이)의 논(論).

6. 대종사
大宗師

성인은 하늘을 본받고, 하늘은 道를 본받고, 道는 自然을 본받는다

대종사란 크게 조종(祖宗)으로 삼을 만한 스승이란 뜻이다. 따라서 대종사란 곧 道를 의미한다. 장자에게서 道란 우주의 실재로서의 자연을 말하는 것이고, 이 道를 스승으로 삼으니, 곧 자연을 따라 우주의 실재와 하나가 되는 곳에 아무런 구속도 받지 않는 참으로 자유로운 인간의 생활이 실현된다는 것이다. 이런 경지에 있는 사람을 진인(眞人)이라 부른다. 이 〈대종사〉 편은 이런 진인을 찬미하고 그의 지극히 큰 덕을 밝히고 있다.

공자와 안회

1.

知天之所爲[1]지천지소위 知人之所爲者지인지소위자 至矣지의

하늘이 하는 바를 알고, 사람이 하는 바를 아는 자는 지극하다.

知天之所爲者지천지소위자 天而生也천이생야

하늘이 하는 바를 아는 자는 자연을 따라 산다.

知人之所爲者지인지위소자 以其知之所知이기지지소지

사람이 하는 바를 아는 자는 그의 지혜가 아는 바로써

以養其知之所不知이양기지지소부지

그 지혜가 모르는 바를 길러내어,

終其天年而不中道夭者종기천년이부중도요자 是知之盛也시지지성야

그의 천수를 누리며 중도에서 요절하지 않는 자이니, 이는 지혜의 성대함이다.

雖然 有患[2]수연 유환

비록 그러하나 걱정거리가 있다.

夫知有所待而後當[3]부지유소대이후당

무릇 지식은 반드시 의거하는 바가 있은 후에야 타당해지는데,

其所待者特未定也[4]기소대자특미정야

---

1) 知天之所爲(지천지소위) : 하늘이 하는 것을 앎. 곧 자연이 운행하는 이치(道)를 앎.

2) 雖然 有患(수연 유환) ; 비록 그렇지만 걱정거리가 있음. 곧 앞의 여러 가지 조건을 충족시켜 천수를 다한다 하더라도 여전히 해결하기 어려운 근본적인 문제가 남아 있다는 뜻. 患은 걱정거리.

3) 知有所待而後當(지유소대이후당) : 지식은 의거하는 바가 있은 뒤에 타당해진다. 인간이 가진 지적(知的) 능력이란 항상 불완전하다는 뜻이다.

4) 其所待者特未定也(기소대자특미정야) : 그 의거하는 바가 유독 일정하지 않음. 곧 지식

그 의거하는 바가 특히 일정하지 않다.

庸詎知吾所謂天之非人乎[5]용거지오소위천지비인호

그러니 어찌 내가 말하는 하늘이 사람이 아닌지,

所謂人之非天乎소위인지비천호?

내가 말하는 사람이 하늘이 아닌지를 알겠는가?

且有眞人 而後有眞知[6]차유진인 이후유진지

바야흐로 진인(眞人)이 있은 뒤에라야 진지(眞知)가 있는 것이다.

何謂眞人하위진인?

어떤 이를 진인이라 하는가?

古之眞人고지진인 不逆寡[7]불역과

옛날의 진인은 적다고 해서 꺼리지 않았고,

不雄成 不謨士[8]불웅성 불모사

성공도 자랑하지 않으며, 일을 꾀하지도 않았다.

若然者약연자 過而弗悔과이불회 當而不自得也당이부자득야

의 대상이 끊임없이 변화하기 때문에 정확하게 인식하기 어렵다는 뜻.

5) 庸詎知吾所謂天之非人乎(용거지오소위천지비인호) : 어찌 내가 말하는 하늘이 사람이 아닐을 알 수 있는가. 庸詎(용거)는 어찌. 知는 확신한다는 뜻. 인간의 능력은 天과 人의 구분조차 인식하기 어려울 정도로 불완전하다는 뜻.

6) 有眞人 而後有眞知(유진인 이후유진지) : 진인(眞人)이 있은 뒤에야 진지(眞知)가 있는 것이다. 대상으로서의 참다운 앎보다 실천의 주체인 참다운 사람이 먼저라는 뜻.

7) 不逆寡(불역과) : 적은 것을 거절하지 않음. 어떠한 고난이나 역경(逆境)에 처해서도 그것을 거스르지 않고 주어진 대로 받아들인다는 뜻.

8) 不雄成 不謨士(불웅성 불모사) : 공이 비록 이루어져도 자랑하지 않고, 인위적으로 일을 도모하지도 않음. 모든 일을 자연에 맡긴다는 뜻이다. 雄은 자랑하다, 뽐내다의 뜻. 謨(모)는 謀와 같아 꾀하다. 士는 事와 같다.

그런 사람은 잘못되어도 후회하지 않고, 성공해도 득의양양하지 않는다.

若然者약연자 登高不慄등고불율 入水不濡[9]입수불유 入火不熱입화불열

그런 사람은 높은 데 올라가도 두려워 떨지 않고, 물에 들어가도 젖지 않으며 불에 들어가도 뜨겁지 않다.

是知之能登假於道也若此[10]시지지능등격어도야약차

이는 그 지혜가 道에 오를 수 있음이 이와 같다.

古之眞人고지진인 其寢不夢기침불몽

옛날 진인은 잠을 잘 때 꿈을 꾸지 않고,

其覺無憂[11]기교무우 其食不甘기식불감 其息深深[12]기식심심

깨어 있어도 근심이 없으며, 식사에도 맛을 찾지 않고, 그 숨결은 깊고 깊었다.

眞人之息以踵[3]진인지식이종 衆人之息以喉중인지식이후

진인의 호흡은 발꿈치로부터 쉬어 나오는데, 보통사람들의 호흡은 목구멍으로부터 나온다.

屈服者굴복자 其嗌言若哇기익언약와 其耆欲深者기기욕심자 其天機[4]淺기

---

9) 濡(유) : 젖다.

10) 知之能登假於道也若此登假假(지지능등격어도자야약차) : 지혜가 道의 경지에 오름이 이와 같음. 登假의 假은 '격'으로 읽으며 도달하다(至)는 뜻. 〈덕충부〉편 '擇日而登假(택일이등하)'에 이미 나왔지만 여기서의 登假(등하)는 임금이나 존귀한 사람이 세상을 떠남을 높여 이르던 말로서, 승하(昇遐)와 같은 의미로 '하'로 읽고, 登假(등격)은 道의 경지에 오르다는 뜻으로 쓰였기 때문에 '격'으로 읽는다.

11) 其覺無憂(기교무우) : 깨어 있을 때에는 근심이 없음. 覺는 (잠을) 깨다. '교'로 읽는다.

12) 其息深深(기식심심) : 숨이 길고 깊음. 마음이 안정되어 숨이 조급하지 않다는 뜻.

13) 眞人之息以踵(진인지식이종) : 진인(眞人)은 발뒤꿈치로 숨을 쉼. 곧 숨이 발뒤꿈치까지 미친다는 뜻. 진인의 호흡은 대지를 딛고 서서 발꿈치로부터 쉬어 나온다.

14) 天機(천기) : 자연의 기틀로 생명을 지속시키는 근본을 뜻한다. 곧 기욕(嗜欲), 곧 탐욕과

천기천

남에게 굴복한 사람은 그 말소리가 토하듯 왝왝거리고, 욕심이 많은 이는 천기(天機)가 얕다.

古之眞人고지진인 不知說生부지열생 不知惡死부지오사

옛날 진인은 삶을 기뻐할 줄도 모르고, 죽음을 싫어할 줄도 몰랐다.

其出不訴기출불흔 其入不距기입불거

태어남을 기뻐하지도 않고, 죽음을 거역하지도 않으며,

翛然而往5)소연이왕 翛然而來而已矣소연이래이이의

홀가분하게 세상을 떠나가고, 홀가분하게 세상에 올 뿐이다.

不忘其所始 不求其所終6)불망기소시 불구기소종

그 비롯되는 바도 잊지 않고, 그 끝나는 바도 추구하지 않는다.

受而喜之수이희지 忘而復之망이복지

삶을 받아서 기뻐하다가 죽어서 자연으로 돌아간다.

是之謂不以心捐道시지위불이심연도

이런 것을 일러 마음으로 道를 버리지 않고,

不以人助天불이인조천

인위(人爲)로써 자연을 돕지 않는 것이라 하고,

是之謂眞人시지위진인

천기(天機)는 서로 대칭의 관계로 기욕을 줄이는 것이 天機를 깊게 하는 방법이라는 뜻.

15) 翛然而往(소연이왕) : 홀가분하게 떠나다. 翛는 '소'로 읽으며, '유유자적하다, 자유롭다, 자유자재다, 아무런 구속이 없다, 마음대로이다'의 뜻.

16) 不忘其所始 不求其所終(불망기소시 불구기소종) : 자신의 삶이 시작된 곳을 잊지 않고, 그 끝나는 곳을 알려고 하지 않음. 생명의 근원인 道를 지키고, 굳이 죽을 때를 미리 알려고 하지 않는다는 뜻.

이런 이를 일러 진인(眞人)이라 한다.

若然者약연자 其心志17)기심지 其容寂기용적

그러한 사람은 그 마음은 한 곳에 머물러 있고, 그 모습은 고요하며,

其顙頯기상규 淒然似秋 煖然似春18)처연사추 훤연사춘

그 이마는 넓고 크며, 엄숙하기가 가을과 같고, 따뜻하기가 봄과 같다.

喜怒通四時19)희노통사시 與物有宜20)여물유의 而莫知其極21)이막지기극

희노(喜怒)는 사시(四時)와 통하며, 사물과 적절하게 어울려 그 끝을 알 수가 없다.

故聖人之用兵也고성인지용병야 亡國而不失人心망국이불실인심

그러므로 성인은 군사를 일으켜 남의 나라를 멸망시켜도 인심을 잃지 않는다.

利澤施於萬世이택시어만세 不爲愛人불위애인

그의 은택이 만세(萬世)에 미쳐도 백성을 아낀다고 여기지 않는다.

故樂通物고락통물 非聖人也비성인야

때문에 사물을 통하는 것을 즐기면 성인이 아니요,

有親유친 非仁也비인야

---

17) 其心志(기심지) : 그 마음이 한 곳에 머물러 있음. 마음이 한결같다는 뜻으로, 오로지 道에 집중함을 의미한다. 志는 한결같다는 뜻.

18) 淒然似秋 煖然似春(처연사추 훤연사춘) : 서늘함은 가을과 같고, 따스함은 봄과 같음. 煖은 따뜻하다. '훤'으로 읽는다. 淒然(처연)은 서늘한 모양, 煖然(훤연)은 따스한 모양.

19) 喜怒通四時(희노통사시) : 喜怒의 감정이 사계절과 통함. 희노의 감정이 춘하추동 사계절의 추이와 같이 자연스러움을 뜻한다.

20) 與物有宜(여물유의) : 사물과 적절하게 어울림. 곧 사물을 차별 없이 대하여 사물과 일체가 된다는 뜻.

21) 莫知其極(막지기극) : 그 끝을 알 수가 없다. 極은 궁극(窮極), 곧 끝이다.

친애함이 있으면 인인(仁人)이 아니며,

天時천시 非賢也비현야

천시(天時)에 (굳이) 맞추려고 하면 현인(賢人)이 아니며,

利害不通이해불통 非君子也비군자야

이해에 달관하지 못하면 군자가 아니요,

行名失己행명실기 非士也비사야

명예를 좇느라 자신을 잃으면 선비가 아니며,

亡身不眞 非役人也²²)망신부진 비역인야

몸을 망치면서 참됨을 얻지 못하면 남을 부리는 자가 아니다.

若狐不偕²³)약호불해 務光²⁴)무광 伯夷백이 叔齊숙제 箕子기자 胥餘²⁵)
서여 紀他²⁶)기타 申徒狄²⁷)신도적

곧 호불해(狐不偕)・무광(務光)・백이(伯夷)・숙제(叔齊)・기자(箕子)・서

---

22) 亡身不眞 非役人也(망신부진 비역인야) : 자기 몸을 망쳐 참됨을 얻지 못하면 남을 부
리는 사람이 아님. 곧 자신의 참된 본성을 지키지 못하면 세상 사람들을 부리는 眞人이
되지 못한다는 뜻.

23) 狐不偕(호불해) : 요임금으로부터 천자의 지위를 양도받으라는 소리를 듣고 강에 몸을
던져 죽은 현인.

24) 務光(무광) : 하(夏)나라 탕왕(湯王)에게 천하를 양도받으라는 소리를 듣고 여수(廬水)에
투신자살한 현인.

25) 胥餘(서여) : 은(殷)나라 말년의 충신 비간(比干)이라고도 함. 혹은 춘추시대 초나라의
광인(狂人) 접여라고도 함.

26) 紀他(기타) : 하나라 탕(湯)왕 때의 현인. 무광이 탕왕으로부터 천하를 양도받으라는 소
문을 듣고 분개하여 관수(窾水)에 투신자살했음.

27) 申徒狄(신도적) : 옛날 임금의 무도(無道)를 간하다가 듣지 않으므로 돌을 지고 투신자
살한 충신. 일설에는 탕왕 때 기타(紀他)가 관수에 몸을 던지자, 그 고결한 절개를 흠모
하여 투신자살했다 함.

여(胥餘)·기타(紀他)·신도적(申徒狄) 같은 이는,

是役人之役시역인지역 適人之適적인지적 而不自適其適者也이부자적기적자야
남의 일을 대신 처리하고, 남의 즐거움을 자신의 즐거움으로 알아 스스
로 자기의 즐거움을 누리지 못한 사람들이다.

古之眞人고지진인 其狀義而不朋[28]기상의이불붕
옛날의 진인은 그 모습이 우뚝하여 무너지지 아니하고,

若不足而不承약부족이불승
모자란 듯하면서도 남에게 받는 일이 없으며,

與乎其觚而不堅也[29]여호기고이불견야
몸가짐이 법도에 맞아 단정하면서도 고집하지 않고,

張乎其虛而不華也장호기허이불화야
넓고 크게 마음을 비운 듯하면서도 꾸미지 않았다.

邴邴乎其似喜乎[30]병병호기사희호!
맑고 환한 모습은 마치 기쁜 일이 있는 듯하구나!

崔乎其不得已乎[31]최호기부득이호!
쫓기듯 마지못해 움직이는 것 같구나!

---

28) 義而不朋(의이불붕) : 우뚝 솟아 있어도 무너지지 아니함. 義를 峨(높다), 朋은 崩(무너
지다)으로 고쳐서 풀이함.

29) 與乎其觚而不堅也(여호기고이불견야) : 몸가짐이 법도에 맞아 태도가 단정하면서도 고
집히지 않음. 與乎는 놈가짐이 법도에 맞는 모양. 觚(고)는 네모, 법(法). 모난 그릇처럼
태도가 단정함을 뜻한다. 不堅은 고집하지 않음.

30) 邴邴乎其似喜乎(병병호기사희호) : 환하게 밝은 모습으로 마치 기쁜 일이 있는 듯함.
邴邴은 환하게 밝은 모양, 곧 기뻐하는 모양.

31) 崔乎其不得已乎(최호기부득이호) : 임박해서 움직여 마지못한 듯함. 崔는 催의 假借로
쫓기다, 재촉하다.

滀乎進我色也축호진아색야 與乎止我德也여호지아덕야

그윽이 그 안색에 나타나고, 조용히 그 덕에 머물며,

厲乎其似世乎여호기사세호!

널리 세상과 같이하고, 세속과 함께하는 듯하도다!

謷乎[32]其未可制也오호기미가제야 連乎其似好閉也연호기사호폐야

담담하게 제약받지 않으며, 아무 말도 하지 않아서 감추는 것을 좋아하
는 듯하지만,

悗乎[33]忘其言也문호망기언야

무심하여 그 말을 잊은 듯하다.

以刑爲體이형위체 以禮爲翼이례위익

형벌로써 지배하는 체통을 삼고, 예로써 교화의 날개를 삼으며,

以知爲時이지위시 以德爲循이덕위순

지혜로써 적시에 응하는 때를 삼고, 덕으로써 순종을 실현한다.

以刑爲體者이형위체자 綽乎其殺也작호기살야

형벌로써 체통을 삼았기에 관대하게 죄인을 죽이는 것이고,

以禮爲翼者이례위익자 所以行於世也소이행어세야

예로써 날개를 삼았기에 세상에 행해지게 하는 것이며,

以知爲時者이지위시자 不得已於事也부득이어사야

지혜로써 때를 삼았기에 정사에 그만둘 수 없는 것이다.

以德爲循者이덕위순자 言其與有足者至於丘也언기여유족자지어구야

德으로써 순종을 삼았기에 두 발을 갖춘 사람과 언덕에 이르는 격이다.

而人眞以爲勤行者也이인진이위근행자야

그러나 사람들은 참으로 부지런히 걸어서 도달한 것이라고 말하는 것이다.

故其好之也— 其弗好之也—34)고기호지야일 기불호지야일

그러므로 진인(眞人)은 좋아함도 한결같고, 그가 좋아하지 아니함도 한결같다.

其—也—기일야일 其不—也—기불일야일

그래서 그 한결 같음도 하나요, 그 한결 같지 않음도 하나다.

其—기일 與天爲徒여천위도

그 한결같음은 하늘과 짝이 되고,

其不—기불일 與人爲徒여인위도

그 한결같지 않음은 사람과 짝이 된다.

天與人不相勝也천여인불상승야 是之謂眞人시지위진인

그러면서 하늘과 사람은 서로 이기지 않는다. 이런 이를 진인(眞人)이라 하는 것이다.

死生사생 命也명야 其有夜旦之常기유야단지상 天也천야

죽음과 삶은 천명이며, 밤과 아침이 변함없이 있는 것은 자연의 이치다.

人之有所不得與35)인지유소부득여 皆物之情也개물지정야

---

34) 其好之也— 其弗好之也—(기호지야일 기불호지야일) : 좋아하는 것도 한가지로(한결같이) 여기며, 좋아하지 않는 것도 한가지(한결같음)로 여긴다. 한가지로 여긴다는 것은 모든 것을 초월해서 하나가 되는 것이므로 자연의 道와 일체가 되는 것을 의미한다. 곧 자연을 따를 뿐이라는 뜻.

35) 人之有所不得與(인지유소부득여) : 사람이 관여할 수 없는 것. 死生의 문제는 사람이 어찌할 수 없는 것이라는 뜻. 與는 관여하다, 참여하다.

이는 사람이 관여할 수 없는 바로서 모두 자연의 물정(物情)인 것이다.

彼特以天爲父³⁶⁾피특이천위부 而身猶愛之이신유애지 而況其卓乎이황기탁호!
저 사람들은 단지 하늘을 아버지로 삼아 자기 몸으로 그를 사랑하는데, 하물며 더 빼어난 하늘에 있어서이랴!

人特以有君爲愈乎己인특이유군위유호기
사람들은 단지 임금이 자기보다 낫다고 하여,

而身猶死之이신유사지 而況其眞乎이황기진호!
자신이 그를 위하여 죽거늘, 하물며 그 참된 것(道)에 대해서이랴!

泉涸³⁷⁾천학 魚相與處於陸어상여처어륙 相呴以溼상구이습 相濡以沫상유이말
샘물이 말라 물고기들이 뭍에 있게 되자, 입안의 습기를 뿜어내며, 거품으로 서로 적셔 주는 것은,

不如相忘於江湖불여상망어강호
강호江湖)에서 서로 잊고 사는 것만 같지 못하다.

與其譽堯而非桀여기예요이비걸 不如兩忘而化其道불여양망이화기도
그렇듯 요(堯)를 칭찬하고 걸(桀)을 비난하는 것은, 양쪽 다 잊고 道에 동화하는 것만 같지 못하다.

夫大塊³⁸⁾載我以形부대괴재아이형 勞我以生노아이생
조물주가 나의 형체를 갖추게 하여, 살아서는 나를 수고롭게 하고,

佚我以老일아이로 息我以死식아이사

---

36) 彼特以天爲父(피특이천위부) : 저 사람들은 단지 하늘을 부모로 여기다. 彼는 하늘을 어버이로 여기는 사람들.

37) 泉涸(천학) : 샘이 마름. 涸(학)은 다하다(竭)의 뜻.

38) 大塊(대괴) : 큰 땅덩어리. 조물주, 大地 여기서는 대자연, 곧 道를 상징한다.

늙어서는 나를 편안하게 하며, 죽어서는 나를 쉬게 한다.

故善吾生者고선오생자 乃所以善吾死也내소이선오사야

그러므로 나의 삶을 좋다고 여기는 것은 곧 나의 죽음을 좋다고 여기는 까닭이 된다.

夫藏舟於壑 藏山於澤39)부장주어학 장산어택 謂之固矣위지고의

무릇 배를 산골짜기에 감추어 두고, 못 속에 산을 감추어 두고서 그것을 든든하다고 한다.

然而夜半有力者負之而走연이야반유력자부지이주 昧者不知也매자부지야

그러나 밤중에 힘센 자가 짊어지고 달아나도 어리석은 사람은 그것을 알지 못한다.

藏大小有宜장대소유의 猶有所遯40)유유소둔

이와 같이, 작고 큰 것을 적절히 감추어 두어도 오히려 훔쳐 도망가는 수가 있다.

若夫藏天下於天下 而不得所遯41)약부장천하어천하 이부득소둔

그러나 만일 저 천하를 천하에다 감추어두면 훔쳐 달아날 수가 없다.

是恒物之大情也42)시항물지대정야

이것이 항구적인 만물의 위대한 실상(實相)이다.

---

39) 藏舟於壑 藏山於澤(장주어학 장산어택) : 산골짜기에 배를 감추고, 연못 속에 산을 감춰 둠. 스스로의 지혜가 기상천외할 정도에 이른다고 과신하지만, 한낱 인간이 얕은꾀에 지나지 않는다는 의미다.

40) 猶有所遯(유유소둔) : 그래도 달아날 곳이 있음. 훔쳐서 달아날 곳이 있다는 뜻.

41) 藏天下於天下 而不得所遯(장천하어천하 이부득소둔) : 천하를 천하에 간직하면 훔쳐 달아날 곳이 없음. 천하 만물을 천하에 있는 그대로 존재하게 한다는 뜻. 遯(둔)은 달아나다.

42) 恒物之大情也(항물지대정야) : 항구적인 만물의 커다란 진리이다. 恒(항)은 常과 같이 항구적(恒久的)이라는 의미. 情은 실정(實情), 실상(實相).

特犯人之形而猶喜之43)특범인지형이유희지

(세속 사람들은) 단지 사람의 형체를 훔쳐서 세상에 나와서도 오히려 그것만을 유독 기뻐한다.

若人之形者약인지형자 萬化而未始有極也만화이미시유극야

그러나 사람의 형상 같은 것은 천변만화해서 끝이 없는 것이다.

其爲樂可勝計邪기위락가승계야

그래서 그때그때의 즐거움도 이루 다 헤아릴 수가 없다.

故聖人고성인 將遊於物之所不得遯而皆存장유어물지소부득둔이개존

그러므로 성인은 만물이 빠져나갈 수 없는 경지에 노닐며 그와 함께 공존한다.

善妖善老 善始善終44)선요선로 선시선종 人猶效之인유효지

따라서 일찍 죽음도 좋다고 하고 오래 사는 것도 좋다고 하며, 시작도 좋다고 하고 끝도 좋다고 하니, 이조차도 사람들이 본받는 바인데,

又況萬物之所係우황만물지소계 而一化之所待乎이일화지소대호!

또한 하물며 만물이 거기에 매어 있고 모든 변화가 거기로부터 나타나는 근원인 道에 있어서랴!

夫道부도 有情有信유정유신 無爲無形무위무형

무릇 道에는 정(情)이 있고 신(信)이 있으나, 행위가 없고 형상이 없어,

---

43) 特犯人之形而猶喜之(특범인지형이유희지) : 단지 사람의 형체를 훔쳐 (세상에 나와서도) 오히려 그것만을 유독 기뻐함. 特은 단지. 세속인은 오로지 사람의 형체를 얻은 것만을 기뻐한다는 뜻. 犯人之形(범인지형)은 사람의 형체를 훔쳐서 (세상에 나오다).

44) 善妖善老 善始善終(선요선로 선시선종) : 일찍 죽는 것도 좋은 것으로 여기고, 오래 사는 것도 좋은 것으로 여기며, 삶도 좋은 것으로 여기고, 죽음도 좋은 것으로 여김. 夭와 老는 각각 일찍 죽고, 오래 산다는 뜻이고, 始는 사람으로 태어나는 것, 終은 죽는 것을 뜻한다.

可傳而不可受45)가전이불가수 可得而不可見가득이불가견

전할 수는 있으나, 받을 수는 없으며, 체득할 수는 있으나 눈으로 볼 수는 없으니,

自本自根자본자근 未有天地미유천지 自古以固存자고이고존

그것은 스스로 돌봄이 있고, 스스로 뿌리를 뻗어 천지가 생겨나기 이전의 옛날로부터 굳건히 존재해 있어서,

神鬼神帝46)신귀신제 生天生地생천생지

귀신을 신령스럽다 하고, 상제(上帝)를 신령스럽게 하여 하늘을 만들어 내고 땅을 만들어냈다.

在太極之先而不爲高재태극지선이불위고

태극(太極)보다 앞서 있어도 높다고 여기지 않고,

在六極47)之下而不爲深재육극지하이불위심

육극(六極) 아래 있어도 깊다고 여기지 않는다.

先天地生而不爲久선천지생이불위구 長於上古而不爲老장어상고이불위로

천지보다 앞서 존재해도 오래다고 여기지 않고, 태고 이전부터 존재해도 늙었다고 여기지 않는다.

狶韋氏48)得之희위씨득지 以挈天地49)이설천지

---

45) 可傳而不可受(가전이불가수) : 전해 줄 수는 있지만 받을 수는 없음. 傳은 정신적인 깨달음. 受는 손으로 물건을 주고받는다는 뜻. 곧 道는 깨우침을 통해 알 수는 있지만, 물건을 주고받는 것처럼 지식으로 전달받을 수는 없다는 뜻.

46) 神鬼神帝(신귀신제) : 귀신과 상제를 신령하게 함. 귀신과 상제의 신령함도 모두 道에 근원하고 있다는 뜻.

47) 六極(육극) : 육합(六合)과 같음. 천지·사방을 말함.

48) 狶韋氏(희위씨) : 옛날 전설적인 제왕. 《좌전(左傳)》이나 《국어(國語)》에 보이는 시위씨(豕韋氏)와 같다 함.

희위씨(狶韋氏)는 이 道를 얻어 천지를 다스렸고,

伏犧氏得之복희씨득지 以襲氣母이습기모

복희씨는 이를 얻어 원기(元氣)의 모체를 움켜쥐었으며,

維斗50)得之유두득지 終古不忒51)종고불특

유두(維斗)는 이를 얻어 영원히 어긋나지 않는 그 자리를 차지했고,

日月得之일월득지 終古不息종고불식

일월은 이를 얻어 영원토록 운행을 쉬지 않으며,

堪坏52)得之감배득지 以襲崑崙53)이습곤륜

감배(堪坏)는 이를 얻어 곤륜산(崑崙山)으로 들어갔고,

馮夷54)得之풍이득지 以遊大川이유대천

풍이(馮夷)는 이를 얻어 큰 강에서 놀며,

肩吾55)得之견오득지 以處太山이처태산

견오(肩吾)는 이를 얻어 태산에 처하고,

黃帝得之황제득지 以登雲天이등운천

---

49) 以挈天地(이설천지) : 천지를 다스리다. 挈(설)은 다스리다, 이루다.

50) 維斗(유두) : 북극성을 말함. 과거에는 이 별이 천체 운행의 중심이라 여겼음.

51) 終古不忒(종고불특) : 영원토록 어긋나지 않음. 終古(종고)는 영원히, 영구히. 忒은 틀리다, 어긋나다.

52) 堪坏(감배) : 곤륜산의 신.《회남자(淮南子)》에 보이는 흠부(欽負),《산해경(山海經)》에 보이는 흠비(欽鴀)와 같다고 함.

53) 以襲崑崙(이습곤륜) : 곤륜산(崑崙山)으로 들어감. 곧 곤륜산을 다스렸다는 뜻. 襲은 들어가다는 뜻으로 풀이했다.

54) 馮夷(풍이) : 전설적인 수신(水神)의 이름.

55) 肩吾(견오) : 〈소요유〉편에서 연숙과 문답을 했고, 〈응제왕(應帝王)〉편에서 접여와 문답을 한 옛 득도자. 여기에서는 태산의 신으로 등장했음.

황제(黃帝)는 이를 얻어 구름에 싸인 하늘로 올라갔으며,

顓頊56)得之전욱득지 以處玄宮이처현궁

전욱(顓頊)은 이를 얻어 현궁(玄宮 : 하늘의 궁전)에 거처했고,

禹强57)得之우강득지 立乎北極입호북극

우강(禹强)은 이를 얻어 북극에 살았으며,

西王母58)得之서왕모득지 坐乎少廣59)좌호소광

서왕모(西王母)는 이를 얻어 소광산(少廣山)에 앉아

莫知其始막지기시 莫知其終막지기종

그 태어남도 알지 못하고, 그 끝맺음도 알지 못했으며,

彭祖得之팽조득지 上及有虞 下及五伯60)하급오패 상급유우

팽조는 이를 얻어 위로 순(舜) 때로부터 춘추오패(春秋五覇) 때까지 살
았으며,

傳說61)得之부열득지 以相武丁62)이상무정 奄有天下엄유천하

---

56) 顓頊(전욱) : 고대의 제왕(帝王). 황제(黃帝)의 손자로, 그에 이어 20세에 임금 자리에
    올라 처음 고양(高陽)에 나라를 일으켰으므로 고양씨(高陽氏)라 불렸음. 제구(帝邱)에
    도읍(都邑)하고, 재위 78년이었다 함.

57) 禹强(우강) : 북해(北海)의 신. 《산해경》에, "북해의 바닷가에 사는데 얼굴은 사람, 몸
    은 새와 같으며 두 마리의 푸른 뱀을 귀에다 걸고 두 마리의 붉은 뱀을 두 발로 밟고
    있다."고 함.

58) 西王母(서왕모) : 곤륜산에 산다는 아름다운 선녀 이름. 모든 신선을 감독하는 최고위의
    여신. 여기서는 서쪽 끝에 있는 소광(少廣)산에 사는 신선으로 되어 있음.

59) 少廣(소광) : 서쪽 극지(極地)에 있다는 산 이름.

60) 上及有虞 下及五伯(상급유우 하급오패) : 위로는 유우씨에게 미치고 아래로는 오패에
    미침. 有虞(유우)는 순(舜)임금을 지칭하며, 五伯(오패)는 흔히 춘추오패(春秋五覇), 곧
    제환공(齊桓公)·진문공(晉文公)·송양공(宋襄公)·초장왕(楚莊王)·진목공(秦穆公)을 지
    칭한다. 伯는 우두머리. '패'로 읽는다.

부열(傅說)은 이를 얻어 무정(武丁)의 재상이 되어 천하를 다스리다가,

乘東維63)승동유 騎箕尾기기미 而比於列星이비어열성

죽은 뒤에 동유(東維)로 올라가 기성(箕星)과 미성(眉星) 사이로 가서 벌여 서 있는 뭇별(二八宿)과 나란히 있게 되었다.

| 해설 |

이상은 대도(大道)가 만물 변화의 본원(本源)임을 설명한 것이다.

세상의 지혜로운 자는 천지를 본받아 인사(人事)를 법칙화하면서 우주와 인간에 관한 보편적 이법(理法)을 밝게 살피는데, 이를 최고의 지자(智者)라 한다.

그는 또 이미 얻은 지식으로 아주 모르는 일을 추리하여 안팎의 재앙을 피하고 천수를 누린다. 그러나 이러한 주지주의(主知主義)에도 하나의 근본적인 약점이 있다.

인간의 인식은 대상을 기다려서 비로소 바른 판단을 얻게 되는데, 그 대상은 수시로 생성, 변화하는 실재이다. 그러므로 인간의 인식과 실재 사이에는 항상 넘기 어려운 거리가 있어, 인간의 판단이 제아무리 정확하다 해도 절대적이 될 수 없는 근본적인 약점을 내포하고 있다.

그래서 장자에게는 지(知)란 "그의 지혜가 아는 바로써 그 지혜가 모르는 바를 길러내는 대상 세계의 인과적 통일적 파악을 향한 노력인 것"이다. 그리고 인간은 이런 지혜로써 많은 행복을 가져왔다. 그러나

---

61) 傅說(부열) : 은(殷)나라 고종(高宗) 때의 재상. 토목공사의 일꾼이었는데, 당시의 재상으로 등용되어 중흥의 대업을 이루었음.

62) 武丁(무정) : 은나라 왕의 이름. 보통 고종이라 함.

63) 東維(동유) : 별의 이름으로 보기도 하고, '동쪽을 유지하는' 뜻으로 보아 기성과 미성의 수식어로 보기도 함.

장자는 또한 인간 지혜의 한계와 상대성도 예민하게 반성한다.

그는 인간의 인식과 실재 사이에 가로놓인 메울 수 없는 도랑을 자각한다. 모든 인식은 이 도랑 앞에서 한계가 지어지는 것이다. 이런 인식의 한계를, "어찌 내가 말하는바 하늘이 사람이 아니고, 이른바 사람이 하늘이 아님을 알겠는가?"라고 표현하고 있다. 곧 모든 판단은 그 절대성을 잃고 상대적이라는 것이다.

그래서 이런 인식의 세계를 넘어서 그 실재 자체로 들어가 그 실재를 자신이 꼭 움켜잡는 지혜, 곧 절대의 지혜를 갖는 자가 참된 절대자가 된다. 이는 진인만이 가능한 것이다.

그러면 진인이란 무엇인가? 어떤 경우에나 오직 무심히 천명에 순종하는 인간이다. 곧 생사, 호오(好惡)를 초월해서 일체 만물의 차별과 대립의 양상을 잊고 실재와 일체가 되는 인간이다. 그래서 용모는 무표정하면서도 감정은 자연의 섭리대로 움직이며, 변화무쌍한 외계의 사상(事象)에 적절히 적응한다. 그러면서도 자유자재한 무심한 경지를 자기의 심정으로 삼는 사람이다.

그리고 장자는 이런 진인의 모습, 동작, 생각, 능력 등을 여러 각도로 비유를 들어 설명하고 있다. 그러면 이런 진인이 지배자가 되는 경우에는 어떻게 인간을 지배하는가? 그는 형법을 지배의 제1원리로 삼고 예의를 그 날개로 삼으며, 지혜로써 시기를 판단하고, 德으로써 순종을 실현한다. 따라서 결과적으로 하늘과 인간이 서로 남을 부정함이 없이 혼연융화(渾然融和)해서 만물제동(萬物齊同)의 경지에 설 수 있는 인격을 가진 자라야 진인이 될 수 있다는 것이다.

다음에 이런 진인이 스승으로 삼는 그 진(眞), 곧 道에 대하여 설명하고 있다. 곧 道는 자연이라 인간의 힘을 초월한 것이요, 인간의 의지나 노력으로는 어떻게도 할 수 없는 우주적 의지가 바로 그것이다. 그리고 이런 道를 얻어 신선이 되기도 한다.

그러나 장자의 신선사상은 약간 달라 일반적인 신선사상이 득도하여 영생을 원하는 데 반하여 장자의 사상은 유한을 무한으로 하는 것이 아니고, 유한 그 차제 안에서 무한을 찾아내는 것이고, 이 유한과 무한의 대립의 근원을 하나로 보는 것이다.

2.

南伯子葵¹⁾問乎女偊²⁾曰남백자규문호여우왈 :

남백자규(南伯子葵)가 여우(女偊)에게 물었다.

"子之年長矣자지연장의 而色若孺子이색약유자 何也하야?"

"당신은 나이가 많은데 모습은 어린애 같으니, 어떻게 그런가요?"

曰왈 : "吾聞道矣오문도의"

여우(女偊)가 말했다. : "道를 얻었기 때문이죠."

南伯子葵曰 남백자규왈 : "道可得學邪도가득학야?"

남백자규가 말했다. : "그 道는 나도 배울 수 있을까요?"

曰왈 : "惡오! 惡可오가! 子非其人也자비기인야

여우가 말했다. : "안돼요, 어찌 될 수 있겠소! 당신은 배울 사람이 못 돼요.

---

1) 南伯子葵(남백자규) : 인명. 〈제물론〉 편의 남곽자기(南郭子綦)와 〈인간세〉 편, 〈서무귀〉 편의 남백자기(南伯子綦)는 모두 동일인물로 추정된다. 그러나 〈제물론〉 편의 남곽자기나 〈인간세〉 편과 〈서무귀〉 편의 남백자기는 이미 道를 터득한 사람으로 묘사되어 있고, 여기 〈대종사〉 편의 남백자규는 아직 道를 알지 못하는 사람으로 표현되고 있다는 점이 다르다.

2) 女偊(여우) : 여자 곱사등이란 뜻으로 여기서는 득도자.

夫卜梁倚[3]有聖人之才부복량기유성인지재 而無聖人之道이무성인지도

복량기(卜梁倚)는 성인의 재질을 가지고 있으면서 성인의 道를 갖지 못했소.

我有聖人之道아유성인지도 而無聖人之才이무성인지재

반대로 나는 성인의 道를 가지고 있으면서 성인의 재질이 없소.

吾欲以敎之오욕이교지 庶幾其果爲聖人乎서기기과위성인호!

내가 그를 가르치고자 하는데, 그가 과연 성인이 될 수 있을지요!

不然불연 以聖人之道 告聖人之才 亦易矣[4]이성인지도 고성인지재 역이의

그렇게 되지 않는다 하더라도, 성인의 道를 성인의 재질이 있는 이에게 일러주는 것은 또한 쉬운 일이오.

吾猶守而告之[5]오유수이고지 參日而後能外天下[6]삼일이후능외천하

그래서 나는 그래도 신중히 지켜보면서 그를 가르친 지 사흘 만에 그는 천하를 잊을 수가 있었소.

已外天下矣이외천하의 吾又守之오우수지 七日而後能外物칠일이후능외물

이미 천하를 도외시할 수 있을 때 나는 또한 신중히 지켜보면서 가르친 지 7일 만에 그는 사물(事物)을 도외시할 수가 있었소.

已外物矣이외물의 吾又守之오우수지 九日而後能外生구일이후능외생

이미 사물을 도외시할 수 있을 때 나는 또 신중을 기하여 가르치니 9

---

3) 卜梁倚(복량기) · 인명. 옛 현인.

4) 以聖人之道 告聖人之才 亦易矣(이성인지도 고성인지재 역이의) : 성인의 재질을 가진 사람에게 道를 일러주는 것은 쉽다는 뜻.

5) 猶守而告之(유수이고지) : 그래도 신중히 지켜보면서 일러줌.

6) 外天下(외천하) : 천하를 잊어버리다. 外는 잊어버리다, 도외시하다. 천하의 어지러운 人間事를 잊어버렸다는 뜻.

일 만에 그는 삶을 도외시할 수가 있었소.

己外生矣이외생의 而後能朝徹(7)이후능조철

이미 삶을 도외시한 후에는 조철(朝徹)에 이를 수가 있었고,

朝徹조철 而後能見獨8)이후능견독

조철에 이른 뒤에는 견독(見獨)을 알 수가 있었으며,

見獨견독 而後能無古今9)이후능무고금

견독을 한 뒤에는 고금을 잊고,

無古今무고금 而後能入於不死不生10)이후능입어불사불생

고금을 잊은 뒤에는 죽음도 없고 삶도 없는 경지에 들어가게 되었습니다.

殺生者不死 生生者不生11)살생자불사 생생자불생

삶을 죽이는 자는 죽지 않고, 삶을 살리는 자는 살지 못하오.

其爲物12)기위물 無不將也 無不迎也13)무불장야 무불영야

道는 보내지 않는 것이 없고, 맞이하지 않는 것이 없으며,

---

7) 朝徹(조철) : 아침 해가 새벽의 어둠을 꿰뚫는 것처럼 환하게 대오(大悟)한 경지.

8) 見獨(견독) : 홀로 우뚝 선 道를 봄. 유일 절대의 진리에 눈을 뜬 경지.

9) 無古今(무고금) : 고금을 잊어버림. 곧 시간의 흐름을 잊어버렸다는 뜻.

10) 入於不死不生(입어불사불생) : 죽음도 없고 삶도 없는 경지에 들어감. 곧 불사불생(不死不生)의 道의 경지에 들어섰다는 뜻.

11) 殺生者不死 生生者不生(살생자불사 생생자불생) : 삶을 죽이는 자는 죽지 않고, 삶을 살리는 자는 살지 못한다. 어떤 것에 의해서도 사멸되거나 어떤 것에 의해서도 생성되지 않는 道의 절대성을 표현한 말이다. 殺生者와 生生者는 道를 가리킨다.

12) 其爲物(기위물) : 道를 가리킨다.

13) 無不將也 無不迎也(무불장야 무불영야) ; 보내지 않는 것 없고, 맞이하지 않는 것이 없음. 곧 사물이 가면 가는 대로, 오면 오는 대로 언제든 보내고 맞이한다는 뜻.

無不毀也무불훼야 無不成也무불성야 其名爲攖寧14)기명위영녕

파괴하지 않는 것이 없고 생성시키지 않는 것이 없어, 그것을 이름하여 영녕(攖寧)이라 하오.

攖寧也者영녕야자 攖而後成者也영이후성자야"

영녕이란 모든 변화를 겪은 뒤에 이루어 놓는다는 뜻이오."

南伯子葵曰남백자규왈 : 남백자규가 물었다.

"子獨惡乎聞之자독오호문지?"

"선생께서는 홀로 어디서 그런 道를 들었습니까?"

曰왈 : 여우(女偶)가 말했다.

"聞諸副墨之15)子문저부묵지자

"부묵(副墨)의 아들에게서 들었소.

副墨之子聞諸洛誦之孫16)부묵지자문저낙송지손

부묵의 아들은 낙송(洛誦)의 손자에게 들었고,

洛誦之孫聞之瞻明17)낙송지손문지첨명

---

14) 攖寧(영녕) : 변화 속에서 조화를 이룸. 攖寧은 "세상에서 노닐되 치우치지 않고, 남들을 따르되 자신을 잃지 않는 길"이다. 攖(영)은 외부의 사물과 얽히고설켜 함께 어울린다는 뜻이고, 寧(녕)은 그렇게 함으로써 외부의 사물과 조화로운 관계를 유지한다는 뜻이다. 여기서 「득도(得道)의 여덟 단계」를 볼 수 있다. 곧 外天下→外物→外生→朝徹→見獨→無古今→不死不生→攖寧.

15) 副墨之子(부묵지자) : 부(副)는 덧붙임, 곧 돕는다는 뜻. 묵(墨)은 한묵(翰墨)의 뜻으로, 道를 진하는 수단이 되는 문자, 문헌을 말함. 道를 아버지로 보고 道를 기록하는 것은 문자, 문헌이므로 아들이라고 본 것.

16) 洛誦之孫(낙송지손) : 낙(洛)은 낙(絡)의 뜻으로 반복한다는 뜻. 곧 낙송은 반복하여 읽는다는 의미임. 문자를 아들이라 보았으므로 그 문자를 읽는 것을 손자라 했음.

17) 瞻明(첨명) : 눈으로 직접 道를 보고 분명히 안 사람. 보아 밝힌다는 뜻. 곧 밝게 이해한다는 의미.

낙송의 손자는 첨명(瞻明)에게 들었으며,

瞻明聞之聶許[18) 첨명문지섭허

첨명은 섭허(聶許)에게 들었고,

聶許聞之需役[19) 섭허문지수역

섭허는 수역(需役)에게서 들었으며,

需役聞之於謳[20) 수역문지오구

수역은 오구(於謳)에게 들었고,

於謳聞之玄冥[21) 오구문지현명

오구는 현명(玄冥)에게서 들었으며,

玄冥聞之參寥[22) 현명문지참료

현명은 참료(參寥)에게 듣고,

參寥聞之疑始[23) 참료문지의시"

참료는 의시(疑始)에게서 들었소."

| 해설 |

이상은 道를 배우는 순서를 말한 것이다. 먼저 천하를 잊은 다음 사

---

18) 聶許(섭허) : 道를 들으면 바로 알아듣는 이. 섭(聶)은 섭(囁)의 뜻으로 속삭인다는 말. 허(許)는 깨닫는다는 뜻. 곧 입으로 속삭여 마음에 깨달음.

19) 需役(수역) : 道를 기르는 사람. 행동을 기다린다는 뜻으로 실천해서 경험한다는 의미.

20) 於謳(오구) : 스스로 道를 얻은 것을 즐거워함.

21) 玄冥(현명) : 깊고 어두워서 알 수 없는 이. 까마득하고 어둡다는 뜻. 진리 그 자체와 까마득하게 합친다는 의미.

22) 參寥(참료) : 조용하고 그윽하다는 뜻. 道를 형용한 말.

23) 疑始(의시) : 시작이 있는 듯하지만 시작이 없는. 의(疑)는 의(擬)와 같아 견준다는 뜻, 곧 우주의 근원에 견주는 道와 자신과를 포용한다는 의미.

물을 잊고, 그 다음 삶을 잊고 나서 조철(朝徹)로 들어가 견독(見獨)을 보며, 그 다음 고금(古今)을 잊은 다음 불사불생(不死不生)에 들어갈 수가 있다.

이런 道를 어떻게 배우는가? 부묵(副墨)의 아들로부터 낙송(洛誦)의 손자로, 첨명(瞻明)으로, 섭허(聶許)로, 수역(需役)으로, 오구(於謳)로, 현명(玄冥)으로, 참료(參寥)로 해서 마지막의 의시(疑始) 단계로 들어가면 道는 얻어진다고 했다. 이를테면 道의 계보라 할 수 있을 것이다.

이렇게 해서 절대세계에로의 오입(悟入)을 매우 경험적인 입장으로 설명하고 있다. 이런 해탈론(解脫論)은 중국철학에 있어서 경험주의적 입장에서 보는 하나의 원형이 되고 있다.

3.

子祀 子輿 子犁 子來[1]자사자여자리자래 四人相與語曰사인상여어왈 :

자사(子祀)·자여(子輿)·자리(子犁)·자래(子來) 네 사람이 함께 모여 말했다.

"孰能以無爲首숙능이무위수 以生爲脊이생위척 以死爲尻이사위고

"누가 무(無)를 머리로 삼고 생(生)을 등으로 삼으며, 사(死)를 꽁무니로 삼을 수 있을까?

孰知生死存亡之一體者숙지생사존망지일체자

누가 사생(死生)과 존망(存亡)이 일체(一體)임을 알까?

吾與之友矣오여지우의"

---

1) 子祀 子輿 子犁 子來(자사 자여 자리 자래) : 이 네 사람에 대해서는 여기 나오는 내용 외에 고찰할 만한 자료를 찾을 수 없다.

(그런 사람이 있다면) 나는 그와 더불어 벗이 되리라."

四人相視而笑사인상시이소 莫逆於心2)막역어심 遂相與爲友수상여위우

네 사람이 서로 돌아보고 웃으며, 마음에 아무 거슬림이 없어 마침내 서로 친구가 되었다.

俄而子輿有病아이자여유병 子祀往問之자사왕문지

얼마 있다가 자여(子輿)가 병이 들어 자사(子祀)가 문병을 갔다.

曰왈 : 자사(子祀)가 말했다.

"偉哉위재! 夫造物者부조물자 將以予爲此拘拘也장이여위차구구야!

"위대하다! 저 조물주는 자네를 이런 곱사등이로 만들어 버렸구나!

曲僂發背3)곡루발배 上有五管상유오관 頤隱於齊4)이은어제

구부러진 곱사등이 등에 생겨 오장이 위쪽에 붙고, 턱이 배꼽 아래 숨어 있으며,

肩高於頂견고어정 句贅5)指天구췌지천!"

어깨가 정수리보다 높고, 등에 붙은 혹은 하늘을 가리키는구나!"

陰陽之氣有沴음양지기유려 其心閒而無事기심한이무사

음양의 기(氣)가 조화를 잃어버렸는데도 그 마음은 한가로워 아무 일도 없는 것 같았다.

跰足而鑑於井변족이감어정

자여는 비틀거리며 걸어가 우물에 자기 모습을 비춰보고는 말했다.

---

2) 莫逆於心(막역어심) : 마음에 거슬림이 없음. 생각이 완전하게 일치함을 이르는 말.

3) 曲僂發背(곡루발배) : 구부러진 곱사등이 등에 생김. 曲僂는 傴僂(구루 : 곱사등)와 같고 發背는 구루(傴僂)가 등에 생겼다는 뜻.

4) 頤隱於齊(이은어제) : 턱이 배꼽 아래 숨다. 齊(제)는 臍로 배꼽.

5) 句贅(구췌) : 등에 불거진 혹.

"嗟乎차호! 夫造物者부조물자 又將以予爲此拘拘也우장이여위차구구야!"

"아, 저 조물주는 또 나를 이런 곱사등이로 만들려 하는구나!"

子祀曰자사왈 : 자사가 말했다.

"汝惡之乎여오지호?"

"자넨 그게 싫은가?"

曰왈 : 자여가 말했다.

"亡[6]무 予何惡여하오!

"천만에. 내가 어찌 싫어하겠나!

浸假而化予之左臂以爲雞[7]침가이화여지좌비이위계

가령 점점 더 심해져 나의 왼팔이 변화하여 닭처럼 되면,

予因以求時夜[8]여인이구시야

나는 그에 따라 새벽을 알리는 울음을 울 것이고,

浸假而化予之右臂以爲彈침가이화여지우비이위탄

점점 더 심해져 나의 오른팔이 변화하여 탄환 모양이 된다면,

予因以求鴞炙여인이구효자

나는 새구이를 구할 것이며,

浸假而化予之尻[9]以爲輪침가이화여지고이위륜

---

6) 亡(무) : '무'로 읽는다. 無와 같다. 부정하는 말.

7) 浸假而化予之左臂以爲雞(침가이화여지좌비이위계) : 가령 나의 왼쪽 팔뚝이 서서히 변화해서 닭처럼 된다면. 浸(침)은 점차.

8) 予因以求時夜(여인이구시야) : 나는 그것을 따라 새벽을 알리는 울음을 내게 할 것임. 時夜는 닭이 울 때, 닭의 다른 이름. 곧 밤을 남낭한다는 뜻으로 새벽을 알리는 울음을 낸다는 의미.

9) 尻(고) : 꽁무니. 엉덩이를 뜻한다.

점점 더 심해져 나의 엉덩이가 변화해서 수레바퀴가 되고,

以神爲馬10)이신위마 子因以乘之여인이승지 豈更駕哉11)기경가재!

정신이 말(馬)이 된다면 나는 그대로 타고 다닐 것이니, 어찌 따로 멍에를 멜 필요가 있겠는가!

且夫得者時也차부득자시야 失者順也실자순야

무릇 삶을 얻는 것도 때요, 삶을 잃는 것도 때에 순종하는 것이니,

安時而處順12)안시이처순 哀樂不能入也애락불능입야

올 때를 편안히 여기고 죽을 때를 순하게 따르면 슬픔과 즐거움 따위가 마음에 들어올 수가 없네.

此古之所謂縣解3)也차고지소위현해야

이것이 옛사람이 말하는 현해(縣解)인 것이네.

而不能自解者이불능자해자 物有結之물유결지

그런데도 사람들이 스스로 풀려나지 못하는 것은, 사물이 그것을 묶어 놓고 있기 때문이다.

且夫物不勝天久矣차부물불승천구의 吾又何惡焉오우하오언?"

또한 저 사물은 하늘을 이기지 못한 지 오래니, 내 또한 어째서 미워할

---

10) 以神爲馬(이신위마) : 정신을 말로 삼음. 신(神)은 앞의 臂와 尻 등의 육체적인 것과 상대되는 정신(精神)을 의미한다.

11) 豈更駕哉(기경가재) : 어찌 따로 말에 멍에를 맬 필요가 있겠는가. 말이 따로 필요가 없다는 뜻.

12) 安時而處順(안시이처순) : 태어나는 때를 편안히 맞이하고, 죽는 때를 순하게 따름.〈양생주〉편에도 "그 때(生)를 편안히 맞이하고 그 갈 때(死)를 순응하면 슬픔과 즐거움의 감정이 마음에 들어올 수 없다(安時而處順 哀樂不能入也)."라는 똑같은 구절이 있다.

13) 縣解(현해) : 거꾸로 매달렸다가 풀려남. 인간정신의 참다운 해방.〈양생주〉편에도 같은 내용이 있다.

것인가?"

俄而子來有病아이자래유병 喘喘然[4]將死천천연장사
또 얼마 후 자래가 병이 들어 헐떡거리며 곧 죽으려 하였다.

其妻子環而泣之기처자환이읍지
그의 처자들은 둘러앉아 울고 있었다.

子犂往問之曰자리왕문지왈 : 자리가 문병을 가서 말했다.

"叱질! 避피! 無怛化[15]무달화!"
"쉿, 비키시오, 가는 이를 놀라게 하지 마시오!"

倚其戶與之語曰의기호여지어왈 :
자리가 문에 기댄 채 자래에게 말했다.

"偉哉造物위재조물! 又將奚以汝爲우장해이여위?
"위대하도다, 조화(造化)여! 또 그대를 무엇으로 만들려는가?

將奚以汝適장해이여적?
그대를 어디로 데려가려고 하는가?

以汝爲鼠肝乎이여위서간호? 以汝爲蟲臂乎이여위충비호?"
그대를 쥐의 간으로 만들려는가, 아니면 벌레의 팔로 만들려는가?"

子來曰자래왈 : 자래가 말했다.

"父母於子부모어자 東西南北동서남북 唯命之從유명지종
"부모가 자식에게 명령만 해도 동서남북으로 명령대로 쫓아가거늘,

---

14) 喘喘然(천천연) : 헐떡거리리다.

15) 無怛化(무달화) : 놀라게 하지 말라. 변화를 방해하지 말라. 엄숙한 변화의 작용을 방해
하지 말라는 뜻. 無는 하지 말라는 뜻. 化는 死와 같고, 怛(달)은 놀라게 하다는 뜻.

陰陽於人 不翅於父母16)음양어인 불시어부모

음양(陰陽)은 사람에게 단지 부모와 같을 뿐만이 아니다.

彼近吾死而我不聽피근오사이아불청

그 음양이 나를 죽음으로 가까이 가게 하는데,

我則悍矣아즉한의 彼何罪焉피하죄언!

만약 내가 따르지 않는다면 나만 사나울 뿐이지, 음양에 무슨 죄가 되
겠는가?

夫大塊載我以形7)부대괴재아이형 勞我以生노아이생

조물주가 나의 형체를 갖추게 하여, 살아서는 나를 수고롭게 하고,

佚我以老일아이로 息我以死식아이사

늙어서는 나를 편안하게 하며, 죽어서는 나를 쉬게 한다.

故善吾生者고선오생자 乃所以善吾死也내소이선오사야

그러므로 나의 삶을 좋다고 여기는 것은 곧 나의 죽음을 좋다고 여기는
까닭이 된다.

今之大冶鑄金금지대야주금

지금 위대한 대장장이가 쇠를 녹이는데,

金踊躍曰금용약왈 : '我且必爲鏌鋣8)아차필위막야'

---

16) 陰陽於人 不翅於父母(음양어인 불시어부모) : 음양은 사람에게 부모와 같은 존재일 뿐
만이 아니다. 不翅(불시)는 ~할 뿐만 아니라는 뜻.

17) 夫大塊載我以形……乃所以善吾死也 : 이 내용은 이 편 〈대종사〉 1항에 똑같은 구절이
나온다.

18) 鏌鋣(막야) : 춘추시대 오나라 왕 합려는 이름난 대장장이인 간장(干將)에게 명검을 만
들라고 했다. 이에 간장은 그의 아내 막야(莫耶)의 머리털과 손톱을 쇠와 함께 가마 속에
넣어 칼을 만들고 그 칼에 자신과 아내의 이름을 붙였다. 이렇게 해서 탄생한 두 자루의

그 쇠가 펄펄 뛰면서, '나는 반드시 막야(鏌鎁)가 되겠다.'고 한다면,

大冶必以爲不祥之金대야필이위불상지금
대장장이는 반드시 상서롭지 못한 쇠로 여길 것이네.

今一犯人之形금일범인지형
지금 내가 한번 사람의 모습을 뒤집어썼다 해서,

而日이왈 '人耳人耳인이인이'
'나는 꼭 사람이 되어야 하오. 나는 꼭 사람이 되어야 하오.'한다면

夫造化者必以爲不祥之人부조화자필이위불상지인
저 조화자도 상서롭지 못한 사람으로 여길 것이네.

今一以天地爲大鑪금일이천지위대로 以造化爲大冶이조화위대야
그래서 나는 지금 한결같이 천지를 큰 용광로로 삼고 조화자를 큰 대장장이로 삼는다면,

惡乎往而不可哉오호왕이불가재!
어디를 간들 불가하겠는가?

成然寐[19]성연매 蘧然覺[20]거연교"
편안히 자다가 화들짝 깨어날 것이네."

| 해설 |

　명백한 음양의 변화는 질병에 구애받지 않고, 명백한 조화의 사연은 사생을 잊어버린다는 내용이다. 곧 불구자가 됨도 천명이요, 나의 죽음

명검이 바로 간장과 막야다.
19) 成然寐(성연매) : 편안히 잠듦.
20) 蘧然覺(거연교) : 화들짝 깨어남.

도 조화옹의 명에 따르는 것이니, 희로애락을 초월해야 득도자의 경지에 든다.

　인간은 이 대자연의 대장장이가 만드는 대로 만들어져 살다가 조물주의 명령에 따라갈 뿐으로, 인간 자체가 어떤 인물, 어떤 물건이 되려고 해도 소용이 없다는 것이다. 오직 천리(天理)에 순응할 따름이다.

4.

子桑戶 孟子反 子琴張[1] 三人相與友日자상호맹자반자금장 삼인상여우왈 :

　자상호(子桑戶)·맹자반(孟子反)·자금장(子琴張) 세 사람이 서로 친구가 되고자 말했다.

　"孰能相與於無相與숙능상여어무상여 相爲於無相爲상위어무상위?

　누가 능히 사귀지 않는 데서 서로 사귀고, 서로 위하지 않는 데서 서로 위할 것인가?

孰能登天遊霧숙능등천유무 撟挑無極[2]효도무극

　누가 능히 하늘에 올라 안개 속에 노닐고, 무극(無極)을 휘돌면서,

相忘以生 無所終窮[3]상망이생 무소종궁?"

　삶을 서로 잊고 끝나는 바가 없는 경지에 들어갈 것인가?"

三人相視而笑삼인상시이소 莫逆於心막역어심 遂相與友[4]수상여우

---

1) 子桑戶·孟子反·子琴張(자상호·맹자반·자금장) : 세 사람은 모두 공자와 동시대 인물이다.

2) 撟挑無極(효도무극) : 한없이 넓은 세계에서 자유롭게 움직임. 撟(효)는 어지럽다.

3) 相忘以生 無所終窮(상망이생 무소종궁) : 삶을 서로 잊어버리고 끝나고 다하는 바가 없게 함. 한계가 있는 유한한 삶을 잊고 무한한 세계에 자신을 맡긴다는 뜻.

4) 遂相與友(수상여우) : 마침내 서로 벗이 됨.

세 사람은 서로 쳐다보고 웃고 마음에 거슬림이 없어 마침내 서로 친구가 되었다.

莫然有間막연유간 而子桑戶死이자상호사

그 뒤 아무 일 없이 한동안 지내다가 자상호가 죽었다.

未葬미장 孔子聞之공자문지 使子貢往侍事5)焉시자공왕시사언

아직 장사를 지내지 않았는데, 공자가 그 소식을 듣고 자공(子貢)을 시켜 가서 일을 돌봐주게 하였다.

或編曲 或鼓琴6)혹편곡 혹고금 相和而歌曰상화이가왈 :

(자공이 가 보니) 한 사람은 노래를 부르고, 다른 한 사람은 거문고를 타며 서로 화답하면서 노래했다.

"嗟來7)桑戶乎차래상호호! 嗟來桑戶乎차래상호호!

"아, 상호여! 아, 상호여!

而已反其眞 而我猶爲人猗8)이이반기진 이아유위인의!"

그대는 이미 진(眞)으로 돌아갔는데, 우리는 아직도 사람으로 남았구나!

子貢趨而進曰자공추이진왈 :

자공이 이를 보고 종종걸음으로 가서 물었다.

"敢問臨尸而歌감문임시이가 禮乎예호?"

"감히 묻건대 시신 앞에서 노래를 부르니, 그것이 예의요?"

---

5) 侍事(시사) : 장사(葬事)를 도움. 侍는 시중을 든다는 뜻.

6) 或編曲 或鼓琴(혹편곡 혹고금) : 어떤 사람은 노래를 부르고, 어떤 사람은 거문고를 뜯음.

7) 嗟來(차래) : 아! 탄식하는 소리. 여기서는 노래 부르는 가운데 내는 소리의 일부이다. 嗟乎(차호)와 같다.

8) 而已反其眞 而我猶爲人猗(이이반기진 이아유위인의) : 그대는 이미 참된 세계로 돌아갔는데 우리는 아직 사람으로 남아 있구나. 猗는 감탄사 아(啊)와 같다. 而는 너 2인칭.

二人相視而笑曰이인상시이소왈 : 두 사람이 서로 보고 웃으며 말했다.

"是惡知禮意9)시오지례의!"

"이 사람이 예의의 본뜻을 어떻게 알까!"

子貢反자공반 以告孔子曰이고공자왈 :

자공이 돌아와 공자에게 고했다.

"彼何人者邪피하인자야?

"그들은 대체 어떤 사람들입니까?

修行無有수행무유 而外其形骸10)이외기형해

아무런 수행(修行)도 없이 그 형해(形骸)를 도외시하고,

臨尸而歌임시이가 顔色不變안색불변

시신 앞에서 노래를 부르면서 얼굴빛 하나 변하지 않았습니다.

無以命之무이명지 彼何人者邪피하인자야?"

제가 뭐라고 말할 수가 없으니, 저들은 어떤 사람들입니까?"

孔子曰공자왈 : 공자가 말했다.

"彼遊方之外11)者也피유방지외자야 而丘游方之內12)者也이구유방지내자야

---

9) 是惡知禮意(시오지례의) : 이 사람이 어찌 예의 근본을 알겠는가. 자공을 무시하는 표현. 是는 자공을 지칭. 禮意는 禮의 근본.

10) 外其形骸(외기형해) : 형해(形骸)를 도외시함. 생명을 비롯한 형이하학적인 것을 모두 도외시하는 것. 形骸는 형체(形體), 곧 신체(身體)와 같다.

11) 方之外(방지외) : 영역의 바깥을 뜻하여, 통념의 세계를 벗어난 세계이며 어떤 것에도 구애되지 않는 자유로운 세계. 또 예법의 테두리 바깥쪽. 예교(禮敎)나 상식 너머의 세계, 곧 道의 세계를 뜻한다.

12) 方之內(방지내) : 영역의 안쪽을 뜻하며 상식과 통념의 세계이며, 범인들이 모여 사는 인간사회. 예법의 안쪽. 예교나 상식의 테두리 안, 세속의 세계를 뜻한다.

"저들은 예법의 밖에서 노니는 사람들이고, 나는 예법 안에서 노니는 사람이니라.

外內不相及외내불상급 而丘使女往弔之이구시녀왕조지 丘則陋矣[13]구즉루의

예(禮)의 밖과 안이 서로 미치지 못하거늘, 내가 너를 보내 조상하라 하였으니, 내가 생각이 짧았구나.

彼方且與造物者爲人[14]피방차여조물자위인 而遊乎天地之一氣이유호천지지일기

그들은 바야흐로 조물주와 벗이 되어 천지의 한 기운에서 놀고 있는 것이다.

彼以生爲附贅縣疣[15]피이생위부췌현우

그들은 삶을, 몸에 붙어 있는 사마귀나 달려 있는 혹으로 여기고,

以死爲決疣潰癰이사위결환궤옹

죽음을 따버린 부스럼이나 터져 버린 종기로 여긴다.

夫若然者부약연자 又惡知死生先後之所在우오지사생선후지소재!

무릇 그런 자들이라, 또한 어찌 사생(死生)과 선후(先後)의 소재(所在)를 알려고 할 것인가!

假於異物가어이물 託於同體탁어동체 忘其肝膽망기간담

다른 사물을 빌려 한 몸에 의탁하여 간과 쓸개의 작용도 잊어버리며,

遺其耳目유기이목

---

13) 丘則陋矣(구즉루의) : 내 생각이 짧다. 丘는 공자. 陋는 볼품없다, 낮다.

14) 彼方且與造物者爲人(피방차여조물자위인) : 그들은 바야흐로 조물자와 벗이 됨. 方且는 '바야흐로 ~하다'의 뜻.

15) 以生爲附贅縣疣(이생위부췌현우) : 삶을 쓸데없이 붙어 있는 사마귀로 여김. 縣은 附와 같은 뜻이고, 疣(우)는 肬(우 : 사마귀)와 같다. 贅와 疣는 모두 사마귀 종류.

그들의 귀와 눈의 감각도 버리고,

反覆終始 不知端倪[16]반복종시 부지단예

끝과 시작을 반복하면서 그 끝을 알지 못하고,

芒然彷徨乎塵垢之外망연방황호진구지외 逍遙乎無爲之業소요호무위지업

그저 멍하니 티끌과 때에 오염된 세속 밖에서 방황하고 무위의 세계에 소요한다.

彼又惡能憒憒然爲世俗之禮피우오능궤궤연위세속지례

그러니 그들이 또한 어찌 번잡스럽게 세속의 예를 갖추어,

以觀衆人之耳目哉이관중인지이목재!"

여러 사람의 이목에 들게 하겠느냐!"

子貢曰자공왈 : 자공이 말했다.

"然則夫子何方之依연즉부자하방지의?"

"그렇다면 선생님께서는 어느 쪽을 따르시겠습니까?"

孔子曰공자왈 : 공자가 말했다.

"丘구 天之戮民也[17]천지륙민야

"나는 하늘로부터 벌을 받은 사람이다.

雖然 吾與汝共之[18]수연 오여여공지"

---

16) 反覆終始 不知端倪(반복종시 부지단예) : 삶과 죽음을 되풀이하여 그 끝을 알 수 없음. 終始는 生死를 말하는 것이고, 端倪(단예)는 端은 시작이라는 뜻이고, 倪는 끝, 경계라 는 뜻으로, 일의 본말(本末)이나 시종(始終)의 의미이다.

17) 天之戮民也(천지륙민야) : 하늘로부터 형륙(刑戮)을 받은 사람. 戮民(육민)은 형륙을 당 한 사람이라는 뜻으로 죄인(罪人)과 같다.

18) 雖然 吾與汝共之(수연 오여여공지) : 비록 그렇지만 나는 너희들과 함께 그 길을 가고 자 한다. 하늘로부터 형륙을 당한 사람임에도 불구하고 제자들과 함께 방외(方外)의 세

비록 그러나 나도 너희들과 함께 그 길을 가고자 한다."

子貢曰자공왈 : 자공이 말했다.

"敢問其方감문기방"
"그 방법을 알고 싶습니다."

孔子曰공자왈 : 공자가 말했다.

"魚相造乎水어상조호수 人相造乎道인상조호도
"물고기는 서로 물로 나아가고, 사람은 서로 道로 나아간다.

相造乎水者상조호수자 穿池而養給천지이양급
함께 물에 나아가는 경우에는 연못을 파주면 넉넉히 기를 수 있고,

相造乎道者상조호도자 無事19)而生定무사이생정
함께 道에 나아가는 경우에는 간섭하는 일이 없으면 삶이 안정된다.

故曰고왈 : 魚相忘乎江湖어상망호강호 人相忘乎道術인상망호도술"
그 때문에 '물고기는 강과 호수 속에서 서로를 잊고, 사람은 도술(道術)의 세계에서 서로 잊고 산다.'고 말하는 것이다."

子貢曰자공왈 : 자공이 말했다.

"敢問畸人20)감문기인"
"기인(畸人)이란 어떤 사람입니까?"

曰왈 : 공자가 말했다.

계로 나아가겠다는 뜻. 之는 그 길, 곧 方外의 세상으로 가는 길.
19) 無事(무사) : 無爲와 같지만 여기서는 간섭하지 않는다는 뜻으로 쓰였다.
20) 畸人(기인) : 보통 사람과는 다른 사람. 세속인과 다른 사람. 곧 세속의 기준에 미치지 못하는 사람을 의미한다.

"畸人者기인자 畸於人而侔於天21)기어인이모어천

"기인이란 보통 사람과는 다르면서 하늘에 합치하는 사람이다.

故曰고왈 : 天之小人천지소인 人之君子인지군자

그러므로 '하늘의 소인이지만 인간의 군자요,

人之君子인지군자 天之小人也천지소인야"

인간의 군자이지만 하늘의 소인이다.'라는 것이다."

| 해설 |

이상은 속세 안과 속세 밖인 방내(方內)와 방외(方外)의 다른 점을 역설한 것이다. 곧 초월자란 자유인으로 속세를 떠나 방외에 사는 사람이다. 그러나 공자는 스스로 방내의 사람이라 칭하며 인간의 세속적인 예의를 중시한다. 그러면서도 방외의 절대자가 되기를 기대한다고 하였다.

그러나 장자의 철학은 꼭 방외에 노니는 것에 국한되지 않고 방내와 방외를 초월해서 무방(無方)의 사람이 되어야 비로소 참다운 자유인, 곧 초월자가 된다고 보았다.

다시 말해서 절대자란 속세에 살면서도 속세의 구속을 받지 않고, 속세를 벗어난 경지에 살아 명실 공히 방외와 방내를 초월할 때 진정한 득도자가 될 수 있다는 것이다. 따라서 득도자는 속세에 살면서 속세의 구속을 벗어나기 위하여 속인들이 중시하는 세속의 사업이나 보통사람들이 자랑하는 공명을 초월해야 하는 것이다.

---

21) 畸於人而侔於天(기어인이모어천) : 세속인과는 다르지만 하늘과는 비슷함. 곧 세속인에게는 미치지 못하지만 하늘과는 합치된다는 뜻. 侔(모)는 같다, 가지런하다는 뜻.

5.

顏回問仲尼曰안회문중니왈 : 안회가 중니에게 물었다.

"孟孫才[1]맹손재 其母死기모사 哭泣無涕곡읍무체

"맹손재(孟孫才)는 그의 어머니가 죽었을 때 곡은 하면서도 눈물을 흘리지 않았고,

中心不戚중심불척 居喪不哀거상불애

마음속으로 슬퍼하는 것 같지 않았으며, 상을 치르면서도 애통해 하지도 않은 듯했습니다.

無是三者무시삼자 以善處喪蓋魯國이선처상개로국

이 세 가지가 없으면서도 그는 상주 노릇을 잘했다는 소문이 노나라 전국을 뒤덮고 있으니,

固有無其實而得其名者乎고유무기실이득기명자호?

세상에 진실로 그 실질이 없으면서 그런 명예를 얻을 수가 있습니까?

回壹怪之[2]회일괴지"

저는 오로지 그것을 이상하게 생각합니다."

仲尼曰중니왈 : 중니(仲尼)가 말했다.

"夫孟孫氏盡之矣부맹손씨진지의 進於知矣[3]진어지의

"맹손씨는 도리를 다했고, 상례(喪禮)를 아는 데 더 나아간 경지이다.

---

1) 孟孫才(맹손재) : 노나라 삼환씨(三桓氏)의 후예로 이름을 새(才)라 함. 맹장자(孟莊子)의 효행을 공자가 칭찬하는 내용이 있는 것으로 보아 효와 관계가 깊은 사람인 듯하다. 맹손재는 태어남도 죽음도 다 같은 자연의 일로 서로 다름이 없기 때문이라 했다.

2) 壹怪之(일괴지) : 오로지 그것을 이상하게 여김. 壹은 오로지의 뜻.

3) 進於知矣(진어지의) : 상례(喪禮)를 아는 데에서 더 나아감. 곧 상례가 진일보했다는 뜻이다. 進은 한 차원 더 높은 단계로 나아갔다는 뜻.

唯簡之而不得수간지이부득 夫已有所簡矣부이유소간의

속세인은 장례법을 간소화하지 못하지만, 그는 이미 간소화한 것이다.

孟孫氏不知所以生맹손씨부지소이생 不知所以死부지소이사

맹손씨야말로 사는 까닭을 알려 하지도 않고, 죽는 까닭을 알려 하지도 않는다.

不知就先 不知就後4)부지취선 부지취후

생전(生前)의 모습을 알려고 아니하며, 사후(死後)의 모습에 대해서도 알려고 하지 않는다.

若化爲物약화위물 以待其所不知之化已乎이대기소부지지화이호

자연의 변화에 따라 사물과 동화되어 다음으로 오는 알 수 없는 변화를 기다릴 뿐이다.

且方將化차방장화 惡知不化哉오지불화재

게다가 막 변화했을 때에 변화하지 않은 모습을 어찌 알 것이며,

方將不化방장불화 惡知已化哉오지이화재?

아직 변화하지 않았을 때, 이미 변화한 이후의 모습을 어찌 알 수 있겠는가?

吾特與汝其夢未始覺者邪오특여여기몽미시교자야!

나는 특히 너와 더불어 꿈속에서 아직 깨지 못하고 있는 것이다!

且彼有駭形而無損心차피유해형이무손심

또 그는 육체를 놀라게 하는 일은 있어도 마음을 손상시키는 일은 없으며,

有旦宅而無情死5)유단택이무정사

---

4) 不知就先 不知就後(부지취선 부지취후) : 생전의 모습(就先)을 알려고 하지 아니하며, 사후 모습(就後)에 대해서도 알려고 하지 않음.

몸을 놀라게 할 수는 있어도 정(情)이 죽는 일은 없다.

孟孫氏特覺맹손씨특교 人哭亦哭인곡역곡 是自其所以乃[6]시자기소이내

맹손씨는 특히 홀로 깨달아 남이 곡하면 자기도 곡하니, 이것이 그가 그렇게 하는 까닭이다.

且也차야 相與吾之耳矣상여오지이의

또한 세상 사람들이 서로 깨달았다고 하나,

庸詎知吾所謂吾之乎[7]용거지오소위오지호?

어찌 내가 깨달은 것을 안다고 하겠는가?

且汝夢爲鳥而屬乎天차여몽위조이려호천

또한 네가 꿈에 새가 되어 하늘로 올라가고,

夢爲魚而沒於淵몽위어이몰어연

꿈에 물고기가 되어 연못 속으로 들어가기도 하니,

不識今之言者불식금지언자 其覺者乎기교자호 夢者乎몽자호?

지금 말하는 것도 깨어 있는 것인지, 꿈속에 있는 것인지를 알지 못하겠다.

造適不及笑조적불급소 獻笑不及排[8]헌소불급배

---

5) 有旦宅而無情死(유단택이무정사) : 집이 동요하는 일은 있지만 마음이 죽는 일은 없음. 宅은 마음이 머물고 있는 집으로 신체를 의미. 情은 신체에 머물고 있는 마음을 지칭한다.

6) 是自其所以乃(시자기소이내) : 이것이 바로 그가 그러한 까닭이다. 이것이 바로 그가 상례를 잘 치렀다는 명성을 얻게 된 까닭이라는 뜻.

7) 庸詎知吾所謂吾之乎(용거지오소위오지효) : 이찌 이른바 나라고 하는 것이 참다운 의미의 나임을 알겠는가? 자기 자신이라고 여기는 것이 정말 자기 자신임을 어찌 알 수 있겠느냐는 뜻. 庸詎知(용거지)는 어찌 알 수 있겠는가?

8) 獻笑不及排(헌소불급배) : 드러낸 웃음은 자연의 추이(推移)에 미치지 못함. 獻(헌)은 나타내다. 獻笑(헌소)는 드러낸 웃음. 排(배)는 자연의 추이로, 여기서는 자연의 변화를 따른다는 뜻.

잠깐의 즐거움은 웃음에 미치지 못하고, 드러낸 웃음은 자연의 추이에 맡기느니만 못한 셈이다.

安排而去化9)안배이거화 乃入於寥天一10)내입어료천일"

자연의 추이에 편안해 하며 변화를 버리면 곧 고요한 하늘과 일체가 되는 경지에 들어가게 될 것이다."

| 해설 |

속세에 사는 맹손씨가 속세 밖의 道를 행하며 속세를 한바탕의 꿈으로 보고, 형체를 우연히 이루어진 것으로 보아 오로지 자연의 변화에 맡겨 살아가는 것을 예로 든 대목이다.

곧 안회와 공자의 문답을 빌어 맹손씨라는 초월자의 위대한 생활을 예찬하면서 초월자는 생사(生死), 물아(物我)의 대립과 모순을 하나로 볼 뿐만 아니라, 꿈과 현실의 구별도 속인들의 분별의 망집(忘執)으로 본 것이다.

장자는 "네가 꿈에 새가 되어 하늘로 올라가고 꿈에 물고기가 되어 연못 속으로 들어가기도 하니, 지금 말하는 것도 깨어 있는 것인지 꿈속에 있는 것인지를 알지 못하겠다."는 공자의 말을 빌려 자기의 이상을 피력하고 있다.

이런 착상은 〈제물론〉 편의 「호접몽(蝴蝶夢)」에서도 나왔으며, 지금 말하는 이것이 깨어 있으면서 하는 소리인지 꿈속에서 하는 소리인지 알 수 없다는 견해는, 실재와의 합일은 꿈과 현실이 혼돈된 황홀망

---

9) 安排而去化(안배이거화) : 자연의 추이(변화)에 편안히 여겨 변화도 버림. 자연의 변화를 편안히 받아들여 변화를 잃어버린다는 뜻.

10) 入於寥天一(입어요천일) : 하늘과 하나가 되는 만물제동(萬物齊同)의 실재 세계로 들어감.

매(恍惚泯昧)한 경지에서 비로소 가능하다는 것이다.

장자의 입장에서는 道―실재란 인간의 인식을 넘어 형상개념을 초월한 대 혼돈 속에 존재하고, 이 혼돈은 인간이 자기의 분별을 버리고 언어와 지혜를 잃는 곳에서 비로소 그것과 일치될 수 있다고 보는 것이다. 곧 인간정신의 혼돈(渾沌)화에 있어서 비로소 道를 터득할 수 있는 것이다.

이런 인간정신의 혼돈화에서 모든 시간의 의식이 無로 돌아가고, 모든 공간의 의식이 허(虛)로 돌아간다. 그래야 생사 간의 마음과 지혜에 의하여 분열되었던 꿈과 현실도 본래의 하나로 통일되는 것이리라. 그래야 진실로 道와 일체가 된 해방된 삶을 시작할 수 있는 것이다.

6.

意而子[1]見許由의이자견허유 許由曰허유왈 :

의이자(意而子)가 허유를 만나자, 허유가 말했다.

"堯何以資汝요하이자여?"

"요(堯)가 자네에게 무엇을 가르쳐 주던가?"

意而子曰의이자왈 : 의이자가 말했다.

"堯謂我요위아 : '汝必躬服仁義여필궁복인의 而明言是非이명언시비'"

"요임금은 저에게, '너는 반드시 몸소 인의의 덕을 따르고, 시비를 분 넝하게 밝히라.'고 하였습니다."

許由曰허유왈 : 허유가 말했다.

"而奚爲來軹[2]이해위래지?

---

1) 意而子(의이자) : 옛날의 현인. 가공의 인물. 어떤 인물을 빗댄 것인지 분명치 않다.

"그렇다면 그대는 어째서 내게 왔는가?

夫堯旣已黥[3]汝以仁義부요기이경여이인의

요가 이미 그대의 얼굴에 인의로써 이마에 먹물을 새겨 넣었고,

而劓[4]汝以是非矣이의여이시비의

시비로써 자네의 코를 베었거늘,

汝將何以遊夫여장하이유부 遙蕩恣睢 轉徙之塗乎[5]요탕자휴 전사지도호?"

그대는 장차 소요 방탕(遙蕩)하고 마음대로 행동하고 유전 변화하는 세계에 어떻게 노닐 수 있겠는가?"

意而子曰의이자왈 : 의이자가 말했다.

"雖然수연 吾願遊於其藩[6]오원유어기번"

"그러나 비록 저는 그 언저리에서라도 노닐고 싶습니다."

許由曰허유왈 : 허유(許由)가 말했다.

"不然불연 夫盲者無以與乎眉目顏色之好부맹자무이여호미목안색지호

"안 된다. 장님은 눈썹과 눈과 안색의 아름다움을 볼 수 없으며,

瞽者無以與乎靑黃黼黻[7]之觀고자무이여호청황보불지관"

---

2) 而奚爲來軹(이해위래지) : 그대는 무엇 때문에 왔는가. 而는 그대. 爲軹는 허사.

3) 黥(경) : 옛날 중국의 형벌의 한 가지로 경형(黥刑)이라 했음. 오형(五刑)의 하나. 죄명을 죄인의 이마나 팔뚝, 귓전에 먹실로 써 넣던 형벌.

4) 劓(의) : 중국의 옛날 형벌의 한 가지인 의형(劓刑)으로 죄인의 코를 베었음.

5) 遙蕩恣睢 轉徙之塗乎(요탕자휴 전사지도호) : 소요 방탕(遙蕩)하고 마음대로 행동하고 유전 변화(轉徙)하는 세계(塗)에 어떻게 노닐 수 있겠는가. 遙는 소요하다. 蕩(탕)은 放으로 제멋대로의 뜻. 恣睢(자휴)는 제멋대로 행동하는 모양. 轉徙(전사)는 변화한다는 뜻.

6) 吾願遊於其藩(오원유어기번) : 나는 그 울타리 언저리에서라도 노닐고자 함. 자신의 결함 때문에 道의 세계 안으로 들어가지는 못할지라도 적어도 그 근처에서 노닐고 싶다는 뜻. 藩(번)은 울타리.

눈이 보이지 않는 사람은 청색과 황색의 수를 놓은 예복을 구경할 수 없다."

意而子曰의이자왈 : 의이자가 말했다.

"夫無莊[8]之失其美부무장지실기미 據梁[9]之失其力거량지실기력

"무장(無莊)이 그의 아름다움을 잊고, 거량(據梁)이 자기의 힘을 잃어버렸으며,

黃帝之亡其知황제지망기지 皆在鑪捶之間[10]耳개재로추지간이

황제(黃帝)가 그의 지혜를 잃어버림은 모두 조물주의 조화 때문입니다.

庸詎知夫造物者之不息我黥而補我劓용거지부조물자지불식아경이보아의

어찌 저 조물주가 나의 자자(刺子) 받은 흔적을 고쳐주고, 나의 베어진 코를 소생시켜 주어,

使我乘成以隨先生邪사아승성이수선생야?"

나로 하여금 완전한 형상을 갖추고 선생님을 따르게 하지 않으리라는 것을 어떻게 아십니까?"

許由曰허유왈 : 허유가 말했다.

"噫희! 未可知也미가지야 我爲汝言其大略아위여언기대략

"아, 아직 알지를 못하였구나. 내 너를 위하여 대략을 말해 주마.

吾師乎오사호! 吾師乎오사호!

나의 스승이여! 나의 스승이여!

---

7) 黼黻(보불) : 수를 놓은 예복.

8) 無莊(무장) : 옛날 미인의 이름. 〈제물론〉 편의 모장(毛嬙)이 음전(音轉)한 것으로 추측함.

9) 據梁(거량) : 옛날 역사(力士)의 이름.

10) 鑪捶之間(노추지간) : 鑪는 쇠를 녹이는 화로이고, 捶는 추(錘)와 통하여 쇠를 녹이는 그릇이다. 여기서는 노추(鑪捶)는 道의 경지를 가리킨다.

齏萬物而不爲義[11]제만물이불위의

만물을 가지런하게 하고서도 스스로 의롭다 하지 않고,

澤及萬世而不爲仁택급만세이불위인

혜택을 만물에게 베풀어도 인으로 여기지 않으며.

長於上古而不爲老장어상고이불위로

아득한 옛날부터 있었건만 어른 행세를 하지 않고,

覆載天地복재천지 刻彫衆形而不爲巧각조중형이불위교

하늘을 덮고 땅을 실어 온갖 모양을 조각해 내었어도 교묘하다고 여기지 않았다.

此所遊已차소유이"

이것이 그대가 이룰 道의 세계라네."

| 해설 |

　이상은 道를 배우는 데는 반드시 공명과 사업을 잊어야 함을 강조한 대목이다. 곧 의이자(意而子)와 허유(許由)의 문답을 빌어 道의 위대함을 칭송하면서 인간생활의 참된 규범은 인간의 작위에 의하여 이루어지는 인의예악(仁義禮樂)에 있지 않고 무위자연(無爲自然)의 道에 있다는 것이다.

　허유가 끝으로 득도자의 대략을 말하는 구절은 노자의 말인 "생성케 하면서도 자기의 소유로 하지 않고, 작용하게 하면서도 자랑하지 않으며, 자라게 하면서도 주재하지 않는다(生而不有 爲而不恃 長而不宰)."(《노자》 제10장)는 것과 상통한다.

---

11) 齏萬物而不爲義(제만물이불위의) : 만물을 가지런하게 하고서도 義로 여기지 않음. 齏(제)는 齊와 같아 가지런하다.

이런 경지에 들어간 득도자라야 자기의 미(美)를 잊고 자기의 힘을 잊으며, 자기의 지혜를 잊어 자연의 진리와 완전히 일치가 될 수 있다.

7.

顔回曰안회왈 : 안회가 말했다.

"回益矣[1]회익의"
"저는 더 나아갔습니다."

仲尼曰중니왈 : 중니가 말했다.

"何謂也하위야?"
"무슨 말이냐?"

曰왈 : 안회가 말했다.

"回忘仁義矣회망인의의"
"저는 인의를 잊었습니다."

曰왈 : 중니가 말했다.

"可矣가의 猶未也유미야"
"좋구나. 그러나 아직 멀었다."

他日復見타일부현 曰왈 :
다음날 다시 뵙고 안회가 말했다.

"回益矣회익의"
"저는 더 나아갔습니다."

---

1) 益矣(익의) : 더함이 있음. 여기서 益은 진익(進益)으로 학식과 수양의 진보를 뜻한다.

曰왈 : 중니가 말했다.

"何謂也하위야?"
"무슨 말인가?"

曰왈 : 안회가 말했다.

"回忘禮樂矣회망예악의"
"저는 예악(禮樂)을 잊었습니다."

曰왈 : 중니가 말했다.

"可矣가의 猶未也유미야"
"좋구나. 그러나 아직 멀었다."

他日復見타일부현 曰왈 :
다음날 다시 뵙고 안회가 말했다

"回益矣회익의"
"저는 더 나아갔습니다."

曰왈 : 중니가 말했다.

"何謂也하위야?"
"무슨 말이냐?"

曰왈 : 안회가 말했다.

"回坐忘2)矣회좌망의"

---

2) 坐忘(좌망) : 심신(心身) 일체(一體)의 경지에서 마음의 일체의 더러움을 씻고 온갖 것을 잊음으로써 허(虛)의 상태에서 道와 일체가 되는 일. 장자가 주장한 수양법인 심재좌망(心齋坐忘)의 준말. 심재(心齋)는 마음의 모든 추악한 면을 버리고 허(虛)의 상태에서 道와 일체가 되는 것을 의미하고, 좌망(坐忘)은 마음이 육체의 괴로움에서 벗어나고

"저는 좌망(坐忘)을 했습니다."

仲尼蹴然3)日중니축연왈 :

중니가 깜짝 놀라 얼굴빛을 고치면서 말했다.

"何謂坐忘하위좌망?"

"무엇을 좌망이라 하느냐?"

顔回日안회왈 : 안회가 말했다.

"墮肢體 黜聰明4)휴지체 출총명 離形去知 同於大通5)이형거지 동어대통
此謂坐忘차위좌망"

"지체(肢體)를 버리고 총명을 내쳐서 형체와 지각(知覺)에서 벗어나 대
도(大道)에 동화되는 것을 좌망(坐忘)이라 합니다."

仲尼日중니왈 : 중니가 말했다.

"同則無好也동즉무호야 化則無常也화즉무상야

"동화되면 특별히 좋아하고 싫어하는 것이 없고, 모든 집착과 구속에
서 벗어나게 된다.

而果其賢乎이과기현호! 丘也請從而後也구야청종이후야"

너는 정말 어질구나! 내 너의 뒤를 따르고자 한다."

세속적인 지(知)에서 벗어나 대도와 합일하는 것을 말한다. 사려(思慮)를 떠나 무(無)이
세계로 들어가는 수양법이다.

3) 蹴然(축연) : 깜짝 놀라 얼굴빛을 고치는 모습.

4) 墮肢體 黜聰明(휴지체 출총명) : 지체를 버리고, 총명을 내치다. 墮(휴)는 무너뜨리다.
枝(지)는 肢와 같다. 黜聰明(출총명)은 耳目의 감각작용을 물리친다는 뜻.

5) 離形去知 同於大通(이형거지 동어대통) : 형체와 지각(知覺)에서 벗어나 대도(大道)에 동
화됨. 同於大通은 大道와 일체가 된다는 뜻.

이상은 유명한 좌망문답(坐忘問答)으로서 道를 배우려면 반드시 인의예악(仁義禮樂)과 자신의 형해(形骸)를 잊어야 함을 강조한 대목이다.

8.

子輿與子桑友자여여자상우

자여(子輿)는 자상(子桑)과 친구 사이다.

而霖雨十日이상우십일 子輿曰자여왈 :

장맛비가 열흘을 내리자, 자여가 혼자 말했다.

"子桑殆病矣1)자상태병의!" 裹飯而往食之2)과반이왕사지

"자상이 굶어 병이 나 누웠겠지." 하고 밥을 싸가지고 가서 먹이려 하였다.

至子桑之門지자상지문 則若歌若哭즉약가약곡 鼓琴曰고금왈 :

자상의 문 앞에 이르니, 노래를 부르는 것인지 곡을 하는 것인지 거문고를 뜯으면서 읊조렸다.

"父邪母邪부야모야! 天乎人乎천호인호!"

"아버지 때문인가, 어머니 때문인가! 하늘 때문인가, 사람 때문인가!"

有不任其聲3)유불임기성 而趨擧其詩4)焉이추거기시언

---

1) 殆病矣(태병의) : 아마도 병이 들었을 것임. 殆(태)는 아마도.
2) 裹飯而往食之(과반이왕사지) : 밥을 싸 가지고 가서 먹임. 食(사)는 먹이다의 뜻.
3) 不任其聲(불임기성) : 그 소리를 감당하지 못함. 힘에 부쳐 곡조를 제대로 부르지 못함. 任은 감당하다의 뜻.
4) 趨擧其詩(추거기시) : 시(詩)를 빨리 노래함. 곧 시를 곡조에 맞지 않게 읊조린다는 뜻.

그리고는 그 소리를 감당하지 못하고 시(詩)를 곡조에 맞지 않게 빨리 읊조리고 있었다.

子輿入曰자여입왈 : 자여가 들어가서 말했다.

"子之歌詩자지가시 何故若是하고약시?"
"자네가 노래 부르는 시는 어째서 그런가?"

曰왈 : 자상이 말했다.

"吾思乎使我至此極者而弗得也5)오사호사아지차극자이불득야
"나는 아무리 생각해 봐도 나를 이런 지경에까지 이르게 한 이가 누구인지를 모르겠네.

父母豈欲吾貧哉부모기욕오빈재?
부모인들 어찌 내가 가난하기를 원했겠는가?

天無私覆천무사부 地無私載지무사재
하늘은 덮어 주는 데 사사로움이 없고, 땅은 사사로이 실어줌이 없으니,

天地豈私貧我哉천지기사빈아재?
하늘과 땅인들 어찌 사사로이 나만 가난하게 할 리가 있겠는가?

求其爲之者而不得也구기위지자이부득야
그래서 나를 이렇게 만든 존재를 찾아보았지만, 알 수 없었네.

然而至此極者 命也夫6)연이지차극자 명야부!"

趨(추)는 빠르다.

5) 吾思乎使我至此極者而弗得也(오사호사아지차극자이불득야) : 나를 이 지경에 이르게 한 자를 모르겠음. 極(극)은 지경. 弗得(불득)은 생각해 보았지만 알지 못했다는 뜻.

6) 然而至此極者 命也夫(연이지차극자 명야부) : 그런데도 이 지경에 이르게 된 것은 운명이 아닌가 한다.

그러니 이 지경에 이른 것은 운명인가 하네!"

| 해설 |

이상은 득도자의 지름길은 안빈낙도(安貧樂道)에 있다는 것을 말한 대목이다. 곧 자여(子輿)와 자상(子桑)의 문답을 통해서 인간의 빈부·귀천·궁달·수요(壽夭)는 어느 것이나 모두 천명에 달렸고, 이 천명에 편안하면 모든 슬픔·한탄·두려움을 초극한 안전한 생의 기쁨을 맛볼수 있다 함이다.

최후의 「운명」은 인간이 크게 조종(祖宗)으로 삼을 스승(大宗師)이요, 이 한 단어에 많은 여운을 남기고 이 편을 끝맺고 있다.

7. 응제왕
應帝王

무위자연(無爲自然)의 치(治)

　　응제왕이란 자기를 잊고 자연을 따르면 제왕과 같은 인물이 된다는
뜻이다. 일체 만물을 그의 자연성에서 긍정하고, 모든 인간의 작위(作爲)
를 포기하는 곳에 참된 평화로운 사회가 출현되며, 일체 만물은 이런 절
대자를 모델로 하여 그가 획득한 道에 포용되고 감화되며, 모든 인간이
道와 하나가 될 때 참된 자유로운 세계가 실현된다고 장자는 생각한다.
이 〈응제왕〉 편은 이런 절대자의 무지배(無支配)의 지배, 그의 무위자연
(無爲自然)의 치(治)를 밝힌 것이다.

광접여(狂接興)

1.

齧缺1)問於王倪설결문어왕예

설결이 왕예에게 道를 물었다.

四問而四不知사문이사부지

네 번이나 물었으나, 네 번 다 모른다고 말했다.

齧缺因躍而大喜설결인약이대희 行以告蒲衣子2)행이고포의자

설결은 뛸 듯이 기뻐하며 달려가 포의자(蒲衣子)에게 고했다.

蒲衣子曰포의자왈 : 포의자가 말했다.

"而乃今知之乎이내금지지호? 有虞氏不及泰氏3)유우씨불급태씨

"너는 지금에야 알았느냐? 유우씨(有虞氏 : 舜임금)도 태씨(太氏)에게
는 미치지 못했다.

有虞氏유우씨 其猶藏仁以要人기유장인이요인

유우씨(순임금)는 비록 인(仁)으로 사람들을 감화시켰으나, 사람의 마음
을 얻을 수 있었을 뿐,

亦得人矣역득인의 而未始出於非人이미시출어비인

사람의 일이 아닌 일에는 마음을 쓰지 못했다.

泰氏태씨 其臥徐徐 其覺于于4)기와서서 기교우우

---

1) 齧缺(설결) : 상고시대에 현인으로, 〈천지(天地)〉편에 "요(堯)의 스승은 허유(許由)요,
허유의 스승은 설결(齧缺)이며, 설결의 스승은 왕예(王倪)요, 왕예의 스승은 피의(被衣)
다."라고 한 구절이 있다. 한평생 은거하며 벼슬을 살지 않았다.

2) 蒲衣子(포의자) : 왕예의 스승. 〈천지(天地)〉편 및 〈지북유(知北遊)〉편에 보이는 피의(被
衣)와 같은 인물로 본다.

3) 泰氏(태씨) : 옛날 제왕의 이름. 태호씨(太昊氏), 곧 복희씨.

4) 其臥徐徐 其覺于于(기와서서 기교우우) : 누워 잠잘 때에는 느긋하고, 깨어 있을 때에는

그러나 태씨(복희씨)는 잠잘 때는 안온하고, 깨어 있을 때는 덤덤해서,

一以己爲馬일이기위마 一以己爲牛일이기위우

때로는 자신을 말이라고 생각했고, 때로는 자신을 소라고 생각했다.

其知情信 其德甚眞5)기지정신 기덕심진

그래서 그의 지(知)는 믿을 수 있었고, 그의 덕은 참된 것이었다.

而未始入於非人6)이미시입어비인"

애초에 사람이 아닌 (자연의) 경지로 들어가려 하지도 아니하였다."

| 해설 |

  천하를 다스리자면 하늘로써 법칙을 삼아야 한다는 것을 말한 대목이다. 네 번이나 道에 대해 물었으나 네 번 다 모른다고 했다. 곧 道란 인간의 개념적 인식을 넘어선 참된 지혜, 곧 「부지(不知)의 지(知)」이기 때문에 이를 깨닫고 설결은 스승의 스승인 포의자(蒲衣子)에게로 달려갔다. 그러자 포의자는 순(舜)도 완전한 득도자가 되지 못하고 태씨(太氏 : 복희씨)만이 道를 얻어 무위자연의 정치를 했었다고 통치의 원리를 설명해 주었다.

2.

肩吾1)見狂接輿2)견오견광접여 狂接輿曰광접여왈 :

  어수룩함. 徐徐는 편안하고 느긋한 모양. 覺은 깨다. '교'로 읽는다. 于于는 어리석고 무지한 모습.

5) 其知情信 其德甚眞(기지정신 기덕심진) : 그의 앎은 참으로 믿을 만하며, 그의 德은 매우 진실함. 情은 참으로의 뜻. 甚은 심하다.

6) 未始入於非人(미시입어비인) : 애초에 사람이 아닌 자연의 경지로 들어가려 하지 아니함.

견오가 광접여를 만났는데, 광접여가 말했다.

"日中始[3]何以語女일중시하이어여?"
"일중시(日中始)는 자네에게 무슨 말을 하던가?"

肩吾曰견오왈 : 견오가 말했다.

"告我고아 君人者군인자 以己出經式義度이기출경식의도
"그는 나에게 말하기를, 임금이 된 자는 소신껏 법도로써 다스리면

人孰敢不聽而化諸인숙감불청이화저!"
백성들이 누가 감히 들어서 교화되지 않겠느냐고 하더군요."

狂接輿曰광접여왈 : 광접여가 말했다.

"是欺德也[4]시기덕야 其於治天下也기어치천하야
"이는 덕을 속이는 것이다. 그렇게 천하를 다스리는 것은,

猶涉海鑿河 而使蚉負山也[5]유섭해착하 이사문부산야
마치 바다를 걸어서 건너고, 강바닥을 파서 길을 내며, 모기 등에 산을
짊어지라는 것과 같다.

---

1) 肩吾(견오) : 옛날의 전설적인 득도자.
2) 接輿(접여) : 춘추시대 초(楚)나라의 은사(隱士) 육통(陸通)의 字다. 미친 사람처럼 가장
   해 세상을 피했다. 초나라 왕이 그가 현명하다는 소식을 듣고 기용하려 하자, 이름을
   바꾸고 다른 곳으로 숨어버려 세상과 절연했다고 한다. 사람들이 초광(楚狂)이라 불렀
   다. 〈인간세〉편과 《논어》〈미자(微子)〉편 참조.
3) 日中始(일중시) : 가공의 인물, 일설에는 일(日)은 전일(前日)로 보고 중시(中始)만 사람
   이름이라 보기도 함.
4) 欺德也(기덕야) : 덕을 속이다.
5) 猶涉海鑿河 而使蚉負山也(유섭해착하 이사문부산야) : 마치 바다를 맨발로 걸어서 건너
   고, 황하를 맨손으로 파서 길을 내며, 모기의 등에 산을 짊어지게 함. 涉海(섭해)는 바
   다를 걸어서 건넌다는 의미이고, 鑿河(착하)는 河川을 판다는 뜻.

夫聖人之治也부성인지치야 治外乎치외호?

무릇 성인(聖人)의 정치가 외면을 다스리는 것이겠는가?

正而後行정이후행 確乎能其事者而已矣[6]확호능기사자이이의

먼저 자신을 道로써 바로잡은 뒤에 정치를 행하여 확고하게 그 할 수 있는 일을 잘할 뿐이다.

且鳥高飛以避矰弋之害차조고비이피증익지해

또한 새는 높이 날아 그물이나 주살을 피하고,

鼷鼠深穴乎神丘[7]之下혜서심혈호신구지하 以避熏鑿之患이피훈착지환

생쥐는 신구(神丘) 밑에 깊이 굴을 파서 연기를 피우거나 파헤쳐지는 재앙을 피할 줄 아는데,

而曾二蟲之無知이증이충지무지!"

그대는 어찌 이 두 미물보다 무지한가!"

| 해설 |

천하를 다스리는 데 백성의 자연적인 천성을 따를 뿐, 인공적인 법도는 필요가 없다는 무위자연의 치(治)를 강조한 대목이다. 곧 절대자의 지배는 번잡한 예교규범(禮敎規範)에 의한 간섭이나 강제적인 정치를 해서는 안되고, 어디까지나 지배자 자신이 참된 절대자가 되어 그 절대성 속에서 일해 자연성을 해방하는 자유와 방임의 정치만이 진정으로 이상적인 정치라는 점을 말하고 있다.

---

6) 確乎能其事者而已矣(확호능기사자이이의) : 확고하게 그 할 수 있는 일을 잘할 뿐임. 確乎(확호)는 확고하다는 뜻. 其事는 무위자연(無爲自然)의 치(治)를 말한다.

7) 神丘(신구) : 토지신(土地神)에게 제사지내는 신단(神壇). 혹은 산의 이름이라고도 함.

3.

天根[1])遊於殷陽[2])천근유어은양 至蓼水[3])之上지요수지상

천근(天根)이 은양(殷陽)에 놀 때 요수(蓼水) 가에 이르러,

適遭無名人而問焉적조무명인이문언 曰왈 :

마침 무명인을 만나자, 물었다.

"請問爲天下청문위천하"

"청컨대 천하를 다스리는 법을 묻겠습니다."

無名人曰무명인왈 : 무명인이 대답했다

"去거! 汝鄙人也여비인야 何問之不豫也하문지불예야!

"물러가라! 그대는 속물이로다. 어찌 그리 불쾌한 질문을 하는가!

予方將與造物者爲人여방장여조물자위인

나는 바야흐로 조물자와 벗이 되었다가,

厭則又乘夫莽眇之鳥염즉우승부망묘지조 以出六極之外이출육극지외

싫증이 나면 또 저 끝없는 하늘을 나는 새를 타고 육극(六極)의 밖으로
나가서,

而遊無何有之鄕[4])이유무하유지향 以處壙埌之野[5])이처광랑지야

무하유지향(無何有之鄕)에 노닐고, 끝없는 들판에서 머물고자 한다.

---

1) 天根(천근) : 자연의 근원을 의인화(擬人化)한 가공의 인물.
2) 殷陽(은양) : 지명. 은산(殷山)의 남쪽이라고도 함.
3) 蓼水(요수) : 물 이름. 지금의 산서성(山西省)에 있다고 한다.
4) 無何有之鄕(무하유지향) : 무하유의 고을. 어떠한 것도 없는 곳. 無何有(무하유)는 아무
   것도 없는 곳이란 뜻. 사람이 손대지 아니한 자연 그대로의 세계. 곧 세상의 번거로움
   이 없는 허무자연(虛無自然)의 낙토(樂土)를 의미한다.
5) 處壙埌之野(처광랑지야) : 끝없이 넓은 들판에 머묾. 壙埌(광랑)은 끝없이 넓은 모양.

汝又何帛以治天下 感予之心爲[6]여우하예이치천하 감여지심위?"

그런데 그대는 무슨 까닭에 천하를 다스리는 일로써 나의 마음을 흔들어 대는가?"

又復問우복문 無名人曰무명인왈 :

천근이 다시 묻자, 무명인이 말했다.

"汝遊心於淡여유심어담 合氣於漠합기어막

"그대는 마음을 담담한 경지에서 노닐게 하고, 기운(氣)을 적막한 경지에 합치시켜,

順物自然순물자연 而無容私焉이무용사언 而天下治矣이천하치의"

사물의 자연에 따라 사사로움을 용납하지 아니하면 천하는 다스려질 것이다."

| 해설 |

천하를 다스리려면 반드시 마음을 담담하게 갖고 자연의 섭리에 따라 기지를 사용하지 않아야 된다는 점을 말하고 있다. 곧 지배자는 자의(自意)를 버리고 만물의 자생자화(自生自化)에 맡기면 굳이 천하를 다스리려고 하지 않아도 저절로 다스려진다는 것을 말하고 있다.

4.

陽子居[1]見老聃曰양자거견노담왈 :

---

6) 汝又何帛以治天下 感予之心爲(여우하예이치천하 감여지심위) : 그대는 무엇 때문에 천하를 다스리는 일로 나의 마음을 흔들어대는가? 何帛(하예)는 무슨 까닭에.

1) 陽子居(양자거) : 춘추시대 말기 쾌락설(快樂說)을 주장한 양주(楊朱 : 陽子)라고도 하고,

양자거(陽子居)가 노담(老聃)을 뵙고 물었다.

"有人於此유인어차 嚮疾强梁[2]향질강량

"여기 한 사람이 있는데, 아주 민첩하고 의지가 굳어 굽힘이 없으며,

物徹疏明[3]물철소명 學道不倦학도불권

만물을 꿰뚫어보고 만사를 분명히 알며, 道를 배우는 데 게으르지 않으니,

如是者여시자 可比明王乎가비명왕호?"

이런 사람을 현명한 왕에다 비할 수 있겠습니까?"

老聃曰노담왈 : 노담이 말했다.

"是於聖人也시어성인야 胥易技係서이기계

"그런 사람을 성인에 비하면, 종으로서 일을 하거나, 기술에 얽매인 공인(工人)과 같아서,

勞形怵心者也노형출심자야

몸만 수고롭게 하고 마음만 고달프게 할 뿐이다.

且也虎豹之文來田[4]차야호표지문래전

또한 호랑이나 표범의 무늬는 사냥꾼을 부르고,

猿狙之便원저지편 執斄之狗來藉[5]집리지구래적

이름이 융(戎)이라는 다른 사람이라고도 함. 양자거와 노담의 문답은 〈우언〉 편에도 있고, 양자는 〈山木〉 편에도 등장한다.

2) 嚮疾强梁(향질강량) : 아주 민첩하고 굳셈. 嚮疾은 영향(影響)을 미치는 것처럼 빠르다는 뜻. 强梁은 의지가 굳음.

3) 物徹疏明(물철소명) : 만물의 이치를 잘 꿰뚫고 만사를 분명히 안다는 뜻.

4) 虎豹之文來田(호표지문래전) : 호랑이와 표범의 아름다운 무늬는 사냥꾼을 부른다. 文은 무늬. 來는 초래하다. 田은 사냥(田獵).

5) 來藉(내적) : 藉은 짐승을 가두는 우리로, 來藉은 우리에 갇히는 재앙을 초래한다는 뜻.

원숭이의 재빠름과 들소를 잡는 개는 우리(藉)를 부른다.

如是者여시자 可比明王乎가비명왕호?"

이런 자를 현명한 왕에다 비할 수 있는가?"

陽子居蹴然曰양자거축연왈 : 양자거는 놀라서 다시 물었다.

"敢問明王之治감문명왕지치?"

"현명한 왕의 정치는 어떤 것입니까?"

老聃曰노담왈 : 노담이 대답했다.

"明王之治명왕지치 功蓋天下而似不自己공개천하이사부자기

"현명한 왕의 정치는 그 공로가 천하를 덮어도 자기가 한 일로 여기지 않고,

化貸萬物而民弗恃화대만물이민불시 有莫擧名6)유막거명

그 교화가 만물에 베풀어져도 백성들은 느끼지 못하며, 그런 공로와 교화가 있기는 하나 아무도 이름을 일컫지 않으며,

使物自喜사물자희 立乎不測 而遊於無有者也7)입호불측 이유어무유자야"

만물로 하여금 스스로 만족하게 하며, 그 자신은 인간의 지혜로는 헤아릴 수 없는 無의 세계에서 노니는 것이다."

---

6) 有莫擧名(유막거명) : 이름을 일컫지 않음. 有는 공로나 교화를 베풂이 있다는 뜻. 莫擧名(막거명)은 아무도 그 이름을 거명하지 않는다는 뜻. 교화가 미치지만 아무도 그것이 누구의 공로인지 모른다는 뜻.

7) 立乎不測 而遊於無有者也(입호불측 이유어무유자) : (인간의 지혜로는) 헤아릴 수 없는 경지에 서서 아무것도 없는 無의 세계에 노니는 것이다. 不測은 인간의 능력을 초월한 경지로 道를 터득한 경지를 의미한다. 無有는 존재를 초월한 구속이 없는 세계를 말한다.

| 해설 |

　천하를 다스리자면 반드시 무심(無心)에 충실해야 한다는 것을 말하
고 있다. 현명한 왕, 곧 절대자의 정치는 인간의 지혜와 기교나 작위를
버리고, 하늘의 무위무언(無爲無言)에 기본한 무심망아(無心忘我)의 지
배라는 것이다.

5.

鄭有神巫[1]曰季咸정유신무왈계함

정(鄭)나라에 신령한 무당이 있어 이름을 계함(季咸)이라 하였다.

知人之生死存亡지인지생사존망 禍福壽夭화복수요

그는 사람의 사생존망(死生存亡)과 화복수요(禍福壽夭)를 잘 알아,

期以歲月旬日기이세월순일 若神약신

해와 달과 날짜까지도 맞히는 것이 귀신과 같았다.

鄭人見之정인견지 皆棄而走개기이주

그래서 정나라 사람들은 그를 보기만 하면 모두 피하여 달아나버렸다.

列子見之而心醉열자견지이심취 歸以告壺子[2]귀이고호자 曰왈：

열자(列子)가 이를 보고 몹시 심취하여 돌아와 호자(壺子)에게 말했다.

　"始吾以夫子之道爲至矣시오이부자지도위지의　則又有至焉者矣즉우유지언
자의"

---

1) 神巫(신무) : 귀신처럼 잘 맞히는 무당.
2) 壺子(호자) : 열자의 스승. 호구자림(壺丘子林)을 말한다. 《여씨춘추(呂氏春秋)》에 "호구
　자림은 정(鄭)나라의 득도(得道)한 어진 사람으로, 대부(大夫)인 자산(子産, 공손교公孫僑)
　이 찾아가 만난 일이 있는데, 나이 차례로 앉게 할 뿐 정승인 자산을 특별 대우하지 않
　았으나, 자산은 그런 것을 괘념(掛念) 않고 사귀었다."라고 했다.

"저는 지금까지 선생님의 道가 제일인 줄 알았더니 더 지극한 자가 있습니다."

壺子曰호자왈 : 호자(壺子)가 말했다.

"吾與汝旣其文오여여기기문 未旣其實미기기실

"나는 너에게 이미 道의 형식만 가르쳐주었지 그 실질은 아직 가르쳐 주지 않았는데,

而固得道與이고득도여?"

너는 자신의 道를 깨달았다고 생각하느냐?

衆雌而無雄중자이무웅 而又奚卵焉이우해란언!

아무리 암탉이 많아도 수탉이 없으면 또한 어찌 알이 생기겠는가!

而以道與世亢必信이이도여세항필신

너는 너의 그 道로써 세상과 대항해서 세상 사람들의 믿음을 얻으려 했다.

夫故使人得而相女부고사인득이상여

그 때문에 다른 사람으로 하여금 너의 관상을 보게 한 것이로구나.

嘗試與來상시여래 以子示之이여시지"

그럼 어디 한번 그 계함을 데리고 와서 나의 관상을 보게 해보아라."

明日명일 列子與之見壺子열자여지현호자

이튿날, 열자는 계함을 데리고 호자에게 갔다.

出而謂列子曰출이위열자왈 :

계함은 관상을 보고 나와서 열자에게 말했다.

"嘻희! 子之先生死矣자지선생사의 弗活矣불활의 不以旬數矣불이순수의!

"허! 자네 선생은 죽을 것이다, 살 가망이 없네. 열흘을 넘기지 못할

걸세!

吾見怪焉오견괴언 見溼灰焉견습회언"

나는 괴상한 것을 보았네. 물에 젖은 재를 보았어."

列子入열자입 泣涕沾襟읍체점금 以告壺子이고호자

열자는 들어가 눈물로 옷깃을 적시면서 호자에게 고했다.

壺子曰호자왈 : 호자가 말했다.

"鄕3)吾示之以地文4)향오시지이지문 萌乎不震不正맹호부진부정

"아까 나는 그에게 지문(地文)을 보여주며, 멍하니 움직이지도 않고 멈추지도 않았다.

是殆見吾杜德機也5)시태견오두덕기야 嘗又與來상우여래"

그것은 아마도 나의 생기(生機)가 막힌 모습을 본 것이다. 다시 한 번 계함을 데리고 와 보거라."

明日명일 又與之見壺子우여지현호자 出而謂列子曰출이위열자왈 :

이튿날 또 계함과 함께 호자를 뵈었다. 계함이 호자의 관상을 보고 난 뒤 계함이 나와서 열자에게 말했다.

"幸矣행의! 子之先生遇我也자지선생우아야 有瘳矣유추의

"다행이다! 그대의 선생은 나를 만난 덕택에 나았네.

全然有生矣전연유생의 吾見其杜權矣오견두권의"

완전히 살아났네. 나는 어제 생기(生機)가 막힌 모습을 보았네."

---

3) 鄕(향) : 아까. 지난 번. 向 또는 響과 같이 쓰인다.

4) 地文(지문) : 대지(大地)의 형상(形相).

5) 是殆見吾杜德機也(시태견오두덕기야) : 그는 아마도 나의 생기(生機)가 막힌 모습을 본 것임. 殆(태)는 아마도, 틀림없이. 杜(두)는 막(히)다. 杜德機(두덕기)는 생동(生動)하는 기틀을 막는다는 뜻으로, 죽음을 뜻한다.

列子入열자입 以告壺子이고호자

열자가 들어와 호자에게 고했다.

壺子曰호자왈 : 호자가 말했다.

"鄕吾示之以天壤6)향오시지이천양

"아까 나는 그에게 천양(天壤)을 보여주었다.

名實不入7)명실불입 而機發於踵이기발어종

그것은 명명(命名)할 수도 없고 실질을 파악할 수도 없는데, 생기가 발꿈치에서 일어난다.

是殆見吾善者機8)也시태견오선자기야 嘗又與來상우여래"

그러므로 그는 나의 선자기(善者機)를 조금 본 모양이다.

嘗又與來상우여래"

다시 한 번 데리고 와 보거라."

明日명일 又與之見壺子우여지현호자

이튿날 다시 계함을 데리고 와서 호자를 뵈었다.

出而謂列子曰출이위열자왈 :

계함이 호자의 관상을 보고 난 뒤 나와서 열자에게 말했다.

"子之先生不齊자지선생부제 吾無得而相焉오무득이상언

"자네 선생의 관상은 일정하지가 않아. 나는 도저히 그 관상을 볼 수가 없네.

---

6) 天壤(천양) : 천지·음양의 기운이 움직여 나오는 모양.

7) 名實不入(명실불입) : 명칭이나 실제가 들어갈 수 없음. 곧 이름을 붙일 수도 없고 내용을 알 수도 없다는 뜻. 관상의 기준으로 천양(天壤)을 표현한 것이다.

8) 善者機(선자기) : 죽음을 돌려 살리는 기틀. 죽음을 악으로 보고 삶을 선으로 보는 데서 유래한 말.

試齊시제 且復相之차부상지"
좀 일정해지거든 다시 보겠네."

列子入열자입 以告壺子이고호자 壺子曰호자왈 :
열자가 들어가서 호자에게 고하니, 호자가 말했다.

"吾鄕示之以太沖莫勝9)오향시지이태충막승
"아까 내가 그에게 보여준 것은 태충막승(太沖莫勝)이다.

是殆見吾衡氣機10)也시태견오형기기야
그러므로 그는 나의 형기기(衡氣機)를 좀 본 모양이다.

鯢桓11)之審爲淵예환지심위연
고래가 헤엄을 치는 여울도 못이라 하고,

止水之審爲淵지수지심위연 流水之審爲淵유수지심위연
고여 있는 물의 여울도 못이라 하며, 흐르는 물의 여울도 못이라 한다.

淵有九名연유구명 此處三焉차처삼언 嘗又與來상우여래"
못에는 아홉 가지 명칭이 있는데, 이번에 계함에게는 세 가지만 들었다.
다시 한 번 데리고 와 보거라."

明日명일 又與之見壺子우여지현호자 立未定입미정 自失而走자실이주
이튿날 다시 데리고 와 호자를 뵈었는데, 계함은 앉기도 전에 얼이 빠
져 달아났다.

壺子曰호자왈 : 호지기 말했다.

---

9) 太沖莫勝(태충막승) : 태충(太沖)은 태허(太虛), 곧 음양의 두 기운이 혼동된 상태. 막승
   (莫勝)은 잡을 수 없음. 음양이 혼동해서 잡을 수 없는 상태.
10) 衡氣機(형기기) : 음양 두 기운이 형평(衡平)을 이룬 상태. 음양이 조화를 이룬 기미.
11) 鯢桓(예환) : 鯢는 큰 물고기. 桓은 도는 것.

"追之추지!"

"쫓아가 잡아라!"

列子追之不及열자추지불급 反以報壺子반이보호자 曰왈 :

열자가 쫓아갔으나 붙잡지를 못하고 돌아와 호자에게 고했다.

"已滅矣이멸의 已失矣이실의 吾弗及也오불급야"

"이미 달아났습니다. 어디론지 사라져버려 찾을 수가 없습니다."

壺子曰호자왈 : 호자가 말했다.

"鄕吾示之以未始出吾宗[12]향오시지이미시출오종

"아까 내가 그에게 보여준 것은 미시출오종(未始出吾宗)이다.

吾與之虛而委蛇오여지허이위이

내가 마음을 비우고 욕심이 전혀 없는 모습으로 그를 대했더니,

不知其誰何부지기수하

그는 내가 누구인지 모르게 되었고,

因以爲弟靡[13]인이위제미

따라서 무엇이 무너져 내린다고 생각하게 되었을 것이며,

因以爲波流인이위파류 故逃也고도야"

따라서 무엇인가 노도(怒濤)처럼 물결쳐 온다고 생각하게 되었기 때문에 도망친 것이다."

然後列子自以爲未始學而歸연후열자자이위미시학이귀

---

12) 示之以未始出吾宗(시지이미시출오종) : 근본에서 떠나지 않은 자연 그대로의 모습을 보여줌. 宗(종)은 道. 未始出吾宗은 근본인 道에서 떠나지 않은 자연 그대로의 모습. 음양이 아직 싹트기 이전의 태허, 혼동된 상태보다도 더 이전, 곧 道까지도 나타나지 않은 상태.

13) 弟靡(제미) : 무너지고 쓰러지다.

그런 뒤 열자는 그의 학문이 아직도 멀었다 생각하고 집으로 돌아왔다.

三年不出삼년불출 爲其妻爨위기처찬

그리고 3년 동안 외출하지 않고, 그 아내를 위하여 밥을 짓기도 하며,

食豕如食人사시여사인

돼지까지도 사람 기르듯 하였다.

於事無與親어사무여친 彫琢復朴조탁복박

그리하여 모든 일에 더 친함이 없고, 꾸밈을 버리고 소박으로 돌아가,

塊然[14]獨以其形立괴연독이기형립

아무런 감정 없이 외로이 홀로 서서 어지러이 만물과 뒤섞였는데,

紛而封哉 一以是終[15]분이봉재 일이시종

어지러이 혼돈된 상태 속에서 한결같이 道를 배우다가 일생을 마쳤다.

| 해설 |

　여기서는 전능의 예언자 계함(季咸)을 득도자 호자(壺子) 앞에서 자실(自失)하게 하면서 절대자는 누구라도 엿볼 수 없는 심원한 초월성, 강인한 주체성을 가지고 있음을 밝힌 대목이다. 상(相)을 잘 보는 계함일지라도 득도자의 시험에 걸려서는 꼼짝달싹 못하고 뺑소니를 치게 함으로써 득도자의 힘의 일면을 보여주고 있다.

　이 이야기는 바로 중국 민족의 도술 시합의 원형을 이루어 한(漢) 명제(明帝) 때의 도사 비숙재(費叔才)와 사문(沙門) 마등(摩騰)의 도술

─────────────

14) 塊然(괴연) : 아무런 감정 없이 외로이 있는 모양.

15) 紛而封哉 一以是終(분이봉재 일이시종) : 어지러이 만물과 뒤섞여 한결같이 이런 태도를 지키면서 일생을 마침. 일체의 대립을 모조리 싸안는 혼돈의 세계에서 노니는 모습을 나타낸 것이다. 紛而(분이)는 어지러운 모양.

시합, 북제(北齊) 문선제(文宣帝) 때의 도사 육수정(陸修靜)과 사문(沙門) 담현(曇顯)의 도술 시합 등 여러 가지 희한한 도술의 이야기를 발생시켰다. 그래서 오늘날 도사 수업을 하는 사람들은 장자를 진군(眞君)이라 하여 신선 족보에서 제일 창시자로 추앙하고 있다.

6.

無爲名尸[1]무위명시 無爲謀府무위모부

명예의 주인이 되지 말고, 꾀의 창고가 되지 말며,

無爲事任무위사임 無爲知主무위지주

일의 책임자가 되지 말고, 지혜의 주인이 되지 말라.

體盡無窮[2]체진무궁 而遊無朕[3]이유무짐

무궁(無窮)한 道를 체득하여 무위자연 속에서 노닐며,

盡其所受於天진기소수어천 而無見得이무견득 亦虛而已[4]역허이이

하늘로부터 받은 바를 다하며, 얻으려 하지 말고, 오로지 마음을 비울 뿐이다.

至人之用心若鏡지인지용심약경

지인(至人)이 마음을 쓰는 것은 거울과 같아서,

不將不迎부장불영 應而不藏[5]응이부장

---

1) 無爲名尸(무위명시) : 명예의 주인이 되지 마라. 無는 毋(무)와 같은 금지사로 쓰였다. 尸는 주인(主人)의 뜻.

2) 體盡無窮(체진무궁) : 無窮은 끝없는 道. 體盡은 완전히 체득함.

3) 無朕(무짐) : 자취나 흔적이 없는 세계, 곧 무위자연의 세계를 뜻한다.

4) 亦虛而已(역허이이) : 오직 마음을 비울 뿐. 亦은 오로지.

5) 應而不藏(응이부장) : 비추어 주기만 하고 모습을 간직하지는 않음. 그 모습을 비추기만

보내지도 않고 맞이하지도 않으며, 응하지도 않고 간직하지도 않는다.

故能勝物而不傷고능승물이불상
그러므로 그것은 물(物)을 능히 비추면서 자신을 다치지 않는다.

| 해설 |

이 편은 설결과 포의자의 문답으로부터 시작하여 다섯 개의 설화를 열거하면서 그 문답에 기탁하여 절대자의 지배, 그 무위자연의 정치를 밝힌 것인데, 이 대목은 장자가 우화적 서술을 자신의 말로 요약한 것이다. 따라서 이 대목은 이 편의 정문(正文)이요, 장자 특유의 명언편(名言篇)이다. 구구절절이 무위지치(無爲之治)를 강조하고 있다.

7.

南海之帝爲儵1)남해지제위숙 北海之帝爲忽2)북해지제위홀
남해의 제(帝)를 숙(儵)이라 하고, 북해의 제(帝)를 홀(忽)이라 하며,

中央之帝爲渾沌3)중앙지제위혼돈
중앙의 제(帝)를 혼돈(渾沌)이라 하였다.

儵與忽時相與遇於渾沌之地4)숙여홀시상여우어혼돈지지

하고 내부에 흔적을 남기지 않는다는 뜻.

1) 儵(숙) : 인명으로 빠르다는 뜻이다. 실제 사람이 아니라 우의(寓意)로써 의인화(擬人化)한 것이다.

2) 忽(홀) : 인명으로 빠르다는 뜻이다. 우의(寓意)로써 의인화한 것이다.

3) 渾沌(혼돈) : 인명으로, 혼돈(溷沌)과 같으며, 마구 뒤섞여 있어 갈피를 잡을 수 없는 상태. 또는 사물의 시초를 의미한다. 渾沌은 일체의 차별적 지식이 아직 발생하지 않은 無爲自然의 상태, 곧 道를 우의(寓意)로써 의인화한 것이다.

숙과 홀이 때때로 혼돈의 땅에서 함께 만났는데,

渾沌待之甚善혼돈대지심선
혼돈이 그들을 잘 대접했다.

儵與忽謀報渾沌之德5)숙여홀모보혼돈지덕 曰왈 :
그래서 숙과 홀은 혼돈의 덕을 갚으려고 서로 상의하여 말했다.

"人皆有七竅6)인개유칠규 以視聽食息이시청식식
"사람들은 모두 일곱 구멍이 있어 그것으로 보고 듣고 먹고 숨 쉬는데,

此獨無有차독무유 嘗試鑿之상시착지"
혼돈만 유독 그것이 없으니 한번 뚫어주어 보자."

日鑿一竅일착일규 七日而渾沌死칠일이혼돈사
하고는 하루 한 구멍씩 뚫어 7일이 되자, 혼돈은 그만 죽고 말았다.

| 해설 |

　이상은 지교(知巧)가 몸을 다치고 천성을 잃게 한다는 비유를 우화로 나타낸 것이다. 이 우화로써 장자는 인간의 현명함—작위와 분별이 참된 실재, 곧 일체 존재의 생성과 발랄한 자연의 경영을 질식시키고 사멸시키는 어리석음을 풍자하고 있다.
　숙(儵)과 홀(忽)은 빠르다는 뜻으로 약삭빠른 인위적 지배를 상징한

---

4) 時相與遇於渾沌之地(시상여우어혼돈지지) : 때때로 혼돈의 땅에서 함께 만나다. 時는 때때로, 常時와 같다.

5) 謀報渾沌之德(모보혼돈지덕) : 혼돈의 은덕에 보답하려고 함께 상의함. 德은 恩德 곧 恩惠를 뜻한다.

6) 七竅(칠규) : 일곱 개의 구멍. 竅(규)는 구멍. 七竅(칠규)는 눈 둘, 귀 둘, 콧구멍 둘, 한 개의 입을 가리키는데, 인간의 칠정(七情)을 의미한다.

것이고, 혼돈(渾沌)은 인간의 지혜를 넘어서 자연을 상징한다. 인간은 자연을 깨뜨리고 그것에 수정을 가하려다 자연을 망쳐버리고 만다.

오늘날 과학의 발달과 거기에서 오는 폐해를 연상해 보면 이해가 빠를 것이다. 곧 이 대목은 道가 상실되어 가는 과정을 신화적으로 설명하고 있다.

장자
莊子

외편
外篇

8. 변무
駢拇

오리의 다리가 비록 짧지만 이어 주면 슬퍼하고 학의 다리가

길지만 자르면 슬퍼한다

변무는 네 발가락이란 뜻이다. 네 발가락과 여섯 손가락은 모두 군살
이 붙어 있는 것이다. 이는 공자학파(孔子學派)의 인의예악(仁義禮樂)의
가르침도 인간 본래의 생활과는 아무런 관계도 없는 무익한 잉여물(剩餘
物)로서 그것은 도리어 인간의 편안한 생활을 해친다고 직서법(直敍法)
으로 강조하고 있다.

1.

駢拇$^{1)}$枝指$^{2)}$변무지지 出乎性哉 而侈於德$^{3)}$출호성재 이이어덕

변무(駢拇)와 지지(枝指)는 천성에서 나온 것이다! 보통 사람들보다 쓸데없는 것이 뭔가 많은 것이다.

附贅縣疣$^{4)}$부췌현우 出乎形哉출호형재 而侈於性이이어성

사마귀나 혹은 후천적으로 생긴 것이지만, 사람이 타고나는 천성에서 볼 때는 군더더기다.

多方乎仁義而用之者다방호인의이용지자 列於五藏哉$^{5)}$열어오장재

인의(仁義)를 여러 방면으로 쓰는 이들은 이를 중시해 오장(五藏)과 나란히 배열하였다.

而非道德之正也이비도덕지정야

하지만 진정한 도덕이라고 할 수 없는 것이다.

是故駢於足者시고변어족자 連無用之肉也연무용지육야

---

1) 駢拇(변무) : 엄지발가락과 둘째발가락에 살이 더 붙어 합해진 것, 곧 네 발가락.

2) 枝指(지지) : 손가락이 하나 더 갈라져 나가 여섯 손가락이 된 것, 곧 육손이.

3) 出乎性哉 而侈於德(출호성재 이이어덕) : 태어날 때부터의 천성이지만 보통 사람들이 타고나는 것보다 많음. 천성이라는 것은 후천적인 것이 아니라 태어날 때부터 지니고 나오는 선천적이라는 뜻으로 뒤의 형체에서 나온 사마귀 등이 후천적인 것과는 다른 종류라는 뜻이다. 德은 보통 사람들이 타고나는 것.

4) 附贅縣疣(부췌현우) : 군더더기로 붙어 있는 크고 작은 사마귀. 附와 縣은 모두 붙어 있다는 뜻이고, 贅(췌)와 疣(우)는 모두 사마귀 종류. 무용지물(無用之物)을 말한다.

5) 列於五藏哉(열어오장재) : 오장과 나란히 배열함. 인의예지신(仁義禮智信)의 오상(五常)을 차례대로 간(肝)·폐(肺)·심(心)·신(腎)·비(脾)에 해당하는 것으로 억지로 기워 붙였다는 뜻. 진경원(陳景元)은 "간(肝)은 목기(木氣)로 仁에 해당하고, 폐(肺)는 금기(金氣)로 義에 해당하며, 심(心)은 화기(火氣)로 禮에 해당하고, 신(腎)은 수기(水氣)로 智에 해당하며, 비(脾)는 토기(土氣)로 信에 해당한다."라고 했다.

그러므로 발가락이 붙은 것은 필요 없는 살을 달고 있는 것이고,

枝於手者지어수자 樹無用之指也수무용지지야

손가락이 여섯으로 갈라진 것은 쓸데없는 손가락이 심겨 있는 것이며,

多方駢枝於五藏之情者다방변지어오장지정자

오장의 본래 모습에서 이것저것 군더더기를 덧붙이는 것은,

淫僻於仁義之行6)음벽어인의지행 而多方於聰明之用也이다방어총명지용야

인의의 행위에 빠져서 총명의 활동을 덧붙이는 것이다.

是故駢於明者시고변어명자 亂五色난오색

그러므로 눈을 남용하는 사람은 오색(五色)을 어지럽히고 아름다운 채색에 빠지니,

淫文章음문장 青黃黼黻之煌煌7)非乎청황보불지황황비호?

무늬의 화려함에 지나치게 탐닉하니 청황보불(青黃黼黻)의 휘황찬란함이 바로 그런 것이 아니겠는가?

而離朱8)是已이이주시이

이주(離朱)가 바로 그런 사람이다.

---

6) 淫僻於仁義之行(음벽어인의지행) : 인의의 행위에 치우침. 인의를 실천하는 것이 오장처럼 인간의 본래 모습에서 비롯된 것이 아니라, 억지로 만들어 낸 인위적 행위임을 비판한 내용이다.

7) 青黃黼黻之煌煌(청황보불지황황) : 청황보불의 휘황찬란함. 煌煌은 찬란하게 빛나는 모양. 黼黻은 임금이 대례(大禮), 제복(祭服)으로 착용하던 곤복(袞服)에 놓은 문양. 도끼와 아(亞)字 문양을 보불이라 한다.

8) 離朱(이주) : 중국 황제(黃帝) 때 또는 춘추시대 때 사람. 시력이 아주 밝은 사람으로 유명했다. 백 보 밖에서도 능히 털의 끝(秋毫之末)을 분간했다고 한다. 황제가 현주(玄珠)를 잃어버렸는데, 그에게 찾게 했다니 바로 찾았다고 한다. 《맹자》에서는 이루(離婁)라고 했다.

多於聰者다어총자 亂五聲9)난오성 淫六律10)음육률

또 귀로 듣는 것을 남용한 자는 오성(五聲)을 어지럽히고 육률(六律)에
빠진 사람이니,

金石絲竹11)금석사죽 黃鐘大呂12)之聲非乎황종대려지성비호?

금석사죽(禁石絲竹)과 황종대려(黃種大呂)의 소리야말로 듣는 것을 남용
하는 것이 아닌가?

而師曠13)是已이사광시이

사광(師曠)이 바로 그런 사람이다.

枝於仁者지어인자 擢德塞性以收名聲탁덕색성이수명성

또 인(仁)에 지나친 자는 덕을 뽑아버리고, 성(性)을 막아서 명예를 거
두어,

使天下簧鼓以奉不及之法非乎사천하황고이봉불급지법비호?

천하의 생황(笙簧)과 북으로 하여금 실현 불가능의 법을 받들게 하니,
이것이 인에 지나친 것이 아닌가?

而曾史14)是已이증사시이

---

9) 五聲(오성) : 궁(宮)·상(象)·각(角)·치(微)·우(羽)의 다섯 음률, 곧 오음(五晋).

10) 六律(육률) : 황종(黃鍾)·태주(太蔟)·고선(古洗)·유빈(蕤賓)·이칙(夷則)·무역(無射)
의 양성(陽聲)에 속하는 여섯 소리.

11) 金石絲竹(금석사죽) : 종(鍾)·경(磬)·금슬(琴瑟)·생황(笙簧) 등의 악기 이름.

12) 黃種大呂(황종대려) : 황종(黃鍾)은 십이율(十二律)의 하나인 양률(陽律)로서, 대금(大笒)
의 첫째 구멍과 넷째 구멍을 떼고 나서지 구멍을 모두 막고 낮게 불 때 나는 소리. 대려
(大呂)는 십이율 중의 음려(陰呂)의 하나로서, 방위는 축(丑)에 해당하고 절기로는 음력
12월에 속함.

13) 師曠(사광) : 춘추시대 진(晉)나라의 악사(樂師). 음률을 잘 아는 깃으로 유명함. 〈제물
론〉에 이미 나왔다.

14) 曾史(증사) : 증삼(曾參)과 사추(史鰌). 증(曾)은 공자의 제자 증삼. 사(史)는 사추(史鰌),

증삼(曾參)과 사어(史魚) 같은 이가 그런 사람이다.

駢於辯者변어변자 罍瓦結繩竄句[15)누와결승찬구
또 변론에 지나친 자는 깨어진 기와조각을 쌓고 새끼줄을 잇듯이 문구
(文句)나 천착하여,

遊心於堅白同異[16)之間유심어견백동이지간
견백동이(堅白同異)의 궤변에 마음을 쓰면서,

而敝跬[17)譽無用之言非乎이폐규예무용지언비호?
하찮은 명예와 쓸모없는 말에 피폐해지니, 이런 자야말로 변론에 지나
친 자가 아닌가?

而楊墨[18)是已이양묵시이
양주(楊朱), 묵자(墨子)가 그런 사람이다.

故此皆多駢旁枝之道고차개다변방지지도 非天下之至正也비천하지정야
그러므로 이들은 모두가 덧붙이고 갈라진 道라 천하의 지극히 올바른
道가 아니다.

彼正正者피정정자 不失其性命之情[9)불실기성명지정

字는 자어(子魚)로, 춘추 말기 위(衛)나라의 대부.
15) 竄句(찬구) : 문구를 어지럽게 꾸밈. 竄(찬)은 고치고 꾸민다는 뜻.
16) 堅白同異(견백동이) : 전국시대 공손룡(公孫龍)이 내건 일종의 궤변. 예컨대 단단하고 흰
    돌은 눈으로 보았을 때 그것이 흰 것임을 알 수 있으나 단단한지는 모르며, 손으로 만져
    보았을 때는 그것이 단단한 것인 줄만 알 수 있을 뿐 빛은 흰지 모르므로, 단단한 돌과
    흰 돌과는 동일한 물건이 아니라고 설명하는 억지설.
17) 敝跬(폐규) : 작은 명예.
18) 楊墨(양묵) : 양주(楊朱)와 묵적(墨翟). 양주는 전국시대 초기의 사상가로 자(字)는 자거
    (子居). 위(衛)나라 사람이다. 개인주의 사상인 위아주의(爲我主義)를 설하였다. 묵적(BC
    470?~BC391?)은 전국시대 송(宋)나라의 사상가이자 철학자이다. 제자백가 중 묵가를 대표
    하는 위인이다.

저 지극히 정당한 道는 그 성명(性命)의 정(情)을 잃지 않는다.

故合者不爲騈고합자불위변 而枝者不爲跂이지자불위지

발가락 둘이 붙어 있어도 변무(騈拇)라고 고민하지 않고, 손가락이 하나 더 있어도 육손이라고 걱정하지 않는다.

長者不爲有餘장자불위유여 短者不爲不足단자불위부족

길어도 길다고 여기지 않고, 짧아도 짧다고 여기지 않는다.

是故鳧脛雖短 續之則憂 鶴脛雖長 斷之則悲[20]시고부경수단 속지즉우 학경수장 단지즉비

그러므로 오리 다리가 비록 짧아도 이어주면 걱정을 하고, 학의 다리가 비록 길어도 잘라주면 슬퍼한다.

故性長非所斷 性短非所續[21]고성장비소단 성단비소속

그러므로 천성은 길어도 자를 것이 아니요, 짧아도 이을 것이 아니니,

無所去憂也[22]무소거우야

그렇게 해준다 하여도 근심을 제거할 수는 없는 것이다.

意仁義其非人情乎의인의기비인정호!

---

19) 性命之情(성명지정) : 하늘에서 받은 천명의 진실. 곧 인간성 본연의 자세로, 하늘로부터 받은 자기의 삶을 긍정하면서 살아가는 것을 말함.

20) 鳧脛雖短 續之則憂 鶴脛雖長 斷之則悲(부경수단 속지즉우 학경수장 단지즉비) : 오리의 다리는 비록 짧지만 이어주면 걱정을 하고, 학의 다리는 비록 길지만 잘라주면 슬퍼한다. 만물은 본래의 모습 그 자체를 존중받아야 한다는 것, 타고난 그대로에 만족하고 사는 것이 옳다는 것을 비유하는 말이나.

21) 性長非所斷 性短非所續(성장비소단 성단비소속) : 타고난 본성이 길므로 잘라야 할 것이 아니며, 타고난 본성이 짧으니 이어 줄 것이 아님. 본성이 길어서 길게 나타나거나 짧게 나타난 것이므로 인위적으로 자르거나 이어 줄 대상이 아니라는 뜻.

22) 無所去憂也(무소거우야) : 근심거리로 여겨 없애버릴 것이 아니다. 去는 제거한다는 뜻이고, 憂는 근심거리라는 뜻.

이렇게 생각할 때 인의는 사람의 진정이 아닌 것이다!

彼仁人[23]何其多憂也[24]피인인하기다우야?

저 인(仁)을 실천하는 사람은 어찌 그리 근심이 많은가?

且夫騈於拇者차부변어무자 決之則泣결지즉읍

또한 저 붙은 발가락도 떼어주면 울 것이고,

枝於手者지어수자 齕之則啼흘지즉제

갈라진 손가락도 물어뜯으면 울 것이다.

二者或有餘於數이자혹유여어수 或不足於數혹부족어수

이 두 가지는, 하나는 수에 하나가 더 있고, 하나는 수에서 하나가 모자라지만,

其於憂一也기어우일야

그 걱정하는 것은 마찬가지다.

今世之仁人금세지인인 蒿目而憂世之患호목이우세지환

오늘날 세상의 인인(仁人)은 생기 없는 눈으로 세상의 근심을 자기의 근심으로 걱정하고,

不仁之人불인지인 決性命之情而饕[25]富貴결성명지정이도부귀

불인(不仁)한 자들은 성명지정(性命之情)을 끊어 부귀를 탐낸다.

故意仁義其非人情乎고의인의기비인정호!

그러므로 생각할 때 인의(仁義)는 인간의 참모습이 아닌 것 같다!

---

23) 仁人(인인) : 하늘에서 받은 천명의 진실. 곧 인간성 본연의 자세로 하늘로부터 받은 자기의 삶을 긍정하면서 살아가는 사람을 말함.

24) 何其多憂也(하기다우야) : 어쩌면 그렇게도 근심이 많은가.

25) 饕(도) : 탐하다. 道를 탐하다.

自三代以下者자삼대이하자 天下何其囂囂26)也천하하기효효야?

삼대(三代 : 夏·殷·周) 이후로 천하는 어째서 그리 시끄러운가?

且夫待鉤繩規矩27)而正者차부대구승규구이정자 是削其性28)시삭기성

또한 저 곡척(曲尺)·먹줄·그림쇠·자 등을 쓰는 것은 그 본성을 깎는 것이요,

待繩約膠漆29)而固者대승약교칠이고자 是侵其德30)也시침기덕야

새끼줄로 묶고, 아교 칠을 하여 단단하게 붙이려 하는 것은 그 덕을 해치는 것이며,

屈折禮樂굴절예악 呴俞仁義31)구유인의

몸을 구부려 예악(禮樂)을 행하고, 인의(仁義)를 좇음으로써

以慰天下之心者이위천하지심자 此失其常然也차실기상연야

천하의 마음을 얻으려 하는 것은 그 항구불변의 자연의 본성을 잃는 것이다.

天下有常然천하유상연

천하에는 항구불변의 자연의 본성이 있다.

---

26) 囂囂(효효) : 시끄럽게 떠들어대는 모습.

27) 鉤繩規矩(구승규구) : 鉤는 갈고리. 끝이 갈고리 모양으로 된 공구를 뜻한다. 繩은 먹줄. 직선을 그리는 데 쓰는 도구. 規와 矩는 각각 그림쇠와 곱자를 말한다. 따라서 鉤繩規矩는 모두 목수가 쓰는 공구로서, 인위적인 기준을 세워 사물의 자연스런 본성을 해치는 도구를 빗댄 표현이다.

28) 削其性(삭기성) : 본성을 깎아 내는 행위.

29) 繩約膠漆(승약교칠) : 노끈으로 묶고, 아교로 붙이다.

30) 侵其德(침기덕) : 본래 타고난 덕을 해침. 侵은 침삭(侵削), 곧 해치다.

31) 呴俞仁義(구유인의) : 얼굴색을 부드럽게 꾸며 인의를 실천함. 呴俞(구유)는 환심을 사려고 구차스럽게 행동하는 모양으로, 교언영색(巧言令色)이나 아유구용(阿諛苟容 : 남에게 아첨하며 구차하게 행동함)과 비슷한 의미다.

常然者상연자 曲者不以鉤곡자불이구

항구불변의 자연의 본성이란 굽은 것이 곡척 때문에 그렇게 된 것이 아니고,

直者不以繩직자불이승 圓者不以規원자불이규

곧은 것도 먹줄 때문에 그렇게 된 것이 아니며, 둥근 것도 그림쇠 때문에 그렇게 된 것도 아니며,

方者不以矩방자불이구 附離不以膠漆부리불이교칠

모가 난 것도 자(矩) 때문에 그렇게 된 것이 아니고, 붙은 것도 아교나 칠 때문에 그런 것이 아니며,

約束不以纆索약속불이묵삭

묶여진 것도 새끼줄 때문에 그런 것이 아니다.

故天下誘然32)皆生고천하유연개생 而不知其所以生이부지기소이생

그러므로 천하는 자연스레 모두 생겨났지만, 그 생겨난 까닭을 알지 못하고,

同焉皆得 而不知其所以得33)동언개득 이부지기소이득

자신도 모르게 모두 얻었으면서도 그 얻은 까닭을 알지 못한다.

故古今不二34)고고금불이 不可虧也불가휴야

그러므로 그것은 고금이 한결같아, 사람의 힘으로는 없앨 수가 없는 것

---

32) 誘然(유연) : 자연스럽게 생성되는 모습.

33) 同焉皆得 而不知其所以得(동언개득 이부지기소이득) : 자신도 모르는 사이에 모두 얻으면서도 얻게 된 까닭을 알지 못한다. 同焉은 어리석은 모양으로 동연(侗然)과 같아 자신도 모르는 사이라는 뜻이다.

34) 古今不二(고금불이) : 예나 지금이나 다르지 않다, 곧 고금에 동일하게 적용되는 법칙이라는 뜻이다.

이다.

則仁義又奚連連如膠漆繩索칙인의우해연련여교칠묵삭

그러니 인의가 또한 어떻게 끊임없이 아교나 노끈같이 사람을 묶어서,

而遊乎道德之間爲哉이유호도덕지간위재?

도덕 사이에다 노닐게 할 수가 있는가?

使天下惑也사천하혹야!

그것은 천하의 인으로 하여금 미혹하게 하는 것이다.

夫小惑易方 大惑易性35)부소혹역방 대혹역성

무릇 조그마한 미혹은 방향을 바꾸고, 커다란 미혹은 본성을 바꾼다.

何以知其然邪하이지기연야?

무엇을 가지고 그러함을 아는가?

自虞氏招仁義以撓天下也36)자유씨교인의요천하야

순(舜)이 인의(仁義)를 걸어놓고 천하를 어지럽힘으로 해서

天下莫不奔命於仁義천하막불분명어인의

그로부터 천하는 인의(仁義)에 분주해졌으니,

是非以仁義易其性與시비이인의역기성여?

---

35) 小惑易方 大惑易性(소혹역방 대혹역성) : 작은 미혹은 방향을 바꾸고 큰 미혹은 본성을 바꿈. 方은 東西南北의 방향으로, 小惑易方은 길을 잃어버린 것을 비유한 것. 性은 본성, 곧 참된 모습(眞常)을 비유한 것으로, 다음에 나오는 구체적인 비유를 근거로 풀이한다면 작은 미혹은 방향을 잃고 헤맬 뿐이지만, 큰 미혹은 자신의 생명까지 잃어버린다는 뜻이 함유되어 있다.

36) 自虞氏招仁義以撓天下也(자우씨교인의이요천하야) : 우씨(虞氏)가 인의를 내세워 천하를 어지럽힌 때부터. 虞氏는 순(舜)을 이른다. 〈제물론〉에서는 순(舜)으로 나왔고, 〈응제왕〉과 〈대종사〉에서는 유우씨(有虞氏)로 나왔다. 招(교)는 '들다'는 뜻으로 招仁義(교인의)는 인의를 내세우다는 뜻. 撓(요)는 어지럽히다, 自는 부터.

이는 인의로써 그 천성을 바꾼 것이 아니겠는가?

故嘗試論之고상시론지

그러므로 한번 논해 보기로 하자.

自三代以下者자삼대이하자 天下莫不以物易其性矣천하막불이물역기성의

하·은·주 3대로부터 내려오면서 천하는 물(物)로써 그 천성을 바꾸지 않은 이가 없으니,

小人則以身殉37)利소인즉이신순리 士則以身殉名사즉이신순명

소인은 자기 몸을 이익을 위해 바치고, 선비는 자기 몸을 명예를 위해 바치며,

大夫則以身殉家대부즉이신순가 聖人則以身殉天下성인즉이신순천하

대부는 자기 몸을 집안을 위해 바치고, 성인은 자기 몸을 천하를 위해 바쳤다.

故此數子者고차수자자 事業不同사업부동 名聲異號명성이호

그러므로 이 사람들은 사업은 같지 않고 명성도 달랐지만,

其於傷性以身爲殉기어상성이신위순 一也일야

그들이 본성을 해쳐서 자기 몸을 죽게 한 것은 마찬가지인 것이다.

臧與穀38)장여곡 二人相與牧羊이인상여목양 而俱亡其羊이구망기양

장(臧)과 곡(穀) 두 사람이 함께 양을 치다가 모두 양을 잃어버렸다.

問臧奚事문장해사 則挾筴讀書39)즉협책독서

---

37) 殉(순) : 따라 죽다.

38) 臧與穀(장여곡) : 하인인 장과 곡.

39) 挾筴讀書(협책독서) : 채찍을 옆구리에 끼고 글을 읽음. 筴(책)은 양 몰이하는 대나무 채찍.

사내 종 장(臧)에게 무슨 일 때문이냐고 물으니, 책을 읽다가 양을 잃었다 하고,

問穀奚事문곡해사 則博塞以遊[40)즉박새이유

계집 종 곡(穀)에게 무엇 때문이냐고 물었더니, 쌍륙(雙六)놀이를 하다가 잃었다 한다.

二人者이인자 事業不同사업부동 其於亡羊均也기어망양균야

이 두 사람이 하고 있던 일은 다르지만, 양을 잃은 것은 마찬가지다.

伯夷死名於首陽之下백이사명어수양지하

백이는 명예 때문에 수양산(首陽山) 아래에서 죽었고,

盜蹠死利於東陵之上[41)도척사리어동릉지상

도척(盜蹠)은 이익 때문에 동릉산(東陵山) 위에서 죽었다.

二人者이인자 所死不同소사부동

이 두 사람은 그 죽은 까닭은 같지 않지만,

其於殘生傷性均也기어잔생상성균야

그 생명을 잃고 본성을 해친 것은 마찬가지다.

奚必伯夷之是而盜蹠之非乎해필백이지시이도척지비호?

그런데 어째서 반드시 백이는 옳고 도척은 그르다고 하는가?

天下盡殉也천하진순야

천하 사람들은 모두 죽는다.

---

40) 博塞以遊(박새이유) : 장기놀이와 주사위놀이. 博(박)은 장기놀이. 塞(새)는 簺(새)로 쌍륙놀이를 말한다. 雙六(쌍륙)은 주사위놀이.

41) 盜蹠死利於東陵之上(도척사리어동릉지상) : 도척은 동릉산 위에서 이익을 탐하다가 죽음. 盜蹠(도척)은 춘추시대의 큰 도둑. 공자와 같은 시대의 노(魯)나라 사람. 현인(賢人) 유하혜의 아우로 그의 도당 9천 명과 떼 지어 전국을 휩쓸었다고 한다.

彼其所殉仁義也피기소순인의야 則俗謂之君子즉속위지군자

그런데 그가 인의를 위해서 죽으면 세상에서는 그를 군자라 하고,

其所殉貨財也기소순화재야 則俗謂之小人즉속위지소인

재물 때문에 죽으면 세상에서 그를 소인이라 한다.

其殉一也기순일야 則有君子焉즉유군자언 有小人焉유소인언

그 죽은 것은 마찬가지인데, 군자라고도 하고 소인이라고도 한다.

若其殘生損性약기잔생손성 則盜蹠亦伯夷已즉도척역백이이

그러나 그 생명을 잃고 천성을 해친 점에 있어서는 도척이나 백이나 마찬가지이니,

又惡取君子小人於其間哉우오취군자소인어기간재?

또한 어찌 군자니 소인이니 하는 구별을 둘 것인가?

且夫屬其性乎仁義者42)차부속기성호인의자

또한 무릇 그 천성을 인의에다 귀속시킬 것 같으면,

雖通如曾史수통여증사 非吾所謂臧也비오소위장야

증자나 사추(史鰌)처럼 인의에 통달했다 해도 내가 말하는 훌륭함이 아니다.

屬其性於五味43)속기성어오미 雖通如俞兒44)수통여유아

그 본성을 오미(五味)에다 귀속시킨다면 비록 유아(俞兒)처럼 맛에 통한다 해도,

---

42) 且夫屬其性乎仁義者(차부속기성호인의자) : 자신의 본성을 인의에 예속시키는 자. 자신의 본성보다 인의의 가치를 우위에 둔다는 뜻. 屬(속)은 따라가다, 예속되다의 뜻.

43) 五味(오미) : 단맛(甘)·짠맛(鹹)·신맛(酸)·매운맛(辛)·쓴맛(苦)의 다섯 가지 맛.

44) 俞兒(유아) : 옛날 음식 맛을 잘 알았던 사람. 황제 때 사람이라고도 하고, 춘추시대 때 제(齊)나라 사람이라고도 함.

非吾所謂臧也비오소위장야

그것은 내가 말하는 훌륭함이 아니다.

屬其性乎五聲속기성호오성 雖通如師曠수통여사광

그 본성을 오성에다 귀속시킨다면 비록 사광처럼 음률에 통했다 해도,

非吾所謂聰也비오소위총야

그것은 내가 말하는 총명함이 아니다.

屬其性乎五色속기성호오색 雖通如離朱수통여이주

그 천성을 오색에다 귀속시킨다면 비록 이주(離朱)같이 빛깔에 통한다 해도,

非吾所謂明也비오소위명야

내가 말하는 눈밝음이 아니다.

吾所謂臧者오소위장자 非仁義之謂也비인의지위야

내가 이른바 훌륭함이란 인의를 말하는 것이 아니고,

臧於其德而已矣장어기덕이이의

덕(德 : 本性)을 완전하게 할 뿐이다.

吾所謂臧者오소위장자 非所謂仁義之謂也비소위인의지위야

내가 이른바 잘함이란 인의(仁義)를 말하는 것이 아니고,

任其性命之情45)而已矣임기성명지정이이의

그 성명지정(性命之情)에 맡길 뿐이다.

吾所謂聰者오소위총자 非謂其聞彼也비위기문피야

---

45) 性命之情(성명지정) : 하늘로부터 받은 천명의 진실. 곧 인간성 본연의 자세로 하늘로부
   터 받은 자기의 삶을 긍정하면서 살아가는 것을 말함.

내가 이른바 귀밝음이란 저 외부의 소리를 듣는 것이 아니라,

自聞而已矣자문이이의

자신 속의 것을 듣는 것이다.

吾所謂明者오소위명자 非謂其見彼也 自見而已矣46)비위기견피야 자견이
이의

　　내가 이른바 눈밝음이란 저 밖의 것을 보는 것이 아니라, 자신 속의 것
을 보는 것이다.

夫不自見而見彼부부자견이견피

무릇 자기 스스로 보지 못하고 남의 것만 보며,

不自得而得彼者부자득이득피자

자기 스스로 얻지 못하고 남의 것만 얻는 것은,

是得人之得而不自得其得者也시득인지득이부자득기득자야

남이 얻은 것만 얻으며 자기 스스로 얻을 것을 얻지 못하고,

適人之適而不自適其適者也47)적인지적이부자적기적자야

남의 즐거움만 즐거워하고 스스로 즐거워해야 할 것에 즐거워하지 못하
는 바다.

夫適人之適而不自適其適부적인지적이부자적기적

무릇 남의 즐거움만 즐거워하고 자기의 즐거움을 스스로 즐거워하지 못

---

46) 非謂其見彼也 自見而已矣(비위기견피야 자견이이의) : 저 밖의 것을 보는 것이 아니라,
　　자신 속의 것을 보는 것이다. 곧 대상 사물을 구분해 보는 것을 말하는 것이 아니라 자
　　연 그대로의 내면의 자기를 보는 것을 말할 뿐이다.

47) 適人之適而不自適其適者也(적인지적이부자적기적자야) : 다른 사람의 즐거움을 자기의
　　즐거움으로 여겨 스스로 자기의 즐거움을 즐거워하지 못하는 것. 適(적)은 즐거워하다,
　　즐기다.

한다면,

雖盜蹠與伯夷수도척여백이 是同爲淫僻也시동위음벽야

비록 도척과 백이(伯夷)라도 다 같이 미혹 속에 본성을 잃은 것이다.

余愧乎道德여괴호도덕

나는 이런 따위의 도덕에 대하여는 부끄러워한다.

是以上不敢爲仁義之操48)시이상불감위인의지조

그러므로 위로는 감히 인의의 지조를 지키려 하지도 않고,

而下不敢爲淫僻之行也이하불감위음벽지행야

아래로는 외물에 미혹하는 따위를 하지도 않는다.

| 해설 |

인류는 문명의 진보에 도취되고, 문화의 발달에 득의(得意)하여 여러 가지 관념적 물질적 행위의 잉여물에 얽매여 있다. 특히 당시 사회에 횡행·범람하던 궤변적인 논리의 유희나, 형식적인 가치 규범의 유행, 시각적 청각적 형식미에 도취·탐닉하고 있는 풍조를, 그 대표적인 인물의 이름을 들어가면서 구체적으로 설명을 가하고 있다.

그러나 이것들은 모두 다 네발가락과 육손이를 무익한 신체의 잉여물로 보고 공자의 인의를 거기에다 비유하여 인간생활의 무용한 규범으로 보면서도 네발가락과 육손이를 만물 생태의 자연현상으로 긍정하는 짐에 사나낭작이 있고 이율배반의 모순이 있다.

곧 인의를 무용지물로 보면 네발가락과 육손이도 무용한 잉여물로

---

48) 上不敢爲仁義之操(상불감위인의지조) : 위로는 감히 인의를 다잡지 아니하고 操(조)는 잡다, 장악하다. 인의지조(仁義之操)는 인의를 지킨다는 뜻.

볼 것이고, 네발가락과 육손이를 인정한다면 인의도 긍정되어야 할 것이다.

요컨대 이 편의 작자는 모든 기형아와 불구자를 만물제동(萬物齊同)·무용지용(無用之用)의 철학적 입장으로부터 긍정하는《장자》「내편」의 사고방식에 공감하면서, 한편 기형이나 불구는 비정상이라는 상식적인 입장의 사고방식이 혼용되어 이런 모순을 자아냈다고 볼 것이다.

그래서 시비를 전부 잊어버리고 근원적인 하나(道)로 돌아가려는《장자》「내편」의 입장과, 자기를 시(是)라 하고 남을 비(非)라고 하는《장자》「외편」의 시시비비주의(是是非非主義)의 입장과의 상이점도 관련되어 있다. 곧 인의의 무용성을《장자》「내편」의 성격을 갖는 네발가락·육손이에다 비유하려는 데서 이런 무리가 생긴 것이다.

이런 점에서 재래로 이「외편」부터는 후인의 위작(僞作)으로 보는데, 특히 마지막에 백이도 아니고 도척도 아닌 중용(中庸)의 길을 택함은 다분히 유교의 영향을 받은 필자의 속초(續貂)로 보인다.

9. 마제
馬蹄

自然에 가한 人爲는 거짓이요 惡이다

마제는 말발굽이란 뜻으로, 여기서는 인위(人爲)를 가하지 않은 자연 그대로의 만물의 존재 방식을 상징한다. 만물은 자연 그대로가 진(眞)이요 선(善)인데, 이런 자연에다 가한 인위는 거짓이요 악이라는 것을 강조하여, 만물이 저마다 자연의 삶을 즐기는 태고지덕(太古至德)의 세상을 찬미하는 것이 이 편의 내용이다. 공자학파의 성인(聖人)을 배격하며, 인의예악을 부정하는 직접적, 전투적 논조는 〈변무편〉보다 강하고 사상적 입장도 〈변무편〉보다 노자에 한층 더 가깝다.

백락상마(伯樂相馬)

1.

馬마 蹄可以踐霜雪제가이천상설

말은 말굽으로써 서리와 눈을 밟을 수 있고,

毛可以禦風寒모가이어풍한

털로써 바람과 추위를 막을 수 있으며,

齕草飮水흘초음수 翹足而陸[1]교족이륙

풀을 뜯고 물을 마시며 발을 들어 뛰어다니기도 하니,

此馬之眞性也차마지진성야

이것이 말의 본성이다.

雖有義臺路寢[2]수유의대로침 無所用之무소용지

그래서 의대(義臺)나 노침(路寢)이 있어도 그에게는 소용이 없는 것이다.

及至伯樂[3]曰급지백락왈

그런데 백락(伯樂)이 나타나서 말했다.

"我善治馬아선치마"

"나는 말을 길들이는 명수다."

燒之剔之[4]소지체지 刻之雒之각지낙지

---

1) 翹足而陸(교족이륙) : 발을 높이 들어 뛰어다님.

2) 義臺路寢(의대노침) : 의례(儀禮)를 행하는 높은 대(臺)와 천자의 정전(正殿), 곧 훌륭한 궁전. 義臺는 장주의 출생지인 송나라 서울의 교외에 있었다고 한다.

3) 伯樂(백락) : 춘추시대 때 사람으로, 말을 감정하는 상마가(相馬家). 성이 손(孫)이고, 이름은 양(陽)이라고도 하여 양자(陽子)로도 불린다. 진목공(秦穆公)의 신하로 있으면서 말을 감정하는 일을 맡았다. 일설에 천리마가 소금 수레를 끌고 태행산(太行山)을 오르다가 그를 보고 크게 울자 백락이 수레에서 내려 눈물을 흘렸다고 한다. 이에 말이 땅을 내려다보며 한숨을 쉬다가 하늘을 우러러 울었는데, 그 소리가 하늘 끝까지 퍼졌다는 것이다.

그리고는 털을 태우고 깎고, 발톱을 깎고 낙인(烙印)을 찍으며,

連之以羈馽연지이기칩 編之以皁棧편지이조잔

굴레와 고삐로 여러 마리를 묶어 마구간에 매어 놓으니,

馬之死者十二三矣마지사자십이삼의

말 중에 죽는 놈이 열에 두셋은 되었다.

饑之渴之5)기지갈지 馳之驟之6)치지취지

배고픔과 목마름을 이용하여 빨리 달리고 천천히 달리는 훈련을 시키며,

前有橛飾之患전유궐식지환 而後有鞭策之威이후유편책지위

앞에는 재갈과 가슴걸이로 조이고, 뒤로는 채찍으로 위협하여,

而馬之死者이마지사자 已過半矣이과반의

말 중에 죽는 놈이 이미 반이 넘게 되었다.

陶者曰도자왈 : 옹기장이(陶工)가 말했다.

"我善治埴아선치식 圓者中規 方者中矩7)원자중규 방자중구"

"나는 진흙을 잘 다루니, 둥글게 만들면 그림쇠에 맞고, 모가 나게 만들면 곱자에 맞는다."

匠人曰장인왈 : 목수가 말했다.

"我善治木아선치목 曲者中鉤 直者應繩8)곡자중구 직자응승"

---

4) 燒之剔之(소지체지) : 말의 털을 태우고 깎음.

5) 饑之渴之(기지갈지) : 굶기고 목마르게 함. 말을 길들이기 위한 행위.

6) 馳之驟之(치지취지) : 달리고 뛰게 함. 馳之(치지)는 말이 달리게 하는 것, 驟(취)는 갑자기 달리다.

7) 圓者中規 方者中矩(원자중규 방자중구) : 둥근 것은 그림쇠에 꼭 맞고, 모난 것은 곱자에 딱 들어맞음. 規(규)는 그림쇠(컴퍼스)이고 矩(구)는 곱자(曲尺)이다. 中은 꼭 맞다는 뜻.

"나는 나무를 잘 다루니, 굽게 깎으면 곡척에 맞고, 곧게 깎으면 먹줄에 맞는다."

豈欲中規矩鉤繩哉개욕중규구구승재

그러나 진흙과 나무의 성질이 어찌 그림쇠·자·곡척·먹줄에 맞추어지기를 바라겠는가?

然且世世稱之曰연차세세칭지왈 :

그런데 세상에서는 대체로 이르기를,

"伯樂善治馬백락선치마 而陶匠善治埴木이도장선치식목"

"백락은 말을 잘 다스렸고, 옹기장이와 목수는 진흙과 나무를 잘 다루었다."고 한다.

此亦治天下者之過也차역치천하지과야

이건 또한 인의로써 천하를 다스리는 자가 현인·성인이라고 칭찬받는 것과 같은 것이다.

吾意善治天下者不然오의선치천하자불연

내가 생각하는 천하를 잘 다스리는 자는 그렇지가 않고,

彼民有常性9)피민유상성

저 백성들에게는 엄연한 본성이 있다.

織而衣직이의 耕而食경이식 是謂同德10)시위동덕

---

8) 曲者中鉤 直者應繩(곡자중구 직자응승) : 굽은 것은 갈고리에 꼭 맞고, 곧은 것은 먹줄에 꼭 맞음. 鉤(구)는 목수가 곡선을 그릴 때 쓰는 도구. 應(응)은 앞에 나온 中規(중규)·中矩(중구)·中鉤(중구)의 中은 꼭 맞다.

9) 彼民有常性(피민유상성) : 사람들에게는 일정하게 타고난 본성이 있음. 彼民(피민)은 서민들을 뜻한다.

10) 同德(동덕) : 만민에게 공통된 德 자연의 道에 맞는 생활 방도.

옷감을 짜서 입고 밭을 갈아 먹으니, 이를 동덕(同德)이라 하고,

一而不黨일이부당 命日天放[11]명왈천방
한결같아 치우치지 않으니, 이를 명하여 천방(天放)이라 한다.

故至德之世고지덕지세 其行塡塡기행전전 其視顚顚[12]기시전전
그러므로 지덕(至德)의 세상에서는 사람들의 걸음이가 여유로웠고, 눈매가 밝고 환했다.

當是時也당시시야 山無蹊隧산무혜수 澤無舟梁택무주량
이런 시대에는 산에는 길이나 굴이 없었으며, 못에는 배나 다리가 없었다.

萬物群生만물군생 連屬其鄕[13]연속기향
만물은 군생(群生)하여 그 마을을 이었고,

禽獸成群금수성군 草木遂長초목수장
짐승들도 무리를 이루었으며, 초목도 멋대로 자랐다.

是故禽獸可係羈而遊시고금수가계기이유
그러므로 짐승들을 줄에 매어 같이 놀 수가 있었으며,

鳥鵲之巢可攀援而闚[14]조작지소가반원이규
새나 까치의 집도 끌어당겨 볼 수가 있었다.

夫至德之世부지덕지세 同與禽獸居동여금수거
무릇 지덕의 세상에서는 짐승과 함께 같이 살았고,

---

11) 天放(천방) : 무위자연의 자유, 곧 자연적 해방.

12) 其視顚顚(기시진진) : 눈매가 밝고 환함. 顚(진)은 瞋의 假借로 눈을 크게 뜬 모양.

13) 連屬其鄕(연속기향) : 사는 고을이 이어져 있음. 마을과 마을이 계속 이어져 있음.

14) 鳥鵲之巢可攀援而闚(조작지소가반원이규) : 새 둥지를 손으로 끌어당겨 안을 들여다볼 수 있음. 새들이 사람을 두려워하지 않기 때문에 높은 곳에 집을 짓지 않았다는 뜻이다.

族與萬物並족여만물병

무리지어 만물과 나란히 살았으니,

惡乎知君子小人哉오호지군자소인재

어찌 군자니 소인이니 하는 구별을 알기나 했겠는가?

同乎無知동호무지 其德不離기덕불리

함께 무지하여 그 덕에서 떠나지 않고,

同乎無欲동호무욕 是謂素樸시위소박

한가지로 욕심이 없었으니, 이를 일러 소박(素樸)이라 했다.

素樸而民性得矣소박이민성득의

그렇게 소박하였으므로 백성들은 그 본성을 지킬 수 있었다.

及至聖人급지성인 蹩躠爲仁15)별설위인

그러다가 성인이 나타나자, 억지로 인을 행하게 하고,

踶跂爲義16)제기위의 而天下始疑矣이천하시의의

발돋움하여 의를 만들어내어 천하는 비로소 의심하게 되었다.

澶漫爲樂17)전만위악 摘僻爲禮18)적벽위례

절제 없이 음악을 만들고, 번거롭고 자질구레하게 예의를 만들자,

而天下始分矣이천하시분의

---

15) 蹩躠爲仁(별설위인) : 억지로 인을 행함. 蹩躠(별설)은 억지로 걷는 모양. 같은 곳을 빙빙 돌아다니는 모양.

16) 踶跂爲義(제기위의) : 발돋움하여 의를 행함. 踶(제)는 심력을 기울이는 모양이고, 跂(기)는 발돋움하는 모양, 애쓰는 모습. 앞의 蹩躠(별설)과 같은 의미다.

17) 澶漫爲樂(단만위악) : 절제 없이 음악을 연주함. 澶漫(단만)은 절제 없이 제멋대로 굶.

18) 摘僻爲禮(적벽위례) : 번거롭게 예(禮)를 시행함. 摘僻(적벽)은 번거롭게 구속되는 모습. 번거롭고 자질구레하다.

세상에 비로소 신분의 구별이 생기게 되었다.

故純樸不殘¹⁹⁾고순박부잔 孰爲犧樽²⁰⁾숙위희준

그러므로 자연 그대로의 통나무를 깎지 않고서 어떻게 희준(犧樽)을 만들겠으며,

白玉不毁백옥불훼 孰爲珪璋²¹⁾숙위규장

백옥을 갈지 않고 누가 규장(珪璋)을 만들겠는가?

道德不廢도덕불폐 安取仁義안취인의

그와 같이 천연한 도덕을 폐하지 않고서 어떻게 인의를 내세우며,

性情不離²²⁾성정불리 安用禮樂안용예악

원래의 성정(性情)을 떠나지 않고서 어떻게 예악(禮樂)을 쓸 것인가?

五色不亂오색불란 孰爲文采숙위문채

또 오색(五色)을 어지럽히지 않고서 누가 문채(文采)를 만들며,

五聲²³⁾不亂오성불란 孰應六律²⁴⁾숙응육률

오성(五聲)을 어지럽히지 않고서 누가 육률(六律)을 연주할 수 있겠는가?

夫殘樸以爲器부잔박이위기 工匠之罪也공장지죄야

무릇 통나무를 해쳐서 그릇을 만든 것은 목공의 죄이고,

---

19) 純樸不殘(순박부잔) : 자연 그대로의 통나무를 해치지 않음.

20) 犧樽(희준) : 고대에 제사의 희생으로 소를 사용했던 것을 도자기로 형상한 것인데, 제사 때에는 술을 담는 용기로 사용했다. 犧는 희생 소

21) 珪璋(규장) : 위는 뾰족하고 아래는 네모진 곧 玉 모양의 구슬을 규(珪)라 하고, 이 규가 아래위로 갈라진 그 반쪽 옥 모양을 장(璋)이라 한다. 다 같이 예(禮)의 의식에 쓰인다.

22) 性情不離(성정불리) : 타고난 성정을 떠나지 않다.

23) 五聲(오성) : 궁(宮)·상(商)·각(角)·치(徵)·우(羽)로 오음(五音)과 같다.

24) 六律(육률) : 황종(黃鐘)·태주(太簇)·고선(姑洗)·유빈(蕤賓)·무역(無射)·이칙(夷則)의 총칭이며 12율 가운데 양을 상징하는 여섯 음이다.

毁道德以爲仁義훼도덕이위인의 聖人之過也성인지과야

도덕을 훼손하여 인의를 만들어 낸 것은 성인의 과실이다.

夫馬부마 陸居則食草飲水육거즉식초음수

무릇 말은 들에 살면서 풀을 뜯고 물을 마시면서,

喜則交頸相靡희즉교경상미 怒則分背相踶노즉분배상제

기쁘면 목을 맞대고 서로 비비며, 성이 나면 등을 돌려 서로 찬다.

馬知已此矣마지이차의

말의 지혜는 이 정도에서 그친다.

夫加之以衡扼25)부가지이형액 齊之以月題26)제지이월제

그러다가 그 말에 수레의 가로막대나 멍에를 씌워 월제(月題)에 붙들어
매면,

而馬知介倪27)이마지올예 闉扼28)鷙曼詭銜竊轡인액지만궤함절비

말이 끌채 끝을 부러뜨리고, 멍에를 망가뜨리며 멈추고 더디 걷고 재
갈을 토해내고 고삐를 물어뜯을 줄 알게 되었다.

故馬之知而態至盜者고마지지이태지도자 伯樂之罪也백락지죄야

그러므로 말의 지혜가 도둑과 같이 된 것은 백락의 죄다.

夫赫胥氏29)之時부혁서씨지시 民居不知所爲민거부지소위 行不知所之행부

---

25) 加之以衡扼(가지이형액) : 말에게 가로나무와 멍에를 매달다. 衡(횡)은 마차의 수레 끌
   채 끝에 낸 횡목. 여기에 말을 매단다. 扼은 軛(액 : 멍에)과 같으며 말 목에 거는 멍에
   인데 반달형으로 衡에 달아 붙인다. 之는 말을 지칭한다.
26) 月題(월제) : 월(月)은 월(軏)로 멍에막이. 제(題)는 예(輗)로서 끌채, 마구리라 함.
27) 介倪(올예) : 수레 끌채를 부러뜨림. 倪(예)는 輗(예)의 가차자로 수레 끌채. 介은 兀의
   잘못으로, 兀은 부러뜨리다.
28) 闉扼(인액) : 멍에를 구부러뜨려 망가뜨림.

　무릇 혁서씨(赫胥氏) 때에는 백성들이 집에 있으면서 할 일을 알지 못했고, 나가도 갈 데를 몰랐다.

　含哺而熙 鼓腹而遊30)함포이희 고복이유 民能以此矣민능이차의
　음식을 먹고 즐기며 배를 두드리며 놀았으니, 백성들이 할 줄 아는 것이 이런 것들뿐이었다.

　及至聖人급지성인 屈折禮樂以匡天下之形굴절예악이광천하지형
　그러다가 성인이 나타나자, 예악 때문에 굽히고 꺾게 하여 천하인의 몸가짐을 바로잡으려 하고,

　縣跂仁義31)以慰天下之心현지인의이위천하지심
　인의를 높이 내걸어 천하의 마음을 달래려고 함에 이르러서는

　而民乃始踶跂好知이민내시제기호지
　백성들은 비로소 발돋움하여 지혜를 좋아하고

　爭歸於利쟁귀어리 不可止也불가지야 此亦聖人過也차역성인과야
　이익을 다툼이 그치지 않았으니, 이 또한 성인의 허물이다.

| 해설 |
　원래 순종하는 말의 본성을 흉포하게 만든 것은 백락(伯樂)의 죄인

---

29) 赫胥氏(혁서씨) : 상고시대의 전설적인 제왕.《열자(列子)》에 나오는 화서씨(華胥氏)와 동일한 인물로 추정된다.

30) 含哺而熙 鼓腹而遊(함포이희 고복이유) : 먹을 것을 입에 물고 즐거워하고 배를 두드리며 노닐다. 哺(포)는 입속에 머금고 있는 음식물. 餔(포)와 통한다. 여기서 '천하가 태평하여 즐거운 모양'을 이르는 「함포고복(含哺鼓腹)」성어가 생겨났다.

31) 縣跂仁義(현지인의) : 인의의 가르침을 높이 매달다. 인의의 가르침을 내걸고 사람들로 하여금 숭상하게 하였다는 뜻. 縣은 懸과 같아 매달다는 뜻이고, 跂는 발돋움하다.

것과 같이 본래 순박한 본성을 가진 인간을 악독하게 만든 것은 인의 예악(仁義禮樂)을 만들어낸 천하의 지배자 성인의 죄다.

옛날 원시시대의 지배자 혁서씨(赫胥氏)가 천하를 다스릴 때에는 백성은 자연의 본성이 지혜나 욕망의 방자함에 의하여 어지럽혀지지 않고 순박했기 때문에, "집에 있으면서도 할 일을 알지 못했고, 나가도 갈 데를 몰랐다. 음식을 먹고 즐기고 배를 두드리며 놀았다."

그러다가 성인이 나타나 예악을 만들어 그 예악에 맞추느라 백성들은 비굴한 동작을 해야 했고, 억지로 인의를 만들어 실현 불가능의 세계를 동경하도록 만들었으므로 어진이가 되고, 이익을 보려고 분쟁과 소요가 생기게 되니, 이것은 모두 성인의 죄다.

특히 "음식을 먹고 즐기며 배를 두드리며 놀았다."는 구절은 모든 백성들이 자기의 본성을 따라 무위자연의 생활을 즐기는, 지극히 덕성스러운 태평세월을 설명하는 말이다.

그런데 이런 말은 노장학파가 자기들의 이상사회를 설명하는 데 잘 쓸 뿐 아니라, 일반적으로 고대 중국인들에게 공통된 궁극적인 이상사회를 표상하는 말이다.

유교학파들도 옛날의 지극한 성인으로 받드는 통치자 요순의 시대를 최고의 이상적인 시대로 보고 그 요임금 때 한 노인이 태평세월을 구가했다는 〈격양가(擊壤歌)〉는 바로 이런 내용이 들어 있다.

해가 뜨면 일하고   日出而作
해가 지면 잠자며   日入而息
우물을 파서 마시고   鑿井而飮
밭을 갈아 먹으니   耕田而食
임금의 힘이 나에게 무슨 관계가 있으랴! 帝方何有於我哉

하여, 한 농부가 흙덩이를 치면서 지배자의 의식조차 잊는 무위(無爲)의 치(治)를 구가하고 있다.

그런데 이 무위란 말은 노자나 장자의 전용어가 아니고 공자의 말에도 있다. 곧 《논어》〈위령공(衛靈公)〉편에, "무위로 통치를 한 사람은 순(舜)임금뿐이다. 그가 무엇을 했겠는가? 자기 몸을 공손히 하고 임금 자리에 앉아 있을 뿐이다(無爲而治者 其舜也與 夫何爲哉 恭己正南面而已矣)"라 하여, 공자는 유교의 성인인 요나 순의 정치가 천지자연의 조화에 상응한다고 보아 무위라고 찬탄한 것이다.

이로 보아 무위의 치는 노장(老莊)과 공자에 있어서 궁극적인 정치요, 모든 중국인의 이상적인 모토라고 하겠다.

그러나 공자의 무위지치(無爲之治)는 노자나 장자와 같이 저 무한한 천지자연의 조화를 모범으로 삼는 것이 아니고, 인간의 극치로써 생각한 무위자연이며, 인위를 부정하는 천지자연의 조화를 그대로 따르는 것은 아니다. 따라서 공자의 無爲와 노장자의 無爲는 근원을 달리하고 있다.

10. 거협
胠篋

세상 지혜란 큰 도둑을 위하여 물건을 쌓아놓은 것이다

거협은 상자를 연다는 뜻으로, 좀도둑의 행위를 말하기도 한다. 성인
이 정해놓은 인의예악의 규범은 이런 좀도둑은 막을지 몰라도 잠가 놓는
상자를 송두리째 짊어지고 가는 큰 도둑에게는 드리어 그들이 욕망을 채
워주는 결과밖에 되지 않는다. 따라서 사회에는 큰 악당들이 발호(跋扈)
하여 갖은 교활한 지혜나 권모술수를 부려 위선을 행하는 결과를 초래한
다는 내용이다. 이 편도 노자의 사상이 밑바탕에 깔려 있는 점에서 〈마
제〉 편의 필자와 같으리라 여겨진다.

1.

將爲胠篋1)探囊發匱2)之盜而爲守備장위거협탐낭발궤지도이위수비

상자를 열고 주머니를 뒤지며 궤짝을 여는 좀도둑을 대비하기 위해서는

則必攝緘縢3)固扃鐍4)즉필섭함등휼고경

반드시 줄이나 끈으로 묶고 빗장이나 자물쇠를 단단히 채워둔다.

此世俗之所謂知也차세속지소위지야

이것이 세상의 속인이 말하는바 지혜인 것이다.

然而巨盜至연이거도지 則負匱揭篋擔囊而趨즉부궤게협담낭이추

그러나 큰 도둑이 오면 궤짝을 지고, 상자를 들고, 주머니를 메고, 달아
나면서,

唯恐緘縢扃鐍之不固也유공함등경휼지불고야

오직 줄과 끈이나 빗장과 자물쇠가 튼튼치 못할까 걱정한다.

然則鄕之所謂知者연즉향지소위지자 不乃爲大盜積者也불내위대도적자야?

그러니 세상에서 말하는 지혜로운 자는 곧 큰 도둑을 위하여 물건을 쌓
아놓은 것이 아닌가?

故嘗試論之고상시론지

그러므로 이에 대해 한번 말해보기로 하자.

---

1) 胠篋(거협) · 작은 상자를 엶 곧 상자 안의 물건을 훔친다는 뜻, 胠는 열다,
2) 探囊發匱(탐낭발궤) : 주머니를 뒤지고 나무상자를 뜯어냄. 探(탐)은 손으로 더듬는 동
   작으로 뒤진다는 뜻. 囊은 주머니. 發은 연다는 뜻. 匱는 궤짝으로 나무상자.
3) 攝緘縢(섭함등) : 끈이나 줄을 당겨 단단히 묶음. 攝은 묶는다는 뜻이고, 緘과 縢은
   모두 끈의 종류.
4) 固扃鐍(고경휼) : 빗장과 자물쇠를 튼튼히 채움. 固는 단단히 하다는 뜻, 扃(경)과 鐍
   (휼)은 모두 잠금장치의 일종으로 扃은 빗장(關)이고 鐍은 자물쇠(鎖).

世俗之所謂知者세속지소위지자 有不爲大盜積者乎유불위대도적자호?

세속에서 말하는 지혜로운 자는 큰 도둑을 위하여 물건을 쌓아놓은 자가 아닌가?

所謂聖者소위성자 有不爲大盜守者乎유불위대도수자호?

이른바 성인은 큰 도둑을 위하여 이것을 지켜주는 자가 아닌가?

何以知其然邪가이지기연야?

어째서 그런 줄을 알 수 있는가?

昔者齊國隣邑相望5)석자제국린읍상망 雞狗之音相聞6)계구지음상문

옛날 제나라는 이웃 고을이 서로 바라다보여 닭소리·개소리가 서로 들리고,

罔罟7)之所布망고지소포 耒耨8)之所刺뇌누지소자 方二千餘里방이천여리

그물을 치고 경작하는 곳이 사방 2천여 리나 돼 온 나라 안에 뻗어 있었다.

闔四竟之內9)합사경지내 所以立宗廟社稷소이립종묘사직

사방 국경 안을 통틀어 종묘(宗廟)와 사직(社稷)을 세우고,

治邑屋州閭鄕曲者10)치읍옥주려향곡자

---

5) 隣邑相望(인읍상망) : 이웃 고을이 서로 바라다보이다.

6) 雞狗之音相聞(계구지음상문) : 닭 우는 소리와 개 짖는 소리가 서로 들림. 백성들의 수가 많음을 표현한 것으로, 《老子》 제80장에 나오는 "이웃나라가 서로 바라다보이고 닭 우는 소리와 개 짖는 소리가 서로 들리는데, 백성들은 죽을 때까지 서로 왕래하지 않는다(隣國相望 鷄犬之聲相聞 民至老死不相往來)."라고 한 표현과 유사하다.

7) 罔罟(망고) : 조수(鳥獸)와 물고기를 잡는 그물.

8) 耒耨(뇌누) : 쟁기와 보습.

9) 闔四竟之內(합사경지내) : 사방 국경 안을 통틀어.

10) 治邑屋州閭鄕曲者(치읍옥주려향곡자) : 邑·屋·州·閭·鄕 등의 고을을 구석구석까지

읍(邑)·옥(屋)·주(州)·려(閭)·향(鄉)·곡(曲)을 다스리는 것이,

曷嘗不法聖人哉갈상불법성인재!

어찌 일찍이 성인을 본받지 않았겠는가!

然而田成子[11]一旦[12]殺齊君而盜其國연이전성자일단살제군이도기국

그러나 전성자(田成子)는 한나절 만에 제나라 임금을 죽이고, 그 나라를 도둑질해 버렸다.

所盜者豈獨其國邪소도자기독기국야?

훔친 것이 어찌 그 나라뿐이었겠는가?

竝與其聖知之法而盜之병여기성지지법이도지

아울러 그 성인의 지혜로 만들어진 법도 도둑질해 버렸다.

故田成子有乎盜賊之名고전성자유호도적지명

그러므로 전성자는 도둑의 이름을 지녔으면서도

而身處堯舜之安이신처요순지안

그 몸은 요순과 같이 편안히 살았다.

小國不敢非소국불감비 大國不敢誅대국불감주 十二世有齊國십이세유제국

작은 나라가 감히 비난하지 못하고, 큰 나라도 감히 그를 죽이지 못하여, 12대 동안 제나라를 소유했었으니,

다스린 법칙. 모두 행정구역의 대소를 나누는 단위. 《주례주(周禮注)》에 나온 정리를 따르면 25家가 閭이고, 2,500家가 州이고, 12,500家가 鄉이다. 曲은 행정구역이 아니라 여러 단위로 표시된 고을의 일부분을 의미하는데, 방방곡곡(坊坊曲曲)의 曲과 같다.

11) 田成子(전성자) : 춘추시대 제나라 대부 진항(陳恒)을 말함. 그는 제 간공(齊簡公)을 죽이고 많은 땅을 차지했는데, 그의 증손 태공전화(太公田和)는 제 강공(齊康公)을 죽이고 제나라를 멸망시켰다.

12) 一旦(일단) : 하루아침에, 한나절 만에, 一朝와 같다.

則是不乃竊齊國13)즉시불내절제국 竝與其聖知之法병여기성지지법

이는 곧 제나라와 그 성인의 지혜에서 나온 법을 아울러 도둑질하여,

以守其盜賊之身乎이수기도적지신호?

그 도둑의 몸을 보호한 것이 아닌가?

嘗試論之상시론지

그럼 한번 따져보자.

世俗之所謂至知者세속지소위지지자

세속에서 말하는 지극히 지혜로운 자란,

有不爲大盜積者乎유불위대도적자호?

큰 도둑을 위하여 물건을 쌓아두는 자가 아닌가?

所謂至聖者소위지성자 有不爲大盜守者乎유불위대도수자호?

이른바 지극히 성스러운 자란 큰 도둑을 위하여 물건을 지켜주는 자가
아닌가?

何以知其然邪하이지기연야?

어떻게 그런 줄을 알 수 있는가?

昔者龍逢斬14)석자용봉참 比干剖15)비간부

옛날 용봉(龍逢)은 몸이 베어지고, 비간(比干)은 가슴이 찢겨졌으며,

---

13) 齊國(제국) : 제나라 무왕(武王) 때 태공망 여상(呂尙)이 피봉(被封)받은 나라로 임치(臨
淄)에 수도를 두고 번성했던 나라.

14) 龍逢斬(용봉참) : 용봉(龍逢)은 몸이 베어지다. 龍逢은 관용봉(關龍逢)을 말하며, 하(夏)
나라 걸왕(桀王)의 충신으로 걸왕에게 간언하다가 살해당했다.

15) 比干剖(비간부) : 비간은 가슴을 찢겨 죽음.〈인간세〉편 제1장에 나왔으며,〈산목〉,
〈외물〉,〈도척〉편에도 보인다. 비간(比干)은 상(商 : 은나라)나라 마지막 군주 주왕
(紂王)에게 정치를 바로잡을 것을 주장하다가 죽었다.

萇弘胣[16]장홍이 子胥靡[17]자서미

장홍(萇弘)은 사지를 찢기고, 오자서(吳子胥)는 시신이 강물에 던져졌다.

故四子之賢[18]而身不免乎戮고사자지현이신불면호륙

그러므로 이 네 사람의 어짊으로도 그 몸은 죽음을 면하지 못했다.

故盜蹠之徒問於蹠曰고도척지도문어척왈 :

그래서 도척(盜蹠)의 무리들이 도척에게 물었다.

"盜亦有道乎도역유도호?"

"도둑질에도 道가 있습니까?"

蹠曰척왈 : 도척이 말했다.

"何適而無有道邪하적이무유도야?

"어디엔들 道가 없겠느냐?

夫妄意室中之藏[19]부망의실중지장 聖也성야

방안에 감추어둔 것을 미루어 아는 것은 성(聖)이고,

入先입선 勇也용야

앞장서서 들어가는 것은 용(勇)이며,

出後출후 義也의야

---

16) 萇弘(장홍) : 춘추시대 말기 주(周)의 영왕(靈王)을 섬긴 현신. 참언(讒言)을 입어 죽임을 당했음.

17) 子胥靡(자서미) : 자서는 강물에 던져졌나. 오지서(伍子胥)의 이름은 원(員). 子胥는 字. 춘추시대 말기 오왕(吳王) 부차(夫差)를 섬긴 지략의 신하인데 참언을 입어 죽임을 당하고, 시신은 강에 던져졌음.

18) 四子之賢(사자지현) : 이 네 사람의 현명함. 네 사람의 현명함으로도 몸이 형륙을 면치 못했음을 이르는 말.

19) 夫妄意室中之藏(부망의실중지장) : 방 속에 감추어진 재화를 멀리서 바라보는 것만으로 짐작하여 알아맞힘. 妄意는 멀리서 바라보기만 하고도 알아맞힌다는 뜻.

맨 나중에 나오는 것은 의(義)이고,

知可否지가부 知也지야

가부(可否)를 아는 것은 지(知)이며,

分均분균 仁也인야

고르게 나누는 것은 인(仁)이다.

五者不備而能成大盜者오자불비이능성대도자 天下未之有也천하미지유야"

이 다섯 가지를 갖추지 못하고서 큰 도둑이 된 자는 천하에 없다."

由是觀之유시관지 善人不得聖人之道不立선인부득성인지도불립

이로 볼 때 착한 사람이 성인의 道를 얻지 못하면 세상에 살 수가 없고,

蹠不得聖人之道不行척부득성인지도불행

도둑도 성인의 道를 얻지 못하면 행할 수가 없는 것이다.

天下之善人少而不善人多천하지선인소이불선인다

그러나 천하의 착한 사람은 적고, 착하지 않은 사람은 많으니,

則聖人之利天下也少而害天下也多즉성인지리천하야소이해천야다

성인의 천하에 이롭게 하는 일은 적고 해롭게 하는 일이 많은 것이다.

故曰고왈 : 그러므로 이르기를,

"脣竭則齒寒 魯酒薄而邯鄲圍[20]순갈즉치한 노주박이한단위

---

20) 脣竭則齒寒 魯酒薄而邯鄲圍(순갈즉치한 노주박이한단위) : "입술이 없어지면 이가 시린 것처럼 노(魯)나라에서 담근 술이 싱거우면 조(趙)나라 한단(邯鄲)이 포위당한다." 춘추전국시대의 노나라는 지금의 산동성 서부에서 강소, 안휘 양 성을 영토로 하였던 나라이다. 당시 가장 번성한 도시였던 한단은 전국시대 조(趙)나라의 수도로서, 지금의 하남성 남부이다. BC 4세기 무렵 당시의 강대국 초(楚)나라 선왕이 제후들과 회합하였다. 제후들은 각각 공물을 가지고 회합에 참석하였다. 이때 노(魯)·조(趙) 두 나라가 술을 헌상했다. 노나라의 술은 묽었고, 조나라의 술은 진했다. 그런데 초나라의 관리가 조나라에

"입술이 없어지면 이가 시린 것처럼 노(魯)나라에서 담근 술이 싱거우면 조(趙)나라 한단(邯鄲)이 포위당한다."

聖人生而大盜起성인생이대도기"

그래서 성인이 나타나자 큰 도둑이 생겨났다.

掊擊聖人부격성인 縱舍盜賊[21]종사도적 而天下始治矣이천하시치의

그러므로 성인을 배격하고 도둑을 내버려둬야 천하는 비로소 다스려질 것이다.

夫川竭而谷虛부천갈이곡허 丘夷而淵實구이이연실

무릇 냇물이 마르면 골짜기가 비고, 언덕이 무너지면 못이 메워지며,

聖人已死성인이사 則大盜不起즉대도불기

성인이 죽으면 큰 도둑이 일어나지 않아,

天下平而無故[22]矣천하평이무고의

천하는 태평해지고 탈 없이 잘 다스려질 것이다.

聖人不死성인불사 大盜不止대도부지

성인이 죽지 않으면 큰 도둑도 사라지지 않을 것이니,

雖重聖人而治天下수중성인이치천하 則是重利盜蹠也즉시중리도척야

서 저렇게 좋은 술을 가지고 오면서 자기에게는 아무것도 주지 않는다 하여 화풀이로 노나라 술과 조나라 술을 바꿔서 선왕(宣王)에게 올렸다. 술을 바꾸어 놓은 것을 초나라 왕이 알지 못하고 조나라의 술이 싱겁다 하여 노한 초익 서왕이 조나라의 수도 한단을 포위하여 공격하게 된 것이다. 세상에는 서로 아무런 관계가 없는 일이라 여겨지는 것에도 인과관계가 있는 것이다. 전(轉)하여 남 때문에 뜻밖의 재난을 당함을 이르는 말이다.

21) 縱舍盜賊(종사도적) : 도둑들을 내버려둠. 곧 성인의 법으로 도둑을 없애려 하는 것은 도리어 도둑들을 가르치는 것이므로 차라리 그냥 내버려두는 것이 도둑을 막는 길이라는 뜻. 縱舍는 내버려둔다는 뜻.

22) 無故 : 탈이 없이 잘 있음.

비록 성인이 거듭 나타나서 천하를 다스린다면 이는 도척을 거듭 이롭
게 하는 일일 따름이다.

爲之斗斛以量之[23)]위지두곡이량지 則並與斗斛而竊之즉병여두곡이절지
말이나 되를 만들어 곡식을 헤아리면 도둑은 됫박까지 아울러 훔쳐가고,

爲之權衡以稱之[24)]위지권형이칭지 則並與權衡而竊之즉병여권형이절지
저울을 만들어 물건을 달면 저울추와 저울대까지도 훔쳐가며,

爲之符璽以信之[25)]위지부새이신지 則並與符璽而竊之즉병여부새이절지
부절(符節)이나 인장(印章)을 만들어 신표로 삼으면 그 부절이나 인장도
훔쳐갈 것이고,

爲之仁義以矯[26)]之위지인의이교지 則並與仁義而竊之즉병여인의이절지
인의(仁義)로써 바로잡으려 하면 그 仁과 義도 아울러 훔쳐갈 것이다.

何以知其然邪하이지기연야?
어떻게 그런 줄을 알 수 있겠는가?

彼竊鉤者誅 竊國者爲諸侯[27)]피절구자주 절국자위제후
저 갈고리를 훔쳐간 자는 죽음을 당하고, 나라를 도둑질한 자는 제후가
된다.

---

23) 爲之斗斛以量之(위지두곡이량지) : 됫박을 만들어 곡식의 양을 헤아리다. 斗斛은 곡식
   을 되는 말과 휘를 아울러 이르는 말. 또 되질하는 것을 이르는 말.

24) 爲之權衡以稱之(위지권형이칭지) : 저울을 만들어 무게를 달다. 權衡은 저울. 權은 저
   울추이고, 衡은 저울대에 해당한다. 稱은 저울로 달다는 뜻.

25) 爲之符璽以信之(위지부새이신지) : 부새를 만들어 신표로 삼음. 符는 부신(符信) 또는
   부절(符節)이고, 璽는 인장(印章).

26) 矯(교) : 바로잡다.

27) 彼竊鉤者誅 竊國者爲諸侯(피절구자주 절국자위제후) : 갈고리를 훔친 자는 죽임을 당하
   지만, 나라를 훔친 자는 제후가 된다.

諸侯之門제후지문 而仁義存焉이인의존언

그리고 제후의 문에는 인의가 있으니,

則是非竊仁義聖知邪즉시비절인의성지야?

이는 인의와 성지(聖知)를 도둑질한 것이 아닌가?

故逐於大盜 揭諸侯[28]고축어대도 게제후

그러므로 큰 도둑이라는 이름을 떨쳐버리고 제후라는 이름을 내걸고,

竊仁義並斗斛權衡符璽之利者절인의병두곡권형부새지리자

인의(仁義)와 말·섬·저울추·저울대·부절·인장의 이익을 빼앗을 수
있는 사람이면,

雖有軒冕之賞弗能勸수유헌면지상불능권

비록 높은 벼슬로 보상을 해주어도 착한 일을 권장할 수가 없고,

斧鉞[29]之威弗能禁부월지위불능금

형벌의 위엄을 가해도 악한 일을 금할 수가 없을 것이다.

此重利盜蹠而使不可禁者차중리도척이사불가금자

이렇게 도척에게 거듭 이익을 주어 금할 수 없도록까지 한 것은,

是乃聖人之過也시내성인지과야

곧 성인의 잘못이다.

故曰고왈 : 그러므로 이트기를,

"魚不可脫於淵 國之利器 不可以示人[30]어불가탈어연 국지리기 불가이시인"

---

28) 逐於大盜 揭諸侯(축이대도 게제후) : 큰 도둑이라는 악명을 떨쳐 버리고 제후라는 이
름을 내세워 인의를 훔치다.

29) 斧鉞(부월) : 작은 도끼와 큰 도끼. 사형, 형륙, 중형.

30) 魚不可脫於淵 國之利器不可以示人(어불가탈어연 국지리기 불가이시인) : 물고기는 깊은

"물고기는 못에서 벗어나면 안 되고, 나라의 이기(利器)는 남에게 보여서는 안 된다."고 했다.

彼聖人者피성인자 天下之利器也천하지리기야
저 성인은 천하를 다스리는 이기(利器)이므로

非所以明天下也비소이명천하야
천하에 밝게 드러낼 것이 아니다.

故絕聖棄知[31)고절성기지 大盜乃止대도내지
성스러움을 끊고 지혜를 버리면 큰 도둑이 비로소 그친다.

摘玉毁珠척옥훼주 小盜不起소도불기
보옥을 버리고 구슬을 깨뜨려버리면 좀도둑이 일어나지 않을 것이며,

焚符破璽분부파새 而民朴鄙이민박비
부절을 태우고 인장을 파기해 버리면 백성들이 순박해질 것이고,

掊斗折衡부두절형 而民不爭이민부쟁
됫박을 부숴버리고 저울대를 꺾어버리면 백성들이 다투지 않으며,

殫殘[32)天下之聖法탄잔천하지성법 而民始可與論議이민시가여논의

물 속에서 벗어나서는 안 되고 나라의 이로운 기물은 사람들에게 보여주어서는 안 됨. 이 구절은 《노자》 36장에도 "魚不可脫於淵 國之利器 不可以示人"으로 나오며, 《한비자》 〈유로(喻老)〉편, 《회남자》 〈도응훈(道應訓)〉편에도 老子의 말로써 인용되어 있다. 단지 여기서는 故曰이라고 해서 노자와 관계가 없다는 점과 利器에 관한 구체적인 내용이 위 구절에 기술되어 있다는 점 등이 주목된다.

31) 絕聖棄知(절성기지) : 성(聖)과 지(知)를 끊어 버려야 큰 도둑이 비로소 그친다(大盜乃止).《노자》 19장에, "성스러움을 끊고 지혜를 버리면 백성의 이익이 백 배가 될 것이다. 인을 끊고 의를 버리면 백성이 다시 효도하고 자애할 것이다. 기교를 끊고 이익을 버리면 도적이 사라질 것이다(絕聖棄智 民利百倍 絕仁棄義 民復孝慈 絕巧棄利 盜賊無有)." 라고 한 대목이 있다.

천하의 모든 성스러운 법을 없애버리면 백성들은 비로소 道를 이야기하
게 될 것이다.

擢亂六律33)탁란육률 鑠絕竽瑟34)삭절우슬

육률을 흐트러뜨리고 피리와 비파를 불사르며,

塞瞽曠之耳35)색고광지이 而天下始人含其聰矣이천하시인함기총의

사광의 귀를 막아버려야 천하인은 비로소 그 천진한 귀 밝음을 지닐 것
이다.

滅文章멸문장 散五采산오채 膠離朱36)之目교이주지목

화려한 무늬를 없애고, 오채(五彩)를 흩어버리며, 이주의 눈을 봉해버려야

而天下始人含其明矣이천하시인함기명의

천하인은 비로소 그 천진한 눈 밝음을 지닐 것이다.

毀絕鉤繩而棄規矩훼절구승이기규구 攦工倕37)之指여공수지지

갈고리와 먹줄을 부숴버리고, 그림쇠와 곱자를 버리며, 공수(工倕)의 손
가락을 꺾어버려야,

---

32) 殫殘(탄잔) : 멸망하여 없어짐.

33) 擢亂六律(탁란육률) : 육률의 가락을 흩뜨려 버림. 擢亂은 흐트러뜨리다, 빼내어 어지럽
히다의 뜻.

34) 鑠絕竽瑟(삭절우슬) : 피리나 거문고 따위의 악기를 태워 버림. 鑠(삭)은 태워 없애다.
竽瑟은 피리나 거문고 따위의 악기. 竽는 생(笙)과 비슷한 대나무 피리이고, 瑟(슬)은
거문고의 일종이다.

35) 塞瞽曠之耳(색고광지이) : 사광의 귀를 막아버림. 師曠은 〈제물론〉, 〈변무〉 편에 나왔
던 사광(師曠)이다. 塞(색)은 가로막다.

36) 離朱(이주) : 이루(離婁).

37) 工倕(공수) : 순(舜)임금 때 사람. 뛰어난 목수였다. 춘추시대 말기의 공수반(公輸班)과
함께 유명한 교장(巧匠)으로 알려졌다.

而天下始人有其巧矣이천하시인유기교의

천하에는 비로소 사람들이 기술을 지닐 것이다.

故曰고왈 : 그러므로 이르기를,

"大巧若拙[38]대교약졸 "

"훌륭한 기교는 졸렬하게 보인다."

削曾史之行삭증사지행 鉗楊墨之口겸양묵지구

증삼(曾參)과 사추(史鰌)의 행실을 없애버리고, 양주(楊朱)와 묵적(墨翟)의 구변을 봉해 버리며,

攘棄仁義양기인의 而天下之德始玄同矣[39]이천하지덕시현동의

인의(仁義)를 물리쳐야 천하의 덕은 비로소 하나가 될 것이다.

彼人含其明피인함기명 則天下不鑠矣즉천하불삭의

천하 사람들이 본래의 밝음을 간직하게 되면 천하가 녹아 버리지 않을 것이고,

人含其聰인함기총 則天下不累矣즉천하불루의

사람들이 그 천진한 귀 밝음을 지니면 천하는 얽매이는 일이 없을 것이며,

人含其知인함기지 則天下不惑矣즉천하불혹의

사람들이 그 천진한 지혜를 지니면 천하는 현혹되지 않을 것이고,

人含其德인함기덕 則天下不僻矣즉천하불피의

---

38) 大巧若拙(대교약졸) : 참으로 교묘한 것은 범인의 눈에 도리어 거칠고 치졸한 것으로
보임. 아주 능숙한 사람은 자연스럽고 꾀도 쓰지 않으며 자랑하지도 않으므로 졸한 것처
럼 보임. 《노자》 45장에도 "크게 강직한 것은 굴종하는 것 같고, 대교는 졸한 듯하며,
큰 웅변은 더듬는 듯하다(大直若屈 大巧若拙 大辯若訥)"라는 구절이 있다.
39) 天下之德始玄同矣(천하지덕시현동의) : 천하의 덕이 비로소 하나가 될 것이다.

사람들이 그 천진한 덕을 지니면 천하는 편벽되지 않을 것이다.

彼曾史楊墨師曠工倕離朱피증사양묵사광공수이주

저 증삼·사추·양주·묵적·사광·공수·이주 같은 자들은,

皆外立其德40)개외립기덕 而以燻亂天下者也이이약란천하자야

모두 밖으로 그의 덕을 내세워 천하를 어지럽히는 자들이니,

法之所無用也41)법지소무용야

참다운 법으로서는 쓸모가 없는 자들이다.

子獨不知至德之世乎자독부지지덕지세호?

그대만 홀로 저 지덕(至德)의 세상을 모르는가?

昔者容成氏42)석자용성씨·大庭氏대정씨·伯皇氏백황씨·中央氏중앙씨·栗陸氏율륙씨·驪畜氏여축씨·軒轅氏43)헌원씨·赫胥氏혁서씨·尊盧氏존로씨·祝融氏44)축융씨·伏羲氏45)복희씨·神農氏46)신농씨 當是時也당시시야

---

40) 外立其德(외립기덕) : 밖으로 자신의 덕을 세움.

41) 法之所無用也(법지소무용야) : 참다운 규범(法)으로서는 하나도 쓸모가 없는 존재들이다.

42) 容成氏(용성씨) : 고대의 제왕. 이하 열두 사람은 모두 고대의 제왕이다. 《십팔사략(十八史略)》에서의 삼황은 일반적으로 복희씨(伏羲氏)·신농씨(神農氏)·여와씨(女媧氏)를 말하며, 천황(天皇)·지황(地皇)·인황(人皇 또는 泰皇)으로 기록하기도 한다. 또한 삼황 가운데 여신인 여와씨 대신 수인씨(燧人氏)와 축융씨(祝融氏)라는 이름으로 기록된 경우도 있다. 복희씨는 사람들에게 물고기 잡는 법을 전수해 주었으며, 신농씨는 농사법을 전해주었다. 여와씨는 인간을 창조하였다고 한다.

43) 軒轅氏(헌원씨) : 중국 고대 임금인 황제(黃帝)의 별칭. 헌원의 언덕에서 태어났다 하여 이르는 말임. 소전씨(少典氏)의 아들로 성은 공손(公孫)이며, 복희씨(伏羲氏)·신농씨(神農氏)와 함께 삼황(三皇)이라 불림. 문물제도를 확립했고 12율(律)을 만들었음.

44) 祝融氏(축융씨) : 여름(夏)의 神, 화신(火神).

45) 伏羲氏(복희씨) : 중국 고대의 제왕. 삼황오제의 수위(首位)를 차지하며, 팔괘(八卦)를 처음으로 만들고, 그물을 발명하여 고기잡이 방법을 가르쳤다고 함.

옛날에 용성씨(容成氏)·대정씨(大庭氏)·백황씨(伯皇氏)·중앙씨(中央氏)· 율륙씨(栗陸氏)·여축씨(驪畜氏)·헌원씨(軒轅氏)·혁서씨(赫胥氏)·존로씨(尊盧氏)·축융씨(祝融氏)·복희씨(伏戲氏 : 伏犧氏)·신농씨(神農氏) 등 열두 명의 제왕이 천하를 다스렸던 시대가 있었다.

民結繩而用之민결승이용지

이때는 백성들이 새끼줄을 묶어서 서로 뜻을 전달하면서,

甘其食감기식 美其服미기복

그들의 식사를 달게 여겼으며, 그들의 옷을 아름답게 여기고,

樂其俗 安其居47)낙기속 안기거

그들의 풍속을 즐기고, 그들의 거처를 편안히 여겼다.

隣國相望인국상망 雞狗之音相聞계구지음상문

이웃나라가 서로 바라다보이고 닭 우는 소리와 개 짖는 소리가 서로 들렸으나,

民至老死而不相往來민지로사이불상왕래

---

46) 神農氏(신농씨) : 중국의 옛 전설에 나오는 제왕. 삼황의 한 사람. 성은 강(姜). 인신우수(人身牛首). 화덕(火德)으로써 임금이 된 까닭에 염제(炎帝)라고 일컬으며, 백성에게 농사짓는 법을 가르쳤으므로 신농씨(神農氏)라 일컬음. 의료(醫療)·악사(樂師)의 신, 또 8괘(卦)를 겹쳐서 64괘를 만들어 역자(易者)의 신, 주조(鑄造)와 양조(釀造) 등의 신이 되고, 교역(交易)의 법을 가르쳐 상업의 신으로도 되어 있음.

47) 樂其俗 安其居(낙기속 안기거) : 그들의 풍속을 즐기고, 그들의 거처를 편안히 여겼다. 《노자(老子)》제80장에도, "그 풍속에 맞춰 편안하게 지내고 자신의 생업에 즐거워한다(安其俗 樂其業)."는 말이 나온다. 그런데 당시 노자, 장자 등의 이러한 논조는 여러 고장의 백성들이 자급자족할 수 있다면 서로 교류하지 않아도 무방하다는 의미가 내포된 것이었는데, 오늘날의 입장에서 본다면 이런 폐쇄적인 경제관은 재고의 여지가 있다고 할 것이다. 그렇기 때문에 한(漢)나라 때의 역사가 사마천(司馬遷)은 그의 저서 《사기》화식열전(貨殖列傳)에서 노자의 이러한 견해에 찬성하지 않았던 것이다.

백성들은 늙어 죽을 때까지 서로 왕래하지 않았다.

若此之時약차지시 則至治已즉지치이

이 시대야말로 지극히 잘 다스려진 시대라 한다.

今遂至使民延頸擧踵曰금수지사민연경거종왈

그러나 지금은 드디어 백성들로 하여금 목을 빼고 발꿈치를 들어,

"某所有賢者모소유현자"贏糧而趣之영량이취지

"아무 곳에 어진이가 있다."하여 양식을 짊어지고 찾아가게 하였으니,

則內棄其親而外去其主之事즉내기기친이외거기주지사

안으로 그 어버이를 버리고, 밖으로는 그 임금의 일을 버리며,

足跡接乎諸侯之境족적접호제후지경

발자취가 제후의 나라에 이어졌고,

車軌結乎千里之外거궤결호천리지외

수레바퀴는 천리 밖에 연결되었으니,

則是上好知之過也즉시상호지지과야

이는 윗사람이 지혜를 좋아한 허물이다.

上誠好知而無道상성호지이무도 則天下大亂矣즉천하대란의

이와 같이 윗사람이 진실로 지혜를 좋아할 줄만 알고 道가 없으면 천하
는 크게 어지러워진다.

何以知其然邪하이지기연야?

어째서 그런 줄을 알 수 있는가?

夫弓弩畢弋機變48)之知多부궁노필익기변지다

---

48) 畢弋機變(필익기변) : 새그물과 주살 등 속임수를 써서 짐승을 잡는 도구.

무릇 활·쇠뇌·토끼그물·주살 따위의 기구를 쓰는 지혜가 많아지자,

則鳥亂於上矣즉조란어상의

새들은 상공으로 어지러이 날게 되었고,

鉤餌구이49) 罔망 罟罾笱50)之知多고증구지지다

낚시·미끼·작은그물·삼태그물·통발 따위를 쓰는 지혜가 많아지자,

則魚亂於水矣즉어란어수의

물고기들은 물속으로 어지러이 숨었으며,

削格51)삭격 羅落52)나락 罝罘53)之知多저부지지다

목책(木柵)과 새 잡는 그물, 토끼그물, 짐승 잡는 그물 등의 도구가 많
아지면,

則獸亂於澤矣즉수란어택의

짐승들이 늪에서 어지러움에 빠지고,

知詐漸毒54)지사점독 頡滑55)堅白56)힐골견백 解垢57)同異58)之變多해후동
이지변다

---

49) 鉤餌(구이) : 낚싯바늘과 미끼. 鉤는 낚싯바늘. 餌는 미끼.

50) 罔罟罾笱(망고증구) : 크고 작은 그물, 삼태그물과 통발 따위.

51) 削格(삭격) : 그물을 걸어두는 목책(木柵).

52) 羅落(나락) : 줄줄이 엮여져 있는 그물. 羅는 새 그물.

53) 罝罘(저부) : 토끼그물과 짐승 잡는 그물. 罝(저)는 토끼그물. 罘(부)는 짐승을 잡는 데
  쓰는 그물.

54) 漸毒(점독) : 속임수.

55) 頡滑(힐골) : 매끄러운 말재주.

56) 堅白(견백) : 견백론.

57) 解垢(해구) : 궤변.

58) 同異(동이) : 견백동이(堅白同異).

교묘한 속임수, 음험한 중상, 교활한 언사, 견백론(堅白論) 따위의 그릇된 언변과 동이(同異)의 궤변이 많아지면,

則俗惑於辯矣즉속혹어변의
세속은 변론에 현혹된다.

故天下每每大亂고천하매매대란 罪在於好知죄재어호지
그러므로 천하는 어둡고 크게 혼란해졌으니, 그 죄는 지혜를 좋아한 데 있는 것이다.

故天下皆知求其所不知고천하개지구기소부지
그러므로 천하는 모두 그 알지 못하는 것을 구할 줄만 알고,

而莫知求其所已知者이막지구기소이지자
이미 알고 있는 것을 찾을 줄을 모르며,

皆知非其所不善개지비기소불선
모두가 다 그 착하지 못한 것을 비난할 줄만 알고,

而莫知非其所已善者이막지비기소이선자
그 이미 착한 바가 때로는 틀린 것인 줄을 모른다.

是以大亂시이대란
그러므로 천하는 크게 어지러워진 것이다.

故上悖日月之明고상패일월지명
그런 까닭으로 위로는 일월의 광명을 흐리게 하고,

下爍山川之精9)하삭산천지정
아래로는 산천의 정기를 녹이며,

---

59) 下爍山川之精(하삭산천지정) : 아래로는 산천의 정기(精氣)를 태워 버림. 爍(삭)은 鑠(삭)으로 녹이다의 뜻.

中墮[60]四時之施중타사시지이 惴耎[61]之蟲체연지충

중간으로는 사시의 운행을 해치게 하여 꿈틀거리는 작은 벌레들,

肖翹之物[62]초교지물 莫不失其性막부실기성

나비나 벌 같은 작은 곤충까지도 모두 그 본성을 잃지 않음이 없다.

甚矣夫好知之亂天下也심의부호지지란천하야!

심하다, 지혜를 좋아함이, 천하를 어지럽힘이!

自三代以下者是已자삼대이하자시이

저 하·은·주 三代로부터 이러했다.

舍夫種種[63]之民而悅夫役役[64]之佞사부종종지민이열부역역지영

저 소박한 백성들을 버리고 또 힘써 꾸미는 망령된 자를 좋아했으며,

釋夫恬淡無爲而悅夫啍啍之意[65]석부념담무위이열부순순지의

저 염담(恬淡)한 무위(無爲)의 생활을 버리고, 어지러이 말재주를 부리는 인위적 욕망을 좋아하니,

啍啍已亂天下矣[66]순순이란천하의

말이 많아지면 천하가 어지러워진다.

---

60) 墮(타) : 훼손하다.

61) 惴耎(췌연) : 벌레가 꿈틀거리는 모양.

62) 肖翹之物(초교지물) : 나비나 벌 따위의 날아다니는 작은 곤충들.

63) 種種(종종) : 소박함.

64) 役役(역역) : 밖으로 꾸미는 데 힘쓰는 모양.

65) 悅夫啍啍之意(열부순순지의) : 어지러이 말재주를 부리는 인위적 욕망을 좋아함. 啍啍(순순)은 말이 많은 모양.

66) 啍啍已亂天下矣(순순이란천하의) : 말이 많아지면 천하가 어지러워진다.

| 해설 |

이 편(篇)도 〈변무〉, 〈마제〉 두 편과 같이 후인의 작으로 여겨지는
데, 작자는 《장자》「내편(內篇)」의 사상보다도 《노자》의 사상에 더
접근하고 있다.

이 편 안에 《노자》 제3장의 "어진 이를 숭배하지 않으면 백성들이
다투지 않고, 얻기 어려운 재물(難得之貨)을 귀히 여기지 말아야 백성
들이 도둑질을 하지 않으며, 욕심내는 것을 보이지 말아야 백성들의
마음이 어지러워지지 않는다(不尙賢 使民不爭 不貴難得之貨 使民不爲
盜 不見可欲 使民心不亂)."라는 구절이나,

제19장의 "성을 끊고 지혜를 버려야 백성의 이익이 백 배가 더하고,
인(仁)을 끊고 의(義)를 버려야 백성들이 다시 효성스럽고 자애로우며,
기교를 없애고 이익을 포기해야 도적이 없어진다(絶聖棄智 民利百倍
絶仁棄義 民得孝慈 絶巧棄利 盜賊無有)"는 구절이나,

제31장의 "무릇 훌륭한 병기는 상서롭지 못한 기구(器具)이니 만물
이 다 그를 싫어한다. 그러므로 道가 있는 사람은 그것을 사용하지 않
는다(夫鉶兵者 不祥之器 物或惡之 故有道者不處)."라는 구절이나,

제36장의 "나라의 이기(利器)는 백성들에게 보여서는 안된다(國之利
器 不可以示人)."라는 구절이나,

제45장의 "위대한 기교는 졸렬한 것 같다(大巧若拙)"는 구절이나,

제56장의 "그 광채를 부드럽게 하여 그 티끌과 함께 있으면 이를
무위자연의 道인 현동(玄同)이라 한다(和其光 同其塵 是謂玄同)."는
구절이나,

제80장의 "백성들로 하여금 다시 새끼줄을 붙들어 매어 문자 대신
사용하게 한다. 그러면 백성들은 그들의 음식을 달게 먹고 그들의 옷

을 아름답게 여기며, 그들의 풍속을 즐긴다. 이웃나라와 서로 바라다보여 닭 우는 소리, 개 짖는 소리가 서로 들리고, 백성들이 늙어 죽을 때까지 서로 왕래하지 않는다(使民得結繩而用之 甘其食 美其服 安其居 樂其俗 隣國相望 雞狗之聲相聞 民至老死 不相往來)."라는 구절 등을 인용한 것으로 알 수가 있다.

그리고 《장자》「내편」과도 관련이 있는 부분이 있으니, 〈대종사〉편의 "배를 골짜기에다 감추고 그물을 연못 속에다 감추어두고 든든하다고 하지만, 밤중에 힘 있는 자가 그것을 짊어지고 도망한다."는 구절은 이 편 서두의 "큰 도둑이 오면 궤짝을 지고 상자를 들고 주머니를 메고 달아난다."는 구절에 암시를 주고 있다.

이런 점으로 보아 필자는 노자·장자의 학설을 한데 묶어 조술(祖述)하려 했음을 알 수가 있다. 발상은 좀 새로운 맛이 나나 용어나 문장 표현이 직설적이고 전투적인 논조는 〈마제〉편, 더욱이 〈변무〉편과 공통되는 점이 많다. 하여간 인의를 없애야 천하가 태평해진다는 점을 강조한 내용이다.

11. 재유
在宥

천하를 있는 그대로 내버려두라

재유는 있는 대로 내버려둔다는 뜻으로, 아무런 구속을 가하지 않고 자연의 상태대로 내버려두는 무위자연의 정치를 말한다. 요(堯)·걸(桀)·황제(黃帝)의 정치를 논하고, 걸(桀)을 제외한 다른 제왕은 선정(善政)을 했다고 세인은 칭송하나, 장자는 그렇게 보지 않았다. 도리어 그러한 정치는 사회의 혼란을 가져왔으니, 인의(仁義) 등의 덕목(德目)을 내세워 사람들을 구속했기 때문이라 한다. 따라서 이 편은 위정자의 마음씨를 논술한 것으로, 모든 것을 자연에 맡기며 인위를 가하지 않는 것이 긴요하다고 역설했다.

요제(堯帝)

1.

聞在宥天下[1]문재유천하 不聞治天下也불문치천하야

천하를 있는 그대로 놓아둔다는 말은 들었어도 천하를 다스린다는 말은 듣지 못했다.

在之也者재지야자 恐天下之淫其性也[2]공천하지음기성야

천하를 '있는 그대로' 두는 것은 천하인이 그 본성을 어지럽힐까 두려워하기 때문이다.

宥之也者유지야자 恐天下之遷其德也공천하지천기덕야

그것을 '그대로 놓아두는 것'은 천하인이 그 德을 변화시킬까 두려워하기 때문이다.

天下不淫其性천하불음기성 不遷其德[3]불천기덕

천하인이 그 본성을 어지럽히지 않고 德이 바뀌지 않는다면,

有治天下者哉유치천하자재!

굳이 천하를 다스릴 필요가 있겠는가!

昔堯之治天下也석요지치천하야

옛날 요(堯)가 천하를 다스릴 때는,

使天下欣欣焉人樂其性[4]사천하흔흔언인락기성 是不恬也[5]시불념야

---

1) 在宥天下(재유천하) : 천하를 있는 그대로 놓아둠, 在는 있는 그대로를 따른다는 뜻. 宥도 같은 뜻이다. "있는 그대로 놓아두면 다스려지고, 억지로 다스리면 어지러워신나." 라는 뜻이다.

2) 淫其性也(음기성야) : 타고난 본성을 어지럽힘.

3) 不遷其德(불천기덕) : 타고난 덕이 바뀌지 않음.

4) 使天下欣欣焉人樂其性(사천하흔흔언인락기성) : 요임금이 천하 사람들로 하여금 억지로 자신의 본성을 즐기게 하였다는 뜻으로, 자연의 道를 따르지 않고 작위적으로 즐기게

천하 사람들로 하여금 기쁘게 자신의 본성을 작위적으로 즐기게 하였으니, 이는 진정한 즐거움이 아니었다.

桀之治天下也걸지치천하야

걸(桀)이 천하를 다스릴 때에는,

使天下瘁瘁6)焉人苦其性사천하췌췌언인고기성

천하 사람들로 하여금 고달프게 자기 본성을 괴롭게 했으니,

是不愉也시불유야

이것도 기쁘게 한 것이 아니었다.

夫不恬不愉부불념불유 非德也비덕야

무릇 진정으로 즐겁지 않고, 진정으로 기쁘지 않으면 德이 아니니,

非德也而可長久者 天下無之7)비덕야이가장구자 천하무지

德이 아니면서 장구할 수 있는 것은 천하에 없다.

人大喜邪인대희야 毗於陽8)비어양

사람이 지나치게 기뻐하면 양기(陽)를 손상시키고,

大怒邪대노야 毗於陰비어음

지나치게 노하면 음기(陰)를 손상시킨다.

陰陽並毗음양병비 四時不至사시부지

하였음을 비판한 것이다.

5) 是不恬也(시불념야) : 이는 편안하게 한 것이 아님. 恬(념)은 안정(安靜)의 뜻으로 억지로 노력함이 없이 자연스럽게 어떤 일을 하는 것.

6) 瘁瘁(췌췌) : 초췌(憔悴), 곧 고달픈 모습.

7) 非德也而可長久者 天下無之(비덕야이가장구자 천하무지) : 德이 아니고서 장구할 수 있는 경우는 천하에 없음.

8) 毗於陽(비어양) : (사람들이 지나치게 기뻐하면) 양기가 손상됨. 毗는 손상시킨다는 뜻.

음양의 기가 함께 손상되면 사시의 운행이 제대로 돌지 않고,

寒暑之和不成한서지화불성 其反傷人之形乎기반상인지형호!
한서(寒暑)의 조화가 이루어지지 않아 도리어 사람의 몸을 손상시킨다.

使人喜怒失位사인희노실위
그래서 사람으로 하여금 기뻐하고 성냄에 마땅한 바를 잃게 하고,

居處無常거처무상 思慮不自得사려부자득
거처함에 일정함이 없게 하고, 생각함에도 스스로 터득함이 없게 하며,

中道9)不成章중도불성장
중도(中道)를 이루지 못하게 하였다.

於是乎天下始喬詰卓鷙10)어시호천하시교힐탁지
이렇게 되자, 천하는 마침내 교활하고 오만하게 되어,

而後有盜蹠曾史之行이후유도척증사지행
후에 도척이나 증삼, 사추(史鰌)와 같은 자들의 행위가 나타나게 된 것
이다.

故舉天下以賞其善者不足고거천하이상기선자부족
그러므로 온 천하를 들어 그 착한 이에게 상을 주려 해도 부족했고,

舉天下以罰其惡者不給거천하이벌기악자불급
온 천하를 들이 그 악한 자를 벌주려 해도 부족했다.

故天下之大不足以賞罰고천하지대부족이상벌

---

9) 中道(중도) : 중용의 도리.

10) 喬詰卓鷙(교힐탁지) : 오만한 태도로 사람을 나무라고 사납게 굴다. 喬詰(교힐)은 고압
    적인 태도로 남을 책망하는 태도, 卓鷙(탁지)는 고고(孤高)함을 뽐내면서 남을 업신여기
    거나 남에게 사납게 구는 것.

그러므로 천하의 크기로써도 상벌을 주기에 부족했다.

自三代以下者자삼대이하자 匈匈焉終以賞罰爲事[11]흉흉언종이상벌위사

그런데 삼대(三代) 이후로는 떠들썩하게 끝내 상벌을 일삼았으니,

彼何暇安其性命之情[12]哉피하가안기성명지정재!

그들이 어느 겨를에 그들의 성명지정(性命之情)을 평안히 할 겨를이 있었겠는가!

而且說明邪이차열명야 是淫於色也시음어색야

그래서 또한 눈 밝음(明)을 즐기면 아름다운 색채에 탐닉하는 것이고,

說聰邪열총야 是淫於聲也시음어성야

귀밝음(聰)을 즐기면 아름다운 소리에 탐닉하게 되며,

說仁邪열인야 是亂於德也시란어덕야

인(仁)을 좋아하면 德을 어지럽히는 것이고,

說義邪열의야 是悖於理也시패어리야

의(義)를 좋아하면 이(理)를 어기는 것이며,

說禮邪열례야 是相於技也시상어기야

예(禮)를 좋아하면 기교(技)를 조장하는 것이고,

說樂邪열락야 是相於淫也[13]시상어음야

악(樂)을 좋아하면 넘침을 조장하는 것이며,

---

11) 匈匈焉終以賞罰爲事(흉흉언종이상벌위사) : 떠들썩하게 끝내 상벌을 일삼음. 匈匈(흉흉)은 떠들썩하다.

12) 性命之情(성명지정) : 타고난 성명(性命)의 자연스러운 실정(實情). 性(성)은 타고난 그대로, 내적(內的)인 타고남을 말하고, 命은 운명(運命), 외적인 자연 필요성을 말한다.

13) 是相於淫也(시상어음야) : 넘침을 조장(助長)하는 것. 탐닉을 조장한다는 뜻. 淫은 넘치다.

說聖邪열성야 是相於藝也14)시상어예야

성(聖)을 좋아하면 재주를 조장하는 것이고,

說知邪열지야 是相於疵也시상어자야

지(知)를 좋아하면 남의 흠을 찾는 것을 조장하는 것이 된다.

天下將安其性命之情천하장안기성명지정

천하가 바야흐로 그 타고난 성명(性命)의 자연스러운 실정(實情)에 편
안할 수 있다면,

之八者15)지팔자 存可也 亡可也16)존가야 무가야

이 여덟 가지는 있어도 그만이고 없어도 그만이지만,

天下將不安其性命之情천하장불안기성명지정

천하가 바야흐로 그 성명의 정(情)에 편안할 수 없다면,

之八者지팔자 乃始臠卷獊囊17)而亂天下也내시련권창낭이란천하야

이 여덟 가지는 곧 얽히고설켜 천하를 어지럽힌다.

而天下乃始尊之惜之이천하내시존지석지

그런데도 세상은 그것들을 귀하게 여기고 애석해 한다.

甚矣天下之惑也심의천하지혹야!

세상의 미혹이 이렇듯 심하구나!

---

14) 是相於藝也(시상어예야) : 재주를 소장하는 것이다. 다재다능의 만능주의를 조장한다는
  뜻. 藝는 재능이 많음을 뜻한다.

15) 八者(팔자) : 총(聰)·명(明)·인(仁)·의(義)·예(禮)·악(樂)·성(聖)·지(知)를 말함.

16) 存可也 亡可也(존가야 무가야) : 있어도 그만이고 없어도 그만이다. 亡는 無와 같은
  뜻으로 '무'로 읽는다.

17) 臠卷獊囊(연권창낭) : 서로 얽히고설켜서 번거롭게 흔들어댐. 臠卷(연권)은 펴지지 못한
  모양. 獊囊(창낭)은 어수선한 모습.

豈直過也而去之邪기직과야이거지야!

어찌 그냥 지나칠 수 있단 말인가!

乃齋戒以言之내재계이언지 跪坐以進之[18]궤좌이진지

마침내 재계(齋戒)하고 그것들을 말하며, 꿇어앉아 그것을 (위정자들에게) 바치며,

鼓歌以儛之[19]고가이무지 吾若是何哉오약시하재!

북치고 노래하고 춤을 추며 그것을 찬양하니, 내 이를 어찌하겠는가!

故君子不得已而臨莅天下고군자부득이이림리천하 莫若無爲막약무위

그러므로 군자가 부득이 천하에 군림하게 되면 무위만한 것이 없다.

無爲也무위야 而後安其性命之情이후안기성명지정

무위한 연후에야 그 타고난 성명(性命)의 자연스러운 실정(實情)에 편안할 수가 있다.

故貴以身於爲天下 則可以託天下[20]고귀이신어위천하 즉가이탁천하

그러므로 자기 몸을 천하보다도 귀하게 여기는 사람에게 천하를 맡길 수 있다.

愛以身於爲天下애이신어위천하 則可以寄天下즉가이기천하

자기 몸을 천하보다도 아끼는 사람에게 천하를 맡길 수 있다.

故君子苟能無解其五藏[21]고군자구능무해기오장

---

18) 跪坐以進之(궤좌이진지) : 꿇어앉아서 그것을 (위정자들에게) 올리다.

19) 鼓歌以儛之(고가이무지) : 북을 치며 노래하고 춤을 춤. 찬양한다는 뜻.

20) 故貴以身於爲天下 則可以託天下(고귀이신어위천하 즉가이탁천하) : 그러므로 자기 몸을 천하보다 아끼는 사람에게 천하를 맡길 수 있음. 《노자》 제13장에 "그러므로 자기 몸을 천하보다 중히 여기는 사람에게 천하를 맡길 수 있고, 자기 몸을 천하보다 아끼는 사람에게 천하를 맡길 수 있다(故貴以身爲天下 若可寄天下 愛以身爲天下 若可託天下)." 라고 한 것과 같은 내용이다.

그러므로 군자는 진실로 그 오장(五臟)을 풀어헤침이 없고,

無擢其聰明[22]무탁기총명 尸居而龍見[23]시거이용현

그 총명을 휘두름이 없으면 신주(神柱)처럼 앉아 있어도 용처럼 나타나고,

淵默而雷聲[24]연묵이뢰성 神動而天隨[25]신동이천수

심연처럼 묵묵해도 우렛소리가 나며, 정신이 움직이면 자연의 도리가 따르고,

從容無爲而萬物炊累焉종용무위이만물취루언

조용히 앉아 아무 행위를 하지 않아도 만물이 저절로 생육될 것이다.

吾又何暇治天下哉오우하가치천하재!

그러니 내 또한 어느 겨를에 천하를 다스릴 것인가!

| 해설 |

천하를 있는 그대로 버려두어야 할 터인데도 사람들은 굳이 다스리려 한다. 결과적으로 총명, 어짊, 의로움, 예의, 음악, 성인, 지혜 같

---

21) 五藏(오장) : 간·폐·심장·신장·비장을 말함. 오행설(五行說)에 보면 인(仁)은 간에, 의(義)는 폐에, 예(禮)는 심장에, 지(知)는 신장에, 신(信)은 비장에 깃든다고 함. 따라서 이런 도덕적 규범을 지닌 생명력을 말함.

22) 無擢其聰明(무탁기총명) : 자기의 총명을 끄집어내지 않음. 자신의 총명을 지나치게 믿고 남용한다는 뜻. 擢은 뽑아내다는 뜻.

23) 尸居而龍見(시거이용현) : 가만히 있어도 용처럼 자유롭게 출현할 수 있음. 尸居(시거)는 가만히 앉아서 봉록만 받아먹는다는 뜻. 시위소찬(尸位素餐)의 예와 같이 쓰인다. 尸位(시위)는 제사 지낼 때에 신위(神位) 대신으로 앉히던 어린아이(尸童)의 자리를 말한다. 龍見(용현)은 용처럼 자유롭게 나타날 수 있다는 뜻.

24) 淵默而雷聲(연묵이뢰성) : 깊은 물처럼 침묵하고 있어도 우레처럼 커다란 소리를 낼 수 있음.

25) 神動而天隨(신동이천수) : 정신이 움직이면 천지가 따름.

은 것을 내세우고 존중하게 되어 세상을 혼란 속으로 빠뜨리고 있다
는 것이다.

2.

崔瞿[1]問於老聃曰최구문어노담왈 :

최구(崔瞿)가 노담(老聃 : 老子)에게 물었다.

"不治天下불치천하 安藏人心안장인심?"

천하를 다스리지 않고 어떻게 사람의 마음을 착하게 할 수가 있겠습니
까?"

老聃曰노담왈 : 노담이 대답했다.

"汝愼無攖人心[2]여신무영인심

"너는 사람의 마음을 흔들지 않도록 삼가라.

人心排下而進上인심배하이진상

사람의 마음이란 남을 누르고 자신을 추켜세우려 하는데,

上下囚殺[3]상하수살 淖約柔乎剛强[4]요약유호강강

위에 있는 자와 아래 있는 자가 서로 죽이려 하여, 나긋나긋하게 하면
서 강한 것을 부드럽게 하며,

---

1) 崔瞿(최구) : 초나라의 현인. 가공의 인물.

2) 無攖人心(무영인심) : 사람들의 마음을 흔들지 마라. 攖(영)은 흔들어대다.

3) 上下囚殺(상하수살) : 위에 있는 자와 아래에 있는 자가 서로 죽이려 함. 囚殺(수살)은
   구속시켜 죽인다는 뜻.

4) 淖約柔乎剛强(요약유호강강) : 나긋나긋하게 하면서 강한 것을 부드럽게 함. 淖約(요약)
   은 부드럽고 약함.

廉劌彫琢[5]염귀조탁 其熱焦火기열초화 其寒凝冰기한응빙

모질게 해쳐서 새기고 쪼아대니, 그 뜨거움은 타오르는 불길 같고, 차가움은 얼어붙은 얼음 같다.

其疾俛仰之間기질면앙지간 而再撫四海之外이재무사해지외

그 빠르기는 고개를 까딱하는 순간 온 세상을 두 바퀴나 돌 정도이고,

其居也淵而靜기거야연이정 其動也縣而天기동야현이천

그것이 가만히 있으면 못물처럼 고요하고, 그것이 움직이면 급기야 하늘에 걸린다.

僨驕[6]而不可係者분교이불가계자 其唯人心乎기유인심호!"

광분해서 잡아 맬 수 없는 것이 사람의 마음이다!"

昔者黃帝始以仁義攖人之心석자황제시이인의영인지심

옛날 황제(黃帝)가 인의(仁義)로써 사람의 마음을 어지럽힌 뒤로,

堯舜於是乎股無胈脛無毛[7]요순어시호고무발경무모

요와 순은 다리에 살이 빠지고 정강이에 털이 다 닳도록

以養天下之形이양천하지형

천하를 돌아다니면서 천하인의 외형만을 길렀고,

愁其五藏[8]以爲仁義수기오장이위인의

또 그들의 오장을 괴롭혀 인의를 행하고,

矜其血氣以規法度긍기혈기이규법도

---

5) 廉劌彫琢(염귀조탁) : 모질게 해쳐서 새기고 쪼아댐. 廉은 모질다는 뜻. 劌(귀)는 해치다.

6) 僨驕(분교) : 제멋대로 내달림.

7) 股無胈脛無毛(고무발경무모) : 넓적다리에 털이 없어지고 정강이에 털이 닳아 없어짐. 다리의 털이 닳아 없어질 정도로 부지런히 일했다는 뜻. 股는 넓적다리, 脛은 정강이.

8) 愁其五藏(수기오장) : 오장을 근심스럽게 함. 곧 온몸을 수고롭게 함. 藏은 오장(五臟).

혈기를 자랑하면서 법도를 규정했다.

然猶有不勝也연유유불승야

그러나 오히려 감당하지 못하는 것이 있었다.

堯於是放讙兜9)於崇10)山요어시방환두어숭산

요(堯)는 환두(讙兜)를 숭산(崇山)으로 쫓아내고,

投三苗11)於三峗12)투삼묘어삼위 流共工13)於幽都14)유공공어유도

삼묘(三苗)를 삼위산(三峗山)으로 몰아넣고, 공공(共工)을 유도(幽都)로 귀양 보냈으니,

此不勝天下也차불승천하야

이는 천하를 이기지 못한 것이다.

---

9) 讙兜(환두) : 환두(驩兜)라고도 한다. 요순시대에 제위를 노렸던 堯의 아들. 홍수의 신 공공(共工), 요순시대에 제위를 노린 요의 아들인 단주 환두, 단주와 함께 역란을 일으킨 남방의 만(蠻)족 삼묘(三苗), 동이(東夷) 부족의 신이었던 곤(鯀)을 사죄(四罪)라 부른다. 《사기》에 있는 이야기다. "환두가 공공(共工)을 추천하자, 요임금은 안 된다고 했으나, 그를 공사(工師)로 임명하여 시험해 보았으나, 공공(共工)은 과연 방종하고 편벽했다. 요임금이 환두를 숭산(崇山)으로 쫓아내서 남만(南蠻)의 풍속을 변화시키고, 삼묘(三苗)를 삼위산(三危山)으로 유배시켜 서융(西戎)의 풍속을 변화시키고, 곤(鯀)을 멀리 우산(羽山)으로 추방하여 동이(東夷)의 풍속을 변화시키도록 요청했다. 이 사흉(四凶)을 처벌하니 천하가 모두 복종했다."

10) 崇山(숭산) : 하남성 정주(鄭州) 남서쪽에 있는 명산. 오악(五嶽)의 하나. 예로부터 절이 많았음. 숭고산(崇高山), 태실산(太室山), 중악(中嶽)이라고도 한다. 높이 1,600m.

11) 三苗(삼묘) : 요순(堯舜)시대에 강(江)·회(淮)·형주(荊州)에 자리 잡고 있었던 만족(蠻族)의 이름.

12) 三峗(삼위) : 서쪽 끝에 있는 산 이름.

13) 共工(공공) : 전설에 나오는 사람. 요(堯)임금의 신하였다. 공사(工師)를 맡았고, 환두(驩兜), 삼묘(三苗), 곤(鯀) 등과 함께 사흉(四凶)으로 불렸다. 순(舜)임금이 유주(幽州)로 유배를 보냈다.

14) 幽都(유도) : 유주(幽州). 저승(사람이 죽은 뒤에 그 혼이 가서 산다고 하는 세상).

夫施及三王而天下大駭矣[15]부시급삼왕이천하대해의

마침내 하·은·주 3대에 이르러서 천하는 크게 어지러워졌다.

下有桀蹠하유걸척 上有曾史상유증사 而儒墨畢起이유묵필기

아래로는 걸과 도척이 있고, 위로는 증삼과 사추가 나와 유가와 묵가가
일제히 일어났다.

於是乎喜怒相疑어시호희노상의 愚知相欺우지상기

그래서 기쁘다거나 노엽다거나 하며 서로 의심하고, 어리석다느니 지혜
롭다느니 하여 서로 속이며,

善否相非[16]선비상비 誕信相譏탄신상기 而天下衰矣이천하쇠의

착하다느니 틀렸다느니 하며 서로 비난하고, 거짓이니 진실이니 하며
서로 기롱하여 천하는 쇠퇴해졌다.

大德不同[17]대덕부동 而性命爛漫[18]矣이성명란만의

따라서 현동(玄同)의 큰 덕은 한결같지 못하고, 자연의 본성은 어지러워
졌으며,

天下好知천하호지 而百姓求竭矣이백성구갈의

천하 사람들은 지식을 좋아하고 백성들은 어지러워졌다.

於是乎釿鋸制焉[19]어시호근거제언 繩墨殺焉승묵살언 椎鑿決焉추착결언

---

15) 人駭矣(대해의) : 크게 놀람

16) 善否相非(선비상비) : 착한 이와 악한 이가 서로 비난함. 否(비)는 악함.

17) 大德不同(대덕부동) : 대덕이 같지 않게 됨. 현동(玄同)의 대덕이 해체되었다는 뜻. 大德
은 요임금과 3왕의 정치에 의해 喜와 怒로, 善과 否(비)로, 誕과 信으로 갈라지게 되었음.

18) 性命爛漫(성명란만) : 타고난 성명이 어지러워짐. 爛漫(난만)은 흩어지고 어지러워짐.

19) 釿鋸制焉(근거제언) : 자귀나 톱으로 자르는 형벌이 가해짐. 釿(근)은 자귀. 制(제)는
자르다. 곧 예법으로 다스리는 것은 자귀나 톱 따위로 나무를 해치는 것과 같다.

이리하여 자귀나 톱으로 억누르고, 먹줄로 바로잡고, 쇠뭉치나 끌로 끊어버려,

天下脊脊大亂[20]천하척척대란 罪在攖人心[21]죄재영인심

천하는 크게 어지러워졌으니, 그 죄는 사람의 마음을 어지럽힌 데 있다.

故賢者伏處大山嵁巖之下고현자복처대산감암지하

그러므로 어진 이는 큰 산속이나 험한 바위 밑에 은거하게 되고,

而萬乘之君憂慄乎廟堂之上이만승지군우율호묘당지상

만승(萬乘)의 천자도 묘당(廟堂 : 조정) 위에서 죽음을 당할까 근심하며 떨게 되었다.

今世殊死者相枕也금세수사자상침야

지금의 세상은 사형을 당해 죽은 시신이 서로를 베고 누웠고,

桁楊者相推也[22]항양자상추야

차꼬를 차고 칼을 쓴 죄수들이 서로 밀칠 정도로 우글거리며,

刑戮者相望也형륙자상망야

형륙(刑戮)을 당한 자들이 서로 마주볼 정도로 많은데,

而儒墨乃始離跂攘臂[23]乎桎梏之間이유묵내시리지양비호질곡지간

---

20) 脊脊大亂(척척대란) : 천하가 크게 어지러워짐. 脊脊은 어지럽게 널려진 모양으로 낭자(狼藉)와 같은 뜻.

21) 罪在攖人心(죄재영인심) : 죄는 사람들의 마음을 흔든 데 있다. 곧 성인이 인의를 주창하여 사람들의 마음을 흔들었기 때문에 이 같은 어지러움이 빚어졌다는 뜻이다.

22) 桁楊者相推也(항양자상추야) : 차꼬를 차고 칼을 쓴 죄수들이 서로 밀칠 정도로 바글거림. 桁楊은 형틀로, 목에 씌우는 칼과 다리에 채우는 차꼬를 일컫는 말.

23) 離跂攘臂(이기양비) : 뛰어다니며 팔을 걷어붙이며 뽐냄. 離跂(이기)는 뛰어다니는 모양. 攘臂(양비)는 팔을 걷어붙이며 뽐내는 모양. 〈人間世〉편 지리소(支離疏)의 說話에 이미 나왔다.

그런데도 유학자나 묵자 학파들은 그 질곡 사이에서 팔을 걷어붙이고 뛰어다니며 뽐내고 있으니,

意憙! 甚矣哉심의재! 其無愧而不知恥也甚矣기무괴이부지치야심의!

아, 심하도다! 그 부끄러운 줄 모르고 염치없음이 심하구나!

吾未知聖知之不爲桁楊椄槢也24)오미지성지지불위항양접습야

나는 성(聖)과 지(知)가 차꼬나 (목에 씌우는) 칼 따위가 족쇄가 되고,

仁義之不爲桎梏인의지불위질곡 鑿枘也착예야

인의가 질곡의 구멍과 쐐기가 되지 않는다는 것을 모르겠으니,

焉知曾史之不爲桀蹠嚆矢也언지증사지불위걸척효시야!

어찌 증삼이나 사추가 걸이나 도척의 효시가 아니라고 단언하겠는가?

故曰고왈: '絶聖棄知而天下大治절성기지이천하대치'"

그러므로 말하기를, '성(聖)을 끊고 지혜를 포기해야 천하는 크게 다스려진다.'라고 하는 것이다."

| 해설 |

이 대목 역시 공자학파의 인의예악에 의한 인위적인 정치를 공격하는 내용이다. 곧 황제(黃帝)·요순이 인의의 정치를 베풀어 사람들의 천진한 천성을 성인과 지혜로 쏠리도록 변화시켜 인심을 어지럽힌 뒤로, 하·은·주 3대로 내려와서는 더욱이 백성이 무위자연의 생활로부터 이탈하여 오직 감정과 지혜의 노예가 됨으로써 서로 의심하고 시기하고 비난하고 헐뜯는 생활을 하게 되었다.

---

24) 不爲桁楊椄槢也(불위항양접습야) : 차꼬나 목에 씌우는 칼 따위의 족쇄가 되지 아니함. 椄槢(접습)은 족쇄.

그리고 나아가 걸(桀)이나 도척(盜蹠) 같은 악당도 생겨나게 되었다. 그러기에 백성을 다스리기 위한 갖가지 형벌기구를 만들어내고, 범죄자들을 투옥·사형시키는 수도 절대적으로 많아졌다. 그리하여 천하는 혼돈의 도가니로 변하게 되어, 어진 이는 산속으로 숨어야 했고, 백성을 다스리는 제왕도 언제 죽음을 당할지 몰라 전전긍긍하는 판국이 되었다.

그러니 오로지 노자의 말대로 "성(聖)을 끊고 지혜를 버려야(絶聖棄知)" 천하는 태평해지고 온 백성이 천수를 행복하게 누릴 수 있는 것이다.

3.

黃帝立爲天子十九年[1]황제립위천자십구년 令行天下영행천하

황제(黃帝)가 천자가 된 지 19년, 정령(政令)이 천하에 시행되었다.

聞廣成子[2]在於空同[3]之上문광성자재어공동지상 故往見之고왕현지 曰왈

황제는 광성자(廣成子)가 공동산(空同山)에 있다는 소문을 듣고, 일부러 찾아가 만나보고 물었다.

"我聞吾子達於至道아문오자달어지도 敢問至道之精[4]감문지도지정

---

1) 十九年 : 황제(黃帝)가 천자가 된 지 19년이란 뜻이다. 그런데 19년은 《장자》에서 오랜 기간을 상징적으로 나타내는 말로 쓰인다. 예컨대 〈양생주〉 편의 포정(庖丁)과 〈덕충부〉 편의 신도가(申徒嘉) 등이 수련한 기간 또한 19년이다.

2) 廣成子(광성자) : 무위자연의 道를 체득했다고 전해지는 우의(寓意)적인 인물. 道를 의인화한 것으로 보기도 한다. 일설에는 노자라고도 함.

3) 空同(공동) : 공동(崆峒)으로도 쓰는데, 감숙성 양주(涼州) 지방에 있는 산. 《사기》〈오제본기(五帝本紀)〉에, "황제가 서쪽 공동에 이르렀다."고 하였음.

4) 至道之精(지도지정) : 지극한 道의 정수(精髓).

"나는 당신이 지극한 道에 도달했다고 들었습니다. 감히 묻건대, 지극한 道의 정수(精邃)란 어떤 것입니까?

吾欲取天地之精)오욕취천지지정 以佐五穀이좌오곡 以養民人이양민인

나는 천지의 정기(精氣)를 취하여 오곡(五穀)의 생장을 돕고 백성을 기르고자 하며,

吾又欲官陰陽오우욕관음양 以遂群生이수군생 爲之奈何위지내하?"

또한 나는 음양을 다스려 뭇 생명들을 기르고자 하는데, 어떻게 하면 되겠습니까?"

廣成子曰광성자왈 : 광성자(廣成子)가 말했다.

"而所欲問者이소욕문자 物之質也물지질야

"당신이 묻고자 하는 것은 사물의 본성인데,

而所欲官者이소욕관자 物之殘也6)물지잔야

당신이 다스리고자 하는 것은 사물을 해치는 것이오.

自而治天下자이치천하 雲氣不待族而雨운기부대족이우

당신이 천하를 다스린 뒤로 구름이 충분히 모이기도 전에 비가 오며,

草木不待黃而落초목부대황이락 日月之光益以荒矣7)일월지광익이황의

초목은 잎이 누렇게 되기 전에 낙엽이 지며, 해와 달의 빛도 더욱 황폐해져 그 빛을 잃었으니,

而佞人之心翦翦者8)이영인지심전전자 又奚足以語至道우해족이어지도시노!"

---

5) 天地之精(천지지정) : 하늘과 땅의 정기(精氣).

6) 物之殘也(물지잔야) : 사물을 해침.

7) 益以荒矣(익이황의) : 더욱 황폐해짐.

8) 翦翦者(전전자) : 말만 잘하는 사람.

당신은 말만 잘해 사람의 마음에 잘 영합하고자 하는 자이니, 어찌 당신과 더불어 지극한 道를 말할 수 있겠소!"

黃帝退황제퇴 捐天下9)연천하 築特室10)축특실 席白茅11)석백모

황제는 물러나 천하를 버리고 특실(特室)을 짓고 흰 띠풀로 자리를 깔고는

閒居三月한거삼월 復往邀之12)부왕요지

석 달을 한가하게 살다가 다시 가서 만나기를 청했다.

廣成子南首而臥13)광성자남수이와

광성자는 남쪽으로 머리를 두고 누워 있었다.

黃帝順下風膝行而進14)황제순하풍슬행이진 再拜稽首而問曰재배계수이문왈 :

황제는 아래쪽으로부터 무릎걸음으로 기어서 다가가 두 번 절하고 머리를 조아리며 물었다.

"聞吾子達於至道문오자달어지도

"나는 선생께서 지극한 道에 통달하였다고 들었으니,

敢問治身奈何而可以長久감문치신내하이가이장구?"

몸을 어떻게 다스리며, 어떻게 하면 오래 살 수 있는지를 감히 여쭙니다."

---

9) 捐天下(연천하) : 천하를 버림. 천자의 자리를 버리고(捐 : 棄) 천하의 지배를 포기하였다는 뜻.

10) 築特室(축특실) : 特室을 지음. 特室은 잡다한 일을 피해 홀로 재계하는 집.

11) 席白茅(석백모) : 흰 띠풀로 자리를 깔다. 白茅는 하얀 띠풀. 고대 중국에는 더러움을 깨끗이 하는 주술적인 힘이 있다고 믿어서 神에게 바치는 공물에 띠풀을 바닥에 까는 관습이 있었다고 한다.

12) 復往邀之(부왕요지) : 다시 찾아가 요구함. 邀는 요구하다.

13) 南首而臥(남수이와) : 머리를 남쪽으로 하고 눕다. 남면(南面)은 본디 천자가 정무(政務)를 볼 때의 예(禮)이다.

14) 順下風膝行而進(순하풍슬행이진) : 아래쪽에서부터 무릎으로 기어 나아감. 風은 方의 뜻.

廣成子蹶然15)而起曰광성자궐연이기왈 :

광성자가 벌떡 일어나 말했다.

"善哉問乎선재문호 來래! 吾語女至道오어여지도

"좋은 질문이오, 이리 오시오! 내 당신에게 지극한 道를 말해 주겠소.

至道之精16)지도지정 窈窈冥冥17)요요명명

지극한 道의 정수(精髓)는 그윽하고 어두우며,

至道之極지도지극 昏昏默默18)혼혼묵묵

지극한 道의 극치는 어둑하고 아무 움직임 없이 잠잠합니다.

無視無聽19)무시무청 抱神以靜포신이정 形將自正형장자정

보려고 하지도 말고, 들으려 하지도 말며, 정신을 지켜 고요히 있으면
형체가 바야흐로 스스로 바르게 될 것이오

必靜必淸 無勞女形20)필정필청 무로여형

반드시 고요하고 반드시 깨끗함으로 당신의 몸을 수고롭게 하지 않고,

無搖女精무요여정 乃可以長生내가이장생

당신의 정신을 흔들지 말아야 곧 오래 살 수 있을 것이오

目無所見목무소견 耳無所聞이무소문

---

15) 蹶然(궐연) : 벌떡 일어나는 모양.

16) 至道之精(지도지정) : 지극한 道의 정수(精髓).

17) 窈窈冥冥(요요명명) : 그윽하고 어두움. 요요(窈窈)는 깊고 조용한 모양. 명명(冥冥)은
드러나지 않고 은미한 모양.

18) 昏昏默默(혼혼묵묵) : 어둑하고 아무런 움직임 없이 잠잠함. 昏昏은 어두워서 모습이
보이지 않는다는 뜻이고, 默默은 소리를 내지 않아서 들리지 않는다는 뜻.

19) 無視無聽(무시무청) : 보려 하지도 들으려 하지도 마라.

20) 必靜必淸 無勞女形(필정필청 무로여형) : 반드시 고요하게 하고 반드시 깨끗하게 함으
로써 당신의 몸을 수고롭게 하지 말아야 한다.

눈으로 보는 바가 없고, 귀로 듣는 바가 없으며,

心無所知심무소지 女神將守形여신장수형 形乃長生형내장생

마음으로 아는 바가 없으면 당신의 정신은 바야흐로 당신의 형체를 잘 지켜 형체가 곧 오래 살 것이오.

愼女內 閉女外[21]신여내 폐여외

당신의 내심(內心)을 삼가고 당신의 외물(外物)에 대한 욕망을 닫아버리시오.

多知爲敗[22]다지위패

지식이 많아지면 실패할 것입니다.

我爲女遂於大明之上矣아위여수어대명지상의 至彼至陽之原也지피지양지원야

나는 당신을 위해 해와 달같이 큰 광명이 있는 하늘 위에 올라 저 지극한 양(陽)의 근원에 이르며,

爲女入於窈冥之門矣위여입어요명지문의 至彼至陰之原也지피지음지원야

또 당신을 그윽하고 어두운 땅속 문으로 들어가 지극한 음(陰)의 근원에 도달하게 하겠소.

天地有官 陰陽有藏[23]천지유관 음양유장

하늘과 땅은 맡아 다스림이 있고, 음과 양은 간직함이 있으니,

愼守女身신수여신 物將自壯물장자장

삼가 당신의 몸을 지키면 만물은 바야흐로 스스로 생육할 것이오.

---

21) 愼女內 閉女外(신여내 폐여외) : 당신의 안에 있는 정신을 삼가 지키며, 당신의 밖으로 향하는 지각을 닫으라.

22) 多知爲敗(다지위패) : 아는 것이 많아지면 실패하게 됨.

23) 天地有官 陰陽有藏(천지유관 음양유장) : 하늘과 땅은 맡아서 다스리는 것이 있고, 음과 양은 간직함이 있음.

我守其一 以處其和24)아수기일 이처기화

나는 그 하나의 道를 지켜 그 조화 속에 머물러 있습니다.

故我修身千二百歲矣고아수신천이백세의 吾形未嘗衰오형미상쇠"

때문에 내 몸을 닦기 시작한 지 천 2백 년이 되었어도 내 몸은 일찍이
쇠하지 않았소"

黃帝再拜稽首曰황제재배계수왈 :

황제는 두 번 절하고 머리를 조아리며 물었다.

"廣成子之謂天矣광성자지위천의!"

"광성자께서는 하늘이라 일컬어도 되겠습니다!"

廣成子曰광성자왈 : 광성자가 말했다.

"來래! 吾語女오어여

"다가오시오. 내 당신에게 말해 주겠소

彼其物無窮25)피기물무궁 而人皆以爲有終이인개이위유종

저 道라고 하는 것은 끝이 없건만, 사람들은 모두 끝이 있다고 여기고,

彼其物無測26)피기물무측 而人皆以爲有極이인개이위유극

그 道는 다함이 없건만, 사람들은 모두 다함이 있다고 여깁니다.

得吾道者득오도자 上爲皇而下爲王27)상위황이하위왕

---

24) 守其一 以處其和(수기일 이처기화) : 그 하나의 道를 지켜 조화 속에 머물다.

25) 彼其物無窮(피기물무궁) : 저 道라고 하는 것은 끝없이 광대함.

26) 彼其物無測(피기물무측) : 저 道라고 하는 것은 다함이 없음. 無測은 헤아릴 수 없음.
곧 인간이 다할 수 없다는 뜻.

27) 上爲皇而下爲王(상위황이하위왕) : 위로는 황제가 되고 아래로는 왕이 됨. 上과 下는
시대의 先後, 곧 上古시대와 後代를 뜻한다. 皇은 복희(伏羲)와 신농(神農)을, 王은 탕왕
(湯王)과 무왕(武王) 등을 가리킨다.

내 道를 얻은 자는 위로 황제가 되고 아래로는 왕이 되며,

失吾道者실오도자 上見光而下爲土[28]상견광이하위토

나의 道를 잃은 자는 살아서는 해와 달의 빛을 볼 뿐이요, 죽어서는 한 줌의 흙이 될 뿐입니다.

今夫百昌[29]금부백창 皆生於土而反於土[30]개생어토이반어토

지금 저 온갖 만물은 모두 흙에서 나서 흙으로 돌아갑니다.

故余將去女[31]고여장거여 入無窮之門입무궁지문

그러므로 나는 바야흐로 속세의 당신을 버리고 무궁한 지도(至道)의 문으로 들어가,

以遊無極之野[32]이유무극지야

무극(無極)의 들판에 노닐고자 합니다.

吾與日月參光오여일월참광 吾與天地爲常오여천지위상

나는 일월과 더불어 그 빛을 같이하고, 천지와 더불어 영원할 것이니,

當我당아 緡乎민호! 遠我원아 昏乎혼호!

사람들이 나에게 가까이 다가오더라도 어지러워서 보이지 않을 것이며, 나로부터 멀리 떨어지더라도 어두워서 보이지 않을 것이오!

人其盡死 而我獨存乎[33]인기진사 이아독존호!"

---

28) 上見光而下爲土(상견광이하위토) : 살아서는 해와 달의 빛을 볼 뿐이요, 죽어서는 한 줌의 흙이 될 뿐이다.

29) 百昌(백창) : 만물.

30) 生於土而反於土(생어토이반어토) : 흙에서 나와 흙으로 돌아감.

31) 余將去女(여장거여) : 내 곧 당신을 떠날 것이다. 무궁한 곳으로 간다는 뜻.

32) 以遊無極之野(이유무극지야) : 끝없이 광대한 들판에서 노닒.

33) 人其盡死 而我獨存乎(인기진사 이아독존호) : 사람들이 다 죽고 나면 나만 홀로 남음.

사람들은 모두 죽지만, 나만은 홀로 남을 것이오!"

| 해설 |

　　이 대목은 황제와 광성자의 문답인데, 장자의 사상이라기보다는 훗날 신선가의 말인 듯하다. 그것은 무위와 무심(無心), 죽음과 삶으로부터의 초월보다는 오래도록 죽지 않고 살 수 있는 장생(長生)이 주제가 되고 있기 때문이다.

4.

雲將1)東遊운장동유 過扶搖2)之枝과부요지지 而適遭鴻蒙3)이적조홍몽

운장(雲將)이 동쪽으로 유람하는 중에 부요(扶搖) 나뭇가지 아래를 지나다가 마침 홍몽(鴻蒙)을 만났다.

鴻蒙方將拊髀雀躍而遊4)홍몽방장부비작약이유

홍몽은 넓적다리를 두드리며 참새같이 깡충깡충 뛰면서 놀고 있었다.

雲將見之운장견지 倘然止5)당연지 贄然立지연립 曰왈 :

운장이 그를 보고 멈칫하여 걸음을 멈추고 물었다.

---

1) 雲將(운장) : 구름의 장수. 곧 구름을 의인화한 우의(寓意)적 인물.

2) 扶搖(부요) : 신목(神木)으로 동해에 있는데, 해가 이 나무에서 나온다 함. 또는 회오리바람이라고도 함.

3) 鴻蒙(홍몽) : 중국의 신화 속에서 세상이 탄생하기 전 혼돈(混沌) 상태의 신비로움을 뜻한다. 여기서는 지극한 道를 의인화한 우화적 인물.

4) 方將拊髀雀躍而遊(방장부비작약이유) : 넓적다리를 두드리며 깡충깡충 뛰면서 노닐다. 拊(부)는 두들기다. 髀는 넓적다리. 雀躍(작약)은 참새처럼 경망스럽게 폴짝폴짝 뛰어다니는 모양.

5) 倘然止(당연지) : 멈칫하며 발걸음을 멈춤. 倘然은 멈칫하는 모양.

"叟6)何人邪수하인야? 叟何爲此수하위차?"

"노인장은 누구십니까? 여기서 왜 그러고 계십니까?"

鴻蒙拊髀雀躍不輟7)홍몽부비작약불철 對雲將曰대운장왈 :

홍몽은 넓적다리를 두드리며 깡충깡충 뛰기를 그치지 않으면서 운장에게 대답했다.

"遊유": "놀고 있다네."

雲將曰운장왈 : 운장이 다시 물었다.

"朕願有問也짐원유문야"

"제가 여쭙고 싶은 것이 있습니다."

鴻蒙仰而視雲將曰홍몽앙이시운장왈 :

홍몽은 머리를 들어 운장을 보면서 말했다.

"吁8)우?": "뭔데?"

雲將曰운장왈 : 운장이 다시 물었다.

"天氣不合천기불합 地氣鬱結9)지기울결

"하늘의 기운이 고르지 못하고, 땅의 기운은 꽉 막혀 있으며,

六氣10)不調육기부조 四時不節사시부절

육기(六氣)는 조화를 이루지 못하고, 사시(四時)는 절도가 없습니다.

今我願合六氣之精 以育群生11)금아원합육기지정 이육군생 爲之奈何위지내

---

6) 叟(수) : 어르신, 연장자.

7) 不輟(불철) : 그만두지 않음.

8) 吁(우) : 의아하게 여기며 대답하는 소리.

9) 鬱結(울결) : 가슴이 막히고 답답하여 기분이 나지 않는다는 뜻.

10) 六氣(육기) : 음(陰)·양(陽)·풍(風)·우(雨)·회(晦)·명(明). 천지 사이 여섯 가지 기운.

하?"

그래서 지금 저는 육기의 정수를 모아 만물을 생육시키고자 하는데, 어떻게 하면 되겠습니까?"

鴻蒙拊髀雀躍掉頭曰홍몽부비작약요두왈 :

홍몽은 넓적다리를 두드리며 깡충깡충 뛰면서 고개를 흔들며 말했다.

"吾弗知오불지 吾弗知오불지"

"나는 모른다. 난 몰라."

雲將不得問[12]운장부득문

운장은 더 이상 물을 수가 없었다.

又三年우삼년 東遊동유 過有宋之野[13]과유송지야 而適遭鴻蒙이적조홍몽

다시 3년이 지나 운장이 동쪽으로 유람하다가 송나라의 들판을 지나면서 마침 홍몽을 만났다.

雲將大喜운장대희 行趨而進曰행추이진왈 :

운장은 크게 기뻐하며 달려가 물었다.

"天忘朕邪[14]천망짐야? 天忘朕邪천망짐야?"

"하늘께서는 절 잊으셨습니까? 하늘께서는 저를 잊으셨습니까?"

再拜稽首재배계수 願聞於鴻蒙원문어홍몽

운장이 두 번 절하고 머리를 조아리며 홍몽에게 가르침을 원했다.

---

11) 今我願合六氣之精 以育群生(금아원합육기지정 이육군생) : 지금 내가 六氣의 정수를 모아 뭇 생물을 기르려고 한다.

12) 不得問(부득문) : 더 이상 묻지 못했다.

13) 過有宋之野(과유송지야) : 송(宋)나라의 들판을 지나다. 有는 有宋, 有周 등의 경우처럼 나라 이름 앞에 붙이는 접두어로, 성대하다는 뜻으로도 쓰인다.

14) 天忘朕邪(천망짐야) : 하늘께서는 절 잊으셨습니까? 홍몽(鴻蒙)을 天에 빗댄 극존칭.

鴻蒙曰홍몽왈 : 홍몽이 말했다.

"浮游不知所求부유부지소구 猖狂15)不知所往창광부지소왕

"나는 이리저리 떠돌면서 구하는 바도 없고, 마음 내키는 대로 돌아다니면서 갈 곳을 모르겠네.

遊者鞅掌 以觀無妄16)유자앙장 이관무망 朕又何知짐우하지?"

노는 것이 바빠 여가가 없어 아무것도 보는 것이 없네. 그런 내가 또 무엇을 알겠는가?"

雲將曰운장왈 : 운장이 말했다.

"朕也自以爲猖狂짐야자이위창광 而百姓隨子所往이백성수여소왕

"저도 스스로 멋대로 논다고 생각합니다. 그러나 백성들이 제가 가는 곳을 따르므로,

朕也不得已於民17)짐야부득이어민 今則民之放也18)금즉민지방야 願聞一言원문일언"

저도 백성들을 어찌할 수가 없어 지금은 백성들의 의지가지가 되고 있습니다. 그러니 한 말씀 해주십시오."

鴻蒙曰홍몽왈 : 홍몽이 대답했다.

"亂天之經난천지경 逆物之情역물지정

"하늘의 법을 어지럽히고, 만물의 진정을 거스르면,

---

15) 猖狂(창광) : 마음 내키는 대로 행동함. 곧 제멋대로 행동하는 모습.

16) 遊者鞅掌 以觀無妄(유자앙장 이관무망) : 오로지 노는 것이 바빠 여가가 없어 아무것도 보는 것이 없음. 鞅掌은 바쁜 모양.

17) 朕也不得已於民(짐야부득이어민) : 나도 백성들을 어찌할 수 없음. 백성들의 부탁을 두고 볼 수 없음, 거절할 수 없다는 뜻.

18) 民之放也(민지방야) : 백성들의 의지가 됨. 放은 의방(依放)의 뜻.

玄天弗成19)현천불성 解獸之群20)해수지군 而鳥皆夜鳴이조개야명

현묘한 자연의 조화는 이루어지지 않아 짐승의 무리는 흩어지고, 새들이 모두 밤에 울며,

災及草木 禍及止蟲21)재급초목 화급지충

재앙은 초목에까지 미치고, 화는 곤충에까지 이르니,

意22)희! 治人之過也치인지과야!"

아, 이것이 모두 백성을 다스리는 허물 때문이다!"

雲將曰운장왈 : "然則吾奈何연즉오내하?"

운장이 말했다. : "그러면 저는 어떻게 하는 것이 좋겠습니까?"

鴻蒙曰홍몽왈 : "意희! 毒哉독재! 僊僊乎歸矣선선호귀의!"

홍몽이 말했다. "아, 지독하구나! 썩 돌아가라!"

雲將曰운장왈 : 운장이 말했다.

"吾遇天23)難오우천난 願聞一言원문일언"

"저는 하늘같은 분을 만나 뵙기가 어렵습니다. 그러니 한 말씀만 해주십시오."

鴻蒙曰홍몽왈 : 홍몽이 말했다.

"意희! 心養심양 汝徒處無爲여도처무위 而物自化이물자화

"아! 마음을 길러라. 네가 단지 무위(無爲)로 살면 만물은 저절로 감화

---

19) 玄天弗成(현천불성) : 현묘한 자연의 조화가 이루어지지 않음.

20) 解獸之群(해수지군) : 짐승의 무리를 흐트러뜨리다.

21) 災及草木 禍及止蟲(재급초목 화급지충) : 재앙은 초목에까지 미치고 화는 벌레에까지 이르다.

22) 意(희) : 감탄사.

23) 天(천) : 운장이 하늘처럼 높은 스승으로 여기는 홍몽을 말함.

될 것이다.

墮爾形體24)타이형체 吐爾聰明25)토이총명

자네의 형체를 잊어버리고 자네의 총명을 떨어버리며,

倫與物忘26)윤여물망 大同乎涬溟27)대동호행명

세상의 규범이나 외물을 잊어버리면 無인 대도(大道)와 크게 하나가 될
것이다.

解心釋神 莫然無魂28)해심석신 막연무혼

마음을 비우고, 정신을 놓아서 아득히 혼마저 없게 되면,

萬物云云29)만물운운 各復其根각복기근

만물은 성대해져서 제각기 그 근본으로 돌아갈 것이다.

各復其根而不知각복기근이부지

각기 그 근본으로 돌아가면서도 그것을 알지 못한다.

渾渾沌沌30)혼혼돈돈 終身不離종신불리

그래서 그들은 혼돈한 무분별의 경지에 있으면서 종신토록 그 道로부터
떠나지 않지만,

---

24) 墮爾形體(타이형체) : 너의 형체를 잊어버림.

25) 吐爾聰明(토이총명) : 너의 총명을 버림. 吐는 버린다는 뜻.

26) 倫與物忘(윤여물망) : 세상의 규범이나 외물을 잊어버림. 倫은 세상의 도리, 규범 따위
를 말한다. 物은 외물.

27) 大同乎涬溟(대동호행명) : 大同은 크게 하나가 되는 것. 涬溟(행명)은 無인 대도(大道)
를 가리킨다.

28) 解心釋神 莫然無魂(해심석신 막연무혼) : 마음을 비우고 정신을 놓아서 아득히 혼이
나간 경지에 이름.

29) 萬物云云(만물운운) : 만물이 성대하게 자라남. 云云은 성대한 모양.

30) 渾渾沌沌(혼혼돈돈) : 뒤섞여 하나가 됨. 혼돈의 道와 일체가 됨.

若彼知之약피지지 乃是離之내시리지

만약에 그들이 지혜를 쓰면 곧 道에서 떠나버리고 만다.

無問其名무문기명 無闚其情31)무규기정 物故自生물고자생"

그 이름도 묻지 말고, 그 진정도 엿봄이 없어야 만물은 스스로 생육해 가는 것이다."

雲將曰운장왈 : 운장이 말했다.

"天降朕以德32)천강짐이덕 示朕以默33)시짐이묵

"하늘같은 분께서는 저에게 참된 덕을 내려주셨고, 더욱이 그것을 말 없는 가운데 깨닫게 해주셨습니다.

躬身求之 乃今也得34)궁신구지 내금야득"

저는 몸소 이를 구하다가 이제야 비로소 깨우쳤습니다."

再拜稽首재배계수 起辭而行기사이행

운장은 두 번 절하고 머리를 조아리고 일어나 하직을 하고 떠나갔다.

| 해설 |

이 대목에서는 홍몽(鴻蒙)과 운장(雲將)의 문답으로 득도자의 경지를 설명하고 있다. 또 노자의 道의 상태를 표현한 문구를 많이 인용하고 있다.

따라서 노자의 사상을 조술(祖述)하면서도 관심의 소재를 달리했음

---

31) 無闚其情(무규기정) : 실정을 엿보려 하지 않음.

32) 天降朕以德(천강짐이덕) : 하늘이신 선생께서 德을 내려줌. 天은 홍몽을 가리키고 朕은 운장 자신을 일컬음.

33) 示朕以默(시짐이묵) : 말하지 않는 道를 보여줌. 默은 침묵함.

34) 躬身求之 乃今也得(궁신구지 내금야득) : 몸소 이 道를 찾았는데, 이제야 비로소 얻음.

을 미루어보아 집필의 장소 · 시대도 달리한 다른 사람의 문장으로 보기도 한다.

5.

世俗之人세속지인 皆喜人之同乎己개희인지동호기

세속 사람들은 남이 자기와 같아지기를 좋아하고,

而惡人之異於己也이오인지이어기야

남이 자기와 다른 의견을 가지면 싫어한다.

同於己而欲之동어기이욕지 異於己而不欲者이어기이불욕자

자기와 같아지기를 바라고, 자기와 달라지는 것을 바라지 않는 것은,

以出乎衆爲心也¹⁾이출호중위심야

여러 사람보다 뛰어나고 싶은 마음을 바라기 때문이다.

夫以出於衆爲心者부이출어중위심자 曷常出乎衆哉갈상출호중재!

무릇 많은 사람들보다 뛰어나기를 바라는 자들이 어찌 여러 사람보다 실제로 뛰어날 수가 있겠는가!

因衆以寧所聞인중이녕소문 不如衆技衆矣불여중기중의

많은 사람이 동조하는 것을 가지고 자기가 들은 것을 정당화하려고 하는 것은, 혼자 들은 바는 여러 사람의 재주의 총화만 같지 못하기 때문이다.

而欲爲人之國者이욕위인지국자 此攬乎三王²⁾之利차람호삼왕지리 而不見其患者也이불견기환자야

남의 나라를 도와주려고 하는 자들은 이들이 삼왕(三王)의 이로움에만

---

1) 爲心也(위심야) : ~을 마음으로 삼아서이다, 즉 ~을 바라서이다.
2) 三王(삼왕) : 하나라 우왕, 은나라의 탕왕, 주나라 문왕 · 무왕을 말한다.

눈을 빼앗기고, 그 폐단을 보지 못하기 때문이다.

此以人之國僥倖也차이인지국요행야

이는 남의 나라를 다스림에 요행을 바라는 것이니,

幾何僥倖而不喪人之國乎기하요행이불상인지국호!

요행을 바라다가 남의 나라를 망친 자가 얼마나 많은가!

其存人之國也기존인지국야 無萬分之一무만분지일

그들이 남의 나라를 보존하는 경우는 만에 하나도 없고,

而喪人之國也이상인지국야 一不成而萬有餘喪矣일불성이만유여상의

남의 나라를 멸망시키는 경우는, 하나도 성공하지 못하고 만(萬)이 넘게 멸망해 버리고 말 것이다.

悲夫비부! 有土者之不知也유토자지부지야!

슬프다! 땅을 가진 제후들의 지혜롭지 못함이여!

夫有土者부유토자 有大物也유대물야

무릇 나라를 소유한 자는 곧 만물을 지배하는 자다.

有大物者유대물자 不可以物3)불가이물

만물을 소유한 자는 단순히 하나의 물(物)이어서는 안된다.

物而不物4)물이불물 故能物物고능물물

물(物)이면서 물(物)을 초월하여야 물(物)을 물(物)로 존재하게 할 수 있다.

明乎物物者之非物也명호물물자지비물야

물(物)을 물(物)로서 존재하게 하는 것이 단순한 물(物)의 차원의 존재

---

3) 不可以物(불가이물) : 단순한 하나의 물(物)이어서는 안 된다.

4) 物而不物(물이불물) : 그 자신 하나의 물(物)이면서 물(物)을 초월하고 있다.

가 아님을 밝게 자각한다면,

豈獨治天下百姓而已哉기독치천하백성이이재!
어찌 단지 천하의 백성을 다스리는 데 그치겠는가!

出入六合 遊乎九州[5]출입육합 유호구주
그는 육합(六合)을 출입하고 구주(九州)에 놀며,

獨往獨來독왕독래 是謂獨有[6]시위독유
홀로 갔다 홀로 온다. 이런 경지를 독유(獨有)라 하고,

獨有之人독유지인 是謂至貴시위지귀
독유하는 사람을 일러 지극히 귀한 존재라 한다.

| 해설 |

　나라는 인위적으로 다스리는 것이 아니라 아무런 작위(作爲)도 가하지 않은 자연 그대로에 맡겨 두어야 한다는 것이다. 이러한 무위(無爲)의 다스림에 대한 치세론(治世論)은 이미 여러 번 언급하고 있다.

6.

大人[1]之敎대인지교 若形之於影약형지어영 聲之於響성지어향

---

5) 出入六合 遊乎九州(출입육합 유호구주) : 육합에 출입하며 구주에 노닒. 육합(六合)은 천지사방, 구주(九州)는 중국 전토를 9개로 나눈 기주(冀州)·연주(兗州)·청주(靑州)·서주(徐州)·양주(揚州)·형주(荊州)·예주(豫州)·양주(梁州)·옹주(雍州)라는 설과, 세계 전체를 九개로 나눈 신주(神州 : 東南)·차주(次州 : 正南)·융주(戎州 : 西南)·엄주(弇州 : 正西)·기주(冀州 : 正中)·태주(台州 : 西北)·제주(泲州 : 正北)·박주(薄州 : 東北)·양주(陽州 : 正東)를 말하는 설이 있다.

6) 獨有(독유) : 홀로 道를 차지함.

대인(大人 : 至人)의 가르침은 형체에 그림자가 따르듯, 소리에 울림이
따르듯,

有問而應之유문이응지 盡其所懷진기소회 爲天下配[2]위천하배
남이 물으면 대답하되, 그 생각한 바를 다해 천하인의 짝이 된다.

處乎無響 行乎無方[3]처호무향 행호무방
그는 울림도 없는 고요한 곳에 살고, 방향도 없는 곳을 다니면서,

挈汝適復之撓撓[4]설여적복지요요
그대들을 데리고 어지럽고 혼돈의 세계로 무시로 왕복하면서,

以遊無端[5]이유무단 出入無旁[6]출입무방 與日無始[7]여일무시
끝없는 세계에 노닐며, 어디든지 자유롭게 드나들고, 태양과 더불어 시
간을 초월하여,

頌論形軀 合乎大同[8]송론형구 합호대동

---

1) 大人(대인) : 德이 훌륭한 사람.《장자》에 자주 나오는 신인(神人), 지인(至人), 성인 등
   을 들 수 있다. 여기서 大人은 至人을 말한다.
2) 爲天下配(위천하배) : 천하의 모든 사람과 짝이 됨. 配는 가장 좋은 짝이라는 뜻. 天下
   는 최상임을 나타냄.
3) 處乎無響 行乎無方(처호무향 행호무방) : 울림이 없는 곳에 머물며, 일정한 장소를 가리
   지 않고 자유자재로 움직임.
4) 挈汝適復之撓撓(설여적복지요요) : 앞에서 나온 "나는 당신을 해와 달같이 큰 광명이
   있는 하늘 위에 올라 저 지극한 양(陽)의 근원에 이르며(我爲女遂於大明之上矣 至彼至
   陽之原也)"와 거의 비슷한 표현이다. 適復은 왕복(往復)과 같다. 撓撓(요요)는 遙遙(요
   요)의 假借字로 멀리 순회하는 것. 適復의 모습을 형용한 것이다.
5) 以遊無端(이유무단) : 끝없는 경지에 한없이 노닒. 〈소요유〉편의 이유무궁(以遊無窮)과
   같다. 端은 애(厓 : 끝)의 뜻.
6) 出入無旁(출입무방) : 출입함에 일정한 장소가 없음. 旁은 方과 같다.
7) 與日無始(여일무시) : 해와 함께 시작이 없음. 시간의 흐름을 초월한 영원한 존재라는 뜻.
8) 頌論形軀合乎大同(송론형구합호대동) : 그 말과 몸이 커다란 만물제동(萬物齊同)의 세계

그 말과 행동이 대동(大同)으로 하나가 되고,

大同而無己대동이무기 無己무기 惡乎得有有9)오호득유유!

대동의 경지에 노니 나에 대한 집착이 없으며, 나에 대한 집착이 없으니 어찌 소유물이 있겠는가?

睹有者10)도유자 昔之君子11)석지군자 睹無者도무자 天地之友천지지우

있는 것만 보는 자는 옛날의 군자요, 無를 보는 자는 천지의 벗, 곧 독유의 인(人)이다.

| 해설 |

이 대목에서는 대인(大人)의 교화와 그의 몸가짐 등을 이야기하고, 대인이란 유위(有爲)하는 일이 없고 자기 자신 또한 없으며, 아무것도 기대하는 것이 없는 사람이다.

노자의 사상을 조술(祖述)하면서도 관심의 소재를 달리했음을 미루어 집필의 장소·시대도 달리한 다른 사람의 문장으로 보기도 한다.

7.

賤而不可不任者천이불가불임자 物也물야

와 부합된다. 이른바 조화자(造化者)와 하나임을 가리킨다. 頌論은 언어 및 그 활동을 가리킨다. 大同은 만물제동(萬物齊同)의 세계, 곧 道와 일치된 경지.

9) 惡乎得有有(오호득유유) : 有有의 앞의 有는 '있는 것으로 간주하다'는 뜻이고, 뒤의 有는 인간 세상에 있어서의 여러 가지 물사(物事), 이른바 物을 가리킨다.

10) 睹有者(도유자) : 있는 것만 보는 사람들. 잡다한 有의 세계에 눈을 빼앗기는 사람들을 말함.

11) 昔之君子(석지군자) : 하·은·주 3대 이후의 위정자. 요(堯)·순(舜) 등 유가(儒家)의 성인을 가리킨다.

보잘 것 없으면서도 쓰지 않을 수 없는 것이 물건이고,

卑而不可不因者비이불가불인자 民也민야

낮지만 따르지 않을 수 없는 것이 백성이며,

匿¹⁾而不可不爲者익이불가불위자 事也사야

번거롭지만 하지 않을 수 없는 것이 일(事 : 政事)이고,

麤²⁾而不可不陳者추이불가부진자 法也법야

거칠지만 베풀지 않을 수 없는 것이 법이며,

遠而不可不居者원이불가불거자 義也의야

멀지만 지키지 않을 수 없는 것이 의(義)이고,

親而不可不廣者친이불가불광자 仁也인야

친하면서 넓히지 않을 수 없는 것이 인(仁)이며,

節而不可不積者³⁾절이불가부적자 禮也예야

절도(節度)를 따지지만 익히지 않을 수 없는 것이 예(禮)이고,

中而不可不高者⁴⁾중이불가불고자 德也덕야

중용을 따라 세상과 야합하지만, 높여 나가지 않을 수 없는 것이 德이며,

一而不可不易者일이불가불역자 道也도야

유일(唯一)하지만 때에 따라 바꾸지 않을 수 없는 것이 道이고,

---

1) 匿(익) : 감추다. 은닉(隱匿).

2) 麤(추) : 거칠다.

3) 節而不可不積者(절이불가부적자) : 절도를 따지지만 익히지 않을 수 없는 것. 節은 절도를 따진다는 뜻이고, 積은 익힌다는 뜻.

4) 中而不可不高者(중이불가불고자) : 중용에 따라 세상과 야합하지만, 높여 나가지 않을 수 없는 것.

神而不可不爲者5)신이불가불위자 天也천야

신령하지만 닦지 않을 수 없는 것이 하늘이다.

故聖人觀於天而不助6)고성인관어천이부조

그러므로 성인은 하늘을 살피되 조장(助長)하지 않으며,

成於德而不累7)성어덕이불루

德을 이루지만 인위적으로 쌓지 않으며,

出於道而不謀출어도이불모

道로부터 나오지만 이를 도모하지 않고,

會於仁而不恃8)회어인이불시

仁에 부합하지만 이를 믿지 않으며,

薄於義而不積9)박어의이부적

義로 다가가지만, 이를 쌓지 않고,

應於禮而不諱10)응어례이불휘

禮에 응하지만, 이를 기피하지는 않으며,

接於事而不辭접어사이불사

---

5) 神而不可不爲者(신이불가불위자) : 영묘(靈妙)하지만 닦지 않을 수 없는 것이 하늘임. 爲는 닦음의 뜻.

6) 觀於天而不助(관어천이부조) : 천도의 변화를 살피기는 하지만, 조장하지는 않음.

7) 不累(불루) : 쌓아서 높이지 않음.

8) 會於仁而不恃(회어인이불시) : 행동이 인에 부합되지만 그것을 믿지 아니함. 會는 부합된다는 뜻으로 合과 같다. 不恃는 믿고 과시하지 않는다는 뜻.

9) 薄於義而不積(박어의이부적) : 의에 다가가면서도 쌓지 않음. 薄은 迫으로 가까이 다가가다.

10) 應於禮而不諱(응어례이불휘) : 예를 지키면서도 금기에 얽매이지 않음. 諱는 꺼리다, 피하다. 말하지 말아야 할 금기.

일에 접하지만, 이를 사양하지는 않고,

齊於法而不亂[11]제어법이불란

법으로 가지런히 하지만 어지럽히지 않으며,

恃於民而不輕시어민이불경

백성들에 의지하지만 가볍게 여기지 않고,

因於物而不去인어물이불거

물건에 따르지만 버리지 않는다.

物者莫足爲也 而不可不爲[12]물자막족위야 이불가불위

물건은 추구할 만한 가치는 없지만, 쓰지 않을 수 없는 것이다.

不明於天者불명어천자 不純於德불순어덕

그래서 하늘에 밝지 못한 자는 德에 순수하지 못하고,

不通於道者불통어도자 無自而可[13]무자이가

道에 통하지 못한 자는 할 수 있는 것이 없다.

不明於道者[14]불명어도자 悲夫비부!

따라서 道에 밝지 못한 자야말로 슬플 따름이다!

何謂道하위도? 有天道유천도 有人道유인도

무엇을 道라 하는가? 천도(天道)가 있고 인도(人道)가 있다.

無爲而尊者무위이존자 天道也천도야

---

11) 齊於法而不亂(제어법이불란) : 법으로 백성들을 가지런히 하면서도 어지럽히지 않음.

12) 物者莫足爲也 而不可不爲(물자막족위야 이불가불위) : 物이란 추구할 만한 가치가 있는 것은 아니지만, 결국 쓰지 않을 수 없는 것임.

13) 無自而可(무자이가) : 할 수 있는 것이 없음. 무엇에 의해서도 可함이 없다는 뜻.

14) 不明於道者(불명어도자) : 道에 밝지 못한 자.

행위가 없으면서 존귀한 것은 천도요,

有爲而累者15)유위이루자 人道也인도야
행위가 있으면서 얽매이는 것이 인도다.

主者주자 天道也천도야 臣者신자 人道也인도야
임금은 천도를 가고, 신하는 인도를 간다.

天道之與人道也천도지여인도야 相去遠矣상거원의 不可不察也불가불찰야
천도와 인도는 그 거리가 머니 불가불 살펴야 한다.

| 해설 |

이 〈재유〉 편 맨 앞부분의 논술과는 도리어 모순이 되게 인의예악
(仁義禮樂)을 긍정하고, 무위자연의 道에 의해 그것들을 포섭·절충하
는 의도가 들어 있다. 곧 맨 앞부분에서는 인의예악에 대해 과격하게
공격하고 나섰으나, 여기에서는 도리어 옹호하는 기색이 보인다. 그래
서 어떤 사람들은 이 부분은 다른 사람의 손에 이루어진 것으로 간주
하고 있다.

어째서 이렇게 같은 편 안의 글이 전후가 맞지 않는가? 기원전 1세
기 전한(前漢)의 유향(劉向)이 《장자》를 52권으로 정리한 사실이나,
기원후 4세기 서진(西晉)의 곽상(郭象)이 그 이전의 잡박한 내용을 가
진 52편의 《장자》를 정리하여 오늘날의 《장자》33편으로 만든 사실을
미루어 볼 때 그 정리 단계에서 잘못 끼어 들어간 것이 아닌가 보고
있는 것이다.

---

15) 有爲而累者(유위이루자) : 인위적으로 움직여서 번거롭게 얽매이는 것이 인도임. 累는
얽매다는 뜻.

그래서 현대 중국의 학자 관봉(關鋒)은 그의 《장자외잡편초탐(莊子外雜篇初探)》에서 이 부분의 글은 원래 〈천지(天地)〉 편의 끝에 있었던 것이 대본을 정리할 때 이 〈재유편〉 의 끝으로 잘못 옮겨진 것으로 보고 있다.

그러나 오늘날 곽상이 정리한 원본까지 볼 수 없는 이상 현 대본을 따르지 않을 수 없다.

만일 유향이나 곽상이 이렇게 정리했다면 그들은 분명히 어떤 일관된 논술이 있다고 보아 현재본과 같이 정리했다고 보아야 할 것이다.

황제(黃帝)

12. 천지
天地

천지가 비록 크지만 그 조화는 균등하다

천지자연의 道가 무위(無爲)이면서 만물을 생성 화육시키는 위대한 작용을 찬미하며, 제왕의 지배 또한 이런 무위자연의 道를 그대로 따라가야 할 것을 강조하고 있다. 이 편은 나음의 〈천도(天道)〉편과 함께 유가사상과 도가사상을 융합 조화시킨 경향이 현저하므로 아마도 전국시대 말기나 한(漢)나라 초기의 제2차적인 후세 인물의 위작일 것으로 본다.

노자기우도(老子騎牛圖)

1.

天地雖大천지수대 其化均也[1]기화균야

천지가 비록 크나 그 조화는 균등하고,

萬物雖多만물수다 其治一也[2]기치일야

만물이 비록 많으나 그 다스림은 한결같으며,

人卒[3]雖衆인졸수중 其主君也기주군야

백성이 비록 많으나 그 주인은 임금이다.

君原於德而成於天군원어덕이성어천

임금은 무위의 德을 근원으로 해서 하늘의 이법(理法)을 이룬다.

故曰고왈 : 그러므로 이르기를,

"玄古之君天下현고지군천하 無也무위야 天德而已矣천덕이이의"

"오랜 옛날에 천하에 임금이 된 사람들은 인위적인 통치가 없는 오직 하늘의 德을 다했을 뿐이다."라고 했다.

以道觀言而天下之君正이도관언이천하지군정

道로써 언론을 살피면 천하의 임금은 바르게 되고,

以道觀分而君臣之義明[4]이도관분이군신지의명

道로써 분수를 살피면 군신의 신분질서는 분명해지며,

以道觀能而天下之官治이도관능이천하지관치

---

1) 其化均也(기화균야) : 만물의 생성 변화시키는 것은 균등하다.

2) 其治一也(기치일야) : 그 다스림이 한결같음. 一은 균일(均一)하다, 똑같다.

3) 人卒(인졸) : 일반 백성. 卒은 主에 상대되는 말.

4) 以道觀分而君臣之義明(이도관분이군신지의명) : 道를 기준으로 상하의 신분 질서를 살펴 조정하면 군신 간의 의가 밝혀짐. 觀分의 分은 직분. 신하는 자신의 직분보다 큰 권역을 휘두르고 싶어 한다.

道로써 재능을 살피면 천하의 관리(官吏)는 다스려지고

以道汎觀而萬物之應備이도범관이만물지응비
道로써 두루 살피면 모든 사물에 대한 대응이 갖추어질 것이다.

故通於天地者고통어천지자 德也덕야
그러므로 천지 사이에 통하는 것은 德이고,

行於萬物者행어만물자 義也의야
만물에 행해지는 것이 의(義)이며.

上治人者事也5)상치인자사야
위에서 사람을 다스리는 것이 정사(政事)이고,

能有所藝者능유소예자 技也기야
재능을 발휘하는 것이 기(技)다.

技兼於事6)기겸어사 事兼於義사겸어의
기술(技)은 정사(事)와 합치되고, 정사는 의(義)와 합치되며,

義兼於德의겸어덕 德兼於道덕겸어도 道兼於天도겸어천
義는 德과 합치되고, 德은 道와 합치되며, 道는 하늘(天)과 합치된다.

故曰고왈 : 그래서 이르기를,

"古之畜天下者고지축천하자 無欲而天下足무욕이천하족
"옛날에 천하를 다스린 사람은 욕심이 없어서 천하가 풍족해졌고,

---

5) 上治人者事也(상치인자사야) : 사람을 다스리는 것을 최고의 가치로 여기는 것이 정사임. 사람을 잘 다스리는 능력은 정사에 지나지 않는다는 뜻. 정사(政事)는 道와 德에 견줄 때 상대적으로 하급의 가치라는 의미다. 上은 다른 일반적인 해석처럼 윗사람.

6) 技兼於事(기겸어사) : 기술은 군주의 정사(政事)와 합치됨. 곧 기술은 예악이나 형정(刑政)의 구속, 통제를 받는 하위 개념에 해당한다는 뜻. 兼은 겸하다, 합치되다.

無爲而萬物化무위이만물화 淵靜7)而百姓定연정이백성정"

인위가 없어서 만물이 조화되었으며, 연못같이 고요하므로 백성들은 안정되었다."했고,

記曰8)기왈 : 옛 기록에도 이르기를,

"通於一而萬事畢통어일이만사필 無心得而鬼神服9)무심득이귀신복"

"하나(一 : 道)에 통하면 만사가 이루어지고, 무심한 경지에 도달하면 귀신도 복종한다."고 했다.

| 해설 |

이 대목에서는 하늘을 최상위의 존재로 보고, 도(道)·덕(德)·의(義)·사(事)·기(技)의 순서로 계열을 잡아 무위로써 만물을 교화하는 천지조화의 작용의 위대함을 찬미하고 있다.

2.

夫子1)曰부자왈 : 선생께서 말씀하셨다.

"夫道覆載萬物者也2)부도복재만물자야 洋洋乎大哉양양호대재!

"무릇 道란 만물을 가리고 싣는 것이라 넓고도 크다!

---

7) 淵靜(연정) : 깊은 못처럼 말없이 하는 일이 없음을 비유한 것.

8) 記曰(기왈) : 전해 오는 기록에 이르기를.

9) 無心得而鬼神服(무심득이귀신복) : 無心의 경지에 도달하면 귀신까지도 감복함. 무심득(無心得)은 무심의 경지를 터득했다는 뜻.

1) 夫子(부자) : 夫子가 누구를 가리키는지에 대해서는 이설이 분분하다. 장자라 하는 사람도 있고, 또 노자를 가리킨다는 설도 있고, 공자를 가리킨다는 설 등 추측들이 무성하다.

2) 夫道覆載萬物者也(부도복재만물자야) : 道란 만물을 덮어주고 실어주어 만물을 낳고 길러주는 것임.

君子不可以不刳心焉3)군자불가이불고심언"

군자도 이를 본받아 사심(私心)을 가져서는 안된다."

無爲爲之之謂天4)무위위지지위천 無爲言之之謂德무위언지지위덕

무위로 행하는 것을 하늘이라 하고, 무위로 말하는 것을 德이라 하며,

愛人利物之謂仁애인리물지위인

사람을 사랑하고 만물을 이롭게 하는 것을 인(仁)이라 하고,

不同同之之謂大5)부동동지지위대

같지 않은 것을 같게 하는 것을 대(大)라 하고,

行不崖異之謂寬6)행불애이지위관

행동이 별다르지 않는 것을 관(寬)이라 하며,

有萬不同之謂富유만부동지위부

만 가지 같지 않은 것을 그대로 받아들이는 것을 부(富)라 한다.

故執德之謂紀7)고집덕지위기 德成之謂立8)덕성지위립

그러므로 덕을 지키는 것을 기(紀)라 하고, 덕이 이루어진 것을 입(立)이라 하며,

---

3) 君子不可以不刳心焉(군자불가이불고심언) : 군자는 마음을 도려내지 않아서는 안됨. 여기서의 마음은 사심을 뜻한다. 刳(고)는 도려내다, 제거하다의 뜻.

4) 無爲爲之之謂天(무위위지지위천) : 무위(無爲)로 행하는 것을 하늘이라 일컬음. 아무 사심 없이 만물을 다스려 만물이 스스로 이루어지게 함. 天은 자연의 道.

5) 不同同之之謂大(부동동지지위대) : 같지 않은 것을 같게 하는 것을 일러 大라 함. 동등하지 않은 것을 차별하지 않는 것이 大라는 뜻.

6) 行不崖異之謂寬(행불애이지위관) : 행동을 별다르게 하지 않는 것을 관(寬)이라 함. 崖異는 모가 나서 남과 다름.

7) 執德之謂紀(집덕지위기) : 德을 지키는 것을 기(紀)라 함.

8) 德成之謂立(덕성지위립) : 德이 이루어진 것을 立이라 함. 곧 德이 내면에서 완성된 것을 말한다.

循於道之謂備순어도지위비 不以物挫志之謂完9)불이물좌지지위완

道를 따르는 것을 비(備)라 하고, 사물에 의해 그 뜻이 꺾이지 않는 것을 완(完)이라 한다.

君子明於此十者군자명어차십자 則韜乎其事心之大也10)즉도호기사심지대야

군자로서 이 열 가지에 밝으면 드넓게 그 마음 씀이 커지며,

沛乎其爲萬物逝也11)패호기위만물서야

덕택이 성대하게 베풀어져 만물이 돌아가는 곳이 된다.

若然者약연자 藏金於山12)장금어산 藏珠於淵13)장주어연

이와 같은 자는 금(金)을 산속에 감추어 두고, 구슬을 연못 속에 저장해 두고서,

不利貨財불리화재 不近貴富불근귀부

재물을 이익으로 생각지도 않고, 부귀를 가까이하지도 않으며,

不樂壽불요수 不哀夭불애요

오래 삶을 즐기지도 않고, 일찍 죽음을 애달파하지도 않으며,

不榮通 不醜窮14)불영통 불추궁

---

9) 不以物挫志之謂完(불이물좌지지위완) : 외물로 뜻을 좌절시키지 않는 것을 完이라 함. 挫는 꺾다.

10) 韜乎其事心之大也(도호기사심지대야) : 널리 만물을 포용하여 마음을 크게 세울 수 있음. 韜(도)는 滔(도)의 假借로, 넓다, 크다.

11) 沛乎其爲萬物逝也(패호기위만물서야) : 덕택이 성대하게 베풀어져 만물이 돌아가는 곳이 됨. 沛는 성한 모양.

12) 藏金於山(장금어산) : 금을 산속에 그대로 감추어 두다.

13) 藏珠於淵(장주어연) : (금은 산속에 그대로 감추어 두고) 구슬은 깊은 연못 속에 그대로 감추어 둠. 황금이 산속에 있고 구슬이 물속 있지만, 그대로 버려두고 탐내지 않음을 이르는 말.

출세를 영화로 여기지도 않고, 궁핍을 수치로 여기지도 않으며,

壽夭俱忘수요구망 窮通不足言矣궁통부족언의

오래 사는 것을 기뻐하지 않고, 일찍 죽는 것을 슬퍼하지 않으며,

不拘15)一世之利以爲己私分불구일세지리이위기사분

온 세상의 부(富)를 긁어모아 자기의 소유물로 삼지 않고,

不以王天下爲己處顯불이왕천하위기처현

왕으로서 천하를 다스리는 것을 자신이 드러난 지위를 차지했다고 생각하지 않는다.

顯則明6)현즉명 萬物一府 死生同狀7)만물일부 사생동상

만물은 한 곳집(府)이요, 사생(死生)이 같은 모양이다.

| 해설 |

곧 道는 천지조화의 작용을 이르는 말이요, 천지의 작용은 만물을 가려주고 실어 주면서 생성화육시켜 주니 이 천지의 작용이 바로 道다.

그러나 인간은 너무나 편협한 존재라 편견과 망집에 사로잡혀 이런 道를 이해하지 못한다. 하지만 천하를 다스리는 군자는 이런 범인의

---

14) 不榮通 不醜窮(불영통 불추궁) : 출세를 영예로 여기지 않고, 궁핍을 수치로 여기지 않음. 通은 벼슬길에 나아감, 窮은 궁핍함.

15) 拘(구) : 긁어모으다.

16) 顯則明(현즉명) : 원문에는 「顯則明」이란 세 글자가 들어있으나 연문(衍文)으로 아무 의미가 없다. 문장 상으로나 논리상으로도 말이 되지 않는다. 어떤 이는 주(註)가 잘못 원문으로 들어간 것이라 함.

17) 萬物一府 死生同狀(만물일부 사생동장) : 만물을 한 곳집(府 : 창고) 속에 함께 있는 것이라고 생각하며 生死를 같은 모양으로 여김.

범주를 넘어서 저 끝없는 천지조화의 작용인 道를 터득해야 이상적인 통치를 행할 수 있다.

그러면 어떻게 해야 그런 道를 얻을 수 있는가? 곧 다음 열 가지를 익혀야 한다. 무위로 작용하는 하늘을 배우고, 무위로써 말하는 德을 배우며, 남의 이익만을 생각하는 仁을 배우고, 만물제동의 입장에서는 대(大)를 배우며, 남과 대립의식을 잊는 관(寬)을 배우고, 만물을 포용하는 부(富)를 배우며, 진실한 생활 방도를 배우고, 외물에 마음이 어지럽혀지지 않는 지(知)를 배우고, 자기의 진실한 생활방식을 확립하는 입(立)을 배우며, 자신을 공허하게 해서 道를 따라가는 비(備)를 배우고, 외물 때문에 자기의 뜻이 꺾이지 않는 완(完)을 배워야 한다.

이 열 가지를 완전히 득달하면 道는 얻어져 위대한 德을 지니는 사람이 되고, 이런 사람만이 참으로 道와 더불어 영생할 수가 있다.

3.

夫子日부자왈 : 선생께서 말씀하셨다.

"夫道부도 淵乎其居也연호기거야 灋乎其淸也)요호기청야

"무릇 道란 깊은 연못같이 고요히 머물고 물처럼 맑다.

金石不得 無以鳴²)금석부득 무이명

금석(金石)도 道를 얻지 못하면 소리를 내지 못하고,

---

1) 灋乎其淸也(요호기청야) : 맑은 물처럼 깨끗함. 灋(료)는 맑고 깊음.

2) 金石不得 無以鳴(금석부득 무이명) : 금석(金石)도 道를 얻지 못하면 소리를 낼 수 없음. 金石은 악기의 재료로 쇠붙이와 돌 등으로 만든 종(鐘)이나 경(磬) 등의 악기를 가리키는데, 이른바 팔음(八音)인 金·石·絲·竹·匏(포)·土·革·木의 맨 앞의 金石을 악기의 대표로 표현한 것.

故金石有聲고금석유성 不考不鳴불고불명

쇠붙이나 돌에 소리를 낼 수는 있지만, 道에 맞게 두드리지 않으면 소리를 내지 못하니,

萬物孰能定之만물숙능정지!

만물 중에 누가 그것을 일정하게 규정할 수 있겠는가!

夫王德之人3)부왕덕지인 素逝4)而恥通於事소서이치통어사

무릇 왕자의 德을 지닌 사람은 소박한 道를 따라가며 세속 일에 통하는 것을 부끄러워하며,

立之本原而知通於神5)입지본원이지통어신 故其德廣고기덕광

그 본원에 서서 그 지혜는 신령스러움에 통하기 때문에 그 德이 넓다.

其心之出 有物採之6)기심지출 유물채지

그런 마음이 밖으로 나타나면 만물은 그것을 채용한다.

故形非道不生고형비도불생 生非德不明생비덕불명

그러므로 형체는 道가 아니면 생겨나지 않고, 생겨난 것은 道가 아니면 분명하지 않다.

存形窮生7)존형궁생 立德明道입덕명도 非王德者邪비왕덕자야!

---

3) 王德之人(왕덕지인) : 왕자(王者)의 德을 갖춘 사람. 곧 천하에 왕 노릇할 德을 갖춘 사람을 말한다.

4) 素逝(소서) : 타고난 소박함을 지켜 만물의 변화에 따라감. 素는 소박하다는 뜻으로 道를 형용한 것이고, 逝는 만물의 변화에 따라간다는 뜻.

5) 立之本原而知通於神(입지본원이지통어신) : 사물의 본원(本原)인 道를 확립하여 지(智)가 신묘(神妙)한 경지에 통함. 本原은 사물의 근본, 곧 道를 지칭한다.

6) 其心之出 有物採之(기심지출 유물채지) : 그 마음이 밖으로 나타날 때에는 다른 사물이 먼저 그것을 요구함. 採는 구한다는 뜻.

7) 存形窮生(존형궁생) : 형체를 보존하고 삶을 끝까지 누리게 함. 窮生은 삶을 다함.

형체를 보존하고, 삶을 다하여 德을 세우고 道를 밝히는 것은 왕자(王者)의 德을 갖춘 이가 아니겠는가!

蕩蕩[8]乎탕탕호 忽然出 勃然動[9]홀연출 발연동 而萬物從之乎이만물종지호!

광대(廣大)하구나! 홀연히 나타나 왕성하게 움직이면 만물이 모두 그것을 따른다!

此謂王德之人차위왕덕지인

이를 일러 왕자의 덕을 갖춘 이라고 하는 것이다.

視乎冥冥 聽乎無聲[10]시호명명 청호무성

어둠 속에서 보고, 고요한 정적 속에서 귀 기울이니,

冥冥之中 獨見曉焉[11]명명지중 독견효언

컴컴한 가운데서 홀로 새벽빛을 보고,

無聲之中무성지중 獨聞和焉[12]독문화언

소리 없는 가운데서 홀로 조화로운 소리를 듣는다.

故深之又深 而能物焉[13]고심지우심 이능물언

그러므로 깊고도 또 깊어 만물을 만물로서 존재하게 하고,

神之又神신지우신 而能精焉이능정언

---

8) 蕩蕩(탕탕) : 광대한 모양.

9) 忽然出 勃然動(홀연출 발연동) : 홀연히 나타나 왕성하게 일어나는 움직임. 이러한 움직임이 부지불식간에 이루어진다.

10) 視乎冥冥 聽乎無聲(시호명명 청호무성) : 어둡고 아득한 가운데서 보며, 고요한 정적 속에서 귀 기울임. 冥冥은 아득하고 그윽함. 나타나지 않아 알 수 없는 모양.

11) 冥冥之中 獨見曉焉(명명지중 독견효언) : 캄캄한 어둠 속에서 홀로 새벽빛을 봄. 曉는 새벽 빛.

12) 獨聞和焉(독문화언) : 홀로 조화로운 소리를 들음.

13) 深之又深 而能物焉(심지우심 이능물언) : 깊고도 깊어 만물을 만물로 존재케 함.

신묘하고도 또 신묘하게 만물을 정묘(精妙)하게 만든다.

故其與萬物接也고기여만물접야 至無而供其求지무이공기구

그래서 그는 만물에 접할 때는 無에 있으면서 모든 요구에 응해 주며,

時騁而要其宿시빙이요기숙 大小長短修遠14)대소장단수원"

때때로 나그네처럼 말을 타고 달리면서 잠잘 곳을 찾는 것처럼 대소장단에 맞추어 만물이 영원히 쉴 곳을 찾아 준다."

| 해설 |

　도가에서 말하는 지극한 德을 지닌 사람이란 어떤 사람인가를 설명하고 있다. 지극한 德을 지닌 사람이란 곧「지극한 사람(至人)」,「신묘한 사람(神人)」과도 통한다.

　그러나 위의 세 장에서 필자는 장자의 말이라 하여 두 번씩이나 "부자왈(夫子曰)"하면서도《노자》제57장·제21장·제19장·제48장·제14장 등에 있는 말을 그대로 또는 유사하게 인용하고 있어 노자의 사상을 근본으로 하고 있음을 볼 수 있다.

4.

黃帝遊乎赤水1)之北황제유호적수지북

황제(黃帝)가 적수(赤水) 북쪽을 유람하다가

登乎崑崙之丘而南望등호곤륜지구이남망

곤륜산으로 올라가 남쪽을 바라보고

---

14) 大小長短修遠(대소장단수원) : 대소장단에 맞추어 만물이 영원히 쉴 곳을 찾아 줌.

1) 赤水(적수) : 세상의 동남쪽으로부터 나와 남쪽 바다로 흘러 들어간다는 냇물 이름.

還歸환귀 遺其玄珠²⁾유기현주

돌아오는 길에 현주(玄珠)를 잃어버렸다.

使知³⁾索之而不得사지색이부득

그래서 지(知)를 시켜 찾게 했으나 찾지를 못했고,

使離朱⁴⁾索之而不得사이주색지이부득

이주(離朱)를 시켜 찾게 했으나 그도 찾지 못했으며,

使喫詬⁵⁾索之而不得也사끽구색지이부득야

끽구(喫詬)를 시켜 찾게 했으나 그도 찾지를 못했다.

乃使象罔⁶⁾내사상망 象罔得之상망득지

그래서 곧 상망(象罔)을 시켜 찾아오라 하였더니, 상망이 찾아왔다

黃帝曰황제왈 : 황제가 말했다.

"異哉이재! 象罔乃可以得之乎상망내가이득지호?"

"이상도 하다. 상망이 찾아오다니?"

*

堯之師曰許由요지사왈허유 許由之師曰齧缺⁷⁾허유지사왈설결

---

2) 玄珠(현주) : 검은 구슬이란 뜻으로 道의 비유.

3) 知(지) : 지혜, 곧 상식을 나타내는 것으로 「知」라는 신화로 의인화하여 썼음.

4) 離朱(이주) : 《맹자》에 나오는 이루(離婁)와 같다. 《맹자》〈이루(離婁)〉편의 註에 "황제가 현주(玄珠)를 잃어버려 이주(離朱)로 하여금 그것을 찾게 했는데, 이주가 곧 離婁이다(黃帝亡其玄珠 使離朱索之 離朱則離婁也)."라고 했다.

5) 喫詬(끽구) : 구변, 논쟁의 뜻으로 변론 잘하는 신하의 의인화.

6) 象罔(상망) : 형상이 없다는 뜻으로 道는 형상이 없기 때문에 이런 신하 이름으로 의인화한 것임.

7) 齧缺(설결) : 인명. 가공의 인물.〈제물론〉과〈응제왕〉편에 이미 '齧缺問乎王倪'라는 표현이 있다.

요의 스승은 허유요, 허유의 스승은 설결이며,

齧缺之師曰王倪설결지사왈왕예 王倪8)之師曰被衣9)왕예지사왈피의

설결의 스승은 왕예요, 왕예의 스승은 피의(被衣)다.

堯問於許由曰요문어허유왈 : 요가 허유에게 물었다.

"齧缺可以配天乎10)설결가이배천호?吾藉王倪以要之오자왕예이요지"

"설결은 하늘과 짝할 수 있습니까? 내 왕예의 힘을 입어 그를 맞이해 오고자 합니다."

許由曰허유왈 : 허유가 말했다.

"殆哉圾乎天下11)태재급호천하!

"틀림없이 천하를 위태롭게 할 것이오!

齧缺之爲人也설결지위인야 聰明睿知총명예지

설결의 사람됨이 총명하고 지혜로우며,

給數以敏12)급삭이민 其性過人기성과인

말을 잘하고, 재빠르고 민첩하며, 그 본성이 남보다 뛰어나면서

而又乃以人受天13)이우내이인수천

---

8) 王倪(왕예) : 인명. 가공의 인물.

9) 被衣(피의) : 인명. 역시 가공의 인물. 〈응제왕〉 편에 나온 포의자(蒲衣子)와 같은 사람 이라고 했다.

10) 可以配天乎(가이배천호) : 하늘과 짝할 수 있겠는가. 곧 천자가 되어 천하를 다스릴 수 있겠느냐는 뜻.

11) 殆哉圾乎天下(태재급호천하) : 세상을 위태롭게 할 정도로 위험하다.

12) 給數以敏(급삭이민) : 말과 행동이 모두 민첩하다는 뜻이다. 給은 말을 잘하다. 敏은 민 첩하다. 數(삭)은 잦다.

13) 而又乃以人受天(우내이인수천) : 뿐만 아니라 인위(人爲)로 천분(天分)을 받아 지배하다.

또 인위로써 천리(天理)를 지배하려 하지요.

彼審乎禁過 而不知過之所由生14)피심호금과 이부지과지소유생

그는 남의 잘못을 금하는 데는 밝지만, 그 잘못이 생겨나는 이유를 알
지 못합니다.

與之配天乎15)여지배천호?

그러니 그를 하늘과 짝이 되게 하겠습니까?

彼且乘人而無天16)피차승인이무천

그는 또한 인위에 편승하여 천리를 무시할 것이오.

方且本身而異形17)방차본신이이형

바야흐로 자신을 근본으로 해서 형식상의 차별을 고집할 것이고,

方且尊知而火馳18)방차존지이화치

바야흐로 지식을 최상으로 존중하여 불길이 치닫듯 하게 될 것이오.

方且爲緖使19)방차위서사 方且爲物絃20)방차위물해

───────────

인위(人爲)로써 천분(天分)을 받아서 마음대로 좌우하며 이루려고 한다는 뜻.

14) 彼審乎禁過 而不知過之所由生(피심호금과 이부지과지소유생) : 백성들의 과오의 원인이
자기 자신에 있음을 알지 못한다는 뜻.

15) 與之配天乎(여지배천호) : "그를 하늘과 짝이 되게 하겠는가?" 곧 "이런 사람을 천자의
자리에 오르게 하겠는가?"

16) 乘人而無天(승인이무천) : 인위에 편승해서 천리(天理)를 무시하다.

17) 方且本身而異形(방차본신이이형) : 바야흐로 사기 본위의 입장에서 형체 있는 만물의
차별화를 고집할 것이다. 方且는 바야흐로. 本身은 자기 몸을 근본으로 삼는다는 뜻으
로, 자기본위의 뜻이고, 異形은 차별화한다, 즉 형체의 차이만을 따져 만물의 차별화만
을 고집한다는 뜻.

18) 尊知而火馳(존지이화치) : 지식을 최상의 가치로 존중하여 불길이 치닫듯 한다. 馳는
달리다.

19) 爲緖使(위서사) : 일에 부림을 당하다.

또한 일의 노예가 되고, 물(物)의 속박을 받을 것이오.

方且四顧而物應21)방차사고이물응

사방을 돌아보며 사물에 응하기에 바쁘고,

方且應衆宜22)방차응중의

사방의 무리에 비위 맞추기에 바쁠 것이오.

方且與物化而未始有恒23)방차여물화이미시유항

외물(外物)과 함께 변화하면서 처음부터 항심(恒心)이 없으니,

夫何足以配天乎부하족이배천호?

어떻게 이런 인물을 천자의 자리에 오르게 할 수 있겠소?

雖然수연 有族有祖24)유족유조

비록 그러나 다스리고 있는 일족(一族)도 있고, 제사를 지내는 조선(祖先)도 있으므로,

可以爲衆父25)가이위중부

그 제(祭)를 담당하는 중인(衆人)의 우두머리가 될 수는 있어도,

而不可以爲衆父父26)이불가이위중부부

---

20) 爲物䏍(위물해) : 외물에 속박됨. 䏍는 묶다.

21) 四顧而物應(사고이물응) : 사방을 돌아보며 외물(外物)에 응답함.

22) 應衆宜(응중의) : 무리의 편의에 따라 비위를 맞춤.

23) 與物化而未始有恒(여물화이미시유항) : 외물(外物)과 함께 변화하면서 처음부터 항심(恒心)이 없어짐. 與物化는 외물에 영합해 변화하는 것.

24) 有族有祖(유족유조) : 일족(一族)의 사람들, 곧 설결이 다스리는 백성을 말한다.

25) 可以爲衆父(가이위중부) : 무리의 우두머리가 될 수 있음.

26) 而不可以爲衆父父(이불가이위중부부) : 衆父父(중부부)는 무리의 우두머리들의 우두머리, 즉 전체를 지배하는 총 우두머리. 또는 衆父(중부), 즉 제후들을 지배하는 天子를 일컬음.

그 중인의 우두머리의 우두머리가 될 수는 없을 것이오.

治亂之率也치란지솔야 北面之禍也북면지화야 南面之賊也남면지적야"

그의 다스림은 어지러워지는 시초요, 북면(北面)하는 신하의 화(禍)이며, 남면(南面)하는 임금의 도적이오."

*

堯觀乎華27)요관호화 華封人28)曰화봉인왈 :

요가 화(華) 지방을 유람했을 때 화 지방의 봉인(封人)이 말했다.

"嘻희! 聖人성인! 請祝聖人청축성인 使聖人壽사성인수"

"아, 성인이시여! 성인에게 축원을 드리오며 성인으로 하여금 장수하기를 비나이다."

堯曰요왈 : 요가 말했다.

"辭사" : "사양하겠네."

"使聖人富사성인부"

"그러면 성인으로 하여금 부자가 되게 빕니다."

堯曰요왈 : 요가 말했다.

"辭사" : "사양하겠네."

"使聖人多男子사성인다남자"。

"그러면 성인으로 하여금 아들을 많이 두시도록 빌겠습니다."

堯曰요왈 : 요가 말했다.

"辭사" : "사양하겠네."

---

27) 華(화) : 지명. 지금의 섬서성(陝西省) 화현(華縣)이라고도 함.

28) 封人(봉인) : 국경 지역을 지키는 사람. 국경지기.

封人曰봉인왈 : 국경지기가 말했다.

"壽富多男子29)수부다남자 人之所欲也30)인지소욕야

"오래 살고, 부유하고, 사내아이를 많이 두는 것은 사람이라면 누구나 바라는 것인데,

女獨不欲 何邪31)여독불욕 하야?"

당신만이 홀로 바라지 않으니, 어째서입니까?"

堯曰요왈 : 요가 말했다.

"多男子則多懼32)다남자즉다구 富則多事부즉다사 壽則多辱33)수즉다욕

"아들이 많으면 걱정이 많고 부유하면 일이 많으며, 오래 살면 욕될 일이 많아지니,

是三者시삼자 非所以養德也비소이양덕야 故辭고사"

이 세 가지는 德을 기르는 방법이 되지 못하기 때문에 사양하는 것이네."

封人曰봉인왈 : 국경지기가 말했다.

"始也我以女爲聖人邪시야아이여위성인야 今然君子也34)금연군자야

---

29) 壽富多男子(수부다남자) : 오래 사는 것, 부유한 것, 사내아이가 많은 것. 男子는 사내 아이.

30) 人之所欲也(인지소욕야) : 모든 사람들이 바라는 것. 壽富多男子(수부다남자)느 고대 중 국인의 행복의 세 가지 조건이다.

31) 女獨不欲 何邪(여독불욕 하야) : 당신만 홀로 바라지 않는 건 어째서입니까? 女는 汝와 같다.

32) 多男子則多懼(다남자즉다구) : 자식이 많으면 걱정이 많아짐. 요임금에게 단주(丹朱)라 는 아들이 있었는데, 불초(不肖)하여 성품이 오만하고 욕심이 많아서 제대로 가르칠 수 가 없었는데, 이로 인해서 자식이 많으면 걱정이 많아진다고 한 듯하다. 여기서 「무자 식상팔자(無子息上八字)」란 성어가 생겨났다.

33) 壽則多辱(수즉다욕) : 오래 살면 욕됨이 많다는 뜻으로, 오래 살수록 그만큼 고생이나 망신(亡身)이 많음을 이르는 말.

"처음에 나는 당신을 성인으로 여겼는데, 지금 보니 그저 군자일 따름이로군요.

天生萬民천생만민 必授之職필수지직

하늘은 만백성을 낳고는 반드시 직책을 줍니다.

多男子而授之職다남자이수지직 則何懼之有즉하구지유!

자식이 많아도 모두 그들에게 직분을 주니 무슨 두려워할 일이 있겠습니까!

富而使人分之35)부이사인분지 則何事之有즉하사지유!

부자가 되어도 사람들에게 나누어주면 무슨 일이 있습니까!

夫聖人鶉居而鷇食36)부성인순거이구식 鳥行而無彰37)조행이무창

무릇 성인은 메추라기처럼 일정한 거처 없이도 자연적으로 살고, 새 새끼처럼 어미가 주는 것을 받아먹으며 자연에 맡기며 살아가듯,

天下有道則與物皆昌천하유도즉여물개창

천하에 道가 있으면 만물과 더불어 번창하고,

天下無道則修德就閒천하무도즉수덕취한

천하에 道가 없으면 德을 닦으면서 한가히 사는 것입니다.

千歲厭世천세염세 去而上僊38)거이상선

---

34) 今然君子也(금연군자야) : 지금 보니 (성인인 줄 알았는데) 그저 군자일 따름이다.

35) 分之(분지) : 재물을 나누어줌.

36) 鶉居而鷇食(순거이구식) : 메추라기처럼 일정한 거처 없이도 자유롭게 새 새끼가 어미가 주는 것을 받아먹듯 자연에 맡기며 살아감. 鶉은 메추라기, 鶉居는 메추라기처럼 일정한 거처가 없이 자유롭다는 뜻. 鷇食(구식)은 새끼 새가 어미가 주는 것을 받아먹는 것처럼 자연에 맡겨 작은 것에 만족한다는 뜻.

37) 鳥行而無彰(조행이무창) : 새처럼 자유로이 다니면서 흔적을 남기지 않음. 鳥行은 새처럼 하늘을 날아다님. 彰은 자취, 흔적.

천년을 살다가 이 세상이 싫으면 떠나 올라가 신선이 되어,

乘彼白雲 至於帝鄕39)승피백운 지어제향
저 흰 구름을 타고 제향(帝鄕)에 이릅니다.

三患40)莫至삼환막지 身常無殃신상무앙 則何辱之有즉하욕지유!”
그러면 당신의 그 세 가지 근심도 이르지 않아 몸에 항상 재앙이 없을 것인데, 무슨 욕됨이 있겠습니까!”

封人去之봉인거지 : 국경지기가 자리를 떠났다.

堯隨之요수지 曰왈 : “請問청문”
요는 뒤따르면서 말했다. : “가르침을 청하오.”

封人曰봉인왈 : 국경지기가 말했다.

“退已퇴이!” : “물러가시오!”

*

堯治天下요치천하 伯成子高41)立爲諸侯백성자고립위제후
요가 천하를 다스릴 때, 백성자고(伯成子高)가 제후가 되었다.

堯授舜42)요수순 舜授禹순수우
요가 순에게 천하를 물려주고, 순이 우(禹)에게 천하를 물려주자,

---

38) 去而上僊(거이상선) : 떠나가 위로 올라가 신선(神仙)이 됨. 僊은 仙과 같다.

39) 乘彼白雲 至於帝鄕(승피백운 지어제향) : 저 흰 구름을 타고 상제의 고향에 이름. 帝鄕은 상제(上帝)의 고향, 이상향(理想鄕)을 의미한다.

40) 三患(삼환) : 위에서 말한 懼(多男子)·事(富則多事)·辱(壽則多辱)의 세 가지 근심.

41) 伯成子高(백성자고) : 당요(唐堯) 때 사람. 요임금이 천하를 다스릴 때 제후였다고 한다. 요(堯)가 순(舜)에게 선양하고, 순이 우(禹)에게 선양하자, 제후를 사직하고 농사를 지었다. 우임금이 하풍(下風)에 와서 치도(治道)를 물었다. 그러자 그는 “이제부터 德은 쇠하고 刑이 대신할 것이며, 후세의 어지러움도 여기서 시작될 것이오.”라고 대답했다.

42) 堯受舜(요수순) : 요가 순에게 천자의 자리를 물려줌(禪讓).

伯成子高辭爲諸侯43)而耕백성자고사위제후이경

백성자고는 제후를 사퇴하고 농사를 지었다.

禹往見之우왕현지 則耕在野즉경재야

우(禹)가 그를 찾아가 만나니, 그는 들에서 밭을 갈고 있었다.

禹趨就下風44)우추취하풍 立而問焉입이문언 曰왈 :

우(禹)는 달려가 그 아래쪽에 선 채로 물었다.

"昔堯治天下석요치천하 吾子立爲諸侯오자립위제후

"옛날 요임금께서 천하를 다스릴 때 당신은 벼슬하여 제후가 되더니,

堯受舜요수순 舜授予순수여

요임금이 순임금에게 천하를 물려주고, 순임금이 내게 천하를 물려주자,

而吾子辭爲諸侯而耕이오자사위제후이경 敢問其故何也감문기고하야?"

당신은 제후를 사퇴하고 농사일을 시작하였습니다. 그 까닭이 무엇인지요?"

子高曰자고왈 : 백성자고(伯成子高)가 말했다.

"昔堯治天下석요치천하 不賞而民勸45)불상이민권

"옛날 요임금께서 천하를 다스릴 때에는 상을 주지 않아도 백성들은 힘써 일했고,

不罰而民畏불벌이민외

벌을 주지 않아도 백성들은 두려워 삼갔소.

---

43) 辭爲諸侯(사위제후) : 제후 직을 사양함.

44) 就下風(취하풍) : 아래쪽으로 나아감. 〈재유〉 편에, '황제는 아래쪽으로부터 무릎걸음으로 기어서 나아가다(黃帝順下風膝行而進)' 「順下風」의 경우와 마찬가지로 풍은 方의 뜻.

45) 不賞而民勸(불상이민권) : 상을 내리지 않아도 백성들이 힘써 일함. 인위적으로 상을 내리거나 하지 않아도 백성들 스스로 힘써 일하였다.

今子賞罰而民且不仁46)금자상벌이민차불인

지금 당신은 상을 주고 벌을 주어도 백성들이 불인(不仁)하니,

德自此衰덕자차쇠 刑自此立형자차립

德은 이로부터 쇠해 가고, 형벌은 이로부터 확립되며,

後世之亂自此始矣후세지란자차시의

후세의 어지러움이 이로부터 시작되었습니다.

夫子闔行邪47)부자합행야? 無落吾事48)무락오사!"

당신은 내 일을 방해하지 말고 그만 돌아가시오!"

俋俋49)乎耕而不顧읍읍호경이불고

백성자고는 급히 밭을 갈면서 돌아다보지도 않았다.

*

泰初有無태초유무 無有無名50)무유무명

태초에는 무(無 : 道)만 있었고 유(有)가 없었기 때문에 이름도 없었다.

一之所起51)일지소기

이 무에서 일(一 : 大道, 곧 無)이 생겨났다.

有一而未形52)유일이미형

---

46) 今子賞罰而民且不仁(금자상벌이민차불인) : 지금 당신은 상을 주고 벌을 주어도 백성들이 불인(不仁)하다. 즉 백성자고가 제후를 사양하고 농사를 짓게 된 이유는 바로 이 인위적인 상벌정치에 대해 비판하고 있는 것이다.

47) 夫子闔行邪(부자합행야) : 당신은 그만 돌아가시오. 闔은 어찌 ~아니하랴의 뜻.

48) 無落吾事(무락오사) : 내 일을 방해하지 마라. 無는 毋와 같다. 落은 지체시키다, 훼방하다의 뜻.

49) 俋俋(읍읍) : 밭가는 모양.

50) 無有無名(무유무명) : 유(有)도 없고 이름(名)도 없음.

51) 一之所起(일지소기) : 일(一)이 생겨나다.

이 一은 생겨났지만, 아직 형태는 나타나 있지 않았고,

物得以生 謂之德53)물득이생 위지덕

만물은 그 일(一)을 얻어 생겨났으니, 이를 德이라 한다.

未形者有分미형자유분

아직 형태도 없는 상태에서 구분이 있기는 하지만,

且然無間차연무간 謂之命위지명

큰 틈바구니는 없으니, 이를 명(命)이라 한다.

留動而生物유동이생물 物成生理물성생리 謂之形위지형

그것이 움직여 만물을 만들어내니, 만물이 생겨나 살아가는 이치를 형(形)이라 한다.

形體保神형체보신 各有儀則각유의칙 謂之性위지성

그 형체가 정신을 보유하고 각기 그 법칙을 따르는 것을 성(性)이라 한다.

性修反德성수반덕 德至同於初54)덕지동어초

성(性)을 닦으면 덕으로 돌아오고, 덕이 지극하면 태초와 같아진다.

同乃虛 虛乃大55)동내허 허내대

같아지면 곧 비(虛)게 되고, 비면 곧 대(大)가 된다.

---

52) 有一而未形(유일이미형) : 일(一)은 생겨났으나 아직 형체는 없었음. 一은 大道 곧 無 를 일컫는다.

53) 物得以生 謂之德(물득이생 위지덕) : 만물이 이 一을 얻어서 생겨났는데 이것을 德이라 일컫는다. 만물은 아직 형체가 이루어지지 않은 一을 얻어서 생성된다.

54) 德至同於初(덕지동어초) : 德이 지극해지고 나면 사물이 없었던 처음과 같아질 것이다. 至는 지극함.

55) 同乃虛 虛乃人(동내허 허내대) : 같아지면 곧 비(虛)게 되고, 비면 곧 大가 된다. 같아지면 비게 된다는 것은 그 빔이 처음 사물이 있기 이전의 단계에 도달함이고, 비면 곧 大가 된다는 것은 그 관대함이 같지 않음을 같음으로 여기는 경지에 도달함을 말한다.

合喙鳴56)합훼명 喙鳴合喙명합 與天地爲合여천지위합

새가 지저귀는 것같이 무심에 합해지면 천지와 더불어 합일하게 된다.

其合緡緡57)기합민민 若愚若昏58)약우약혼

그래서 그 합일됨은 보이지 않아 무심하여 마치 어리석은 사람 같고 어두운 사람 같다.

是謂玄德59)시위현덕 同乎大順60)동호대순

이를 일러 현덕(玄德)이라 한다. 위대한 자연에 크게 순응하는(大順) 것이다.

| 해설 |

앞 대목에서 천지조화의 활동, 곧 道의 광대무변함과 이런 道를 획득한 위대한 득도자인 「큰 德을 지닌 사람」 의, 아무것에도 구속받지 않는 자유분방한 심경을 찬미했다. 그리고 이상의 그런 논술을 우화적으로 설명하는 설화 아홉 가지를 삽입하여 무위자연의 철학을 설명하고 있다.

그 앞부분이 되는 이 네 가지 설화는 첫째, 황제가 현주(玄珠)를 잃은 설화. 둘째, 요(堯)와 허유(許由)의 설결(齧缺)에 대한 인물평론. 셋

---

56) 合喙鳴(합훼명) : 새처럼 지저귀던 부리를 닫고 침묵하다. 合은 闔의 가차자로 닫다. 喙는 새의 부리.

57) 其合緡緡(기합민민) : 합일이 완전하게 이루어져서 보이지 않는다는 뜻. 緡(민)은 보이지 않음.

58) 若愚若昏(약우약혼) : 마치 어리석은 사람 같고 어두운 사람 같음.

59) 玄德(현덕) : 깊은 덕. 곧 현묘한 道를 얻음. 玄德은 《노자》 제10장에 "낳아주고 길러주되, 낳으면서도 자기 것으로 하지 않고, 길러주면서도 마음대로 하지 않는 것, 이것을 현묘한 덕이라고 한다(生之畜之 生而不有 爲而不恃 長而不宰 是謂玄德)."라고 했다.

60) 同乎大順(동호대순) : 위대한 자연의 道에 순응하여 간다는 뜻.

째, 요와 화(華)의 국경지기(封人)와의 인생행복론. 넷째, 우(禹)와 백성 자고(伯成子高)의 정치문답 등이다.

그리고 맨 나중에 덕(德) · 명(命) · 형(形) · 성(性) 등 무위자연 철학의 기본 개념을 정의하고 있는데, 어디까지나 노자의 학설을 조술하고 있다.

5.

夫子問於老聃曰부자문어노담왈 :

부자(夫子 : 공자)가 노담(老聃 : 노자)에게 물었다.

"有人治道若相放[1]유인치도약상방

"여기 道를 닦은 한 사람이 있어 세상 상식과 어긋나,

可不可불가불 然不然연불연

불가한 것을 가하다고 하고, 그렇지 않은 것을 그렇다고 합니다.

辯者有言曰변자유언왈 : 변론가들이 말하기를,

'離堅白若縣宇[2]이견백약현우'

'한 개의 돌에서 단단하다는 개념과 희다는 개념을 분리시켜 놓으면 마치 처마 끝에 매달아 보여주는 것처럼 분명하다.'고 하니,

若是약시 則可謂聖人乎즉가위성인호?"

이 같은 사람은 성인이리 할 수 있습니까?"

---

1) 若相放(약상방) : 세상의 상식과 어긋남. 放(방)은 어긋난다는 뜻으로 논쟁을 좋아하여 다른 사람의 말을 서스트는 것.

2) 離堅白若縣宇(이견백약현우) : 한 개의 돌에서 단단하다는 개념과 희다는 개념을 분리시켜 놓으면 마치 처마 끝에 매달아 보여주는 것처럼 분명하다. 離堅白(이견백)은 '단단하고 흰 돌(堅白石)은 하나가 아니고 둘'이라고 주장하는 궤변(詭辯).

老聃曰노담왈 : 노담이 말했다.

"是胥易技係3)시서역기계 勞形怵心者也노형출심자야

"이는 말단관리의 기술에나 얽매여 형체를 수고롭게 하고 마음을 괴롭히는 자입니다.

執狸之狗成思. 猿狙之便自山林來4)집리지구성사 원저지편자산림래

이를테면 살쾡이를 잡는 개가 사냥에 동원되고, 날렵한 원숭이가 산 속에서 잡혀 나오는 것과 같지요.

丘구! 予告若여고약 而所不能聞與而所不能言이소불능문여이소불능언

구(丘 : 孔子)여, 나는 당신에게 당신이 들어보지도 못했고 보지도 못했던 것(道)을 알려주겠소.

凡有首有趾범유수유지 無心無耳者衆무심무이자중

대체로 머리가 있고 발이 있어도 마음이 없고 귀가 없는 자가 많으며,

有形者與無形無狀5)而皆存者盡無유형자여무형무상이개존자진무

모양이 없으면서 저 형상이 없는 것(道)과 더불어 존재하는 자는 전혀 없습니다.

其動止也기동지야 其死生也기사생야 其廢起也기폐기야

그 형체가 있는 인간의 움직임과 멈춤, 죽음과 삶, 쇠함과 흥함,

---

3) 胥易技係(서역기계) : 잡일이나 기술에 얽매이는 자들. 胥는 소리(小吏)로 하급관리. 易은 복관(卜官)으로 잡역(雜役)을 의미한다. 技係는 기술에 얽매인다는 뜻으로 기술자의 잔재주를 뜻한다.

4) 執狸之狗成思. 猿狙之便自山林來(집리지구성사 원저지편자산림래) : 살쾡이를 잡는 개가 사냥에 동원되고, 날렵한 원숭이가 산 속에서 잡혀 나오는 것과 같다. 모두 자신이 가진 재능 때문에 화란을 자초하게 된다는 뜻이다.

5) 無形無狀(무형무상) : 道를 가리킨다.

此又非其所以也차우비기소이야

또한 그들이 어떻게 할 수 있는 것이 아닙니다.

有治在人6)유치재인

다스리는 것은 사람에게 달려있으니

忘乎物 忘乎天 其名爲忘己7)망호물 망호천 기명위망기

만물을 잊고 하늘의 법까지 잊는 것을 일컬어 자신을 잊는 것, 즉 망기(忘己)라고 합니다.

忘己之人망기지인 是之謂入於天시지위입어천"

자기를 잊은 사람이라야 하늘(자연)의 경지에 들어간다고 할 수 있습니다."

6.

將閭勉1)見季徹2)日장려면현계철왈:

장려면(將閭勉)이 계철(季徹)을 만나서 말했다.

"魯君謂勉也日노군위면야왈 : '請受敎청수교'

"노나라 임금이 저에게 말하기를, '청컨대 가르침을 받고자 합니다.'

---

6) 有治在人(유치재인) : 다스리는 것은 사람에게 달려 있다. 성인은 천하를 다스릴 일이 있으면 사람에게 맡겨 스스로 다스리게 한다는 뜻.

7) 忘乎物 忘乎天 其名爲忘己(망호물 망호천 기명위망기) : 만물을 잊고 하늘까지도 잊는 것은 자기를 잊는 것이다.

1) 將閭勉(장려면) : 장려(張閭)가 성, 면(勉)이 이름. 노나라의 어진 사람. 가공의 인물이라고도 한다.

2) 季徹(계철) : 계(季)가 성, 이름이 철(徹). 노나라의 어진 사람. 역시 가공의 인물이라고도 한다.

라고 하기에,

辭不獲命사불획명 旣已告矣기이고의

나는 사양했으나, 듣지 않아 결국 말을 하고 말았습니다.

未知中否[3]미지중부 請嘗薦之청상천지

그런데 그것이 맞는지 안 맞는지 알 수 없어 당신에게 한번 말해 보겠습니다.

吾謂魯君曰오위로군왈 : 내가 노나라 임금에게 말했습니다.

'必服恭儉필복공검 拔出公忠之屬[4]발출공충지속

'반드시 공손하고 검소하며 공정하고 충성스러운 사람들을 발탁하시되,

而無阿私[5]이무아사 民孰敢不輯민숙감부집!'"

아부나 사사로움이 없으면 백성들이 누가 감히 화목하지 않겠습니까!'라고."

季徹局局然笑[6]曰계철국국연소왈 :

계철은 배를 잡고 웃으면서 말했다.

"若夫子之言약부자지언 於帝王之德어제왕지덕

"당신의 말 같은 것은 제왕의 덕에 비하면

猶螳螂之怒臂以當車軼유당랑지노비이당거철 則必不勝任矣즉필불승임의

마치 사마귀가 화를 내면서 팔을 걷어 올리고 수레바퀴에 항거하는 것

---

3) 未知中否(미지중부) : 아직 그 말이 맞는지 아닌지 알지 못함. 中은 的中의 뜻으로 꼭 맞음.

4) 拔出公忠之屬(발출공충지속) : 공평하고 충성스런 사람을 발탁 등용하다.

5) 而無阿私(이무아사) : 阿(아)는 비호한다는 뜻으로 편애한다는 의미. 無阿私는 사사로이 좋아하는 사람을 편애하거나 비호하지 않는다는 뜻.

6) 局局然笑(국국연소) : 몸을 구부려 웃음.

과 같은 것인즉, 반드시 그 책임을 이겨내지 못할 것이네.

且若是차약시 則其自爲處危즉기자위처위 其觀臺[7]多物기관대다물

또 그렇다면 스스로 위험한 데 처하게 되어 조망대를 높이 쌓는 것이 될 것이니,

將往投迹者衆[8]장왕투적자중"

장차 현자(賢者) 흉내를 내다가 오히려 자신의 존재 근거를 잃는 사람들이 많아질 것이오."

將閭勉靦靦然驚[9]日장려면혁혁연경왈 :

장려면이 깜짝 놀라 말했다.

"勉也汒若於夫子之所言矣면야망약어부자지소언의

"저는 선생님 말씀에 망연자실(茫然自失)했습니다.

雖然수연 願先生之言其風也원선생지언기풍야"

비록 그러나 선생님께서는 그 道에 대해 더 말씀해 주십시오."

季徹曰계철왈 : 계철이 말했다.

"大聖之治天下也대성지치천하야 搖蕩民心[10]요탕민심

"위대한 성인이 천하를 다스릴 때에는 백성들의 마음을 자유로이 풀어 놓아,

使之成敎易俗사지성교역속

---

7) 觀臺(관대) : 소망대(眺望臺).

8) 投迹者衆(투적자중) : 현지(賢知)의 행동을 흉내 내다가 오히려 자기 존재의 근거를 잃는 사람이 많아질 것이다. 投迹은 현자(賢者)나 지자(知者)의 행동을 흉내 낸다는 뜻.

9) 靦靦然驚(혁혁연경) : 깜짝 놀람. 靦靦(혁혁)은 크게 놀라는 모습. 두려워하는 모양.

10) 搖蕩民心(요탕민심) : 백성들의 마음을 자유로이 풀어놓음. 백성들의 마음을 끝없이 멀고 광대한 것으로 하여 자연의 본성에 맡겨 자유롭게 한다는 뜻.

백성들로 하여금 스스로 교화를 이루게 하고, 풍속을 바꾸게 하여,

擧滅其賊心而皆進其獨志거멸기적심이개진기독지

그들이 타인을 해치려는 나쁜 마음을 모두 없애고,

若性之自爲약성지자위 而民不知其所由然이민부지기소유연

백성들 모두가 그들의 독특한 지향(志向)으로 나아가 인간의 본성이 스스로 행하는 대로 맡기되, 백성들은 왜 그렇게 되는지 이유도 모르게 된다네.

若然者약연자 豈兄堯舜之敎民 溟涬然弟之哉[11]기형요순지교민 명행연제지재?

만일 그렇게 된다면 어찌 저 요순의 인민 교화를 형으로 삼거나 또 망연한 태고로 그것을 아우로 생각하겠는가?

欲同乎德而心居矣욕동호덕이심거의"

그는 다만 백성들이 덕으로 동화되어 마음이 편하기를 바랄 뿐이네."

7.

子貢[1]南遊於楚자공남유어초 反於晉반어진

자공(子貢)이 초(楚)나라를 유람하다가 진(晉)나라로 돌아갈 때,

---

11) 豈兄堯舜之敎民 溟涬然弟之哉(기형요순지교민 명행연제지재) : 兄과 弟에 대해서는 이설이 분분하다. 그런데 왕숙민(王叔岷)의 견해에 따르면 兄이 足으로 되어 있다고 했으므로 兄을 足의 오자로 보고 弟는 夷의 오자로 보는 것이 타당하다는 것이다. 글자의 모양이 비슷해서 잘못된 경우라는 것이다. 夷는 平의 뜻으로 대등하다는 뜻으로 풀이했다. 그러나 여기서는 兄과 弟를 그대로 풀이했다. 溟涬은 '천지가 형성되기 이전 자연의 기운이 혼돈한 상태. 또는 자연의 기(氣)'이다.

1) 子貢(자공) : 공문십철(孔門十哲)의 한 사람으로, 춘추시대 학자. 위(衛)나라 사람으로, 성은 단목(端木). 이름은 사(賜). 자공(子貢)은 그의 字. 정치에 뛰어나, 후에 노(魯)나라 · 위(衛)나라의 재상(宰相)이 되었음. 제자(弟子) 중에서 제일가는 부자였으므로 경제면에서 공자를 도왔다고 함.

過漢陰²⁾과한음

한수(漢水) 남쪽을 지나가게 되었다.

見一丈人方將爲圃畦견일장인방장위포휴

그때 한 노인을 만났는데, 그 노인은 한참 밭이랑을 일구려고,

鑿隧而入井³⁾착수이입정 抱甕而出灌⁴⁾포옹이출관

땅을 파서 길을 뚫고 우물로 들어가 물동이를 안고 물을 퍼다 부었다.

搰搰然用力甚多而見功寡⁵⁾골골연용력심다이견공과

그런데 애써 힘들임이 많으나 효과는 매우 적었다.

子貢曰자공왈 : 자공이 물었다.

"有械於此유계어차 一日浸百畦⁶⁾일일침백휴

"여기 기계가 있는데, 하루에 백 이랑에 물을 댈 수 있습니다.

用力甚寡而見功多용력심과이견공다 夫子不欲乎부자불욕호?"

그러면 힘들임이 매우 적어도 효과는 큽니다. 노인장께서는 그것을 바라지 않습니까?"

---

2) 漢陰(한음) : 한수(漢水)의 남쪽. 음(陰)은 산의 북쪽, 물의 남쪽을 가리킨다.

3) 鑿隧而入井(착수이입정) : 땅을 파서 바닥을 뚫고 우물로 들어감. 隧는 우물로 통하는 굴을 뜻한다.

4) 抱甕而出灌(포옹이출관) : 항아리에 물을 담아 그것을 안고 나와 밭에 물을 줌. 전체의 맥락은 효용성을 앞세운 자공이 노인으로부터 면박을 당한 것이다. 그러나 여기서 유래된「포옹관휴(抱甕灌畦)」는 그러한 내용과는 무관하게 뒤떨어진 생각이나 방법을 개량하려고 하지 않는 태도나 우둔하고 졸렬한 방법, 또는 들이는 노력에 비하여 효과가 적은 것을 비유하는 성어로 사용된다.

5) 搰搰然用力甚多而見功寡(골골연용력심다이견공과) : 끙끙대면서 힘은 많이 쓰지만 효과는 적음. 搰搰(골골)은 애쓰는 모양.

6) 一日浸百畦(일일침백휴) : 하루에 백 이랑의 토지에 물을 댈 수 있다는 뜻.

爲圃者卬而視之曰위포자앙이시지왈 :

밭이랑을 일구던 노인이 자공을 쳐다보고 물었다.

"奈何내하?"

"어떻게 하는 것인가?"

曰왈 : 자공이 대답했다.

"鑿木爲機착목위기 後重前輕후중전경

"나무를 파서 기계를 만든 것인데, 뒤쪽은 무겁고 앞쪽은 가벼워,

挈水若抽7)설수약추 數如泆湯8)삭여일탕 其名爲槔9)기명위고"

물을 끌어당기는 것이 물이 흐르듯 하고, 빠르기가 넘치는 홍수 같습니다. 그 이름을 두레박이라 합니다."

爲圃者忿然作色而笑曰위포자분연작색이소왈 :

밭이랑을 일구던 노인이 불끈했다가는 곧 웃으면서 말했다.

"吾聞之吾師오문지오사 : "내 우리 선생께 들으니,

'有機械者必有機事10)유기계자필유기사 有機事者必有機心11)유기사자필유기심'

---

7) 挈水若抽(설수약추) : 잡아당기듯 물을 끌어올림. 挈은 끌다(提)는 뜻. 抽는 잡아당긴다 는 뜻.

8) 數如泆湯(삭여일탕) : 콸콸 넘치듯이 빠름. 빠르기가 뜨거운 물이 끓어 넘치듯 함. 數 (삭)은 빠르다(疾)는 뜻.

9) 其名爲槔(기명위고) : 그 이름이 두레박이다.

10) 有機械者必有機事(유기계자필유기사) : 기계를 갖게 되면 반드시 기계로 인한 일이 생 김. 機事는 기계로 인한 일, 곧 기계가 없으면 하지도 않을 인위적인 일을 조장하게 된 다는 뜻.

11) 有機事者必有機心(유기사자필유기심) : 기계에 의한 교묘한 일이 생기면 반드시 기계로 인한 욕심(機心)이 생김. 機心은 기계로 인한 마음으로 과도한 욕심, 간교한 심보를 뜻 한다.

'기계란 것이 있으면 반드시 꾀를 부리는 일이 있게 되고, 꾀를 부리는 일이 있으면 반드시 꾀를 내는 마음이 생긴다.'라고 들었소.

機心存於胸中기심존어흉중 則純白不備즉순백불비

꾀를 내는 마음이 가슴속에 있으면 순백한 마음이 갖추어지지 않고,

純白不備순백불비 則神生不定즉신생부정

순백한 마음이 갖추어지지 않으면 신묘한 천성이 안정되지 않으며,

神生不定者신생부정자 道之所不載也도지소부재야

신묘한 천성이 안정되지 않으면 道가 깃들지 않는다.

吾非不知 羞而不爲也12)오비부지 수이불위야"

내 그것을 알지 못하는 것이 아니라, 부끄러워 그것을 사용하지 않는 것이네."

子貢瞞然慙자공만연참 俯而不對부이부대

자공이 부끄러워 얼굴빛이 창백해져서 고개를 숙이고 대꾸를 못했다.

有間유간 爲圃者曰위포자왈 :

잠시 후 밭이랑을 일구는 노인이 물었다.

"子奚爲者邪자해위자야?"

"당신은 무엇 하는 사람이오?"

曰왈 : "孔丘之徒也공구지도야"

자공이 말했다. : "공구의 제자입니다."

爲圃者曰위포자왈 : 밭일을 하던 노인이 물었다.

---

12) 吾非不知 羞而不爲也(오비부지 수이불위야) : 내가 모르는 바는 아니지만, 부끄러워 쓰지 않을 뿐이다. 그런 기계가 있다는 걸 알지 못해서 쓰지 않는 게 아니라, 알고 있지만 그런 것을 쓰는 게 수치스러워 쓰지 않는다는 뜻.

"子非夫博學以擬聖13)자비부박학이의성 於于以蓋衆어우이개중

"그대는 박학을 내세워 성인인 척하고, 허황된 말로 민중을 혼란에 빠뜨리며,

獨弦哀歌14)以賣名聲於天下者乎독현애가이매명성어천하자호?

홀로 거문고나 타면서 슬픈 노래나 부르며 천하에 명성을 팔려는 자가 아닌가?

汝方將忘汝神氣15)여방장망여신기 墮汝形骸6)타여형해 而庶幾乎이서기호!

그대는 이제라도 허황된 마음을 잊고 그대의 형체마저 잊는다면 道에 가까워질 것일세!

而身之不能治이신지불능치 而何暇治天下乎이하가치천하호?

그대는 아직 자기 한 몸도 다스리지 못하면서 어느 겨를에 천하를 다스리겠나?

子往矣자왕의 無乏吾事7)무핍오사!

그대는 그만 가보게. 내 일 방해하지 말고!"

子貢卑陬失色자공비추실색 頊頊然不自得욱욱연부자득 行三十里而後愈행

---

13) 博學以擬聖(박학이의성) : 박학함으로 성인 흉내를 냄. 擬는 비슷하게 흉내 내다는 뜻.

14) 獨弦哀歌(독현애가) : 홀로 거문고나 타면서 슬프게 노래함. 다른 사람들이 이해하지 못하여 스스로 자신의 학설을 중얼거린다는 뜻. 바로 위 구절은 자공에게 하는 말이라고 하기보다는 자공의 스승 공자를 가리키는 것으로 보는 것이 타당하다. 그러므로 이 부분은 "그대는 박학을 내세워 성인인 척하고, 허황된 말로 민중을 혼란에 빠뜨리며, 홀로 거문고를 타면서 슬픈 노래나 부르며 천하에 명성을 팔려는 그대의 스승(공자)과 한통속이 아닌가?"라는 의미로 보는 것이다.

15) 方將忘汝神氣(방장망여신기) : 지금이라도 그대의 기심(機心)을 잊고 그대의 형체를 버려야만 道에 가까워질 것이다. 神氣는 곧 욕심에 따른 정신 작용, 즉 기심(機心)을 뜻한다.

16) 墮女形骸(타여형해) : 육체를 잊어버린다는 뜻.

17) 無乏吾事(무핍오사) : 내 일 방해 말라. 乏은 廢(폐)의 뜻으로 방해한다는 뜻.

삼십리이후유

자공은 부끄러워 얼굴빛이 변해서 멍하니 자신을 찾지 못한 채 30리를 가서야 겨우 제 정신이 들었다.

其弟子曰기제자왈 : 그의 제자가 물었다.

"向之人何爲者邪[18)향지인하위자야?

"아까 그 사람은 무엇 하는 사람입니까?

夫子何故見之變容失色부자하고견지변용실색

선생님께서는 어째서 그를 보시고 안색을 잃으시고,

終日不自反邪[19)종일부자반야?"

종일 스스로 기분을 돌리지 못하십니까?"

曰왈 : 자공이 말했다.

"始以爲天下一人耳시이위천하일인이 不知復有夫人也[20)부지부유부인야

"처음에 나는 천하에 한 사람(孔子)만 알았지, 다시 저런 사람이 있는 것을 알지 못했다.

吾聞之夫子오문지부자 : 내가 선생님께 듣기로는,

'事求可 功求成[21)사구가 공구성

'일에는 가능성을 생각하고 공이 이루어지기를 바라며,

用力少용력소、 見功多者견공다자 聖人之道성인지도'

---

18) 向之人何爲者邪(향지인하위자야) : 아까 그 사람은 누구입니까? 向은 아까. 과거의 어느 시점을 가리킨다.

19) 終日不自反邪(종일부자반야) : 종일토록 평소 모습을 회복하지 못함. 反은 회복한다는 뜻.

20) 不知復有夫人也(부지부유부인야) : 다시 그런 분이 있다는 것을 알지 못했음. 夫人은 밭일하던 노인을 지칭한다.

21) 事求可 功求成(사구가 공구성) : 일은 그 가능성을 구하고, 功은 이루어지기를 구함.

힘씀은 적고 효과가 많이 나타나는 것이 성인의 道다.'라고 하셨다.

今徒不然22)금도불연

그런데 지금에야 비로소 그렇지가 않다는 것을 알았다.

執道者德全23)집도자덕전 德全者形全덕전자형전

道를 지닌 사람은 德이 온전하고, 德이 온전한 자는 형체가 온전하며,

形全者神全24)형전자신전 神全者신전자 聖人之道也성인지도야

형체가 온전한 자는 정신이 온전하며, 정신이 온전한 것이 성인의 道다.

託生25)與民並行26)탁생여민병행

성인은 세상에 생명을 위탁받아 백성과 더불어 살아가지만,

而不知其所之이부지기소지 汒乎淳備哉27)망호순비재!

그 가는 곳을 알지 못하며, 멍하니 순박함을 온전히 갖추고 있다!

功利공리 機巧기교 必忘夫人之心필망인지심

그래서 공리(功利)나 기교(機巧) 따위가 반드시 그의 마음에 없다.

若夫人者 非其志不之28)약부인자 비기지부지 非其心不爲비기심불위

---

22) 今徒不然(금도불연) : 이제야 비로소 그렇지 않음을 알았음. 徒는 乃의 뜻으로 비로소
   의 뜻.

23) 執道者德全(집도자덕전) : 道를 지니면 德이 온전하게 갖추어짐.

24) 形全者神全(형전자신전) : 육체가 온전해지면 정신이 온전해짐. 神全은 정신이 온전해
   진다는 뜻.

25) 託生(탁생) : 자신의 삶을 세상에 맡김.

26) 與民並行(여민병행) : 백성들과 함께 더불어 살아가다. 道를 터득한 사람은 인간 세상
   에 자신을 의탁하여 보통 사람들과 같이 행동한다.

27) 汒乎淳備哉(망호순비재) : 멍한 모습으로 순박함을 온전히 갖춤. 汒은 어리석은 모습으로
   茫(아득하다, 멍하다)과 통한다.

28) 若夫人者 非其志不之(약부인자 비기지부지) : 그 같은 사람은 자기의 뜻에 맞지 않으

그런 사람은 그 뜻이 아니면 가지 않고, 그 마음이 아니면 행하지 않으며,

雖以天下譽之수이천하예지 得其所謂득기소위 謷然不顧[29]오연불고

비록 천하인이 그를 칭찬하면서 그가 말한 바를 따라도 오연히 돌아보지 않고,

以天下非之이천하비지 失其所謂실기소위 儻然不受당연불수

천하인이 그를 비난하면서 그의 말한 바를 어겨도 유연히 받아들이지 않는다.

天下之非譽 無益損焉[30]천하지비예 무익손언

온 천하인의 칭찬과 비난에도 그에게는 아무런 이익과 손해가 없으니,

是謂全德之人哉시위전덕지인재!

이런 이를 덕이 온전한 사람이라 이른다!

我之謂風波之民[31]아지위풍파지민"

나는 바람 앞의 물결 같은 사람이라 하겠다."

反於魯반어노 以告孔子이고공자

자공은 노나라로 돌아와 공자에게 그 이야기를 했다.

孔子曰공자왈 : 공자가 말했다.

"彼假修渾沌氏之術者也[32]피가수혼돈씨지술자야

면 어디에도 가지 않음. 之는 간다는 뜻.

29) 謷然不顧(오연불고) : 오연(傲然)히 돌아보지 아니함.

30) 天下之非譽 無益損焉(천하지비예 무익손언) : 칭찬하건 비난하건 그의 행동에 영향을 끼치지 못한다는 뜻.

31) 我之謂風波之民(아지위풍파지민) : 나 같은 사람은 바람에 흔들리는 물결처럼 남의 비난과 칭찬에 흔들리는 인간임. 風波之民은 마음이 동요되기 쉬운 사람이란 뜻.

32) 彼假修渾沌氏之術者也(피가수혼돈씨지술자야) : 그는 혼돈씨(渾沌氏)의 道를 잘못 닦

"그는 혼돈씨(渾沌氏)의 술(術)을 거짓으로 닦은 자이다.

識其一식기일 不知其二부지기이

그 하나는 알고 그 둘을 모르며,

治其內치기내 而不治其外이불치기외

그 안만 다스리고 그 밖을 다스리지 못한다.

夫明白入素부명백입소 無爲復朴[33]무위복박

무릇 참된 도인은 지혜가 명백하면서도 소박한 道로 들어가고,

體性抱神[34]체성포신 以遊世俗之間者이유세속지간자

인위를 버리고 질박함으로 돌아가며, 본성을 체득하고 영민한 정신을 지니면서 세속지간에 노니는 자가 있다면,

汝將固驚邪[35]여장고경야?

은 사람이다. 渾沌(혼돈)은 내편 〈응제왕〉 편에서 우화에 등장하는 인물이다. "어느 날, 숙과 홀이 혼돈의 땅에 놀러왔다. 혼돈은 이들을 융숭하게 대접했다. 숙과 홀은 그 '혼돈의 후의(混沌之德)'에 대해 답례를 하기로 했다. "인간에게는 누구나 모두 일곱 개의 구멍이 있어 보고, 듣고, 먹고, 숨 쉬는데, 오직 혼돈에게만 구멍이 없으니, 시험 삼아 구멍을 뚫어줍시다(人皆有七竅 以視聽食息. 此獨無有 嘗試鑿之)." 그래서 날마다 구멍 한 개씩 뚫어주었는데, 7일 만에 혼돈은 죽어버렸다(日鑿一竅 七日而渾沌死). 숙과 홀이 정성스레 눈·코·입 등 일곱 개의 구멍(눈 2, 콧구멍 2, 귀 2, 입 1)을 모두 뚫어 주었다. 그러자 혼돈은 그만 죽고 말았다. 이유는 눈도 코도 입도 아무것도 없는 것이 혼돈이기 때문이다. 인간은 듣거나, 보거나, 말하거나 여러 가지 일을 하고 있는데, 이런 것들을 모두 단절하고 혼돈, 즉 무위무책(無爲無策)으로 있는 것이 최상이다. 인간의 얕은꾀로 자연(혼돈)을 파괴해서는 안 된다는 장자철학의 단면을 보여주고 있다."

33) 無爲復朴(무위복박) : 무위로 순박함으로 돌아감. 무위를 지켜 순박함을 회복한다. 곧 자연상태로 돌아간다는 뜻이다.

34) 體性抱神(체성포신) : 본성을 체득하고 정신을 지킴. 참된 본성을 체득하고 정신을 지킨다는 뜻.

네가 그런 사람을 만났더라도 놀랄 것까지 있었겠느냐?

且渾沌氏之術次혼돈씨지술 予與汝何足以識之哉여여여하족이식지재!"
또 혼돈씨의 도술은 나나 네가 어찌 족히 그것을 인식할 수 있겠느냐."

8.

諄芒[1]將東之大壑[2]순망장동지대학 適[3]遇苑風[4]於東海之濱적우원풍어동해지빈
순망(諄芒)이 동쪽의 대학(大壑)으로 가다가 마침 동해 물가에서 원풍
(苑風)을 만났다.

苑風曰원풍왈 : "子將奚之자장해지?"
원풍이 물었다. "선생은 어디로 가십니까?"

曰(왈) : "將之大壑장지대학"
순망이 말했다. : "대학(大壑)으로 가는 길이네."

曰왈 : 奚爲焉해위언?"
원풍이 말했다. : "무엇하러 가십니까?"

---

35) 汝將固驚邪(여장고경야) : 네가 그런 사람을 보고 놀랄 것까지야 있었겠는가. 밭일하던
   노인처럼 혼돈씨(渾沌氏) 같은 사람을 보면 놀랄지 몰라도 무릇 명백하면서도 소박한
   곳으로 들어가고, 본성을 체득하고 정신을 지키면서 현실의 세속 세계에 노니는 사람을
   만났더라면 어찌 놀랄 것까지야 있었겠는가라는 뜻.
1) 諄芒(순망) : 소박한 말더듬이란 말로 지혜를 잃은 자란 뜻. 또는 안개가 자욱한 모양. 곧
   안개를 의인화(擬人化)한 것이리고도 함.
2) 大壑(대학) : 큰 구렁텅이. 바다. 발해의 동쪽 몇 억만 리인지 모르는 곳에 있는데 밑이
   없는 골짜기라고 함.
3) 適(적) : 때마침.
4) 苑風(원풍) : 산들바람. 우의(寓意)적 가공의 인물. 곧 초월자의 철학에 대해 관심이 적은
   자란 뜻.

日왈 : 순망이 말했다.

"夫大壑之爲物也부대학지위물야 注焉而不滿주언이불만

"무릇 대학(大壑)의 생김이 물을 부어도 가득 차지 않고,

酌焉而不竭작언이불갈 吾將遊焉오장유언"

퍼내도 마르지 않아 나는 거기 가서 놀려 하네."

苑風日원풍왈 : 원풍이 말했다.

"夫子無意於橫目之民5)乎부자무의어횡목지민호?

"선생은 인간에 관해서는 관심이 없습니까?

願聞聖治원문성치"

원컨대 성인의 정치에 대하여 듣고 싶습니다."

諄芒日순망왈 : 순망이 말했다.

"聖治乎성치호 官施而不失其宜6)관시이불실기의

"성인의 정치에 대하여 말인가? 관직을 두고 정령(政令)을 폄에 그 마땅함을 잃지 않고,

拔擧而不失其能7)발거이불실기능 畢8)見其情事而行其所爲9)필견기정사이행기소위

인재를 발탁함에 있어 그 유능함을 놓치지 않으며, 일의 사정을 잘 살

---

5) 橫目之民(횡목지민) : 눈을 가로 했다는 뜻. 오행(五行) 안에서 사람의 눈만이 가로 째졌다 하여 사람을 가리킴. 인간(人間)의 눈이 가로로 트인 데서 인류(人類)를 이르는 말.

6) 官施而不失其宜(관시이불실기의) : 관직을 설치하되 정령을 실시함에 정당함을 잃지 않음.

7) 拔擧而不失其能(발거이불실기능) : 인재를 발탁하되 그 유능함을 놓치지 않음. 拔은 발탁(拔擢). 擧는 인재(人材)를 높은 자리에 올려 씀. 能은 유능한 인재.

8) 畢(필) : 모두.

9) 其所爲(기소위) : 마땅히 실천해야 할 일.

펴보아 그 행할 바를 행하면,

行言自爲而天下化행언자위이천하화 手撓顧指¹⁰)수요고지

행동과 언어가 저절로 행해지면서 천하는 교화되어 손가락을 까딱이고 턱으로 가리켜도,

四方之民莫不俱至사방지민막불구지 此之謂聖治차지위성치"

사방의 백성들이 모두 이르지 않음이 없으니, 이것을 성인의 정치라고 하네."

"願聞德人원문덕인"

"원컨대 덕인(德人)에 대하여 들려주십시오."

曰왈 : 순망이 말했다.

"德人者덕인자 居無思 行無慮¹¹)거무사 행무려

"덕인이란 가만히 있어도 생각이 없고, 행동을 해도 헤아림이 없으며,

不藏是非美惡¹²)부장시비미악

옳고 그름과 좋고 나쁨 따위는 마음속에 간직하지 않는다.

四海之內사해지내 共利之之謂悅공리지지위열

온 천하 사람들이 이롭다고 여기는 것을 자신의 기쁨으로 여기고,

共給之之謂安¹³)공급지지위안

---

10) 手撓顧指(수요고지) : 손가락을 까딱이고 고개를 끄덕임. 手撓는 손가락을 까딱거린다는 뜻이고, 顧指는 턱으로 지시한다는 뜻.

11) 居無思 行無慮(거무사 행무려) : 가만히 머물러 있어도 생각이 없고, 행동할 때에도 헤아림이 없음.

12) 不藏是非美惡(부장시비미악) : 마음속에 옳고 그름과 좋고 나쁨을 품지 않음. 시비(是非)와 미악(美惡)의 가치판단을 하지 않고 만물을 고르게 간직한다는 뜻.

13) 共給之之謂安(공급지지위안) : 세상 사람들이 다 같이 만족스럽게 여기는 것을 자신의

다 같이 풍족한 것을 자기의 평안으로 여긴다.

怊乎若嬰兒之失其母也14)초호약영아지실기모야

실의에 찬 모습은 어린애가 어머니를 여읜 것 같고,

儻乎若行而失其道也15)당호약행이실기도야

멍한 모습은 길을 잃은 것 같으며,

財用有餘而不知其所自來16)재용유여이부지기소자래

재물의 씀씀이에 여유가 있어도 그것이 어디서 난 것인지를 알려고 하지 않고,

飮食取足而不知其所從음식취족이부지기소종

음식을 배부르게 먹어도 그것이 어디서 생겼는지를 의식하지 않는다.

此謂德人之容차위덕인지용”

이런 것을 덕인의 모습이라 하네.”

“願聞神人원문신인”

“원컨대 신인(神人)에 대하여 듣고 싶습니다.”

曰왈 : 순망이 말했다.

“上神乘光 與形滅亡17)상신승광 여형멸망

편안함으로 여김. 給은 足의 뜻. 謂는 爲와 같다.

14) 怊乎若嬰兒之失其母也(초호약영아지실기모야) : 슬퍼하는 모습은 마치 어린아이가 어미를 여읜 것 같음. 怊는 뜻을 이루지 못하다(失意)의 뜻.

15) 儻乎若行而失其道也(당호약행이실기도야) : 멍한 모습은 마치 길을 잃은 것 같음. 儻(당)은 실망하는 모양.

16) 財用有餘而不知其所自來(재용유여이부지기소자래) : 재물의 씀씀이가 넉넉한데도 그것이 어디서 난 것인지 알려고 하지 않음. 재물 축적의 욕심이 없기 때문에 재물의 출처를 알려고 하지 않는다는 뜻.

"신의 경지에 올라 빛을 타고 다니면서 형체가 없으니,

此謂照曠[8]차위조광

이를 일러 조광(照曠)이라 하네.

致命盡情[9]치명진정

천명을 다하고 자신의 성정(性情)을 다해서,

天地樂而萬事銷亡[20]천지락이만사소망

천지와 더불어 즐기면서 만사가 모두 소멸되어 없어져,

萬物復情만물복정 此之謂混冥[21]차지위혼명"

만물을 그 본성으로 돌아가게 하니, 이를 혼명(混冥)이라 한다."

9.

門無鬼[1]與赤張滿稽[2]문무귀여적장만계 觀於武王之師관어무왕지사

---

17) 上神乘光 與形滅亡(상신승광 여형멸망) : 신의 경지에 올라 빛을 타고 다니면서 형체가
   없다. 육체의 속박에서 완전히 벗어난다는 뜻. 乘光은 해와 달을 탄다는 뜻, 與形滅亡은
   형체가 사라져 無로 돌아간다는 뜻.

18) 照曠(조광) : 빛나면서도 공허함. 照는 昭의 뜻으로 밝게 빛나다. 曠은 공허함. 형체에
   구속되지 않음을 뜻한다.

19) 致命盡情(치명진정) : 천명을 다하고 자신의 성정을 다함. 情은 性과 같다. 곧 자신의
   성명을 다한다는 뜻.

20) 天地樂而萬事銷亡(천지락이만사소망) : 천지와 더불어 즐기면서 만사가 모두 소멸되어
   없어짐. 곧 천지자연의 질서가 즐겁게 회복되고, 만사(인간사회의 모든 재앙이나 불상
   사)가 소멸되어 없어진다는 뜻.

21) 混冥(혼명) : 혼돈(混沌)된 어두움.

1) 門無鬼(문무귀) : 문(門)은 성. 무귀(無鬼)는 이름. 문에 귀신이 붙지 못한다는 뜻으로, 수
   문장(守門長)을 지칭한 듯.

2) 赤張滿稽(적장만계) : 《한비자》 〈설림하(說林下)〉 및 《여씨춘추》 〈권훈(權勳)〉 편에 나오

문무귀(門無鬼)와 적장만계(赤張滿稽)가 은나라 주왕(紂王)을 치러 가는 주나라 무왕(武王)의 군대를 구경했다.

赤張滿稽曰적장만계왈 : 적장만계가 말했다.

"不及有虞氏乎 故離此患也3)불급유우씨호 고리차환야"

"유우씨(有虞氏 : 舜)에게는 미치지 못하기 때문에 이런 환난을 만나는군."

門無鬼曰문무귀왈 : 문무귀가 말했다.

"天下均治而有虞氏治之邪천하균치이유우씨치지야

"천하가 고루 다스려지고 있는데, 유우씨(舜)가 다스린 것인가,

其亂而後治之與기란이후치지여?"

아니면 세상이 어지러워진 뒤에 유우씨가 다스린 것인가?"

赤張滿稽曰적장만계왈 : 적장만계가 대답했다.

"天下均治之爲願천하균치지위원

"천하가 고르게 다스려지는 것은 모든 사람들의 바라는 일일세.

而何計以有虞氏爲이하계이유우씨위?

(천하가 고르게 다스려지고 있다면) 어째서 유우씨로 하여금 천하를 다스리게 했겠는가?

有虞氏之藥瘍也4)유우씨지약양야

는 춘추시대 구유국(仇由國)의 현인 적장만지(赤章曼枝)를 우화한 것.

3) 不及有虞氏乎 故離此患也(불급유우씨호 고리차환야) : 유우씨(有虞氏)의 德에 미치지 못하기 때문에 이런 비극을 만났다. 주(周) 무왕(武王)의 德이 순에게 미치지 못했기 때문에 이런 환난을 만났다는 뜻. 요임금의 선양(禪讓)으로 순임금은 천자가 되었는데, 주나라는 은(殷)나라의 속국이었으나, 은나라 주왕(紂王)의 폭정에 주(周) 무왕이 강태공과 주공 단의 보좌를 받아 폭군 주(紂)를 무력으로 토벌(討伐)함을 말한 것이다.

유우씨의 정치는 머리에 난 부스럼에 약을 바르는 격이고,

禿而施髢5)독이시체 病而求醫6)병이구의

대머리에 가발을 씌우는 격이며, 병이 나자 의사를 부르는 격이며,

孝子操藥以修慈父7)효자조약이수자부

효자가 약사발을 들고 그 아버지에게 드릴 때,

其色燋然8)기색초연 聖人羞之성인수지

그 얼굴빛이 초췌하지만, 성인은 그것을 부끄러이 여긴다.

至德之世지덕지세 不尙賢불상현 不使能불사능

지덕(至德)의 세상에서는 어진 이를 숭상하지 않았고, 능력 있는 자를 부리지 않았으며,

上如標枝 民如野鹿9)상여표지 민여야록

윗사람은 나뭇가지처럼 높이 서 있으면서도 백성들은 들의 사슴과 같이

---

4) 有虞氏之藥瘍也(유우씨지약양야) : 유우씨의 정치는 머리에 난 부스럼에 약을 바르는 격이다. 虞는 순이 다스린 나라 이름. 有는 나라 이름 앞에 붙이는 성대하다는 뜻의 어조사. 藥瘍은 부스럼을 치료한다는 뜻.

5) 禿而施髢(독이시체) : 머리가 벗겨진 뒤에 가발을 씌움. 처음부터 머리가 벗겨지지 않도록 조처하는 것만 못하다는 뜻. 禿은 대머리. 髢(체)는 다리. 다리는 여자들의 머리숱이 많아 보이라고 덧 넣었던 딴 머리.

6) 病而求醫(병이구의) : 병이 심해진 뒤에 의원을 찾음. 유우씨가 천하의 혼란을 미리 방지하지는 못하고 천하가 혼란스러워지자 그제야 나와 다스렸음을 비유한 말이다.

7) 孝子操藥以修慈父(효자조약이수자부) : 효자가 약을 어버이에게 바칠 때. 修는 여기서는 바친다는 뜻.

8) 其色燋然(기색초연) : 얼굴색이 초췌함. 燋然은 초췌(憔悴)한 모양. 평소에 봉양을 잘 해서 어버이가 병들지 않게 하지 못함을 부끄럽게 여긴다.

9) 上如標枝 民如野鹿(상여표지 민여야록) : 윗사람은 마치 나뭇가지 끝과 같았고, 백성들은 마치 들의 사슴과 같았다. 標枝는 가지 끝. 윗사람은 단지 높은 자리에 앉아 있었을 뿐 아랫사람에게 군림하려는 마음이 없었음을 비유한 것이다.

뛰놀았다.

端正而不知以爲義단정이부지이위의 相愛而不知以爲仁상애이부지이위인
백성들은 단정해도 그것이 의(義)라고 생각지 않았고,

相愛而不知以爲仁상애이부지이위인
서로 사랑하면서도 그것을 인(仁)이라고 여기지 않았으며,

實而不知以爲忠실이부지이위충
성실해도 충(忠)이라 여길 줄 몰랐고,

當而不知以爲信당이부지이위신
마땅하게 행동하면서도 그것을 신(信)인 줄 몰랐으며,

蠢動而相使 不以爲賜10)준동이상사 불이위사
벌레처럼 부지런히 서로 도와주어도 그것이 베푸는 것이라고 여기지 않
았다.

是故行而無迹11)시고행이무적 事而無傳12)사이무전"
그러므로 행하되 자취가 없었고, 일을 해도 후세에 전해지지 않았다."

| 해설 |

   제5장의 설화(說話)에서 공자와 노자는 인지(人智)를 이용하는 유위
(有爲)의 정치를 배격하고 무위자연의 정치를 찬미했다.

---

10) 蠢動而相使 不以爲賜(준동이상사 불이위사) : 벌레처럼 부지런히 움직여 서로 도와주면서
    도 그것을 베푸는 것이라 여기지 않음. 蠢動(준동)은 벌레처럼 부지런히 움직인다는 뜻.

11) 行而無迹(행이무적) : 본성을 따라 행동하기 때문에 따로 자취를 남기지 않는다는 뜻.
    자취를 남겨 길이 유명해지려고 하는 명예욕이 없음을 의미한다.

12) 事而無傳(사이무전) : 일을 해도 후세에 전해지지 않음. 이름을 후세에 남기려는 명예
    욕이 없다는 뜻.

제6장의 설화에서도 장려면과 계철은 또한 무위의 치를 말하고 있다.

제7장의 설화에서는 한수 남쪽에서 밭에 물을 대는 노인과 자공과 공자가 주인공으로 등장하는데, 물 대는 노인의 기계문명에 대한 배격에 초점이 있다. 이 대목도 또한 결국은 무위자연에 순응하는 것만이 진정한 道라고 역설하는 것이다.

제8장의 설화에서는 순망(諄芒)과 원풍(苑風)의 대화인데, 원풍이 성인 · 덕인(德人) · 신인(神人)에 대해 묻자, 순망은 이에 대해 일일이 대답하는 형식으로 되어 있다.

제9의 설화에서는 문무귀(門無鬼)와 적장만계(赤張滿稽)의 대화인데, 지덕(至德)의 세상을 말하고 있다.

이상에서 처음에는 천지조화의 운영이 무위자연한 道의 전형임을 서술하고, 이 무위자연의 道를 여러 각도에서 설명하는 아홉 가지의 설화를 보였다. 그러면서 이 허위와 위선에 차 있는 인간사회도 이러한 무위자연의 道를 따를 때 진정한 성인의 정치, 지덕의 다스림은 이루어져 인간세계에도 이상향은 도래한다고 역설하고 있다.

10.

孝子不諛其親 忠臣不諂其君[1]효자불유기친 충신불첨기군

효자는 그 어버이의 비위를 맞추려고 하시 아니하고, 충신은 ㄱ 임금에게 아첨하지 않으니,

---

[1] 孝子不諛其親 忠臣不諂其君(효자불유기친 충신불첨기군) : 효자는 어버이의 비위를 맞추려고 하지 아니하고, 충신은 임금에게 아첨하지 않는다. 諛(유)는 비위를 맞춤. 諂(첨)은 입발린 소리. 아첨.

臣子之盛2)也신자지성야

이는 신하 된 자와 자식 된 자의 훌륭함이다.

親之所言而然친지소언이연 所行而善소행이선

어버이의 말은 모두 긍정하고 어버이의 행동은 모두 착하다고 하면,

則世俗謂之不肖3)子즉세속위지불초자

세상에서는 그를 일러 불초한 자식이라 한다.

君之所言而然군지소언이연 所行而善소행이선

임금의 말은 모두 긍정하고 임금의 행동은 모두 착하다고 하면,

則世俗謂之不肖臣즉세속위지불초신

세상 사람들은 그를 불초한 신하라 한다.

而未知此其必然邪이미지차기필연야!

그러나 그런 평가가 반드시 옳은지는 알지 못하겠다.

世俗之所謂然而然之세속지소위연이연지 所謂善而善之소위선이선지

세속에서 그렇다 하는 것을 그렇다고 하고, 세속에서 착하다고 하는 것을 착하다고 하더라도,

則不謂之道諛之人也4)즉불위지도유지인야

사람들은 그런 이를 아첨하는 사람이라고는 말하지 않는다.

然則俗固嚴於親而尊於君邪연즉속고엄어친이존어군야!

---

2) 盛(성) : 훌륭하다는 뜻.

3) 不肖(불초) : 닮지 않았다는 뜻으로, 어리석음, 못남의 뜻.

4) 則不謂之道諛之人也(즉불위지도유지인야) : 사람들은 그런 이를 아첨꾼이라고는 말하지 않는다. 諛는 의심하다, 아첨하다의 뜻. 도유(道諛)는 도유(諂諛)의 음전(音轉)으로 보고 道人은 곧 諂人이다

그렇다면 세속이 부모보다도 엄하고 임금보다도 존귀한가!

謂己道人위기도인 則勃然5)作色즉발연작색

남이 자기를 영합하는 사람이라고 하면 발끈 성을 내고,

謂己諛人위기유인 則怫然6)作色즉불연작색

남이 자기를 아첨하는 사람이라고 하면 불끈 낯빛을 고치지만,

而終身道人也 終身諛人也7)이종신도인야 종신유인야

그러나 그런 사람은 종신토록 영합하는 사람이고, 종신토록 아첨하는 사람이다.

合譬飾辭聚衆也8)합비식사취중야 是始終本末不相坐9)시시종본말불상좌

교묘한 비유나 미사여구를 끌어다가 뭇사람을 끌어들이지만, 그 말은 시종(始終)과 본말(本末)이 서로 맞지 않는다.

垂衣裳 設采色 動容貌10)수의상 설채색 동용모

번드레한 옷을 걸치고, 교양 있게 행동하며, 용모(容貌)를 꾸미면서,

---

5) 勃然(발연) : 발끈 화를 내는 모양.

6) 怫然(불연) : 불끈 화를 내는 모양.

7) 終身道人也 終身諛人也(종신도인야 종신유인야) : 곧 (세론에 있어서는) 종신토록 영합하는 사람이고, 종신토록 아첨꾼이라는 뜻이다. 道人은 諂人.

8) 合譬飾辭聚衆也(합비식사취중야) : 비유를 사용하고, 말을 꾸며대고, 많은 사람들을 끌어들임. 合譬는 이런저런 비유를 갖다 붙임. 飾辭는 말을 화려하게 꾸밈. 聚衆은 사람들을 끌어들임.

9) 始終本末不相坐(시종본말불상좌) : 시종(始終)와 본말(本末)이 서로 맞지 않는다. 不相坐는 서로 맞지 않고 모순된다는 뜻. 곧 어버이와 군주에게 아첨하는 것은 비난하면서 세론에 아첨하는 것은 비난하지 않으므로 모순된다는 뜻.

10) 垂衣裳 設采色 動容貌(수의상 설채색 동용모) : 번드레한 옷을 걸치고 교양 있게 행동하고 용모를 꾸미다. 垂衣裳(수의상)은 번드레한 옷을 걸치다. 設采色(설채색)은 교양 있게 행동하다. 動容貌(동용모)는 용모를 꾸미다(動).

以媚一世이미일세 而不自謂道諛이부자위도유

세상에 아첨하면서도 스스로 아첨한다고 생각하지 않는다.

與夫人之爲徒여부인지위도 通是非통시비

세상 사람들과 무리를 이루어 옳거니 그르거니 하면서,

而不自謂衆人이부자위중인 愚之至也우지지야

자기 자신은 그런 무리라고 생각하지 않으니, 어리석기 짝이 없는 일이다.

知其愚者 非大愚也[11]지기우자 비대우야

자기의 어리석음을 아는 자는 큰 어리석음이 아니고,

知其惑者지기혹자 非大惑也비대혹야

자기의 미혹함을 아는 자는 크게 미혹함이 아니다.

大惑者대혹자 終身不解종신불해

크게 미혹한 자는 종신토록 그 미혹함을 풀지 못하고,

大愚者대우자 終身不靈종신불령

크게 어리석은 자는 종신토록 그 어리석음을 깨닫지 못한다.

三人行而一人惑삼인행이일인혹 所適者[12]猶可致也소적자유가치야 惑者少也혹자소야

세 사람이 길을 갈 때, 한 사람이 길을 잃어도 목적지에는 도착할 수가 있다. 길을 잃은 사람이 적기 때문이다.

---

11) 知其愚者 非大愚也(지기우자 비대우야) : 스스로 어리석음을 아는 자는 크게 어리석은 것이 아니다. 스스로를 모르는 자야말로 크게 어리석고 미혹된 것임을 역설적으로 표현한 것이다.

12) 所適者(소적자) : 가려고 하는 목적지를 뜻한다. 適은 간다는 뜻.

二人惑則勞而不至이인혹즉로이부지 惑者勝也13)혹자승야

그러나 두 사람이 길을 잃으면 애만 쓰고 목적지에 도달할 수가 없으니, 길을 잃은 사람이 많기 때문이다.

而今也以天下惑이금야이천하혹 子雖有祈嚮14)여수유기향

그러나 지금은 천하인이 모두 미혹되어 있으니, 나 홀로 비록 방향을 찾는다 하더라도,

不可得也불가득야 不亦悲乎불역비호!

목적지에 도달할 가망은 없다. 그러니 또한 슬프지 아니한가!

大聲15)不入於里耳대성불입어리이

위대한 음악은 속인의 귀에 들어오지 않는다.

折楊16)절양 皇荂17)황과 則嗑然而笑즉개연이소

그러나 절양(折楊)이나 황과(皇荂)를 들으면 와 하고 웃어댄다.

是故高言不止於衆人之心18)시고고언부지어중인지심

그러므로 고상한 말은 속인의 마음에 받아들여지지 않는 법이니,

至言不出 俗言勝也19)지언불출 속언승야

---

13) 惑者勝也(혹자승야) : 길 잃은 사람이 더 많음. 勝은 수가 많아 이긴다는 뜻. 勝은 多와 통한다. 세론(世論)은 늘 다수 의견을 따라가기 마련이지만, 다수 의견이 항상 옳은 것은 아니라는 뜻.

14) 子雖有祈嚮(여수유기향) : 내 비록 방향을 찾는다 하더라도. 곧 비록 실현하고 싶은 이상이 있다 하더라도. 嚮은 向의 뜻.

15) 大聲(대성) : 요(堯)의 음악인 함지(咸池)나 순(舜)의 음악인 대소(大韶)를 말함.

16) 折楊(절양) : 옛날 속악(俗樂)의 이름.

17) 皇荂(황과) : 옛날 속악의 이름.

18) 高言不止於衆人之心(고언부지어중인지심) : 고상한 말은 중인(衆人)들의 마음속에 받아들여지지 않음. 高言은 수준 높은 말. 衆人之心은 보통사람들의 마음. 不止는 받아들여지지 않음.

지언(至言)이 나타나지 않는 것은 세속적인 말이 세상에 깔려 있기 때문이다.

以二缶鍾惑이이부종혹 而所適不得矣이소적부득의

두 사람이 길을 잃으면 목적지에 도달할 수가 없다.

而今也以天下惑이금야이천하혹 予雖有祈嚮여수유기향 其庸可得邪기용가득야?

그러니 하물며 지금은 천하가 미혹되었으니, 내 혼자 가고자 하는 방향이 있은들 어찌 도달할 수가 있겠는가?

知其不可得也而强之지기불가득야이강지 又一惑也우일혹야

안되는 줄을 알면서 억지로 강행하는 것은 또한 하나의 미혹이다.

故莫若釋之而不推고막약석지이불추

그러므로 그것을 그대로 놓아두고 억지로 추구하지 않느니만 못하다.

不推불추 誰其比憂수기비우!

억지로 행하지 않는다면 무슨 근심이 있겠는가!

厲之人20)夜半生其子21)여지인야반생기자 遽取火而視之거취화이시지

문둥이가 밤중에 아이를 낳고 급히 불을 끌어다가 살펴보는 것은,

汲汲然22)惟恐其似己也급급연유공기사기야

자기를 닮았을까 걱정했기 때문이다.

---

19) 至言不出 俗言勝也(지언불출 속언승야) : 지언(至言)이 나오지 못하는 것은 세속의 비속(鄙俗)한 말이 너무 많기 때문. 지언(至言)은 지극한 이치를 담고 있는 말이다. 속언(俗言)은 세속의 저속한 말.

20) 厲之人(여지인) : 나병환자. 厲(려)와 癩(라) 두 글자 모두 本音은 '뢰'로 나병(癩病).

21) 生其子(생기자) : 자식을 낳음.

22) 汲汲然(급급연) : 불안해서 견디지 못하는 모양.

11.

百年之木백년지목 破爲犧尊[1]파위희준

백년 묵은 나무를 잘라 제사에 쓰는 술통을 만들어,

靑黃而文之청황이문지 其斷在溝中기단재구중

푸른빛·누른빛의 칠을 하고 그 잘라버린 끄트머리는 도랑에 버려진다.

比犧尊於溝中之斷비희준어구중지단

후에 그 술통을 도랑 속에 버린 그 끄트머리와 비교해 보면,

則美惡有間矣[2]즉미악유간의 其於失性一也기어실성일야

아름답고 미운 것에는 차이가 있으나, 그 나무의 본성을 잃은 것은 매
한가지다.

蹠與曾史척여증사 行義有間矣행의유간의 然其失性均也연기실성균야

도척과 증삼·사추(史鰌)의 행위에는 차이가 있으나, 그 본성을 잃음에
는 매한가지이다.

且夫失性有五[3]차부실성유오

---

1) 犧尊(희준) : 소의 그림을 그려 넣은 제기(祭器). 본래 중국 주대(周代)의 국가 제사에서
   쓰이기 시작하여 우리나라에는 고려 때부터 사용하였다. 희준(羲尊)으로도 쓰고, 준(尊)
   자는 준(樽)으로도 쓴다.
2) 美惡有間矣(미악유간의) : 미추(美醜)에 커다란 차이가 있음. 惡(악)은 볼품없음. 犧尊의
   아름다움과 버려진 나무 끄트머리의 볼품없음 사이에는 같은 백년 묵은 통나무인데 커
   다란 차이가 있다는 뜻.
3) 失性有五(실성유오) : 본성을 잃어버리는 다섯 가지 유형이 있음. 이 다섯 가지는 《노
   자》제12장에서 "다섯 가지 색깔은 사람의 눈을 멀게 하고, 다섯 가지 소리는 사람의
   귀를 멀게 하며, 다섯 가지 맛은 사람의 입을 버리게 한다. 말을 타고 사냥하는 것은
   사람의 마음을 발광하게 한다. 얻기 힘든 재물은 사람의 행동을 어지럽게 만든다. 이
   때문에 성인은 배를 위하지 눈을 위하지 않는다. 그러므로 저것(눈)을 버리고 이것(배)
   을 취한다(五色令人目盲 五音令人耳聾 五味令人口爽 馳騁田獵 令人心發狂 難得之貨 令

또한 본성을 잃음에는 다섯 가지가 있다.

一曰五色4)亂目일왈오색란목 使目不明사목불명

첫째는, 오색(五色)이 눈을 어지럽혀 눈을 밝지 못하게 하는 것이고,

二曰五聲5)亂耳이왈오성란이 使耳不聰사이불총

둘째는, 오성(五聲)이 귀를 어지럽혀 귀를 밝지 못하게 하는 것이며,

三曰五臭6)薰鼻삼왈오취훈비 困憁中顙곤수중상

셋째는, 오취(五臭)가 코를 자극하여 코가 아프고 머리를 아프게 하는 것이고,

四曰五味7)濁口사왈오미탁구 使口厲爽사구려상

넷째는, 오미(五味)가 입을 혼탁하게 하여 입을 다치게 하는 것이며,

五曰趣舍滑心오왈취사골심 使性飛揚사성비양

다섯째는 취하고 버림이 마음을 어지럽혀 본성을 들뜨게 하는 것이다.

此五者차오자 皆生之害也8)개생지해야

이 다섯 가지는 모두 본성을 해치는 것들이다.

而楊墨乃始離跂自以爲得이양묵내시리지자이위득

그런데 양주(楊朱)와 묵적(墨翟)은 이리저리 뛰어다니면서 스스로 진리를 얻었다고 하나,

非吾所謂得也비오소위득야

人行妨 是以聖人爲腹不爲目 故去彼取此).”라고 한 내용과 유사하다.

4) 五色(오색) : 청·황·적·백·흑색을 말한다.

5) 五聲(오성) : 宮(궁)·商(상)·角(각)·徵(치)·羽(우)로 오음(五音)과 같다.

6) 五臭(오취) : 羶(전)·薰(훈)·香(향)·腥(성)·腐(부)의 다섯 가지 냄새.

7) 五味(오미) : 甘(감)·鹹(함)·酸(산)·辛(신)·苦(고)의 다섯 가지 맛.

8) 皆生之害也(개생지해야) : 모두 본성을 해치는 것들임. 生은 性과 통한다.

그것은 내가 이른바 얻은 것이 아니다.

夫得者困9)부득자곤 可以爲得乎가이위득호

본성을 찾았다는 것이 자신을 괴롭혀 본성을 찾았다고 한다면,

則鳩鴞之在於籠也 亦可以爲得矣10)즉구효지재어롱야 역가이위득의

비둘기나 올빼미가 새장 안에 갇혀 있는 것도 역시 그 본성을 찾았다고 할 수 있을 것이다.

且夫趣舍聲色以柴其內차부취사성색이시기내

또한 취사선택의 판단과, 소리나 빛깔로써 자기 마음을 막아 놓고,

皮弁鷸冠搢笏紳修11)以約其外피변휼관진홀신수이약기외

가죽 갓이나 깃털 관을 쓰고, 홀(笏)을 허리에 꽂고 띠를 길게 하여 자기의 몸을 묶은 자가 있다.

內支盈於柴柵 外重纆繳12)내지영어시책 외중묵작

이렇게 안으로는 울타리로 막아 놓고 밖으로는 몇 겹의 끈으로 묶어 놓고서,

睆睆3)然在纆繳之中而自以爲得환환연재묵작지중이자이위득

---

9) 夫得者困(부득자곤) : 진리를 얻었다고 자부하는 자들이 실제로는 막힘. 困은 막힌다는 뜻.

10) 鳩鴞之在於籠也 亦可以爲得矣(구효지재어롱야 역가이위득의) : 비둘기와 올빼미가 새장에 갇혀 있는 것도 그 본성을 찾았다고 할 수 있음. 본성을 버리고 구속된 상태를 자유로운 상태라 할 수 없다는 뜻. 鳩는 작은 새의 통칭.

11) 皮弁鷸冠搢笏紳修(피변휼관진홀신수) ; 皮弁(피변)은 가죽으로 만든 관. 鷸冠(휼관)은 비취새의 깃털로 만든 관. 搢笏(진홀)은 홀(笏)을 조복(朝服)의 대(帶)에 꽂음. 紳은 큰 허리띠.

12) 內支盈於柴柵 外重纆繳(내지영어시책 외중묵작) : 안으로는 나무 울타리로 꽉 막아놓고, 밖으로는 새끼줄로 겹겹이 묶어놓음. 둘러친 나무울타리처럼 타고난 본성을 가로막고 禮라는 구속으로 얽어맨다는 뜻. 支는 가로막는다는 뜻이고, 盈은 가득 차다는 뜻. 柴柵(시책)은 빙 둘러친 나무울타리.

그 겹겹이 묶인 가운데서 스스로 얻었다 한다면,

則是罪人交臂14)즉시죄인교비 歷指15)역지

이는 죄인이 수갑을 차고 손가락이 꺾이거나,

而虎豹在於囊檻이호표재어낭함 亦可以爲得矣역가이위득의

호랑이와 표범이 우리 안에 있으면서 스스로 본성을 얻었다고 하는 경우나 매한가지다.

| 해설 |

이 대목은 결론 부분이다. 무위자연의 道에서 벗어난 속세는 사기와 위선, 왜곡과 도착(倒錯)이 난무하고 있다. 그리하여 속인은 이런 모순 속에 살면서 그런 모순이 잘못인지를 깨닫지 못하고 일생을 보내고 있다. 비유컨대 여럿이 길을 갈 때 길을 잃고 방향을 잃은 자가 너무 많아 제 길을 못가는 경우와 같다.

그러면 이런 잘못이 어째서 나타나는가? 인간의 본성을 잃었기 때문이다. 본성은 무엇이 잃게 하는가? 곧 오색·오음·오취·오미 등이 본성을 버리게 하는 것이다. 그런데도 일부의 인간은 이런 것들에 얽매여 있으면서 진실을 얻었다 하니, 이는 울안에 있는 금수(禽獸)나 감옥 안의 죄수가 본성을 얻었다는 것과 같아 도저히 무위자연의 道, 곧 천지조화의 이치는 해득할 수 없는 것이다.

---

13) 睆睆(환환) : 노곤 따위이므로 둘둘 묶인 모양.
14) 罪人交臂(죄인교비) : 죄인이 팔을 교차시켜 묶이고 손가락을 꺾음. 交臂(교비)는 손을 등 뒤로 돌려 묶는다는 뜻.
15) 歷指(역지) : 손가락을 꺾어버린다는 뜻.

13. 천도
天道

천지 자연의 이법(理法)

　　천도란 천지자연의 이법(理法), 또는 근원적 존재방식을 의미한다. 이런 근원적 존재방식은 허정염담(虛靜恬淡), 적막무위(寂寞無爲)에서 얻어지며, 그것을 체득한 제왕과 성인의 처세술을 설명하는 것이 이 편의 내용이다. 《장자》 내편이니 노자의 사상을 조술(祖述)하면서 천지의 道 무위자연의 덕을 찬미한 전체의 논지는 앞의 〈천지〉 편과 공통적이다. 오히려 천지의 道에 근본하여 군신(君臣)의 구별(別)을 강조하고, 존비(尊卑)·선후(先後)의 사회질서를 긍정하여, 유가(儒家) 및 법가(法家) 사상을 도가(道家) 사상과의 본말(本末) 관계라는 관점에서 그 서열을 짓는 논술을 전개하고 있는 데 특징이 있다고 하겠다.

장주접몽(莊周蝶夢)

1.

天道運而無所積1)천도운이무소적 故萬物成고만물성

하늘의 道는 운행하여 막히는 바가 없으므로 만물이 이루어지고,

帝道運而無所積제도운이무소적 故天下歸고천하귀

제왕의 道는 운행하여 막히는 바가 없으므로 천하가 귀의하며,

聖道運而無所積성도운이무소적 故海內服고해내복

성인의 道는 운행하여 막히지 않으므로 해내(海內)가 복종한다.

明於天명어천 通於聖통어성

하늘의 道에 밝고 성인의 道에 통하며,

六通四辟於帝王之德者2)육통사군어제왕지덕자

제왕의 德에 정통하여 육합(六合)과 사시(四時)를 모두 아는 사람은,

其自爲也3)기자위야 昧然無不靜者矣4)매연무부정자의

그 스스로 행위함에 혼명(混冥)하여 고요하지 않은 것이 없다.

聖人之靜也성인지정야 非曰靜也善5)비일정야선 故靜也고정야

성인의 고요함은 고요함이 좋은 것이라고 하여 고요함이 아니요,

---

1) 無所積(무소적) : 정체(停滯)할 때가 없음. 자연의 이법(理法)은 끊임없이 운행하여 막힐 때가 없다는 뜻. 積은 정체함.

2) 六通四辟於帝王之德者(육통사벽어제왕지덕자) : 제왕의 덕(德)을 여섯 가지 방향과 네 가지 차례대로 속속들이 앎. 六通은 육합(六合 : 天地와 四方)의 공간에 통달하고 四辟은 각각 四時(4계절)의 시간을 따른다는 뜻.

3) 其自爲也(기자위야) : 그 자신의 행위함.

4) 昧然無不靜者矣(매연무부정자의) : 냉하니 그저 고요할 따름이다.

5) 非曰靜也善(비왈정야선) : 성인(聖人)의 고요함은 고요한 것이 좋은 것이라고 해서 (의도적으로) 고요하게 하고 있는 것이 아님.

萬物無足以鐃6)心者만물무족이요심자 故靜也고정야

만물이 그의 마음을 어지럽힐 수가 없기 때문에 고요한 것이다.

水靜則明燭7)鬚眉수정즉명촉수미

물이 고요하면 수염과 눈썹도 분명하게 비출 수가 있고,

平中準평중준 大匠取法焉대장취법언

그 평평함은 수준기(水準器)와 같아 장인(匠人)도 기준으로 삼는다.

水靜猶明수정유명 而況精神이황정신 聖人之心靜乎성인지심정호

물도 고요하면 이렇듯 맑고 밝거늘, 하물며 정묘하고 신묘한 성인의 마음의 고요함이야 어떠하겠는가?

天地之鑑也 萬物之鏡也8)천지지감야 만물지경야

그야말로 천지의 거울이요, 만물의 거울이다.

夫虛靜恬淡寂漠無爲者9)부허정염담적막무위자

무릇 허정(虛靜)·염담(恬淡)·적막(寂寞)·무위(無爲)는

天地之平10)천지지평 而道德之至이도덕지지

천지의 평준이요, 도덕의 지극함이다.

---

6) 鐃(요) : 撓(요)와 같다. 撓는 어지럽다, 흔들리다.

7) 燭(촉) : 촛불, 등불, 비추다, 비치다의 뜻.

8) 天地之鑑也 萬物之鏡也(천지지감야 만물지경야) : 천지를 그대로 비추는 거울이요, 만물을 비추는 거울이다. 성인의 고요한 마음이야말로 천지만물을 빠짐없이 있는 그대로 비추는 거울이라는 뜻.

9) 虛靜恬淡寂漠無爲者(허정염담적막무위자) : 마음을 비우고 고요함을 지키고, 편안하고 담백하며, 적막하면서 하는 일이 없는 것. 虛靜(허정)은 아무것도 생각하지 않고 사물에 마음을 움직이지 않는 정신상태. 恬淡(염담)은 욕심이 없고 담백(淡白)함. 寂漠은 적막함. 無爲는 하는 일이 없음.

10) 天地之平(천지지평) : 천지자연의 기준.

故帝王聖人休焉고제왕성인휴언

그러므로 제왕과 성인은 여기에 머문다.

休則虛휴즉허 虛則實허즉실 實者倫矣[11]실자륜의

거기에 쉬면 마음이 비워지고, 마음이 비워지면 채워지고, 채워지면 차례가 갖추어진다.

虛則靜허즉정 靜則動정즉동 動則得矣동즉득의

마음을 비우면 고요해지고, 고요하면 변화를 얻게 되고, 변화를 얻으면 모든 것을 얻게 된다.

靜則無爲정즉무위 無爲也則任事者責矣무위야즉임사자책의

마음이 고요하면 무위하게 되고, 무위하면 일을 맡김에 책임을 다할 것이다.

無爲則俞俞[12]무위즉유유 俞俞者憂患不能處유유자우환불능처 年壽長矣연수장의

또 무위하면 스스로 즐겁고, 스스로 즐거우니 근심 걱정이 그 마음에 깃들 수 없어서 오래 살 수 있다.

| 해설 |

먼저 정(靜)의 중요성을 말하고 정은 곧 무위(無爲)요, 다른 말로 풀이하면 허정·염담·적막·무위라는 것이다. 허정(虛靜)이란 자기를 공허하게 하여 마음의 고요함을 유지하는 것이며, 염담(恬淡)이란 욕심이 없는 것으로서 갈등이 없는 고요한 마음의 상태를 말하며, 적막(寂寞)이란 모든 움직임을 마음속에서 가라앉힌 고요함의 극치요, 무위(無爲)

---

11) 實者倫矣(실자륜의) : 채워지면 차례가 갖추어진다. 者는 則에 해당한다. 倫은 차례.

12) 俞俞(유유) : 즐거운 모양. 俞는 愉와 같아 즐겁다, 기뻐하다.

란 일체의 인위(人爲)·인지(人知)를 버린 무심의 고요함을 말한다.

2.

夫虛靜恬淡寂漠無爲者부허정염담적막무위자 萬物之本也만물지본야

무릇 허정·염담·적막·무위는 만물의 근본이다.

明此以南鄕[1]명차이남향 堯之爲君也요지위군야

이것을 밝혀 남면하여 요(堯)가 임금이 되었고,

明此以北面명차이북면 舜之爲臣也순지위신야

이것을 밝혀 북면하여 순이 신하가 되었다.

以此處上이차처상 帝王天子之德也제왕천자지덕야

이것으로 위에 처해 있으면 제왕이나 천자의 德이 되고,

以此處下이차처하 玄聖素王之道也[2]현성소왕지도야

이것으로 아래에 처해 있으면 현성(玄聖)·소왕(素王)의 道가 된다.

以此退居而이차퇴거이 閒游한유 則江海山林之士服즉강해산림지사복

이로써 물러나 살면서 한가히 놀면 강해(江海)·산림 속의 은사들이 복종하고,

以此進爲而撫世이차진위이무세 則功大名顯而天下一也즉공대명현이천하일야

이로써 나아가 세상을 다스리면 공적이 크고 이름이 드러나 천하를 통

---

1) 明此以南鄕(명차이남향) : 이를 분명히 알아서 남쪽을 바라보며 천하를 다스림. 南鄕은 남쪽을 바라봄. 남면(南面)과 같다. 鄕은 向과 통하는데, 여기서는 面과 같다. 南面은 군주로서 남쪽을 바라보면서 천하를 다스린다는 뜻이다.

2) 玄聖素王之道也(현성소왕지도야) : 깊은 덕을 가진 성인과 왕위(王位) 없는 왕자의 도리. 玄聖은 노자를 지칭하고, 素王은 공자를 지칭한다.

일하게 된다.

靜而聖정이성 動而王동이왕 無爲也而尊무위야이존
고요하면 성인이 되고, 움직이면 왕이 되며, 무위하면 높임을 받고,

樸素而天下莫能與之爭美[3]박소이천하막능여지쟁미
소박하면서도 천하에 아무도 그와 더불어 아름다움을 다툴 수가 없다.

| 해설 |

　허정·염담·적막·무위는 만물의 근원적인 상태로, 이런 근원적인 상태에 밝으면서 통치자가 되면 요(堯)와 같은 위대한 제왕이 될 수 있고, 이런 근원적인 상태로써 신하 노릇을 한 것이 더 유명한 순(舜)이다.

　이런 근원적인 상태에서 지배자가 되면 제왕의 참된 德과 천자의 참된 德을 지닐 수 있고, 이런 근원적인 상태에서 지위를 갖지 못한 자가 현성(玄聖)·소왕(素王)이 된다. 이런 자이어야 온 국민의 숭배를 받고 천하를 통일할 수 있다. 따라서 어느 누구도 이런 사람과는 다툴 수 없는 것이다.

3.

夫明白於天地之德者부명백어천지지덕자 此之謂大本大宗[1]차지위대본대종

---

3) 樸素而天下莫能與之爭美(박소이천하막능여지쟁미) : 자연 그대로의 소박을 지키면 천하에서 아무도 그와 아름다움을 다툴 수 없음. 樸은 비록 하찮은 것이지만, 천하에서 누구도 그를 신하로 삼을 수 없다. 樸은 곧 道를 가리킨다.

1) 大本大宗(대본대종) : 큰 근본과 큰 종주. 대본(大本), 대종(大宗), 만물지본(萬物之本) 등의 표현은 모두 궁극적으로는 道의 근원성을 나타내는 말로 이해할 수 있다.

무릇 천지의 덕에 밝게 통한 자를 만물의 대본(大本)이라 하고, 천하의 대종(大宗)이라 하여,

與天和者也여천화자야 所以均調天下소이균조천하 與人和者也여인화자야

하늘과 조화를 이루고 천하를 고르게 조화시키며, 사람들과도 화합할 수 있는 자다.

與人和者여인화자 謂之人樂위지인락

사람과 더불어 화합하는 것을 사람의 즐거움(人樂)이라 하고,

與天和者여천화자 謂之天樂위지천락

하늘과 더불어 조화를 이루는 것을 하늘의 즐거움(天樂)이라 한다.

莊子曰[2]장자왈 : 장자가 말했다.

"吾師乎오사호 吾師乎오사호!

"나의 스승(道)이여, 나의 스승이여!

鼇萬物而不爲戾[3]제만물이불위려 澤及萬世而不爲仁택급만세이불위인

만물을 부수어도 사납다 하지 않으시고, 은택이 만대에 미쳐도 어질다 하지 않으시며,

長於上古而不爲壽장어상고이불위수

아득한 상고(上古)보다 더 오래부터 있어도 수(壽)한다고 여기지 않고,

覆載天地복재천지 刻彫衆形而不爲巧각조중형이불교"

하늘을 가리고 땅을 실어 일체의 만물을 조각해 내면서도 교묘(巧)하다

---

2) 莊子曰(장자왈) : 莊子曰 이하의 인용문은 〈대종사〉 편에, 허유(許由)가 의이자(意而子)에게 "吾師乎……刻彫衆形而不爲巧"라고 말한 말로 그대로 나와 있다.

3) 鼇萬物而不爲戾(제만물이불위려) : 만물을 부스러뜨려도 사납다고 여기지 않음. 즉 만물을 차별 지으면서도 스스로를 포학하다고 여기지 않는다는 뜻.

고 여기지 않는다."

此之爲天樂차지위천락

이를 일러 천락이라 한다.

故曰고왈 : 그래서 말하기를,

"知天樂者지천락자 其生也天行 其死也物化4)기생야천행 기사야물화

"천락을 아는 자는 살아 있을 때는 천리(天理)를 따라 행동하고, 죽을 때는 만물을 따라 변화한다.

靜而與陰同德정이여음동덕 動而與陽同波동이여양동파"

고요해서는 음(陰)과 더불어 德을 같이하고, 움직여서는 양(陽)과 더불어 흐름을 같이한다."

故知天樂者고지천락자 無天怨무천원

그러므로 천락을 아는 자는 하늘의 원망을 받지 않고,

無人非무인비 無物累무물루 無鬼責무귀책

사람들의 비난을 받지 않으며, 사물에 얽매이지 않고, 귀신의 질책을 받지 않는다.

故曰고왈 : 그래서 말하기를,

"其動也天 其靜也地5)기동야천 기정야지

"그의 움직임은 하늘과 같고, 그의 고요함은 땅과 같으며,

一心定而王天下6)일심정이왕천하

---

4) 其生也天行 其死也物化(기생야천행 기사야물화) : 하늘 뜻에 따라 살고, 만물의 변화에 따라 죽는다.

5) 其動也天 其靜也地(기동야천 기정야지) : 움직임은 하늘과 같고, 고요히 머묾은 땅과 같음. 하늘과 땅을 모두 무심한 존재로 이해하였다.

한결같은 마음이 안정되어 천하의 왕이 된다.

其鬼不祟 其魂不疲⁷⁾기귀불수 기혼불피

그 정신(精神)은 핑계를 대지 아니하고 나태하지도 않으니,

一心定而萬物服일심정이만물복"

한결같은 마음이 안정되어 만물이 복종한다."고 한다.

言以虛靜推於天地 通於萬物⁸⁾언이허정추어천지 통어만물

이는 무심하고 고요함을 천지로 밀고 나아가 만물에 통하는 것으로서,

此之謂天樂차지위천락

이를 천락이라 한다.

天樂者천락자 聖人之心성인지심 以畜天下也이축천하야

곧 천락이란 성인의 마음으로써 천하를 기르는 것이다.

| 해설 |

　먼저 인락(人樂)과 천락(天樂)의 개념을 말했다. 이런 즐거움을 아는
자만이 천지자연의 변화에 따라 행동한다. 여기서 장자가 말한 「나의
스승」이란, 「道」이며 또한 「조화」를 가리킨다. 道의 德이란 본시부
터 「텅 비고 고요한 것」으로 하늘과 땅의 변화와 조화될 수 있고
천하를 평화롭게 할 수 있다. 따라서 「텅 비고 고요함」이란 무위의

---

6) 一心定而王天下(일심정이왕천하) : 한 사람의 마음이 안정됨으로써 천하에 왕 노릇을 한
　다. 王天下는 천하에 왕 노릇한다는 뜻.

7) 其鬼不祟 其魂不疲(기귀불수 기혼불피) : 그 정신(精神)은 핑계를 대지 아니하고 나태하
　지도 않음. 祟(수)는 빌미, 핑계. 鬼와 魂은 모두 聖人의 精神을 지칭한다.

8) 以虛靜推於天地 通於萬物(이허정추어천지 통어만물) : 무심하고 고요한 마음을 하늘과
　땅에까지 밀고 나아가 만물에 통하게 함.

경지를 가리키는 것이다.

4.

夫帝王之德부제왕지덕 以天地爲宗이천지위종

무릇 제왕의 德은 천지로써 근본을 삼고,

以道德爲主 以無爲爲常[1]이도덕위주 이무위위상

도덕으로써 주장을 삼으며, 무위로써 상도(常道)를 삼는다.

無爲也무위야 則用天下而有餘즉용천하이유여

무위(無爲)하면 천하를 부려도 여유가 있고,

有爲也유위야 則爲天下用而不足즉위천하용이부족

유위(有爲)하면 천하에 부림을 당해 넉넉함이 없다.

故古之人貴夫無爲也고고지인귀부무위야

그러므로 옛사람들도 저 무위를 귀히 여겼다.

上無爲也상무위야 下亦無爲也하역무위야

그러나 위에서도 무위요, 아래에서도 무위면,

是下與上同德시하여상동덕

이는 아래가 위와 더불어 德을 같이하는 것이니,

下與上同德則不臣하여상동덕즉불신

아래가 위와 더불어 德을 같이한다면 신하가 될 수 없다.

下有爲也하유위야 上亦有爲也상역유위야

---

1) 以道德爲主 以無爲爲常(이도덕위주 이무위위상) : 곧 (제왕의 德은 天과 地로써 근본으로 삼고) 道와 德을 중심으로 삼으며, 무위(無爲)를 불변의 법칙으로 삼는다는 뜻.

아래가 유위하고 위에서도 역시 유위하면,

是上與下同道2)시상여하동도

이는 위가 아래와 더불어 道를 같이하는 것이니,

上與下同道則不主상여하동덕즉부주

위가 아래와 더불어 道를 같이한다면 임금이 될 수 없다.

上必無爲而用天下상필무위이용천하

위는 반드시 무위로써 천하를 부려야 하고,

下必有爲爲天下用하필유위위천하용

아래는 반드시 유위로써 천하의 쓰임이 되어야 하나니,

此不易之道也3)차불역지도야

이는 바꿀 수 없는 道이다.

故古之王天下者고고지왕천하자

그러므로 옛날 천하의 왕이 된 자는,

知雖落天地4)지수락천지 不自慮也부자려야

---

2) 是上與下同道(시상여하동도) : 윗사람이 아랫사람과 道를 함께하는 것. 곧 道를 함께한
다는 것은 같은 길을 걷는다는 뜻이다.

3) 此不易之道也(차불역지도야) : (윗사람은 반드시 무위(無爲)로써 천하 백성들을 부리고,
아랫사람은 유위(有爲)로써 천하를 위해 일하는 것) 이것이 바꿀 수 없는 道이다. 하늘과
땅에는 높고 낮음의 구별이 있다는 것에 근거하여 上·下·無爲·有爲의 구별이 있는 것
은 영원불변의 道임을 가리킨다. 道는 일원(一元)으로서 절대 보편적인 것이기 때문에 본
디 이와 같은 구별이 있을 수 없는 것이지만, 《주역(周易)》〈계사전(繫辭傳)〉에, "하늘
은 높은 곳에 있어 만물을 덮고, 땅은 낮은 곳에 있어 만물을 싣는다. 이렇게 하여 乾·
坤 두 괘(卦)가 정해졌다. 혹은 높게, 혹은 낮게 우리 앞에 질서 있게 나뉘어 늘어서 있
다. 이와 같은 자연의 형상을 본떠 易의 한 괘, 육효(六爻)의 귀천이 질서 있게 그 위치
가 정해진 것이다(天存地卑 乾坤定矣 卑高以陳 貴賤位矣)."라고 한 것처럼.

그 지혜가 비록 천지를 포괄할 수 있어도 자기 스스로 생각하지 않았고,

辯雖彫萬物5)변수조만물 不自說也부자설야

변론이 비록 만물을 두루 논할 만할지라도 스스로 말하지 않았으며,

能雖窮海內능수궁해내 不自爲也부자위야

능력이 비록 천하를 다스릴 만하여도 스스로 행위 함이 없었다.

天不産而萬物化6)천불산이만물화

하늘은 스스로 생산하려 하지 않아도 만물이 저절로 낳으며,

地不長而萬物育지부장이만물육

땅은 스스로 키우지 않지만, 만물은 저절로 길러지고,

帝王無爲而天下功7)제왕무위이천하공

제왕은 행위 함이 없지만, 천하는 스스로 돌아간다.

故曰 莫信於天 莫富於地 莫大於帝王8)고왈 막신어천 막부어지 막대어제왕

그러므로 말하기를, "하늘보다 더 신묘한 것은 없고, 땅보다 더 풍부한 것은 없으며, 제왕보다 더 큰 것은 없다." 하였다.

---

4) 知雖落天地(지수락천지) : 천지 사이의 만물을 망라할 정도로 지식이 넓다는 뜻. 落은 絡의 뜻으로 망라하다, 포괄하다의 뜻.

5) 辯雖彫萬物(변수조만물) : 비록 만물을 두루 다 논할 정도의 말재주를 가지고 있다 하더라도.

6) 天不産而萬物化(천불산이만물화) : 하늘은 스스로 낳지 않아도 만물은 저절로 낳고 길러진다.

7) 帝王無爲而天下功(제왕무위이천하공) : 제왕은 하는 일이 없지만 천하의 일이 저절로 돌아간다. 功은 일이 이루어진다는 뜻.

8) 故曰莫信於天 莫富於地 莫大於帝王(고왈막신어천 막부어지 막대어제왕) : 이른바 天·地·人 삼재(三才) 사상에 근거한 말이다. 요컨대 天·地·人 삼계(三界)에 대응되는 각각의 완성된 道 또는 사람이 있다고 하는 사상이다.

故曰 帝王之德配天地고왈제왕지덕배천지

그러므로 또 말하기를, "제왕의 덕은 천지의 배필이 된다." 하였다.

此乘天地차승천지 馳萬物치만물 而用人群之道也이용인군지도야

이는 천지를 타고 만물을 몰아서, 만민을 부리는 道인 것이다.

| 해설 |

　천하를 다스리는 道를 역설하고 있다. 제왕의 德은 천지로써 근본을 삼고, 도덕으로써 주장을 삼으며, 무위로써 상도(常道)를 삼는다. 위가 아래와 더불어 道를 같이한다면 임금이 될 수 없다고 했다. 위는 반드시 무위로써 천하를 부려야 하고, 아래는 반드시 유위로써 천하의 쓰임이 되어야 한다. 그러므로 옛날 천하의 왕이 된 자는 그 지혜가 비록 천하를 다스릴 만하여도 스스로 행위 함이 없다고 했다.

5.

本在於上 末在於下¹⁾본재어상 말재어하

근본은 위에 있고, 말단은 아래에 있어야 한다.

要在於主 詳在於臣²⁾요재어주 상재어신

요체는 임금에게 있고, 세세한 것은 신하에게 있어야 한다.

---

1) 本在於上 末在於下(본재어상 말재어하) : 근본은 위에 있는 사람에게 있고, 말단은 아래 있는 사람에게 있음. 곧 근본은 위에서 장악하고 말절은 아래에서 취급한다는 뜻. 근본은 無爲, 곧 天道를 가리킨다. 말단은 有爲와 人道를 가리킨다.

2) 要在於主 詳在於臣(요재어주 상재어신) : 요체(중요한 것)는 군주가 맡고, 세세한(詳) 일은 신하에게 맡김.

三軍3)五兵4)之運삼군오병지운 德之末也덕지말야

삼군(三軍)과 오병(五兵)을 운용하는 것은 덕의 끝이요,

賞罰利害상벌이해 五刑5)之辟오형지벽 敎之末也교지말야

상벌(賞罰)·이해(利害)·오형(五刑)의 법은 교육의 끝이며,

禮法度數6)예법도수 刑名比詳7)형명비상 治之末也치지말야

예의와 법도, 실제와 명목을 상세히 정하는 것은 다스림의 끝이고,

鐘鼓之音8)종고지음 羽旄之容9)우모지용 樂之末也악지말야

종고(鐘鼓)의 소리와 우모(羽旄)의 꾸밈은 무악(舞樂)의 끝이며,

哭泣衰絰10)곡읍최질 隆殺11)之服융살지복 哀之末也애지말야

---

3) 三軍(삼군) : 대군(大軍)의 뜻. 주나라 때는 천자는 육군(六軍), 제후는 삼군을 소유했는데, 1군은 12,500명이다.

4) 五兵(오병) : 다섯 가지 무기. 곧 끝이 뭉툭한 창(戈 : 과), 모가 졌으며 날이 없는 창(殳 : 수), 갈래가 진 창(戟 : 극), 20척 길이의 긴 창(酋矛 : 추모), 24척 길이의 긴 창(夷矛 : 이모). 일설에는 모(矛)·극(戟)·월(鉞 : 도끼)·순(楯 : 방패)·궁시(弓矢 : 화살)를 말하기도 함.

5) 五刑(오형) : 다섯 가지 형벌. 코를 베는 형벌(劓 : 의). 먹글씨를 새기는 형벌(墨 : 묵), 고환(睾丸)을 거세하는 형벌(宮 : 궁), 발뒤꿈치를 자르는 형벌(刖 : 월), 죽이는 형벌(大辟 : 대벽).

6) 禮法度數(예법도수) : 예법(禮法)을 신분에 따라 차등적으로 규정하는 일.

7) 刑名比詳(형명비상) : 관리의 성적을 엄격하게 조사하여 평가하는 일. 比詳은 비교해서 자세히 따져 본다는 뜻.

8) 鐘鼓之音(종고지음) : 종 치고 북 치는 음악.

9) 羽旄之容(우모지용) : 새 깃이나 짐승의 털로 장식한 화려한 춤.

10) 衰絰(최질) : 최(衰)는 상복(喪服). '최'로 읽는다. 질(絰)은 상복을 입고 머리나 허리에 두르는 삼으로 만든 띠.

11) 隆殺(융쇄) : 융성하게 하거나 덜어 줄이거나 한다는 뜻으로 오복(五服)의 등급을 매긴다는 뜻.

곡읍(哭泣)·최질(衰絰) 융쇄(隆殺)의 복식(服式)은 애달픔의 끝이다.

此五末者차오말자 須2)精神之運수정신지운 心術之動심술지동 然後從之者
也연후종지자야

이 다섯 가지 끝(末端)은 정신의 운용과 심술(心術)의 움직임을 기다린
연후에야 종속되는 것이다.

末學者말학자 古人有之고인유지

이런 말단을 배움은 옛사람 중에도 있었으나,

而非所以先也3)이비소이선야

이것들을 맨 먼저 내세우지는 않았다.

| 해설 |

제왕의 덕은 무위에 있다. 하늘과 땅의 원리에 융합될 수 있어야만
천하는 올바로 다스려진다. 그럼으로써 그는 천지와 더불어 배필이 된
다 하였다. 이런 자라야 제왕이 될 수 있고, 무위(無爲)의 치(治)를 행
할 수 있다. 이는 무위의 요체를 알았기 때문이다.

6.

君先而臣從군선이신종 父先而子從부선이자종

임금이 앞서고 신하가 따르며, 어버이가 앞서고 자식이 따르며,

兄先而弟從형선이제종 長先而小從장선이소종

---

12) 須(수) : 기다린다는 뜻.

13) 而非所以先也(이비소이선야) : (말단을 배움은 옛사람 가운데에도 있기는 했지만) 이
말단의 학문을 다른 것에 우선했던 것은 아님. 곧 근본 학문은 아니었다는 뜻.

형이 앞서고 아우가 따르며, 어른이 앞서고 젊은이가 따르며,

男先而女從남선이여종 夫先而婦從부선이부종

남자가 앞서고 여자가 따르며, 남편이 앞서고 아내가 따르니,

夫尊卑先後부존비선종 天地之行也[1]천지지행야

무릇 존귀한 이가 앞서고 비천한 자가 따르는 것은 천지의 운행이다.

故聖人取象焉[2]고성인취상언

그러므로 성인(聖人)은 이 형상을 본떴다.

天尊地卑[3]천존지비 神明之位[4]也신명지위야

하늘이 높고 땅이 낮은 것은 신명(神明)의 위치요,

春夏先춘하선 秋冬後추동후 四時之序[5]也사시지서야

봄과 여름이 앞서고 가을과 겨울이 뒤서는 것은 사시(四時)의 차례다.

萬物化作만물화작 萌區有狀[6]맹구유상

만물이 변화·생성할 때 갖가지 싹이 돋고,

盛衰之殺성쇠지살 變化之流也변화지류야

무성하거나 쇠약해짐의 차등이 있는 것은 변화의 흐름이다.

夫天地至神부천지지신 而有尊卑先後之序이유존비선후지서

---

1) 天地之行也(천지지행야) : 천지의 운행법칙.

2) 聖人取象焉(성인취상언) : 성인이 본보기를 취함. 곧 성인이 천지자연의 모습을 본떠서 인간사회의 차례를 세운 것을 가리킨다.

3) 天尊地卑(천존지비) : 하늘은 높고 땅은 낮음. 앞서 2장 註 10) 참조.

4) 神明之位(신명지위) : 신명의 지위. 神明은 人知를 초월한 영묘한 진실의 세계를 의미한다.

5) 四時之序(사시지서) : 사계절의 차례. 춘하추동이 번갈아서 변하는 것을 뜻한다. 봄은 봄의 역할을 다하고 여름에게 위치를 넘겨주고…… 이렇듯 자신의 역할을 끝내고 나면 자신은 무대 뒤로 숨는 것이다.

6) 萌區有狀(맹구유상) : 싹이 트고 순이 나는 모양은 갖가지다. 萌區는 싹.

무릇 천지는 지극히 신묘하여 높고 낮으며 앞서고 뒤서는 차례가 있거늘,

而況人道乎이황인도호

하물며 사람의 道에 있어서이랴?

宗廟尚親7)종묘상친 朝廷尚尊조정상존

종묘(宗廟)에서는 친척을 존중하고 조정에서는 지위를 존중하며,

鄕黨尚齒8)향당상치 行事尚賢9)행사상현 大道之序也대도지서야

향당(鄕黨)에서는 나이를 존중하고, 일을 행함에 있어서는 어진 이를 존중하는 것이 대도(大道)의 차례이다.

語道而非其序者어도이비기서자 非其道也비기도야

道를 말하면서 그 차례를 세우지 않으면 그것은 道가 아니요,

語道而非其道者어도이비기도자 安取道10)안취도

道를 말하면서 그것이 道가 아니면 어떻게 그 道를 취할 것인가?

是故古之明大道者시고고지명대도자 先明天而道德次之선명천이도덕차지

그러므로 예부터 대도(大道)에 밝은 자는 먼저 하늘을 밝힌 뒤에 도덕을 그 다음으로 했고,

道德已明而仁義次之도덕이명이인의차지

---

7) 宗廟尚親(종묘상친) : 조상에게 제사를 올리는 종묘에서는 친소 관계를 기준으로 상하를 결정한다는 뜻.

8) 鄕黨尚齒(향당상치) : 고을에서는 나이 많은 이를 숭상한다.《맹자》공손추하(公孫丑下) 편에도 이런 말이 있다. "조정에서는 작위만한 것이 없고, 향리에서는 나이만한 것이 없으며, 세상을 돕고 백성들의 어른 노릇 함에는 덕망만한 것이 없는데, 어찌 그 중 하나만 가지고 나머지 두 가지를 소홀히 할 수가 있으리오(朝廷莫如爵 鄕黨莫如齒 輔世長民莫如德 惡得有其一 以慢其二哉)."

9) 行事尚賢(행사상현) : 일을 처리할 때는 현인을 숭상함.

10) 安取道(안취도) : 어떻게 道를 얻을 수 있겠는가.

도덕이 이미 밝혀지고 나면 인의(仁義)를 그 다음으로 했으며,

仁義已明而分守次之인의이명이분수차지

인의가 이미 밝혀지고 나면 분수(分守)를 그 다음으로 했고,

分守已明而形名次之분수이명이형명차지

분수가 이미 밝혀지고 나면 형명(形名)을 그 다음으로 했으며,

形名已明而因任次之11)형명이명이인임차지

형명이 이미 밝혀지고 나면 인임(因任)을 그 다음으로 했고,

因任已明而原省次之12)인임이명이원성차지

인임이 이미 밝혀지고 나면 원성(原省)을 그 다음으로 했으며,

原省已明而是非次之원성이명이시비차지

원성이 이미 밝혀지고 나면 시비(是非)를 그 다음으로 했고,

是非已明而賞罰次之시비이명이상벌차지

시비가 이미 밝혀지고 나면 상벌을 그 다음으로 했다.

賞罰已明而愚知處宜상벌이명이우지처의

상벌이 이미 밝혀지고 나서야 어리석은 자와 지혜로운 자가 그 마땅한 자리에 처할 수 있고,

貴賤履位귀천리위 仁賢不肖襲情3)인현불초습정

---

11) 形名已明而因任次之(형명이명이인임차지) : 형명을 이미 밝히고 난 뒤에 재능에 따라 일을 맡기는 일이 이어짐. 形名은 직분 또는 주상과 그것을 실천한 실적과의 합치 여부를 따지는 것. 因任은 능력에 따라 직책을 임명하는 일.

12) 因任已明而原省次之(인임이명이원성차지) : 능력에 따라 직책을 맡기는 일을 이미 밝히고 난 뒤에 안팎을 살핌이 이어짐. 原과 省은 고찰하고 살핀다(查察)는 뜻.

13) 仁賢不肖襲情(인현불초습정) : 어진 사람과 불초한 사람이 실정에 부합됨. 襲은 부합한다는 뜻.

귀한 자와 천한 자가 제 위치에 있을 수 있으며, 인현(仁賢)과 불초(不肖)가 제 실정에 따를 것이다.

必分其能 必由其名[14]필분기능 필유기명

그래서 제각기 반드시 능력에 따라 행동하고, 반드시 직분의 명칭에 알맞게 되는 것이다.

以此事上이차사상 以此畜下이차축하

이런 사실로써 윗사람을 섬기고, 이런 사실로써 아랫사람을 기르며,

以此治物이차치물 以此修身이차수신

이로써 사물을 다스리고, 이로써 몸을 닦으며,

知謀不用 必歸其天[15]지모불용 필귀기천

지혜와 꾀를 쓰지 않고서도 반드시 하늘에 돌아가니,

此之謂太平차지위태평 治之至也치지지야

이를 일러 태평(太平)이라 하고, 지극한 다스림이라 한다.

故書日고서왈 : 그러므로 옛 책에서도 말했다.

"有形有名[16]유형유명"

"형(形)이 있으면 명(名)이 있다."

形名者형명자 古人有之고인유지 而非所以先也이비소이선야

형명(形名)이란 옛사람도 존중했지만, 먼저 내세우지는 않았다.

---

14) 必分其能 必由其名(필분기능 필유기명) : 반드시 그 능력에 따라 나뉘고, 반드시 그 명칭에 따르게 되는 것이다.

15) 知謀不用 必歸其天(지모불용 필귀기천) : 지모를 쓰지 않고 반드시 자연의 道(天)에 돌아간다.

16) 有形有名(유형유명) : 실질(實質)이 있으면 명목(名目)이 있다는 뜻이며, 이는 또한 실질과 명목은 일치하여야 한다는 것이다.

古之語大道者고지어대도자 五變而形名可擧오변이형명가거

옛날에 대도를 말한 사람들은 다섯 번째 가서야 비로소 형명을 거론할 수 있었으며,

九變而賞罰可言也구변이상벌가언야

아홉 번째 가서야 상벌을 말했다.

驟[17)而語形名취이어형명 不知其本也부지기본야

따라서 갑자기 형명을 말하는 것은 그 근본을 모르는 것이며,

驟而語賞罰취이어상벌 不知其始也부지기시야

갑자기 상벌을 말하는 것은 그 시초를 모르는 것이다.

倒道而言도도이언 迕道[18)而說者오도이설자

이렇게 道를 거꾸로 말하거나 道를 거슬러 말하는 자는,

人之所治也인지소치야 安能治人안능치인

남의 지배나 받으니, 어찌 남을 다스릴 수가 있겠는가?

驟而語形名賞罰취이어형명상벌

갑자기 형명이나 상벌을 말하는 것은,

此有知治之具차유지치지구 非知治之道비지치지도

정치의 도구는 안다 하겠으나, 정치의 도리는 알지 못하는 것이요,

可用於天下가용어천하 不足以用天下부족이용천하

천하에게 쓰임을 당할지언정 천하를 부릴 수는 없다.

此之謂辯士차지위변사 一曲之人[19)也일곡지인야

---

17) 驟(취) : 갑작스럽다, 자주, 갑자기의 뜻.

18) 迕道(오도) : 道를 거스름.

이런 이를, '한 가지 잔재주만 가진 사람'이라 한다.

禮法數度[20]예법수도 形名比詳[21]형명비상 古人有之고인유지

예법을 신분에 따라 차등적으로 규정하는 일과, 실제와 명목을 소상히 비교하는 일은 옛사람 중에서도 추구한 사람이 있었으나,

此下之所以事上차하지소이사상 非上之所以畜下也비상지소이축하야

이는 아랫사람으로서 윗사람을 섬기는 도리로, 윗사람이 아랫사람을 기르는 도리는 아니었다.

7.

昔者舜問於堯曰석자순문어요왈 : 옛날 순이 요에게 물었다.

"天王之用心何如천왕지용심하여"

"임금님께서 마음을 쓰시는 일은 어떤 것입니까?"

堯曰요왈 : 요가 대답했다.

"吾不敖無告[1]오불오무고 不廢窮民불폐궁민

"하소연할 데 없는 백성을 무시하지 않고, 곤궁한 백성들을 저버리지 않으며,

苦死者 嘉孺子[2]고사자 가유자 而哀婦人[3]이애부인

---

19) 一曲之人(일곡지인) : 일부분밖에 모르는 사람. 어느 한 부분에 치우쳐 있거나, 어떤 사물의 한 구석만을 아는 사람을 一曲之士(일곡지사)라 한 표현이 있다.

20) 禮法數度(예법수도) : 예법(禮法)을 신분에 따라 차등적으로 규정하는 일. 위 2항 註 22)에 나온 '예법도수(禮法度數)'와 같다.

21) 形名比詳(형명비상) : 실제와 명목을 소상히 비교하는 일.

1) 不敖無告(불오무고) : 하소연할 데 없는 백성들을 함부로 대하지 않는다.

2) 苦死者 嘉孺子(고사자 가유자) : 죽은 사람을 애도하며 부모 잃은 아이(孤兒)들을 사랑

죽은 자를 슬퍼하고, 부모 잃은 어린아이를 사랑하며, 남편을 잃은 여자를 애처롭게 여기는 것이네.

此吾所以用心已차오소이용심이"

이것이 내가 세상을 다스리는 데 마음을 쓰는 일이네."

舜曰순왈 : 순이 말했다.

"美則美矣미즉미의 而未大也이미대야"

"아름답긴 합니다만, 아직 위대하다고 할 수는 없습니다."

堯曰요왈 : 요가 물었다.

"然則何如연즉하여?"

"그러면 어떻게 해야 하는가?"

舜曰순왈 : 순이 대답했다.

"天德而土寧4)日月照而四時行천덕이토영일월조이사시행

"하늘과 땅의 덕이 골고루 이루어져 세상은 평안하고, 일월이 비치고 사시(四時)는 운행하며,

若晝夜之有經약주야지유경 雲行而雨施矣운행이우시의"

밤과 낮은 일정한 규칙이 있고, 구름이 일어 비가 내리는 것같이 하는 것입니다."

堯曰요왈 : 요가 말했다.

膠膠擾擾乎5)교교우우호

함. 莟는 애통해함, 孺는 어린아이인데, 여기서 孺子는 고아를 가리킨다.

3) 而哀婦人(이애부인) : 여자들을 애처롭게 여김. 여기의 婦人은 과부(寡婦)를 뜻한다.

4) 天德而土寧(천덕이토영) : 하늘과 땅의 德이 골고루 이루어지다.

"나는 공연히 마음만 어지럽히고 있었군.

子天之合也 我人之合也6)자천지합야 아인지합야

그대가 말한 것은 하늘에 부합하는 다스림이고, 나는 사람에 영합하는 다스림이었군."

夫天地者부천지자 古之所大也고지소대야

무릇 천지는 예부터 위대한 것이라,

而皇帝堯舜之所共美也이황제요순지소공미야

황제와 요순도 다 같이 아름답다 여겼다.

故古之王天下者고고지왕천하자 奚爲哉해위재 天地而已矣천지이이의

그러므로 옛날의 임금으로 천하를 다스린 이는 어떻게 했는가? 천지의 道를 따랐을 뿐이다.

| 해설 |

무위와 유위의 본말(本末) · 선후(先後)의 관계는 자연과 인간을 관통하는 다른 일에도 있다.

예컨대 우리의 현실사회에서 군신 · 부자 · 형제 · 장유 · 남녀 · 부부 사이에서도 그것은 존재한다. 따라서 본말 · 선후의 관계로 보면, 임금 · 어버이 · 형 · 어른 · 남자 · 남편이 먼저요, 나머지는 당연히 뒤가 되어야 한다. 이는 천지자연의 서열에 있어 근본적인 것으로서 이를 체득한 제왕과 성인이 만들어낸 법칙이다.

---

5) 膠膠擾擾乎(교교요요호) : 세상일에 집착하여 마음을 어지럽힘. 膠膠는 어지러운 모양. 擾擾는 시끄러운 모양.

6) 子天之合也 我人之合也(자천지합야 아인지합야) : 그대가 말한 것은 하늘에 부합하는 다스림이고, 나의 다스림은 단지 사람들에게 영합하는 것이었음.

이런 논리는 유교의 예교주의(禮敎主義)와도 상통하며 또 형명·상 벌을 거론함은 법가사상(法家思想)과도 관계가 있어, 아마도 유교사상 과 법가사상을 도가사상에 포괄시켜 보자는 의도가 있다 하겠다. 이로 볼 때 이 편도 후인의 위작이라는 추론이 가능한 것이다.

8.

孔子西藏書於周室[1] 공자서장서어주실

공자가 서쪽 주(周)나라로 가서 그곳 서고에다 서책을 소장하려 했다.

子路[2]謀曰자로모왈 : 이때 자로(子路)가 건의했다.

"由聞周之徵藏史[3]有老聃者유문주지징장사유노담자 免而歸居[4]면이귀거

"제가 듣자니, 주나라의 도서관 직원으로 노담(老聃 : 老子)이 근무하 다가 그만두고 돌아갔다고 합니다.

夫子欲藏書부자욕장서 則試往因焉즉시왕인언"

선생님께서 책들을 보관하시려면 그를 한번 찾아가 보시지요."

孔子曰공자왈 : "善선."

---

1) 藏書於周室(장서어주실) : 周나라 왕실에 (자기가 펴낸) 서적을 소장시키려 하다. 한대 (漢代) 초기에는 고서(古書) 수집이 조정에서뿐만 아니라 제후들 사이에서도 널리 행해 졌다.

2) 子路(자로) : 공자의 제자 중유(仲由)이 字. 성은 仲이고 이름은 由이며 字는 子路이다.

3) 徵藏史(징장사) :《사기》〈노자한비열전〉에는 수장실지사(守藏室之史)로 되어 있다. 책을 모으고 수납하는 사관(史官)이라는 뜻에서 붙여진 이름이다.

4) 免而歸居(면이귀거) : 지금은 그만두고 향리(鄕里)에 돌아가 머물다. 노자가 주나라 말 기에 다시 천하를 바로잡을 수 없음을 보았기 때문에 사양하고 떠났음을 말한 것이다. (陸德明)

공자가 말했다. "그것이 좋겠다."

往見老聃왕견노담 而老聃不許5)이노담불허

공자는 노담을 찾아가 만났는데, 노담은 허락하지 않았다.

於是繙十二經以說6)어시번십이경이세

이에 공자는 십이경(十二經)을 펴들고 설득하기 시작했다.

老聃中其說7)노담중기설 曰왈 : "大謾8)대만 願聞其要9)원문기요"

노담은 그 설명의 중간에서 이렇게 말했다. : "너무 산만(散漫)하오. 요점만 들려주시오"

孔子曰공자왈 : "要在仁義요재인의"

공자가 대답했다. "요점은 인의(仁義)에 있습니다."

老聃曰노담왈 : "請問청문 仁義인의 人之性邪인지성야?"

노담이 물었다. : "묻건대, 인의는 사람의 본성인가요?"

孔子曰공자왈 : 공자가 대답했다.

"然연 君子不仁則不成군자불인즉불성 不義則不生불의즉불생

"군자는 인이 아니면 이루지 못하고, 의가 아니면 사람들과 함께 살 수가 없습니다.

---

5) 老聃不許(노담불허) : 노담이 허락하지 않음. 소장하도록 소개해 달라는 요청을 거절했다는 뜻이다.

6) 十二經以說(십이경이세) : 십이경(十二經)을 펴들고 설득했다. 說(세)로 읽는다. 유가(儒家)의 열 가지 경서(經書). 곧《주역(周易)》,《상서(尚書)》,《모시(毛詩)》,《예기(禮記)》,《의례(儀禮)》,《춘추좌씨전(春秋左氏傳)》,《춘추공양전(春秋公羊傳)》,《춘추곡량전(春秋穀梁傳)》,《논어(論語)》,《효경(孝經)》을 통칭한 것.

7) 中其說(중기설) : 중간에 말을 끊음.

8) 大謾(대만) : 너무 번거로움. 大는 太와 같다. 謾은 漫과 같다. 산만하다는 뜻.

9) 聞其要(문기요) : 요점을 듣고자 함. 要는 요약.

仁義인의 眞人之性也진인지성야 又將奚爲矣10)우장해위의"

따라서 인의는 진정한 사람의 본성이요, 그것을 두고 또 무엇을 하겠습니까."

老聃曰노담왈 : "請問청문 何謂仁義하위인의?"

노담이 다시 물었다. : "묻건대, 무엇을 인의라 하는 거지요?"

孔子曰공자왈 : "中心物愷11)중심물개

공자가 대답했다. : "진심으로 사물과 더불어 즐기고,

兼愛無私12)겸애무사 此仁義之情也차인의지정야"

두루 사랑해서 사심(私心)이 없는 것, 이것이 인의의 내용이지요."

老聃曰노담왈 : "意13)희! 幾乎後言14)기호후언!

노담이 말했다. : "아, 위태롭구나!

夫兼愛부겸애 不亦迂乎15)불역우호

두루 사랑한다고 말하는 것은 또한 우원(迂遠)하지 않소?

無私焉무사언 乃私也내사야

사(私)가 없다는 것이 곧 사(私)인 것이오.

夫子若欲使天下無失其牧乎16)부자약욕사천하무실기목호

---

10) 又將奚爲矣(우장해위의) : 이것 말고 또 무엇을 하겠습니까.

11) 中心物愷(중심물개) : 마음으로부터 만물을 즐거워함. 愷는 즐기다.

12) 兼愛無私(겸애무사) : 모든 사람을 두루 사랑하여 사심이 없는 것. 사심이 없다는 것은 차별이 없다는 뜻이다.

13) 意(의) : 噫(희)와 같다. 아! 탄식하는 소리.

14) 幾乎後言(기호후언) : 기의 위태로움. 幾는 위태롭다는 뜻.

15) 不亦迂乎(불역우호) : 또한 우원(迂遠)하지 아니한가. 우(迂)는 道와 거리가 멀다는 뜻.

16) 無失其牧乎(무실기목호) : 기름(牧)을 잃지 않고자 함. 牧은 기르다.

선생이 만약 천하로 하여금 그 천성을 기르는 법을 잃지 않게 하고자
하면 이렇게 하시오.

則天地固有常矣[17]즉천지고유상의 日月固有明矣일월고유명의

천지는 본래부터 일정한 질서가 있고, 일월은 본래부터 밝음이 있으며,

星辰固有列矣성신고유열의 禽獸固有群矣금수고유군의

별들은 본래부터 벌여져 있고, 금수는 본래부터 무리를 이루고 있으며,

樹木固有立矣수목고유입의

나무는 본래부터 서 있는 법이오.

夫子亦放德而行부자역방덕이행 循道而趨[18]순도이추 已至矣이지의

선생도 또한 德을 따라 행하고, 道를 좇아 나아가면 그것으로 이미 족
할 터인데,

又何偈偈乎揭仁義[19]우하걸걸호게인의

그런데 또 어째서 애써 인의(仁義)를 내걸어,

若擊鼓而求亡子焉[20]약격고이구망자언?

마치 북을 두들기면서 도망간 자식을 찾듯 합니까?

意噫! 夫子亂人之性也부자란인지성야"

---

17) 天地固有常矣(천지고유상의) : 천지는 본래 일정한 질서가 있음.

18) 循道而趨(순도이추) : 趨는 行의 뜻. 앞의 放德而行의 行과 대응하는 수사(修辭)를 만들
기 위하여 글자를 바꾼 것.

19) 又何偈偈乎揭仁義(우하걸걸호게인의) : 또 어찌하여 애써 인의를 내걸고, 偈은 '걸'로
읽으며 힘쓰다, 애쓰다의 뜻. 揭는 내걸다.

20) 若擊鼓而求亡子焉(약격고이구망자언) : 마치 북을 두드리며 잃어버린 자식을 찾듯이
함. 亡子는 도망친 자식을 말한다. 인의를 내걸수록 道와의 어긋남은 더욱 멀어진다. 도
망친 자식을 찾는다고 북을 치면서 쫓아다니면 북소리를 듣고 자식은 더 멀리 도망칠
텐데 무엇 때문에 이런 어리석은 짓을 하느냐는 뜻이다.

아! 선생은 사람들의 천성을 어지럽히고 있소."

9.

士成綺[1]見老子而問曰사성기견노자이문왈

사성기(士成綺)가 노자를 만나 물었다.

"吾聞夫子聖人也오문부자성인야 吾固不辭遠道而來願見오고불사원도이래
원견

"나는 선생이 성인이라는 소문을 듣고 먼 길을 굳이 찾아와서 뵙기를
청하는 것입니다.

百舍重跰[2]而不敢息백사중견이불감식

3천 리나 먼 길을 걸으면서 발이 부르터도 감히 쉴 생각도 하지 않았습
니다.

今吾觀子금오관자 非聖人也비성인야

그런데 이제 와서 선생의 모습을 보니 성인이 아니군요.

鼠壤有餘蔬而棄妹 不仁也[3]서양유여소이기매 불인야

쥐구멍에 밥찌꺼기 낱알이 흩어져 있는데도 거들떠보지 않으니, 이것은
불인(不仁)이고,

---

1) 士成綺(사성기) : 성은 사(士), 이름은 성기(成綺). 춘추시대 진(晋)나라 대부(大夫)일 것
   이라 함.
2) 百舍重跰(백사중견) : 舍(사)는 군대가 하루 동인 행군하는 거리. 1舍는 30리, 약 10㎞라
   는 설이 있다. 하루 행군하고 쉰다는 뜻에서 舍자를 쓴 것이다.
3) 鼠壤有餘蔬棄妹 不仁也(서양유여소기매 불인야) : 수채구멍에 밥찌꺼기가 버려져 있는데
   도 거들떠보지 않고 내버려두었으니 어질지 못함. 양식을 아끼지 않음을 나무라는 표현.
   鼠壤은 쥐구멍의 흙덩어리. 蔬는 곡식의 낱알. 棄妹는 거들떠보지 않고 내버려둠. 棄와
   妹는 같은 뜻이고 妹는 抹의 가차자.

生熟4)不盡於前생숙부진어전 而積斂無崖5)이적렴무애"

날 음식과 익은 음식이 앞에 잔뜩 쌓여 있는데도, 끝없이 먹을 것을 모으기를 그치지 않는구려."

老子漠然不應6)노자막연불응

노자는 조용히 아무 대꾸도 하지 않았다.

士成綺明日復見사성기명일복견 曰왈 :

사성기는 이튿날 다시 와서 노자를 뵙고 말했다.

"昔者7)석자 有刺於子오유자어자 今吾心正却矣금오심정각의 何故也8)하고야"

"어제 저는 선생을 매우 비난했으나, 오늘은 내 마음에 그런 생각이 아주 없어졌으니 어째서인가요?"

老子曰노자왈 : 노자가 대답했다.

"夫巧知神聖之人부교지신성지인 吾自以爲脫焉오자이위탈언

"무릇 재주 있고 지혜 있거나 신성한 경지를 나는 스스로 벗어났다고 생각하네.

昔者子呼我牛也而謂之牛석자자호아우야이위지우 呼我馬也而謂之馬호아마야이위지마

---

4) 生熟(생숙) : 날 음식과 익힌 음식.

5) 而積斂無崖(이적렴무애) : 통상 재산을 모아 쌓아놓는다는 뜻으로 해석하는데, 이는 재물에 관해 말하는 것이 아니라, 식물(食物)에 관해 말하고 있는 것이다.

6) 漠然不應(막연불응) : 조용히 아무 대꾸도 하지 않음. 漠은 嗼(막 : 고요하다, 적막하다)으로 아무 말도 하지 않는 모양.

7) 昔者(석자) : 여기서는 어저께. 昨日(작일)과 같은 뜻이다.

8) 何故也(하고야) : 무슨 까닭입니까? 也는 의문사.

어제 자네가 나를 소라고 불렀다면 나는 소라고 했을 것이고, 나를 말이라고 불렀다면 나는 말이라고 했을 것이네.

苟有其實순유기실 人與之名而弗受인여지명이불수 再受其殃재수기앙

진실로 그러한 일이 있어 남이 나에게 그런 명칭을 붙여 주었는데도 받아들이지 않으면 다시 재앙을 받을 것이네.

吾服也恒服9)오복야항복 吾非以服有服10)오비이복유복"

내가 승복하는 것은 떳떳하게 승복하는 것이지, 승복하기 위해서 승복하는 것은 아닐세."

士成綺雁行避影11)사성기안행피영 履行遂進而問이행수진이문

사성기는 떠나가는 노자의 그림자를 피해 잔걸음으로 비스듬히 뒤따라 걸으며 물었다.

"修身若何수신약하?"

"수신(修身)은 어떻게 하는 것입니까?"

老子曰노자왈 : 노자가 말했다.

"而容崖然12)이용애연 而目衝然이목충연

"자네 얼굴은 깎아지른 듯 모나고, 자네 눈은 똑바로 쳐다보며,

而顙頯然3)이상괴연 而口闞然4)이구함연

---

9) 吾服也恒服(오복야항복) : 내가 승복하는 것은 떳떳하게 승복한 것임. 의도적으로 하는 것이 아니고 그저 무심히 승복하는 것이라는 뜻.

10) 吾非以服有服(오비이복유복) : 내가 억지로 복종하는 것이 아니라는 뜻.

11) 雁行避影(안행피영) : 雁行은 기러기의 행렬처럼 비스듬히 뒤따라 걷는 것. 避影은 그림자를 피해서 밟지 않는다는 뜻. 모두 상대를 공경하는 태도를 표현한 말이다.

12) 而容崖然(이용애연) : 자네의 얼굴은 깎아지른 듯 모나다. 而는 汝와 같다. 崖然은 산비탈이 높게 깎아지른 듯이 가파른 모양.

자네 이마는 높이 솟아 있고, 자네 입은 벌어져 있으며,

而狀義然15)이상의연 似繫馬而止也사계마이지야

자네 태도는 우뚝하여 마치 달리는 말을 매어놓은 것 같구나.

動而持16)동이지 發也機17)발야기

움직이는 것을 억지로 참고 있다가 움직이기만 하면 화살이 활을 떠나듯 빠르고,

察而審찰이심 知巧而睹於泰18)지교이도어태

살피는 일은 너무 밝아 재주와 꾀는 뛰어나고 마음은 교만함이 밖으로 드러나 있다.

凡以爲不信19)범이위불신 邊竟有人焉변경유인언 其名爲竊기명위절"

무릇 이런 것들은 믿을 것이 못되어, 변경에 그런 자가 있는데, 그를 도둑이라고 부르더군."

10.

夫子曰부자왈 : 선생(노자)이 말했다.

---

13) 顙頯然(상괴연) : 이마가 높이 솟은 모양. 이마가 튀어나온 모양으로 오만한 모습을 말한다.

14) 闞然(함연) : 크게 벌어진 모양. 闞은 소리가 크다는 뜻.

15) 義然(의연) : 산처럼 우뚝함. 義는 峨로 보고 산이 높고 험한 모양.

16) 動而持(동이지) : 움직이고 싶은 것을 억지로 참음.

17) 發也機(발야기) : 일단 튕겨나가면 화살같이 빠름.

18) 睹於泰(도어태) : 마음의 교만함이 밖으로 드러나 보임. 睹는 드러나 보인다는 뜻. 泰는 태연(泰然)한 모습으로, 교만한 모습을 뜻한다.

19) 凡以爲不信(범이위불신) : 이런 태도는 모두 믿을 것이 못된다.

"夫道於大不終於小不遺[1]부도어대부종어소불유 故萬物備고만물비

"무릇 道는 커도 다하지 않고, 작아도 빠뜨리지 않는다. 그러므로 만물이 갖추어진다.

廣廣乎其無不容也광광호기무불용야 淵乎其不可測也연호기불가측야

넓고 넓어 그것이 포용하지 않음이 없고, 깊고 깊어서 헤아릴 수가 없다.

形德仁義 神之末也[2]형덕인의 신지말야

상벌(賞罰)이나 인의(仁義)는 신명(神明)의 말단이니,

非至人孰能定之비지인숙능정지?

지인(至人)이 아니면 누가 능히 그것을 판단할 수 있으랴?

夫至人有世[3]부지인유세 不亦大乎불역대호?

무릇 지인이 세상을 다스림이 또한 위대하지 않은가?

而不足以爲之累[4]이부족이위지루

그러나 지인은 그것에 얽매이지 않는다.

天下奮棅而不與之偕천하분병이불여지해

천하가 권세를 다투어도 그들과 함께하지 않고,

審乎無假[5]而不與利遷심호무가이불여리천

---

1) 道於大不終於小不遺(도어대부종어소불유) : 道는 아무리 큰 것을 수용해도 다하지 아니하고, 아무리 작은 것이라도 빠뜨리지 않음. 큰 것에 대해서 다함이 없고 작은 것에 대해서 버리지 않는다는 말이다.

2) 形德仁義 神之末也(형덕인의 신지말야) : 형벌과 은덕에 의한 정치나 인의(仁義)에 의한 교화는 정신 중에서 지엽말절에 지나지 않음.

3) 有世(유세) : 세상을 다스리는 일. 有는 다스린나는 뜻.

4) 爲之累(위지루) : 번거롭게(얽매이게) 하다. 지인(至人)의 마음에 걱정거리가 되는 것을 말한다.

거짓 없는 진리를 깨달아 만물과 함께 변하지 않으며,

極物之眞극물지진 能守其本능수기본

사물의 진실을 규명하여 그 근본을 지킬 수 있다.

故外天地⁶⁾고외천지 遺萬物유만물

그러므로 천지를 버리고 만물을 잃어도,

而神未嘗有所困也⁷⁾이신미상유소곤야

그 정신은 일찍이 고통을 받는 바가 없다.

通乎道 合乎德 退仁義 賓禮樂⁸⁾통호도 합호덕 퇴인의 빈예악

道와 통하고 德에 합해서 인의(仁義)를 물리치고 예악(禮樂)의 속박을 물리친다.

至人之心有所定矣지인지심유소정의"

따라서 지인(至人)의 마음은 안정된 바가 있다."

| 해설 |

　첫 번째(8) 설화는 공자와 노자의 문답인데, 공자는 인의(仁義)의 유위(有爲)를 설명하고 있고, 노자는 자연의 무위(無爲)를 설득시키고 있다. 사심(私心)이 없는 것이 인의라고 하니, 노자는 사심이 없다는 것

---

5) 無假(무가) : 거짓 없는 道.

6) 外天地(외천지) : 천지를 도외시함.

7) 而神未嘗有所困也(이신미상유소곤야) : (천지를 버리고 만물을 다 잃어도) 精神은 조금도 괴로워하지 않음. 困은 困苦의 뜻.

8) 通乎道 合乎德 退仁義 賓禮樂(통호도 합호덕 퇴인의 빈예악) : 道에 통하고, 德에 합치하며, 인의(仁義)를 물리치고, 예악(禮樂)의 속박을 물리침. 賓은 擯(빈)으로 물리치다의 뜻.

이 바로 사심이라고 상대적 관점으로 풍자를 하고, 천지·일월·성신(星辰)·금수(禽獸)·초목 등의 원리를 예로 들어 이런 자연의 이법(理法)을 따르는 것이 곧 무위이며, 이런 무위가 곧 사람의 본성(本性)이라고 하였다.

둘째 설화(9)에서는 사성기(士成綺)와 노자의 문답인데, 이것도 인지(人知)를 버리고 천지자연의 道를 밝히는 내용이다.

다음(10)에 장자 자신의 말을 들어 道의 본체를 밝히고 지인의 무위로써 행하는 바를 설파하고 있다.

11.

世之所貴道者書也1)세지소귀도자서야

세상에서 道로서 귀히 여기는 것은 서책(書册)이다.

書不過語2)서불과어 語有貴也3)어유귀야

그러나 책은 말을 기록해 놓은 데 불과하고, 말은 귀히 여기는 것이 있을 것이다.

語之所貴者어지소귀자 意也의야 意有所隨4)의유소수

그 말이 중시하는 것은 뜻이며, 뜻에는 따르는 바가 있다.

---

1) 世之所貴道者書也(세지소귀도자서야) : 세상 사람들은 道라 하여 귀히 여기는 것은 서책(書册)이다. 임희일(林希逸)은 "책은 道를 실을 수 있다고 여겨 세상 사람들이 귀히 여기지만, 귀하게 여기는 것은 道에 있는 것이지, 책 자체에 있는 것이 아니다."라고 풀이했다.

2) 書不過語(서불과어) : 서책은 말에 지나지 않는다.

3) 語有貴也(어유귀야) : 말에는 귀하게 여기는 것이 있을 것이다.

4) 意有所隨(의유소수) : 뜻에는 따르는 바가 있다. 所隨는 道를 가리킨다.

意之所隨者의지소수자 不可以言傳也불가이언전야

그 뜻이 추구하는 바는 말로써는 전할 수가 없다.

而世因貴言傳書5)이세인귀언전서

그러나 세상에서는 말을 귀히 여겨 서책으로 전한다.

世雖貴之 我猶不足貴也6)세수귀지 아유부족귀야

세상 사람들이 비록 그것을 귀히 여기지만, 나는 오히려 귀하게 여기기에 부족하고 여긴다.

爲其貴非其貴也위기귀비기귀야

그들이 귀하게 여기지만, 그것이 귀한 것이 아니다.

故視而可見者고시이가견자 形與色也형여색야

그러므로 보아서 볼 수 있는 것은 모양과 색깔이요,

聽而可聞者청이가문자 名與聲也명여성야

들어서 들을 수 있는 것은 이름과 소리일 뿐이다.

悲夫비부! 世人以形色名聲7)爲足以得彼之情세인이형색명성위족이득피지정

슬프다! 세상 사람들은 모양과 빛, 이름과 소리로써 저 道의 진실을 알 수가 없다.

夫形色名聲果不足以得彼之情부형색명성과부족이득피지정

무릇 모양과 빛, 이름과 소리로써 저 道의 진실을 알 수 없다면

---

5) 世因貴言傳書(세인귀언전서) : 세상에서는 말을 중시하는 까닭에 서책으로 전한다. 因은 ~하는 까닭에.

6) 世雖貴之 我猶不足貴也(세수귀지 아유부족귀야) : 세상 사람들은 비록 그것을 귀히 여기지만, 나는 귀하게 여기기에는 오히려 부족하다고 여긴다.

7) 形色名聲(형색명성) : 物의 불완전한 실정(實情)인 외면(外面)을 대표하는 것들이다.

則知者不言 言者不知[8]즉지자불언 언자부지

아는 자는 말하지 않고, 말하는 자는 알지 못하는 사람이니,

而世豈識之哉이세기식지재

세상 사람들이 어찌 그것을 알겠는가?

桓公[9]讀書於堂上환공독서어당상

제 환공(齊桓公)이 당상(堂上)에서 책을 읽고 있었는데,

輪扁[10] 斲輪[11]於堂下윤편착륜어당하

윤편(輪扁)이 대청 아래에서 수레바퀴를 깎고 있다가

釋椎鑿而上석추착이상 問桓公曰문환공왈 :

망치와 끌을 놓고서 환공을 올려다보며 물었다.

"敢問公之所讀者何言邪감문공지소독자하언야?"
"대왕께서 읽고 계시는 책에는 무슨 말이 씌어 있습니까?"

---

8) 知者不言 言者不知(지자불언 언자부지) : 아는 자는 말하지 않고 말하는 자는 알지 못한다. 이 말은《老子》제56장 첫 구절에 나온다. 名言으로 소개하기로 한다. "아는 사람은 말하지 않고, 말하는 사람은 알지 못한다. 감각의 구멍을 막고 욕망의 문을 닫아 걸며, 날카로움을 무디게 하고, 헝클어진 것을 풀며, 빛을 부드럽게 하여 티끌과 하나가 되면, 이것을 일러 현묘한 합일이라고 한다. 그러므로 이는 가까이할 수도 없고, 소홀히 할 수도 없으며, 이롭게 할 수도 없고, 해롭게 할 수도 없으며, 귀하게 할 수도 없고, 천하게 할 수도 없으니, 이 때문에 천하에서 귀하게 여기는 것이다(知者不言 言者不知 塞其兌 閉其門 挫其銳 解其紛 和其光 同其塵 是謂玄同 故不可得而親 不可得而疎 不可得而利 不可得而害 不可得而貴 不可得而賤 故爲天下貴)." 노한 「화광동진(和光同塵)」이라는 고사성어도 여기서 유래되었다.

9) 桓公(환공) : 춘추시대 제(齊)나라 군주. 관중(管仲)을 재상으로 삼아 처음으로 패업을 이루었다.

10) 輪扁(윤편) : 인명으로, 수레바퀴 깎는 것을 직업으로 하는 편(扁)이라는 사람.

11) 斲輪(착륜) : 수레바퀴를 깎다.

公曰공왈 : "聖人之言也성인지언야"

환공이 대답했다. : "성인의 말씀이다."

曰왈 : "聖人在乎성인재호?"

윤편이 말했다. : "그 성인은 지금 살아 계십니까?"

公曰공왈 : "已死矣이사의"

환공이 대답했다. : "이미 죽었다."

曰왈 : 윤편이 말했다.

"然則君之所讀者연즉군지소독자 古人之糟魄12)已夫고인지조백이부"

"그렇다면 대왕께서 읽고 계시는 것은 옛사람의 찌꺼기일 뿐입니다."

桓公曰환공왈 : 환공이 말했다.

"寡人讀書과인독서 輪人安得議乎윤인안득의호!

"과인이 책을 읽고 있는데 수레바퀴나 깎는 네놈이 무슨 참견이냐!

有說則可 無說則死13)유설즉가 무설즉사"

네가 타당한 이유를 댄다면 괜찮겠지만, 그렇지 않으면 죽을 줄 알라."

輪扁曰윤편왈 : 윤편이 말했다.

"臣也신야 以臣之事觀之이신지사관지

"저는 제가 하는 일의 경험에서 말씀드리겠습니다.

斲輪14)착륜 徐則甘而不固서즉감이불고 疾則苦而不入질즉고이불입

---

12) 糟魄(조백) : 술지게미.

13) 有說則可 無說則死(유설즉가 무설즉사) : 그럴싸한 이유를 댄다면 괜찮겠지만 그렇지 못하면 죽임을 당할 것임.

14) 斲輪(착륜) : 수레바퀴를 깎다. 道에 견주어서 비유한 말이다.

수레바퀴를 느슨하게 깎으면 헐거워서 딱 맞지 않고, 꽉 끼게 깎으면 빡빡해서 잘 들어가지 않습니다.

不徐不疾5)불서부질 得之於手而應於心16)득지어수이응어심 口不能言구불능언

느슨하지도 빡빡하지도 않게 깎는 것은 손에서 터득하여 마음으로 응하는 것이라,

有數存焉於其間17)유수존언어기간

익숙한 기술이 그 사이에 있습니다.

臣不能以喩臣之子신불능이유신지자 臣之子亦不能受之於臣신지자역불능수지어신

저는 그것을 제 자식에게 가르쳐줄 수도 없고, 제 자식도 그것을 저에게서 배울 수가 없어서,

是以行年七十而老斲輪시이행년칠십이로착륜

이렇게 제 나이 70에 이르기까지 수레바퀴를 깎고 있습니다.

古之人與其不可傳也死矣18)고지인여기불가전야사의

옛날의 성인 또한 마찬가지로 깨달은 바를 전하지 못하고 죽었을 것입니다.

然則君之所讀者연즉군지소독자 古人之糟魄已夫고인지조백이부"

그러니 대왕께서 읽으시는 것은 옛사람의 찌꺼기일 따름입니다."

---

15) 不徐不疾(불시부질) : 느슨하지도 빡빡하지도 않게 깎음.

16) 得之於手而應於心(득지어수이응어심) : 손에서 터득하여 마음으로 호응함.

17) 有數存焉於其間(유수존언어기간) : 익숙한 기술이 그 사이에 있음. 數는 기술을 말한다.

18) 古之人與其不可傳也死矣(고지인여기불가전야사의) : 옛사람도 말로는 전할 수 없는 것을 함께 가지고 죽었을 것이라는 뜻.

| 해설 |

중국에는 예부터, "글은 말을 다할 수 없고, 말은 뜻을 다할 수 없다(書不盡言 言不盡意)"라는 말이 있다. 곧 말로는 추상적인 생각·영상을 정확히 표현할 수 없다는 말이다. 불교의 「불립문자(不立文字)」나 「이심전심(以心傳心)」의 경지와 같다 하겠다. 따라서 장자는 인식보다는 체험을, 이론보다는 실제를 중시하여 道의 본체를 말로 표현할 길이 없다는 식으로 말하고 있다.

이런 표현은 노자가 道의 개념을 말한 《도덕경》 제14장이나 제35장에서도 볼 수 있다. 이렇게 道의 진상(眞相)은 언어 문자로써는 표현할 수 없다는 전제를 내세워 놓고, 제환공(齊桓公)과 윤편(輪扁)의 유명한 대화로써 실증을 보이며 끝맺고 있다.

14. 천운
天運

누가 천지일월의 질서를 유지하는가?

천지자연의 이법(理法)의 심원성(深遠性), 무위(無爲)의 도덕에 대한 위대성을 강조하고 있는 점에서는 〈천지〉 편, 〈천도〉 편과 공통적이나, 〈천지〉 편과 〈천도〉 편에서 본 유가·법가 사상에 대한 타협적 태도를 버리고, 공자의 도덕규범주의 또는 문화지상주의의 왜소(矮小)함과 시대 착오를 야유·비판하는 논술이 많은 것이 특징이다. 전편이 거의 대화 형식으로 이어지며, 또 공자와 노자의 문답이 많고, 역사를 변화하는 입장에서 보아, 시세(時世)의 추이에 순응하는 현실을 중요시하고, 인간의 창조적 정신의 고정화(固定化), 형해화(形骸化)를 비판하는 〈자취(迹)〉와 〈자취의 까닭〉의 논리를 제시하며, 또 무위자연의 道에 근거한 일종의 철학적 음악론이 전개되고 있는 점 등이 이 편 내용의 특징이다.

공자가 노자에게 도를 묻다(孔子聞道)

1.

天其運乎 地其處乎[1]천기운호 지기처호?

하늘은 움직이는가? 땅은 가만히 멈추어 있는가?

日月其爭於所乎일월기쟁어소호? 孰主張是[2]숙주장시?

해와 달이 그 자리를 다투는가? 누가 이를 주재하는가?

孰維綱是[3]숙유강시? 孰居無事推而行是숙거무사추이행시?

누가 천지일월의 질서를 유지하며, 누가 무위의 일에 거처하면서 이를
추진시켜 나가는가?

意者[4]其有機緘[5]而不得已邪의자기유기함이부득이야?

혹 기계의 조종으로 움직임을 멈출 수 없는 것인가?

意者其運轉而不能自止邪의자기운전이불능자지야?

아니면 스스로 움직여 스스로도 멈출 수가 없음인가?

雲者爲雨乎운자위우호? 雨者爲雲乎우자위운호?

구름이 비가 되는가? 비가 구름이 되는가?

---

1) 天其運乎 地其處乎(천기운호 지기처호) : 하늘은 움직이는가? 땅은 멈추어 있는가? 運은
   움직임. 處는 멈추어 있음.

2) 孰主張是(숙주장시) : 누군가 이 일을 주재하고 있는 것인가? 이 주장은 하나의 설을 주
   창한다는 뜻이 아니라 글자 그대로 '떠받쳐 벌여놓다'의 뜻. 主는 주(柱 : 버티다)와
   같다. 天·地·日·月·星 등 모든 天文을 무엇이 전개시키는지 묻고 있는 것이다.

3) 孰維綱是(숙유강시) : 그 누군가 천지일월에 질서를 부여하고 있는가? 고대에는 天地가
   항상 上下의 관계에 있는 것은 지상에 기둥이 있어 大地를 하나로 연결시키고 그 중심
   인 기둥에는 대강(大綱)이 있어 천체를 회전시키도록 되어 있기 때문이라고 생각했다.
   維綱은 바로 그 대강(大綱)을 가리킨다.

4) 意者(의자) : 혹시, 혹은, 아니면. 다음 구절의 意者는 '아니면'으로 풀이하면 연결이
   부드럽다.

5) 機緘(기함) : 기계에 묶임. 機는 기관(機關).

孰隆施是[6]숙융시시? 孰居無事淫樂而勸是[7]숙거무사음락이권시?

누가 이 운우(雲雨)의 순환을 맡아서 처리하며, 누가 무위(無爲)의 일에 머물러 조화의 음락(淫樂)에 빠져 이를 권하는 것인가?

風起北方풍기북방 一西一東일서일동

바람이 북쪽에서 일어나 서쪽으로 가기도 하고, 동쪽으로 가기도 하며,

有上彷徨유상방황 孰噓吸[8]是숙허흡시

위로 올라가 방황하기도 하는데, 누가 이를 뿜어내고 빨아들이며,

孰居無事而披拂[9]是숙거무사이피불시 敢問何故감문하고?

누가 일 없이 거처하면서 이를 부채질하는가? 감히 그 까닭을 묻는다.

巫咸[10]招[11]曰무함초왈 : 무함(巫咸)이 불러 말했다.

"來래! 吾語女오어녀

"오라, 내 그대에게 일러주리라.

天有六極五常[12]천유육극오상

---

6) 孰隆施是(숙융시시) : 누가 이 운우(雲雨)의 순환을 맡아서 처리하는가? 是는 雲雨의 순환. 隆施(융시)는 일으키고 베푼다는 뜻.

7) 淫樂而勸是(음락이권시) : 조화의 음락(淫樂)에 빠진 채 이것을 권하는 것인가. "구름을 일으키고 비를 내리게 하는(雲隆雨施) 조화 속에 빠져 있으면서 이 天地日月의 운행을 추진하고 있는 것인가."의 뜻. 淫樂이란 운우(雲雨)는 음양이 서로 화합한 氣가 이룬 것이기 때문이다.

8) 噓吸(허흡) : 호흡(呼吸)과 같다.

9) 披拂(피불) : 부채질하여(煽動) 바람을 일으킴.

10) 巫咸(무함) : 무당이 직업인 함(咸)이라는 사람.

11) 招(초) : 招(초)의 假借字로, '부르다'의 뜻.

12) 天有六極五常(천유육극오상) : 천지자연의 세계에는 여섯 개의 근원적인 법칙(六極)과 다섯 개의 불변의 법칙(五常)이 있다는 뜻. 六極은 천지 上·下 東·西·南·北를 가리키며, 五常은 金·木·水·火·土를 말한다. 여기서는 이 세계를 여섯 개의 공간적 기

하늘에는 육극(六極)과 오상(五常)이 있어,

帝王順之則治제왕순지즉치 逆之則凶역지즉흉

제왕이 이것들을 따르면 천하가 다스려지고, 이것들을 거스르면 천하는
어지러워진다.

九洛之事13)구락지사 治成德備치성덕비 監照下土14)감조하토

구락(九洛)의 일도 이것들을 본받은 정치의 근본 규범이므로 이를 따르
면 정치는 이루어지고, 덕은 갖추어져 천하를 두루 비추고,

天下戴之15)천하대지 此謂上皇16)차위상황"

천하인은 그를 떠받들 것이니, 이를 일러 상황(上皇)이라 한다."

| 해설 |

　　하늘·땅·해·달·구름·비·바람 등 자연현상은 모두 자연의 道
를 따라 움직이고 일어나며 생겨난다. 그러나 하늘에는 육극(六極)과
오상(五常)이 있어 통치자가 이를 따르면 천하를 이상적으로 통치할
수 있고, 이를 어기면 멸망을 초래한다.

준인 방위와 이 세계를 형성하는 다섯 개의 원소, 곧 五行으로 보았다.

13) 九洛之事(구락지사) : 천제(天帝)가 하(夏)나라의 시조 우(禹)에게 내려주었다는「홍범구
　　주(洪範九疇)」이 홍범구주가 낙수(洛水)에서 거북 등에 기록되어 전해졌다고 하여「낙
　　서구주(洛書九疇)」라고도 하고, 이를 줄여「九洛」이라고도 함.「홍범」은 큰 규범이란
　　뜻이고,「구주」란 아홉 가지 법칙으로서, 오행(五行)·오사(五事)·팔정(八政)·오기(五
　　紀)·황극(皇極)·삼덕(三德)·셰의(稽疑)·서징(庶徵)·오극(五極)·육극(六極)을 말함.

14) 監照下土(감조하토) : 아래 세상을 비춤. 제왕의 높은 덕을 상제(上帝)에 비겨 표현한
　　것이다.

15) 天下戴之(천하대지) : 천하가 떠받듦. 천하의 모든 사람들이 그를 임금으로 추대할 것
　　이라는 뜻.

16) 上皇(상황) : 도덕을 완비한 제왕을 가리킴.

우왕이 얻었다는 홍범구주(洪範九疇)도 바로 이런 것을 실은 것이다. 그래서 이런 천도를 따라 이상적인 정치를 하는 자를 상황(上皇)이라 한다.

이렇게 천지 운행은 천지자연의 우위를 道를 근원으로 하고 있음을 역설하고, 그 실례를 다음에 여섯 가지의 문장으로 보이고 있는데, 이 대목은 서론 격이라 하겠다.

2.

商太宰蕩)問仁於莊子상태재탕문인어장자

상(商 : 宋)나라 태제 탕(蕩)이 장자에게 인(仁)에 대하여 묻자,

莊子曰장자왈 : "虎狼仁也²)호랑인야"

장자가 대답했다. : "호랑이와 이리가 인(仁)입니다."

曰왈 : "何謂也하위야"

태재가 물었다. : "무슨 말입니까?"

莊子曰장자왈 : "父子相親부자상친 何爲不仁하위불인"

장자가 대답했다. : "(호랑이와 이리도) 부자간에 서로 친하니 어찌 인

---

1) 商太宰蕩(상태제탕) : 상(商)나라 태재 탕(蕩). 商은 宋나라를 가리킨다. 은(殷)대 이래 하남성 상구시 부근에 수도를 두었던 나라인데, 殷 멸망 후 주(周) 무왕(武王)이 미자(微子)를 宋에 봉하여 은나라 선조에 대한 제례(祭禮)를 계승하도록 했다고 하며, 宋 자신은 은족(殷族)의 종주임을 자처하여 은의 구칭(舊稱)인 商을 나라이름으로 한 적이 있다. 宋은 장주의 고국이기도 하다. 太宰(태재)는 관명(官名)이다. 육경(六卿)의 長으로 백관(百官)을 통합하는 재상 격에 해당하는 요직이다.

2) 虎狼仁也(호랑인야) : 호랑이나 이리는 사람이나 가축에 해를 입히므로 상식적으로 매우 불인(不仁)한 것이다. 그것을 仁이라 하는 것은 역설이자 야유를 뜻한다. 仁은 두말할 것도 없이 유가(儒家)에서 최고의 德으로 여기는 것이다.

이라 하지 않겠습니까?"

曰왈 : "請問至仁청문지인"

태재가 물었다. :"지극한 인에 대하여 묻겠소."

莊子曰장자왈 : "至仁無親3)지인무친"

"지극한 인은 친함이 없는 것입니다."

太宰曰태재왈 : 태재가 물었다.

"蕩聞之탕문지 : 無親則不愛 不愛則不孝4)무친즉불애 불애즉불효

"내가 들으니, 친함이 없으면 사랑하지 않고, 사랑하지 않으면 효가 아니라고 하였소.

謂至仁不孝위지인불효 可乎가호"

그렇다면 지인(至仁)이란 불효라 해도 괜찮다는 말입니까?"

莊子曰장자왈 : 장자가 말했다.

"不然불연 夫至仁尙矣부지인상의

"그렇지 않습니다. 지인(至仁)이란 그보다 나은 것이 없는 최상의 경지입니다.

孝固不足以言之효고부족이언지

효는 본디 말할 것이 못됩니다.

此非過孝之言也차비과효지언야 不及孝之言也불급효지언야

---

3) 至仁無親(지인무친) : 최고의 仁은 친함이 없음. 참된 仁은 순진한 감동 속에서 자연스럽게 나옴. 이것이 이 우화의 주제이다.

4) 無親則不愛 不愛則不孝(무친즉불애 불애즉불효) : 친함이 없으면 사랑하지 않고, 사랑하지 않으면 효도가 아니라고 했다. 父子간에 가장 중요한 덕목이자 또 누구나 알고 있는 효행을 문제 삼아 장자를 꾸짖고 있는 것이다.

(당신이 말하는) 이 효는 효를 넘어선 말도 아니고, 효에 미치지도 못하는 말입니다.

夫南行者至於郢5)부남행자지어영　北面而不見冥山6)북면이불견명산

남쪽으로 여행하는 자가 영(郢)에까지 가서 북쪽을 바라보면 명산(冥山)이 보이지 않습니다.

是何也시하야　則去之遠也즉거지원야

이는 어째서일까요? 너무 멀리 왔기 때문이지요.

故曰고왈 : '以敬孝易7)이경효이　以愛孝難이애효난

그러므로 이런 말이 있지요. '공경으로써 효도하기는 쉬워도 사랑으로써 효도하기는 어렵다.

以愛孝易이애효이　以忘親難8)이망친난

사랑으로써 효도하기는 쉬워도 어버이를 잊는 것은 어렵다.

忘親易망친이　使親忘我難사친망아난

어버이를 잊는 것은 쉬워도 어버이로 하여금 나를 잊게 하는 것은 어렵다.

使親忘我易사친망아이　兼忘天下難겸망천하난

어버이로 하여금 나를 잊게 하는 것은 쉬워도 천하를 두루 잊는 것은 어렵다.

兼忘天下易겸망천하이　使天下兼忘我難사천하겸망아난'

천하를 두루 잊는 것은 쉬워도 천하로 하여금 두루 나를 잊게 하는 것

---

5) 郢(영) : 춘추전국시대 초(楚)나라의 서울. 지금의 호북성(湖北省) 강릉현(江陵縣) 서북쪽에 있었다.

6) 冥山(명산) : 북해(北海)에 있다는 산 이름.

7) 以敬孝易(이경효이) : 존경하는 예(禮)로 효(孝)를 실천하기는 쉬움.

8) 以忘親難(이망친난) : 어버이를 잊기는 어려움.

은 어려운 것이다.'라고

夫德遺堯舜而不爲也부덕유요순불위야 利澤施於萬世이택시어만세

무릇 덕은 요순도 잊어 행하지 않으며, 은택이 만세에 미치더라도,

天下莫知也천하막지야

천하 누구도 그것을 알지 못합니다.

豈直太息而言仁孝乎哉기직태식이언인효호재!

그러니 어찌 탄식하면서 인이나 효를 말할 수 있겠습니까!

夫孝悌仁義 忠信貞廉9)부효제인의 충신정렴

무릇 효제(孝悌)·인의(仁義)·충신(忠信)·정렴(貞廉) 등은

此皆自勉以役其德者也차개자면이역기덕자야 不足多也부족다야

이 모두 스스로 힘써 그 덕을 부리는 것으로서 숭상할 것이 못됩니다.

故曰고왈 : 그러므로 이런 말이 있지요.

'至貴 國爵並焉10)지귀 국작병언

'지극히 귀함은 나라의 벼슬도 마다하고,

至富 國財並焉11)지부 국재병언

지극히 부유함은 나라에서 주는 재물도 마다하며,

至願 名譽並焉12)지원 명예병언' 是以道不渝13)시이도불유"

---

9) 夫孝悌仁義 忠信貞廉(부효제인의 충신정렴) : 모두 유가(儒家)에서 귀히 여기는 덕목이
다. 悌는 윗사람에게 순종하는 것. 孝와 비슷한 덕행이다. 忠信은 진심을 다하는 것. 貞
廉은 언행이 일치하여 바르고 불의나 부정을 저지르지 않는 것.

10) 至貴 國爵並焉(지귀 국작병언) : 並(병)은 屛으로 물리친다는 뜻.

11) 至富 國財並焉(지부 국재병언) : 무위자연의 덕을 갖춘 경우에는 나라에서 주는 재물
따위를 물리쳐 돌아보지 않는다는 뜻.

12) 至願 名譽並焉(지원 명예병언) : 願은 顯의 잘못. 顯은 顯榮(입신출세하여 부귀하게 되

지현(至顯)은 명예도 버린다.' 그러므로 道는 변하지 않는 것입니다."

| 해설 |

무위자연의 道에 대하여 토론하는 첫 번째 문답으로, 상(商)나라 태제 탕(蕩)과 장자와의 이야기다. 진정한 효도는 어버이에 대하여 공경한다든지 사랑한다든지 하는 애정마저 의식하지 않는 지극히 순결한 무아경에서의 행동이요, 이 효를 알면 최고의 仁도 알 수가 있다.

진정한 효, 최고의 德으로서의 仁을 알면 속세의 효제(孝悌)·인의(仁義)라는 윤리적 가치나 충신·정렴(貞廉)이라는 행위의 규범이 자연의 본성을 혹사하여 인위적으로 만들어내는 것임을 알 수 있다.

따라서 예부터 가장 귀한 무위자연의 道를 얻으면 나라에서 내리는 작위나 재물이나 속세의 명예도 버린다고 하였다. 그러므로 속세적인 지위·재산·명령은 일시적인 것이요, 무위자연의 道만이 영원불변하는 것이다.

3.

北門成¹⁾問於黃帝²⁾曰북문성문어황제왈 :

다)의 뜻이다. 並은 물리치다.

13) 道不渝(도불유) : 참된 무위자연의 道는 변하지 않음. 변하기 쉬운 것들, 이를테면 덧없는 지위·재산·명성과는 달리 무위자연의 道는 영원히 변함없는 것이라는 뜻.

1) 北門成(북문성) : 인명. 역시 가공의 인물이다. 성은 北門 이름은 成. 황제(黃帝)의 신하라고 했다.

2) 黃帝(황제) : 여기서는 황천상제(皇天上帝), 요컨대 천지의 주재신(主宰神)을 의인화한 것이다. 이하의 서술은 천지간의 여러 현상의 전개를 함지(咸也)라는 가무음악(歌舞音樂)에 비겨 표현한 것이다.

북문성(北門成)이 황제(黃帝)에게 물었다.

"帝張咸池3)之樂於洞庭之野제장함지지악어동정지야

"폐하께서 함지(咸池)의 음악을 동정(洞庭)의 들에서 연주하셨을 때,

吾始聞之懼오시문지구 復聞之怠부문지태

저는 처음 듣고선 두려워했고, 다시 듣고선 나른해졌으며,

卒聞之而惑졸문지이혹 蕩蕩默默4)탕탕묵묵 乃不自得내부자득"

마지막으로 듣고서는 정신이 아득해지고 말을 할 수 없어 어쩔 줄 몰랐습니다."

帝曰제왈 : "女殆其然哉5)여태기연재!

황제(黃帝)가 말했다. : "자네는 아마 그랬을 것이네.

吾奏之以人6)오주지이인 徵之以天징지이천

나는 인간의 일에 따라 연주하고, 자연의 흐름에 따라 연주하며,

行之以禮義행지이례의 建之以太淸7)건지이태청

곧 예의를 따라 연주하다가 태청(太淸 : 天)의 경지로 끝을 장식했지.

'夫至樂者부지악자 先應之以人事선응지이인사

'무릇 지극한 음악은 먼저 사람의 일에 응하고,

---

3) 咸池(함지) : 요제(堯帝)의 악(樂)인 함지는, 황제의 악인 운문(雲門), 순제(舜帝)의 악인 대소(大韶), 우왕(禹王)의 악인 대하(大夏), 은(殷)나라 탕왕(湯王)의 악인 대호(大濩), 주(周)나라 무왕(武王)의 악인 대무(大武)와 함께 육악(六樂)이라고 한다.

4) 蕩蕩默默(탕탕묵묵) : 蕩蕩은 끝없이 넓은 모양. 默默은 어떠한 말로도 표현할 수 없는 모양.

5) 殆其然哉(태기연재) : 그것도 그럴 듯함. 殆(태)는 아마도, 가깝다의 뜻.

6) 吾奏之以人(오주지이인) : 인간 세상의 음률에 따라 연주함. 人은 인간 세상의 음률.

7) 建之以太淸(건지이태청) : 태청(太淸)의 경지로 연주를 맺음.

順之以天理순지이천리 行之以五德[8]행지이오덕 應之以自然응지이자연

하늘의 이치를 좇으며 오덕(五德)을 행하다가, 자연에 응하는 것이다.

然後調理四時연후조리사시 太和萬物태화만물[9]'

그런 뒤에 사시(四時)를 고르게 다스리고 만물을 크게 조화시킨다.'

四時迭起[10]사시질기 萬物循生만물순생

따라서 사시는 서로 바꾸어 일어나고 만물이 순환하여 생겨난다.

一盛一衰일성일쇠 文武倫經[11]문무윤경

한번 성했다가 한번 쇠약하여져 문(文)과 무(武)가 차례를 얻고,

一淸一濁일청일탁 陰陽調和음양조화

한번 맑았다가 한번 흐려져 음과 양이 조화를 이룬다.

流光其聲[12]유광기성 蟄蟲始作칩충시작

잘 조화된 음악소리가 널리 흘러 퍼지면서 칩거해 있던 벌레들이 움직이기 시작하며,

---

8) 五德(오덕) : 인(仁)·의(義)·예(禮)·지(智)·신(信)을 말한다고도 하고,《상서(商書)》〈홍범(洪範)〉편에 보이는 모양(貌)·말하기(言)·보기(視)·듣기(聽)·생각(思)을 말한다고도 함.

9) '夫至樂者……太和萬物': 이 35字를 宋의 소철(蘇轍 : 당송팔대가唐宋八大家의 한 사람으로 소동파의 동생)이 곽상(郭象)의 注가 잘못하여 본문에 끼어 들어간 것으로 해석한 이래 그 설을 좇는 학자가 많다. 이것이 곽상의 주라는 명확한 증거는 없지만, 당대(唐代)의 사본에는 위의 35字가 없다. 또 宋대의 왕방(王雱)이 만든《남화진경신전(南華眞經新傳)》등에도 이 말이 없다. 그러나 보입(補入)된 것이라고 할 수 없으므로 원문대로 번역했다.

10) 四時迭起(사시질기) : 사계절이 교대로 일어나면 만물이 그에 따라 생겨난다.

11) 文武倫經(문무윤경) : 혹은 성대해지고 혹은 쇠퇴하는 가운데 文의 부드러운 음색(音色)과 무(武)의 강직한 음색이 차례대로 정돈됨. 倫經은 경륜(經綸)과 같다. 다스리고 바로 잡는다는 뜻. 萬物循生 一盛一衰의 뒤를 잇고 있기 때문에 만물의 生動인 유화(柔和)와 강건(剛健), 나아가 문치(文治)와 무치(武治)를 춤추는 모습에 비긴 것으로 볼 수가 있다.

12) 流光其聲(유광기성) : 잘 조화된 음악소리가 널리 흘러 퍼짐. 光은 廣의 假借字.

吾驚之以雷霆오경지이뢰정

나는 우레로써 그것들을 놀라게 하였다.

其卒無尾 其始無首[13]기졸무미 기시무수

그것이 끝나도 꼬리가 없고, 그것이 시작되어도 머리가 없으며,

一死一生 一僨一起[14]일사일생 일분일기

한 소리가 죽으면 한 소리가 생겨나고, 한 소리가 엎드리면 한 소리가 일어나,

所常無窮[15]소상무궁 而一不可待[16]이일불가대 女故懼也여고구야

이렇게 끝없는 변화가 끊이지 않았었다. 그래서 그것이 어디로 돌아가는지를 찾을 곳이 없었기에 자네가 두려워했을 것이다.

吾又奏之以陰陽之和오우주지이음양지화 燭之以日月之明촉지이일월지명

내가 또 음양의 조화로써 연주하고, 일월의 밝음으로써 비추어,

其聲能短能長기성능단능장 能柔能剛능유능강

그 소리가 짧을 수도 있고 길 수도 있으며, 부드러울 수도 있고 굳셀 수도 있었다.

變化齊一 不主故常[17]변화제일 부주고상

---

13) 其卒無尾 其始無首(기졸무미 기시무수) : 이 음악(咸池)은 어디가 시작이고 어디가 끝인지 알 수 없을 정도로 장대한 음악이라는 뜻. 卒은 음악의 마침이고 始는 음악의 시작이다.

14) 一死一生 一僨一起(일사일생 일분일기) : 끝났나 싶으면 다시 시작하는 식으로 끊임없이 반복되는 모습.

15) 所常無窮(소상무궁) : 끝없는 변화가 끊이지 않았다. 所常(소상)은 일정함, 변함이 없는 바인데, 郭象은 "변화를 일정한 모습으로 삼기 때문에 일정함이 끝이 없다."라고 풀이했다.

16) 一不可待(일불가대) : 하나도 예측할 수 없음. 전혀 알 수 없다는 뜻. 一은 전혀의 뜻.

17) 變化齊一 不主故常(변화제일 부주고상) : 일제히 변화하여 옛 가락에 구애받지 않음. 齊一은 일제히, 나란히.

가지런히 변화하니 옛 가락에 얽매이지 않는다.

在谷滿谷재곡만곡 在阬滿阬재갱만갱

그래서 골짜기를 만나면 골짜기를 채우고, 구덩이를 만나면 구덩이를 가득 채운다.

塗郤守神8)도극수신 以物爲量이물위량

모든 틈(間隙)을 막아 욕망을 지켜 물(物)로써 양(量)을 삼았으므로

其聲揮綽9)기성휘작 其名高明기명고명

그 소리는 맑게 울리고 그 이름(咸池)도 높고 밝았다.

是故鬼神守其幽시고귀신수기유 日月星辰行其紀일월성신행기기

그러므로 귀신도 그 유명(幽冥)을 지키고, 일월성신도 그 궤도대로 운행했다.

吾止之於有窮오지지어유궁 流之於無止유지어무지

이는 내가 그 끝날 데에서 그치고, 그치지 않을 곳에서는 이어갔기 때문이다.

子欲慮之而不能知也여욕려지이불능지야 望之而不能見也망지이불능견야

그래서 자네는 헤아려보려 해도 알 수가 없고, 바라보아도 볼 수가 없었으며,

逐之而不能及也축지이불능급야 儻然立於四虛之道20)당연립어사허지도

---

18) 塗郤守神(도극수신) : 郤(극)은 틈. 욕망의 틈을 이름. 여기서는 이목 등의 비유적 표현으로 만물이 자연스럽게 성장하여 완수하는 것을 가리킨다. 塗는 막는다(塞)는 뜻.

19) 其聲揮綽(기성휘작) : 그 소리가 맑게 울림. 揮는 暉와 같아 빛난다는 뜻, 綽(작)은 焯(작)과 같아 밝다는 뜻으로, 여기서는 소리를 나타내기 때문에 '맑다'라고 했다.

20) 儻然立於四虛之道(당연립어사허지도) : 흐리멍덩 넋이 나간 채 사방으로 끝없이 터진 大道 가운데 섬. 四虛는 사방이 텅 빔을 말한다.

쫓아가도 미치지 못하였다. 그래서 자네는 넋이 나간 채 끝없이 터진 대도(大道) 가운데 서 있거나,

倚於槁梧而吟의어고오이음

그렇지 않으면 마른 오동나무 책상에 기대어 신음했을 것일세.

目知窮乎所欲見[21]목지궁호소욕견　力屈乎所欲逐역굴호소욕축

따라서 눈은 보고자 하는 앞에서 끝나고, 힘은 쫓아가고자 하는 앞에서 맥이 빠졌기 때문일세.

吾既不及已夫[22]오기불급이부!

이런 음악에 대해서는 나도 일찍이 미치지 못했었다!

形充空虛형충공허　乃至委蛇[23]내지위사

그래서 형체가 허공에 충만하거나, 마침내는 종잡을 수 없었으니,

汝委蛇여위이　故怠고태

자네 또한 이처럼 종잡을 수 없게 되었기 때문에 느슨해졌던 것이다.

吾又奏之以無怠之聲오우주지이무태지성

그리고 나는 또한 나른함을 없애는 소리로써 연주하고,

調之以自然之命조지이자연지명

자연의 명에 따라 이를 조절하였다.

---

21) 目知窮乎所欲見(목지궁호소욕견) : 눈과 知의 능력은 보고자 하는 데서 다함. 보고자 하는 섯 때문에 눈과 知의 능력이 다 소진되어 버린다는 뜻.

22) 吾既不及已夫(오기불급이부) : 나도 일찍이 거기에 미칠 수 없었음. 나도 일찍이 그 함지(咸池)의 음악의 경지에 미칠 수 없었다는 뜻.

23) 乃至委蛇(내지위이) : 마침내 힘이 빠져 흐느적흐느적 종잡을 수 없게 됨. 委蛇(위이)는 구불구불한 모양. 委蛇는 〈응제왕〉 편에 "내가 마음을 비우고 욕심이 전혀 없는 모습으로 그를 대하다(吾與之虛而委蛇)."라고 한 데서 이미 나왔는데, 의미는 다소 다르다.

故若混逐叢生24)고약혼축총생 林樂而無形25)임락이무형

그러므로 만물이 뒤엉켜 어지럽게 생겨나듯이, 음악의 모습은 형체가 없어 보이지 않으며,

布揮而不曳 幽昏而無聲26)포휘이불예 유혼이무성

널리 울려 퍼져 한가락에 끌리지 않고, 그윽하고 아득하여 소리가 없는 듯하다.

動於無方27)동어무방 居於窈冥거어요명

일정한 방향이 없이 움직이고, 아득하고 그윽한 데서 머문다.

或謂之死혹위지사 或謂之生혹위지생

따라서 어떤 이는 그것을 죽었다(소리가 끊기다) 하고, 어떤 이는 그것을 살았다 하며,

或謂之實혹위지실 或謂之榮혹위지영

어떤 이는 그것을 알차다 하고, 어떤 이는 그것을 비어 있다고 한다.

行流散徙행류산사 不主常聲부주상성

그리고 흐르며 흩어지고 옮겨 일정한 가락에 얽매이지 않는다.

---

24) 混逐叢生(혼축총생) : 만물이 뭉쳐 자라는 것처럼 이리저리 뒤섞여서 서로 쫓아다님. 叢生은 초목 따위가 더부룩하게 무더기로 나는 모양. 混逐(혼축)은 뒤섞여서 이리저리 뛰면서 쫓아다니는 모양.

25) 林樂而無形(임락이무형) : 모두 크게 즐거워하면서도 그렇게 만든 음악의 모습은 보이지 않음. 林樂은 수풀이 무성한 것처럼 즐거워하지 않는 존재가 없다는 뜻.

26) 布揮而不曳 幽昏而無聲(포휘이불예 유혼이무성) : 널리 울려 퍼져 한 가락에 끌리지 않으며, 그윽하고 어두운 가운데 아무 소리도 없다. 끌리지 않는다는 것은 자취를 남기지 않는다는 뜻이고, 그윽하고 아득하여 아무 소리도 없음은 소리가 꺼져 감을 말한다. 布揮는 널리 울려 퍼지는 모양.

27) 動於無方(동어무방) : 일정한 방향 없이 움직인다. 어디에나 나타나지 않음이 없다는 뜻. 곧 음악이 어디에든 울려 퍼진다는 뜻.

世疑之세의지 稽於聖人[28]계어성인

그래서 세상 사람들은 그것을 의심하여 성인에게 물어본다.

聖也者성야자 達於情而遂於命也달어정이수어명야

성인이란 사물의 정에 통하고 하늘의 명에 순종하는 자다.

天機不張而五官皆備[29]천기부장이오관개비

자연의 조화(造化 : 天機)를 인위적으로 펼치지 않아도 오관(五官)이 모두 제구실을 하고 있으니,

此之謂天樂[30]차지위천락 無言而心說무언이심열

이를 일러 천락(天樂)이라 하니, 말이 없이 마음으로 기뻐할 따름이다.

故有焱氏[31]爲之頌曰고유염씨위지송왈 :

그러므로 유염씨(有炎氏)는 이(咸池)를 찬송하여 말하기를,

'聽之不聞其聲청지불문기성 視之不見其形시지불견기형

'들으려 해도 그 소리를 들을 수 없고, 보려고 해도 그 모양을 볼 수 없으며,

充滿天地충만천지 苞裏六極[32]포리육극'

천지에 가득 차 있어 육극(六極)을 감싸 안는다.' 하였다.

---

28) 稽於聖人(계어성인) : 성인에게 물어봄. 稽는 물어본다는 뜻.

29) 天機不張而五官皆備(천기부장이오관개비) : 자연의 조화(天機)를 인위적으로 펼치지 않아도 五官의 기능이 갖추어짐. 天機는 자연의 기틀로 생명을 지속시키는 근본을 뜻한다. 〈대종사〉편에 이미 나왔다.

30) 天樂(천락) : 〈천도〉편에 "하늘과 더불어 조화를 이루는 것을 하늘의 즐거움(天樂)이라 한다(與天和者 謂之天樂)."라고 한 데서 이미 나왔다.

31) 有焱氏(유염씨) : 옛날 제왕의 이름. 신농씨(神農氏)라는 설도 있음.

32) 苞裏六極(포리육극) : 육극(六極)을 감싸 안음. 六極은 上下四方(위·아래·동·서·남·북)의 極을 말한다. 六合과 같은 뜻.

汝欲聽之而無接焉여욕청지이무접언 而故惑也33)이고혹야

따라서 자네는 들으려 했으나 들을 수가 없었으므로 어지러워진 것이네.

樂也者악야자 始於懼 懼故崇34)시어구 구고수

음악을 듣는 자에게 두려움을 느끼게 하는 것으로 시작하니, 그 때문에 불안감이 더해진다.

吾又次之以怠오우차지이태 怠故遁35)태고둔

나는 다음으로 또 듣는 자를 나른하게 하는 음악을 연주하니 도망치게 되고,

卒之於惑졸지어혹 惑故愚혹고우

종내는 갈피를 잡지 못하여 미혹하고 어리석게 되었으며,

愚故道36)우고도 道可載而與之俱也도가재이여지구야"

어리석어야 道를 깨닫게 된다. 그래야 道와 한 몸이 될 수 있는 것이라네."

| 해설 |

이 대목은 함지(咸池)라는 음악에 대한 황제(黃帝)와 북문성(北門成)의 문답인데, 황제의 말에 의탁한 장자의 예술론이기도 하다.

풍류를 말하는 악(樂)이란 글자는 원래 악기를 받쳐 놓는 나무 위에

---

33) 故惑也(고혹야) : 惑은 사려분별(思慮分別)을 잃고 어지러워진 상태. 그런데 이 懼·怠·惑의 세 과정이 바로 道와 하나가 되는 과정이라 할 수 있다.

34) 始於懼 懼故崇(시어구 구고수) : 처음에는 음악을 듣는 자에게 두려움을 느끼게 하는 것으로 시작하니, 그 때문에 불안감이 환기된다는 뜻이다. 崇(수)는 빌미, 생기는 원인.

35) 怠故遁(태고둔) : 나른하기에 멀리 도망치게 됨. 나른해지면 心力이 지치고 다해서 그것을 버리고 떠나고자 하게 된다. 그래서 달아난다고 말하는 것이다.

36) 愚故道(우고도) : 어리석기에 道와 하나가 될 수 있음.

큰북 한 개와 작은북 두 개씩을 양쪽에 포개 놓은 형상을 그린 상형문
자이다. 따라서 이런 음악을 들으면 즐거우므로「즐거울 낙」자로 뜻
이 바뀌고, 또「좋아할 요」로 변한 것이다.

그래서 인간의 음악 중에 가장 훌륭한 황제의「함지(咸池)」라는 최
고의 음악은 하늘의 음악, 곧 천악(天樂)과도 연결되는 것으로 천악은
또 자연적인 즐거움, 곧 천락(天樂)도 된다. 그래서 천지자연의 道를
터득한 자는 천악을 즐기고 이해하는 나머지 무악(無樂)이라는 형이상
학적 음악에까지 도달한다는 것이다.

인위적인 음악을 부정적으로 초극한 천지자연의 무성(無聲)의 음악
이야말로 참된 지악(至樂)이라는 논리가 장자 음악론(音樂論)의 핵심이
라 할 것이다.

4.

孔子西遊於衛¹⁾공자서유어위

공자가 서쪽 위(衛)나라로 유람을 떠났을 때,

顔淵問師金²⁾안연문사금 曰왈 :

안연(顔淵)이 사금(師金)에게 물었다.

"以夫子之行爲奚如³⁾이부자지행위해여"

"우리 선생님의 이번 여행은 어떻겠습니까?"

師金曰사금왈 : "惜乎석호 而夫子其窮哉이부자기궁재!"

---

1) 衛(위) : 공자 생존 시 수도가 초구(楚丘 : 하남시 滑현 동쪽)에 있었다.

2) 師金(사금) : 악사 금(金). 사(師)는 악공(樂工)의 우두머리. 금(金)은 이름. 노(魯)나라의
   태사(太師)로 추정된다.

3) 奚如(해여) : 하여(何如)와 같다.

사금이 대답했다. "애석하오. 당신의 선생은 궁지에 빠질 것이오"

顏淵曰안연왈 : "何也하야"

안연이 물었다. : "어째서지요?"

師金曰사금왈 : 사금이 대답했다.

"夫芻狗[4]之未陳也부추구지미진야 盛以篋衍[5]성이협연

"무릇 추구(芻狗)가 제단에 진설되기 전에는 대나무 상자에 담기고,

巾以文繡[6]건이문수 尸祝齊戒以將之[7]시축재계이장지

아름다운 비단으로 덮어씌워져 시축(尸祝 : 祭主)은 재계(齋戒)하고 그 것을 받드는데,

及其已陳也[8]급기이진야 行者踐其首脊행자천기수척

제사가 끝나고 나면 길 가는 사람들이 그 머리나 등을 밟고 지나가고,

蘇者[9]取而爨之而已소자취이찬지이이

풀 베는 이들은 그것을 모아 태워버릴 뿐이오.

將復取而盛以篋衍장부취이성이협연 巾以文繡건이문수

---

4) 芻狗(추구) : 풀강아지. 무속(巫俗)에서 사용하는 풀로 엮어 만든 강아지 모형이다. 옛날 중국에서 제사 때 쓰고 나면 버렸으므로 아무 가치 없이 되어버린 물건에 비유한다.

5) 篋衍(협연) : 대나무 상자. 篋은 대로 만든 상자. 衍은 簞(단)의 假借字로 역시 상자.

6) 巾以文繡(건이문수) : 수를 놓은 천으로 덮음. 巾은 덮는다는 뜻.

7) 尸祝齊戒以將之(시축제계이장지) : 尸祝의 제관(祭官)들이 몸을 齋戒(재계)하고 나서 그것 을 받든다. 尸와 祝은 모두 제관이다. 尸는 태묘(太廟) 안의 신주(神主)를 말하고, 祝은 귀신의 말을 전하는 사람을 가리킨다. 보통 尸라 할 때는 제사 때 신위 자리에 대신 앉 히는 어린 시동(尸童)을 말하고 祝이라 하면 제사 때 축문(祝文) 읽는 제관을 가리킨다. 齊는 재계하다.

8) 及其已陳也(급기이진야) : 진열(陳列)을 마치고 나서는. 제상(祭床)에 차려놓고 지내는 제례(祭禮)를 마쳤다는 뜻.

9) 蘇者(소자) : 풀 베는 사람.

그리고 다시 그것을 주워 대나무상자에 넣고 아름다운 비단으로 싸서

遊居寢臥其下유거침와기하

그 밑에서 놀며, 거처하거나 누워 잔다면

彼不得夢 必且數眯焉10)피부득몽 필차수미언

그는 악몽을 꾸지 않는다면 반드시 자주 가위에 눌릴 것이오.

今而夫子금이부자 亦取先王11)已陳芻狗역취선왕이진추구

그런데 지금 당신의 선생도 선왕(先王)들이 이미 베풀어 놓았던 추구를 주워다가,

聚弟子游居寢臥其下취제자유거침와기하

제자들을 모아 그 아래에서 놀고 거처하며 누워 있소.

故伐樹扵宋12)고벌수어송 削跡扵衛삭적어위

그 때문에 송나라에서는 나무 밑에 앉았다가 나무가 잘려졌고, 위나라에서는 종적을 감추어야 했으며,

窮扵商周궁어상주 是非其夢邪시비기몽야

상(商 : 宋)·주(周)의 지역에서는 매우 궁한 처지를 당했으니, 이것이 그런 꿈이 아니겠는가?

圍扵陳蔡之間위어진채지간 七日不火食칠일불화식

---

10) 彼不得夢 必且數眯焉(피부득몽 필차수미언) : "不…必…"은 "…하지 않으면 틀림없이…함"이 뜻이다. 不得夢은 꿈을 꾸지 않는다는 뜻인데, 여기서 말하는 꿈은, 뒤에 공자가 궁지에 빠진 예를 들고, "이것이 그 악몽이 아니겠는가(是非其夢邪)."라고 하여 '夢'을 惡夢으로 본 것을 근거로, 惡夢이라 풀이한다. 眯(미)는 가위눌리다.

11) 先王(선왕) : 堯·舜·禹·殷 湯王·周 文王·武王·周公 등을 가리킨다.

12) 故伐樹扵宋(고벌수어송) : 공자가 제자들을 거느리고 송나라에 갔다가 나무 밑에 쉬면서 강의를 할 때 환퇴(桓魋)란 자가 그 나무를 베어버려 깔려 죽을 뻔한 일이 있음.

진(陳)·채(蔡)의 국경 사이에서는 七일 동안이나 끼니를 굶어,

死生相與隣사생상여린 是非其眯邪시비기미야

사생(死生)을 서로 이웃했으니, 이는 그런 가위에 눌림이 아닌가?

夫水行莫如用舟부수행막여용주

무릇 물길을 가는 데는 배를 이용함만 같지 못하고,

而陸行莫如用車이륙행막여용거.

뭍으로 가는 데는 수레를 이용함만 같지 못하다.

以舟之可行於水也而求推之於陸이주지가행어수야이구추지어륙

그런데 배가 물위로 갈 수 있는데, 그것을 뭍에서 밀고 가게 하면

則沒世不行尋常13)즉몰세불행심상

평생을 가더라도 얼마 가지 못할 것이다.

古今非水陸與 周魯非舟車與14)고금비수륙여 주노비주거여?

그러니 옛날과 지금은 물과 뭍과의 차이가 아닌가? 주(周)와 노(魯)는 배와 수레의 격이 아닌가?

今蘄15)行周於魯금기행주어노 是猶推舟於陸也시유추주어륙야

지금 주나라의 모든 제도를 노나라에서 행하려 하니, 이는 배를 뭍으로 밀고 가는 것과 같아,

---

13) 尋常(심상) : 一심(尋)은 八척, 一상(常)은 二심, 곧 짧은 거리를 말함.

14) 古今非水陸與 周魯非舟車與(고금비수륙여 주노비주거여) : 옛날과 지금은 물과 뭍의 차이가 아니겠으며, 周나라와 魯나라의 문화의 차이는 배와 수레의 차이가 아니겠는가? 古今이 다른 것이 水와 陸의 차이와 같고, 周와 魯의 다른 것이 배와 수레의 차이와 같다는 뜻이다. 춘추시대 魯나라에 먼 옛날 周나라의 예악(禮樂)을 부활시키려고 한 공자의 시대착오를 빗댄 것.

15) 蘄(기) : 바란다는 뜻.

勞而無功[6]노이무공 身必有殃신필유앙

수고롭지만 공이 없고, 몸엔 반드시 재앙이 있으리라.

彼未知夫無方之傳[7]피미지부무방지전 應物而不窮者也응물이불궁자야

그는(공자) 저 방향이 없는 변전(變轉), 곧 사물에 응하여 막힘이 없는 것을 알지 못하는 사람이다.

且子獨不見夫桔槹[8]者乎차자독불견부길고자호?

또 그대만이 두레박을 보지 못하였는가?

引之則俯인지즉부 舍之則仰사지즉앙

잡아당기면 올라가고 내버려두면 내려가,

彼人之所引 非引人也[9]피인지소인 비인인야

---

16) 勞而無功(노이무공) : 애만 쓰고 보람이 없음. 일상에 자주 쓰이는 고사성어이다.

17) 彼未知夫無方之傳(피미지부무방지전) : 정해진 방향 없이 자유롭게 유전(流轉)하는 것, 곧 道가 만물에 대응함에 있어 다함이 없음. 無方之傳은 정해진 방향이 없는 전변(轉變), 즉 무한한 변화를 뜻한다. 傳은 轉의 뜻.

18) 桔槹(길고) : 두레박. 두레박은 〈天地〉 편에서 이미 나왔다. 다만 여기서는 두레박의 부정적인 것과는 달리 두레박이 물을 퍼 올리는 원리를 시대의 추세에 따른 비유로 삼고 있다는 점이다. 〈天地〉 편에서는 자공(子貢)과 한수(漢水) 남쪽의 한 노인과의 문답 속에서 고(槹)라는 기계가 나오는데, 거기서는 기계(機械)와 기사(機事), 기심(機心)은 道와 상충되는 것으로 보아 그 기계기술 문명에 대한 장자의 부정적인 입장이 보였다. 그런데 〈천운〉 편의 경우 두레박은 이미 세상에서 사용하고 있는 것, 상식적인 것이 되어버렸다는 점 또한 커다란 차이라 할 수 있다. 이것을 도가(道家)에서도 새로운 시대의 도래에 대응해 나가지 않으면 안 되었을 것으로 보고 있다.

19) 彼人之所引 非引人也(피인지소인 비인인야) : 저 두레박은 사람이 끌어당겨서 그렇게 된 것이지, 두레박이 사람을 끌어당기는 것이 아니다. 두레박은 사람이 끌어당기는 대로 움직이지 사람을 끌어당기는 것이 아니라는 뜻. 곧 세상을 다스리는 예의 법도 등의 도구 또한 세상의 변화 추이에 따라야 하는 것이지, 과거의 예의 법도에 맞춰서 세상을 다스리려 해서는 안 된다는 뜻. 무심히 끌어올릴 뿐인 두레박이 시대착오적 작위(作爲 : 有爲)를 하지 않음을 비유하는 것이다.

사람의 당김을 받을 뿐 (두레박이) 사람을 끌어당기지는 못한다.

故俯仰而不得罪於人고부앙이부득죄어인.

그러므로 내려갔다 올라갔다 하며 사람에게 꾸짖음을 받는 일이 없다.

故夫三皇五帝[20]之禮義法度고부삼황오제지례의법도

그런고로 저 삼황(三皇)·오제(五帝)의 예의와 법도는

不矜於同[21]而矜於治불긍어동이긍어치

똑같은 점에서 숭상된 것이 아니고, 잘 다스려진 점에서 숭상을 받았다.

故譬三皇五帝之禮義法度고비삼황오제지례의법도

따라서 삼황·오제의 예의 법도는 비유컨대,

其猶柤梨橘柚邪[22]기유사리귤유야!

아가위·배·귤·유자와 같다고 할 것이다!

其味相反기미상반 而皆可於口이개가어구

그 맛은 제각기 다르지만, 모두가 입에 맞는다.

故禮義法度者 應時而變者也[23]고례의법도자 응시이변자야

---

20) 三皇五帝(삼황오제) : 일반적으로 복희(伏羲)·신농(神農)·황제(黃帝)의 삼황과 소호(少昊)·전욱(顓頊)·제곡(帝嚳)·요(堯)·순(舜)의 오제를 말한다. 삼황오제라는 말은 원래 《사기(史記)》〈오제본기(五帝本紀)〉에 당(唐)의 사마정(司馬貞)이 〈삼황본기(三皇本紀)〉를 보충하고 이것이 《사기》에 수록됨으로써 형성되었다. 그러나 삼황오제가 누구를 가리키는지는 일정하지 않다.

21) 不矜於同(불긍어동) : 똑같이 시행하는 것을 숭상하는 것이 아님. 矜은 숭상한다는 뜻.

22) 其猶柤梨橘柚邪(기유사리귤유야) : 아가위나무, 배나무, 귤나무, 유자나무의 열매와 같을 것이다. 아가위나무는 앵두나무의 일종. 모두 유실수(有實樹)이다. 따라서 삼황·오제의 예의 법도는 쓸모가 있음을 비유하는 말이다

23) 禮義法度者 應時而變者也(예의법도자 응시이변자야) : 예의와 법도란 시대에 따라 변하는 것임. 옛날과 지금은 풍속이 다르므로 옛것을 새롭게 하고 다른 방식으로 세상의 일

그러므로 예의 법도란 시대에 따라 변하는 것이다.

今取猨狙而衣以周公之服금취원저이의이주공지복

지금 원숭이를 잡아다가 주공(周公)의 옷을 입힌다면

彼必齕齧挽裂피필흘설만렬 盡去而後慊진거이후겸

그놈은 반드시 물어뜯고 찢어버려 완전히 벗어버린 뒤에야 흡족해 할
것이다.

觀古今之異관고금지이 猶猨狙之異乎周公也유원저지이호주공야

옛날과 지금의 차이를 볼 때 원숭이와 주공의 차이와 같을 것이다.

故西施病心而嚬其里24)고서시병심이빈기리

그런 까닭으로 서시(西施)가 가슴을 앓아 그 마을에서 눈살을 찌푸렸고,

其里之醜人見而美之25)기리지추인견이미지　歸亦捧心而嚬其里귀역봉심이빈
기리.

그 동네의 추녀들이 그것을 보고 매우 아름답게 여겨 집으로 돌아가서
는 모두 가슴을 움켜쥐고 그 마을사람들 앞에서 눈살을 찌푸렸다.

其里之富人見之기리지부인견지 堅閉門而不出견폐문이불출

그래서 그 동네의 부자들은 문을 단단히 닫고 나오지 않고,

貧人見之빈인견지 挈妻子而去之走설처자이거지주

가난한 사람들은 이를 보고 처자를 데리고 떠나가 버렸다.

에 대비한다.

24) 西施病心而嚬其里(서시병심이빈기리) : 서시(西施)가 가슴을 앓아 마을에서 눈을 찡그
리고 다님. 서시는 전국시대 월(越)나라의 미인으로 〈제물론〉 편에 이미 나왔다. 여기서
「서시빈목(西施嚬目)」의 고사성어가 생겨났는데, 서시가 눈을 찌푸린 것을 아름답게
본 못난 여자가 그 흉내를 내고 다녀 더욱 싫게 보였다는 데서, 분수를 생각하지 않고
무조건 남을 따라하는 것을 비유하는 말로 쓰인다.

25) 見而美之(견이미지) : 그것을 보고 아름답게 여김.

彼知矉美而不知矉之所以美26)피지빈미이부지빈지소이미

그들 추녀들은 찌푸리는 것을 아름답게 여길 줄만 알았지, 찌푸리는 것이 아름다운 까닭을 알지 못했다.

惜乎석호! 而夫子其窮哉이부자기궁재!"

애석하다! 자네 선생은 곤경을 당할 것이네!"

| 해설 |

공자가 위나라로 유세를 하러 떠났을 때 노나라에 남아 있던 공자의 제자인 안연(顏淵)과 노나라의 악사 사금(師金)과의 공자에 관한 문답이다.

먼저 안연이 사금에게 자기 스승의 위나라 유세에 대한 성공 여부를 물으니, 사금은 그것은 실패로 돌아갈 것이다 하고, 그 이유를 밝히는 형식으로 되어 있다.

사금은 말하기를, "예의 법도는 선왕들이 이미 베풀어 놓은 추구(芻狗)요, 고금은 물과 뭍과의 거리 같으며, 예의 법도는 때에 따라 변하는 것이다." 하여 공자가 낡은 예의 법도를 가지고 유세하려 드니 반드시 실패할 것이라고 본 것이다.

곧 공자학파의 상고주의(尙古主義)는 시대착오요, 역사는 변하는 것이라고 보았다. 이런 공자학파에 대한 비판은 〈변무〉 편, 〈마제〉 편, 〈재유〉 편 등과 내용이 공통되는 점이 있다.

---

26) 彼知矉美而不知矉之所以美(피지빈미이부지빈지소이미) : 그 추녀는 찡그린 것을 아름답게 여길 줄만 알았고, 찡그린 것이 아름다운 까닭을 알지 못했다. 所以美는 아무나 찡그린다고 해서 아름다운 것이 아니고, 경우에 따라서는 오히려 추할 수도 있음을 말한다.

5.

孔子行年五十有一而不聞道[1]공자행년오십유일이불문도

공자가 나이 쉰 하고도 하나가 되었어도 아직 道를 깨닫지 못하여,

乃南之沛내남지폐 見老聃현노담.

남쪽의 패(沛) 땅으로 가서 노담을 만났다.

老聃曰노담왈 : 노담이 말했다.

"子來乎자래호? 吾聞子北方之賢者也오문자북방지현자야 子亦得道乎자역득도호?"

"오셨소? 나는 당신이 북방의 어진이라고 듣고 있는데, 당신은 그래 道를 터득했소?"

孔子曰공자왈 : 공자가 대답했다.

"未得也미득야." : "아직 깨닫지 못했습니다."

老子曰노자왈 : 노자가 다시 물었다.

"子惡乎求之哉자오호구지재?"

---

1) 孔子行年五十有一而不聞道(공자행년오십유일이불문도) : 공자는 살아온 나이가 쉰 하고
도 하나가 되었는데도 아직 道를 깨우치지 못함. 行年은 지금까지 살아온 햇수를 말한
다. 여기서 공자의 나이가 51세라고 하는 것에는 특별한 의미가 있다. 곧 51세라고 하여
50세를 막 넘긴 나이를 굳이 선택한 것은 다분히 《논어》 〈위정〉 편에, "나이 오십에
천명을 알았다(五十而知天命)."라는 내용과 〈이인(里仁)〉 편에서 "아침에 道를 들으
면 저녁에 죽어도 좋다(朝聞道 夕死可矣)."라고 한 것을 비웃은 것으로 추정된다. 노자
에 대해서는 사마천의 《사기》에 언급되어 있다. 그는 주나라에서 관직에 나가 도서관
사서가 되었다. 그때 공자가 찾아와 예(禮)에 관해 질문하였다. 이에 노자는 이렇게 답
하였다. "솜씨가 좋은 상인은 물품을 깊숙이 보관해 두고, 가게는 텅 빈 것처럼 해 두
는 법이다. 위대한 학자는 뛰어난 덕을 몸에 깊숙하게 지니고 있으면서, 그 얼굴은 미
련한 자처럼 보이게 한다."

"당신은 어디에서 道를 찾는 것이오?"

曰왈 : 공자가 말했다.

"吾求之於度數2)오구지어도수 五年而未得也오년이미득야."
"나는 예악의 도수(度數)를 찾은 지 5년이나 되었으나, 아직도 찾지 못했습니다."

老子曰노자왈 : 노자가 말했다.

"子又惡乎求之哉자우오호구지재?"
"당신은 또 어디에서 道를 찾으려 했소?"

曰왈 : 공자가 말했다.

"吾求之於陰陽3)오구지어음양 十有二年4)而未得십유이년이미득"
"나는 다시 음양에서 찾은 지 12년이 되었어도 아직 얻지 못했습니다."

老子曰노자왈 : 노자가 말했다.

"然연 使道而可獻5)사도이가헌 則人莫不獻之於其君즉인막불헌지어기군
"그럴 것이오. 만일 道를 바칠 수 있는 것이라면 사람으로서 자기 임금에게 그것을 바치지 않을 사람이 없을 것이고,

---

2) 度數(도수) : 예법(禮法)을 신분에 따라 차등적으로 규정하는 일. 〈天道〉편에 예법도수(禮法度數)라 하여 이미 나왔다.

3) 陰陽(음양) : 공자의 구도(求道)는 오행(五行)으로부터 陰陽으로, 음양으로부터 道로의 추구인 것이다.

4) 十有二年(십유이년) : 음양의 변화가 하늘을 일주하는 연수인 12년에 근거한 것이라 한다.

5) 使道而可獻(사도이가헌) : 만일 道가 다른 사람에게 바칠 수 있는 것이라면. 이하 몇 구절은 〈대종사〉편에서 "무릇 道에는 정(情)이 있고 신(信)이 있으나, 행위가 없고 형상이 없다. 그래서 마음으로 전할 수는 있으나, 손으로 받을 수는 없으며, 체득할 수는 있으나 볼 수는 없다(夫道有情信 無爲無形 可傳而不可受 可得而不可見)."라고 한 내용과 뜻이 통한다.

使道而可進사도이가진 則人莫不進之於其親즉인막부진지어기친

만일 道를 진상할 수 있다면, 사람으로서 그 어버이에게 진상하지 않을 사람이 없을 것이며,

使道而可以告人사도이가이고인 則人莫不告其兄弟즉인막불고기형제

道를 사람들에게 알릴 수 있다면 사람으로서 그 형이나 아우에게 알리지 않을 자가 없을 것이고,

使道而可以與人사도이가이여인 則人莫不與其子孫즉인막불여기자손

道를 사람들에게 줄 수만 있다면 사람으로서 그의 자손들에게 넘겨주지 않을 자가 없을 것이오.

然而不可者연이불가자 無佗也무타야

그런데도 그렇게 못하는 것은 다름 아니라,

中無主而不止6)중무주이부지 外無正而不行7)외무정이불행

마음속에 주체가 없으면 그것이 와 머물지 않고, 바깥에 (道가 향할) 표적(正)이 없으면 그것을 행할 수가 없으며,

由中出者유중출자 不受於外불수어외 聖人不出성인불출

마음속에서 나오는 말이 밖으로부터 받아들여질 만한 조건이 되어 있지 않으면 성인(聖人)이 내보내지를 않고,

由外入者유외입자 無主於中무주어중 聖人不隱성인불은

밖으로부터 들어오는 道도 안에서 받아들일 조건이 되지 않으면 성인은

---

6) 中無主而不止(중무주이부지) : 마음속에 道가 머물 만한 곳이 준비되지 않으면 道가 와서 머물지 않는다는 뜻.

7) 外無正而不行(외무정이불행) : 바깥에 道가 향할 정확한 표적이 없으면 道가 가지 않음. 正에 대하여는 여러 설이 있으나, 마서륜(馬叙倫)은 "正은 활 쏘는 표적이니 화살을 받는 곳이다." 라고 풀이했다.

그것을 간직하지 않소.

名公器也8)명공기야 不可多取불가다취

명예는 천하의 공기(公器)이니, 많이 차지해서는 안되고,

仁義 先王之蘧廬也9)인의 선왕지거려야

인의(仁義)는 선왕(先王)들의 여관이라

止可以一宿而不可以久處지가이일숙이불가구처

하룻밤쯤 묵는 것은 괜찮으나 오래 묵어서는 안되오.

覯而多責10)구이다책

오래 머물면 많은 비난을 받기 때문이오.

古之至人고지지인 假道於仁11)가도어인

그러므로 옛날의 지인(至人)은 인(仁)의 길을 방편으로 빌고,

託宿於義탁숙어의 以遊逍遙之虛12)이유소요지허

의(義)를 하룻밤의 여관으로 여겨 소요(逍遙)의 언덕에 노닐며,

食於苟簡之田13)식어구간지전 立於不貸之圃입어부대지포

---

8) 名公器也(명공기야) : 명예는 천하의 공기(公器)임. 公器는 곧 천하기용(天下其用)의 도구라는 뜻이다.

9) 仁義 先王之蘧廬也(인의 선왕지거려야) : 仁義는 옛 선왕들이 잠시 묵었던 임시 처소임. 蘧廬는 풀로 지은 오두막집으로, 여인숙을 이르는 말. 이백(李白)의 시 〈춘야연도리원서(春夜宴桃李園序)〉에 "천지(天地)는 만물을 맞이하는 여관이고, 세월은 잠시 지나가는 나그네다(夫天地者 萬物之逆旅 光陰者는 百代之過客)."라는 멋진 구절이 있다.

10) 覯而多責(구이다책) : 오래 머물면 책망을 많이 받게 됨. 覯(구)는 逗(두)의 假借字로 머무르다의 뜻.

11) 假道於仁(가도어인) : 인(仁)의 길을 잠시 빌리다.

12) 以遊逍遙之虛(이유소요지허) : 소요의 언덕에서 노닐다. 虛는 墟(언덕)와 같이 빈 공간을 나타내는 말로 여기서는 아무런 목적 없이 소요하는 무위의 장소를 상징한다.

간소함을 정신의 양식으로 삼는 생활을 하면서 남에게 베풀어줌을 의식하지 않고 살았던 것이오.

逍遙소요 無爲也무위야

소요(逍遙)의 언덕에서 얽매임이 없으니 무위(無爲)이고,

苟簡易養也구간이양야

남는 것이 없는 작은 밭에 의지해서 먹고,

不貸無出也[14]부대무출야

남에게 베풀어줌이 없으므로 자기 것을 내어놓음이 없었소.

古者謂是采眞之遊[5]고자위시채진지유.

옛날에는 이런 것을 진실한 道를 채취하는 놀이라고 하였소.

以富爲是者[16]이부위시자 不能讓祿불능양록

부(富)를 최고의 가치라고 여기는 자는 자기의 소득을 남에게 양보함이 없고,

以顯爲是者이현위시자 不能讓名불능양명

영달을 옳다고 여기는 자는 명성을 남에게 양여함이 없으며,

親權者친권자 不能與人柄불능여인병

권세를 사랑하는 자는 권력을 남에게 넘겨줄 줄 모릅니다.

操之則慄조지즉률 舍之則悲사지즉비

---

13) 食於苟簡之田(식어구간지전) : 구차하고 간수한 밭에서 먹을 깃을 년음. 苟簡은 구차하고 가난함.

14) 不貸無出也(부대무출야) : 베푸는 것을 의식하지 않는 경지에 있는 자는 道를 함부로 말하지 않음을 이르는 말.

15) 謂是采眞之遊(위시채진지유) : 이를 일컬어 참된 道를 채취하는 놀이라 함.

16) 以富爲是者(이부위시자) : 부(富)를 최고의 가치(是)로 생각하는 자.

이런 것들을 쥐면 잃을까 두려워하고, 이런 것들을 잃으면 슬퍼하오.

而一無所鑒[17)이일무소감 以闚其所不休者이규기소불휴자

그러면서 한 번의 반성도 없이 그런 것들이 있는 곳만 엿보면서 잠시도 쉬지 않는 자,

是天之戮民也시천지륙민야

이런 자는 하늘의 벌을 받은 사람이오.

怨恩取與諫教生殺원은취여간교생살 八者팔자

원한과 은혜, 가짐과 줌, 간(諫)함과 가르침, 살리는 것과 죽이는 것, 이 여덟 가지는,

正之器也[18)정지기야 唯循大變無所湮者유순대변무소인자 爲能用之위능용지

정치의 공기(公器)요, 오직 큰 변화를 따라 흐름에 막히는 바가 없는 자라야 이런 것을 부릴 수 있소.

故曰고왈 : 正者正也[19)정자정야

그러므로 '정치는 바로잡는 것이다.' 라고 했소.

其心以爲不然者기심이위불연자 天門弗開矣천문불개의"

그 마음이 그런 것을 용납하지 못하는 자에게 하늘의 문은 열려 있지 않는 법이오."

---

17) 一無所鑒(일무소감) : 조금도 자신을 돌아보지 않음. 鑒은 거울삼아 살핀다는 뜻.

18) 正之器也(정지기야) : 천하를 다스리는 정치의 도구임. 正은 政과 같다. 천하를 올바르게 다스리는 정치의 도구라는 뜻.

19) 正者正也(정자정야) : 정치란 바로잡는 것이다. 앞의 正자는 「正之器也」의 경우와 마찬가지로 政자로 보는 것이 타당하다. 《논어》 〈안연(顏淵)〉 편에서 공자가 한 말.

| 해설 |

이 네 번째의 문답은 유가사상을 대표하는 공자와, 도가사상을 대표하는 노자와의 사이에서 행해지는 형식으로 되어 있다. 이런 공자와 노자의 문답은 진실한 역사적 사실은 아니지만, 도가사상을 고취하기 위하여 우화로 만든 것이다. 다만 노자의 고향이 《사기》에서는 초(楚)나라 고현(苦縣)으로 되어 있으나, 여기에서는 패현(沛縣)으로 되어 있는 것이 특징이다.

6.

孔子見老聃而語仁義공자현노담이어인의

공자가 노담을 만나 인의에 대해 이야기를 나누었다.

老聃曰노담왈 : 노담이 말했다.

"夫播穅眯目[1]부파강미목 則天地四方易位矣즉천지사방역위의

"무릇 키질하다 날린 겨가 눈에 들어가면 천지 사방의 방위를 잃게 되고,

蚊虻噆膚[2]문맹참부 則通昔不寐矣즉통석불매의

모기나 등에가 살을 쏘면 밤새도록 잠을 이루지 못합니다.

夫仁義憯然[3]부인의참연 乃憤吾心[4]내분오심 亂莫大焉난막대언

무릇 인의라고 하는 것은 참으로 무자비하게 우리의 마음을 어지럽히니,

---

1) 播穅眯目(파강미목) : 키질하다 날린 겨가 눈에 들어감. 播는 簸(파)의 가차자로 키를 까부르다는 뜻. 眯(미)는 눈에 티가 들어가다의 뜻.

2) 蚊虻噆膚(문맹참부) : 모기나 등에가 살을 쏘다. 蚊은 모기. 虻은 등에. 噆은 깨물다.

3) 仁義憯然(인의참연) : 인의는 무자비함. 憯은 무자비하다, 잔혹하다의 뜻.

4) 憤吾心(분오심) : 내 마음을 어지럽힘. 憤(분)은 어지럽히다.

천하를 어지럽힘이 이보다 더 큰 것이 없습니다.

吾子使天下無失其朴5)오자사천하무실기박

그러니 당신은 천하로 하여금 그 소박함을 잃지 않도록 하려면,

吾子亦放風而動오자역방풍이동 總德6)而立矣총덕이립의

당신 또한 바람처럼 부는 대로 따라 움직이며, 자연의 德을 잘 잡고
서 있어야 할 터인데,

又奚傑然7)若負建鼓而求亡子者邪우해걸연약부건고이구망자자야?

또 어찌하여 억지로 애쓰면서 마치 큰 북을 짊어지고 북소리를 울려
대면서 집 나간 자식을 찾는 것처럼 소동을 벌이시는지?

夫鵠不日浴而白8)부곡불일욕이백 烏不日黔而黑9)오불일검이흑

무릇 백조(鵠)는 날마다 목욕을 하지 않아도 희고, 까마귀는 날마다 검
게 칠하지 않아도 검습니다.

黑白之朴 不足以爲辯10)흑백지박 부족이위변

태생적인 흑백(黑白)에 대하여는 새삼 검다 희다 왈가왈부할 것이 없으며,

名譽之觀 不足以爲廣11)명예지관 부족이위광

---

5) 吾子使天下無失其朴(오자사천하무실기박) : 당신이 만일 천하 사람들로 하여금 그 소박
함을 잃지 않도록 하려면. 吾子는 그대, 당신의 뜻. 朴은 통나무, 소박하다는 뜻.

6) 總德(총덕) : 자연의 덕을 잡음. 總은 붙잡는다는 뜻.

7) 傑然(걸연) : 억지로 애쓰는 모양.

8) 鵠不日浴而白(곡불일욕이백) : 백조는 날마다 목욕하지 않아도 흼. 鵠(곡)은 고니, 백조.

9) 烏不日黔而黑(오불일검이흑) : 까마귀는 날마다 검게 칠하지 않아도 검음. 黔은 검은 칠
을 하다는 뜻. 검은 물을 들이는 것.

10) 黑白之朴 不足以爲辯(흑백지박 부족이위변) : 백조가 희고 까마귀가 검은 것은 태생적
인 것이니, 타고난 흑백을 새삼 검다 희다 떠들어댈 것이 없다는 뜻이다. 朴은 본바탕,
타고난 것을 말한다. 辯은 왈가왈부함.

명예라는 껍데기는 새삼 널리 알릴만 한 가치가 없는 것이오.

泉涸[12]천학 魚相與處於陸어상여처어륙 相呴以溼상구이습

샘물이 마르면 물고기들이 서로 물 마른 진흙 위에서 습기를 서로 뿜어 주고,

相濡以沫상유이말 不若相忘於江湖불약상망어강호"

거품으로 서로 적셔주지만, 강호(江湖)에서 서로를 잊고 지내는 것만 못하지요"

孔子見老聃歸공자현노담귀 三日不談[13]삼일부담

공자가 노담을 만난 뒤 사흘이 되어도 아무와도 말을 나누지 않았다.

弟子問曰제자문왈 : 제자들이 물었다.

"夫子見老聃부자현노담 亦將何規哉[14]역장하규재?"

"선생님께서 노담을 만나셨는데, 또한 무엇으로 그를 바로잡아 주셨습니까?

孔子曰공자왈 : 공자가 말했다.

"吾乃今於是乎見龍[15]오내금어시호견룡

"나는 이번에 처음으로 용을 보았다.

龍合而成體용합이성체 散而成章산이성장

---

11) 名譽之觀 不足以爲廣(명예지관 부족이위광) : 명예라는 껍데기는 새삼 널리 알릴만 한 가치가 없음. 觀은 겉으로 드러나 보이는 껍질(外形).

12) 泉涸(천학) : 샘물이 마르다. 涸은 마르다, 다하다의 뜻.

13) 不談(부담) : 대화를 나누지 않음. 談은 대화.

14) 亦將何規哉(역장하규재) : 무엇으로 그를 바로잡아 주셨습니까? 規(규)는 바로잡아 줌.

15) 吾乃今於是乎見龍(오내금어시호견룡) : 나는 이번에 처음으로 용을 보았다. 乃今은 이제 야, 비로소의 뜻. 乎는 강조를 나타내는 조사.

그 용은 기(氣)가 합치면 형체를 이루고, 기(氣)가 흩어지면 아름다운 무늬를 이루어,

乘雲氣而養乎陰陽[16]승운기이양호음양

구름 기운을 타고 음(陰) 양(陽) 사이를 자유자재 날아다닌다.

予口張而不能嗋[17]여구장이불능협 予又何規老聃哉여우하규노담재!"

나는 벌어진 입을 다물지를 못했는데, 내가 어떻게 노담을 바로잡아 줄 수 있었겠느냐!"

子貢[18]曰자공왈 : 자공이 말했다.

"然則人固有尸居而龍見연즉인고유시거이룡현

"그렇다면 이 세상사람 가운데는 참으로 죽은 듯이 조용히 있다가 용처럼 나타나고,

雷聲而淵默[19]뇌성이연묵 發動如天地者乎발동여천지자호?

우레 같은 소리를 내다가 깊은 연못처럼 침묵을 지켜 발동(發動)이 천지와 같은 사람이 있는 것인가요?

賜[20]亦可得而觀乎사역가득이관호?"

저도 그분을 만나 뵐 수가 있을까요?"

---

16) 乘雲氣而養乎陰陽(승운기이양호음양) : 구름을 타고 음양(陰陽) 사이를 마음껏 날아다 님. 養은 날아다닌다는 뜻.

17) 嗋(협) : 입을 다물다.

18) 子貢(자공) : 춘추시대 위(衛)나라 유학자. 공문십철의 한 사람으로 재아(宰我)와 더불 어 언어에 뛰어났다고 한다. 제(齊)나라가 노(魯)나라를 치려고 할 때, 공자의 허락을 받고 오(吳)나라와 월(越)나라를 설득하여 노나라를 구했다고 한다.

19) 雷聲而淵默(뇌성이연묵) : 우레같은 큰 소리를 내다가 깊은 연못처럼 침묵을 지킴. 〈재 유편〉에도 "깊은 연못처럼 침묵하고 있어도 우레같은 소리를 낸다(淵默而雷聲)."라는 구절이 있다.

20) 賜(사) : 공자의 제자 자공(子貢)의 이름.

逐以孔子聲[21]見老聃수이공자성현노담.

마침내 자공이 공자의 소개로 노담을 뵈었다.

老聃方將倨堂而應微曰노담방장거당이응미왈:

노담은 마침 마루에 걸터앉아 있다가 나직한 소리로 말했다.

"子年運而往矣[22]여년운이왕의 子將何以戒我乎자장하이계아호?"

"나도 이제 나이를 먹었는데, 그대는 무엇을 내게 가르치려 하는가?"

子貢曰자공왈: 자공이 말했다.

"夫三王五帝[23]之治天下不同부삼왕오제지치천하부동

"저 삼황오제(三皇五帝)가 천하를 다스린 방법은 같지 않았으나,

其係聲名一也기계성명일야

그 명성에 있어서는 한결같습니다.

而先生獨以爲非聖人이선생독이위비성인 如何哉여하재?"

그런데 선생님은 홀로 그들이 성인이 아니라 하시니, 어째서입니까?"

老聃曰노담왈: 노담이 대답했다.

"小子少進소자소진! 子何以謂不同자하이위부동?"

"젊은이, 이리 좀 더 가까이 오게. 자네는 어째서 그것이 같지 않다고 하는가?"

對曰대왈: 자공이 대답했다.

---

21) 以孔子聲(이공자성): 공자를 일컬으면서 노자를 찾았다. 聲은 일컫다. 곧 '공자의 소개로'라는 뜻.

22) 子年運而往矣(여년운이왕의): 나는 이제 나이를 먹어 늙었음. 運은 行과 같은 뜻으로, 나이를 먹는다는 뜻. 곧 늙었다는 뜻이다.

23) 三王五帝(삼왕오제): 삼황오제(三皇五帝)를 가리킨다.

"堯授舜요수순 舜授禹순수우

"요는 순에게 천자의 자리를 주었고, 순은 우에게 주었으며,

禹用力24)而湯用兵25)우용력이탕용병

우는 힘을 써서 통치를 했고, 탕(湯)은 무력으로 하(夏)와 걸(桀)을 방벌했으며,

文王順紂而不敢逆문왕순주이불감역

주나라 문왕(文王)은 주왕(紂王)에게 순종하면서 감히 거역하지 않았으나,

武王逆紂而不肯順무왕역주이불긍순 故曰不同고왈부동."

무왕(武王)은 주왕에게 거역하여 복종하지 않았습니다. 그러므로 같지 않다고 한 것입니다."

老聃曰노담왈 : 노담이 말했다.

"小子少進소자소진! 余語汝三皇五帝之治天下여어여삼황오제지치천하

"젊은이여, 좀 더 가까이 오게. 내가 자네에게 삼황오제가 천하를 다스린 방법을 말해 주겠네.

黃帝之治天下황제지치천하 使民心一26)사민심일

황제(黃帝)가 천하를 다스렸을 때에는 백성들의 마음을 하나로 해서,

---

24) 禹用力(우용력) : 우(禹)가 힘을 씀. 곧 우(禹)가 치수(治水)에 인력을 사용했다는 뜻. '堯授舜 舜授禹'는 선양(禪讓)이었으나, 우(禹)는 치수(治水)에 성공한 대신 천자(天子) 자리를 자식에게 계승하는 것이어서, 여기서 선양의 전통이 깨졌다.

25) 湯用兵(탕용병) : 은(殷)의 탕왕(湯王)이 무력을 사용해서 하(夏)의 걸왕(桀王)을 방벌(放伐)한 것을 말함. 현상(賢相) 이윤(伊尹) 등의 도움을 받아 곧 걸왕을 명조(鳴條)에서 격파하여 패사시켰다. 그리고 박(亳)에 도읍하여 국호를 상(商)이라 정하여, 제도와 전례를 정비하고 13년간 재위하였다. 그가 걸왕을 멸한 행위는 유교에서 주(周)나라 무왕(武王)이 상나라 주왕(紂王)을 토벌한 일과 함께 올바른 '혁명'의 군사행동이라 불리고 있다.

26) 使民心一(사민심일) : 백성들의 마음을 차별 없이 하나로 통일하다.

民有其親死不哭而民不非也민유기친사불곡이민불비야

백성 중에 그의 어버이가 죽어 곡을 하지 않는 자가 있더라도 다른 사람들이 그를 비난하지 않았었네.

堯之治天下요지치천하 使民心親사민심친

요임금이 천하를 다스렸을 때에는 백성들의 마음을 서로 친하게 해서,

民有爲其親殺其殺而民不非也민유위기친살기살이민불비야.

백성들 가운데 자기 어버이를 살해한 자를 죽이는 자에 대해서 백성들이 그것을 나쁘다고 비난하지 않았다.

舜之治天下순지치천하 使民心競27)사민심경

순임금이 천하를 다스렸을 때에는 백성들의 마음을 서로 다투게 하여,

民孕婦十月生子민잉부시월생자 子生五月而能言자생오월이능언

백성들 중에서 잉태한 부인은 10개월 만에 아기를 낳고, 자식이 태어난 지 5개월 만에 말을 할 수 있었으며,

不至乎孩而始誰28)부지호해이시수 則人始有夭矣즉인시유요의

웃을 줄 아는 단계에 이르지도 않고서 낮을 가릴 줄 알게 되었으니, 사람은 비로소 일찍 죽는 일이 있게 되었네.

禹之治天下우지치천하 使民心變사민심변

우임금이 천하를 다스렸을 때에는 백성들의 마음을 변화시켜,

人有心而兵有順9)인유심이병유순 殺盜非殺人3이)살도비살인

---

27) 使民心競(사민심경) : 백성들에게 경쟁하는 마음을 갖게 함.

28) 不至乎孩而始誰(부지호해이시수) : 아이가 웃을 줄 아는 데 이르지 않고서도 낮을 가리게 됨. 孩는 웃는다는 뜻.

29) 人有心而兵有順(인유심이병유순) : 사람들이 사심을 갖게 되고, 병기를 사용하는 일까지 정당하게 여김. 心은 사심, 이기심.

사람들은 사심(私心 : 이기심)이 생겨 무기의 사용을 순리로 알고 도적을 죽이는 것은 살인이 아니라고 여겨,

自爲種而天下耳인자위종이천하이

자신만을 소중히 알고 남을 업신여기니 천하가 제멋대로 되고,

是以天下大駭시이천하대해 儒墨皆起31)유묵개기

이에 세상은 혼란이 일어나고, 유가(儒家)와 묵가(墨家)가 일제히 일어났던 것이지.

其作始有倫기작시유륜 而今乎婦女이금호부녀 何言哉하언재!

처음에는 어느 정도 법도가 있더니, 지금에 와서 아녀자들의 시끄러운 다툼이 되고 말았으니, 그대는 무슨 말을 하겠는가!

余語汝여어여 三皇五帝之治天下삼황오제지치천하

내가 그대에게 삼황오제가 천하를 다스렸다고 이야기를 했지만,

名曰治之명왈치지 而亂莫甚焉이란막심언

다스렸다는 것은 명목일 뿐, 실은 어지럽기 그지없었네.

三皇之治삼황지치 上悖日月之明상패일월지명

삼황의 다스림은 위로는 일월의 밝음을 어지럽히고,

下暌山川之精하규산천지정

아래로는 산천의 정기를 어긋나게 만들었으며,

中墮四時之施중휴사시지이

중간으로는 사계절의 운행을 파괴하여,

---

30) 殺盜非殺人(살도비살인) : 곧 도둑을 죽이는 것을 살인이 아니라고 여겨 함부로 사람을 죽인다는 뜻.

31) 儒墨皆起(유묵개기) : 유가(儒家)와 묵가(墨家)가 한꺼번에 일어남.

其知憯於蠣蠆之尾32)기지참어려채지미 鮮規之獸선규지수

그 지혜가 전갈의 꼬리보다도 더 해독이 있었고, 작은 벌레조차도

莫得安其性命之情者막득안기성명지정자

타고난 자연 그대로의 본성을 편안히 지닐 수가 없는데도,

而猶自以爲聖人이유자이위성인 不可恥乎불가치호?

오히려 스스로 성인이라 하니, 부끄럽지 아니한가?

其無恥也기무치야!"

정녕 부끄러워할 줄 모르는구나!"

子貢蹴蹴然33)立不安자공축축연립불안

이에 자공은 두려움에 어쩔 줄 몰라 서 있을 수도 없었다.

| 해설 |

공자가 노자를 용에 비유한 이야기는 《사기》 〈노장신한열전(老莊申韓列傳)〉에도 보인다.

공자가 주(周)나라로 가서 노자에게 예를 물으니, 노자는, "당신이 사모하는 옛 성인도 그 육신은 썩어 없어지고 부질없는 말만 남아 있소. 군자란 때를 얻으면 출세할 것이고, 때를 얻지 못하면 물러갈 것이오. 듣건대, '훌륭한 상인은 물건을 깊이 저장해 두어 겉으로는 텅 빈 것같이 하고, 군자는 성한 덕을 지녔지만 용모는 바보와 같다.'는 것이오. 당신도 교만과 허욕과 영색(令色)과 망상을 버리시오. 이것들은 당신에게는 아무 소용이 없지 않소. 내 당신에게 이것만 말해 주

---

32) 知憯於蠣蠆之尾(지참어려채지미) : 지혜의 해독이 전갈 꼬리의 해독보다도 참혹하다. 憯(참)은 참혹함. 蠣蠆(여채)의 蠣와 蠆는 모두 전갈이다.

33) 蹴蹴然(축축연) : 두려움에 안절부절 못함.

겠소." 하였다.

그래서 공자는 귀국하여 제자들에게 노자를 용에다 비유하여 과찬한 것이다. 또 《사기》〈공자세가(孔子世家)〉에도 공자가 노자를 만나고 헤어질 때 노자의 말에, "부귀한 자는 재물로 이별의 정표를 나누는데, 군자는 말로써 이별의 뜻을 나타내지요." 하는 구절이 보인다.

이 이야기는 재래로 노자를 공자보다 상위에 놓으려는 조작된 일화라고 한다.

이 대목에서는 공자의 제자 자공과 노자의 문답형식으로 이야기를 전개하면서 도가사상을 저변에 깔고 있다.

7.

孔子謂老聃曰공자위노담왈 : 공자가 노담에게 말했다.

"丘治詩書禮樂易春秋六經[1]구치시서예악역춘추육경

"저는 《시(詩)》·《서(書)》·《예(禮)》·《악(樂)》·《역(易)》·《춘추(春秋)》 육경(六經)을 공부한 지 오래되어,

自以爲久矣자이위구의 孰知其故矣[2]숙지기고의

제 나름대로는 그 내용을 매우 익숙하게 안다고 생각하고 있습니다.

---

1) 六經(육경) : 《시경(詩經)》·《서경(書經)》·《예기(禮記)》·《악기(樂記)》·《역경(易經)》·《춘추(春秋)》 6가지 경서. 경(經)이란 상(常)을 뜻하며, 사람이 항상 좇아야 할 도리를 말한다. 공자시대에는 시·서·예·악이 사대부(士大夫)의 교양을 위해 필수적인 학습 내용이었으나, 후세에 역(易)과 춘추(春秋)가 부가되어 육경의 형태가 된 것 같다. 전하는 말로는 이 육경이 모두 공자의 산정(刪定)에 의해 이루어졌다고 한다. 그래서 후세에 와서 유가(儒家)의 경전으로 더욱 중요성을 갖게 되었다.

2) 孰知其故矣(숙지기고의) : 그 내용에 대해서 익숙하게 알고 있다. 孰은 熟의 뜻. 故는 事의 뜻. 熟知其故는 그 내용에 정통(精通)하다는 뜻.

以奸者七十二君[3]이간자칠십이군

그리하여 저는 그것을 가지고 72명의 군주에게

論先王之道而明周召之跡[4]논선왕지도이명주소지적

선왕들의 道를 논하고, 주공과 소공(召公)의 업적을 밝혔으나,

一君無所鉤用[5]일군무소구용 甚矣夫심의부!

한 명의 군주에게도 채택된 적이 없었습니다. 참으로 심합니다!

人之難說[6]也인지난세야 道之難明邪도지난명야!"

남을 설득시키기가 어렵고, 道를 밝히기가 이렇게도 어렵습니다!"

老子曰노자왈 : 노자가 말했다.

"幸矣행의 子之不遇治世之君也자지불우치세지군야!

"다행이오, 당신이 세상을 다스리겠다는 군주를 만나지 못한 것이!

夫六經 先王之陳跡也[7]부육경 선왕지진적야

무릇 〈육경〉은 선왕들이 남긴 자취일 따름이오

---

3) 以奸者七十二君(이간자칠십이군) : 그것을 가지고 간구한 대상이 72명의 군주였음. 72명
   의 군주에게 유세했다는 뜻. 72는 수의 많음을 말하는 표현이다. 공자의 제자도 72인이
   었다고 한다. 奸은 干으로, 구하다의 뜻.

4) 周召之跡(주소지적) : 주공(周公) 단(旦)과 소공(召公) 석(奭). 소공 석은 주(周)나라의
   정치가. 산동반도를 정벌하여 동방(東方) 경로(經路)의 사업을 이룩하여 주나라의 기초
   를 닦았다.

5) 無所鉤用(무소구용) : 채택되어 쓰인 적이 없음.

6) 人之難說(인지난세) : 남을 설득시키기기 어렵다. 유세의 어려움을 이르는 말.

7) 六經 先王之陳跡也(육경 선왕지진적야) : 그대들이 금과옥조로 여기는 육경(六經)이란
   옛 성왕들이 남긴 낡은 자취에 지나지 않는다는 뜻. 〈天道〉편에서, 수레바퀴 깎는 윤
   편(輪扁)이 당상에서 책을 읽고 있는 제환공(齊桓公)에게, "대왕께서 읽고 계시는 것은 옛
   사람의 찌꺼기일 따름입니다(君之所讀者 古人之糟魄已夫)."라고 한 것과 같은 맥락의
   표현이다.

豈其所以跡哉기기소이적재!

그러니 어찌 그것이 참된 자취라고 하겠소!

今子之所言금자지소언 猶迹也유적야

지금 당신이 말하는 바는 단지 자취일 뿐이오.

夫迹 履之所出8)부적 이지소출 而迹豈履哉이적기리재!

무릇 자취는 신발이 만들어내는 것이니, 어찌 발자국이 신발이 될 수
있겠소?

夫白鶂之相視 眸子不運而風化9)부백역지상시 모자불운이풍화

물새는 암수가 서로 바라보며 눈이 맞으면 새끼를 배고,

蟲충 雄鳴於上風웅명어상풍 雌應於下風而風化자응어하풍이풍화

벌레는 수컷이 바람이 부는 쪽에서 울고, 암놈은 바람 아래에서 응하
여 새끼를 낳게 됩니다.

類自爲雌雄 故風化10)유자위자웅 고풍화

또 유(類)란 동물은 한 몸에 암수(兩性)를 가졌기 때문에 새끼를 낳게
되는 것이오.

性不可易 命不可變11)성불가역 명불가변

---

8) 夫迹 履之所出(부적 이지소출) : 자취란 신발에서 나온 것임. 履는 신발이고 迹은 신발
이 남긴 자취.

9) 夫白鶂之相視 眸子不運而風化(부백역지상시 모자불운이풍화) : 흰 물새가 서로 마주보면
서 눈동자를 움직이지 않고 쳐다보고 있으면 교미 없이도 마음이 통하여 새끼를 낳음.
風化는 교미(交尾) 없이 새끼를 밴다는 뜻이다. 지금의 표현으로 말하면 눈만 맞아도
새끼를 밴다는 말로 표현하는 게 좋을 것 같다. 白鶂(백역)은 鶂을 鷁(익 : 새이름)과
통한다.

10) 類自爲雌雄 故風化(유자위자웅 고풍화) : 유(類)란 동물은 한 몸에 암수(兩性)를 가졌기
때문에 서로 마음이 통하여 새끼를 낳음.

그래서 본성은 바꿀 수 없는 것이고, 천명은 변화시킬 수 없는 것이며,

時不可止[12]시불가지 道不可壅도불가옹

시간은 멈출 수 없는 것이고, 道는 막을 수가 없는 것이오.

苟得其道구득어도 無自而不可무자이불가

만약 道를 얻으면 뜻대로 되지 않는 일이 없고,

失焉者실언자 無自而可무자이가"

道를 잃으면 뜻대로 되는 일이 없소."

孔子不出三月공자불출삼월 復見부현 曰왈 :

공자는 세 달 동안 두문불출하다가 다시 노자를 만나 말했다.

"丘得之矣구득지의

"저는 道를 깨달았습니다.

烏鵲孺오작유 魚傳沫어부말

까마귀와 까치는 알을 까서 새끼를 낳고, 물고기는 거품을 뿌려 길러지며,

細要者化[13]세요자화 有弟而兄啼유제이형제

나나니벌은 누에를 키워 자기 자식으로 삼고, 인간은 아우가 생기면 형은 젖이 끊기기 때문에 웁니다.

久矣夫구의부 丘不與化爲人구불여화위인!

---

11) 性不可易 命不可變(성불가역 명불가변) : 본성은 바꿀 수 없고 천명 또한 변해서는 안 됨.

12) 時不可止(시불가지) : 시간을 멈춰서는 안 됨. 시간이 흘러감에 순응해야 한다는 뜻.

13) 細要者化(세요자화) : 나나니벌이 알을 뽕나무벌레의 몸에다 낳아 붙여 유충의 먹이로 삼으므로 유충이 뽕나무벌레로부터 변화한 것으로 본 것이다. 허리 가는 벌레들은 누에를 키워 자기 자식으로 삼음. 細要者는 벌 종류를 말한다. 要는 腰와 같아 벌이 허리가 가늘어 그렇게 이름 지어졌을 것이다.

참 오랫동안이었습니다, 제가 조화(造化)와 일치되지 못했던 세월이!

不與化爲人불여화위인 安能化人안능화인!"

조화와 일치되지 못하고서 어찌 남을 조화시키겠습니까!"

老子曰노자왈 : "可가 丘得之矣구득지의."

노자가 말했다. : 그렇소. 그대는 道를 깨달았구려."

| 해설 |

유가(儒家)에서는 〈육경(六經)〉이야말로 진리의 총본산으로 삼았고, 이것에 통달하는 것만이 학문하는 최고의 길이라고 보았다. 그러나 노자는 그것이야말로 일고의 가치도 없는 것이며, 그것은 선왕들의 조백 (糟魄 : 찌꺼기)의 집대성이라고 비평한 것이다.

따라서 여기에서는 공자도 끝내는 그것을 알아 무위자연에 따르는 것이 절대의 道요, 이런 道에서 오래도록 떨어져 있었다는 참회를 하게 만들고 있다. 이것도 도가(道家)들이 유가(儒家)의 상위에 서려는 의식이 잘 조작된 우화로 나타난 것이라 하겠다.

15. 각의
刻意

염담무적(恬淡寂寞) 허무무위(虛無無爲)

각의란 마음을 억제한다는 뜻으로, 한 편이 일관된 논지(論旨)로써 구성되어 있어 독립된 1장을 이루고 있다. 염담적막(恬淡寂寞)·허무무위(虛無無爲)를 양신(養神)의 道로 삼아 이를 체득한 사람이 진인(眞人)이라고 설명하고 있다.

1.

刻意尙行[1]각의상행　離世異俗[2]이세이속

마음을 엄격히 다스리고 행동을 고상하게 가지며, 세속을 떠나 속세와 떨어져 사는 사람들이 있다.

高論怨誹[3]고론원비　爲亢而已矣[4]위항이이의

고상한 의론으로 자신의 불우함을 원망하고, 세상의 부패를 비난하여 자신을 높이는 데 골몰할 따름이다.

此山谷之士[5]차산곡지사　非世之人비세지인

이는 산골짜기에 묻혀 사는 은사나 세속을 비난하는 사람이나,

枯槁赴淵者之所好也[6]고고부연자지소호야

말라비틀어진 몸으로 자신의 결백을 위해서 못에 투신하는 사람들이 좋아하는 바다.

---

1) 刻意尙行(각의상행) : 마음을 엄격하게 다스리고 행동을 고결하게 함. 뜻을 새긴다는 것은 곧 마음을 억제한다는 뜻. 刻은 새기다의 뜻. 尙行은 '高尙其行'의 줄임으로 행동을 고상하게 한다는 뜻.

2) 離世異俗(이세이속) : 속세를 떠나 세속과 달리 행동함. 離世의 離와 異俗의 異가 같다.

3) 高論怨誹(고론원비) : 높은 이상을 논(論)하고 자신의 불우(不遇)함을 원망하거나 세상의 부패를 비난함. 怨誹는 자신을 원망하고 세상을 비난한다는 뜻.

4) 爲亢而已矣(위항이이의) : 자기를 높이는 일에 골몰할 뿐임. 爲亢은 자신을 높인다는 뜻.

5) 山谷之士(산곡지사) : 산골짜기에서 사는 은사.

6) 枯槁赴淵者之所好也(고고부연자지소호야) : 말라비틀어진 몸으로 자신의 결백을 위해서 못에 투신하는 사람들이 좋아하는 바다. 고고(枯槁)는 말라비틀어진 모습. 赴淵(부연)은 연못에 몸을 던진다는 뜻. 〈外物〉편에, "말라비틀어진 모습의 사람은 포초(鮑焦)와 개자추(介子推) 같은 부류이고, 연못에 몸을 던진 사람은 신도적(申徒狄)이나 변수(卞隨) 같은 부류이니 이들은 모두 한쪽의 가치만 아는 사람들이니 어찌 지극한 道를 말하기에 충분하겠는가."라는 구절이 나온다.

語仁義忠信어인의충신 恭儉推讓[7]공검추양 爲修而已矣위수이이의

또 인의나 충신(忠信)을 말하고, 공검(恭儉)이나 추양(推讓)을 실천하며 자신의 수양에 몰두할 따름이다.

此平世之士차평세지사 教誨之人교회지인

이 같은 태도는 평화로운 시대의 선비나, 남의 교화에 힘쓰는 사람들로,

遊居學者之所好也유거학자지소호야

세상에 유세하고 다니는 사람이나 학자들이 좋아한다.

語大功어대공 立大名입대명

큰 공로를 말하고, 위대한 이름을 내세우며,

禮君臣 正上下[8]예군신 정상하 爲治而已矣위치이이의

군신(君臣)간의 예의를 밝히고, 상하의 신분질서를 바로잡아 다스리는 일에 몰두할 뿐이다.

此朝廷之士차조정지사 尊主强國之人[9]존주강국지인

이런 사람은 조정에 있는 사람이나, 임금의 권력을 강화하고 국가를 강대하게 하려는 사람들,

致功幷兼者之所好也치공병겸자지소호야

공을 세워 다른 나라를 병합하려는 자가 좋아하는 바다.

就藪澤[10]취수택 處閒曠[11]처한광

---

7) 恭儉推讓(공검추양) : 恭儉은 공손과 검약. 推讓은 남을 추천하고 자기는 사양함.

8) 禮君臣 正上下(예군신 정상하) : 군신(君臣) 간의 禮를 제정하며, 上下의 신분질서를 바로잡음. 禮君臣은 군주와 신하가 서로 禮로 대한다는 뜻. 正上下는 상하의 신분을 엄정하게 한다는 뜻.

9) 尊主强國之人(존주강국지인) : 군주의 권력을 강화하고 나라를 강대하게 하려는 사람들.

10) 藪澤(수택) : 호수와 늪.

숲속이나 늪, 넓은 들에 살면서 한적하고 공허한 곳에 몸을 두며,

釣魚閒處조어한처 無爲而已矣무위이이의

한가한 곳에서 물고기나 낚으며 무위(無爲)하며 지내는 자가 있다.

此江海之士차강해지사 避世之人[12]피세지인 閒暇者之所好也한가자지소호야

이런 사람은 강해(江海)에 묻혀 사는 사람이나, 세상을 등지고 사는 사람이나, 한가로운 생활을 즐기는 사람들이다.

吹呴呼吸 吐故納新 熊經鳥申[13]취구호흡 토고납신 웅경조신 爲壽而已矣위수이이의

숨을 내쉬고 들이쉬고 하여 심호흡을 하며 곰처럼 매달리고, 새처럼 목을 길게 늘이듯 체조를 한다 함은 오래 살려고 하는 것일 뿐이다.

此道引[14]之士차도인지사 養形之人양형지인

이런 사람은, 도인술(道引術)을 하는 선비나 몸을 기르는 사람이나,

彭祖[15]壽考者之所好也팽조수고자지소호야

---

11) 處閒曠(처한광) : 한적하고 비어 있는 땅에 머묾.

12) 避世之人(피세지인) : 세상을 등지고 사는 사람. 이런 사람이 바로 조용하고 한가한 사람이니, 바로 소부(巢父), 허유(許由), 공열휴(公閱休)의 무리이다.

13) 吹呴呼吸 吐故納新 熊經鳥申(취구호흡 토고납신 웅경조신) : 숨을 급히 쉬거나 천천히 쉬고, 숨을 토하거나 숨을 들이마시면서 호흡하여, 묵은 氣를 토해내고 새로운 氣를 받아들이며 곰처럼 直立하거나 새처럼 목을 폄. 吹(취)는 숨을 급히 쉼, 呴(구)는 숨을 천천히 쉼. 呼(호)는 숨을 토(吐)함이고 吸(흡)은 숨을 들이쉬는 것. 곧 吹呴呼吸 吐故納新은 일종의 호흡법이고 웅경조신(熊經鳥申)은 일종의 보건체조이다. 여기서의 운동은 신선수행자(神仙修行者)들이 행하는 체조를 말한다.

14) 道引(도인) : 도인술(道引術)을 함. 호흡법과 보건제조를 통합해서 일컫는 말이다. 道, 즉 영기(靈氣)를 끌어들인다는 뜻. 한(漢)나라의 공신 장량(張良)도 「도인(道引)」의 술(術)을 행했다고 한다.

15) 彭祖(팽조) : 팽조가 실제로 800년을 살았다고 하는 것은 고증할 수 없으나, 중국 다수의 역사서에 팽조에 대한 언급이 있다. 《사기》 〈초세가(楚世家)〉에는 팽조가 五帝 중

팽조와 같이 장수를 바라는 자들이 좋아하는 바다.

若夫不刻意而高약부불각의이고 無仁義而修무인의이수

그런데 만약 마음을 엄격히 다스리지 않더라도 행동이 고상해지고, 인의가 없이 몸이 수양되며,

無功名而治무공명이치 無江海而閒무강해이한

공명(功名)이 없이 다스려지고, 강해(江海)에 노넒이 없이 한가해지며,

不道引而壽부도인이수 無不忘也 無不有也[16]무불망야 무불유야

도인술을 하지 않아도 수(壽)를 누린다면 모든 것을 잊지 않음이 없기 때문에 오히려 모든 것을 다 가질 수 있다.

澹然無極而衆美從之[17]담연무극이중미종지

이 경지에 이르면 마음이 담박하고 고요하고 무한하며, 온갖 미덕이 저절로 갖추어지는 것이다.

此天地之道차천지지도 聖人之德也성인지덕야

이런 것이야말로 천지의 道요, 성인의 德인 것이다.

故曰고왈：夫恬惔寂寞 虛無無爲[18]부염담적막 허무무위 此天地之平而道德

하나인 전욱(顓頊)의 손자라고 기록되어 있다. 하(夏)왕조부터 상(商)왕조에 걸쳐 그는 약 800년을 살았는데, 그의 장수 이야기에 관한 것은 일찍이 진한(秦漢) 이전에 전해졌다고 한다.

16) 無不忘也 無不有也(무불망야 무불유야) : 잊어버리기 때문에 가질 수 있다.

17) 澹然無極而衆美從之(담연무극이중미종지) : 담담히 끝없는 작용을 이루면 모든 아름다움이 따르게 됨. 담연(澹然)은 담담함, 담박함. 衆美는 앞의 여러 부류의 사람들이 추구했던 온갖 아름다운 가치, 곧 高 · 修 · 治 · 閒 · 壽 등을 가리킨다. 따라서 衆美從之는 얼핏 아름다움과는 거리가 있을 듯한 담박함 속에 온갖 아름다움이 들어 있음을 가리키는 표현이다.

18) 恬惔寂寞 虛無無爲(염담적막 허무무위) : 恬惔寂寞은 무욕(無欲), 담백(淡白)한 조용하고 고요한 상태를 의미하며, 虛無無爲는 무심(無心)과 무작위(無作爲)의 상태를 의미한다.

之質也자천지지평이도덕지질야"

그러므로 이르기를, "무릇 염담, 적막, 허무, 무위한 것은 곧 천지의 본질이며 도덕의 본질이다."라고 했다.

故曰고왈 : "聖人休성인휴 休焉則平易矣휴언즉평이의"

그래서 이르기를, "성인은 평이(平易)한 경지에서 쉰다."고 했다.

平易則恬惔矣평이즉염담의

마음이 평이하면 평정(平靜)해지고, 마음이 안정되며 한가해진다.

平易恬惔평이염담 則憂患不能入19)즉우환불능입 邪氣不能襲20)사기불능습

평정해지고 담담해지면 우환이 들어오지 못하고, 사기(邪氣)가 엄습할 수 없다.

故其德全21)而神不虧고기덕전이신불휴

그런고로 그런 덕이 온전하면 정신이 이지러지지 않는다.

故曰고왈 : "聖人之生也天行22)성인지생야천행 其死也物化기사야물화"

그러므로 이르기를, "성인은 살아 있을 때에는 천지자연의 운행에 몸을 맡기고, 죽을 때는 사물의 변화에 몸을 맡기며,

靜而與陰同德정이여음동덕 動而與陽同波동이여양동파"

조용히 있을 때는 음과 더불어 덕을 같이하고, 움직일 때는 양과 더불

〈天道〉편에, "마음을 비우고 고요함을 지키고 편안하고 담백하며 적막하면서 하는 일이 없는 것은 천지자연의 평준이요, 도덕의 지극함이다(夫虛靜恬淡寂寞無爲者 天地之平而道德之至)."라고 이미 나와 있다.

19) 憂患不能入(우환불능입) : 근심 걱정이 마음속에 들어올 수 없음.

20) 邪氣不能襲(사기불능습) : 사악한 氣가 밖에서 들어올 수 없음. 襲(습)은 밖에서 안으로 엄습해 온다는 뜻.

21) 德全(덕전) : 덕이 온전함.

22) 天行(천행) : 천지자연의 운행.

어 흐름을 같이한다."고 말한다.

不爲福先 不爲禍始[23]불위복선 불위화시

복의 앞이 되지도 않고, 화의 시작이 되지도 않는다.

感而後應 迫而後動[24]감이후응 박이후동

외물에 느낀 후에 응하며, 급박해야 움직인다.

不得已而後起부득이이후기 去知與故거지여고 循天之理[25]순천지리

부득이해서야 일어나고, 지혜와 인위를 함께 버리고, 하늘의 이법(理法)을 따를 뿐이다.

故無天災 無物累[26]고무천재 무물루

그런고로 성인은 하늘의 재앙을 받지 않고, 외물의 구속을 받지 않으며,

無人非 無鬼責[27]무인비 무귀책

남의 비난을 받지도 않고, 귀신의 책망도 받지 않는다.

其生若浮기생약부 其死若休기사약휴

그래서 그가 살아 있을 때는 물위에 떠 있는 것 같고, 그가 죽었을 때는 쉬고 있는 것 같다.

---

23) 不爲福先 不爲禍始(불위복선 불위화시) : 복(福)의 앞이 되지도 않고 화(禍)의 시작이 되지도 아니함. 보통 사람들은 福은 좇으려 하고 禍는 피하려 하지만, 성인은 화와 복을 모두 잊어버린다는 뜻이다.

24) 感而後應 迫而後動(감이후응 박이후동) : 외물(外物)에 감촉된 뒤에 응하며, 외물이 급박한 뒤에 비로소 움직임. 迫은 급박하게 다가온다는 뜻. 動은 호응한다는 뜻.

25) 循天之理(순천지리) : 오로지 자연의 이법을 따름. 天之理는 자연의 이법. 循은 따르다.

26) 無天災 無物累(무천재 무물루) : 하늘의 재앙이 없으며, 外物에 얽매임이 없음.

27) 無人非 無鬼責(무인비 무귀책) : 남에게 비난받음이 없으며, 귀신에게 책망 받는 일도 없음. 〈天道〉 편에도, "사람들의 비난을 받지 않으며, 사물에 얽매이지 않고, 귀신의 질책을 받지 않는다(無人非 無物累 無鬼責)."라고 나온다.

不思慮불사려 不豫謀28)불예모

그는 생각하지도 않고 미리 꾀하지도 않으며,

光矣而不耀29)광의이불요 信矣而不期신의이불기

빛나지만 눈부시지 않고 신실(信實)이 있어도 기약하지 않는다.

其寢不夢 其覺無憂30)기침불몽 기교무우

잠 잘 때도 꿈을 꾸지 않고 깨어 있을 때에도 근심하지 않으며,

其神純粹기신순수 其魂不罷기혼불피

정신은 순수하고 혼은 고달프지 않으며,

虛無恬惔31)허무염담 乃合天德내합천덕

허무염담(虛無恬淡)해서 곧 하늘의 德에 합친다.

故曰고왈 : 그러므로 이르기를,

"悲樂者비락자 德之邪덕지사

"슬퍼하거나 즐거워하는 것은 德의 편벽됨이요,

---

28) 不豫謀(불예모) : 미리 꾀하지 아니함.

29) 光矣而不耀(광의이불요) : 빛나지만, 눈부시지 않는다. 밝고 빛나는 것은 좋은 것이다.
그러나 그 빛이 너무 밝게 빛나서는 안 된다. 사람의 수양도 밖으로 환하게 빛나게 해
서는 안 된다. 성인(聖人)의 처신을 이른 말이다. 《老子》제58장에서 "빛나지만 눈부시
지 않는다(光而不耀)."고 한 구절이 있고, 제4장의 "빛을 감추고 속진(俗塵)에 섞인다
(和其光 同其塵)."고 한 구절도 비슷한 의미다. 위 구절에서 「광이불요(光而不耀)」,
「화광동진(和光同塵)」의 유명한 성어가 생겨났다.

30) 其寢不夢 其覺無憂(기침불몽 기교무우) : 잠잘 때는 꿈을 꾸지 않고, 깨어서도 걱정하
지 않음. 覺은 깨나. '교'로 읽는다. 〈대종사〉 편에도 "옛날의 진인은 잠잘 때는 꿈을
꾸지 않고, 깨어 있을 때에는 근심이 없었다(古之眞人 其寢不夢 其覺無憂)."고 하여 똑
같은 진인의 생활을 묘사하고 있는 내용이 있다.

31) 虛無恬惔 乃合天德(허무염담 내합천덕) : 무심(無心)하고 무욕(無欲)하여 마침내 천덕
(天德)과 합치됨. 虛無는 무심(無心), 恬淡은 무욕(無欲). 恬은 고요함, 惔은 담담함, 곧
虛無恬惔은 無爲의 태도를 의미한다.

喜怒者희노자 道之過도지과

기뻐하거나 노여워하는 것은 道의 허물이요,

好惡者호오자 德之失덕지실"

좋아하고 미워하는 것은 德의 잃음이라."고 했다.

故心不憂樂고심불우락 德之至也덕지지야

그런고로 마음에 근심하거나 즐거워함이 일어나지 않는 것은 德의 지극

함이요,

一而不變32)일이불변 靜之至也정지지야

한결같이 변하지 않는 것은 고요함의 극치이며,

無所於忤 虛之至也33)무소어오 허지지야

거스름이 없는 것은 허(虛)의 지극함이요,

不與物交불여물교 惔之至也담지지야

외물과 교접하지 않는 것은 염담(恬淡)의 지극함이며,

無所於逆 粹之至也34)무소어역 수지지야

외물에 거역함이 없는 것은 순수의 지극함이다.

故曰고왈 : "形勞而不休則弊35)형로이불휴즉폐

그러므로 이르기를, "육체를 수고롭게 하여 쉬지 않으면 지쳐 쓰러지고,

---

32) 一而不變(일이불변) : 마음이 한결같아 변하지 않음.

33) 無所於忤 虛之至也(무소어오 허지지야) : 外物의 움직임에 거스름이 없는 것은 허(虛)
의 지극함. 忤는 거스르다.

34) 無所於逆 粹之至也(무소어역 수지지야) : 외물의 움직임에 거역함이 없는 것은 순수의
지극함이다.

35) 形勞而不休則弊(형로이불휴즉폐) : 인간의 육체는 혹사만 하고 쉬지 않으면 지쳐 쓰러
지고 만다.

精用而不已則勞정용이불이즉로 勞則竭노즉갈"

정기(精氣)는 계속 쓰면 지쳐버린다. 또 몸과 마음이 모두 피로하면 피폐해진다."고 했다.

水之性수지성 不雜則淸부잡즉청

물의 성질은 다른 물건이 뒤섞이지 않으면 맑고,

莫動則平막동즉평 鬱閉而不流36)울폐이불류

바람에 움직이지 않으면 수평을 이루며, 꽉 막아 흐르지 않게 하면,

亦不能淸역불능청 天德之象37)也천덕지상야

또한 맑을 수도 없다. 이것은 천지자연의 작용의 현상이다.

故曰고왈 : 그러므로 이르기를,

純粹而不雜순수이부잡 靜一而不變정일이불변

"순수하여 뒤섞이지 아니하고, 고요하고 한결같아 변함이 없으며,

惔而無爲담이무위 動而以天行동이이천행"

염담해서 작위함이 없고, 움직여 천지자연의 운행에 따른다."고 했는데,

此養神之道也차양신지도야

이것이 정신을 기르는 방법이다.

夫有干越之劍者38)부유간월지검자 柙而藏之39)합이장지

---

36) 鬱閉而不流(울폐이불류) : 막고 닫아서 흘러가지 않게 함. 혹기는 "흐르지 않게 하면 물이 맑을 수 없다."는 비유를 이전에는 없는 비유라고 해서 흐름을 중시하는 것이라고 하였다.

37) 天德之象(천덕지상) : 본래 타고난 덕의 모습.

38) 干越之劍者(간월지검자) : 오(吳)나라나 월(越)나라에서 만들어진 명검(名劍)을 가진 자. 干越(간월)은 오월(吳越)과 같다. 干은 우(于)로 보고, 于는 오(吳)와 통하므로 오나라를

무릇 오(吳)와 월(越)에서 생산된 칼을 가진 자는 그것을 칼집 속에 넣어 잘 간직해 두고,

不敢用也불감용야 寶之至也보지지야

감히 사용하지 않는 것은 지극히 보배롭기 때문이다.

精神四達竝流정신사달병류 無所不極무소불극

그전에 우리의 정신은 사방으로 통하고 팔방으로 흘러가 이르지 않는 데가 없어,

上際於天상제어천 下蟠於地하반어지

위로는 하늘에 이르고 아래로는 땅 속에까지 서려,

化育萬物40)화육만물 不可爲象불가위상 其名爲同帝41)기명위동제

만물을 화육시키지만 그 형상을 볼 수가 없다. 그래서 그 이름을 동제(同帝)라 한다.

純素之道 惟神是守42)순소지도 유신시수

순수하고 소박한 道는 오직 이런 정신을 지키는 것이다.

守而勿失수이물실 與神爲一43)여신위일

말함. 干은 오(吳)의 간계(干溪 : 지명). 오월(吳越) 지방은 고래로 명검(名劍)의 산지로서 유명하였음.

39) 柙而藏之(합이장지) : 상자에 넣어 간직해 둠. 柙(합)은 상자, 상자에 넣다.

40) 化育萬物(화육만물) : 만물을 화육(化育)함. 化育은 자연의 이치로 모든 물건을 만들어 기름을 말한다.

41) 同帝(동제) : 그 작용이 천제(天帝)와 같다는 의미에서 동제(同帝)라고 했음.

42) 純素之道 惟神是守(순소지도 유신시수) : 순수하고 소박(素朴)한 道는 오직 정신(精神)을 지킨다. 순소(純素)는 순수소박(純粹素朴). 道의 모습을 素로 표현한 경우는 여러 편에서 나온다.

43) 與神爲一(여신위일) : 정신(精神)과 일체가 된다는 뜻.

그 정신을 지켜 잃지 않으면 육체는 정신과 합이 된다.

一之精通⁴⁴⁾일지정통 合於天倫⁴⁵⁾합어천륜

그리고 합일된 정신은 천륜(천지자연의 도리)에 합치된다.

野語有之曰야어유지왈 : 속담에도 이르기를,

"衆人重利중인중리 廉士重名염사중명

"속인들은 이익을 중요시하고, 청렴한 선비는 명예를 중요시하며,

賢人尙志현인상지 聖人貴精성인귀정"

어진 선비는 뜻을 존중하고, 성인은 정신을 귀히 여긴다."고 하였다.

故素也者고소야자 謂其無所與雜也위기무소여잡야

그러므로 소박하다는 것은 다른 것과 뒤섞이지 아니한 것을 말함이요,

純也者순야자 謂其不虧其神也위기불휴기신야

순수하다는 것은 그 정신이 이지러지지 않은 것을 말함이니,

能體純素능체순소 謂之眞人⁴⁶⁾위지진인

순수하고 소박함을 체득한 자를 진인(眞人)이라 부를 수 있다.

| 해설 |

　이 편에서는 주로 정신수양의 道를 설명하고 있는데, 성인은 염담적막(恬惔寂寞)·허무무위(虛無無爲)에 처하여 인위적인 것을 버리고, 천리(天理)를 따라 오욕칠정(五慾七情)을 버리고 생사도 초월하며, 오직

---

44) 一之精通(일지정통) : 일제가 된 정신이 만물에 통함. 精은 精神. 通은 만물과 통함.

45) 合於天倫(합어천륜) : 천륜(天倫)과 합치됨. 천륜(天倫)은 자연의 질서. 앞에서 "자연의 이법을 따른다(循天之理)."고 한 내용과 "자연(自然) 본래의 작용과 합치된다(合天德)."고 한 내용을 참고

46) 眞人(진인) : 참된 道를 깨달은 사람.

정신을 토대로 순일무잡(純一無雜)·원만무결(圓滿無缺)을 지녀야 하며, 이런 경지의 최고점에 이른 자를 진인(眞人)이라고 했다.

　이 편은 비교적 일관된 논지로 구성되어 독립된 1 장으로 볼 수 있다. 인간의 마음은 物의 속성에다 비유하여 외부작용에 의하여 物의 상태가 달라지듯이, 인간의 마음도 외부와의 접촉에서 갖가지 움직임이 일어나는 것이 범인(凡人)의 심리상태이다. 그러나 진인만은 여하한 자극에도 흥분함이 없이 오직 천리를 따라 움직이는데, 이것이야말로 참된 道의 체득자라는 것이다.

16. 선성
繕性

몽매한 백성(蔽蒙之民)

선성은 성질을 다스린다는 뜻으로, 앞의 〈각의〉편과 같이 수미일관
(首尾一貫)된 논지로써 독립된 1 장을 이루고 있다. 〈각의〉편이 무위자
연의 道에 근본한 〈양신(養神)〉을 논술한 데 대하여 이 편에서는 무위
자연의 道에 근본한 〈존신(存身)〉과 〈득지(得志)〉를 설명하고 있다.
따라서 〈존신〉과 〈득지〉의 실천 근거로서 〈복초(復初)〉곧 인간 본연
성에로의 복귀를 주장하고, 다시 염(恬 : 和)과 지(知 : 理)의 근원적인
조화를 강조하는 점에 이 편의 특징이 있다.

1.

繕性於俗學¹⁾선성어속학 以求復其初학이구복기초

속된 학문으로써 본성(本性)을 다스려 처음의 모습으로 돌아가려 하거나,

滑欲於俗²⁾골욕어속 思以求致其明³⁾사이구치기명

세속적 욕망에 빠져서 사려 깊은 척 밝은 지혜를 이루기 바라는 사람을

謂之蔽蒙之民⁴⁾위지폐몽지민

몽매한 백성이라 이른다.

古之治道者고지치도자 以恬養知이념양지

옛날 道를 닦은 이는, 평안하고 고요한 마음으로써 지혜를 길렀고,

知生而無以知爲也지생이무이지위야

지혜가 생겨도 지혜로써 행위함이 없었다.

謂之以知養恬위지이지양념

이를 일러 지혜로써 평안과 고요를 기른다고 한다.

知與恬交相養 而和理出其性⁵⁾지여염교상양 이화리출기성

지혜와 염담이 서로 길러져 화리(和理)가 그 본성에서 나오는 것이다.

---

1) 繕性於俗學(선성어속학) : 속된 학문으로 본성을 다스림. 여기서 俗學은 유가(儒家)나 묵가(墨家)의 학문을 가리킴. 繕은 다스리다.

2) 滑欲於俗(골욕어속) : 세속의 욕망에 골몰함. 滑欲은 욕심에 빠져서 어지러워짐을 말한다.

3) 思以求致其明(사이구치기명) : 사려(思慮) 깊은 듯 밝은 지혜를 이루기를 바람. 明은 밝은 지혜로 명석한 판단력을 의미한다.

4) 蔽蒙之民(폐몽지민) : 몽매한 백성, 곧 도리에 어두운 인간을 이르는 말이다. 蔽는 가리다, 막히다의 뜻.

5) 知與恬交相養 而和理出其性(지여염교상양 이화리출기성) : 지혜와 염담(恬淡)이 서로 길러주면 和와 理는 본성 속에서 저절로 생겨남. 和는 인간사회의 조화, 곧 人和를 의미하고 理는 인간사회의 질서를 의미한다.

夫德부덕 和也화야 道도 理也리야

무릇 德은 조화요, 道는 논리(理)다.

德無不容덕무불용 仁也인야 道無不理도무불리 義也의야

德으로써 포용하는 것이 인(仁)이요, 道로써 다스리는 것을 의(義)라 하며,

義明而物親의명이물친 忠也충야

義에 밝아서 사물이 친해오는 것을 충(忠)이라 하고,

中純實而反乎情중순실이반호정 樂也악야

마음이 순수하고 참되어 정(情)으로 돌아가는 것을 악(樂)이라 하며,

信行容體而順乎文신행용체이순호문 禮也예야

표정과 동작을 마음이 행하는 대로 맡기되 절도(節度)에 맞는 것을 예
(禮)라 한다.

禮樂遍行6)예악편행 則天下亂矣즉천하란의

그런데 예악(禮樂)에만 치우치면 세상은 어지러워진다.

彼正而蒙己德7)피정이몽기덕

정치가들이 예악으로 자신의 덕을 가리게 되면,

德則不冒8)덕즉불모

德으로 만민을 가릴 수 없게 되니,

---

6) 禮樂遍行(예악편행) : 道와 德을 놓아둔 채 예악(禮樂)에만 치우치면 천하가 어지러워진
다는 뜻.

7) 彼正而蒙己德(피정이몽기덕) : 저들, 곧 세상의 위정자들이 仁義禮樂의 규범에 의해 정
치를 시행하려고 하여 자기 본래의 德을 감추어버리면 그의 德은 만민을 화육(化育)할
수가 없게 될 것이니, 무리하게 萬物을 덮어 화육하고자 한다면 만물은 반드시 그 본성
을 잃게 될 것이라는 뜻.

8) 德則不冒(덕즉불모) : 德은 萬民을 덮을 수 없게 될 것임. 冒는 만물을 덮어 화육한다는
뜻.

冒則物必失其性也모즉물필실기성야

德이 억지로 만물을 덮어 화육하려 하면 만물은 반드시 그 본성을 잃게 될 것이다.

古之人在混芒之中9)고지인재혼망지중

옛날 사람들은 혼망(混芒) 가운데 살면서,

與一世而得澹漠焉여일세이득담막언

세상과 하나가 되어 욕심을 버리고 고요하게 지냈다.

當是時也당시시야 陰陽和靜음양화정

그 당시에는 음양이 조화를 이루어 고요했고,

鬼神不擾귀신불요 四時得節사시득절

귀신이 날뛰지 않았으며, 4계절이 절도가 있어

萬物不傷만물불상 群生不夭10)군생불요

만물이 상하지 않았고, 모든 생물이 요사(夭死)하지 않았다.

人雖有知인수유지 無所用之무소용지

그래서 사람도 비록 지혜가 있었으나 쓸 곳이 없었으니,

此之謂至一11)차지위지일

이것을 일러 지일(至一)이라 한다.

當是時也당시시야 莫之爲而常自然막지위이상자연

그 당시에는 인위적인 행동이 없었고, 만물은 항상 스스로 살아갔었다.

---

9) 混芒之中(혼망지중) : 일체의 구별이 없는 혼돈(渾沌) 상태. 混芒은 천지가 아직 분화되지 않았을 때의 혼돈상태를 뜻한다.

10) 群生不夭(군생불요) : 群生은 중생(衆生)과 같고, 夭는 일찍 죽는다는 뜻.

11) 此之謂至一(차지위지일) : 무위염담(無爲恬淡)해서 물아(物我)가 일치된 경지. 절대 평등의 상태. 이런 때를 일컬어 만물일체가 실현된 시대라 함.

逮德下衰체덕하쇠 及燧人12)伏羲始爲天下급수인복희시위천하

그러다가 덕이 차차 쇠해져 수인씨와 복희씨 때에 이르러 비로소 천하를 다스리게 되었다.

是故順而不一시고순이불일

그래서 사람들은 자연에 순응하면서도 일체가 되지는 못하였다.

德又下衰덕우하쇠 及神農黃帝始爲天下급신농황제시위천하

德이 더욱 쇠약해져 신농씨나 황제의 세상이 되어서 비로소 천하를 다스리게 되었다.

是故安而不順시고안이불순

백성들은 편안히 살면서도 자연에 순종하지 않았다.

德又下衰덕우하쇠 及唐虞3)始爲天下급당우시위천하

그러다가 德이 또다시 쇠약해져서 요나 순의 시대에 이르러서는 천하를 다스리기 시작했다.

興治化之流 澆淳散朴14)흥치화지류 요순산박

정치와 교화의 흐름을 일으켜 순박함이 흐려지고 소박함이 흐트러졌다.

離道以善이도이선 險德以行험덕이행

선(善)을 위해서 道를 떠나고, 행위를 위하여 德을 잃었다.

---

12) 燧人(수인) : 수인씨(燧人氏)는 고대 중국 전설상의 황제. 복희씨(伏羲氏)·신농씨(神農氏)와 함께 3황(三皇)의 한 사람으로 화식(火食)하는 것을 발명하였다고 전해진다. 수(燧)는 불을 얻는 도구로, 수인씨가 나무를 마찰하여 불을 얻어 음식물을 요리하는 방법을 가르쳐 주었다고 한다.

13) 唐虞(당우) : 唐은 요(堯)가 다스린 나라 이름. 虞는 순(舜)이 다스린 나라 이름. 그래서 요와 순을 각각 도당씨(陶唐氏), 유우씨(有虞氏)라고 일컫는다.

14) 興治化之流 澆淳散朴(흥치화지류 요순산박) : 정치와 교화의 흐름이 나타나 순박함과 소박함이 흐트러짐. 治化는 교화(敎化)와 같다.

然後去性而從於心 연후거성이종어심

그런 뒤로는 사람들은 본성을 버리고 인심을 따라 행동했으므로,

心與心識5)知而不足以定天下 심여심식지이부족이정천하

서로가 서로의 마음을 엿보아 천하를 안정시킬 수가 없었다.

然後附之以文 益之以博6) 연후부지이문 익지이박

그런 뒤에 문화(文華)를 붙이고 박학(博學 : 폭넓은 지식)을 더하였지만,

文滅質 문멸질 博弱心 박닉심

화려한 장식이 질박함을 없애고 박학은 마음을 어지럽혔다.

然後民始惑亂 연후민시혹란

그 뒤로 백성들은 비로소 혹란(惑亂)하게 되어,

無以反其性情而復其初7) 무이반기성정이복기초

본연의 성정(性情)으로 돌아가 원래의 상태로 돌아갈 수 없게 되었다.

由是觀之유시관지 世喪道矣세상도의 道喪世矣도상세의

이로써 살펴본다면 세상은 道를 잃고 道는 세상을 잃어,

世與道交相喪也세여도교상상야

道와 세상은 서로를 잃고 만 셈이 되었다.

---

15) 心與心識(심여심식) : 서로가 서로의 마음을 엿보다. 識은 살피다. 여기서 心은 모두 〈天地〉편의 機心을 가리킨다. 機心은 기계로 인한 마음으로 과도한 욕심, 간교한 심보를 뜻한다.

16) 然後附之以文 益之以博(연후부지이문 익지이박) : 그 뒤로 문화(文華)를 갖다 붙이고 박식을 보탬. 여기의 文과 博은 각각 뒤의 質과 心에 상대되는 외형적인 가식을 의미한다. 文華는 문식(文飾)하여 화려함. 곧 아름답게 꾸며 매우 화려함.

17) 無以反其性情而復其初(무이반기성정이복기초) : 자기 본성의 진실한 모습으로 돌아가 처음의 상태로 돌아갈 수 없게 됨.

道之人何由興乎世도지인하유흥호세

道를 행하는 사람인들 무슨 수로 세상을 부흥시키며,

世亦何由興乎道哉세역하유흥호도재!

세상 또한 무슨 수로 道를 부흥시킬 것인가!

道無以興乎世도무이흥호세 世無以興乎道세무이흥호도

道가 세상을 다시 일으킬 수 없고, 세상이 道를 다시 일으킬 수 없다면,

雖聖人不在山林之中수성인부재산림지중 其德隱矣기덕은의

비록 성인이 산림 속에 파묻혀 있지 않더라도 그 德은 숨겨진 것이다.

隱故不自隱[18]은고부자은

이미 숨겨져 있는 까닭에 스스로 숨지 않는 것이다.

古之所謂隱士者고지소위은사자 非伏其身而弗見也비복기신이불현야

옛날의 이른바 은사(隱士)란 그 몸을 숨긴 것이 아니라,

非閉其言而不出也비폐기언이불출야 非藏其知而不發也비장기지이불발야

또 그 입을 닫고 말을 하지 않는 것도 아니며, 그 지혜를 감추어 두고 드러내지 않는 것도 아니었다.

時命大謬也[19]시명대류야

시운(時運)이 크게 어긋났기 때문이다.

當時命而大行乎天下당시명이대행호천하

시운이 맞아 그 생각을 천하에 크게 실천하기 위해서는

---

18) 隱故不自隱(은고부자은) : 세상이 모두 道를 알지 못하게 되면 성인이 비록 눈앞에 있더라도 또한 알지 못할 것이니, 성인이 비록 스스로 숨지 않더라도 사람들이 알지 못할 것이다. 그러니 숨으려 하지 않더라도 저절로 숨고 있는 것이다.

19) 時命大謬也(시명대류야) : 時命은 시운(時運). 시운을 만나는 것은 좋은 때를 만남이고, 시운을 만나지 못함은 좋지 못한 때를 만남을 말한다. 大謬는 크게 어긋남.

則反一無跡즉반일무적

도와 하나가 되도록 하되 자취를 남기지 말고,

不當時命而大窮乎天下부당시명이대궁호천하

시운이 맞지 않아 세상에서 크게 곤궁에 처하게 된다면

則深根寧極而待즉심근녕극이대

깊이 뿌리를 박고 편히 머물며 때를 기다렸으니,

此存身之道也[20]차존신지도야

이러한 것이 몸을 보존하는 도리이다.

古之行身者고지행신자 不以辯飾知불이변식지

옛날에 자기 몸을 잘 보존했던 사람은 말재주로써 자기의 지혜를 꾸미지 않았고,

不以知窮天下불이지궁천하 不以知窮德[21]불이지궁덕

지혜로써 천하 만물의 이치를 규명하려 하지 않았으며, 또 지혜로써 德을 규명하려 하지 않았으며,

危然[22]處其所而反其性위연처기소이반기성

홀로 자신의 자리에 똑바로 서서 그 본성으로 돌아갈 뿐이었다.

己又何爲哉[23]기우하위재!

그 밖에 또 무엇을 했겠는가!

---

20) 此存身之道也(차존신지도야) : 存身은 자연의 성명(性命)을 보존한다는 뜻.

21) 不以知窮德(불이지궁덕) : 지혜로써 德을 규명하려 하지 아니함. 窮은 窮究하다, 속속들이 파고들어 깊게 연구하다.

22) 危然(위연) : 홀로 똑바로 선 모양.

23) 又何爲哉(우하위재) : 그 밖에 또 무엇을 했겠는가. 자연스러운 본성을 따라 움직일 뿐 무위(無爲)함을 말한 것이다.

道固不小行 德固不小識24)도고불소행 덕고불소식

道란 본디 인의(仁義) 같은 작은 덕행이 아니며, 德이란 본디 시비나 변론하는 작은 지식이 아니다.

小識傷德소식상덕 小行傷道소행상도

자잘한 지식은 도리어 德을 상하게 하고, 자잘한 덕행은 도리어 道를 상케 한다.

故曰고왈 : "正己而已矣정기이이의"

그러므로 이르기를 : "자신을 바로잡을 뿐이다."라고 했다.

樂全之謂得志25)낙전지위득지

온전한 즐거움을 가리켜 뜻을 얻었다고 한다.

古之所謂得志者고지소위득지자 非軒冕之謂也26)비헌면지위야

옛날의 이른바 뜻을 얻었다는 것은 높은 벼슬을 가지고 말하는 것이 아니다.

謂其無以益其樂而已矣위기무이익기락이이의

그 어떤 즐거움도 더하지 않는 경지를 말하는 것이다.

今之所謂得志者금지소위득지자 軒冕之謂也헌면지위야

그러나 오늘날에 뜻을 얻었다는 것은 벼슬을 가지고 말한다.

軒冕在身헌면재신 非性命也비성명야

---

24) 道固不小行 德固不小識(도고불소행 덕고불소식) : 道와 德은 작은 행실로 도달하거나 작은 지식으로 엿볼 수 있는 것이 아니라는 뜻.

25) 樂全之謂得志(낙전지위득지) : 스스로 뜻을 얻어서 홀로 마음을 평안하게 하여 슬픔이나 즐거움이 없게 하니, 이것이 즐거움이 온전한 것이다.

26) 非軒冕之謂也(비헌면지위야) : 높은 벼슬아치가 됨을 말하는 것이 아니라는 뜻. 軒은 수레, 冕은 고관이 타던 초헌(軺軒)과 머리에 쓰던 면류관(冕旒冠). 곧 모두 벼슬아치들의 사치스런 물건을 뜻한다.

벼슬이 우리 몸에 있어도 그것은 본래부터 하늘이 내게 준 것이 아니고,

物之儻來 寄者也[27]물지당래 기자야

외물(外物)이 우연히 우리 몸에 일시적으로 와서 기생하는 것이다.

寄之기지 其來不可圉기래불가어 其去不可止기거불가지

내 몸에 기생하는 것을 막을 수도 없고, 또 떠나가도 말릴 수가 없는 것이다.

故不爲軒冕肆志[28]고불위헌면사지 不爲窮約趨俗불위궁약추속

그러므로 벼슬을 한다고 해서 그 뜻을 멋대로 부리지 않았고, 곤궁해도 세속에 붙좇지 않는다.

其樂彼與此同기락피여차동 故無憂而已矣고무우이이의

그 마음의 즐거움은 벼슬이나 곤궁에서도 한결같기 때문에 근심이 없을 뿐이다.

今寄去則不樂[29]금기거즉불락

그러나 지금은 자기에게 기생하던 벼슬이 떠나가 버리면 즐겁지 않으니,

由是觀之유시관지 雖樂수락 未嘗不荒也미상불황야

이로 볼 때 비록 벼슬을 하여 즐거울 때에도 미상불 마음은 본성을 떠나 거칠었던 것이다.

故曰고왈 : "喪己於物 失性於俗者[30]상기어물 실성어속자

---

27) 物之儻來 寄者也(물지당래 기자야) : 벼슬이라는 외물이 우연히 밖에서 들어와 내 몸에 기생(寄生)한 것일 뿐임. 儻은 우연, 요행의 뜻.

28) 不爲軒冕肆志(불위헌면사지) : 옛날 뜻을 얻었던 사람은 높은 벼슬아치가 되었다 해서 뜻을 멋대로 부리지 않았다.

29) 今寄去則不樂(금기거즉불락) : 지금에 이르러서는 기생했던 외물이 떠나면 즐겁지 않음. 寄는 우연히 찾아와서 기생했던 외물, 곧 헌면(軒冕)으로 대표되는 벼슬을 말한다.

그러므로 이르기를, "외물에 자신을 상실하고 속세에 물들어 본성을 잃는 것을 두고,

謂之倒置之民³¹⁾위지도치지민"

본말전도(本末顚倒)의 어리석은 백성이라."고 하는 것이다.

| 해설 |

이 장도 앞장과 같이 시종일관된 논지로, 속된 학문과 속된 생각을 버리고 염담(恬淡)으로써 지혜를 기를 것을 주장하면서, 자기 몸을 보존하는 길은 자신을 바르게 해서 본연의 천성으로 돌아가야 한다는 무위자연론을 주장한 독립된 한 장을 이루고 있다.

따라서 속학(俗學)과 정학(正學)을 구분하여 논하면서 태고 적에는 무위자연의 본성에다 근본을 두었기 때문에 진정한 인(仁)·의(義)·충(忠)·악(樂)·예(禮)가 있었으나, 후대로 내려올수록 형식화되어 가면서 본연의 德을 잃어가고 있다고 논했다.

삼황시대로부터 오제시대로 내려오면서 점차로 이런 덕목(德目)이 형식화되어 가고 있었다고 말하면서 유가의 덕목을 인정하면서도 정통 유가설에 상대적인 입장으로부터 비판을 가하고 있다.

---

30) 喪己於物 失性於俗者(상기어물 실성어속자) : 物은 우연히 찾아온 높은 벼슬 같은 것이고, 俗은 세속적 가치로 높은 벼슬을 추구하는 마음을 의미한다.

31) 謂之倒置之民(위지도치지민) : 倒置는 본말(本末)이 거꾸로 되었다는 뜻으로, 자기보다 외물을 중시하고 본성보다 세속적 가치를 더 중시하는 본말이 전도된 경우를 가리킨다.

17. 추수
秋水

우물 안 개구리(井中之蛙)

　　추수는 가을철의 물이란 뜻으로, 7장의 우화로 이루어졌는데 전체의
절반 이상을 차지하는 첫째 설화는 곧 《장자》 내편 중의 〈제물론〉의 만
물제동(萬物齊同)의 철학과 〈소요유〉편의 지인(至人)의 척당불기(倜儻
不羈)의 경지를 하백(河伯)과 북해약(北海若)의 문답을 빌어 조술하고 있
으므로 장자철학의 근본을 가장 요령 있게 해설 부연하는 장으로서 《장
자》 외편과 잡편 중에서는 압권(壓卷)이다. 그리고 다섯째 실화인 장주
(莊周)와 초나라 대부와의 문답, 여섯째와 일곱째 설화인 장주와 혜시(惠
施)와의 문답은 장자의 생활의 일면을 엿보게 하는 매우 좋은 자료가 되
어 있다.

호량지변(濠梁之辯)

1.

秋水時至1)추수시지 百川灌河2)백천관하

가을 물이 때맞춰 불어 온 냇물이 황하로 흘러들어,

涇流之大3)경류지대 兩涘渚崖之間양사저애지간 不辯牛馬4)불변우마

그 물길의 흐름이 커지니, 양쪽 둑에서 건너편에 있는 소와 말을 구분
할 수 없을 정도였다.

於是焉河伯5)欣然自喜여시언하백흔연자희

이때 황하의 수신(水神) 하백(河伯)은 스스로 기뻐하며,

以天下之美爲盡在己6)이천하지미위진재기

천하의 미관(美觀)은 모두가 자기에게 달려 있는 줄 알고,

順流而東行순류이동행 至於北海7)지어북해

물줄기를 따라 동으로 가다가 북해로 가서 멈춘다.

東面而視동면이시 不見水端불견수단

거기에서 동쪽을 바라보니 물의 끝이 보이지 않는다.

---

1) 秋水時至(추수시지) : 가을 물이 때맞춰 불다. 時至는 물이 때 맞춰 불어남.

2) 百川灌河(백천관하) : 모든 물이 황하로 흘러듦. 百川은 모든 하천. 灌은 흘러들다.

3) 涇流之大(경류지대) : 출렁이는 물결의 광대함. 황하의 물이 갑자기 불어나면 혼탁해져
서 양쪽 기슭에 들이치기 때문에 출렁이는 물결의 광대함이라고 말한 것이다.

4) 不辯牛馬(불변우마) : 양안의 사이가 워낙 멀어 소나 말처럼 큰 사물들도 잘 구분되지
않는다는 뜻.

5) 河伯(하백) : 중국 대륙에는 두 개의 큰 하천이 있다. 하나는 장강, 즉 양자강이고, 또
하나는 황하다. 일반적으로 장강은 「강(江)」이라고 부르고, 황하는 「하(河)」라고 부른
다. 河伯은 이름에서 알 수 있듯이 황하를 관장하는 신이다.

6) 天下之美爲盡在己(천하지미위진재기) : 천하의 아름다움이 모두 자기 때문이라고 생각함.

7) 北海(북해) : 북쪽 바다. 곧 중국의 동해의 북쪽이 이에 해당한다.

於是焉河伯始旋其面目어시언하백시선기면목

이에 하백은 얼굴을 돌려 멍한 표정으로,

望洋向若[8]而歎망양향약이탄 曰왈 :

북해의 신(神) 약(若)을 향해서 탄식하여 말했다.

"野語有之曰야어유지왈 : "속담에 이르기를,

'聞道百[9]문도백 以爲莫己若이위막기약'者자 我之謂也아지위야

'백 가지 道를 들은 자가 천하에 자기만한 자가 없는 줄 안다.'고 했
는데, 이는 곧 나를 두고 하는 말이군요.

且夫我嘗聞少仲尼之聞而輕伯夷之義者차부아상문소중니지문이경백이지
의자

또한 나는 전에 중니의 견문을 적다고 하고, 백이의 절개를 가벼이 여
긴다는 말을 듣고,

始吾弗信시오불신 今我睹子之難窮也[10]금아도자지난궁야

처음에 나는 그것을 믿지 않았었소. 그런데 지금 나는 당신의 그 끝이
없음을 보니,

吾非至於子之門則殆矣오비지어자지문즉태의

만일 내가 당신의 문에 이르지 않았더라면 위태로웠을 것이오.

吾長見笑於大方[11]之家오장견소어대방지가"

---

8) 若(약) : 해신(海神)의 이름.

9) 聞道百(문도백) : 道를 백 가지 정도 들음. 道에 대해 조금 안다는 뜻. 여기서 百은 조
금의 뜻으로 풀이할 수 있다.

10) 今我睹子之難窮也(금아도자지난궁야) : 지금 내가 당신의 끝을 헤아리기 어려움을 봄.
睹는 본다는 뜻. 子는 북해 약(若)을 가리킨다.

11) 大方(대방) : 대도(大道).

나는 하마터면 큰 道를 깨달은 사람들의 비웃음거리가 될 뻔하였소."

北海若曰북해약왈 : 북해의 신 약이 말했다.

"井蛙不可以語於海者정와불가이어어해자 拘於虛也12)구어허야

"우물 안 개구리가 바다를 말할 수 없는 것은 사는 곳에 얽매여 있기 때문이요,

夏蟲不可以語於冰者하충불가이어어빙자 篤於時也13)독어시야

여름벌레가 얼음에 대하여 말할 수 없는 것은 계절에 묶여 있기 때문이며,

曲士14)不可以語於道者곡사불가이어어도자 束於敎也15)속어교야

곡사(曲士)가 道에 대해 말할 수 없는 것은 잘못된 가르침에 묶여 있기 때문이오.

今爾出於崖涘금이출어애사 觀於大海관어대해 乃知爾醜16)내지이추

그런데 지금 그대는 기슭에서 벗어나 큰 바다를 보고 마침내 그대의 보잘것없음을 알았으니,

爾將可與語大理矣이장가여어대리의

그대와는 큰 이치를 논할 수 있게 되었소.

天下之水천하지수 莫大於海막대어해

천하의 물 가운데 바다보다 더 큰 것이 없고,

---

12) 拘於虛也(구어허야) : 자신이 사는 곳에 얽매임. 拘는 구애된다는 뜻. 虛는 墟(허 : 터)와 같다.

13) 篤於時也(독어시야) : 때에 얽매여 있기 때문임. 篤은 위의 拘나 아래의 束과 같은 뜻으로 본다.

14) 曲士(곡사) : 일부만 아는 선비이자 치우친 견해를 고집하는 사람. 시골구석의 선비.

15) 束於敎也(속어교야) : 곡사(曲士)가 잘못된 가르침에 속박되어 있기 때문이라는 뜻.

16) 乃知爾醜(내지이추) : (큰 바다의 무궁함을 보고 난 뒤에) 비로소 작은 물의 하찮음을 깨달음.

萬川歸之만천귀지 不知何時止而不盈부지하시지이불영

수많은 강물이 바다로 흘러들어 그칠 줄 모르지만, 넘쳐흐르는 일도 없소.

尾閭泄之[17)미려설지 不知何時已而不虛부지하시이이불허

미려(尾閭)로 물이 새어나가 어느 때에 그 새어나감이 그칠 줄을 모르지만, 그렇다고 아주 말라버리는 일이 없소.

春秋不變[8)춘추불변 水旱不知[19)수한부지

봄가을에도 변함이 없고, 장마 때나 가뭄에도 아랑곳하지 않소.

此其過江河之流[20)차기과강하지류 不可爲量數불가위량수

이것은 바다가 양자강이나 황하의 흐름에 비해서 얼마나 큰지를 수량으로 헤아릴 수 없기 때문이지.

而吾未嘗以此自多者이오미상이차자다자

그러나 나는 일찍이 이를 스스로 많다고 여기지 않았소.

自以比形於天地而受氣於陰陽[21)자이비형어천지이수기어음양

나는 자신을 천지에 내맡기고 음양에서 정기를 받으니,

吾在天地之間오재천지지간 猶小石小木之在大山也유소석소목지재대산야

---

17) 尾閭泄之(미려설지) : 미려(尾閭)로 빠져나감. 尾閭는 바닷물이 바다 밖으로 새어나가는 구멍이라고 하며, 일설에는 바다 동쪽에 있는 냇물 이름이라고도 함.

18) 春秋不變(춘추불변) : 봄에는 비가 적고 가을에는 비가 많지만, 그로 인해 수량이 변하지 않는다는 뜻.

19) 水旱不知(수한부지) : 홍수가 나거나 가뭄이 들어도 증감을 알 수 없다. 수량의 변화가 없다는 뜻. 不知는 변화를 알아차릴 수 없다는 뜻.

20) 過江河之流(과강하지류) : 양자강이나 황하 따위의 흐름보다 많은 정도. 過는 넘치다는 뜻. 여기서는 수량이 많다는 뜻으로 쓰였다. 江은 양자강, 河는 황하를 말한다.

21) 受氣於陰陽(수기어음양) : 음양에서 정기(精氣)를 받음. 천지음양에게서 氣를 부여받아 이루어진 존재라는 뜻.

내가 천지 사이에 있는 것이 마치 작은 돌이나 작은 나무가 큰 산에 있는 것과 같기 때문이오.

方存乎見少방존호견소 又奚以自多²²⁾우해이자다!

이렇게 나는 항상 자신을 적은 것으로 생각하였으니, 또한 어찌 스스로 많다고 여겨 자랑하겠소!

計四海之在天地之間也²³⁾계사해지재천지지간야

사해(四海)에 둘러싸여 있는 이 세계가 천지 사이에 있는 것을 헤아려 본다면,

不似礨空²⁴⁾之在大澤乎불사뢰공지재대택호?

개미구멍이 큰 못 속에 있는 것과 같지 않겠소?

計中國之在海內계중국지재해내 不似稊米之在大倉乎불사제미지재태창호?

중국이 사해 안에 있는 것을 헤아려보면 쌀알 하나가 큰 창고 안에 있는 것과 같지 않겠소?

號物之數謂之萬호물지수위지만 人處一焉²⁵⁾인처일언

모든 물건의 수효를 부르기를 만물이라고 하는데, 사람은 그 중의 하나일 뿐이고,

人卒九州²⁶⁾인졸구주 穀食之所生곡식지소생

---

22) 又奚以自多(우해이자다) : 또 어찌 스스로 많다고 자랑할 수 있겠는가. 多는 많다고 여겨 자랑한다는 뜻.

23) 計四海之在天地之間也(계사해지재천지지간야) : 사해가 천지 사이에 있는 것을 헤아려 본다는 것은 사해에 둘러싸여 있는 세계를 말한다. 그러므로 사해에 둘러싸인 세상(중국)은 천지에 비하면 보잘것없다는 뜻.

24) 礨空(뇌공) : 개미구멍.

25) 人處一焉(인처일언) : 사람은 그 가운데 한 자리를 차지하고 있음. 사람은 만물 가운데 하나에 지나지 않는다는 뜻.

사람도 구주(九州) 안에 살며 어느 농사짓는 곳이나,

舟車之所通주거지소통 人處一焉[27]인처일언

배와 수레가 다니는 어느 곳에 있으니, 사람도 그 가운데 하나일 뿐이오.

此其比萬物也차기비만물야 不似豪末之在於馬體乎불사호말지재어마체호?

이것을 만물에 비하면 가는 털끝이 말 몸뚱이에 붙어 있는 것과 같지 않겠소?

五帝之所連 三王之所爭[28]오제지소련 삼왕지소쟁

오제(五帝)가 서로 왕위를 물려준 일이나, 삼왕(三王)이 서로 천하를 다 툰 일이나,

仁人之所憂인인지소우 任士之所勞임사지소로 盡此矣진차의

어진 사람들이 걱정한 바나, 일을 맡은 사람들이 백성들을 위하여 수고 한 것들이 모두 이와 같이 보잘 것 없는 일이오.

伯夷辭之以爲名 仲尼語之以爲博[29]백이사지이위명 중니어지이위박

백이는 그것을 사양하여 명예를 얻었고, 중니(仲尼)는 그것을 말하여 박식하다고 칭찬을 받았소..

此其自多也차기자다야

이들이 스스로 남보다 뛰어났다고 한다면,

---

26) 人卒九州(인졸구주) : 사람들은 구주에 살고 있음. 人卒은 사람들, 九州는 中國을 이르는 말.

27) 人處一焉(인처일언) : 개인은 수많은 사람 중의 한 사람에 지나지 않음을 말한 것이다.

28) 五帝之所連 三王之所爭(오제지소련 삼왕지소쟁) : 五帝가 서로 이어 계승해 오고, 삼왕이 서로 쟁탈함. 連의 대상은 仁義만이 아니고, 더 넓게 인간 일반을 말한다.

29) 伯夷辭之以爲名 仲尼語之以爲博(백이사지이위명 중니어지이위박) : 백이는 왕위를 양보했기 때문에 청렴한 명예를 얻었고, 중니가 육경(六經)을 논술하여 박학(博學)하다고 했음. 앞서 중니의 견문을 적다 여기는 말을 아울러 풀이한 것이다.

不似爾向之自多於水乎30)불사이향지자다어수호?"

그대가 전날 스스로 황하의 수량(水量)을 다른 것보다 많다고 여긴 것과 같지 않겠소?"

河伯曰하백왈 : 하백이 말했다.

"然則吾大天地而小毫末可乎연즉오대천지이소호말가호?"

"그렇다면 우리가 천지를 크다 하고, 털끝이 작다 하면 옳겠습니까?"

北海若曰북해약왈 : 북해약(北海若)이 말했다.

"否否 夫物量無窮 時無止31)부부량무궁 시무지

"아니오. 무릇 사물의 양은 끝이 없고, 시간은 멈춤이 없으며,

分無常32)분무상 終始無故33)종시무고

주어진 분수에는 정해진 몫이 없고, 시작과 끝에도 정해진 것이 없소.

是故大知觀於遠近시고대지관어원근

그러므로 큰 지혜를 가진 사람은 원대한 도리와 비근한 일상을 볼 수 있소.

故小而不寡고소이불과 大而不多대이부다 知量無窮지량무궁

---

30) 不似爾向之自多於水乎(불사이향지자다어수호) : 이 같은 것을 가지고 스스로 많다고 자랑하는 것은 아까 그대가 스스로 물이 많다고 자랑한 것과 같지 아니한가. 곧 道의 큼은 본래 끝이 없음을 말한 것이다.

31) 物量無窮 時無止(물량무궁 시무지) : 사물의 양은 한이 없고, 시간은 멈춤이 없음. 양에 한이 없이 무한히 크다는 뜻. 物量은 만물 전체의 공간적인 큼을 말하는 것이다. 無窮은 무한하게 큰 것. 시간은 멈춤이 없이 영겁(永劫)이라는 뜻.

32) 分無常(분무상) : 각자에게 주어진 분수는 일정한 몫이 없음. 常은 주어진 분수, 즉 分은 만물 각각에게 주어진 조건.

33) 終始無故(종시무고) : 시작과 끝은 정해진 것이 없음. 終始는 사물의 死生. 故는 固로 고정되다. 곧 정해지다.

그러므로 작다고 하찮게 여기지 않고, 크다고 많다고 여기지 않으니, 사물의 양에 한이 없음을 알기 때문이오.

證曏今故[34]증향금고

(지혜가 많으면) 과거와 현재에 밝을 수 있소.

故遙而不悶[5]고요이불민 掇而不跂[6]철이불기 知時無止지시무지

아직 오지 않은 미래에 번민하지 않고, 빠르게 지나가는 일이라도 버둥대지 않으니, 시간의 멈춤이 없음을 알기 때문이오.

察乎盈虛찰호영허

(큰 지혜를 가진 사람은) 물(物)이 달처럼 가득했다가 기울어졌다가 하는 것을 알기 때문에,

故得而不喜고득이불희 失而不憂실이불우

물(物)을 얻었다고 기뻐하지 아니하고, 잃었다고 해서 근심하지 않으니,

知分之無常也지분지무상야

분수에 일정한 몫이 없음을 알고 있기 때문이오.

明乎坦塗명호탄도

(큰 지혜를 가진 사람이면) 道가 평탄함을 아는 까닭에,

故生而不說고생이불설 死而不禍[37]사이불화

---

34) 證曏今故(증향금고) : (지혜가 많으면) 과거와 현재를 밝게 앎. 證도 曏도 明(밝다)의 뜻. 今故는 今古와 같다

35) 遙而不悶(요이불민) : 아직 오지 않은 미래에 번민하지 않음. 遙는 아직 오지 않은 먼 미래의 일.

36) 掇而不跂(철이불기) : 빠르게 지나가는 일이라 하더라도 버둥대지 않음. 철(掇)은 短과 같다. 跂는 버둥대다.

37) 死而不禍(사이불화) : 죽음을 재앙으로 여기지 않음. 죽는 것을 재앙으로 여기지도 않음.

태어난 것을 기뻐하지도 않고, 죽는 것을 재앙으로 여기지도 않으니,

知終始之不可故也[38]지종시지불가고야
처음과 끝이 일정함이 없음을 알고 있기 때문이다.

計人之所知계인지소지 不若其所不知불약기소부지
사람이 안다는 범위를 헤아려보면 그 모르는 범위에 비교할 것이 못되고,

其生之時기생지시 不若未生之時불약미생지시
사람이 살아 있을 때의 시한(時限)은 그 태어나기 이전의 때에 비할 것이 못되오.

以其至小이기지소 求窮其至大之域구궁기지대지역
그런데도 사람들은 지극히 작은 것으로써 지극히 큰 영역을 알려고 하니,

是故迷亂而不能自得也시고미란이불능자득야!
또 어찌 털 끄트머리가 지극히 작은 것 중에서 가장 끝에 해당한다고 단정할 수 있겠는가!

由此觀之유차관지
이렇게 생각해 볼 때,

又何以知毫末之足以定至細之倪[39]우하이지호말지족이정지세지예
어찌 털끝이 지극히 작은 것 중에 가장 끝이라고 할 수 있을 것이며,

又何以知天地之足以窮至大之域우하이지천지지족이궁지대지역!"
어찌 천지가 지극히 큰 것 중의 큰 것이라고 할 수 있겠소!"

河伯曰하백왈 : 하백(河伯)이 말했다.

---

38) 知終始之不可故也(지종시지불가고야) : 처음과 끝이 일정함이 없음을 알고 있기 때문임. 故는 固. 고정되다는 뜻.

39) 倪(예) : 끝.

"世之議者皆曰세지의자개왈 :

"세상 사람들이 모두 말하기를,

'至精無形 至大不可圍40)지정무형 지대불가위'是信情乎41)시신정호?"

'지극히 작은 물건은 형체가 없고, 지극히 큰 것은 둘러쌀 수가 없다.'
고 했는데, 이는 사실입니까?"

北海若曰북해약왈 : 북해의 신 약이 대답했다.

"夫自細視大者不盡부자세시대자부진

"대체로 작은 것의 입장에서 큰 것을 보면 그 전체를 볼 수가 없고,

自大視細者不明자대시세자불명

또 큰 것의 입장에서 작은 것을 보면 그것을 분명하게 볼 수가 없소.

夫精부정 小之微也소지미야 垺부 大之殷也대지은야

대체로 정(精)은 작은 것 중의 극히 작은 것이고, 부(垺)는 큰 것 중의
제일 큰 것이오.

故異便 此勢之有也42)고이편 차세지유야

그러나 본시 편의상 구별일 뿐으로, 그것은 자연의 형세에 따라 정해지
는 것이지요.

夫精粗者부정조자 期於有形者也기어유형자야

무릇 정(精)하다거나 조(粗)하다고 하는 것은 형상이 있는 것에서만 기
대되는 것이고,

---

40) 至精無形 至大不可圍(지정무형 지대불가위) : 지극히 작은 것은 보이지 아니하고, 지극
히 큰 것은 밖에서 에워쌀 수 없음. 圍는 둘러싸다.

41) 是信情乎(시신정호) : 그것이 참말입니까. 信은 참의 뜻이고, 情은 확실함.

42) 故異便 此勢之有也(고이편 차세지유야) : 크다느니 작다느니 하는 것은 본래 편의상
구별일 뿐이지, 각각의 사물이 놓인 상황에 따라 정해지는 것이라는 뜻.

無形者무형자 數之所不能分也수지소불능분야

형상이 없는 것은 숫자로써 분별할 수가 없는 것이오.

不可圍者불가위자 數之所不能窮也수지소불능궁야

그리고 에워쌀 수 없는 것도 수량으로 확인할 수 없는 것이오.

可以言論者[43]가이언론자 物之粗也물지조야

말로써 논할 수가 있는 것은 만물 가운데 큰 것(粗)이고,

可以意致者[44]가이의치자 物之精也물지정야

마음으로써 이해할 수 있는 것은 만물 중에서 작은 것(精)이니,

言之所不能論언지소불능론 意之所不能察致者의지소불능찰치자

말로 설명할 수도 없고 마음으로 이해할 수도 없는 것은,

不期精粗焉[45]불기정조언

작다 크다 하는 것을 초월한 데 있는 것이오.

是故大人之行시고대인지행 不出乎害人[46]불출호해인 不多仁恩부다인은

그러므로 道를 깨달은 대인(大人)의 행동은 남을 해치는 일도 없지만,
은혜를 베풀어도 자랑하지 않습니다.

動不爲利동불위리 不賤門隸[47]불천문례

이익을 좇지도 않지만, 문지기라고 천하게 여기지도 않지요.

貨財弗爭화재불쟁 不多辭讓[48]부다사양

---

43) 可以言論者(가이언론자) : 말로써 설명할 수 있는 것. 論은 설명한다.

44) 可以意致者(가이의치자) : 마음으로 이해할 수 있는 것. 致는 이해한다. 意는 마음.

45) 不期精粗焉(불기정조언) : 精(작다), 粗(크다)를 초월한 데 있는 것이란 뜻.

46) 不出乎害人(불출호해인) : 남을 해치는 데로 나아가지는 않음. 곧 남을 해치는 일도 없음.

47) 不賤門隸(불천문례) : 이익을 위해서 성문의 문지기 노릇까지 마다하지 않는 사람이라
고 해서 천하게 여기지 않는다는 뜻. 門隸는 관문을 지키는 문지기.

재물을 가지고 다투지는 않지만, 겸양(謙讓)을 자랑하지 아니하며,

事焉不借人사언불차인 不多食乎力49)부다식호력 不賤貪汚50)불천탐오

일이 있을 때 남의 힘을 빌지도 않지만, 스스로 먹고 사는 것을 자랑하지도 않고, 탐욕스럽고 더럽다고 천시하지도 않습니다.

行殊乎俗 不多辟異51)행수호속 부다벽이

행동이 속인과 다르지만, 그렇다고 기이한 행위를 훌륭한 것으로 여기지도 않지요.

爲在從衆위재종중 不賤佞諂불천녕첨

또 그 행위가 대중을 따르기도 하지만, 그렇다고 아첨하는 무리들을 천시하지도 않습니다.

世之爵祿52)不足以爲勸세지작록부족이위권

세상의 작록(爵祿)으로도 권장하기에 부족하며,

戮恥不足以爲辱육치부족이위욕

형륙(刑戮)과 수치로도 욕되게 하기에 부족하니,

知是非之不可爲分지시비지불가위분 細大之不可爲倪세대지불가위예

이는 시비란 분간할 수 없는 것이고, 다소(多少)는 구분할 수 없는 것이라 함을 알기 때문이오.

---

48) 不多辭讓(부다사양) : 겸양을 자랑하지 않음.

49) 不多食乎力(부다식호력) : 스스로 먹고 사는 것을 자랑하지도 아니함. 食乎力은 자력으로 식생활을 해결하는 것.

50) 不賤貪汚(불천탐오) : 청렴함을 지켜 물질적인 탐욕은 없지만, 그렇다고 해서 탐욕스럽고 더럽다고 하여 천하게 여기지도 아니함.

51) 行殊乎俗 不多辟異(행수호속 부다벽이) : 행동을 세속과 달리하지만 그렇다고 해서 일반 사람과 크게 다름을 자랑하지 아니함. 辟은 치우치다. 辟異는 크게 달리함.

52) 世之爵祿(세지작록) : 세상의 작록. 爵祿은 벼슬과 봉록.

聞曰문왈 '道人不聞53)도인불문 至德不得54)지덕부득

듣자니, '도인(道人)은 이름이 드러나지 않고, 지극한 덕을 가진 사람은 덕이 있다고 알려지지 않으며,

大人無己55)대인무기' 約分之至也약분지지야"

대인은 무아(無我)다.'라고 했으니, 이것이야말로 자기의 본분을 지키는 최고의 경지인 것이오."

河伯曰하백왈 : 하백이 말했다.

"若物之外약물지외 若物之內약물지내 惡至而倪貴賤오지이예귀천? 惡至而倪小大오지이예소대?"

"사물의 바깥과 사물의 안 가운데 어디에다 귀천의 한계를 둘 것입니까? 또 어디에다 대소의 구분을 둘 것입니까?"

北海若曰북해약왈 : 북해 약(若)이 말했다.

"以道觀之이도관지 物無貴賤물무귀천

"도의 관점에서 보면 만물에는 귀천의 구별이 없소.

以物觀之이물관지 自貴而相賤자귀이상천

그러나 사물의 관점에서 본다면 스스로를 귀하게 여기고, 서로 남을 천하게 여기지요.

以俗觀之이속관지 貴賤不在己귀천부재기

세속의 입장에서 보면 귀천은 자신에게 달려 있는 것이 아니오.

---

53) 道人不聞(도인불문) : 道를 터득한 사람은 명성이 세상에 들리지 않음. 곧 세상에 이름이 드러나지 않음.

54) 至德不得(지덕부득) : 지극한 덕을 가진 사람은 德으로 칭송할 수 없음. 得은 德의 뜻.

55) 大人無己(대인무기) : 大人은 자기(自己)가 없음.

以差觀之56)이차관지 因其所大而大之 則萬物莫不大57)인기소대이대지 즉만물막부대

차별적인 관점에서 볼 때 사람들이 각자 크다고 여기는 것을 기준으로 어떤 사물을 크다고 한다면 만물은 크지 않음이 없고,

因其所小而小之인기소소이소지 則萬物莫不小즉만물막불소

사람들이 각자 작다고 여기는 것을 기준으로 어떤 사물을 작다고 하면 만물이 작지 않은 것이 없소.

知天地之爲稊米也지천지지위제미야 知豪末之爲丘山也지호말지위구산야 則差數等矣즉차수등의

그래서 천지가 싸라기만 하다는 것을 알고, 털끝이 산(山)만 하다는 것을 안다면 대소의 차가 상대적이라는 것을 알 것이오.

以功觀之58)이공관지 因其所有而有之인기소유이유지 則萬物莫不有즉만물막불유

효용이란 입장에서 본다면, 저마다 쓸모 있다는 기준에서 쓸모 있다고 하면 만물은 쓸모없는 것이 없고,

因其所無而無之인기소무이무지 則萬物莫不無즉만물막불무

저마다 쓸모없다는 견지에서 사물을 쓸모없다고 보면 만물은 쓸모없지 아니한 것이 없지요.

知東西之相反지동서지상반 而不可以相無이불가이상무 則功分定矣즉공분정의

동과 서는 반대편에 있으나, 서로 없어서는 안 되는 것임을 알면 효용

---

56) 以差觀之(이차관지) : 차별이란 관점에서 봄. 差는 別과 같음

57) 因其所大而大之 則萬物莫不大(인기소대이대지 즉만물막부대) : 사람들이 각자 크다고 여기는 것을 기준으로 어떤 사물을 크다고 하면 만물이 크지 않은 것이 없다. 각자의 기준이 상대적일 수밖에 없으므로 절대적인 大나 小의 기준을 세울 수 없다는 뜻.

58) 以功觀之(이공관지) : 功은 공용(功用) 곧 효용(效用)의 뜻.

성이 분명해질 것입니다.

以趣觀之[59]이취관지 因其所然而然之[60]인기소연이연지 則萬物莫不然즉만
물막불연

취향(趣向)의 관점에서 볼 때, 저마다 옳다고 하는 견지에서 옳다고 본
다면 만물 중에 옳지 않은 것이 없고,

因其所非而非之인기소비이비지 則萬物莫不非즉만물막불비

그르다고 하는 견지에서 그르다고 보면 만물 중에 그르지 않은 것이 없
지요.

知堯桀之自然而相非[61]지요걸지자연이상비 則趣操睹矣[62]즉취조도의

요(堯)와 걸(桀)이 자기는 옳고 상대방이 그르다고 한 것을 알면 취향의
주장이 상대적이라는 것을 알 것이오.

昔者堯舜讓而帝[63]석자요순양이제

옛날에 요와 순은 임금의 자리를 선양(禪讓)해서 이어 제업을 이루었고,

之噲讓而絕[64]지쾌양이절

---

59) 以趣觀之(이취관지) : 취향을 기준으로 살펴봄.

60) 因其所然而然之(인기소연이연지) : 저마다 그렇다고 하는 것을 근거로 그렇다고 하면
   (만물이 모두 그렇지 않을 것이 없다). 然은 그렇다고 여김. 곧 옳다고 여긴다는 뜻.

61) 自然而相非(자연이상비) : 자신은 옳고 상대는 그르다고 하는 것.

62) 趣操睹矣(취조도의) : 취향의 주장이 상대적일 수 있을 것임. 趣操(취조)는 취향의 기
   준, 근거를 뜻한다. 睹(도)는 본다는 뜻,

63) 堯舜讓而帝(요순양이제) . 요(堯)와 순(舜)은 임금 자리를 사양함(禪讓)으로써 제업(帝
   業)을 이루었음.

64) 之噲讓而絕(지쾌양이절) : 연(燕)나라 재상(宰相) 자지(子之)와 연왕(燕王) 자쾌(子噲)
   는 같은 방법으로 나라를 멸망시킴. 之噲(지쾌)의 之는 연나라 재상이었던 자지(子之),
   噲(쾌)는 연나라 임금 자쾌(子噲)를 가리킨다. 연왕 쾌(噲)는 녹모수(鹿毛壽)의 말을 듣
   고 은임금을 본떠서 나라를 재상인 자지(子之)에게 맡겼으나 3년 만에 나라가 어지러워

연왕(燕王) 쾌(噲)도 똑같이 재상 자지(子之)에게 왕위를 양보했으나, 왕통이 끊어졌소.

湯武爭而王65)탕무쟁이왕 白公爭而滅66)백공쟁이멸

탕(湯)과 무(武)는 방벌(放伐)에 의하여 왕이 되었고, 백공(白公)도 똑같이 혁명을 일으켰지만, 실패하여 자살하고 말았지요.

由此觀之유차관지 爭讓之禮쟁양지례 堯桀之行요걸지행

이로써 살펴볼 때, 방벌과 선양의 예(禮)와, 요와 걸의 행위에는

貴賤有時귀천유시 未可以爲常也미가이위상야

무엇을 귀하게 여기고 무엇을 천하게 여기는가에 따라 다르므로, 어느 하나를 일정한 법칙으로 삼을 수는 없소.

梁麗可以衝城양려가이충성 而不可以窒穴이불가이질혈 言殊器也언수기야

대들보(梁麗)로 쓰는 큰 나무는 성벽을 뚫어 파괴할 수는 있지만, 그것으로 구멍을 막을 수는 없으니, 그것은 그 도구의 용도가 다르기 때문이오.

騏驥驊騮기기화류 一日而馳千里일일이치천리

기기(騏驥)와 화류(驊騮) 같은 천리마는 하루에 천리를 달릴 수 있지만,

捕鼠不如狸狌67)포서불여리성 言殊技也언수기야

쥐를 잡는 데는 삵만도 못하니, 그 가진 재주가 다르기 때문이오.

鴟鵂68)夜撮蚤치휴야촬조 察毫末찰호말

져 제(齊)나라에 망했다.

65) 湯武爭而王(탕무쟁이왕) : 탕(湯)과 무(武)는 무력으로(放伐) 왕이 되었음.

66) 白公爭而滅(백공쟁이멸) : 白公은 초나라 평왕(平王)의 손자 태자 건(建)의 아들. 백(白)이란 땅에 봉해졌으므로 백공이라 불렀다. 왕위계승 문제로 아버지가 객사하자 원수를 갚으려고 내란을 일으켰지만, 섭공(葉公) 공자(公子) 고(高)에게 대패하여 목을 매어 죽었다.

67) 狸狌(이성) : 너구리와 살쾡이.

올빼미가 밤에는 벼룩도 잡고 티끌도 살필 수 있지만,

畫出瞋目而不見丘山주출진목이불견구산 言殊性也[69]언수성야

낮에는 아무리 눈을 부릅떠도 앞산을 보지 못하니, 그 본성이 다르기 때문이오.

故曰고왈 : '蓋師是而無非개사시이무비 師治而無亂乎사치이무란호?'

그러므로 '옳은 것을 스승으로 삼고 그릇됨을 버리며, 다스림을 존중하고 혼란을 무시해 버리면 좋지 않은가?' 하고 말하는 것은,

是未明天地之理시미명천지지리 萬物之情者也만물지정자야

이는 천지의 이치와 만물의 실정에 밝지 못한 것이오.

是猶師天而無地[70]시유사천이무지 師陰而無陽사음이무양

그것은 마치 하늘만 존중하고 땅을 인정하지 않으며, 음(陰)은 존중하며 양(陽)은 무시하는 것과 같아,

其不可行明矣[71]기불가행명의

그런 이론이 성립될 수 없는 것은 뻔하지요.

然且語而不舍연차어이불사 非愚則誣也비우즉무야

그런데도 그런 것을 주장하며 버리지 않는다면, 이는 어리석거나 속이는 것이오.

帝王殊禪 三代殊繼[72]제왕수선 삼대수계

---

68) 鴟鵂(치휴) : 올빼미 과에 속하는 새.

69) 言殊性也(언수성야) : 타고난 본성이 다름.

70) 是猶師天而無地(시유사천이무지) : 이는 (말하자면) 하늘을 스승으로 삼아 땅을 입신여김. 하늘만 존중하고 땅을 인정하지 않음.

71) 其不可行明矣(기불가행명의) : 성립할 수 없음이 명백함.

72) 帝王殊禪 三代殊繼(제왕수선 삼대수계) : 제왕(帝王)이나 삼대(三代)에도 다만 선양과 승

제왕은 그 선위(禪位)의 방법을 달리했고, 하·은·주 3대는 그 계승의
방법을 달리했죠.

差其時차기시 逆其俗者역기속자 謂之簒夫위지찬부
그 시대와 다르고 그 풍속과 어긋나는 자는 찬탈한 자라 일컫고,

當其時당기시 順其俗者순기속자 謂之義徒위지의도
그 시대에 합당하고 민심에 따르면 의로운 무리라고 부르지요.

默默乎河伯묵묵호하백!
침묵할지어다, 하백(河伯)이여!

女惡知貴賤之門 小大之家73)여오지귀천지문 소대지가!"
그대가 어찌 귀천의 구별하는 문이 어디에 있고, 小와 大를 구별하는
집이 어디에 있는지 알 수 있겠는가!"

河伯曰하백왈 : 하백이 말했다.

"然則我何爲乎연즉아하위호? 何不爲乎하불위호?
"그렇다면 나는 무엇을 해야 하고, 무엇을 하지 말아야 합니까?

吾辭受趣舍오사수취사 吾終奈何오종내하?"
내가 사양하고, 받고, 달려가고, 그만둠을 어떻게 마무리해야 합니까?

北海若曰북해약왈 : 북해 약이 대답했다.

"以道觀之이도관지 何貴何賤하귀하천 是謂反衍74)시위반연

계가 있었던 데 지나지 않을 뿐, 그것의 하나하나에 가치는 존재하지 않는다고 하는 것.
73) 女惡知貴賤之門 小大之家(여오지귀천지문 소대지가) : 그대가 어찌 귀천을 구별하는 문
이 어디에 있고, 小와 大를 구별하는 집이 어디에 있는지 알 수 있겠는가. 천지 만물은
그 가운데 크고 작고, 있고 없는 대소(大小)의 구별과 귀하고 천함의 구별이 없는 만물
제동(萬物齊同)의 세계임을 말하고 있다.

"도의 입장에서 본다면 어느 것이 귀하고 어느 것이 천하겠소. 이를 일러 반연(反衍)이라 하지요.

無拘而志75)무구이지 與道大蹇76)여도대건

귀천의 차별로써 그대의 뜻을 구속하지 마시오. 그러면 道와는 크게 어그러질 것이오.

何少何多하소하다 是謂謝施77)시위사시

무엇을 적다 하고 무엇을 많다 하겠는가. 이를 일러 사시(謝施)라 하오.

無一而行 與道參差78)무일이행 여도참차

행동을 한쪽으로 치우치지 마시오. 그러면 道와 어긋나게 될 것이오.

嚴乎若國之有君엄호약국지유군 其無私德기무사덕

또 엄연히 나라에 임금이 있어 사사로운 은덕 없이 공평하게 베풀고,

繇繇乎若祭之有社79)유유호약제지유사 其無私福기무사복

유유히 토지신이 제사에 강림하는 것처럼 사사로운 복이 아니라, 공평한 복을 내리며,

泛泛乎80)若四方之無窮범범호약사방지무궁 其無所畛域기무소진역

---

74) 反衍(반연) : 반(反)은 범(汎)과 같음. 귀천 같은 차별을 초월한 입장. 곧 무차별 행동의 상태. 〈제물론〉 편의 만연(曼衍)과 같음.

75) 無拘而志(무구이지) : 귀천을 구별해야겠다는 생각에 구속되지 말라는 뜻.

76) 與道大蹇(여도대건) : 만약 귀천을 구별하는 생각에 구애되면 道와 어긋나게 된다는 뜻. 蹇은 어긋난다는 뜻.

77) 謝施(사시) : 다소의 차별을 초월한 상태.

78) 無一而行 與道參差(무일이행 여도참차) : 너의 행동을 한 방향으로만 한정하지 말라. 만약 그러면 道와 일치하지 않을 것이다.

79) 繇繇乎若祭之有社(유유호약제지유사) : 유유히 마치 토지신(土地神)이 제사에 강림하듯 사사로운 복을 베풀지 않음. 유유호(繇繇乎)는 유연(悠然)히, 유유히의 뜻.

넓디넓어 사방에 막힘이 끝이 없는 것처럼 한정된 구역을 만들지 말 것이오

兼懷萬物겸회만물 其孰承翼기숙승익? 是謂無方[81]시위무방

만물을 모두 포용해야 하니, 어느 하나만 도울 것인가? 이런 것을 무방(無方)이라고 하지요.

萬物一齊만물일제 孰短孰長숙단숙장?

만물은 구별 없이 동일한 존재인데, 무엇이 짧고 무엇이 길다 하겠소?

道無終始도무종시 物有死生물유사생

道에는 시종(始終)이 없지만, 물(物)에는 사생(死生)이 있소.

不恃其成불시기성

그러므로 물의 성취(成就)는 (道에 있어서는 한 변화에 불과하니) 믿을 것이 못되지요.

一虛一滿 不位乎其形[82]일허일만 불위호기형

한때는 가득 차고 한때는 비므로 그 행상이 일정할 수가 없소.

年不可擧[83]연불가거 時不可止시불가지

오는 해를 돌려보낼 수가 없고, 가는 때를 붙잡아둘 수 없소.

消息盈虛소식영허 終則有始[84]종즉유시

만물은 소멸하고 생성하며 가득하다가 텅 비게 되고, 끝나면 다시 시

---

80) 泛泛乎(범범호) : 넓디넓은 모습.

81) 無方(무방) : 일정한 방향이 없는 일. 곧 보편적으로 평등하여 치우침이 없는 상태.

82) 一虛一滿 不位乎其形(일허일만 불위호기형) : 한 번 비었다가 한 번 찼다 하여 한 가지 모습으로 정착될 수 없다는 뜻.

83) 年不可擧(연불가거) : 세월의 흐름은 막을 수 없음.

84) 終則有始(종즉유시) : 마치면 곧 시작이 있음.

작하는 것이오.

是所以語大義之方시소이어대의지방 論萬物之理也논만물지리야

이것이야말로 큰 道의 본뜻을 말하고, 만물의 진리를 논하는 까닭이
지요.

物之生也若驟若馳[85]불지생야약취약치

만물이 생겨나 변화하는 것은 말이 달리듯이 빨라,

無動而不變무동이불변 無時而不移무시이불이

움직여 변화하지 않는 것이 없고, 일순간이라도 옮겨가지 않는 것이 없소.

何爲乎하위호 何不爲乎하불위호 夫固將自化부고장자화"

무엇은 하겠으며, 무엇은 하지 않겠소? 본디 스스로 변화하는 법이오."

河伯曰하백왈 : 하백(河伯)이 말했다.

"然則何貴於道邪[86]연즉하귀어도야?"

"그렇다면 어째서 道를 귀하다고 여깁니까?"

北海若曰북해약왈 : 북해 약이 대답했다.

"知道者必達於理지도자필달어리 達於理者必明於權[87]달어리자필명어권

"道를 아는 사람은 반드시 천지의 이치에 달통하고, 천지의 이치에 달
통한 사람은 반드시 임기응변에 능하며,

---

85) 物之生也若驟若馳(물지생야 약취약치) : 사물의 생성 변화에 끝이 없을 뿐만 아니라
   그 속도 또한 빠르다는 뜻.

86) 然則何貴於道邪(연즉하귀어도야) : 道를 귀하게 여길 필요가 어디에 있느냐는 뜻. 앞에
   서 북해 약이 말한 대로, 만물은 본래 아무런 차별이 없다면 특별히 道를 중시할 필요
   도 없는 것이 아니냐고 반문한 것이다.

87) 必明於權(필명어권) : 권도(權道)에 밝음. 權은 권도(權道). 권도는 상도(常道)와 상대되
   는 말로, 때에 따라 변통할 줄 아는 태도를 말한다. 곧 임기응변에 능함.

明於權者不以物害己명어권자불이물해기

임기응변에 능한 사람은 외물(外物)이 자신을 해치지 못하지요.

至德者지덕자 火弗能熱화불능열 水弗能溺수불능익

지극한 德을 가진 사람은 불로 달굴 수도 없고, 물에 빠뜨릴 수도 없으며,

寒暑弗能害한서불능해 禽獸弗能賊금수불능적

추위나 더위도 해치지 못하고, 금수(禽獸)도 해치지 못하오.

非謂其薄之也[88]비위기박지야 言察乎安危언찰호안위

그렇다고 그것들을 경시하는 것이 아니라, 무엇이 편안하고 무엇이 위태로운지를 분명히 살피고,

寧於禍福[89]영어화복 謹於去就근어거취 莫之能害也막지능해야

화와 복에 편안해하며, 나아가고 물러감을 삼가기 때문에 그를 해칠 수가 없는 것이오.

故曰고왈 : 그래서 이르기를,

'天在內 人在外[90]천재내 인재외 德在乎天덕재호천

'천연의 본성은 안에 있고 인위(人爲)는 밖에 있으며, 德은 자연에 있다.'고 하는 것이오.

知天人之行[91]지천인지행 本乎天 位乎得[92]본호천 위호득

---

88) 非謂其薄之也(비위기박지야) : 수화(水火)나 한서(寒暑), 금수(禽獸) 등을 등한히 여겨서 함부로 범하는 것이 아니라는 뜻.

89) 寧於禍福(영어화복) : 禍와 福을 편안히 여긴다는 것으로, 寧은 편안히 순응한다는 뜻.

90) 天在內 人在外(천재내 인재외) : 천연의 본성(本性)은 사람의 마음속에 있고, 인위(人爲)는 사람의 몸 밖에 있음.

91) 知天人之行(지천인지행) : 天(자연)과 人(인위)의 道를 잘 인식함.

92) 本乎天 位乎得(본호천 위호득) : 자연에 근본하고 德의 경지에 머문다. 位는 머문다는 뜻. 得은 德의 假借字.

자연과 사람의 道에 대해 알고, 자연을 근본으로 삼아 德의 경지에 머물며,

蹢躅而屈伸93)척촉이굴신 反要而語極94)반요이어극"

물(物)의 변화에 따라 진퇴도 거기에 순응해서 자유로워져 궁극의 도(要道)에 귀일해서 道의 극치를 말할 수 있게 됩니다."

曰왈 : 하백이 물었다.

"何謂天하위천? 何謂人하위인?"

"무엇을 자연이라 하고, 무엇을 인위라고 합니까?"

北海若曰북해약왈 : 북해의 신 약이 대답했다.

"牛馬四足우마사족 是謂天시위천

"소나 말에 네 발이 있는 것을 자연이라 하고,

落馬首낙마수 穿牛鼻천우비 是謂人시위인

말목에 굴레를 씌우고 소에게 코뚜레를 꿰는 것을 인위라 하죠.

故曰고왈 : 그래서 이르기를,

'無以人滅天 無以故滅命 無以得殉名95)무이인멸천 무이고멸명 무이득순명'

'인위로써 천성을 멸하지 말고, 의도적으로 천명을 멸하지 말며, 명리를 위해서 천성의 德을 잃어버리지 말라.'고 하는 것이오.

---

93) 蹢躅而屈伸(척촉이굴신) : 머뭇거리면서 구부리고 펼치고 하면서 진퇴(進退)하는 모습. 蹢躅(척촉)은 머뭇거리는 모양. 屈伸은 구부리고 펼치는 동작.

94) 反要而語極(반요이어극) : 근원의 道로 되돌아가고 궁극의 道에 대해 말함. 要와 極은 모두 道를 가리킴. 근원의 道와 궁극의 道. 反은 復(복), 돌아간다는 뜻.

95) 無以人滅天 無以故滅命 無以得殉名(무이인멸천 무이고멸명 무이득순명) : 인위로 천성을 없애지 말아야 하고, 의도적으로 천명을 없애지 말아야 하며, 명리를 얻으려 타고난 德을 잃지 않아야 함. 人은 인위, 天은 천성. 故는 인간의 작위, 得은 德과 같다. 순(殉)은 따라 죽는다는 뜻.

謹守而勿失근수이물실 是謂反其眞시위반기진"

삼가 지켜 잃지 않는 것을 일러 천진(天眞)으로 돌아가는 것이라 하지요."

| 해설 |

본편(本篇)은 「내편(內篇)」 〈제물론〉편과 비슷한 내용으로, 〈제물론〉에서 형식만 바꾼 듯이 느껴진다. 북해의 신(神) 약(若)이 황하의 수신(水神) 하백(河伯)에게 절대의 대도(大道)와 천진(天眞)으로의 복귀를 역설하는데, 그 문장의 논지가 명석하고 규모가 크며 시종이 일관되어 있어 《장자》 자체의 편 가운데서도 명편으로 칭해진다.

모든 미관(美觀)을 갖추었다고 뽐내던 황하의 신 하백이 북해의 대관(大觀)을 처음으로 보고서 자기의 소성(小成)을 부끄러워하자, 북해의 신 약은 대소를 비교할 때 그 차이는 무한정한 것인데, 부질없이 자기 것만 크고 많다고 하니 이는 틀린 것이고, 이런 차별관(差別觀)은 결국 상대적 관념에서 생겨나는 것이다.

그러나 대지(大知)를 가진 사람은 이런 경지를 초월하여 만물을 무차별의 상태에서 파악하며, 그처럼 언론이나 심의(心意)를 넘어선 것을 지도(至道)의 경우라 한다. 그래서 지도에 도달한 사람은 외물(外物)에 의하여 마음이 움직이지 않고, 명예나 은덕 등도 생각지 않으며, 무아의 경지에서 생활한다.

이어서 북해의 신은 귀천이나 대소의 차별도 절대 평등의 입장에서 본다면 없는 것으로, 한쪽으로 편견하면 천지(天知)의 실정을 파악하지 못하니, 사물에 대하여 편견을 버리고 만물을 무차별 평등으로 포용하면서 자기의 소지(小知)를 버리고 자연의 조화에 맡기라고 역설했다.

그러나 이러한 경지는 내심에 대도를 깨달아야 된다고 강조하면서 그 까닭을 논하고, 자연과 인위를 분석하여 인위에 의하여 자연의 천성을 허물어버리는 것을 경계하고, 끝으로 천진(天眞)으로 복귀할 것을 역설하고 있다.

2.

夔憐蚿[1]기련현 蚿憐蛇현련사 蛇憐風사련풍 風憐目[2]풍련목 目憐心[3]목련심

기(夔)는 노래기를 부러워하고, 노래기는 뱀을 부러워하며, 뱀은 바람을 부러워하고, 바람은 눈(目)을 부러워하며, 눈은 마음을 부러워했다.

夔謂蚿曰기위현왈 : 기(夔)가 노래기에게 말했다.

"吾以一足趻踔而行오이일족참탁이행 子無如矣여무여의

"나는 외발로 깡충거리며 가지만, 막힘없이 걸어 다니는 너에게는 도저히 미치지 못하지.

今子之使萬足금자지사만족 獨奈何독내하?"

그런데 지금 너는 여러 발을 잘 쓰고 있으니, 도대체 어떻게 하는 것인가?"

---

1) 夔憐蚿(기련현) : 외발짐승 夔는 발이 많은 노래기(蚿)를 부러워한다. 夔는 한 개의 발을 가진 괴상한 짐승. 《산해경(山海經)》에, "동해 가운데 유파(流波)라는 산이 있고, 그 산에 짐승이 있는데, 모양이 소와 같고, 푸른빛이며 뿔이 없고 한 발로 걸어 다닌다. 우는 소리가 우레와 같은데 이 짐승을 기라고 한다."고 했다.

2) 風憐目(풍련목) : 바람은 눈을 부러워함. 형체 없는 바람에 비해 눈은 한 걸음 더 나아가, 형체는 여기에 매어 있지만, 밝음이 저기에까지 닿을 수 있으니, 바람이 눈을 부러워한 것이다.

3) 目憐心(목련심) : 눈은 보아서 아는데, 마음은 보지 않고도 안다. 그래서 마음을 부러워하는 것이다.

蚿曰현왈 : 노래기가 말했다.

"不然불연 子不見夫唾者乎자불견부타자호?

"그렇지 않네. 자네는 저 침을 튕기는 사람을 보지 못했는가?

噴則大者如珠분즉대자여주 小者如霧소자여무

재채기로 침을 튕겼을 때 그 침이 큰 것은 구슬만 하고, 작은 것은 안개와 같아서,

雜而下者不可勝數也잡이하자불가승수야

그것들이 뒤섞여 흐트러져 내릴 때는 그 수효를 헤아릴 수가 없네.

今予動吾天機금여동오천기 而不知其所以然이부지기소이연"

지금 나는 내 타고난 여러 발을 움직일 뿐 그렇게 되는 까닭을 모르네."

蚿謂蛇曰현위사왈 : 노래기가 뱀에게 말했다.

"吾以衆足行오이중족행 而不及子之無足이불급자지무족 何也하야?"

"나는 여러 개의 발을 움직여 가지만, 발 없는 자네를 따라가지 못하니, 이는 어째서인가?"

蛇曰사왈 : 뱀이 말했다.

"夫天機之所動부천기지소동 何可易邪[4]하가역야?

"자연스레 기관으로 움직이는 것을 내 어찌 그걸 바꿀 수 있겠는가?

吾安用足哉오안용족재!"

내가 무엇 때문에 발을 쓸 필요가 있겠는가!"

蛇謂風曰사위풍왈 : 뱀이 바람에게 말했다.

"子動吾脊脅而行여동오척협이행 則有似也즉유사야

---

[4] 何可易邪(하가역야) : 어떻게도 바꿀 수가 없는 것이라는 뜻.

"내가 등과 옆구리를 움직여서 가는 것은 발이 있는 것과 마찬가지지.

今子蓬蓬然[5]起於北海금자봉봉연기어북해 蓬蓬然入於南海봉봉연입어남해

그런데 지금 자네는 획획 하고 북해에서 일어나 획획 하면서 남해로 들어가는데,

而似無有이사무유 何也하야?"

아무 형체가 없으니 어째서인가?"

風曰풍왈 : 바람이 말했다.

"然연 子蓬蓬然起於北海而入於南海也여봉봉연기어북해이입어남해야

"그러네. 나는 획획 하고 북해에서 일어나 획획 하고 남해로 들어가지.

然而指我則勝我연이지아즉승아 蹹我亦勝我추아역승아

그러나 사람이 나를 손가락으로 찌르는 것만으로도 나를 이기고, 나를 발로 밟는 것만으로도 또한 나를 이길 수 있네.

雖然수연 夫折大木부절대목 蜚大屋者비대옥자 唯我能也유아능야

비록 그렇지만 나는 큰 나무를 꺾고 큰 집을 날리니, 이것은 오직 나만이 할 수 있는 일이지.

故以衆小不勝爲大勝也[6]고이중소불승위대승야

그러므로 많은 작은 것을 이기지 못함으로써 도리어 큰 것을 이기는 것이 되네.

爲大勝者위대승자 唯聖人能之유성인능지"

그런데 이린 큰 이김은 오직 성인이라야 할 수 있네."

---

5) 蓬蓬然(봉봉연) : 바람이 부는 모습을 나타내는 의태어.

6) 以衆小不勝爲大勝也(이중소불승위대승야) : 작은 패배를 함으로써 큰 승리를 할 수 있음.

| 해설 |

　자연으로부터 받은 천분(天分)은 변화시킬 수가 없고, 각기 그 천분에 편안하면서 인지(人知)로써 논할 것이 못된다. 유교의 안빈낙도(安貧樂道)에서 가난함을 편안히 여기는 것도 일종의 천분을 지키는 것으로 보인다. 따라서 천분에 편안한 자는 모든 작은 것을 이기지 않고 큰 것을 이기는 것이며, 이것이야말로 무위자연에 순응하는 성인의 道라고 설명하고 있다.

　첫 구절에, "바람은 눈을 부러워하고, 눈은 마음을 부러워한다."고 해놓고 설명을 줄인 것은 음미의 여지를 남긴 것으로, 일찍이 어떤 미치광이가 〈반신미인도(半身美人圖)〉에 대해서 제(題)할 때, 그 끝 구절에 가서 "현묘한 경지는 말로 전할 수 없으며, 스스로 터득할 수밖에 없다(妙處不傳)."라고 하더니, 이 대목의 소해(疏解)를 붙이지 않음은 감상의 여지를 마음껏 남겨둠이라 묘하다 하겠다. 장자 특유의 우화적 필법이다.

3.

孔子遊於匡[1]공자유어광 宋人圍之數匝[2]송인위지수잡

공자가 광(匡)지방을 여행할 때 송나라 사람들이 공자를 겹겹이 포위하

---

1) 孔子遊於匡(공자유어광) : 공자가 광(匡)지방을 여행하다. 공자가 이 광(匡) 땅에서 수난을 당한 것은 《논어》 〈자한〉 편과 〈선진〉 편에 "선생님께서 광(匡) 땅에서 어려움을 겪으셨다(子畏於匡)."라고 한 기록과 관련이 있다. 한편 《사기》 〈공자세가〉에서는 이것이 공자가 57세 때, 위(衛)나라에서 진(陳)나라로 가는 도중의 사건으로 되어 있다. 「광인기여여하(匡人其如予何)」라는 고사성어가 있다. "광(匡)지방의 사람들이 나를 어찌할 수 있겠는가?"라는 말로, 어떠한 위기에 처하여도 굴하지 않고 맡은 사명에 대한 떳떳한 신념을 표현할 때 사용하는 말이다.

2) 數匝(수잡) : 겹겹으로 에워싸다.

였다.

而絃歌不惙이현가불철

그러나 공자는 두려운 기색도 없이 거문고를 뜯으며 노래 부르기를 그치지 않았다.

子路3)入見자로입견 曰왈 :

자로(子路)가 들어와 뵙고 공자에게 말했다.

"何夫子之娛也하부자지오야?"

"(이런 상황에서) 선생님께서는 어찌 그리 즐기고만 계십니까?"

孔子曰공자왈 : 공자가 대답했다.

"來래! 吾語女오어녀

"가까이 다가오라. 내 너에게 말해 주겠다.

我諱窮久矣 而不免 命也4)아휘궁구의 이불면 명야

내가 곤궁한 것을 꺼린 지 오래되었으나, 면할 수 없는 것은 천명이다.

求通久矣구통구의 而不得이부득 時也시야

또 형통하기를 오래도록 바랐으나 그렇지 못했으니, 이것 또한 시운(時運)이라 할 것이다.

當堯舜而天下無窮人당요순이천하무궁인 非知得也5)비지득야

---

3) 子路(자로) : 춘추시대 변(卞)나라 사람으로, 공자의 제자. 성은 중(仲), 이름은 유(由). 공자의 제자 가운데 공자를 가장 잘 섬겼다고 하며, 정치 방면에 뛰어났고 지극한 효성(孝誠)으로 유명했다. 子路는 가난하여 매일 쌀을 백 리 밖까지 져다 주고 그 품삯으로 부모를 봉양한 옛일에서 「자로부미(子路負米)」라는 고사성어가 생겨났다. 가난한 가운데서 효양(孝養)을 이르는 비유로 쓰인다.

4) 我諱窮久矣 而不免 命也(아휘궁구의 이불면 명야) : 내가 역경을 피하려 한 지 오래되었지만, 피할 수 없는 것은 천명이다. 궁(窮)은 역경으로 풀이하였다. 不免은 면하지 못함, 피하지 못함. 명(命)은 천명.

요나 순 때에 천하에 궁한 사람이 없었으나, 세상 사람들이 모두 지(知)를 가졌기 때문이 아니었다.

當桀당걸 紂而天下無通人주이천하무통인 非知失也6)비지실야

또 걸(桀)과 주(紂) 때에 천하에 뜻대로 통한 사람이 하나도 없었으나, 그것은 모두 지혜가 모자라서가 아니었다.

時勢適然7)시세적연

그것은 때에 맞지 않았기 때문이었다.

夫水行不避蛟龍者부수행불피교룡자 漁父之勇也어부지용야

무릇 물길을 갈 때 교룡(蛟龍)을 피하지 않는 것은 어부의 용기이고,

陸行不避兕虎8)者육행불피시호자 獵夫之勇也엽부지용야

물으로 갈 때 코뿔소나 호랑이를 피하지 않는 것은 사냥꾼의 용기이다.

白刃交於前백인교어전 視死若生者시사약생자 烈士之勇也열사지용야

번뜩이는 칼날이 눈앞에서 교차해도 죽음을 삶과 같이 보는 것은 열사(烈士)의 용기이다.

知窮之有命지궁지유명 知通之有時지통지유시

곤궁이 운명임을 알고, 형통에는 때가 있음을 알아,

臨大難而不懼者임대난이불구자 聖人之勇也성인지용야

큰 어려움에 당해서도 두려워하지 않는 것은 성인의 용기이다.

由處矣유처의! 吾命有所制矣오명유소제의"

---

5) 非知得也(비지득야) : 지혜가 뛰어나서가 아니었다는 뜻.

6) 非知失也(비지실야) : 지혜가 뒤떨어져서가 아니라는 뜻.

7) 時勢適然(시세적연) : 시세가 우연히 그렇게 되었을 뿐. 適은 때마침, 우연히의 뜻.

8) 兕虎(시호) : 코뿔소와 호랑이.

유(由 : 子路)야, 네 자리로 돌아가라. 내 천명은 정해져 있느니라."

無幾何무기하 將甲者進장갑자진 辭曰사왈 :

이윽고 군사를 거느린 무장이 와서 사과하면서 말했다.

"以爲陽虎[9]也이위양호야 故圍之고위지 今非也금비야 請辭而退[10]청사이퇴"

"양호(陽虎)인 줄 알고 포위하였습니다. 이제 보니 아니라는 걸 알았습니다. 죄송합니다. 물러가겠습니다."

| 해설 |

공자가 노나라에서 뜻을 얻지 못하고 수레를 타고 천하를 돌아다닐 (轍環天下) 때 광(匡)지방에서 고초를 겪은 이야기는 유명한 일화로서, 《논어》〈자한편(子罕篇)〉과 〈선진편(先進篇)〉에 보인다.

또 《사기》〈공자세가〉에는 공자가 57세 때 위(衛)나라를 떠나 진(陳)나라로 가는 도중에 당한 일이라 했다. 이 문장은, "성인은 많은 작은 것을 이기지 않고, 큰 것을 이긴다."는 뜻에서 앞의 대목과 내용적으로 연관이 있다. 하지만 필치가 평범하여 장자의 것이 아닐 것으로 보고 있다.

---

9) 陽虎(양호) : 춘추시대 말기 노(魯)나라 사람. 자는 화(貨)고, 얼굴이 공자와 닮았다고 한다. 《논어》〈양화〉편의 朱子 注에는 "양화(陽貨)는 계씨(季氏)의 가신(家臣)으로 이름은 호(虎)이다(陽貨季氏家臣 名虎)." 라고 있다. 陽虎가 전에 광 땅에서 난폭한 짓을 했기 때문에 그곳 사람늘이 원망하고 있었다. 그의 모습이 공자와 닮았고, 또 전에 양호의 마부였던 안극(顔剋)이 공자가 타고 다니는 수레의 마부가 되었기 때문에 그곳 사람들과 병사들이 공자를 양호로 잘못 보고서 포위한 것이다.

10) 請辭而退(청사이퇴) : 용서를 빌며 그만 물러가겠음. 청사(請辭)는 곧 사과함, 용서를 청함, 용서를 빌다.

4.

公孫龍[1])問於魏牟曰공손룡문어위모왈 :

공손룡(公孫龍)이 위(魏)나라 공자(公子) 모(牟)에게 물었다.

"龍少學先王之道[2])용소학선왕지도 長而明仁義之行장이명인의지행

"저는 어려서부터 선왕(先王)의 道를 배웠고, 장성하여서는 인의(仁義)
의 道에 밝아,

合同異 離堅白[3])합동이 이견백

동이(同異)를 일치시켜 논하고, 견백(堅白)을 분리시켰으며,

然不然연불연 可不可가불가

그렇지 않은 것을 그렇다 하고, 옳지 않은 것을 옳다고 하여,

困百家之知곤백가지지 窮衆口之辯[4])궁중구지변

많은 학자들의 지식을 곤혹스럽게 하고, 뭇사람들의 변론을 궁지에 몰
아넣었소.

---

1) 公孫龍(공손룡) : 전국시대 조(趙)나라의 사상가. 그의 저서는《한서(漢書)》〈예문지(藝文
誌)〉에 14권이라고 기록되어 있다. 현존하는 것은〈적부편(跡府篇)〉,〈백마편(白馬篇)〉,
〈지물론(指物論)〉,〈통변론(通變論)〉,〈견백론(堅白論)〉,〈명실론(名實論)〉의 6편이
있다. 명가(名家)의 한 사람으로 손꼽히며, 또한 그의 논술을 궤변이라고 하나, 단순한 궤
변이 아니라, 당시의 혼란한 사회를 질서 있는 사회로 돌이키려고 하는 의욕을 찾아볼
수 있다.

2) 龍少學先王之道(용소학선왕지도) : 저는(공손룡) 어려서부터 선왕(先王)의 道를 배움. 先
王은 先生으로 되어 있는 판본이 있다. 성현영은 선왕(先王)을 '요·순·우·탕의 자취
(堯舜禹湯之迹).'라고 풀이하였다.

3) 合同異 離堅白(합동이 이견백) : 공손룡이 내건 일종의 궤변(詭辯). 이를테면, 단단하고
흰 돌은 눈으로 보아서는 그것이 흰 것을 알 수 있으나 단단한지는 모르며, 손으로 만
져 보았을 때에는 그것이 단단한 것인 줄 알 수 있을 뿐 빛깔은 흰지 모르므로, 단단하
고 흰 돌은 동일한 물건이 아니라고 설명하는 것. 견백론(堅白論). 견석백마(堅石白馬).

4) 窮衆口之辯(궁중구지변) : 뭇사람들의 변론을 궁지에 몰아넣음.

吾自以爲至達已오자이위지달이

그래서 저는 스스로 지극히 통달했다고 여겨 왔습니다.

今吾聞莊子之言금오문장자지언 汒焉異之5)망언이지

그런데 지금 저는 장자의 말을 듣고 망연자실(茫然自失)하여 뭐가 뭔지 모르겠습니다.

不知論之不及與부지론지불급여 知之弗若與지지불약여?

이는 저의 이론이 그를 따르지 못하는 것인지, 제 지혜가 그만 못한지 알 수가 없습니다.

今吾無所開吾喙금오무소개오훼 敢問其方감문기방"

저는 지금 입을 열 수가 없습니다. 어찌하면 좋을지 감히 그 방법을 묻습니다."

公子牟隱机太息공자모은궤태식 仰天而笑曰앙천이소왈 :

공자 모는 안석에 기댄 채 크게 탄식하고 하늘을 우러러 웃으면서 말했다.

"子獨不聞夫埳井之鼃6)乎자독불문부감정지와호?

"그대는 우물 안 개구리 얘기를 들어보지 못했는가?

謂東海之鼈曰위동해지별왈 :

어느 날, 이 개구리가 동해에 있는 자라에게 말하기를,

'吾樂與오락여! 出跳梁乎井幹之上출도량호정간지상

---

5) 汒焉異之(망언이지) : 멍해진 채 뭐가 뭔지 모르게 되었다는 뜻. 汒은 茫으로 아득하다, 멀다는 뜻.

6) 埳井之鼃(감정지와) : 감정(埳井)은 앞서 북해 약(北海若)의 말로 '정와(井鼃)'란 표현이 보이는 점 등을 고려하여 '우물 안 개구리'로 풀이했다. 鼃는 蛙의 古字. '우물 안 개구리'는 「井中之蛙(정중지와)」, 「井底之蛙(정저지와)」, 「坎井之蛙(감정지와)」 등으로 표현하고 있다.

'나는 즐겁다. 나는 우물의 난간 위에까지 뛰어오르기도 하고,

入休乎缺甃之崖입휴호결추지애 赴水則接腋持頤부수즉접액지이

우물 안으로 들어가서는 깨진 벽돌 가에서 쉬기도 하며, 물속에서는 양 겨드랑이로 수면에 떠서 턱을 물 위로 내밀기도 하고,

蹶泥則沒足滅跗7)궐니즉몰족멸부

진흙을 차면 발이 파묻혀 발등까지 흙에 파묻히지.

還虷蟹與科斗8)환간해여과두 莫吾能若也막오능약야

둘러보면 장구벌레와 게와 올챙이도 나만은 못하다네.

且夫擅一壑之水차부천일학지수 而跨跱9)埳井之樂이과치감정지락

게다가 나는 한 우물을 독차지해서 멋대로 노는 즐거움이 지극한데,

此亦至矣차역지의 夫子奚不時來入觀乎부자해불시래입관호?'

이 또한 최고일세. 그대도 때때로 와서 구경하지 않겠나?' 라고 했다네.

東海之鱉左足未入동해지별좌족미입 而右膝已縶矣이우슬이칩의

동해의 자라가 이 말을 듣고 그 우물로 와서 들어가려 하는데, 왼쪽 다리가 채 들어가기도 전에 오른쪽 무릎이 걸려버렸다네.

於是逡巡而卻어시준순이각 告之海曰고지해왈 :

그래서 엉금엉금 물러나와 개구리에게 이렇게 말했지.

'夫千里之遠부천리지원 不足以擧其大10)부족이거기대

---

7) 蹶泥則沒足滅跗(궐니즉몰족멸부) : 진흙을 찰 때에는 발이 빠져 발등까지 잠겨 버림. 蹶 泥의 蹶은 발로 걷어찬다는 뜻. 沒과 滅은 모두 빠지다, 잠기다는 뜻.

8) 還虷蟹與科斗(환간해여과두) : 장구벌레와 게와 올챙이를 둘러봄. 還은 돌아보다.

9) 跨跱(과치) : 멋대로 함. 혼자만의 전유물로 한다는 뜻. 跨는 차지하다. 跱는 우뚝 서다.

10) 不足以擧其大(부족이거기대) : 그 크기를 일일이 들어 다 표현할 수 없음. 擧는 낱낱이

'무릇 천리라는 먼 거리로도 바다의 넓이를 형용할 수가 없고,

千仞之高천인지고 不足以極其深부족이극기심

천 길이란 높이로도 바다의 깊이를 다 나타낼 수가 없지.

禹之時우지시 十年九潦십년구료 而水弗爲加益이수불위가익

우(禹)임금 때는 10년 동안에 아홉 번이나 홍수가 났지만, 그렇다고 수량이 조금도 늘지 않았고,

湯之時탕지시 八年七旱팔년칠한 而崖不爲加損이애불위가손

탕(湯)임금 때는 8년 동안에 일곱 번이나 가물었으나, 그 때문에 수량이 조금도 줄지 않았네.

夫不爲頃久推移[11]부불위경구추이 不以多少進退者[12]불이다소진퇴자

무릇 시간의 장단에 따라 변화하지 않고, 물의 다소에 따라 증감하지 않는 것,

此亦東海之大樂也차역동해지대락야'

이것이 또한 동해의 즐거움이다.'라고 하였지.

於是埳井之䨓聞之어시감정지와문지 適適然驚 規規然自失也[13]적적연경 규규연자실야

그랬더니 우물 안 개구리는 그 소리를 듣고 깜짝 놀라 정신을 잃었다고 들다.

---

11) 不爲頃久推移(불위경구추이) : 시간의 장단에 좌우되는 일이 없음. 頃久는 짧은 시간과 긴 시간. 推移는 변화함.

12) 不以多少進退者(불이다소진퇴자) : 강우량(降雨量)의 많고 적음 때문에 물이 불거나 줄지 않는 것. 進退는 물의 증감(增減)을 말한다.

13) 適適然驚 規規然自失也(적적연경 규규연자실야) : 너무 놀라서 얼이 빠져버림. 너무 당황해서 무엇이 무엇인지 모르게 되어버렸다. 適適然과 規規然은 모두 깜짝 놀라는 모양. 自失은 제 정신이 아님, 넋이 나감.

하더군.

且夫知不知是非之竟14)차부지부지시비지경　而猶欲觀於莊子之言이유욕관어
장자지언

이렇듯 지혜가 시비(是非)의 구별도 할 줄 모르면서 장자의 말을 이해
하려고 한다면,

是猶使蚊負山시유사문부산　商蚷馳河15)也상거치하야　必不勝任矣필불승임의
이는 모기에게 산을 짊어지라는 것과 같고, 노래기더러 황하를 건너가
라는 것 같아, 감당할 수 없음은 말할 것도 없네.

且夫知不知論極妙之言차부지부지론극묘지언
게다가 지식이 지극하여 오묘한 말을 논할 줄도 모르면서,

而自適一時之利者이자적일시지리자　是非埳井之蠅與시비감정지와여?
한때의 명리에 만족하고 있으니, 저 우물 안 개구리와 다를 것이 무엇
인가?

且彼方跐黃泉16)차피방자황천　而登大皇이등대황
또한 저 장자는 아래로는 황천에 발을 딛고 위로는 하늘에까지 이르러,

無南無北무남무북　奭然四解7)석연사해　淪於不測윤어불측
남쪽도 없고 북쪽도 없이 환히 사방으로 통달해 있어 헤아릴 수 없는
깊이에까지 잠기어 있으며,

---

14) 知不知是非之竟(지부지시비지경) : 是非를 구별할 만한 지력(知力)도 가지고 있지 못함.
竟은 경계(境界).

15) 商蚷馳河(상거치하) : 노래기에게 황하를 건너게 함. 馳는 달리다.

16) 彼方跐黃泉(피방자황천) : 그는 이제 땅속 黃泉에까지 발을 들여놓음. 彼는 장자를 가
리킴. 方은 바야흐로, 이제. 跐(자)는 밟는다는 뜻.

17) 奭然四解(석연사해) : 거침없이 사방팔방으로 자기를 해방함. 奭然은 석연(釋然 : 마음
이 환하게 풀림)과 같으며, 四解는 사방으로부터 구속을 받지 않음.

無東無西무동무서 始於玄冥시어현명 反於大通반어대통

동서를 가리지 않고 아득히 먼 우주의 근원에서 시작하여 큰 道로 돌아가고 있는 사람이라네.

子乃規規然而求之以察[18]자내규규연이구지이찰 索之以辯색지이변

그런데 자네는 놀라 얼이 빠진 모습으로 사물을 보려 하고, 하찮은 변설로 그를 좇으려 하고 있으니,

是直用管窺天 用錐指地也[19]시직용관규천 용추지지야

이는 곧 가느다란 대통으로 하늘을 바라보고 송곳으로 땅을 찔러 보는 격이라,

不亦小乎불역소호 子往矣자왕의!

이 또한 좁은 소견이 아닌가. 그대는 그만 돌아가게!

且子獨不聞壽陵餘子之學行於邯鄲[20]與차자독불문수릉여자지학행어한단여?

---

18) 規規然而求之以察(규규연이구지이찰) : 규규연(規規然)은 놀라서 얼이 빠진 모양. 察은 작은 지혜 분별의 분석을 말하며, 求之는 그를(장자) 좇다.

19) 是直用管窺天 用錐指地也(시직용관규천 용추지지야) : 이는 곧 가느다란 대통으로 하늘을 바라보고 송곳으로 땅을 찔러 보는 격이다. 直은 단지. 用管은 대롱구멍을 통하여의 뜻이고, 窺天은 하늘을 엿봄. 여기서 「용관규천(用管窺天)」의 고사성어가 생겨났으며, "좁은 소견이나 식견"을 나타내는 「관견(管見)」이란 숙어도 나왔다.《사기》〈편작창공열전(扁鵲倉公列傳)〉에도 편작이 어의에게 "당신의 의술은 대롱을 가지고 하늘을 엿보며(用管窺天) 좁은 틈새로 상황을 살피는 것과 같이 도저히 전체를 간파한다고 할 수 없습니다."라는 구절이 있다.

20) 學行於邯鄲(학행어한단) : 趙나라 수도 한단(邯鄲)에 가서 대도시에서 유행하는(大都市風) 걸음걸이를 배움. 行은 步의 뜻으로 걸음걸이. 한단(邯鄲)은 하북성(河北省) 남서부 태행산맥(太行山脈) 동쪽 기슭에 있는 도시로 교통의 요지이며, 부근 농산물의 집산지다. 춘추시대부터의 옛 도시로, 기원전 4세기 전국시대 조(趙)나라의 수도. 「한단지몽(邯鄲之夢)」의 고사(故事)로 유명하다. 이 구절에서 함부로 남의 흉내를 내면 원래 자기가 지녔던 좋은 점까지도 잃게 된다는 뜻의 「한단학보(邯鄲學步)」라는 성어가 생겨났다.

또 유독 자네 혼자만 수릉(壽陵) 땅의 젊은이가 한단(邯鄲)에 가서 걸음걸이를 배운 이야기를 듣지 못했는가?

未得國能[21]미득국능 又失其故行矣우실기고행의 直匐匐而歸耳직포복이귀이

그 젊은이는 한단에서 걸음걸이를 제대로 배우지도 못하고, 옛 걸음걸이마저 잊어버려 엉금엉금 기어서 돌아갔다네.

今子不去금자불거 將忘子之故 失子之業[22]장망자지고 실자지업"

지금 자네도 여기서 떠나지 않으면 자네의 옛 걸음걸이도 잊어버릴 것이고, 자네의 본업도 잃어버리고 말 것이네."

公孫龍口呿而不合공손룡구거이불합 舌擧而不下설거이불하 乃逸而走내일이주

이 말을 들은 공손룡은 입을 벌린 채 닫지도 못하고, 혀를 내민 채 끌어들이지도 못하고 달아나버렸다.

| 해설 |

「정중지와(井中之蝸)」란 숙어가 생긴 전거(典據)가 바로 여기에서 나온 것이다. 우물 안의 개구리가 큰 바다를 알지 못하니 소견이 좁음을 비유한 말이다.

「한단학보(邯鄲學步)」, 「한단지보(邯鄲之步)」란 숙어도 이 대목에서 나온 말이다. 전국시대 유행의 도시인 조나라 서울 한단(邯鄲)에 걸음을 멋지게 걷는 사람이 있었다. 이를 배우려고 연(燕)나라 수릉(壽陵) 땅의 청년이 조나라 한단으로 왔다. 그러나 그 걸음걸이를 열심히 흉내 내다가 돌아갈 때는 한단의 걸음걸이도 제대로 배우지 못하고,

---

21) 國能(국능) : 대도시풍 걸음걸이. 한단(邯鄲) 국도(國都)에서 유행하는 걸음걸이.

22) 將忘子之故 失子之業(장망자지고 실자지업) : 장자의 지식을 배우지 못할 뿐만 아니라, 지금까지의 그대 자신의 지식마저 잊어버리고 말 것임.

고향에서 걷던 본래의 걸음걸이마저도 잊은 채 결국 엉금엉금 기어갔다는 이야기다.

　오늘날 우리 사회에는 「정중지와」 와 「한단지보」 가 너무나도 많다. 쥐꼬리만 한 지식, 좁은 소견을 가지고 박학하고 전문지식을 가진 사람을 헐뜯거나 비방하는 예가 너무나 많다. 모르면 잠자코 있음이 상책일 것이나, 도리어 아는 체하다 망신을 당하는 경우를 흔히 본다.

　또 한 가지에 전일(專一)하지 않아 이른바 얼치기가 되는 경우가 많다. 공부를 하려면 제대로 할 일이고, 기술을 익히려면 제대로 배울 일이지, 어중이떠중이 수박 겉핥기식으로 배우다 보면 이것도 저것도 아닌 얼치기가 되는 수가 많다. 배우는 자는 애오라지 한 가지에 전념하여 천하에 아무 소용이 없는 한단의 걸음은 되지 말아야 할 것이다.

　또 견백동이설(堅白同異說)이란 궤변을 대변하는 말은 전국시대의 공손룡이 내건 슬로건이지만, 이것도 견강부회(牽强附會)하여 합리화시키는 모순을 비유한다. 우리 현대인도 이런 고사의 유래나 본원(本源)을 알아 이런 오류를 범하지 말아야 할 것이다.

　이 대목은 위(魏)나라 공자(公子) 모(牟)가 공손룡(公孫龍)의 변론과 지혜는 장자의 그것과는 천양지판(天壤之判)의 차원이 있음을 역설하는데, 「정중지와(井中之蛙)」 와 「한단학보(邯鄲學步)」 의 고사를 뒤섞어 비유로 설명한 대목이다. 물론 위나라 공자 모와 공손룡의 입장은 가탁(假託)의 대화이지만, 「백마비마(白馬非馬)」·「견백동이(堅白同異)」 의 궤변파에 대한 장자파의 입장과 비판이 엿보이기도 한다.

5.

莊子釣於濮水장자조어복수

장자가 복수(濮水)에서 낚시질을 하고 있을 때,

楚王使大夫二人往先焉초왕사대부이인왕선언 曰왈 :

초나라 왕이 대부(大夫) 두 사람을 사자로 먼저 보내 왕의 뜻을 전해 이렇게 말했다.

"願以境內累矣원이경내루의!"

"나라의 정치를 맡아 주시기 바랍니다!"

莊子持竿不顧장자지간불고 曰왈 :

장자는 낚싯대를 드리운 채 돌아보지도 않고 말했다.

"吾聞楚有神龜[1]오문초유신구 死已三千歲矣사이삼천세의

"내 듣자니, 초나라에는 신귀(神龜)가 있어 죽은 지가 三천 년이나 되었는데,

王巾笥而藏之廟堂之上[2]왕건사이장지묘당지상

임금은 천에다 싸서 상자에다 넣어두어 묘당(廟堂)에다 보관하고 있다고 들었소

此龜者차구자 寧其死爲留骨而貴乎영기사위류골이귀호

그 거북이 죽은 뒤 뼈만 남겨 귀하게 되기를 바랐겠소?

寧其生而曳尾於塗中乎[3]영기생이예미어도중호?"

아니면 살아서 진흙 속에서 꼬리를 끌고 다니기를 바랐겠소?"

---

1) 神龜(신구) : 점을 칠 때 쓰는 신령스러운 거북. 평상시에는 종묘(宗廟)에 안치해 두었다가 나라에 큰일이 있을 때는 그 귀갑(龜甲)을 꺼내 불에 지져 길흉(吉凶)을 점쳤다.

2) 王巾笥而藏之廟堂之上(왕건사이장지묘당지상) : 왕은 이를 비단보로 싸서 상자에 넣고 묘당(廟堂)에 보관함.

3) 寧其生而曳尾於塗中乎 : 아니면 살아서 진흙 속에서 꼬리를 끌며 다니기를 바랐겠소?. 寧은 여기서는 '아니면'으로 풀이함. 塗는 진흙.

二大夫曰이대부왈 : 두 대부가 대답했다.

"寧生而曳尾塗中4)영생이예미도중"

"그야 살아서 진흙 속에서 꼬리를 끌기를 바랐겠지요."

莊子曰장자왈 : 장자가 말했다.

"往矣왕의! 吾將曳尾於塗中오장예미어도중"

"돌아가시오! 나는 진흙 속에서 꼬리를 끌면서 살겠소."

| 해설 |

　만물은 모두 각기 본성의 한계 안에서 편안할 줄 알아야 한다. 공연히 지나친 욕심을 부리다가 천성을 다치거나 자신을 망치는 일이 너무나도 많다. 무용(無用)으로써 천수(天壽)를 온전히 하는 무위자연의 방법, 이것이 이 대목에도 들어 있다. 한편 너무나 도피적이고 은둔적, 독선적이라고 비판할 수도 있지만, 사회적 구속을 벗어나 오로지 생명의 자유를 희구하는 필자의 태도가 너무나도 잘 나타나 있다.

---

4) 寧生而曳尾塗中(영기생이예미어도중호) : 寧은 여기서는 아니면의 뜻. 塗는 진흙. 진흙탕 속에서 꼬리를 끌며 살아도 죽은 후의 호강보다 좋다는 말로, 부귀하지만 속박 받는 삶보다는 가난하지만 자유로운 삶이 좋다는 뜻. 여기서 「예미도중(曳尾塗中)」성어가 생겨났다. 《장자》〈열어구〉편에도 장자를 초빙하기 위해 찾아온 왕의 사자에게, "당신들은 희생(犧牲)으로 쓰는 소를 보지 못했소? 수놓은 비단옷을 입히고 꼴과 콩을 먹으며 지내지만, 결국 태묘에 끌려 들어갈 때가 되면 비록 어미 잃고 외로운 송아지로 되놀아가고자 한들 무슨 소용이 있겠소"라고 하는 기록이 있다. 《사기(史記)》에도 장자에 관한 기록이 있는데, 이 두 이야기를 묶어 장자는 몇 해 부귀를 누린 후에 권력투쟁의 제물이 되기보다는 차라리 벼슬하지 않은 평민의 몸으로 욕심 없이 살면서 삶을 누리기를 바라면서 거절했다고 전해진다.

6.

惠子相梁[1]혜자상양 莊子往見之장자왕견지

혜자(惠子)가 양(梁)나라의 재상으로 있을 때, 장자는 그를 찾아가 만나고자 했다.

或謂惠子曰혹위혜자왈 : 그 때 어느 사람이 혜자에게 말했다.

"莊子來장자래 欲代子相욕대자상"

"장자가 와서 당신 대신 재상이 되려 한다."

於是惠子恐어시혜자공 搜於國中三日三夜[2]수어국중삼일삼야

이에 혜자는 두려워하여 전국에 3일 동안 밤낮으로 장자를 찾아내도록 했다.

莊子往見之장자왕견지 曰왈 : 장자가 혜자를 찾아가서 말했다.

"南方有鳥남방유조 其名爲鵷鶵[3]기명위원추 子知之乎자지지호?

"남쪽에 새가 있는데, 그 이름을 원추(鵷鶵)라고 하네. 자넨 그 새를 아는가?

---

1) 惠子相梁(혜자상양) : 혜시(惠施)는 양나라 혜왕 때 양나라의 재상을 지낸 적이 있다. 혜시는 전국시대 송(宋)나라의 사상가로, 명가(名家)에 속하는 학자로서 장자와 같은 시대의 사람이고, 공손룡(公孫龍)보다 약간 앞 시대의 사람이다. 양(梁)의 혜왕(惠王), 양왕(襄王)을 섬겨 재상이 되었으나, 종횡가(縱橫家) 장의(張儀)에게 쫓겨 초(楚)나라로 갔다가 후에 고향으로 돌아와서 생애를 마쳤다. 박학한 사람으로 알려졌으며, 그의 저서는 수레로 다섯이나 되었다고 하나 현재까지 전하는 것은 없다. 명가 중에서 궤변이 가장 뛰어났다고 하는데, 그것은 형식과 현실과의 관계를 명확하게 하고 치세(治世)의 이상상(理想像)을 설파한 것에 지나지 않는다.

2) 搜於國中三日三夜(수어국중삼일삼야) : 온 도성(都城) 안을 사흘 밤낮 동안 샅샅이 수색함. 搜(수)는 수색한다는 뜻.

3) 鵷鶵(원추) : 봉황의 일종. 또는 봉황의 새끼라고도 함.

夫鵷鶵發於南海而飛於北海부원추발어남해이비어북해

원추는 남쪽 바다에서 날아올라 북쪽 바다로 날아가는데,

非梧桐不止비오동부지 非練實4)不食비연실불식 非醴泉不飮비례천불음

오동나무가 아니면 쉬지 않고, 연실(練實)이 아니면 먹지 않으며, 단물
이 나오는 샘이 아니면 마시지도 않는다네.

於是鴟得腐鼠5)어시치득부서 鵷鶵過之원추과지

그런데 그때 소리개가 썩은 쥐 한 마리를 얻었는데, 원추가 때마침 그
위를 지나치게 되었다네.

仰而視之曰앙이시지왈 : '嚇혁!'

그랬더니 소리개는 썩은 쥐를 빼앗길까봐 '꽥' 하고 소리를 질렀지.

今子欲以子之梁國而嚇我邪금자욕이자지양국이혁아야?"

지금 그대는 양나라 재상 자리 하나 때문에 나에게 꽥! 하고 소리를 지
르는 건가?"

| 해설 |

원추(鵷鶵)와 소리개의 우화로써 장자의 속세적 명예나 지위를 경시
하는 처세관을 나타내고 있다. 한편 속세인의 지나친 욕심, 끝을 모르
는 야욕을 풍자하는 뜻도 들어 있다 하겠다. 이솝우화의 욕심 많은 개
이야기와 같은 것이다. 고기를 물고 다리 위를 지나가다가 다리 밑 물
속에 비치는 자기의 그림자를 보고 고기를 빼앗으려는 다른 개로 착각
하여 멍! 하고 짖다가 입에 문 고기마저 물속에 빠뜨리는 이야기와 매

---

4) 練實(연실) : 멀구슬나무의 열매.

5) 腐鼠(부서) : 썩은 쥐라는 뜻으로, 비천한 물건이나 사람의 비유. 벼슬자리를 비유하기도
한다.

우 흡사하다 하겠다.

중간에 중상모략을 하는 자, 그 모략을 듣고 공연한 걱정을 하는 자, 그리하여 선량한 사람을 의심하는 경우가 인간세계에는 참으로 비일비재하다.

7.

莊子與惠子遊於濠梁¹⁾之上장자여혜자유어호량지상

장자가 혜자와 함께 호수(濠水) 돌다리 위에서 노닐고 있었다.

莊子曰장자왈 : 장자가 말했다.

"儵魚出遊從容²⁾숙어출유종용 是魚樂也시어락야"

"피라미가 나와서 한가로이 노닐고 있군. 이것이 바로 저 물고기의 즐거움일세."

惠子曰혜자왈 : 혜자가 말했다.

"子非魚 安知魚之樂³⁾자비어 안지어지락?"

"자네가 물고기도 아닌데 어떻게 물고기의 즐거움을 아는가?"

莊子曰장자왈 : 장자가 말했다.

"子非我 安知我不知魚之樂⁴⁾자비아 안지아부지어지락?"

---

1) 濠梁(호량) : 호수(濠水) 위의 교량. 濠는 물 이름. 돌로 물을 가로질러 만든 것을 양(梁)이라 한다.

2) 儵魚出遊從容(숙어출유종용) : 피라미가 나와서 한가로이 놂. 儵(숙)은 儵(조 : 피라미)의 잘못이다. 從容은 한가로이 노니는 모양.

3) 子非魚 安知魚之樂(자비어 안지어지락) : 자넨 내가 아닌데, 어떻게 내가 물고기의 즐거움을 알지 못한다는 것을 아는가? 혜시는, 장자 자신이 물고기가 아닌 이상 물고기가 즐거운지 어떤지 알 수 없다는 주장이다. 安은 어찌.

"그렇다면 자네는 내가 아닌데, 어떻게 내가 물고기의 즐거움을 알지 못한다는 것을 아는가?"

惠子曰혜자왈 : 혜자가 말했다.

"我非子아비자 固不知子矣고부지자의
"나는 자네가 아니기 때문에 나는 자네를 모르네.

子固非魚也자고비어야 子之不知魚之樂全矣자지부지어지락전의"
마찬가지로 자네도 본디 물고기가 아니니, 자네가 물고기의 즐거움을 모르는 것은 틀림없네."

莊子曰장자왈 : 장자가 말했다.

"請循其本5)청순기본 子曰자왈 '汝安知魚樂6)여안지어락' 云者운자
"그러면 다시 처음으로 돌아가 보세. 자네가 내게, '자네가 어찌 물고기의 즐거움을 알겠는가?'라고 말한 것은,

旣已知吾知之而問我기이지오지지이문아 我知之濠上也아지지호상야"
이미 내가 그것을 안다고 여겨 물은 것이네. 나는 지금 이 호수(濠水)의 다리 위에서 물고기의 마음을 알았네."

---

4) 子非我 安知我不知魚之樂(자비아 안지아부지어지락) : 혜시와 같은 식의 주장으로 "그렇다면 자네는 내가 아닌데, 어떻게 내가 물고기의 즐거움을 알지 못한다는 것을 아는가?"하며 혜시 역시 자신을 알 수 없다고 반박한 주장이다.

5) 請循其本(청순기본) : 다시 처음으로 돌아가 보세. 처음으로 돌아가 다시 따져보자는 뜻.

6) 汝安知魚樂(여안지어락) : 자네가 어찌 물고기의 즐거움을 알겠는가? 여기서 「지어지락(知魚之樂)」이라는 성어가 생겨났는데, 물고기의 즐거움을 둘러싼 두 사람의 논리쟁변(論理爭辯)에서 온 말로 사고(思考)의 유연함, 융통성 있게 대응할 줄 아는 것을 가리킨다. 호수(濠水) 돌다리 위에서 나눈 변론(辯論)이라고 해서 「호량지변(濠梁之辨)」이라고도 한다.

| 해설 |

    개념과 감각을 달리하는 혜자와 장자 사이에 물고기를 놓고 한 짤막한 문장이다. 일종의 선문답(禪問答) 같은 대화다. 둘 사이는 심리적으로 유통되지 않아 서로의 마음을 알 수가 없다. 그러나 장자는 절대적 경지에 서면 만물은 일치가 되어 심리적으로 상통할 수 있기 때문에 자기의 마음으로 미루어 남의 마음을 살펴 알 수가 있다는 것이다. 곧 형식상의 논리의 발단에 구애되어서는 참된 인식을 얻지 못한다는 것이다.

18. 지락
至樂

지락무락(至樂無樂) 지예무예(至譽無譽)

이른바 지극한 즐거움이란 무엇인가? 속세에서 추구하는 부귀·장수·명예는 반드시 안락한 수단이 아니고, 속인들은 이것 때문에 도리어 괴로움을 벗어나지 못한다고 하였다. 곧 지락은 일체의 기성 개념을 초월하여 사생을 일체로 보고, 천지의 무위를 본받아 무락(無樂)의 경지에 들어가야 이루어진다고 역설하고 있다.

고분이가(鼓盆而歌)

1.

天下有至樂¹⁾無有哉천하유지락무유재?

천하에 지극한 즐거움이란 있는 건가, 없는 건가?

有可以活身者無有哉유가이활신자무유재?

몸을 살릴 수 있는 즐거움이 있는가, 없는가?

今奚爲奚據²⁾금해위해거?

지금 무엇을 해야 하고 무엇을 그만두어야 하며,

奚避奚處해피해처?

무엇을 피해야 하고 무엇에 머물러야 하며,

奚就奚去해취해거 奚樂奚惡해요해오?

무엇을 따르고, 무엇을 버리며, 무엇을 즐기고 무엇을 미워할 것인가?

夫天下之所尊者부천하지소존자 富貴壽善也부귀수선야

대체로 천하가 존중하는 것은 부(富)함과 귀(貴)함, 장수(長壽)와 명예(名譽)이다.

所樂者소요자 身安厚味美服好色音聲也신안후미미복호색음성야

또 좋아하는 것은 몸의 안락, 맛 좋은 음식, 예쁜 옷, 미색(美色)과 좋은 음악이다.

所下者³⁾소하자 貧賤夭惡⁴⁾也빈천요악야

그러나 싫어하는 것은 가난과 천함, 요절(夭折)과 불명예이다.

---

1) 至樂(지락) : 지극한 기쁨, 최고의 즐거움.

2) 奚爲奚據(해위해거) : 무엇을 해야 하고 무엇을 그만두어야 하는가. 奚는 何와 같다.

3) 所下者(소하자) : 하찮게 여기는 것. 사람들이 싫어하는 것.

4) 貧賤夭惡(빈천요악) : 빈천(貧賤)과 요절과 불명예. 惡은 악평, 헐뜯음.

所苦者소고자 身不得安逸신부득안일

그리고 괴로워하는 것은 몸이 안일하지 못한 것과

口不得厚味구부득후미 形不得美服형부득미복

입에 맞는 음식을 먹지 못하는 것과, 몸에 좋은 옷을 입지 못하는 것과,

目不得好色목부득호색 耳不得音聲이부득음성

눈으로 아름다운 여인을 보지 못하는 것과, 귀로 좋은 음악을 듣지 못하는 것이다.

若不得者약부득자 則大憂以懼즉대우이구

혹 이것들을 얻지 못하면 크게 근심하고 두려워하니,

其爲形也亦愚哉5)기위형야역우재!

이런 것들을 가지고 몸뚱이를 위함이 또한 어리석도다!

夫富者부부자 苦身疾作고신질작 多積財而不得盡用다적재이부득진용

대체로 부자는 자신을 괴롭혀 애써 일하여 재산을 많이 모아 쌓아두고도 다 쓰지를 못하니,

其爲形也亦外矣기위형야역외의

그 몸을 기르는 방법으로는 또한 빗나간 방법이다.

夫貴者부귀자 夜以繼日6)야이계일 思慮善否7)사려선부

무릇 귀인이란 밤낮으로 옳고 그름을 따지지만,

---

5) 其爲形也亦愚哉(기위형야역우재) : 이런 것들을 가지고 몸을 기르는 것은 또한 어리석은 짓임. 其는 앞에 열거한 모든 좋아하는 것들.

6) 夜以繼日(야이계일) : 밤을 지새우면서 그 다음날까지 계속해서 일을 한다는 뜻으로, 아주 열심히 일하는 것을 비유하는 말이다.

7) 思慮善否(사려선부) : 선악을 따짐. 일이 잘 될지 안 될지를 따진다는 뜻. 善은 일이 잘 된다는 뜻이고, 否는 그 반대의 뜻이다.

其爲形也亦疏矣기위형야역소의

몸을 위하는 방법으로는 거리가 멀다.

人之生也인지생야 與憂俱生여우구생

사람의 삶은 근심걱정과 더불어 살아가는데,

壽者惛惛 久憂不死[8]수자혼혼 구우불사 何苦也하고야!

오래 살아 정신이 흐려지나 죽지도 않으니, 이 얼마나 괴로운 일인가!

其爲形也亦遠矣기위형야역원의

이 역시 몸을 기르는 일과는 멀리 빗나간 일이다.

烈士爲天下見善矣열사위천하견선의 未足以活身미족이활신

열사(烈士)는 세상에서 칭찬을 받으나, 그의 몸을 살리지 못했으니.

吾未知善之誠善邪오미지선지성선야 誠不善邪성불선야

나는 그것이 참으로 선인지 참으로 선이 아닌지 진실로 모르겠다.

若以爲善矣 不足活身[9]약이위선의 부족활신

만약 그것이 선이라면 자기 몸을 살리기에는 부족하고,

以爲不善矣 足以活人[10]이위불선의 족이활인

그것이 선이 아니라면 다른 사람을 살리기에는 족하다.

故曰고왈 : 그러므로 이르기를,

---

8) 壽者惛惛 久憂不死(수자혼혼 구우불사) : 오래 살면서 정신이 흐린 상태에서도 근심하면서 죽지도 않음. 惛惛은 昏昏과 같이 정신이 흐린 모양.

9) 若以爲善矣 不足活(약이위선의 부족활) : 善이라 하자니, 그런 행위기 자신의 몸조차 살리지 못하기 때문에 그러한 의미에시는 善이라 할 수 없음을 말한 것.

10) 以爲不善矣 足以活人(이위불선의 족이활인) : 不善이라고 하자니 그런 행위가 비록 자신의 몸을 살리지는 못했지만, 다른 사람을 살리기에 충분하기 때문에 그러한 의미에서는 不善이라 할 수 없음을 말한다.

"忠諫不聽충간불청 蹲循勿爭준순물쟁"

"충성되게 간해도 들어주지 않거든 순종하고 다투지 말라." 고 한 것이다.

故夫子胥[11]爭之以殘其形고부자서쟁지이잔기형

그러므로 저 오자서는 왕에게 억지 선을 강요하여 몸을 해쳤다.

不爭부쟁 名亦不成명역불성

만약 다투지 않았더라면 명예는 이루어지지 않았을 것이다.

誠有善無有哉성유선무유재

참으로 선이란 것이 진실로 있는지 없는지 모르겠다.

今俗之所爲與其所樂금속지소위여기소락

지금 세상 사람들이 더불어 즐기는 일이

吾又未知樂之果樂邪오우미지락지과락야 果不樂邪과불락야

진정한 즐거움인지 진정한 즐거움이 아닌지 나는 아직도 모르겠다.

吾觀夫俗之所樂오관부속지소락 擧群趣者[12]거군취자 誙誙然如將不得已경

11) 子胥(자서) : 오자서. 자서(子胥)는 자이고, 이름은 원(員)이다. 초(楚)나라 사람으로, 오사(伍奢)의 둘째아들로 태어났다. 월왕 구천(句踐)에게 패퇴한 합려가 죽자, 합려의 아들 부차(夫差)는 땔나무 위에서 잠을 자는 와신(臥薪)의 생활을 하며 원한을 되새긴 끝에 월나라와 전투에서 대승을 거두었다. 구천은 부차와 대신들에게 재물을 바치며 강화를 요청하였다. 이에 오자서는 월나라를 지금 멸망시키지 않으면 반드시 후환이 있을 것이라고 간언하였다. 그러나 부차는 오자서의 말을 듣지 않고 점차 그를 멀리하였다. 오자서는 오나라의 앞날에 화가 미칠 것이라고 판단하여 아들을 제나라에 맡겼는데, 그와 사이가 나쁜 태재(太宰) 백비(伯嚭)가 이 일을 내세워 모함을 하였다. 그러자 부차는 오자서에게 촉루(屬鏤)라는 명검을 내려 자결하도록 명하였다. 오자서는 한탄하며 문객(門客)에게 자신이 죽으면 오나라가 월나라에 멸망하는 모습을 지켜볼 수 있도록 눈알을 도려내서 동문(東門) 위에 걸어달라고 당부하고는 자결하였다.

12) 擧群趣者(거군취자) : 온 세상 사람들이 무리 지어 달려감. 擧는 皆(개)와 같아, 온 세

내가 저 세속 사람들이 즐거워하는 것을 보면 죽을 둥 살 둥 마치 장차 그만두려야 그만둘 수 없어서 하는 것 같다.

而皆曰樂者이개왈락자 吾未之樂也오미지락야

그러나 세속 사람들이 모두 즐겁다고 하는 것을, 나는 그게 즐거운 줄 모르겠고,

亦未之不樂也역미지불락야

또한 그것을 즐겁지 않은 줄도 모르겠다.

果有樂無有哉과유락무유재?

과연 즐거움이 있는 것인가, 없는 것인가?

吾以無爲誠樂矣오이무위성락의 又俗之所大苦也우속지소대고야

나는 무위로써 참다운 즐거움을 삼는다. 그러나 이것은 속인들이 크게 괴로워하는 바다.

故曰고왈 : "至樂無樂 至譽無譽[13)지락무락 지예무예"

그러므로 이르기를, "지극한 즐거움은 즐거움이 없는 것이요, 지극한 명예는 명예가 없는 것이다."라고 한다.

상 사람들이라는 뜻. 趨는 달려간다는 뜻으로 趣(달릴 추)와 같다.

13) 至樂無樂 至譽無譽(지락무락 지예무예) : 장자가 이 말을 한 본래의 뜻은 진리를 깨달은 사람의 즐거움은 즐겁다는 자각이 없는 언제나 그대로인 것임을 말하려 한 것이다. 그것은 생사도 영광도 굴욕도 슬픔도 기쁨도 다 초월한, 자기만이 가지는 즐거움이라는 말이다. 장자가 말하기를, "비록 남면(南面)한 임금의 즐거움도 이에서 더 즐거울 수는 없다."장자는 즐거움에 대한 예를 들고 있다. "노(魯)나라 임금이 뜰에 날아든 바닷새를 붙들어다 좋은 음악을 들려주고 사람이 먹는 귀한 음식을 주었다. 그러나 새는 조금도 즐거워하는 일이 없이 사흘을 굶은 끝에 죽고 말았다"는 것이다. 이 비유에서 至樂無樂이 뜻하는 바의 일단(一端)을 얻을 수 있다.

天下是非果未可定也천하시비과미가정야

천하의 시비에 대해 판단하는 것은 쉽지 않은 일이다.

雖然수연 無爲可以定是非무위가이정시비

비록 그렇지만 무위(無爲)는 옳고 그름이 무엇인지 알 수 있으니,

至樂活身지락활신 唯無爲幾存14)유무위기존

진정한 즐거움과 건강한 몸을 보존하는 길은 오직 무위일 때만 존재하는 것이다.

請嘗試言之청상시언지

한번 예를 들어 말해 보겠다.

天無爲以之淸천무위이지청 地無爲以之寧지무위이지녕

하늘은 무위해서 맑고, 땅은 무위해서 편안하다.

故兩無爲相合15)고양무위상합 萬物皆化만물개화

그러므로 이 두 무위가 서로 합하여 만물이 모두 생성 변화하는 것이다.

芒乎芴乎망호물호 而無從出乎16)이무종출호!

황홀하구나, 그것들이 어디서 생겨나는지 알 수가 없으니!

芴乎芒乎물호망호 而無有象乎17)이무유상호!

그 모습이 없는 듯하면서 있으니 황홀하구나!

---

14) 唯無爲幾存(유무위기존) : 오직 무위를 지켜야만 거의 보존될 수 있음. 幾는 거의. 存은 생존, 보존의 뜻.

15) 兩無爲相合(양무위상합) : 두(하늘과 땅) 無爲가 서로 합쳐야만 비로소 만물이 모두 생성 변화함.

16) 無從出乎(무종출호) : 어디서부터 생성되어 나오는지 알 수 없음. 역시 천지 무위의 道가 어디에서부터 나오는지 알 수 없다는 뜻. 無는 즉 어디에서부터 생성되어 나오는지(從出) 확실한 모습이 없다는 뜻.

17) 無有象乎(무유상호) : 무위의 변화는 황홀하기 때문에 모습이 보이지 않는다는 뜻.

萬物職職18)만물직직 皆從無爲殖개종무위식

만물은 번성하는데, 모두 이 무위에 의해 생성된다.

故曰고왈 : 그러므로 이르기를,

"天地無爲也천지무위야 而無不爲也이무불위야"

"세상은 무위로써 이루어지지 않는 것이 없다."고 하는 것이다.

人也 孰能得無爲哉19)인야 숙능득무위재!

어느 누가 능히 무위를 터득할 수 있을 것인가!

| 해설 |

　이 대목은 「지락(至樂)」, 곧 인생에 있어서 최상의 쾌락이란 무엇인가 하는 문제를 제기하고 있다. 먼저 속인(俗人)의 예를 구체적으로 열거, 그것들은 모두 한계나 모순을 지닌 상대적 쾌락임을 밝히고, 이어 최상의 쾌락은 무위의 쾌락, 곧 세속적인 쾌락을 부정적으로 초월한 속된 즐거움이 없는 쾌락, 또는 무락(無樂)만이 진정한 이상적인 쾌락이라고 보고 있다. 이런 논지는 후세 도가의 쾌락론의 원형이 되고 있다.

2.

莊子妻死장자처사 惠子弔之혜자조지

장자의 아내가 죽어서 혜자가 조상(弔喪)을 갔다,

---

18) 萬物職職(만물직직) : 만물이 번성하다. 職職은 번성하는 모양.

19) 人也 孰能得無爲哉(인야 숙능득무위재) : 사람은 어느 누가 능히 무위를 터득할 수 있을 것인가. 오직 道를 터득한 성인이라야 비로소 무위를 체득할 수 있을 것이라는 뜻.

莊子則方箕踞鼓盆而歌¹⁾장자즉방기거고분이가

장자는 두 다리를 뻗고 동이(盆)를 두드리면서 노래를 부르고 있었다.

惠子曰혜자왈 : 혜자가 말했다.

"與人居여인거 長子장자 老노 身死신사

"부부가 함께 살며 자식을 키우고 함께 늙다가 아내가 죽었는데,

不哭亦足矣불곡역족의 又鼓盆而歌우고분이가 不亦甚乎불역심호!"

곡은 고사하고라도 동이를 두드리며 노래를 하다니 너무 심하지 않은가!"

莊子曰장자왈 : 장자가 말했다.

"不然불연 是其始死也시기시사야 我獨何能無慨然²⁾아독하능무개연!

"그렇지가 않네. 그 사람이 죽었을 때 처음에는 내가 어찌 슬퍼하지 않았겠는가!

察其始而本無生³⁾찰기시이본무생

그러나 그 삶의 처음을 생각해 보았더니, 본래 삶이 없었고,

非徒⁴⁾無生也비도무생야 而本無形이본무형

삶이 없었을 뿐 아니라, 본래 형체도 없었네.

---

1) 鼓盆而歌(고분이가) : 동이를 두드리며 노래를 함. 鼓는 두드리다. 盆은 동이. 아내를 여 윈 한탄을 뜻하는 말을 「고분지탄(鼓盆之歎)」이라 하며, 남편을 잃은 아내의 슬픔을 나타내는 것을 「붕성지통(崩城之痛)」이라고 한다. 「붕성지통」은 성(城)이 무너질 만 큼 큰 슬픔이라는 뜻이다.

2) 慨然(개연) : 슬픈 모양.

3) 察其始而本無生(찰기시이본무생) : 그 삶의 처음을 생각해 보았더니, 본래 삶이 없었다. 其始는 아내가 태어나기 이전의 상태를 가리킨다.

4) 非徒(비도) : 非但(비단)과 같아, ~할 뿐만 아니라의 뜻.

非徒無形也비도무형야 而本無氣이본무기

형체가 없었을 뿐 아니라, 본래 기(氣)도 없었네.

雜乎芒芴之間잡호망홀지간 變而有氣변이유기

흐릿하고 아득한 사이에 섞여 있다가 변해서 기가 생기고,

氣變而有形기변이유형 形變而有生형변이유생

기가 변하여 형체가 생기고, 형체가 변하여 생명이 갖추어졌네.

今又變而之死금우변이지사

그것이 지금 또 바뀌어 죽음으로 간 것이네.

是相與爲春秋冬夏四時行也시상여위춘추동하사시행야

이것은 춘하추동 네 계절이 번갈아 운행하는 것과 같네.

人且偃然5)寢於巨室6)인차언연침어거실

그 사람은 바야흐로 천지의 큰 방에서 편안히 자고 있네.

而我噭噭7)然隨而哭之이아교교연수이곡지

그런데 내가 큰 소리로 따라서 운다면

自以爲不通乎命 故止也8)자이위불통호명 고지야”

내 스스로 천명에 통하지 못하는 것 같아 울기를 그쳤다네.”

---

5) 偃然(언연) : 편안히 쉬는 모양.

6) 巨室(거실) : 천지(자연)의 큰 방.

7) 噭噭(교교) : 격하게 우는 모양.

8) 自以爲不通乎命 故止也(자이위불통호명 고지야) : 내 스스로 천명에 통하지 못하기 때문이라고 여겼기에 울기를 그만둠. 이 대목은 장자가 아내의 죽음을 맞아 처음에는 누구나와 똑같이 슬퍼하다가 결국 슬픔을 극복하는 모습을 보여주고 있다.

| 해설 |

이 대목은 장자의 사생관(死生觀)을 엿볼 수 있는 곳이다. 흐릿하고 아득한 사이(芒芴之間)는 천지가 생겨나기 이전의 혼돈을, 기(氣)는 음양의 기운을 의미한다. 따라서 혼돈(渾沌)→기(氣)→형(形)→사(死 : 渾沌)의 변화는 한 길로 나아가므로 마치 춘하추동의 사시가 차례로 순환하는 것에 비유한 것이다.

장자는 아내가 혼돈으로부터 와서 혼돈으로 돌아가 천지 사이에서 자고 있다고 하였다. 이것이야말로 사람이 자연에서 왔다가 자연으로 돌아감을 말한다.

장자는 아내가 죽자 동이를 두드리고 노래를 불렀다. 바로 이 대목에서 오늘날 아내를 잃은 슬픔을 나타내는 숙어 「고분지척(鼓盆之戚)」, 「고분지통(鼓盆之痛)」, 「고분지탄(鼓盆之嘆)」이란 성어(成語)가 생겨났다.

3.

支離叔[1]與滑介叔[2] 觀於冥伯之丘[3]지리숙여골개숙관어명백지구

지리숙(支離叔)과 골개숙(滑介叔)이 명백(冥伯)의 언덕과

崑崙之虛[4]곤륜지허 黃帝之所休황제지소휴

---

1) 支離叔(지리숙) : 지리(支離)는 지리멸렬해서 몸이 분해되어 몸뚱이를 잃은 사람. 가공의 인명. 〈인간세〉 편의 지리소(支離疏)와 맥락을 같이하는 인물이다. 이름에 叔자를 붙인 것은 〈소요유〉 편의 連叔과 같은 방식이다.

2) 滑介叔(골개숙) : 골개(滑介)는 골계(滑稽)로 익살꾼. 분별(分別)의 지혜를 잃은 사람. 가공의 인명.

3) 冥伯之丘(명백지구) : 명백(冥伯)의 언덕. 가공의 장소 이름. 冥은 어둡다(闇)는 뜻. 백(伯)은 장(長)의 뜻. 속이 깊고 어두운 곳을 비유함. 따라서 저승을 의미한다.

곤륜(崑崙)의 높은 언덕, 일찍이 황제(黃帝)가 쉬던 곳에 가 보았다.

俄而柳生其左肘아이류생기좌주 其意蹶蹶然惡之기의궐궐연오지

그 때 갑자기 골개숙의 왼쪽 팔꿈치에 혹이 생겨났다. 골개숙은 깜짝
놀라 언짢아했다.

支離叔曰지리숙왈 : 지리숙이 말했다.

"子惡之乎자오지호"

"자네는 그게 싫은가?"

滑介叔曰골개숙왈 : 골개숙이 말했다.

"亡　子何惡5)무 여하오　生者 假借也6)생자 가차야

"아닐세. 내가 어째서 싫어하겠는가? 삶이란 원래 빌린 것이네.

假之而生가지이생 生者 塵垢也7)생자 진구야

빌려서 살고 있으니, 삶이란 먼지나 때와 같은 것이네.

死生爲晝夜사생위주야

또 삶과 죽음은 해가 뜨고 달이 지는 것과 같네.

---

4) 崑崙之虛(곤륜지허) : 虛는 허(墟 : 빈터)의 뜻으로, 곧 우화등선(羽化登仙)의 장소 명백
　지구(冥伯之丘)는 죽음의 땅, 곧 저승을 의미하고, 崑崙之虛는 삶이 시작되는 곳을 상징
　하고 있는데, 지리숙과 골개숙은 이곳에 노닐면서 삶에서 죽음으로, 죽음에서 삶으로
　변화하는 모습을 목격했다는 우언적 표현이 이 장의 중심 내용이다. 崑崙은 신비에 가
　득 차 있고 하늘에 가장 가까우며 여러 신들과 선인들이 살고 있다고 알려져 있는 곳
　이다. 아득히 먼 서쪽, 누구도 쉽게 도달할 수 없는 곳에 곤륜이 있다.
5) 亡　子何惡(무 여하오) : 아닐세. 내가 어째서 싫어하겠는가. 亡은 無와 같다. 아니라는
　뜻. '무'로 읽는다. 惡(오)는 싫어한다는 뜻.
6) 生者 假借也(생자 가차야) : 생명은 임시로 빌린 것이라는 뜻.
7) 生者 塵垢也(생자 진구야) : 생명이란 먼지(塵)나 때(垢)와 같은 것으로 집착할 것이 못
　된다는 뜻.

且吾與子觀化而化及我차오여자관화이화급아

지금 나는 자네와 같이 만물의 변화를 보았고, 그 변화가 내게 미친 것이네.

我又何惡焉아우하오언?"

내 또한 무엇을 싫어하겠는가?"

| 해설 |

삶을 천지로부터 빌려 온 것으로 보고 사상을 초월한 입장을 나타냈다. 지리숙(支離叔)과 골개숙(滑介叔)은 모두 가공의 우화적 인물로서 〈대종사〉 편의 자여(子輿)와 자상(子桑)의 이야기를 환골탈태(換骨奪胎)한 것이다.

4.

莊子之楚장자지초 見空髑髏1)견공촉루 髐然2)有形효연유형

장자가 초나라로 가는 길에 속이 빈 앙상하게 바짝 마른 해골의 모습을 보았다.

撽以馬捶3)교이마추 因而問之日인이문지왈：

장자는 말채찍으로 해골을 때리면서 말했다.

"夫子貪生失理4)부자탐생실리 而爲此乎이위차호?

---

1) 髑髏(촉루) : 죽은 사람의 두개골. 해골(骸骨).

2) 髐然(효연) : 바짝 마른 모양.

3) 撽以馬捶(교이마추) : 말채찍으로 해골을 침. 撽는 치다는 뜻. 馬捶(마추)는 말채찍.

4) 貪生失理(탐생실리) : 삶을 탐내어 도리를 잃어 이렇게 되었는가? 욕망을 지나치게 추구

"그대는 삶을 탐내어 도리를 잃어 이렇게 되었는가?

將子有亡國之事장자유망국지사 斧鉞之誅5)부월지주 而爲此乎이위차호

아니면 그대는 나라의 멸망을 만나 죽었는지, 도끼로 주륙당하는 형벌에 처해져 이렇게 된 것인가?

將子有不善之行장자유불선지행 愧遺6)父母妻子之醜괴유부모처자지추 而爲此乎이위차호?

아니면 그대는 나쁜 일을 하여 부모처자에게 오명을 남긴 것을 부끄러워하여 자살이라도 하여 이렇게 되었는가?

將子有凍餒7)之患장자유동뇌지환 而爲此乎이위차호?

아니면 춥고 배고픈 근심 때문에 이렇게 되었는가?

將子之春秋8)故及此乎장자지춘추고급차호"

아니면 그대는 수명을 다해서 이렇게 되었는가?"

於是語卒어시어졸 援髑髏枕而臥원촉루침이와

이렇게 말하고 장자는 그 해골을 끌어다가 베고 누워서 잠이 들었다.

夜半야반 髑髏見夢曰촉루현몽왈 :

밤중에 해골은 장자의 꿈에 나타나 말했다.

"子之談者似辯士9)자지담자사변사

하다 도리를 잃다.

5) 斧鉞之誅(부월지주) : 도끼로 주륙당하는 형벌에 처해지다. 곧 사형 당하다.

6) 愧遺(괴유) : 치욕을 끼침.

7) 凍餒(동뇌) : 추위에 떨고 굶주림.

8) 春秋(춘추) : 나이, 세월, 수명.

9) 子之談者似辯士(자지담자사변사) : 그대가 한 말은 마치 변사(辯士)의 달변처럼 들렸다는 뜻.

"그대가 한 말은 세상 변사(辯士)의 말과 비슷하네.

視子所言시자소언 皆生人之累也개생인지루야
그러나 그대가 말한 여러 얘기는 산 사람들의 걱정거리이고,

死則無此矣사즉무차의
그런 일이란 죽으면 모두 없어지고 마는 것이라네.

子欲聞死之說乎자욕문사지설호"
그대는 죽은 자에 대한 이야기를 듣고 싶은가?"

莊子曰장자왈 : "然연"
장자가 대답했다. "그러세."

髑髏曰촉루왈 : 해골이 말했다.

"死사 無君於上무군어상 無臣於下무신어하
"죽음의 세계에는 위로 임금도 없고, 아래로 신하도 없으며,

亦無四時之事역무사시지사 從然以天地爲春秋종연이천지위춘추
또한 사계절의 변화도 없네. 조용히 천지와 수명을 같이할 뿐이네.

雖南面王樂10)수남면왕락 不能過也불능과야"
비록 천하를 다스리는 왕의 즐거움이라 할지라도 이보다 더 즐거울
수가 없다네."

莊子不信장자불신 曰왈 : 장자가 믿지 못하고 말했다.

"吾使司命復生子形오사사명복생자형 爲子骨肉肌膚위자골육기부
"내가 삶을 관장하는 신으로 하여금 그대의 형체를 재생시켜 그대의
골육과 피부를 되살려,

---

10) 南面王樂(남면왕락) : 천하를 다스리는 왕의 즐거움.

反子父母妻子閭里知識반자부모처자여리지식 *子欲之乎*자욕지호"

그대의 부모처자와 마을 사람들에게 알리고자 하는데, 그대는 그것을
바라는가?

髑髏深矉蹙頞11)日촉루심빈축알왈 :

그러자 해골은 얼굴을 찌푸리며 대답했다

"吾安能棄南面王樂而復爲人間之勞乎오안능기남면왕락이복위인간지로호"

"내 어찌 남면한 왕과 같은 즐거움을 버리고 인간세상의 괴로움을 다
시 반복하겠는가!"

| 해설 |

앞의 사생(死生) 초월의 입장을 고조시켜 죽은 뒤의 세계에 대해 언
급하고 있다. 재래로 이 대목에 근거하여 장자를 죽음의 예찬자로 보
는 이도 있었으나, 진(晉)나라 곽상(郭象)이나 현대 중국학자 관봉(關
鋒)의 설(說)대로 장자가 삶을 버리고 죽음으로 나가기를 예찬하는 게
아니고, 살아서는 무위로써 지락을 얻고, 죽어서도 무위로써 지락을 얻
는다는 생사일여(生死一如)의 입장에서, 무위의 지락만이 참다운 최고
의 즐거움이라고 해석함으로써 오해는 풀려가고 있다.

논리에 천박한 감이 있어 후인이 첨가한 우화라 보기도 한다.

5.

顔淵*)東之齊안연동지제 孔子有憂色공자유우색

---

11) 髑髏深矉蹙頞(촉루심빈축알) : 해골이 눈살을 심하게 찡그리고 이맛살을 찌푸림. 矉은
찡그리다. 蹙頞(축알)은 이맛살을 찌푸림. 蹙은 찌푸리다. 頞(알)은 콧마루.

안연이 제(齊)나라로 가게 되자, 공자는 근심하는 표정을 지었다.

子貢²⁾下席而問日자공하석이문왈:

자공이 자리에서 내려와 공자에게 물었다.

"小子敢問소자감문 回東之齊회동지제 夫子有憂色부자유우색 何邪하야"

"제가 감히 여쭙니다. 회(안회)가 동쪽 제나라로 가는데, 선생님께서 근심하시는 안색을 하시니 어째서입니까?"

孔子日공자왈: 공자가 말했다.

"善哉女問선재여문!

"좋은 질문이다!

昔者管子³⁾有言석자관자유언 丘甚善之구심선지 日왈:

옛날 관자(管子)가 한 말을 내가 잘 기억하고 있는데, 곧 그 말은,

'褚小者不可以懷大저소자불가이회대 綆短者不可以汲深⁴⁾경단자불가이급심'

---

1) 顔淵(안연): 노(魯)나라 곡부(曲阜) 사람으로 이름은 회(回), 안자(顔子) 혹은 복성(複聖), 아성(亞聖)이라고 존칭하기도 한다. 춘추(春秋) 말기 공자의 제자로 공자가 가장 총애했던 수제자였으나, 젊은 나이에 요절했다. 공문십철(孔門十哲) 중 한 사람이다.

2) 子貢(자공): 이름 사(賜). 공문십철의 한 사람으로 재아(宰我)와 더불어 언어에 뛰어났다고 한다. 제(齊)나라가 노(魯)나라를 치려고 할 때, 공자의 허락을 받고 오(吳)나라와 월(越)나라를 설득하여 노나라를 구함과 동시에 월을 패왕(霸王)으로 하여 네 나라의 세력관계에 새로운 국면을 열었다. 이재가(理財家)로서도 알려져 공문의 번영은 그의 경제적 원조에 의한 바가 컸다고 한다. 공자가 죽은 뒤 노나라를 떠나 위나라에 가서 벼슬하였으며, 제나라에서 죽었다.

3) 管子(관자): 춘추시대 중국의 정치가. 이름은 중(仲), 자는 이오(夷吾). 제(齊)의 영상(潁上) 사람. 맨 처음 공자를 섬겼으며, 후에 환공(桓公)의 대신이 되었다. 그의 학설은 법가(法家)에 속하고, 공리경제(共利經濟)를 주안점으로 삼았다.

4) 綆短者不可以汲深(경단자불가이급심): 綆은 두레박줄. 汲深(급심)은 깊은 우물 속의 물을 길어 올림. 여기서 짧은 두레박줄로는 깊은 곳의 물을 길을 수 없다는 「경단급심(綆

'주머니가 작으면 큰 것을 담을 수 없고, 두레박줄이 짧으면 깊은 물을 퍼 올릴 수 없다.'고 하였다.

夫若是者부약시자 以爲命有所成而形有所適也이위명유소성이형유소적야 夫不可損益5)부불가손익

대체로 이러한 말은 천명에는 정해진 바가 있고, 형체에는 적절한 바가 있어 마음대로 가감(加減)할 수 없다는 뜻이리라.

吾恐回與齊侯言堯舜黃帝之道오공회여제후언요순황제지도

내가 걱정하는 것은 안회가 제나라 임금에게 요와 순, 황제의 道를 말하고,

而重以燧人神農之言이중이수인신농지언

더욱이 수인(燧人)씨 신농(神農)씨의 말을 거듭한다면,

彼將內求於己而不得6)피장내구어기이부득

제나라 임금은 장차 자기 마음속에서 그런 것을 찾으려 할 것이지만, 찾지 못할 것이고,

不得則惑부득즉혹 人惑則死인혹즉사

찾지 못하면 미혹될 것이며, 미혹되면 회가 죽게 되지 않을까 걱정이다.

且女獨不聞邪차여독불문야

또한 너는 이런 얘기를 듣지 못했느냐?

昔者海鳥止於魯郊석자해조지어노교

短及深」이라는 성어(成語)가 생겨났다. 능력이 모자라 일을 감당하지 못하는 것을 비유한 말이다.

5) 不可損益(불가손익) : 마음대로(人爲) 덜어낼 수도 없고 보탤 수도 없다.

6) 彼將內求於己而不得(피장내구어기이부득) : 彼는 제나라 임금을 가리킨다. 곧 제(齊)나라 임금이 성인의 道를 자기에게서 찾다가 찾지 못할 것이라는 뜻.

옛날에 바닷새가 노나라 교외로 날아와 앉자,

魯侯御而觴之於廟[7] 노후어이상지어묘

노나라 임금은 바닷새를 맞아 묘당에서 주연을 베풀고,

奏九韶[8] 以爲樂 주구소이위악　具太牢[9] 以爲善 구태뢰이위선

구소(九韶)의 음악을 연주하고, 태뢰(太牢)의 음식으로 대접하니,

鳥乃眩視憂悲 조내현시우비　不敢食一臠 불감식일련

새는 눈이 어지럽고 근심과 슬픔이 앞서 한 점의 고기도 먹지 못하고,

不敢飮一杯 불감음일배　三日而死 삼일이사

한 잔의 술도 마시지 못한 채 사흘 만에 죽고 말았다.

此以己養養鳥[10]也 차이기양양조야　非以鳥養養鳥也 비이조양양조야

이는 노나라 임금이 자신을 양생하는 방법으로 새를 기르고, 새를 기르는 방법으로 새를 기르지 않았기 때문이다.

夫以鳥養養鳥者 부이조양양조자

무릇 새를 기르는 방법으로 새를 기르는 사람은

宜栖之深林 의서지심림　遊之壇陸[11] 유지단륙

먼저 깊은 숲에다 깃들이고, 넓은 들판에서 놀게 하며,

---

7) 魯侯御而觴之於廟(노후어이상지어묘) : 노나라 임금이 맞이하여 묘당에서 주연을 베풀다. 御는 맞이하다. 觴은 술잔. 곧 주연을 베풀다는 뜻.

8) 九韶(구소) : 순임금 때의 음악. 아홉 곡으로 끝나는 데서 붙여진 이름이다.

9) 太牢(태뢰) : 소·양·돼지 세 짐승의 고기를 모두 쓴 요리. 아주 훌륭한 음식. 양고기와 돼지고기 두 가지만 쓴 음식은 소뢰(小牢)라 한다.

10) 以己養養鳥(이기양양조) : 자신을 봉양하는 방법으로 새를 기름. 己養은 자신을 양생하는 방법.

11) 遊之壇陸(유지단륙) : 넓은 들판에서 놀게 함. 壇은 평탄하다.

浮之江湖부지강호 食之鰍鰷12)사지추조

강이나 호수에 떠다니며 미꾸라지나 피라미를 잡아먹게 하고,

隨行列而止수행열이지 委蛇而處13)위이이처

함께 무리지어 놀게 하여 만족스럽게 살게 해야 하는 것이다.

彼唯人言之惡聞피유인언지오문 奚以夫譊譊爲乎해이부뇨뇨위호!

새는 사람의 소리조차 듣기를 싫어하는데, 어찌 시끄러운 음악을 듣겠
는가!

咸池九韶之樂14)함지구소지악 張之洞庭之野장지동정지야

함지(咸池)나 구소(九韶)의 음악을 동정(洞庭)의 들에서 연주했다면,

鳥聞之而飛조문지이비 獸聞之而走수문지이주

새는 그 소리를 듣고 날아가 버릴 것이고, 짐승은 그 소리를 듣고 달아
날 것이며,

魚聞之而下入어문지이하입

물고기는 그 소리를 듣고 물속으로 들어가 버릴 것이다.

人卒聞之인졸문지 相與還而觀之상여환이관지

사람들만이 그 소리를 듣고 몰려와 구경할 것이다.

魚處水而生어처수이생 人處水而死인처수이사

물고기는 물속에 있어야 살고, 사람이 물속에 있으면 죽어버리고 만다.

---

12) 食之鰍鰷(사지추조) : 미꾸라지나 피라미를 먹임. 鰍鰷(추조)는 미꾸라지와 피라미. 食
   (사)는 먹이다, 기르다, 양육하다의 뜻일 때는 '사'로 읽는다.

13) 委蛇而處(위이이처) : 委蛇(위이)는 스스로 만족해하는 모양. 蛇는 蛇의 속자(俗字)인데
   委蛇라고 할 때는 음이 '이' 蛇는 느긋하다는 뜻.

14) 咸池九韶之樂(함지구소지악) : 함지(咸池)와 구소(九韶)의 음악. 함지(咸池)는 황제(黃
   帝)의 음악이고, 구소(九韶)는 순(舜)임금의 음악이다.

故必相與異고필상여이 其好惡故異也기호오고이야

물고기와 사람은 반드시 서로 좋고 싫음을 달리하니, 그 때문에 다른 것이다.

故先聖不一其能고선성불일기능 不同其事부동기사

그러므로 옛날 성인은 사람의 능력을 일률적으로 보지 않고, 하는 일도 같지 않았다.

名止於實 義設於適15)명지어실 의설어적

명(名)과 실(實)에 부합하고, 뜻이 적성(適性)에 맞게 했던 것이다.

是之謂條達而福持시지위조달이복지"

이를 일러 이치에 통달하고 복을 유지하는 방도라는 것이다."

| 해설 |

이 대목에서는, 안연(顔淵)이 제(齊)나라로 가서 유세할 것을 우려하는 공자와 자공(子貢)의 문답을 통해 만물의 자연성에 따라 허심(虛心) · 무위(無爲)의 처세만이 인간에게 복을 누리게 한다는, 곧 무위만이 지락이라는 논리를 밝히고 있다.

이와 비슷한 이야기는 〈천운〉 · 〈인간세〉 · 〈달생(達生)〉 편들 가운데서도 많이 보인다. 또 글이 평범하고 잡박해서 후인의 위작(僞作)일 것이라고도 한다.

6.

列子行食於道열자행식어도　從見百歲髑髏종견백세촉루　攓蓬而指之曰건봉

---

15) 名止於實 義設於適(명지어실 의설어적) : 이름이 실제에 부합하고, 뜻이 적성(適性)에 맞음. 만물 각각의 名과 實이 일치하고 도리가 적성에 맞는다는 뜻.

이지지왈 :

열자(列子)가 여행을 하다가 길가에서 밥을 먹는데, 백년 묵은 해골을
보고 쑥대를 뽑아 해골을 가리키면서 말했다.

"唯予與汝知而未嘗死 未嘗生也¹⁾유여여여지이미상사 미상생야

"오직 나와 그대만이 진정한 죽음도 없고, 진정한 삶도 없다는 것을
알고 있다.

若果養乎 子·果歡乎²⁾약과양호 여과환호?

죽어서 해골이 된 그대는 과연 슬퍼하고 있는가? 살아있는 나는 과연
기뻐하고 있는가?

種有幾³⁾종유기 得水則爲䘒⁴⁾득수즉위계

종자(種)에는 미묘한 작용이 있네. 물을 만나면 수초가 되고,

得水土之際則爲蛙蠙之衣⁵⁾득수토지제즉위와빈지의　生於陵屯則爲陵舄⁶⁾생
어릉둔즉위릉석

물과 흙이 맞닿는 습지에서는 푸른 이끼가 되고, 언덕에서 생기면 곧

---

1) 唯予與汝知而未嘗死 未嘗生也(유여여여지이미상사 미상생야) : 오직 나와 그대만이 그대
가 아직 완전히 죽지도 않고 아직 완전히 살지도 않은 것을 알고 있음. 이 문장의 의미
는, 오직 나와 그대만이 진정한 죽음도 없고, 진정한 삶도 없다는 것을 알고 있다는 뜻
이다.

2) 若果養乎 子果歡乎(약과양호 여과환호) : 죽음이 반드시 슬픈 것이고 삶이 반드시 기쁜 것
이 아니라는 뜻. 若은 그대. 養과 歡이 대치하고 있음은 憂와 樂이 대치하고 있음과 같다.

3) 種有幾(종유기) : 씨에는 미묘한 작용이 있음. 만물 화육(化育)의 근원이 되는 종자에는
미묘한 작용이 있다는 뜻.

4) 得水則爲䘒(득수즉위계) : 씨가 물속에서는 䘒(계)라는 수초(水草)가 된다는 뜻. 䘒는 繼
와 같다.

5) 蛙蠙之衣(와빈지의) : 청태(靑苔)라고도 한다.

6) 生於陵屯則爲陵舄(생어릉둔즉위릉석) : 언덕에 생기면 질경이가 돼. 陵屯은 언덕. 陵舄
(능석)은 언덕에서 자라는 질경이.

질경이가 된다.

陵舃得鬱棲則爲烏足[7]능석득울서즉위오족

질경이가 거름더미를 만나면 오족(烏足)이 되고

烏足之根爲蠐螬[8]오족지근위제조 其葉爲蝴蝶기엽위호접

오족의 뿌리는 굼벵이가 되고, 그 잎사귀는 나비가 된다.

胡蝶호접 胥也[9]化而爲蟲서야화이위충 生於竈下생어조하

나비는 얼마 있으면 변화되어 벌레가 되어 부뚜막 밑에서 생겨난다.

其狀若脫[10]기상약탈 其名爲鴝掇[11]기명위구철

그 모습은 허물을 벗은 것과 같은데, 그 이름을 '귀뚜라미'라 하고,

鴝掇千日爲鳥구철천일위조 其名曰乾餘骨[12]기명왈건여골

귀뚜라미가 천 일이 지나면 새가 되니, 이 새의 이름을 건여골(乾餘骨)
이라 한다.

乾餘骨之沫爲斯彌[13]건여골지말위사미 斯彌爲食醯[14]사미위식혜

---

7) 得鬱棲則爲烏足(득울서즉위오족) : 거름더미 속에서 자라면 오족(烏足)이라는 독초(毒草)
   가 됨. 鬱棲(울서)는 거름더미. 烏足은 풀이름으로, 독초.

8) 烏足之根爲蠐螬(오족지근위제조) : 烏足의 뿌리는 땅 속에서 굼벵이가 됨. 蠐螬(제조)는 굼
   벵이.

9) 胥也(서야) : 잠깐 있다가.

10) 其狀若脫(기상약탈) : 그 모습이 막 껍질을 벗은 것과 같음. 脫은 蛻(태)와 같은 뜻으
    로, 껍질 또는 허물을 뜻한다.

11) 鴝掇(구철) : 귀뚜라미.

12) 乾餘骨(건여골) : 새 이름. 까치 또는 비둘기의 일종이라 하는데, 확실치는 않다.

13) 斯彌(사미) : 쌀벌레.

14) 食醯(식혜) : 눈에놀이 벌레. 食醯는 술독 안에 떠오르는 날개 달린 작은 벌레를 말하
    기도 한다. 눈에놀이는 눈에놀잇과에 속한 곤충. 몸길이는 1밀리미터 정도이며, 몸빛은
    누른 갈색이나 어두운 잿빛이다. 풀숲에 사는데, 모기와 비슷하고 어지럽게 떼를 지어

이 건여골의 침이 변화해서 사미(斯彌)가 되고, 사미는 다시 눈에놀이 (食醯)가 된다.

頤輅生乎食醯이로생호식혜 黃軦生乎九猷[15]황황생호구유

초눈(초파리의 애벌레)은 눈에놀이에서 생겨나고, 황황(黃軦)은 구유(九猷)에서 생겨나며,

瞀芮生乎腐蠸[16]무예생호부권

무예(瞀芮)는 부권(腐蠸)에서 생겨난다.

羊奚比乎不箰[17]양해비호불순 久竹生靑寧구죽생청녕

한편 양해(羊奚)라는 풀은 죽순이 나오지 않는 대나무와 교합해서 청녕 (靑寧)이란 벌레가 생기게 하고,

靑寧生程[18]청녕생정 程生馬정생마 馬生人마생인

청녕은 정(程)이라는 짐승을 낳고, 정(程)은 말(馬)을 낳으며, 말은 사람을 낳는다.

人又反入於機[19]인우반입어기

사람은 또다시 만물을 발동시키는 근원인 기(機)로 들어간다.

萬物皆出於機만물개출어기 皆入於機개입어기"

그래서 만물은 모두 이 기(機)에서 나왔다가 다시 모두 기(機)로 들어가

난다. 암컷은 동물의 피를 빨아먹고, 독을 가지고 있다.

15) 黃軦生乎九猷(황황생호구유) : 黃軦(황황)과 九猷(구유)는 모두 벌레의 이름. 정확히 무엇을 가리키는지는 미상(未詳).

16) 瞀芮生乎腐蠸(무예생호부권) : 瞀芮(무예)와 腐蠸(부권) 역시 벌레 이름인데 정확히 무엇을 가리키는지는 미상(未詳).

17) 箰(순) : 죽순.

18) 程(정) : 일설에는 표범(豹) 또는 맥(貘)이라고도 함.

19) 人又反入於機(인우반입어기) : 사람은 또다시 만물을 발동시키는 근원인 기(機)로 들어감.

는 것이다."[20]

| 해설 |

　사람의 생사는 대자연의 조화에 의한 한 변화로서, 생명은 유전(流
轉)하는 것이므로, 살았다고 기뻐할 것도 없고, 죽었다고 또한 슬퍼할
것도 없다는 생사일여(生死一如)를 주장하고 있다.

　앞에 나온 장자와 해골과의 문장과 비슷한데, 다만 만물의 변화 과
정의 예를 들어 모든 것이 근원에서 나와 다시 근원으로 돌아간다는
영혼불멸론(靈魂不滅論)으로 결론은 맺고 있다. 이런 점에서 불교의 윤
회설(輪廻說)과 비슷한 점이 있다.

---

20) 頤輅·黃軦·九猷·瞀芮·腐蠸·靑寧·羊奚·程(이로 황황 구유 무예 부권 청녕 양해
　　정) : 이상의 고유명사는 대체로 풀·새·벌레의 이름들인데, 사전에도 풀이가 없는 이름
　　일 뿐 아니라 주석가(註釋家)들도 명확한 설명을 하지 못하고 있는 것들로, 현대인의 과
　　학적 입장에서 보면 황당무계한 설이나, 문사(文辭)의 기교(奇巧)는 천고에 특출한 대목
　　이다.

19. 달생
達生

이천합천(以天合天)의 무위(無爲)한 인생 태도

달생은 생에 통달한다는 뜻으로, 신기(神技)에 도달한 경지를 여러 설화에 의하여 전개시키고 있는데, 무심망아(無心忘我)의 경지를 얻어 지교(知巧)의 생각을 비리는 곳에 지극한 기교가 있다는 것을 기술하고, 이어 천지자연에 순응해서 일체의 인지(人智)를 버릴 때에 지인(至人)의 경지에 들어갈 수 있다는 것을 논술하고 있다. 주로 《장자》 내편 〈양생주〉 편의 사상을 조술(祖述)하고 있는데, 《장자》의 다른 편과 중복되는 대목이 많고, 《열자(列子)》 〈황제(黃帝)〉 편과 중복되는 설화도 많다.

목계양도(木鷄養到)

1.

達生之情者[1]달생지정자 不務生之所無以爲[2]불무생지소무이위

생명의 실정(實情)에 달통한 자는 삶이 어떻게 할 수 없는 일에 애쓰지 않고,

達命之情者달명지정자 不務知之所無奈何불무지지소무내하

천명의 진상에 달통한 자는 지혜가 어떻게 할 수 없는 일에 힘쓰지 않는다.

養形[3]必先之以物양형필선지이물

육체를 보양하려면 우선 물질이 필요한데,

物有餘而形不養者有之矣물유여이형불양자유지의

물질이 넉넉함에도 육체가 길러지지 않는 경우가 있다.

有生必先無離形[4]유생필선무리형

또 생명이 있는 이상에는 반드시 육체를 유지하지 않으면 안 되지만,

形不離而生亡者有之矣형불리이생망자유지의

육체는 존재하면서도 생명을 잃는 경우가 있다.

生之來不能卻생지래불능각 其去不能止기거불능지 悲夫비부!

생명이 생겨나는 것을 물리칠 수도 없고, 또 생명이 가버리는 것을 멈추게 할 수도 없으니, 슬프도다!

世之人以爲養形足以存生세지인이위양형족이존생

---

1) 達生之情者(달생지정자) : 생명의 실정(實情)에 달통한 사람.

2) 不務生之所無以爲(불무생지소무이위) : 어쩔 도리가 없는 일을 위해 애쓰지 않음.

3) 養形(양형) : 양생법의 하나. 피로회복과 건강 증진을 위하여 안마와 호흡조절, 운동 등을 하여 의식주(衣食住)에 조심하며 섭생(攝生)을 함.

4) 無離形(무리형) : 육체를 떠나서는 생명이 유지될 수 없음.

지금 세상 사람들은 육체만 잘 기르면 생명을 보존할 수 있다고 여긴다.

而養形果不足以存生이양형과부족이존생 則世奚足爲哉5)즉세해족위재?

그러나 육체를 보양한다고 해서 삶이 족하지 않으니, 세상에 족한 것이
무엇일까?

雖不足爲而不可不爲者수부족위이불가불위자 其爲不免矣기위불면의

비록 행할 만한 가치가 없는 것이라 해도 하지 않을 수 없는 것은 육체
를 기르는 속념으로부터 떠날 수가 있기 때문이다.

夫欲免爲形者 莫如棄世6)부욕면위형자 막여기세

무릇 육체를 위하여 허덕이는 것을 면하고자 하면 세속의 행위를 버리
는 것만 같지 못하다.

棄世則無累기세즉무루 無累則正平7)무루즉정평

세속의 일을 버리면 마음의 구속이 없게 된다. 마음의 구속이 없으면
마음이 바르고 편해진다.

正平則與彼更生정평즉여피갱생 更生則幾矣갱생즉기의

마음이 바르고 평안해지면 삶이 나날이 새로워질 것이다. 삶이 나날이
새로워지면 道에 이른 것과 다름이 없다.

事奚足棄而生奚足遺사해족기이생해족유?

세상의 일이 어찌 족히 버릴 수 있는 것이겠으며, 생명이 어찌 족히 잊

---

5) 世奚足爲哉(세해족위재) : 세속인들이 육체를 보양하려는 노력이 그럴 만한 가치가 있는
   것이겠는가. 그럴 만한 가치가 없다는 뜻을 완곡히 표현한 대목이다. 世는 세속인들이
   행하는 육체를 보양하는 방법.
6) 夫欲免爲形者 莫如棄世(부욕면위형자 막여기세) : 육체를 위하여 허덕이는 것을 면하고자
   하면 세속의 행위를 버리는 것만 같지 못하다. 爲形은 養形과 같이 육체를 기른다는 뜻.
7) 正平(정평) : 마음이 바르고 평안해짐.

힐 수 있는 것이겠는가?

棄事則形不勞기사즉형불로 遺生則精不虧유생즉정불휴

세속의 일을 버리면 육체가 수고롭지 않고, 삶에 대한 집착을 버리면 정신이 이지러지지 않는다.

夫形全精復부형전정복 與天爲一여천위일

대체로 육체가 온전하고 정신이 회복되면 천지의 조화로 일체가 된다.

天地者천지자 萬物之父母也만물지부모야

천지는 만물의 부모이다.

合則成體합즉성체 散則成始8)산즉성시

천지의 두 기운이 서로 합하면 만물의 형체를 이루고, 그 두 기운이 흩어지면 원시로 돌아간다.

形精不虧형정불휴 是謂能移9)시위능이

형태와 정신이 이지러지지 않는 것을 자연과 함께 변화할 수 있다고 하는 것이다.

精而又精 反以相天10)정이우정 반이상천

그래서 정묘(精妙)에 정묘를 거듭하면 생명의 근원으로 돌아가 천지의 화육(化育)을 도울 수가 있다.

---

8) 散則成始(산즉성시) : 成始는 기가 흩어져서 만물이 아직 생성되지 않은 최초의 상태로 놀아간나는 뜻.

9) 是謂能移(시위능이) : 자연과 함께 변화할 수 있다. 能移는 天, 곧 자연과 함께 추이할 수 있다는 뜻.

10) 精而又精 反以相天(정이우정 반이상천) : (육체와 精氣를) 정묘(精妙)하게 하고 또 정묘하게 할 수 있다면 생명의 근원으로 되돌아가 천지의 화육을 도울 수 있을 것임. 相은 돕는다는 뜻. 天은 천지자연의 작용을 뜻한다.

| 해설 |

　세속의 인간은 육체를 기르기 위하여 어리석은 노력을 허비하고 있다. 따라서 속된 일을 잊고 육체에 집착하는 일이 없으면 도리어 심신이 충실해져 천지의 조화와 합일될 수가 있다. 이 대목은 〈달생〉 편의 총론이라 할 수 있다.

2.

子列子1)問關尹2)曰자열자문관윤왈：

열자(列子)가 관윤(關尹)에게 물었다.

　"至人潛行不窒지인잠행부질 蹈火不熱도화불열

지인(至人)은 물속을 들어가더라도 질식하지 아니하고, 불을 밟아도 뜨거워하지 아니하며,

行乎萬物之上而不慄행호만물지상이불률

만물을 내려다보는 높은 낭떠러지 위를 걸어다녀도 두려워하지 않으니,

請問何以至於此청문하이지어차?"

여쭙건대, 어떻게 이런 경지에까지 도달할 수 있는 것입니까?"

關尹曰관윤왈：관윤이 대답했다.

　"是純氣之守3)也시순기지수야 非知巧果敢之列비지교과감지열

---

1) 子列子(자열자) : 전국시대의 철학자 열어구(列禦寇)를 말함. 앞의 子는 선사(先師)에 대한 존칭.

2) 關尹(관윤) : 성은 윤(尹), 이름은 희(喜), 자는 공도(公度). 노자의 제자라 함. 함곡관(函谷關)의 영(令)으로 있었기 때문에 그렇게 부름.

3) 純氣之守(순기지수) : 순수한 기(氣)를 지킴.

"그것은 순수한 정기를 지키고 있기 때문이오. 지혜나 기교가 과감(果敢)으로써는 행해지는 것이 아니오.

居거 吾語女오어여

앉으시오. 내가 그대에게 말해 주겠소.

凡有貌象聲色者범유모상성색자 皆物也개물야

무릇 모양이나 형상, 음성이나 색채가 있는 것은 모두가 사물이니,

物與物何以相遠4)물여물하이상원?

그 사물들이 본질적인 면에서 볼 때는 어찌 차이가 클 수가 있겠소?

夫奚足以至乎先5)부해족이지호선? 是色而已시색이이

무릇 사물이 어찌 그것들이 먼저 이전의 道의 상태로 돌아갈 수가 있겠습니까? 그것들은 형태와 빛깔에 따라 차이가 결정될 따름입니다.

則物之造乎不形즉물지조호불형 而止乎無所化이지호무소화

그러나 사물 중에는 형체를 갖지 않는 원초(原初)의 경지에 이르는 것이 있습니다.

夫得是而窮之者부득시이궁지자 物焉得而止焉물언득이지언?

이러한 경지를 체득하여 궁구해 나가는 사람이라면 다른 사물이 어떻게 그의 행동을 제지할 수 있겠소?

彼將處乎不淫之度6)피장처호불음지도 而藏乎無端之紀이장호무단지기

---

4) 物與物何以相遠(물여물하이상원) : 物은 物을 초일할 수 없다는 뜻.
5) 夫奚足以至乎先(부해족이지호선) : 어찌 그것들이 먼저 이전의 道의 상태로 돌아갈 수기 있겠는가? 物과 物은 서로 같은 物이기 때문에 서로 다른 존재일 수 없으므로 物의 근원에 있는 道에 도달할 수 없다는 뜻.
6) 彼將處乎不淫之度(피장처호불음지도) : 그런 사람은 자기 분수에 지나치지 않는 경지에 처신함.

이런 지덕에 도달한 사람은 분수에 지나치지 않는 경지 안에서 살면서 무한히 순환하는 운행에 몸을 맡기고,

遊乎萬物之所終始7)유호만물지소종시

만물이 생성되고 사멸하는 변화 속에서 노닙니다.

壹其性8)일기성 養其氣양기기

그 천성을 순일하게 하고, 정기(精氣)를 길러,

合其德합기덕 以通乎物之所造이통호물지소조

자연의 덕에 합일시킴으로써 만물을 생성하는 조화(造化)의 근원에 통달하는 것입니다.

夫若是者부약시작 其天守全기천수전

대체로 이러한 사람은 그 천진한 덕을 완전히 지켜,

其神無郤9)기신무극 物奚自入焉10)물해자입언!

정신에 틈이 없기 때문에 외물(外物)이 어찌 그를 침입할 수가 있겠소!

夫醉者之墜車부취자지추거 雖疾不死11)수질불사

무릇 술에 취한 사람이 수레에서 떨어졌을 때, 비록 다치기는 하지만 죽지는 않습니다.

骨節與人同골절여인동 而犯害與人異이범해여인이

---

7) 遊乎萬物之所終始(유호만물지소종시) : 만물이 끝나고 시작하는 道의 세계에 노닒. 所終始는 만물이 의지해서 생성되고 사멸하는 대도를 지칭한다.

8) 壹其性(일기성) : 천성을 순일하게 하여 뒤섞이지 않게 한다는 뜻. 氣는 정기(精氣).

9) 其神無郤(기신무극) : 그 정신(精神)에 다른 것이 끼어들 틈이 없음. 郤은 隙과 같아 간극(間隙), 곧 틈.

10) 物奚自入焉(물해자입언) : 物은 물이나 불 따위의 재앙, 곧 외물의 침범을 뜻한다.

11) 雖疾不死(수질불사) : 비록 다치더라도 죽음에까지 이르지는 않음.

그의 뼈와 관절은 다른 사람과 다를 게 없지만, 그가 입은 부상이 다른 사람과 다른 것은,

其神全也[12]기신전야

그 취한 상태에서의 정신이 완전한 무아무심(無我無心)의 상태이기 때문이지요.

乘亦不知也승역부지야 墜亦不知也추역부지야

수레를 탄 것도 의식하지 못하고, 떨어진 것도 알지 못합니다.

死生驚懼不入乎其胷中사생경구불입호기흉중 是故遌物而不慴[13]시고오물이불습

따라서 사생과 경악의 생각이 그의 마음속에 들어가지 않았기 때문에 어떤 물건에 부딪쳐도 두려워하는 의식이 없습니다.

彼得全於酒而猶若是[14]피득전어주이유약시

그는 술에 취한 자가 술 때문에 정신의 온전함을 얻고서도 이러하니,

而況得全於天乎이황득전어천호!

하물며 자연의 천도(天道)와 합일함으로써 정신의 온전함을 얻은 자야 말해 무엇 하겠는가!

聖人藏於天성인장어천 故莫之能傷也고막지능상야"

성인(聖人)은 자연에 몸을 맡기기 때문에 아무것도 그를 다치게 할 수

---

12) 其神全也(기신전야) · 그 취한 상태에서의 정신이 완전한 무아무심(無我無心)의 상태이기 때문에 그 정신이 온전히 보전되었다.

13) 是故遌物而不慴(시고오물이불습) : 그 까닭에 그는 어떤 사물을 만나더라도 두려워하는 의식을 하지 않게 됨. 遌(오)는 만나다. 慴(습)은 두려워함.

14) 彼得全於酒而猶若是(피득전어주이유약시) : 저 술에 취한 자가 술로 인해 정신의 온전함을 얻고서도 오히려 이와 같다. 彼는 술에 취한 사람을 가리킨다.

없는 것입니다."

復讎者不折鏌干[15]복수자부절막간

복수를 하는 자라도 원수가 사용하였던 막간(鏌干)을 미워하여 부러뜨리지는 않고,

雖有忮心者不怨飄瓦[16]수유기심자불원표와

아무리 사나운 마음을 가진 자라도 지붕에서 바람에 날려 떨어지는 기왓장을 원망하지 않습니다.

是以天下平均시이천하평균

곧 칼과 기왓장처럼 무심하게 되면 천하가 평화롭게 다스려질 것입니다.

故無攻戰之亂고무공전지란 無殺戮之刑者무살륙지형자 由此道也유차도야

그러므로 전쟁에 의한 혼란이 없어지고, 사람을 죽이는 형벌이 없어지는 것은 모두 이 무위자연의 道에서 말미암는 것입니다.

不開人之天 而開天之天[17]불개인지천 이개천지천

성인(聖人)은 인위적인 자연을 개발시키지 아니하고, 자연 그대로의

---

15) 復讎者不折鏌干(복수자부절막간) : 복수하려는 사람도 원수는 미워하지만 원수가 사용하였던 막간(鏌干)을 미워하여 그것을 부러뜨리려 하지 않음. 鏌干은 막야(鏌鋣)와 간장(干將)을 말한다. 둘 다 명검의 이름. 간장(干將)은 오(吳)나라 도장(刀匠)의 이름이고, 막야는 그의 아내인데, 춘추시대 오왕 합려(闔閭)의 청으로 간장이 칼을 만들 때 막야는 그녀의 머리털과 손톱을 쇠와 함께 가마에 넣고 달구어 명검 두 자루를 만들었다. 음양법(陰陽法)에 의하여 양으로 된 칼을 간장, 음으로 된 칼을 막야라고 이름 지었는데, 이것이 전의(轉義)되어 명검을 일컫게 되었다. 이에서 「간장막야(干將莫耶)」라는 명검을 이르는 성어가 생겨났다.

16) 飄瓦(표와) : 바람에 날려 떨어진 기왓장.

17) 不開人之天 而開天之天(불개인지천 이개천지천) : 聖人은 인간들이 하늘로 떠받드는 지혜나 기교 따위를 개발하지 아니하고 자연 그대로의 天을 개발함. 자연 그대로의 무위무심(無爲無心)의 세계를 열어 나감을 뜻한다.

천(天)을 개발합니다.

開天者德生개천자덕생 開人者賊生개인자적생

자연스러운 天을 개발하면 德이 생겨날 것이고, 인위적인 것을 개발하면 德을 해치는 일이 생겨날 것입니다.

不厭其天불염기천 不忽於人불홀어인

무위자연의 천진(天眞)을 억누르지 않고 인위적인 마음을 발동하지 않으면,

民幾乎以其眞민기호이기진"

백성들은 모두 감화되어 참다운 삶으로 돌아갈 수가 있을 것입니다."

| 해설 |

열자(列子)와 관윤(關尹)의 문답을 빌어 지극한 德을 가진 사람은 인위적인 지혜나 기교나 과감으로써 만물을 통제하지 않고, 무아무심의 경지로써 천진(天眞)에 합일하기 때문에, 이러한 경지에 이르면 어떠한 사물도 그를 해칠 수 없다는 내용을 피력하고 있다. 처음의 자열자(子列子)라는 말로 미루어보아 열자의 문하생의 손에서 이루어진 글일 것이라 추측한다.

3.

仲尼適楚중니적초 出於林中출어림중

공자가 초나라로 가는 도중 숲속을 지나가는데,

見痀僂者[1]承蜩견구루자승조 猶掇之也유철지야

곱사등이 노인이 매미를 잡고 있는 것을 보았다. 그런데 그는 마치 손으로 물건을 줍듯이 잘도 잡았다.

仲尼曰중니왈 : 중니가 말했다.

"子巧乎자교호! 有道邪유도야?"

"당신은 참 재주가 좋군요! 무슨 비결이라도 있소?"

曰왈 : 노인이 대답했다.

"我有道也아유도야　五六月累丸二而不墜[2]오륙월루환이이불추　則失者錙銖[3]즉실자치수

"저에게는 비법이 있지요. 5, 6개월 동안 손바닥에 구슬 두 개를 포개 쌓고 떨어뜨리지 않으면 놓치는 매미가 매우 적어집니다.

累三而不墜누삼이불추 則失者十一즉실자십일

구슬 셋을 포개 쌓고 떨어뜨리지 않으면 놓치는 매미가 열에 하나쯤 되고,

累五而不墜누오이불추 猶掇之也유철지야

구슬 다섯 개를 포개놓아도 떨어뜨리지 않을 정도가 되면, 마치 땅에 떨어진 물건을 줍는 것처럼 매미를 잡게 됩니다.

吾處身也若厥株拘[4]오처신야약궐주구

그때 나의 몸가짐은 나무의 그루터기처럼 움직이지 않고,

---

1) 痀僂者(구루자) : 곱사등이.

2) 累丸二而不墜(누환이이불추) : 둥근 구슬 두 개를 포개놓아도 떨어뜨리지 않음. 累丸은 손바닥 위에서 둥근 구슬을 쌓는 연습을 하는 것.

3) 錙銖(치수) : 적다는 뜻.

4) 吾處身也若厥株拘(오처신야약궐주구) : 내 몸을 나무 그루터기처럼 웅크림. 厥과 株는 모두 나무 그루터기. 拘는 웅크린 모양.

吾執臂也若槁木之枝) 오집비야약고목지지

팔은 마치 마른 나뭇가지처럼 고정시켜 움직이지 않습니다.

雖天地之大수천지지대 萬物之多만물지다 而唯蜩翼之知이유조익지지

비록 천지가 크고 만물이 많지만, 오직 매미의 날개만 알 뿐입니다.

吾不反不側오불반불측

그때 나는 몸을 돌아보지도 않고 몸을 기울이지도 않으면서,

不以萬物易蜩之翼불이만물역조지익 何爲而不得하위이부득!"

만물 때문에 매미의 날개만 보는 나의 마음이 바뀌지 않습니다. 그러니 어째서 그렇게 되지 않겠습니까?"

孔子顧謂弟子曰공자고위제자왈 : 공자가 제자들을 돌아보며 말했다.

"用志不分6)용지불분 乃凝於神7)내응어신 其痀僂丈人之謂乎기구루장인지위호!"

"뜻을 모아 정신을 흐트러뜨리지 않는다면 귀신과 다를 것이 없다고 했으니, 이는 바로 저 곱사등이 노인을 두고 하는 말일 것이다."

| 해설 |

정신일도 하사불성(精神一到 何事不成)이란 말이 있다. 정신만 한곳으로 쓰면 불가능이 없다는 말이다. 여기에서도 노인의 정신통일에 의한 신기(神技)를 빌어 자연적인 순수한 기운을 지키면서 정신을 외곬

---

5) 吾執臂也若槁木之枝(오집비야약고목지지) : 팔뚝은 마른 나뭇가지처럼 받듦. 執은 지탱한다는 뜻.

6) 用志不分(용지불분) : 뜻을 나누어 쓰지 않음. 곧 뜻을 한 가지 일에 모아 집중한다는 말이다.

7) 乃凝於神(내응어신) : 귀신과 다를 것이 없음.

으로 집중하면 불가능이 없다는 신통론(神通論)을 암시하고 있다. 오늘
날의 차력(借力)도 이런 경지에서 나왔다 할 것이다.

4.

顔淵問仲尼曰안연문중니왈 : 안연이 중니에게 물었다.

"吾嘗濟乎觴深之淵[1]오상제호상심지연 津人操舟若神진인조주약신

"제가 일찍이 상심(觴深)의 못을 건넌 적이 있었는데, 사공의 배 다루
는 솜씨가 귀신같았습니다.

吾問焉오문언 曰왈 : '操舟可學邪조주가학야?'

제가 물었습니다. : '배 젓는 법은 배워서 되는 것입니까?' 하고 물으니,

曰왈 : 사공이 말했습니다.

'可가 善游者數能[2]선유자삭능

'그렇습니다. 헤엄을 잘 치는 사람은 몇 번만 저어 보면 가능하고,

若乃夫沒人[3]약내부몰인 則未嘗見舟而便操之也즉미상견주이변조지야'

자맥질을 잘하는 사람은 처음부터 배 같은 것은 보지도 않고 곧 노를
저을 수가 있습니다.'

吾問焉而不吾告오문언이불오고 敢問何謂也감문하위야?"

제가 그 까닭을 물어도 알려주지 않았습니다. 그가 무엇을 말하는 것인

---

1) 嘗濟乎觴深之淵(상제호상심지연) : 상심(觴深)이라는 연못을 건넌 적이 있었음. 觴深은
   연못 이름. 성현영은 "연못 이름으로, 그 모양이 잔과 비슷했기 때문에 붙인 것이며, 송
   나라에 있다."라고 풀이했다.

2) 善游者數能(선유자삭능) : 헤엄을 잘 치는 사람은 몇 번만 저어 보면 익힐 수 있음. 數
   은 자주의 뜻으로 '삭' 으로 읽는다.

3) 若乃夫沒人(약내부몰인) : 자맥질 같은 것을 하는 사람.

지를 선생님께 여쭙습니다."

仲尼曰중니왈 : 중니가 대답했다.

"善游者數能선유자삭능 忘水也망수야

"헤엄 잘 치는 사람이 쉽게 배울 수 있는 것은 물에 익숙하여 물을 의식하지 않는다는 뜻이고,

若乃夫沒人之약내부몰인지 未嘗見舟而便操之也미상견주이변조지야

자맥질을 잘하는 사람은 배를 한 번 보지도 않고 바로 배를 저을 수 있다는 것은,

彼視淵若陵피시연약릉 視舟之覆猶其車却也시주지복유기거각야

그가 깊은 연못을 마치 언덕과 같이 보기 때문이고, 배가 엎어지는 것은 마치 수레가 뒤로 물러나는 것같이 여긴다는 뜻이다.

覆却萬方陳乎前而不得入其舍4)복각만방진호전이부득입기사

엎어지든지 뒤로 물러나든지 온갖 위험이 눈앞에 닥쳐도 그것들이 그의 마음속을 어지럽힐 수 없는 것이다.

惡往而不暇5)오왕이불가!

그러니 그런 사람이 어디를 간들 마음의 여유가 없겠느냐!

以瓦注者巧6)이와주자교

---

4) 覆却萬方陳乎前而不得入其舍(복각만방진호전이부득입기사) : 엎어지든지 뒤로 물러나든지 등 온갖 일들이 눈앞에 펼쳐지더라도 그것이 그의 마음을 어지럽히지 못함. 覆却은 배가 뒤집히는 것과 수레가 뒤로 물러나는 것. 萬方은 만단(萬端), 곧 수없이 많은 갈래나 토막. 여러 가지의 뜻이다.

5) 惡往而不暇(오왕이불가) : 어떤 상황에서도 여유를 잃지 않는다는 뜻이다. 惡(오)는 어느, 어디의 뜻.

6) 以瓦注者巧(이와주자교) : 별 가치가 없는 기와를 걸고 던지는 경우에는 승부에 연연하지 않으므로 마음을 비울 수 있어 잘 던진다.

던지기 놀이를 할 때 기왓장을 걸고 던지기를 하면 잘 던지고,

以鉤注者憚이구주자탄

허리띠의 고리를 내기 상품으로 걸고 던지면 마음이 흔들려 두려워하고,

以黃金注者殙이황금주자혼

황금을 걸고 던지면 마음이 어두워져 혼란에 빠져 잘 맞힐 수 없게 된다.

其巧一也 而有所矜⁷⁾기교일야 이유소긍 則重外也즉중외야

그 기량은 동일하지만, 내기 상품에 마음이 쏠리는 것은 외물(外物)을 중히 여기기 때문이다.

凡外重者內拙범외중자내졸"

무릇 외물을 중시하면 내심(內心)은 졸렬해진다."

| 해설 |

앞 대목의 내용과 대동소이한 논지이다. 뱃사공의 배 젓는 묘기에 의탁해서 외물에 마음을 어지럽히지 않는 무심의 경지에 이르러야 일을 이룰 수가 있고, 시합을 할 때 상품에다 관심만 두어도 마음이 들떠서 시합에 진다는 무심의 절대성을 강조하고 있다.

곧 온갖 위험을 당해도 마음의 여유를 갖는 자만이 자기의 가치를 최고로 발휘할 수 있고, 이런 것들이 최선의 방법이라는 취지를 역설하고 있다.

---

7) 其巧一也 而有所矜(기교일야 이유소긍) : 기량은 같은데, 내기 상품의 가치에 따라 놓치면 아깝다고 생각하는 집착심이 있게 된다.

5.

田開之¹⁾見周威公²⁾전개지현주위공

전개지(田開之)가 주나라 위공(威公)을 뵈었다.

威公曰위공왈 : 위공이 말했다.

"吾聞祝腎學生³⁾오문축신학생

"내 듣자니, 축신(祝腎)은 양생(養生)의 道를 배운다고 하였소.

吾子與祝腎游오자여축신유 亦何聞焉역하문언?"

그대가 축신과 친하게 지낸다니 또한 무엇을 들었는지요?"

田開之曰전개지왈 : 전개지가 말했다.

"開之操拔篲⁴⁾以侍門庭개지조발수이의문정 亦何聞於夫子역하문어부자!"

"저는 다만 빗자루를 들고 문간과 뜰을 청소하고 있었을 뿐 또한 선생님께 무엇을 들을 수가 있었겠습니까?"

威公曰위공왈 : 위공(威公)이 말했다.

"田子無讓전자무양! 寡人願聞之과인원문지"

"전 선생, 겸손해 하지 마시오. 과인이 듣고 싶소."

---

1) 田開之(전개지) : 인명. 성은 전(田), 이름은 개지(開之). 道를 배우는 사람.

2) 周威公(주위공) : 주나라 위공. 주공의 후손. 《사기》〈주본기(周本紀)〉에, "환공(桓公)이 죽고 아들 위공(威公)이 즉위했다. 위공이 죽고 아들 혜공이 즉위했다. 혜공은 막내 아들을 공(鞏)에 봉하여 왕을 받들게 하고는 동주(東周) 혜공(惠公)이라 했다(桓公卒 子威公代立 威公卒 子惠公代立 乃封其少子於鞏以奉王 號東周惠公)."라고 했다.

3) 祝腎學生(축신학생) : 축신(祝腎)이 양생술을 배움. 祝腎은 성은 축(祝), 이름은 신(腎). 道를 터득한 주나라의 현인.

4) 篲(수) : 빗자루. 篲는 帚(추)와 같다. 빗자루를 들고 뜰을 쓰는 제자의 도리를 한다는 뜻이다.

開之日개지왈 : 전개지가 말했다.

"聞之夫子曰문지부자왈 : '善養生者선양생자 若牧羊然약목양연

"제가 선생님께 들으니, '양생을 잘하는 자는 양을 치는 것과 같아,

視其後者而鞭之시기후자이편지'"

뒤쳐진 놈을 보면 채찍질을 한다.'고 했습니다."

威公曰위공왈 : 위공(威公)이 말했다.

"何謂也하위야?"

"그것은 무엇을 말하는 것이오?"

田開之曰전개지왈 : 전개지가 말했다.

"魯有單豹5)者노유선표자 巖居而水飮암거이수음 不與民共利불여민공리

"노나라에 선표(單豹)라는 사람이 있었는데, 바위굴에 은거하면서 물만
마시고, 세속의 사람들과 영리를 다투는 일이 없었습니다.

行年七十而猶有嬰兒之色행년칠십이유유영아지색

나이가 70이 되어도 어린아이의 얼굴빛과 같았는데,

不幸遇餓虎불행우아호 餓虎殺而食之아호살이식지

불행히도 굶주린 호랑이를 만나 그 호랑이에게 잡혀먹고 말았습니다.

有張毅者유장의자 高門懸薄 無不走也6)고문현박 무부주야

또 장의(張毅)란 자가 있었는데, 부잣집이나 가난한 집을 가리지 않고
두루 통하여 다녔는데,

---

5) 單豹(선표) : 은자의 이름. 성은 單(선)이고 豹는 이름. 《여씨춘추(呂氏春秋)》에 선표와
   뒤에 나오는 장의(張毅)의 이름이 나온다.
6) 高門懸薄 無不走也(고문현박 무부주야) : 대문이 높은 부잣집과 발(簾)을 늘어뜨린 집에
   열심히 좇아다니지 않음이 없음. 부잣집과 보통 사람들의 집까지 모두 찾아다녔다는 뜻.

行年四十而有內熱之病以死행년사십이유내열지병이사

나이 40에 내열병(內熱病)에 걸려 죽었습니다.

豹養其內而虎食其外표양기내이호식기외

선표는 내면의 정신을 길렀는데, 호랑이가 외면의 몸뚱이를 잡아먹었고,

毅養其外而病攻其內의양기외이병공기내

장의는 외면의 몸뚱이를 길렀는데, 병이 그 안을 공격한 것입니다.

此二子者차이자자 皆不鞭其後者也개불편기후자야”

이 두 사람은 모두 그 뒤떨어진 부분을 채찍질하지 않았던 것입니다.”

仲尼曰중니왈 : 중니(仲尼)가 말했다.

“無入而藏 無出而陽7)무입이장 무출이양 柴立其中央8)시립기중앙

“안(정신)을 기르는 데 전적으로 힘쓰지도 말고, 밖(몸)을 너무 드러내지도 말며, 마른 나무와 같이 무심히 그 중간에 서라.

三者若得 其名必極9)삼자약득 기명필극

이 세 가지가 잘 조화되면 반드시 그 이름이 지극한 데까지 이르게 될 것이다.”

夫畏塗者부외도자 十殺一人십살일인

무릇 길 떠날 때의 위험을 두려워하는 자는 열 명 가운데 한 명이라도 죽음을 당할 위험이 있으면,

---

7) 無入而藏 無出而陽(무입이장 무출이양) : 안(정신)을 기르는 데 전적으로 힘쓰지도 말고, 밖(몸)을 너무 드러내지도 말라. 너무 은둔하지도 말고 너무 드러내지노 말라는 뜻이디.

8) 柴立其中央(시립기중앙) : 안과 밖의 한가운데 마른 나무처럼 서다. 柴는 마른 나무, 고목(枯木).

9) 三者若得 其名必極(삼자약득 기명필극) : 이 세 가지를 잘 얻으면 그 이름이 반드시 지극한 경지에까지 갈 것임. 三者는 ‘無入而藏’, ‘無出而陽’, ‘柴立其中央’의 세 가지를 가리킨다.

則父子兄弟相戒也즉부자형제상계야

부자(父子)나 형제들은 서로 경계하여

必盛卒徒[10]而後敢出焉필성졸도이후감출언 不亦知乎불역지호!

반드시 많은 사람을 거느리고서야 길을 나설 것이니, 이 또한 지혜롭지 아니한가?

人之所取畏者인지소취외자 衽席之上[11]임석지상

사람들이 두려워해야 할 것은 침실 속의 일과

飲食之間음식지간 而不知爲之戒者이부지위지계자 過也과야"

음식을 먹는 문제(食欲)인데, 이것을 경계할 줄 모른다면 내면의 수양을 잘못한 것이다."

| 해설 |

전개지(田開之)와 위공(威公)의 문답에 의탁하여 내심을 기르는 데도 치우치지 말고, 외형을 기르는 데도 치우치지 말며, 그 중간에서 잘 조화시키는 곳에 양생의 道가 있음을 서술하고 있다.

6.

祝宗人玄端以臨牢筴[1]축종인현단이림뇌책　　說彘曰[2]세체왈 :

---

10) 必盛卒徒(필성졸도) : 무리를 이룬 뒤에 길을 떠난다는 뜻.

11) 衽席之上(임석지상) : 침실 위의 일. 곧 성관계, 성욕을 가리킨다.

1) 祝宗人玄端以臨牢筴(축종인현단이림뇌책) : 祝宗人은 종묘(宗廟)의 제사를 관장하는 제관 (祭官). 玄端은 현단복. 현단복은 끝 부분을 검은색으로 마름질한 예복으로, 《예기(禮記)》〈옥조(玉藻)〉편에 내용이 전한다. 牢筴(뇌책)은 짐승의 우리. 여기서는 돼지우리를 말한다. 筴은 대쪽(竹)의 뜻일 때는 '책'으로 읽는다. 대쪽을 엮어서 우리를 만든다.

제사의 축관(祝官)이 현단(玄端)을 입고 돼지우리로 가서 돼지에게 달래 듯 말했다.

"汝奚惡死여해오사?

"너는 어째서 죽기를 싫어하느냐?

吾將三月豢汝오장삼월환여

내가 이제부터 석 달 동안 너를 잘 길러주고,

十日戒 三日齊3)십일계 삼일제

열흘 동안 목욕재계하며, 사흘 동안 마음을 가지런하게 한 다음,

藉白茅4)자백모 加汝肩尻乎彫俎之上가여견고호조조지상

흰 띠풀을 깔고 너를 요리해서 네 어깨와 엉덩이 살을 잘 조각한 제기 위해 받쳐놓고 신에게 바치려 한다.

則汝爲之乎즉여위지호?"

너는 어떻게 생각하느냐?"

爲彘謀위체모 : 돼지를 위해 생각해 보면,

"日不如食以糠糟불여식이강조 而錯之牢筴之中이착지뢰책지중"

"겨나 지게미를 먹더라도 돼지우리 안에다 놓아두는 것만 같지 못하 오."라고 할 것이다.

自爲謀자위모 則苟生有軒冕之尊5)즉구생유헌면지존

---

2) 說彘曰(세체왈) : 돼지를 달래서 말하다. 說(세)는 달래다. 유세(遊說)라고 힐 때와 같다. 彘(체)는 돼지.

3) 十日戒 三日齊(십일계 삼일제) : 열흘 동안 몸을 깨끗이 재계(齋戒)하고, 사흘 동안 마음 을 가지런히 함. 齊는 齋의 뜻.

4) 藉白茅(자백모) : 흰 띠풀을 바닥에 깔아서 정결하게 한다는 뜻.

그러나 자기 자신을 위해 생각할 때는 만일 살아서 귀인의 수레와 갓의 존귀함을 누리고,

死得於腞楯之上[6]사득어전순지상 聚僂之中취루지중 則爲之즉위지

죽어서 호화로운 영구차 위에 눕고, 아름답게 장식한 관 속에 누울 수만 있다면 그렇게 하려고 한다.

爲彘謀則去之위체모즉거지 自爲謀則取之자위모즉취지

돼지의 신세를 생각할 때는 높은 관직을 물리치고, 자기 자신을 생각할 때는 높은 관직을 취하니,

所異彘者何也소이체자하야?

돼지와 자신의 경우가 다름은 어째서인가?

| 해설 |

제사를 주관하는 축관과 제사에 희생물이 되는 돼지와의 문답을 빌어, 외물 때문에 자기의 생명을 희생하는 속세인의 어리석음을 풍자하고 있다. 곧 돼지의 신세를 예로 들어, 객관적으로는 양생의 道를 살피면서도 주관적으로는 부귀와 출세라는 외물에 미혹되는 인간의 약점을 토로하고 있다.

7.

桓公田於澤[1]환공전어택 管仲御[2]관중어

---

5) 苟生有軒冕之尊(구생유헌면지존) : 살아서 軒冕의 존귀함을 누리다. 軒(헌)은 수레. 冕(면)은 면류관. 모두 신분이 높은 사람의 상징이다.

6) 死得於腞楯之上(사득어전순지상) : 죽어서 호화로운 수레 위에 눕다. 腞楯(전순)은 관을 실은 운구 수레.

제나라 환공이 늪에서 사냥을 할 때 관중(管仲)이 말을 몰았는데,

見鬼焉견귀언 公撫管仲之手曰공무관중지수왈 :

환공이 귀신을 보았다. 놀라 관중의 손을 어루만지면서 말했다.

"仲父3)何見중보하견?"

"중보(仲父)는, 뭔가 보지 못했는가?"

對曰대왈 : "臣無所見신무소견"

관중(管仲)이 대답했다. "신은 아무것도 보지 못했습니다."

公反공반 誒詒爲病4)희이위병 數日不出수일불출

환공은 사냥에서 돌아와 헛소리를 하고 앓더니, 며칠 동안 바깥으로 나가지를 못했다.

齊士有皇子告敖者曰제사유황자고오자왈 :

제나라 황자고오(皇子告敖)라는 선비가 병중의 환공을 찾아와 말했다.

"公則自傷공즉자상 鬼惡能傷公5)귀오능상공!

"공께서는 스스로 병을 만든 것이지, 귀신이 어찌 공을 병들게 하겠습니까!

---

1) 桓公田於澤(환공전어택) : 환공(桓公)이 소택지(沼澤地)에 사냥을 나갔다. 桓公(재위 BC 685~BC 643)은 춘추시대 제(齊)나라 15대 임금. 춘추(春秋) 오패(五霸)의 한 사람. 성은 姜, 이름은 소백(小白). 관중(管仲)을 등용하여 부국강병책을 썼음. 田은 사냥. 畋(전)과 같다. 전렵(畋獵)은 전렵(田獵)으로도 쓴다.

2) 管仲御(관중어) : 관중이 마차를 몰다. 御는 수레나 말을 몬다는 뜻.

3) 仲父(중보) : 제환공이 관중을 존대하여 부른 호칭. 父는 어버이와 같이 섬긴다는 뜻으로 '보'로 읽는다.

4) 誒詒爲病(희이위병) : 헛소리를 하고 앓다. 誒詒는 헛소리. 誒(희)는 탄식하다, 詒(이)는 보내다.

5) 鬼惡能傷公(귀오능상공) : 귀신이 어찌 공을 병들게 할 수 있겠습니까. 惡(오)는 어찌.

夫忿滀之氣6)부분축지기 散而不反산이불반 則爲不足즉위부족

대체로 마음속에 답답하게 맺힌 기운이 흩어져서 돌아오지 않으면 기가 부족하게 되고,

上而不下상이불하 則使人善怒즉사인선노

그 기가 올라갔다가 내려오지 않으면 사람으로 하여금 성을 자주 내게 하며,

下而不上하이불상 則使人善忘즉사인선망

기가 내려갔다가 올라오지 않으면 건망증이 심해지고,

不上不下불상불하 中身當心중신당심 則爲病즉위병"

올라가지도, 내려가지도 않은 채 몸 가운데 맺혀 있으면 병이 됩니다."

桓公曰환공왈 : 환공(桓公)이 말했다.

"然則有鬼乎연즉유귀호?"
"그렇다면 귀신이 있다는 말인가?"

曰왈 : 황자고오가 말했다.

"有유 沈有履 灶有髻7)침유리 조유결

"있습니다. 진흙 속에는 이(履)라는 귀신이 있고, 부뚜막에는 결(髻)이라는 귀신이 있으며,

戶內之煩壤호내지번양 雷霆處之뇌정처지

집안의 쓰레기통에는 뇌정(雷霆)이라는 귀신이 살고,

---

6) 忿滀之氣(분축지기) : 忿滀은 꽉 막힌 모양. 忿은 가득하다는 뜻, 滀은 맺힌다는 뜻.

7) 沈有履 灶有髻(침유리 조유결) : 진흙 속에는 履(이)라는 귀신이 있고, 부뚜막에는 髻(결)이라는 귀신이 있다. 성현영(成玄英)의 소(疏)에는, "부뚜막귀신은 그 모양이 미녀와 같은데 붉은 옷을 입었다."고 했다.

東北方之下者동북방지하자 倍阿鮭蠪8)躍之배아해롱약지

집안의 동북쪽 밑에는 배아(陪阿)와 해롱(鮭蠪)이라는 귀신이 살며,

西北方之下者서북방지하자 則泆陽9)處之즉일양처지 水有罔象10)수유망상

서북쪽 밑에는 일양(泆陽)이란 귀신이 살고, 물에는 망상(罔象)이라는
귀신이 살며,

丘有莘11)구유신 山有夔12)산유기

언덕에는 신(莘)이라는 귀신이 살고, 산에는 기(夔)라는 귀신이 살며,

野有彷徨13)야유방황 澤有委蛇14)택유위사"

들에는 방황(彷徨)이라는 귀신이 살고, 늪에는 위사(委蛇)라는 귀신이
살고 있습니다."

公曰공왈 : 환공이 말했다.

"請問委蛇之狀何如청문위사지상하여?"

---

8) 倍阿鮭蠪(배아해롱) : 倍阿(배아)와 鮭蠪(해롱)은 모두 귀신 이름. 《경전석문(經典釋文)》
   의 사마주(司馬注)에는, "해롱은 모양이 어린애와 같고, 키가 한 자 네 치, 검은 옷에 붉
   은 두건과 큰 갓을 쓰고 칼을 차고 창을 가졌다."고 했다.
9) 泆陽(일양) : 성현영(成玄英)의 소(疏)에, "일양은, 표범머리에 말꼬리를 하였다."고 했다.
10) 罔象(망상) : 성현영(成玄英)의 소(疏)에, "모양이 어린애와 같은데, 검은 피부에 붉은 옷
    을 입고, 큰 귀에 긴 팔을 가졌다."고 했다.
11) 莘(신) : 언덕에 사는 귀신 이름. 《경전석문(經典釋文)》에 다섯 가지 채색으로 되었다고
    했다.
12) 夔(기) : 산에 사는 귀신 이름. 성현영(成玄英)의 소(疏)에, "크기가 소만 하고, 모양은
    북과 같다."고 했다.
13) 彷徨(방황) : 들에 사는 귀신 이름. 《경전석문》의 사마주(司馬注)에, "방황(彷徨 : 方皇)
    은 모양이 뱀과 같고 머리가 두 개에다 다섯 가지 채색의 무늬가 있다."고 했다.
14) 委蛇(위사) : 자세한 모양은 본문에 나와 있는 것처럼 '굵기는 수레바퀴 통만 하고 길
    이는 수레의 끌채만 하며, 자주색 옷에 붉은 갓을 쓴' 뱀 모양의 귀신이다.

"그렇다면 위사(委蛇)는 어떤 모습을 하고 있는가?"

皇子曰황자왈 : 황자(皇子)가 말했다.

"委蛇위사 其大如轂기대여곡 其長如轅기장여원 紫衣而朱冠자의이주관

"위사는 크기가 수레바퀴통만 하고, 그 길이는 수레의 멍에채만 하며,
자주색 옷을 입고 붉은 갓을 썼으며,

其爲物也惡기위물야오 聞雷車之聲문뢰거지성 則捧其首而立즉봉기수이립

그 성질은 우레나 수레의 소리를 싫어하여 그런 소리만 들으면 머리를
쳐들고 일어섭니다.

見之者殆乎霸견지자태호패"

이것을 본 사람은 패자(霸者)가 된다고 합니다."

桓公輾然[15]而笑曰환공천연이소왈 :

환공은 크게 웃으면서 말했다.

"此寡人之所見者也차과인지소견자야"

"그것이야말로 과인이 본 것이네."

於是正衣冠與之坐여시정의관여지좌

그러고 나서 의관을 바로잡고 황자고오와 앉아

不終日而不知病之去也[16]부종일이부지병지거야

하루가 채 되기도 전에 병이 나은 것도 알지 못했다.

| 해설 |

　이 대목에서는 제(齊)나라 환공(桓公)과 황자고오(皇子告敖)와의 문

---

15) 輾然(천연) : 소리를 내어 크게 웃는 모양.

16) 不知病之去也(부지병지거야) : 자신도 모르는 사이에 병이 나았다는 뜻.

답을 빌어 인간의 화(禍)는 외물(外物)에 의해서 만들어지는 것이 아니고 자기 마음속에서 발생한다는 것과, 인간의 생명을 해치는 갖가지 질병도 자신의 기분을 갖는 태도에 따라 좌우된다는 것을 밝히고 있다. 따라서 인간의 정신은, 외부로부터의 암시에 걸리기 쉬운 불안정한 취약점을 가졌기 때문에 어떤 사물에 의해서 동요되지 않는 정신상의 강인한 주체성이 필요하다는 것이다.

요컨대 매사에는 마음이 첫째다. 그래서 한방(漢方)에서, "약으로 보하는 것은 음식으로 보하는 것만 같지 못하고(藥補不如食補), 음식으로 보하는 것은 마음으로 보하는 것만 같지 못하다(食補不如心補)."라는 말이, 바로 모든 병의 치료는 마음에 달렸다는 교훈을 주는 것이리라.

8.

紀渻子1)爲王養鬪鷄기성자위왕양투계

기성자(紀渻子)가 임금을 위하여 싸움닭을 길렀다.

十日而問십일이문 : 열흘이 지나자, 임금이 물었다.

"鷄已乎2)계이호?"

"이제 싸울 만한 닭이 되었는가?"

曰왈 : 기성자가 말했다.

"未也미야 方虛憍3)而恃氣방허교이시기"

---

1) 紀渻子(기성자위왕양양투계) : 기성자(紀渻子)는 인명. 성은 기(紀)이고 이름이 성자(渻子).

2) 鷄已乎(세이호) : 싸움닭으로서 만들어졌는가? 鷄자 밑에 可鬪(가투) 두 글자가 생략되었다고 본다.

3) 憍(교) : 교만(驕慢)하다. 驕와 같은 뜻.

"아직 아닙니다. 지금은 공연히 허세를 부리며 제 기운만 믿고 있습니다."

十日又問십일우문 : 열흘이 지나서 왕이 또 물었다.

曰왈 : 기성자가 대답했다.

"未也미야 猶應響景4)유응향경"

"아직도 아닙니다. 다른 닭의 울음소리를 듣거나 그림자만 보아도 덤벼들려고 합니다."

十日又問십일우문 : 열흘이 지나자 왕이 또 물었다.

曰왈 : 기성자가 대답했다.

"未也미야 猶疾視而盛氣유질시이성기"

"아직도 아닙니다. 다른 닭을 보면 노려보고 기운을 뽐내고 있습니다."

十日又問십일우문 : 열흘이 지나자 왕이 또 물었다.

曰왈 : 기성자가 대답했다.

"幾矣기의 鷄雖有鳴者계수유명자 已無變矣이무변의

"이제 거의 되었습니다. 다른 닭이 우는 소리를 들어도 조금도 태도를 변치 않습니다.

望之似木鷄矣5)망지사목계의 其德全矣기덕전의

---

4) 猶應響景(유응향경) : 다른 닭의 소리나 다른 닭의 그림자만 보아도 반응을 보인다는 뜻. 響은 바라보다, 향하다의 뜻.

5) 望之似木鷄矣(망지사목계의) : 바라보면 마치 나무로 깎아 만든 닭과 같다. 여기서 「목계양도(木鷄養到)」라는 성어가 생겨났다. 싸움닭이 나무 닭처럼 훈련된다는 뜻으로, 일이 훌륭하게 완성되었음을 비유하는 말이다. 싸움닭을 훈련하는 것과 같이 사람도 수양을 쌓아야 완전한 德을 지니게 된다는 것을 말한다.

바라보면 마치 나무로 깎아 만든 닭과 같아 비로소 덕이 온전해졌습니다.

異鷄無敢應者이계무감응자 反走矣반주의"

다른 닭이 감히 덤비지 못하고 오히려 달아나 버립니다."

| 해설 |

　기성자(紀渻子)와 왕(齊王이라고도 하고 周宣王이라고도 함)과의 싸움닭에 대한 문답을 빌어 승패에 집착되지 않는 자야말로 무적의 강자요, 무심(無心)만이 최대의 무기라는 것을 밝히고 있다.

　이는 곧 「정신을 감추고 기운을 지킨다(藏神守氣)」는 비유를 보여주고 있다.

9.

孔子觀於呂梁공자관어여량

공자가 여량(呂梁)으로 유람을 나갔다

縣水三十仞¹⁾현수삼십인 流沫²⁾四十里유말사십리

30길 되는 폭포 아래 물보라 치는 급류는 40리를 흘러가는데,

黿鼉³⁾魚鼈之所不能游也원타어별지소불능유야

자라나 악어, 물고기들도 헤엄쳐 다닐 수 없는 곳이었다.

見一丈夫游之견일장부유지 以爲有苦而欲死也이위유고이욕사야

---

1) 縣水三十仞(현수삼십인) : 縣水는 떨어지는 물, 곧 폭포. 여기서 縣은 懸과 같다. 仞은 길(길이의 단위). 1仞은 약 8자(약 2.4m).

2) 流沫(유말) : 물보라 치는 급류.

3) 黿鼉(원타) : 자라와 악어.

(그런 곳에서) 한 사람이 헤엄을 치는 것을 보고 (공자는) 무슨 괴로움이 있어 죽으려고 뛰어든 것으로 여겼다.

使弟子竝流而拯之사제자병류이증지

그래서 제자들로 하여금 물줄기를 따라 내려가 그를 구하게 했다.

數百步而出수백보이출 被髮[4]行歌而游於塘下피발행가이유어당하

수백 보를 헤엄쳐 가던 그 사나이는 물속에서 나와 머리를 풀어헤치고 노래를 부르며 물가에서 놀고 있었다.

孔子從而問焉공자종이문언 曰왈 : 공자가 뒤쫓아 가서 물었다.

"吾以子爲鬼오이자위귀 察子則人也찰자즉인야

"나는 당신이 귀신인 줄 알았는데, 자세히 보니 사람이더군.

請問蹈水有道乎[5]청문도수유도호?"

궁금한데, 헤엄을 치는 데 무슨 비결이라도 있는가?"

曰왈 : "亡무 吾無道오무도

사나이가 말했다. : "없습니다. 제게 별다른 비결이랄 건 없습니다.

吾始乎故[6]오시호고 長乎性[7]장호성 成乎命[8]성호명

저는 다만 타고난 대로 시작했고, 제 선천적인 기질에서 성장했으며, 자연의 이치를 따라 그리 되었습니다.

與齊俱入 與汨偕出[9]여제구입 여골해출

---

4) 被髮(피발) : 머리를 풀어헤치다.

5) 蹈水有道乎(도수유도호) : 蹈水(도수)는 물속을 잘 헤엄쳐 나간다는 뜻. 道는 비결의 뜻.

6) 始乎故(시호고) : 故는 '타고난 본성 그대로'의 뜻.

7) 長乎性(장호성) : 습성이 본성으로 이루어진 것.

8) 成乎命(성호명) : 자연의 이치를 따라 이룸.

9) 與齊俱入 與汨偕出(여제구입 여골해출) : 齊는 臍와 통용하는 글자로 소용돌이를 뜻한

나는 소용돌이와 함께 물속으로 들어갔다가 용솟는 물과 함께 떠올라,

從水之道而不爲私焉종수지도이불위사언

물길만 따르며 나의 힘은 하나도 쓰지 않습니다.

此吾所以蹈之也차오소이도지야"

이것이 제가 헤엄치는 방법입니다."

孔子曰공자왈 : 공자가 물었다

"何謂始乎故하위시호고 長乎性장호성 成乎命성호명?"

"무엇을 일러 타고난 대로 시작했고, 선천적인 기질에서 성장했으며, 자연의 이치를 따른다는 것인가?"

曰왈 : 사나이가 말했다.

"吾生於陵而安於陵오생어릉이안어릉 故也고야

"저는 구릉(丘陵)지대에서 태어나 그 구릉지대에서 편안히 살았으니, 그것이 타고난 그대로이고,

長於水而安於水장어수이안어수 性也성야

물속에서 자라면서 물속에서 편안했으니 이것이 천성이며,

不知吾所以然而然부지오소이연이연 命也명야"

나도 그렇게 헤엄을 잘 치는 까닭을 모르면서 그렇게 헤엄을 치니 이것이 천명입니다."

| 해설 |

공자와 여량의 폭포 속에서 헤엄을 잘 치는 사나이와의 문답을 빌

다고 했다. 汨(골)은 물이 솟아 나옴(용솟음).

어 인위적인 기교를 버리고 천성에 안주(安住)하면서 자연에 순종해야 할 道를 역설하고 있다. 사상적으로 「내편(內篇)」〈양생주〉편에 나오는 「포정해우(庖丁解牛)」의 이야기나, 이 편의 매미를 잘 잡는 곱사등이와 공자와의 문답, 노를 잘 젓는 뱃사공과 공자와의 문답 등과 상통한다.

10.

梓慶削木爲鐻[1]재경삭목위거 鐻成거성

목수 경(慶)이 나무를 깎아 종을 받치는 거(鐻)를 만들었는데, 거(鐻)가 완성되고 나자,

見者驚猶鬼神견자경유귀신

보는 사람들이 모두 귀신같은 솜씨에 놀랐다.

魯侯見而問焉노후견이문언 曰왈 :

노나라 임금이 그것을 보고 물었다.

"子何術以爲焉자하술이위언?"

"그대는 어떤 비술(秘術)이 있어 이렇게 만들었는가?"

對曰대왈 : 경(慶)이 대답했다.

"臣工人신공인 何術之有하술지유!

"신은 일개 목수인데, 무슨 비술이 있겠습니까!

雖然수연 有一焉유일언

---

1) 梓慶削木爲鐻(재경삭목위거) : 목수 경(慶)이 나무를 깎아 거(鐻)를 만듦. 梓는 梓人(재인 : 목수의 우두머리)으로 주나라 때의 관직명이다. 鐻(거)는 쇠북받침. 종(鍾)이나 경(磬)을 걸어 놓는 받침대.

비록 그러하나 한 가지는 있습니다.

臣將爲鐻신장위거 未嘗敢以耗氣也미상감이모기야

신이 거(鐻)를 만들 때는 일찍이 기운을 소모함이 없이,

必齊以靜心필재이정심

반드시 재계(齋戒)하여 마음을 평온하게 갖습니다.

齊三日제삼일 而不敢懷慶賞爵祿[2]이불감회경상작록

이렇게 사흘을 재계하면 포상(褒賞)이나 작록(爵祿)에 대한 생각이 없어지고,

齊五日제오일 不敢懷非譽巧拙[3]불감회비예교졸

닷새 동안 재계하면 비방이나 명예나 교묘하고 졸렬함을 생각지 않게 되며,

齊七日제칠일 輒然[4]忘吾有四枝形體也첩연망오유사지형체야

이레 동안 재계하면 문득 저에게 사지(四肢)가 있고 형체가 있는 것도 잊게 됩니다.

當是時也당시시야 無公朝[5]무공조

이런 때가 되면 조정의 권세에 대한 생각도 없어지고,

其巧專而外滑消[6]기교전이외골소

---

2) 不敢懷慶賞爵祿(불감외경상작록) ; 포상(褒賞)이나 작록(爵祿) 따위를 생각지 않게 됨.

3) 非譽巧拙(비예교졸) : 세상 사람들의 비방이나 작품의 실 되고 잘못돼 따위의 평가를 말한다.

4) 輒然(첩연) : 가만히 움직이지 않는 모양. 輒은 오로지의 뜻.

5) 無公朝(무공조) : 조정의 권세에 대한 생각도 없게 됨.

6) 其巧專而外滑消(기교전이외골소) : 巧는 기술. 專은 전일(專一)로 마음을 오로지 한 곳에만 집중함. 滑(골)은 어지러움.

기술에만 전일(專一)해져 외물의 방해도 완전히 사라집니다.

然後入山林연후입산림 觀天性관천성

그런 뒤에야 산림 속으로 들어가 나무의 천성을 살핍니다.

形軀至矣형구지의 然後成見鐻7)연후성현거

형태가 최고인 것을 찾아낸 뒤 완성되었을 거(鐻)를 마음속에 재현합니다.

然後加手焉연후가수언 不然則已불연즉이

그런 뒤에 손을 대기 시작합니다. 그렇지 못할 경우에는 그만둡니다.

則以天合天즉이천합천 器之所以疑神者기지소이의신자 其是與기시여"

이렇게 나무의 천성과 저의 천성이 일치가 되니, 제가 만든 거(鐻)가 귀신같은 솜씨로 인정받게 되는 것은 바로 이 같은 까닭일 것입니다."

| 해설 |

종의 받침대를 만드는 노나라의 유명한 도목수 경(慶)의 말을 빌려 훌륭한 공예품도 속념(俗念)을 버리고 그 작품과 일치가 될 때, 귀신이 탄복할 만한 작품이 나온다는 것이다. 곧 무념무심(無念無心)의 경지에서 제작해야만 신기의 예술품이 나온다는 내용이다. 앞에서의 매미 잡는 곱사등이 노인 이야기와 비슷한 취지이다.

11.

東野稷1)以御見莊公동야직이어현장공

동야직(東野稷)이 말을 모는 기술을 가지고 장공(莊公)을 뵈었다.

---

7) 成見鐻(성현거) : 완성될 받침대를 마음속에서 재현(再現)함.

1) 東野稷(동야직) : 동야(東野)는 성, 이름은 직(稷). 옛날 말을 잘 몰던 사람.

進退中繩 左右旋中規2)진퇴중승 좌우선중규

앞으로 가고 뒤로 물러남이 먹줄을 친 듯이 곧고, 좌우로 도는 것이 그림쇠에 정확히 맞았다.

莊公以爲文弗過也3)장공이위문불과야 使之鉤百而反4)사지구백이반

장공은 조보(造父)도 이보다 나을 수 없다며, 마을을 한 바퀴 돌고 오라고 하였다.

顔闔5)遇之안합우지 入見曰입현왈 :

안합(顔闔)이 이 광경을 보고 들어와 장공에게 말했다.

"稷之馬將敗직지마장패"

"동야직의 말은 곧 쓰러질 것입니다"

公密而不應공밀이불응 少焉소언 果敗而反과패이반

장공은 대꾸를 하지 않았는데, 이윽고 과연 그의 말은 쓰러지고 동야직만 돌아왔다.

公曰공왈 : "子何以知之자하이지지?"

장공이 안합에게 물었다. "그대는 어떻게 그리 될 줄 알았는가?"

---

2) 進退中繩 左右旋中規(진퇴중승 좌우선중규) : 繩은 먹줄로 직선을 그릴 때 사용함. 規는 그림쇠로 원을 그릴 때 쓰는 도구(컴퍼스)이다.

3) 莊公以爲文弗過也(장공이위문불과야) : 장공은 조보(造父)도 이보다 나을 수 없다고 하다. 文은 父(보)로 고침이 옳다. 造父(조보)는 옛날의 말을 잘 몰던 사람. 조씨(趙氏)의 조상이다. 주목왕(周穆王)에게 팔준마(八駿馬)를 바쳐 총애를 받았다. 목왕이 그에게 말을 몰게 하여 서쪽으로 순수(巡狩)를 가 서왕모(西王母)를 만나 즐거움에 빠져 돌아올 줄 몰랐다. 그 때 서언왕(徐偃王)이 반란을 일으켰는데, 그가 말을 몰아 하루에 천리를 달려 대파했다. 이로 인해 목왕이 그에게 조성(趙城)이란 이름을 주었고, 그리하여 조씨가 되었다. 왕량(王良)과 함께 전국시대의 뛰어난 마부로 알려져 있다.

4) 使之鉤百而反(사지구백이반) : 백산을 둥글게 돌았다고 해석하기도 함.

5) 顔闔(안합) : 姓은 顔, 이름은 闔, 노나라의 현인(賢人)으로 전해진다.

曰왈 : "其馬力竭矣기마력갈의 而猶求焉이유구언 故曰敗고왈패"

안합이 대답했다. : "그 말이 지쳤는데도 계속 달리게 했으니, 쓰러질 것이라고 말한 것입니다."

| 해설 |

동야직의 말 모는 법을 비판하는 노나라의 현인 안합의 말을 빌려 「천성에다 천성을 합일시키지」 않는 일, 곧 천리의 자연성에 좇지 않고 무리하게 하면 아무리 볼품이 있는 짓이라도 결국은 실패한다는 교훈을 보여주고 있다.《순자(荀子)》〈애공편(哀公篇)〉끝에도 이와 비슷한 이야기가 있다.

12.

工倕[1]旋而蓋規矩공수선이개규구

공수(工倕)는 물건을 만들 때 그림쇠나 곱자보다도 정확했다.

指與物化 而不以心稽[2]지여물화 이불이심계

그의 손가락이 재료와 일체가 되어 사심이 끼어들지 않았고,

故其靈臺一而不桎[3]고기령대일이부질

그 마음은 한결같아 막히는 일이 없었다.

忘足망족 履之適也구지적야 忘要망요 帶之適也대지적야

---

1) 工倕(공수) : 요(堯)임금 시대의 명공(名工).
2) 指與物化 而不以心稽(지여물화 이불이심계) : 손가락이 나무나 쇠 등의 재료와 일체가 되어 사심이 끼어들지 않음.
3) 其靈臺一而不桎(기령대일이부질) : 靈臺는 마음으로. 桎(질)은 막힘. 그 마음은 한결같아 막히는 일이 없었다.

발을 잊는 것은 신발이 꼭 맞기 때문이요, 허리를 잊는 것은 허리띠가 꼭 맞기 때문이며,

知忘是非 心之適也4)지망시비 심지적야

지혜가 시비의 판단을 잊는 것은 마음과 대상이 꼭 맞기 때문이고,

不內變 不外從5)불내변 불외종 事會之適也사회지적야

안으로 마음에 변화가 없고, 밖으로 재물에 좌우되지 않는 것은 일이 잘 맞기 때문이다.

始乎適而未嘗不適者시호적이미상부적자 忘適之適也6)망적지적야

스스로 알맞은 데서 시작하고 알맞지 않은 것이 없으려면, 그 알맞음 자체도 잊어버리는 자적(自適)의 경지에 이르는 것이다.

| 해설 |

신기(神技)의 경지는 지혜의 교묘함을 잊을 때에 있고, 자적(自適)의 극치는 자적을 의식조차 못하는 경우에 있음을 역설했다. 우리가 일상 생활에서 건강에 관심이 없을 때 건강한 것이고, 행복을 느끼지 못하고 담담한 경지에 있을 때 행복한 것과 같다 하겠다.

13.

有孫休1)者유손휴자 踵門2)而詫子扁慶子3)日종문이타자편경자왈 :

---

4) 知忘是非 心之適也(지망시비 심지적야) : 지각(知覺)이 옳고 그름을 잊게 되는 것은 마음과 대상이 맞기 때문이다.

5) 不內變 不外從(불내변 불외종) : 마음에 변화(동요)가 없고 외물에 끌려가는 일이 없음.

6) 忘適之適也(망적지적야) : 알맞음 자체도 잊어버리는 자적(自適)의 경지에 이르는 것.

노나라의 손휴(孫休)가 편경자(扁慶子)의 문하에 이르러 탄식을 하였다.

"休居鄕不見謂不修휴거향불견위불수 臨難不見謂不勇임난불견위불용

"저는 고향에 살면서 수양이 덜 되었다는 말을 듣지 않았고, 어려운 일을 당해서도 비겁하다는 말은 듣지 않았습니다.

然而田原不遇歲4)연이전원불우세 事君不遇世사군불우세

그런데 들에서 농사를 지으면 풍년을 만나지 못하고, 임금을 섬길 때는 때를 만나지 못하며,

賓於鄕里빈어향리 逐於州部축어주부

마을에서는 배척을 당하고, 고을에서는 쫓겨났으니,

則胡罪乎天哉칙호죄호천재 休惡遇此命也야휴오우차명야?"

하늘에 무슨 죄를 지었기에 이런 운명을 만나야 합니까?"

扁子曰편자왈 : 편자가 말했다.

"子獨不聞夫至人之自行邪자독불문부지인지자행야?

"자네는 저 지인(至人)의 자유로운 행동을 듣지 못했는가?

忘其肝膽 遺其耳目5)망기간담 유기이목

지인은 자신의 간과 쓸개의 작용도 잊고, 귀와 눈의 감각도 잊어버리며,

芒然彷徨乎塵垢之外 逍遙乎無事之業6)망연방황호진구지외 소요호무사지업

---

1) 孫休(손휴) : 인명. 성은 孫, 이름은 休. 노나라 사람이다.

2) 踵門(종문) : 문하에 이르렀다는 뜻.

3) 子扁慶子(자편경자) : 앞의 子는 존칭. 성은 扁, 이름은 慶子. 노나라의 현인. 손휴의 스승.

4) 田原不遇歲(전원불우세) : 농사를 지어도 풍년이 들지 않음. 田은 농사짓는다는 뜻이고, 原은 들, 歲는 풍년을 뜻한다.

5) 忘其肝膽 遺其耳目(망기간담 유기이목) : 자기의 간(肝)과 쓸개의 활동을 잊어버리고, 귀와 눈의 감각작용을 잃어버리다.

세속의 티끌 밖에서 정신마저 없이 헤매고, 아무것도 일삼지 않는 일에 소요하였다는 것을.

是謂시위 '爲而不恃 長而不宰7)위이불시 장이부재'

이를 일러, '이루되 자랑하지 않고, 기르되 부리지 않는다.'고 하는 것이네.

今汝飾知以驚愚금여식지이경우 修身以明汙8)수신이명오

그런데 자네는 지혜를 꾸며 어리석은 이를 놀라게 하고, 몸을 닦아 남의 잘못을 밝혀,

昭昭9)乎若揭日月而行也소소호약게일월이행야

그 밝은 행동이 해와 달을 매달아 놓고 행동하듯 한다.

汝得全而形軀여득전이형구 具而九竅10)구이구규

그대는 온전한 몸을 가지고 모든 기관을 갖추었으며,

無中道夭於聾盲跛蹇而比於人數무중도요어롱맹파건이비어인수

도중에 귀머거리나 장님이나 절름발이가 되어 요절하지도 않으니,

---

6) 芒然仿徨乎塵垢之外 逍遙乎無事之業(망연방황호진구지외 소요호무사지업) : 그저 멍하니 티끌과 때에 오염된 세속 밖에서 방황하고 무위의 세계에 소요한다. 〈대종사〉편에 똑같은 구절이 나온다. "忘其肝膽 遺其耳目 (反覆終始 不知端倪) 芒然仿徨乎塵垢之外 逍遙乎無爲(事)之業"

7) 爲而不恃 長而不宰(위이불시 장이부재) : 이루되 자랑하지 않고, 기르되 부리지 않는다. 《노자》제10장과 세j ㄴ장의 내용과 똑같다. 곧 "이루되 자랑하지 않고, 기르되 부리지 않으니, 이를 그윽한(깊은) 덕이라 한다(爲而不恃 長而不宰 是謂玄德)."

8) 明汙(명오) : 다른 사람의 오점을 밝게 들추어낸다는 뜻. 汙는 汚와 같다.

9) 昭昭(소소) : 사리(事理)가 환하고 뚜렷함. 밝은 모양.

10) 具而九竅(구이구규) : 몸의 각종 기관을 온전히 갖춤. 九竅는 인체에 있는 아홉 개의 구멍. 눈·코·입·귀의 일곱 구멍과 요도·항문을 가리킴. 배꼽 이상을 양규(陽窺)라 하며, 이하를 음규(陰窺)라 함.

亦幸矣역행의 又何暇乎天之怨哉우하가호천지원재! 子往矣자왕의!"

그 역시 다행이 아닌가. 그런데 어찌 하늘을 원망한단 말인가! 그만 돌아가게!"

孫子出손자출 扁子入坐편자입좌 有間유간 仰天而歎앙천이탄

손휴가 물러가고 편경자는 방으로 들어가 앉아 잠시 하늘을 우러러 탄식했다.

弟子問曰제자문왈 : 제자가 물었다.

"先生何爲歎乎선생하위탄호?"

"선생님께서는 무엇 때문에 탄식을 하십니까?"

扁子曰편자왈 : 편자가 말했다.

"向者休來향자휴래 吾告之以至人之德오고지이지인지덕

"아까 손휴가 왔을 때 내가 지인의 덕을 일러주었는데,

吾恐其驚而遂至於惑也오공기경이수지어혹야"

나는 그가 두려워한 나머지 미혹(迷惑)에 빠질까 걱정이 되는구나."

弟子曰제자왈 : 제자가 말했다.

"不然불연 孫子之所言是邪손자지소언시야 先生之所言非邪선생지소언비야

"그렇지 않습니다. 손자의 말이 옳고, 선생님의 말씀이 틀렸다면,

非固不能惑是비고불능혹시

틀린 것이 옳은 것을 미혹시키지는 못할 것입니다.

孫子所言非邪손자소언비야 先生所言是邪선생소언시야

또 손자의 말이 틀리고 선생님의 말씀이 옳다면

彼固惑而來矣피고혹이래의 又奚罪焉우해죄언?"

그는 본시 미혹되어서 왔으므로, 선생님께 무슨 허물이 되겠습니까?"[11]

扁子曰편자왈 : 편경자가 말했다.

"不然불연 昔者有鳥止於魯郊[12]석자유조지어로교

"그렇지가 않다. 옛날 어떤 새가 노나라 교외에 날아와 앉으니,

魯君說之노군열지 爲具太牢以饗之위구태뢰이향지

노나라 임금이 기뻐서 소, 돼지, 양 등의 좋은 음식을 갖추어 대접하고,

奏九韶以樂之진구소이락지

구소(九韶)의 음악을 연주하여 새를 즐겁게 해주려고 했다.

鳥乃始憂悲眩視조내시우비현시 不敢飮食불감음식

그러나 새는 슬퍼하고 눈이 휘둥그레져서 음식도 먹으려 하지 않았다.

此之謂以己養養鳥也차지위이기양양조야

이를 가리켜 인간 자신을 기르는 양생법으로 새를 기른다는 것이다.

若夫以鳥養養鳥者약부이조양양조자 宜棲之深林의서지심림

만약 새를 기르는 법으로 새를 기르려면, 깊은 숲속에 살게 하고,

浮之江湖부지강호 食之以委蛇식지이위사 委蛇而處위사이처

강과 호수에 떠다니며 미꾸라지나 피라미를 먹게 하면서 같은 새들의
행렬을 따라다니거나,

則安平陸而已矣즉안평륙이이의

함께 머물며 새를 편안하게 살게 해주이야 한다

---

11) 孫子所言非邪……又奚罪焉 : 제자가 편경자의 자책을 위안한답시고 억지로 만들어 낸 궤
변이다.

12) 昔者有鳥止於魯郊……委蛇而處 : 〈지락〉편 5장을 그대로 인용하고 있다.

今休금휴 款啓寡聞之民也[13]관계과문지민야 吾告以至人之德오고이지인지덕

지금 손휴는 소견이 좁고 견문(見聞)이 넓지 못한 사람인데, 내가 지인의 德을 일러주었으니,

譬之若載鼷以車馬비지약재혜이거마

비유컨대 그것은 마치 생쥐를 태우기 위해 수레나 말을 사용하고,

樂鴳以鐘鼓也낙안이종고야

메추라기를 즐겁게 하기 위해 종을 치고 북을 두들기는 격이다.

彼又惡能無驚乎哉피우오능무경호재!"

그것들이 어찌 놀라지 않겠는가!"

| 해설 |

손휴(孫休)와 편경자(扁慶子)와 그의 제자간의 문답을 빌려 양생(養生)의 道를 속인(俗人)에게 말하기 어려움을 서술하고 있다. 들판에 사는 새에게 제왕만이 누리는 음식을 먹이고, 음악을 들려주어도 자연을 넘어선 인위라 결국 새는 죽고 마는 것이다. 자연의 섭리를 따라 분수대로 살면서 무위자연에 맡기는 길만이 참된 달생(達生)의 길이라는 결론은 맺고 있다.

이 대목의 후반부의 노나라 임금과 새와의 이야기는 앞의 〈지락〉편에서 나온 바가 있다.

---

13) 款啓寡聞之民也(관계과문지민야) : 작은 구멍 열어보듯, 보는 것이 좁고 들은 것이 적은 사람. 곧 소견이 좁고 견문(見聞)이 넓지 못한 사람. 款啓는 작은 구멍을 열어본다는 뜻.

20. 산목
山木

빈 배(虛舟)

첫 문장의 산중(山中)과 대목(大木)에서 두 글자를 따서 제목으로 삼았고, 내편 〈인간세〉 편의 사상을 조술하고 있다. 자기 몸을 온전하게 하여 환란으로부터 벗어나기 위해서는, 자신을 공허하게 하여 천지자연과 시세(時勢)에 순응할 것을 역설하고 있다. 곧 "자기를 공허하게 해서 세상을 노닌다.", "남보다 앞서지 않고, 남에게 뒤에 선다.", "다른 지방으로 들어가면 그 지방의 습속을 따른다." 는 등의 처세의 지혜를 밝히고 있다.

무용지용(無用之用)

1.

莊子行於山中장자행어산중 見大木견대목 枝葉盛茂지엽성무

장자가 산 속을 가다가 가지와 잎이 매우 무성한 큰 나무를 보았다.

伐木者止其旁而不取也벌목자지기방이불취야

그런데 나무를 베는 사람이 그 곁에 멈춰 서 있으면서 그 나무를 베려 하지 않았다.

問其故문기고 : 그래서 그 까닭을 물었다.

曰왈 : "無所可用무소가용"

"쓸모가 없습니다." 하였다.

莊子曰장자왈 : 장자(莊子)가 말했다.

"此木以不材得終其天年1)차목이부재득종기천년"

"이 나무는 쓸모가 없기 때문에 천수를 누릴 수 있구나."

夫子2)出於山부자출어산 舍於故人之家사어고인지가

장자는 산에서 내려와 옛 친구의 집에서 묵게 되었다.

故人喜고인희 命豎子3)殺鴈而烹之4)명수자살안이팽지

친구는 반가워서 종아이에게 거위를 잡아 요리를 하라고 했다.

---

1) 此木以不材得終其天年(차목이부재득종기천년) : 이 나무는 쓸모가 없기 때문에 천수(天壽)를 다할 수 있음. 天年은 천수(天壽). 〈인간세〉편의 장석(匠石)과 제자의 「산목(散木)」에 대한 문답과 남백자기(南伯子綦)가 상구(商丘)를 유람할 때 본 「쓸모없는 나무 이야기」를 빌어 그 화자(話者)를 장자로 바꾸어 설명한 것이다. 「終其天年(종기천년)」 등은 〈인간세〉 편에도 그대로 보인다.

2) 夫子(부자) : 장자를 일컬음.

3) 豎子(수자) : 어린아이.

4) 殺鴈而烹之(살안이팽지) : 거위를 잡아 요리함. 鴈은 기러기, 거위, 烹은 삶아서 요리한다는 뜻.

豎子請日수자청왈 : 종아이가 물었다.

"其一能鳴기일능명 其一不能鳴기일불능명 請奚殺청해살?"
"한 놈은 잘 울고 한 놈은 울지를 않는데, 어떤 놈을 잡을까요?"

主人日주인왈 : 주인이 말했다.

"殺不能鳴者살불능명자"
"울지 않는 놈을 잡아라."

明日명일 弟子問於莊子日제자문어장자왈 :
이튿날 제자들이 장자에게 물었다.

"昨日山中之木작일산중지목 以不材得終其天年이부재득종기천년
"어제 산 속의 나무는 쓸모가 없기 때문에 천수를 누릴 수 있었고,

今主人之鴈금주인지안 以不材死이부재사
오늘 주인집의 거위는 쓸모가 없어서 죽었습니다.

先生將何處5)선생장하처?"
선생님께서는 장차 어느 쪽에 몸을 두시고자 합니까?"

莊子笑日장자소왈 : 장자는 웃으면서 말했다.

"周將處乎材與不材之間6)주장처호재여부재지간
"나는 장차 쓸모가 있는 것과 쓸모가 없는 것의 중간에 처하리라.

---

5) 先生將何處(선생장하처) : 선생님께서는 장차 어디에 몸을 두시겠습니까?「내편」에서
   강조한「無用之用(무용지용)」의 좀 더 심화된 표현이다.
6) 處乎材與不材之間(처호재여부재지간) : 쓸모 있음과 쓸모없음의 사이에 머묾.「내편」에
   서 산목(山木)의「무용지용(無用之用)」을 강조한 데 반해서 거위는 "살불능명자(殺不
   能鳴者)"라고 한 것에 대한 배치되는 상황을 장자는 좀 더 심화해서 말한 사상 표현
   이다.

材與不材之間재여부재지간 似之而非也사지이비야 故未免乎累고미면호루

쓸모 있음과 쓸모없음의 중간이란 그럴 듯하지만, 올바르지는 않다. 그래서 세속의 번거로움을 면할 수는 없다.

若夫乘道德而浮游則不然약부승도덕이부유즉불연

하지만 道와 德을 타고 떠도는 듯 노니는 사람은 그렇지가 않다.

無譽無訾7)무예무자 一龍一蛇일룡일사

그에게는 명예도 없고 비방도 없으며, 어느 때는 용이 되고, 어느 때는 뱀이 되어,

與時俱化여시구화 而無肯專爲이무긍전위

때를 따라 함께 변화하면서 한 가지에 집착하는 일이 없다.

一上一下 以和爲量8)일상일하 이화위량

어느 때는 올라가고, 어느 때는 내려오며 조화로써 도량을 삼는다.

浮游乎萬物之祖9)부유호만물지조 物物而不物於物10)물물이불물어물

만물의 근원에서 자유롭게 노닐며, 物을 物로써 부리면서 주재(主宰)하고, 物에 의해 物로 부림을 받지 않게 되니,

則胡可得而累邪즉호가득이루야!

---

7) 無譽無訾(무예무자) : 비방과 칭찬, 비난과 명예가 없다. 곧 훼예포폄(毁譽褒貶)에 초연(超然)하다는 뜻.

8) 一上一下 以和爲量(일상일하 이화위량) : 한 번 올라가고 한 번 내려감에 조화로써 도량으로 삼음. 어느 때는 올리고, 어느 때는 내려오는 조화로써 도량을 삼는다는 뜻.

9) 浮游乎萬物之祖(부유호만물지조) : 만물의 근원에서 자유롭게 노닒. 祖는 만물생성(萬物生成)의 근원에 있는 진리, 즉 道를 가리킨다.

10) 物物而不物於物(물물이불물어물) : 物을 物로써 부리면서 주재(主宰)하고, 物에 의해 物로 부림을 받지 않음. 만물(萬物)을 만물로 존재하게 하면서도 스스로는 物에 의해 物로 규정받지 않음.

어찌 얽매임이 있을 수 있겠는가!

此黃帝神農之法則也차황제신농지법칙야

이것이 곧 신농씨(神農氏)와 황제(黃帝)가 지켰던 삶의 법칙이다.

若夫萬物之情약부만물지정 人倫之傳11)인륜지전 則不然즉불연

그러나 저 만물의 실정과 인륜의 습속은 그렇지가 않다.

合則離합즉리 成則毀성즉훼

모이면 흩어지고, 이루어지면 파괴되며,

廉則挫염즉좌 尊則議존즉의 有爲則虧유위즉휴

모가 나면 깎이고, 존귀해지면 몰락하며, 차오르면 이지러지고,

賢則謀현즉모 不肖則欺불초즉기

어질면 모함 받으며, 어리석으면 속게 되니,

胡可得而必乎哉호가득이필호재?

어찌 세상의 얽매임에서 벗어나는 일을 기약할 수 있겠는가?

悲夫비부! 弟子志之12)제자지지

슬프도다! 제자들은 명심하여라.

其唯道德之鄕乎13)기유도덕지향호!"

오직 道와 德의 고을(鄕)이 있을 뿐이다!"

---

11) 人倫之傳(인륜지전) : 인간 세상사의 습속.

12) 志之(지지) : 마음에 잘 새겨 두라는 뜻으로, 志는 지(識 : 적다, 기록하다)와 같이 쓰인다.

13) 其唯道德之鄕乎(기유도덕지향호) : 편안히 머물 수 있는 곳은 道와 德의 고을(鄕)일 뿐
이라는 뜻. 道德之鄕은 〈소요유〉편에 나오는 「無何有之鄕(무하유지향)」과 같은 경지
라고 할 수 있다. 無何有之鄕은 어떠한 인위도 없는 자연(自然) 그대로의 낙토. 無何有
는 아무것도 없는 곳이란 뜻으로, 마음이 한가로워 별도로 마음을 쓰는 곳이 없음을 의
미한다.

| 해설 |

  유용한 것과 무용한 것은 그 어느 것이나 그런 이유 때문에 화를
자초하는 것이다. 그렇다고 유용과 무용의 중간을 선택해도 그 중간을
선택하는 행위 자체가 인위적인 것이며, 이 또한 화를 면할 수가 없다.
그러나 다만 시비를 초월한 자연의 대도(大道)에 소요하는 자만이 이
런 화를 면할 수 있다는 것을 역설하고 있다.

2.

市南宜僚[1]見魯侯[2]시남의료현노후 魯侯有憂色노후유우색

  시남의료가 노(魯)나라 임금을 뵈었을 때, 노나라 임금은 근심 띤 얼굴
빛을 하고 있었다.

  市南子曰시남자왈 : 시남자(市南子)가 말했다.

  "君有憂色군유우색 何也하야?"
  "임금님께서는 근심 띤 안색을 하시니 무슨 까닭입니까?"

  魯侯曰노후왈 : 노(魯)나라 임금이 말했다.

  "吾學先王之道 修先君之業[3]오학선왕지도 수선군지업

---

1) 市南宜僚(시남의료) : 성은 웅(熊), 이름은 의료(宜僚). 시장 남쪽에 살았으므로 호를 시남
   (市南)이라 한다. 시남자(市南子)의 자(子)는 존경의 뜻으로 붙인 접미사. 일설에는 의료
   가 성이라고도 함. 초나라의 현인.

2) 魯侯(노후) : 노나라 임금. 노애공(魯哀公)으로 추정된다. 노 애공은 공자 만년의 노나라
   임금으로, 《논어》에도 등장한다.

3) 學先王之道 修先君之業(학선왕지도 수선군지업) : 先王은 왕계(王季)와 문왕(文王)을 말
   하고, 선군(先君)은 주공(周公)과 백금(伯禽)을 말한다. 왕계는 주(周)나라 文王의 아버
   지다. 성은 희(姬)이고, 이름은 계력(季歷)이다. 중국 상(商)나라 시대의 제후국이던 주

"나는 선왕(先王)의 道를 배우고, 선군(先君)의 유업(遺業)을 닦아서,

吾敬鬼尊賢오경귀존현 親而行之친이행지

귀신(鬼神)을 공경하고 현인을 존경하여 몸소 이런 도리를 실천하여,

無須臾離居무수유리거 然不免於患연불면어환 吾是以憂오시이우"

잠시도 떠나지 않았는데도 불구하고 환난을 면하지 못하고 있으니, 나는 그래서 근심하는 것이오."

市南子曰시남자왈 : 시남자(市南子)가 말했다.

"君之除患之術淺矣군지제환지술천의

"임금님께서 환난에서 벗어나려는 방법이 너무나 얄팍하십니다.

夫豐狐文豹부풍호문표 棲於山林서어산림 伏於巖穴복어암혈 靜也정야

풍성한 털을 가진 여우와 털 무늬가 멋진 표범이 산림에 살며 바위굴에 엎드려 있는 것은 고요하기 위함이고,

夜行晝居야행주거 戒也계야

밤에는 나다니고 낮에는 들어박혀 있는 것은 경계하기 때문이며,

雖飢渴隱約4)수기갈은약

비록 굶주리거나 목말라 괴롭고 곤궁하더라도,

猶旦胥疏於江湖之上而求食焉유단서소어강호지상이구식언 定也정야

오히려 강이나 호수에서 멀리 떨어진 곳에 나가 먹을 것을 구하는 것

(周)의 군주였으므로 공계(公季)나 주공계(周公季)라고 하며, 뒷날 손자인 주나라 무왕(武王)에게 왕으로 추존되어 왕계나 주왕계 등으로도 불린다. 백금(伯禽)은 서주(西周) 노나라의 국군(國君)으로, 성은 희(姬), 자가 백금인데, 금보(禽父)라고도 부른다. 주공(周公) 희단(姬旦)의 맏아들이다. 성왕(成王)이 상엄(商奄)의 땅과 은민(殷民) 6족(族)으로 백금에 봉했는데, 나라 이름은 노라 하고, 도읍은 곡부(曲阜)로 정했다.

4) 飢渴隱約(기갈은약) : 배고프고 목마르고 곤궁(困窮)함. 隱約은 곤궁하다는 뜻.

은 안정을 위해서입니다.

然且不免於罔羅機辟5)之患연차불면어망라기벽지환

그런데도 그물이나 덫에 걸려 죽는 걱정을 면하지 못하니,

是何罪之有哉시하죄지유재? 其皮爲之災6)也기피위지재야

이것이 그들에게 어찌 죄가 있어서 그런 것이겠습니까? 다만 그들의 가
죽이 재난을 불러오는 것입니다.

今魯國獨非君之皮邪금로국독비군지피야?

지금 노(魯)나라야말로 바로 임금님의 가죽이 아니겠습니까?

吾願君刳形去皮7)오원군고형거피

저는 임금께서 왕위(王位)를 베어 가죽(魯나라)을 벗어버리고,

洒心去欲8)세심거욕 而遊於無人之野이유어무인지야

마음을 씻어 욕심을 버린 채 아무도 없는 들에서 자유롭게 노니시기
를 바랍니다.

南越有邑焉남월유읍언 名爲建德之國9)명위건덕지국

---

5) 罔羅機辟(망라기벽) : 그물과 덫에 대한 걱정. 罔과 羅는 모두 網의 일종.

6) 皮爲之災(피위지재) : 아름다운 가죽의 재앙. 세상에는 쓸모없는 것이 쓸모 있는 것보다
   오히려 수명을 보존하고 온전하게 자신을 지킬 수 있는 경우가 많다. 표범은 결국 아름
   다운 가죽이 있기에 제 명에 죽지 못하고 일찍 죽임을 당할 수밖에 없다. 「피위지재(皮
   爲之災)」는 남들이 보기에 아름답고 훌륭한 듯 보이지만, 그것이 꼭 자신에게 행복이
   되는 것만은 아니라는 성어(成語)로서, 역설적인 이야기지만, 남에게 부러움을 사는 아
   름다움이 결국 내게 해가 될 수도 있다는 것이다.

7) 刳形去皮(고형거피) : 임금이란 신분을 벗어던지고 노(魯)나라라는 가죽을 내버림. 근신
   의 근원인 임금의 지위를 버리라는 뜻. 刳(고)는 가르다, 도려내다.

8) 洒心去欲(세심거욕) : 마음을 씻어 욕심을 버림. 洒(세)는 (굴로) 씻다, (물을) 뿌리다의 뜻.

9) 建德之國(건덕지국) : 德을 확립한 사람들의 나라. 建德은 무위자연의 德을 세웠다는 뜻.
   우화(寓話) 상의 무위(無爲)의 이상국(理想國). 일설에는 신독(身毒), 곧 지금의 인도(印

남월(南越) 땅에 한 고을이 있는데, 건덕지국(建德之國)이라고 합니다.

其民愚而朴기민우이박 少私而寡欲소사이과욕

그 나라 백성은 어리석으면서도 소박하여 사심(私心)이 적고 욕심이 적습니다.

知作而不知藏[10]지작이부지장 與而不求其報여이불구기보

농사를 지을 줄 알지만, 내 몫으로 감출 줄을 모르고, 주기는 해도 갚으라고 요구할 줄도 모르며,

不知義之所適[11]부지의지소적 不知禮之所將부지례지소장

무엇이 의(義)에 마땅한지도 모르고, 무엇이 예(禮)에 맞는지도 모르며,

猖狂妄行[12]창광망행 乃蹈乎大方내도호대방

미친 듯 제멋대로 사는 것 같으나, 자연의 大道를 벗어나지 않으니,

其生可樂 其死可葬[13]기생가락 기사가장

삶은 즐길 만하고 죽음은 간직할 만합니다.

吾願君去國捐俗오원군거국연속 與道相輔而行여도상보이행"

원컨대 임금님께서는 나라를 떠나 속세를 버리고 道와 더불어 서로 의지하는 나라(建德之國)로 가십시오."

度)라고도 함.

10) 知作而不知藏(지작이부지장) : 묵묵히 일할 줄만 알고 자기 몫으로 감출 줄 모름. 作은 경작(耕作)의 뜻이고, 藏은 감춘다는 뜻.

11) 不知義之所適(부지의지소적) : 무엇이 의(義)에 마땅한지도 모르고, 무엇이 예(禮)에 마땅한지도 모름. 適은 適合의 뜻. 무엇이 義에 마땅한지를 의식하지 않고 행동한다는 뜻.

12) 猖狂妄行(창광망행) : 猖狂은 예의(禮義)에 구속되지 않고 미친 듯 행동하는 것을 의미함.

13) 其生可樂 其死可葬(기생가락 기사가장) : 삶은 가히 즐길 만하고, 죽음은 가히 거두어 간직할 만함. 葬은 매장함, 간직함. 藏과 통한다.

君曰군왈 : 임금이 말했다.

"彼其道遠而險피기도원이험 又有江山우유강산 我無舟車아무주거 奈何내하?"

"그 곳은 길이 멀고 험난하며, 강과 산이 가로막고 있다 하오. 나에게는 배도 수레도 없으니 어찌하겠소?"

市南子曰시남자왈 : 시남자가 대답했다.

"君無形倨 無留居군무형거 무류거 以爲舟車이위주거."

"임금께서는 오만을 버리고, 편히 살겠다는 집착을 버려, 그것들로써 임금의 수레를 삼으십시오."

君曰군왈 : 임금이 말했다.

"彼其道幽遠而無人피기도유원이무인 吾誰與爲隣오수여위린?"

"그곳까지 가는 길은 멀고 아득하여 찾는 사람도 없다는데, 나는 누구와 더불어 이웃할 수 있겠습니까?

吾無糧오무량 我無食아무식 安得而至焉안득이지언?"

또 내게는 식량도 없어 먹을 것이 없으니, 어떻게 그곳까지 갈 수가 있겠습니까?"

市南子曰시남자왈 : 시남자가 말했다.

"少君之費소군지비 寡君之欲과군지욕 雖無糧而乃足수무량이내족

"임금께서 쓰는 비용을 줄이고 임금의 욕심을 털어내면 비록 양식이 없더라도 넉넉히 갈 수가 있습니다.

君其涉於江而浮於海군기섭어강이부어해 望之而不見其崖망지이불견기안

임금께서 강을 건너고 바다에 떠 있게 되면 멀리서 바라볼 때 그 끝

을 볼 수 없으며,

愈往而不知其所窮유왕이부지기소궁

갈수록 끝나는 곳을 알 수 없을 것입니다.

送君者皆自崖而反송군자개자안이반 君自此遠矣군자차원의

임금님을 배웅하는 자들이 모두 그 끝에서 돌아가고 나면 임금님은 이 세상으로부터 멀리 떨어지게 될 것입니다.

故有人者累고유인자루 見有於人者憂견유어인자우

백성을 거느린 자는 얽매이게 되고, 남에게 부림을 받는 자도 근심이 있는 것입니다.

故堯非有人 非見有於人也14)고요비유인 비견유어인야

그래서 요임금은 백성을 직접 다스리지 않았고, 남에게 부림을 당하지도 않았습니다.

吾願去君之累오원거군지루 除君之憂제군지우

저는 임금께서 얽매임을 풀고 근심을 버려,

而獨與道遊於大莫之國15)이독여도유어대막지국

홀로 道와 더불어 대막지국(大莫之國)에서 노니시기를 바랍니다.

方舟而濟於河방주이제어하 有虛船來觸舟유허선래촉주

배가 나란히 강을 건널 때 한쪽의 빈 배가 내가 탄 배에 부딪쳐 오면,

雖有惼心之人不怒수유편심지인불노

---

14) 故堯非有人 非見有於人也(고요비유인 비견유어인야) : 그래서 요(堯)임금은 백성을 다스리려 하지 않았으며, 다른 사람에게 부림을 당하지도 않았음. 요임금은 남을 지배하려고 하지도 않고 남에게 부림을 받지도 않는 이상적인 정치를 실현하였다는 뜻이다.

15) 大莫之國(대막지국) : 아득한 대막의 나라. 大莫은 대무(大無) 또는 광막(廣漠), 사람이 없는 들판, 곧 德을 세워 허무의 경지를 나타내는 이상향을 뜻함.

비록 속 좁은 사람이라도 성을 내지는 않습니다.

有一人在其上유일인재기상 則呼張歙之16)즉호장흡지

그러나 그 배에 한 사람이라도 타고 있으면, 큰 소리로 배를 물려라 당겨라 하고 소리를 지를 것입니다.

一呼而不聞일호이불문 再呼而不聞재호이불문 於是三呼邪어시삼호야

한번 소리쳐서 듣지 않고 두 번 소리쳐도 듣지 못하여 마침내 세 번까지 부르게 되면,

則必以惡聲隨之즉필이오성수지

틀림없이 욕설이 따르게 될 것입니다.

向也不怒而今也怒향야불노이금야노 向也虛而今也實향야허이금야실

먼젓번에는 성을 내지 않다가 이번에는 성을 내는 것은, 먼젓번에는 빈 배였다가 이번에는 사람이 타고 있기 때문입니다.

人能虛己以遊世인능허기이유세 其孰能害之기숙능해지!"

그러니까 사람도 자신을 빈 배로 만들어 노닐면 누가 나를 해칠 수 있겠습니까!"

| 해설 |

시남의료(市南宜僚)와 노나라 임금과의 대화를 빌려, 여우와 표범은 그 가죽 때문에 화를 당하고, 노(魯)나라 임금은 노나라를 가졌기 때문에 근심이 있음을 서술하여, 이런 환난을 면하기 위해서는 마땅히 노

---

16) 呼張歙之(호장흡지) : 배를 "張하라, 歙하라!" 하고 소리 지른다는 뜻. 張은 배를 밖으로 향하게 함, 歙은 배를 안으로 향하게 함. "배의 노를 젓는 자는 배를 강가에 가까이 대는 것을 '歙'이라 하고 강가에서 멀어지게 하는 것을 '張'이라 한다."(《회남자(淮南子)》)

나라를 잊고 부귀도 잊고 의욕마저 버려 무위의 경지에 놀아야 함을 역설하고 있다.

곧 무위자연의 道와 德을 몸에 지니고 무욕무심(無欲無心)으로 자신을 비게 하고서 세상에 노니는 자만이 인간세상의 위험에 다치는 일이 없이 편안히 자기의 삶을 영위할 수 있음을 밝히고 있다.

3.

北宮奢[1]爲衛靈公賦斂以爲鐘북궁사위위령공부렴이위종

북궁사(北宮奢)가 위(衛)나라 영공(靈公)을 위해 세금을 거둬 그것으로 종을 만들었다.

爲壇乎國門之外위단호곽문지외 三月而成上下之縣[2]삼월이성상하지현

성문 밖에 단을 쌓고 석 달 만에 상하 2단의 편종(編鐘)을 완성했다.

王子慶忌[3]見而問焉왕자경기견이문언 曰왈 :

오(吳)나라 왕자 경기(慶忌)가 이를 보고 물었다.

"子何術之設자하술지설?"

---

1) 北宮奢(북궁사) : 인명. 北宮은 姓. 奢는 이름. 위나라 대부이며, 궁의 북쪽 북궁이라는 곳에 살았으므로 북궁이라고 하였다.

2) 三月而成上下之縣(삼월이성상하지현) : 3개월 만에 위아래 두 단에 종을 걸어놓음. 상단 8개, 하단 8개, 합계 16개의 종이 묶여져 있는 편종(編鐘)을 완성했다는 뜻. 편종은 고대의 예악기(禮樂器) 가운데 가장 핵심적인 종류로서, 청동으로 만든 크고 작은 종(鐘)들을 한데 엮어 타종(打鐘)함으로써 낮은 음부터 높은 음까지 다양하고 풍부한 음률을 내도록 제작한 타악기다.

3) 王子慶忌(왕자경기) : 왕자 경기(慶忌)는 오(吳)나라 왕 요(僚)의 아들로서, 자신의 아버지를 죽인 오왕(吳王) 합려(闔閭)에게 복수를 맹세하고 위나라로 망명했다가 합려가 보낸 자객 요리(要離)를 시켜 경기를 찔러 죽였다는 이야기가 《설림훈(說林訓)》, 《여씨춘추(呂氏春秋)》 등에 나온다.

"그대는 어떤 기술로 종을 만들었소?"

奢曰사왈 : 북궁사가 대답했다.

"一之間 無敢設也4)일지간 무감설야

"마음의 순일한 상태를 지킬 뿐 감히 어떤 기술도 쓰지 않았습니다.

奢聞之사문지 : '旣彫旣琢 復歸於朴5)기조기탁 복귀어박'

제가 듣건대, '(인위를) 깎고 쪼아 없앤 뒤에야 본래 모습으로 돌아간
다.'고 합니다.

侗乎其無識6)통호기무식 儻乎其怠疑당호기태의

무지하여 아는 것이 없고, 일체의 생각을 믿어 의심하지 않으며,

萃乎芒乎췌호망호 其送往而迎來기송왕이영래

만물이 생겨나는 대로, 가는 것을 보내고 오는 것을 맞이하며,

來者勿禁내자물금 往者勿止왕자물지

오는 것을 막지 않고, 가는 것을 잡지 않습니다.

從其彊梁7)종기강량 隨其曲傅8)수기곡부 因其自窮9)인기자궁

힘이 세고 사나운 자는 그대로 따르고, 굽혀서 따르는 자는 그대로 내

---

4) 一之間 無敢設也(일지간 무감설야) : 마음을 순일(純一)하게 하였을 뿐 감히 다른 기술
   을 쓰지 않았음.

5) 旣彫旣琢 復歸於朴(기조기탁 복귀어박) : 모난 곳을 깎아내어 원래 자연의 상태로 돌아
   가는 것을 말한다. 復歸於朴은《노자》28장에서도 "덕이 비로소 늘 넉넉해지면 다시
   순박함으로 돌아간다(常德乃足 復歸於樸)." 는 구절이 있다.

6) 侗乎其無識(통호기무식) : 무지하여 아는 것이 없다. 侗은 어리석다 侗乎는 아무것도
   모르는 모양.

7) 彊梁(강량) : 힘이 세고 사나운 사람.

8) 曲傅(곡부) : 자기 자신을 굽혀서 따르는 자를 이른다.

9) 自窮(자궁) : 스스로 이름.

버려두어 그들 스스로 이루도록 두었습니다.

故朝夕賦斂而毫毛不挫고조석부렴이호모부좌

그러므로 밤낮으로 세금을 징수해도 털끝만큼도 백성을 해치는 일이 없습니다.

而況有大塗者乎이황유대도자호!"

하물며 자연의 대도를 터득한 사람이야 더 말할 게 있겠습니까!"

| 해설 |

위나라 북궁사(北宮奢)와 오(吳)나라 왕자 경기(慶忌)와의 종 만드는 문답을 빌려, 무위자연의 道에 기인한 처세의 위대함과, 자기를 공허하게 하고서 대상세계(對象世界)로 철저히 따라가는 것이 도리어 세속적인 성공을 가져온다는 무심철학(無心哲學)의 효용을 밝히고 있다. 이런 입장에서 세금을 거두어들이면 백성을 다치게 하는 일도 없고, 하는 일도 빨리 이루어질 수 있음을 역설하고 있다.

4.

孔子圍於陳蔡之間 七日不火食[1]공자위어진채지간 칠일불화식

공자가 진(陳)나라와 채(蔡)나라 사이에서 포위당하여 7일 동안이나 따뜻한 음식을 먹지 못했다.

太公任[2]往弔之태공임왕조지 日왈 :

---

[1] 孔子圍於陳蔡之間 七日不火食(공자위어진채지간 칠일불화식) : 노나라 애공(哀公) 六년에 공자가 초나라 소왕(昭王)에게 초대를 받아 노나라로부터 초나라로 가는 도중 진(陳)나라와 채(蔡)나라 사이에서 양호(陽虎)로 오인(誤認) 받아 포위되었다. 〈추수〉 편과 〈양왕〉 편에도 이런 이야기가 실려 있다.

태공임(太公任)이 가서 위로하고 이렇게 말했다.

"子幾死乎자기사호?"

"당신은 거의 죽게 되었구려."

曰왈 : 공자가 말했다.

"然연." : "그렇습니다."

曰왈 : "子惡死乎자오사호?"

태공임(太公任)이 말했다. : "당신은 죽는 게 싫습니까?"

曰왈 : "然연."

공자(孔子)가 대답했다. : "그렇습니다."

任曰임왈 : 태공임이 말했다.

"子嘗言不死之道여상언불사지도

"내가 죽지 않는 道에 대해 한번 얘기해 보겠소.

東海有鳥焉동해유조언 其名曰意怠3)기명왈의이

동해에 새가 있는데, 그 이름을 의이(意怠)라고 합니다.

其爲鳥也기위조야 紛紛狭狭4)분분질질 而似無能이사무능

그 새는 날개를 푸드득거릴 뿐 아무것도 할 수 없었습니다.

引援而飛 迫脅而棲5)인원이비 박협이서

끌어당기면 날고, 위협을 가하면 깃들어 쉬고,

---

2) 太公任(태공임) : 太公은 신분을 나타내는 호칭. 任은 이름.

3) 意怠(의이) : 제비. 怠는 '이'로 읽는다.

4) 紛紛狭狭(분분질질) : 푸득푸득 날개를 침. 새가 날개를 치는 소리를 형용한 것.

5) 引援而飛 迫脅而棲(인원이비 박협이서) : 날 때에는 반드시 무리와 짝의 도움을 얻고, 위협을 당하고 나서야 깃들어 쉼.

進不敢爲前진불감위전 退不敢爲後퇴불감위후

나아갈 때는 남들보다 앞서지 않고, 물러날 때도 뒤에 남지 않으며,

食不敢先嘗식불감선상 必取其緒필취기서

먹이를 먹을 때도 남들보다 먼저 먹지 않고, 반드시 남이 먹고 남긴 나머지를 먹습니다.

是故其行列不斥시고기행렬불척 而外人卒不得害이외인졸부득해

그래서 이 새는 대열에서 따돌림 당하지 않고, 사람들에게 해를 입지도 않습니다.

是以免於患시이면어환

따라서 환난을 면할 수 있습니다.

直木先伐 甘井先竭6)직목선벌 감정선갈

곧은 나무는 먼저 베어지고, 물맛이 좋은 우물은 먼저 말라버립니다.

子其意者飾知以驚愚자기의자식지이경우

선생은 생각건대 지혜를 내세워 어리석은 자를 조롱하고,

修身以明汙7)수신이명오 昭昭乎若揭日月而行소소호약게일월이행 故不免也고불면사

자신을 수양하여 남의 더러움을 드러내며, 환하게 해와 달을 내건 듯이 자신을 나타내려 하고 있소. 그러므로 재난을 면할 수가 없습니다.

---

6) 直木先伐 甘井先竭(직목선벌 감정선갈) : 곧은 나무는 먼저 베어지고, 물맛이 좋은 우물은 먼저 말라버린다. 「감정선갈(甘井先竭)」은 물맛이 달고 좋은 우물의 물은 많은 사람들이 찾아오기 때문에 빨리 마르게 된다는 이치다. 이 말은 비유하여 재주가 출중한 사람은 혹사되어 빨리 쇠잔해질 수 있다는 의미로도 해석된다.

7) 修身以明汙(수신이명오) : 자기 자신을 수양하여 그로써 다른 사람의 더러움을 두드러지게 함. 자신의 수신(修身)을 드러내는 것은 곧 남의 부도덕함을 드러나게 하는 것과 다를 바가 없다는 뜻. 汙는 더럽다, 추하다.

昔吾聞之大成之人[8]曰석오문지대성지인왈 :

옛날 내가 덕을 크게 이룬 사람에게 들으니,

'自伐者無功자벌자무공 功成者墮공성자타 名成者虧명성자휴.'

'스스로 자랑하는 사람은 공을 이룰 수 없고, 공을 이루고 물러나지 않
는 자는 공을 잃으며, 명성을 얻고서 거기에 머무르면 이지러진다.'고 했소.

孰能去功與名而還與衆人숙능거공여명이환여중인!

누가 능히 공과 명성을 버리고 백성들과 함께할 수 있겠소!

道流而不明居도류이불명거 得行而不名處[9]득행이불명처

道는 천하에 두루 흐르지만 스스로 드러내지 않고, 德은 세상에 널리
행해지지만 명성을 차지하지 않습니다.

純純常常순순상상 乃比於狂[10]내비어광

순일하고 한결같아 마치 미치광이와 같이 하여

削跡捐勢[11]삭적연세 不爲功名불위공명

자기의 자취를 없애고 권세를 버려 공명을 추구하지 않습니다.

是故無責於人시고무책어인 人亦無責焉인역무책언

그러므로 남을 꾸짖지도 않고, 또 남에게 꾸지람 당하지도 않습니다.

至人不聞[12]지인불문 子何喜哉자하희재?"

지인은 공과 명성이 들리는 일이 없소. 그런데 선생은 어찌 그것을 좋

---

8) 大成之人(대성지인) : 덕을 크게 이룬 사람. 老子로 추정한다.

9) 得行而不名處(득행이불명처) : 德은 세상에 널리 행해지지만 명성을 차지하지 않음. 得
   은 德과 같다.

10) 乃比於狂(내비어광) : 속인의 눈에는 오히려 미치광이처럼 보인다는 뜻.

11) 削跡捐勢(삭적연세) : 자신의 자취를 남기지 않는다는 뜻. 捐은 棄와 같은 뜻이다.

12) 至人不聞(지인불문) : 지인(至人)은 세속적인 명성(名聲)에 무심하다는 뜻.

아하시오?"

孔子曰공자왈 : 공자가 말했다.

"善哉선재!" : "좋은 말씀입니다!"

辭其交遊사기교우 去其弟子거기제자 逃於大澤도어대택

그러고는 (공자는) 사람과의 교유를 끊고, 제자들도 돌려보내고 자신은 큰 늪가에 숨어 살며,

衣裘褐의구갈 食杼栗식서율

가죽옷과 갈옷을 입으며 도토리를 먹고 살았다.

入獸不亂群입수불란군 入鳥不亂行입조불란행

짐승 속으로 들어가도 짐승들이 놀라 그 떼를 어지럽히는 일이 없고,

鳥獸不惡조수불오 而況人乎이황인호!

새들 속에 섞여도 행렬이 어지럽혀지지 않았으니, 하물며 사람이야 더 말할 것이 있겠는가!

| 해설 |

공자가 64세 때, 진(陳)나라와 채(蔡)나라의 국경지대에서 수난을 당했을 때 은자(隱子) 태공임(太公任)과의 문답을 빌어 공자학파의 지혜를 존중하고 명성을 중히 여기는 도리규범주의(道理規範主義)의 위험성과 비극성을 비판한 동시에, 세속적인 무용(無用)과 무명(無名)에 뜻을 두고 편안하게 자기의 인생을 즐기면서 천수를 누리는 노장학파의 처세술을 밝히고 있다.

5.

孔子問子桑雽¹⁾曰공자문자상호왈 :

공자가 자상호(子桑雽)에게 물었다.

"吾再逐於魯오재축어로 伐樹於宋²⁾벌수어송

"내가 두 번씩이나 노나라에서 쫓겨났고, 송나라에서는 큰 나무가 잘려 그 밑에 깔릴 뻔했으며,

削跡於衛 窮於商周³⁾삭적어위 궁어상주

위나라에서는 나의 행적(行蹟)까지 삭제되었고, 상나라의 옛터나 주나라의 서울에서 궁지에 빠졌으며,

圍於陳蔡之間위어진채지간

진나라와 채나라 사이에서는 포위를 당했습니다.

吾犯此數患오범차수환 親交益疏친교익소

나는 이 몇 번의 환난을 당하자, 친한 사람들과의 사이가 점점 멀어지고,

徒友益散도우익산 何與하여?"

제자와 친구들도 모두 흩어졌습니다. 어째서인가요?"

子桑雽曰자상호왈 : 자상호가 말했다.

"子獨不聞假人之亡與자독불문가인지망여?

---

1) 子桑雽(자상호) : 인명. 성은 상(桑), 이름이 호(雽). 子는 존칭. 일설에는 성이 상호(桑雽), 이름이 은(隱)이라 했음. 은자(隱者).

2) 伐樹於宋(벌수어송) : 송나라에서는 환퇴(桓魋)에 의해 나무를 베어 죽이려 한 위험을 당했음.

3) 削跡於衛 窮於商周(삭적어위 궁어상주) : 위나라에서는 발자취까지 삭제되었고 상나라의 옛터나 주나라의 서울에서 궁지에 빠졌음. 걸어온 행적(行蹟)까지 삭제되었다는 뜻.〈天運〉편에 이미 나온 내용이다.

"당신은 가(假)나라 사람이 도망친 이야기를 듣지 못했소?

林回棄千金之璧임회기천금지벽 負赤子而趨부적자이추

임회(林回)가 천금의 구슬을 버리고 갓난아이를 업고 달아났소.

或曰혹왈 : 어떤 사람이 그에게 물었지요.

'爲其布與[4]위기포여? 赤子之布[5]寡矣적자지포과의 爲其累與위기루여 赤子之累多矣적자지루다의

'값으로 따지더라도 갓난아이가 덜 나갈 것이고, 그 번거로움으로 치더라도 갓난아이 쪽이 많습니다.

棄千金之璧기천금지벽 負赤子而趨부적자이추 何也하야?'

그런데 천금짜리 벽옥을 버리고 갓난아이를 업고서 줄달음을 친 것은 무슨 까닭이오?' 하고 묻자,

林回曰임회왈 : 임회가 말하기를,

'彼以利合피이리합 此以天屬也차이천속야.

'벽옥은 이익의 문제이지만, 갓난아이는 천륜(天倫)에 속한 것이오.

夫以利合者부이리합자 迫窮禍患害相棄也[6]박궁화환해상기야

대체로 이익으로 맺어진 관계는 급박, 궁핍, 재난, 우환, 해로움 등이 있을 때 서로 버리게 되오.

以天屬者[7]이천속자 迫窮禍患害相收也박궁화환해상수야

---

4) 爲其布與(위기포여) : 값으로 따지더라도 布(포)는 금전적 가치를 뜻한다.

5) 赤子之布(적자지포) : 갓난아기의 값어치가 적다는 뜻이다.

6) 迫窮禍患害相棄也(박궁화환해상기야) : 급박하고 궁핍하며 재난, 우환이 닥치면 서로 버리게 됨. 迫은 급박, 핍박의 뜻.

7) 以天屬者(이천속자) : 천륜으로 맺어진 관계. 앞의 以利合者와 상반되는 관계.

그러나 천륜으로써 결합된 관계는 급박, 궁핍, 재난, 우환, 해로움 등이 있을 때 서로 거두어주기 마련이오.' 라고 했습니다.

夫相收之與相棄亦遠矣부상수지여상기역원의

무릇 서로 도와주는 것과 서로 버리는 것은 차이가 많소.

且君子之交淡若水차군자지교담약수 小人之交甘若醴소인지교감약례

또한 군자의 사귐은 물과 같이 담담하고, 소인의 사귐은 감주와 같이 달콤하지만,

君子淡以親군자담이친 小人甘以絶소인감이절

군자의 교제는 담백하기 때문에 친해지고, 소인의 교제는 달콤하기 때문에 끊어지는 것입니다.

彼無故以合者피무고이합자 則無故以離즉무고이리"

저 까닭 없이 결합된 것은 까닭 없이 떨어지게 되는 법이오."

孔子曰공자왈 : 공자가 대답했다.

"敬聞命矣경문명의."

"삼가 가르침을 받들겠습니다."

徐行翔佯而歸서행상양이귀 絶學捐書절학연서

공자는 천천히 걸어서 집으로 돌아와 학문을 포기하고 책을 버리고,

弟子無挹於前[8]제자무읍어전 其愛益加進기애익가진

제자들이 앞에서 읍양(挹讓)의 예(禮)를 하지 않아도 공자에 대해 사려하는 정은 더욱 두터워졌다.

---

8) 無挹於前(무읍어전) : 세자들도 공자 앞에서 읍(挹)하는 일이 없어짐. 挹은 읍하다. 인사하는 예(禮).

異日이일 桑雽又曰상호우왈 :

다른 날, 자상호는 다시 말했다.

"舜之將死순지장사 眞泠禹曰진령우왈 :

"순임금이 죽을 때 우임금에게 말하기를,

'汝戒之哉여계지재! 形莫若緣 情莫若率9)형막약연 정막약솔'

'그대는 이것을 명심하라! 몸은 만물의 자연스런 변화에 순응해야 하고, 마음은 자연의 본성을 따라야 한다.'라고 했습니다.

緣則不離연즉불리 率則不勞솔즉불로

곧 자연의 변화를 따르면 서로 떨어져 나가는 일이 없고, 본성을 따르면 마음의 수고로움이 없습니다.

不離不勞불리불로 則不求文以待形즉불구문이대형

자연과 떨어지지 않고 마음에 수고로움이 없으면 인의나 학문 등으로 내 몸을 꾸밀 필요가 없습니다.

不求文以待形불구문이대형 固不待物10)고부대물"

내 몸을 꾸미기를 기대하지 않으면 당연히 일체의 외물(外物)에 기대할 필요가 없게 됩니다."

| 해설 |

공자와 자상호(子桑雽)의 문답을 빌려 인간관계를 규율하는 제일의

---

9) 形莫若緣 情莫若率(형막약연 정막약솔) : 몸은 자연을 따르는 것보다 더 좋은 게 없고, 감정은 천진에 맡기는 것보다 더 좋은 게 없음. 緣은 자연을 따름. 率은 天眞에 맡김. 天眞은 자연 그대로의 본성.

10) 固不待物(고불대물) : 당연히 외물에 기대하지 않게 됨. 절대 자유의 세계에 노닐 수 있다는 뜻.

원칙은 이해타산에 의함이 아니고, 무위자연의 道에 의함임을 강조하고 있다. 인간관계가 이해타산의 타율적 규범에 의하여 맺어질 때는 이합집산(離合集散)이 반복되어 슬픔과 뉘우침과 저주와 배반이 연속되나, 인간의 천연적인 순박과 솔직으로 맺어진 인간관계는 세속의 변화에도 불구하고 변동이 없이 영구불변하다. 더욱이 친족관계나 사제지간에 있어서도 자연적인 윤리를 기본으로 하여 맺어져야 참될 수 있다고 보았다.

6.

莊子衣大布而補之장자의대포이보지 正緳係履而過魏王[1]정혈계리이과위왕

장자(莊子)가 헐렁한 누더기 베옷을 입고 삼으로 엮은 신을 신고 위(魏)나라 혜왕(惠王) 앞을 지나갔다.

魏王曰위왕왈 : 위왕이 말했다.

"何先生之憊邪하선생지비야?"

"선생은 어째서 그리 고달프게 사시오?"

莊子曰장자왈 : 장자가 말했다

"貧也빈야 非憊也비비야

"나는 가난하지만, 고달프지는 않습니다.

士有道德不能行사유도덕불능행 憊也비야

선비로서 도덕을 실천할 수 없으면 고달프지만,

---

1) 正緳係履而過魏王(정혈계리이과위왕) : 삼줄로 이리저리 묶은 신발을 신고 위(魏)나라 왕 앞을 지나감. 正은 以의 오류. 緳(혈)은 띠. 신발 끈.

衣弊履穿의폐리천 貧也빈야 非憊也비비야

옷이 해지고 신발이 닳은 것은 가난하지만, 고달프지는 않습니다.

此所謂非遭時也차소위비조시야

이것이 이른바 때를 만나지 못했다는 것입니다.

王獨不見夫騰猿乎왕독불견부등원호?

임금께서는 저 나무를 뛰어다니는 원숭이를 보지 못했습니까?

其得枏梓豫章也기득남재예장야

녹나무나 가래나무같이 크고 좋은 나무를 얻어,

攬蔓其枝남만기지 而王長其間²⁾이왕장기간

덩굴이나 그 가지를 손에 잡고 왕 노릇을 하고 있으면,

雖羿蓬蒙³⁾不能睥睨也수예봉몽불능면예야

비록 예(羿)나 봉몽(蓬蒙)처럼 활 잘 쏘는 사람이라 하더라도 곁눈질하지 못합니다.

及其得柘棘枳枸之閒也급기득자극지구지간야

그렇지만 산뽕나무나 대추나무, 탱자나무 사이에 있게 되면,

危行側視위행측시 振動悼慄진동도율

---

2) 王長其間(왕장기간) : 그 사이에서 왕 노릇을 함. 王長은 왕이 되고 패자가 된 듯함을 말함이다.

3) 羿蓬蒙(예봉몽) : 羿(예)와 蓬蒙(봉몽)은 둘 다 활쏘기의 명인이다. 羿는 《좌씨전(左氏傳)》에 의하면 하(夏)나라 때의 사람으로 지금의 산동성을 지배하였고, 한때는 하조(夏朝)를 멸망시킬 정도의 세력이 있었다고 한다. 한편 《회남자(淮南子)》에 의하면, 羿는 옛날 요(堯)임금의 신하로 10개의 태양이 떠올라 곡식을 말려 죽이므로 그 중에서 9개를 쏘아 떨어뜨리고 백성을 해치는 괴수를 퇴치하였다는 신화적 인물이다. 봉몽은 예의 제자였는데 예에게서 활 쏘는 기술을 모두 배운 뒤 그를 죽였다고 한다. 예의 아내 항아(姮娥)는 남편이 먹던 불사약을 먹고는 달로 달아났다고 한다.

조심스럽게 걸으며 곁눈질을 하고 흔들릴 때마다 두려워합니다.

此筋骨非有加急而不柔也차근골비유가급이불유야

이것은 원숭이의 근골이 긴장하거나, 유연함을 잃은 것이 아니라,

處勢不便처세불편 未足以逞其能也미족이령기능야

처한 형세가 편치 않아 그 능력을 마음대로 발휘할 수가 없는 것이오.

今處昏上亂相之間금처혼상란상지간

지금 어두운 임금과 어지러운 신하들 사이에 있으면서

而欲無憊이욕무비 奚可得邪해가득야?

고달프지 않기를 바란다면 어찌 그럴 수 있겠습니까?

此比干之見剖心4)차비간지견부심 徵也夫징야부!"

이는 저 비간(比干)이 가슴을 찢기어 죽음을 당한 것만 보더라도 증명이 되는 것입니다!"

| 해설 |

무위자연의 처세술과 관련하여 가난에 편안하며 때를 따르는 장자 자신이 처세한 구체적 기록의 한 토막이라 할 수 있다. 위나라 혜왕과 장자와의 문답의 형식으로써 장자의 역사적 행적을 전했다는 점이 특기할 만하나, 논리가 정연치 못한 점 등으로 보아 후인의 위작(僞作)으로 보인다.

---

4) 比干之見剖心(비간지견부심) : 비간이 심장을 가르는 형벌을 당함. 比干은 상(商)나라의 정치인으로서 주왕(紂王)이 폭정을 하자 간언하다 살해되었다. 미자(微子), 기자(箕子)와 함께 상(商) 말기의 세 명의 어진 사람(三仁)으로 꼽는다.

7.

孔子窮於陳蔡之間공자궁어진채지간 七日不火食칠일불화식

공자가 진나라와 채나라 사이에서 곤경을 당해 이레 동안이나 따뜻한
밥을 지어 먹지 못했는데,

左據槁木좌거고목 右擊槁枝우격고지

왼손은 마른 나무에 기대고 오른손으로는 마른 나뭇가지를 치면서,

而歌焱氏之風[1]이가표씨지풍 有其具而無其數유기구이무기수

염제 신농씨의 노래를 부르니, 두드리는 도구는 있었지만, 가락이 없
었으며,

有其聲而無宮角유기성이무궁각

소리는 있으나 오음(五音)에 맞지 않았으니,

木聲與人聲목성여인성 犁然有當於人心여연유당어인지심

나무를 두드리는 소리와 사람의 목소리가 잘 어울려 사람의 마음을
꿰뚫는 듯했다.

顏回端拱還目而窺之안회단공환목이규지

안회는 단정히 손을 맞잡고 눈을 돌려 공자를 엿보자,

仲尼恐其廣己而造大也[2]중니공기광기이조대야

공자가 염려하기를, 안회가 자기를 지나치게 위대하게 생각하거나,

愛己而造哀也애기이조애야 曰왈 :

---

1) 焱氏之風(표씨지풍) : 무위(無爲)의 정사를 베풀었던 고대 제왕의 가르침. 風은 諷(비유
하다)의 뜻. 염제 신농씨를 칭송하는 노래. 焱氏(표씨)는 신농씨(神農氏).

2) 恐其廣己而造大也(공기광기이조대야) : 그가 자신(공자)를 달관한 사람이라고 여겨 지극
히 큰 사람으로 여김. 恐其의 其는 안회를, 廣己의 己는 공자를 가리킨다.

자기를 사랑하여 슬픔에 빠지지나 않을까 염려하여 말했다.

"回회! 無受天損易 無受人益難3)무수천손이 무수인익난

"회야, 하늘이 주는 재난을 받지 않기는 쉽지만, 사람들의 도움을 받지 않고 살기는 힘들다.

無始而非卒也무시이비졸야 人與天一也4)인여천일야

시작도 없고 끝도 없는 것은 사람이나 하늘이나 마찬가지다.

夫今之歌者其誰乎부금지가자기수호?"

지금 노래를 부르는 이는 본래 누구였던가?"

回曰회왈 : 회가 말했다.

"敢問無受天損易감문무수천손이"

"감히 하늘의 재난을 받지 않기는 쉽다는 말씀에 대해 여쭙겠습니다."

仲尼曰중니왈 : 중니가 말했다.

"飢溺寒暑기갈한서 窮桎不行궁질불행

"굶주림과 목마름, 추위와 더위, 곤궁과 질곡, 실행하지 못함은,

天地之行也천지지행야 運物之泄也5)운물지설야

천지 운행의 법칙이요, 만물의 자연스런 변화의 흐름이니,

言與之偕逝之謂也언여지해서지위야

---

3) 無受天損易 無受人益難(무수천손이 무수인익난) : 하늘이 주는 재난을 받지 않을 수는 있지만, 사람의 도움을 받지 않기는 어려움. 人益은 사람의 도움.

4) 人與天一也(인여천일야) : 사람과 하늘이 마찬가지임. 인간세계와 천지자연의 이법은 궁극적으로 하나라는 뜻.

5) 運物之泄也(운물지설야) : 만물이 운행하는 자연스러운 흐름. 泄(설)은 일어나다, 발생하다의 뜻. 여기서는 앞의 天地之行의 行과 같이 운행하다의 의미.

말하자면 천지만물이 그것과 함께 흘러감을 말함이다.

爲人臣者위인신자 不敢去之불감거지

남의 신하된 자는 임금의 명을 받으면 피할 수 없어,

執臣之道猶若是집신지도유약시 而況乎所以待天乎6)이황호소이대천호!"

신하의 도리를 지키는 데도 이러하니, 하물며 하늘의 처분을 기다리는
경우에야 말할 것이 있겠는가!"

回曰회왈 : "何謂無受人益難하위무수인익난?"

회가 다시 물었다. : "사람의 도움을 받지 않기는 어렵다는 것은 무슨
뜻입니까?"

仲尼曰중니왈 : 중니가 말했다.

"始用四達시용사달 爵祿並至而不窮작록병지이불궁

"처음에 등용되어 사방으로 통달하게 되고, 벼슬과 녹봉이 아울러 이
르러 곤궁하지 않게 되지만,

物之所利물지소리 乃非己也내비기야

이는 외물에서 생기는 이익이지, 나 자신이 이룬 것이 아니니,

吾命有在外者也오명기재외자야

내 명(命)은 외물에 달려 있는 것이다.

君子不爲盜군자불위도 賢人不爲竊현인불위절

군자는 도둑질하지 아니하고, 현인도 훔치지 않는다.

吾若取之오약취지 何哉하재?

---

6) 況乎所以待天乎(황호소이대천호) : 하물며 하늘의 처분을 기다리는 경우에야 말할 것이 있
겠는가. 군신관계보다 더 중요한 근거인 자연에 의지하는 경우에는 말할 것도 없이 순종
해야 한다는 의미다.

그런데 내가 만약 그것을 차지한다면 어찌할 것인가?

故曰고왈 : 鳥莫知於鷾鴯7)조막지어의이

그러므로 이르기를 : 제비보다 더 지혜로운 것이 없어서,

目之所不宜處목지소불의처 不給視불급시

(제비는) 거처하기에 마땅하지 않은 곳을 보면 주위를 돌아보지도 않고,

雖落其實수락기실 棄之而走기지이주 其畏人也기외인야

비록 열매가 떨어졌다 하더라도 버려둔 채 도망하는 것은 사람을 두려워하기 때문이다.

而襲諸人間 社稷存焉爾8)이습제인간 사직존언이"

그럼에도 사람들 사이로 들어오는 것은 보존해야 할 사직(社稷)이 있기 때문인 것이다."

回曰회왈 : 안회(顔回)가 물었다.

"何謂無始而非卒하위무시이비졸?"

"무엇을 일러 시작이 곧 끝이라고 하시는 것입니까?"

仲尼曰중니왈 : 공자가 대답했다.

"化其萬物而不知其禪之者9)화기만물이부지기선지자

---

7) 鷾鴯(의이) : 제비의 다른 이름. 앞서 나온 意怠(의이)와 같다.

8) 襲諸人間 社稷存焉爾(습제인간 사직존언이) : 사람이 사는 곳에 들어가 사는데, 제비 또한 마치 인간의 사직(社稷)이 한 곳에 있게 되면 다른 곳으로 옮겨가지 못하는 것과 같다. 襲은 들어간다는 뜻. 제비는 이곳을 버리면 달리 몸을 편안히 둘 수 있는 곳이 없으니, 마치 인간의 사직이 이곳에 머물게 되면 다른 곳으로 옮겨가지 못하는 것과 같다.

9) 不知其禪之者(부지기선지자) : 그것을 변하게 하는 것을 알 수 없음. 禪은 물려주다, 양위하다의 뜻.

만물은 계속 변화되고 있지만, 누가 그렇게 하는지 모르는데,

焉知其所終언지기소종 焉知其所始언지기소시?

어찌 그 끝나는 바를 알고 시작하는 바를 알겠느냐?

正而待之而已耳정이대지이이이"

올바른 도리를 지키고 자연의 변화를 기다릴 뿐이다."

"何謂天與人一邪하위천여인일야?"

"무엇을 일러 사람과 하늘이 하나라고 하시는 것입니까?"

仲尼曰중니왈 : 공자가 대답했다.

"有人유인 天也천야 ; 有天유천 亦天也역천야

"사람이 있음도 하늘에 의해서이고, 하늘이 있음도 하늘에 의해서이다.

人之不能有天인지불능유천 性也성야

사람이 하늘을 가질 수 없는 것이 본성이다.

聖人晏然體逝而終矣성인안연체서이종의"

성인이란 자연에 편히 몸을 맡겨 삶을 체득하여 삶을 마치는 것이다."

| 해설 |

　공자와 안회와의 문답을 빌려 천지자연의 근원적인 진리에 눈을 떠, 만난이 닥쳐와도 두려워하지 않고 의혹을 사지 않으면서 편안히 자기의 인생을 온전히 살아가는 장자의 초월자적 처세관을 나타내고 있다. 설화의 구성적 면으로 볼 때에는 〈인간세〉 편에서의 공자와 안회와의 문답을 환골탈태(換骨奪胎)한 듯하고, 내용적으로는 〈덕충부〉 편에서의 공자와 노나라 애공(哀公)의 문답과 비슷하다.

8.

莊周遊乎雕陵之樊장주유어조릉지번

장자가 어느 날 조릉(雕陵)의 울타리 안에서 거닐다가,

睹一異鵲自南方來者도일이작자남방래자

한 마리 이상한 까치가 남쪽으로부터 날아오는 것을 보았다.

翼廣七尺익광칠척 目大運寸목대운촌

날개폭이 일곱 자나 되고, 눈의 크기가 한 치나 되는 그 새가

感周之顙而集於栗林감주지상이집어율림

장자의 이마를 스치고 날아가 밤나무 숲에 가 앉았다.

莊周日장주왈 : 장주가 말했다.

"此何鳥哉차하조재?

"이게 무슨 새인가?

翼殷不逝1)익은불서 目大不覩목대부도!"

큰 날개를 가지고도 높이 날지 못하고, 큰 눈을 가지고도 사람을 보지 못하니!"

蹇裳躩步2)건상곽보 執彈而留之3)집탄이류지

장주는 바지자락을 걷어 올리고 잰걸음으로 걸어가 활을 잡고 쏘려고 준비하였다.

睹一蟬方得美蔭而忘其身도일선방득미음이망기신

---

1) 翼殷不逝(익은불서) : 큰 날개를 가지고도 제대로 날지 못함. 殷은 크다는 뜻.

2) 蹇裳躩步(건상곽보) : 바지자락을 걷어 올리고 살금살금 걸어감. 蹇은 걷어 올린다는 뜻. 躩步는 잰걸음으로의 뜻.

3) 執彈而留之(집탄이류지) : 留之는 그 아래 머물러 있으면서 활을 쏠 기회를 엿본다는 뜻.

그 때 매미 한 마리가 눈에 들어왔는데, 시원한 그늘에 앉아 자기 자신을 잊고 있었다.

螳螂執翳而搏之4)당랑집예이박지 見得而忘其形견득이망기형

그런데 그 뒤에는 사마귀가 도끼모양의 발을 들어 올려 매미를 노리고 있는데 (매미를 잡는다는 생각에) 자신마저 잊고 있었다.

異鵲從而利之이작종이리지 見利而忘其眞견리이망기진

그 뒤에는 이상한 까치가 또한 사마귀를 노리고 자기 자신을 잊고 있었다.

莊周怵然曰장주출연왈 : 장주(莊周)는 깜짝 놀라 말했다.

"噫噫! 物固相累5)물고상루 二類相召也6)이류상소야."

"아! 만물은 서로 얽혀 서로를 해치고, 서로 다른 존재가 서로를 불러 들이고 있구나!"

捐彈而反走연탄이반주 虞人逐而詝之7)우인축이수지

그리고는 활을 버리고 몸을 돌려 달아나려 하는데, 산지기가 쫓아와 장주를 꾸짖었다.

莊周反入장주반입 三日不庭8)삼일부정

---

4) 螳螂執翳而搏之(당랑집예이박지) : 사마귀가 도끼모양의 발을 들어 올려 매미를 잡으려 함. 翳(예)는 戉(월)의 가차자(假借字)로, 《설문해자(說文解字)》에 斧(부)라 했다.

5) 物固相累(물고상루) : 물(物)이란 본시 이처럼 서로 해를 끼침. 固는 본디, 참으로의 뜻. 相累는 서로 누를 끼침. 해를 끼친다는 뜻

6) 二類相召也(이류상소야) : 이욕(利慾)에 빠져 서로가 서로를 탐한다는 뜻.

7) 虞人逐而詝之(우인축이수지) : 산지기가 쫓아와 장주에게 야단을 쳤다. 산지기는 장자를 밤 서리꾼이라고 생각한 것이다. 虞人은 잡인을 제어하기 위하여 지키는 사람. 산지기. 詝는 꾸짖다.

8) 三日不庭(삼일부정) : 사흘 동안 기분 나빠함. 庭은 逞(영)의 가차자로, 逞은 마음이 유쾌

장자는 집으로 돌아와서는 사흘 동안 언짢은 모습이었다.

藺且9)從而問之인저종이문지 :

제자 인저(藺且)가 찾아가 물었다.

"夫子何爲頃間甚不庭乎부자하위경간심부정호?"

"선생님께서는 요사이 어째서 언짢은 모습을 하고 계십니까?"

莊周曰장주왈 : 장주가 말했다.

"吾守形而忘身오수형이망신

"나는 외물에 마음을 빼앗겨 내 자신을 잊고 있었다.

觀於濁水而迷於淸淵관어탁수이미어청연

흐린 물을 보다가 맑은 연못을 잊고 있었다.

且吾聞諸夫子10)曰차오문제부자왈 :

내가 또한 선생님에게 듣기를,

'入其俗 從其令11)입기속 종기령'

하다는 뜻.

9) 藺且(인저) : 장자의 제자.

10) 吾聞諸夫子(오문제부자) : 여기의 夫子가 누구인지에 대해서는 설이 분분하다. 老子라고 하는 이도 있고, 장상공(長桑公)이라는 이도 있고, 孔子라는 이도 있으나, 모두 뚜렷한 근거가 있는 것은 아니다.

11) 入其俗 從其令(입기속 종기령) : 세속에 들어가면, 그 세속을 좇으라. 결국 자연에 내 맡긴 순리로운 생활을 하는 것이 현명하게 사는 길이란 뜻이다. 특히 《중용(中庸)》에서는 "부귀에 처하여서는 부귀를 행하고, 빈천(貧賤)에 처하여서는 빈천을 행하고, 오랑캐에 처하여서는 오랑캐에서 행하고, 환란에 처하여서는 환란을 행한다(素富貴 行乎富貴 素貧賤 行乎貧賤 素夷狄 行乎夷狄 素患難 行乎患難)."라고 하였다. 이것은 혼란했던 춘추전국시대의 중국인들에게는 자연스런 현상이었을지도 모른다. 어제는 노(魯)나라의 국민이었는데, 오늘은 초(楚)나라의 시민이 될 수도 있었던 당시의 급박했던 현실을 반영한 것으로 보인다.

'세속에 들어가서는 세속을 따르라.'고 했는데,

今吾遊於雕陵而忘吾身금오유어조릉이망오신

지금 내가 조릉에서 놀다가 내 자신을 잊고,

異鵲惑吾顙이작혹오상 遊於栗林而忘眞유어율림이망진

내 이마를 스치고 간 이상한 까치에 정신이 팔려 밤나무 숲에서 놀다가
내 자신을 잊었고,

栗林虞人以吾爲戮[12]율림우인이오위륙

밤나무 숲을 지키는 사람은 나를 밤도둑으로 여겨 나는 치욕을 당해,

吾所以不庭[13]也오소이부정야"

내가 이렇게 기분이 나쁜 것이라네."

| 해설 |

　장자와 그의 제자 인저(藺且)와의 밤나무 숲을 무대로 한 문답을 통
하여, 목전의 이익에 자신을 잊은 자가 근본을 잊어 큰일을 그르치는
일을 경계하면서, 속세에 파묻혀 세속을 따라가면서 자기 생명의 진실
을 지켜 천수를 온전히 해야 한다는 처세관을 밝히고 있다.

　이 대목은 장자 자신이 반성 자각하는 내용으로, 다른 대목과는 특
이한 점이 있고, 매미를 엿보는 사마귀, 사마귀를 엿보는 까치, 까치를
엿보는 장자, 장자를 엿보는 밤나무 숲지기 등, 이해가 얽히고설킨 위
험한 현실세계의 모습을 종합적으로 간결하게 묘사한 점에 이 설화의

---

12) 栗林虞人以吾爲戮(율림우인 이오위륙) : 율림(栗林)의 산지기가 나를 밤을 훔친 도둑으
　　로 생각하여 장자를 처벌해야 한다고 꾸짖었다는 뜻. 戮(륙)은 형륙의 처벌을 받아야
　　할 사람. 戮은 成玄英 이래 치욕(辱)의 뜻으로 보는 것이 거의 정설이다.

13) 庭(정) : 逞(영)의 가차자.

새로운 발상(發想)이 엿보인다.

9.

陽子¹⁾之宋양자지송 宿於逆旅²⁾숙어역려

양자가 송나라에 갔다가 여관에 묵게 되었다.

逆旅有妾二人역려유첩이인 其一人美기일인미 其一人惡기일인오

여관 주인에게는 첩이 둘 있었는데, 한쪽은 미인이고, 한쪽은 추녀였다.

惡者貴而美者賤오자귀이미자천

그런데 추녀는 귀한 대접을 받고, 미인은 천대를 받았다.

陽子問其故양자문기고 逆旅小子對曰역려소자대왈 :

양자가 그 까닭을 물으니, 여관 하인이 대답하기를,

　"其美者自美기미자자미 吾不知其美也오부지기미야

　"그 미인은 스스로 예쁘다고 여기는지라 나는 아름다운지 모르겠고,

　其惡者自惡기오자자오 吾不知其惡也오부지기오야"

　그 추녀는 스스로 추하다고 여기는지라 나는 추한지 모르겠습니다."

陽子曰양자왈 : 양자가 말했다.

　"弟子記之제자기지! 行賢而去自賢之行³⁾행현이거자현지행

---

1) 陽子(양자) : 字는 자거(子居). 양주(楊朱)의 존칭으로 전국시대의 학자. 자기 혼자만이 쾌락하면 좋다는 위아설(爲我說), 즉 이기적인 쾌락설을 주장했다. 지나침을 거부하고 자연주의를 옹호하였다. 이것은 노자사상(老子思想)의 일단을 발전시킨 주장이었다.

2) 逆旅(역려) : 나그네를 맞는 곳, 여관. 이백(李白)의 시 「춘야연도리원서(春夜宴桃李園序)」에, "무릇 천지(天地)는 만물을 맞이하는 여관이요, 시간은 오랜 세월을 거쳐 지나가는 나그네다(夫天地者 萬物之逆旅 光陰者 百代之過客)."라는 구절이 있다.

"제자들아, 잘 기억해 두어라. 행실이 어질면서 스스로 어진 척하지 않으면,

安往而不愛哉안주이불애재?"
어디에 간들 사랑을 받지 못하겠는가?"

| 해설 |

양자(陽子)와 그의 제자와의 문답을 빌려, 모든 착하고 아름다운 것은, 그것이 착하고 아름답다는 것을 의식하고 자랑하지 않을 때만이 진실한 착함과 아름다움이 될 수 있다는, 이런 가치를 몸에 지닌 무심한 처세야말로 편안히 자기의 삶을 온전히 하는 동시에 모든 사람에게 사랑과 어여쁨을 받는 최고의 비결임을 밝히고 있다.

---

3) 行賢而去自賢之行(행현이거자현지행) : 어질게 행동하면서도 스스로 어질다고 과시하는 태도를 버림. 自賢之行은 스스로 현명하다고 과시하는 태도를 뜻한다.

21. 전자방
田子方

道에 노니는 절대 자유인

　　내편 〈덕충부〉 편의 사상을 조술한 것으로, 속이 충실한 자는 겉을 꾸미는 일이 없고, 지인(至人)은 속세의 평가나 상식을 초월함을 논술하고 있다. 곧 형체(形體) 밖에 무위자연의 덕을 온전히 하는 초월자는 사생존망(死生存亡)·궁달화복(窮達禍福) 등이 변화하는 속세를 초월하여 영구불변의 침다운 실재의 세계, 곧 道에 노니는 절대 자유인이라 했다.

열자(列子)

1.

田子方[1]侍坐於魏文侯[2]전자방시좌어위문후　數稱谿工[3]수칭계공

전자방(田子方)이 위(魏)나라 문후(文侯)를 모시고 앉아서 자주 계공(谿工)을 칭찬했다.

文侯曰문후왈 : 문후(文侯)가 말했다.

"谿工계공　子之師邪자지사야?"

"계공이 선생의 스승입니까?"

子方曰자방왈 : 자방(子方)이 대답했다.

"非也비야　無擇之里人也무택지리인야　稱道數當칭도수당　故無擇稱之고무택칭지"

"아닙니다. 저(無擇)하고 같은 고향 사람인데, 그가 道를 논하는데, 자주 이치에 맞아 제가 그를 칭찬하는 것입니다."

文侯曰문후왈 : 문후가 말했다.

"然則子無師邪연즉자무사야?"

"그렇다면 선생에게는 스승이 없습니까?"

子方曰자방왈 : 자방이 말했다.

"有유" : "있습니다."

---

1) 田子方(전자방) : 성은 전(田), 이름은 무택(無擇), 자는 자방(子方). 위나라 현인. 문후(文侯)의 스승.

2) 魏文侯(위문후) : 위문후(魏文侯 ?~BC 396년)는 전국시대 위나라의 초대 제후. 안읍(安邑) 사람으로, 성은 희(姬)이고, 이름은 사(斯). BC445년에 위환자(魏桓子)의 뒤를 이어 즉위했다. 위나라는 BC 403년에 한(韓), 조(趙)나라와 함께 각기 주왕(周王) 및 각 제후국으로부터 정식 국가로 승인받았다.

3) 谿工(계공) : 성은 계(谿), 이름은 공(工), 위나라 현인.

曰왈 : "子之師誰邪자지사수야?"

"선생의 스승은 누구입니까?"

子方曰자방왈 : 자방이 말했다.

"東郭順子[4]동곽순자"

"동곽순자(東郭順子)입니다."

文侯曰문후왈 : 문후가 말했다.

"然則夫子何故未嘗稱之연즉부자하고미상칭지?"

"그렇다면 선생은 무슨 까닭으로 아직 한 번도 스승에 대해 얘기를 하지 않습니까?"

子方曰자방왈 : 자방이 말했다.

"其爲人也眞기위인야진 人貌而天虛[5]인모이천허

"그의 사람됨이 매우 진실해서 사람의 모습을 하고 있지만, 하늘처럼 텅 비어 있으며,

緣而葆眞연이보진 淸而容物청이용물

사물에 순응하면서 자기의 참된 본성을 잃지 아니하며, 맑고 깨끗하면서도 만물을 포용합니다.

物無道물무도 正容以悟之정용이오지

도에 어긋난 사람에게는 자세를 바로 함으로써 그를 깨닫게 하고,

使人之意也消사인지의야소

그들을 깨우쳐 다른 사람을 비난하는 마음을 없애도록 합니다.

---

4) 東郭順子(동곽순자) : 성곽 동쪽에 살았으므로 동곽(東郭)으로 성을 삼았다. 이름은 순자 (順子), 전자방의 스승.

5) 人貌而天虛(인모이천허) : 사람의 모습을 하고 있지만, 하늘처럼 텅 빔.

無擇何足以稱之6)무택하족이칭지!”

그러니 그를 제(無擇)가 어찌 다 말씀드릴 수 있겠습니까”

子方出자방출 文侯儻然7)終日不言문후당연종일불언

전자방이 나가자, 위 문후는 멍하니 온종일 말이 없었다.

召前立臣소전립신 而語之曰이어지왈 :

그러다가 앞에 시립해 있는 신하를 불러 말했다.

“遠矣全德之君子원의전덕지군자!

“온전한 덕을 갖춘 군자가 되는 것은 요원하구나!

始吾以聖知之言시오이성지지언 仁義之行爲至矣인의지행위지의

처음에 나는 성인(聖人), 지자(知者)의 말과 인의(仁義)를 갖춘 행동만이
지극한 것으로 알았는데,

吾聞子方之師오문자방지사 吾形解而不欲動오형해이불욕동

내가 지금 전자방의 스승의 이야기를 듣고는, 내 몸이 풀려 움직일 수
가 없고,

口鉗而不欲言구겸이불욕언

입이 굳어져 말이 나오지 않는구나.

吾所學者直土梗8)耳오소학자직토경이 夫魏眞爲我累耳부위진위아루이!”

그러니 내가 배운 것은 진실로 흙으로 빚은 인형일 따름이었구나. 무릇
위나라가 진실로 나의 굴레로다!”

---

6) 無擇何足以稱之(무택하족이칭지) : 농곽순자가 일컫기에 부속한 사람이기 때문에 일컫시
않았던 것이 아니라, 말로 표현하기에 부족하다는 뜻.

7) 儻然(당연) : 멍한 모습. 뜻을 잃어버린 모양.

8) 土梗(토경) : 흙으로 빚은 인형. 비를 맞으면 뭉그러지고 마는 흙인형처럼 헛된 존재라
는 뜻.

| 해설 |

　　전자방과 위나라 문후의 문답을 빌려, 완전한 덕을 가진 군자, 곧 무위자연의 덕을 지닌 위대한 인격자는 인간의 말로써 가치를 평가할 수 없는 초월적 인격과 감화력을 갖는다는 내용을 밝히고 있다.

　　위나라 문후는 전국시대 초기 전자방·단간목(段干木)·복자하(卜子夏)·이극(李克) 등의 어진 이를 중용한 명군(明君)으로 칭송되는데, 《전국책(戰國策)》〈위책(魏策)〉, 《사기》〈위세가(魏世家)〉 등에 상술되어 있다.

　　전자방(田子方)은 위나라 현인으로서 위나라 문후의 사우(師友)인데, 《여씨춘추(呂氏春秋)》, 《한시외전(韓詩外傳)》, 《설원(說苑)》 등에 보이며, 《사기》〈유림전(儒林傳)〉에서는 전자방이 공자의 제자 계통의 학문을 이어받았다고 기록되어 있고, 《여씨자하춘추(呂氏子夏春秋)》〈당염(當染)〉편에도 역시 공자의 제자인 자공의 문인이라고 기록되어 있다.

2.

溫伯雪子適齊 舍於魯¹⁾온백설자적제 사어로

　　온백설자(溫伯雪子)가 제(齊)나라로 가는 길에 노나라에서 하룻밤을 묵고 있는데,

　　魯人²⁾有請見之者노인유청견지자

---

1) 溫伯雪子適齊 舍於魯(온백설자적제 사어로) : 온백설자(溫伯雪子)가 제(齊)나라로 가는 도중에 노(魯)나라에서 하룻밤을 묵다. 溫伯雪子는 성은 온(溫), 이름은 백(伯), 자가 설자(雪子). 초나라의 어진 사람. 일설에는 남국(南國)의 현인이라 함. 舍於魯는 노나라에서 하룻밤 묵음. 舍는 하룻밤 묵는다는 뜻으로 宿과 같다.

노나라 사람 가운데 면회를 청하는 자가 있었다.

溫伯雪子曰온백설자왈 : 온백설자가 말했다.

"不可불가 吾聞中國之君子오문중국지군자 明乎禮義而陋於知人心명호예의이루어지인심 吾不欲見也오불욕견야"

"안된다. 내가 들으니, 중국(中國 : 魯나라)의 군자는 예의에는 밝지만, 사람의 마음을 아는 데는 서투르다고 하더구나. 나는 그런 사람을 만나고 싶지 않다."

至於齊지어제 反舍於魯반사어로 是人也又請見시인야우청견

그 뒤 온백설자는 제나라로 갔다가 돌아오는 길에 다시 노나라에 들렀더니, 먼젓번 그 사람이 다시 면회를 청했다.

溫伯雪子曰온백설자왈 : 온백설자가 말했다.

"往也蘄見3)我왕야기견아 今也又蘄見我금야우기견아

"전에도 나를 만나보기를 바라더니, 지금 또 나를 만나자고 하니,

是必有以振我4)也시필유이진아야"

이는 반드시 나를 일깨움이 있으리라."

出而見客출이견객 入而歎입이탄

그리고는 나가서 그 손님을 만나보고는 들어와서 탄식했다.

明日見客명일견객 又入而歎우입이탄

그 다음날도 그 손님을 만나고 와서는 또 들어와 탄식을 했다

其僕曰기복왈 : 온백설자의 종복이 말했다.

---

2) 魯人(노인) : 공자를 지칭. 《여씨춘추(呂氏春秋)》에는 공자라고 했다.

3) 蘄見(기견) : 만나보기를 바라다. 蘄는 바라다.

4) 振我(진아) : 나를 일깨우다. 振은 구원하다, 떨쳐 일어나다의 뜻.

"每見之客也매견지객야 必入而歎필입이탄 何邪하야?"

"손님을 만나고 돌아오실 때마다 들어오셔서 탄식을 하시니, 무슨 까닭입니까?"

曰왈 : 온백설자가 말했다.

"吾固告子矣오고고자의 : "내가 먼저 너에게 일러주기를,

'中國之民중국지민 明乎禮義而陋乎知人心명호례의이루호지인심'

'중국 사람은 예의에는 밝지만 사람의 마음을 아는 데는 서투르다.'
라고 했는데,

昔之見我者석지견아자 進退一成規 一成矩5)진퇴일성규 일성구

어제 내가 만났던 사람은 나아가고 물러날 때 어떤 때는 그림쇠에 꼭 맞았고, 또 어떤 때는 곱자에 꼭 맞았으며,

從容一若龍 一若虎6)종용일약룡 일약호

그 조용한 모습은 어떨 때는 용과도 같고, 어떨 때는 호랑이와도 같이 늠름했었다.

其諫我也似子기간아야사자 其道我也似父기도아야사부

그가 나를 간할 때는 마치 자식 같았고, 나를 인도할 때는 마치 어버이 같았다.

---

5) 進退一成規 一成矩(진퇴일성규 일성구) : 몸의 움직임이 그림쇠로 그린 듯, 곱자로 잰 듯 정확하게 예의범절에 맞는다는 뜻. 規는 원을 그릴 때 쓰는 도구, 곧 그림쇠(컴퍼스)이고, 矩는 네모를 그릴 때 쓰는 도구, 곧 곱자다. 規矩라고 하면 규율, 표준, 법칙, 그리고 올바른 법도를 의미한다.

6) 從容一若龍 一若虎(종용일약룡 일약호) : 조용한 모습은 어떤 때는 용과도 같고 또 어떤 때는 호랑이 같음. 從容(종용)은 위 구절의 進退(진퇴)와 대구(對句)로 조용히 있을 때를 뜻한다.

是以歎也시이탄야"

그 때문에 내가 탄식하는 것이다."

仲尼見之而不言중니견지이불언

한편, 중니(仲尼)는 온백설자를 만나고 와서는 아무 말이 없었다.

子路曰자로왈 : 자로(子路)가 말했다.

"吾子欲見溫伯雪子久矣오자욕견온백설자구의 見之而不言견지이불언 何邪하
야?"

"선생님께서는 오래 전부터 온백설자를 만나고 싶어 하시다가, 이제 만나보시고, 아무 말이 없으시니 무슨 까닭입니까?"

仲尼曰중니왈 : 중니가 말했다.

"若夫人者약부인자 目擊而道存矣7)목격이도존의 亦不可以容聲矣역불가이 용성의!"

"그런 사람은 한 번만 보고서도 道를 갖추고 있는 줄 알겠으니, 또한 무슨 말을 할 필요가 있겠는가!"

| 해설 |

근원적인 진리, 곧 道는 말로나 지식으로써는 표현할 수 없는 것이고, 불언(不言)의 교(敎)로써만 전달된다는 점에서는 앞의 장(章)과 그 취지를 같이한다. 그래서 이런 道를 체득한 사람인 온백설자에게 공자학파의 예교규범주의(禮敎規範主義)를 비판시키면서 공자에게 온백설자의 지대함을 찬탄케 하고, 유가사상에 대한 도가사상의 우위를 강조하고 있다. 그러면서도 온백설자와 공자를 마음속으로 통하는 자로 연결

7) 目擊而道存矣(목격이도존의) : 目擊은 눈으로 본다는 뜻으로 擊은 움직인다는 뜻이다.

시킨 것은 유가를 비난하면서 자체는 부정하지 않는 필자의 사고방식이 엿보이기도 한다.

3.

顔淵問於仲尼曰안연문어중니왈 : 안연이 중니에게 물었다.

"夫子步亦步 夫子趨亦趨)부자보역보 부자추역추

"선생님께서 걸으시면 저도 걷고, 선생님께서 빠른 걸음으로 걸으시면 저도 빠른 걸음으로 걷고,

夫子馳亦馳부자치역치 夫子奔逸絕塵부자분일절진

선생님께서 달리시면 저도 달리는데, 선생님께서는 빨리 달리시면서 먼지 하나 내지 않으실 때에는,

而回瞠若乎後矣이회당약호후의"

저는 다만 뒤에 처져서 놀랄 따름입니다.

夫子曰부자왈 : 공자가 말했다.

"回회 何謂邪하위야?"

"회(回)야, 그것이 무슨 말이냐?"

曰왈 : 안회가 말했다.

"夫子步亦步也부자보역보야 夫子言亦言也부자언역언야

"선생님께서 걸으실 때 저도 걷는다고 한 것은, 선생님께서 의견을 말씀하시면 저도 또한 의견을 말한다는 것입니다.

---

1) 夫子步亦步 夫子趨亦趨(부자보역보 부자추역추) : 선생님께서 걸으시면 저도 걷고 선생님께서 빠른 걸음으로 걸으시면 저도 빠른 걸음으로 걷는다.

夫子趨亦趨也부자추역추야 夫子辯亦辯也부자변역변야

선생님께서 빠른 걸음으로 걸으시면 저도 빠른 걸음으로 걷는다고 한 것은, 선생님께서 변론을 하시면 저도 따라서 변론을 한다는 것이고,

夫子馳亦馳也부자치역치야 夫子言道부자언도 回亦言道也회역언도야

선생님께서 달리시면 저도 달린다고 한 것은 선생님께서 道에 대해 말씀하시면 저도 道에 대해 말을 한다는 것입니다.

及奔逸絕塵급분일절진 而回瞠若乎後者이회당약호후자

선생님께서는 빨리 달리시면서 먼지 하나 내지 않으실 때에는, 제가 다만 뒤에 처져 눈이 휘둥그레질 따름이라고 한 것은,

夫子不言而信 不比而周²⁾부자불언이신 불비이주

선생님께서는 아무 말 하지 않고서도 사람들에게 믿음을 주고, 친하지 않으면서도 모든 사람들에게 두루 사랑을 받으시며,

無器而民滔乎前³⁾무기이민도호전 而不知所以然而已矣이부지소이연이이의"

따로 통치 수단을 갖고 있지 않아도 백성들이 모여드는 까닭을 알지 못할 따름입니다."

仲尼曰중니왈 : 중니가 말했다.

"惡오! 可不察與가불찰여!

"아! 잘 살펴야 할 일이다!

夫哀莫大於心死 而人死亦次之⁴⁾부애막대어심사 이인사역차지

---

2) 不言而信 不比而周(불언이신 불비이주) : 아무 말 하지 않고서도 사람들에게 믿음을 주고, 친하지 않으면서도 모든 사람들에게 두루 사랑을 받음.

3) 無器而民滔乎前(무기이민도호전) : 따로 통치의 수단을 갖고 있지 않아도 백성들이 선생님 앞에 모여듦. 器는 국가를 다스리는 도구, 곧 권력이나 지위 따위를 말한다.

4) 哀莫大於心死 而人死亦次之(애막대어심사 이인사역차지) : 가장 슬픈 일은 마음이 언젠

무릇 인간의 비애는 마음이 언젠가는 죽는다는 사실이고, 육체가 죽는 것은 그 다음으로 슬픈 일이다.

日出東方而入於西極일출동방이입어서극 萬物莫不比方[5]만물막불비방

해는 동쪽에서 나와 서쪽으로 들어간다. 만물은 모두 이를 따르지 않음이 없으며,

有目有趾者유목유지자 待是而後成功[6]대시이후성공

또 눈이 있고 발이 있는 존재는 해에 의존해야 일을 성취할 수 있는지라,

是出則存시출즉존 是入則亡시입즉망

해가 뜨면 세상에 드러나고 해가 지면 함께 사라지니,

萬物亦然만물역연 有待也而死유대야이사 有待也而生유대야이생

만물 또한 그러하다. 무엇인가를 기다린 뒤에 죽고, 무엇인가를 기다린 뒤에 생존하게 되니,

吾一受其成形오일수기성형 而不化以待盡[7]이불화이대진

나라는 존재는 한번 몸을 받은 이상 바로 죽지는 않더라도 소진되기를 기다리며,

效物而動효물이동 日夜無隙일야무극 而不知其所終이부지기소종

다른 존재를 따라 움직이는데, 밤낮으로 잠시의 쉴 틈도 없어 어디가 끝인지를 알지 못한다.

薰然其成形[8]훈연기성형 知命不能規乎其前지명불능규호기전

가는 죽는다는 사실이고, 몸이 죽는다는 것은 그 다음임. 心死는 정신적 죽음을 뜻하고, 人死는 육체적인 죽음을 뜻한다.

5) 萬物莫不比方(만물막불비방) : 萬物이 나란히 이를 따름. 比方은 따라간다는 뜻.

6) 待是而後成功(대시이후성공) : 해에 의존해야 일을 이룰 수 있음. 是는 해를 가리킨다.

7) 不化以待盡(불화이대진) : 당장 죽지는 않지만, 언젠가는 몸이 소진되어 죽는다는 뜻.

온화한 가운데 사람의 몸을 받고 태어나, 자신의 운명을 알고 있더라도 전생의 모습은 도저히 알 수 없으니,

丘以是日徂9)구이시일조

나는 이 몸을 가지고 날마다 변화와 함께 나아가고 있다.

吾終身與汝오종신여여 交一臂而失之10)교일비이실지 可不哀與가불애여!

나는 종신토록 너와 함께 하는데, 너는 팔뚝 한번 스쳐 지나간 것처럼 나를 잃어버리니 슬퍼하지 않을 수 있겠는가!

汝殆著乎吾所以著也11)여태저호오소이저야

너는 아마도 나의 드러난 면만을 보는 것 같구나.

彼已盡矣피이진의 而汝求之以爲有이여구지이위유

그러나 그것은 이미 지난 것이다. 너는 그것을 있는 것이라고 여겨서 찾으니,

是求馬於唐肆也12)시구마어당사야

이는 말이 잠시 머물다 간 곳에서 뒤늦게 그 모습을 찾는 것과 같다.

吾服女也甚忘오복여야심망 汝服吾也亦甚忘여복오야역심망

---

8) 薰然其成形(훈연기성형) : 온화한 가운데 사람의 몸을 받고 태어남. 薰然은 마음이 온화한 모양.

9) 丘以是日徂(구이시일조) : 나는 이 몸을 가지고 날마다 변화와 함께 나아감. 是는 이루어진 형체, 곧 몸을 지칭한다. 徂는 나아간다는 뜻.

10) 交一臂而失之(교일비이실지) : 팔뚝 한 번 스치고 지나간 것처럼 나를 잃어버림. 交一臂는 팔뚝 한 번 스치고 지나가는 것처럼 우연히 만나는 짧은 관계를 뜻한다.

11) 汝殆著乎吾所以著也(여태저호오소이저야) : 너는 아마도 나의 드러난 면만을 보는 것 같음. 吾所以著는 내가 드러내는 것. 앞의 著는 드러난 것으로 본다는 뜻. 殆는 아마도. 汝는 너.

12) 是求馬於唐肆也(시구마어당사야) : 이는 말(馬)이 잠시 머물다 간 곳에서 뒤늦게 그 모습을 찾는 것과 같음. 唐肆는 말이 잠시 쉬어가는 곳.

내가 과거에 너에 관해 생각했던 것을 이미 잊어버린 것처럼 너도 나에 관해 생각하던 것을 빨리 잊어버려야 할 것이다.

雖然수연 汝奚患焉여해환언!

비록 그렇지만 너는 무슨 걱정할 것이 있겠느냐!

雖忘乎故吾 吾有不忘者存3)수망호고오 오유불망자존"

비록 나의 옛 모습을 잊어버렸다 하더라도 나에게는 잊히지 않는 것이 있기 때문이다."

| 해설 |

공자와 안회(顔回)의 문답을 빌려, 한 시각이라도 멈춤이 없는 자연의 변화에 순응하는 데는 자타(自他)를 잊고 시간을 초월해야 함을 역설하고 있다. 곧 그 현상 속에 참된 道가 존재한다는 것이다. 이 대목과 비슷한 이야기는 《논어》 〈자한(子罕)〉편에도 다음과 같은 대목이 있다.

안연이 크게 탄식하며 말했다.

"선생님의 德은 우러러보면 더욱 높게 보이고, 뚫어 파면 더욱 굳으며, 앞에 보인 듯하다가는 홀연히 뒤에 있는 듯하다. 선생님께서는 차근차근 순차적으로 사람을 잘 유도해 계발시킨다. 학문으로 나를 넓게 해주시고, 예로써 나의 행동의 기틀을 잡아 주신다. 그만 배우려 해도 그만둘 수 없게 잘 가르쳐 주시므로 나도 모르게 나의 재능을 다해서 좇아가 배우나, 그래도 또한 앞에 우뚝 새로운 지표를 세워 놓으신

---

13) 雖忘乎故吾 吾有不忘者存(수망호고오 오유불망자존) : 비록 옛날 나의 모습을 잊어버렸다 하더라도 나에게는 잊히지 않는 것이 있음. 비록 옛날의 나를 잊어버린다 해도 나에게는 언제나 잊힐 수 없는 참된 나도 그 가운데 존재한다는 뜻이다

다. 자주 좇아가지만 끝내 좇을 방도가 없다."

　이《장자》에서는 공자를 도가적인 참된 道의 회득자(會得者)로 등장시키고 있는 것이 다르다 하겠다.

4.

孔子見老聃공자견노담　老聃新沐¹⁾노담신목

공자가 노담을 만나러 갔을 때, 노담은 머리를 감고 나서 머리를 풀어 헤친 채 말리고 있었는데,

方將被髮而乾방장피발이건　慹然似非人²⁾집연사비인

그때 노담이 꼼짝 않고 있는 모습이 사람처럼 보이지 않았다.

孔子便而待之공자편이대지　少焉見曰소언견왈 :

공자는 물러서 기다리고 있다가 잠시 후에 노담에게 말했다.

"丘也眩與구야현여　其信然與기신연여?

"제 눈이 어두워서 잘못 본 것일까요, 아니면 제대로 본 것일까요?

向者先生形體掘若槁木향자선생형체굴약고목

조금 전 선생님의 모습은 우뚝 서 있는 마른 나무 같아서,

似遺物離人而立於獨也사유물리인이립어독야"

마치 밖의 사물을 잊고 사람들을 떠나 홀로 서 있는 것 같았습니다."

老聃曰노담왈 : 노담(老聃)이 말했다.

---

1) 新沐(신목) : 새로 머리를 감음. 沐浴(목욕)의 沐은 머리를 감는 것이고, 浴은 몸을 씻는 것.

2) 慹然似非人(집연사비인) : 꼼짝 않고 있는 모습이 사람처럼 보이지 않음. 慹은 움직이지 않다.

"吾遊心於物之初오유심어물지초"

"나는 만물이 생겨나던 때로 돌아가 노닐고 있었습니다."

孔子曰공자왈 : 공자가 말했다.

"何謂邪하위야?"

"무슨 말씀입니까?"

曰왈 : 노담이 말했다.

"心困焉而不能知 口辟焉而不能言3)심곤언이불능지 구벽언이불능언

"마음이 곤하여지기만 할 뿐 알 수는 없고, 입만 벌려지고 표현할 수는 없지만,

嘗爲汝議乎其將상위여의호기장

당신을 위해 대략적으로 말을 해보겠습니다.

至陰肅肅지음숙숙 至陽赫赫지양혁혁

지극한 음(陰)은 차고 고요하며, 지극한 양(陽)은 빛나고 뜨거우니,

肅肅出乎天숙숙출호천 赫赫發乎地혁혁발호지

차고 고요한 음기는 하늘에서 나와 땅으로 내려오고, 번쩍이며 뜨거운 양기는 땅에서 나와 하늘로 올라가니,

兩者交通成和而物生焉4)양자교통성화이물생언

이 음양의 두 기운이 서로 통하고 화합하여 만물을 발생시킵니다.

---

3) 心困焉而不能知 口辟焉而不能言(심곤언이불능지 구벽언이불능언) : 마음으로 아무리 생각해도 알 수 없고, 아무리 말로 표현하려 해도 표현할 수 없다는 뜻. 困(곤)은 피곤해지다, 고민하다의 뜻. 辟(벽)은 입을 열다.

4) 交通成和而物生焉(교통성화이물생언) : 陰陽의 두 기운이 서로 통하고 화합하여 만물을 발생시킨다. 成和는 음기와 양기의 조화된 상태. 至陰과 至陽의 두 기(氣)가 서로 통해서 화합을 이루어 만물이 생김.

或爲之紀而莫見其形)혹위지기이막견기형

무언가 처음을 이루는 것이 있는 것 같지만, 그 형체를 눈으로 볼 수가 없습니다.

消息滿虛소식만허 一晦一明일회일명 日改月化일개월화

만물은 생겼다가 없어지고 가득 찼다가 텅 비고 합니다. 한 번은 희미해지고 한 번은 밝아지고, 날로 달로 변화하면서,

日有所爲일유소위 而莫見其功이막견기공

하루도 쉬지 않고 계속되지만, 그 공은 드러나지 않습니다.

生有所乎萌생유소호맹 死有所乎歸사유소호귀

만물이 생겨남은 싹이 트는 곳이 있으며, 죽음으로 돌아가는 곳이 있어서,

始終相反乎無端 而莫知乎其所窮)시종상반호무단 이막지호기소궁

시작과 끝은 끝없이 서로 반복하여 그 궁극의 끝을 아무도 알지 못합니다.

非是也비시야 且孰爲之宗차숙위지종!"

도대체 무엇이 만물의 근원이 될 수 있겠습니까?"

孔子曰공자왈 : 공자가 말했다.

"請問遊是청문유시"

"여기에 노닌다고 하는 것은 무슨 말입니까?"

老聃曰노담왈 : 노담이 말했다.

---

5) 或爲之紀而莫見其形(혹위지기이막견기형) : 무언가 처음을 이루는 것이 있는 것 같지만, 그 형체를 볼 수 없음. 紀는 사물의 시초.

6) 始終相反乎無端 而莫知乎其所窮(시종상반호무단 이막지호기소궁) : 시작(生)과 끝(死)은 끝이 없이 서로 반복하여 그 궁극(窮極)의 끝을 아무도 알지 못함. 삶과 죽음은 서로 상반되는 것이지만, 한편 서로 연속된 것으로, 그 반복됨이 끊임없어 그 끝을 알 수 없다는 뜻.

"夫得是 至美至樂也[7]부득시 지미지락야

"그와 같은 경지로 들어가면 지극히 아름답고 즐겁습니다.

得至美而遊乎至樂득지미이유호지락 謂之至人위지지인"

지극한 아름다움을 얻어 지극한 즐거움에 노닐면, 이런 사람을 지인(至人)이라 합니다."

孔子曰공자왈 : 공자가 말했다.

"願聞其方원문기방"

"그 방법을 듣고 싶습니다."

曰왈 : 노담이 말했다.

"草食之獸不疾易藪[8]초식지수부질역수

"풀을 먹는 짐승은 그가 사는 숲을 바꾸는 것을 싫어하지 아니하고,

水生之蟲不疾易水[9]수생지충부질역수

물속에 사는 벌레는 그가 사는 물이 바뀌는 것을 싫어하지 않습니다.

行小變而不失其大常也[10]행소변이부실기대상야

---

7) 夫得是 至美至樂也(부득시 지미지락야) : 그와 같은 경지로 들어가면 지극히 아름답고 즐겁다. 곧 至陰과 至陽의 경지.

8) 草食之獸不疾易藪(초식지수부질역수) : 풀을 먹고 사는 동물은 숲을 바꾸는 것을 싫어하지 아니함. 숲을 옮겨 다니는 것을 싫어하지 않는다는 뜻. 삶과 죽음을 초식동물이 숲을 옮겨 다니는 것에 비유한 것이다. 易은 바꾸다. 藪(수)는 수풀.

9) 水生之蟲不疾易水(수생지충부질역수) : 물속에 사는 벌레들은 물이 바뀌는 것을 싫어하지 않음. 역시 삶과 죽음을 물속에 사는 벌레들이 물속을 헤엄쳐 이리저리 옮겨 다니는 것에 비유한 것.

10) 行小變而不失其大常也(행소변이불실기대상야) : 행동에 작은 변화가 있을 뿐 삶의 원칙이 변하지 않음. 삶과 죽음의 변화는 다른 존재로 바뀌는 것일 뿐 그 과정에서 존재의 영속성이 계속됨을 나타내고 있다.

행동에 작은 변화가 있을 뿐 생활상의 큰 원칙이 변하지 않으면,

喜怒哀樂不入於胸次희노애락불입어흉차

희로애락의 감정이 그것들의 가슴 속으로 스며들지 않습니다.

夫天下也者부천하야자 萬物之所一也만물지소일야

무릇 천지는 만물이 한가지로 사는 곳입니다.

得其所一而同焉득기소일이동언

그 한가지로 되어 있다는 점을 깨달아 자기를 만물과 동체로 생각하면,

則四支百體將爲塵垢즉사지백체장위진구

우리 몸뚱이의 각 부분은 먼지나 티끌같이 여길 것이고,

而死生終始將爲晝夜而莫之能滑이사생종시장위주야이막지능활

사생(死生)과 시종(始終)은 만물의 변화와 같이 생각되어, 그것 때문에 마음을 어지럽히는 일이 없게 됩니다.

而況得喪禍福之所介乎이황득상화복지소개호!

그러니 하물며 세속적인 득실(得失)이나 화복(禍福) 등의 잔다란 일은 개입시킬 것이 못됩니다.

棄隸者若棄泥塗기례자약기니도 知身貴於隸也지신귀어례야

사람이 노예를 버리는 것을 진흙덩이 버리듯 하는 것은, 자기 몸이 노예보다 귀하다고 여기기 때문입니다.

貴在於我而不失於變귀재어아이부실어변

그 가장 귀한 道야말로 내 몸 안에 있는 것으로, 어떠한 외부의 변화에도 잃어버리지 않습니다.

且萬化而未始有極也차만화이미시유극야 夫孰足以患心부숙족이환심!

또 만물의 변화는 처음부터 다함이 없는 것입니다. 그러니 무엇이 내 마음을 괴롭힐 수 있겠습니까!

已爲道者解乎此[11]이위도자해호차"

이는 이미 道를 깨달은 사람만이 이것을 이해할 수 있을 것입니다."

孔子曰공자왈 : 공자가 말했다.

"夫子德配天地부자덕배천지 而猶假至言以修心이유가지언이수심

"선생의 지극한 德은 천지와 짝이 될 수 있는데도 오히려 지극한 말을 빌려 마음을 닦으시니,

古之君子고지군자 孰能脫焉숙능탈언?"

옛날 군자 중에 누가 이보다 뛰어날 수 있겠습니까?"

老聃曰노담왈 : 노담이 말했다.

"不然불연 夫水之於汋也 無爲而才自然矣[12]부수지어작야 무위이재자연의

"그렇지가 않습니다. 무릇 물이 솟아나오는 것은, 아무런 행위가 없이 물의 본성이 자연적으로 그렇게 되는 것입니다.

至人之於德也지인지어덕야 不修而物不能離焉불수이물불능리언

지인의 덕을 갖추게 되는 것도 수양 없이 만물이 친근히 와 떠나가지 않기 때문입니다.

若天之自高약천지자고 地之自厚지지자후 日月之自明일월지자명

하늘은 저절로 높고, 땅은 저절로 두터우며, 해와 달이 스스로 밝은 것

---

11) 已爲道者解乎此(이위도자해호차) : 이미 道를 깨달은 사람만이 이것을 이해할 수 있음. 已爲道者는 이미 道를 깨달은 사람.

12) 水之於汋也 無爲而才自然矣(수지어작야 무위이재자연의) : 물이 솟아 나오는 것은 아무런 행위가 없이 물의 본성이 자연적으로 그러함. 汋(작)은 샘솟다.

과 같습니다.

夫何修焉부하수언!"

그러니 무슨 닦음이 있겠습니까!"

孔子出공자출 以告顔回曰이고안회왈 :

공자는 물러나와 안회에게 말했다.

"丘之於道也 其猶醯鷄與[13]구지어도야 기유혜계여!

"내가 道에 대한 앎은 마치 항아리 속의 초파리와 같았구나!

微夫子之發吾覆也[14]미부자지발오복야

그 분이 그 항아리 뚜껑을 열어주지 않았더라면

吾不知天地之大全也오부지천지지대전야"

나는 천지의 위대한 참 모습을 알지 못했을 것이다."

| 해설 |

공자와 노자의 문답을 빌려, 노자가 지극히 아름답고 지극히 즐거운 지인의 경지를 설명하자, 공자는 이런 설명을 듣고 천지의 참된 모습을 이해하는 내용으로 서술하고 있다. 이 대목은 《장자》 전편 중에서 〈천지〉·〈천도〉·〈천운〉·〈전자방〉·〈지북유(知北遊)〉·〈외물(外物)〉편 등에 보이는 공자와 노자와의 문답 가운데 하나이다.

---

13) 丘之於道也 其猶醯鷄與(구지어도야 기유혜계여) : 내가 道에 대한 앎은 마치 항아리 속의 초파리와 같음. 醯鷄(혜계)는 초파리. 여기서 「옹리혜계(甕裏醯鷄)」라는 성어(成語)가 생겨났는데, "항아리 속에서 태어난 초파리가 그 안을 하늘로 여기는 것처럼, 식견이 좁고 세상 물정에 어두운 사람"을 비유할 때 쓰인다.

14) 微夫子之發吾覆也(미부자지발오복야) : 선생이 나의 항아리 뚜껑을 열어주지 않았더라면. 發吾覆은 나를 덮고 있는 얕은 지식을 뜻한다. 微는 非의 뜻.

5.

莊子見魯哀公[1]장자견노애공

장자가 노나라 애공을 만났다.

哀公曰애공왈 : 애공이 말했다.

"魯多儒士노다유사 少爲先生方者[2]소위선생방자"

"우리 노나라에는 유자(儒者)는 많지만, 선생의 道를 배우는 사람은 적습니다."

莊子曰장자왈 : 장자가 말했다.

"魯少儒노소유"

"노나라에는 유자(儒者)가 적습니다."

哀公曰애공왈 : 애공이 말했다.

"擧魯國而儒服거로국이유복 何謂少乎하위소호?"

"노나라 사람 전부가 유복(儒服)을 입고 있는데, 어째서 적다고 하죠?"

莊子曰장자왈 : 장자가 말했다.

"周聞之주문지 儒者冠圜冠者[3]유자관환관자 知天時지천시

---

1) 莊子見魯哀公(장자견노애공) : 장자가 노나라 애공을 만나다. 魯哀公(재위, BC 494~BC 468)은 춘추시대 말기 노나라의 국군(國君). 이름은 장(蔣) 또는 장(將)이고, 정공(定公)의 아들이다. 12년 전부(田賦)를 실시했다. 다음해 관(關)나라, 진(晉)나라 등과 황지(黃池)에서 회맹했다. 당시 제나라 전상(田常)이 제간공(齊簡公)을 죽이자 공자(孔子)가 전씨(田氏)를 정벌할 것을 주장했지만 듣지 않았다. 재위 중 공자가 위(衛)나라에서 노나라로 돌아왔지만 등용되지 못했다. 장자는 노애공과 120년 후 사람으로 서로 존재했던 시대가 다르므로 이 문답은 물론 우화(寓話)이다.

2) 少爲先生方者(소위선생방자) : 선생의 道를 닦는 이는 적음. 方은 방술(方術), 도술(道術)의 뜻이다.

"제가 듣건대, 유자가 둥근 갓을 머리에 쓰는 것은 천시(天時)를 안다는 뜻이고,

履句屢者 知此地形4)이구구자 지지형

네모 난 신을 신는다는 것은 지리(地理)를 안다는 뜻이며,

綬佩玦者 事至而斷5)완패결자 사지이단

오색 실로 결(玦)이라는 옥(玉) 장식을 허리에 차는 것은 일에 임해서 결단한다는 뜻을 나타내는 것입니다.

君子有其道者군자유기도자 未必爲其服也미필위기복야

군자로서 참으로 道를 체득한 사람은 반드시 그러한 복장을 하지 않고,

爲其服者위기복자 未必知其道也미필지기도야

그러한 복장을 한 사람이라 할지라도 반드시 그 道를 알고 있는 것은 아닙니다.

公固以爲不然공고이위불연 何不號於國中曰하불호어국중왈

공께서 만일 그렇게 여기지 않으신다면 어찌 전국에 명령을 내려,

'無此道而爲此服者무차도이위차복자 其罪死기죄사.'"

'유자의 道를 알지 못하면서 유복을 입고 있는 자는 사형에 처한다.'고 말씀하시지 않습니까?"

---

3) 冠圜冠者(관환관자) : 둥근 갓을 머리에 쓰는 것. 圜(환)은 둥글다. 하늘이 둥글다고 생각하여 하늘 모양을 본떠 둥근 관을 썼다는 뜻.

4) 履句屢者 知此地形(이구구자 지지형) : 네모난 신발을 신고 있는 것은 지리(地理)을 잘 아는 것을 상징함. 句屢(구구)는 네모난 신발. 句는 네모. 땅은 네모났다고 생각하여 네모난 신발을 신었다는 뜻.

5) 綬佩玦者 事至而斷(완패결자 사지이단) : 玉 장식을 허리에 차고 있는 것은 일이 생겼을 때 결단을 내릴 줄 아는 것을 상징함. 玦(결)은 허리에 차는 玉. 綬은 綬(수 : 인끈)의 잘못.

於是哀公號之五日어시애공호지오일 而魯國無敢儒服者이로국무감유복자

이에 애공이 그런 명령을 내린 지 5일 만에 노나라에는 감히 유복을 입는 자가 없었다.

獨有一丈夫[6]儒服而立乎公門독유일장부유복이립호공문

그런데 오직 한 사람만이 유복을 입고 애공의 문 앞에 와 서 있었다.

公卽召而問以國事공즉소이문이국사 千轉萬變而不窮천전만변이불궁

애공은 그를 불러 나라 일을 물으니, 그 변론이 천변만화하면서 막힘이 없었다.

莊子曰장자왈 : 장자가 말했다.

"以魯國而儒者一人耳이로국이유자일인이 可謂多乎가위다호?"

"노나라에는 참된 유학자가 이 한 사람뿐입니다. 어찌 많다고 할 수 있겠습니까?"

| 해설 |

장자와 노나라 애공(魯哀公)과의 문답을 빌려, 참으로 道를 체득한 사람은 겉을 꾸미지 않는다는 것을 서술하고, 유학파의 형식 존중을 비판하고 있다.

비록 우화지만, 끝 대목의 「한 사람만」을 들어, 공자를 암시한 것은 공자를 멀리하지 않는 필자의 입장을 잘 나타내고 있다. 공자와 같은 시대의 노나라 애공을 전국시대 중기의 장자와 대화케 한 시대착오 등으로 보아 후인의 위작으로 여겨진다.

---

6) 一丈夫(일장부) : 공자(孔子)를 암시하고 있다.

6.

百里奚1)爵祿不入於心백리해작록불입어심

백리해(百里奚)는 벼슬이나 녹봉도 마음에 두는 일이 없었다.

故飯牛而牛肥고반우이우비

그래서 그가 소를 기르니 소가 살이 쪘다.

使秦穆公忘其賤사진목공망기천 與之政也여지정야

진(秦)나라 목공(穆公)은 그의 천한 신분도 마다하지 않고 그를 진나라 정치에 참여하게 했다.

有虞氏死生不入於心2)유우씨사생불입어심 故足以動人고족이동인

유우씨(有虞氏 : 舜)는 삶과 죽음을 마음에 두지 않았다. 그래서 사람들을 감동시킬 수가 있었다.

| 해설 |

백리해와 순임금은 궁달(窮達)과 사생(死生)을 잊고 무위자연의 덕을 온전히 한 초월(超越)의 철인(哲人)이었으므로 속세에 처세하면서도 훌륭한 내재자(內在者)로서 위대한 감화력을 발휘할 수 있었음을 예로 들고 있다.

---

1) 百里奚(백리해) : 춘추시대 진나라의 정치가. 본래 우(虞)나라 출신으로 대부로 있었는데, 망하고 초나라로 도망쳤다. 진목공(秦穆公)이 그를 다섯 장의 양가죽(五羖羊皮)을 주고 사서 국정을 맡겼다. 그때부터 사람들이 그를 '오고대부(五羖大夫)'라고 하였다.

2) 死生不入於心(사생불입어심) : 삶과 죽음이 마음속에 침입하지 못함. 곧 죽고 사는 문제를 마음에 두지 않았다는 뜻.

7.

宋元君[1]將畵圖송원군장화도

송나라 원군(元君)이 그림을 그리게 하였다.

衆史皆至중사개지 受揖而立수읍이립

많은 화공들이 몰려들어 읍(揖)을 하고 서서,

舐筆和墨[2]지필화묵 在外者半재외자반

붓을 빨고 먹을 가는데, 경쟁자가 많아 반수는 실외에 있었다.

有一史後至者유일사후지자 儃儃然[3]不趨단단연불추

한 화공이 뒤늦게 와서 유유히 종종걸음으로 걷지도 않고,

受揖不立수읍불립 因之舍인지사

읍을 받은 뒤 서 있지 않고 곧바로 집안으로 들어갔다.

公使人視之공사인시지 則解衣般礴臝[4]즉해의반박라

원군은 사람을 시켜 그의 행동을 엿보게 하였더니, 그는 옷을 벗고 벌거벗은 채 두 다리를 쭉 뻗고 앉아 있었다.

君曰군왈 : 원군이 말했다.

"可矣가의 是眞畵者也시진화자야"

"그래. 이 사람이야말로 참된 화공이다."

---

1) 宋元君(송원군) : 송원공(宋元公, 재위 BC 531~BC 517). 이름은 좌(佐). 전국시대 후기의 군주.

2) 舐筆和墨(지필화묵) : 붓을 빨고 먹을 갈다. 그림 그릴 준비를 하고 있는 모양을 묘사한 부분이다. 舐는 빨다.

3) 儃儃然(단단연) : 느긋한 모양. 儃은 찬찬하다.

4) 解衣般礴臝(해의반박라) : 옷을 벗고 벌거벗은 채로 앉음. 般礴(반박)은 두 다리를 뻗고 앉음. 臝(나)는 벌거벗다. 裸(나)와 같다.

| 해설 |

진실한 창조의 정신을 가진 사람은 형식적인 구속을 벗어나고, 참된 개성적인 회화예술은 어떤 규칙에 구애받지 않는 적나라한 인간의 표현을 본질로 함을 밝히고 있다. 특히 상식에 반하고 척당불기(倜儻不羈)의 정신만이 참된 예술가의 생명이라는 것을 시사하고 있다.

8.

文王1)觀於臧문왕관어장 見一丈夫2)釣견일장부조

주나라 문왕이 장(臧)이란 곳을 유람할 때, 한 사나이가 낚시질을 하고 있는 것을 보았다.

而其釣莫釣3)이기조막조 非持其釣비지기조

그런데 그는 낚시질로 물고기를 낚는 것은 아니고, 낚싯대만 물에 드리운 채 앉아 있었다.

有釣者也유조자야 常釣也상조야

따로 낚으려는 것이 있어서인지 늘 낚싯대를 드리우고 있었다.

文王欲擧而授之政문왕욕거이수지정

---

1) 文王(문왕) : 주 왕조(周王朝)의 기초를 닦은 명군(名君). 이름은 창(昌). 文王의 만년에는 여상(呂尙), 흔히 태공망(太公望)으로 불리는 현상(賢相)의 도움을 받아 더욱 덕치에 힘써 은(殷)왕조로부터 서방 제후의 패자(霸者)로서 서백(西伯)의 칭호를 사용하도록 허락받았다. 문왕의 사후 그의 아들 무왕(武王) 발(發)이 즉위하여 은나라를 쓰러뜨리고 주 왕조를 창건하였으며, 父土 창에게 문왕이라는 시호(諡號)를 주존(追尊)하였다. 후세 유가(儒家)로부터 이상적인 성천자(聖天子)로서 숭앙을 받았다.

2) 一丈夫(일장부) : 강태공(姜太公)을 말함. 이름은 여상(呂尙). 무왕을 만나기 전에는 위수(渭水)가의 장(臧)이란 곳에서 낚싯바늘이 곧은 낚시질을 했음.

3) 其釣莫釣(기조막조) : 낚싯대를 드리우고 있었으나 물고기를 낚지는 않았다.

문왕은 그를 등용하여 정권을 맡기려 했으나,

而恐大臣父兄之弗安也이공대신부형지불안야

대신들과 친족들이 불안해하지 않을까 두려웠다.

欲終而釋之4)욕종이석지 而不忍百姓之無天也이불인백성지무천야

끝내 그대로 버려두자니, 백성들이 기댈 만한 인물이 없음을 참을 수가 없었다.

於是旦而屬之大夫5)일어시단이속지대부왈 :

그래서 다음날 아침 대부들을 모아놓고 말했다.

"昔者寡人夢석자과인몽 見良人黑色而髥6)견량인흑색이염

"어제 과인이 꿈에 한 어진 사람을 만났소. 얼굴빛이 검고 구레나룻이 있으며,

乘駁馬而偏朱蹄승박마이편주제 號曰호왈 :

한쪽 발굽이 붉은 얼룩말을 타고 있었소. 그가 말하기를,

'寓而政於臧丈人우이정어장장인 庶幾乎民有瘳乎7)서기호민유추호!'"

'장 땅의 노인에게 정치를 맡기면 백성들의 고통이 덜어질 것이다.'라고 하였소."

諸大夫蹴然8)曰제대부축연왈 :

---

4) 欲終而釋之(욕종이석지) : 끝내 그대로 놓아두려니. 釋之는 등용하지 않고 그대로 둔다는 뜻.

5) 屬之大夫(촉지대부) : 대부들에게 물음. 屬은 모아놓고 물음. 혈족(血族).

6) 黑色而髥(흑색이염) : 얼굴빛이 검고 구레나룻을 기르다. 선왕은 문왕의 아버지 계력(季歷)을 말하는데, 계력은 살았을 때 얼굴이 검고 수염이 많았는데. 얼룩말을 즐겨 탔다고 한다.

7) 庶幾乎民有瘳乎(서기호민유추호) : 백성들의 고통이 거의 구제될 것이다. 瘳(추)는 병이 나음. 곧 백성들의 고통이 덜어진다는 뜻.

여러 대부들은 놀라 얼굴빛을 고치며 말했다.

"先君王也선군왕야!"
"돌아가신 선왕(先王)이십니다!"

文王曰문왕왈 : 문왕이 말했다.

"然則卜之9)연즉복지"
"그렇다면 점을 쳐보도록 합시다."

諸大夫曰제대부왈 : 여러 대부들이 말했다.

"先君之命王선군지명왕 其無它10)기무타 又何卜焉11)우하복언!"
"선왕께서 임금께 명한 것이니, 조금도 의심할 것이 없습니다. 굳이 점을 칠 필요가 있겠습니까!"

遂迎臧丈人而授之政수영장장인이수지정
그래서 마침내 문왕은 장 땅의 노인을 맞이해 정사를 맡겼다.

典法無更 偏令無出12)전법무경 편령무출
그 노인은 이전의 법령을 조금도 고치지 않고, 편향된 명령을 내리는 일도 전혀 없었다.

三年삼년 文王觀於國문왕관어국

---

8) 蹴然(축연) : 깜짝 놀라는 모양.
9) 然則卜之(연즉복지) : 길흉을 점쳐 보라는 뜻.
10) 其無它(기무타) : 다른 것은 생각하지 말라. 의심할 필요가 없다는 뜻. 它(타)는 다르다는 뜻.
11) 又何卜焉(우하복언) : 굳이 점을 칠 필요까지 있겠습니까. 굳이 점까지 쳐보지 않고도 길함을 알 수 있다는 의미다.
12) 典法無更 偏令無出(전법무경 편령무출) : 이전의 법을 하나도 고치지 않고 편향된 명령을 내리는 일이 없음.

3년 후에 문왕이 국내 정정(政情)을 살펴보니,

則列士壞植散群3)즉열사괴식산군　長官者不成德4)장관자불성덕

조정 신하들은 파벌을 없애고, 붕당(朋黨)을 해산했다. 각 관청의 장
(長)은 치적을 자기의 공로로 드러내지 않고,

鈌斛不敢入於四竟15)유곡불감입어사경

사사로운 도량형기들이 감히 사방의 외국으로부터 들어오지 않았다.

列士壞植散群열사괴식산군　則尚同也즉상동야

조정의 여러 선비들이 붕당을 해산한 것은 협동을 숭상하였기 때문이고,

長官者不成德장관자불성덕　則同務也즉동무야

관청의 장(長)은 치적을 자기의 공로로 드러내지 않은 것은 일을 똑같
이 함이고,

鈌斛不敢入於四竟유곡불감입어사경　則諸侯無二心也즉제후무이심야

사사로운 도량형기들이 감히 사방의 외국으로부터 들어오지 않은 것
은, 제후들에게 두 마음이 없었기 때문이다.

文王於是焉以爲大師문왕어시언이위대사　北面而問曰북면이문왈 :

문왕이 그를 태사로 모시고 스승으로 대해 북쪽을 향해 앉아 물었다.

"政可以及天下乎정가이급천하호?"

---

13) 列士壞植散群(열사괴식산군) : 조정 신하들은 파벌을 없애고, 붕당(朋黨)을 해산했다.
植은 줄, 행렬, 곧 파벌의 뜻. 壞植(괴식)은 파벌을 없앰. 散群(산군)은 사사로이 만들었
던 붕당(朋黨)을 해산했다는 뜻.

14) 長官者 不成德(장관자 불성덕) : 각 관청의 장(長)은 치적(治績)을 자기의 공로로 생각지
않음. 장관들이 자신의 공덕을 드러내지 않음.

15) 鈌斛不敢入於四竟(유곡불감입어사경) : 사사로운 도량형기들이 감히 사방의 외국에서
들어오지 않았다. 鈌(유)와 斛(곡)은 모두 부피를 헤아리는 용기, 鈌는 열여섯 말, 斛은
열 말에 해당하는 용량 단위. 즉 도량형기를 이른다.

"이 정치를 온 천하에 널리 펼 수가 있겠습니까?"

臧丈人昧然而不應장장인매연이불응 泛然而辭¹⁶⁾범연이사

장 땅의 노인이 아무것도 모르는 척 대답을 하지 않고, 사양하는 듯 마는 듯하더니,

朝令而夜遁 終身無聞¹⁷⁾조령이야둔 종신무문

아침에 문왕의 명을 듣고 저녁에 달아나, 종신토록 소식이 없었다.

顔淵問於仲尼曰안연문어중니왈 :

안연(顔淵)이 중니(仲尼)에게 물었다.

"文王其猶未邪문왕기유미야? 又何以夢爲乎¹⁸⁾우하이몽위호?"

"문왕은 아직 道를 못 이루었던 걸까요? 어째서 꿈을 빙자했습니까?"

仲尼曰중니왈 : 중니가 말했다.

"默묵! 汝無言여무언!

"조용히 하라! 너는 아무 말도 하지 마라!.

夫文王盡之也부문왕진지야 而又何論刺焉이우하론자언!

대체로 문왕은 성인을 극진히 하였으니, 어찌 비판할 수 있겠느냐!

彼直以循斯須也¹⁹⁾피직이순사수야"

---

16) 泛然而辭(범연이사) : 사양하는 듯 마는 듯함. 〈덕충부〉편의 '氾而若辭'와 같다. 사양하는 듯 마는 듯 분명치 않은 태도를 보였다는 뜻이다.

17) 朝令而夜遁 終身無聞(조령이야둔 종신무문) : 아침에 문왕의 명을 받고 그날 밤 달아나 종신토록 소식을 듣지 못함. 슈은 문왕이 말한 "징치를 온 전하에 펼 수 있겠는가?" 라는 부탁을 가리킨다.

18) 又何以夢爲乎(우하이몽위호) : 어째서 꿈을 빙자했습니까? 대부들을 직접 설득하지 못하고 선왕의 꿈을 빙자했음을 가리킨 것이다.

19) 彼直以循斯須也(피직이둔사수야) : 그는 다만 일시적인 방편을 따랐을 뿐이라는 뜻. 直

그는 다만 한때의 방편으로 인정에 따랐을 뿐이니라."

| 해설 |

　　주나라 문왕과 장 지방의 노인 강태공의 일을 끌어다가 무위(無爲)
의 치(治)를 설명하고 있다. 무위자연의 道를 체득한 강태공이, "팔십
년을 궁하게 살다가 팔십년을 영달하며 살았다(窮八十 達八十)"는 강
태공의 무위의 치를 인용하여 무언의 덕화력, 감화력만이 지상(至上)의
정치 수단임을 말하고, 끝으로 안회와 공자의 문답에서는 문왕의 최선
을 찬미하고 있다.

9.

列御寇[1])爲伯昏無人[2])射열어구위백혼무인사

열어구(列禦寇)가 백혼무인(伯昏無人)에게 활 쏘는 기술을 보여주었다.

引之盈貫[3])인지영관 措杯水其肘上조배수기주상

은 다만. 斯須는 잠시.

1) 列御寇(열어구) : 정(鄭)나라 포전(圃田) 사람으로 별명은 열자(列子), 충허진인(沖虛眞人)
　이다. 기원전 4세기경 전국시기 도가(道家)의 사상가이자 문학가로서 일찍이 관윤자(關
　尹子), 호구자(壺丘子), 노상씨(老商氏), 지백고자(支伯高子) 등을 스승으로 섬겼다. 40여
　년 동안 은거하면서 명리(名利)를 구하지 않고 청정하게 수도하였다. 저서가 20편이 있
　는데, 현재 전해지는 것은 〈천서(天瑞)〉, 〈중니(仲尼)〉, 〈탕문(湯問)〉, 〈양주(楊朱)〉,
　〈설부(說符)〉, 〈황제(黃帝)〉, 〈주목왕(周穆王)〉, 〈역명(力命)〉 등 8편이 《열자(列子)》
　에 수록되어 있다.

2) 伯昏無人(백혼무인) : 열자의 스승. 백(伯)은 장(長)의 뜻. 혼(昏)은 어둡다는 뜻. 德은 빛
　을 감추어 어둡게 보이기 때문에 德의 형용. 곧 지극한 德을 가진 무위의 인간이란 뜻으
　로, 스승의 아름다운 호로 만든 말이며 〈덕충부〉 편에서 나왔다.

3) 引之盈貫(인지영관) : 활을 한껏 잡아당김. 盈貫은 화살촉이 있는 데까지 활을 잡아당겼

화살을 끝까지 잡아당긴 채 물잔을 왼쪽 팔꿈치 위에 올려놓았다

發之발지 適矢復沓[4]적시복답 方矢復寓[5]방시복우

그리고 한 화살이 활시위를 떠났는가 하면, 다시 앞의 화살에 바짝 다
가가 붙는 것 같았다.

當是時당시시 猶象人也유상인야

이때에 그는 마치 깎아 만든 인형 같았다.

伯昏無人曰백혼무인왈 : 백혼무인(伯昏無人)이 말했다.

"是射之射 非不射之射也[6]시사지사 비불사지사야

"이는 단지 활쏘기 기술을 위한 활쏘기이지, 활쏘기를 초월한 활쏘기
가 아니다.

嘗與汝登高山상여여등고산 履危石이위석

그럼 한번 너와 함께 높은 산에 올라가 위태로운 바위 위를 딛고 서서,

臨百仞之淵임백인지연 若能射乎약능사호?"

백길 되는 깊은 못을 내려다보면서도 너는 활을 능히 쏠 수가 있겠는
가?"

於是無人遂登高山어시무인수등고산 履危石이위석 臨百仞之淵임백인지연

그리고는 곧 백혼무인은 높은 산으로 올라가 위태로운 바위를 딛고 백

다는 뜻. 貫은 화살촉.

4) 適矢復沓(적시복답) : 화살이 활시위를 떠났는가 하면 바로 이어지는 화살이 다시 겹쳐
진. 앞의 화살이 막 떠나고 나서 뒤의 화살이 다시 활시위에 오른다는 뜻.

5) 方矢復寓(방시복우) : 계속 날아가는 화살이 앞의 화살에 바짝 다가붙는 것 같음. 화살
과 화살이 꼬리를 문 듯 연달아 이어짐.

6) 是射之射 非不射之射也(시사지사 비불사지시야) : 이는 단지 기예적인 활쏘기이지, 활쏘
기를 초월한(무심의 경지) 활쏘기는 아님.

길 되는 깊은 못을 내려다보았다.

背逡巡[7]배준순 足二分垂在外족이분수재외

못을 등진 채 뒷걸음질 쳐 발의 3분의 2가 바위 밖 허공으로 내밀고는

揖御寇而進之[8]읍어구이진지

열어구를 겸손히 불러 앞으로 다가오게 하였다.

御寇伏地어구복지 汗流至踵한류지종

이에 열어구는 땅에 엎드린 채 식은땀이 발뒤꿈치까지 흘러내렸다.

伯昏無人曰백혼무인왈 : 백혼무인이 말했다.

"夫至人者부지인자 上闚靑天상규청천

"무릇 지인(至人)은 위로 푸른 하늘을 엿보고,

下潛黃泉하잠황천 揮斥八極[9]휘척팔극 神氣不變신기불변

아래로 황천에 잠기면서 천지 팔방을 종횡무진 날아도 신기(神氣)가 조금도 변하지 않는다.

今汝怵然有恂目之志[10]금여출연유준목지지 爾於中也殆矣夫이어중야태의부!"

그런데 지금 너는 두려워 눈마저 어두워진 지경이니, 너는 활을 쏘아 과녁을 맞히기가 어려울 것이다!"

---

7) 背逡巡(배준순) : 못을 등지고 뒷걸음질 치다.

8) 揖御寇而進之(읍어구이진지) : 겸허하게 열어구를 앞으로 나오게 함. 進之는 그를 앞으로 나오게 했다는 뜻.

9) 揮斥八極(휘척팔극) : 팔방 끝까지를 자유로이 날아다닌다. 八極은 팔방(八方)의 너른 범위라는 뜻으로, 온 세상을 이르는 말이다.

10) 怵然有恂目之志(출연유준목지지) : 두려워 눈마저 어두워진 지경. 怵然(출연)은 두려워하는 모양. 恂(준)은 두려워하다.

열어구와 백혼무인의 활쏘기 문답을 빌려, 어떤 위험한 경지에 처해도 신기(神氣)가 변하지 않는 지인의 절대 자유의 경지는 이런 타성이나 목적의식으로부터 벗어나, 어느 것에도 구속받지 않는 무욕무심(無慾無心)의 극치에서만 이루어질 수 있다는 것을 설명하고 있다.

10.

肩吾[1])問於孫叔敖[2])日견오문어손숙오왈：

견오(肩吾)가 손숙오(孫叔敖)에게 물었다.

"子三爲令尹[3])而不榮華자삼위영윤이불영화 三去之而無憂色삼거지이무우색

"당신은 세 번씩 영윤(令尹)이 되었어도 영화로 생각지 않고, 세 번이나 그 자리에서 물러났어도 근심하는 빛이 없었습니다.

吾始也疑子오시야의자 今視子之鼻間栩栩然[4])금시자지비간허허연

---

1) 肩吾(견오) : 전설상의 인물로 〈소요유〉, 〈대종사〉, 〈응제왕〉 편에 나온다. 옛날의 전설적인 득도자 또는 신(神)의 이름.

2) 孫叔敖(손숙오) : 춘추시대 초(楚)나라 영윤(令尹). 《史記》 등에 전기가 전한다. 양두사(兩頭蛇 : 머리가 둘 달렸다는 뱀. 이것을 보는 사람은 죽는다는 전설이 있음)를 보고 타인에게 해가 될까 두려워 즉시 죽여 땅에 묻었다는 일화를 남길 정도로 용기와 지혜, 깊은 사려를 지녔던 인물. 장왕(莊王)의 둘도 없는 책사가 되어 군제(軍制)를 개혁하고 내정을 쇄신하며 각종 수리(水利), 영전(營田) 사업을 일으킴으로써 초나라가 안으로 부국강병을 이룩하고 밖으로 춘추의 3대 패업(霸業)을 성취하는 데 절대적인 공헌을 했음. 장왕이 그의 공적을 가상하고 고맙게 여겨 부유하고 넓은 읍(邑)을 하사하고자 했으나 그를 고사(固辭)하고 척박해서 아무도 탐내지 않는 침읍(寢邑)을 청했다. 그리하여 그의 자손들은 대대로 어려움 없이 침읍을 영유했는데, 이로부터도 그의 지혜와 처세술을 알 수 있었다.

3) 令尹(영윤) : 초나라의 벼슬 이름. 상경(上卿)으로서 나라의 정권을 잡은 사람.

그래서 나는 처음에는 당신을 의심했는데, 지금 당신의 코언저리를 보니 매우 흥겹고 즐거운 모습입니다.

子之用心獨奈何자지용심독내하?"

선생의 마음이 어떻게 그러실 수 있습니까?"

孫叔敖曰손숙오왈 : 손숙오가 말했다.

"吾何以過人哉오하이과인재!

"내가 어떻게 남보다 낫겠습니까!

吾以其來不可却也오이기래불가각야 其去不可止也기거불가지야

나는 그 오는 것을 물리칠 수 없고, 그 가는 것을 잡아두지 못한다고 생각합니다.

吾以爲得失之非我也오이위득실지비아야 而無憂色而已矣이무우색이이의

나는 이해(利害)와 득실(得失)이 내가 행할 바가 아니라고 생각하므로, 근심하는 빛이 없을 뿐입니다.

我何以過人哉아하이과인재!

내가 어찌 남보다 나을 것이 있겠습니까!

且不知其在彼乎차부지기재피호 其在我乎기재아호

또한 내가 존경을 받는 것이 벼슬 때문인지, 나 자신에 있는 것인지 모르겠습니다.

其在彼邪기재피야 亡乎我망호아

그것이 벼슬에 있는 것이라면 나 자신 때문이 아닐 것이요,

---

4) 視子之鼻間栩栩然(시자지비간허허연) : 코언저리의 숨을 살펴보니 숨 쉬는 모습이 조용함. 栩栩然(허허연)은 〈제물론〉 편에서는 나비가 팔랑팔랑 경쾌하게 나는 모양. 가볍게 움직이는 모양을 표현했고, 여기서는 숨이 조용히 들락날락하는 모양을 표현했다.

在我邪재아야 亡乎彼망호피

나에게 있는 것이라면 벼슬 때문이 아닐 것입니다.

方將躊躇방장주저 方將四顧방장사고

그러므로 늘 주저하는 마음으로 사방을 돌아보게 되니,

何暇至乎人貴人賤哉하가지호인귀인천재!"

어느 겨를에 사람의 귀천에 마음을 쓰겠습니까!"

仲尼聞之日중니문지왈 : 중니가 그 말을 듣고 말했다.

"古之眞人고지진인 知者不得說지자불득세

"옛날의 진인(眞人)은, 지혜로운 자도 그를 설득하지 못했고,

美人不得濫미인불득람 盜人不得劫도인불득겁

미인이라도 유혹할 수 없었으며, 도둑도 그를 겁박하지 못했으며,

伏戲黃帝不得友복희황제부득우

복희·황제도 그를 벗하지 못했다.

死生亦大矣사생역대의 而無變乎己이무변호기

죽고 사는 것은 중대한 문제지만, 그를 바꾸게 할 수 없었는데,

況爵祿乎황작록호!

더군다나 벼슬이나 봉록이야 문제나 되겠는가!

若然者약연자 其神經乎大山而無介기신경호대산이무개

그러한 사람은 그 정신이 태산을 지나가도 장애를 받지 않고,

入乎淵泉而不濡입호연천이불유 處卑細而不憊5)처비세이불비

---

5) 處卑細而不憊(처비세이불비) : 미천한 지위에 처하더라도 고달파지 않음. 憊는 고달프
다는 뜻.

깊은 못에 들어가도 젖지 않으며, 낮은 지위에 처해도 고달파하지 않고,

充滿天地충만천지 旣以與人 己愈有6)기이여인 기유유"

그 정신이 온 천지에 가득 차 있어 모든 것을 남에게 주어도 도리어 자신에게는 많은 것이 갖추어지기 마련이다."

| 해설 |

견오(肩吾)와 손숙오(孫叔敖)의 문답을 빌려, 인생의 득실(得失), 화복(禍福), 부귀(富貴), 영욕(榮辱)을 시대의 변천, 자연의 변화에 따르는 것으로, 그것으로 마음을 어지럽히지 않는 초월자의 사는 방법, 곧 지인(至人)의 경지를 설명하고 있다.

견오는 〈소요유〉 편이나, 〈응제왕〉 편에서 연숙(連叔)이나 광접여(狂接輿)와의 문답이 있었고, 〈대종사〉 편에서는 옛날의 유도자(有道者)로 기록되어 있는 전설적 인물로 나온다.

손숙오는 초나라 장왕(莊王)을 도와 패업(覇業)을 이루려 한 춘추시대의 명재상이다. 《좌전》, 《맹자》, 《순자》, 《여씨춘추》 등에도 그의 행적이 기록되어 있고,「잡편(雜篇)」〈서무귀(徐無鬼)〉 편에서도 공자와의 문답이 보인다.

---

6) 旣以與人 己愈有(기이여인 기유유) : 남에게 주어도 도리어 자기 자신은 더욱 갖추어지게 됨. 有는 富有의 뜻이다. 《老子》 제81장에 "성인은 쌓아놓지 않으니, 이미 다른 이를 위하기 때문에 자기는 더 가지게 되고, 이미 다른 이에게 주기 때문에 자기는 더 많아진다. 하늘의 道는 이롭게 하여 해치지 않고, 성인의 道는 이루면서도 싸우지 않는다(聖人不積 旣以爲人己愈有 旣以與人己愈多 天之道 利而不害 聖人之道 爲而不爭)."라고 한 구절과 비슷한 맥락이다.

11.

楚王與凡君坐¹⁾초왕여범군좌

초나라 왕이 범(凡)나라 임금과 마주앉았다.

少焉소언 楚王左右日초왕좌우왈 : "凡亡者三범망자삼"

잠시 후 초나라 왕의 곁에서, "범나라는 망할 조짐이 세 가지가 있습니다."라고 말했다.

凡君日범군왈 : 범나라 군주가 말했다.

"凡之亡也범지망야 不足以喪吾存부족이상오존

"우리 범나라가 망하는 것이 나 자신의 존재를 잃기에는 부족합니다.

夫凡之亡부범지망 不足以喪吾存부족이상오존

무릇 범나라가 망한다고 하더라도 그것이 나의 존재를 잃기에 부족하다면,

則楚之存不足以存存즉초지존부족이존존

초나라가 존속한다고 해도 나의 존재와는 상관이 없는 것입니다.

由是觀之유시관지 則凡未始亡而楚未始存也²⁾즉범미시망이초미시존야"

이로 미루어 볼 때, 우리 범나라는 처음부터 망한 적이 없고, 초나라가 처음부터 존재하고 있던 것도 아닙니다."

---

1) 楚王與凡君坐(초왕여범군좌) : 楚나라 문왕(文王)이 범(凡)나라 희후(僖侯)와 함께 마주앉아 합종(合縱) 회맹(會盟)의 일을 논했다. 범나라는 주공(周公)의 후국(後國)으로 급군(汲郡)의 경계에 있었다. 그래서 지금의 범성(凡城)이 있는 것이 바로 이 자리다."라고 했음. (성현영의 소)

2) 凡未始亡而楚未始存也(범미시망이초미시존야) : 범(凡)나라는 처음부터 망한 적도 없고, 초(楚)나라는 처음부터 존재한 것도 아님. 나라의 흥망이 道의 존재 여부를 결정짓는 것은 아니라는 뜻.

| 해설 |

범(凡)나라 임금의 말을 빌려, 외물의 존망(存亡)은 진아(眞我)와는 관계가 없고, 나의 존망도 원래 나라와 관계가 없다는 내용을 피력하고 있다. 범나라는 춘추시대 남방의 강국인 초나라의 속국이었는데, 지금의 하남성 휘현(輝縣) 부근에 위치한 약소국이었다.

《좌전》은공(隱公) 七년에도 「범백(凡伯)」이라는 말이 보이는데, 후에 초나라에 의해 멸망했다. 이 지방은 훗날 위진시대(魏晉時代)에 신선술(神仙術)을 배우는 무리들이 모여든 곳이 되어 죽림칠현(竹林七賢) 가운데 완적(阮籍)이나 혜강(嵇康)도 자주 이곳을 방문했다고 한다.

22. 지북유
知北遊

지자불언 언자부지(知者不言 言者不知)

    지북유는 지혜가 북쪽으로 논다는 뜻으로, 「내편」〈대종사〉편을 조술한 것으로, 道는 형상이 없는 것이라 눈으로 볼 수도 없고, 귀로 들을 수도 없어 인지(人智)를 초월했기 때문에, 이것을 사람의 말로써 표현하는 것은 불가능한 것이라 하였다. 곧 道는 불언(不言)의 교(教)로써 체득된다는 것을 논술하고 있다.

노 자

1.

知¹⁾北遊於玄水之上²⁾지북유어현수지상 登隱弅之丘³⁾등은분지구

지(知)가 북쪽으로 현수(玄水) 가에서 노닐다 은분(隱弅)의 언덕에 올랐을 때,

而適遭無爲謂⁴⁾焉이적조무위위언

마침 무위위(無爲謂)를 만났다.

知謂無爲謂曰지위무위위왈 : 지(知)가 무위위에게 말했다.

"子欲有問乎若여욕유문호약 何思何慮則知道하사하려즉지도?

"자네에게 물어볼 게 있네. 무엇을 생각하고 무엇을 헤아리면 道를 알 수 있으며,

何處何服則安道하처하복즉안도 何從何道則得道하종하도즉득도?"

어떻게 처신하고 어떻게 일하면 道에 편안하며, 무엇을 따르고 어떤 길로 가면 道를 얻을 수가 있는가?"

三問而無爲謂不答也삼문이무위위부답야

세 번이나 반복해 물었으나, 무위위는 대답을 하지 않았다.

非不答 不知答也⁵⁾비부답 부지답야

---

1) 知(지) : 가공의 인명. 인지(人知)를 의인화하여 우언으로 표현하였다.

2) 北遊於玄水之上(북유어현수지상) : 북쪽으로 현수 물가에서 노닐다. 玄水는 깊숙하고 그윽한 물. 지극한 道는 현묘(玄妙)하다는 노자(老子)의 말에서 만든 말.

3) 登隱弅之丘(능은문지十) : 은분의 언덕에 오르다. 隱弅(은분)은 가공의 지명. 隱은 숨겨져 알기 어려움을 말하고, 弅은 높이 흙을 쌓은 모양. 곧 지극한 道를 형용한 말.

4) 無爲謂(무위위) : 지(知)와 마찬가지로 우언으로 의인화한 가공의 인명. 지자(知者)는 말하지 않는다는 입장을 취하는 인물.

5) 非不答 不知答也(비부답 부지답야) : 대답을 하지 않은 것이 아니라 대답할 줄을 모른

대답을 하지 않는 것이 아니라 대답할 줄을 모른 것이다.

知不得問지부득문 反於白水之南[6]반어백수지남

지(知)는 질문의 답을 얻지 못한 채 백수(白水)의 남쪽으로 돌아와,

登狐闋[7]之丘등호결지구 而睹狂屈[8]焉이도광굴언

호결(狐闋)의 언덕에 올랐다가 광굴(狂屈)을 만났다.

知以之言也問乎狂屈지이지언야문호광굴

지(知)는 같은 말을 광굴에게 물어보았다.

狂屈曰광굴왈 : 광굴이 말했다.

"唉애! 子知之여지지 將語若장어약 中欲言而忘其所欲言중욕언이망기소욕언"

"그래! 내가 그것을 알지. 그런데 말을 막 하려던 중에 말하고자 하던 것을 잊어버렸네."

知不得問지부득문 反於帝宮[9]반어제궁 見黃帝[10]而問焉견황제이문언

지(知)는 또 대답을 듣지 못하고 제궁(帝宮)으로 돌아와 황제(黃帝)를

것이다. 無爲謂는 이름의 뜻 그대로 아무런 행위도 하지 않고 아무 말도 하지 않는 사람임을 얘기하고 있다.

6) 反於白水之南(반어백수지남) : 백수의 남쪽으로 돌아옴. 白水는 깨끗한 물. 남쪽은 환하고 밝은 곳. 곧 물도 깨끗하게 비치는 남쪽의 개울인 백수의 남쪽.

7) 狐闋(호결) : 호의(狐疑)하는 마음이 없어진다는 뜻. 호의(狐疑)는 의심이 많고 결단성이 없어 일에 임해 머뭇거리고 결정을 내리지 못하는 것을 비유한 말. 원래 여우는 의심이 많아서 얼음이 언 내를 건널 때에도 일일이 물이 없는 곳을 살펴서 건너기 때문에 여기에서 유래함.

8) 狂屈(광굴) : 분별지(分別知)를 잊었다는 뜻의 의인화한 이름. 세속의 예(禮)나 교(敎)로부터 일탈하여 분별을 잊은 사람.

9) 帝宮(제궁) : 황제의 궁궐. 《초사(楚辭)》 〈원유(遠遊)〉 편에서 나온 말.

10) 黃帝(황제) : 황(黃)은 중앙을 말함. 마음은 몸 가운데 있으므로 마음을 가리킴.

만나 또다시 그렇게 물었다.

黃帝曰황제왈 : 황제가 말했다.

"無思無慮始知道무사무려시지도 無處無服始安道무처무복시안도

"생각도 없고 헤아림도 없어야 비로소 道를 알고, 처함도 없고 행함도 없어야 비로소 道에 편안하며,

無從無道始得道무종무도시득도"

따르는 것도 없고 가는 길도 없어야 道를 얻을 수 있네."

知問黃帝曰지문황제왈 : 지가 황제에게 물었다.

"我與若知之아여약지지 彼與彼不知也피여피부지야 其孰是邪기숙시야?"

"나와 당신은 이렇게 해서 道를 알았다고 하지만, 저 무위위와 광굴은 道를 알지 못하니, 어느 편이 옳소?"

黃帝曰황제왈 : 황제가 말했다.

"彼無爲謂眞是也피무위위진시야 狂屈似之광굴사지 我與汝終不近也아여여종불근야

"저 무위위야말로 정말로 올바른 道를 알고 있는 자이고, 광굴은 거의 道에 가까이 간 사람이며, 나와 자네는 결국 道의 근처에도 가지 못했네.

夫知者不言 言者不知[11]부지자불언 언자부지

---

11) 知者不言 言者不知(지자불언 언자부지) : 아는 자는 말하지 아니하고, 말하는 자는 알지 못함. 말의 중요성을 일깨우고 말로 인한 오류를 경계하는 말이다. 《노자》 제56장의 첫 구절이다. "아는 사람은 말하지 않고, 말하는 사람은 알지 못한다. 감각의 구멍을 막고 욕망의 문을 닫아걸며, 날카로움을 무디게 하고 헝클어진 것을 풀며, 빛을 부드럽게 하여 티끌과 하나가 되면, 이것을 일러 현묘한 합일이라고 한다(知者不言 言者不知 塞其兌 閉其門 挫其銳 解其紛 和其光 同其塵 是謂玄同)." 「화광동진(和光同塵)」이라는 고사성어도 여기서 유래되었다. 빛을 부드럽게 하여 속세의 티끌에 같이한다는 뜻으로,

무릇 道를 아는 사람은 말을 하지 않고, 말을 하는 사람은 道를 알지 못한다.

故聖人行不言之敎고성인행불언지교

그러므로 성인은 말로 표현하지 않는 가르침을 행하는 것이네.

道不可致도불가치　德不可至덕불가지

道는 말로 이룰 수 없고, 德은 인위로써 이를 수 없는 것이네.

仁可爲也인가위야　義可虧也의가휴야　禮相僞也예상위야

인(仁)은 행할 수 있는 것이고, 의(義)는 없는 편이 낫고, 예(禮)는 거짓을 꾸미는 것이네.

故曰고왈 : '失道而後德실도이후덕　失德而後仁실덕이후인

그러므로, '道를 잃은 뒤에 德이 생기고, 德을 잃은 뒤에 仁이 생기며,

失仁而後義실인이후의　失義而後禮실의이후례

仁을 잃은 뒤에 義가 생기고, 義를 잃은 뒤에 禮가 생긴다.

禮者 道之華而亂之首也¹²⁾예자 도지화이란지수야'

禮는 道의 헛된 꽃으로 어지러움의 으뜸이다.' 라고 했네.

자기의 지덕과 재기를 감추고 세속을 따름을 이르는 말. 또는 부처가 중생을 구제하기 위하여 그 본색을 숨기고 인간계에 나타남을 이르는 말이기도 하다.

12) 失道而後德 失德而後仁 失仁而後義 失義而後禮 禮者 道之華而亂之首也(실도이후덕 실덕이후인 실인이후의 실의이후례 예자 도지화이란지수야) : 道를 잃은 뒤에 德이 생겨나고, 德을 잃은 뒤에 仁이 나타나고, 仁을 잃은 뒤에 義를 말하게 되고 義를 잃은 뒤에 禮가 나타나는 것이니, 禮란 道를 거짓으로 꾸민 것이고 어지러움을 일으키는 으뜸이다. 《老子》 제38장에, "道를 잃으면 德이 생겨나고, 德을 잃으면 어짊이 나타나고, 어짊을 잃으면 의로움이 나타나고, 의로움을 잃으면 예절이 나타난다. 무릇 예는 믿음과 섬김이 엷어지면 나타나는 첫머리이다(失道而後德 失德而後仁 失仁而後義 失義而後禮 夫禮者 忠信之薄而亂之首)."라고 하여 비슷한 내용이 보인다.

故曰고왈 : '爲道者日損위도자일손 損之又損之손지우손지

그러므로 '道를 추구함은 날로 덜어내는 것이니, 덜어내고 또 덜어내면

以至於無爲이지어위무 無爲而無不爲也13)무위이무불위야'

무위(無爲)에 이르니, 무위하면 되지 않는 것이 없다(無不爲).'고 말하는 것이다.

今已爲物也금이위물야 欲復歸根욕복귀근 不亦難乎불역난호!

그런데 지금 이미 하나의 물(物)이 되었으니, 그 근본인 무극(無極)의 道로 돌아가려 한들 또한 어렵지 않겠는가!

其易也기이야 其唯大人乎기유대인호!

그것이 쉬운 사람은 오직 인위를 버린 道를 얻은 사람만이네.

生也死之徒 死也生之始 孰知其紀14)생야사지도 사야생지시 숙지기기!

삶과 죽음은 같은 무리이고, 죽음은 삶의 시작이니, 누가 그 끝을 알겠는가!

人之生인지생 氣之聚也기지취야 聚則爲生취즉위생 散則爲死산즉위사

삶이란 기(氣)가 모인 것으로, 기가 모이면 태어나고, 기가 흩어지면 죽는 것이다.

---

13) 爲道者日損 損之又損之 以至於無爲 無爲而無不爲也(위도자일손 손지우손지 이지어무위 무위이무불위야) : 道는 날로 덜어내는 것이다. 덜어내고 또 덜어내면 무위(無爲)에 이른다. 무위하면 되지 않는 것이 없다(無不爲). 《老子》제48장에 "배움은 날마다 더하는 것이고, 道는 날마다 덜어내는 것이다. 덜어내고 또 덜어내면 무위(無爲)에 이른다. 무위하면 되지 않는 것이 없다(無不爲)(爲學日益 爲道日損 損之又損 以至於無爲 無爲而無不爲)."라는 구절이 있다.

14) 生也死之徒 死也生之始 孰知其紀(생야사지도 사야생지시 숙지기기) : 삶과 죽음은 한 무리이고 죽음은 삶의 시작이니 누가 그 끝을 알겠는가. 삶과 죽음은 끊임없이 순환하여 끝이 없다는 뜻. 紀는 궁극(窮極)의 뜻.

若死生爲徒약사생위도 吾又何患오우하환! 故萬物一也고만물일야

만약 삶과 죽음이 같은 무리라면 내 또한 어찌 근심하겠는가! 그러므로 만물은 일체인 것이다.

是其所美者爲神奇시기소미자위신기 其所惡者爲臭腐기소오자위취부

그런데 만물이 아름다운 것을 신기(神奇)하다고 하고, 보기 싫은 것을 냄새 나고 썩었다(臭腐)고 하네.

臭腐復化爲神奇 神奇復化爲臭腐5)취부복화위신기 신기복화위취부

취부(臭腐)가 다시 변화하여 신기(神奇)가 되고, 신기가 다시 변화해서 취부가 되네.

故曰고왈 : '通天下一氣耳16)통천하일기이' 聖人故貴一성인고귀일"

그러므로, '천하를 통하여 한 가지 기(氣)뿐이라.'고 했네. 그러므로 성인은 본디 유일 절대의 道를 귀하게 여기네."

知謂黃帝曰지위황제왈 : 지(知)가 다시 황제에게 말했다.

"吾問無爲謂오문무위위 無爲謂不應我무위위불응아

"제가 무위위에게 물었더니, 무위위는 저에게 대답을 하지 않는데,

非不我應비불아응 不知應我也부지응아야

그것은 저에게 대답을 안한 것이 아니고, 나에게 대답할 줄을 몰랐던 것입니다.

吾問狂屈오문광굴 狂屈中欲告我而不我告광굴중욕고아이불아고

그래서 또 제가 광굴에게 물었더니, 광굴은 저에게 말을 하려다가 중도

---

15) 臭腐復化爲神奇 神奇復化爲臭腐(취부복화위신기 신기복화위취부) : 냄새나고 썩은 것이 다시 신기한 것으로 바뀌고, 신기한 것이 다시 냄새나고 썩은 것으로 바뀜. 죽음(臭腐)과 삶(神奇)이 끊임없이 순환 반복함을 비유한 표현이다.

16) 通天下一氣耳(통천하일기이) : 천하를 통틀어 한 가지 기운뿐. 通은 통틀어의 뜻.

에서 그치고 저에게 대답을 하지 않았습니다.

非不我告비불아고 中欲告而忘之也중욕고이망지야

그것은 그가 저에게 대답해 주지 않은 것이 아니라, 말하려고 하다가 그만 잊어버린 것입니다.

今予問乎若금여문호약 若知之약지지 奚故不近해고불근?"

그래서 지금 제가 당신에게 물으니, 당신은 그것을 알고 있었는데 당신은 어째서 아직 道와 가깝지 않다고 하십니까?"

黃帝曰황제왈 : 황제가 말했다.

"彼其眞是也피기진시야 以其不知也이기부지야

"저 무위위가 정말로 道를 안다는 것은 그가 道를 모르기 때문이요,

此其似之也차기사지야 以其忘之也이기망지야

광굴이 道에 가깝다고 한 것은 道를 잊어버렸기 때문이며,

子與若終不近也여여약종불근야 以其知之也이기지지야"

나와 자네는 끝내 가까이 가지 못하는 것은 道를 알고 있다고 했기 때문이네."

狂屈聞之 以黃帝爲知言17)광굴문지 이황제위지언

광굴이 이 말을 듣고 황제의 말이 사리에 맞다고 여겼다.

| 해설 |

지(知) · 무위위(無爲謂) · 광굴(狂屈) · 황제(黃帝)의 문답을 빌려, 불언(不言)의 교(敎)를 설명하고, 仁 · 義 · 禮 등의 인위적인 형식을 물리

---

17) 狂屈聞之 以黃帝爲知言(광굴문지 이황제위지언) : 광굴이 그 말을 듣고 황제의 말이 사리에 맞다고 여김. 황제야말로 통찰력을 가진 사람이라는 말이다.

치며, 사생일여(死生一如), 만물일기(萬物一氣)의 경지를 서술하고 있다. 중간에 자주 노자(老子)의 말을 인용한 것이 이 대목의 특이한 점이라 하겠다.

2.

天地有大美[1]而不言천지유대미이불언

천지는 만물을 생성하고 기르는 위대한 아름다움을 지니고 있음에도 말하지 않고,

四時有明法而不議사시유명법이불의

사시(四時)는 분명한 법에 따라 움직이지만 논의하지 않으며,

萬物有成理而不說만물유성리이불설

만물은 각기 생성의 이법(理法)을 가지고 있으면서도 설명하지 않는다.

聖人者성인자 原天地之美[2]而達萬物之理원천지지미이달만물지리

성인은 천지의 아름다움에 근원하여 만물의 도리에 통달하고 있다.

是故至人無爲 大聖不作[3]시고지인위무 대성부작

그러므로 지인(至人)은 무위(無爲)하고, 대성(大聖)은 작위하지 않는다.

觀於天地之謂也관어천지지위야

이는 천지의 뜻을 잘 관찰한다고 하는 것이다.

今彼神明至精금피신명지정 與彼百化여피백화

---

1) 大美(대미) : 만물을 생성하고 기르는 위대한 미덕(美德).
2) 天地之美(천지지미) : 위의 세 구절을 말하고 있다.
3) 至人無爲 大聖不作(지인무위 대성부작) : 至人은 無爲하고 大聖은 작위하지 않음. 無爲와 不作은 같은 의미다.

지금 저 신성영묘(神聖靈妙)한 道는 일체의 만물을 생성 변화해서,

物已死生方圓4)물이사생방원 莫知其根也막지기근야

어느 것은 죽음으로, 어느 것은 삶으로, 어느 것은 모가 지게, 어느 것
은 둥글게 만들지만, 아무도 그 근본을 알지 못한다.

扁然而萬物自古以固存5)편연이만물자고이고존

날로 변화하는 만물은 자고이래로 그대로 존재해 오는 것이다.

六合爲巨 未離其內6)육합위거 미리기내

저 천지가 거대하지만 道 안에서 떠날 수 없고,

秋豪爲小추호위소 待之成體대지성체

가을 털이 작고 작지만 道에 의해 그 형태가 이루어지는 것이다.

天下莫不沈浮천하막불침부 終身不故종신불고

천하 만물은 모두 부침(浮沈)을 되풀이해서 죽을 때까지 옛 모습 그대
로 있지 아니한다.

陰陽四時運行음양사시운행 各得其序각득기서

음양과 사시는 바르게 운행하여 각기 그 차례를 따라간다.

惛然若亡而存혼연약망이존 油然不形而神유연불형이신

어두컴컴하여 없는 듯하면서 존재하며, 자욱하여 형체가 없는 듯하면
서 신령스럽다.

---

4) 物已死生方圓(물이사생방원) : 만물은 어느 것은 죽음으로, 어느 것은 삶으로, 어느 것은
모가 지게, 어느 것은 둥글게 만든나.

5) 扁然而萬物自古以固存(편연이만물자고이고존) : 날로 변화하는 만물은 자고이래로 그대
로 존재하고 있음. 扁然은 날마다 변화하는 모양.

6) 六合爲巨 未離其內(육합위거 미리기내) : 천지가 크다 하지만 道 안에서 떠날 수 없다.
六合(육합)은 천지(天地)와 사방(四方)을 말한다.

萬物畜而不知만물축이부지

만물은 이 때문에 자라지만, 이것을 알지 못한다.

此之謂本根차지위본근 可以觀於天矣가이관어천의

이를 일러 우주만물의 근본이라 하고, 이를 앎으로써 자연의 대도를 깨
달을 수가 있는 것이다.

| 해설 |

앞 장에서 말한 근본으로 복귀한다는 뜻을 받아 천지자연의 변화의
실상(實相)과 이를 주재하는 근본적인 道를 설명하고 있다. 따라서 성
인만이 이런 천지자연의 위대함을 근본적으로 파악하여 만물이 각기
갖추고 있는 자연의 이법을 투철하게 인식할 수 있다 하였다.

3.

齧缺1)問道乎被衣2)설결문도호피의 被衣曰피의왈 :

설결이 피의에게 道에 관해서 묻자, 피의가 말했다.

"若正汝形 一汝視 天和將至3)약정여형 일여시 천화장지

"만약 그대가 몸을 바르게 하고 옳은 것을 본다면 자연과 조화를 이
루게 될 것이다.

---

1) 齧缺(설결) : 가공의 인물. 〈天地〉 편에 허유(許由)의 스승이고 왕예(王倪)의 제자라고 되
어 있다.

2) 被衣(피의) : 가공의 인물. 최선(崔譔)은 〈응제왕(應帝王)〉 편에 나오는 포의자(蒲衣子)
와 같은 인물이라고 했다.

3) 若正汝形 一汝視 天和將至(약정여형 일여시 천화장지) : 만약 네가 네 몸을 단정하게 하
고, 네 시선을 한결같이 하면 자연과 조화를 이룰 것임. 天和(천화)는 자연과의 조화.

攝汝知섭여지 一汝度일여도 神將來舍신장래사

그대의 지(知)를 다스리고, 그대의 태도를 한결같이 하면 바른 정신이 그대의 몸에 깃들 것이다.

德將爲汝美덕장위여미 道將爲汝居도장위여거

장차 德이 그대를 아름답게 만들고, 道가 그대에게 깃들 것이다.

汝瞳焉如新出之犢而無求其故여동언여신출지독이무구기고!"

그대는 무심한 갓 난 송아지와 같을 것이니, 부질없이 일의 까닭을 찾지 않을 것이네!"

言未卒언미졸 齧缺睡寐설결수매

그 말이 끝나기도 전에 설결은 잠이 들어버렸다.

被衣大說피의대열 行歌而去之행가이거지 曰왈 :

피의는 크게 기뻐 떠나가면서 노래를 불렀다.

"形若槁骸 心若死灰[4]형약고해 심고사회

형상은 마른 나무와 같고, 마음은 불 꺼진 재와도 같구나.

眞其實知[5]진기실지 不以故自持불이고자지

자기가 아는 바를 진실되게 하고, 옛것을 스스로 지키지 아니하며,

媒媒晦晦[6]매매회회 無心而不可與謀무심이불가여모

흐릿하고 컴컴하니, 무심하여 함께 얘기를 나눌 수도 없네.

彼何人哉피하인재!"

---

4) 形若槁骸 心若死灰(형약고해 심약사회) : 형제는 말라버린 나무 같고 마음은 불 꺼진 재와 같음. 槁骸는 〈서무귀〉 편에는 槁骸로, 〈제물론〉 편에는 槁木으로, 〈경상초〉 편에는 槁木之枝로 표현하고 있다.

5) 眞其實知(진기실지) : 자기가 아는 바를 진실되게 함. 實은 所와 같다.

6) 媒媒晦晦(매매회회) : 흐릿하고 어두움. 媒媒는 흐릿해서 보이지 않음.

대체 그는 어떤 사람인가!"

| 해설 |

설결(齧缺)과 피의(被衣)의 언동을 빌려 허심망아(虛心忘我)의 경지를 설명하고 있다. 설결과 피의의 문답은 〈응제왕〉 편에도 보이는데, 거기에서는 피의를 포의자(蒲衣子)로 만들고 있다. 〈천지〉 편에서는 피의를 설결의 스승인 왕예의 스승이라고 했다.

4.

舜問乎丞[1]曰순문호승왈 : 순임금이 승(丞)에게 물었다.

"道可得而有乎[2]도가득이유호?"

"道를 터득하여 그것을 소유할 수가 있겠소?"

曰왈 : 승(丞)이 대답했다.

"汝身非汝有也여신비여유야 汝何得有夫道여하득유부도?"

"임금의 몸도 임금의 소유가 아닌데, 임금이 어떻게 저 道를 소유할 수 있겠습니까?"

舜曰순왈 : 순임금이 말했다.

"吾身非吾有也오신비오유야 孰有之哉숙유지재?"

---

1) 舜問乎丞(순문호승) : 舜이 丞에게 묻다. 승(丞)은 관명으로 전의(前疑), 후승(後丞), 좌보(左輔), 우필(右弼)의 승(丞).

2) 道可得而有乎(도가득이유호) : 道를 터득해 그것을 소유할 수 있습니까? 有는 私有의 뜻. 〈대종사〉 편에서 "무릇 道에는 정(情)이 있고 신(信)이 있으나, 행위가 없고 형상이 없다. 그래서 마음으로 전할 수는 있으나, 손으로 받을 수는 없으며, 체득할 수는 있으나 볼 수는 없다(夫道有情有信 無爲無形 可傳而不可受 可得而不可見)."라고 한 내용과 뜻이 통한다.

"내 몸이 내 소유가 아니라면 누가 소유하고 있단 말이오?"

曰왈 : 승(丞)이 대답했다.

"是天地之委形也3)시천지지위형야

"그것은 천지자연이 형체를 맡겨놓은 것입니다.

生非汝有생비여유 是天地之委和也시천지지위화야

삶은 당신의 것이 아닙니다. 천지자연이 조화로움을 맡긴 것이며,

性命非汝有성명비여유 是天地之委順也시천지지위순야

성명(性命)도 당신의 소유가 아니고, 자연의 이치에 따라 임시로 부여한 것입니다.

孫子4)非汝有손자비여유 是天地之委蛻也5)시천지지위태야

자손들도 당신의 소유가 아니고, 천지자연이 허물을 맡긴 것입니다.

故行不知所往고행부지소왕 處不知所持처부지소지 食不知所味식부지소미

그러므로 걸어가도 갈 곳을 알지 못하고, 살고 있으면서도 그 이유를 알지 못하며, 음식을 먹어도 그 맛을 알지 못합니다.

天地之强陽氣也천지지강양기야 又胡可得而有邪우호가득이유야?"

천지의 강건한 기운이 그렇게 만드는 것입니다. 그러니 또한 어찌 道를 내 것으로 만들 수가 있겠습니까?"

| 해설 |

순(舜)과 승(丞)의 문답을 빌려, 일체 만물은 자기의 소유가 아니고

---

3) 是天地之委形也(시천지지위형야) : 그것은 천지가 형체를 맡긴 것임. 委는 맡기다.

4) 孫子(손자) : 자손.

5) 是天地之委蛻也(천지지위태야) : 천지자연이 허물을 맡긴 것임. 蛻(태)는 허물.

천지 생성 중에 포함되어 있는 것이라 함을 서술하고 있다. 곧 나와 道를 일원적(一元的)으로 보아 서로 떨어질 수 없는 것으로, 이것을 이원적(二元的)으로 생각하는 것은 잘못이라는 입장을 강조했다.

5.

孔子問於老聃曰공자문어노담왈:

공자가 노담(老聃)에게 물었다

"今日晏閒¹⁾금일안한 敢問至道감문지도"

"오늘은 조금 한가하신 듯하니, 지극한 道에 대해 감히 여쭙겠습니다."

老聃曰노담왈: 노담이 대답했다.

"汝齊戒여제계 疏瀹而心소약이심

"그대는 먼저 재계(齋戒)하여 마음을 씻고,

澡雪而精神조설이정신 掊擊而知부격이지!

그대의 정신을 깨끗이 씻고, 지식을 밀쳐내도록 하시오!

夫道 窅然難言哉²⁾부도 요연난언재! 將爲汝言其崖略³⁾장위여언기애략

무릇 道는 심원하고 요원해서 말로는 표현하기가 어렵지만, 당신을 위하여 그 대강을 말해 보겠소.

夫昭昭⁴⁾生於冥冥⁵⁾부소소생어명명 有倫⁶⁾生於無形유륜생어무형

---

1) 晏閒(안한) : 한가함. 晏은 安과 같고 閒은 閑과 같다.

2) 夫道 窅然難言哉(부도 요연난언재) : 무릇 道는 심원하고 요원해서 말로 표현하기 어려움. 窅然은 심원하고 요원함. 窅然은 〈소요유〉, 〈지북유〉 편에도 나온다.

3) 言其崖略(언기애략) : 그 대강을 말함. 崖略은 대강(大綱).

4) 昭昭(소소) : 환하고 뚜렷함, 밝은 모양.

무릇 밝은 것은 어두운 곳에서 생겨나고, 형체가 있는 것은 형체가 없는 것에서 생겨납니다.

精神生於道정신생어도 形本生於精형본생어정

정신은 자연의 道로부터 생겨나고, 육체는 정기(精氣)의 화합에서 생겨납니다.

而萬物以形相生이만물이형상생

그리고 만물은 형체를 갖추어 생겨나니,

故九竅者胎生 八竅者卵生7)고구규자태생 팔규자난생

몸에 아홉 개의 구멍을 가지고 있는 사람과 짐승들은 새끼를 낳고, 여덟 개의 구멍을 가지고 있는 새나 물고기들은 알을 낳습니다.

其來無跡 其往無崖8)기래무적 기왕무애

그것들이 생겨나는 데도 자취가 없고, 돌아갈 때도 끝이 없습니다.

無門無房무문무방 四達之皇皇也사달지황황야

문도 없고 방도 없어 사방으로 넓게 통해서 한이 없습니다.

邀於此者9)요어차자 四肢彊사지강 思慮恂達10)사려순달 耳目聰明이목총명

---

5) 冥冥(명명) : 드러나지 않고 으슥함. 아득하고 그윽함. 나타나지 않아 알 수 없는 모양.

6) 有倫(유륜) : 일정한 형체가 있는 것.

7) 九竅者胎生 八竅者卵生(구규자태생 팔규자난생) : 구멍이 아홉 개인 것들은 태에서 생겨나고, 구멍이 여덟 개인 것들은 알에서 생겨남. 九竅는 눈·코·입·귀의 일곱 구멍과 항문·생식기 구멍을 합하여 모두 아홉 구멍을 일컬으며, 〈응제왕(應帝王)〉편에 나오는 혼돈(渾沌)의 7규(竅)에다 몸에 있는 두 개의 구멍을 더한 것이나. 九竅는 태생(胎生)을 지칭하고 八竅(팔규)는 난태생(卵胎生), 곧 조류(鳥類)를 가리킨다.

8) 其來無跡 其往無崖(기래무적 기왕무애) : 올 때는 자취가 없고 돌아갈 때는 그 끝이 없음. 無迹은 자취가 없음.

9) 邀於此者(요어차자) : 邀는 따르다. 順과 같은 뜻.

이러한 道를 따르는 사람은 온몸이 건강하고 생각이 통달하여 이목이 총명합니다.

其用心不勞기용심불로 其應物無方기응물무방

마음을 써도 수고롭지가 않고, 사물에 응해도 얽매임이 없습니다.

天不得不高천부득불고 地不得不廣지부득불광

하늘도 그것을 얻지 못하면 높아질 수 없고, 땅도 그것을 얻지 못하면 넓어질 수 없으며,

日月不得不行일월부득불행 萬物不得不昌만물부득불창

해와 달도 그것을 얻지 못하면 운행할 수 없고, 만물도 그것을 얻지 못하면 창성할 수가 없습니다.

此其道與11)차기도여!

이것을 바로 道라고 합니다!

且夫博之不必知12)차부박지불필지 辯之不必慧변지불필혜

또한 무릇 박학(博學)한 자라고 반드시 참된 지자(知者)는 아니며, 변설에 뛰어나다고 반드시 지혜로운 자는 아닙니다.

聖人以斷之矣13)성인이단지의

그래서 성인은 그런 것들을 이미 끊어 버렸습니다.

若夫益之而不加益약부익지이불가익 損之而不加損者손지이불가손자 聖人之所保也성인지소보야

---

10) 思慮恂達(사려순달) : 생각이 순조롭게 통함. 恂은 통하다.

11) 此其道與(차기도여) : 이것이 바로 道가 아니겠는가! 道에 대한 감탄을 표하는 것.

12) 博之不必知(박지불필지) : 박학한 사람이라고 반드시 道를 아는 것은 아님.

13) 聖人以斷之矣(성인이단지의) : 성인은 그런 것들을 끊어버림. 以는 已와 같다. 斷之는 끊어버림.

아무리 더하려고 해도 더해지지 않고, 아무리 덜려 해도 덜어지지 않는 것이야말로 성인이 참으로 소중히 지키는 것이오.

淵淵乎其若海연연호기약해 魏魏乎其終則復始也14)위위호기종즉복시야

바다와 같이 깊고 깊으며, 산과 같이 높고 높아 끝나는 곳에서 다시 시작합니다.

運量萬物而不匱운량만물이불궤 則君子之道즉군자지도 彼其外與피기외여!

만물을 운행하면서 다함이 없는 것은 자연을 체득한 군자의 道는 그것에서 벗어나 있는 것이 아니겠습니까!

萬物皆往資焉而不匱만물개왕자언이불궤 此其道與차기도여!

만물은 모두 운행하면서 이를 취하여 살아나가지만, 이것 자체는 항상 다해버리는 일이 없습니다. 이것이 바로 道인 것이오!

中國有人焉15)중국유인언 非陰非陽비음비양

이 땅에 사람들이 살고 있는데, 음도 아니고 양도 아니어서,

處於天地之閒처어천지간 直且爲人 將反於宗16)직차위인 장반어종

하늘과 땅 사이에 머물러 지금 잠시 사람의 형체를 지니고 나타났으나, 장차 만물 발생 이전의 본원으로 돌아가게 하고 있습니다.

自本觀之자본관지 生者 暗醷物也17)생자 음애물야

만물의 근본의 입장에서 생각한다면, 삶이란 한때의 기(氣)가 모인 데

---

14) 魏魏乎其終則復始也(위위호기종즉복시야) : 높고 높아서 끝나는 곳에서 다시 시작함. 魏魏는 높고 높은 모양. 道에 대한 묘사다.

15) 中國有人焉(중국유인언) : 이 땅에 살고 있는 사람.

16) 直且爲人 將反於宗(직차위인 장반어종) : 단지 잠시 사람의 형체를 지니고 나타났으나, 장차 사물의 본원으로 돌아감. 直은 단지. 且는 잠시.

17) 生者 暗醷物也(생자 음애물야) : 삶이란 기가 잠깐 모인 것에 지나지 않음. 暗醷(음애)는 기가 모이는 모양.

불과합니다.

雖有壽夭 相去幾何[18]수유수요 상거기하 須臾之說也수유지설야

비록 장수(長壽)하고 단명(短命)하는 차이가 있다 하나, 그 차이가 얼마나 되겠습니까? 잠깐에 불과하지요.

奚足以爲堯桀之是非[19]해족이위요걸지시비?

어찌 요(堯)와 걸(桀)의 시비를 따질 필요가 있겠습니까?

果蓏有理[20]과라유리 人倫雖難인륜수난 所以相齒소이상치

초목의 열매는 생성영고(生成榮枯)의 자연적인 이치가 갖추어져 있습니다. 사람들의 윤리는 다 추구하기는 어렵지만, 역시 그 원리에 의하여 서로 어울리고 있는 것입니다

聖人遭之而不違 過之而不守[21]성인조지이불위 과지이불수

성인은 그런 것을 만나도 거스르지 않고, 눈앞을 지나가는 어떠한 변화에도 집착하지 않습니다.

調而應之德也 偶而應之道也[22]조이응지덕야 우이응지도야

조화함으로써 순응하는 것이 德이며, 만나 순응하는 것이 道입니다.

---

18) 雖有壽夭 相去幾何(수유수요 상거기하) : 비록 장수(長壽)하고 단명(短命)하는 차이가 있으나 그 차이가 얼마나 되겠는가. 相去幾何라는 표현은 《老子》제20장에도 등장한다.

19) 奚足以爲堯桀之是非(해족이위요걸지시비) : 어찌 성군(聖君)인 요(堯)와 폭군인 걸(桀)의 是와 非를 따질 수 있겠는가?

20) 果蓏有理(과라유리) : 나무나 풀에서 자라는 열매는 생장하는 이치가 있음. 果蓏(과라)는 나무 열매와 풀 열매. 理는 생장하는 이치.

21) 聖人遭之而不違 過之而不守(성인조지이불위 과지이불수) : 성인은 그런 것을 만나면 거스르지 않고 지나갈 뿐 집착하지도 않음. 之는 人倫을 가리킨다.

22) 調而應之德也 偶而應之道也(조이응지덕야 우이응지도야) : 조화하면서 순응하는 것은 德이고, 만나서 호응하는 것은 道임. 調와 偶는 모두 조화를 말한다. 之는 人倫을 가리킨다.

帝之所興 王之所起也23)제지소흥 왕지소기야

道와 德으로부터 제왕의 업도 일어나는 것입니다.

人生天地之間 若白駒之過郤24)인생천지지간 약백구지과극 忽然而已홀연이이

사람이 천지 사이에서 사는 것은 흰 말이 문틈으로 달려 지나가는 것과 같이 순간일 따름입니다.

注然勃然25)주연발연 莫不出焉막불출언 油然漻然유연류연 莫不入焉막불입언

만물은 물이 솟아나듯 문득 생겨났다가 물이 흘러가듯 아득하게 사라져 갑니다.

已化而生이화이생 又化而死우화이사

일단 변화해서 생겨났다가 다시 변화해서 죽는 것입니다.

生物哀之생물애지 人類悲之인류비지

생물은 모두 그것을 서러워하고, 사람들도 그것을 서글퍼하지요.

解其天弢 墮其天袠26)해기천도 타기천질 紛乎宛乎분호완호

---

23) 帝之所興 王之所起也(제지소흥 왕지소기야) : 帝가 홍성하고 王이 일어남. 곧 道와 德으로부터 제왕의 업(業)도 일어난다는 뜻.

24) 人生天地之間 若白駒之過郤(인생천지지간 약백구지과극) : 사람이 천지 사이에서 사는 것은 흰 말이 문틈으로 달려 지나가는 것과 같이 순간일 따름이다. 여기서 「백구과극(白駒過郤)」이라는 성어(成語) 생겨났다. 「백구과극」은 평소에는 빨리 지나가는 것을 느끼지 못하지만, 뒤돌아보면 인생이 매우 빨리 지나간 것을 알게 된다는 말로, 덧없는 인생의 무상, 흘러가는 인생을 막을 수는 없으므로 순간순간을 성실하고 진솔하게 살아가라는 성인의 말이다.

25) 注然勃然(주연말연) : 만물은 물이 솟아나듯 하는 모양. 注然은 물을 대는 것처럼 연속되는 모양. 勃然은 문득 생겨나는 모양.

26) 解其天弢 墮其天袠(해기천도 타기천질) : 하늘의 활통에 갇혀 있다가 풀려난 것이며, 하늘의 칼집에 매여 있다가 떨어진 것과 같음. 弢(도)는 활통. 袠(질)은 칼집. 죽음은 하늘의 속박에서 풀려난 것이라는 뜻.

죽음이란 화살이 하늘의 활통을 빠져나가고, 칼이 하늘의 칼집에서 빠져나가는 것처럼, 어지러이 흩날리고 이리저리 흩어져,

魂魄將往 乃身從之[27)]혼백장왕 내신종지 乃大歸乎[28)]내대귀호!

혼백이 장차 가려고 하면 마침내 몸이 함께 따르게 되니 바로 크게 돌아가는 것이니, 이 얼마나 거대한 돌아감(大歸)인가!

不形之形불형지형 形之不形형지불형

형체가 없는 데서 형체가 되고, 형체에서 형체 없는 것으로 돌아가는 것은,

是人之所同知也시인지소동지야 非將至之所務也비장지지소무야

사람들이 다 같이 알고 있는 일이니, 道에 이르고자 하는 사람이 힘쓸 바가 아닙니다.

此衆人之所同論也차중인지소동론야 彼至則不論피지즉불론

이것은 사람들이 모두 알고 있지만, 道에 도달한 사람은 말하지 않습니다.

論則不至논즉부지 明見無値 辯不若默[29)]명견무치 변불약묵

말로써는 도달할 수 없고, 분명하게 보려 해도 만나지 못하니, 따지기보다는 침묵하는 것이 낫습니다.

道不可聞 聞不若塞[30)]도불가문 문불약색

---

27) 魂魄將往 乃身從之(혼백장왕 내신종지) : 혼백이 장차 돌아가려 하면 마침내 몸이 함께 따르게 됨. 魂魄은 정신(精神).

28) 乃大歸乎(내대귀호) : 이 얼마나 거대한 돌아감(大歸)인가! 육체만 죽거나 정신만 죽는 것이 아니라, 육체와 정신 모두가 돌아간다는 뜻.

29) 明見無値 辯不若默(명견무치 변불약묵) : 분명하게 보려 해도 (도를) 만나지 못할 것이니 말 잘하는 것이 침묵만 못함. 明見은 분명하게 본다는 뜻. 値는 만남.

30) 道不可聞 聞不若塞(도불가문 문불약색) : 道는 들을 수 없어서 듣는 것이 귀를 막느니만 못함. 분명하게 보이는 위 구절의 明見이 道와 어긋나는 것처럼 可聞도 부정적으로 파악하고 있다. 道는 감각으로 파악할 수 없다는 뜻.

道는 들을 수 없어서 듣는 것이 귀를 막는 것만 못하니,

此之謂大得차지위대득"

이를 일러 '크게 터득했다(大得)'고 하는 것입니다."

| 해설 |

공자와 노자의 문답을 빌려, 무위자연의 道를 체득한 노장적(老莊的) 초월자의 자유의 경지를 말하고 있다. 만물은 모두 자연적으로 발생하고, 물(物)의 생사의 자취도 볼 수 없는 것으로, 천지자연의 道는 만물의 근본이 되어 있다는 것을 서술하고, 그 道가 사람의 몸에 구체화되는 것처럼, 제왕의 정치도 이를 따라 무위로써 다스리며, 그리고 생사는 항상 반복하는 것이라, 지극한 道를 구하는 자는 지혜와 변론이나 견문을 버리고 조용한 가운데 도달해야 함을 역설하고 있다.

6.

東郭子¹⁾問於莊子曰동곽자문어장자왈 :

동곽자(東郭子)가 장자에게 물었다.

"所謂道 惡乎在²⁾소위도 오호재?"

"이른바 道는 어디에 있습니까?"

莊子曰장자왈 : 장자가 말했다.

"無所不在무소부재"

---

1) 東郭子(동곽자) : 〈전자방〉 편에 나온 전자방(田子方)의 스승인 동곽순자(東郭順子)와 동일인으로 추정.

2) 所謂道 惡乎在(소위도 오호재) : 이른바 道는 어디에 있습니까? 惡(오)는 어디.

"없는 곳이 없소"

東郭子曰동곽자왈 : 동곽자가 물었다.

"期而後可3)기이후가"

"이를테면 어디에 있는지 구체적으로 말씀해 주십시오."

莊子曰장자왈 : 장자가 말했다.

"在螻蟻4)재루의"

"땅강아지와 개미에게도 있소."

曰왈 : 동곽자가 물었다.

"何其下邪하기하야?"

"어찌 그리 하등(下等)한 것들에 있습니까?"

曰왈 : 장자가 말했다.

"在稊稗5)재제패"

"강아지풀에도 있고, 논에 자라는 피에도 있소."

曰왈 : 동곽자가 물었다.

"何其愈下邪하기유하야?"

"어째서 자꾸 아래로 내려갑니까?"

曰왈 : 장자가 말했다.

"在瓦甓재와벽"

---

3) 期而後可(기이후가) : 구체적으로 말해 달라는 뜻. 期는 결정하다, 확정하다.

4) 在螻蟻(재누의) : 땅강아지와 개미에게도 있음. 땅바닥을 기는 하찮은 미물(微物)에 견
   주어서 道의 무소부재(無所不在)함을 비유하고 있다.

5) 稊稗(제패) : 稊는 기장. 稗는 피.

"기왓장이나 벽돌에도 있소."

曰왈 : 동곽자가 물었다.

"何其愈甚邪하기유심야?"
"어째서 점점 더 심해집니까?"

曰왈 : 장자가 말했다.

"在屎溺재시뇨"
"똥이나 오줌에도 있소."

東郭子不應동곽자불응
동곽자는 더 이상 말을 하지 않았다.

莊子曰장자왈 : 장자가 말했다.

"夫子之問也부자지문야 固不足質6)고부족질
"당신의 질문은 본질에 미치지 못했습니다.

正獲之問於監市履狶也정획지문어감시리시야 每下愈況7)매하유황
돼지 잡는 정획(正獲)이 시장 관리인에게 물었을 때, 돼지 넓적다리를
밟아보는 것은, 아래로 내려갈수록 살찐 것을 알기 쉽기 때문입니다.

汝唯莫必 無乎逃物8)여유막필 무호도물

---

6) 固不足質(고부족질) : 본디 본질에 미치지 못함. 質은 實, 곧 본질.

7) 每下愈況(매하유황) : 아래쪽으로 내려갈수록 분명하게 알 수 있다는 뜻. 況은 더욱 분
   명해진다는 뜻. 장터를 관리하는 사람도 이처럼 돼지를 위쪽에서 아래쪽으로 밟아 내
   려가면서 살찐 정도를 알아내는데, 장자는 이 예를 들어 道가 어느 한 곳에 치우쳐 있
   지 않다는 것을 드러냈다. 이 「매하유황」이 뒤에 「매황유하(每況愈下)」로 잘못 쓰이
   면서 본래의 뜻과는 전혀 다르게 "갈수록 상황이 나빠지거나 악화되는 것"을 비유하
   는 성어로 굳어졌다.

8) 汝唯莫必 無乎逃物(여유막필 무호도물) : 당신이 어떤 사물에 道가 있느냐고 구체적으로

당신이 어떤 사물에 道가 있느냐고 구체적으로 집어서 말하지 않으면, 道가 물(物)에서 벗어날 수 없기 때문입니다.

至道若是지도약시 大言亦然대언역연
지도(至道)는 이와 같은 것으로, 훌륭한 말(言)도 마찬가지입니다.

周遍咸三者주편함삼자 異名同實이명동실 其指一也기지일야
주(周 : 두루)·편(徧 : 고루)·함(咸 : 모두)의 세 글자가 그 이름은 다르지만, 그 실제의 뜻은 같으니, 어느 것이나 道가 두루 존재한다는 점에는 한가지입니다.

嘗相與游乎無何有之宮9)상상여유호무하유지궁
당신과 함께 무하유(無何有)의 궁(宮)에 노닐면서,

同合而論동합이론 無所終窮乎무소종궁호
만물과 일체가 되어 道를 논한다면 끝이 없을 것입니다.

嘗相與無爲乎상상여무위호 澹而靜乎담이정호 漠而淸乎막이청호!
함께 한번 무위의 경지에 들어가 봅시다! 담담하여 고요해지고, 아득히 맑아질 것이며,

調而閒乎조이한호!
만물과 조화를 이루어 한가롭게 될 것입니다!

寥已吾志10)요이오지 無往焉而不知其所至무왕언이부지기소지
그렇게 되면 우리의 마음은 고요해져 갈 곳이 없는 까닭에, 이를 곳을

짚어서 말하지 않으면 道가 어떤 물건에서든 떠날 수 없을 것임.

9) 嘗相與游乎無何有之宮(상상여유호무하유지궁) : 당신과 함께 무하유(無何有)의 궁에 노닐다. 無何有는 무하유지향(無何有之鄕)의 준말로, 어떠한 인위도 없는 자연 그대로의 낙토(樂土)를 말한다.

10) 寥已吾志(요이오지) : 내 마음이 고요해짐. 寥(요)는 쓸쓸하다, 적막하다.

알지 못하며,

去而來而不知其所止거이래이부지기소지

떠나서 돌아옴에 머물 곳을 알지 못하니,

吾已往來焉而不知其所終오이왕래언이부지기소종

내가 이미 가고 옴에 끝나는 곳을 알지 못합니다.

彷徨乎馮閎[11]방황호풍굉 大知入焉而不知其所窮대지입언이부지기소궁

광활한 세계에서 방황하여 아무리 큰 지혜가 엿보아도 그 끝이 다함을
알지 못할 것이오.

物物者與物無際물물자여물무제

사물(物)을 사물로써 있게 하는 것은 사물과 한계가 없게 됩니다.

而物有際者이물유제자 所謂物際[12]者也소위물제자야

그러나 사물에 대하여 제한을 하고 구별하는 사람은 이른바 사물로
자신의 한계를 만드는 사람입니다.

不際之際부제지제 際之不際者也제지부제자야

물건과의 한계가 없다면 순응하는 것이며, 물건과 한계가 있다면 순응
하지 않는 것입니다.

謂盈虛衰殺위영허쇠살 彼爲盈虛非盈虛피위영허비영허

차고 비며 쇠락함이 있지만, 저 道는 차고 비지만 실제로 차고 비는
것이 아니며,

彼爲衰殺非衰殺피위쇠살비쇠살

---

11) 彷徨乎馮閎(방황호풍굉) : 커다란 광활한 세계에서 방황함. 馮閎(풍굉)은 광활함.

12) 物際(물제) : 제(際)는 제한(際限)으로 사물의 대립을 밀함. 물제(物際)는 사물과 사물의
   대립관계. 곧 사물의 상대적 관련.

쇠락함이 있지만 道 자체는 쇠락하는 것이 아니며,

彼爲本末非本末피위본말비본말 彼爲積散非積散也피위적산비적산야"

사물의 근본과 말단도 절대적으로 근본과 말단이 아니며, 쌓였다 흩어졌다 하는 것도 절대적인 것이 아닙니다."

| 해설 |

장자와 동곽자(東郭子)의 문답을 빌려, 道는 천지 만물에 편재(遍在)해 있으면서 그 작용은 무궁히 반복해서 넘치거나 줄어드는 일이 없다는 道의 보편적 내재성(內在性)과 절대적 초월성(超越性)을 밝히고 있다.

또 전반(前半)의 논지에서는 장자의 범신론적(汎神論的) 세계관을 엿볼 수가 있으니, 땅강아지나 개미는 동물 중의 하등동물이요, 기장이나 피는 식물 중에 하등식물이며, 기왓장과 벽돌은 생명이 없는 물질 중에 보잘것없는 물건이고, 똥과 오줌은 인간들이 누구나 더럽다고 여기는 물건이지만 거기에도 道는 있다고 하였다.

7.

婀荷甘與神農同學於老龍吉[1]아하감여신농동학어노용길

아하감(婀荷甘)은 신농(神農)과 함께 노용길(老龍吉)에게 배웠다.

神農隱几闔戶晝瞑[2]신농은궤합호주명

---

1) 婀荷甘與神農同學於老龍吉(아하감여신농동학어노용길) : 아하감(婀荷甘)은 신농(神農)과 함께 노용길(老龍吉)에게서 배웠다. 婀荷甘은 인명으로, 성은 婀이고 字가 荷甘이다. 神農은 三皇의 神農이 아니라 후세 사람이다. 老龍吉은 道를 터득한 사람.

어느 날, 신농이 책상에 기댄 채 문을 닫고 낮잠을 자고 있었다.

婀荷甘日中寥戶而入3)아하감일중차호이입 曰왈 :

아하감이 한낮에 문을 열고 들어와 말했다.

"老龍死矣노룡사의!"

"선생님께서 돌아가셨어!"

神農隱几擁杖而起신농은궤옹장이기 嚗然4)放杖而笑박연방장이소 曰왈 :

신농은 책상에 기댄 채 지팡이를 짚고 일어나더니 지팡이를 팽개치고는
웃으면서 말했다.

"天知予僻陋慢訑5)천지여벽루만이 故棄予而死고기여이사!

"하늘같은 선생님께서는 내가 괴팍하고 고루(固陋)하며 게으르고 방종
한 것을 아시고 나를 버리고 돌아가셨구나!

已矣이의! 夫子無所發予之狂言而死矣夫6)부자무소발여지광언이사의부!"

이제 모든 것이 끝났구나! 선생님께서는 나를 일깨워주실 지극한 말 한
마디 없이 돌아가셨구나!"

弇堈弔7)聞之엄강조문지 曰왈 :

---

2) 神農隱几闔戶晝瞑(신농은궤합호주명) : 신농이 책상에 기댄 채 문을 닫고 낮잠을 자고
있었다. 闔은 문을 닫다. 晝瞑은 낮잠을 자다.

3) 日中寥戶而入(일중차호이입) : 한낮에 문을 열고 들어옴. 日中은 해가 중천에 떴다는 뜻
으로 대낮을 의미한다. 寥(차)는 열다.

4) 嚗然(박연) : 휙 하고 지팡이를 던지는 소리.

5) 天知予僻陋慢訑(천지여벽루만이) : 天은 하늘같은 선생, 곧 老龍吉을 지칭한다. 僻陋(벽
루)는 성질이 괴팍하고 고루함. 訑(이)는 방종하다는 뜻.

6) 夫子無所發予之狂言而死矣夫(부자무소발여지광언이사의부) : 선생은 나를 일깨워줄 지언(至
言) 한 마디 없이 돌아가셨구나! 成玄英은 狂言을 至言이라고 풀이했다.

7) 弇堈弔(엄강조) : 엄강(弇堈)이 조문함. 弇堈은 인명. 弇은 姓, 堈은 名. 弔는 조문하다

엄강(弇堈)이 조문하다가 그 얘기를 듣고 말했다.

"夫體道者부체도자 天下之君子所繫焉천하지군자소계언

무릇 道를 체득한 사람에게는 천하의 군자들이 몰려든다.

今於道금어도 秋豪之端추호지단 萬分未得處一焉만분미득처일언

그런데 지금 신농은 지극한 道에 대하여 털끝의 萬분의 一 정도도 얻지
못했으면서도,

而猶知藏其狂言而死이유지장기광언이사 又況大體道者乎우황부체도자호!

그가 지극한 말을 가슴 속에 품고서 말하지 않고 죽은 것을 알고 있었
는데, 하물며 道를 득한 사람은 어떻겠는가!

視之無形시지무형 聽之無聲청지무성

道는 그 모양을 볼 수도 없고, 그 소리를 들을 수도 없다.

於人之論者 謂之冥冥8)어인지론자 위지명명

따라서 道를 논하는 사람들이 道를 말할 때 깊고 그윽하다(冥冥)고 말
하지만,

所以論道소이론도 而非道也이비도야"

그것은 道를 설명한 것이지, 道 자체가 그런 것이 아니다."

於是泰淸9)問乎無窮10)曰어시태청문호무궁왈 :

어느 때, 태청(泰淸)이 무궁(無窮)에게 물었다

는 뜻. 그런데 이이(李頤)는 弇堈弔(엄강조)를 道를 체득한 사람이며, 조(弔)는 그 이름
이라고 풀이했다.

8) 於人之論者 謂之冥冥(어인지론자 위지명명) : 사람들이 道를 말할 때 어둡다고 말함. 論
은 道를 말함. 冥冥은 깊고 그윽함.

9) 泰淸(태청) : 지극한 道를 형용한 말로 의인화한 이름.

10) 無窮(무궁) : 道를 형용하여 의인화한 이름.

"子知道乎자지도호?": "자네는 道를 아는가?"

無窮曰무궁왈 : 무궁이 말했다.

"吾不知오부지": "나는 모르네."

又問乎無爲우문호무위

태청이 다시 무위(無爲)에게 물었다.

無爲曰무위왈 : 무위가 말했다.

"吾知道오지도": "나는 道를 아네."

曰왈 : 태청이 말했다.

"子之知道 亦有數乎11)자지지도 역유수호?"

"그대가 아는 道에 대해서 일일이 거론할 수 있는가?"

曰왈 : 무위(無爲)가 말했다.

"有유": "있지."

曰왈 : 태청이 말했다.

"其數若何기수약하?": "그러면 그 방법은 무엇인가?"

無爲曰무위왈 : 무위(無爲)가 말했다.

"吾知道之可以貴오지도지가이귀 可以賤가이천 可以約가이약 可以散가이
산 此吾所以知道之數也차오소이지도지수야"

"내가 일기로는 道는 귀할 수도 있고, 천한 수도 있으며, 무여들 수도
있고, 흩어질 수도 있다. 이것이 내가 道를 아는 방법이다."

---

11) 子之知道 亦有數乎(자지지도 역유수호) : 그대가 아는 道에 대해서 일일이 거론할 수
있는가? 數는 여러 번 되풀이하다는 뜻.

泰淸以之言也問乎無始태청이지언야문호무시 曰왈:

태청은 다시 이 얘기를 무시(無始)에게 물었다.

"若是약시 則無窮之弗知즉무궁지불지 與無爲之知여무위지지 孰是而孰非乎숙시이숙비호?"

"이렇게 무궁은 道를 모른다고 했고, 무위는 道를 안다고 했으니, 누가 옳고 누가 틀린가?"

無始曰무시왈 : 무시(無始)가 말했다.

"不知深矣부지심의 知之淺矣지지천의

"모른다고 하는 쪽은 道가 깊고, 안다고 하는 쪽은 道가 얕다.

弗知內矣 知之外矣[12]불지내의 지지외의"

모른다는 것은 내면적인 것이고, 안다는 것은 피상적인 것이다."

於是泰淸中而歎曰어시태청중이탄왈 :

그 말을 듣고 태청이 탄식하며 말했다.

"弗知乃知乎불지내지호! 知乃不知乎지내부지호! 孰知不知之知숙지부지지지?"

"모르는 것이 아는 것이고, 아는 것이 모르는 것인가? 누가 모르는 것이 안다는 것이라는 걸 알겠는가?"

無始曰무시왈 : 무시(無始)가 말했다.

"道不可聞도불가문 聞而非也문이비야 道不可見도불가견 見而非也견이비야

"道는 들을 수가 없네. 들을 수 있다면 道가 아니지. 道는 볼 수가 없

---

12) 弗知內矣 知之外矣(불지내의 지지외의) : 모른다는 것은 내면적인 것이고, 안다는 것은 피상적인 것이다. 모른다는 것은 道를 내면에 둔 것이고 안다는 것은 道를 밖에 두고 있는 것이다.

네. 볼 수가 있다면 道가 아니지.

道不可言도불가언 言而非也언이비야

道는 말로 할 수 없으니, 말로 할 수 있다면 道가 아니다.

知形形之不形乎지형형지불형호? 道不當名도부당명"

만물을 형체로 만들어내면서도 그 자체는 형상으로 나타내지 않는다는 것을 알면 道는 명명(命名)할 수 없는 것이 당연하다."

無始日무시왈 : 무시(無始)가 말했다.

"有問道而應之者유문도이응지자 不知道也부지도야

"道에 대해 질문을 받고 대답하는 자는 道를 모르는 것이다.

雖問道者수문도자 亦未聞道역미문도

또 道에 대하여 묻는 사람도 역시 참된 道에 대하여 들을 수가 없다.

道無問도무문 問無應문무응

道는 물을 수도 없고, 물어도 대답할 수도 없다.

無問問之무문문지 是問窮也시문궁야

물을 것도 없는 것을 묻는 것은 없는 것을 찾는 것이다.

無應應之무응응지 是無內也시무내야

대답할 수 없는 것을 대답하는 것은 참된 道가 안에 없는 것이다.

以無內待問窮이무내대문궁 若是者약시자

안에 없는데 물음이 다한 것을 기다리니, 이 같은 자는

外不觀乎宇宙외불관호우주 內不知乎太初내부지호태초

밖으로 우주 자연의 묘한 이치를 관찰하여 알지도 못하고, 안으로는 태초를 알지도 못한다.

是以不過乎崑崙 不遊乎太虛[13]시이불과호곤륜 불유호태허"

따라서 곤륜산을 지나지도 못하고, 태허(太虛)에 소요하지도 못한다."

| 해설 |

신농(神農)·아하감(呵荷甘)·엄강(弇堈)·태청(泰淸)·무궁(無窮)·
무위(無爲)·무시(無始) 등의 가전적(假傳的) 인물의 문답에 의하여 참
된 道는 말로써 전수(傳授)되는 것이 아니고, 언어를 초월한 것이라,
道는 문답의 대상이 되지 않으며, 아는 것이 모르는 것이고, 모르는 知
가 참된 知라는 것을 역설하고 있다.

8.

光曜問乎無有[1]曰광요문호무유왈 : 광요(光曜)가 무유(無有)에게 물었다.

"夫子有乎부자유호 其無有乎기무유호?"

"선생께서는 있는 것입니까, 없는 것입니까?"

光曜不得問광요부득문 而孰視其狀貌이숙시기상모

광요는 대답을 듣지 못했다. 그래서 무유의 모양을 자세히 바라보니,

---

13) 是以不過乎崑崙 不遊乎太虛(시이불과호곤륜 불유호태허) : 그러므로 곤륜산을 지나지도
못하고 태허(太虛)에서 노닐지 못함. 곤륜산(崑崙山)은, 중국의 전설에서 멀리 서쪽에
있어 황하(黃河)의 발원점으로 믿어지는 성산(聖山)이다. 하늘에 닿을 만큼 높고 보옥
(寶玉)이 나는 명산으로 전해졌는데, 전국시대 이후 신선설(神仙說)이 유행함에 따라 신
선경(神仙境)으로서의 성격이 두드러지게 되어, 산중에 불사(不死)의 물이 흐르고, 선녀
인 서왕모(西王母)가 살고 있다는 신화들이 생겨났다.

1) 光曜問乎無有(광요문호무유) : 成玄英은 "비추어 살필 줄 알기 때문에 光曜라는 이름을
빌렸고, 경계의 형체는 텅 비고 고요하기 때문에 無有라는 이름을 빌린 것이다." 라
고 풀이했다.

窅然空然요연공연 終日視之而不見종일시지이불견

아득하고 텅 비어 있었다. 온종일 바라보아도 보이지 않고,

聽之而不聞청지이불문 搏之而不得也박지이부득야

들어보아도 들리지 않으며, 만져보아도 만져지지 않았다.

光曜曰광요왈 : 광요가 말했다.

"至矣지의! 其孰能至此乎기숙능지차호!

"지극하다! 누가 이런 경지에 이르렀는가!

予能有無矣여능유무의

나는 지금까지 무(無)의 경지가 있는 줄은 알았으나,

而未能無無也이미능무무야 及爲無有矣급위무유의

無조차 없는 경지가 있는 줄을 알지 못했다. 無와 有에 급급한 사람들이,

何從至此哉하종지차재!"

어떻게 이러한 경지에 이를 수가 있겠는가!"

| 해설 |

　앞 대목에 이어 광요(光曜)와 무유(無有)라는 가전적(假傳的) 인물을 빌려 무(無)의 개념을 초월한 절대무(絶對無)의 경지를 설명하고 있다. 《회남자》〈도응훈(道應訓)〉에도 거의 전문 그대로가 실려 있다.

9.

大馬之捶鉤者[1]대마지추구자 年八十矣연팔십의 而不失豪芒[2]이불실호망

대사마(大司馬) 밑에서 갈고리 창을 주조(鑄造)하는 자가 있었는데, 나이가 80이 되어도 털끝만큼의 어긋남도 없었다.

大馬曰대마왈 : 대사마가 말했다.

"子巧與자교여 有道與유도여?"
"그대는 기술이 참으로 뛰어나네. 무슨 특별한 방도라도 있는가?"

曰왈 : 장인이 말했다.

"臣有守也신유수야 臣之年二十而好捶鉤신지년이십이호추구
"신은 지키는 것이 있습니다. 신의 나이가 20세에 이르렀을 때부터 병기를 단련하는 것을 좋아했는데,

於物無視也 非鉤無察也3)어물무시야 비구무찰야
다른 것은 거들떠보지도 않았습니다. 오직 갈고리 창이 아니면 눈길도 주지 않았습니다.

是用之者 假不用者也 以長得其用4)시용지자 가불용자야 이장득기용
유용하게 쓰이는 기술은 그것을 쓰지 않는 것에게서 빌린 것인데도 그 쓰임을 크게 발휘할 수 있었습니다.

而況乎無不用者乎이황호무불용자호!
하물며 쓰이지 않는 데가 없는 道는 어떻겠습니까!

---

1) 大馬之捶鉤者(대마지추구자) : 대사마를 위해 갈고리를 담금질하는 장인. 大馬는 대사마(大司馬). 捶는 때리다. 鉤는 갈고리, 여기서는 갈고리 창을 가리킨다.

2) 豪芒(호망) : 추호도 차질이 없음. 병기를 주조하는 데 조금의 실수도 없었다는 뜻.

3) 於物無視也 非鉤無察也(어물무시야 비구무찰야) : 다른 것은 보지 않고 갈고리 창이 아니면 눈길도 주지 않았음. 한눈팔지 않고 오직 병기에만 집중했다는 뜻.

4) 是用之者 假不用者也 以長得其用(시용지자 가불용자야 이장득기용) : 유용하게 쓰이는 것은 쓰지 않는 것에게서 빌린 것인데도 그 쓰임을 크게 발휘할 수 있음.

物孰不資焉물숙부자언?"

만물 그 어느 것이 道의 힘에 의지하지 않는 것이 있겠습니까?"

| 해설 |

초나라 대사마와 갈고리 창을 만드는 공인과의 문답을 빌려, 마음을 순일하게 갖는 경우의 효용으로부터, 다시 그런 것마저 의식하지 않는 절대의 경지에 이르러 자연의 道에 무위로써 합일해야 함을 설명하고 있다.

이 설화는 〈달생(達生)〉편에서 공자와 매미 잡는 곱사등이와의 문답에서 보인 취지와 비슷하다. 다만 곱사등이 이야기는 양생(養生)을 위해서, 이 공인의 이야기는 道를 밝히기 위해서임이 다를 뿐이다.

10.

冉求¹⁾問於仲尼曰염구문어중니왈 : 염구(冉求)가 공자에게 물었다.

"未有天地可知邪미유천지가지야?"

"천지가 아직 생겨나기 이전의 일을 알 수 있습니까?"

仲尼曰중니왈 : 중니(仲尼)가 말했다.

"可가 古猶今也고유금야"

"알 수 있지. 옛날도 지금과 같았다."

---

1) 冉求(염구) : 춘추시대 노나라의 정치가. 字는 자유(子有). 염유(冉有), 염자(冉子)로 불리기도 한다. 정사(政事)에 능하고 다재다능하였으며 이재(理財)에도 밝았다. 이는 《논어》에 공자가, "염구는 재주가 있으니 정사에 어려움이 없을 것이다."라고 여러 차례 언급한 점을 봐도 알 수 있다. 특히 그는 일찍이 노나라의 권력자 계강자를 설득하여 여러 나라를 두루 여행하던 공자를 다시 노나라로 모셔오기도 했다.

冉求失問而退염구실문이퇴 明日復見명일복견 日왈:

염구는 더 물을 수가 없어 물러났다가 이튿날 다시 뵙고 물었다.

"昔者吾問석자오문 '未有天地可知乎미유천지가지호'

"어제 제가, '천지가 생겨나기 이전을 알 수 있습니까?'하고 여쭈었더니,

夫子曰부자왈 : '可가 古猶今也고유금야'

선생님께서는 '알 수가 있지. 옛날도 지금과 같았다.'라고 하셨습니다.

昔者吾昭然 今日吾昧然2)석자오소연 금일오매연 敢問何謂也감문하위야?"

그런데 어제는 제가 그 말을 분명히 안 것 같았는데, 오늘 생각해 보니 애매한 듯 잘 모르겠습니다. 그것은 무슨 말씀이었습니까?

仲尼曰중니왈 : 중니(仲尼)가 말했다.

"昔之昭然也석지소연야 神者先受之신자선수지

"어제 알았던 것은 신명한 마음으로 받아들였기 때문이고,

今之昧然也금지매연야 且又爲不神者求邪차우위불신자구야

오늘 애매하게 된 것은 신명치 못한 마음으로 알고자 했기 때문이다.

無古無今 無始無終3)무고무금 무시무종 未有子孫而有子孫미유자손이유자손 可乎가호?"

고금(古今)이 따로 없고, 시종(始終)도 따로 없다. 자손이 없는데 자손

---

2) 昔者吾昭然 今日吾昧然(석자오소연 금일오매연) : 어제는 그 말을 분명히 안 것 같았는데, 오늘 생각해 보니 잘 모르겠다는 뜻. 昭然은 일이나 이치(理致)에 밝음. 昧然은 어두운 모양으로 잘 알지 못함.

3) 無古無今 無始無終(무고무금 무시무종) : 옛날도 지금도 따로 없으며, 시작도 마침도 따로 없음. 道에는 시작이나 끝이 없다는 뜻. 옛날이나 지금이나 같다는 것은, 道가 예나 지금이나 언제나 존재한다는 것을 말한다.

이 있다고 한다면 되겠는가?"

冉求未對염구미대

염구는 아무 대답도 하지 못했다.

仲尼曰중니왈 : 중니가 말했다.

"已矣이의 未應矣미응의!

"그만두어라. 아직 대답하지 못할 것이다!

不以生生死 不以死死生[4]불이생생사 불이사사생

삶의 입장에서 죽음을 삶과 이어서 생각해서는 안되고, 죽음의 입장에서 삶을 죽음에 이어서 생각해서도 안 된다.

死生有待邪사생유대야? 皆有所一體개유소일체

죽음과 삶은 서로 의지하는 것이 아니고, 모두가 근원적으로는 하나인 것이다.

有先天地生者物邪유선천지생자물야? 物物者非物[5]물물자비물

천지보다 먼저 생겨난 사물이 있는가? 물(物)을 物로 만든 것은 物이 아니다.

物出不得先物也물출부득선물야 猶其有物也유기유물야

만물이 생겨나지만, 이미 거기에는 物이 존재하고 있다. 이미 物이 있으면 物은 物을 낳아 만물은 다함이 없이 생겨난다.

猶其有物也 無已[6]유기유물야 무이

---

[4] 不以生生死 不以死死生(불이생생사 불이사사생) : 삶과 죽음을 각각의 상태 그대로 인정해야지, 죽음을 미워하거나 삶을 바라는 태도를 가져서는 안 된다는 뜻.

[5] 物物者非物(물물지비물) : 물(物)을 物로 만든 것은 物이 아니다. 物物者는 곧 道를 가리킨다.

그러면서 사물의 존재는 끝이 없는 것이다.

聖人之愛人也終無已者성인지애인야종무이자 亦乃取於是者也역내취어시자야"

성인이 사람을 사랑하는 데 끝이 없는 것은, 자연의 대도를 취했기 때문이다."

| 해설 |

공자와 그의 고제(高弟) 염구(冉求)의 문답을 빌려, 道의 세계에서 처음도 없고 끝도 없으며, 예도 없고 지금도 없으며, 모든 것은 무시(無始)로부터 무종(無終)에 이르기까지, 한 순간도 멈춤이 없이 변화해 가는 일체 만물의 자생자화(自生自化)의 흐름이고, 이 흐름을 과거나 미래로 나누고, 이 흐름 속에서 삶과 죽음을 대립적으로 생각하는 사고(思考)는, 인간의 상식적인 분별지(分別知)의 망상에 불과하다는 것을 밝히고 있다.

11.

顏淵[1]問乎仲尼曰안연문호중니왈 : 안연(顏淵)이 중니에게 물었다.

---

6) 猶其有物也 無已(유기유물야 무이) : 物을 있게 하는 존재에서 비롯하면 끝이 없음. 道의 끊임없는 생성작용을 이르는 말이다.

1) 顏淵(안연) : 안회(顏回, BC 521~?)는 춘추시대 노(魯)나라의 현인. 자는 연(淵)이다. 안연이 인에 대하여 묻자, 공자가 말하기를, '나를 이기고 예로 돌아감이 인이 된다(顏淵問仁 子曰克己復禮爲仁).", "예가 아니면 보지도 말고, 듣지도 말고, 말하지도 말고, 행동하지도 않는다."는 공자의 가르침을 지켰다. 은군자적인 성격으로 공자가 가장 신임하였던 제자였다. 그러나 공자보다 먼저 죽었다. 빈곤하고 불우하였으나 개의치 않아 공자 다음가는 성인으로 받들어졌다. 그래서 안자(顏子)라고 높여 부르기도 한다. 장자와 같은 도가(道家)로부터도 높이 평가되었다. 요절했기 때문에 저술이나 업적은 남기

"回嘗聞諸夫子曰화상문제부자왈 '無有所將 無有所迎2)무유소장 무유소영'
回敢問其遊3)회감문기유"

"제가 일찍이 선생님께 듣기로는, '보내지도 말고, 맞이하지도 말라.'
하였습니다. 그 까닭을 말씀해 주시겠습니까?"

仲尼曰중니왈 : 중니가 말했다.

"古之人고지인 外化而內不化외화이내불화

"옛날 사람은 외물(外物)을 따라 변화하면서 정신은 변화하지 않았다.

今之人금지인 內化而外不化내화이외불화

그러나 지금 사람은 정신은 외물의 지배를 따라 변하면서 겉은 외물에
순응하지 않는다.

與物化者여물화자 一不化者也일불화자야

밖으로 변하는 사람은 안으로는 한결같이 변하지 않는다.

安化安不化안화안불화 安與之相靡안여지상미

무엇을 변한다 하고 무엇을 변하지 않는다고 하겠으며, 어찌 사물과
다투겠는가.

必與之莫多필여지막다

결코 사물과 다투어 이기려들지 말아야 할 것이다.

狶韋氏之囿4)희위씨지유 黃帝之囿황제지포 有虞氏之宮유우씨지궁 湯武之

지 못했으나, 《논어》에 〈안연〉 편이 있고, 그 외에 몇몇 서적에도 그를 현자와 호학자
(好學者)로서 덕행이 뛰어난 사람이라고 전하는 구절이 보인다.
2) 無有所將 無有所迎(무유소장 무유소영) : 보내지도 않고 맞이하지도 않는다. 보냄도 없고,
맞이함도 없다.
3) 敢問其遊(감문기유) : 그 까닭을 말씀해 주시겠습니까? 遊는 由(까닭)와 같다.
4) 狶韋氏之囿(희위씨지유) : 희위씨의 동산. 狶韋氏는 상고시대의 제왕. 有虞氏는 순(舜)임

室탕무지실

희위씨는 동산을, 황제는 채소밭을, 유우씨는 궁궐을, 그리고 탕왕과 무왕은 궁실을 짓고 살았다.

君子之人군자지인 若儒墨者師약유묵자사

후세에는 군자라는 사람들, 유가와 묵가를 스승으로 모시는 사람들도

故以是非相釐也고이시비상재야 而況今之人乎이황금지인호!

시비를 따지며 서로 다투는데, 하물며 요즘 사람들은 어떻겠는가!

聖人處物不傷物성인처물불상물

성인은 만물과 같이 살면서 만물을 해치지 않는다.

不傷物者불상물자 物亦不能傷也물역불능상야

만물을 해치지 않는 이는 만물 또한 그를 해치지 않는다.

唯無所傷者유무소상자 爲能與人相將迎위능여인상장영

오로지 만물을 해치지 않는 자만이 사람들과 더불어 보내고 맞이할 수 있는 것이다.

山林與산림여 皋壤與고양여 使我欣欣然而樂與사아흔흔연이락여

산림(山林)과 평원(平原)이 나를 기쁘게 하여 즐거워하나,

樂未畢也낙미필야 哀又繼之애우계지

그 즐거움이 끝나기도 전에 슬픔이 또한 잇달아 온다.

哀樂之來애락지래 吾不能禦오불능어 其去弗能止기거불능지

슬픔과 즐거움이 다가오는 것을 우리는 막을 수 없고, 그것들이 가는 것도 막을 수 없으니,

금의 후손. 圃는 동산.

悲夫비부! 世人直爲物逆旅耳5)세인직위물역려이!

슬프다! 세상의 사람들이란 단지 외물(外物)을 맞이하고 보내는 여인숙일 따름이로구나!

夫知遇而不知所不遇6)부지우이부지소불우

무릇 사람은 만나 본 것은 알지만, 만나 보지 못한 것은 알지 못하며,

知能能而不能所不能지능능이불능소불능

능력 안에 있는 것은 할 수 있지만, 능력 밖에 있는 것은 할 수 없다.

無知無能者무지무능자 固人之所不免也고인지소불면야

그래서 알지 못하는 것이 있고 할 수 없는 것이 있으니, 본래 인간이 면할 수가 없는 일이다.

夫務免乎人之所不免者부무면호인지소불면자 豈不亦悲哉기불역비재!

무릇 인간이 면할 수 없는 일을 면하려고 애쓰는 것이 어찌 슬픈 일이 아니겠는가!

至言去言지언거언 至爲去爲지위거위

지극한 말이란 말을 초월하여 존재하고, 지극한 행위란 행위를 초월하여 존재한다.

齊知之所知7)제지지소지 則淺矣즉천의"

지혜가 아는 한도 안에서 모르는 것을 알려고 하면 이는 천박한 것

---

5) 世人直爲物逆旅耳(세인직위물역려이) : 세상의 사람들이란, 단지 외물을 맞이하고 보내는 여인숙일 따름이로다. 逆旅는 나그네를 맞는 여인숙.

6) 夫知遇而不知所不遇(부지우이부지소불우) : 무릇 사람은 만나 본 것은 알지만 만나보지 못한 것은 알지 못한다. 곧 경험한 것은 알지만 경험하지 못한 것은 알지 못한다는 뜻.

7) 齊知之所知(제지지소지) : 지혜로 알 수 있는 것을 가지런히 하려고 하다. 곧 알 수 없는 것과 알 수 있는 것의 한계를 인정하지 않고 모두 다 알려고 하는 인간의 지적 욕망의 천박성을 비판하는 말이다.

이다."

| 해설 |

　공자와 안연의 문답을 빌려, 시비의 견해는 상대적이라, 절대적인
道는 인간의 지능을 초월하는 것임을 설명하고 있다. 사람이 상대적
입장에서 외물(外物)에 집착하는 이상은 인간적 고뇌를 탈피할 수가
없으므로 도리어 지혜나 사고를 버리고 자연의 본체에 직접 접하는 무
위의 경지에서 놀아야 함을 강조하고 있다.

장자
莊子

잡편
雜篇

23. 경상초
庚桑楚

하루하루를 따져보면 부족한 것 같은데,

한 해를 두고 따져보면 넉넉하다

경상초와 그의 제자 남영주(南榮趎), 남영주와 경상초의 스승인 노자와의 문답에 의탁하여 위생(衛生)의 경(經), 곧 생명을 보전하게 하는 근본적인 道와 지인(至人)의 德을 밝히는 선반(前半)의 설화와, 《장자》 내편의 사상을 총괄적으로 해설 부연하는 후반의 논술로 이루어졌다. 《노자》에서 인용한 구절이 많아 노자의 무위자연설을 계승하는 면이 있다 하겠다.

노자기우도(老子騎牛圖)

1.

老聃之役¹⁾노담지역 有庚桑楚²⁾者유경상초자

노담의 제자에 경상초(庚桑楚)라는 자가 있었는데,

偏得老聃之道³⁾편득노담지도 以北居畏壘之山이북거외루지산

노자의 道를 일부 터득해서 북쪽 외루(畏壘) 산에 살고 있었다.

其臣之畫然知者去之⁴⁾기신지획연지자거지

그는 신하 중에 분명하게 구분 짓는 것을 지혜로운 것으로 여기는 자는 내보내고,

其妾之挈然⁵⁾仁者遠之기첩지설연인자원지

그의 첩들 중에서 인자하게 이끌어주는 것을 어질다고 하는 자를 멀리하며,

擁腫之與居⁶⁾옹종지여거 鞅掌之爲使⁷⁾앙장지위사

우둔한 자와 함께하고, 용모를 꾸미지 않는 사람들 부리기를,

---

1) 老聃之役(노담지역) : 노담의 제자. 役은 부리다, 일을 시키다.

2) 庚桑楚(경상초) : 초(楚)나라 출신으로 노자의 제자. 그에 관련된 도교(道敎)의 전적(典籍) 가운데 《통영진경(洞靈眞經)》이 있는데, 이는 즉 《경상자(庚桑子)》이다. 혹 《항창자(亢倉子)》, 《항상자(亢桑子)》로도 불린다.

3) 偏得老聃之道(편득노담지도) : 노담의 道를 일부 얻음. 偏得은 일부를 얻었다는 뜻.

4) 其臣之畫然知者去之(기신지획연지자거지) : 그 하인들 중에서 확연하게 지혜로운 자를 내보냄. 畫然은 구별이 분명한 모양. 畫(획)은 긋다.

5) 挈然(설연) : 인자하게 이끌어준다는 뜻. 임희일(林希逸)은, "挈然은 인자하고 부드럽게 대한다는 뜻이다(挈然 慈柔之意)."라고 풀이했다.

6) 擁腫之與居(옹종지여거) : 우둔한 사람과 함께한다는 뜻. 우둔하다는 것은 곧 순박함과 통한다. 擁腫은 울퉁불퉁하여 고르지 않다는 뜻.

7) 鞅掌之爲使(앙장지위사) : 용모를 꾸미지 않는 이를 부림. 鞅掌은 매우 바쁘고 번거로움.

居三年거삼년 畏壘大壤8)외루대양

3년 동안을 했는데, 외루가 크게 번성했다

畏壘之民相與言曰외루지민상여언왈 :

외루의 백성들은 서로 이렇게 말했다.

"庚桑子之始來경상자지시래 吾洒然異之오수연이지

"경상자(庚桑子)가 처음 왔을 때 우리들은 모두 놀라 이상히 여겼었다.

今吾日計之而不足 歲計之而有餘9)금오일계지이부족 세계지이유여

하루하루를 따져보면 부족한 것 같은데, 한 해를 두고 따져보면 넉넉하니,

庶幾其聖人乎서기기성인호!

아마도 성인일 것이다!

子胡不相與尸而祝之 社而稷之乎10)자호불상여시이축지 사이직지호?"

우리가 어찌 그분을 시축(尸祝)에 앉혀놓고 사직(社稷)으로 모시지 않을 수가 있겠는가?"

庚桑子聞之경상자문지 南面而不釋然11)남면이불석연

경상자가 그 얘기를 듣고 남쪽을 향해 앉아 석연치 않은 표정을 지었다.

弟子異之제자이지 庚桑子曰경상자왈 :

---

8) 畏壘大壤(외루대양) : 외루가 크게 번성함. 壤은 풍성한 모양.

9) 日計之而不足 歲計之而有餘(일계지이부족 세계지이유여) : 하루하루 따져보면 부족한데, 한 해를 두고 따져 보면 넉넉함. '당장 눈앞만 보면 손해지만 멀리 생각하면 이익(日計之損 年計之益)'과 같은 말이다.

10) 子胡不相與尸而祝之 社而稷之乎(자호불상여시이축지 사이직지호) : 우리가 어찌 그 분을 시축(尸祝)으로 받들고 사직을 세워 모시지 않을 수 있겠는가. 尸祝社稷은 공경하는 마음으로 제사 지낸다는 뜻.

11) 釋然(석연) : 마음이 환하게 풀림.

제자들이 이상하게 여기자, 경상자가 말했다.

"弟子何異於予제자하이어여?

"너희들은 어째서 나를 이상하게 생각하느냐?

夫春氣發而百草生부춘기발이백초생 正得秋而萬寶成정득추이만보성

무릇 봄기운이 퍼지면 온갖 초목이 싹트고, 가을이 되면 온갖 열매가 익는다.

夫春與秋 豈無得而然哉12)부춘여추 기무득이연재?

무릇 봄과 가을이 어찌 얻는 것이 없으면서 그렇게 할 수 있겠는가?

天道已行矣천도이행의

천지자연의 대도(大道)가 행해졌기 때문이다.

吾聞至人尸居環堵之室13)오문지인시거환도지실

내가 들으니, 지인(至人)은 사방 한 길(丈)밖에 안 되는 작은 방에 가만히 있지만,

而百姓猖狂不知所如往이백성창광부지소여왕

백성들은 제 맘대로 날뛰면서 자유롭다고 했다.

今以畏壘之細民금이외루지세민　而竊竊欲俎豆14)子이절절욕조두여　于賢人之間우현인지간

---

12) 夫春與秋 豈無得而然哉(부춘여추 기무득이연재) : 무릇 봄과 가을이 어찌 얻는 것이 없으면서 그렇게 할 수 있겠는가. 봄과 가을이 그럴 수 있는 것은 하늘이 그렇게 운행했기 때문이나.

13) 至人尸居環堵之室(지인시거환도지실) : 지인은 담으로 빙 둘러쳐진 방안에 가만히 앉아 있음. 尸居는 시신처럼 가만히 머문다는 뜻. 環堵之室은 사방 一丈 정도 되는 작은 방. 堵(도)는 一丈. 丈은 尺의 열 배, 곧 3.3m.

14) 俎豆(조두) : 제사(祭祀) 때, 신 앞에 놓는 나무로 만든 그릇의 일종.

그런데 지금 외루 사람들이 나를 현인 사이에 두고 신주처럼 떠받들려 하고 있으니,

我其杓之人邪아기표지인야?

내가 남의 본보기가 된 사람인가?

吾是以不釋於老聃之言오시이불석어로담지언"

나는 이것이 노담의 말과 어긋나게 된 것이므로 나는 이것을 언짢게 생각하는 것이다."

弟子曰제자왈 : 제자가 말했다.

"不然불연 夫尋常之溝부심상지구 巨魚無所還其體거어무소환기체

"그렇지 않습니다. 작은 도랑에서는 큰 물고기가 몸을 돌릴 수가 없지만,

而鯢鰌爲之制5)이예추위지제

미꾸라지 같은 작은 물고기들은 몸을 마음대로 움직입니다.

步仞之丘陵보인지구릉 巨獸無所隱其軀거수무소은기구

몇 걸음 안되는 낮은 둔덕에서는 큰 짐승들이 몸을 숨길 곳이 없지만,

而蘗狐爲之祥6)이얼호위지상

여우는 살기에 좋은 곳으로 여깁니다.

且夫尊賢授能차부존현수능 先善與利선선여리

또한 현자를 존경하고 능력 있는 사람에게 벼슬을 주고, 선한 사람을 앞세우고 이로운 사람과 함께 하는 것은,

---

15) 鯢鰌爲之制(예추위지제) : 미꾸라지 같은 작은 물고기는 몸을 마름대로 돌릴 수 있다. 鯢(예)는 도롱뇽, 鰌(추)는 미꾸라지. 모두 작은 물고기라는 뜻. 制는 구부린다는 뜻.

16) 蘗狐爲之祥(얼호위지상) : 蘗狐(얼호)는 작은 여우. 爲之祥은 좋다고 여긴다는 뜻.

自古堯舜以然자고요순이연 而況畏壘之民乎이황외루지민호?

옛날 요순시대부터 그랬습니다. 하물며 외루의 백성들이야 어떻겠습니까?

夫子亦聽矣부자역청의!"

선생님께서는 그들의 요구를 들어주셔야 합니다!"

庚桑子曰경상자왈 : 경상자가 말했다.

"小子來소자래!

"어린 제자여, 가까이 다가오라!

夫函車之獸부함거지수 介而離山개이리산 則不免於罔罟17)之患즉불면어망고지환

수레를 삼킬 만한 짐승도 무리들로부터 이탈하여 홀로 산을 떠나면 덫에 걸릴 위험을 면하지 못하고,

吞舟之魚18)탄주지어 碭而失水탕이실수 則螘能苦之즉의능고지

배를 삼킬 만한 물고기도 펄쩍 뛰어 물 밖으로 나오면 개미에게도 괴롭힘을 당한다.

故鳥獸不厭高고조수불염고 魚鼈不厭深어별불염심

그러므로 새와 짐승은 숨는 것을 싫어하지 아니하고, 물고기와 자라는 깊은 곳을 싫어하지 않는다.

夫全其形生之人19)부전기형생지인 藏其身也장기신야 不厭深眇而已矣불염심묘이이의

---

17) 罔罟(망고) : 그물, 덫.

18) 吞舟之魚(탄주지어) : 배를 삼킬 만한 큰 물고기.

19) 全其形生之人(전기형생지인) : 타고난 모습을 온전하게 지키는 사람. 타고난 모습을 온전하게 지킨다는 것은 길게 살면서 오래 보는 것이다.

타고난 모습을 온전하게 지키는 사람은 몸을 숨길 때 깊고 어두운 곳을 싫어하지 않는 법이다.

且夫二子者차부이자자 又何足以稱揚哉우하족이칭양재!

또한 요와 순 같은 두 사람이야 칭찬할 만한 점이 어디 있겠는가!

是其於辯也시기어변야 將妄鑿垣牆而殖蓬蒿也장망착원장이식봉호야

그들은 사람을 까다롭게 구별하여 함부로 담장을 파고 그 위에 쑥을 무성하게 심을 것이며,

簡髮而櫛 數米而炊[20]간발이즐 수미이취

머리카락을 하나하나 세어 빗질을 하고, 쌀알을 하나하나 세어 밥을 짓는 것과 같이,

竊竊乎又何足以濟世哉절절호우하족이제세재!

그런 작은 일에 얽매여서야 어찌 세상을 다스릴 수 있겠느냐!

擧賢則民相軋 任知則民相盜[21]거현즉민상알 임지즉민상도

어진 사람을 등용하면 백성들이 서로 다투고, 지혜 있는 사람에게 벼슬을 주면 백성들은 서로 도둑질을 한다.

之數物者지수물자 不足以厚民부족이후민

이런 몇 가지 일로는 백성들을 돈후하게 해줄 수가 없는 것이다.

---

20) 簡髮而櫛 數米而炊(간발이즐 수미이취) : 머리카락을 한 올씩 빗질하며, 쌀알을 하나하나 헤아리면서 밥을 지음. 까다롭게 따진다는 뜻. 신중하게 처리함이 지나쳐 불필요한 일에 정성을 쏟는다는 의미다.

21) 擧賢則民相軋 任知則民相盜(거현즉민상알 임지즉민상도) : 어진 사람을 등용하면 백성들이 서로 다투고, 지혜로운 이에게 맡기면 백성들이 서로 도둑질할 것임. 《노자》 제3장에, "잘난 사람을 받들지 않아 백성들이 공명을 다투지 않도록 하고, 얻기 어려운 재물을 귀히 여기지 않아서 백성을 도둑질하지 않도록 하라(不尙賢 使民不爭 不貴難得之貨 使民不爲盜)."고 한 구절과 맥락이 비슷하다.

民之於利甚勤민지어리심근 子有殺父자유살부

백성들이 이익 추구에만 눈이 뒤집혀 심지어는 자식이 어버이를 죽이는 자가 있고,

臣有殺君신유살군 正畫爲盜정주위도 日中穴杯일중혈배

신하가 임금을 죽이며, 대낮에도 도둑질을 하고, 한낮에도 남의 담을 뚫을 것이다.

吾語女오어여 : 大亂之本대란지본 必生於堯舜之間필생어요순지간

내 너희들에게 말하노니, 큰 어지러움의 근본은 반드시 요순시대부터 생겨난 것으로,

其末存乎千世之後기말존호천세지후 千世之後천세지후 其必有人與人相食者也기필유인여인상식자야"

그 끝이 천세 후에까지도 존속할 것이고, 천세 후에는 반드시 사람과 사람이 서로 잡아먹는 일이 생길 것이다."

南榮趎蹴然[22]正坐曰남영주축연정좌왈 :

남영주(南榮趎)가 깜짝 놀라 자리를 고쳐 앉으며 물었다.

"若趎之年者已長矣약주지년자이장의 將惡乎託業以及此言邪[23]장오호탁업이급차언야?"

"저같이 이미 나이가 들어 장성한 사람은 어떻게 해야 그런 말씀에 따라갈 수 있겠습니까"

庚桑子曰경상자왈 : 경상자가 말했다.

---

22) 南榮趎蹴然(남영주축연) : 남영주가 깜짝 놀라다. 南榮趎는 성은 남영(南榮), 이름이 주(趎). 경상초의 제자.

23) 將惡乎託業以及此言邪(장오호탁업이급차언야) : 앞으로 어떤 일을 해야만 그 말씀에 따라갈 수 있겠는가? 어떤 가르침을 받아야 하느냐는 물음이다.

"全汝形 抱女生[24]전여형 포여생 無使汝思慮營營[25]무사여사려영영

"너의 몸을 온전히 지키고 너의 삶을 끌어안아서 너의 마음이 흔들리지 말아야 할 것이다.

若此三年약차삼년 則可以及此言矣즉가이급차언의"

이렇게 3년만 하면 내 말대로 될 수가 있을 것이다."

南榮趎曰남영주왈 : 남영주가 말했다.

"目之與形목지여형 吾不知其異也오부지기이야 而盲者不能自見이맹자불능자견

"눈의 모양은 서로 같아 나는 그 다른 것을 알지 못하지만, 장님은 스스로 볼 수가 없고,

耳之與形이지여형 吾不知其異也오부지기이야 而聾者不能自聞이롱자불능자문

귀의 모양도 서로 같아 내 그것의 다름을 알지 못하는데, 귀머거리는 스스로 들을 수가 없으며,

心之與形심지여형 吾不知其異也오부지기이야 而狂者不能自得이광자불능자득

마음의 모양은 서로 같아 내 그 다른 점을 알 수가 없지만, 미치광이는 스스로 알지를 못합니다.

形之與形亦辟矣[26]형지여형역비의 而物或閒之邪이물혹간지야

모양과 모양은 서로 비슷하지만, 그런데도 그 사이에 사물이 끼어들면,

---

24) 全汝形 抱女生(전여형 포여생) : 너의 몸을 온전히 지키고 너의 삶을 끌어안음. 抱는 끌어안다. 生은 삶.

25) 無使女思慮營營(무사여사려영영) : 너의 마음이 흔들리지 말아야 함. 營營은 세력이나 이익 따위를 얻으려고 골똘함.

26) 形之與形亦辟矣(형지여형역비의) : 형체가 다른 형체와 또한 같음. 辟(비)는 비슷하다는 뜻.

欲相求而不能相得욕상구이불능상득?

서로 구하려 해도 얻을 수가 없지 않겠습니까?

今謂趎曰금위주왈 : 지금 선생님께서 저에게 이르시기를,

'全汝形전여형 抱女生포여생 勿使女思慮營營물사여사려영영'

'너의 몸뚱이를 온전히 하고 너의 생명을 편안히 보전하며, 너의 마음이 흔들리지 말아야 한다.' 고 하셨습니다.

趎勉聞道達耳矣주면문도달이의"

그러나 저는 힘써 道를 들어도 귀에만 맴돌 뿐입니다."

庚桑子曰경상자왈 : 경상자가 말했다.

"辭盡矣사진의 : "내 말은 이제 다 했다.

奔蜂不能化藿蠋27)분봉불능화곽촉

분주히 날아다니는 작은 나나니벌은 커다란 콩벌레를 부화하지 못하고,

越鷄不能伏鵠卵 魯鷄固能矣28)월계불능복곡란 노계고능의

작은 닭은 큰 고니의 알을 품지 못하지만, 큰 닭은 그것을 할 수 있다.

鷄之與鷄계지여계 其德非不同也기덕비부동야

닭을 놓고 비교하자면, 그 덕이 같지 않은 것은 아니지만,

有能有不能者유능유불능자 其才固有巨小也기재고유거소야

어떤 닭은 할 수 있고 어떤 닭은 할 수 없는 것은 그 재능에 본래 대소의

---

27) 奔蜂不能化藿蠋(분봉불능화곽촉) : 분주히 날아다니는 작은 벌은 커다란 콩벌레를 부화시키지 못함. 奔蜂은 분주하게 날아다니는 벌. 藿蠋(곽촉)은 콩벌레.

28) 越鷄不能伏鵠卵 魯鷄固能矣(월계불능복곡란 노계고능의) : 작은 닭은 큰 고니의 알을 품지 못하지만, 큰 닭은 그것을 할 수 있다. 越鷄는 당닭, 작은 닭. 鵠(곡)은 고니, 백조. 魯鷄는 큰 닭.

차이가 있기 때문이다.

今吾才小금오재소 不足以化子부족이화자

지금 나는 재능이 보잘것없어 너를 교화시킬 수 없으니,

子胡不南見老子자호불남견노자?"

너는 남쪽으로 가서 노자를 만나 뵙는 것이 어떻겠는가?"

南榮趎贏糧남영주영량 七日七夜至老子之所칠일칠야지노자지소

남영주가 양식을 짊어지고 일곱 날을 걸려 노자를 찾아갔다.

老子曰노자왈 : 노자가 말했다.

"子自楚之所來乎29)자자초지소래호?"

"그대는 경상초가 있는 곳에서 왔는가?"

南榮趎曰남영주왈 : "唯유"

남영주가 말했다. : "네, 그렇습니다."

老子曰노자왈 : 노자가 말했다.

"子何與人偕來之衆也30)자하여인해래지중야?"

"그대는 무얼 그리 여럿을 데리고 왔는가?"

南榮趎懼然顧其後남영주구연고기후

남영주는 두려워하면서 자기의 뒤를 돌아다보았다.

老子曰노자왈 : 노자가 말했다.

---

29) 子自楚之所來乎(자자초지소래호) : 그대는 경상초가 있는 곳에서 왔는가? 楚는 경상초
를 가리킨다.

30) 子何與人偕來之衆也(자하여인해래지중야) : 그대는 무얼 그리 여럿을 데리고 왔는가?
마음속에 의문을 많이 품고 왔음을 뜻함. 여럿이란 뒤에 남영주가 말하는 知·仁·義를
두고 여럿으로 비유한 것이다.

"子不知吾所謂乎자부지오소위호?"

"그대는 내가 무슨 말을 하는지 모르겠는가?"

南榮趎俯而慚남영주부이참 仰而歎曰앙이탄왈 :

남영주는 고개를 숙이고 부끄러워하다가 우러러 탄식하면서 말했다.

"今者吾忘吾答금자오망오답 因失吾問인실오문"

"지금 저는 제가 대답할 것도 잊었고, 여쭈어볼 것도 잊었습니다."

老子曰노자왈 : 노자가 말했다.

"何謂也하위야?"

"무슨 말인가?"

南榮趎曰남영주왈 ; 남영주가 말했다.

"不知乎부지호 人謂我朱愚[31]인위아주우

"제가 지혜롭지 못하면 남들이 저를 어리석다고 할 것이고,

知乎 反愁我軀[32]지호 반수아구

제가 지혜로우면 도리어 제 몸을 괴롭히며,

不仁則害人불인즉해인 仁則反愁我身인즉반수아신

제가 어질지 못하면 남을 해치게 되고, 제가 어질면 도리어 제 몸을 괴롭힐 것이며,

不義則傷彼불의즉상피 義則反愁我己의즉반수아기

제가 의롭지 못하면 남을 다치게 하고, 의로우면 도리어 제 자신을 괴롭힐 것입니다.

---

31) 朱愚(주우) : 지혜(知慧)나 꾀가 없고 어리석음.

32) 知乎 反愁我軀(지호 반수아구) : 지혜로우면 도리어 제 몸을 괴롭힐 것임.

我安逃此而可아안조차이가?

저는 어찌하면 이런 것들로부터 벗어날 수가 있겠습니까?

此三言者차삼언자 趍之所患也주지소환야 願因楚而問之원인초이문지"

이 세 가지(知·仁·義)가 저의 걱정거리입니다. 원컨대 경상초 선생을
통해서 여쭙고자 합니다."

老子曰노자왈 : 노자가 말했다.

"向吾見若眉睫之間 吾因以得汝矣33)향오견약미첩지간 오인이득여의

"나는 아까 그대의 미간(眉間)을 보고 자네가 어떤 문제를 가지고 있
는지 알았는데,

今汝又言而信之34)금여우언이신지

이제 자네의 말을 듣고 보니 확신하게 되었네.

若規規然若喪父母35)약규규연약상부모

자네는 골똘히 앉아서 고민하는 모습이 마치 부모를 여읜 듯하고,

揭竿而求諸海也36)게간이구제해야

장대를 들고 바다 깊이를 재는 격이라,

女亡人哉37)여망인재!

---

33) 向吾見若眉睫之間 吾因以得汝矣(향오견약미첩지간 오인이득여의) : 아까 나는 그대의 미간
(眉間)을 보고 자네가 어떤 사람인지 알아보았음. 向은 아까, 지난번에. 得汝는 그대가 어
떤 사람인지 알았다는 뜻으로, 남영주의 세 가지 생각. 곧 知·仁·義를 가리킨다.

34) 今汝又言而信之(금여우언이신지) : 이제 다시 그대의 말을 듣고 보니 확신할 수 있게
되었음. 信之는 노자 자신의 믿음을 가리킨다.

35) 若規規然若喪父母(약규규연약상부모) : 얼이 빠진 모습이 마치 부모를 여읜 듯하다. 앞
의 若은 그대. 規規然은 얼이 빠진 모습. 정신없는 모양.

36) 揭竿而求諸海也(게간이구제해야) : 장대를 들고 바다의 깊이를 재려 하다.

그대는 본성을 잃은 사람이로군!

悶悶乎38)汝欲反汝情性而無由入망망호여욕반여정성이무유입 可憐哉가련재!"

멍하니 본성을 되찾으려고 하지만 어찌할 바를 모르고 있으니, 참으로
안타깝구나!"

南榮趎請入就舍남영주청입취사 召其所好 去其所惡39)소기소호 거기소오

남영주는 노자 문하에 머물기를 자청하여, 그가 선이라고 생각하는 것
을 추구하고, 자기가 싫어하는 것을 버려서,

十日自愁십일자수 復見老子부현노자

열흘 동안 혼자서 근심하다가 다시 노자를 뵈었다.

老子日노자왈 : 노자가 말했다.

"汝自洒濯 熟哉鬱鬱乎40)여자세탁 숙재울울호!

"그대는 스스로의 마음을 깨끗이 씻은 덕분에 뭔가 빛나는 듯하지만,

然而其中津津乎猶有惡也41)연이기중진진호유유악야

아직도 마음속에서 스며 나오는 나쁜 것들이 남아 있구나.

夫外韄者不可繁而捉부외획자불가번이착 將內揵장내건

무릇 외물(外物)에 얽매인 자는 마음이 번거로워 안정하지 못하고 안

---

37) 女亡人哉(여망인재) : 그대는 본성을 잃어버린 사람이다. 女는 汝와 통한다.

38) 悶悶乎(망망호) : 멍한 모습. 뭔가 잃어버린 모습의 형용.

39) 召其所好 去其所惡(소기소호 거기소오) : 그가 善이라고 생각하는 것을 추구하고, 자기
가 싫어하는 것을 버림. 所好는 道. 所惡(소오)는 욕망, 욕심.

40) 汝自洒濯 熟哉鬱鬱乎(여자세탁 숙재울울호) : 그대는 스스로 마음을 깨끗이 씻어낸 덕
분에 뭔가 빛나는 듯함. 洒濯(세탁)은 마음을 깨끗하게 씻어냄의 비유. 洒는 씻다(洗).
鬱鬱乎는 빛나는 모양.

41) 然而其中津津乎猶有惡也(연이기중진진호유유악야) : 마음에서 스며 나오는 나쁜 것들이
남아 있음. 津津은 넘쳐흐르는(가득한) 모양, 액체가 배어 나오는 모양.

으로 걸어 잠그게 된다.

內韄者不可繆42)而捉내획자불가무이착 將外揵장외건

그러면 안에서 생각이 뒤얽혀 자제를 할 수 없으니, 밖의 문까지 걸어
잠그게 된다.

外內韄者외내획자 道德不能持43)도덕불능지

안팎으로 걸어 잠그면 도덕을 지닌 사람도 지킬 수 없을 터인데,

而況放道而行者乎이황방도이행자호!"

하물며 道를 따라 자적(自適)하는 사람이야 어찌하겠는가!"

南榮趎曰남영주왈 : 남영주가 말했다.

"里人有病이인유병 里人問之이인문지 病者能言其病병자능언기병

"마을 사람이 병이 나서 문병을 갔는데, 환자가 자신의 병세를 잘 말
할 수가 있다면,

然其病病者猶未病也연기병병자유미병야

자기의 병을 알고 있기 때문에 아직 병든 것이 아닙니다.

若趎之聞大道약주지문대도 譬猶飮藥以加病也비유음약이가병야

그런데 지금 제가 선생님께 대도를 물은 것은 비유컨대, 환자가 약을
먹고 병이 더 심해진 것과 같습니다.

趎願聞衛生之經而已矣주원문위생지경이이의"

저는 선생님께 삶을 지키는 법을 듣고 싶을 따름입니다."

老子曰노자왈 : 노자가 말했다.

---

42) 繆(무) : 얽다.

43) 道德不能持(도덕불능지) : 道와 德을 지닌 사람도 지킬 수 없음. 道德은 道와 德을 지
닌 사람.

"衛生之經위생지경 能抱一乎44)능포일호! 能勿失乎능물실호!

"삶을 지키는 법칙이란, 하나를 끌어안을 수 있는가! 또 그것을 잃어 버리지 않을 수 있는가!

能無卜筮而知吉凶乎능능무복서이지길흉호! 能止乎능지호! 能已乎능이호!

점을 쳐보지 않고도 길흉을 알 수 있는가! 멈출 수 있는가! 그만둘 수 있는가!

能舍諸人而求諸己乎45)능사저인이구저기호!

다른 사람을 두고도 자기에게서 찾을 수 있는가!

能翛然乎46)능소연호! 能侗然乎47)능통연호! 能兒子乎48)능아자호!

홀가분하게 떠나갈 수 있는가! 멍한 모습으로 찾아올 수 있는가! 어린아이 처럼 행동할 수 있는가!

---

44) 能抱一乎(능포일호) : 하나를 끌어안을 수 있는가. 抱一은 《노자》 제10장에 "마음으로 道를 안아 그것으로부터 떠나지 않을 수 있는가? 본능에 맡기고 부드럽게 되어 갓난아이처럼 될 수 있는가?(載營魄抱一 能無離乎 專氣致柔 能如嬰兒乎)"라고 한 대목과 비슷한 표현이다.

45) 能舍諸人而求諸己乎(능사저인이구저기호) : 다른 사람을 두고 자기에게서 찾을 수 있는가. 《맹자》〈이루 상〉편에, "행하여도 얻지 못하거든 자기 자신에게서 잘못을 찾을 것이니(行有不得者皆反求諸己), 자신의 몸이 바르면 천하가 돌아올 것이다."라는 구절이 있다. 《논어》〈위령공〉편에도, "군자는 허물을 자신에게서 찾고, 소인은 허물을 남에게서 찾는다(君子求諸己 小人求諸人)."라는 구절이 있다. 유가적인 수양 방법과 비슷한 표현이다. 여기서 諸는 대명사로 이, 저. '저'로 읽는다.

46) 能翛然乎(능소연호) : 홀가분하게 떠나갈 수 있는가. 외물에 얽매이지 않고 깨끗이 떠난다는 뜻. 翛然(소연)은 홀가분한 모습.

47) 能侗然乎(능통연호) : 멍한 모습으로 찾아올 수 있는가. 侗然(통연)은 어리석은 모양. 무지하고 소박해야 道를 찾을 수 있다는 뜻.

48) 能兒子乎(능아자호) : 어린아이처럼 행동할 수 있는가. 어린아이의 마음을 잃어버리지 않음.

兒子終日嗥而嗌不嗄아자종일호이익불사 和之至也화지지야

어린아이가 종일토록 울어도 목이 쉬지 않는 것은 조화가 지극하기 때문이다.

終日握而手不掜종일악이수불에 共其德也공기덕야

하루 종일 주먹을 쥐고 있어도 손이 저리지 않는 것은 그것이 자연의 德과 일치되어 있기 때문이다.

終日視而目不瞚종일시이목불순 偏不在外也편부재외야

하루 종일 보면서도 눈을 깜빡이지 않는 것은 집착하는 대상이 밖에 있지 않기 때문이다.

行不知所之행부지소지 居不知所爲거부지소위

길을 가도 가는 곳을 알지 못하고, 앉아 있어도 할 일을 알지 못하며,

與物委蛇而同其波여물위사이동기파 是衛生之經已시위생지경이"

외물과 순응해서 그 물결을 함께하니, 이것이 양생의 방법이다."

南榮趎曰남영주왈 : 남영주가 말했다.

"然則是至人之德已乎연즉시지인지덕이호?"

"그렇다면 이것이 저 지인의 德이라는 것입니까?"

曰왈 : 노자가 말했다.

"非也비야 是乃所謂冰解凍釋者能乎49)시내소위빙해동석자능호?"

"아니다. 이것은 바로 얼음이 풀리고 얼어붙은 것이 녹는 정도의 상태를 말하는 것이다.

---

49) 是乃所謂冰解凍釋者能乎(시내소위빙해동석자능호) : 이것은 바로 얼음을 녹이고 언 것을 푸는 정도의 상태를 말하는 것이다. 삶을 지키는 법(衛生之經)을 터득하는 경지를 말하는 것. 마음속의 미혹(迷惑)이 풀림을 비유한 말. 지금은 말로써 그 미혹을 풀었을 뿐으로, 참된 깨달음이 생기는 경지에는 이르지 못한다는 뜻.

夫至人者부지인자 相與交食乎地而交樂乎天상여교식호지이교락호천

무릇 지인이란 여러 사람과 함께 땅에서 나는 것을 먹고 천지자연을 함께 즐기는 사람이다.

不以人物利害相攖불이인물리해상영

사람이나 사물과의 관계나 이익, 손해 같은 것으로 사람들과 서로 다투지 아니하며,

不相與爲怪50)불상여위괴 不相與爲謀불상여위모 不相與爲事불상여위사

서로 괴이한 행동을 하지 않고, 함께 모략을 꾸미지 않으며, 어떤 일도 이루려 들지 않는다.

翛然而往 侗然而來51)소연이왕 통연이래 是謂衛生之經已시위위생지경이"

홀가분하게 갔다가 멍한 모습으로 돌아오는 것이니, 이것을 삶을 보양하는 법이라고도 한다."

曰왈 : 남영주가 다시 물었다.

"然則是至乎연즉시지호?"

"그렇게 되면 지극한 德이라고 할 수 있습니까?"

曰왈 : 노자가 말했다.

"未也미야 吾固告汝曰오고고여왈 : '能兒子乎능아자호?'

"아직 아니다. 내가 본디 그대에게 일러주기를 '어린아이처럼 행동할 수 있는가?'라고 했는데,

---

50) 不相與爲怪(불사여위괴) : 서로 괴이한 행동을 하지 않음. 爲怪는 爲異의 뜻으로, 이상한 행동을 한다는 뜻.

51) 翛然而往 侗然而來(소연이왕 통연이래) : 홀가분하게 떠나가고 멍한 모습으로 찾아옴. 翛然과 侗然은 앞 문장 '能翛然乎 能侗然乎'에 이미 나왔다.

兒子動不知所爲아자동부지소위 行不知所之행부지소지

어린아이는 움직여도 행할 바를 알지 못하고, 가면서도 가는 곳을 알지 못한다.

身若槁木之枝而心若死灰[52]신약고목지지이심고사회

몸은 마른 나뭇가지와 같고, 마음은 불 꺼진 재와 같다.

若是者약시자 禍亦不至화역부지 福亦不來복역불래

이런 자에게는 화도 닥치지 않고, 복도 이르지 않는다.

禍福無有화복무유 惡有人災也오유인재야?"

화와 복도 없는데, 어찌 인간의 재앙이 있을 것인가?"

| 해설 |

이 〈경상초〉 편의 대부분을 차지하는 이 설화는 세 대목으로 나누어진다. 노자의 제자 경상초가 외루(畏壘)의 산 속에서 道를 강론하는 장면이 첫 대목이고, 이 경상초에게 道를 묻는 남영주와의 문답이 둘째 대목이며, 경상초의 권유로 남쪽의 노자를 찾아가 남영주가 노자에게 위생(衛生)의 상법(常法)을 전수(傳授)받는 장면이 셋째 대목이다.

첫 대목의 주지(主旨)는 德을 지닌 사람은 항상 자신을 깊숙하고 오묘한 경지에 감추는 자로서, 요순 같은 자야말로 대란(大亂)의 근본이라고 비난하고 있다.

다음 대목에서는 남영주가 나타나 경상자에게 道를 묻자 만족스럽게 대답할 수가 없어, 남쪽에 있는 노자를 소개한다. 셋째 대목에서는 남

---

52) 身若槁木之枝而心若死灰(신약고목지지이심고사회) : 몸뚱이는 시든 나뭇가지와 같고 마음은 불 꺼진 재와 같음. 槁木, 死灰의 비유는 〈제물론〉 편과 〈지북유〉 편에 이미 나왔고, 〈田子方〉 편에는 形體掘若槁木으로 나왔다.

영주는 이레 동안을 걸려 노자를 찾아가 道를 물으니, 노자는 어린아이를 비유하면서 위생의 진법(眞法)을 설명하고 있다.

2.

宇泰定者[1]우태정자 發乎天光[2]발호천광

마음이 태평하고 안정된 자는 천연의 빛(天光)을 발한다.

發乎天光者발호천광자 人見其人[3]인견기인

천광을 발하는 자는 인간 본연의 참된 자신을 드러낸다.

人有修者 乃今有恒[4]인유수자 내금유항

수양이 잘 된 사람은 항상 변하지 않는 덕을 지니게 된다.

有恒者 人舍之 天助之[5]유항자 인사지 천조지

변하지 않는 덕을 지닌 사람에게는 사람들이 모여들고, 하늘이 그를 돕는다.

人之所舍인지소사 謂之天民위지천민 天之所助천지소조 謂之天子위지천자

사람들이 모여드는 사람을 천민(天民)이라고 일컫고, 하늘이 도와주는 사람을 천자(天子)라고 일컫는다.

學者학자 學其所不能學也학기소불능학야

---

1) 宇泰定者(우태정자) : 마음이 태평하고 안정되어 있는 사람. 宇는 마음을 뜻한다.

2) 發乎天光(발호천광) : 천광(天光)이 발현됨. 天光은 천연의 빛.

3) 人見其人(인견기인) : 모든 사람이 그의 참모습을 볼 수 있다는 뜻.

4) 人有修者 乃今有恒(인유수자 내금유항) : 수양이 잘 된 사람은 항상 변하지 않는 덕을 지니게 된다. 恒은 일정함.

5) 有恒者 人舍之 天助之(유항자 인사지 천조지) : 변하지 않는 덕을 갖춘 사람은 사람들이 그에게 귀복하고 하늘이 도와줌. 舍(사)는 귀복한다는 뜻.

학문이라고 하는 것은 배우기 힘든 것을 배우려 하는 것이다.

行者행자 行其所不能行也행기소불능행야

실행이라고 하는 것은 행하기 힘든 것을 행하려 하는 것이다.

辯者변자 辯其所不能辯也변기소불능변야

변론이라고 하는 것은 논하기 힘든 것들을 논하려고 히는 것이다.

知止乎其所不能知지지호기소불능지 至矣지의

인간의 지식이 알지 못하는 것에서 멈출 수 있다면 지극한 것이니,

若有不卽是者약유부즉시자 天鈞敗之[6]천균패지

만약 이러한 경지에 이르지 못하면 자연의 균형, 천균(天鈞)의 道가 무너질 것이다.

備物以將形비물이장형 藏不虞以生心장불우이생심

물건의 변화에 대비하여 형체를 기르고, 쓸데없는 생각을 물리쳐 마음을 평화롭게 하라.

敬中以達彼[7]경중이달피

공경하는 마음으로 다른 사물에 미치게 하라.

若是而萬惡至者[8]약시이만악지자

이와 같이 하는데도 갖가지 재난이 닥치는 것은,

皆天也개천야 而非人也이비인야

---

6) 天鈞敗之(천균패지) : 자연의 균형 천균(天鈞)이 무너질 것임. 天鈞은 〈제물론〉 편과 〈우언〉 편에도 나온다. 鈞은 均과 같다.

7) 敬中以達彼(경중이달피) : 공경하는 마음이 다른 사물에 미침. 자신을 닦아 외물을 감화시킨다는 뜻.

8) 若是而萬惡至者(약시이만악지자) : 이와 같이 하는데도 갖가지 재난이 닥치는 것. 萬惡은 온갖 재난.

모두가 하늘의 뜻일 뿐 인간의 탓이 아니다.

不足以滑成부족이활성 不可內於靈臺9)불가납어영대

이러한 것으로 안정된 마음을 어지럽혀서는 안 되고, 신성한 마음에 끼어들게 해서도 안 된다

靈臺者有持 而不知其所持10)영대자유지 이부지기소지 而不可持者也이불가지자야

마음을 지키는 무엇이 있지만, 그 지키는 것이 무엇인지 알지 못하므로 억지로 지탱할 수는 없는 것이다.

不見其誠己而發불견기성기이발 每發而不當매발이부당

자기 마음의 신실함을 확인하지 않고 행동하면 행동할 때마다 자연의 道에 어긋나게 될 것이다.

業入而不舍11)업입이불사 每更爲失매갱위실

밖으로부터의 영향이 끼어드는 것을 막지 않으면 일이 바뀔 적마다 모두 실패한다.

爲不善乎顯明之中者위불선호현명지중자 人得而誅之인득이주지

여러 사람들이 보는 가운데서 나쁜 짓을 저지르는 자가 있을 때 사람들은 이를 벌할 것이다.

爲不善乎幽閒之中者위불선호유간지중자 鬼得而誅之귀득이주지

---

9) 不可內於靈臺(불가납어영대) : 신성한 마음에 들여서도 안 됨. 內은 들이다. '납'으로 읽는다. 靈臺는 마음을 이르는 말.

10) 靈臺者有持 而不知其所持(영대자유지 이부지기소지) : 마음을 지키는 그 무언가 있지만 무엇을 지키는지 알 수 없음. 마음은 일정한 방향으로 움직임이 있지만, 그 일정함이 딱히 정해져 있지 않기 때문에 (억지로 지킬 수 없다)는 뜻.

11) 業入而不舍(업입이불사) : 밖으로부터의 걱정거리들이 침입해 막지 않음. 業은 바깥 일, 선악의 소행(所行). 舍는 그만두다.

사람들이 보지 않는 곳에서 나쁜 짓을 한다면 귀신이 알고 벌을 줄 것이다.

明乎人明乎鬼者12)명호인명호귀자 然後能獨行연후능독행

그러므로 사람에게도, 귀신에게도 밝은 연후에야 홀로 나아갈 수 있을 것이다.

券內者行乎無名13)권내자행호무명 券外者志乎期費권외자지호기비

내면이 충실한 사람은 남에게 알려지기를 바라지 않고, 외면을 추구하는 사람은 재물에 대한 집착을 버리지 않는다.

行乎無名者행호무명자 唯庸有光14)유용유광

남에게 알려지기를 바라지 않으면서 행하는 사람은 범상하게 행동해도 빛이 나지만,

志乎期費者 唯賈人也15)지호기비자 유고인야

재물을 밝히는 사람은 장사치에 지나지 않는다.

人見其跂 猶之魁然16)인견기지 유지괴연

사람들은 억지로 발돋움한 사람을 보고 오히려 우뚝하다고 생각한다.

與物窮者17)여물궁자 物入焉물입언

---

12) 明乎人明乎鬼者(명호인명호귀자) : 사람에게도 밝고 귀신에게도 밝은 뒤에야 홀로 나아갈 수 있음.

13) 券內者行乎無名(권내자행호무명) : 내면이 충실한 사람은 남에게 알려지기를 바라지 않는다. 券은 힘쓰다. 行乎無名은 남에게 알려지기를 바라지 않는다는 뜻.

14) 庸有光(용유광) : 범상하게 행동해도 빛이 남. 庸은 범상하다.

15) 志乎期費者 唯賈人也(지호기비자 유고인야) : 재물을 밝히는 사람은 장사치에 지나지 않는다. 賈人(고인)은 장사치.

16) 人見其跂 猶之魁然(인견기지 유지괴연) : 사람들은 억지로 발돋움한 사람을 보고 오히려 우뚝하다고 여긴다. 魁然(괴연)은 형체가 크고 장대(壯大)한 모양.

사물과 끝까지 함께 하는 자는 사물도 받아들여지고,

與物且者여물차자 其身之不能容기신지불능용 焉能容人언능용인!

재물과 상대하는 사람은 스스로도 용납될 수 없으니, 어떻게 남을 용납할 수가 있겠는가?

不能容人者無親불능용인자무친 無親者盡人[18]무친자진인

남을 용납할 수 없는 자는 친함이 없을 것이니, 친함이 없으면 남을 몹시 괴롭히게 된다.

兵莫憯於志병막참어지 鏌鋣[19]爲下막야위하

무기 중에는 인간의 마음보다 더 예리한 것은 없다. 막야(鏌鋣) 같은 명검도 인간의 마음에 비하면 무딘 것이다.

寇莫大於陰陽구막대어음양 無所逃於天地之間무소도어천지지간

우리의 몸은 음양의 부조화에 의해 해를 받는 것보다 더 큰 것이 없으니, 천지간에 음양을 벗어날 데가 없다.

非陰陽賊之비음양적지 心則使之也심즉사지야

그러나 이는 음양이 작용해서 해를 끼치는 것이 아니고, 사람의 마음이 그렇게 하는 것이다.

---

17) 與物窮者(여물궁자) : 사물과 함께 할 때 극진히 하는 자. 사물과 끝까지 함께 하는 자.

18) 無親者盡人(무친자진인) : 친함이 없으면 남을 몹시 괴롭힌다. 盡人은 親과 반대되는 뜻으로 보아 남을 몹시 괴롭힌다는 뜻.

19) 鏌鋣(막야) : 춘추시대 명검(名劍)의 이름. 「간장막야(干將莫耶)」에 대한 고사가 있다. 간장과 막야는 간장이 만든 두 자루의 명검 이름이다. 간장은 오(吳)나라 도장(刀匠)의 이름이고 막야는 그의 아내인데, 임금 합려(闔閭)의 청으로 간장이 칼을 만들 때 막야는 그녀의 머리털과 손톱을 쇠와 함께 가마에 넣고 달구어 명검 두 자루를 만들었다. 음양법(陰陽法)에 의하여 양으로 된 칼을 간장, 음으로 된 칼을 막야라고 이름 지었는데, 이것이 전의(轉義)되어 명검을 일컫게 되었다.

道通其分也, 其成也毁也20)도통기분야 기성야훼야

道는 평등한 것이다. 만물을 구분하지 않고 하나로 만드니, 때로는 이루기도 하고, 때로는 훼손하기도 한다.

所惡乎分者소오호분자 其分也以備기분야이비

구분하는 것을 싫어함은 그것이 구분될 때마다 갖추어지기를 바라기 때문이요,

所以惡乎備者소이오호비자 其有以備기유이비

갖추어지기를 싫어하는 까닭은 갖추어지기를 끊임없이 바라기 때문이다.

故出而不反 見其鬼21)고출이불반 견기귀

그러므로 밖으로 나가서 자신의 본성으로 돌아오지 않으면 귀신을 만나게 될 것이니,

出而得출이득 是謂得死시위득사

마음을 밖으로 발동하여 얻는 것은 바로 죽음인 것이다.

滅而有實멸이유실 鬼之一也귀지일야

본성이 소멸되었는데 껍데기에 남아 있는 것은 귀신 중의 하나이다.

以有形者象無形者而定矣이유형자상무형자이정의

형체가 갖추어진 것이 형체가 없는 道를 따라 행동하면 안정될 것이다.

出無本 入無竅22)출무본 입무규

---

20) 道通其分也, 其成也毁也(도통기분야 기성야훼야) : 道는 만물을 구분하지 않고 하나로 만드니, 이루기도 하고 훼손하기도 함. 이루고 훼손함에 일정한 구분 없이 道는 모두 통한다.

21) 故出而不反 見其鬼(고출이불반 견기귀) : 그러므로 밖으로 나가서 본성으로 돌아오지 않으면 귀신을 만나게 될 것이다. 결국 죽게 될 것이라는 뜻.

22) 出無本 入無竅(출무본 입무규) : 생겨남에 근본이 없으면 돌아갈 곳이 없음. 道에는 달

만물이 태어남에 그 근본이 없으면 돌아갈 곳도 없는 것처럼,

有實而無乎處유실이무호처 有長而無乎本剽유장이무호본표

존재하고는 있지만 머물 곳이 없고, 자라나기는 하지만 근본도 끝도
없는 것이다.

有所出而無竅者有實유소출이무규자유실

태어났지만 돌아갈 곳이 없는 것이야말로 실존하는 것이니,

有實而無乎處者 宇也23)유실이무호처자 우야

존재는 하고 있지만 머무는 곳이 없는 것은 우(宇)라 하고,

有長而無本剽者 宙也24)유장이무본표자 주야

자라나지만 본말이 없는 것이 주(宙 : 時間)이다.

有乎生有乎死 有乎出有乎入25)유호생유호사 유호출유호입

삶도 있고 죽음도 있으며, 태어남도 있고 돌아감도 있으니,

入出而無見其形입출이무견기형 是謂天門26)시위천문

들어가고 나옴에서 그 모습을 볼 수 없는 것을 천문(天門)이라고 한다.

리 근본이 없다는 뜻. 竅는 구멍.

23) 有實而無乎處者 宇也(유실이무호처자 우야) : 존재는 하지만 머무는 곳이 없는 것은 宇
임. 宇는 上下四方을 가리킨다. 따라서 道는 어디에나 존재한다는 말이다.

24) 有長而無本剽者 宙也(유장이무본표자 주야) : 자라남이 있지만 근본과 지말이 없는 것
은 宙(주)임. 宙는 시간 往古來今(왕고내금)을 宙라 한다. 往古來今은 과거, 현재, 미래
시간의 흐름. 古往今來.

25) 有乎生有乎死 有乎出有乎入(유호생유호사 유호출유호입) : 삶도 있고 죽음도 있으며,
태어남도 있고 돌아감도 있음. 生死出入에 있어서 道로 말미암지 않음이 없음.

26) 天門(천문) : 만물이 출입하는 문. 중묘(衆妙)의 문(衆妙之門)이라고도 함. 「중묘지문(衆
妙之門)」은 《老子》에 나오는 말로, 우주의 삼라만상(森羅萬象)을 만들어 내는 것. 모든
묘리(妙理)가 나오는 근원. 妙는 영묘한 것, 뛰어난 것. 門은 물건이 생겨나는 곳.

天門者천문자 無有也무유야 萬物出乎無有만물출호무유

천문은 무유(無有)이니, 만물은 이 무유로부터 나오는 것이다.

有不能以有爲有 必出乎無有[27]유불능이유위유 필출호무유

만유(有)는 有로부터 나왔다고 할 수 없으니, 반드시 무유(無有)에서 생겨났다고 보아야 한다.

而無有一無有[28]이무유일무유 聖人藏乎是성인장호시

무유는 일체가 無이니, 성인은 무유(無有)를 간직한다.

| 해설 |

유형적인 것들끼리 상대적 입장에서 존재하는 것은, 道의 입장에서 보면 절대성이 결여되어 있다. 곧 유형(有形)을 한정하는 것은 무형(無形)이어야 한다. 그러나 유형을 한정하고 무형을 인정하는 것도 곧 유형과 무형의 상대적 입장에서 보는 견해다. 따라서 이런 입장을 벗어나기 위해서는 유무(有無)를 초월한 무무(無無)의 무(無)의 경지에 이르지 않으면 안 된다는 것을 역설하고 있다.

3.

古之人 其知有所至矣 惡乎至고지인 기지유소지의 오호지?

옛 사람은 그 지혜로움이 지극한 바가 있었다. 어디까지 이르렀는가?

有以爲未始有物者 至矣盡矣 弗可以加矣유이위미시유물자 지의진의 불가이

---

27) 有不能以有爲有 必出乎無有(유불능이유위유 필출호무유) : 有는 有에서 나왔다고 할 수 없기 때문에 반드시 無有에서 나옴.

28) 無有一無有(무유일무유) : 無有는 일체가 없는 것임. 일체가 모두 無이기 때문에 一無有라 한다.

가의 其次以爲有物矣기차이위유물의[1]

첫째로 태초에 아무것도 존재하지 않았다고 생각했으니, 이는 지극하고 극진하여 더할 수가 없었다. 그 다음에 사물의 존재가 생겨났다고 했다.

將以生爲喪也장이생위상야 以死爲反也이사위반야 是以分己[2]시이분이

삶이란 잃어가는 것으로 여기고, 죽음이란 처음으로 돌아가는 것으로 여겼으니, 이것이 바로 삶과 죽음을 구분하여 알게 된 것이다.

其次曰始無有기차왈시무유 旣而有生기이유생 生俄而死생아이사

그 다음에 무(無)의 상태가 있었는데, 그 뒤에 삶이 있게 되었고, 삶도 마침내 죽게 된다는 것이다.

以無有爲首 以生爲體 以死爲尻[3]이무유위수 이생위체 이사위고

무유(無有)를 머리로 삼고, 삶을 몸체로 삼으며, 죽음을 꽁무니로 삼았다.

孰知有無死生之一守者숙지유무사생지일수자 吾與之爲友오여지위우

누가 유무(有無)와 생사(生死)가 한 가지임을 아는가. 나는 그와 벗이 되겠다.

是三者雖異 公族也[4]시삼자수이 공족야

---

1) 古之人 其知有所至矣 惡乎至 有以爲未始有物者 至矣盡矣 弗可以加矣 其次以爲有物矣 : "옛사람은 그 지혜가 지극한 바가 있었다. 어디에까지 이르렀던가? 첫째로 태초에 만물이 존재하지 않았다고 여겼는데, 이는 지극하고 극진하여 더할 수가 없었다. 그 다음에는 만물은 있었으나 한계가 없다는 것이다." 이상의 내용은 〈제물론〉 편에도 그대로 나온다.

2) 是以分己(시이분이) : 삶과 죽음을 구분한 것임. 已는 여전히.

3) 以無有爲首 以生爲體 以死爲尻(이무유위수 이생위체 이사위고) : 무유(無有)를 머리로 삼고, 삶을 몸체로 삼으며, 죽음을 꽁무니로 삼는다. 無有를 머리로, 생명을 몸체로, 죽음을 꽁무니로 비유한 것으로, 삶의 이전과 이후가 모두 無임을 상징적으로 나타낸 것이다.

이 세 가지는 비록 서로 다른 점이 있지만 왕족(王族)이다.

昭景也 著戴也 甲氏也 著封也 非一也5)소경야 저대야 갑씨야 저봉야 비일야

예컨대 소씨(昭氏)와 경씨(景氏)는 벼슬로 이름을 드날렸고, 갑씨(甲氏)는 봉읍(封邑)을 기준으로 성(姓)을 드러낸 것인지라 그 방식이 한 가지가 아니다.

有生黬也6)유생암야 披然日移是7)피연왈이시

삶은 가마솥 밑바닥의 검댕이 같은 것으로, 잠깐 사이에 흩어져버려 옳다고 판단하는 기준이 바뀐다.

嘗言移是상언이시 非所言也비소언야

그래서 한번 옳음의 판단 기준이 바뀌는 것(移是)을 말해보려는데, 쉽게 말로 표현할 수 있는 것이 아니다.

雖然 不可知者也8)수연 불가지자야

---

4) 是三者雖異 公族也(시삼자수이 공족야) : 이 세 가지는 비록 서로 다른 점이 있지만 같은 혈통에서 나온 왕족(王族)이다.

5) 昭景也 著戴也 甲氏也 著封也 非一也(소경야 저대야 갑씨야 저봉야 비일야) : 소씨(昭氏)와 경씨(景氏)는 벼슬로 드러냈고, 갑씨(甲氏)는 그가 소유한 영지(領也)를 기준으로 성을 드러낸 것이니, 성을 드러내는 방식이 한 가지가 아니다. 戴는 사람들이 떠받드는 직책, 곧 벼슬. 封은 봉읍(封邑). 非一也는 성을 드러내는 방식이 한 가지가 아님. 곧 어떤 경우는 벼슬을 기준으로 성을 드러내고, 어떤 경우는 봉읍을 기준으로 성을 드러내지만, 모두 왕족의 동성인 것처럼, 道를 말할 때도 각기 다른 식으로 표현하지만, 실은 다른 것이 아니라 모두 道를 표현한 것이라는 뜻이다.

6) 有生黬也(유생암야) : 삶이란 마치 가마솥 밑의 검댕과 같음. 생명은 가마솥 밑의 검댕처럼 홀연히 생긴다는 뜻이다. 黬(암)은 솥 밑바닥에 붙은 검댕.

7) 披然日移是(피연왈이시) : 이리저리 흩어져 옳음의 판단 기준이 바뀜. 披然(피연)은 이리저리 흩어지는 모양. 移是는 옳음의 판단 기준이 바뀐다는 뜻으로, 시비에 일정한 기준이 없음을 뜻한다. 사물의 시비는 늘 옮겨 다녀 일정한 상법(常法)이 없다는 뜻으로, 본래 하나인 道를 인간의 분별지(分別知)로 분석하여 시비를 따지는 일.

비록 그러하나 말로 표현하지 않으면 그것조차 알 수가 없다.

臘者之有膍胲 可散而不可散也[9] 납자지유비해 가산이불가산야

납제사를 지낼 때 희생(犧牲)으로 쓰는 소는 내장과 발굽을 따로 떼어내야 하는데, 온전한 소를 바쳐야 하기 때문에 떼어내서는 안 된다.

觀室者周於寢廟관실자주어침묘 又適其偃焉우적기언언

집을 둘러볼 때 안방과 사당을 둘러보고 나서는 뒷간까지 둘러보아야 다 살펴보는 것이다.

爲是擧移是[10] 위시거이시

이렇게 하는 것이 옳음의 판단 기준이 바뀌는 일에 해당한다.

請嘗言移是청상언이시

그럼 옳다고 판단하는 기준이 바뀌는 것에 대해 한번 말해보고자 한다.

是以生爲本시이생위본 以知爲師이지위사 因以乘是非인이승시비

그것은 삶을 근본으로 여기고, 지혜를 스승으로 받들어 이에 따라 옳고 그름의 기준이 변하는 것이다

果有名實 因以己爲質[11] 과유명실 인이기위질

---

8) 雖然 不可知者也(수연 불가지자야) : 말로 표현하기 어렵지만 그나마 말로조차 표현하지 않으면 시비의 기준을 알 수 없다는 뜻.

9) 臘者之有膍胲 可散而不可散也(납자지유비해 가산이불가산야) : 섣달 납(臘)제사를 지낼 때 소를 희생으로 바치는데, 소의 내장과 굽은 따로 떼어내서는 안된다. 臘은 납향(臘享)이라고도 한다. 동지 뒤 셋째 술일(戌日)에 그 해 한 해 동안에 지은 농사 형편과 그 밖의 일을 여러 신에게 고하는 제사. 膍(비)는 처녑, 곧 소나 양 따위의 내장. 胲(해)는 엄지발가락, 소의 굽을 가리킨다. 소를 잡을 때 내장과 굽은 따로 분리해 내지만, 제사를 지낼 때는 온전한 소 한 마리를 통째로 바쳐야 하기 때문에 분리하지 않는다는 뜻으로, 분리하는 것과 분리하지 않는 기준이 때에 따라 바뀜을 말한 것이다.

10) 爲是擧移是(이시거이시) : 이렇게 하는 것이 옳음의 판단 기준이 바뀌는 일에 해당함. 擧는 옳음의 기준이 바뀌는 실례를 이와 같이 들 수 있다는 뜻.

그 결과 명분과 실질이 구분되고, 그래서 자신의 기준을 바탕으로 삼아,

使人以己爲節 因以死償節[12]사인이기위절 인이사상절

남들로 하여금 자신의 명예를 인정하게 하고, 그로 인해 죽음으로 그 명예에 보상하게 된다.

若然者약연자 以用爲知이용위지 以不用爲愚이불용위우

이 같은 자는 세상에 쓰임이 있으면 슬기롭다 하고, 쓰임이 없으면 어리석다고 여기며,

以徹爲名이철위명 以窮爲辱이궁위욕

세상에 뜻이 통하면 명예롭다고 여기고, 세상에 뜻이 통하지 않으면 치욕으로 여긴다.

移是이시 今之人也금지인야

이렇듯 옳고 그름을 편의에 따라 바꾸는 것이 요즘 사람들이다.

是蜩與鷽鳩 同於同也[13]시조여학구 동어동야

이는 메까치나 작은 새들이 붕새를 비웃는 것과 다를 바가 없다.

| 해설 |

이 대목 「내편」 〈제물론〉 편의 "옛사람은 그 지혜로움에 지극한

---

11) 果有名實 因以己爲質(과유명실 인이기위질) : 명분과 실질을 구분하여 자신의 기준으로 시비를 가늠하는 태도를 말한다.

12) 使人以己爲節 因以死償節(사인이위기절 인이사상절) : 남들로 하여금 자기의 명예를 인정하게 하고, 그로 인해 죽음으로 그 명예에 보상함. 목숨을 바쳐 자신의 명예를 사람들에게 알린다는 뜻. 節은 절조(節操), 절개(節槪), 곧 명예를 이른다.

13) 是蜩與鷽鳩 同於同也(시조여학구 동어동야) : 이는 (대봉을 비웃는) 메까치나 작은 새들이 하는 짓과 다를 바가 없다. 〈소요유〉 편에 "메까치와 작은 새는 이를 비웃는다(蜩與鷽鳩笑之)."라는 구절이 있다.

바가 있었다(古之人 其知有所至矣)……"라는 일절과, 〈대종사〉 편의 "누가 무(無)를 머리로 삼고, 생(生)을 등으로 삼으며, 사(死)를 꽁무니로 삼을 수 있을까(孰能以無爲首 以生爲脊 以死爲尻)?……"하는 일절을 절충하여 인용한 것이다. 곧 「내편」의 부분적인 부연(敷衍)이 많다.

4.

蹍市人之足 則辭以放鶩[1] 전시인지족 즉사이방오

시장 거리에서 남이 발을 밟았을 땐 잘못했다고 사과하지만,

兄則以嫗 大親則已矣[2] 형즉이구 대친즉이의

형의 발을 밟았을 때는 그저 어루만져 주기만 하고, 어버이의 발을 밟았을 땐 아무 말도 하지 않는다.

故曰고왈 : 至禮有不人지례유불인 至義不物지의불물

그래서 이르기를, 최고의 예(禮)는 남과 나를 구분하지 않는 것이요, 최고의 의(義)는 물(物)과 나를 구분하지 않는 것이며,

至知不謀지지불모 至仁無親지인무친 至信辟金지신벽금

최고의 지(知)는 꾀하지 않는 것이고, 최고의 인(仁)은 유별나게 친함이 없는 것이며, 최고의 신(信)은 돈을 물리치는 것이다.

---

1) 蹍市人之足 則辭以放鶩(전시인지족 즉사이방오) : 저자거리에서 모르는 사람의 발을 밟으면 잘못했다고 사과함. 蹍(전)은 밟는다는 뜻. 放鶩(방오)는 放傲와 같다. 무례한 짓을 저질렀다고 사과하는 말.

2) 兄則以嫗 大親則已矣(형즉이구 대친즉이의) : 형의 발을 밟았을 때는 그저 어루만져주고, 어버이의 발을 밟았을 때는 아무 말을 하지 않음. 가까운 관계일수록 예를 갖추지 않는다는 뜻. 嫗(구)는 할머니, 안아서 따뜻하게 하다는 뜻.

徹志之勃[3]철지지발 解心之繆[4]해심지무 去德之累거덕지루 達道之塞[5]달도지색

마음을 어지럽히는 것을 버리고, 마음의 구속을 벗어버리며, 德의 얽매임을 벗어버리고, 道를 막는 것을 터놓아야 한다.

富貴顯嚴名利부귀현엄명리 六者육자 勃志也발지야

부유함과 귀함, 출세와 권세, 명성과 이익 이 여섯 가지는 마음을 어지럽게 하는 것이고,

容動色理氣意용동색리기의 六者육자 繆心也무심야

용모와 동작과 표정과 피부와 생기와 의욕, 이 여섯 가지는 마음을 속박하는 것이다

惡欲喜怒哀樂오욕희노애락 六者육자 累德也누덕야

미움과 욕망, 기쁨과 노함, 슬픔과 즐거움, 이 여섯 가지는 德을 해치는 것이고,

去就取與知能거취취여지능 六者육자 塞道也색도야

나가고 들어감과 취함과 은혜와 지혜와 능력, 이 여섯 가지는 道를 막는 것이다.

此四六者不盪胸中則正차사육자불탕흉중즉정

이 네 가지에 해당하는 여섯 가지 종류들이 마음을 어지럽히지 않으면 곧 올바르게 되고,

正則靜정즉정 靜則明정즉명 明則虛명즉허

올바르게 되면 고요해지고, 고요해지면 분명해지고, 분명해지면 마음

---

3) 徹志之勃(철지지발) : 마음을 어지럽히는 것들을 버림. 徹은 버리다는 뜻. 勃은 어지럽게 일어나는 모양.

4) 解心之繆(해심지무) : 마음을 묶는 속박을 풂. 繆는 얽다.

5) 達道之塞(달도지색) : 道를 막는 방해물을 소통시킴. 達은 통하다. 塞(색)은 막히다.

을 비우게 된다.

虛則無爲而無不爲也6)허즉무위이무불위야

마음을 비우면 무위하여도 되지 않는 일이 없다.

道者도자 德之欽也덕지흠야 生者생자 德之光也덕지광야

道란 德이 흠모하는 것이고, 삶이란 德이 빛나는 모습이다.

性者성자 生之質也생지질야

본성이란 삶의 바탕이다.

性之動謂之爲성지동위지위 爲之僞謂之失위지위위지실

본성의 움직임을 행위라 하고, 행위가 거짓되면 본성을 잃은 것이다.

知者지자 接也접야 知者지자 謨也모야

앎이란 (본성이) 외부와 접촉하는 것이고, 앎이란 생각함이다.

知者之所不知 猶睨也7)지자지소부지 유예야

지(知)로써 다 알 수 없는 것이 있는 것은 곁눈질로서는 사물의 전체
를 볼 수 없기 때문이다.

動以不得已之謂德8)동이부득이지위덕 動無非我之謂治동무비아지위치

마지못하여 움직이는 것을 德이라 하고, 움직이되 내 본성을 잃지 않는

---

6) 虛則無爲而無不爲也(허즉무위이무불위야) : 마음을 비우면 아무것도 하지 않아도(無爲)
   되지 않을 일이 없게(無不爲) 된다. 여기서 無爲而無不爲는 《노자》 제37장에 "도는 언
   제나 무위하지만 하지 않는 일이 없다(道常無爲而無不爲)."라는 구절이 나온다.

7) 知者之所不知 猶睨也(지자지소부지 유예야) : 知로써 다 알 수 없는 것이 있는 것은 마
   치 곁눈질하는 것과 같기 때문임. 睨(예)는 곁눈질하다. 사물을 올곧게 인식하지 못하는
   인간의 한계를 가리키는 말이다.

8) 動以不得已之謂德(동이부득이지위덕) : 마지못해 움직이는 것을 德이라 한다. 능동적으
   로 나서지 않고 나서지 않을 수 없는 부득이한 상황이 된 뒤에야 마지못해 움직인다는
   뜻.

것을 다스림(治)이라 한다.

名相反而實相順也명상반이실상순야

이름은 서로 다르지만, 실제는 서로 일치하는 것이다.

羿工乎中微而拙於使人無己譽9)예공호중미이졸어사인무기예

예(羿)는 매우 작은 표적도 쏘아 맞히는 기술은 교묘했지만, 남들이 자기를 칭찬하지 않게 하는 데는 서툴렀다.

聖人工乎天而拙乎人성인공호천이졸호인

성인은 하늘의 일에는 뛰어나지만, 사람의 일에는 서툴렀다.

夫工乎天而俍乎人者부공호천이량호인자 唯全人能之10)유전인능지

대체로 하늘의 일도 뛰어나고 인간의 일도 뛰어난 것은 오직 전인(全人)만이 할 수 있다.

唯蟲能蟲 唯蟲能天11)유충능충 유충능천

오로지 벌레가 온전하게 벌레일 수 있기에, 모름지기 벌레는 자연 그

---

9) 羿工乎中微 而拙於使人無己譽(예공호중미 이졸어사인무기예) : 예(羿)는 작은 표적을 맞히는 데는 뛰어났으나, 사람들로 하여금 자기를 칭찬하지 않게 하는 데는 졸렬했다. 微는 작은 표적. 羿는 중국의 전설에 나오는 명궁(名弓)이다. 《좌씨전》에 의하면 하(夏)나라 때의 사람으로 지금의 산동성을 지배하였고, 한때는 하(夏)나라를 멸망시킬 정도의 세력이 있었다고 한다. 한편 《회남자》에 의하면, 예는 요임금의 신하로 10개의 태양이 떠 곡식을 말려 죽이므로 그 가운데 9개를 쏘아 떨어뜨려 백성을 해치는 괴수를 퇴치했다는 신화적 인물이다.

10) 唯全人能之(유전인능지) : 오로지 전인(全人)이라야만 할 수 있다. 全人은 德이 온전한 사람이란 뜻으로, 복희씨 이상을 말하며, 요순 이하를 성인이라 하기도 한다. 일설에는 전인은 신인(神人)이라고도 한다. 성인 위를 지인(至人)·전인(全人)·신인(神人)이라 하기도 한다.

11) 唯蟲能蟲 唯蟲能天(유충능충 유충능천) : 오로지 벌레만이 온전하게 벌레일 수 있기에 오로지 벌레만이 자연 그대로일 수 있다. 사물 중에서 가장 열등한 것으로, 오로지 부득이할 때만 움직인다. 금석(金石)이 다 그러하지만 벌레 또한 그에 가깝다.

대로일 수 있다.

全人惡天전인오천 惡人之天오인지천

전인(全人)이 자연을 미워하는 것은 인위적인 자연을 미워하는 것이니,

而況吾天乎人乎이황오천호인호!

하물며 우리가 인위를 자연이라고 할 수 있겠는가!

一雀適羿 羿必得之 威也[12]일작적예 예필득지 위야

참새 한 마리가 명궁 예(羿) 앞에 날았을 때, 예는 그 참새를 잡을 수
도 있고 놓칠 수도 있다.

以天下爲之籠 則雀無所逃이천하위지롱 즉작무소도

하지만 천하를 가지고 새장으로 삼는다면 새들은 더 이상 도망칠 곳이
없을 것이다.

是故湯以胞人籠伊尹[13]시고탕이포인롱이윤

그래서 탕(湯)왕은 이윤(伊尹)을 요리사 직분으로 새장에 가뒀고,

秦穆公以五羊之皮籠百里奚[14]진목공이오양지피롱백리해

진나라 목공은 다섯 장의 양가죽을 주고 백리해(百里奚)를 새장에 가

---

12) 一雀適羿 羿必得之 威也(일작적예 예필득지 위야) : 참새 한 마리가 명궁 예(羿) 앞에
날았을 때, 예는 잡을 수도 있고 놓칠 수도 있다. 예(羿)가 반드시 그것을 쏘아 맞춰
잡는다는 것은 미혹된 생각이다.

13) 湯以胞人籠伊尹(탕이포인롱이윤) : 탕왕은 요리사의 직분으로 이윤을 새장에 가뒀다. 伊
尹은 은나라의 전설상의 인물. 이름난 재상으로 탕왕을 도와 하나라의 걸(桀)왕을 멸망
시키고 선정을 베풀었다. 이윤은 처음에는 솥과 도마를 들고 요리 솜씨로 탕왕을 기쁘
게 한 다음 훗날 명재상이 되었고, 왕의 스승이 되었다.

14) 秦穆公以五羊之皮籠百里奚(진목공이오양지피롱백리해) : 진나라 목공은 다섯 마리 양의
가죽을 주고 백리해를 새장에 가두었다. 목공은 70살 백리해가 현자라는 말을 듣고 그
에게 양가죽 다섯 장을 주고 국정을 맡겼다. 그때부터 사람들이 그를 '오고대부(五羖大
夫)'라고 하였다.

두었다.

是故非以其所好籠之而可得者시고비이기소호롱지이가득자 無有也무유야

이와 같이 좋아하는 것을 미끼로 삼지 않고서는 아무것도 손에 넣을 수가 없는 법이다.

介者拸畵 外非譽也[15)개자치화 외비예야

형벌로 발뒤꿈치를 잘린 자가 화장도구를 버리는 것은 세상의 비난이나 칭찬에 개의치 않기 때문이요,

胥靡登高而不懼[16)서미등고이불구 遺死生也야사생야

부역에 끌려가는 죄수들이 높은 곳에 올라가도 두려워하지 않는 것은 생사를 염두에 두지 않기 때문이다.

夫復謵不餽而忘人[17)부복습불궤이망인

남에게 굴복하고도 부끄러워하지 않으면 인간의 감정을 잊게 되니,

忘人망인 因以爲天人[18)矣인이위천인의

인간의 감정을 잊게 되면 그로 인해 천인(天人)이 된다.

故敬之而不喜고경지이불희 侮之而不怒者모지이불노자

그러므로 그를 공경해도 기뻐하지 않고, 그를 모욕해도 성내지 않는 것은,

---

15) 介者拸畵 外非譽也(개자치화 외비예야) : 형벌로 다리를 잘린 사람이 화장도구를 버리는 것은 (용모에 대한 세상 사람들의) 비난이나 칭찬에 개의치 않기 때문임. 介者는 형벌을 받아 다리를 잘린 사람. 拸畵(치화)는 화장도구를 버린다는 뜻.

16) 胥靡登高而不懼(서미등고이불구) : 부역에 끌려가는 죄수들이 높은 곳에 올라가도 두려워하지 않음. 胥靡는 부역에 끌려가는 죄수.

17) 夫復謵不餽而忘人(부복습불궤이망인) : 남에게 굴복하고서도 부끄러워하지 않으면 인간의 감정을 잊게 됨. 復謵은 伏慴의 가차자로 본다.

18) 天人 : 道가 있는 사람.

唯同乎天和者爲然유동호천화자위연

오직 자연과 조화를 이룬 천인(天人)만이 할 수 있는 것이다

出怒不怒출노불노 則怒出於不怒矣즉노출어불노의

성낼 일을 당해도 성을 내지 않으면, 성냄도 마음에 화가 되지 않을 것이고,

出爲無爲출위무위 則爲出於無爲矣즉위출어무위의

행위를 하더라도 인위적으로 행위하지 않으면 행위가 무위(無爲)에서 나오게 될 것이다.

欲靜則平氣욕정즉평기 欲神則順心욕신즉순심 有爲也유위야

고요하고 싶으면 기(氣)를 평화롭게 해야 하고, 신묘하기를 바라면 마음 가는 대로 따라야 하며,

欲當則緣於不得已욕당즉연어부득이 不得已之類부득이지류 聖人之道성인지도

행위가 마땅하기를 바라면 꼭 해야 하는 일을 따라야 하니, 반드시 해야 할 일을 따르는 것이 성인의 道인 것이다.

| 해설 |

인위적인 것은 아무리 기술이 발달한다 하더라도 결국은 한계가 있다. 따라서 인위는 자연처럼 위대할 수가 없는 것이다. 그러므로 인간은 자연에 순응하여 자기 자신을 잊고 자연스럽게 행동해야 한다. 그래야만 지인이 경지에 이를 수 있다는 것이다.

이 대목에서는 道를 체득하여 德을 갖추는 구체적인 실천 방법, 곧 지인(至人)을 목표로 하는 도가의 수양론을 전개시키고 있다. 주로 〈덕충부〉 편의 논술을 되풀이하면서 「부득이하여 행위하는」 무심의 처세

술을 강조하고 있다.

　전편의 전반부는 논리가 정연하다 하겠으나, 후반부는 논지가 몇 토막으로 나누어지면서 통일도 되어 있지 않고, 전후 단락의 연관도 순조롭지 못하다. 따라서 분단된 여러 대목을 적당히 엮어 놓은 것으로 생각된다.

24. 서무귀
徐無鬼

백성을 사랑하겠다 함이 백성을 해치는 단초가 된다

《장자》 전편 가운데서 가장 길어 자수도 3,500여 자나 된다. 대체로 잘 달은 인지(人智)를 버리고 대자연의 조화에 융화해야만 마음의 안정을 얻는 길임을 논술했다. 내용이 비교적 논리적으로 일관되어 있지 않고, 전반은 비교적 논지가 명확하나, 특히 후반은 변환(變幻) 단속(斷續)의 장절(章節)이 많고, 기술의 형식도 설화체·문답체·논설 등이 혼입되어 불통일의 느낌을 준다. 끝 부분의 논술이 〈제물론〉, 〈덕충부〉, 〈대종사〉 등 제편의 사상을 조술하고 있는 점은 〈경상초〉 편과 공통적이다.

구천(句踐)의 상담(嘗膽)

1.

徐無鬼因女商見魏武侯[1]서무귀인여상견위무후

서무귀(徐無鬼)가 여상(女商)의 소개로 위(魏)나라 무후(武侯)를 만났다.

武侯勞之[2]曰무후노지왈 : 무후가 서무귀를 위로하면서 말했다.

"先生病矣선생병의! 苦於山林之勞[3]고어산림지로 故乃肯見於寡人고내긍견어과인"

"선생께서는 많이 수척해졌구려. 산 속 생활이 힘드셨나 봅니다. 그래서 과인을 만나려고 오셨군요."

徐無鬼曰서무귀왈 : 서무귀(徐無鬼)가 말했다.

"我則勞於君아즉로어군 君有何勞於我군유하로어아?

"제가 임금님을 위로하러 왔습니다. 임금님이 어찌 저를 위로할 수 있겠습니까?

君將盈耆欲[4]군장영기욕 長好惡장호오 性命之情病矣[5]성명지정병의

임금께서는 당신의 욕망을 채우고, 좋아하고 미워하는 감정을 그대로

---

1) 徐無鬼因女商見魏武侯(서무귀인여상견위무후) : 서무귀(徐無鬼)가 여상(女商)의 소개로 위(魏)나라 무후(武侯)를 만났다. 서무귀는 위(魏)나라의 은자(隱者). 성은 서(徐), 자가 무귀(無鬼). 女商은 위(魏)나라 재신(宰臣). 성은 여(女), 이름은 상(商). 魏武侯는 이름은 격(击)이다. 전국시대 위나라의 국군(國君). 문후(文侯)의 아들이다. 한(韓)・조(趙)・진(晉)나라 영토를 삼분했고 16년 동안 재위했다.

2) 勞之(노지) : 위무후가 서무귀를 위로하다.

3) 苦於山林之勞(고어산림지로) : 산속 생활에 고생을 함. 은둔생활이 힘들어 지쳤을 것이라는 뜻.

4) 盈耆欲(영기욕) : 욕망을 가득 채우다.

5) 性命之情病矣(성명지정병의) : 성명(性命)의 올바름이 병들 것임. 性命은 사람의 천성(天性)과 천명(天命).

기른다면 성명(性命)의 본바탕이 병들 것입니다.

君將黜耆欲 擎好惡[6]군장출기욕 견호오 則耳目病矣즉이목병의

그리고 임금님께서 당신의 욕망을 버리고, 좋아하고 미워하는 감정을 억누르신다면 귀와 눈이 병들 것입니다.

我將勞君아장로군 君有何勞於我군유하로어아?"

그래서 제가 임금을 위로하려고 왔는데, 임금께서 어찌 저를 위로하겠습니까?"

武侯超然[7]不對무후초연부대

무후(武侯)가 언짢아서 아무 말도 하지 않았다

少焉소언 徐無鬼曰서무귀왈 : 잠시 후 서무귀가 말했다.

"嘗語君상어군 吾相狗也오상구야

"그러면 제가 개를 감정하는 이야기를 한번 해보지요.

下之質하지질 執飽而止집포이지 是狸德也시리덕야

제일 하등의 개는 배불리 먹는 데만 집착하니, 이는 고양이와 다를 게 없습니다.

中之質중지질 若視日약시일

다음으로, 중등의 개는 해를 바라보듯이 먼 곳을 바라봅니다.

上之質상지질 若亡其一약망기일

그 다음 상등의 개는 자신을 잊어버린 듯합니다.

---

6) 君將黜耆欲 擎好惡(군장출기욕 견호오) : 먹고 마시는 욕망을 억제하여 물리치고 호오 (好惡)의 감정을 버리고자 하신다면. 무리하게 욕망을 억지로 끊어 없애려고 하는 것도 도리어 신체에 손상을 준다는 뜻. 黜(출)은 쫓아낸다는 뜻. 擎(견)은 끌어다 물리친다는 뜻.

7) 超然(초연) : 기꺼워하지 않는 모양.

吾相狗오상구 又不若吾相馬也우불약오상마야

그런데 제가 개를 감정하는 것은 말을 감정하는 것만 같지 못합니다.

吾相馬오상마 直者中繩직자중승 曲者中鉤곡자중구

제가 말을 감정할 때, 곧장 앞으로 나아가면, 먹줄에 맞고, 굽어 돌 때는 갈고리에 맞으며,

方者中矩방자중구 圓者中規원자중규

꺾어 갈 때는 곡척(曲尺)에 맞고, 둥글게 돌 때는 그림쇠에 맞습니다.

是國馬[8]也시국마야 而未若天下馬也이미약천하마야

이런 말이 나라에서 최고의 명마입니다. 그러나 이 말도 아직 천하에 제일가는 명마에는 미치지 못합니다.

天下馬有成材천하마유성재 若卹若失[9]약휼약실

천하에서 제일가는 말은 천성적인 재질이 있어 일견 공허한 듯하고, 뭔가를 잃어버린 듯하며,

若喪其一약상기일

마치 자기 자신을 잃어버린 것처럼 멍한 모습으로 있는데,

若是者약시자 超軼絕塵 不知其所[10]초질절진 부지기소"

이런 말은 한번 내달으면 다른 말들을 그대로 추월하고 먼지조차 따돌리니, 어디로 가는지 알 수도 없습니다."

---

8) 國馬(국마) : 나라에서 가장 뛰어난 명마(名馬). 한 나라를 통틀어 가장 뛰어난 말.

9) 若卹若失(약휼약실) : 공허한 듯하고 뭔가를 잃어버린 듯하다. 卹은 놀라고 두려운 모양. 공허하다는 뜻.

10) 超軼絕塵 不知其所(초질절진 부지기소) : 다른 말들을 그냥 추월해서 먼지조차 따돌리니, 어디로 가는지 알 수 없다. 超軼은 다른 말들을 추월한다는 뜻. 軼은 앞지르다. 絕塵은 달릴 때 일어나는 먼지가 말을 따라잡지 못함을 형용한다.

武侯大悅而笑무후대열이소

무후는 이 말을 듣고 크게 기뻐 웃었다.

徐無鬼出서무귀출 女商曰여상왈:

서무귀가 물러나오자, 여상이 물었다

"先生獨何以說吾君乎선생독하이세오군호?

"선생께서는 우리 임금님께 무슨 말을 하셨습니까?

吾所以說吾君者오소이세오군자

내가 지금까지 우리 임금님께 말씀드렸던 것은

橫說之則以 詩書禮樂[11]횡세지즉이 시서예악,

횡(橫)으로는 시(詩)·서(書)·예(禮)·악(樂)을 말씀드렸고,

從說之則以金板六弢[12]종세지즉이금판육도

종(縱)으로는 금판육도(金板六弢)를 말씀드렸는데,

奉事而大有功者不可爲數[13]봉사이대유공자불가위수

---

11) 橫說之則以 詩書禮樂(횡세지즉이 시서예악) : 횡으로는 詩·書·禮·樂을 말씀드림. 아래의 從說之(종세지)와 상대되는 말로 이렇게도 말해보고 저렇게도 말해보았다는 뜻.

12) 從說之則以金板六弢(종세지즉이금판육도) : 종(從)으로는 금판(金板)이나 육도(六弢) 같은 병법을 말함. 從은 縱橫(종횡)의 縱과 같다. 金板六弢는 《육도(六韜)》와 《삼략(三略)》을 아울러 이르는 말로, 중국 고대 병학(兵學)의 최고봉인 「무경칠서(武經七書)」 가운데 2서(書)이다. 《六韜》의 도(韜)는 화살을 넣는 주머니를 말하며, 변하여 깊이 감추고 나타내지 않는 뜻에서 병법의 비결을 의미한다. 문도(文韜)·무도(武韜)·용도(龍韜)·호도(虎韜)·표도(豹韜)·견도(犬韜)의 6권 60편으로 이루어지며, 《삼략》의 약(略)은 기략(機略)을 뜻하며 상략(上略)·중략·하략의 3편으로 이루어졌다. 주(周)의 태공망(太公望)의 저서라고 전하나 후세의 가탁(假託)이 분명하다.

13) 奉事而大有功者不可爲數(봉사이대유공자불가위수) : 詩書禮樂과 金板六弢로 나라를 다스려 큰 공을 세웠다는 뜻으로, 곧 유가의 학술과 병법으로 나라를 다스리도록 했지만, 임금이 기뻐하지는 않았다는 뜻.

때로는 일을 받들어 큰 공을 세운 적도 셀 수 없이 많았습니다.

而吾君未嘗啓齒이오군미상계치

그런데 우리 임금님께서는 한 번도 이를 드러내고 웃으신 일이 없습니다.

今先生何以說吾君금선생하이세오군 使吾君說若此乎사오군열약차호?"

지금 선생께서는 우리 임금님께 무슨 말씀을 하셔서 그렇게 기뻐하게 하셨습니까?"

徐無鬼曰서무귀왈 : 서무귀(徐無鬼)가 말했다.

"吾直告之吾相狗馬耳오직고지오상구마이"

"나는 개와 말을 감정하는 법을 말씀드렸습니다."

女商曰여상왈 : 여상(女商)이 말했다.

"若是乎약시호?"

"그것뿐이었습니까?"

曰왈 : 서무귀가 말했다.

"子不聞夫越之流人[14]乎자불문부월지류인호?

"당신은 저 월(越)나라로 유배된 죄인의 이야기를 듣지 못했습니까?

去國數日 見其所知而喜[15]거국수일 견기소지이희

그들이 고국을 떠나 며칠이 지나면 자기가 아는 사람을 만나면 기뻐하고,

去國旬月 見其所嘗見於國中者喜[16]거국순월 견기소상견어국중자희

---

14) 越之流人(월지류인) : 월(越)나라 땅에 유배(流配)된 사람. 流人은 죄를 짓고 유배된 자. 流는 귀양 보내다. 위(魏)나라 사람으로 월(越)나라에 유배된 죄인이라는 뜻.

15) 去國數日 見其所知而喜(거국수일 견기소지이희) : 고국을 떠나 며칠이 지나면 자기가 아는 사람을 만나면 기뻐함. 其는 유배된 사람을 가리킨다. 所知는 고국에서 교유하던 사람을 가리킨다.

고국을 떠난 지 열흘이나 한 달쯤 되면, 고국에서 잠깐 스쳐 지나간 일이 있는 사람을 만나도 기뻐하고,

及期年也 見似人者而喜矣[17]급기년야 견사인자이희의

일 년쯤 되면 자기의 고향 사람과 비슷한 사람만 만나도 기뻐합니다.

不亦去人滋久불역거인자구 思人滋深乎사인자심호!

이야말로 인간사회에서 떠난 지 오래되면 오래될수록 사람을 그리워하는 마음이 점점 깊어지는 것이 아니겠습니까!

夫逃虛空者부도허공자 藜藋柱乎鼪鼬之逕[18]여조주호생유지경

저 빈 골짜기에 숨어 사는 사람이 족제비나 다니는 좁은 길에 명아주풀이 우거진 가운데서,

踉位其空[19]낭위기공 聞人足音跫然而喜矣[20]문인족음공연이희의

---

16) 去國旬月 見其所嘗見於國中者喜(거국순월 견기소상견어국중자희) : 고국을 떠나 열흘이나 한 달이 지나면 전에 잠깐 스쳐 지난 적이 있는 사람을 만나도 기뻐함. 旬月은 열흘 혹은 한 달 가량을 말함. 所嘗見於國中者는 교분은 없고 본국에서 잠깐 스쳐 지나간 적이 있는 사람을 말한다.

17) 及期年也 見似人者而喜矣(급기년야 견사인자이희의) : 일 년이 지남에 이르러서는 자기 나라 사람과 비슷한 모습을 하고 있는 사람만 보아도 기뻐함. 見似人者는 자기 나라 사람과 비슷한 사람이라는 뜻.

18) 藜藋柱乎鼪鼬之逕(여조주호생유지경) : 명아주풀이 우거진 족제비가 다니는 길. 즉 사람이 다니지 않아 풀이 우거진 좁은 길. 藜藋柱(여조주)는 명아주풀이 우거짐. 鼪鼬(생유)는 족제비.

19) 踉位其空(양위기공) : 허둥대며 텅 빈 골짜기에서 지내다. 踉(양)은 허둥지둥 감.

20) 聞人足音跫然而喜矣(문인족음공연이희의) : 빈 골짜기에서 사람의 발자국 소리만 들어도 기쁘다. 여기서 "인적이 없는 빈 골짜기에서 들리는 사람의 발자국소리"라는 뜻으로, 「공곡공음(空谷跫音)」이라는 성어가 생겨났다. 쓸쓸하게 지내고 있을 때 듣는 기쁜 소식, 고독하게 지내고 있을 때 동정자를 얻은 기쁨, 매우 진기한 일, 반가운 일 등을 비유하여 쓰기도 한다.

비틀거리며 텅 빈 골짜기에서 지내게 되면 사람 발자국 소리만 들려도 기뻐하는 법입니다.

而況乎兄弟親戚之謦欬其側21)者乎이황호형제친척지경해기측자호!

하물며 형제나 친척이 찾아와 곁에서 기침소리 내며 이야기라도 나누게 되면 얼마나 기뻐하겠습니까!

久矣夫구의부! 莫以眞人之言謦欬吾君之側乎22)막이진인지언경해오군지측호!"

참으로 오래되었나 봅니다! 아무도 진인(眞人)의 말로 임금님께 기침소리를 내며 이야기하지 않은 지가!"

| 해설 |

위(魏)나라 무후(武侯), 서무귀(徐無鬼), 여상(女商)의 문답을 빌려, 고국을 떠난 지가 오랠수록 고향을 생각하는 마음이 깊어지는 것과 같이 성명(性命)의 정을 떠나 지혜에 마음을 씀으로써 진인(眞人)의 말을 듣지 못하면 즐겁지도 못하고 위태해짐을 역설한 대목이다. 따라서 진인의 말을 들어 그 성정(性情)을 즐겨야 한다는 것이다.

2.

徐無鬼見武侯서무귀견무후 武侯曰무후왈 :

서무귀가 무후(武侯)를 알현하였을 때, 무후(武侯)가 말했다

---

21) 謦欬其側(경해기측) : 곁에서 기침소리를 냄.

22) 莫以眞人之言謦欬吾君之側乎(막이진인지언경해오군지측호) : (참으로 오래되었나 봅니다!) 아무도 진인(眞人)의 말로 우리 임금 곁에서 기침소리를 내며 이야기하지 않은 지가! 眞人之言은 양생(養生)의 진리를 말한다. 임금에게 무위자연의 진리를 이야기하여 기쁘게 해 주는 사람이 없었다는 뜻.

"先生居山林선생거산림 食芧栗 厭蔥韭¹⁾식모율 염총구

"선생께서는 산중에 살면서 도토리나 밤을 먹고 파나 부추를 입에 물릴 만큼 들면서,

以賓寡人²⁾이빈과인 久矣夫구의부!

과인을 버린 지가 꽤 오래 되었습니다!

今老邪금로야? 其欲干酒肉之味邪기욕간주육지미야?

(이렇게 과인을 만나러 오다니) 이제 늙고 힘들기 때문인가요, 아니면 술과 고기가 드시고 싶어 오신 것인지요?

其寡人亦有社稷之福邪기과인역유사직지복야?"

아니면 혹시 과인에게 사직(社稷)을 잘 다스릴 복이 있는 것인가요?"

徐無鬼曰서무귀왈 : 서무귀가 말했다.

"無鬼生於貧賤무귀생어빈천 未嘗敢飮食君之酒肉미상감음식군지주육 將來勞君也장래로군야"

"저는 원래 빈천하게 태어나 임금님의 술과 고기를 먹어 본 적이 없습니다. 그저 임금님을 위로하려고 찾아왔습니다."

君曰군왈 : 임금이 말했다.

"何哉하재? 奚勞寡人해로과인?"

"무슨 말이오? 어떻게 나를 위로하겠다는 거요?"

曰왈 : 서무귀가 말했다.

"勞君之神與形³⁾노군지신여형"

---

1) 食芧栗 厭蔥韭(식모율 염총구) : 도토리와 밤을 먹고 파와 부추로 입에 물릴 만큼 먹다. 芧는 도토리. 蔥韭(총구)는 파와 부추.

2) 以賓寡人(이빈과인) : 과인을 백안시하다. 賓은 擯의 假借字로 물리치다, 도외시하다의 뜻.

"임금님의 정신과 육체를 위무해 드리려는 것입니다."

武侯曰무후왈 : 무후(武侯)가 말했다

"何謂邪하위야?" : "그게 무슨 말이오?"

徐無鬼曰서무귀왈 : 서무귀가 말했다.

"天地之養也一4)천지지양야일
"천지가 만물을 기르는 것은 한결같습니다.

登高不可以爲長등고불가이위장 居下不可以爲短거하불가이위단
높은 곳에 올랐다고 해서 우쭐거려서도 아니 되고, 낮은 곳에 머물러
있다고 해서 열등하다고 생각해서도 아니 됩니다.

君獨爲萬乘之主군독위만승지주
그런데 임금께서는 홀로 만승지국(萬乘之國)의 군주로서

以苦一國之民이고일국지민 以養耳目鼻口이양이목비구
온 나라의 백성들을 괴롭힘으로써 이목구비의 욕망을 채우고 있습니다.

夫神者不自許也5)부신자부자허야
그러나 임금님의 정신은 스스로 허락하지 않을 것입니다.

夫神者부신자 好和而惡姦호화이오간
무릇 정신은 화합을 좋아하고 간악함을 미워합니다.

---

3) 勞君之神與形(노군지신여형) : 임금의 정신과 육체를 위무해 드리고자 함. 몸과 마음이
　지쳐 있는 임금을 위무하기 위해서 왔다는 뜻.

4) 天地之養也一(천지지양야일) : 천지자연이 만물을 기르는 작용은 한결같음. 一은 귀천에
　상관없이 똑같다는 뜻.

5) 夫神者不自許也(부신자부자허야) : 정신적으로는 그러한 (욕망을) 스스로 좋아하지 않을
　것이다. 속으로는 스스로 만족스럽게 생각하지 않을 것이라는 뜻.

夫姦病也부간병야 故勞之고로지

무릇 간악함은 병든 것이니, 제가 임금님을 위로해 드리려는 것입니다.

唯君所病之유군소병지 何也하야?"

그런데 임금께서 그런 병에 걸린 것은 어째서입니까?"

武侯曰무후왈 : 무후가 말했다.

"欲見先生久矣욕견선생구의 吾欲愛民而爲義偃兵오욕애민이위의언병 可乎가호?"

"과인이 선생을 만나고자 한 지가 오래 되었소. 나는 백성들을 사랑하고 인의(仁義)를 위하여 전쟁을 그만두고자 하오. 그것이 좋겠소?"

徐無鬼曰서무귀왈 : 서무귀가 말했다.

"不可불가 愛民 害民之始也 爲義偃兵 造兵之本也6)애민 해민지시야 위의언병 조병지본야

"아닙니다. 백성을 사랑하겠다는 것이 오히려 백성을 해치는 단초가 되는 것이며, 의(義)를 위해서 전쟁을 그만두겠다는 것이 오히려 전쟁을 만드는 단초가 되는 것입니다.

君自此爲之군자차위지 則殆不成즉태불성

임금께서 그 같은 생각을 가지고 계신다면 그것을 이루지 못할 것입니다.

凡成美 惡器也7)범성미 악기야

---

6) 愛民 害民之始也 爲義偃兵 造兵之本也(애민 해민지시야 위의언병 조병지본야) : 백성을 사랑하겠다는 것이 도리어 백성을 해치는 단초가 되고, 정의를 위해 전쟁을 멈추겠다는 것이 전쟁을 시작하는 단초가 됨. 인위적으로 백성을 사랑하겠다는 마음으로 정치를 하게 되면 오히려 백성들을 해치게 되고, 의리를 명분으로 전쟁을 중단하겠다는 마음은, 의로움(명분)을 내세워 전쟁을 일으킬 수 있다는 것을 지적한 말이다. 偃兵은 전쟁을 종식시킴. 偃은 그만두다.

7) 凡成美 惡器也(범성미 악기야) : 무릇 아름다움을 이루려는 것은 악을 담는 그릇이 된다.

무릇 아름다움을 이루려는 것은 악을 담는 그릇이 됩니다.

君雖爲仁義 幾且僞哉[8]군수위인의 기차위재!

임금께서는 비록 인의를 행하려 하시겠지만, 아마도 그것은 거짓이 되고 말 것입니다.

形固造形 成固有伐 變固外戰[9]형고조형 성고유벌 변고외전

형식적 규범은 결국 위선적인 규범을 만들며, 규범이 생기면 필연적으로 실패가 기다리며, 바꾸려는 마음이 일어나면 반드시 전쟁이 일어나게 됩니다.

君亦必無盛鶴列於麗譙之間[10]군역필무성학렬어려초지간

임금께서는 또한 절대 높은 누각 사이에 학렬(鶴列)의 진(陣)을 치지 말 것이며,

無徒驥於錙壇之宮[11]무도기어치단지궁

보병과 기병의 훈련을 제사를 지내는 치단(錙壇)의 궁(宮)에서 하지 말 것이며,

아름다움이 먼저 이루어지면 거짓이 나중에 생긴다. 때문에 아름다움을 이루는 것은 악을 담는 그릇이라고 한 것이다.

8) 君雖爲仁義 幾且僞哉(군수위인의 기차위재) : 임금께서는 비록 인의를 행하시려 하나, 아마도 그것은 거짓이 되고 말 것임. 幾는 거의, 아마도. 且는 장차.

9) 形固造形 成固有伐 變固外戰(형고조형 성고유벌 변고외전) : 형식적 규범은 결국 위선적인 규범을 만들며, 규범이 생기면 필연적으로 실패가 기다리고, 바꾸려는 마음이 일어나면 필연적으로 전쟁이 일어나게 됨. 伐은 실패. 變은 바꾸려는 마음.

10) 無盛鶴列於麗譙之間(무성학렬어려초지간) : 학렬(鶴列)의 진(陣)을 높은 누각 사이에 치지 말 것. 鶴列은 군사들을 학의 행렬처럼 배치하는 진법의 일종. 麗譙(여초)는 누대 이름.

11) 無徒驥於錙壇之宮(무도기어치단지궁) : 보병과 기병의 훈련을 제사를 지내는 치단(錙壇)의 궁에서 하지 말 것. 徒는 보병, 驥는 기마병. 보병과 기병을 훈련시키는 것을 말한다. 錙壇은 宮의 명칭으로 제사를 지내는 곳.

無藏逆於得무장역어득 無以巧勝人무이교승인

도리를 저버린 역기(逆氣)를 덕에 간직하지 말 것이며, 인위적인 기교로 남을 이기려 하지 말 것이며,

無以謀勝人무이모승인 無以戰勝人무이전승인

모략을 써서 남을 이기려 하지 말 것이며, 전쟁으로 남을 이기려 하지 말 것입니다.

夫殺人之士民부살인지사민 兼人之土地겸인지사지

무릇 이웃 나라의 병사들과 백성들을 죽이고, 이웃 나라의 토지를 병합하여,

以養吾私與吾神者이양오사여오신자 其戰不知孰善기전부지숙선?

자신의 사욕과 자신의 마음을 만족케 하는 자들에게 어느 전쟁이 정의이고 어느 나라가 정의입니까?

勝之惡乎在승지오호재?

전쟁 승리의 목적은 어디에 있습니까?

君若勿已矣군약물이의 修胸中之誠수흉중지성 以應天地之情而勿攖이응천지지정이물영

만일 임금께서 그만두지 못한다면 가슴속의 정성을 닦아 천지자연의 성정에 순응하여 생각을 어지럽히지 마십시오.

夫民死已脫矣[12]부민사이탈의 君將惡乎用夫偃兵哉군장오호용부언병재!"

그러면 백성들은 이미 사지(死地)에서 벗어날 테니, 임금께서는 굳이 전쟁을 그만두려고 애쓸 필요가 있겠습니까!"

---

[12] 夫民死已脫矣(부민사이탈의) : 백성들은 이미 사지(死地)에서 벗어남. 임금이 백성을 사랑하거나 굳이 전쟁을 중단하려고 하지 않더라도 백성들은 스스로 살 길을 찾을 수 있을 것이라는 뜻.

| 해설 |

이 문단도 앞 문단과 같이 위나라 무후(武侯)와 서무귀(徐無鬼)의
문답을 빌려 무위자연의 도덕과 그것에 기본한 무위자연의 지배만이
이상적인 정치라는 요지를 강조하고 있다.

이 대목에서 "백성을 사랑하는 것은 백성을 해치는 시초요, 전쟁을
준비하는 것이 전쟁을 일으키는 근본이라."라는 말은 인의(仁義)를 주
장하는 유가(儒家)와 전쟁을 반대하는 묵가(墨家)의 사상에 대한 도가
(道家)적 입장에서 비판한 말이라 할 것이다.

3.

黃帝將見大隗乎具茨之山[1]황제장견대외호구자지산

황제(黃帝)가 대외(大隗)를 만나려고 구자산(具茨山)으로 갔다.

方明爲御 昌宇驂乘 張若謵朋前馬 昆閽滑稽後車[2]방명위어 창우참승 장약
습붕전마 곤혼골계후거

방명(方明)이 어자(御者)가 되고, 창우(昌宇)가 참승(驂乘)이 되고, 장약

---

1) 黃帝將見大隗乎具茨之山(황제장견대외호구자지산) : 황제가 대외(大隗)를 만나려고 구자
산(具茨山)으로 갔다. 대외(大隗)는 대도(大道)를 의인화한 인물. 하남성 우현(河南省禹
縣)의 북쪽, 지금의 태외산(泰隗山) 또는 구자산(具茨山).

2) 方明爲御 昌宇驂乘 張若謵朋前馬 昆閽滑稽後車(방명위어 창우참승 장약습붕전마 곤혼골
계후거) : 방명(方明)이 어자(御者)가 되고, 창우(昌宇)가 참승(驂乘)이 되고, 장약(張若)
과 습붕(謵朋)이 전거(前車)가 되고, 곤혼(昆閽)과 골계(滑稽)가 후거(後車)가 되었다.
방명(方明)을 비롯한 여섯 명은 모두 가공의 인물로서, 각자의 이름 속에 우의(寓意)가
함축되어 있다. 方明은 사방을 환히 밝히는 명지(明知)를 지녔고, 昌宇는 천하를 창성케
하고, 張若은 넘치는 활력, 謵朋은 하늘 높이 나는 붕새, 곤혼은 깊고 신비한 지혜를
지닌 자, 골계는 익살과 기지를 지닌 자라는 뜻이다. 참승(驂乘)은 수레 오른쪽에 탐.
前馬는 말 앞에서 인도한다는 뜻.

(張若)과 습붕(謵朋)이 전마(前馬)가 되고, 곤혼(昆閽)과 골계(滑稽)가 후거(後車)가 되었다.

至於襄城之野3)지어양성지야 七聖皆迷 無所問塗4)칠성개미 무소문도

양성(襄城)의 들판에 이르자 일곱 성인들은 길을 잃었는데, 길을 물으려 해도 물을 사람이 없었다.

適遇牧馬童子적우목마동자 問塗焉문도언

그때 마침 말을 치는 목동을 만나 길을 물었다

曰왈 : "若知具茨之山乎약지구자지산호?"

"너는 구자산을 아느냐?"

曰왈 : 말목동이 대답했다.

"然연" : "네, 알고 있습니다."

"若知大隗之所存乎약지대외지소존호?"

"그럼 너는 대외가 있는 곳을 아느냐?"

曰왈 : 말목동이 대답했다

"然연" : "네, 알고 있습니다."

黃帝曰황제왈 : 황제(黃帝)가 말했다.

"異哉小童이재소동! 非徒知具茨之山비도지구자지산 又知大隗之所存우지대외지소존

"이상한 아이로구나! 구자산을 알 뿐 아니라, 대외가 있는 곳까지 알고 있다니!

請問爲天下청문위천하"

그러면 천하를 다스리는 방법에 대해 묻고 싶구나.”

小童曰소동왈 : 동자가 말했다.

"夫爲天下者부위천하자 亦若此而已矣역약차이이의 又奚事焉우해사언?

“천하를 다스리는 것은 이렇게 말을 기르는 것과 같습니다. 다를 게 무엇이 있겠습니까?

子少而自遊於六合之內5)여소이자유어육합지내

저는 어릴 때부터 육합(六合) 안에서 노닐었는데,

子適有瞀病6)여적유무병 有長者7)敎子曰유장자교여왈 :

제가 마침 눈이 흐려지는 병에 걸렸을 때, 어떤 어른이 저에게 가르쳐 주기를,

‘若乘日之車8)약승일지거 而遊於襄城之野이유어양성지야’

‘너는 해 수레를 타고 양성(襄城)의 들에서 노닐도록 하거라.’고 하셨습니다.

今予病少痊9)금여병소전 子又且復遊於六合之外여우차복유어육합지외

---

5) 子少而自遊於六合之內(여소이자유어육합지내) : 어릴 때부터 스스로 육합 안에 노닐었음. 六合은 上下四方의 공간, 곧 천지사방. 六合之內는 세속을 말한다.

6) 子適有瞀病(여적유무병) : 제가 마침 눈이 흐려지는 병에 걸렸음. 瞀病은 눈이 흐려지는 병. 속진(俗塵)이 가득하기 때문에 눈이 흐려졌다.

7) 長者(장자) : 道를 아는 사람을 가리킨다.

8) 若乘日之車(약승일지거) : 너는 해 수레를 타고 양성의 들에서 노닐도록 하라. 乘日之車는 해를 수레로 삼다.

지금은 제 병은 좀 나았습니다. 그래서 저는 또다시 육합 밖에서 노닐
고자 합니다.

夫爲天下부위천하 亦若此而已역약차이이 子又奚事焉여우해사언?"

무릇 천하를 다스리는 것도 이와 같을 따름이니, 제가 또 무슨 일을 하
겠습니까?"

黃帝曰황제왈 : 황제(黃帝)가 말했다.

"夫爲天下者부위천하자 則誠非吾子之事즉성비오자지사 雖然수연 請問爲
天下청문위천하"

"천하를 다스리는 일은 참으로 우리 동자의 일은 아니다. 비록 그러
하나 천하를 다스리는 방법에 대해서 물어보고 싶구나."

小童辭소동사 黃帝又問황제우문

동자(童子)가 사양하자, 황제가 다시 물었다.

小童曰소동왈 : 동자가 말했다.

"夫爲天下者부위천하자 亦奚以異乎牧馬者哉역해이이호목마자재? 亦去其
害馬者而已矣역거기해마자이이의"

"저 천하를 다스리는 일이 또한 어찌 이 말을 먹이는 일과 다를 것이
있겠습니까? 말을 해치는 요소를 제거할 뿐이겠지요."

黃帝再拜稽首황제재배계수 稱天師[10]而退칭천사이퇴

황제는 두 번 절하고 머리를 조아린 다음 천사(天師)라고 부르고 물러
갔다.

---

9) 瘥(전) : 병이 낫다.

10) 天師(천사) : 훌륭한 도사(道士). 대종사(大宗師).

| 해설 |

황제와 목동의 문답을 빌려 만물의 자연을 해치지 않는 무위만이 정치의 근본이라는 것을 밝히고 있다. 칠성(七聖)은 지려(知廬)에 의하여 대도(大道)를 거하는 자로 비유하고, 양성(襄城)은 이른바 이상향인 무하유지향(無何有之鄕)으로, 사람의 지혜로써는 도달할 수가 없어 칠성은 이 땅에서 찾을 수 없었는데도, 목동의 말에 깨닫고 참된 지(知)로 돌아갔다.

이 대목 문답의 전반은 〈천지〉편의 황제와 상망(象罔)과의 문답과 비슷하고, 후반은 〈덕충부〉의 천근(天根)과 무명인(無名人)의 문답과 비슷하다.

4.

知士無思慮之變則不樂지사무사려지변즉불락

지사(知士)는 모략을 짜낼 수 있는 일이 없으면 즐겁지 않고,

辯士無談說之序則不樂[1]변사무담설지서즉불락

변사(辯士)는 열변을 토할 실마리가 없으면 즐겁지 않으며,

察士無凌誶之事則不樂[2]찰사무릉신지사즉불락

찰사(察士)는 욕하고 꾸짖고 따져 물을 일이 없으면 즐겁지 않으니,

皆囿於物者也[3]개유어물자야

---

[1] 辯士無談說之序則不樂(변사무담실시서즉불락) : 변사(辯士)는 자기의 열변을 토할 실마리가 없으면 즐겁지 않음. 序는 緖(실마리)와 같다.

[2] 察士無凌誶之事則不樂(찰사무릉신지사즉불락) : 사물을 잘 살피는 사람은, 욕하고 꾸짖으면서 몰아칠 수 있는 일이 없으면 즐겁지 않음. 察士는 까다롭게 따지는 사람. 凌은 욕하다. 誶(신)은 따져 묻다.

이들은 모두 외물(外物)에 구속된 사람들이다.

招世之士興朝초세지사흥조 中民之士榮官중민지사영관

세상에 뛰어난 인물은 일어나 몸을 조정에 세우고, 백성을 잘 다스리는 사람은 관료로 출세하며,

筋力之士矜難4)근력지사긍난 勇敢之士奮患용감지사분환

힘이 센 사람은 어려움을 당하면 뽐내고, 용감한 사람은 근심거리를 만나야 으스대며,

兵革之士樂戰병혁지사락전 枯槁之士宿名5)고고지사숙명

무장한 군인은 전쟁을 즐기고, 야위고 까칠한 선비는 명성을 추구하며,

法律之士廣治6)법률지사광치 禮敎之士敬容예교지사경용

법률에 밝은 선비는 정치를 널리 펴고, 예(禮)를 가르치는 선비는 용모를 경건하게 가지며,

仁義之士貴際인의지사귀제

인의(仁義)를 중시하는 사람은 사람과의 관계를 중요시한다.

農夫無草萊7)之事則不比농부무초래지사즉불비　商賈8)無市井之事則不比상고

---

3) 皆囿於物者也(개유어물자야) : 모두가 외물에 구속된 사람들이다. 외물에 구속되어 자아를 상실한 자들이라는 뜻.

4) 筋力之士矜難(근력지사긍난) : 힘이 센 사람은 환난(患難)을 당해서 자신만만해 함. 矜難은 어려움을 극복하는 것을 자랑으로 여긴다는 뜻.

5) 枯槁之士宿名(고고지사숙명) : 야위고 까칠해져 가면서 자기주장을 고집하는 사람은 명예를 추구함. 枯槁之士는 말라비틀어진 모습의 은자를 지칭한다. 宿名은 명예를 찾아 구한다는 뜻.

6) 法律之士廣治(법률지사광치) : 법률에 밝은 사람은 정치를 널리 펴다. 법가(法家)를 비판한 내용이다.

7) 草萊(초래) : 잡초.

무시정지사즉불비

농부는 잡초 뽑는 밭일이 없으면 즐거워하지 않고, 상인은 시장에서 장사하는 일이 없으면 즐겁지 않으며,

庶人有旦暮之業則勤서인유단모지업즉근　百工9)有器械之巧則壯백공유기계지교즉장

서민은 아침저녁 할일이 있으면 부지런하고, 장인(匠人)은 기술이 있으면 당당해진다.

錢財不積則貪者憂전재부적즉탐자우　權勢不尤則夸者悲10)권세불우즉과자비

돈과 재물이 쌓이지 않으면 탐욕스런 자는 근심하고, 권세가 남만 못하면 위세부리기 좋아하는 사람은 슬퍼하며,

勢物之徒樂變세물지도락변

권세와 재물을 좋아하는 사람은 일이 있어야 즐거워하고,

遭時有所用조시유소용　不能無爲也불능무위야

때를 만나 자기가 기용(起用)될 것 같으면 가만히 있지를 못한다.

此皆順比於歲차개순비어세　不物於易者也불물어역자야

이들은 모두 세월의 추이(推移)에 따라 외물에 끌려 행동하므로 자신이 자유로이 道에 따라 변화하지를 못한다.

馳其形性치기형성　潛之萬物잠지만물　終身不反종신불반　悲夫비부!

자기의 육체와 본성을 몰아서 외물에 매몰되어 종신토록 본래의 자아로 돌아오지 못하니, 슬프다!

---

8) 商賈(상고) : 장사꾼. 옛날에는 賈(고)는 좌상(坐商), 商은 행상(行商)을 가리켰다.

9) 百工(백공) : 온갖 장인(匠人).

10) 權勢不尤則夸者悲(권세불우즉과자비) : 권세가 남보다 낮지 않으면 위세 부리기 좋아히는 인간들은 슬퍼한다. 尤(우)는 더욱, 한층 더, 夸(과)는 과시함. 곧 위세 부림.

　자기의 직능으로써 행위하는 자는, 결국 자기를 잊고 외물의 포로가 되어 자기의 본성을 잃는다는 것을 역설하고 있다. 모든 사회적 영예나 일상생활의 즐거움은 외물을 대상으로 하므로 참된 진실이 아니다. 오직 인위적인 것이 없는 무위자연의 것만이 참된 가치가 있는 것이다. 따라서 무위의 용(用)을 논한 대목이다.

5.

莊子曰장자왈 : 장자(莊子)가 말했다.

　"射者非前期而中사자비전기이중 謂之善射위지선사

　활을 쏘는 사람이 표적을 정해두지 않고 활을 쏘아 무엇엔가 적중하였을 때, 그것을 두고 그를 활의 명수라고 한다면,

　天下皆羿1)也천하개예야 可乎가호?"

　천하의 모든 사람은 예(羿)와 같은 명수가 될 것이니, 그것이 옳은가?"

惠子曰혜자왈 : "可가":

혜자가 말했다. : "그렇네."

莊子曰장자왈 : 장자가 말했다.

　"天下非有公是也천하비유공시야 而各是其所是이각시기소시

---

1) 羿(예) : 후예(后羿), 전설에 나오는 활의 명수로 알려져 있다. 《좌씨전(左氏傳)》에 의하면 하(夏)나라 때의 사람으로 지금의 산동성(山東省)을 지배하였고, 한때는 하조(夏朝)를 멸망시킬 정도의 세력이 있었다고 한다. 한편 예는 옛날 요(堯)임금의 신하로 10개의 태양이 떠올라 곡식을 말려 죽이므로 그 중에서 9개를 쏘아 떨어뜨리고 백성을 해치는 괴수를 퇴치하였다는 신화적 인물이다.

"천하에는 누구나 옳다고 하는 옳음(是)이 없는데, 제각기 자기가 옳다고 여기는 것을 옳다고 한다면,

天下皆堯也천하개요야 可乎가호?"

천하 사람들이 모두 요(堯)와 같은 성인이 될 터인데, 이것이 옳은가?"

惠子曰혜자왈 : "可가"

혜자가 말했다. : "그렇지."

莊子曰장자왈 : 장자가 말했다.

"然則연즉 儒墨楊秉[2])四유묵양병사 與夫子爲五여부자위오 果孰是邪과숙시야?

"그렇다면 유가(儒家)·묵가(墨家)·양주(楊朱)·공손룡(秉)의 네 학파에다 당신까지 보태면 다섯 학파가 되는데, 그 가운데서 과연 어느 것이 옳은가?

或者若魯遽[3])者邪혹자약로거자야?

혹 노거(魯遽)의 입장과는 같은가?

其弟子曰기제자왈 : 언젠가 노거의 제자가 노거에게 물었네.

---

2) 儒墨楊秉(유묵양병) : 유가와 묵가와 양주와 공손룡. 공손룡(公孫龍, BC 320?~BC250?)의 字는 자병(子秉), 조(趙)나라의 사상가. 저서는 《한서(漢書)》〈예문지(藝文誌)〉에 14권이라고 기록되어 있다. 현존하는 것은 〈적부편(跡府篇)〉,〈백마편(白馬篇)〉,〈지물론(指物論)〉,〈통변론(通變論)〉,〈견백론(堅白論)〉,〈명실론(名實論)〉의 6편이 있다. 〈백마편〉,〈견백편〉은 다 같이 물체와 속성, 내포(內包)와 외연(外延)의 문제,〈지물론〉은 지시와 지시의 대상에 관한 문제,〈통변론〉은 명칭·개념과 사물·실질과의 변화문제,〈명실론〉은 명과 실의 일치문제를 다루었다. 보통 그는 명가(名家)의 한 사람으로 손꼽히며, 또한 그의 논술을 궤변이라고 하나, 단순한 궤변이 아니라, 당시의 혼란한 사회를 질서 있는 사회로 돌이키려고 하는 의욕을 찾아볼 수 있다.

3) 魯遽(노거) : 주(周)나라 초기의 인물.

'我得夫子之道矣아득부자지도의　吾能冬爨鼎而夏造冰矣오능동찬정이하조빙의'

'저는 선생님의 道를 터득했습니다. 저는 겨울에 솥에 불을 때서 밥을 짓고, 여름에도 얼음을 만들 수 있습니다.'

魯遽曰노거왈 : 노거(魯遽)가 말했다.

'是直以陽召陽시직이양소양　以陰召陰이음소음　非吾所謂道也비오소위도야　吾示子乎吾道오시자호오도'

'그것은 겨울에 양기(陽氣)로 양기(陽氣)를 부르고, 여름에 음기(陰氣)로 음기(陰氣)를 부르는 정도이니, 내가 말하는 道는 아니다. 내가 이제 자네에게 나의 道를 보여주겠다.'

於是爲之調瑟4)어시위지조슬　廢5)一於堂페일어당　廢一於室페일어실

노거는 고문고의 줄을 조율하게 한 다음, 한 개는 대청마루에다 놓아두고, 또 한 개는 방안에다 놓아두었다.

鼓宮宮動고궁궁동　鼓角角動고각각동　音律同矣음률동의

한쪽에서 궁(宮)의 가락을 뜯으면 다른 쪽에서도 궁(宮)의 줄이 저절로 움직였고, 또 한쪽에서 각(角)의 가락을 뜯으면 다른 한쪽에서도 각(角)의 가락이 저절로 움직이니, 이는 양쪽의 음률이 같기 때문이다.

夫或改調一弦불혹개조일현　於五音無當也어오음무당야　鼓之二十五弦皆動고지이십오현개동

그런데 혹 한 줄을 고쳐 오음(五音)의 어느 것에도 맞지 않게 하고서 그 줄을 튕기니 다른 25줄이 모두 함께 울렸다.

---

4) 爲之調瑟(위지조슬) : 거문고를 조율하게 하다. 委(위)는 맡긴다는 뜻이고, 調瑟(조슬)은 거문고를 조율한다는 뜻.

5) 廢(폐) : 치(置)와 같다. 놓아두다.

未始異於聲미시이어성 而音之君[6] 已이음지군이 且若是者邪차약시자야?"

이것은 소리가 다른 음이었으나 모든 음의 으뜸음이었기 때문일 뿐이다. 자네 말이 이와 같은 경우 아니겠는가?"

惠子曰혜자왈 : 혜자(惠子)가 말했다.

"今夫儒墨楊秉금부 유묵양병 且方與我以辯차방여아이변 相拂以辭상불이사 相鎭以聲상진이성

"지금 저 유가·묵가·양주·공손룡의 네 학파가 변론으로 나를 적대하여 말로써 서로 배척하고, 큰소리로 억누르려 하지만,

而未始吾非也이미시오비야 則奚若矣즉해약?"

아직 나를 그르다고 하지는 못했지. 이런 경우는 어찌 설명하겠는가?"

莊子曰장자왈 : 장자가 대답했다.

"齊人蹢子於宋者 其命闇也不以完[7]제인척자어송자 기명혼야불이완

"제나라 사람으로 자기 자식을 송나라에 팔아넘긴 자가 있었는데, 문지기라도 시키려고 하여 불구자로 만들었지.

其求鈃鍾也以束縛[8]기구견종야이속박

---

6) 音之君(음지군) : 모든 음들의 으뜸이 되는 음.

7) 齊人蹢子於宋者 其命闇也不以完(제인척자어송자 기명혼야불이완) : 옛날에는 발이 잘린 자라야 문지기가 될 수 있었다. 그래서 일부러 자식의 발을 잘랐으니, 아비가 자식을 물건만큼도 사랑하지 않음을 비유한 것이다. 蹢은 팔아넘기다의 뜻. 闇은 문지기. 不以完은 온전한 몸으로는 문지기가 될 수 없다는 뜻으로, 그 때문에 자식의 다리를 잘랐다는 뜻이다.

8) 其求鈃鍾也以束縛(기구견종야이속박) : (이 자는 자식은 다리를 잘라 팔아넘기면서도) 목이 긴 종을 구하면 그것이 훼손될까봐 소중하게 싸서 묶어놓는다. 자식은 사랑하지 않고, 물건은 소중히 여기는 것이 전후 모순이 된 것처럼, 변론으로 따지는 바람에 성명(性命)의 정을 경시하는 것은 경중(輕重)이 도치됨을 비유한 것이다.

이런 자는 목이 긴 종을 구하면 혹시라도 그것이 훼손될까봐 소중하게 싸서 묶어놓으면서도,

其求唐子也而未始出域기구당자야이미시출역 有遺類矣夫유유류의부!

팔려간 아들이 송나라에서 도망쳤다는 소식을 듣고서도 국경 밖으로 나가 (아들을) 찾으려고 하지는 않으니, 참으로 본말이 전도된 자라 할 것이다.

楚人寄而蹢閽者초인기이척혼자

초나라 사람 중에 절름발이로 몸이 팔려서 문지기가 된 자가 있었는데,

夜半於無人之時而與舟人鬪야반어무인지시이여주인투

한밤중 아무도 없을 때 (나루터까지 도망쳐 왔다가) 뱃사공과 싸웠다고 하니,

未始離於岺 而足以造於怨也9)미시리어잠 이족이조어원야"

아직 건너편 강기슭에 닿기도 전에 남의 원한을 사기 충분할 것이다."

| 해설 |

장주와 혜시의 문답을 빌려, 이미 시비가 존재하지 않는 이상 시비를 논하는 것은 불가능하다는 도가의 입장을 설명하고, 변론으로써 명성을 얻으려는 혜시의 입장은 성명(性命)의 정에 거스른다는 논지를 말하고 있다.

6.

莊子送葬장자송장 過惠子之墓과혜자지묘 顧胃從者曰고위종자왈 :

---

9) 未始離於岺 而足以造於怨也(미시리어잠 이족이조어원야) : 아직 건너편 기슭에 닿기도 전에 남의 원망을 사기에 충분함. 離는 붙는다는 뜻. 岺(잠)은 강기슭.

장자가 장례식을 치르고 혜자의 무덤을 지나면서 따르는 제자를 돌아보고 말했다.

"郢人堊慢其鼻端若蠅翼영인악만기비단약승익 使匠石斲之사장석착지

"옛날 초나라 서울 영(郢)에 사는 사람이 자기의 코끝에다 백토를 파리 날개만큼 얇게 발라 놓고, 장석(匠石)에게 그 흙을 깎아내게 했다.

匠石運斤成風 聽而斲之[1]장석운근성풍 청이착지

장석이 바람소리가 날 정도로 도끼를 휘둘러 백토를 깎아냈는데,

盡堊而鼻不傷[2]진악이비불상 郢人立不失容영인립불실용

백토는 다 깎여졌지만 코는 다치지 않았고, 영 땅 사람도 똑바로 서서 조금도 흐트러짐이 없는 모습이었다.

宋元君[3]聞之송원군문지 김匠石曰소장석왈 :

송(宋)나라 원군(元君)이 그 얘기를 듣고 장석을 불러 말했다.

'嘗試爲寡人爲之상시위과인위지'

'어디 내게도 한번 보여주게.'

匠石曰장석왈 : 장석이 대답했다.

'臣則嘗能斲之신즉상능착지 雖然수연 臣之質死久矣신지질사구의'

'제가 전에는 그렇게 할 수 있었지만, 지금은 그런 기술을 부릴 수 있는 상대가 죽은 지 오래되었습니다.'

---

1) 匠石運斤成風 聽而斲之(장석운근성풍 청이착지) : 장석이 도끼를 바람소리가 날 정도로 휘둘러 백토를 깎이냄. 運斤은 도끼글 휘두르나. 聽而斲之는 도끼를 휘둘러 바람 가르는 소리만 들린다는 뜻. 斲(착)은 깎다.

2) 盡堊而鼻不傷(진악이비불상) : 백토는 다 깎여졌지만 코는 다치지 않음. 堊는 백토(白土).

3) 宋元君(송원군) : 송원공(宋元公, 재위 BC 531~BC 517). 이름은 좌(佐). 전국시대 후기의 군주. 〈전자방〉 편에 이미 나왔다.

自夫子之死也 吾無以爲質矣 吾無與言之矣4)자부자지사야 오무이위질의 오무여언지의"

지금 나도 혜시가 죽은 뒤로 장석처럼 상대가 없어서 더불어 이야기할 사람이 없어졌구나."

| 해설 |

장자가 자기의 좋은 변론 상대였던 혜자의 죽음을 슬퍼하고, 이제는 함께 논할 상대마저 없어진 것을 한탄하고 있다.

7.

管仲1)有病관중유병 桓公2)問之曰환공문지왈 :

관중이 병을 앓고 있을 때, 제나라 환공이 관중에게 물었다.

"仲父之病病矣3)중보지병병의 可不謂云가불위운

---

4) 自夫子之死也 吾無以爲質矣 吾無與言之矣(자부자지사야 오무이위질의 오무여언지의) : 나 역시 지금 혜시가 죽고 상대가 없어져서 더불어 이야기할 사람이 없어졌음. 夫子는 혜시를 가리킨다. 장석이 영 땅 사람이 죽어서 더 이상 기술을 쓰지 못한 것처럼 장자 또한 논변의 상대였던 혜시가 죽고 난 뒤 더불어 이야기할 사람이 없게 되었다는 뜻.

1) 管仲(관중) : 관중(?~BC 645). 이름은 이오(夷吾). 환공을 도와 군사력의 강화, 상업과 수공업의 육성을 통하여 부국강병을 꾀하였다. 대외적으로는 동방이나 중원(中原)의 제후들과 9번 회맹(會盟)하여 환공에 대한 제후의 신뢰를 얻게 하였으며, 남쪽에서 세력을 떨치기 시작한 초(楚)나라를 누르려고 하였다. 저서로 알려진 《관자(管子)》는 후세 사람들에 의하여 가필된 것으로 여겨진다. 포숙아(鮑叔牙)와의 깊은 우정은 「관포지교(管鮑之交)」라 하여 유명하다.

2) 桓公(환공) : 춘추시대 제나라의 군주(재위, BC 685~BC 643). 포숙아(鮑叔牙)의 진언으로 공자 규(糾)의 신하였던 관중(管仲)을 재상으로 기용한 뒤 패자(覇者)의 자리를 확고히 하여 춘추오패(五覇)의 한 사람이 되었다.

"중보(仲父)의 병이 위중하니 말을 하지 않을 수 없소

至於大病지어대병 則寡人惡乎屬國而可즉과인오호속국이가?"
중보가 큰 병이니, 과인은 누구에게 나랏일을 맡겨야 하겠소?"

管仲曰관중왈 : 관중이 말했다.

"公誰欲與공수욕여?"
"임금께서는 누구에게 맡기고자 하십니까?"

公曰공왈 : "鮑叔牙4)포숙아"
공이 말했다. : "포숙아(鮑叔牙)에게 맡기려고 하오."

曰왈 : 관중이 말했다.

"不可불가 其爲人기위인 絜廉善士也결렴선사야
"불가합니다. 그는 사람됨이 청렴하고 결백한 착한 선비입니다.

其於不己若者不比之기어불기약자불비지
그는 자기만 못한 사람과는 가까이하지 않고,

又一聞人之過우일문인지과 終身不忘종신불망
또 한 번 남의 잘못을 들으면 종신토록 그것을 잊지 않습니다.

使之治國사지치국 上且鉤乎君상차구호군 下且逆乎民하차역호민
그로 하여금 나라를 다스리게 하면 위로는 임금을 구속할 것이고, 아래

---

3) 仲父之病病矣(중보지병병의) : 중보의 병이 위중함. 病病은 병이 위중함. 앞의 病은 病이
   고, 뒤의 病은 病이 심해짐을 이른다. 仲父(중보)는 제환공이 관중을 존대하여 부른 호칭.

4) 鮑叔牙(포숙아) : 춘추시내 세(濟)나라의 현신(賢臣). 관중을 제환공에게 적극 천거해 그
   를 재상으로 삼아 제나라의 패업(覇業)을 이룩하게 함. 언제나 넓은 도량으로 관중을 이
   해하고 도우며「관포지교(管鮑之交)」로 회자되는 군은 우정과 신의를 지켜 관중으로부
   터 "나를 낳아준 이는 부모지만, 나를 알아준 이는 포숙이다(生我者父母 知我者鮑叔)."
   라는 찬탄을 들었다.

로는 마침내 백성들을 거스를 것입니다.

其得罪於君也기득죄어군야 將弗久矣장불구의"

그가 군주로부터 죄를 얻을 것이 장차 멀지 않을 것입니다."

公曰공왈 : 공이 말했다.

"然則孰可연즉숙가?"

"그렇다면 누가 좋겠소?"

對曰대왈 : 관중이 대답했다.

"勿已5)물이 則隰朋可즉습붕가

"굳이 천거하라시면 습붕(隰朋)이 가할 것입니다.

其爲人也기위인야 上忘而下畔6)상망이하반

그 사람됨은 위로 군주를 잊고 아래로는 백성들과 함께 하여,

愧不若黃帝而哀不己若者괴불약황제이애불기약자

자신이 황제(黃帝)만 못한 것을 부끄러이 여겨 자기만 못한 사람들을 불쌍하게 여깁니다.

以德分人謂之聖이덕분인위지성 以財分人謂之賢이재분인위지현

덕을 남에게 나누어주는 이를 성인이라고 하고, 재물을 남에게 나누어 주는 이를 현인이라고 합니다.

以賢臨人이현임인 未有得人者也미유득인자야

현인이라고 해서 남의 위에 군림하면 남의 신망을 얻을 수 없고,

以賢下人이현하인 未有不得人者也미유부득인자야

---

5) 勿已(물이) : 그래도 그만두지 말다. 굳이 ~하라 하면.

6) 上忘而下畔(상망이하반) : 위로는 군주를 잊고 아래로는 백성들과 함께 함. 畔은 伴의 뜻으로 함께하다.

현인이 백성에게 자신을 낮추어 백성들의 신망을 얻지 못한 경우는 여태껏 없었습니다.

其於國有不聞也기어국유불문야 其於家有不見也기어가유불견야

그는 나라를 다스릴 때 듣지 않아야 할 것은 듣지 않고, 집안을 다스릴 때 보지 않아야 할 것은 보지 않으니,

勿已물이 則隰朋可즉습붕가"

굳이 천거하라시면 습붕(隰朋)이 가할 것입니다."

| 해설 |

제나라 환공과 관중의 문답을 빌려, 자기의 현지(賢知)를 자랑하지 않는 무위의 유덕자(有德者)만이 치국(治國)의 적격자라는 뜻을 설명하고 있다.

이 대목의 설화는《열자》〈역명편(力命篇)〉,《여씨춘추》〈귀공편(貴公篇)〉에도 보이고,《관자(管子)》〈계편(戒篇)〉과《한비자》〈십과편(十過篇)〉에도 비슷한 문장이 실려 전한다.

8.

吳王浮於江오왕부어강 登乎狙之山등호저지산

오왕(吳王)이 강에서 뱃놀이를 하다 원숭이가 많이 사는 산에 올라갔다.

衆狙見之중저견지 恂然[1]棄而走순연기이주 逃於深蓁도어심신

원숭이들은 오왕을 보고 깜짝 놀라 거처를 버리고 달아나 나무들이 무성한 숲속으로 도망쳤다.

---

1) 恂然(순연) : 깜짝 놀라 두려워하는 모양.

有一狙焉유일저언 委蛇攫搔2)위이확소 見巧乎王견교호왕

그런데 그 중 한 마리 원숭이는 도망치지도 않고 이리 뛰고 저리 뛰며 나뭇가지를 움켜잡거나 긁거나 하면서 오왕에게 갖은 기교를 다 부리며 뽐내고 있었다.

王射之왕사지 敏給搏捷矢3)민급박첩시

오왕이 원숭이에게 활을 쏘았더니, 원숭이는 재빠르게 움직이면서 화살을 잡았다.

王命相者趨射4)왕명상자추사 狙執死저집사

오왕은 곁의 신하들에게 명하여 잇달아 활을 쏘게 하여 원숭이는 마침내 화살에 맞아 죽었다.

王顧胃其友顔不疑曰왕고위기우안불의왈 :

오왕은 동행한 친구 안불의(顔不疑)를 돌아보고 말했다.

"之狙也지저야 伐其巧恃其便벌기교시기편 以敖子이오여 以至此殛也이지차극야

"이 원숭이 좀 보게. 자기 재주만 뽐내며 날렵함을 믿고 내게 오만하게 굴다 이렇게 참혹하게 죽음을 당했네.

戒之哉계지재! 嗟乎5)차호 無以汝色驕人哉무이여색교인재!"

_____

2) 委蛇攫搔(위이확소) : 이리 뛰고 저리 뛰면서 도망치지도 않고 나뭇가지를 움켜잡거나 긁거나 하다. 委蛇(위이)는 놀라지 않고 느긋한 모양으로 怕然과 반대되는 표현. 蛇(이)는 구불구불 가는 모양, 느긋한 모양. 攫은 움켜잡다. 搔(소)는 긁다.

3) 敏給搏捷矢(민급박첩시) : 재빠르게 움직이면서 왕의 빠른 화살을 잡음. 敏給은 재빠르게 움직이다.

4) 趨射(추사) : 화살을 쉴 새 없이 연속으로 쏘다. 趨는 붙좇다, 뒤쫓다의 뜻으로 화살을 잇달아 쏜다는 뜻.

5) 嗟乎(차호) : 아! 탄식할 때 쓰는 말.

경계로 삼아야 할 것이네! 아! 그대도 교만한 얼굴로 남에게 오만하게
굴지 말게!"

顔不疑歸而師董梧⁶⁾안불의귀이사동오 以助其色이조기색

안불의(顔不疑)는 집에 돌아와서 오나라의 동오(董梧)를 스승으로 삼
아, 자기의 교만한 안색(顔色)을 떨쳐버리고,

去樂辭顯⁷⁾거락사현 三年而國人稱之삼년이국인칭지

안락한 생활을 버리고 벼슬에서 물러났다. 3년이 지나자 백성들이 안
불의를 칭송하게 되었다.

| 해설 |

오왕과 친구 안불의(顔不疑)와의 원숭이에 대한 문답을 빌려, 교만
한 자에게는 결국 화가 닥치게 된다는 내용을 서술하고 있다.

9.

南伯子綦¹⁾隱几而坐남백자기은궤이좌 仰天而噓앙천이허

남백자기(南伯子綦)가 책상에 기대앉아, 하늘을 우러러 탄식을 했다.

顔成子²⁾入見曰안성자입현왈 :

---

6) 董梧(동오) : 인명. 성은 동(董), 이름은 오(梧). 오나라의 현인.

7) 去樂辭顯(거락사현) : 안락한 생활을 버리고 벼슬자리에서 물러남. 顯은 명성이 있다,
지위가 높다는 뜻.

1) 南伯子綦(남백자기) : 인명. 〈제물론〉편의 남곽자기(南郭子綦)와 〈인간세〉편, 〈서무
귀〉편의 남백자기(南伯子綦)는 모두 동일인물로 추정된다. 그러나 〈제물론〉편의 남
곽자기나 〈인간세〉편과 〈서무귀〉편의 남백자기는 이미 道를 터득한 사람으로 묘사
되어 있고, 〈대종사〉편의 남백자규(南伯子葵)는 아직 道를 알지 못하는 사람으로 표
현되고 있다는 점이 다르다.

안성자(顔成子)가 들어와 뵙고 말했다.

"夫子부자 物之尤也[3]물지우야 形固可使若槁骸형고가사약고해 心固可使
若死灰乎심고가사약사회호?"

"선생님은 세상에서 뛰어나신 분인데, 형체를 마른 나뭇가지와 같고,
마음은 식은 재와 같이 가지심은 가능한 일입니까?"

曰왈 : 남백자기(南伯子綦)가 말했다.

"吾嘗居山穴之中矣오상거산혈지중의 當是時也당시시야 田禾[4]—覩我전화
일도아

"내가 일찍이 산 속 동굴에 머물던 때가 있었는데, 그 때 전화(田禾)
가 나를 한번 찾아온 적이 있었는데,

而齊國之衆三賀之이제국지중삼하지

제(齊)나라 사람들은 전화가 나를 만난 일에 대하여 전화에게 세 번이
나 축하를 드렸다.

我必先之아필선지 彼故知之피고지지

이는 틀림없이 내가 먼저 현자인 체했기 때문에 제나라 왕이 현자를
찾아온 것이며,

我必賣之아필매지 彼故鬻之피고죽지

틀림없이 내가 나를 팔려고 하는 마음이 있었기 때문에 왕이 나를 취
하여 다시 팔려고 한 것이다.

---

2) 顔成子(안성자) : 인명. 顔成은 성이고 子游는 字. 남백자기의 문인(門人). 〈제물론〉 편에
   서는 안성자유(顔成子游)로 나온다.

3) 物之尤也(물지우야) : 세상에서 뛰어난 존재임. 物은 세상. 尤는 특별나다, 뛰어나다.

4) 田禾(전화) : 제나라 임금의 이름. 곧 제나라 태공(太公) 화(和). 태공망(太公望)으로부터
   시작된 여씨(呂氏)의 제나라를 빼앗아, 전씨(田氏)의 제나라를 창건했음.

若我而不有之약아이불유지 彼惡得而知之피오득이지지?

만일 내가 그런 마음을 가지고 있지 않았더라면 왕이 어찌 나를 현자라고 여길 수 있었을 것인가?

若我而不賣之약아이불매지 彼惡得而鬻之피오득이죽지?

만일 내가 팔려는 마음이 없었더라면 왕이 어찌 나를 데려다 다시 팔생각을 할 수 있었을 것인가?

嗟乎차호! 我悲人之自喪者아비인지자상자 吾又悲夫悲人者오우비부비인자

아! 나는 자아를 상실한 사람을 슬퍼하였는데, 나는 다시 자아를 상실한 사람을 슬퍼하는 사람을 슬퍼하였으며,

吾又悲夫悲人之悲者 其後而日遠矣5)오우비부비인지비자 기후이일원의"

또 나는 자아를 상실한 사람을 슬퍼하는 자를 슬퍼하는 자를 슬퍼하게 되었으니, 그 후로부터도 날로 자기상실로부터 멀어지게 되었다."

| 해설 |

남백자기(南伯子綦)와 안성자의 문답을 빌려, 마른 나뭇가지와 같고 불 꺼진 재와 같은 무심의 경지에 도달하기 위한 실천적인 공부를 설명하고 있다. 이 설화는 대체로 〈제물론〉 편 첫대목인 남곽자기(南郭子綦)와 안성자유(顔成子游)와의 망아(忘我)의 문답을 조술(祖述) 부연(敷衍)하고 있다.

---

5) 吾又悲夫悲人之悲者 其後而日遠矣(오우비부비인지비자 기후이일원의) : 또 나는 사람들의 자기상실을 슬퍼하는 자를 슬퍼하는 자(또 다른 나)를 슬퍼함. 여기서의 吾는 悲人之悲者의 주체인 참된 나를 뜻한다.

10.

仲尼之楚중니지초 楚王觴之[1]초왕상지

중니가 초나라에 갔는데, 초나라 왕은 중니를 위해 잔치를 베풀었다.

孫叔敖執爵而立[2]손숙오집작이립 市南宜僚[3]受酒而祭시남의료수주이제

손숙오는 잔을 잡고 서 있고, 시남의료가 그 술을 받아 땅에 부으면서 제사를 지냈다.

曰왈 : 초나라 왕이 말했다.

"古之人乎고지인호! 於此言已어차언이"

"옛사람들은 이런 때에 뭔가 한 마디씩 했었소."

曰왈 : 중니(仲尼)가 말했다.

"丘也聞不言之言矣구야문불언지언의 未之嘗言미지상언 於此乎言之어차호언지

"제가 듣기로는 말 없는 말이 진정한 말이라고 들었습니다. 지금까지는 긴 말을 한 적이 없었지만, 오늘은 한 말씀 드리겠습니다.

市南宜僚弄丸而兩家之難解[4]시남의료롱환이양가지난해

---

1) 楚王觴之(초왕상지) : 초나라 왕이 주연을 베풀다. 觴은 술잔. 觴之는 주연을 베풀다는 뜻.

2) 孫叔敖執爵而立(손숙오집작이립) : 손숙오가 잔을 잡고 서 있다. 爵은 술잔. 孫叔敖는 초나라의 명신. 용기와 지혜, 깊은 사려를 지녔던 인물. 장왕의 둘도 없는 책사가 되어 군제(軍制)를 개혁하고 내정을 쇄신하며 각종 수리(水利), 영전(營田) 사업을 일으킴으로써 초나라가 안으로 부국강병을 이룩하고 밖으로 춘추의 3대 패업(覇業)을 성취하는 데 절대적인 공헌을 했다. 손숙오에 대해서는 〈전자방〉 편에 자세히 나와 있다.

3) 市南宜僚(시남의료) : 인명. 성은 웅(熊), 이름이 의료(宜僚). 市南은 저잣거리 남쪽에 살았기 때문에 붙여진 호칭이다.

4) 市南宜僚弄丸而兩家之難解(시남의료롱환이양가지난해) : 시남의료는 구슬을 가지고 노는

시남의료는 구슬을 가지고 노는 모습을 보여주어 백공(白公)과 자서(子西) 두 집안의 재난(災難)을 해결하였고,

孫叔敖甘寢秉羽而郢人投兵5)손숙오감침병우이영인투병

손숙오(孫叔敖)는 단잠을 자거나 우선(羽扇)를 잡는 여유로 초나라 영(郢) 땅의 사람들이 무기를 내던져버리게 했습니다.

丘願有喙三尺6)구원유훼삼척

저도 길이가 세 척쯤 되는 긴 이야기를 하고자 합니다.

彼之謂不道之道피지위부도지도 此之謂不言之辯차지위불언지변

시남의료의 행동은 道라고 말하지 않아도 道이고, 손숙오의 행동은 말하지 않아도 말이라고 할 것입니다.

故德總乎道之所一고덕총호도지소일 而言休乎知之所不知이언휴호지지소부지 至矣지의

모습을 보여주어 백공(白公)과 자서(子西) 두 집안의 재난을 해결하였다. 초나라 백공승(白公勝)이 난을 일으켜 영윤(令尹) 자서(子西)와 사마(司馬) 자기(子綦)를 죽이려 하여, 시남의료에게 후원을 요청하자, 시남의료는 공으로 장난을 하면서 응하지 않았으므로 백공이 난리를 일으키지 못하여 자서와 자기의 두 집안의 난을 면했다.

5) 孫叔敖甘寢秉羽而郢人投兵(손숙오감침병우이영인투병) : 손숙오는 마음 편히 잠을 자거나 우선(羽扇)을 잡는 여유로 초나라 영(郢) 땅의 사람들이 무기를 내던져버리게 했다. 손숙오는 참된 지혜를 바탕으로 베개를 높이 베고 소요하면서 다스릴 일이 있을 때 말을 잊어 부채나 쥐고 자득(自得)하면서 적국이 쳐들어오지 못하게 했으므로 초나라 사람들이 일이 없어 문덕(文德)을 닦고 무략(武略)을 포기했다. 投兵은 병기를 던져버림. 곧 전쟁을 중단한다는 뜻.

6) 丘願有喙三尺(구원유훼삼척) : 저도(공자) 길이가 세 척쯤 되는 긴 이야기를 하고자 함. 喙三尺은 입이 석 자라는 뜻인데, 그만큼 긴 이야기를 하겠다는 뜻. 앞에서 不言之言이야말로 참다운 말이라고 했기 때문에 자신이 하는 말은 길다고 표현한 것이다. 「훼장삼척(喙長三尺)」이라는 성어가 있다. 주둥이가 석 자나 길어도 변명할 수 없다는 뜻으로, 허물이 드러나서 숨겨 감출 수가 없음을 이르는 말. 또는 부리의 길이가 석 자라는 뜻으로, 말을 거침없이 잘함을 이르는 비유로도 쓰인다.

그러므로 德은 유일 절대의 道에 통합되고, 말은 지혜가 알지 못하는 곳에서 멈추어야 하는 것이 최상입니다.

道之所一者도지소일자 德不能同也덕불능동야

道는 유일한 것이지만, 德은 분열되어 있으므로 道와 합일할 수가 없습니다.

知之所不能知者지지소불능지자 辯不能擧也변불능거야

지혜에 의하여 알 수 없는 것은 변론으로 표현할 수가 없습니다.

名若儒墨而凶矣7)명약유묵이흉의

말 잘하는 유가(儒家)나 묵가(墨家)처럼 하면 흉(凶)할 것입니다.

故海不辭東流고해불사동류 大之至也대지지야

그러므로 바다는 동쪽으로 흐르는 강물을 사양하지 않으니, 이는 최대의 지극함이요,

聖人并包天地 澤及天下 而不知其誰氏8)성인병포천지 택급천하 이부지기수씨

성인은 천지를 아우르고 은택을 만민에게 미치지만, 만인은 그가 누구인 줄도 모릅니다.

是故生無爵시고생무작 死無諡사무시

그러므로 살아서는 벼슬이 없고 죽어서는 시호(諡號)도 없으며,

實不聚실불취 名不立명불립 此之謂大人차지위대인

재물도 모으지 않고, 명성도 드러내지 않으니, 이런 사람을 대인(大人)이라 부릅니다.

---

7) 名若儒墨而凶矣(명약유묵이흉의) : 유가나 묵가처럼 말재주로 세상에 이름이 나게 되면 재앙이 초래된다는 뜻.

8) 聖人并包天地 澤及天下 而不知其誰氏(성인병포천지 택급천하 이부지기수씨) : 백성들이 통치자가 누구인지 알지 못한다는 뜻. 곧 無爲의 정치를 표현하고 있는 것이다.

狗不以善吠爲良구불이선폐위량 人不以善言爲賢인불이선언위현

개는 잘 짖는다고 좋은 개가 아니며, 사람은 말을 잘한다고 어진 이가 아닙니다.

而況爲大乎이황위대호!

하물며 대인(大人)이야 말할 것이 있겠습니까!

夫爲大不足以爲大부위대부족이위대 而況爲德乎이황위덕호!

무릇 대인이 되려고 노력하는 한 오히려 대인이라 하기에 부족한데, 하물며 유덕자(有德者)가 되려고 노력하는 경우는 어떻겠습니까!

夫大備矣부대비의 莫若天地막약천지

무릇 크게 갖추기는 천지만한 것이 없습니다.

然奚求焉연해구언 而大備矣이대비의

그렇지만 천지가 무엇인가를 구해서 그렇게 크게 갖춰진 것이겠습니까.

知大備者지대비자 無求無失無棄무구무실무기 不以物易己也불이물역기야

크게 갖춤을 아는 자는 구하는 일도 없고, 잃는 일도 없으며, 버리는 일도 없고, 외물(外物) 때문에 자신의 본성이 바뀌는 일도 없습니다.

反己而不窮9)반기이불궁 循古而不摩순고이불마 大人之誠대인지성

자신의 본성으로 돌아감에 다함이 없고, 옛날 소박한 道를 따르며 훼손시키지 않으니, 이것이 바로 대인의 진실한 모습입니다."

| 해설 |

초왕과 공자의 문답을 빌려, 말하지 않는 변론(不言之辯), 표현하지 않는 도(不道之道)를 말하여 지변(知辯)을 부정하는 말하지 않는

---

9) 反己而不窮(반기이불궁) : 자기 본성으로 돌아감에 다함이 없음.

말(不言之言)을 설명하고 있다. 〈제물론편〉에도 이와 비슷한 이야기가 있다.

11.

子綦[1]有八子자기유팔자

남백자기에게는 여덟 명의 아들이 있었다.

陳諸前 召九方歅曰[2]진제전 소구방인왈 :

그는 아들들을 앞에 불러놓고 구방인(九方歅)을 불러 말했다.

"爲我相吾子위아상오자 孰爲祥숙위상?"

"나를 위하여 내 자식들 관상(觀相) 좀 봐주게. 내 아들 가운데 누가 가장 좋은 상을 가지고 있는가?"

九方歅曰구방인왈 : 구방인(九方歅)이 말했다.

"梱也爲祥곤야위상"

"곤(梱)이 가장 길한 상입니다."

子綦瞿然喜曰자기구연희왈 : 남백자기가 놀라 기뻐하면서 말했다.

"奚若해약?"

"어떻기에 그러한가?"

曰왈 : 구방인이 말했다.

"梱也將與國君同食以終其身[3]곤야장여국군동식이종기신"

---

1) 子綦(자기) : 인명. 남백자기(南伯子綦).

2) 陳諸前 召九方歅曰(진제전 소구방인왈) : 앞에 죽 늘어세워 놓고 구방인(九方歅)을 불러 말하다. 九方歅은 관상을 잘 보는 사람. 일설에는 말의 감정을 잘 하던 사람이라고도 함.

"곤은, 장차 나라님과 똑같은 음식을 먹으면서 일생을 마치게 될 것입니다."

子綦索然4)出涕曰자기삭연출체왈 :

이에 남백자기는 주르륵 눈물을 흘리면서 말했다.

"吾子何爲以至於是極也오자하위이지어시극야!"

"내 아들이 어째서 그런 불행에 빠지게 된단 말인가!"

九方歅曰구방인왈 : 구방인이 말했다.

"夫與國君同食부여국군동식 澤及三族택급삼족 而況父母乎이황부모호?

"무릇 나라님과 같은 음식을 먹는 신분이 되면 그 혜택이 삼족(三族)에게까지 미칠 터이니, 하물며 부모야 말할 것이 있겠습니까?

今夫子聞之而泣금부자문지이읍 是禦福也시어복야

그런데 지금 선생께서는 그 소리를 듣고 눈물을 흘리시니, 그것은 복을 막는 것입니다.

子則祥矣 父則不祥5)자즉상의 부즉불상"

아들은 상서로운데 아버지는 상서롭지 못할 것입니다."

子綦曰자기왈 : 남백자기가 말했다.

"歅인! 汝何足以識之여하족이식지?

"인 선생, 당신이 어떻게 그걸 족히 알 수 있겠는가?

而梱祥邪이곤상야 盡於酒肉진어주육 入於鼻口矣입어비구의

---

3) 梱也將與國君同食以終其身(곤야장여국군동식이종기신) : 곤(梱)은 나라님이 먹는 음식과 같은 음식을 먹으면서 일생을 마치게 될 것이다. 梱은 남백자기의 아들 이름.

4) 索然(삭연) : 눈물을 주르륵 흘리는 모양.

5) 子則祥矣 父則不祥(자즉상의 부즉불상) : 아들은 길한데 아버지가 불길함.

아들 곤이 행복하다 한들 결국 술과 고기가 입으로 들어가는 것뿐으로,

而何足以知其所自來이하족이지기소자래?

그 술과 고기가 어디에서 나오는 줄을 아는가?

吾未嘗爲牧而牂生於奧[6]오미상위목이장생어오

내가 일찍이 목축을 해본 적도 없는데, 암양이 우리 집 서남쪽 귀퉁이에서 태어나고,

未嘗好田 而鶉生於宎[7]미상호전 이순생어요 若勿怪약물괴 何邪하야?

일찍이 사냥을 즐긴 적이 없는데, 메추라기가 우리 집 동남쪽 구석에서 나왔다면 자네는 괴이쩍게 여기지 않겠는가?

吾所與吾子遊者오소여오자유자 遊於天地유어천지

내가 내 자식들과 함께 노닐고자 하는 것은 천지자연에서 노니는 것이다.

吾與之邀樂於天오여지요락어천 吾與之邀食於地오여지요식어지

나는 내 자식들과 사는 즐거움을 하늘에서 찾고, 나는 내 자식들과 더불어 먹을 것을 땅에서 찾으며,

吾不與之爲事오불여지위사 不與之爲謀불여지위모 不與之爲怪불여지위괴

나는 내 자식들과 더불어 일하지도 아니하고, 그 아이들과 더불어 일을 꾸미지도 아니하며, 그들과 더불어 기괴한 행동을 하지도 않는다.

---

6) 吾未嘗爲牧而牂生於奧(오미상위목이장생어오) : 내가 일찍이 목축을 해본 일이 없는데도 우리 집 서남쪽 구석에서 암양이 태어나다. 牂은 양의 암컷. 奧는 옛날, 집의 서남쪽 귀퉁이.

7) 未嘗好田 而鶉生於宎(미상호전 이순생어요) : 지금까지 한 번도 사냥을 즐긴 일이 없는데 메추라기가 우리 집의 동남쪽 구석에서 나타남. 宎는 동남쪽 귀퉁이. 성현영(成玄英)의 소(疏)에는, "奧는 서남쪽 귀퉁이로 未에 해당하는 곳으로 羊의 자리이고, 宎는 동남쪽 귀퉁이로 辰에 해당하는 곳으로 메추라기 자리이다."라고 풀이했다.

吾與之乘天地之誠오여지승천지지성 而不以物與之相攖이불이물여지상영

　나는 자식들과 함께 천지의 진실함을 타고 사물에 얽매여 서로 가로
채지 아니하며,

吾與之一委蛇[8]오여지일위이 而不與之爲事所宜이불여지위사소의

　나는 자식들과 함께 느긋하게 자연을 따르며, 아이들과 함께 마땅하지
않은 일을 하지 않았네.

今也然有世俗之償焉[9]금야연유세속지상언!

　그런데 지금 세속적 보상이 있게 되었다네!

凡有怪徵者범유괴징자 必有怪行필유괴행

　대체로 괴상한 징조가 있는 것은 반드시 괴상한 행위가 있기 때문이다.

殆乎태호! 非我與吾子之罪비아여오자지죄 幾天與之也기천여지야! 吾是以
泣也오시이읍야"

　걱정스럽구나! 나와 내 자식의 죄는 아닐 것이고, 아무래도 하늘이 준
운명일 것이다! 그래서 나는 눈물을 흘린 것이네."

無幾何而使梱之於燕무기하이사곤지어연 盜得之於道도득지어도

　얼마 안 있어 아들 곤(梱)을 연(燕)나라로 보냈는데, 곤(梱)은 길에서
도적들에게 붙잡혔다.

全而鬻之則難　不若刖之則易[10]전이육지즉난　불약월지즉역　於是乎刖而鬻

---

8) 吾與之一委蛇(오여지일위이) : 나는 자식들과 함께 느긋하게 자연을 따른다. 蛇는 느긋하다.

9) 今也然有世俗之償焉(금야연유세속지상언) : 아무런 비람도 없는데 느닷없이 나라님이 먹
　는 것과 같은 음식을 먹으면서 일생을 마칠 것이라는 세속적 보상이 우리 자식에게 있
　게 되었다는 뜻. 然은 이제야 라는 뜻이다. 償은 보상의 뜻.

10) 全而鬻之則難 不若刖之則易(전이육지즉난 불약월지즉역) : 몸이 온전한 채로 팔기 어
　려워 온전한 채로 파는 것이 발을 잘라 파느니만 못하다. 옛날에는 발이 잘린 자라야

之於齊어시호월이육지어제

몸이 온전한 채로는 팔기가 어려워 발을 잘라 파는 것만 못하다고 생각하고는 발을 잘라서 제(齊)나라에 팔아넘겼는데,

適當渠公之街적당거공지가 然身食肉而終연신식육이종

마침 곤은 제나라 거공(渠公)에게 팔려가 거리 문지기가 되었다. 하지만 평생을 고기를 먹으며 생을 마쳤다.

│ 해설 │

남백자기와 구방인(九方歅) 사이의 관상술(觀相術) 문답을 빌려, 사람이 속세의 길흉화복에 마음을 괴롭히지 않고, 자신과 세계의 근원에 놓여 있는 절대적인 진리, 곧 道를 체관(諦觀)해 나가는 초월자를 설명하고 있다.

12.

齧缺[1]遇許由[2]설결우허유

문지기가 될 수 있었다. 鬻(육)은 팔다. 不若은 ~만 못하다. 刖은 발꿈치를 자른다는 뜻. 월형(刖刑)은 중국에서 행하던 오형(五刑) 가운데 하나로, 죄인의 발꿈치를 베던 형벌이다.

1) 齧缺(설결) : 가공의 인물. 〈天地〉 편에 허유(許由)의 스승이고 왕예(王倪)의 제자라고 되어 있다.

2) 許由(허유) : 上古의 고사(高士)로 양성(陽城) 괴리(槐里) 출신이다. 字는 무중(武仲), 패택(沛澤) 중에 숨어살았다. 요임금이 만년에 자신의 자리를 허유에게 선양하려 하자 그는 한사코 거절한 다음 기산(箕山) 아래로 도망쳐 몸소 밭을 갈면서 생계를 유지했다고 한다. 후에 요임금이 다시 그를 불러 구주(九州)의 우두머리로 임명하려 하자, 허유는 어지러운 소리를 너무 많이 들었다며 영수(潁水) 가에서 자신의 귀를 씻어 자신의 고결함을 보였다고 한다.

설결(齧缺)이 우연히 허유(許由)를 만났다.

曰왈 : 설결이 말했다.

"子將奚之자장해지?"
"그대는 장차 어디로 가려는가?"

曰왈 : "將逃堯장도요"
허유가 말했다. : "요(堯)임금의 세상에서 도망치려고 합니다."

曰왈 : "奚謂邪해위야?"
설결이 말했다. : "그게 무슨 말인가?"

曰왈 : 허유가 말했다.

"夫堯부요 畜畜然仁3)휵휵연인 吾恐其爲天下笑오공기위천하소
요임금이 백성을 돌보고 사랑하면서 인(仁)을 행하고 있으니, 나는 그가 천하의 웃음거리가 될까 두렵습니다.

後世其人與人相食與4)후세기인여인상식여!
말세(末世)에 가서는 결국 사람과 사람이 서로 잡아먹게 될 것입니다!

夫民不難聚也부민불난취야
무릇 백성을 모으기란 그리 어려운 것이 아니지요.

愛之則親애지즉친 利之則至이지즉지
백성들을 사랑하면 친해지고, 백성들을 이롭게 하면 몰려오며,

譽之則勸예지즉근 致其所惡則散치기소오즉산

---

3) 畜畜然仁(휵휵연인) : 백성들을 놀보고 사랑하며 인을 행한다는 뜻. 畜畜然(휵휵연)은 돌보고 사랑하는 모양. 畜(휵) 아끼다, 사랑하다. '휵'으로 읽는다.

4) 後世其人與人相食與(후세기인여인상식여) : 말세(末世)에 가서는 결국 사람과 사람이 서로 잡아먹게 될 것임. 仁이란 서로 다투고 숭상하는 근원이기 때문이다. 後世는 末世.

군주가 백성들을 칭찬하면 백성들은 자발적으로 일을 하고, 백성들이 싫어하는 일을 행하면 도망가 흩어집니다.

愛利出乎仁義애리출호인의

백성을 사랑하고 이롭게 해주는 행위는 인의(仁義)의 마음에서 나오는데,

捐仁義者寡5)연인의자과 利仁義者衆이인의자중

인의를 버리는 자는 드물고, 인의를 이용하는 사람이 많습니다.

夫仁義之行부인의지행 唯且無誠유차무성

무릇 인의를 행함에 있어서 진실함이 없이 위선으로 타락하게 되니,

且假乎禽貪者器6)차가호금탐자기

도리어 짐승처럼 탐욕스러운 권력자에게 빌미를 주게 될 것입니다.

是以一人之斷制利天下7)시이일인지단제리천하 譬之猶一覕也8)비지유일별야

이것은 집권자 한 사람의 결단으로 천하를 이롭게 하려는 것은, 비유하자면 사물의 일면을 얼핏 보는 것과 같을 뿐입니다.

夫堯知賢人之利天下也부요지현인지리천하야

무릇 요(堯)임금은 현인(賢人)이 천하에 이익을 주는 것만 알고,

而不知其賊天下也이부지기적천하야 夫唯外乎賢者知之矣부유외호현자지지의"

그가 천하를 해치는 점은 알지 못하니, 무릇 현인을 초월한 자만이 인

---

5) 捐仁義者寡(연인의자과) : 인의(仁義)를 버리는 자는 드물다. 捐은 버리다.

6) 且假乎禽貪者器(차가호금탐자기) : 도리어 짐승처럼 탐욕스러운 권력자에게 빌미를 주게 될 것이다. 禽貪者(금탐자)는 금수(禽獸)와 같이 탐욕스러운 권력자.

7) 一人之斷制利天下(일인지단제리천하) : 집권자 한 사람의 결단으로 천하를 이롭게 하려 하다.

8) 譬之猶一覕也(비지유일별야) : 비유하자면 사물의 단편적인 면을 얼핏 보는 것과 같을 뿐이다. 覕(별)은 언뜻 보다.

의(仁義)의 양면을 알 수 있을 것입니다."

| 해설 |

설결과 허유의 문답을 빌려, 인의(仁義)를 명목(名目)으로 하는 정치
는 위정자의 망동으로 민정(民情)에 부합되지 않고 도리어 백성들을
해치는 결과가 된다는, 인위적인 정치를 배격하고, 무위(無爲)의 치(治)
를 강조하고 있다.

13.

有暖姝者 有濡需者 有卷婁者[1] 유훤주자 유유수자 유권루자
세상에는 「훤주(暖姝)형 인간」이 있고, 「유수(濡需)형 인간」, 그리고
「권루(卷婁)형 인간」이 있다.

所謂暖姝者소위훤주자 學一先生之言학일선생지언
이른바 「훤주형 인간」은 한 선생에게서 이론을 배우면,

則暖暖姝姝而私自說也즉훤훤주주이사자설야 自以爲足矣자이위족의
곧이곧대로 자신의 학설로 받아들여 스스로 만족하고는,

而未知未始有物也이미지미시유물야 是以謂暖姝者也시이위훤주자야
아직도 처음에 만물이 없었다는 것을 알지 못한다. 그래서 주관 없이

---

1) 有暖姝者 有濡需者 有卷婁者(유훤주자 유유수자 유권루자) : 훤주(暖姝)형 인간이 있고,
  유수(濡需)형 인간이 있으며, 권루(卷婁)형 인간이 있다. 暖姝者는 유약하여 자기 주관이
  없이 남의 학설에 매여 만족하는 자를 말한다. 暖(훤)은 부드럽다는 뜻. 濡需者는 타인의
  권위에 숨어 자신을 과장하고, 자그마한 현실에 만족하는 자를 말한다. 濡需(유수)는 돼
  지에 기생하는 이를 말하는데, '일시적인 안일을 탐내다'라는 뜻. 卷婁者는 외물에 마
  음이 사로잡혀 괴로워하면서 심신을 부질없이 피로케 하는 자를 뜻한다.

유약하여 「훤주형 인간」 이라고 하는 것이다.

濡需者유수자 豕蝨2)是也시슬시야

「유수형 인간」은 돼지 몸에 붙어 있는 이(蝨)와 같은 존재이다.

擇疏鬣3)택소렵 自以爲廣宮大囿자이위광궁대유

돼지의 성긴 긴 털 사이를 골라 스스로 넓은 궁전이나 큰 동산으로 여기거나,

奎蹄曲隈규제곡외 乳間股腳유간고각 自以爲安室利處자이위안실리처

갈라진 발굽이나 사타구니나 젖가슴, 혹은 넓적다리 사이에 파고들어 스스로 안전하고 편리한 거처로 여긴다.

不知屠者之一旦鼓臂4)부지도자지일단고비 布草포초 操煙火조연화

그러나 언제든 백정이 팔을 걷어붙이고 마른 풀을 깔아 불을 댕기고 돼지를 그 위에 올려놓으면,

而己與豕俱焦也이기여시구초야

자신도 돼지와 함께 타버리게 될 줄을 알지 못한다.

此以域進 此以域退5)차이역진 차이역퇴

이는 자기가 사는 구역에 따라 살기도 하고 죽기도 하는 것으로서,

此其所謂濡需者也차기소위유수자야

---

2) 豕蝨(시슬) : 돼지 몸에 붙은 이(蝨). 돼지 몸에 붙어 기생하는 이처럼 타인에게 의존하는 자를 지칭한다.

3) 擇疏鬣(택소렵) : 돼지의 거칠고 성긴 긴 털을 가려서 그 사이에 기생하다. 鬣(렵)은 돼지의 목덜미에 난 긴 털. 疏는 성긴 틈.

4) 鼓臂(고비) : 팔을 움직임. 곧 팔을 걷어붙이다. 鼓吹(고취)나 鼓舞(고무)의 鼓 역시 같은 의미다.

5) 此以域進 此以域退(차이역진 차이역퇴) : 이는 자기가 사는 구역에 따라 살기도 하고 죽기도 하는 것임.

이것이 이른바 「유수형 인간」이다.

卷婁者권루자 舜也순야

「권루형 인간」이란 순(舜)임금과 같은 사람이다.

羊肉不慕蟻양육불모의 蟻慕羊肉의모양육 羊肉羶也양육전야

양고기는 개미를 그리워하지 않으나, 개미는 양고기를 그리워하니, 양고기가 누린내를 풍기기 때문이다.

舜有羶行6)순유전행 百姓悅之백성열지

순(舜)임금은 누린내 나는 행동을 했기 때문에 백성들이 그를 좋아했다.

故三徙成都7)고삼사성도 至鄧之虛8)而十有萬家지등지허이십유만가

그 때문에 순(舜)은 세 번이나 사는 곳을 옮겨갔으나, 주위에 도시가 이루어져서 등(鄧)의 옛 터에 이르러서는 십만 호(戸)나 들어섰다

堯聞舜之賢요문순지현 舉之童土之地거지동토지지

요(堯)임금이 순(舜)이 어질다는 소문을 듣고, 불모지를 맡기면서,

曰冀得其來之澤왈기득기래지택

"이곳에 와서 백성들에게 은택을 베풀기 바란다."라고 하였다.

舜舉乎童土9)之地순거호동토지지 年齒10)長矣연치장의

---

6) 舜有羶行(순유전행) : 순임금은 누린내 나는 행동을 함. 인의(仁義)를 실천한다며 누린내를 풍겼다는 뜻. 羶은 누린내.

7) 三徙成都(삼사성도) : 세 번 사는 곳을 옮겼는데 주위에 도시가 이루어지다. 《사기》〈오제본기(五帝本紀)〉에는 "1년이 되어 부락이 형성되었고, 2년이 되자 읍이 형성되었으며, 3년이 되자 도읍이 이루어졌다(一年而所居成聚 二年成邑 三年成都)."고 기록하고 있다.

8) 鄧之虛(등지허) : 등(鄧) 땅의 옛 터.

9) 童土(동토) : 불모지(不毛地). 童土는 아직 성숙하지 못한 땅이라는 뜻에서 어리다는 뜻인 童자를 붙인 것이다.

그런데 순(舜)이 불모지에서 등용될 때 나이가 많았고,

聰明衰矣총명쇠의 而不得休歸이부득휴귀 所謂卷婁者也소위권루자야

총명이 흐려졌는데도 돌아가서 쉬지를 못했으니, 이른바 「권루형 인간」인 것이다.

是以神人惡衆至시이신인오중지 衆至則不比중지즉불비

때문에 신인(神人)은 여러 사람이 자기에게 몰려오는 것을 싫어하니, 많은 사람이 오더라도 서로 친하지 못하게 되고,

不比則不利也불비즉불리야

서로 친하지 못하면 서로 이롭지 못하다.

故無所甚親고무소심친 無所甚疏무소심소 抱德煬和포덕양화

때문에 너무 가까이함도 없고, 너무 멀리함도 없이 자연의 덕을 품고 하늘의 조화로운 기운을 배양하여,

以順天下이순천하 此謂眞人11)차위진인

천하 사람들을 따르니, 이런 사람을 일러 진인(眞人)이라고 한다.

於蟻棄知어의기지 於魚得計어어득계 於羊棄意어양기의

개미처럼 양고기를 좇는 지혜를 버리고, 물고기처럼 넓은 강에서 서로의 관계를 잊으며, 양처럼 누린내를 풍겨 개미를 모을 생각을 버린다.

以目視目이목시목 以耳聽耳이이청이 以心復心이심복심

---

10) 年齒(연치) : 사람이나 생물(生物)이 세상에 난 뒤에 살아온 햇수. 나이의 높임말.

11) 眞人(진인) : 도교(道敎)의 깊은 진의(眞義)를 닦은 사람. "오경(五經)에 진(眞)자가 없다."라고 하듯이, 「진인(眞人)」도 유가에서는 언급되지 않고, 오로지 도가에서 쓰이는 말. 《장자》에서는 근원적인 「도」의 체득자를 의미하며, 「신인(神人)」, 「지인(至人)」과 거의 동의어. 그 후 종교적 개념으로 변해서 천상의 신선세계에 상정된 관부의 고급 관료, 천상의 신의 명령을 받은 지상의 지배자, 선도 수행자 등을 의미하게 되었다.

눈에 보이는 대로 보고, 귀에 들리는 대로 들으며, 마음이 가는 대로 따라간다.

若然者약연자 其平也繩기평야승 其變也循기변야순

이런 사람은 바르기가 먹줄을 친 것처럼 반듯하고, 변화할 때는 자연의 법을 그대로 따른다.

古之眞人고지진인 以天待之이천대지 不以人入天불이인입천 古之眞人고지진인

옛날 진인(眞人)은 자연 그대로 사물을 대하기 때문에 인위적으로 자연에 끼어들지 않는다. 이것이 옛날 진인(眞人)이다.

得之也生득지야생 失之也死실지야사

얻는 것이 삶이고, 잃는 것이 죽음일 수도 있지만,

得之也死득지야사 失之也生실지야생

얻는 것이 죽음이고, 잃는 것이 삶일 수도 있다.

| 해설 |

남의 학설에 억압된 자 훤주(暖姝)와 일시 편안에 만족하는 자 유수(濡需)와, 지위에 사로잡힌 자 권루(卷婁)의 세 부류를 들어, 어느 것이나 외물 때문에 본성을 잃고 참된 道를 즐길 줄 모르는 것을 설명했다. 그러나 진인(眞人)만은 지혜나 의식(意識)을 버리고 천지자연과 합일한다고 했다.

14.

藥也 其實堇也 桔梗也 鷄雍也 豕零也[1]약야 기실근야 길경야 계옹야 시령야

약(藥)이란 것을 구체적으로 말하면, 씀바귀·도라지·가시연·저령 따위다.

是時爲帝者也시시위제자야 何可勝言하가승언!

이것들은 그때그때의 증세에 따라 주재료가 되기도 하지만, 어찌 어느 것이 보다 중요한지 말할 수 있겠는가!

句踐也以甲楯三千 棲於會稽2)구천야이갑순삼천 서어회계

월왕(越王) 구천(句踐)이 3천 명의 군사를 이끌고 회계산(會稽山)에서 농성(籠城)했는데,

唯種也能知亡之所以存 唯種也不知身之所以愁3)유종야능지망지소이존 유종

---

1) 藥也 其實堇也 桔梗也 雞蒬也 豕零也(약야 기실근야 길경야 계옹야 시령야) : 약(藥)이라고 하는 것은 그것이 약이라는 점에서는 한가지이지만, 구체적으로는 씀바귀·도라지·가시연·저령(시령) 따위이다. 堇은 씀바귀, 桔梗은 도라지. 雞蒬은 가시연. 豕零(시령)은 저령(豬苓)이라고도 하며 버섯의 일종.

2) 句踐也以甲楯三千 棲於會稽(구천야이갑순삼천 서어회계) : 월(越)나라 왕 구천(句踐)이 군사 삼천을 이끌고 회계산(會稽山)에서 농성하였다. 甲楯은 갑옷과 방패로 甲楯三千은 군사 삼천을 말한다. 구천(?~BC 464)은 춘추전국시대 후기 월나라 군주로 윤상(允常)의 아들이다. 윤상이 죽은 뒤 왕위를 이어받자 오왕(吳王) 합려(闔閭)와 싸워서 그를 죽였다. 합려의 아들 부차(夫差)는 아버지의 원수를 갚기 위해 섶나무 위에서 자며(臥薪) 복수심을 불태웠다. 2년 후인 BC 494년 구천은 부차(夫差)에게 패배하여 회계산에 숨었다가 버티지 못하고 용서를 빌어 오왕의 신하가 되었다. 그 후로 구천은 「회계의 치욕(會稽之恥)」을 씻기 위하여 쓸개를 핥으면서(嘗膽) 부국강병에 힘썼다. 이것이 「와신상담(臥薪嘗膽)」 고사다. 그리하여 끝내 부차를 꺾어 자살하게 하고, 서주(徐州)에서 제후와 회맹(會盟)하여 패자(覇者)가 되었다.

3) 唯種也能知亡之所以存 唯種也不知身之所以愁(유종야능지망지소이존 유종야부지신지소이수) : 오직 대부(大夫) 종(種 : 文種)만이 월나라가 망해야 월나라가 존속할 수 있다는 것을 알았다. 그러나 그 대부 종(種)도 참언(讒言)을 당해 구천에게 죽음을 당했으니, 월나라가 다시 일어난 것이 자신의 근심이 되는 원인이었음을 알지 못했다. 種은 성은 文, 이름이 種 字가 소금(少禽). 월나라 대부로서 월왕 구천을 도와 오왕(吳王) 부차(夫差)에게 설욕한 뒤 참언을 받아 월왕 구천에게 죽음을 당했다.

야부지신지소이수

이때 오직 월나라 대부 종(種)만이 지금 월나라는 멸망하지만 다시 일어날 수 있음을 알았다. 그러나 대부 종(種) 또한 그것이 자신에게는 불행이 될 줄을 알지 못했다.

故曰고왈 : 그래서 하는 말이 있다.

鴟目有所適 鶴脛有所節 解之也悲4)치목유소적 학경유소절 해지야비

올빼미의 눈은 그 나름대로 쓸 데가 있고, 학의 다리 또한 나름대로의 쓸 데가 있으니, 눈과 다리를 없애면 그들이 슬퍼할 것이다.

故曰고왈 : 그래서 이런 말도 있다.

風之過河也有損焉풍지과하야유손언 日之過河也有損焉일지과하야유손언

바람이 하수(河水) 위를 지나가면 하수가 줄어들고, 해가 하수 위를 지나가면 하수가 줄어들지만,

請只風與日相與守河청지풍여일상여수하

도리어 하수는 바람과 해에게 자신을 지켜달라고 부탁한다.

而河以爲未始其攖也이하이위미시기영야 恃源而往者也시원이왕자야

하수는 애초부터 자신의 것을 빼앗는다고 여기지 않으니, 하수는 근원(根源)에 의지해서 흘러가기 때문이다.

---

4) 鴟目有所適 鶴脛有所節 解之也悲(치목유소적 학경유소절 해지야비) : 올빼미의 눈은 그 나름대로 쓸모가 있고 학의 다리 또한 나름대로의 쓸 데가 있으니, 눈과 다리를 제거하면 그들은 슬퍼할 것이다. 鴟目은 올빼미의 눈. 鶴脛은 학의 다리. 〈변무(騈拇)〉 편에도 "오리 다리가 비록 짧아도 이어주면 걱정을 하고, 학의 다리가 비록 길어도 잘라 주면 슬퍼한다. 짧아도 이을 것이 아니니, 그렇게 해준다 하여도 근심을 제거할 수는 없는 것이다. 그러므로 천성은 길어도 자를 것이 아니다(鶴脛雖長 斷之則悲 故性長非所斷 性短非所續 無所去憂也)."라고 하였다. 천성(天性)의 자질을 부질없이 가감할 것이 아님을 비유해 이르는 말이다.

故水之守土也審고수지수토야심　影之守人也審영지수인야심　物之守物也審
물지수물야심

그러므로 물은 땅의 고저(高低)와 형상에 따라 흘러가고, 그림자는 사
람의 형체에 따르니, 사물은 또 다른 사물에 의지함이 긴밀하다.

故目之於明也殆 耳之於聰也殆 心之於徇也殆5)고목지어명야태 이지어총야
태 심지어순야태

그러므로 눈에 밝게 보이는 것만 추구하면 위태로우며, 귀에 분명하게
들리는 것만 추구하면 위태로우며, 마음이 지혜로움만을 생각하면 위태
로우며,

凡能其於府也殆범능기어부야태

인간의 모든 능력은 그 기관의 역할에 국한되면 위태로우니,

殆之成也不給改태지성야불급개

이미 위태로워지고 나면 고치려고 해도 그럴 수가 없게 된다.

禍之長也茲萃화지장야자췌 其反也緣功기반야연공 其果也待久기과야대구

화(禍)가 커져서 점점 더 많이 쌓이게 되면, 그것을 되돌리기 위해서
는 많은 노력이 있어야 하고, 그 결과는 오랜 시간을 기다려야 한다.

而人以爲己寶이인이위기보　不亦悲乎불역비호!

그런데도 사람들은 이런 지능의 활동을 자기의 보배로 여기고 있으니,
또한 슬프지 않은가!

故有亡國戮民無已고유망국륙민무이　不知問是也부지문시야

---

5) 目之於明也殆 耳之於聰也殆 心之於徇也殆(목지어명야태 이지어총야태 심지어순야태) :
　눈에 밝게 보이는 것만 추구하면 위태로우며, 귀에 분명하게 들리는 것만 추구하면 위
　태로우며, 마음이 지혜로움만 생각하면 위태로움. 殉은 徇(순)의 가차자로 재빠른 인간
　의 영지(英知)를 뜻함.

그러므로 군주로서 나라를 망치고 백성을 죽이는 일을 그치지 않는 것은 그 까닭을 물을 줄 모르기 때문이다.

| 해설 |

이 대목에서는, 사물의 시비선악은 그때그때 평가되는 것으로서 일정한 것이 없기 때문에 무차별의 천연적인 대도에 순응하면서 인지를 버리는 것이 긴요하다고 말하고 있다. 따라서 만물이 조화를 이루는 세계는 한 사람의 지배하에 있는 것이 아니고, 천연의 대도가 발현된 개개의 무한한 차이 위에서 존재한다는 것을 알아야 할 것이다.

또한 인간의 감각이나 능력 또한 믿을 것이 되지 못하며, 오히려 사람들을 불행하게 만드는 원인이 됨을 이야기하고 있다.

15.

故足之於地也踐고족지어지야천　雖踐유천　恃其所不蹍而後善博也시기소부전이후선박야

그러므로 발로 땅을 밟을 때 비록 그 부분은 작지만, 밟지 않은 부분이 더 크다는 것을 믿은 후에야 마음 놓고 걸을 수가 있다.

人之於知也少인지어지야소　雖少수소　恃其所不知而後知天之所謂也시기소부지이후지천지소위야

사람의 지식이란 적지만, 비록 적더라도 알지 못하는 부분이 훨씬 크다는 것을 믿은 뒤에야 하늘의 진리를 알 수 있을 것이다.

知大一1)지대일 知大陰2)지대음 知大目3)지대목

───────────

1) 大一(대일) : 만물의 근원은 큰 하나임. 대일을 알면 道를 통하게 한다. 〈천하(天下)〉 편

대일(大一)을 알고, 대음(大陰)을 알며, 대목(大目)을 알고,

知大均4)지대균 知大方5)지대방 知大信6)지대신 知大定7)지대정 至矣지의

대균(大均)을 알며, 대방(大方)을 알고, 대신(大信)을 알며, 대정(大定)을 알아야 최고의 지(知)에 이른 것이다.

大一通之대일통지 大陰解之대음해지

대일(大一)은 道를 통하게 하고, 대음(大陰)은 그것을 해결하며,

大目視之대목시지 大均緣之대균연지

대목(大目)은 道를 볼 수 있게 하고, 대균(大均)은 道를 터득하게 하며,

大方體之대방체지 大信稽之대신계지 大定持之대정지지

대방(大方)은 道를 체득하게 하고, 대신(大信)은 道를 믿게 하여 주며, 대정(大定)은 道를 유지시켜 준다.

盡有天진유천 循有照순유조 冥有樞 始有彼8)명유추 시유피

이 일곱 가지를 극진히 하면 순환 변화 속에 밝은 지혜가 있고, 그윽한

에, "지극히 큰 것은 밖이 없으니 大一이라 하고, 지극히 작은 것은 안이 없으니 小一이라 한다(至大無外謂之大一 至小無內謂之小一)."라고 한 대목이 있다.

2) 大陰(대음) : 만물의 근원이 지극히 고요하고 미혹됨이 없는 상태.

3) 大目(대목) : 만물을 분별없이 하나로 봄. 나누어진 명목(名目). 한 가지로 보아 구분이 없는 상태.

4) 大均(대균) : 자연의 조화가 균등함.

5) 大方(대방) : 자연은 일정한 법도가 있음. 《노자》 41장에 "큰 네모는 모서리가 없고, 큰 그릇은 더디 이뤄지며, 큰 음은 소리가 없고 큰 형상은 형태가 없다(大方無隅 大器晩成 大音希聲 大象無形)."라고 하였다.

6) 大信(대신) : 자연은 진실됨. 기약하고 어김이 없음. 곧 크게 신용이 있는 상태.

7) 大定(대정) : 天下가 크게 평정(平定)됨. 어지러움이 없이 스스로 안정된 상태.

8) 冥有樞 始有彼(명유추 시유피) : 그윽한 어둠 속에는 만물을 작용케 하는 중추가 있고, 태초에 저 道가 있었다. 樞는 가장 중요한 부분. 중추가 되는.

어둠 속에는 만물을 작용케 하는 중추가 있으며, 태초에 저 道가 있었다.

則其解之也似不解之者즉기해지야사불해지자

그러니 이 道를 이해하고 있는 자는 도리어 아무것도 이해하지 못한 것처럼 보이고,

其知之也似不知之也기지지야사부지지야 不知而後知之부지이후지지

그것을 안다고 해도 알지 못하는 것과 같다. 알지 못한 일이 있은 그후에야 알 수 있게 된다.

其問之也기문지야 不可以有崖불가이유애 而不可以無崖이불가이무애

道에 대한 물음에는 한계가 있을 수도 없고, 한계가 없을 수도 없다.

頡滑有實9)힐골유실

해(解)와 불해(不解), 지(知)와 부지(不知), 유애(有崖)와 무애(無崖)가 어지럽게 얽혀 있어 알맹이가 없는 것 같으면서도 실상 알맹이가 있다.

古今不代고금부대 而不可以虧이불가이휴

예나 지금이나 바뀌지 않고 변함없이 존속해서 훼손할 수 없다.

則可不謂有大揚推乎즉가불위유대양각호!

그러니 천지자연에는 위대한 원리원칙이 있다고 말하지 않을 수 없을 것이다!

闔不亦問是已10)합불역문시이 奚惑然爲해혹연위!

그런데 사람들은 어찌하여 또한 이것(道)을 물어보지 않고, 어찌하여 미혹에 빠져 있단 말인가!

---

9) 頡滑有實(힐골유실) : 道는 해(解)와 불해(不解), 지(知)와 부지(不知), 유애(有崖)와 무애 (無崖)가 어지럽게 얽혀 있어 알맹이가 없는 것 같으면서도 실상 알맹이가 있다.

10) 闔不亦問是已(합불역문시이) : 어찌하여 또한 이것(道)을 물어보지 않는지. 闔은 전부, 통합하다라는 뜻.

以不惑解惑이불혹해혹 復於不惑복어불혹 是尙大不惑시상대불혹

미혹되지 않은 밝은 지(知)로 미혹을 풀어서, 미혹되지 않은 경지로 돌아가면 이것이 크게 불혹의 경지에 이르는 길이다.

| 해설 |

사람의 지혜로써 사물을 분석하거나 이해하려 하면 결국 또 다른 견해에 구애되어 현혹되는 걱정을 면할 길이 없어진다. 따라서 유한한 사람의 지배를 버리고, 무한한 대도에 순응하면서 사는 가운데 안정되고 현혹되지 않는 인생이 됨을 설명하고 있다.

그러나 대자연의 운행, 곧 만물의 유전(流轉) 변화에는 사람의 지혜를 초월하는 법칙이 작용하고 있음을 본다. 따라서 우주와 자연은 만물이 하나로 조화를 이루는 조화체(調和體)로 보는 것이다.

25. 칙양
則陽

와우각상쟁(蝸牛角上爭)

대개 유위(有爲)의 마음을 버리고, 인지를 배척해서, 무위(無爲)에 편안하면
시비의 분별을 넘어 천(天)에 합일한다는 것을 주안점으로 하고 있다. 부분
적으로 《장자》 내편의 사상을 조술하면서 노자 사상도 혼합시켜 노장(老莊)
을 절충한 경향이 뚜렷하다.

공 자

1.

則陽游於楚¹⁾칙양유어초

칙양(則陽)이 초(楚)나라를 여행하고 있을 때였다

夷節²⁾言之於王이절언지어왕 王未之見왕미지견

이절(夷節)이 그를 초나라 임금에게 알현시켰으나, 임금은 그를 만나주지 않았다.

夷節歸이절귀 彭陽見王果³⁾曰팽양견왕과왈 :

이절(夷節)은 고향으로 돌아가 버렸다. 그러자 팽양(彭陽)이 왕과(王果)를 만나 말했다.

"夫子何不譚我於王부자하부담아어왕?"

"선생은 어째서 나를 임금님께 추천하지 않소?"

王果曰왕과왈 : 왕과(王果)가 말했다.

"我不若公閱休⁴⁾아불약공열휴

"나보다는 공열휴(公閱休)에게 말하는 편이 좋을 것이오."

彭陽曰팽양왈 : 팽양이 말했다.

公閱休奚爲者邪공열휴해위자야?

"공열휴는 어떤 사람인가요?"

曰왈 : 왕과가 말했다.

---

1) 則陽游於楚(칙양유어초) : 칙양(則陽)이 초나라에 여행을 가다. 칙양은 인녕. 성은 팽(彭) 이고 자(字)가 칙양이다.

2) 夷節(이절) : 성은 이(夷), 이름은 절(節). 초(楚)나라의 신하.

3) 彭陽見王果(팽양견왕과) : 팽양이 왕과(王果)를 만나다. 王果는 초나라 현인.

4) 公閱休(공열휴) : 초나라의 은자(隱者).

"冬則擉鱉[5])於江동즉착별어강 夏則休乎山樊[6])하즉휴호산번

"그는 겨울에는 강에 들어가 작살로 자라를 잡고, 여름에는 산그늘에 쉬면서 지내는데,

有過而問者유과이문자 曰왈 此子宅也차여택야

누가 지나가다 물으면 '이 강과 산이 내 집이오.'라고 하였다네.

夫夷節已不能부이절이불능 而況我乎이황아호

저 이절(夷節)도 하지 못한 일을 하물며 나 같은 사람이 할 수 있겠는가?

吾又不若夷節오우불약이절

나는 이절(夷節)에게도 미치지 못하네.

夫夷節之爲人也부이절지위인야 無德而有知무덕이유지

이절(夷節)의 사람됨을 말하자면, 德은 부족하지만 지식은 뛰어나며,

不自許 以之神其交[7])부자허 이지신기교

자신을 엄격하게 단속하는지라, 그렇게 함으로써 신통하게 사람들과 교제하지만,

固顚冥乎富貴之地[8])고전명호부귀지지

그것은 본시 부귀(富貴)에 마음이 뒤집히고 눈이 어두워진 것이다.

非相助以德비상조이덕 相助消也상조소야

---

5) 擉鱉(착별) : 작살로 자라를 잡다. 擉은 작살. 鱉은 자라.

6) 山樊(산번) : 산 그늘. 樊은 곁, 주변.

7) 不自許 以之神其交(부자허 이지신기교) : 자기를 엄격하게 단속하는지라 그렇게 함으로써 신통하게 사람들과 교제한다. 自許는 자신(자부)하다는 뜻.

8) 固顚冥乎富貴之地(고전명호부귀지지) : 본시 재산이나 지위에 마음이 뒤집히고 눈이 어두워진 것임. 顚冥(전명)은 마음이 뒤집히고 눈이 어두워져서 하는 행동. 顚은 뒤집히다. 冥은 瞑과 같다.

그러니 德으로 서로 돕지를 못하고, 서로 소멸 쇠퇴를 조장(助長)하는 사람이다.

夫凍者假衣於春 暍者反冬乎冷風9)부동자가의어춘 갈자반동호냉풍

무릇 추위에 몸을 떠는 자는 봄처럼 따뜻한 옷을 빌려 입고 싶고, 더위를 먹은 자는 겨울의 찬바람을 쐬고 싶은 것이다.

夫楚王之爲人也부초왕지위인야 形尊而嚴형존이엄 其於罪也기어죄야 無赦如虎무사여호

초나라 임금의 사람됨은 그 모습은 존엄(尊嚴)하지만, 죄를 물을 때는 용서할 줄 모르는 것이 호랑이와 같지.

非夫佞人비부영인 正德정덕 其孰能橈10)焉기숙능요언!

말재주가 좋은 사람이나 德 있는 사람이 아니면 누가 능히 그를 누그러뜨릴 수 있겠는가!

故聖人고성인 其窮也使家人忘其貧기궁야사가인망기빈

그러므로 성인은 곤궁할 때에는 그 집안 식구들로 하여금 그 가난을 잊게 하고,

其達也기달야 使王公忘其爵祿而化卑사왕공망기작록이화비

벼슬길에 나아갔을 때에는 왕공귀족(王公貴族)들로 하여금 높은 벼슬과 후한 봉록을 잊고 비천한 사람들과 어울리게 하며,

---

9) 夫凍者假衣於春 暍者反乎冷風(부동자가의어춘 갈자반동호냉풍) : 무릇 추위에 떨고 있는 사람은 봄처럼 따뜻한 옷을 빌리고 싶어 하고, 더위 먹은 사람은 겨울 찬바람을 쐬려는 격이다. 凍者(동자)와 暍者(갈자)는 초왕(楚王)을 비유하고, 의(衣)와 냉풍(冷風)은 이절(夷節) 또는 공열휴(公閱休)를 비유한 것이며, 춘(春)과 동(冬)은 왕과(王果) 자신을 비유한 것이다. 곧 초왕(楚王)을 설득하려면 왕과(王果) 자신은 안 되고 이절(夷節)이나 공열휴(公閱休)가 더 낫다는 뜻이다. 暍(갈)은 더위를 먹다. 反은 求의 뜻.

10) 橈(요) : 굴복시키다, 누그러뜨리다.

其於物也기어물야 與之爲娛矣여지위오의

외계의 사물에 대할 때는 그것과 더불어 즐겁게 지내고,

其於人也기어인야 樂物之通而保己焉낙물지통이보기언

사람들을 대할 때는 막힘없이 즐겁게 소통하면서도 자기를 지킨다.

故或不言而飮人以和고혹불언이음인이화 與人竝立而使人化여인병립이사인화

그러므로 한 마디 말도 없이 조화를 이루도록 하는 경우도 있고, 사람들과 나란히 서서 사람들과 어울리게 한다.

父子之宜부자지의 彼其乎歸居피기호귀거 而一閒其所施이일한기소시

부자(父子) 관계처럼 친애하는 감정을 느끼게 하며, 고향으로 돌아와서는 그 행동을 한가롭게 한다.

其於人心者 若是其遠也[11]기어인심자 약시기원야 故曰待公閱休고왈대공열휴"

그의 마음은 보통 사람들의 마음과는 이렇듯 멀리 떨어져 있네. 그래서 내가 공열휴(公閱休)에게 부탁하라고 한 것이네."

| 해설 |

초나라에 버슬하기를 희망하는 칙양(則陽)과 초나라 왕의 측근자 이절(夷節)과 초나라에 버슬하고 있는 왕과(王果), 그리고 초나라의 득도자 공열휴(公閱休) 네 사람의 설화로서, 내용은 왕과와 칙양의 문답을 빌려 공열휴의 무위자연의 덕을 찬미하고 있다.

또 문달(聞達 : 이름이 세상에 드러남)을 구하려는 마음은 道에 어긋나므로, 부득이한 경우라도 마지못하여 세상에 나가 일을 맡아야 하

---

11) 其於人心者 若是其遠也(기어인심자 약시기원야) : 그의 마음은 보통 사람들의 마음과는 이렇듯 멀리 떨어져 있음. 성인(聖人)의 마음은 보통 사람들의 마음과는 크게 차이가 난다는 뜻

는 식의 논법을 전개하고 있다.

2.

聖人達綢繆1)성인달주무 周盡一體矣2)주진일체의

성인은 복잡하게 얽힌 세상의 일에 통달하여 모든 존재를 두루 구명(究明)하면서도,

而不知其然이부지기연 性也성야

스스로는 그런 줄 알지 못하니, 본성이 그렇기 때문이다.

復命搖作而以天爲師3)복명요작이이천위사 人則從而命之也인즉종이명지야

천명으로 돌아가 자연(自然)을 스승 삼아 따를 뿐인데, 사람들은 그것을 보고 (성인이라고) 이름을 붙인다.

憂乎知而所行恆無幾時 其有止也若之何4)우호지이소행항무기시 기유지야약지하?

사람들은 지혜의 부족함을 우려한 나머지 항상 행동을 멈추는 일이 없으니, 어찌할 것인가?

生而美者생이미자 人與之鑑인여지감

---

1) 聖人達綢繆(성인달주무) : 현실세계는 인과관계로 서로 복잡하게 얽혀 있는데, 성인은 그런 복잡한 현상세계의 일에 통달했다는 뜻. 綢繆는 서로 얽혀 떨어지지 않다.
2) 周盡一體矣(주진일체의) : 존재하는 모든 것을 두루 다 구명(究明)함. 周盡은 두루 통달함. 一體는 모든 사물, 곧 만물.
3) 復命搖作而以天爲師(복명요작이이천위사) : 천명으로 돌아가 움직일 때나 그렇지 않을 때나 항상 자연인 天을 스승으로 삼아 따른다. 復命은 고요히 머묾. 搖作은 고요한 움직임.
4) 憂乎知而所行恆無幾時 其有止也若之何(우호지이소행항무기시 기유지야약지하) : 지혜가 부족할 것을 우려한 나머지 늘 행동을 멈추는 일이 없으니 어찌할 것인가? 恆은 恒과 같다.

태어날 때부터 아름다운 사람에게 남이 거울을 주면 그것을 보고 자기가 아름다운 것을 알지만,

不告則不知其美於人也불고즉부지기미어인야

남이 그것을 말하지 않으면, 자기가 남보다 아름다운 것을 알지 못한다.

若知之약지지 若不知之약부지지 若聞之약문지 若不聞之약불문지

그러나 만약 그렇게 아름다움을 알거나 모르거나, 또 그렇게 아름답다는 소리를 듣거나 듣지 못하거나 간에,

其可喜也終無已기가희야종무이 人之好之亦無已인지호지역무이 性也성야

자신이 아름다움을 기뻐하는 것은 어쩔 수 없으며, 남이 그 아름다움을 좋아하는 것도 어쩔 수 없으니, 그것은 본성이기 때문이다.

聖人之愛人也성인지애인야 人與之名인여지명

성인(聖人)이 사람들을 사랑하는 경우에도 사람들이 (성인이라는) 이름을 붙여주니,

不告則不知其愛人也불고즉부지기애인야

남이 그것을 말하지 않으면, 자기가 남보다 백성들에게 사랑을 베풀고 있다는 사실을 알지 못한다.

若知之약지지 若不知之약부지지 若聞之약문지 若不聞之약불문지

그러나 만일 성인이 그런 것을 알든지 모르든지, 또 그런 소리를 듣든지 못 듣든지 간에,

其愛人也終無已기애인야종무이 人之安之亦無已인지안지역무이 性也성야

그가 사람을 사랑함에는 변함이 없고, 사람들이 성인의 곁에서 안심하는 것도 또한 변함이 없으니, 그것은 본성이기 때문이다.

舊國舊都 望之暢然5)구국구도 망지창연

(고향을 떠난 사람은) 고국(故國)의 옛 도시를 멀리서 바라보기만 하여도 기쁠 것이니,

雖使丘陵草木之緡6)수사구릉초목지민 入之者十九입지자십구 猶之暢然유지창연

비록 언덕이나 숲이 열에 아홉이 가려 하나만 보이더라도 여전히 크게 기쁨이 일어날 것이다.

況見見聞聞7)者也황견견문문자야!

더군다나 옛날 보던 것을 다시 보고, 듣던 것을 다시 들음에야 더 말할 나위가 있겠는가!

以十仞之臺縣衆閒者也이십인지대현중한자야

열 길 높은 누대를 군중들이 빙 둘러싼 사이(衆人環視裏8))에 세워 놓은 것처럼 분명할 것이다.

冉相氏得其環中以隨成9)염상씨득기환중이수성

---

5) 舊國舊都 望之暢然(구국구도 망지창연) : (고향을 떠난 사람은) 고국(故國)의 옛 도시를 멀리서 바라보기만 하여도 크게 기쁨이 일어날 것임. 暢然은 기뻐하는 모양.

6) 緡(민) : 가리다.

7) 見見聞聞(견견문문) : 옛날에 보던 것을 직접 보고 옛날에 듣던 것을 직접 듣는다는 뜻. 유봉포(劉鳳苞)는, "하물며 국도 한가운데서 일찍이 보아왔던 것을 직접 보고, 일찍이 들어왔던 것을 직접 듣는 경우이겠는가. 본성 전체를 보는 것을 비유한 것이다."라고 풀이했다.

8) 衆人環視裏(중인환시리) : 뭇 사람이 두루 보는 가운데.

9) 冉相氏得其環中以隨成(염상씨득기환중이수성) : 염상씨는 둥근 고리(環中)를 얻어 만물의 생성 변화를 얻었다. 冉相氏는 三皇(복희·신농·황제) 이전의 無爲의 황제. 環中은 道를 비유한 것. 隨成은 만물의 생성 변화에 그대로 맡김. 得其環中(득기환중)은 둥근 고리의 중심이란 뜻으로, 가장 알맞은 중심이 되는 위치이며 바로 '공(空)'의 상태를 가리킨다.

염상씨는 둥근 고리를 가져다 만물의 변화를 알았으니,

與物無終無始여물무종무시 無幾無時日무기무시일

사물과 더불어 끝도 없이 처음도 없이 기일도 없이 때도 없이 변화해 갔다.

與物化者여물화자 一不化者也일불화자야

만물과 함께 변화해가는 것은 하나도 변하지 않는 존재와 같은 것이다.

闔嘗舍之[10]함상사지!

그러니 어찌 한 번이라도 이런 경지에 이르러 보지 않겠는가!

夫師天而不得師天부사천이부득사천 與物皆殉[11]여물개순

무릇 자연을 스승으로 삼으려 하면서 자연을 스승으로 삼을 수 없게 되어 외계의 사물과 함께 모두 희생되고 말 것이니,

其以爲事也若之何기이위사야약지하?

이런 마음으로 살아간다면 어찌될 것인가?

夫聖人未始有天부성인미시유천 未始有人미시유인

무릇 성인(聖人)에게는 처음부터 자연(天)도 없고 인위도 없으며,

未始有始미시유시 未始有物미시유물

시작도 없고, 사물의 존재도 따르지 않았으니,

與世偕行而不替여세해행이불체 所行之備而不洫소행지비이불일

세상과 함께 흘러가는 것을 보면서 포기하지 않으니, 행동이 완비되어 자신을 해하는 일이 없었다.

---

10) 闔嘗舍之(함상사지) : 어찌 한번이라도 이러한 경지에 이르러보지 않을 것인가. 闔(함)은 何不로 풀이한다. 舍는 머물다의 뜻.

11) 與物皆殉(여물개순) : 사물과 함께 모두 희생되고 말 것이다. 殉은 따라죽다.

其合之也若之何기합지야약지하?

성인은 이렇듯 자연과 부합하였으니, 사람이야 어찌했겠는가?

湯得其司御門尹登恆爲之傅之[12]탕득기사어문윤등항위지부지

탕임금은 사어(司御)이자 문윤(門尹)인 등항(登恆)을 등용하여 스승으로 삼았으나,

從師而不囿[13]종사이불유 得其隨成득기수성

스승으로 따르면서도 얽매이지 않고 만물의 생성변화에 맡겼다.

爲之司其名之名위지사기명지명 贏法得其兩見[14]영법득기양견

그로 인해 명성을 얻었고, 명성에 따른 법도가 마련되어 명성과 법도 두 가지가 함께 세상에 나타나게 되었다.

仲尼之盡慮중니지진려 爲之傅之위지부지

중니도 사려를 다해, 결국 남의 스승 노릇을 했던 것이다.

容成氏[15]曰용성씨왈 : 용성씨(容成氏)가 말하기를,

---

12) 湯得其司御門尹登恆爲之傅之(탕득기사어문윤등항위지부지) : 탕(湯)임금은 사어(司御)이자 문유(門尹)인 등항(登恆)을 등용해서 스승으로 삼았다. 司御와 門尹은 관직 이름. 등항(登恆)은 이윤(伊尹)을 일컫기도 한다. 이윤은 은나라의 전설상의 인물. 이름난 재상으로 탕왕을 도와 하나라의 걸왕을 멸망시키고 선정을 베풀었다.

13) 從師而不囿(종사이불유) : 자연을 따르고 자연을 스승으로 삼되 속박되지는 아니함. 囿(유)는 얽매이다.

14) 贏法得其兩見(영법득기양견) : 명성에 따른 법도가 마련되어 명성과 법도 두 가지가 함께 세상에 나타나게 됨. 贏法은 명성에 따른 법도가 이루어짐. 得其兩見은 이름과 방법 두 가시가 나타나게 됨. 兩은 名과 法.

15) 容成氏(용성씨) : 인명. 태고에 지극한 덕의 사회를 실현한 전설적인 제왕. 하나라 때 독자적인 나라를 세우고 은나라 때 제후가 되었다는 설이 있다. 용성씨의 나라에서는 행인들이 기러기 행렬처럼 장유의 순서에 따라 늘어섰으며, 책력이라든가 도량형 기구 따위가 정비되었다고 한다.

除日無歲 無內無外16)제일무세 무내무외

"하루가 없으면 일 년이 없고, 안이 없으면 밖이 없다."고 하였다.

| 해설 |

이 대목의 전반(前半)은 본성(本性)에 복귀해서 유위(有爲)의 마음을 버릴 것을 역설했고, 후반(後半)은 논지도 통일이 되어 있지 않고, 문맥 또한 맞지 않은 구절이 많아 탈락(脫落), 천착(舛錯)된 것이 있으리라 본다.

3.

魏瑩與田侯牟約1)위영여전후모약 田侯牟背之전후모배지

위왕(魏王) 영(瑩)이 전후(田侯) 모(牟)와 맹약을 맺었는데, 전후(田侯) 모(牟)가 이를 어겼다.

魏瑩怒위영노 將使人刺之장사인자지

위왕(魏王) 영(瑩)이 노하여 자객을 보내 그를 죽이려 했다.

犀首聞而恥之2)서수문이치지 曰왈 :

---

16) 除日無歲 無內無外(제일무세 무내무외) : 하루를 없애면 한 해는 이뤄지지 않고, 내면의 나(자아)가 없으면 외면의 만물은 존재하지 않는다는 의미.

1) 魏瑩與田侯牟約(위영여전후모약) : 위(魏)나라 혜왕(惠王)이 제(齊)나라의 전후(田侯) 모(牟)와 맹약을 맺음. 魏瑩(위영)은 성은 위(魏)이고 이름이 영(瑩). 곧 위나라 혜왕(惠王)이다. 혜왕(惠王, BC 400년~BC 334년)은 양혜왕(梁惠王)으로도 불린다. 전국시대 위나라의 국군(國君). 자신을 낮추고 폐백을 후하게 하여 현자를 초빙하자, 추연(鄒衍)과 순우곤(淳于髡), 맹가(孟軻 : 孟子) 등이 모여들었다. 맹자는 일찍이 왕에게 인의(仁義)를 행하라고 권했지만 쓰지 못했다. 전후(田侯) 모(牟)는 제(齊)나라 위왕(威王)이다.

2) 犀首聞而恥之(서수문이치지) : 서수(犀首)가 그 이야기를 듣고 부끄러워하다. 犀首는 관

위나라 서수(犀首)가 그 얘기를 듣고 부끄럽게 여겨 말했다.

"君爲萬乘之君也군위만승지군야 而以匹夫從讎이이필부종수

"임금께서는 만승(萬乘) 군주로서 필부가 하듯 복수를 하려 하십니다.

衍請受甲二十萬연청수갑이십만 爲君攻之위군공지

청하옵건대, 제게 군사 20만을 주시면 임금님을 위하여 제나라를 공격하겠습니다.

虜其人民노기인민 係其牛馬계기우마

그리하여 제나라 백성을 포로로 잡고, 그들의 소와 말을 빼앗아와,

使其君內熱發於背3)사기군내열발어배 然後拔其國연후발기국

그 나라 임금으로 하여금 열이 나 등에 등창이 생기게 한 뒤에 그 나라를 빼앗겠습니다.

忌也出走4)기야출주 然後抶其背연후질기배 折其脊절기척

또 그 나라 장군 전기(田忌)가 도망가면 쫓아가서 등덜미를 때려 척추를 부러뜨려 놓겠습니다."

季子聞而恥之5)계자문이치지 曰왈

이때 위나라 현신(賢臣) 계자(季子)가 그 소식을 듣고 부끄러이 여기면서 임금에게 말했다.

직명으로 위(魏)나라 장군 공손연(公孫衍)이 이 관직에 있었다고 한다.

3) 內熱發於背(내열발어배) : 몸 안에서 열이 나 등창이 생기게 함. 노여움으로 화가 솟구쳐 등창이 생기게 된다는 뜻.

4) 忌也出走(기야출주) : 제(齊)나라의 장군 전기(田忌)가 수도를 떠나 달아남. 전기(田忌)는 전국시대 제나라의 공족(公族)으로 서주(徐州)를 봉해 받아 서주자기(徐州子期)로도 불린다. 위왕(威王) 때 장수가 되어 일찍이 손빈(孫臏)을 제나라 왕에게 추천했다.

5) 季子聞而恥之(계자문이치지) : 계자가 이 이야기를 듣고 부끄러워함. 季子는 위나라의 현신.

築十仞之城축십인지성 城者旣十仞矣 則又壞之[6]성자기십인의 즉우양지 此
胥靡之所苦也[7]차서미지소고야

"열 길 높이의 성을 쌓아서 성의 높이가 열 길이 되었는데, 또 이를
헐어 버린다면 부역하는 사람만 괴롭힐 뿐입니다.

今兵不起七年矣금병불기칠년의 此王之基也차왕지기야

지금 전쟁이 일어나지 않은 지가 7년째입니다. 이야말로 천하에 왕자가
될 기초입니다.

衍亂人연란인 不可聽也불가청야

그러니 전쟁을 하겠다는 공손연(公孫衍)의 말은 들어서는 안 됩니다."

華子聞而醜之[8]화자문이추지 曰왈 :

화자(華子)가 이런 이야기를 듣고 부끄러이 여겨 이렇게 말했다.

"善言伐齊者선언벌제자 亂人也난인야

"제나라를 치자고 입바르게 말하는 자도 난을 일으키는 사람이고,

善言勿伐者선언물벌자 亦亂人也역란인야

제나라를 치지 말자고 입바르게 말하는 자도 난을 일으키는 사람이며,

謂伐之與不伐亂人也者위벌지여불벌란인야자 又亂人也우란인야

정벌하자는 자나 정벌하지 말자는 자나 모두가 나라를 어지럽히는 사람

---

6) 城者旣十仞矣 則又壞之(성자기십인의 즉우양지) : 열 길 높이의 성을 쌓아서 높이가 열
길이나 된 성을 다시 헐어버린다면 노역하는 죄수들만 괴롭힐 뿐이다. 오랫동안 평화를
쌓아 왔는데, 이제 그것을 헐어버린다는 것은 전쟁을 일으킴을 비유한 것.

7) 此胥靡之所苦也(차서미지소고야) : 노역하는 죄수들만 괴로울 뿐임. 백성들을 전쟁에 동
원하여 괴롭힐 뿐이라는 뜻. 胥靡(서미)는 죄수로 노역에 동원된 인부.

8) 華子聞而醜之(화자문이추지) : 위왕의 또 다른 신하 화자(華子)는 이 이야기를 듣고 부
끄러워함. 華子는 위나라의 현신. 〈양왕〉 편에 나오는 자화자(子華子)와 같은 인물로 추
정된다.

입니다."

王曰왕왈 : 왕이 말했다.

然則若何연즉약하

"그러면 어떻게 해야 하는가?"

曰왈 : 화자가 말했다.

君求其道而已矣군구기도이이의

"임금께서는 道를 추구할 따름입니다."

惠子聞之 而見戴晉人9)혜자문지 이견대진인

위나라의 재상 혜자(惠子)가 이 이야기를 듣고 왕에게 대진인(戴晉人)을 만나보도록 하였다.

戴晉人曰대진인왈 : 대진인이 말했다.

"有所謂蝸者유소위와자 君知之乎군지지호?"

"달팽이란 것이 있는데 임금님께서는 아십니까?"

曰然왈연 : "알고 있소"

有國於蝸之左角者曰觸氏10)유국어와지좌각자왈촉씨

"그 달팽이의 왼쪽 뿔 위에 나라가 있는데, 촉씨(觸氏)라 하고,

有國於蝸之右角者曰蠻氏11)유국어와지우각자왈만씨

---

9) 惠子聞之 而見戴晉人(혜자문지 이견대진인) : 혜자(惠子)가 이 이야기를 듣고 왕에게 대진인(戴晉人)을 만나보게 함. 대진인(戴晉人)은 위나라의 현인. 혜자는 유명한 「호량시변(濠梁之辯)」의 대화를 나눈 장자의 친구 혜시를 말한다.

10) 觸氏(촉씨) : 가공의 나라 이름. 觸은 다툰다는 뜻.

11) 蠻氏(만씨) : 가공의 나라 이름. 蠻은 오랑캐의 뜻으로 우의(寓意)는 서로 다툰다는 뜻이다. 여기에서 「와우각상쟁(蝸牛角上爭)」이라는 성어가 생겨났다. 광대한 우주와 넓은

그 달팽이 오른쪽 뿔 위에도 나라가 있는데 만씨(蠻氏)라고 합니다.

時相與爭地而戰시상여쟁지이전 伏尸數萬복시수만

언젠가 서로 전쟁을 일으켜 죽은 시체가 수만이나 되었는데,

逐北旬有五日而後反축배순유오일이후반

달아나는 적군을 15일이나 추격하였다가 되돌아왔습니다."

君曰군왈 : 혜왕이 말했다.

"噫噫 其虛言與12)기허언여?"

"아니, 무슨 말도 안되는 소리요?"

曰왈 : 대진인이 말했다.

臣請爲君實之13)신청위군실지　君以意在四方上下有窮乎군이의재사방상하유궁호

"제가 임금님께 이 이야기를 실제로 증명해 보이겠습니다. 임금님께서는 우주공간의 상하사방에 끝이 있다고 생각하십니까?"

君曰군왈 : 혜왕이 말했다.

"無窮무궁" : "끝이 없지요."

曰왈 : 대진인(戴晉人)이 말했다.

知遊心於無窮지유심어무궁 而反在通達之國이반재통달지국 若存若亡乎약존

세계 속의 위나라나 제나라는 달팽이 뿔보다도 작은 존재라는 것을 암시한 말이다. 또, 이 말은 백거이(白居易)의 시구 "달팽이 뿔 위에서 무슨 일을 다투리요, 석화 빛 속으로 이 몸을 기대노라(石火光中寄此身 蝸牛角上爭何事)"에도 인용하고 있다.

12) 其虛言與(기허언여) : 무슨 헛소리를. 虛言은 실상(實相)이 없는 말. 거짓말.

13) 臣請爲君實之(신청위군실지) : 제가 임금님을 위하여 이 이야기를 실제로 증명해 보이겠습니다. 實之는 자신이 한 이야기를 실제로 증명해 보인다는 뜻.

약망호

"마음을 끝없는 곳에 노닐게 할 줄 알고, 사방으로 막힘이 없이 환히 통한 땅에 있게 되면 있는지 없는지도 모를 존재가 되지 않겠습니까?"

君曰군왈 : "然연"

혜왕이 말했다. : "그렇소."

曰왈 : 대진인이 말했다.

通達之中有魏통달지중유위 於魏中有梁어위중유양 於梁中有王어양중유왕

"환히 통한 가운데에 위(魏)나라가 있고, 위나라 안에 양(梁) 땅이 있고, 양(梁) 땅 안에 임금께서 계십니다.

王與蠻氏왕여만씨 有辯乎유변호

그렇다면 임금께서는 저 만씨(蠻氏)와 다를 게 무엇이 있겠습니까?"

君曰군왈 : 혜왕이 말했다.

無辯무변 : "다를 게 없소."

客出而君惝然若有亡也14)객출이군창연약유망야

손님(대진인)이 물러나자, 혜왕은 잠시 멍한 모습으로 무언가를 잃어버린 것 같았다.

客出객출 惠子見혜자현 君曰군왈 :

대진인이 나간 뒤 혜자가 들어가 혜왕을 뵙자, 혜왕이 말했다.

"客객 大人也대인야 聖人不足以當之성인부족이당지"

"그 손님은 대인(大人)이오. 성인도 그를 당해내지는 못할 것이오."

---

14) 客出而君惝然若有亡也(객출이군창연약유망야) : 손님이 나가자 왕은 잠시 멍한 모습으로 무엇인가를 잃어버린 것 같았다. 惝然(창연)은 실의에 찬 모습, 망연자실한 모습. 惝(창)은 실심(失心)하다, 놀라다.

惠子曰혜자왈 : 혜자가 말했다.

夫吹筦也 猶有嗃也[15]부취관야 유유효야 吹劍首者 吷而已矣[16]취검수자 혈이이의

"피리를 불면 삐— 하고 높은 소리가 울려 퍼지지만, 칼 손잡이 구멍을 불면 피— 하고 바람소리가 날 뿐입니다.

堯舜요순 人之所譽也인지소예야 道堯舜於戴晉人之前도요순어대진인지전 譬猶一吷也[17]비유일혈야

요순(堯舜)을 사람들이 칭찬하는 바이지만, 요와 순을 대진인 앞에서 말하는 것은, 마치 한번 이 피— 하는 소리를 내는 것과 같을 따름입니다."

| 해설 |

위왕(魏王)·전후(田侯) 모(牟)·서수(犀首)·계자(季子)·화자(華子)·혜자(惠子)·대진인(戴晉人) 등을 등장시킨 설화로서, 전반은 은원(恩怨)·공리(公利)·시비(是非)의 마음이 있는 자는 난을 일으키는 자이므로, 이를 물리치고 청허한 道를 얻어야 함을 역설했고, 후반에서는 대진인과 혜왕의 대화를 빌려 무한한 우주에 비하여 사람의 일이란 보잘것없이 작은 것임을 서술하여 또 다른 세사(世事)에 얽매

---

15) 夫吹筦也 猶有嗃也(부취관야 유유효야) : 피리를 불면 삐— 하고 높은 소리가 울려 퍼지다. 嗃는 피리소리. 吷(혈)은 작은 소리.

16) 吹劍首者 吷而已(취검수자 혈이이의) : 칼집의 작은 구멍에 입을 대고 불면 피— 하고 바람소리가 날 뿐이다. 劍首(검수)는 칼자루에 있는 고리(環)의 작은 구멍.

17) 譬猶一吷也(비유일혈야) : (세상 사람들은 요순을 칭송하지만, 그들과 대진인의 이야기를 음악에) 비유하자면 대진인의 음악은 피리소리처럼 아름답고 요순의 음악은 칼집에서 나는 피— 하는 소리처럼 들을 만한 게 없다는 뜻이다. 여기서 「검수일혈(劍首一吷)」이라는 성어(成語)가 생겨났다. "바람이 칼자루 끝에 있는 작은 구멍을 스쳐가는 미세한 소리"라는 뜻으로, 들을 만한 가치가 없음을 비유하는 말로 쓰인다.

임을 경고하고 있다. 또 「와우각상쟁(蝸牛角上爭)」, 「검수일혈(劍首
一吷)」 등의 숙어의 출처가 되는 달팽이 양쪽 뿔 위에 있는 두 나라
싸움은 스스로 웃음을 자아내게 하는 멋진 우화로서 너무나 유명한
이야기다.

4.

孔子之楚공자지초 舍於蟻丘之漿[1]사어의구지장

공자가 초나라로 가는 도중 의구(蟻丘)의 한 주막에 묵었다.

其隣有夫妻臣妾登極者[2]기린유부처신첩등극자

그 때 마침 이웃의 주인 부부가 남녀 하인들과 함께 지붕 손질을 하
고 있었다.

子路[3]曰자로왈 : 자로(子路)가 물었다

是稷稷何爲者邪[4]시총총하위자야

저기 지붕 위에 모여 있는 사람들은 무얼 하는 사람들인가요?

---

1) 舍於蟻丘之漿(사어의구지장) : 의구(蟻丘)의 주막에 묵다. 蟻丘(의구)는 언덕의 이름. 漿
(장)은 음료수를 비롯한 음식을 파는 집.

2) 有夫妻臣妾登極者(유부처신첩등극자) : 주인 부부와 남녀 하인들이 지붕에 올라가 지붕
손질을 하고 있었다. 夫妻는 주인 부부. 臣妾은 남녀 하인. 登極者는 '지붕 위에 올라
간 자', '매우 가난한 자'로 풀이하기도 함.

3) 子路(자로) : 춘추시대 변(卞)나라 사람으로, 공자의 제자. 성은 중(仲), 이름은 유(由).
공자의 제가 가운데 공자를 제일 잘 섬겼다고 하며, 정치 방면에 뛰어났고, 지극한 효
성으로 유명했음. 자로는 가난하여 매일 쌀을 등짐으로 져서 백 리 밖까지 운반하여 그
운임을 받아 양친을 봉양(奉養)했다는 「자로부미(子路負米)」의 고사가 있다.

4) 是稷稷何爲者邪(시총총하위자야) : 저기 지붕 위에 모여 있는 사람들은 무얼 하는 사람
들인가? 稷은 벗난, 보이다의 뜻. 稷稷은 여럿이 모여 있는 모양.

仲尼曰중니왈 : 중니(仲尼)가 말했다.

"是聖人僕也5)시성인복야 是自埋於民 自藏於畔6)시자매어민 자장어반

"그들은 성인들이다. 그들은 스스로 백성들 속에 파묻혀 스스로 밭두렁 속에서 농사를 지으며 숨어 살고 있는데,

其聲銷기성소 其志無窮기지무궁 其口雖言기구수언 其心未嘗言기심미상언

그 명성은 사라졌지만, 그 뜻은 무한하며, 그 입은 비록 말을 할지라도 마음에 있는 말은 한 번도 말한 적이 없으며,

方且與世違而心不屑與之俱방차여세위이심불설여지구

세속에 살지만 세속과 함께하는 것을 깨끗하다 여기지 않는다.

是陸沈者也7)시륙침자야 是其市南宜僚8)邪시기기시남의료야?"

이들은 뭍에 몸을 침잠하고 있는 이들이니, 이 사람은 아마도 시남의료(市南宜僚)가 아니겠는가?"

子路請往召之자로청왕초지

자로가 가서 그들을 불러오겠다고 하였다.

孔子曰공자왈 : 공자가 말했다.

已矣이의 彼知丘之著於己也피지구지저어기야 知丘之適楚也지구지적초야

"그만두어라. 그들은 내가 세상에 내 자신을 드러내려는 것도 알고 있

---

5) 是聖人僕也(시성인복야) : 이 사람들은 성인(聖人)의 무리다. 僕은 徒와 같은 뜻이다.

6) 自埋於民 自藏於畔(자매어민 자장어반) : 스스로 백성들 사이에 파묻히고, 밭두둑 사이에 은둔함. 스스로 민중들 속에 숨고 농사짓는 무리 속에 자신을 감춘다는 뜻.

7) 是陸沈者也(시륙침자야) : 이들은 뭍에 몸을 감추고 있는 이들이다. 물속이 아닌 뭍(陸)에 자기 몸을 가라앉히고 있는 이들.

8) 市南宜僚(시남의료) : 인명. 熊宜僚(웅의료), 성은 熊이고 이름이 宜僚이다. 市 남쪽에 살았다고 해서 그렇게 부른 것이다.

고, 내가 초나라로 가고 있는 것도 알고 있으며,

以丘爲必使楚王之김己也이구위필사초왕지김기야

그들은 내가 반드시 초나라 왕으로 하여금 나를 부르게 한 사람으로 여길 것이다.

彼且以丘爲佞人[9]也피차이구위녕인야

그들은 또 나를 말 잘하는 사람으로 여길 것이다.

夫若然者부약연자 其於佞人也羞聞其言기어녕인야수문기언

무릇 그와 같은 사람은 말 잘하는 사람을 만나 그 말을 듣는 것조차도 부끄럽게 여긴다.

而况親見其身乎이황친견기신호 而何以爲存[10]이하이위존

그런데 어찌 직접 만나보려고 하겠느냐! 그런데 너는 어찌하여 그가 아직도 거기에 있을 거라고 생각하느냐?"

子路往視之자로왕시지 其室虛矣기실허의

자로가 가서 보니, 과연 그들이 있던 방은 텅 비어 있었다.

| 해설 |

공자와 자로(子路)가 초나라의 득도자 시남의료(市南宜僚)의 이야기를 화제로 삼아, 참된 道를 얻은 사람은 세속적인 명예를 구하지 아니하고, 속세에 파묻혀 있으면서도 道를 즐기는 자라는 내용을 밝히고 있다.

---

9) 佞人(영인) : 간사스럽게 아첨하는 재주가 있어서 임금이나 윗사람에게 사랑을 받는 사람.

10) 何以爲存(하이위존) : 너는 어찌하여 그가 아직도 거기에 있을 거라고 생각하는가? 存은 남아 있다는 뜻.

여기에서 공자는 이미 이러한 처세 방법의 이해자로서 등장하고 있으므로 장자의 비난 대상인 공자가 이러한 경지의 이해자로 각색된 점으로 보아 이 글은 공자의 후학들이 의식적으로 관련을 시켜 저술하여 삽입했을 것으로 본다.

5.

長梧封人問子牢曰[1]장오봉인문자뢰왈 :

장오(長梧)의 국경지기가 자뢰(子牢)에게 말했다.

君爲政焉勿鹵莽[2]군위정언물로망 治民焉勿滅裂[3]치민언물멸렬

"임금은 정치를 거칠고 함부로 해서는 안 되며, 백성을 다스리는 데도 본분을 다하지 않아서는 안 됩니다.

昔予爲禾석여위화 耕而鹵莽之경이로망지 則其實亦鹵莽而報予즉기실역로망이보여

전에 내가 벼농사를 지었는데, 되는대로 논을 갈았더니 벼이삭이 거칠어져서 나에게 보답을 했고,

芸而滅裂之예이멸렬지 其實亦滅裂而報予기실역멸렬이보여

---

1) 長梧封人問子牢曰(장오봉인문자뢰왈) : 장오(長梧)의 국경지기가 자뢰(子牢)에게 물었다. 봉인(封人)은 변경(邊境)을 지키는 벼슬아치. 자뢰(子牢)는 공자의 제자라 하는데, 확실치는 않다. 長梧는 지명에서 유래된 호칭으로 〈제물론〉 편에 장오자(長梧子)로 나왔고, 봉인은 같은 예가 〈天地〉 편에 화(華)의 봉인(封人)으로 나온 적이 있다. 長梧子(장오자)는 큰 벽오동나무 밑에 사는 명상자(冥想者)란 뜻으로, 우화 창작한 가공의 인물.

2) 君爲政焉勿鹵莽(군위정언물로망) : 그대는 정치를 할 때 거칠고 함부로 해서는 안 됨. 鹵(로)는 황무지의 뜻, 莽(망)은 거칠다는 뜻.

3) 治民焉勿滅裂(치민언물멸렬) : 백성을 다스림에 본분을 다하지 않아서는 안 된다. 滅裂은 경솔하다, 본분을 다하지 않다.

되는대로 김을 매었더니 벼이삭이 쭉정이가 되어 나에게 돌아왔습니다.

予來年變齊[4]여래년변제 深其耕而熟耰之심기경이숙우지

그래서 나는 이듬해에는 방법을 바꾸어 고랑을 깊이 갈고 씨를 뿌린 뒤에 정성껏 흙을 덮어주었더니,

其禾蘩以滋기화번이자 予終年厭飧여종년염손"

그 벼가 잘 자라서 나락이 많이 열렸습니다. 그래서 나는 일 년 내내 배부르게 먹을 수 있었습니다."

莊子聞之曰장자문지왈 : 장자가 그 말을 듣고 이렇게 말했다.

"今人之治其形理其心금인지치기형이기심 多有似封人之所謂다유사봉인지소위

"지금 사람들이 자신의 육체나 정신을 수양하는 방법도 대체로 그 봉인(封人)의 말과 비슷한 바가 있다.

遁其天순기천 離其性이기성 滅其情멸기정 亡其神망기신 以衆爲[5]이중위

자연에서 일탈하고, 주어진 본성을 떠나 본연의 감정을 없애고, 정신을 잃어버리고 있는데, 이는 인위(人爲)가 많기 때문이다

故鹵莽其性者고로망기성자 欲惡之孽[6]욕오지얼

그러므로 그 본성을 거칠고 함부로 하는 자는 애욕증오(愛欲憎惡)와 같은 움(풀이나 나무에 새로 돋아 나오는 싹)이 터서,

爲性萑葦蒹葭[7]위성환위겸가 始萌以扶吾形[8]시맹이부오형

---

4) 予來年變齊(여래년변제) : 내가 이듬해에는 방법을 바꿈. 變齊는 방법을 바꾼다는 뜻. 齊는 齊家의 齊처럼 가지런히 농사짓듯이 한다는 뜻에서 비롯된 말.

5) 衆爲(중위) : 人爲가 많다(衆)는 뜻.

6) 欲惡之孽(욕오지얼) : 애욕증오(愛欲憎惡)와 같은 움이 트다. 孽(얼)은 움(풀이나 나무에 새로 돋아 나오는 싹).

본성을 해치는 잡초가 되니, 처음에 싹이 나서는 내 몸의 성장을 도와
주는 일도 있으나,

尋擢吾性 竝潰漏發 不擇所出9)심탁오성 병궤루발 불택소출
마침내는 나의 본성을 뿌리째 뽑아서 일제히 종기가 터지고 고름이
흘러나와 몸 여기저기를 가리지 않는다.

漂疽疥癰10)표저해옹 內熱溲膏11)是也내열수고시야
악성(惡性) 부스럼과 종기, 내장의 발열과 당뇨병 같은 것이 바로 이
에 해당한다."

| 해설 |

장오(長梧) 땅의 국경지기가 공자의 제자(?) 자뢰(子牢)에게 말하는
교훈에 장자의 설을 붙여, 농사일을 끌어다가 비유하면서, 정욕에 빠져
본성을 잃었을 때는 잡초에게 해를 입는 벼와 같이 육체를 망치게 된
다는 가르침을 말하고 있다.

우리 몸에 자그마한 병균이 들어와 한 가지 병이 생겼다가 그것이
심화되어 큰 병이 되듯이, 사람도 道를 이탈해서는 마침내는 무참한

---

7) 爲性萑葦蒹葭(위성환위겸가) : 본성을 해치는 잡초가 된다. 萑·葦·蒹·葭는 모두 갈대
종류로서, 여기서는 쓸모없는 잡초라는 뜻으로 쓰였다.

8) 始萌以扶吾形(시맹이부오형) : 처음에 싹이 나서는 내 몸의 성장을 도와주는 일도 있으
나. 萌은 움, 싹.

9) 尋擢吾性 竝潰漏發 不擇所出(심탁오성 병궤루발 불택소출) : 마침내는 나의 본성을 뿌리
째 뽑아서 일제히 종기가 터지고 고름이 흘러나와 몸 여기저기를 가리지 않는다. 不擇
所出은 몸 여기저기를 가리지 않고 병이 생긴다는 뜻.

10) 漂疽疥癰(표저해옹) : 악성 부스럼과 종기. 疽는 등창. 疥는 옴. 癰은 악창.

11) 溲膏(수고) : 몸이 허한 사람의 소변에 암죽이나 지방이 섞여 유백색을 띠는 오줌. 흔히
당뇨병을 말한다.

종말을 고해야 한다는 처세훈(處世訓)을 말하고 있다.

6.

柏矩[1]學於老聃백구학어노담 曰왈 :

백구(柏矩)는 노담에게 배웠는데, 어느 날 노담에게 말했다.

"請之天下遊청지천하유"

"한번 천하를 유람해 보고 싶습니다."

老聃曰노담왈 : 노담이 말했다.

"已矣이의 天下猶是也천하유시야"

"그만두어라. 천하라고 해서 여기와 다를 게 없느니라."

又請之우청지 老聃曰노담왈 : 재차 청하자, 노담이 말했다.

"汝將何始여장하시"

"그렇다면 너는 장차 어디에서부터 시작하려고 하느냐?"

曰왈 : 백구(柏矩)가 말했다.

"始於齊시어제"

"제나라에서부터 시작하겠습니다."

至齊지제 見辜人[2]焉견고인언

백구(柏矩)가 제나라에 이르자, 책형(磔刑)을 당해 저잣거리에 매달려 있는 시신을 보고,

---

1) 柏矩(백구) : 성(姓)은 柏, 이름이 矩. 道를 아는 사람으로 노자의 문인(門人).
2) 辜人(고인) : 책형(磔刑)을 당해 저잣거리에 시신이 매달려 있는 죄인을 말한다. 책형 (磔刑)은 죄인을 기둥에 묶고 장으로 찔러 죽이던 형벌. 십자가형이라고도 한다.

推而强之추이강지 解朝服而幕之해조복이막지 號天而哭之日호천이곡지왈

힘껏 밀어서 쓰러뜨리고는 자기 조복(朝服)을 벗어 시신을 덮어주고는 하늘을 향해 소리치고 통곡하면서 말했다.

"子乎子乎3)자호자호 天下有大菑천하유대치 子獨先離之4)자독선리지!

"그대여, 그대여, 천하에 큰 재앙이 있는데 그대가 유독 먼저 걸렸구나!

曰왈 '莫爲盜막위도 莫爲殺人막위살인'

사람들이 말하기를, '도적질하지 말라! 살인하지 말라.'고 하는데,

榮辱立 然後睹所病5)영욕립 연후도소병 貨財聚 然後睹所爭6)화재취 연후도소쟁

영욕(榮辱)이 드러난 후에 근심이 드러나고, 재물이 모이게 되자 다툼이 드러난다.

今立人之所病 聚人之所爭7)금립인지소병 취인지소쟁 窮困人之身궁곤인지신

지금 사람들의 근심을 드러내고, 사람들의 다툼을 모두 모아 사람들을 곤궁하게 하고,

使無休時사무휴시 欲無至此 得乎8)욕무지차 득호!

---

3) 子乎子乎(자호자호) : 그대여, 그대여! 탄식하는 말이다.

4) 子獨先離之(자독선리지) : 그대가 유독 먼저 이 재앙에 맞닥뜨렸다. 離는 맞부딪다, 맞닥뜨리다.

5) 榮辱立 然後睹所病(영욕립 연후도소병) : 영욕(榮辱)이 드러나면 그 후에 근심이 드러난다. 睹는 보다, 드러나다. 영예와 치욕이라는 차별을 통해 인간사회의 근심거리가 드러난다는 뜻이다.

6) 貨財聚 然後睹所爭(화재취 연후도소쟁) : 재화가 모인 뒤에야 다툼이 드러남. 빈부격차가 생긴 연후에 재화를 둘러싼 인간사회의 투쟁이 드러난다는 뜻.

7) 今立人之所病 聚人之所爭(금립인지소병 취인지소쟁) : 지금 사람들의 근심거리인 영욕(榮辱)의 차별을 더욱 드러내고 사람들이 서로 다투는 재화를 지배계층이 모아 축적하여 백성들을 곤궁하게 한다는 뜻.

잠시도 쉬지 못하게 하니, 어찌 이 지경에 이르지 않겠는가!

古之君人者고지군인자 以得爲在民이득위재민 以失爲在己이실위재기

옛날 임금들은 공은 백성에게 돌리고, 실패는 자신에게 돌렸다.

以正爲在民이정위재민 以枉爲在己이왕위재기

잘 되는 것은 백성들의 공이라고 생각하고, 굽은 것은 자신의 탓이라
고 생각하였다.

故一形有失其形者고일형유실기형자 退而自責퇴이자책

그러므로 백성 한 사람이라도 몸이 성하지 않으면 물러나 스스로를
질책하였다.

今則不然금즉불연 匿爲物而愚不識익위물이우불식

그런데 지금은 그렇지 않다. 몰래 일을 꾸미고, 그것을 모르는 백성을
어리석다 하며,

大爲難而罪不敢대위난이죄불감

크게 어려운 일을 하게 해서는 그것을 하지 못하는 사람을 죄 주고,

重爲任而罰不勝중위임이벌불승

과중한 임무를 주고 감내하지 못하는 사람을 벌주며,

遠其塗而誅不至원기도이주부지

목표를 높이 주고 거기에 이르지 못하는 백성을 처형한다.

民知力竭민지력갈 則以僞繼之즉이위계지

백성들이 능력과 지혜가 다해버리면 거짓이 계속 이어지게 되나니,

---

8) 欲無至此 得乎(욕무지차 득호) : 이런 지경에 이르지 않기를 바란들 그리 되겠는가! 至
此는 이런 지경에 이르다, 곧 죄형(罪刑)에 걸려 시신이 저자거리에 버려지는 지경에
이름.

日出多僞일출다위 士民安得不僞사민안득불위

하루하루 많은 거짓이 거듭되면 백성들이 어찌 거짓된 행동을 하지 않겠는가?

夫力不足則僞부력부족즉위 知不足則欺지부족즉기

무릇 인간은 힘이 부족하면 거짓을 저지르게 되고, 지혜가 부족하면 남을 속이게 되며,

財不足則盜재부족즉도 盜竊之行도절지행 於誰責而可乎어수책이가호

재화가 부족해지면 남의 것을 훔치게 된다. 남의 것을 훔치는 행위를 도대체 누구에게 책임 추궁해야 옳을 것인가?"

| 해설 |

백구(栢矩)와 노담(老聃)의 대화를 빌려, 백성들이 죄를 짓는 것은 위정자의 거짓에 기인하는 것으로, 영욕(榮辱)과 재화(財貨)가 항상 인간생활에서 화의 근본이 된다고 하였다. 따라서 무위자연의 정치만이 이상적인 정치라는 뜻을 내포하고 있다.

7.

蘧伯玉行年六十而六十化[1]거백옥행년육십이육십화

---

1) 蘧伯玉行年六十而六十化(거백옥행년육십이육십화) : 살아온 나이 60이 되도록 자기의 삶을 60번 바꿈. 자신의 삶에 구속되지 않는 자유로운 삶을 살아왔음을 뜻한다. 行年은 그 해까지 살아온 햇수를 말한다. 또는 현재의 나이. 享年(향년)은 살아 누린 나이라는 뜻으로, 죽은 사람의 나이를 말한다. 蘧伯玉은 성은 蘧, 이름은 원(瑗), 伯玉은 字. 위(衛)나라의 현인. 거백옥은 《논어》에도 자주 등장하고 있다. 〈천운〉편에, "공자는 살아온 나이 쉰 하고도 하나가 되었는데도 아직 道를 깨우치지 못했다(孔子行年五十有一

거백옥(蘧伯玉)은 살아온 나이 60이 되도록 자기 삶을 60번 바꾸었는데,

未嘗不始於是之미상불시어시지 而卒詘2)之以非也이졸굴지이비야

처음에는 옳다고 주장했던 일이지만, 종당에 가서는 옳지 않다고 굽히지 않은 적이 없었다.

未知今之所謂是3)之非五十九年非4)也미지금지소위시지비오십구년비야

따라서 지금 60세가 되어 옳다고 생각하는 것도 과거 59년 동안 틀렸다고 부정했던 것과 마찬가지인지도 모른다.

萬物有乎生而莫見其根만물유호생이막견기근　有乎出而莫見其門유호출이막견기문

만물은 생성하나 그 근원은 볼 수 없으며, 태어남은 있으나, 그 출구(門)는 알 수가 없다.

人皆尊其知之所知5)인개존기지지소지

사람들은 모두 자기의 지혜로써 아는 것만 존중하고,

而莫知恃其知之所不知而後知6)이막지시기지지소부지이후지

그 人知가 미치지 못하는 道의 세계에 의지한 뒤라야 알게 된다는 사실

而不聞道)."라고 한 구절이 있다.

2) 卒詘(졸굴) : 마침내 굽히다. 卒은 마침내. 詘은 굽히다.

3) 今之所謂是(금지소위시) : 지금 옳다고 생각하는 것.

4) 五十九年非(오십구년비) : 지난 59년 동안 잘못되었다고 부정한 것.

5) 人皆尊其知之所知(인개존기지지소지) : 사람들은 모두 자기의 지혜로써 아는 것만 존중한다. 자신이 아는 것만을 고집하기 때문에 막상 자신의 앎의 道라는 근본에 의지하고 있다는 사실을 알지 못한다는 뜻.

6) 莫知恃其知之所不知而後知(막지시기지지소부지이후지) : 人知가 미치지 못하는 道의 세계에 의지한 뒤라야 알게 된다는 사실을 아무도 알지 못함. 자신이 아는 것만을 고집하기 때문에 막상 자신의 앎의 道라는 근본에 의지하고 있다는 사실을 알지 못한다는 뜻.

을 아무도 알지 못하니,

可不謂大疑乎가불위대의호 已乎已乎이호이호

그것이야말로 큰 의혹이라고 아니할 수 있겠는가! 그만두어라, 그만두어
라!

且無所逃[7]차무소도 此所謂然與차소위연여 然乎연호?

또한 道로부터 달아날 곳은 없다. 이렇게 말하는 것이 옳은가, 정말
그러한가?

| 해설 |

　언론에 의한 시비는 상대적인 경지를 벗어날 수가 없어 일정한 결
론이 없는 것이다. 곧 사람의 지혜로써 이해하는 이상, 사람의 지혜를
초월한 道의 절대적인 경지를 파악하지 못하고 결국 불가지(不可知)의
상태에서 헤매게 마련이다. 이런 입장을 벗어나려면 사람의 지혜를 버
리고 천지의 대도에 귀일해야만 가능하다.

8.

仲尼問於太史大弢 伯常騫 狶韋曰[1]중니문어태사대도 백상건 희위왈 :

중니가 태사(太史) 대도(大弢)와 백상건(伯常騫)과 희위(狶韋)에게 물었다.

"夫衛靈公[2]飮酒湛樂부위영공음주담락 不聽國家之政불청국가지정

---

7) 且無所逃(차무소도) : 또한 달아날 곳이 없다. 만물을 생성 소멸하는 근원인 道의 작용
으로부터는 도망칠 수 없다는 뜻.

1) 仲尼問於太史大弢 伯常騫 狶韋曰(중니문어태사대도 백상건 희위왈) : 중니가 태사(太史)
직에 있는 대도(大弢)와 백상건(伯常騫)과 희위(狶韋)에게 묻다. 太史(태사)는 관직명.
대도(大弢), 백상건(伯常騫), 희위(狶韋)는 모두 인명.

"저 위(衛)나라 영공(靈公)은 술이나 마시고 향락에 빠져 나라의 정치를 돌보지 않고,

田獵畢弋전렵필익 不應諸侯之際불응제후지제

사냥이나 하며 그물질과 주살로 세월을 보내면서 제후들과의 회맹(會盟)에도 응하지 않는데,

其所以爲靈公者何邪기소이위영공자하야?"

영공(靈公)이란 시호(諡號)를 얻은 까닭은 무엇입니까?"

大弢曰대도왈 : 대도(大弢)가 말했다.

"是因是也시인시야"

"바로 그렇게 행동했기 때문에 그대로 된 것입니다."

伯常騫曰백상건왈 : 백상건(伯常騫)이 말했다.

"夫靈公有妻三人부영공유처삼인 同濫而浴동람이욕

"저 영공에게는 아내가 셋 있는데 함께 욕조에서 목욕할 때,

史鰌3)奉御而進所사추봉어이진소 搏幣而扶翼박폐이부익

대부 사추(史鰌)가 예물을 받들고 공(公)이 있는 곳으로 가자, 예물을 직접 받아들고 사추(史鰌)를 부축해 맞이합니다.

其慢若彼之甚也기만약피지심야 見賢人若此其肅也견현인약차기숙야 是其所

---

2) 衛靈公(위령공) : 위(衛)나라 영공(靈公, BC540~BC493). 성은 희(姬), 이름은 원(元), 춘추시대 위나라의 군주.

3) 史鰌(사추) · 姓는 史, 이름이 鰌, 字는 지이(子魚)로 춘추시대 말 위(衛)나라의 대부로 전해진다. 《논어》〈衛靈公(위령공)〉편에, "곧구나, 사어(史魚)여. 나라에 道가 있어도 화살처럼 곧았고, 나라에 道가 없어도 화살처럼 곧았다(直哉史魚 邦有道如矢 邦無道如矢)."라고 한 내용이 보인다. 공자가 사어(史魚)를, 정치가 밝을 때에도 곧았고, 정치가 어두울 때에도 곧았다고 칭찬한 말.

以爲靈公也시기소이위영공야"

방자함이 그토록 심했지만, 현인을 대하는 태도가 이와 같았으니, 그것이 영공(靈公)이라는 시호를 얻게 된 까닭입니다."

狶韋曰희위왈 : 희위(狶韋)가 말했다.

"夫靈公也死부영공야사 卜葬於故墓不吉복장어고묘불길

"저 영공이 죽었을 때 선영(先塋)에다 묻으려고 점을 쳤더니 길하지 못하다고 나왔습니다.

卜葬於沙丘而吉복장어사구이길

그래서 사구(沙丘)에다 매장하려고 점을 쳤더니 길하다고 나왔습니다.

掘之數仞굴지수인 得石槨焉득석곽언

그래서 그곳을 몇 길 파 들어가니 그 밑에 석곽(石槨)이 나왔습니다.

洗而視之세이시지 有銘焉유명언 曰왈 :

그래서 그 관을 잘 닦고 살펴보니, 거기에 명(銘)이 있었는데,

'不馮其子4)불빙기자 靈公奪而里之5)영공탈이리지'

'(여기 묻힌 사람은) 그 자손들에게 의탁할 수 없다. 장차 영공(靈公)이 빼앗고 이곳에 묻힐 것이다.'라고 씌어 있었습니다.

夫靈公之爲靈也久矣부영공지위령야구의

무릇 영공은 영(靈)이라고 시호를 받을 원인(遠因)이 이미 오래 전부터 결정되어 있었던 것입니다.

---

4) 不馮其子(불빙기자) : 여기에 묻힌 사람은 그의 자손에 의탁하지 못한다는 뜻. 馮(빙)은 기대다, 의지하다의 뜻.

5) 靈公奪而里之(영공탈이리지) : 靈公이 이 자리를 빼앗고 여기에 묻힐 것이다. 里는 속, 안쪽.

之二人何足以識之지이인하족이식지"

그러니 저 두 사람(대도와 백상건)이 어떻게 이를 알 수 있었겠습니까?"

| 해설 |

공자와 위나라 사관(史官) 대도(大弢)와 백상건(伯常騫)과 희위(狶韋)와의 문답을 빌려, 인간의 판단은 상대적이라 시비가 일정하지 않음을 일러주고 있다. 영(靈)의 의미를 해석하는데, 공자가 나쁜 의미로 묻자, 대도는 나쁜 뜻으로 대답했고, 백상건은 좋은 뜻으로 대답했으며, 희위는 양쪽을 절충(折衷)하여 대답하고 있다. 이렇게 사람의 지(知)는 상대적인 것이고, 사람의 생각도 천차만별이다.

9.

少知問於大公調¹⁾曰소지문어대공조왈 :

소지(少知)가 대공조(大公調)에게 물었다.

"何謂丘里之言²⁾하위구리지언?"

"구리지언(丘里之言)이란 무엇을 말하는 것입니까?"

大公調曰대공조왈 : 대공조(大公調)가 말했다.

"丘里者구리자 合十姓百名而以爲風俗也합십성백명이이위풍속야

"향리(鄕里)란 열 개의 서로 다른 성(性)을 가진 사람들과 백 개의

---

1) 少知問於大公調(소시문어내공소) : 소지(少知)가 대공조에게 묻다. 少知는 적은 지식, 곧 견문이 적은 사람을 의인화한 것. 大公調는 위대한 무사(無私)와 근원적 조화를 상징. 公正無私함을 의인화한 것.

2) 丘里之言(구리지언) : 향리(鄕里)의 말. 한 고을의 여론. 丘里는 鄕里.

다른 이름을 가진 사람들이 모인 세상이다.

合異以爲同합이이위동 散同以爲異산동이위이

서로 다른 것이 합하여 하나가 되는 곳이니, 하나가 된 것을 분산시키면 서로 다른 것이 된다.

今指馬之百體而不得馬3)금지마지백체이부득마

지금 말의 몸을 백 개로 나누면 말이라고 할 수 없으나,

而馬係於前者 立其百體而謂之馬也4)이마계어전자 입기백체이위지마야

눈앞에 매어져 있는 말의 백체(百體)를 전부 모아서 말하면 그것을 말이라고 말할 수 있을 것이다.

是故丘山積卑而爲高시고구산적비이위고 江河合水而爲大강하합수이위대

그러므로 언덕이나 산은 낮은 흙덩이가 쌓여 높게 된 것이고, 양자강이나 황하는 개울물이 모여 커진 것이네.

大人合竝而爲公5)대인합병이위공

대인(大人)은 만물의 제각각을 병합하여 공평하게 베푼 것이다.

是以自外入者 有主而不執6)시이자외입자 유주이부집

---

3) 今指馬之百體而不得馬(금지마지백체이부득마) : 지금 말의 백체(百體)를 각각 따로 나누어 놓으면 말이 될 수 없겠지만. 곧 말의 머리, 몸체, 다리, 꼬리 등을 각각 따로 놓고 보면 말이 될 수 없겠지만, 이라는 뜻.

4) 而馬係於前者 立其百體而謂之馬也(이마계어전자 입기백체이위지마야) : 눈앞에 매어져 있는 말의 머리, 몸통, 다리, 꼬리 등의 백체(百體)를 총체적으로 합쳐서 말하면 그것은 말이라고 말할 수 있다는 뜻.

5) 大人合竝而爲公(대인합병이위공) : 대인이라고 명명한 까닭은 만물의 제각각을 하나로 병합하여 공평하게 하기 때문이라는 뜻.

6) 是以自外入者 有主而不執(시이자외입자 유주이부집) : 그러므로 (대인은) 남의 말을 들을 때 주관이 있지만, 고집하지는 않는다. 不執은 고집하지 않는다는 뜻.

그리하여 (대인은) 남의 말을 들을 때 주관이 있으나 고집하지 않으며,

由中出者 有正而不距7)유중출자 유정이불거

남에게 말을 할 때 내가 옳다고 남의 말을 거부하지 않는다.

四時殊氣 天不賜8)사시수기 천불사 故歲成고세성

봄, 여름, 가을, 겨울은 각각 기후가 다르나, 자연(天)은 그 중 어느 한 계절에만 치우치지 않는 까닭에 일 년을 이루게 된다.

五官殊職오관수직 君不私군불사 故國治고국치

나라의 다섯 관직은 각각 직무를 달리하나, 군주는 어느 한 관직만을 사사로이 중시하지 않아야 나라를 잘 다스릴 수 있으며,

文武大人不賜문무대인불사 故德備고덕비

대인은 文과 武 어느 하나에만 마음을 주지 않아야 문무(文武)를 겸비하게 된다.

萬物殊理만물수리 道不私도불사 故無名고무명

만물은 각각 그 속성을 달리하나, 道는 그 가운데 어느 하나만 사사로이 사랑하지 않는 까닭에 (道는) 이름이 없으며,

無名故無爲무명고무위 無爲而無不爲무위이무불위

이름이 없으므로 무위(無爲)라고 하니, 하는 일이 없으면서도 안 되는 일이 없다.

時有終始시유종시 世有變化세유변화

---

7) 由中出者 有正而不距(유중출자 유정이불거) : 남에게 말을 할 때 내가 옳다고 남의 말은 거부하지 않음. 距는 拒와 같아 거부한다는 뜻.

8) 四時殊氣 天不賜(사시수기 천불사) : 사시(四時 : 봄·여름·가을·겨울)는 각기 기후는 다르나 자연(天)은 그 가운데 어느 한 계절에만 혜택을 주지 않음. 氣는 기후. 賜는 혜택을 베풀다.

시간은 끝과 시작이 있고, 세상은 끝없이 변화한다.

禍福淳淳화복순순 至有所拂者而有所宜지유소불자이유소의

화(禍)와 복(福)은 거듭 반복되는 것이니, 마음을 거스르기도 하고 마음에 맞기도 한다.

自殉殊面9)자순수면 有所正者有所差유소정자유소차

각자가 자기의 생각만을 좇으면 그 방향이 다르니, 옳다고 생각하는 기준에 차이가 있게 된다.

比於大澤비어대택 百材皆度백재개도

큰 연못에 비유하자면, 별의 별 것들이 그 안에 있는 것과 같고,

觀於大山관어대산 木石同壇목석동단 此之謂丘里之言차지위구리지언"

큰 산을 보자면 나무와 돌이 함께 산의 기반을 이루는 것과 같으니, 이 같은 것을 일러 향리의 말(丘里之言)이라고 한다."

少知曰소지왈 : 소지(少知)가 말했다.

然則謂之道연즉위지도 足乎족호

"그렇다면 그것(丘里之言)을 道라고 말할 수가 있겠습니까?"

大公調曰대공조왈 : 대공조(大公調)가 말했다.

"不然불연 今計物之數금계물지수 不止於萬10)부지어만

"그렇지 않네. 지금 사물의 수(數)를 헤아려 보면 그 수가 일만(一萬)에 그치지 않거늘,

而期曰11)이기왈 萬物者만물자 以數之多者號而讀之也이수지다자호이독지야

---

9) 自殉殊面(자순수면) : 스스로의 생각에 따라 각기 다른 방향으로 나아간다는 뜻.

10) 不止於萬(부지어만) : 一萬에 그치지 않음.

11) 期曰(기왈) : 한정해서 말하다.

그런데도 그것을 만물이라고 대략 한정해서 말하는 것은 수 가운데 많은 숫자를 '萬'이라고 불러서 말하기 때문이다.

是故天地者시고천지자 形之大者也형지대자야

그러므로 천지라고 하는 것은 형체가 있는 것 가운데 제일 큰 것이고,

陰陽者음양자 氣之大者也기지대자야

음양이라는 것은 기(氣) 가운데서 가장 큰 것이고,

道者爲之公도자위지공 因其大而號以讀之인기대이호이독지 則可也즉가야

道라는 것은 이것들을 다 포괄하는 보편적인 것이다. 道가 크다고 하니, 이것을 통칭해서 道라고 말하면 그렇게 불러도 좋겠지만,

已有之矣 乃將得比哉12)이유지의 내장득비재!

그렇게 되면 이름이 정해진 道가 이미 있게 된 것이니, 이렇게 이름 붙여진 道를 가지고 장차 참다운 道에 비길 수 있겠는가!

則若以斯辯 譬猶狗馬 其不及遠矣13)즉약이사변 비유구마 기불급원의

만약 이와 같이 논한다는 건 비유하자면 道는 개나 말과 같이 다른 사물과 분별하기 위한 이름이 되어버리니, 道에는 한참 미치지 못하는 거지."

少知曰소지왈 : 소지(少知)가 말했다.

"四方之內 六合之裏4)사방지내 육합지리 萬物之所生惡起만물지소생오기"

---

12) 已有之矣 乃將得比哉(이유지의 내장득비재) : 이름 정해진 道가 이미 있게 된 것이니, 이렇게 이름 붙여진 道를 장차 참다운 道에 견줄 수 있겠는가?

13) 則若以斯辯 譬猶狗馬 其不及遠矣(즉약이사변 비유구마 기불급원의) : 이름을 붙일 수 없는 道를 두고 道라는 이름을 붙여서 말하면, 이름이 있는 다른 사물과 다를 것이 없으므로 道에 미치기에는 한참 멀다는 뜻.

14) 四方之內 六合之裏(사방지내 육합지리) : 동서남북 사방의 지상세계와 상하사방(六合)의 무한한 우주 속.

"천지 사방에서 만물은 어디를 바탕으로 해서 일어나는 것입니까?"

大公調曰태공조왈 : 대공조가 말했다.

"陰陽相照相蓋相治15)음양상조상개상치

"음양이 서로 비추고 서로 해치거나 도와주며,

四時相代相生相殺16)사시상대상생상쇄

사계절이 교대로 상생(相生), 상쇄(相殺)하고,

欲惡去就於是橋起 雌雄片合於是庸有17)욕오거취어시교기 자웅편합어시용유

사랑과 미움에 따라 거취(去就)가 번갈아 일어나니, 이런 가운데 암수의 결합이 끊임없이 일어나게 된다.

安危相易안위상역 禍福相生화복상생 緩急相摩완급상마 聚散以成취산이성

안락과 위험이 번갈아 바뀌고, 화(禍)와 복(福)이 서로 생겨나며, 완급(緩急)이 서로 겨루어 모임과 흩어짐(쇠망)이 형성된다.

此名實之可紀차명실지가기 精微之可志也정미지가지야

이것이 우리가 기술할 수 있는 명실상부한 현상세계이며, 우리가 아는 정교하고 미세함의 전부이다.

隨序之相理수서지상리 橋運之相使18)교운지상사

---

15) 陰陽相照相蓋相治(음양상조상개상치) : 음양 二氣가 서로 비추고, 서로 해치거나 서로 도와줌. 蓋는 해치다. 治는 보살피다.

16) 四時相代相生相殺(사시상대상생상쇄) : 춘하추동 사시(四時)가 서로 교대로 다음 계절을 낳고(相生), 앞의 계절을 없애버리는(相殺) 순환을 계속함을 말한다.

17) 欲惡去就於是橋起 雌雄片合於是庸有(욕오거취어시교기 자웅편합어시용유) : 사랑과 미움에 따라 거취가 번갈아 일어나니, 이런 가운데 암수의 결합이 끊임없이 일어나게 된다. 欲惡(욕오)은 애증호오(愛憎好惡)의 감정. 去就는 그에 따른 처신. 橋는 번갈아 일어나는 모양. 片合은 반쪽끼리 서로 합쳐 하나가 됨.

18) 橋運之相使(교운지상사) : 번갈아 일어나는 운동이 서로 서로 사라짐과 자라남을 이루

만물의 서로 조정하여 어지러워지지 아니함과 번갈아 일어나는 운동이 서로 사라짐과 자라남을 이루는 모든 현상은,

窮則反궁즉반 終則始종즉시 此物之所有차물지소유

끝에 가면 되돌아오고 마치면 다시 시작된다. 이것이 만물이 가진 성질이다.

言之所盡언지소진 知之所至지지소지 極物而已극물이이

그러나 말로 다 표현할 수 있는 것과 지식으로 알 수 있는 것은 고작 만물의 성질을 규명(糾明)한 것일 따름이다.

觀道之人도도지인 不隨其所廢불수기소폐

참다운 道를 깨우친 사람은 사물이 다하는 지점을 알려고 하지 않고,

不原其所起[19]불원기소기 此議之所止차의지소지"

사물이 생겨나는 기원을 탐구하지 않으니, 이것은 바로 논리로써 추구할 수 없기 때문이다."

少知曰소지왈 : 소지(少知)가 말했다.

"季眞之莫爲 接子之或使[20]계진지막위 접자지혹사

"계진(季眞)은 '막위(莫爲)설'을 주장했고, 접자(接子)는 '혹사(或使)설'을 주장했는데,

二家之議이가지의 孰正於其情숙정어기정 孰偏於其理숙편어기리

이 두 사람의 주장 중 어느 쪽이 옳고, 어느 쪽이 잘못이 있는가요?"

는 모든 현상. 橋(교)는 번갈아 일어나는 모양.

19) 不原其所起(불원기소기) : 사물이 생겨나는 기원(起源)을 탐구하지 않음. 原은 찾다.

20) 季眞之莫爲 接子之或使(계진지막위 접자지혹사) : 계진(季眞)과 접자(接子)는 모두 제나라의 현인. 莫은 무(無)이며 使는 위(爲)이다. 계진은 무위로서 道를 삼고, 접자는 사물에 작용하는 주제적인 무엇이 있음을 주장하였다.

太公調日태공조왈 : 태공조가 말했다.

"鷄鳴狗吠[21]계명구폐 是人之所知시인지소지

"닭이 울고 개가 짖는 것은 누구나 다 알 수 있는 일이지만,

雖有大知수유대지 不能以言讀其所自化[22]불능이언독기소자화

비록 큰 지혜의 소유자라 할지라도 그것이 어디서부터 발생했는지에 대해서는 말로 표현할 수는 없으며,

又不能以意其所將爲[23]우불능이의기소장위

또 세상이 장차 어떻게 되어갈지는 헤아릴 수가 없다.

斯而析之사이석지 精至於無倫정지어무륜

이렇게 분석해 볼 때 정밀함이 최상에 이르렀다거나,

大至於不可圍대지어불가위

크기가 더 이상 감쌀 수 없는 지극히 큰 데까지 이르렀다거나,

或之使혹지사 莫之爲막지위

그렇게 만든 주재자가 있다는 주장과, 그렇게 만든 주재자가 따로 없다는 주장은,

未免於物而終以爲過미면어물이종이위과

사물의 세계를 벗어나지 못한 것이므로 결국 모두 잘못되었다

---

21) 鷄鳴狗吠(계명구폐) : 닭의 울음소리와 개 짖는 소리가 여기저기서 들리다.

22) 不能以言讀其所自化(불능이언독기소자화) : (닭이 울고 개가 짖는 일은 사람들이 누구나 다 알고 있지만, 비록 큰 지혜의 소유자라 할지라도) 그것이 무엇으로부터 발생해 온 것인지 말로 표현할 수는 없다. 누구나 다 아는 하찮은 일도 그 궁극적인 유래가 어디서 나온 것인지는 알 수 없다는 뜻이다. 讀은 읽다, 표현하다.

23) 又不能以意其所將爲(우불능이의기소장위) : 또 그것이 장차 무엇으로 전화(轉化)하게 될지 뜻으로 헤아릴 수 없음.

或使則實 莫爲則虛24)혹사즉실 막위즉허

접자(接子)의 '혹사(或使)설'은 실(實)이고, 계진(季眞)의 '막위(莫爲)설'은 허(虛)가 된다.

有名有實 是物之居25)유명유실 시물지거

명(名)이 있고 실(實)이 있으면 이것은 사물이 존재하는 현상에 지나지 않는 것이 되고,

無名無實무명무실 在物之虛재물지허 可言可意26)가언가의

명(名)도 없고 실(實)도 없으면 사물이 공허함에 떨어지고 마니, 말로 표현하고 뜻으로 추측할 수는 있을 것이나,

言而愈疏27)언이유소

말로 표현하면 할수록 더욱더 진실에서 멀어지게 될 것이다.

未生不可忌 已死不可阻28)미생불가기 이사불가조

인간으로 이 세상에 태어나기 전에 (태어남을) 기피할 수 없으며, 이미 죽고 난 뒤에 (죽음을) 거부할 수 없으니,

死生非遠也사생비원야 理不可睹이불가도

생사(生死)는 멀리 있는 것이 아니지만, 그 이치는 쉽게 볼 수 없다.

---

24) 或使則實 莫爲則虛(혹사즉실 막위즉허) : 실(實)이 되면 사물과 같은 수준으로 떨어지고, 허(虛)가 되면 공허한 존재가 되고 만다는 뜻.

25) 有名有實 是物之居(유명유실 시물지거) : 명칭이 있고 실질이 있으면 이것은 사물이 존재하는 현상에 지나지 않는다.

26) 可言可意(가언가의) : 인이고 표현하고 뜻으로 추측할 수는 있을 것.

27) 言而愈疏(언이유소) : 말로 표현하면 할수록 더욱더 진실에서 멀어지게 됨.

28) 未生不可忌 已死不可阻(미생불가기 이사불가조) : 인간으로 이 세상에 태어나기 전에 태어남을 기피할 수 없으며, 이미 죽고 난 뒤에 죽음을 거부할 수 없음. 忌(기)는 꺼림. 阻(조)는 거부함.

或之使혹지사 莫之爲막지위 疑之所假²⁹⁾의지소가

그러니 누군가 시켰다는 주장과 아무도 그렇게 하지 않았다는 주장은 의심한 끝에 도달한 가설(假說)에 불과하다.

吾觀之本 其往無窮³⁰⁾오관지본 기왕무궁

내가 만물의 근원을 관찰해보건대, 어디까지 거슬러 올라가더라도 한이 없고,

吾求之末 其來無止³¹⁾오구지말 기래무지

내가 만물의 끝을 추구해보건대, 그 미래의 시간은 멈춤이 없다.

無窮무궁 無止무지 言之無也 與物同理³²⁾언지무야 여물동리

끝이 없고 멈춤이 없으니, 말로 표현할 수 없어야 만물과 더불어 그 근본 이치를 같이할 수 있을 것이다.

或使혹사 莫爲막위 言之本也언지본야 與物終始여물종시

혹사(或使)설과 막위(莫爲)설은 말을 바탕으로 생겨난 표현이니, 사물과 더불어 끝과 시작이 있는 것이다.

道不可有 有不可無³³⁾도불가유 유불가무 道之爲名 所假而行³⁴⁾도지위명 소

---

29) 疑之所假(의지소가) : 의심한 끝에 도달한 가설(假說)에 불과하다. 혹사(或使)설과 막위(莫爲)설은 모두 가정일 뿐 실제로 입증할 수는 없다는 뜻.

30) 吾觀之本 其往無窮(오관지본 기왕무궁) : 내가 만물의 생성 근원을 관찰해보건대, 그것은 어디까지 거슬러 올라가더라도 한이 없다. 其往無窮은 과거의 시간이 무궁함을 뜻한다.

31) 吾求之末 其來無止(오구지말 기래무지) : 내가 만물이 전개되는 끝을 추구해보건대, 그 미래의 시간은 무궁하다.

32) 言之無也 與物同理(언지무야 여물동리) : 말로 표현할 수 없는 경지에 도달해야 근본 이치에 따라 움직일 수 있다는 뜻.

33) 道不可有 有不可無(도불가유 유불가무) : 참다운 道란 있다고 할 수도 없고, 또 없다고 할 수도 없는 것.

가이행

道란 있다고 할 수도 없고, 또 없다고 할 수도 없는 것이니, 道라는 명칭 역시 빌려서 통용(通用)하는 것일 뿐이다.

或使莫爲혹사막위 在物一曲35)재물일곡 夫胡爲於大方부호위어대방

혹사설과 막위설은 사물의 일부분에 존재하는 것일 뿐이니, 도대체 이 것으로 어찌 대도(大道)를 닦을 수 있겠는가?

言而足언이족 則終日言而盡道즉종일언이진도

만일 말로 족하다면 하루 종일 말로 道를 구명(究明)할 수도 있겠지만,

言而不足언이부족 則終日言而盡物즉종일언이진물

만일 말로도 부족하다면 하루 종일 말을 해도 겨우 물(物)이나 구명하는 데 그칠 것이다.

道도 物之極물지극 言默不足以載36)언묵부족이재

道는 만물의 근원이요 궁극적인 것인지라, 말이나 침묵이 그것을 담아내기에는 부족한 것이다.

非言非默 議其有極37)비언비묵 의기유극

언어도 아니고 침묵도 아니어야 비로소 궁극의 경지를 논할 수 있게

---

34) 道之爲名 所假而行(도지위명 소가이행) : 道라는 명칭 역시 빌려서 通用하는 것일 따름이다.

35) 在物一曲(재물일곡) : 사물의 일부분에 존재할 뿐이다. 혹사(或使)설이나 막위(莫爲)설은 사물의 일부분만 나타낼 뿐 모든 존재의 근원인 道를 나타내기는 어렵다는 뜻.

36) 言默不足以載(언묵부족이재) : 말이나 침묵이 그것을 담아내기에는 부족함. 載는 싣다. 담아내다는 뜻. 표현하기에는 부족하다는 뜻.

37) 非言非默 議其有極(비언비묵 의기유극) : 언어도 아니고 침묵도 아닌 경지에 도달해야만 비로소 궁극의 경지를 논의할 수 있다. 道는 언어를 초월하여 존재한다는 뜻.

될 것이다."

　소지(少知)와 대공조(大公調)의 문답을 빌려, 논리로 정연하게 道의
본체를 설명하고 있다. 道는 만물 가운데 펴져 있으면서도 그 형체의
유무를 초월하고, 또 작용의 유무도 초월해 있다. 따라서 道는 인간의
사고의 대상이 되지 않으며, 말로써 표현하는 것은 사고의 현상적인
면만의 표현이라 참된 道의 표현은 아니다.

　따라서 현상 하의 만물생성, 변화추이의 근본원리인 道는 언어와 사
고를 초월한 무위·무의식의 상태에서만 파악된다는 것을 역설하고 있
다.

　노자의 "말로 표현할 수 있는 道는 영구불변의 道가 아니다(道可道
非常道)."의 내용을 잘 표현한 대목이라 하겠다.

26. 외물
外物

마음이 달처럼 차가워져도 이해의 불길을 이겨내지 못한다

　　외물(外物)이란 자기 이외의 물건이란 뜻으로, 인간 욕망의 대상이 되는 외계 사물의 일체를 말한다. 「내편」 가운데서 특히 〈인간세〉 편의 사상을 조술하면서 사람이 세상에서 처신하는 데 외물에 마음이 홀리지 않고, 인지(人智)·인욕(人慾)에 자기 본성을 다치지 않는 무위자연의 생활방식, 이른바 "세상을 살면서 치우치지 않고, 남을 따라가면서 자신을 잃지 않는" 장자적 자유인의 처세를 해설하고 있다.

1.

外物不可必1)외물불가필

내 밖에서 일어나는 일은 내 뜻대로 되지 않는다.

故龍逢誅2)고용봉주 比干戮3)비간륙

그래서 용봉(龍逢)은 주살을 당했고, 비간(比干)도 살육을 당했다.

箕子狂4)기자광 惡來死5)악래사 桀紂亡걸주망

기자(箕子)는 미치광이 노릇을 했고, 악래(惡來)는 죽었으며, 걸·주(桀紂)는 망했다.

人主莫不欲其臣之忠인주막불욕기신지충 而忠未必信6)이충미필신

---

1) 外物不可必(외물불가필) : 밖의 일은 반드시 자기 생각대로 되지 않는다는 뜻.

2) 龍逢誅(용봉주) : 龍逢은 관용봉(關龍逢)을 말하며, 하(夏)나라 걸왕(桀王)의 대신으로 걸왕이 황음무도(荒淫無道)하여 조정의 정치를 돌보지 않았을 때, 관룡봉은 늘 직간을 하면서 물러나지 않았다. 이에 걸왕은 관룡봉이 요망한 말로 윗사람을 농락한다고 죄를 묻고 구금하여 죽였다.

3) 比干戮(비간륙) : 비간은 가슴을 찢겨 죽음. 비간(比干)은 상(商)나라 정치인으로서 주왕(紂王)이 폭정을 하자 간언하다 살해되었다. 미자(微子), 기자(箕子)와 함께 상(商)나라 말기 세 명의 어진 사람으로 꼽힌다.

4) 箕子狂(기자광) : 주왕(紂王)의 폭정에 간언을 하는 숙부 비간의 충심을 확인한다며 몸을 갈라 심장을 끄집어내는 만행을 저질렀다. 사람들은 기자(箕子)에게 상(商)을 떠날 것을 권했지만, 기자는 신하된 도리로 임금이 간언을 듣지 않는다고 떠나는 것은 임금의 악행을 부추기는 것으로 따를 수 없다고 거절하였다. 그리고 머리를 풀어 미친 척을 하며 남의 노비가 되려 하였다. 하지만 주왕은 그를 사로잡아서 유폐(幽閉)시켰다.

5) 惡來死(악래사) : 惡來는 은나라 말기 주왕의 간신(奸臣). 간신의 대명사이면서 동시에 비중(費中), 하육(夏育), 맹분(孟賁) 등과 함께 힘의 대명사로 꼽혔는데, 비렴(飛廉)과 함께 무소를 맨손으로 때려잡을 정도로 힘이 세고 용맹했다고 한다. 훗날 주나라에 패할 때 주(周)나라 무왕이 상나라를 공격하자 출정, 주왕 제신을 위해 싸우다가 붙잡혀 처형당함으로써 최후를 맞았다.

6) 忠未必信(충미필신) : 충신이 반드시 군주의 신임을 얻는 것은 아니라는 뜻.

임금으로서 신하의 충성을 바라지 않는 자가 없지만, 충신이 반드시 임금에게 신임을 받는 것은 아니다.

故伍員流于江[7]고오원류우강 萇弘死于蜀[8]장홍사우촉 藏其血三年而化爲碧장기혈삼년이화위벽

그러므로 오자서(伍員)는 시신이 강물에 띄워졌고, 장홍(萇弘)은 촉(蜀) 땅에서 자살했는데, 그의 피를 보존해 두었더니, 3년 만에 벽옥(碧玉)이 되었다.

人親莫不欲其子之孝인친막불욕기자지효 而孝未必愛이효미필애

어버이는 자식의 효도를 바라지 않는 이가 없지만, 효도를 한다고 반드시 어버이에게 사랑을 받는 것은 아니다.

故孝己憂 而曾參悲[9]고효기우 이증삼비

---

7) 伍員流于江(오원류우강) : 오원은 시신이 강물에 떠내려가다. 伍員은 오자서(伍子胥, BC 559~BC 484)이다. 초(楚)나라 사람으로 이름은 원(員), 字는 子胥이다. 춘추전국시대 오(吳)나라 대부로, 부친 오사(伍奢)가 초나라 평왕(平王) 자건(子建)의 태부(太傅)였는데, 비무기(費無忌)의 모함을 받아 큰아들 오상(伍尙)과 함께 피살되었다. 이에 오자서는 오나라로 망명하여 오왕 합려(闔閭)의 신하가 되었다. BC 506년에 오자서는 손무(孫武)와 함께 군대를 이끌고 초나라의 도성을 함락시켰고, 초평왕(楚平王)의 무덤을 파헤쳐 그 시신에 채찍 3백 대를 쳐서 부친과 형의 복수를 했다. 이것이 유명한 「굴묘편시(掘墓鞭屍)」 고사다.

8) 萇弘死于蜀(장홍사우촉) : 萇弘은 촉(蜀)에서 죽었는데 촉의 사람들이 그가 흘린 피를 보존하였더니 3년 만에 변하여 벽옥(碧玉)이 되었다. 춘추시대 주(周)나라 경왕(景王)과 경왕(敬王) 때 사람. 대부를 지냈다. 萇弘은 장굉(萇宏)으로도 불린다. 공자가 일찍이 그에게 악(樂)을 배웠다. 경왕 28년 진(晉)나라의 대부 범길사(范吉射)와 중항인(中行寅)이 난을 일으켰는데, 함께 일을 도모했다. 일설에 따르면 그가 죽은 뒤 피가 흘러 돌 또는 벽옥(碧玉)으로 변했는데, 시신은 보이지 않았다고 한다.

9) 孝己憂 而曾參悲(효기우 이증삼비) : 孝己는 계모에게 학대받아 근심에 빠졌으며, 曾參은 아버지에게 매 맞고 슬퍼함. 효기는 은(殷)나라 고종(高宗)의 아들로 계모로부터 학대를 받았다고 한다. 증삼은 공자의 제자로 효도로 이름이 높았다. 증삼은 효도가 지극했지만 부모가 미워했다.

그러므로 효기(孝己)가 근심했고, 증삼(曾參)도 슬퍼했다.

木與木 相摩則然[10]목여목 상마즉연 金與火금여화 相守則流상수즉류

나무와 나무가 마찰하면 불이 일어나고, 쇠와 불이 서로 버티다가 쇠가
녹아 흘러내린다.

陰陽錯行[11]음양착행 則天地大絃[12]즉천지대해 於是乎有雷有霆어시호유뢰유정

음양의 운행이 흐트러지면 천지가 놀라 우레가 치고 벼락이 떨어지며,

水中有火수중유화 乃焚大槐내분대괴

비가 오는 중에서도 큰 느티나무를 불태우는 수가 있다.

有甚憂유심우 兩陷[13]而無所逃양함이무소도

(사람에게는) 몹시 근심하는 일이 있으면 이해(利害)라는 두 개의 함정
이 일어 그 어딘가에 빠져 도피할 수가 없다.

墮蝟不得成[14]진윤부득성 心若縣於天地之間심약현어천지지간

두렵고 아찔하여 마음의 안정을 이룰 수가 없어 마음은 하늘과 땅 사이
에 매달린 것처럼 불안해한다.

慰暋沈屯[15]위민침둔 利害相摩이해상마 生火甚多생화심다

울적해지고 번민하여 크게 혼란스러운 가운데 이해(利害)가 상충(相

---

10) 木與木相摩則然(목여목상마즉연) : 나무와 나무가 서로 마찰하면 불이 난다. 摩는 마찰.
   然은 燃과 같음.

11) 陰陽錯行(음양착행) : 음기(陰氣)과 양기(陽氣)의 운행이 흐트러지다.

12) 絃(해) : 駭와 같다. 놀라다.

13) 兩陷(양함) · 이루움과 해로움이라는 두 가지 우환에 빠지는 것.

14) 墮蝟不得成(진윤부득성) : 두렵고 아찔하여 마음의 안정을 이룰 수가 없음. 墮(진)과
   蝟(윤)은 모두 기가 안정되지 못한 모양. 蝟은 아찔하다.

15) 慰暋沈屯(위민침둔) : 우울하고 번민하면서 크게 혼란스러움. 慰는 울적해지다. 暋(민)
   은 번민하다.

衝)하여 마음의 불이 심하게 일어난다.

衆人焚和중인분화 月固不勝火[16]월고불승화

그래서 많은 사람들이 마음속에 화기를 불태우니, 마음이 달처럼 차가워져도 이해의 불길을 이겨내지 못한다.

於是乎有僓然而道盡[17]어시호유퇴연이도진

그래서 모든 것이 허물어지고 올바른 도리가 사라져버리게 되는 것이다.

| 해설 |

앞 대목에서는 착한 짓을 한 사람이라도 반드시 착한 보답을 받지 않는다는 이론을 주장하여, 행위의 가치를 보신(保身)하는 입장으로부터 부정적으로 보고 있다. 곧 사회적 선행(善行)이라도 道의 견지에서 보면 인위적인 행동이므로 참된 본성의 발로로는 보지 않는 것이다.

그리고 위 대목에서는 오행(五行)의 이론을 빌려 사람의 마음도 외물에 사로잡혀 본성의 조화를 잃으면 벼락이 나무를 태우듯이 정신과 육체가 함께 멸망한다는 이론을 전개하고 있다.

요컨대 밖으로 마음이 사로잡혀 거기에 구속을 받는 자는 道와 거리가 멀어져 몸을 망치게 된다는 것이다.

2.

莊周家貧장주가빈 故往貸粟於監河侯[1]고왕대속어감하후

---

16) 月固不勝火(월고불승화) : 마음이 달같이 차가워져도 이해(利害)의 뜨거운 불길을 이길 수가 없다.

17) 於是乎有僓然而道盡(어시호유퇴연이도진) : 그래서 모든 것이 허물어지고 올바른 도리가 사라져버리게 된다. 僓(퇴)는 허물어지다. 道盡은 자연의 道가 다한다는 뜻.

장주는 집이 가난해 감하후(監河侯)에게 곡식을 빌리러 갔다.

監河侯曰감하후왈 : 감하후(監河侯)가 말했다.

"諾我將得邑金낙아장득읍금 將貸子三百金장대자삼백금 可乎가호?"
"그러죠. 내가 장차 봉읍(封邑)에서 세금을 거두어들이면 3백금쯤 빌려드리겠습니다. 그러면 되겠습니까?"

莊周忿然作色曰장주분연작색왈 :
장주가 화가 나서 얼굴빛을 바꾸며 말했다.

"周昨來有中道而呼者주작래유중도이호자　周顧視車轍中　有鮒魚焉[2])주고시거철중 유부어언
"내가 어제 이리로 올 때 누가 부르는 자가 있어 돌아다보니, 수레바퀴 자국의 고인 물에 붕어 한 마리가 있었습니다.

周問之曰주문지왈 : 그래서 내가 물었습니다.

'鮒魚來부어래 子何爲者邪자하위자야?'
'붕어야, 너는 거기서 뭘 하고 있니?'

對曰대왈 : 그러자 붕어가 이렇게 대답했습니다.

'我東海之波臣也[3])아동해지파신야　君豈有斗升之水而活我哉군기유두승지

---

1) 監河侯(감하후) : 위(衛)나라 문후(文侯)라고 했는데 확실치 않다. 일설에는 하천 감독관이라고도 함.

2) 周顧視車轍中 有鮒魚焉(주고시거철중 유부어언) : 내가 돌아보니 수레바퀴 자국의 고인 물에 붕어가 한 마리 있었다. 車轍中은 수레바퀴 자국 속. 鮒魚는 붕어. 여기서 「학철부이(涸轍鮒魚)」라는 성어와 「철부지급(轍鮒之急)」이란 성어가 생겨났다. 모두 수레바퀴 자국에 괸 물에 있는 붕어의 곤궁한 처지나 다급한 위기를 비유한 말이다. 부질없는 의문에 관심을 두지 말고 자기에게 주어진 환경에서 최선책을 마련하는 것이 인생의 제일의(第一義)임을 이야기하고 있다. 먼 물은 가까운 불을 끄지 못한다는 것과 같은 몹시 고단하고 옹색함에 대한 비유이다.

수이활아재?'

'나는 동해의 파신(波臣)이오. 당신은 한 말이나 한 되쯤 되는 물만 있으면 충분한데, 그걸로 나를 살려주겠습니까?'

周曰주왈 : 그래서 내가 말했습니다.

'諾낙 我且南遊吳越之王아차남유오월지왕 激西江之水而迎子격서강지수이 영자 可乎가호?'

'그러지. 나는 장차 남쪽으로 오나라와 월나라 왕을 만나 설득해서 서강(西江)의 물을 터 이리로 흐르게 하려는데, 그러면 되겠니?'

鮒魚忿然作色曰부어분연작색왈 :

붕어가 발끈 성을 내고는 얼굴빛을 바꾸며 말했습니다.

'吾失我常與4)오실아상여 我無所處아무소처

'나는 지금 내게 함께 있어야 할 물을 잃어, 내가 몸 둘 곳이 없습니다.

吾得斗升之水오득두승지수 然活耳연활이 君乃言此군내언차

나는 한 말이나 한 되쯤 되는 물만 있으면 살 수가 있습니다. 그런데 당신은 그렇게 말하니,

曾不如早索我於枯魚之肆5)증불여조색아어고어지사' "

차라리 일찌감치 건어물(乾魚物) 가게에서 나를 찾는 것이 나을 것이오.' 라고 합니다."

---

3) 我東海之波臣也(아동해지파신야) : 나는 동해의 물결에서 튕겨져 나온 해신(海神)의 신하이다. 波臣은 파도에서 튕겨져 나온 신하라는 뜻.

4) 吾失我常與(오실아상여) : 나는 지금 내게 늘 함께 있어야 하는 물을 잃었다. 常與는 늘 함께하다.

5) 曾不如早索我於枯魚之肆(증불여조색아어고어지사) : 차라리 일찌감치 나를 건어물가게에 가서 찾는 것이 나을 것이다. 曾은 일찌감치 不如는 ~하는 것이 더 낫다는 뜻. 枯魚之肆는 건어물가게.

| 해설 |

장주와 감하후의 대화를 빌려, 수레바퀴 자국에 고인 물속에서 살기 위해 퍼덕거리는 붕어와의 대화를 풍자로 삼아, 부질없는 의문에 관심을 두느니보다는 자기에게 주어진 환경에서 최선책을 강구하는 것이 인생의 제일의(第一義)임을 나타내고 있다. 소위 「철부지급(轍鮒之急)」 또는 「학철부어(涸轍鮒魚)」라는 성어(成語)의 출처 대목으로 멋진 우화요, 해학이라 하겠다.

3.

任公子 爲大鉤巨緇[1]임공자 위대구거치

임(任)나라 공자(公子)가 큰 낚시와 굵고 검은 밧줄로 낚싯줄을 만들어,

五十犗以爲餌[2]오십개이위이 蹲乎會稽준호회계 投竿東海투간동해 旦旦而釣단단이조

50마리의 거세한 소를 미끼로 꿰어 회계산(會稽山)에 쭈그려 앉아 동해에다 낚싯대를 드리우고 매일 아침 낚시질을 했다.

期年不得魚기년부득어

그러나 일 년이 되도록 고기를 낚지 못했다.

已而大魚食之이이대어식지

---

1) 任公子 爲大鉤巨緇(임공자 위대구거치) : 임(任)나라의 공자(公子)가 커다란 낚싯바늘과 굵은 검은색 밧줄의 낚싯줄을 만들다. 任은 황제(黃帝)의 후손국으로, 성은 풍씨(風氏)로, 춘추전국시대 지금의 산동성 제녕(濟寧)현 남쪽에 도읍한 나라 이름. 大鉤는 커다란 낚싯바늘. 巨緇는 굵은 검은색 밧줄.

2) 五十犗以爲餌(오십개이위이) : 50마리의 거세한 소를 미끼로 꿰다. 犗(개)는 거세한 소, 고기를 얻기 위하여 거세한 소를 말한다. 餌(이)는 미끼.

그러던 어느 날, 이윽고 커다란 물고기가 낚싯밥을 물었다.

牽巨鉤견거구 錎沒而下3)함몰이하

거대한 낚싯바늘을 끌고 엄청나게 큰 쇠고기 미끼를 입에 문 채 바다 속으로 쑥 들어갔다가,

驚揚而奮鬐4)무양이분기 白波若山백파약산 海水震蕩해수진탕

다시 바다 위로 튀어 올라 등지느러미를 마구 휘둘러대니, 흰 파도는 산과 같고 바닷물을 울렁이며 요동치는데,

聲侔鬼神성모귀신 憚赫千里탄혁천리

그 소리는 귀신의 울부짖음과 같아서 천리 밖에 사람들까지 놀라고 두렵게 했다.

任公子得若魚임공자득약어 離而腊之5)이이석지

임나라 공자는 이 고기를 잡아 갈라 말려 포(脯)를 만들었다.

自制河以東자제하이동 蒼梧已北창오이북 莫不厭若魚者막불염약어자

그래서 제하(淛河 : 浙江) 동쪽으로부터 창오산(蒼梧山) 북쪽에 이르는 곳에 사는 사람들은 이 고기를 실컷 먹지 않은 사람이 없었다.

已而後世輇6)才諷說之徒이이후세전재풍설지도 皆驚而相告也개경이상고야

그 뒤 후세에 와서 자잘한 재주로 지껄이기 좋아하는 무리들이 모두 놀라 서로 이야기하곤 하였다.

夫揭竿累 趨灌瀆7)부게간루 취관독

---

3) 錎沒而下(함몰이하) : 바다 속으로 빠져들어 밑바닥까지 내려감. 錎은 빠지다. 陷과 같다.

4) 驚揚而奮鬐(무양이분기) : 바다 위로 튀어 올라 등지느러미를 마구 휘두름. 鬐(기)는 갈기, 등지느러미.

5) 離而腊之(이이석지) : 잘게 썰어 포를 만듦. 離는 析(절)과 같은 뜻. 腊(석)은 포(脯).

6) 輇(전) : 작은 재주.

대체로 작은 낚싯대에 가는 낚싯줄을 붙들어 매고, 작은 도랑으로 가서,

守鯢鮒수예부 其於得大魚難矣기어득대어난의

붕어 같은 잔고기나 지켜보며 낚으려는 자는 그런 대어(大魚)를 낚기
는 어려울 것이다.

飾小說以干縣令 其於大達亦遠矣[8]식소설이간현령 기어대달역원의

이와 같이 쓸모없는 잔다란 이야기나 꾸며대 현령 같은 이에게 작은
자리라도 얻고자 하는 자는 큰 영달을 바라는 데는 거리가 멀 것이다.

是以未嘗聞任氏之風俗시이미상문임씨지풍속 其不可與經於世亦遠矣기불가
여경어세역원의

그러므로 임공자의 얘기를 아직 들어본 적이 없는 사람과는 함께 세
상을 경륜하지 못할 것이 또한 분명하다.

| 해설 |

임(任)나라 공자가 동해에서 낚시질하는 이야기를 빌려, 도랑에서
붕어나 잡듯이 세상의 또 다른 명리에 구속받는 속세의 소인들을 비판
하고 있다. 50마리의 소를 미끼로 꿰고 높은 회계산에 걸터앉아 동해
에다 낚싯줄을 드리우고 천지를 진동하고 만인이 다 같이 먹을 수 있
는 그런 물고기를 낚은 사람이야말로 우주공간을 넘어서 멋대로 소요

---

7) 夫揭竿累 趨蘿瀆(부게간루 취관독) : 작은 낚싯대에 가는 낚싯줄을 붙들어 매고 작은 도
랑에 가다. 累는 낚싯줄.

8) 飾小說以干縣令 其於大達亦遠矣(식소설이간현령 기어내밀역원의) : 쓸모없는 작은 어설
(言說)이나 꾸며대 현령 따위에게 작은 자리라도 얻고자 다니는 자는 큰 영달을 바라는
데는 거리가 멀 것이다. 小說은 작은 言說. 하찮은 이야기. 干縣令은 현령 같은 이에게
가서 작은 자리 하나라도 얻고자 하는 자. 또는 현령 정도의 한직(寒職)이나 구하러 돌
아다니는 자로 볼 수도 있다. 干은 구하다.

할 수 있는 대인이다. 따라서 또 다른 수단, 또 다른 입장, 또 다른 견해에 얽매여서는 대성을 기할 수는 없는 것이다.

이 대목에 나온 「소설(小說)」이란 말은, 비록 현대의 소설의 뜻과는 차이가 있으나 소설이란 단어가 전적으로 나타난 최고(最古)의 기록이라 하겠다.

4.

儒以詩禮發冢[1]유이시례발총

유자(儒者)들이 《시경(詩經)》과 《예기(禮記)》를 근거로 하여 타인의 무덤을 도굴하고 있었는데,

大儒臚[2]傳曰대유려전왈 :

대유(大儒)가 무덤 위에서 무덤 아래 있는 소유(小儒)에게 말했다.

"東方作矣 事之何若[3]동방작의 사지하약?"

"동쪽에서 해가 뜨고 있다. 일이 어느 정도 되어가고 있는가?"

小儒曰소유왈 : 소유가 말했다.

未解裙襦[4]미해군유 口中有珠중구유주

"아직 시신의 치마와 저고리도 벗기지 못했으며, 입에는 구슬을 물고

---

1) 儒以詩禮發冢(유이시례발총) : 유자(儒者)들이 《시경(詩經)》과 《예기(禮記)》를 근거로 삼아 타인의 무덤을 도굴함. 冢은 무덤. 發冢은 굴총(掘冢)과 같은 의미로 무덤을 도굴하는 행위를 말한다. 유자들의 대표적인 문헌이자 행위규범인 《시경(詩經)》과 《예기(禮記)》를 풍자한 것이다.

2) 臚(려) : 전하다, 말하다.

3) 東方作矣 事之何若(동방작의 사지하약) : 동쪽에서 해가 떠오르고 있다. 작업이 어느 정도 진척되고 있는가? 東方作矣(동방작의)는 해가 떠오르고 있음.

4) 裙襦(군유) : 치마와 저고리. 시신에 입힌 옷.

있습니다.

詩固有之曰시고유지왈 : 《시경》에도 이런 구절이 있지 않습니까.

'靑靑之麥청청지맥 生於陵陂생어능피 生不布施 死何含珠爲5)생불보시 사하함주위'

'푸르고 푸른 보리가 무덤가에 무성하네. 살아서 보시(布施)도 하지 않았는데, 죽어서 어찌 구슬을 입에 무는가?'라고."

接其鬢 壓其顪6)접기빈 압기훼

시신의 머리털을 붙들고 턱을 누르고서,

儒以金椎控其頤7)유이금추공기이 徐別其頰서별기협 無傷口中珠무상구중주

다른 소유(小儒)는 쇠뭉치로 턱을 쳐서 그 다문 입을 열고 천천히 입안의 구슬을 다치지 않고 꺼냈다.

| 해설 |

예(禮)나 경전(經典)을 핑계 삼아 나쁜 일을 행하는 유자(儒者)들을 풍자하고 있다. 유자들은 잔달은 예절에 매어, 생전에 은혜를 베푼 일도 없는 사람이 죽어 입에 구슬을 물 자격이 없다고 그 묘를 파헤쳐 구슬을 파내는 소절(小節)에 얽힌 절도행위를 비난하고 있다.

───────────────

5) 生不布施 死何含珠爲(생불보시 사하함주위) : 《詩經》에도 이런 구절이 있지 않습니까? '푸르고 푸른 보리가 무덤가에 무성하구나. 살아서 보시(布施)한 일이 없는데 죽어서 어찌 입에 구슬을 물고 있는가.' 布施는 불교용어로 '보시'로 읽는다. 그런데 실제로 이 시는 《시경》에는 실려 있지 않다. 이 편을 시은 작자의 창작일 가능성이 많다

6) 接其鬢 壓其顪(접기빈 압기훼) : 머리카락을 잡고 턱을 손으로 누르다. 接은 붙잡다. 鬢(빈)은 뺨. 顪(훼)는 턱.

7) 儒以金椎控其頤(유이금추공기이) : 다른 유자가 쇠뭉치로 턱을 쳐서 천천히 그 다문 입을 열다. 儒에 대해서는 몇 가지 이설이 있지만, 또 다른 儒者로 풀이했다.

5.

老萊子之弟子出薪[1]노래자지제자출신 遇仲尼우중니 反以告曰반이고왈 :

노래자(老萊子)의 제자가 땔나무를 하러 나갔다가 공자를 만나고 돌아
와 말했다.

"有人於彼유인어피 脩上而趨下수상이추하 末僂而後耳말루이후이

"제가 한 사람을 만났는데, 상반신은 길고 하반신은 짧으며, 등은 굽
은 데다 귀는 머리 뒤쪽에 붙었고,

視若營四海[2]시약영사해 不知其誰氏之子부지기수씨지자

눈초리는 세상을 경영하듯이 날카로워 보였습니다. 그가 누구의 아들
인지 모르겠습니다."

老萊子曰노래자왈 : 노래자(老萊子)가 말했다.

"是丘也시구야 召而來소이래"

"그 사람은 공구(孔丘)다. 불러오너라."

仲尼至曰중니지왈 : 중니(仲尼)가 이르자, 노래자(老萊子)가 말했다.

"丘구 去汝躬矜與汝容知[3]거여궁금여여용지 斯爲君子矣사위군자의

"그대의 자긍심(自矜心)과 아는 체하는 얼굴 모습을 버리시게. 그러면

---

1) 老萊子之弟子出薪(노래자지제자출신) : 노래자(老萊子)의 제자가 땔나무 하러 나가다. 노
   래자는 춘추시대 초(楚)나라의 현인. 중국 24효자(孝子)의 한 사람. 난을 피하여 몽산
   (蒙山) 남쪽에서 농사를 지으면서 살았는데, 70세에 어린아이 옷을 입고 어린애 장난을
   하여서 늙은 부모를 위안하였다. 《노래자(老萊子)》15편을 지었다고 전한다. 노자(老子)
   와 동일인이라고도 함. 出薪은 나가서 땔나무를 하다.

2) 視若營四海(시약영사해) : 눈초리는 온 세계를 경영하는 것처럼 날카로워 보였음. 視若
   은 눈초리. 곧 중니의 눈초리를 말한다.

3) 去汝躬矜與汝容知(거여궁금여여용지) : 그대의 자긍심(自矜心)과 아는 체하는 얼굴을 버
   려라. 躬矜(궁긍)은 자긍심. 容知는 아는 체하는 표정.

군자가 될 수 있을 것이오."

仲尼揖而退중니읍이퇴 蹴然改容而問[4]축연개용이문왈 :

공자가 읍을 하고 뒤로 물러나 깜짝 놀라 두려워하면서 안색을 바꾸고 용모를 가다듬고는 물었다.

"業可得進乎[5]업가득진호?"

"저의 학업을 증진시킬 수 있겠습니까?"

老萊子曰노래자왈 : 노래자가 말했다.

夫不忍一世之傷 而驚萬世之患[6]부불인일세지상 이오만세지환

"그대는 이 시대 백성들의 아픔은 보지 못하면서 만세(萬世)의 걱정거리는 아무렇지도 않게 만들어내고 있소.

抑固窶邪[7]억고루야 亡其略弗及邪망기략불급야

도대체 본디 마음이 협소하여서인가, 아니면 지략(知略)이 모자라서인가?

惠以歡爲驚혜이환위오 終身之醜종신지추 中民之行進焉耳중민지행진언이

남에게 작은 은혜 베풀기는 기꺼워하면서, 평생의 수치는 아무렇지 않게 여기니, 평범한 사람들의 행동도 이보다는 나을 것이오.

---

4) 蹴然改容而問(축연개용이문) : 깜짝 놀라 안색을 바꾸고 용모를 가다듬어 고치고 물음. 蹴然(축연)은 깜짝 놀라는 모양. 〈덕충부〉 편에도 신도가(申徒嘉)와 자산(子産)의 대화 가운데서 '子産蹴然改容更貌(자산축연개용경모)'라고 하여 비슷한 표현이 나온다. 蹴(축) 역시 蹵과 같은 뜻이다.

5) 業可得進乎(업가득진호) : 학업을 더 진전시킬 수 있겠습니까? 좀 더 가르침을 받고자 한다는 뜻.

6) 夫不忍一世之傷 而驚萬世之患(부불인일세시싱 이오만세지환) : 백성들을 구제한다며 인의니 도덕이니 하는 덕목을 들어 걱정거리만 만들어내고 있다는 뜻. 驚(오)는 오만하다. 萬世之患은 만세의 화근.

7) 抑固窶邪(억고루야) : 도대체 본디 마음이 협소하여서인가? 抑은 도대체. 窶(루)는 높고 좁은 곳. 窶(구)로 읽을 때는 가난하다는 뜻.

相引以名 相結以隱[8)상인이명 상결이은

명성을 위해 서로 끌어들이고, 사사로운 정으로 서로 패거리를 만드니,

與其譽堯而非桀여기예요이비걸 不如兩忘而閉其所譽불여양망이폐기소예

요(堯)를 칭찬하고 걸(桀)을 비난하는 것보다는 오히려 둘 다 잊고 명예 따위를 잊어버리는 것이 나을 것이오.

反無非傷也반무비상야 動無非邪也동무비사야

이를 어기면 남을 해치게 될 것이며, 인위적인 행동을 일삼으면 사악해질 수밖에 없게 됩니다.

聖人躊著以興事성인주저이흥사 以每成功이매성공

성인은 머뭇거리면서 일을 하므로 항상 성공합니다.

奈何哉내하재 其載焉終矜爾기재언종긍이

어떻게 하겠소? 자긍심만 내세우면서 평생을 마치겠소?"

| 해설 |

노래자(老萊子)와 공자의 문답을 빌려, 시비선악을 버리고 인의(仁義)를 내세움이 없어야 참된 성인의 입장에 설 수 있다는 내용이, 득도자 노래자의 말을 통하여 나타나고 있다. 곧 어진 지혜를 존중한다거나, 인의를 강조한다거나 하는 일면적인 가치관은 무위자연의 道를 체득한 노래자의 눈으로 볼 때 일고의 가치도 없는 재앙의 소재라고 비난하고 있다.

---

8) 相引以名 相結以隱(상인이명 상결이은) : 명성을 위해 서로 끌어대고 사사로운 情으로 서로 패거리를 만들다. 隱은 가엾어하다는 뜻으로 사사로운 인정을 말한다.

6.

宋元君¹⁾夜半송원군야반

송나라 원군(元君)이 한밤중에 꿈을 꾸었다.

而夢人被髮闚阿門²⁾日이몽인피발규아문왈 :

꿈속에서 산발을 한 사람이 궁실 쪽문을 들여다보면서 말했다.

"子自宰路之淵여자재로지연 子爲淸江³⁾使河伯⁴⁾之所여위청강사하백지소 漁
者余且得子어자여차득여"

"저는 재로(宰路)라는 연못에서 왔습니다. 저는 청강(淸江)의 사자가 되
어 하백(河伯)이 있는 곳으로 가다가 어부 여차(余且)에게 잡혔습니다."

元君覺원군각 使人占之曰사인점지왈 :

원군은 잠에서 깨어나 이 꿈을 점치게 하니, 점쟁이가 말했다.

"此神龜也차신구야"

"꿈속의 거북이는 신령스런 거북입니다."

君曰군왈 : 원군(元君)이 말했다.

"漁者有余且乎어자유여차호"

"어부들 중에 여차(余且)라는 자가 있는가?"

左右曰좌우왈 : "有유"

좌우의 신하가 말했다. : "있습니다."

---

1) 宋元君(송원군) : 춘추시대 후기의 宋나라 군주.
2) 夢人被髮闚阿門(몽인피발규아문) : 꿈에 머리를 풀어헤친 사람이 궁실 쪽문을 들여다보
   다. 被髮(피발)은 머리를 풀어헤침, 산발함. 闚(규)는 엿보다. 阿門은 궁실 쪽문.
3) 淸江(청강) : 長江의 지류(支流)인데, 여기서는 淸江의 江神를 가리킨다.
4) 河伯(하백) : 황하(黃河)의 神.

君曰군왈 : 원군(元君)이 말했다.

"令余且會朝영여차회조"

"여차를 조회(朝會)에 나오도록 하라."

明日명일 余且朝여차조 君曰군왈 :

이튿날 여차가 조회에 나왔다. 원군(元君)이 말했다.

"漁何得어하득"

"너는 고기를 잡으러 가서 무엇을 잡았느냐?"

對曰대왈 : 여차(余且)가 대답했다.

且之網得白龜焉차지망득백구언 其圓五尺기원오척

"저의 그물에 흰 거북이 걸렸는데, 그 등껍질이 5척이나 되었습니다."

君曰군왈 : 원군(元君)이 말했다.

"獻若之龜헌약지구"

"그 거북이를 바쳐라."

龜至구지 : 이윽고 거북이 도착했다.

君再欲殺之군재욕살지 再欲活之재욕활지 心疑卜之심의복지

원군은 거북을 죽일까 살릴까 망설이다가 마음에 의심이 들어 점을 치게 했다.

君曰군왈 : 원군(元君)이 말했다.

"殺龜以卜吉살구이복길"

"그 거북을 죽여 점을 치면 길할 것이다."

乃剞龜 七十二鑽而無遺筴5)내고구 칠십이찬이무유협

마침내 거북이의 배를 가르고 점을 치는데, 등껍질에 72번이나 구멍을 뚫어 점을 쳤는데 한 번도 맞지 않은 일이 없었다.

仲尼曰중니왈 : 중니가 말했다.

"神龜能見夢於元君신구능견몽어원군 而不能避余且之網이불능피여차지망

"신령스런 거북은 원군의 꿈에 나타나는 신통력이 있었으나, 어부 여차(余且)의 그물을 피할 수는 없었고,

知能七十二鑽而無遺筴지능칠십이찬이무유협

그 지혜는 72번이나 구멍을 뚫어 점을 쳐서 한 번도 틀린 적이 없었지만,

不能避刳腸之患불능피고장지환

내장이 도려내어져 목숨을 잃는 재앙을 피할 수가 없었다.

如是여시 則知有所困즉지유소곤 神有所不及也신유소불급야

이렇다면 지혜도 막힐 때가 있고, 신령함도 미치지 못하는 수가 있다.

雖有至知수유지지 萬人謀之만인모지

비록 지극한 지혜를 가졌더라도 만 사람은 그를 도모할 수가 있다.

魚不畏網 而畏鵜鶘6)어불외망 이외제호

물고기는 그물을 두려워하지 않으면서 사다새만 두려워한다.

去小知거소지 而大知明이대지명 去善거선 而自善矣이자선의

작은 지혜를 버리면 큰 지혜는 밝아지고, 선(善)을 버리면 곧 저절로 진

---

5) 乃刳龜 七十二鑽而無遺筴(내고구 칠십이찬이무유협) : 거북이의 배를 가르고 내장을 다 꺼내고서 거북 등딱지에 72개의 구멍을 뚫어 점을 쳤는데, 한 번도 맞지 않은 일이 없었음. 刳(고)는 배를 가르다. 鑽(찬)은 뚫다. 筴(협)은 占을 치는 데 쓰는 산가지(策). 遺筴은 점괘가 틀림.

6) 魚不畏網 而畏鵜鶘(어불외망 이외제호) : 물고기는 그물을 두려워하지 않고 사다새만을 두려워한다. 鵜鶘(제호)는 사다새, 펠리칸. 사다새만을 두려워하는 소지(小知)를 버리고, 그물을 두려워할 줄 아는 대지(大知)를 밝혀야 한다는 뜻.

정한 선이 나타난다.

嬰兒生無石師[7]영아생무석사 而能言이능언 與能言者處也여능언자처야"

어린아이는 태어나면서 훌륭한 선생이 없어도 말을 할 수 있으니, 말할 수 있는 사람과 같이 살고 있기 때문이다."

| 해설 |

전반에서는 송나라 원군과 어부 여차(余且)와의 신귀(神龜)에 대한 문답을 실었고, 후반에서는 이 신귀에 대한 공자의 평을 의탁해서 작은 지혜를 버려야 큰 지혜가 밝아지고, 착하다는 개념을 의식하지 않아야 착해질 수 있다는 무위자연의 영지(英知)의 위대성을 찬미하고 있다. 어린아이가 태어나 저절로 말을 배우듯이 자연의 변화에 몸을 맡겨야 모든 능력을 발휘할 수 있다고 본 것이다.

7.

惠子謂莊子曰혜자위장자왈 : 혜자가 장자에게 말했다.

子言無用자언무용 : "자네 말은 쓸모가 없네."

莊子曰장자왈 : 장자가 말했다.

"知無用지무용 而始可與言用矣이시가여언용의

"쓸모없는 게 뭔지 알아야 비로소 쓸모 있음에 대해 더불어 말할 수 있지.

天地非不廣且大也천지비불광차대야 人之所用容足耳[1]인지소용용족이

---

7) 石師(석사) : 큰 스승, 대학자. 石은 碩의 가차자.

1) 人之所用容足耳(인지소용용족이) : 사람이 필요로 하는 것은 발로 밟는 크기 만큼이면 족

무릇 천지(天地)는 넓고 또 크지만, 실제로 사람이 필요로 하는 것은 발로 밟는 크기 만큼이면 족하지.

然則廁2)足연즉측족 而墊3)之致黃泉이점지치황천

그렇다고 발로 밟고 있는 넓이만 남겨 놓고 그 나머지를 파내어 깊이 황천에까지 이르게 한다면,

人尙有用乎인상유용호?"

그러고서도 사람들은 아직도 그 발밑의 땅만 유용하다고 하겠는가?"

惠子曰혜자왈 : "無用무용"

혜자(惠子)가 말했다. : "쓸모가 없겠지."

莊子曰장자왈 : 장자가 말했다.

"然則無用之爲用也 亦明矣4)연즉무용지위용야 역명의"

"그렇다면 쓸모없는 것이 쓸모가 있다는 것 또한 분명한 사실이지 않는가."

| 해설 |

혜자와 장자의 문답을 빌려 「무용(無用)의 용(用)」을 역설하고 있

하다. 〈서무귀〉편 15에서 "그러므로 발로 땅을 밟을 때 비록 그 부분은 작지만, 밟지 않은 부분이 더 크다는 것을 믿은 후에야 마음 놓고 걸을 수가 있다. 사람의 지식은 적지만, 비록 적더라도 알지 못하는 부분이 훨씬 크다는 것을 믿은 뒤에야 하늘의 진리를 알 수 있을 것이다(足之於地也踐 雖踐 恃其所不蹍而後 善博也 人之於知也少 雖少 恃其所不知而後知天之所謂也)."라고 한 것과 맥이 통한다.

2) 廁(측) : 측량하다. 測과 같다.

3) 墊(점) : 빠지다, 파다.

4) 然則無用之爲用也 亦明矣(연즉무용지위용야 역명의) : 그렇다면 쓸모없는 것이 쓸모가 있다는 것 또한 분명하다.

다. 얼핏 보아 무용한 것 같지만, 그것을 제거했을 때 그것은 없어서는 안 되는 것임을 알 수가 있다. 곧 유용한 것도 무용한 것의 도움을 받아서만이 유용해지니, 무용한 것이야말로 진실로 유용한 것이라는 것이다. 이런 논리는 〈소요유편〉의「큰 박(大瓠)」이야기에서도 나왔다.

8.

莊子曰장자왈 : 장자가 말했다.

人有能遊인유능유 且得不遊乎차득불유호

"자유롭게 노닐 수 있는 사람을 어찌 자유롭게 노닐게 하지 않을 수 있겠는가?

人而不能遊인이불능유 且得遊乎차득유호

자유롭게 노닐 수 없는 사람을 어찌 자유롭게 노닐게 할 수 있겠는가?

夫流遁之志 決絕之行¹⁾부류둔지지 결절지행

무릇 속세를 떠나 유랑하려는 마음이나, 세상과 동떨어져 살겠다는 행동이나,

噫其非至知厚德之任與희기비지지후덕지임여!

아! 그것은 아마도 지극한 지혜와 후덕(厚德)함을 갖춘 사람이 할 일은 아닐 것이다!

覆墜而不反 火馳而不顧²⁾복추이불반 화치이불고

---

1) 夫流遁之志 決絕之行(부류둔지지 결절지행) : 무릇 속세로부터 도피하여 유랑하려는 의지와 세상과의 관계를 끊고 고독한 생활을 영위하려는 행동. 流遁之志는 속세로부터 도피하려는 의지. 決絕之行은 속세와 인연을 끊으려는 행동.

2) 覆墜而不反 火馳而不顧(복추이불반 화치이불고) : 뒤집히고 굴러 떨어져도 본성으로 돌

사사로운 욕심으로 넘어지고 굴러 떨어져도 본성으로 돌아오지 못하고, 불타오르듯 광분해 돌아다보지 않으려 한다.

雖相與爲君臣수상여위군신 時也시야 易世而無以相賤역세이무이상천

비록 서로 군(君)과 신(臣)의 관계가 된다고 하더라도 그것은 일시적인 만남에 지나지 않는다. 세상이 바뀌면 귀천의 차별도 없어지는 것이다.

故曰 至人不留行焉3)고왈 지인불류행언

그러므로 '최고의 덕을 체득한 사람은 행적(行蹟)에 얽매이지 않는다.'고 하는 것이다.

夫尊古而卑今 學者之流也4)부존고이비금 학자지류야

무릇 옛것을 중시하고 새것을 낮추어 보는 것이 학자들의 오래된 풍조(流)이다.

且以豨韋氏5)之流차이시위씨지류 觀今之世관금지세 夫孰能不波6)부숙능불파

그러나 또한 저 옛날 희위씨(豨韋氏)의 입장에서 오늘의 세상을 본다면, 누가 그 물결(풍조)에 떠내려가지 않겠는가?

唯至人유지인 乃能遊於世而不僻내능유어세이불벽 順人而不失己순인이불실기

오직 지인만이 세상에 유유자적하게 노닐면서 치우치지 아니하고, 사람

아오지 못하고, 불타오르듯 광분해도 돌아보려 하지 않는다. 覆墜(복추)는 뒤집히고 굴러 떨어짐. 火馳(화치)는 불타오르듯 광분한다는 뜻.

3) 至人不留行焉(지인불류행언) : 최고의 덕을 체득한 사람은 행적(行蹟)에 얽매이지 않는다. 行은 세속에 머물러 자유로이 행동하는 것.

4) 尊古而卑今 學者之流也(존고이비금 학자지류야) : 옛것을 중시하고 지금의 것을 낮추어 보는 것은 학자들의 오랜 관행이다. 流는 무리.

5) 豨韋氏(시위씨) : 인명. 전설 속의 제왕. 豨(시)는 상고(上古)의 황제(皇帝)의 이름.

6) 夫孰能不波(부숙능불파) : 누가 그 물결에 떠내려가지 않을 수 있겠는가. 流는 풍조. 波는 물결에 휩쓸린다는 뜻.

을 따라 생활하면서도 자신을 잃지 않는다.

彼敎不學 承意不彼[7])피교불학 승의불피"

지인은 가르침을 억지로 배우지는 않아도 뜻을 잘 이어서 본성을 잃지 않는 것이다."

| 해설 |

장자는 학자들이 온고(溫故)에만 정신이 팔려 옛 것만 중시하고, 지신(知新)을 잊고 새 것을 우습게 본다고 꼬집었다. 오늘날의 학자들이라고 다를 것이 없는 것 같다. 물론 그 반대는 더 큰 해악을 불러오고 있지만, 지인(至人)은 자기 행적에 구애받지 않고, 세속에 살면서도 세상일에 얽매이지도 않고 세상일에 초연하지도 않으면서도 본성을 잃지 않는 사람임을 설명하고 있다.

9.

目徹爲明[1])목철위명 耳徹爲聰[2])이철위총

눈이 잘 보이는 것을 명(明)이라 하고, 귀가 잘 들리는 것을 총(聰)이라 하며,

鼻徹爲顫[3])비철위전 口徹爲甘[4])구철위감

---

7) 彼敎不學 承意不彼(피교불학 승의불피) : 지인은 가르침을 일부러 배우지는 않았더라도 뜻을 잘 이어서 본성을 잃지 않는 것이다. 彼는 장자의 가르침을 가리킨다. 不彼는 자기 것으로 체득했다는 뜻.

1) 目徹爲明(목철위명) : 눈이 잘 보이는 것을 明이라 한다. 徹(철)은 通하다. 明은 눈 밝음.

2) 聰(총) : 귀 밝음.

3) 鼻徹爲顫(비철위전) : 徹은 通하다. 顫(전)은 냄새를 잘 맡음.

코가 냄새를 잘 맡는 것을 전(顫)이라 하고, 입이 맛을 잘 보는 것을 감(甘)이라 하며,

心徹爲知심철위지 知徹爲德지철위덕

마음의 소통이 잘 되는 것을 지(知)라 하고, 지혜가 잘 통하는 것을 덕(德)이라 한다.

凡道不欲壅 壅則哽5)범도불욕옹 옹즉경

무릇 道는 막히는 것을 바라지 않으니, 막히면 숨이 막히게 되고,

哽而不止則跈경이부지즉진 跈則衆害生전즉중해생

막힌 것이 통하지 않으면 사리가 어긋나게 되며, 사리가 어긋나면 여러 가지 폐해가 생겨난다.

物之有知者恃息물지유지자시식 其不殷 非天之罪6)기불은 비천지죄

만물 가운데 지혜를 가진 것들은 호흡에 의해 생명을 유지하는데, 이런 호흡을 충분히 할 수 없는 것은 하늘의 죄가 아니다.

天之穿之 日夜無降7)천지천지 일야무강 人則顧塞其竇인즉고색기두

하늘은 늘 뚫어줌으로써 밤낮으로 멈추는 일이 없는데, 사람은 도리어 스스로 그 구멍을 막아버린다.

胞有重閬포유중랑 心有天遊심유천유

뱃속의 태에도 공간이 있고, 사람의 마음에도 여유로운 공간이 있다.

---

4) 口徹爲甘(구철위감) : 입이 맛을 잘 보는 것을 감(甘)이라 한다. 甘은 달게 여기다. 맛좋다.

5) 凡道不欲壅 壅則哽(범도불욕옹 옹즉경) : 무릇 道는 막히는 것을 바라지 않는다. 막히면 숨이 막힌다.

6) 其不殷 非天之罪(기불은 비천지죄) : 호흡이 충분하지 못한 것은 하늘(자연)의 죄가 아니다. 殷은 성(盛)하다, 왕성하다.

7) 天之穿之 日夜無降(천지천지 일야무강) : 하늘이 사람의 몸에 구멍을 뚫어 늘 통하게 하는 일을 밤낮으로 멈추지 않는다.

室無空虛실무공허 則婦姑勃豀8)즉부고발계

집안에 공간의 여유가 없으면 며느리와 시어머니가 서로 다투고,

心無天遊심무천유 則六鑿相攘9)즉육착상양

마음에 여유로운 공간이 없으면 여섯 개의 감각기관이 서로 다투게 된다.

大林丘山之善於人也대림구산지선어인야 亦神者不勝역신자불승

사람이 속세를 떠나 산림이나 산속으로 가서 숨어 살려는 것은 그의 정신이 이런 육착(六鑿)을 이길 수가 없기 때문이다.

德溢乎名 名溢乎暴10)덕일호명 명일호폭

덕(德)은 명예를 구하는 데서 넘치고, 명예는 남에게 과시하려는 데서 지나치게 된다.

謀稽乎誸 知出乎爭11)모계호현 지출호쟁

절박하면 모략이 나오게 되고, 다툼에 지략이 생겨난다.

柴生乎守官 事果乎衆宜12)시생호수관 사과호중의

일이 정체(停滯)되는 것은 관청의 관습에 얽매임에서 생기고, 일의 성취는 오로지 대중의 편의를 도모함에서 결실을 맺는다.

---

8) 婦姑勃豀(부고발혜) : 며느리와 시어머니가 서로 다투다. 勃은 발끈하다. 豀는 다투다.

9) 六鑿相攘(육착상양) : 여섯 개의 감각을 담당하는 기관이 서로 다투다. 六鑿(육착)은 눈(2)・코・귀(2)・입 해서 여섯 개의 구멍.

10) 德溢乎名 名溢乎暴(덕일호명 명일호폭) : 德은 명예를 구하려 하는 데서 넘치고, 명예는 남에게 과시하려는 데서 지나치게 된다. 名溢乎暴은〈人間世〉편에 나오는 "덕은 명예를 구하려는 데서 허물어진다"는 德蕩乎名(덕탕호명)과 유사한 표현이다.

11) 謀稽乎誸 知出乎爭(모계호현 지출호쟁) : 절박하면 모략이 나오게 되고, 다툼에서 지략이 생겨난다. 稽(계)는 고려하다, 헤아리다. 誸(현)은 급하다.

12) 柴生乎守官 事果乎衆宜(시생호수관 사과호중의) : 일이 정체되는 것은 관청의 관습에 얽매인 행태에서 생기고, 일의 성취는 오로지 대중(大衆)의 편의를 도모함으로써 결실을 맺는다. 柴(시)는 막다. 衆宜는 대중의 편의.

春雨日時춘우일시 草木怒生13)초목노생 銚鎒於是乎始脩14)요누어시호시수

봄비 내리는 계절에 초목이 힘차게 생장하고, 가래와 호미를 가지고 비로소 밭을 갈고 김매는 일이 시작된다.

草木之到植者過半초목지도식자과만 而不知其然이부지기연

초목은 매어주기를 기다리지 않고 반 이상 자라는데, 사람들은 그런 까닭을 알지 못한다.

靜然可以補病정연가이보병 眥搣可以休老15)자멸가이휴로

고요히 정좌(靜坐)하면 병도 이길 수가 있고, 지압법으로 늙음을 늦추게 할 수도 있으며,

寧可以止遽16)영가이지거 雖然수연 若是勞者之務也약시로자지무야

마음을 안정시키면 악착같은 마음을 가라앉힐 수 있다. 그러나 이런 방법은 마음을 밖으로 부리는 자들이 힘쓸 일이지,

佚者之所未嘗過而問17)일자지소미상과이문

유유자적하는 사람이 힘쓸 것이 아니며, 이런 사람은 관심을 가지려고 들지도 않는다.

聖人之所以駴天下 神人未嘗過而問焉18)성인지소이해천하 신인미상과이문언

---

13) 草木怒生(초목노생) : 초목이 힘차게 생장하다. 怒는 세차다, 성내다.

14) 銚鎒於是乎始脩(요누어시호시수) : 가래와 호미를 가지고 비로소 밭을 갈고 김매는 일이 시작된다. 銚(요)는 가래, 鎒(누)는 호미. 脩(수)는 修와 같다. 가꾼다는 뜻.

15) 眥搣可以休老(자멸가이휴로) : 지압법은 늙음을 늦출 수도 있다. 眥(자)는 눈초리, 眥搣(자멸)은 지압으로 풀이한다.

16) 寧可以止遽(영가이지거) : 마음을 안정시키면 악착같은 마음을 가라앉힐 수 있다. 遽(거)는 절박하다.

17) 過而問(과이문) : 지나치면서 물어본다는 뜻으로 '관심을 가진다'는 뜻.

18) 聖人之所以駴天下 神人未嘗過而問焉(성인지소이해천하 신인미상과이문인) : 聖人이 천하를

성인(聖人)이 천하를 놀라게 하는 까닭을 신인(神人)은 물은 적이 없고,

賢人[19])所以駴世현인소이해세 聖人未嘗過而問焉성인미상과이문언

현인(賢人)이 세상을 놀라게 한 까닭을 성인은 물은 적이 없으며,

君子[20])所以駴國군자소이해국 賢人未嘗過而問焉현인미상과이문언

군자(君子)가 나라를 놀라게 한 까닭을 현인은 물은 적이 없고,

小人所以合時소인소이합시 君子未嘗過而問焉군자미상과이문언

소인(小人)이 세상에 영합하는 까닭에 대해서 군자는 물어 본 적이 없다.

| 해설 |

일체의 사물의 구속을 벗어나, 정욕에 사로잡힘도 없고, 명예를 생각지도 않으며, 모든 표현과 비방을 잊고 세상을 따라 유유자적하게 살아나가는 장자적 자유인의 세계를 잘 나타내고 있다.

10.

演門有親死者 以善毀[1])연문유친사자 이선훼 爵爲官師작위관사

놀라게 하는 까닭(치료법)을 영묘한 능력의 소유자인 神人은 지나치면서도 물어보지 않음. 所以(소이)는 까닭 곧 치료법. 駴(해)는 놀라다. 여기서 聖人은 황제(黃帝)·요(堯)·순(舜)을 가리키며, 神人은 광성자(廣成子)·대외(大隗)를 가리킨다.

19) 현인(賢人) : 여기서 현인은 무광(務光)·신도적(申徒狄)을 가리킨다.

20) 君子(군자) : 전항(田恒)의 무리를 가리킨다. 전항은 제나라를 무력으로 찬탈하고 군주로 행세했다.

1) 演門有親死者 以善毀(연문유친사자 이선훼) : 송(宋)나라 성문(城門)인 연문(演門)에 어버이 상을 당한 자가 있었는데, 이 사람이 상례(喪禮)의 법도를 충실히 지켜 몸이 상(傷)했다. 演門은 송나라 성문 중의 하나. 善毀(선훼)는 몸이 많이 야위었다는 뜻. 毀(훼)는 쇠약해지다.

연문(演門)에서 어버이 상(喪)을 당한 자가 있었는데, 상을 잘 치러 몸이 상(傷)했다는 이유로 그에게 관사(官師) 벼슬이 주어졌다.

其黨人기당인 毁而死者半훼이사자반

그러자 그 마을 사람들 가운데 벼슬이 하고 싶어 몸을 야위게 하다가 태반이 굶어 죽었다.

堯與許由天下 許由逃之2)요여허유천하 허유도지

요임금이 허유에게 천하를 양보하려 하자, 허유는 도망했고,

湯與務光 務光怒之3)탕여무광 무광노지

탕왕이 천하를 무광(務光)에게 양보하려 하자 무광은 성을 냈다.

紀他聞之기타문지 帥弟子而踆於窾水사제자이준어관수

기타(紀他)는 이 말을 듣고 제자들을 데리고 관수(窾水)가에 숨어 살았다.

諸侯弔之三年제후조지삼년

그 얘기를 들은 제후들이 3년을 슬퍼했다.

申徒狄因以踣河4)신도적인이부하

신도적(申徒狄)은 자기의 청렴한 이름을 남기려고 물에 빠져 죽었다.

荃者所以在魚 得魚而忘荃5)전자소이재어 득어이망전

---

2) 堯與許由天下 許由逃之(요여허유천하 허유도지) : 요임금이 허유(許由)에게 천하를 주려 하자 허유는 도망을 쳤다. 요임금과 허유의 이야기는 〈소요유〉 편에 나온다.

3) 湯與務光 務光怒之(탕여무광 무광노지) : 탕임금이 무광(務光)에게 천자의 지위를 주려 하자 무광은 더러운 이야기를 들었다고 노함. 탕(湯)과 무광(務光)의 이야기는 〈대종사〉 편과 〈양왕〉 편에 나온다.

4) 申徒狄因以踣河(신도적인이부하) : 신도적(申徒狄)은 그것을 구실로 황하에 몸을 던져 죽었다. 踣河(부하)는 황하에 몸을 던지다. 신도적은 은(殷)나라 말기 사람으로, 주왕(紂王)의 폭정에 항거해 스스로 돌을 등에 지고 황하에 뛰어들어 죽었다고 한다.

5) 荃者所以在魚 得魚而忘荃(전자소이재어 득어이망전) : 통발(荃 : 筌)은 물고기를 잡기

통발은 물고기를 잡는 도구인데, 물고기를 잡은 뒤에는 통발은 잊어버리고,

蹄者所以在兎제자소이재토 得兎而忘蹄득토이망제

올무(蹄)는 토끼를 잡는 도구인데, 토끼만 잡으면 잊어버리고 만다.

言者所以在意 得意而忘言[6]언자소이재의 득의이망언

이렇듯 말이라고 하는 것은 뜻을 알기 위한 도구이므로 뜻을 알고 나면 말을 잊어버린다.

吾安得夫忘言之人오안득부망언지인 而與之言哉이여지언재

그러니 나는 어찌 저 말을 잊은 사람과 더불어 말을 할 수가 있을까?

| 해설 |

모든 것을 초월한 천유(天遊)의 경지를 잘 나타내어 마치 〈제물론〉 편의 취의(趣意)를 부연한 것으로 여겨진다. 끝의 "나는 어찌 저 말을 잊은 사람과 더불어 말을 할 수가 있을까?"라는 구절은 그야말로 화룡점정(畵龍點睛)의 명구라 하겠다.

위한 도구인데, 물고기를 잡고 나면 통발 챙기는 일을 잊어버린다. 筌(전)은 냇가 물속에 설치하는 통발. 여기에서 「득어망전(得魚忘筌)」 성어가 생겨났는데, 자기의 뜻한 바를 이룬 후에는 그 수단이나 과정에 대하여는 애착을 갖지 말라는 것인데, 오늘날에는 「토사구팽(兎死狗烹)」처럼 배은망덕의 뜻으로도 사용되고 있다.

6) 言者所以在意 得意而忘言(언자소이재의 득의이망언) : 말이란 뜻을 알기 위한 도구이므로 뜻을 알고 나면 말을 잊어버린다. 말과 뜻의 관계에 대해서는 〈천도〉 편에서 "세상 사람들이 道로서 귀히 여기는 것은 서책이다.……(世之所貴道者書也 …… 非其貴也)." 라고 언급한 것을 참고해볼 만하다.

27. 우언
寓言

내 말의 열에 아홉은 우언(寓言)이다

이 편은 《장자》 전편의 기본적인 문장 표현의 방법인 우언(寓言)·중언(重言)·치언(卮言)에 대하여 전반부에서 설명하고, 후반부에서 구체적인 예증을 하고 있다. 곧 전반부는 《장자》 저작의 일반적인 체례(體例)를 설명하는 후서(後序)의 성격을 띠었고, 후반부는 철학 노트인데, 청나라 왕개운(王闓運)의 《장자주(莊子注)》에서 밝혔듯이, 어느 시기에 《상사》 판본이 너기에서 일단 끝났었을 것이라는 추측을 입증하게 한다. 다음 〈양왕(讓王)〉 편부터는 편명을 붙이는 방법도 급변했고, 내용도 이질적인 느낌이 들어 더욱 이를 뒷받침하고 있다.

1.

寓言十九 重言十七[1] 우언십구 중언십칠

내 말의 열에 아홉은 우언(寓言)이고, 내 말의 열에 일곱은 중언(重言)이며,

巵言日出[2] 치언일출 和以天倪[3] 화이천예

치언(巵言)은 시도 때도 없이 하고 있으나, 자연스럽게 조화를 이루고 있다.

寓言十九우언십구 藉外論之[4] 자외논지

열에 아홉을 차지하는 우언(寓言)은 밖의 사물에 비유하여 말하는 것이다.

親父不爲其子媒[5] 친부불위기자매 親父譽之친부예지 不若非其父者也불약비기부자야

---

1) 寓言十九 重言十七(우언십구 중언십칠) : (내 말에) 우언(寓言)이 열에 아홉 정도이고, 중언(重言)이 열에 일곱 정도이다. 十九는 열 중 아홉을 차지한다는 뜻. 寓言(우언)은 풍자적이거나 교훈적 의미를 담고 있는 말로, 그 구성은 대개 짧고 간단하며, 이야기 구조를 지닌다. 주인공은 사람이나 동물, 또는 무생물일 수도 있다. 비유법을 사용해서 기술된 이야기와는 다른 진실을 비유하거나 사소한 것을 빌려 큰 것을 비유하는데, 이를 통해 교훈적 의의 또는 심각한 주제가 간단한 이야기 구조 속에 풍부하게 드러난다. 우언의 주된 목적은 허구적인 이야기를 통해 화자 또는 대중들의 생활상이나 심리, 행동에 대한 비평과 교훈을 표현하는 데 있다. 重言은 세상 사람들이 중시하는 인물의 말을 빌려 무게를 더한 말.
2) 巵言日出(치언일출) : 巵言(치언)은 시도 때도 없이 한다. 巵言은 술잔이 가득 차면 기울고 덩 비면 위를 보듯 앞뒤가 맞지 않고 자유롭게 변화하는 말을 뜻한다. 日出은 날마다 입에서 나온다는 뜻.
3) 和以天倪(화이천예) : 자연스럽게 조화를 이룬다. 天倪로 조화롭게 함.
4) 藉外論之(자외론지) : 밖의 사물을 빌려 논의하다.
5) 媒(매) : 중매(仲媒) 선다는 뜻.

친아버지가 아들의 중매를 설 수 없는 것은 친아버지가 아들을 칭찬하는 것이 부모 아닌 다른 사람의 칭찬보다 나을 수 없기 때문이다

非吾罪也비오죄야 人之罪也인지죄야

이렇듯 (우언을 하는 것은) 나의 잘못이 아니고 남의 잘못인 것이다.

與己同則應여기동즉응 不與己同則反불여기동즉반

사람은 자기와 입장이 같을 때에는 순응하고, 다를 때에는 반목하며,

同於己爲是之동어기위시지 異於己爲非之위어기위비지

자신과 같은 생각은 옳다고 여기고, 자신과 다른 생각은 틀렸다고 여긴다.

重言十七중언십칠 所以已言也소이이언야 是爲耆艾6)시위기애

열에 일곱인 중언(重言)은 사람들의 시비 논쟁을 그치게 하기 위한 것으로, 이는 연로한 사람의 말이다.

年先矣연선의 而無經緯本末이무경위본말 以期年耆者이기년기자 是非先也시비선야

나이가 많아도 일에 대한 본말이 합당하지 않다면 아무리 연로자라 하더라도 참다운 의미의 선인(先人)이 아니다.

人而無以先인이무이선 人無人道也인무인도야

나이 든 사람으로서 앞서서 사람들을 인도할 자질이 없으면 道를 갖추지 못한 사람이다.

人而無人道인이무인도 是之謂陳人7)시지위진인

---

6) 是爲耆艾(시위기애) : 연로한 사람의 말임. 耆(기)는 60살, 艾(애)는 50살 늙은이를 지칭한다. 耆艾(기애)는 오래 산 사람을 일컫는다.

7) 是之謂陳人(시지위진인) : 이런 사람을 일러 진부(陳腐)한 사람이라고 한다. 陳(진)은 진

나이 든 사람으로서 道를 갖추지 못한 사람을 진부한 사람이라고 한다.

卮言日出치언일출 和以天倪화이천예

치언(卮言)은 시도 때도 없이 하고 있으나, 자연스럽게 조화를 이루는데,

因以曼衍 所以窮年[8]인이만연 소이궁년

끝이 없는 道를 따름은 하늘이 준 삶(壽命)을 다 살기 위한 방법이다.

不言則齊불언즉제 齊與言不齊제여언불제

시비를 말하지 않을 때에는 사물은 조화를 유지하는데,

言與齊不齊也언여제불제야

조화를 유지하는 것과 시비를 말하는 것은 서로 용납될 수 없는 것이다.

故曰無言고왈무언

그러므로 '지인은 시비를 말하지 말라.'고 하는 것이다.

言無言언무언 終身言종신언 未嘗言미상언

시비를 말하지 않으면 평생 말을 해도 말을 하지 않은 것이 되고,

終身不言종신불언 未嘗不言미상불언

평생 말을 하지 않았다 하더라도 말을 하지 않은 적이 없게 된다.

有自也而可유자야이가 有自也而不可유자야이불가

모든 일은 까닭이 있으면 옳다(可)고 하기도 하고, 까닭이 있으면 그르다(不可)고 하기도 한다.

부차다.

8) 因以曼衍 所以窮年(인이만연 소이궁년) : 끝이 없는 道를 따름은 삶을 다 살기 위한 방법임. 因은 따른다. 曼衍(만연)은 끝없는 모양. 끝이 없는 道를 말한다. 窮年(궁년)은 하늘이 준 수명을 다한다는 뜻. 「궁년누세(窮年累世)」는 "자기 한평생과 자손 대대"를 이르는 성어이다. 또한 〈인간세〉 편에 있는 「종기천년(終其天年)」과도 같은 뜻이다.

有自也而然유자야이연 有自也而不然유자야이불연

까닭이 있으면 옳기도 하고, 까닭이 있으면 그르기도 하다.

惡乎然 然於然9)오호연 연어연

어찌하여 그렇다는 것인가? 그렇기 때문에 그렇게 되는 것이다.

惡乎不然오호불연? 不然於不然불연어불연

어찌하여 그렇지 않다고 하는 건가? 그렇지 않기 때문에 그렇지 않게 되는 것이다.

惡乎可오호가? 可於可가어가

어찌하여 옳다고 하는 것인가? 옳기 때문에 옳게 된 것이다.

惡乎不可오호불가 不可於不可불가어불가

어찌하여 옳지 않다고 하는 것인가? 옳지 않기 때문에 옳지 않게 된 것이다.

物固有所然물고유소연 物固有所可물고유소가

모든 사물은 진실로 그러한 바가 있으며, 모든 사물은 옳은 바가 있으니,

無物不然무물불연 無物不可무물불가

어떤 사물이든 그렇지 않은 바가 없으며, 어떤 사물이든 옳지 않은 바가 없다.

非卮言日出和以天倪비치언일출화이천예 孰得其久숙득기구

따라서 치언으로 매일 말하여 자연스럽게 조화를 이루지 않는다면 그 누가 오래갈 수 있겠는가!

---

9) 惡乎然 然於然(오호연 연어연) : 무엇을 근거로 그렇다고 하는가? (습관과 편견이) 그렇다고 하는 데서 그렇다고 하는 것이다. 惡乎(오호)는 '무엇을 근거로?' '어떤 점에서'라는 뜻.

萬物皆種也[10] 만물개종야 以不同形相禪[11] 이부동형상선

만물은 각기 그 종류가 다르고 그 모양이 같지 않기 때문에 각기 다른 형태로 변화해 간다.

始卒若環 莫得其倫[12] 시졸약환 막득기륜 是謂天均[13] 시위천균

그 처음과 끝이 고리와 같아서 그 끝을 알 수가 없으니, 이를 일러 천균(天均)이라고 한다.

天均者天倪也[14] 천균자천예야

천균이란 시비의 입장을 초월해서 대자연과 조화하는 것이다.

| 해설 |

이 대목은 이 〈우언〉 편의 서문 격으로서 장자의 서술 논법을 우언(寓言)·중언(重言)·치언(卮言) 세 종류로 표현함을 천명한 것이다. 이 세 가지 논법을 뒤섞어 장자 사상을 서술하는 이유를 설명하면서 이러한 방법으로 시비의 논의를 넘어서는 곳에 천유자적(天遊自適)의 경지가 열리고 만물 조화의 진실에 합일함을 설명했다.

---

10) 萬物皆種也(만물개종야) : 만물은 각기 그 종류가 다르다.

11) 以不同形相禪(이부동형상선) : 각기 다른 형태로 변화해 간다. 물(物)의 삶(生)은 또 다른 物의 죽음(死)이고, 物의 죽음(死)은 또 다른 物의 삶(生)임을 뜻한다. 禪은 바꾸다의 뜻.

12) 始卒若環 莫得其倫(시졸약환 막득기륜) : 처음과 끝이 둥근 고리와 같아서 그 순환의 이치를 아무도 알 수 없다. 倫(윤)은 이치, 도리.

13) 是謂天均(시위천균) : 이를 일러 천균(天均)이라고 한다. 天均은 "옳은 것과 그른 것을 아울러 한가지로 본다"는 뜻이다.

14) 天均者天倪也(천균자천예야) : 천균은 바로 천예(天倪)이다. 天倪는 '자연의 조화'를 뜻한다.

2.

莊子謂惠子曰장자위혜자왈 :

장자가 혜자에게 말했다.

"孔子行年六十而六十化[1]공자행년육십이육십화

"공자는 살아온 나이 60이 되도록 자기 삶을 60번 바꾸었는데,

始時所是시시소시 卒而非之졸이비지

처음에는 옳다고 생각하던 것도 나중에는 그르다고 여겼네.

未知今之미지금지 所謂是之非五十九非也소위시지비오십구비야"

그러니 60이 된 지금 옳다고 하는 것이 지난 59년 동안은 잘못되었다
고 생각했다는 말이 아니겠는가."

惠子曰혜자왈 : 혜자가 말했다.

孔子勤志服知也[2]공자근지복지야

"공자는 자신을 갈고 닦으며 지식을 추구하는 데 매진했기 때문이지."

莊子曰혜자왈 : 장자가 말했다.

孔子謝之矣[3]공자사지의 而其未之嘗言이기미지상언

"공자는 그런 것들은 다 버렸지. 공자는 옳으니 그르니 하는 말을 입

---

1) 孔子行年六十而六十化(공자행년육십이육십화) : 공자는 살아온 나이 60이 되도록 자기의
   삶을 60번 바꾸었다. 行年은 살아온 나이. 〈칙양〉 편에 "거백옥(蘧伯玉)은 살아온 나이
   60이 되어 자기의 삶을 60번 바꾸었다(蘧伯玉行年六十而六十化)."라는 똑같은 표현이
   나온다.

2) 孔子勤志服知也(공자근지복지야) : 공자는 자신을 갈고 닦으며 지식을 추구하는 데 매진
   했음. 勤志는 부지런히 갈고 닦음. 服은 服事(복사)로 섬긴다는 뜻.

3) 孔子謝之矣(공자사지의) : 공자는 그러한 것들은 다 버렸다. 그런 말을 입에 올린 적이
   없었음. 謝는 물리치다, 없애다.

에 올린 적이 없었네.

孔子云공자운 '夫受才乎大本부수재호대본 復靈以生복령이생'

공자는 이렇게 말을 했을 뿐이라네. '무릇 인간은 그 재능을 큰 근원에서 받기 때문에, 그 영묘한 본성으로 돌아가 살아야 한다.'라고.

鳴而當律 言而當法4)명이당률 언이당법

부르짖는 소리는 율법에 맞고, 말을 하면 법칙에 합당하여,

利義陳乎前5)이의진호전 而好惡是非이호오시비 直服人之口而已矣직복인지구이이의

이(利)와 의(義)를 눈앞에 늘어놓고 호오(好惡)와 시비를 논하는 것은 단지 사람들의 입을 막아 억지로 복종시킬 뿐이지.

使人乃以心服사인내이심복 而不敢蘁立6)이불감오립 定天下之定정천하지정

(하지만 공자는) 사람들로 하여금 마침내 마음으로 복종케 하여 감히 거스르지 못하게 함으로써 천하의 안정을 확립할 수 있었지.

已乎已乎이호이호 吾且不得及彼乎오차부득급피호"

그러니 그만두게, 그만둬! 우리는 도저히 그에게 미칠 수가 없네!"

| 해설 |

장자와 혜자가 공자를 대상으로 한 문답을 빌려, 지혜에 입각한 변설은 남의 변론을 이길 수는 있으나 남을 심복시킬 수는 없고, 시비에

---

4) 鳴而當律 言而當法(명이당률 언이당법) : 부르짖는 소리는 율법에 맞고, 말을 하면 법칙에 합당함. 鳴而當律 이하의 내용은 공자를 찬탄한 문장이다.

5) 利義陳乎前(이의진호전) : 利와 義를 사람들 앞에 늘어놓음. 이해(利害)와 시비(是非)를 사람들 앞에 늘어놓는다는 뜻.

6) 不敢蘁立(불감오립) : 감히 거스르지 못하게 하다. 蘁(오)는 거스르다.

입각한 사고는 천하를 평정할 수 없음을 말하고 있다. 공자를 득도자
라 추앙한 점이 특이하다.

3.

曾子再仕증자재사 而心再化이심재화
증자(曾子)가 두 번 벼슬을 했는데, 그 때마다 마음이 변했다.

曰왈 : 증자가 말했다.

"吾及親仕 三釜而心樂)오급친사 삼부이심락
"나는 어버이가 살아 계실 때 벼슬을 했을 적에는 삼부(三釜)의 봉록
으로도 마음이 즐거웠다.

後仕 三千鍾而不洎 吾心悲)후사 삼천종이불계 오심비"
그러나 훗날 벼슬했을 때는 녹이 삼천 종(鍾)이나 되었지만, 내 마음
이 슬펐다."

弟子問於仲尼曰제자문어중니왈 : 제자가 이 말을 듣고 공자에게 물었다.

"若參者 可謂無所縣其罪乎3)약삼자 가위무소현기죄호?"

---

1) 吾及親仕 三釜而心樂(오급친사 삼부이심락) : 나는 어버이께서 살아계실 적 벼슬했을 때
는 삼부(三釜)의 봉록으로도 마음이 즐거웠다. 1釜(부)는 6말 4되.

2) 後仕 三千鍾而不洎 吾心悲(후사 삼천종이불계 오심비) : 그러나 훗날 벼슬했을 때는 녹
이 3천 종(鍾)이나 되었지만 어버이께서 이미 돌아가셨는지라 내 마음이 슬펐다. 鍾은
부피를 되는 단위 1鍾은 2石 5斗 6승(升). 洎(계)는 미치다(及)는 뜻, 不洎(불계)는 어버
이가 살아 계실 때에 미치지 못했다는 뜻.

3) 若參者 可謂無所縣其罪乎(약삼자 가위무소현기죄호) : 증삼(曾參)은 과오를 범할 염려(구
애를 받음)가 없다고 말할 수 있겠는가? 縣(현)은 관계됨. 縣其罪(현기죄)는 죄를 짓는
다는 뜻. 罪의 구체적인 내용은 범죄가 아니라 녹봉의 다소에 마음이 얽매이는 행위를
말한다. 증삼(曾參)은 공자의 제자인 증자(曾子)의 이름. 字는 자여(子輿). 공자의 사상

"증삼(曾參)은 봉록의 적고 많음에 마음이 구애를 받았다 할 수 있겠습니까?"

曰왈 : 중니가 말했다.

"旣已縣矣기이현의 夫無所縣者부무소현자 可以有哀乎가이유애호

"그는 이미 마음에 구속을 받고 있었다. 대체로 마음에 구속을 받지 않은 자라면 슬퍼해서 되겠느냐?

彼視三釜三千鍾⁴⁾피시삼부삼천종

저 마음에 구속을 받지 않는 사람은 봉록이 3부가 되든 3천 종이 되든,

如觀雀蚊虻相過乎前也⁵⁾여관작문맹상과호전야"

마치 참새나 모기가 눈앞을 지나가는 것같이 생각할 것이다."

| 해설 |

공자의 제자 증자를 비평하는 대목으로 지극한 효도로 유명한 증자도 봉록에 관심을 두어 슬픔과 즐거움의 정을 벗어나지 못했음을 말하고 있다. 참된 道를 얻은 자는 이렇게 외물 때문에 마음의 구속을 당

을 이어받아 공자의 손자 자사(子思)에게 전하였고, 자사가 맹자에게 그 道를 전했다. 그는 공자의 고제(高弟)로서 효심이 두텁고 내성궁행(內省躬行)에 힘썼으며, 효와 신(信)을 도덕 행위의 근본으로 하였다. 그의 사상은《증자(曾子)》18편 가운데 10편이《대대례기(大戴禮記)》에 남아 전해지고 있다.

4) 彼視三釜三千鍾(피시삼부삼천종) : 저 마음에 구속을 받지 않는 자유인은 3부(釜)든 3천 종(鍾)이든 간에. 증삼도 자기 스스로 많은 것을 즐거워하고 작은 것을 슬퍼한 것은 아니지만, 어버이 때문에 마음이 즐겁기도 하고 슬퍼하기도 했기 때문에 녹봉의 다소로부터 완전히 자유롭지 못했다는 뜻이다. 彼는 마음에 구속받지 않는 사람. 곧 道를 터득한 사람.

5) 如觀雀蚊虻相過乎前也(여관작문맹상과호전야) : 마치 참새나 모기, 등에 따위가 눈앞을 지나가는 정도로 볼 것임. 蚊虻(문맹)은 모기와 등에.

하지 않는 법이다.

4.

顔成子游謂東郭子綦曰[1]日안성자유위동곽자기왈 :

안성자유(顔成子游)가 동곽자기(東郭子綦)에게 말했다.

自吾聞子之言자오문자지언 一年而野[2]일년이야 二年而從[3]이년이종

"저는 선생님의 가르침을 들은 뒤로 1년이 지나자 소박해졌고, 2년이 되자 세속을 따르게 되었으며,

三年而通[4]삼년이통 四年而物[5]사년이물

3년이 지나자 세상과 통하게 되었고, 4년이 지나자 사물과 합치되었으며,

五年而來[6]오년이래 六年而鬼入[7]육년이귀입

---

1) 顔成子游謂東郭子綦曰(안성자유위동곽자기왈) : 顔成子游는 성이 顔成이고, 字는 子游, 이름은 언(偃)이다. 〈제물론〉편에 남곽자기(南郭子綦)의 제자로 나왔다. 東郭子綦(동곽자기)는 東郭(동곽)은 성곽 동쪽에 사는 사람이라는 뜻. 〈제물론〉편의 남곽자기와 같다. 〈제물론〉편에서는 안성자유가 남곽자기의 제자로 나오고, 〈서무귀〉편에서는 안성자(顔成子)가 남백자기(南白子綦)를 스승으로 섬겼다고 했으며, 이 편에서는 안성자유가 동곽자기의 제자로 나온다. 따라서 《장자》에 등장하는 남곽자기, 남백자기, 동곽자기는 동일 인물을 지칭한 것으로 볼 수 있다.

2) 一年而野(일년이야) : 1년이 지나자 소박하게 되었다. 野는 질박(質樸)하다, 꾸민 데가 없이 소박하다.

3) 二年而從(이년이종) : 2년이 지나서는 세속을 따르게 되다. 從은 자신의 고집을 버리고 다른 사람의 의견을 따른다는 뜻.

4) 三年而通(삼년이통) : 3년이 지나서는 세상과 통하게 되다. 通은 남과 내가 서로 차별이 없다는 뜻.

5) 四年而物(사년이물) : 4년이 지나서는 사물과 합치되다. 物은 사물과 같아짐.

6) 五年而來(오년이래) : 5년이 지나서는 사람들이 내게 모여옴. 來는 사람들이 찾아온다는

5년이 지나자 사람들이 나를 따르게 되었고, 6년이 지나서는 귀신이
내 안에 깃들었으며,

七年而天成[8]칠년이천성　八年而不知死不知生[9]팔년이부지사부지생

7년이 지나서는 천지자연과 합치하게 되었고, 8년이 지나서는 죽음도
알지 못하고 삶도 알지 못하게 되었으며,

九年而大妙[10]구년이대묘

9년이 지나서 신묘한 섭리를 깨닫게 되었습니다.

生有爲死也[11]생유위사야　勸公以其私[12]권공이기사

살아서 움직이는 것은 결국 죽게 됩니다. 자신의 지혜로 공평한 자연
의 이치를 따라야 합니다.

死也有自也[13]사야유자야　而生陽也無自也[14]이생양야무자야

인간이 죽는 것은 원인이 있지만, 천지의 생성은 원인이 없기 때문입
니다.

뜻이다.

7) 六年而鬼入(육년이귀입) : 6년이 지나서는 귀신이 내 안에 들어와 깃들다.

8) 七年而天成(칠년이천성) : 7년이 지나서는 천지자연과 합일되다.

9) 八年而不知死不知生(팔년이부지사부지생) : 8년이 지나서는 죽음도 알지 못하고 삶도
알지 못하게 됨. 곧 삶과 죽음을 초월했다는 뜻.

10) 九年而大妙(구년이대묘) : 9년이 지나고 10년째가 되어서야 크게 신묘한 섭리를 깨닫게
됨.

11) 生有爲死也(생유위사야) : 인간은 살아서는 행동을 하지만 결국은 죽는다.

12) 勸公以其私(권공이기사) : 스스로의 지혜로 공평한 천도를 도와야 함. 公은 공평한 자
연의 道를 말한다.

13) 死也有自也(사야유자야) : 죽는 것은 원인(自)이 있다. 自는 말미암다, 까닭.

14) 而生陽也無自也(이생양야무자야) : 천지의 생성은 원인이 없는 자연임. 陽은 생기를 뜻
한다.

而果然乎이과연호 惡乎其所適오호기소적

과연 그렇다면 무엇이 자연의 생기에 적합한 것이며,

惡乎其所不適오호기소부적

무엇이 적합하지 않은 것이라 하겠습니까?

天有曆數 地有人據15)천유역수 지유인거

하늘에는 일월성신의 운행이 있고, 땅에는 사람들이 의탁할 데가 있습니다.

吾惡乎求之오악호구지?

우리가 어찌 그런 까닭을 찾을 수 있겠습니까?

莫知其所終막지기소종 若之何其無命也약지하기무명야?

그것이 어디에서 끝나는지 아무도 알 수 없으니, 어떻게 운명이 없다고 할 수 있겠습니까?

莫知其所始막지기소시 若之何其有命也약지하기유명야?

또한 생명이 시작하는 곳도 아무도 알 수가 없으니, 어떻게 운명이 있다고 말할 수가 있겠습니까?

有以相應也유이상응야 若之何其無鬼邪약지하기무귀야?

서로 감응함이 있으니 어떻게 귀신이 없다고 하겠습니까?

無以相應也무이상응야 若之何其有鬼邪약지하기유귀야?"

서로 감응하는 것이 없다면 어째서 귀신이 있다고 하겠습니까?"

| 해설 |

동곽자기(東郭子綦)와 안성자유(顔成子游)의 문답을 빌려, 지인(至

---

15) 天有曆數 地有人據(천유역수 지유인거) : 하늘에는 일월성신의 운행이 있고, 땅에는 사람들이 의탁할 데가 있다. 曆數(역수)는 하늘의 운행 이치.

人)의 대묘(大妙), 곧 묘오(妙悟)의 경지와, 이런 경지에 들어가는 수업(修業)의 단계를 설명하고 있다. 생사는 대자연의 불가지(不可知)의 작용이므로 삶에 집착할 필요도 없고, 생사를 잊는 곳에서만이 묘오(妙悟)의 경지가 열린다는 것이다.

대체로 〈제물론〉 편의 道의 철학을 조술(祖述)하고 있는데, 문장이 난해한 곳이 있어 탈자나 잘못된 곳이 있을 것으로 생각된다.

5.

衆罔兩問於景[1]일중망량문어경왈 :

여러 망량(罔兩)이 그림자에게 물었다.

若向也俯약향야부 而今也仰이금야앙 向也括撮향야괄촬 而今也被髮이금야피발

"자네가 아까는 구부리고 있더니 지금은 펴고 있고, 아까는 머리를 묶고 있더니 지금은 머리를 풀어헤쳤으며,

向也坐而今也起향야좌이금야기 向也行而今也止향야행이금야지 何也하야?

아까는 앉았더니 지금은 서 있고, 아까는 가더니 지금은 가만히 있는데, 어째서 그런가?"

景曰경왈 : 그림자가 말했다.

叟叟也 奚稍問也[2]수수야 해초문야

---

1) 衆罔兩問於景(중망량문어경) : 여러 곁그림자들이 그림자에게 물었다. 罔兩(망량)은 곁그림자. 景은 影(그림자)과 같다. 成玄英은 "罔兩은 그림자 바깥의 희미한 그늘이다. 이것은 우언이다(罔兩 影外微蔭也 斯寓言者也)."라고 풀이했다.

2) 叟叟也 奚稍問也(수수야 해초문야) : 나는 그저 흔들거릴 뿐이다. 어찌 그런 것을 일일이 묻는가. 叟(수)는 움직이는 모양.

"나는 그저 흔들거릴 뿐이다. 어찌 그런 것을 일일이 묻는가?

予有而不知其所以3)여유이부지기소이

내가 좀 그렇긴 하지만, 그 까닭은 모르겠네.

予蜩甲也 蛇蛻也4)여조갑야 사태야 似之而非也사지이비야

나는 매미 껍질이나 뱀 껍질 같은가. 비슷하지만 같지는 않다.

火與日 吾屯也5)화여일 오둔야 陰與夜 吾代也6)음여야 오대야

불빛과 햇빛이 있으면 나는 모이고, 그늘과 밤은 내가 교대하는 시간이다.

彼吾所以有待邪피오소이유대사 而況乎以無有待者乎7)이황호이무유대자호!

저 불빛과 햇빛이 내가 의지하는 것인가, 하물며 어찌 그것들도 의지하는 것이 없겠느냐!

彼來則我與之來피래즉아여지래 彼往則我與之往피왕즉아여지왕

불빛과 햇빛이 오면 나도 함께 오고, 그것이 가면 나도 함께 간다.

彼强陽則我與之强陽피강양즉아여지강양

그 형체가 격하게 움직이면 나도 따라서 격하게 움직인다.

强陽者又何以有問乎강양자우하이유문호!

---

3) 予有而不知其所以(여유이부지기소이) : 나에게 그런 점이 있긴 하지만, 그 까닭은 모른다. 有는 그런 점이 내게 있다는 뜻.

4) 予蜩甲也 蛇蛻也(여조갑야 사태야) : 나는 매미 껍질이나 뱀 껍질과 같은가. 蛻(태)는 허물, 껍질. 蜩甲(조갑)은 매미의 허물(蟬蛻).

5) 火與日 吾屯也(화여일 오둔야) : 불빛과 햇빛은 내가 모이는 곳이다. 屯(둔)은 모이다, 주둔하다.

6) 陰與夜 吾代也(음여야 오대야) : 그늘과 밤은 내가 교대하는 시간이다. 代는 번갈아들다. 불빛이나 햇빛이 사라지면 그림자가 나타나지 않는다는 뜻.

7) 而況乎以無有待者乎(이황호이무유대자호) : 하물며 어찌 그것들도 의지함이 없을까 보냐!

이렇게 격하게 움직이는 나에게 무슨 물을 것이 있겠는가!"

| 해설 |

　망량(罔兩)과 그림자(景 : 影)의 대화를 빌려, 사람의 행위나 만물의
작동은 그 근원을 찾아보면 알 수 없는 것으로, 단지 道의 지배에 따
를 뿐이다. 그러므로 각자가 자주(自主)를 주장할 것이 못됨을 설명하
고 있다.

　〈제물론〉 편 끝의 "망량이 그림자에게 묻는" 대목을 다시 부연하
여 어느 것에도 의존하지 않는 장자적 해탈자, 곧 지인(至人)의 자유로
운 인생 태도를 우화적으로 설명하고 있다.

6.

陽子居[1]南之沛양자거남지패

양자거(陽子居)가 노자를 찾아 남쪽의 패(沛) 지방으로 가는데,

老聃西遊於秦노담서유어진

노담은 서쪽으로 진(秦)나라를 여행하고 있었다.

邀於郊 至於梁而遇於老子[2]요어교 지어양이우어노자

그래서 양자거는 패읍 교외로 나가 맞으려다가 양(梁) 땅으로 가서 마

---

1) 陽子居(양자거) : 성은 楊 또는 陽. 이름은 주(朱). 字는 자거(子居). 양자거와 노자의 대
　하는 이미 〈응제왕〉 편에 나왔는데 내용 또한 유사하다. 《열자(列子)》 〈황제(黃帝)〉 편
　에는 양자거(陽子居)를 양주(楊朱)라고 했는데, 문장이 거의 같다.

2) 邀於郊 至於梁而遇於老子(요어교 지어양이우어노자) : 위(魏)나라의 서울 대량(大梁) 교외
　에서 기다리다가 마침내 노담을 만나다. 邀於郊(요어교)는 '梁나라의 교외에서 맞이하다'
　라는 뜻.

침내 노자를 만났다.

老子³⁾中道仰天而歎曰노자중도앙천이탄왈 :

노자가 도중에 하늘을 보며 탄식하며 말했다.

"始以汝爲可敎시이여위가교 今不可也금불가야

"처음에는 너를 가르칠 만하다고 여겼었는데, 지금은 틀렸구나."

陽子居不答至舍양자거부답지사 進盥漱巾櫛⁴⁾진관수건즐

양자거는 아무 대답을 하지 않았다. 이윽고 여관에 이르자, 세숫물과 양
칫물, 그리고 수건과 빗을 노자에게 받쳐 올리고는,

脫屨戶外탈구호외 膝行而前曰슬행이전왈

자신은 문 밖에서 신을 벗고 무릎으로 기어가서 말했다.

"向者弟子欲請夫子향자제자욕청부자 夫子行不閒부자행불한 是以不敢시이
불감

"아까 제가 선생님께 여쭈어 보려고 했었으나, 선생님께서 길을 걸으
시느라 겨를이 없어 감히 여쭙지 못했습니다.

今閒矣금한의 請問其過청문기과"

지금은 한가하시니, 아까 저에게 그렇게 말씀하신 까닭을 여쭙습니다."

---

3) 老子(노자) : 출생과 사망은 미상이다. 고대의 사상가이며 도가(道家)의 시조이다. 성은
   이(李), 이름은 이(耳), 자는 담(聃). 《노자도덕경(老子道德經)》이라고도 불리는 《노
   자》는 제자백가(諸子百家)가 상당히 발전한 무렵부터 한(漢)대까지의 도가사상의 소산
   (所産)이다. 《노자》의 중심 사상은 인의(仁義) 등 도덕이나 지혜에 의하여 인위적으로
   백성을 지배하려고 하는 유가(儒家)에 대하여, 도덕·지혜를 버리고 지배 의욕을 버리
   고 무위자연(無爲自然)에 의하여 지배하려고 하는 정치사상과, 동일하게 무위무욕(無爲
   無欲)으로 남에게 겸양하는 것에 의하여 성공·보신(保身)하려고 하는 처세술이다.

4) 進盥漱巾櫛(진관수건즐) : 세숫물과 양치할 물, 수건과 빗을 받들어 올리다. 盥(관)은 세
   숫대야. 櫛(즐)은 빗.

老子曰노자왈 : 노자가 말했다.

"而睢睢盱盱 而誰與居5)이휴휴우우 이수여거

"너는 눈을 부릅뜨고 노려보면서 거만해지니, 누가 너와 함께 있으려 하겠느냐?

大白若辱 盛德若不足6)대백약욕 성덕약부족"

아주 깨끗한 것은 더러운 듯하고, 아주 넓은 德은 부족한 듯 보인다."

陽子居蹴然變容曰양자거축연변용왈

양자거가 송구스러운 듯 얼굴빛을 바꾸며 말했다.

"敬聞命矣경문명의"

"삼가 가르침에 따르겠습니다."

其往也7)기왕야 舍者迎將其家사자영장기가 公執席공집석

처음에 양자거가 여관에 머물렀을 때에는 같이 묵는 사람이 그를 맞이하고 보냈으며, 그 여관 주인이 이부자리를 날라 오고,

妻執巾櫛처집건즐 舍者避席사자피석 煬者避竈8)양자피조

여관집 주인의 부인은 수건과 빗을 가져다 바치며, 동숙자들이 자리를 피하고 불을 쬐던 사람도 그를 피해 부뚜막으로부터 달아났다.

---

5) 而睢睢盱盱 而誰與居(이휴휴우우 이수여거) : 너는 눈 부릅뜨고 노려보면서 거만하니, 누가 너와 함께 있으려고 하겠느냐. 睢(휴)는 (눈을) 부릅떠 보다. 盱(우)는 눈을 부릅뜨다. 而는 너.

6) 大白若辱 盛德若不足(대백약욕 성덕약부족) : 아주 맑고 깨끗한 것은 때 묻은 것처럼 보이고, 정말로 충실한 덕은 부족한 것처럼 보임. 《노자》 제41장에도 "아주 깨끗한 것은 더러운 듯하고, 아주 넓은 덕은 부족한 듯하다(大白若辱 廣德若不足)."라는 비슷한 표현이 나온다.

7) 其往也(기왕야) : 처음 여관에 갔을 때.

8) 煬者避竈(양자피조) : 불을 쬐던 사람도 그를 피해 부뚜막으로부터 달아나다. 竈는 부뚜막.

其反也기반야 舍者與之爭席矣사자여지쟁석의

그가 다시 돌아가자 숙박객들이 그와 자리를 다투게까지 되었다.

| 해설 |

　양자거(陽子居)와 노자의 문답을 빌려, 거만한 생각과 태도를 버려야 참다운 해탈자가 될 수 있음을 설명하고 있다. 노자의 훈계를 받은 양자거의 생활태도가 좋은 예다.

　내용 면에서는 〈외물〉 편의 노래자(老萊子)와 공자와의 문답과 비슷하고, 《열자》 〈황제편〉의 전문이 거의 그대로 실려 전한다.

28. 양왕
讓王

천하를 다스리고자 함이 없는 사람에게 천하를 맡길 수 있다

첫 문장의 내용에서 만들어낸 제목이다. 이 〈양왕〉 편부터 31 〈어부(漁
父)〉 편에 이르는 4편은 일찍이 소동파도 말했듯이, 후인의 기탁(寄託)으로
서 내편과 거리가 가장 먼 대목이라 한다. 특히 〈외편〉 과 〈잡편〉 에서 〈양
왕〉, 〈도척(盜蹠)〉, 〈설검(說劍)〉, 〈어부〉편 등 4편의 편명만은 모두
내용에서 지어 붙여, 다른 편의 모두(冒頭)의 2, 3자나 인명을 따다가 제목
으로 삼은 것과는 아주 다르다. 또 《장자》 전체의 후서(後序)격인 〈우언〉
편과 보유(補遺)격인 〈열어구(列禦寇)〉 편 사이에 일괄적으로 끼어 있어 후
에 《장자》 판본을 정리할 때 삽입한 것으로 보인다. 그리고 《여씨춘추(呂氏
春秋)》에도 이 편과 중복되는 대목이 많아 이런 것들의 종합일 것으로 보
인다.

수양산 백이와 숙제

1.

堯以天下讓午由요이천하양허유 許由不受허유불수

요임금은 허유에게 천하를 선양하려 하였으나 허유는 받지 않았다.

又讓於子州支父1)우양어자주지보 子州支父曰자주지보왈 :

그래서 자주지보(子州支父)에게 양보하려 했더니, 자주지보가 말했다.

"以爲我天子이위아천자 猶之可也유지가야

"나를 천자로 삼고자 하시니, 좋기는 합니다.

雖然수연 我適有幽憂之病아적유유우지병 方且治之방차치지 未暇治天下也
미가치천하야"

그렇지만 나는 지금 우울증에 걸려 있어 그것을 치료하고 있는 중입니다.
그래서 천하를 다스릴 겨를이 없습니다."

夫天下至重也부천하지중야 而不以害其生이불이해기생 又況他物乎우황타물
호!

무릇 천하는 지극히 중한 것이지만, 그것 때문에 생명까지 해칠 수는
없는 것이니, 또한 하물며 다른 사물이야 말할 게 있겠는가!

唯無以天下爲者 可以託天下也2)유무이천하위자 가이탁천하야

오로지 천하를 다스리고자 함이 없는 사람에게 천하를 맡길 수 있다.

舜讓天下於子州支伯3)순양천하어자주지백 子州支伯曰자주지백왈 :

---

1) 子州支父(자주지보) : 성(姓)은 子, 이름은 州, 字가 支父(지보). 道를 터득한 사람으로 은
   자이다.

2) 唯無以天下爲者 可以託天下也(유무이천하위자 가이탁천하야) : 오로지 천하를 다스리고
   자 함이 없는 자라야만 천하를 맡길 수 있다. 〈소요유〉편에도 똑같이 요임금이 허유에
   게 선양코자 하니 허유가 대답하기를, "임금께서는 돌아가십시오. 나에게는 천하가 쓸
   네가 없습니다(歸休乎君 無所用天下爲)."라고 한 대목이 있다.

순(舜)이 천하를 자주지백(子州支伯)에게 맡기려 하니, 자주지백이 말했다.

"子適有幽憂之病여적유유우지병 方且治之방차치지 未暇治天下也미가치천하야"

"나는 지금 우울증에 걸려 치료 중입니다. 그래서 천하를 다스릴 겨를이 없습니다."

故天下大器也고천하대기야 而不以易生이불이역생 此有道者之所以異乎俗者也차유도자지소이이호속자야

그러므로 천하는 큰 그릇이기는 하지만, 생명과 바꿀 수는 없으니, 이것이 득도자가 속인들과 다른 점이다.

舜以天下讓善卷4)순이천하양선권 善卷曰선권왈 :

순임금이 천하를 선권(善卷)에게 물려주려 하니, 선권이 말했다.

"余立於宇宙之中여립어우주지중 冬日衣皮毛동일의피모

"나는 이 우주 한가운데 서서 겨울에는 가죽옷을 입고,

夏日衣葛絺5)하일의갈치 春耕種6)춘경종 形足以勞動형족이로동

여름에는 베옷을 입으며, 봄에는 밭을 갈고 씨를 뿌리니, 몸은 노동하기에 족하고,

秋收斂추수렴 身足以休息신족이휴식

가을에는 추수를 하여 몸을 쉬며 먹기에 족하다.

日出而作 日入而息7)일출이작 일입이식

---

3) 子州支伯(자주지백) : 앞에 나온 자주지보(子州支父)와 동일인이라는 견해가 유력하다.
4) 善卷(선권) : 성(姓)은 善, 이름은 卷. 은자(隱者)이다.
5) 夏日衣葛絺(하일의갈치) : 여름에는 베옷을 입고 지냄. 衣는 입는다는 뜻. 絺(치)는 칡의 섬유로 짠 고운 베.
6) 春耕種(춘경종) : 봄에는 밭을 갈고 씨를 뿌리다.

해가 뜨면 밖에 나가 일하고, 해가 지면 들어가 쉬며,

逍遙於天地之間而心意自得소요어천지지간이심의자득
천지자연에서 자유롭게 노닐며 마음에 흡족한 삶을 살고 있습니다.

吾何以天下爲哉오하이천하위재?
내 어찌 천하를 다스리는 일 따위를 하겠습니까?

悲夫비부! 子之不知余也자지부지여야!"
슬프군요! 임금이 나를 알지 못함이!"

遂不受수불수 於是去而入深山어시거이입심산 莫知其處막지기처
선권은 끝내 천하를 받지 않고 그곳을 떠나 깊은 산으로 들어가니, 그 뒤로는 그의 거처를 아는 이가 없었다.

舜以天下讓其友石戶之農순이천하양기우석호지농 石戶之農日석호지농왈
순(舜)은 다시 천하를 친구인 석호(石戶) 땅에 사는 농부에게 양보하려 하자, 석호 땅 농부가 말했다.

"捲捲乎后之爲人8)권권호후지위인 葆力之士也9)보력지사야"

---

7) 日出而作 日入而息(일출이작 일입이식) : 해가 뜨면 밖에 나가 일하고 해가 지면 집에 들어와 쉰다. 이 구절은 「격양가(擊壤歌)」에 나온다. "해가 뜨면 일하고(日出而作), 해가 지면 쉰다(日入而息). 우물 파서 마시고(鑿井而飮), 밭을 갈아 먹으니(耕田而食), 임금의 덕이 내게 무슨 소용이 있으랴(帝力于我何有哉)." 「격양가」는 요(堯)나라 때의 태평세월을 구가한 노래다. 정치의 고마움을 알게 하는 정치보다는 그것을 전혀 느끼기조차 못하게 하는 정치가 진실로 위대한 정치라는 것을 뜻하는 것으로, 이 노래를 들은 요임금은 크게 만족해하였다 하며, 그 후 중국은 물론 우리나라에서도 풍년이 들어 오곡이 풍성하고 민심이 후한 태평시대를 비유하는 말로 쓰이고 있다.

8) 捲捲乎后之爲人(권권호후지위인) : 참으로 애쓰십니다, 임금이시여. 捲捲乎(권권호)는 애쓰는 모양.

9) 葆力之士也(보력지사야) : 인간의 힘에 의지하는 사람이다. 葆(보)는 保의 가차, 곧 의지하다.

"참으로 애쓰십니다, 임금이시여! 인간의 힘에 의지하는 사람이군요."

以舜之德爲未至也이순지덕위미지야

그는 순임금의 덕이 아직 지극하지 못한 것으로 여겼다.

於是夫負妻戴10)어시부부처대　攜子以入於海휴자이입어해　終身不反也종신불반야

그래서 그는 등짐을 지고 아내는 머리에 이고 자식들을 이끌고 바다 가운데 외딴 섬으로 들어가 평생토록 돌아오지 않았다.

| 해설 |

　천자의 지위는 속물이나 바라는 것으로, 몸을 온전히 하는 데는 도리어 장해가 된다. 따라서 道를 얻은 자는 이를 멀리한다. 무위(無爲)의 치(治)와 전성보진(全性保眞 : 전국시대의 사상가 양주楊朱의 근본 사상. 정신과 육체의 일체적 구조로서의 인간의 本性에 최고의 가치를 부여하고, 그 순수성을 손상시키지 않고 원래 그대로의 보존과 실현을 이상으로 삼아야 한다는 사상)의 道를 설명한 것이다.

2.

大王亶父居邠 狄人攻之1)대왕단보거빈 적인공지

---

10) 夫負妻戴(부부처대) : 지아비는 짐을 등에 짊어지고, 아내는 짐을 머리에 이다. 戴(대)는 머리에 이다.

1) 大王亶父居邠 狄人攻之(대왕단보거빈 적인공지) : 대왕단보가 빈(邠) 땅에 살고 있었는데, 오랑캐가 침공해 오다. 대왕단보(大王亶父)는 고공단보(古公亶父)라고도 한다. 주(周)나라 왕계(王季)의 아버지이자 문왕(文王)의 할아버지 희단보(姬亶父)이다. 무왕(武王)이 주나라를 세운 뒤 추존(追尊)하여 太王이라 칭했다. 邠(빈)은 지금의 섬서성(陝西省)에 있는 지명. 豳(빈)이라고도 한다. 狄人(적인)은 중국 북쪽의 미개한 야만 종족, 오

태왕단보(太王亶父)가 빈(邠) 땅에 살 때에 오랑캐가 쳐들어왔다.

事之以皮帛而不受사지이피백이불수

그래서 태왕단보는 그들에게 가죽과 비단을 보냈으나 받지 않았고,

事之以犬馬而不受사지이견마이불수 事之以珠玉而不受사지이주옥이불수

개나 말을 보내도 받지 않았으며, 구슬이나 옥을 보내도 받지 않았다.

狄人之所求者土地也적인지소구자토지야

적인이 요구하는 것은 토지였다.

大王亶父曰대왕단보왈 : 태왕단보는 백성들에게 말했다.

"與人之兄居而殺其弟여인지형거이살기제 與人之父居而殺其子여인지부거
이살기자 吾不忍也오불인야

"동생을 죽인 형들과 함께 사는 일이나, 자식을 죽인 아버지와 함께
사는 일을 나는 차마 할 수 없다.

子皆勉居矣자개면거의! 爲吾臣與爲狄人臣위오신여위적인신 奚以異해이이?

그대들은 모두 힘써 일하면서 살아라! 나의 신하가 되는 것과, 오랑캐의
신하가 되는 것이 어찌 다르겠는가?

且吾聞之차오문지 不以所用養害所養불이소용양해소양"

또 내가 듣건대, '백성을 기르기 위한 수단 때문에 길러야 할 백성들에
게 해를 끼쳐서는 안된다.'고 하였다."

因杖筴[2)]而去之인장협이거지

말을 마치고는 곧 지팡이를 짚고 빈(邠) 땅을 떠났다.

民相連而從之[3)]민상련이종지 遂成國於岐山之下[4)]수성국어기산지하

___

랑캐. 북적(北狄).

2) 杖筴(장협) : 지팡이.

백성들은 서로 줄지어 태왕단보를 따라 마침내 기산(岐山) 아래 새 나라를 세웠다.

夫大王亶父可謂能尊生矣부대왕단보가위능존생의
태왕단보야말로 정말로 생명을 존중한 사람이라고 할 수 있다.

能尊生者능존생자 雖貴富不以養傷身수귀부불이양상신
정말로 남의 목숨을 중요시하는 자는 비록 부귀한 자리에 있더라도,

雖貧賤不以利累形수빈천불이리루형
비록 빈천하게 살아도 이익 때문에 그 몸을 괴롭히지 않는다.

今世之人금세지인 居高官尊爵者거고관존작자 皆重失之개중실지
지금 세상의 사람은 높은 벼슬과 높은 지위에 있게 되면 모두가 그것을 잃을까 걱정하고,

見利輕亡其身견리경망기신 豈不惑哉개불혹재!
목전의 이익을 보면 가벼이 몸을 망치니, 어찌 어리석다 하지 않을 수 있겠는가!

| 해설 |

　인명을 중시하여 전쟁을 거부한 태왕단보(太王亶父)야말로 참다운 임금으로, 진실로 백성들에게 신뢰를 받을 수 있었으니, 생명의 고귀함을 설명했다. 따라서 한편 벼슬과 이익 때문에 몸을 망치게 됨도 경계하고 있다.

---

3) 民相連而從之(민상련이종지) : 백성들이 줄지어 태왕단보의 뒤를 따라가다. 相連은 서로 잇닿다.

4) 遂成國於岐山之下(수성국어기산지하) : 마침내 기산 아래 새 나라를 세우다. 岐山은 섬서성(陝西省) 기산 현에 있는 산.

3.

越人三世弒其君[1]월인삼세시기군

월(越)나라 사람들이 3대에 걸쳐서 임금을 시해하였다.

王子搜患之 逃乎丹穴[2]왕자수환지 도호단혈 而越國無君이월국무군

왕자 수(搜)는 화를 당할까 두려워 단혈(丹穴)로 도망가니 월나라에는 임금이 없게 되었다.

求王子搜不得구왕자수부득 從之丹穴종지단혈

월나라 백성들은 왕자 수(搜)를 찾았으나 끝내 찾지 못하고 마침내 단혈(丹穴)까지 그를 찾아갔다.

王子搜不肯出왕자수불긍출 越人薰之以艾[3]월인훈지이애 乘以玉輿[4]승이옥여

그러나 왕자 수(搜)가 나오려 하지 않자, 월나라 사람들은 쑥을 태워 왕자를 나오게 하여 임금의 수레에 태웠다.

王子搜援綏登車왕자수원수등거 仰天而呼曰앙천이호왈 :

왕자 수는 수레 끈을 잡고 수레에 오르며 하늘을 우러러 큰 소리로 외쳤다.

"君乎君乎군호군호! 獨不可以舍我乎[5]독불가이사아호!"

---

1) 越人三世弒其君(월인삼세시기군) : 월나라 사람들이 3대에 걸쳐서 임금을 시해하다. 弒(시)는 아랫사람이 윗사람을 죽이는 것.

2) 王子搜患之 逃乎丹穴(왕자수환지 도호단혈) : 왕자(王子) 수(搜)가 화를 입을까 단혈(丹穴)로 도망하다. 《史記》〈월왕구천세가(越王句踐世家)〉에 왕자 수(搜)는 월왕 구천(句踐)의 5세손인 무전(無顓)이라고 했다.

3) 薰之以艾(훈지이애) : 쑥을 태워 연기를 피우다. 艾(애)는 쑥.

4) 乘以玉輿(승이옥여) : 옥으로 장식한 수레에 태움. 玉輿(옥여)는 임금이 타는 수레.

5) 獨不可以舍我乎(독불가이사아호) : 굳이 내가 왕이 되어야 하는가! 굳이 내가 임금이 되어야만 하느냐는 탄식이다.

"나를 임금으로 삼으려는가! 임금으로 삼으려는가! 나를 내버려둘 수 없는가!"

王子搜非惡爲君也왕자수비오위군야 惡爲君之患也오위군지환야

왕자 수는 임금이 되기를 싫어한 것이 아니었다. 임금이 되어 죽음을 당하는 것을 두려워한 것이다.

若王子搜者약왕자수자 可謂不以國傷生矣가위불이국상생의

왕자 수(搜)와 같은 사람은 나라로 인해 자기 생명을 손상하지 않은 사람이라 할 수 있다.

此固越人之所欲得爲君也차고월인지소욕득위군야

이것이 참으로 월나라 사람들이 그를 임금으로 섬기고자 한 까닭이다.

| 해설 |

임금이 되어 몸을 해치는 것을 피하는 것같이, 생명을 존중하는 자야말로 참된 임금이란 것을 강조하고 있다.

4.

韓魏相與爭侵地¹⁾한위상여쟁침지

한(韓)나라와 위(魏)나라가 영토를 다투어 서로 침략했다.

子華子見昭僖侯²⁾자화자견소희후 昭僖侯有憂色소희후유우색

---

1) 韓魏相與爭侵地(한위상여쟁침지) : 한(韓)나라와 위(魏)나라가 영토를 다투어 서로 침략하다. 한(韓)과 위(魏)는 전국칠웅{戰國七雄 : 齊(제)·楚(초)·燕(연)·韓(한)·趙(조)·魏(위)·秦(진)} 가운데 하나이다. 韓나라(BC403~BC230)는 춘추오패의 하나인 진(晉)에서 분리된 나라이며, 위(魏)나라, 조(趙)나라와 더불어 삼진(三晉)으로 불린다.

자화자(子華子)가 한나라의 소희후(昭僖侯)를 뵈었는데, 소희후의 얼굴은 근심스런 기색을 띠고 있었다.

子華子曰자화자왈 : 자화자(子華子)가 말했다.

"今使天下書銘於君之前금사천하서명어군지전 書之言曰서지언왈 :

"지금 천하 사람으로 하여금 임금 앞에서 서약서를 쓰게 하는데, 그 서약서에 이르기를,

'左手攫之則右手廢좌수확지즉우수폐 右手攫之則左手廢우수확지즉좌수폐

'왼손으로 움켜잡으면 오른손이 잘리고, 오른손으로 움켜잡으면 왼손이 잘린다.

然而攫之者必有天下연이확지자필유천하' 君能攫之乎3)군능확지호?"

그렇지만 그것을 움켜잡는 사람은 반드시 천하를 차지한다.' 라고 했습니다. 왕께서는 그것을 잡으시겠습니까?"

昭僖侯曰소희우왈 : "寡人不攫也과인불확야"

소희후(昭僖侯)가 말했다. : "과인은 움켜잡지 않을 것이오."

子華子曰자화자왈 : 자화자(子華子)가 말했다.

"甚善심선! 自是觀之자시관지 兩臂重於天下也양비중어천하야 身亦重於兩臂신역중어양비

---

2) 子華子見昭僖侯(자화자견소희후) : 자화자(子華子)가 소희후(昭僖侯)를 뵈었다. 자화자는 〈칙양〉 편에 화자(華子)로 이미 나왔다. 자화자는 춘추전국시대의 사상가·철학자·양생기공가(養生氣功家)이다. 소희후(昭僖侯, BC362~BC333)는 한(韓)의 수후(昭侯) 학자이자 정치가이며 사상가인 신불해(申不害)를 재상으로 등용해 15년간 나라를 태평하게 다스렸다.

3) 君能攫之乎(군능확지호) : 임금께서는 그것을 움켜잡으시겠습니까? 能은 장차 그렇게 하기를 원하느냐는 뜻. 攫(확)은 움켜잡다.

"매우 좋습니다. 이로 볼 때, 두 팔은 천하보다 중하고, 몸은 또한 두 팔보다 중합니다.

韓之輕於天下亦遠矣한지경어천하역원의

한(韓)나라는 천하에 비하면 훨씬 가볍습니다.

今之所爭者4)금지소쟁자 其輕於韓又遠기경어한우원

그런데 지금 위나라와 다투고 있는 땅은 한(韓)나라 전체 영토에 비하면 보잘 것 없는 것인데,

君固愁身傷生以憂戚不得也군고수신상생이우척부득야"

임금께서는 몸을 괴롭히고 삶을 해치면서까지 그 땅을 손에 넣지 못해 걱정하고 계십니다."

僖侯曰희우왈 : 소희후(昭僖侯)가 말했다.

"善哉선재! 敎寡人者衆矣교과인자중의 未嘗得聞此言也미상득문차언야"

"좋은 말씀이오! 지금까지 과인을 가르쳐준 이가 많지만, 이런 말은 들어본 적이 없소."

子華子可謂知輕重矣자화자가위지경중의

자화자야말로 일의 경중(輕重)을 아는 자라고 말할 수가 있다.

| 해설 |

자기의 몸을 존중할 줄 알면 외물에 마음이 사로잡혀 생명을 잃는 어리석은 짓을 하지 않음을 설명하고 있다. 이에 자신의 몸과 정신을 편안히 하게 되면 참된 자신에 충실해질 수 있음을 말하고 있다.

---

4) 今之所爭者(금지소쟁자) : 지금 위(魏)나라와 다투고 있는 변경의 영토를 뜻한다.

5.

魯君聞顔闔得道之人也[1]노군문안합득도지인야 使人以幣先焉사인이폐선언

노나라 임금은 안합(顔闔)이 道를 터득한 사람이라는 소문을 듣고 사람을 시켜 폐백을 가지고 가서 그를 맞아오게 했다.

顔闔守陋閭 苴布之衣而自飯牛[2]안합수루려 저포지의이자반우

그때 안합은 누항(陋巷)에 살면서 남루한 베옷을 입고 스스로 소를 먹이고 있었다.

魯君之使者至노군지사자지 顔闔自對之안합자대지

노나라 사자가 이르자, 안합은 몸소 나와 맞았다.

使者曰사자왈 : "此顔闔之家與차안합지가여?"

사자가 말했다. : "이곳이 안합(顔闔) 선생의 댁입니까?"

顔闔對曰안합대왈 : "此闔之家也차합지가야"

안합(顔闔)이 대답했다. : "여기가 합(闔)의 집이오."

使者致幣사자치폐 顔闔曰안합왈 :

사자가 폐백을 내어놓으려 하자, 안합이 말했다.

"恐聽者謬而遺使者罪[3]공청자류이유사자죄 不若審之[4]불약심지"

---

1) 魯君聞顔闔得道之人也(노군문안합득도지인야) : 노(魯)나라의 군주가 노나라의 현자 안합(顔闔)이 道를 터득한 사람이라는 소문을 듣고 사람을 시켜 폐백을 가지고 먼저 찾아가 보게 했다. 魯君(노군)은 노(魯)나라의 애공(哀公) 또는 정공(定公)이라고도 한다. 顔闔은 姓이 顔, 이름은 闔, 노나라의 은자. 〈인간세〉 편에도 나왔다.

2) 顔闔守陋閭 苴布之衣而自飯牛(안합수루려 저포지의이자반우) : 안합은 누항(陋巷)에 살면서 남루한 베옷을 입고 스스로 소를 먹이다. 陋巷(누항)은 누추하고 좁은 뒷골목. 苴布(저포)는 삼으로 짠 거친 천. 저포(樗蒲). 飯은 사육하다.

3) 恐聽者謬而遺使者罪(공청자류이유사자죄) : 잘못 들은 사자에게 죄가 주어질 것이 두려움. 聽者謬(청사류)는 잘못 들어서라는 뜻.

"잘못 알고 찾아왔다면 사자의 죄가 될 것 같으니, 아무래도 다시 알아보는 것이 좋을 것이오."

使者還사자환 反審之반심지 復來求之복래구지 則不得已즉부득이

사자는 돌아가 확실히 알아보고 다시 와서 만나려고 했으나, 안합은 어디로 갔는지 만날 수가 없었다.

故若顏闔者고약안합자 爲惡富貴也진오부귀야

그러므로 안합과 같은 사람은 진실로 부귀를 싫어하는 자였다.

故曰고왈 : 그래서 이런 말이 있다.

'道之眞以治身도지진이치신 其緖餘以爲國家기서여이위국가 其土苴以治天下5)기토자이치천하'

'참된 道로써 몸을 기르고, 그 나머지로써 국가를 다스리고, 또 그 남은 찌꺼기로써 천하를 다스린다.'

由此觀之유차관지 帝王之功제왕지공 聖人之餘事也성인지여사야 非所以完身養生也비소이완신양생야

이로 볼 때, 제왕의 공적은 성인의 나머지 일로써 몸을 온전히 하고, 생명을 기르는 방법은 아니다.

今世俗之君子금세속지군자 多爲身棄生以殉物다위신기생이순물

오늘날 세속의 군자들은 몸을 위태롭게 하고 생명을 버리면서까지 외물을 좇는 경우가 많으니,

---

4) 不若審之(불약심지) : 좀 더 살펴보는 것이 좋을 것이다. 폐백이 누구에게 보내지는 것인지 확실히 알아보는 것이 좋겠다는 뜻.

5) 其土苴以治天下(기토자이치천하) : 道의 진수를 가지고 몸을 기르고, 道의 나머지를 가지고 국가를 다스리고, 그 나머지 찌꺼기로써는 천하를 다스린다. 苴(자)는 찌꺼기, 곧 쓸모없는 것을 의미한다.

豈不悲哉기불비재!

어찌 슬프지 않겠는가!

凡聖人之動作也범성인지동작야 必察其所以之 與其所以爲6)필찰기소이지
여기소이위

무릇 성인이 행동하는 경우에는 반드시 마음이 향하는 것과 그것을
행하는 방법을 먼저 살핀다.

今且有人於此금차유인어차 以隨侯之珠彈千仞之雀7)이수후지주탄천인지작
世必笑之세필소지 是何也시하야?

지금 어떤 사람이 수후(隨侯)의 구슬로 천 길 높이에 있는 참새를 쏘았
다면 틀림없이 세상 사람들은 비웃을 것이다. 어째서인가?

則其所用者重而所要者輕也즉기소용자중이소요자경야

그가 사용한 구슬은 귀한 것임에 비해, 그가 얻은 것은 하찮은 것이기
때문이다.

夫生者부생자 豈特隨侯之重哉기특수후지중재!

그렇다면 인간의 삶이 어찌 수후(隨侯)의 구슬에 비할 것인가!

| 해설 |

노나라 임금의 초청을 거절한 안합(顔闔)이 세속적인 부귀보다도 자

6) 必察其所以之 與其所以爲(필찰기소이지 여기소이위) : 반드시 마음이 향하는 것과 행동
하는 것을 미리 잘 살핀다. 所以之는 마음이 가는 것. 所以爲는 행동하는 것.

7) 以隨侯之珠彈千仞之雀(이수후지수수단천인시삭) : 수후(隨侯)의 구슬을 가지고 천 길 높이
날고 있는 참새를 쏘았다면. 隨侯之珠(수후지주)는 춘추시대 수(隨)나라 제후가 상처 입
은 큰 뱀을 도와준 후 뱀이 큰 구슬을 물고 와 은혜에 보답하였다는 전설에서 나온 말
이다. 여기서 "작은 것을 얻기 위하여 귀한 것을 버리는 일"을 비유하는 「수주탄작(隨
株彈雀)」 성어가 생겨났다.

기 삶의 편안함을 즐긴 이야기를 기록하고 있다. 개인의 삶에 비해 국가 사회를 다스리는 일은 말단의 일로서, 우선 자신을 안전하게 보호하고 삶을 편안히 기를 것을 역설하고 있다. 안합은 〈인간세〉 편과 〈달생〉 편에서 나왔었다.

6.

子列子¹⁾窮자열자궁 容貌有飢色용모유기색

열자(列子)가 몹시 궁하여 얼굴에 주린 기색이 완연했다.

客有言之於鄭子陽²⁾者曰객유언지어정자양자왈 :

어떤 객이 이를 보고 정(鄭)나라 자양(子陽)에게 말했다.

"列御寇 蓋有道之士也³⁾열어구 개유도지사야 居君之國而窮거군지국이궁

"열어구는 아마도 득도한 인물일 텐데, 그가 지금 당신네 나라에 살면서 궁하게 지내고 있다고 하니,

君無乃爲不好士乎군무내위불호사호?"

당신은 곧 훌륭한 선비를 좋아하지 않는 게 아니겠습니까?"

---

1) 子列子(자열자) : 앞의 子는 존칭. 列子는 본명이 열어구(列禦寇)이다. 전국시기 정(鄭)나라 때 사상가이자 문학가로 도가학파(道家學派)의 대표적 인물 가운데 한 사람이다. 후세에 철학과 문학, 과학기술(科技), 종교에 심원한 영향을 끼쳤다. 저서로《열자(列子)》는 전한(前漢)시대에 편집되었으나, 얼마 안 가 유실되었고, 진(晋)시대(3~4세기)에 가필(加筆)되어 오늘에 전하고 있다.

2) 鄭子陽(정자양) : 정나라 재상. 그는 부하에 대하여 너무 엄해서 많은 사람들의 원망을 샀다. 어느 날, 부하가 실수로 자양의 활을 부러뜨리자 죄를 받을까 두려워하여 미리 미친개를 풀어 놓아 자양을 죽였다.

3) 列御寇 蓋有道之士也(열어구 개유도지사야) : 열어구는 道를 터득한 인물일 것이다. 蓋(개)는 아마도.

鄭子陽卽令官遺之粟정자양즉령관유지속

정나라 자양은 곧 관리를 시켜 열자에게 곡식을 갖다 주게 했다.

子列子見使者자열자견사자 再拜而辭재배이사

열자는 사자를 만나자 두 번 절하고, 그 곡식을 사양하며 받지 않았다.

使者去사자거 子列子入자열자입 其妻望之而拊心曰[4]기처망지이부심왈

사자가 돌아간 뒤 열자가 안으로 들어가자, 그의 아내는 그를 원망하여 가슴을 치며 말했다.

"妾聞爲有道者之妻子첩문위유도자지처자 皆得佚樂개득일락 今有飢色금유기색

"첩이 듣기로는, 유도자(有道者)의 처자가 되면 모두 편안하고 즐겁게 살 수 있다고 하였습니다. 그런데 우리는 이토록 주리고 있습니다.

君過而遺先生食군과이유선생식

그래서 임금님이 그것을 잘못으로 여겨 당신에게 곡식을 보내주었는데,

先生不受선생불수 豈不命邪[5]기불명야!"

당신은 그것을 받지 않으니, 어찌 이것이 운명이라 하지 않겠습니까!"

子列子笑謂之曰자열자소위지왈 : 열자가 웃으면서 말했다.

"君非自知我也군비자지아야 以人之言而遺我粟이인지언이유아속

"저 자양이 스스로 나를 알아준 것이 아니고, 남의 말을 듣고서 나에게 곡식을 보낸 것이오.

至其罪我也지기죄아야 又且以人之言우차이인지언 此吾所以不受也차오소이

---

4) 其妻望之而拊心曰(기처망지이부심왈) : 그의 아내가 그것을 원망하여 가슴을 치며 말하다. 望은 원망(怨望)의 뜻. 拊心(부심)은 가슴을 치다. 拊는 어루만지다, 치다.

5) 豈不命邪(기불명야) : 어찌 운명이라 하지 않겠는가?. '아이고, 속 터져!'라는 뉘앙스

28. 양왕(讓王) 975

불수야"

그렇다면 나를 죄주려 할 때도 또한 남의 말을 들을 것이 분명하오. 그래서 나는 그 곡식을 받지 않은 것이오"

其卒기졸 民果作難而殺子陽민과작난이살자양

결국에 가서는 백성들이 반란을 일으켜 자양을 죽이고 말았다.

| 해설 |

열자 부부의 대화를 빌려 정나라 재상 자양은 남의 말을 듣고 열자에게 곡식을 주게 하였으니, 이는 남의 말이라는 외물에 좌우된 것이다. 도리어 위험이 따름을 말하고 있다. 이 대목은《열자》〈설부(說符)〉편에도 거의 똑같은 내용으로 실려 있다.

7.

楚昭王失國 屠羊說走而從於昭王[1]초소왕실국 도양열주이종어소왕

초나라 소왕(昭王)이 전쟁에 져서 나라를 잃고 도망칠 때 염소 백정 열(說)이 달아나면서 소왕을 따랐다.

昭王反國소왕반국 將賞從者장상종자 及屠羊說급도양열

소왕이 다시 나라로 돌아오자, 그 때 자기를 따랐던 사람들에게 포상을

---

1) 楚昭王失國 屠羊說走而從於昭王(초소왕실국 도양열주이종어소왕) : 초나라 소왕(昭王)이 전쟁에 져서 나라를 잃고 도망칠 때 염소 백정 열(說)이 달아나면서 소왕을 따랐다. 초 소왕은 춘추시대 말의 군주. 이름은 진(軫), 평왕(平王)의 아들. 즉위 초에 영윤(令尹) 자상(子常)을 시켜 참신(讒臣) 비무기(費無忌)를 죽여 백성들의 분노를 가라앉혔다. 재위 기간 중 오(吳)나라가 여러 차례 초나라를 패배시켰다. 오자서(伍子胥)가 오나라 군대를 이끌고 초나라의 수도 영(郢)을 공격하자 달아났다. 대부(大夫) 신포서(申包胥)가 진(秦) 나라로부터 구원병을 얻어 겨우 돌아올 수 있었다.

하려고 할 때, 양을 잡는 백정 열(說)에게도 상이 내려졌다.

屠羊說曰도양열왈 : 백정 열(說)이 말했다.

"大王失國대왕실국 說失屠羊열실도양 大王反國대왕반국 說亦反屠羊열역반도양

"대왕께서 나라를 잃으셨을 때 저는 양을 잡는 일을 잃었고, 대왕께서 국도로 돌아오시자 저 또한 양을 잡을 수 있게 되었습니다.

臣之爵祿已復矣신지작록이복의 又何賞之言우하상지언?"

저의 작록은 이미 본직으로 돌아왔는데, 또 무슨 상을 주신단 말씀을 하십니까?"

王曰왕왈 : "强之강지!"

왕이 관리에게 말했다. : "억지로라도 상을 받게 하라!"

屠羊說曰도양열왈 : 백정 열(說)이 말했다.

"大王失國대왕실국 非臣之罪비신지죄 故不敢伏其誅고불감복기주

"대왕께서 나라를 잃으셨던 것은 저의 죄가 아닙니다. 그러므로 감히 그 벌을 받을 수가 없습니다.

大王反國대왕반국 非臣之功비신지공 故不敢當其賞고불감당기상"

대왕께서 나라로 다시 돌아오신 것 또한 저의 공이 아닙니다. 그러므로 감히 그 상을 받을 수가 없습니다."

王曰왕왈 : "見之²⁾견지!"

왕이 말했다. : "그를 크게 표창하리라!"

屠羊說曰도양열왈 : 백정 열(說)이 말했다.

---

2) 見之(견지) : 그를 크게 드러냄. 그를 크게 표창하라.

"楚國之法초국지법 必有重賞大功而後得見필유중상대공이후득견

"초나라 법에는 반드시 큰 상을 받을 만한 큰 공적을 세운 뒤에야 임금님을 뵐 수 있습니다.

今臣之知不足以存國금신지지부족이존국 而勇不足以死寇[3]이용부족이사구

지금 저의 지혜는 국난을 구제할 만하지도 못하고, 용기도 죽음으로써 적을 대적할 만하지도 못합니다.

吳軍入郢오군입영 說畏難而避寇열외난이피구 非故隨大王也비고수대왕야

오나라 군대가 수도 영(郢)으로 쳐들어왔을 때 저는 난이 두려워 적을 피한 것이지, 제 의지로 대왕을 따라간 것이 아닙니다.

今大王欲廢法毁約而見說금대왕욕폐법훼약이견열 此非臣之所以聞於天下也차비신지소이문어천하야"

이제 왕께서 국법을 깨고 저를 만나보려 하시니, 이것은 제가 천하에 이름을 알리는 옳은 방법이 아닙니다."

王謂司馬子綦曰왕위사마자기왈 : 왕이 사마(司馬) 자기(子綦)에게 말했다.

"屠羊說居處卑賤而陳義甚高도양열거처비천이진의심고 子綦爲我延之以三旌之位[4]자기위아연지이삼정지위"

"백정 열은 신분이 비천하면서도 의(義)를 말한 것은 매우 고상하다. 그러하니 그대는 나를 위해 그를 불러 삼공(三公)의 지위를 주도록 하라."

屠羊說曰도양열왈 : 백정 열(說)이 말했다.

"夫三旌之位부삼정지위 吾知其貴於屠羊之肆[5]也오지기귀어도양지사야 萬

---

3) 勇不足以死寇(용부족이사구) : 용기는 죽음으로써 적을 대적하기에 부족함. 死寇는 외적에게 죽음을 당한다는 뜻

4) 三旌之位(삼정지위) : 삼공의 지위. 旌은 왕명을 받은 신하에게 신임의 표시로 주던 기(旗).

鍾之祿만종지록 吾知其富於屠羊之利也오지기부어도양지리야

"무릇 삼공(三公)의 지위가 양을 잡는 백정의 직업보다 귀함을 제가 잘 알고 있으며, 만종(萬鍾)의 녹(祿)이 염소 잡는 백정의 수입보다 훨씬 많음을 제가 또한 잘 알고 있습니다.

然豈可以食爵祿而使吾君有妄施之名乎연기가이식작록이사오군유망시지명호!

어찌 제가 작록을 탐냄으로써 우리 임금님으로 하여금 함부로 포상을 베푼다는 오명을 받게 하겠습니까!

說不敢當열불감당 願復反吾屠羊之肆원복반오도양지사"

저는 감당할 수가 없습니다. 원하옵건대, 다시 양이나 잡는 백정의 직업으로 돌아가게 하여 주십시오."

遂不受也수불수야

그는 끝내 상을 받지 않았다

| 해설 |

초나라 소왕이, 오자서의 권유로 초나라로 쳐들어오는 오왕(吳王) 합려(闔閭)에게 패하여 서울로부터 도망갈 때, 양 잡는 백정의 신분인 열(說)이 따라가 호종(扈從)을 했다 하여 열에게도 포상(褒賞)을 하려 했다. 그러나 열은 끝내 그 상을 받지 않았다. 따라서 열은 고관대작이 부귀를 누리는 수단인 줄을 잘 알면서도 그것이 반드시 몸을 편안하게 하는 수단이 아님을 깨달아 끝내 거절하고 마는 득도자의 일면이 엿보이는 내용이다.

---

5) 屠羊之肆(도양지사) : 염소 도살하는 도살장. 肆(사)는 가게, 마구간.

8.

原憲[1] 居魯원헌거로

원헌(原憲)이 노(魯)나라에 살고 있었다.

環堵之室[2] 환도지실 茨以生草 蓬戶不完[3] 자이생초 봉호불완

사방 한 칸 좁은 집에 잡풀이 지붕을 덮고 쑥대로 이어 만든 문은 완전치도 못했으며,

桑以爲樞而甕牖[4] 상이위추이옹유 二室이실 褐以爲塞갈이위색

뽕나무로 지도리를 만들고, 깨진 항아리로 창을 만든 방이 두 개에다, 두 방은 누더기로 가리고 있었다.

上漏下溼상루하습 匡坐而弦[5] 광좌이현

위에서 비가 새 아래 바닥은 축축한데, 원헌은 그런 방에 똑바로 앉아서 거문고를 켜고 있었다.

子貢[6] 乘大馬자공승대마 中紺而表素중감이표소

---

1) 原憲(원헌) : 송(宋)나라 사람으로, 자는 자사(子思), 춘추시대 공자의 제자로 공문칠십이현(孔門七十二賢) 가운데 한 사람이다. 집안이 가난했지만 절의를 지키고, 안빈낙도(安貧樂道)의 생활을 했다.

2) 環堵之室(환도지실) : 사방 열 자 정도 되는 작은 집. 堵(도)는 一丈, 一丈은 열 자(尺).

3) 茨以生草 蓬戶不完(자이생초 봉호불완) : 지붕은 잡풀로 이었으며, 쑥대로 묶어 만든 방문도 완전치 않았다. 茨(자)는 지붕을 잇다. 蓬戶(봉호)는 쑥대로 묶어 만든 외짝 문.

4) 桑以爲樞而甕牖(상이위추이옹유) : 뽕나무 가지를 깎아 지도리를 만들고, 밑 빠진 항아리를 창으로 삼았다. 甕牖(옹유)는 밑 빠진 항아리, 깨진 항아리로 창문을 만들었다는 뜻.

5) 匡坐而弦(광좌이현) : 똑바로 앉아서 거문고를 탐. 匡(광)은 바르다. 弦은 악기의 줄로 絃과 같다. 현악기를 타다.

6) 子貢(자공) : 성은 단목(端木), 이름은 사(賜). 공문십철의 한 사람으로 재아(宰我)와 더불어 언어에 뛰어났다고 한다. 제(齊)나라가 노(魯)나라를 치려고 할 때, 공자의 허락을 받고 오(吳)나라와 월(越)나라를 설득하여 노나라를 구함과 동시에 월(越)을 패왕(覇王)으로 하여 네 나라의 세력관계에 새로운 국면을 열었다. 이재가(理財家)로서도 알려져

그때 자공(子貢)이 큰 마차를 타고 왔는데, 수레 안은 감색(紺色)으로 치장했고 덮개는 흰빛으로 꾸며져 있었다.

軒車不容巷헌거불용항 往見原憲왕견원헌

수레가 커서 좁은 골목으로 들어갈 수가 없어 자공이 걸어가서 원헌을 만났다.

原憲華冠縱履 杖藜而應門7)원헌화관쇄리 장려이응문

원헌은 자작나무 껍질로 만든 갓을 쓰고, 뒤꿈치 없는 신발을 신은 채 명아주 지팡이를 짚고 문 앞에 나와 맞이했다.

子貢曰자공왈 : "嘻희! 先生何病선생하병?"

자공(子貢)이 말했다. "아니! 선생은 어찌 이렇게 병들어 보이십니까?"

原憲應之曰원헌응지왈 : 원헌(原憲)이 이에 대답했다.

"憲聞之헌문지 '無財謂之貧무재위지빈 學而不能行謂之病학이불능행위지병' 今憲금헌 貧也빈야 非病也비병야"

"내가 듣건대, '재물이 없는 것을 가난이라 하고, 배워서 실천할 수 없는 것을 병들었다' 하는데, 나는 가난한 것이지, 병든 것이 아닐세."

子貢逡巡而有愧色8)자공준순이유괴색 原憲笑曰원헌소왈 :

자공이 머뭇거리며 무안해 하자, 원헌(原憲)이 웃으면서 말했다.

"夫希世而行 比周而友9)부희세이행 비주이우 學以爲人 敎以爲己10)학이

공문의 번영은 그의 경제적 원조에 의한 바가 컸다고 한다.

7) 華冠縱履 杖藜而應門(최관쇄리 장려이응문) : 자작나무 껍질로 만든 갓을 쓰고, 뒤꿈치 없는 신을 신고, 명아주 지팡이를 짚고 문 앞에 나가 마중하다. 화목(華木)은 자작나무. 縱履(쇄리)는 발싸개, 뒤꿈치가 해진 신발. 杖藜(장려)는 명아주 뿌리로 만든 지팡이를 짚다.

8) 子貢逡巡而有愧色(자공준순이유괴색) : 逡巡(준순)은 머뭇거리며 무안해 하는 모습.

9) 希世而行 比周而友(희세이행 비주이우) : 시류에 영합하여 행동하거나, 잇속을 위해 패서

위인 교이위기

　"시류에 영합하여 행동하거나, 잇속을 위해 패거리를 짓거나, 남에게 과시하기 위해 학문을 하거나, 자기 이익을 위해 남을 가르치거나,

　仁義之慝인의지특 興馬之飾여마지식 憲不忍爲也헌불인위야"

　인의를 빙자하여 사악한 짓을 일삼거나 수레나 말 따위를 장식하는 짓을 나는 차마 하지 못하겠네."

| 해설 |

　공자의 제자 원헌(原憲)과 자공(子貢)의 대조적인 생각·위치·행동을 비교시켜, 자공은 명리(名利)를 위하는 재주가 있어 인의(仁義)라는 미명하에 부유한 생활을 하지만, 원헌은 궁하게 살면서도 道의 실천을 설명하고 있다. 원헌의 생활태도야말로 道를 얻고자 하는 참된 생활인 것이다.

9.

曾子⁴⁾居衛증자거위

　리를 짓다. 希世는 세속(世俗)에 영합하다. 比와 周는 모두 사귄다는 뜻인데, 《논어》에, "두루 공평하게 사귀면서 편파적으로 무리 짓지 않는다(周而不比)"라고 있다. 比는 소인의 사귐이고 周는 군자의 사귐이다. 따라서 比周而友는 군자든 소인이든 가리지 않고 사귄다는 뜻이다.

10) 學以爲人 敎以爲己(학이위인 교이위기) : 《논어》〈헌문〉편에서 공자가 제자 자로의 물음에 답한 말로, "옛날 학자들은 자신을 위해 학문을 했는데, 지금의 학자들은 남에게 보이기 위해 학문을 한다(古之學者爲己 今之學者爲人)."고 한 내용을 빗댄 이야기다.

1) 曾子(증자) : 전국시대 유가(儒家)의 사상가. 이름은 삼(參), 字는 자여(子輿)이며, 공자의 고제(高弟)로 효심이 두텁고 내성궁행(內省躬行)에 힘썼으며, 노(魯)나라에서 제자들의 교육에 주력하였다. 공자가 제자들을 모아놓고, "나의 道는 하나로 꿰었다(吾道一以貫之)"

증자가 위(衛)나라에 살고 있었다.

縕袍無表2)온포무표 顔色腫噲3)안색종쾌 手足胼胝수족변지

입고 있는 솜옷은 낡고 해져 속이 보일 정도이고, 얼굴은 꺼칠하고 종기투성이며, 손발은 트고 굳은살이 박여 있었다.

三日不擧火삼일불거화 十年不製衣십년부제의

사흘 동안 더운밥을 먹어보지 못했고, 새 옷 입어본 지 10년도 넘었다.

正冠而纓絕정관이영절 捉襟而肘見4)착금이주현 納履而踵決납리이종결

갓을 바로잡으려고 하면 갓끈이 끊어지고, 옷깃을 여미려 하면 팔꿈치가 드러나며, 신을 신으면 뒤축이 떨어져 없었다.

曳縰而歌商頌5)예쇄이가상송 聲滿天地성만천지 若出金石약출금석

그러나 그가 해진 신발을 끌면서도 《시경》 상송(商頌)편을 노래하면 그 소리

고 말했을 때 다른 제자들은 그 말의 참뜻을 몰라 생각에 잠겼으나, 증자는 선뜻 "선생님의 道는 충(忠)과 서(恕)뿐"이라고 해설하여 다른 제자들을 놀라게 하였다는 이야기는 유명하다. 즉 "忠은 지성(至誠)이란 뜻이다. 즉 진리에 따라 그대로 행하는 것이 「일이관지(一以貫之)」인 것이다."

2) 縕袍無表(온포무표) : 입고 있는 솜옷이 낡고 해져 속이 보이다. 縕袍는 솜옷. 無表는 겉이 다 해져 겉이 없는 것처럼 보인다는 뜻.

3) 顔色腫噲(안색종쾌) : 얼굴색은 붓고 종기가 곪아 터져 푸석푸석함. 腫(종)은 종기. 噲(쾌)는 까칠한 모양.

4) 捉襟而肘見(착금이주현) : 옷깃을 여미려 하면 팔꿈치가 드러난다. 여기서 "초라한 차림새나 제 몸에 맞는 옷을 입을 형편이 못될 정도로 생활이 곤궁한 상태"를 비유하는 「착금현주(捉襟見肘)」라는 성어가 생겨났다.

5) 商頌(상송) : 《시경(詩經)》의 송(頌)은 주송(周頌) 31편, 노송(魯頌) 4편, 상송(商頌) 5편이다. 그러나 상송은 상(商)나라 사람들의 왕들에 대한 제사로서, 상나라 때는 무용과 음악이 매우 발달했기에, 무용과 음악에 시사(詩詞)가 없을 수 없었으며, 이런 것들은 모두 종교 제례와 밀접한 상관이 있었다. 상나라가 멸망한 후, 주나라의 통치자는 상대의 문화유산을 계승해서, 상송은 은상(殷商)의 후예 송(宋)대까지 보존되었다.

가 하늘과 땅에 가득차서 마치 금석(金石)으로 만든 악기에서 나는 소리 같았다.

天子不得臣천자부득신 諸侯不得友제후부득우

천자도 그를 신하로 삼을 수가 없고, 제후도 벗으로 교제할 수가 없었다.

故養志者忘形고양지자망형 養形者忘利양형자망리 致道者忘心矣치도자망심의

그러므로 뜻을 기르는 자는 형체를 잊고, 형체를 기르는 자는 이욕을 잊으며, 道를 닦는 자는 일체의 마음을 잊는다.

| 해설 |

증자가 빈궁한 생활을 하면서도 정신수양에는 충실해서 공명정대했음을 논했다. 따라서 이 대목도 이욕(利欲)과 심지(心知) 등 외물을 잊을 것을 강조한 내용이다.

10.

孔子謂顔回日공자위안회왈 : 공자가 안회에게 말했다.

"回來회래! 家貧居卑가빈거비 胡不仕乎¹⁾호불사호?"

"회(回)야, 이리 오라. 너는 집도 가난하고 지위도 없는데, 벼슬을 해보지 않겠느냐?"

---

1) 胡不仕乎(호불사호) : 벼슬 한번 해보지 않겠느냐? 《논어》〈옹야〉편에서 공자가 "어질도다, 회여. 한 도시락밥과 한 바가지 물로 누추한 골목에 사는 것을 사람들은 그 고생을 견디지 못해 하는데, 회는 그 즐거움을 바꾸려 하지 않으니 어질도다, 회여(賢哉回也 一簞食一瓢飮 在陋巷 人不堪其憂 回也不改其樂 賢哉回也)!"라고 한 안회의 가난에 얽힌 유명한 이야기다. 여기서 "대나무로 만든 밥그릇에 담은 밥과 표주박에 든 물"이라는 뜻으로, 청빈하고 소박한 생활을 이르는 「일단사일표음(一簞食一瓢飮)」, 「단사표음(簞食瓢飮)」이라는 성어가 생겨났다.

顔回對曰안회대왈 : 안회가 대답했다.

"不願仕불원사 回有郭外之田五十畝[2]회유곽외지전오십무 足以給饘粥족이급전죽

"저는 벼슬을 원치 않습니다. 저에게는 성곽 밖에 50무(畝)의 밭이 있어 죽은 끓여 먹을 수가 있고,

郭內之田十畝곽내지전십무 足以爲絲麻족이위사마

성안에 10무의 밭이 있어 베옷을 만들어 입을 수가 있습니다.

鼓琴足以自娛고금족이자오　所學夫子之道者足以自樂也소학부자지도자족이자락야 回不願仕회불원사"

그리고 거문고를 뜯으면서 스스로 즐기고, 선생님께 배운 道로 족히 스스로 즐길 수가 있습니다. 저는 벼슬을 바라지 않습니다."

孔子愀然變容[3]曰공자초연변용왈 : 공자가 초연히 얼굴빛을 고치고 말했다.

"善哉回之意선재회지의! 丘聞之구문지 '知足者不以利自累也지족자불이리자루야

"훌륭하구나, 회의 생각이! 내가 들으니, '만족할 줄 아는 사람은 이욕(利慾)에 얽매이지 않고,

審自得者失之而不懼심자득자실지이불구

자득(自得)할 줄을 깨달은 사람은 이득을 잃어도 두려워하지 않으며,

行修於內者無位而不怍행수어내자무위이부작'

내면으로 수행(修行)을 쌓은 사람은 지위가 없어도 부끄러워하지 않는다.'고 하였다.

---

2) 郭外之田五十畝(곽외지전오십무) : 성곽 밖에 50무(畝)의 밭이 있다. 畝(무)는 전답의 면적 단위로, 여섯 자 사방을 步, 100步를 1畝라 한다.

3) 愀然變容(초연변용) : 초연히 얼굴빛을 바꿈. 愀然(초연)은 정색(正色)하는 모양.

丘誦之久矣구송지구의 今於回而後見之금어회이후견지 是丘之得也시구지득
야"

내가 이 말을 외고 있는 지가 오래 되었는데, 이제 너의 말을 듣고 난
뒤에야 비로소 그 말의 실천을 직접 보게 되었으니, 이것이 내가 오늘 터
득한 것이로구나."

| 해설 |

공자와 안회의 문답을 빌려, 안회는 빈천에 편안해 하면서 학문의
道를 즐김을 말하고 있다. 정신이 충실한 사람은 이익이나 명예 때문
에 마음을 수고롭게 하지 않음을 뜻하고 있다.

《논어》〈옹야(雍也)〉편에서 공자가 말하기를, "어질도다, 회여!
한 도시락밥과 한 바가지 물로 더러운 골목에 사는 것을 사람들은 그
고생을 견디지 못 해 하는데, 회는 그 즐거움을 바꾸려 하지 않으니 어질
도다, 회여(賢哉回也 一簞食一瓢飮 在陋巷 人不堪其憂 回也不改其樂 賢
哉回也)!"한 것과 흡사한 심경이리라.

11.

中山公子牟[1] 謂瞻子[2] 日중산공자모위첨자왈

---

1) 中山公子牟(중산공자모) : 전국시대 때 중산(中山)의 영주(領主)였던 위(魏)나라 공자(公子)
모(牟).〈秋水〉편에 공손룡(公孫龍)과의 대화에서「정저지와(井底之蛙)」,「용관규천(用
管窺天)」이야기가 나온 위모(魏牟)이다. 중산국은 북방 이민족인 적족(狄族)이 세운 나라
로《사기》등에 단편적인 사실만 언급되어 있을 뿐 사료가 충분히 전해지지 않아 오랜
기간 그 실체가 확인되지 않았다. 하지만 1970년대 이후 석가장(石家庄) 시 인근에서 중
산국 시대의 고성과 왕릉이 발굴되어 유목과 농경문화가 융합된 독특한 문화를 발달시켰
음이 밝혀졌다.

중산공자(中山公子) 모(牟)가 첨자(瞻子)에게 말했다.

"身在江海之上신재강해지상 心居乎魏闕之下3)심거호위궐지하 奈何내하?"

"저는 몸은 강이나 바닷가에 있으면서 마음은 조정에 가 있으니, 어떻게 하면 좋겠습니까?"

瞻子曰첨자왈 : 첨자(瞻子)가 말했다.

"重生중생 重生則利輕중생즉리경"

"생명을 중히 여기시오. 생명을 중시하면 명리에 대한 생각은 적어지게 됩니다."

中山公子牟曰중산공자모왈 : 중산공자 모(牟)가 말했다.

"雖知之수지지 未能自勝也미능자승야"

"비록 그 이치는 아는데, 아직 스스로 이겨내지 못했습니다."

瞻子曰첨자왈 : 첨자(瞻子)가 말했다.

"不能自勝則從 神無惡乎4)불능자승즉종 신무오호?

"스스로 이겨낼 수가 없다면 마음 내키는 대로 행동하십시오. 그렇게 하면 정신적으로 미워하는 일은 없지 않겠습니까?

不能自勝而强不從者불능자승이강부종자 此之謂重傷차지위중상

스스로 이겨낼 수 없으면서 억지로 좇지 않으려 하는 것은 자기를 거듭 해치는 것입니다.

---

2) 瞻子(첨자) : 인명. 첨하(瞻何)이다. 춘추시대 초(楚)나라의 은자(隱者)이다. 《회남자》에는 첨자(詹子)로 되어 있다

3) 心居乎魏闕之下(심거호위궐지하) : 마음은 조정에 가 있다. 魏闕(위궐)은 조정(朝廷).

4) 不能自勝則從 神無惡乎(불능자승즉종 신무오호) : 스스로 이겨내지 못하면 내키는 대로 따르십시오. 그러면 정신적으로 미워하는 일은 없지 않겠습니까. 스스로 극복하지 못하고 억지로 참으면 정신이 피폐해진다는 뜻.

重傷之人 無壽類矣5)중상지인 무수류의”

자신을 거듭 해친 사람치고 장수하는 사람은 없습니다.”

魏牟위모 萬乘之公子6)也만승지공자야

위나라의 중산공자 모(牟)는 만승지국(萬乘之國)의 공자다.

其隱巖穴也기은암혈야 難爲於布衣之士난위어포의지사

그가 암혈 속에 숨어 사는 일은 베옷을 입는 서민들보다 하기가 어려우니,

雖未至乎道수미지호도 可謂有其意矣가위유기의의

그가 비록 아직 道에는 도달하지 못했다 하더라도, 道를 얻을 마음은
가지고 있는 자라 하였다.

| 해설 |

중산공자(中山公子) 모(牟)와 첨자(瞻子)의 대화를 빌려, 중산공자
모가 만승지국(萬乘之國)의 공자로서 지위를 버리고 강호(江湖)에 묻혀
살면서 삶을 편안히 하기를 구하는 태도를 나타냈다.

여기에서 첨자는 생명의 중요성을 생각하면 명리에 대한 미련이 없
어지며, 또 무리하게 자신을 억제해도 도리어 몸을 망치며, 수양할 때
는 유위(有爲)의 마음을 피해야 한다고 역설했다.

12.

孔子窮於陳蔡之間공자궁어진채지간 七日不火食칠일불화식 藜羹不糝1)여갱

---

5) 重傷之人 無壽類矣(중상지인 무수류의) : 거듭 해친 사람치고 장수하는 사람은 없다. 重
傷은 거듭 해치다.

6) 萬乘之公子(만승지공자) : 만승지국(萬乘之國)의 공자. 萬乘之國은 일만 대의 병거(兵車)
를 동원할 수 있는 나라라는 뜻으로, 천자(天子)의 나라를 이르는 말.

불삼

　공자가 진나라와 채나라 사이에서 곤궁했을 때, 이레 동안이나 불에 익힌 음식을 먹지 못하고, 명아주 국에 쌀알 한 톨 섞지 못할 정도였다.

　顏色甚憊안색심비 而弦歌於室이현가어실

　안색이 매우 초췌했는데도 방안에 들어앉아 거문고를 뜯으며 노래를 부르고 있었다.

　顏回擇菜안회택채 子路子貢相與言曰자로자공상여언왈 :

　안회는 밖에서 나물을 캐고 있었는데, 자로와 자공이 서로 말했다.

　"夫子再逐於魯 削迹於衛²⁾부가재축어로 삭적어위

　"선생님은 두 번이나 노나라에서 추방당하고, 위나라에서는 그 흔적을 모두 지워버릴 정도로 박대를 당하셨으며,

　伐樹扐於宋벌수어송 窮於商周궁어상주 圍於陳蔡위어진채

　송나라에서는 큰 나무를 잘라 그 밑에 깔릴 뻔 하셨고, 상주(商周) 땅에서는 매우 곤궁했었으며, 진(陳)나라와 채(蔡)나라 사이에서는 포위를 당하고 계셨네.

　殺夫子者無罪살부자자무죄 藉夫子者無禁³⁾자부자자무금

---

1) 藜羹不糝(여갱불삼) : 명아주 국에 쌀알 한 톨 섞어 넣지 못하다. 藜羹(여갱)은 명아주 국. 糝(삼)은 쌀알. 쌀 알갱이를 섞어 넣는다는 뜻.

2) 夫子再逐於魯 削迹於衛(부자재축어로 삭적어위) : 선생님께서 노(魯)나라에서 두 번이나 추방당했고, 위(衛)나라에서는 떠난 뒤 그 자취를 모두 지워버릴 정도로 박대를 당했다. 《여씨춘추(呂氏春秋)》〈신인(慎人)〉편에, "선생께서는 노나라에서 추방당하고 위나라에서는 흔적이 없어질 정도로 배척을 당하였고, 송(宋)나라에서는 환퇴(桓魋)가 나무를 베어 죽이려고 하였으며, 진(陳)나라 채(蔡)나라 사이에서 곤경을 당했다(夫子逐於魯 削跡於衛 伐樹扐於宋 窮於陳蔡)."라는 기록이 이 부분과 거의 같다.

3) 藉夫子者無禁(자부자자무금) : 선생님을 능멸하고 욕보여도 금하는 일이 없다. 藉(자)는 능멸하다, 능욕하다.

그러나 선생님을 죽이려는 자는 벌을 받지 않고, 선생님을 능멸하고 욕보여도 금하는 일이 없는 지경에 이르렀는데도,

弦歌鼓琴현가고금 未嘗絶音미상절음

선생님께서는 조용히 노래 부르고 거문고를 타시면서 조금도 그 소리를 그치지 않으시니,

君子之無恥也若此乎군자지무치야약차호?"

군자로서 부끄러움을 모름이 이런 지경에 이를 수가 있단 말인가?"

顔回無以應안회무이응 入告孔子입고공자

안회는 아무 대답도 하지 않고 방으로 들어가 공자에게 고했다.

孔子推琴喟然而歎曰공자추금위연이탄왈 :

공자는 거문고를 밀쳐놓고 깊이 탄식하면서 말했다.

"由與賜4)유여사 細人也세인야 召而來소이래 吾語之오언지!"

"자로(由)와 자공(賜)은 소인들이구나. 불러오너라. 내 말해 주겠다!"

子路子貢入자로자공입 子路曰자로왈 :

자로(子路)와 자공(子貢)이 들어왔는데, 자로가 먼저 말했다.

"如此者可謂窮矣여차자가위궁의"

"이런 상태를 궁하다고 하는 것이지요."

---

4) 由與賜(유여사) : 由는 자로(子路), 賜는 자공(子貢)을 지칭한다. 子路는 춘추시대 卞(변)나라 사람으로, 공자의 제자. 성은 仲(중), 이름은 由(유). 성질이 강직하고 용기가 있어 공자의 사랑을 받았다. 공자의 제자 가운데 공자를 가장 잘 섬겼다고 하며, 정치 방면에 뛰어났고 지극한 효성으로 유명했다. 자공은 공문십철(孔門十哲)의 한 사람이다. 위(衛)나라 사람으로, 성은 단목(端木), 이름은 사(賜). 子貢은 그의 字다. 정치에 뛰어나, 후에 魯나라·衛나라의 재상이 되었다. 제자들 가운데 제일 부유하여 경제면에서 공자를 도왔다고 한다.

孔子曰공자왈 : 공자가 말했다.

"是何言也시하언야!

"그게 무슨 말이냐!

君子通於道之謂通군자통어도지위통 窮於道之謂窮궁어도지위궁

군자가 道에 통해 있는 것을 통(通)이라 하고, 道에 막힌 것을 궁(窮)이라 한다.

今丘抱仁義之道금구포인의지도 以遭亂世之患이조란세지환 其何窮之爲기하궁지위?

지금 내가 인의(仁義)의 道를 품고서 난세의 재난을 만났는데, 어찌 궁하다고 할 수 있겠느냐?

故內省而不窮於道고내성이불궁어도 臨難而不失其德임난이불실기덕

그러므로 안으로 반성해 보아도 道에 막힘이 없고, 밖으로 난을 만나도 德을 잃음이 없다.

天寒旣至 霜露旣降 吾是以知松柏之茂也[5] 천한기지 상로기강 오시이지송백지무야

추위가 닥쳐와 서리와 눈이 내리고 나서야 비로소 우리는 소나무와 잣나무의 무성함을 알게 된다.

陳蔡之隘 於丘其幸乎[6] 진채지애 어구기행호!"

---

5) 天寒旣至 霜露旣降 吾是以知松柏之茂也(천한기지 상로기강 오시이지송백지무야) : 추위가 닥쳐와 서리와 눈이 내리고 나서야 비로소 우리는 소나무와 잣나무가 추위를 견디며 무성함을 알게 된다.《논어》〈자한〉편에 "날씨가 추워진 뒤에야 소나무와 잣나무가 뒤늦게 시든다는 것을 알게 된다(歲寒然後 知松柏之後彫也)."고 한 유명한 구절을 인용한 듯하다.

6) 陳蔡之隘 於丘其幸乎(진채지애 어구기행호) : 진나라와 채나라 사이에서 겪은 재난은 나에게는 오히려 다행한 일이 아니겠는가. 곤경은 오히려 군자에게 있어 德을 잘 드러나

진나라와 채나라 사이에서 재난을 만난 것은 나에게 다행한 일이다!"

孔子削然反琴而弦歌공자삭연반금이현가

공자는 조용히 거문고를 끌어다가 다시 뜯으며 노래를 부르자,

子路扢然執干而舞자로흘연집간이무

자로는 기꺼이 방패를 잡고 춤을 추었다.

子貢曰자공왈 : 자공이 말했다.

"吾不知天之高也오부지천지고야 地之下也지지하야!

"나는 지금까지 하늘이 이처럼 높고, 땅이 이처럼 깊다는 것을 알지 못했구나!

古之得道者고지득도자 窮亦樂궁역락 通亦樂통역락

옛날에 道를 체득한 사람은 궁해도 즐거워하고, 통해도 즐거워했다.

所樂非窮通也소락비궁통야 道德於此도덕어차 則窮通爲寒暑風雨之序矣즉궁통위한서풍우지서의

그들이 정말 즐거워한 것은 곤궁과 영달과 같은 것이 아니다. 道를 체득하면 곧 궁(窮)이니 통(通)이니 하는 것은 한서풍우(寒暑風雨)와 같은 자연현상일 뿐인 것이다.

故許由娛於潁陽고허유오어영양 而共伯得乎共首[7]이공백득호공수"

게 한다는 뜻.

7) 共伯得乎共首(공백득호공수) : 주(周)의 왕족 공백(共伯)은 공수산(共首山) 기슭에 숨어 지내면서 자득하는 삶을 살았다. 共伯은 이름은 화(和). 주나라 왕손. 도덕을 품어 공(共 : 하남성 휘현 부근)나라에 봉해져 공백이라 했다. 여왕(厲王)의 난 때 제후들이 공백을 왕으로 세우려 했는데, 공백은 듣지 않았으나, 마지못해 마침내 왕이 되었다. 그러나 왕위에 오른 지 1년 만에 천하가 크게 가물고 화재가 자주 일어나 점을 쳐보니, 왕의 동티(땅, 돌, 나무 따위를 잘못 건드려 地神을 화나게 하여 재앙을 받는 일. 또는 그 재앙) 때문이라 했다. 마침내 공백은 왕위에서 물러나고 선왕(宣王)이 왕위에 올랐다. 공백은 아

그러므로 허유(許由)는 영수(穎水) 북쪽에서 즐거워했고, 공백(共伯)은 공수산(共首山)에서 유유자적했다."

| 해설 |

공자가 진(陳)나라와 채(蔡)나라 사이에서 곤욕(困辱)을 당한 이야기를 실어, 공자는 자기의 신념을 관철하여 몸의 위험에 마음을 쓰지 않음을 서술하고 있다. 결국 정신을 통일하여 믿는 곳으로 나아가는 자는 육신의 곤궁과 통달에도 마음에 구속을 받지 않으므로 항상 즐거운 경지에 있을 수가 있다.

이 대목의 이야기는 〈산목〉 편에도 실려 있다. 또 《여씨춘추》 〈신인편(愼人篇)〉, 《풍속통의(風俗通義)》 〈궁통(窮通)〉 편에도 보인다.

13.

舜以天下讓其友北人無擇[1]순이천하양기우북인무택

순(舜)임금이 천하를 친구인 북인무택(北人無擇)에게 물려주려 하였다.

北人無擇曰북인무택왈 : 북인무택(北人無擇)이 말했다.

異哉 后之爲人也[2]이재 후지위인야!

"이상도 하구나, 임금의 사람됨이여!

居於畎畝之中거어견무지중 而遊堯之門이유요지문

무 미련 없이 공수산으로 들어가 다시 道를 닦았다.

1) 北人無擇(북인무택) : 북방의 무택(無擇)이라고 하는 사람. 북방 사람으로 이름을 무택이라 하며 순임금의 친구이다.

2) 異哉 后之爲人也(이재 후지위인야) : 임금의 사람됨이 이상도 하구나! 后는 군주. 순(舜)임금을 가리킨다.

본시 논밭 가운데서 농사꾼으로 살다가 요(堯)임금의 문하에 드나들더니, 결국 임금의 자리에까지 올랐소.

不若是而已불약시이이 又欲以其辱行漫我3)우욕이기욕행만아 吾羞見之오수견지

그런데 이 정도에서 그치지 않고, 또 그 오욕의 행위로써 나까지 더럽히려 하다니, 나는 당신을 만난 것만도 부끄럽소.”

因自投淸泠之淵4)인자투청령지연

그리고는 스스로 청령(淸泠) 연못에 몸을 던졌다.

湯將伐桀 因卞隨而謀5)탕장벌걸 인변수이모

탕왕이 걸(桀)을 정벌하려고 변수(卞隨)와 상의했다.

卞隨曰변수왈 : “非吾事也비오사야”

변수(卞隨)가 말했다 : “그것은 내가 할 일이 아닙니다.”

湯曰탕왈 : “孰可숙가?”

탕임금이 말했다. : “그러면 누가 좋겠소?”

---

3) 又欲以其辱行漫我(우욕이기욕행만아) : 또 자신이 저지른 그 오욕의 행위로써 나까지 더럽히려고 하는가. 其辱行(기욕행)은 순임금이 저지른 오욕의 행위. 漫은 더럽(히)다.

4) 因自投淸泠之淵(인자투청령지연) : 그리고는 스스로 청령 연못에 몸을 던졌다. 淸泠(청령)은 소동파(蘇東坡)의 시 「여산이승 개선수옥정(廬山二勝 開先漱玉亭)」 마지막 구절 “손에 흰 연꽃을 들고 청령의 물속에 뛰어들고 싶다(手持白芙蕖 跳下淸泠中)”라고 읊은 데서 청령 못이 나온다.

5) 湯將伐桀 因卞隨而謀(탕장벌걸 인변수이모) : 탕왕이 걸(桀)을 정벌하려고 변수(卞隨)와 상의했다. 은(殷)나라 탕(湯)임금이 하(夏)나라 마지막 폭군 걸(桀)을 정벌하려고 할 적에, 변수에게 의뢰하여 계획을 세우려 했다. 湯(탕)은 상(商)나라를 창건한 왕. 걸왕을 명조(鳴條)에서 격파하여 패사시키고 박(亳)에 도읍하여 국호를 상(商)이라 정하여, 제도와 전례를 정비하고 13년간 재위하였다. 그가 걸왕을 멸한 행위는 유교에서 주(周)나라 무왕(武王)이 상나라 주왕(紂王)을 토벌한 일과 함께 올바른 혁명의 군사행동이라 불린다.

曰왈 : "吾不知也오부지야"

변수(卞隨)가 말했다. : "나는 모릅니다."

湯又因務光⁶⁾而謀탕우인무광이모

탕임금은 또 무광(務光)에게 의뢰하여 그 일을 도모하려 하였다.

務光曰무광왈 : "非吾事也비오사야"

무광(務光)이 말했다. : "그것은 내가 할 일이 아닙니다."

湯曰탕왈 : "孰可숙가?"

탕임금이 말했다. : "그러면 누가 좋겠소?"

曰왈 : "吾不知也오부지야"

무광(務光)이 말했다. : "나는 모릅니다."

湯曰탕왈 : "伊尹何如이윤여하?"

탕임금이 말했다. : "이윤(伊尹)이 어떻겠소?"

曰왈 : 무광(務光)이 말했다.

"强力忍垢⁷⁾강력인구 吾不知其他也오부지기타야"

"힘이 좋고 손에 때를 묻히는 것도 참아낼 수 있는 사람입니다. 나는 그 밖에는 모릅니다."

湯遂與伊尹謀伐桀탕수여이윤모벌걸 剋之극지 以讓卞隨이양변수

탕왕은 마침내 이윤(伊尹)과 도모하여 걸(桀)을 정벌하여 승리하고 난

---

6) 務光(무광) . 인명. 〈대종사〉 편과 〈외물〉 편에 이미 나왔다. 무광(務光)을 언급한 대부
   분의 문헌에 탕임금과 동시대 인물로 기록되어 있어 하(夏)나라 말기의 인물로 추정할
   수 있다.

7) 强力忍垢(강력인구) : 무리하게 힘쓰는 인물로 손에 때를 묻히는 것도 참아낼 수 있음.
   伊尹의 사람됨이 오욕도 기꺼이 참아낼 수 있음을 가리킨 것이다.

뒤에 변수(卞隨)에게 천하를 물려주려 하였다.

卞隨辭曰변수사왈 : 변수(卞隨)가 고사하며 말했다.

"后之伐桀也謀乎我후지벌걸야모호아 必以我爲賊也필이아위적야

"왕께서 걸(桀)을 치려 할 때에 나와 도모하려 했으니, 이것은 나를 적신(賊臣)으로 생각했기 때문이요,

勝桀而讓我승걸이양아 必以我爲貪也필이아위탐야

걸(桀)을 이기고 또 나에게 천하를 양보하려 하는 것은 나를 탐욕한 자로 생각했기 때문일 것입니다.

吾生乎亂世오생호란세　而無道之人再來漫我以其辱行이무도지인재래만아이기욕행

내가 난세에 태어나자, 무도(無道)한 자가 두 번씩이나 와서 나를 욕된 행위로써 더럽히려 하니,

吾不忍數聞也오불인수문야"

나는 차마 이런 소리를 더 이상 듣지 못하겠소"

乃自投椆水[8]而死내자투주수이사

그러고는 마침내 스스로 주강(椆江)에 몸을 던져 죽었다

湯又讓務光曰탕우양무광왈 :

탕왕이 다시 무광(務光)에게 천하를 물려주려고 하여 말했다.

"知者謀之지자모지　武者遂之무자수지

"지혜로운 사람은 그것을 꾀하고, 용감한 사람은 그것을 이루며,

仁者居之인자거지　古之道也고지도야

---

8) 椆水(주수) : 주강(椆江). 물 이름.

어진 사람은 그것을 차지하는 것이 옛날부터 해오던 도리입니다.

吾子胡不立乎오자호불립호?"

그러니 그대가 왕위에 오르는 것이 좋지 않겠소?"

務光辭曰무광사왈 : 무광(務光)이 사양하여 말했다.

"廢上폐상 非義也비의야 殺民살민 非仁也비인야

"임금을 죽이는 것은 의(義)가 아니고, 백성을 죽이는 것은 인(仁)이
아니며,

人犯其難 我享其利 非廉也9)인범기난 아형기리 비렴야

남이 어려움을 무릅쓰고 이뤄 놓았는데, 내가 그 이익을 취한다면 염치
가 없는 행동입니다.

吾聞之曰오문지왈 : 내가 듣기로는,

'非其義者비기의자 不受其祿불수기록 無道之世무도지세 不踐其土불천기토'

'의가 아니면 녹을 받지 않고, 무도한 세상에서는 그 땅도 밟지 않는
다.'고 하였으니,

況尊我乎황존아호! 吾不忍久見也오불인구견야!"

하물며 나를 높여 임금으로 삼으려 함에 있어서이랴! 언제까지 내가 그
런 것을 참고 볼 수가 있겠습니까!"

乃負石而自沈於廬水10)내부석이자침어여수

---

9) 人犯其難 我享其利 非廉也(인범기난 아향기리 비렴야) : 남이 어려움을 무릅썼는데 내가
그 이익을 취하는 것은 염치가 없는 행동이다. 人犯其難은 다른 사람이 전쟁의 위험을
무릅썼다는 뜻. 我享其利(아향기리)는 내가 아무것도 한 일 없이 이익을 누림을 뜻한다.
享은 누리다.

10) 乃負石而自沈於廬水(내부석이자침어여수) : 마침내 돌을 등에 짊어지고 스스로 여수(廬
水)에 몸을 던졌다. 여수(廬水)는 물 이름. 요동성(遼東城) 서쪽 경계지역에 있다고 한
다.

그리고 마침내 그는 돌을 짊어지고 스스로 여수(廬水)에 빠져죽었다.

| 해설 |

순(舜)이 천하를 친구 무택(無擇)에게 양보하려 했으나, 무택은 이것을 더럽다고 하여 투신자살했고, 탕왕은 걸(桀)을 쳐 천하를 얻은 다음 변수(卞隨)에게 양보하려 하니, 변수도 투신자살했으며, 탕왕은 또 천하를 무광(務光)에게 양보하려 하니, 무광도 이를 사양하고 자신의 청렴을 보존하기 위하여 투신자살했다. 곧 변수는 무광처럼 道를 체득한 사람은 명리나 지위 때문에 마음을 더럽히지 않음을 밝히고 있다. 이 이야기는 《여씨춘추》 〈이속람(離俗覽)〉에도 나와 있다.

14.

昔周之興석주지흥　有士二人處於孤竹[1]유사이인처어고죽　日伯夷叔齊[2]왈백이숙제

옛날 주(周)나라가 흥기(興起)할 때에 선비 두 사람이 고죽국(孤竹國)에 살고 있었는데, 백이와 숙제라고 하였다.

二人相謂曰이인상위왈 : 두 사람이 상의하여 말했다.

---

1) 孤竹(고죽) : 나라 이름. 成玄英은 "고죽(孤竹)은 나라 이름으로 요서(遼西) 지역에 있다"고 했다. 遼西는 중국 요하 서쪽 일대의 지역을 통틀어 이른다.

2) 伯夷叔齊(백이숙제) : 백(伯)과 숙(叔)은 장유(長幼)를 나타낸다. 본래는 은(殷)나라 고죽군(孤竹君)의 아들인데 왕위를 서로 사양하다가 끝내 두 사람 모두 나라를 떠났고, 가운데 아들이 왕위를 이었다. 그 무렵 주(周)나라 무왕(武王)이 은나라 주왕(紂王)을 토멸하여 주왕조를 세우자, 두 사람은 무왕의 행위가 인의(仁義)에 반한다 하여 주나라의 곡식을 먹기를 거부하고 수양산(首陽山)에 들어가 고사리를 캐먹으며 지내다가 굶어죽었다. 유가(儒家)에서는 이들을 청절지사(淸節之士)로 크게 높였다.

"吾聞西方有人오문서방유인 似有道者사유도자 試往觀焉시왕관언"

"듣자니, 서쪽 지방에 사람이 있는데, 道를 체득한 사람 같다고 하니, 어디 한번 가보세."

至於岐陽3)지어기양 武王聞之무왕문지 使叔旦4)往見之사숙단왕견지

기산(岐山) 남쪽에 이르니 무왕(武王)은 이 소식을 듣고 동생 숙단(叔旦)으로 하여금 가서 만나보게 했다.

與盟曰여맹왈 : 주공이 이 두 사람에게 맹세하여 말했다.

"加富二等 就官一列5)가부이등 취관일렬"

"봉록은 二등을 주고, 관등은 一열(列)에 나아가게 하리라."

血牲而埋之6)혈생이매지

그리고 희생의 피를 (맹약한 문서에) 발라 땅속에 묻었다.

二人相視而笑曰이인상시이소왈 :

두 사람은 서로 마주보고 웃으면서 말했다.

"嘻희! 異哉이재! 此非吾所謂道也차비오소위도야

"아! 이상하도다! 이것은 우리가 말하는 道가 아니다.

昔者神農之有天下也석자신농지유천하야　時祀盡敬而不祈喜7)시사진경이불

---

3) 岐陽(기양) : 기산(岐山) 남쪽. 산의 남쪽과 물의 북쪽을 양(陽)이라 한다.

4) 叔旦(숙단) : 주공(周公) 단(旦)을 가리킨다. 주공은 무왕(武王)의 동생이자 성왕(成王)의 숙부이기 때문에 叔旦이라 호칭한 것이다. 周公의 성은 희(姬), 이름은 단(旦)이다.

5) 加富二等 就官一列(가부이등 취관일렴)·녹봉은 제이듬(第二等)을 주고, 관위(官位)는 제일렬(第一列)에 나아가게 함. 就는 벼슬자리에 나아가다는 뜻.

6) 血牲而埋之(혈생이매지) : 희생을 죽여 그 피를 발라 맹세한 뒤 땅속에 묻음. 맹약의 내용을 기록한 문서를 땅에 파묻었다는 뜻. 희생(犧牲)은 제사에 쓰는 짐승.

7) 時祀盡敬而不祈喜(시사진경이불기희) : 사시(四時)의 제사에는 공경을 다할 뿐 복을 기

기희

　옛날 신농씨가 천하를 다스렸을 때는, 사시(四時)의 제사에 공경하는 마음을 다하면서도 복을 기구하지는 않았으며,

　其於人也기어인야 忠信盡治而無求焉충신진치이무구언

　백성들에게는 충(忠)과 신(信)으로써 힘껏 다스렸을 뿐 그들에게 요구하는 일이 없었으며,

　樂與政爲政낙여정위정 樂與治爲治낙여치위치

　백성과 더불어 정치하는 것을 즐거워했고, 백성과 더불어 다스리는 것을 즐거워하면서,

　不以人之壞自成也불이인지괴자성야 不以人之卑自高也불이인지비자고야

　남의 실패를 자기의 성공으로 기대하지 아니하고, 남의 신분이 낮다고 해서 자기의 신분을 높게 여기지 아니하며,

　不以遭時自利也불이조시자리야

　좋은 때를 만났다고 해서 자신의 이익을 구하지 않았다.

　今周見殷之亂而遽爲政금주견은지란이거위정

　지금 주(周)나라는 은(殷)나라의 어지러움을 보고 갑자기 선정(善政)을 행하여,

　上謀而下行貨8)상모이하행화 阻兵而保威조병이보위

　모략을 숭상하고 뇌물을 바치고, 군대를 믿고 무력으로 지키며,

　割牲而盟以爲信할생이맹이위신 揚行以說衆양행이열중

　원하지 않았다. 時祀는 계절에 따라 지내는 제사. 禧는 복. 禧와 같다.

8) 上謀而下行貨(상모이하행화) : 모략을 숭상하고 뇌물을 바치다. 上은 尙과 같다. 숭상(崇尙)하다.

희생을 잡아 맹세함으로써 사람들에게 신의를 지키도록 하며, 사행을 칭찬하여 백성들을 기쁘게 하고,

殺伐以要利살벌이요리 是推亂以易暴也시추란이역포야

전쟁으로 사람들을 죽이고 정벌함으로써 이익을 요구하니, 이는 난정(亂政)으로써 폭정과 바꾸는 데 지나지 않는다.

吾聞古之士遭治世不避其任오문고지사조치세불피기임 遇亂世不爲苟存우난세불위구존

우리가 듣자니. '옛날의 선비는 치세(治世)를 만나면 그 책임을 피하지 않았고, 난세(亂世)를 만나서는 구차하게 살려 하지 않았다.'고 하였다.

今天下闇금천하암 周德衰주덕쇠

그런데 지금, 천하는 암울하고 주(周)나라 德도 쇠했으니,

其竝乎周以塗吾身也기병호주이도오신야

이 주나라와 함께 살면서 우리 몸을 더럽히기보다는

不如避之以絜吾行불여피지이결오행"

차라리 이 주나라의 세상을 피해 우리의 행동을 깨끗하게 하는 것만 같지 못하다."

二子北至於首陽之山이자북지어수양지산 遂餓而死焉수아이사언

두 사람은 북쪽으로 가 수양산에 이르러 마침내 굶어죽었다.

若伯夷叔齊者약백이숙제자 其於富貴也기어부귀야 苟可得已구가득이 則必不賴즉필불뢰

이 백이와 숙제 같은 사람은 부귀에 대하여 진실로 마지못하여 얻은 벼슬이라면,

高節戾行고절려행 獨樂其志독락기지 不事於世불사어세 此二士之節也차이
사지절야

높은 절개와, 세상에 역행하는 행동은 취하지 않았을 것이다. 다만 홀로
그 뜻은 즐기면서 이 세상일을 일삼지 않는 것이 이 두 사람의 절개(節槪)
다.

| 해설 |

유명한 고죽국의 백이(伯夷)와 숙제(叔齊)가 절개를 지키느라 수양
산으로 들어가 고사리를 캐 먹다가 굶어죽은 이야기를 기술하였다. 그
러나 절개를 위하여 몸을 희생한 고사(高士)로 칭양된 점은 장자의 원
뜻과 다르므로, 후인의 위작이라고 보기도 한다.

29. 도척
盜跖

도척(盜跖)과 도구(盜丘)

전편이 세 개의 대목으로 되어 있어, 공자와 도척(盜跖), 자장(子張)과 만구득(滿苟得), 무족(無足)과 지화(知和)의 문답으로 이어지는데, 공자와 도척의 문답이 가장 길어 전체의 반 이상을 차지하고 있다. 대체로 유가(儒家)의 예교규범주의나 부귀지상주의를 비판하고, 또 인간의 자연적인 성정의 존중, 자기 본성에 따르는 〈전성보진(全性保眞)〉을 강조하고 있다. 나반 섯째 문집에서의 전성보진의 강조는, 노장(老莊)의 양생(養生)을 관능적 쾌락의 충족으로 해석하여, 성색(聲色)의 욕망을 직접적으로 긍정하는 소박한 향락주의 색채가 강하다.

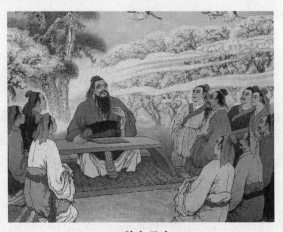

도척과 공자

1.

孔子與柳下季¹⁾爲友공자여유하계위우

공자와 유하계(柳下季)는 친구 사이였다.

柳下季之弟名曰盜跖²⁾유하계지제명왈도척

유하계의 동생에 도척이란 자가 있었다.

盜跖從卒九千人도척종졸구천인 橫行天下횡행천하 侵暴諸侯침폭제후 穴室
樞戶혈실추호

도척은 부하 9천 명을 거느리고 천하를 횡행하면서 제후들을 침략하고,
남의 집에 구멍을 뚫어 문지도리를 부수고 들어가,

驅人牛馬구인우마 取人婦女취인부녀

남의 마소를 몰아 탈취하고, 남의 부녀를 강탈하며,

貪得忘親탐득망친 不顧父母兄弟불고부모형제 不祭先祖부제선조

이득을 탐해 친척도 잊고, 부모 형제도 돌보지 않으며, 조상들에게 제사
도 지내지 않았다.

所過之邑소과지읍 大國守城대국수성

그의 무리가 지나가는 곳에서는 큰 나라는 성을 지키고,

小國入保³⁾소국입보 萬民苦之만민고지

---

1) 柳下季(유하계) : 유하혜(柳下惠)와 동일인물로 추정. 춘추시대 대도(大盜) 혹은 악인(惡人)
으로 유명한 도척이 유하혜의 동생이었기 때문에, 형제 중에 현인과 악인이 있을 때 사람
들은 이들에 비유하였다. 유하혜는 곧은 道를 지키면서 임금을 섬긴 것으로 알려져 있다.
《맹자》에 따르면, "유하혜는 성인으로서 온화한 기질을 가졌던 사람이다."라고 평했다.

2) 盜跖(도척) : 척(跖)은 척(跖)으로도 쓴다. 춘추시대 노(魯)나라 사람. 노나라 대부(大夫) 유
하혜(柳下惠)의 동생이다. 전하는 말로는 일찍이 무리 9천 명을 모아 천하를 횡행하고 다
니면서 제후(諸侯)를 공격하고 약탈해 나중에 도척으로 불렸다고 한다. 일설에는 황제(黃
帝) 때의 대도(大盜) 이름으로, 이 때문에 도척으로 불렸다고 한다.

작은 나라는 보루(堡壘)에 들어가 지켜서 모든 백성들이 그로 인해 괴로워했다.

孔子謂柳下季日공자위유하계왈 : 공자가 유하계에게 말했다.

"夫爲人父者부위인부자 必能詔其子[4]필능소기자 爲人兄者위인형자 必能敎其弟필능교기제

"무릇 부모 된 자는 반드시 그 자식을 가르쳐 지도할 수 있어야 하고, 형 되는 자는 반드시 그 아우를 깨우쳐야 하네.

若父不能詔其子약부불능소기자 兄不能敎其弟형불능교기제

만약에 아버지로서 자식을 타일러 이끌 수 없고, 형으로서 아우를 가르칠 수 없다면,

則無貴父子兄弟之親矣즉무귀부자형제지친의

부자 형제의 친함도 귀히 여길 것이 못되네.

今先生금선생 世之才士也세지재사야

지금 선생은 세상에서 알려진 재사(才士)인데,

弟爲盜蹠제위도척 爲天下害위천하해 而弗能敎也이불능교야

아우는 도척이라는 큰 도적이 되어 천하에 해독을 끼치고 있는데도 그를 가르치지 않고 있으니,

丘竊爲先生羞之구절위선생수지

나는 선생을 위하여 이를 부끄러이 여기네.

丘請爲先生往說之구청위선생왕설지"

---

3) 小國入保(소국입보) : 작은 나라는 보루에 들어가 지키다. 保는 堡와 같아 작은 성, 보루(堡壘).

4) 必能詔其子(필능소기자) : 반드시 그 자식을 가르쳐 지도할 수 있어야 한다. 詔는 가르쳐 지도하다.

나는 선생을 대신해 가서 그를 한번 설득시켜 보겠네."

柳下季曰유하계왈 : 유하계(柳下季)가 말했다.

"先生言선생언 '爲人父者必能詔其子위인부자필능소기자 爲人兄者必能敎
其弟위인형자필능교기제'

"선생이 말하기를, '아버지 되는 사람은 그 자식을 타이를 수 있어야 하
고, 형 되는 사람은 반드시 그 아우를 가르칠 수 있어야 한다.'고 하였네.

若子不聽父之詔약자불청부지소 弟不受兄之敎제불수형지교

만약 자식이 부모의 타이름을 듣지 않고, 아우가 형의 가르침을 듣지
않는다면,

雖今先生之辯수금선생지변 將奈之何哉장내지하재?

비록 지금 선생의 언변이라 한들 장차 그것을 어찌할 수 있겠는가?

且蹠之爲人也차척지위인야 心如涌泉 意如飄風5)심여용천 의여표풍

또한 도척의 사람됨이 마음은 용솟음치는 샘물 같고, 의기는 회오리바
람과 같으며,

强足以距敵6)강족이거적 辯足以飾非변족이식비

힘은 어떤 적도 대적하고, 능변은 자기의 잘못을 교묘히 합리화시키네.

順其心則喜순기심즉희 逆其心則怒역기심즉노 易辱人以言7)이욕인이언 先

---

5) 心如涌泉 意如飄風(심여용천 의여표풍) : 도척의 욕심이 마치 끊임없이 흘러나오는 샘물
과 같고, 마음은 회오리바람과 같다. 飄風은 도척의 의중을 헤아릴 수 없음을 형용한 것
이다.

6) 强足以距敵(강족이거적) : 힘은 어떤 상대라도 막아내기에 충분하다. 距敵(거적)은 적을
막아냄. 距는 막다.

7) 易辱人以言(이욕인이언) : 욕지거리로 남을 어렵지 않게 욕보임. 言은 허물, 잘못, 곧 욕보
이는 수단을 뜻한다.

生必無往선생필무왕"

그래서 제 마음에 들면 기뻐하고, 제 마음에 거슬리면 노하며, 욕설은 예사로 하네. 선생은 가지 않는 게 좋겠네."

孔子不聽공자불청 顔回爲御 子貢爲右[8]안회위어 자공위우 往見盜蹠왕견도척

공자는 듣지 않고, 안회가 어자(御者)가 되고, 자공이 오른쪽에 타고서 도척을 만나러 떠났다.

盜蹠乃方休卒徒太山之陽도척내방휴졸도태산지양 膾人肝而餔之[9]회인간이 포지

도척은 마침 태산(太山) 남쪽에서 부하들을 쉬게 하고, 사람의 간을 회(膾)로 쳐서 먹고 있었다.

孔子下車而前공자하거이전 見謁者[10]日견알자왈 :

공자는 수레에서 내려 앞으로 가서 안내자를 만나 말했다.

"魯人孔丘노인공구 聞將軍高義문장군고의 敬再拜謁者경재배알자"

"나는 노나라 사람 공구(孔丘)요. 장군의 높으신 의기를 듣고 왔습니다. 만날 수 있도록 알자(謁者)에게 재배하는 바이오."

謁者入通알자입통 盜蹠聞之大怒도척문지대노 目如明星목여명성

알자가 들어가 보고했다. 그러자 도척은 이 말을 듣고 대노하여 눈은 번뜩이는 별과 같고,

髮上指冠[11]발상지관 曰왈 :

---

8) 顔回爲御 子貢爲右(안회위어 자공위우) : 안회에게 수레를 몰게 하고, 자공을 오른편에 앉히다. 어(御)는 말을 부리는 마부. 右는 오른쪽 배승자(陪乘者).

9) 膾人肝而餔之(회인간이포지) : 사람의 간으로 회를 쳐서 절여 먹음. 포(餔)는 먹다.

10) 謁者(알자) : 알현(謁見)을 청하는 사람. 빈객을 주인에게 인도하는 사람.

11) 髮上指冠 : 머리칼은 치솟아 갓을 뚫을 것 같았다. 指는 곤두서다. 곧추서다. 指가 衝(찌르

머리칼은 치솟아 갓을 뚫을 것 같이 소리쳤다.

"此夫魯國之巧僞人孔丘非邪차부노국지교위인공구비야?
"그 자가 저 노나라의 위선자 공구가 아니냐?

爲我告之위아고지
너는 내 말을 대신 가서 일러라.

'爾作言造語이작언조어 妄稱文武망칭문무
'너는 멋대로 말을 지어내어 문왕과 무왕을 망령되게 칭찬하며,

冠枝木之冠관지목지관 帶死牛之脅대사우지협 多辭繆說[2)다사유설
머리에는 사치스럽게 꾸민 갓을 쓰고, 허리에는 죽은 소의 옆구리 가죽
띠를 매고서 허튼소리나 지껄여대고,

不耕而食불경이식 不織而衣부직이의
농사도 짓지 않고 밥을 먹고, 베를 짜지도 않으면서 옷을 입고 다니며,

搖脣鼓舌[3)요순고설 擅生是非천생시비 以迷天下之主이미천하지주
입술과 혓바닥을 놀려 멋대로 시비를 판단함으로써 천하의 군주들을 홀
리고,

使天下學士不反其本사천하학사불반기본
천하의 학자들로 하여금 그 본성으로 돌아가지 못하게 하며,

妄作孝弟而傲倖於封侯富貴者也[4)망작효제이교행어봉후부귀자야

다)으로 표기된 판본이 있다.

12) 多辭繆說(다사유설) : 허튼소리나 지껄여대다. 繆說(유설)은 지껄여대다. 多辭는 말이 많음.

13) 搖脣鼓舌(요순고설) : 입술과 혓바닥을 놀리다. 鼓는 고취시키다의 의미.

14) 妄作孝弟而傲倖於封侯富貴者也(망작효제이교행어봉후부귀자야) : 망령되게 효(孝)니 제
(弟)니 하는 덕목을 만들어 놓아 요행히 제후에 봉해지고 부귀하게 되기를 바라는 자
다. 봉후부귀(封侯富貴)는 제후에 봉해져 부귀하게 됨. 傲倖(교행)은 요행을 바라다. 孝

망령되게 효(孝)니 제(弟)니 하는 道를 만들어내어, 요행히 제후에 봉해지거나 부귀한 신분이 되기를 바라고 있는 것이다.

子之罪大極重자지죄대극중 疾走歸질주귀!

그러니 너의 죄는 참으로 중하다. 빨리 돌아가거라!

不然불연 我將以子肝益晝餔之膳15)아장이자간익주포지선'"

그러지 않으면 내가 너의 간으로 점심 밥상의 반찬으로 삼으리라.'하겠노라고."

孔子復通曰공자복통왈 : 공자는 다시 알자(謁者)를 통해서 말했다

"丘得幸於季구득행어계 願望履幕下원망리막하"

"나는 장군의 형인 유하계와 친하게 지냅니다. 원컨대 장군의 막하(幕下)에서 신발이라도 바라보게 하여 주십시오."

謁者復通알자복통 盜蹠曰도척왈 :

알자가 다시 들어가 아뢰니, 도척이 말했다.

"使來前사래전!" : "내 앞으로 데려오라!"

孔子趨而進공자추이진 避席反走피석반주 再拜盜蹠재배도척

공자는 종종걸음으로 나아가 자리를 피하여 뒤로 물러나 도척에게 두 번 절했다.

盜蹠大怒도척대로 兩展其足양전기족 案劍瞋目안검진목 聲如乳虎성여유호曰왈 :

도척은 대로(大怒)하여 두 다리를 쭉 뻗고는 칼자루에 손을 얹고 눈을

弟는 孝弟仁之本으로 효도와 공경(恭敬)은 仁의 근본이다.

15) 我將以子肝益晝餔之膳(아장이자간익주포지선) : 내가 너의 간으로 점심 밥상에 반찬을 삼을 것이다. 주포(晝餔)는 점심식사. 선(膳)은 반찬.

부릅뜨면서 소리를 지르는데, 마치 젖먹이는 어미 호랑이 소리 같았다.

"丘來前구래전! 若所言약소언 順吾意則生순오의즉생 逆吾心則死역오심즉사"

"구(丘)는 내 앞으로 다가오라. 네가 말하는 것이 내 뜻에 맞으면 살아남을 것이고, 내 뜻에 거슬리면 죽음을 당할 것이다."

孔子曰공자왈 : 공자가 말했다.

"丘聞之구문지 凡天下有三德범천하유삼덕

"제가 듣기로는, 무릇 천하에는 세 가지 덕이 있다고 합니다.

生而長大생이장대 美好無雙미호무쌍 少長貴賤見而皆說之소장귀천견이개설지 此上德也차상덕야

태어나면서부터 몸이 장대하고 아름답기가 비할 데 없으며, 노소(老少)·귀천(貴賤)이 보고서 모두 기뻐하면 이는 상덕(上德)이요,

知維天地지유천지 能辯諸物능변제물 此中德也차중덕야

지식은 하늘과 땅을 아우르고, 능력은 모든 사물을 잘 분별하면 이는 중덕(中德)이며,

勇悍果敢용한과감 聚衆率兵취중솔병 此下德也차하덕야

용맹하고 과감(果敢)하여 많은 부하를 거느릴 수 있으면 이는 하덕(下德)이라고 합니다.

凡人有此一德者범인유차일덕자 足以南面稱孤矣[16]족이남면칭고의

---

16) 足以南面稱孤矣(족이남면칭고의) : (무릇 사람으로서 이 세 가지 덕 중에 한 가지만 가졌어도) 족히 남면하여 고(孤)라고 칭할 수 있다. 고(孤)는 제후가 자신을 낮추어 호칭하는 말이다. 자칭(自稱). 《노자》 제39장에, "높음은 낮음을 그 기초로 삼는다. 따라서 제후 왕들은 스스로 고(孤)·과(寡)·불곡(不穀)이라 일컫는 것이다(高以下爲基 是以侯王自謂孤寡不穀)."라고 했다.

무릇 사람으로서 이 세 가지 덕 가운데 한 가지만 가졌어도 족히 남면(南面)하여 고(孤)라고 칭할 수가 있는데,

今將軍兼此三者금장군겸차삼자

지금 장군께서는 이 세 가지 덕을 모두 겸비하고 계십니다.

身長八尺二寸신장팔척이촌 面目有光면목유광 脣如激丹순여격단 齒如齊貝치여제패 音中黃鐘7)음중황종

신장이 八척 二촌에 얼굴에는 빛이 있으며, 입술은 진홍빛으로 붉고 이는 가지런한 조개와 같으며, 목소리는 황종(黃鍾)과 같습니다.

而名曰盜蹠이명왈도척 丘竊爲將軍恥不取焉구절위장군치불취언

그런데 세상에서는 도척이라 이름하여 부르니, 저는 장군을 위하여 적이 부끄러워 따르지 않습니다.

將軍有意聽臣장군유의청신 臣請南使吳越신청남사오월

장군께서 제 뜻을 들어 주신다면, 저는 청컨대 남쪽으로 오나라와 월나라에 사신으로 가고,

北使齊魯북사제로 東使宋衛동사송위 西使晉楚서사진초

북쪽으로는 제나라와 노나라에 사신으로 가며, 동쪽으로는 송나라와 위나라에 사신으로 가고, 서쪽으로는 진나라와 초나라에 사신으로 가서,

使爲將軍造大城數百里사위장군조대성수백리 立數十萬戶之邑입수십만호지읍 尊將軍爲諸侯존장군위제후

그들로 하여 장군을 위하여 사방 수백 리의 큰 성곽을 쌓아 수십만 호의 봉읍(封邑)을 만들어 장군을 제후로 높여 존경받게 하겠습니다.

---

17) 音中黃鐘(음중황종) : 목소리는 황종과 들어맞다. 황종(黃鍾)은 십이율(十二律)의 하나인 양률의 첫째 음. 대금(大笒)의 첫째 구멍과 넷째 구멍을 떼고 나머지 구멍을 막고 낮게 불 때 나는 소리를 이른다.

與天下更始여천하경시 罷兵休卒파병휴졸

천하 백성들과 더불어 세상을 바꾸어 전쟁을 없애 군사들을 쉬게 하고,

收養昆弟수양곤제 共祭先祖공제선조

형제들을 거두어 기르며 모두 함께 조상의 제사를 지내게 된다면,

此聖人才士之行차성인재사지행 而天下之願也이천하지원야"

이것이야말로 성인과 재사(才士)의 행할 일이요, 천하인의 소원입니다."

盜蹠大怒曰도척대로왈 :

도척(盜蹠)은 더욱 노하여 말했다.

"丘來前구래전!

"공구여, 좀 더 가까이 오라!

夫可規以利而可諫以言者부가규이리이가간이언자　皆愚陋恒民之謂耳[1]개우루항민지위이

이익으로써 규제하고 말로써 간할 수 있는 것은 대개 어리석은 보통사람을 두고 하는 말이다.

今長大美好금장대미호　人見而悅之者인견이열지자　此吾父母之遺德也차오부모지유덕야

지금 키가 크고 아름답게 생겨 사람들이 나를 보고서 좋아하는 것은 내 부모가 물려준 덕이다.

丘雖不吾譽구수불오예　吾獨不自知邪오독부자지야?

그러니 굳이 네가 나를 칭찬하지 않아도 내 스스로 그것을 모르겠느냐?

且吾聞之차오문지 : 단 내가 듣건대,

---

1) 皆愚陋恒民之謂耳(개우루항민지위이) : 모두 어리석은 보통사람을 두고 하는 말일 뿐이다. 항민(恒民)은 눈앞의 일들에 얽매이고 그냥 법이나 지키면서 윗사람에게 부림을 당하는 사람. 보통사람이라는 뜻. 愚陋(우루)는 우매(愚昧)하고 비루(鄙陋)함.

'好面譽人者호면예인자 亦好背而毀之역호배이훼지'

'남의 면전에서 칭찬하기 좋아하는 자는 또한 남의 뒤에서 그를 헐뜯기를 좋아한다.'하였다.

今丘告我以大城衆民금구고아이대성중민

지금 네가 큰 성과 많은 백성에 대하여 말하였지만,

是欲規我以利而恒民畜我也시욕규아이리이항민축아야 安可久長也안가구장야?

이는 나를 이욕(利慾)만 차리려는 범속한 인간으로 취급하여 나를 먹이고 길들이고자 하는 것이다. 그러니 어찌 오래 갈 수가 있겠느냐?

城之大者성지대자 莫大乎天下矣막대호천하의

성이 큰 것이라 해도 천하보다 큰 것은 없다.

堯舜有天下 子孫無置錐之地[2]요순유천하 자손무치추지지

요순이 천하를 차지했지만, 그 자손은 송곳 꽂을 땅조차도 없었다.

湯武立爲天子而後世絶滅탕무립위천자이후세절멸 非以其利大故邪비이기리대고야?

탕(湯)과 무(武)는 천자가 되었어도 후손이 끊기고 멸망하였으니, 이는 그들의 이익이 너무 컸기 때문이 아니겠느냐?

且吾聞之차오문지 : 또 나는 이런 말을 들었다.

古者禽獸多而人少고자금수다이인소 於是民皆巢居以避之어시민개소거이피지

---

2) 堯舜有天下 子孫無置錐之地(요순유천하 자손무치추지지) : 요(堯)와 순(舜)은 천하를 차지하였지만, 그 자손들은 송곳 하나 꽂을 땅조차 없었다. "요는 순에게 선양하여 아들 단주에게 주지 않았고, 순은 우에게 선양하여 상균(商均)이 잇지 못했다. 그 때문에 송곳 하나 꽂을 정도의 땅도 없었다고 한 것이다. 여기서 "송곳 하나 꽂을 만한 땅이란 뜻으로, 매우 좁아 조금의 여유도 없음"을 비유하는 「입추지지(立錐之地)」라는 성어가 생겨났다.

옛날에는 짐승이 많고 사람이 적어 백성들은 나무 위에다 집을 지어 짐승을 피했고,

畫拾橡栗주습상률 暮栖木上모서목상

낮에는 도토리나 밤을 주워 먹고, 날이 저물면 나무 위에서 잠을 잤다.

故命之日有巢氏之民[3]고명지왈유소씨지민

그래서 그들을 '유소씨(有巢氏)의 백성'이라고 불렀다.

古者民不知衣服고자민부지의복 夏多積薪하다적신 冬則煬之동즉양지

옛날에는 사람들이 옷이라는 것을 알지 못하여 여름에 땔나무를 많이 쌓아놓았다가 겨울에는 그것을 때곤 하였다.

故命之日知生之民고명지왈지생지민

그래서 이들을 일러 '삶의 지혜를 아는 지혜로운 백성'이라고 하였다.

神農之世신농지세 臥則居居 起則于于[4]와즉거거 기즉우우

신농씨의 세상이 되어서는 백성들이 누워서는 편안하고, 깨어서는 자득(自得)한 생활을 할 줄 알았으며,

民知其母민지기모 不知其父부지기부

백성들이 그 어머니는 알면서도 아버지는 몰랐으며,

與麋鹿共處여미록공처 耕而食경이식 織而衣직이의

---

3) 有巢氏之民(유소씨지민) : 유소씨(有巢氏)의 백성. 有巢氏는 전설상에 나오는 제왕(帝王)의 이름. 대소씨(大巢氏)로도 불린다. 옛날에 사람은 적고 짐승이 많았을 때 사람들이 나무 위에 집을 지어 맹수와 벌레, 뱀의 위협을 피해 사는 법을 가르쳐 주었다고 한다. 낮에 도토리나 밤 등을 따 모았다가 서녁이면 나무 위에서 살게 했다 《한비자(韓非子)》 오두(五蠹)편에도 나온다.

4) 臥則居居 起則于于(와즉거거 기즉우우) : (신농씨의 세상이 되어서는) 누워 잠 잘 때는 편안했고, 일어나 깨어 있을 때는 자득(自得)한 생활을 할 줄 알았다. 居居는 편안한 모양. 于于는 스스로 만족해하는 모양.

사슴과 더불어 살고 밭을 갈아 밥을 지어 먹고 옷을 짜서 입으면서도,

無有相害之心무유상해지심 此至德之隆也차지덕지륭야

서로 해치려는 마음을 갖지 않았으니, 이때야말로 지극한 德이 융성했
던 때였다.

然而黃帝不能致德 與蚩尤戰於涿鹿之野5)연이황제불능치덕 여치우전어탁록
지야 流血百里유혈백리

그러나 황제(黃帝)는 德을 이루지 못하여 치우(蚩尤)와 탁록(涿鹿)의 들
에서 싸워 사람의 피가 백 리까지 흘렀다.

堯舜作 立群臣6)요순작 입군신

그 뒤 요순이 천자가 되자 여러 신하들의 지위를 만들었고,

湯放其主탕방기주 武王殺紂무왕살주

탕이 그의 임금 걸(桀)을 쫓아냈으며, 무왕(武王)은 주(紂)를 죽였다.

自是之後자시지후 以强陵弱이강릉약 以衆暴寡이중폭과

이 이후로는 강자가 약자를 능멸하고, 다수가 소수를 해치니,

湯武以來탕무이래 皆亂人之徒也개란인지도야

---

5) 然而黃帝不能致德 與蚩尤戰於涿鹿之野(연이황제불능치덕 여치우전어탁록지야) : 그러나 황
   제(黃帝)는 덕을 이루지 못하여 치우(蚩尤)와 탁록(涿鹿)의 들에서 싸워 사람의 피가 백
   리까지 흘렀다.《史記》〈오제본기(五帝本紀)〉에는 "황제(黃帝)는 소전(少典)의 아들로
   성은 공손(公孫)이요, 이름은 헌원(軒轅)"이라고 기록되어 있다. 軒轅이라는 이름은 수레
   와 수레끌채라는 뜻으로 그가 수레를 발명했다는 신화의 내용과 관련되어 있다. 그리고
   黃帝가 동쪽으로 진출하여 염제(炎帝)를 물리치고 연맹을 결성하였으며, 구려족(九黎族)의
   우두머리였던 치우(蚩尤)와 탁록(涿鹿)에서 싸워 이긴 뒤 신농(神農)을 대신해 연맹의 우
   두머리가 되었다는 내용이 있다.

6) 堯舜作 立群臣(요순작 입군신) : 堯와 舜이 천자가 되자 여러 신하들의 지위를 만들다. 作
   은 일으키다의 뜻으로 일어나 천자가 됨을 말한다. 立群臣은 여러 신하의 직책을 확립함.
   곧 상하 지위를 만들어 차별을 두었다는 뜻.

그러다 탕왕과 무왕 이후로 모두가 세상을 어지럽히는 무리들이 되었다.

今子修文武之道금자수문무지도 掌天下之辯장천하지변 以敎後世이교후세

이제 그대는 문왕과 무왕의 道를 닦고 천하의 변론을 도맡아 후세를 가르친다고 하며,

縫衣淺帶7)봉의천대 矯言僞行교언위행 以迷惑天下之主이미혹천하지주 而欲求富貴焉이욕구부귀언

큼직한 옷에 엷은 띠를 두르고, 속이는 말과 위선적인 행동으로 천하의 군주들을 미혹시켜 부귀를 얻고자 하니,

盜莫大於子도막대어자

도둑질 쳐놓고 그대보다 더 큰 도적은 없다.

天下何故不謂子爲盜丘천하하고불위자위도구 而乃謂我爲盜蹠이내위아위도척?

그런데 세상은 어째서 너를 도구(盜丘)라고 부르지 않고 오히려 나를 도척(盜蹠)이라고 부르는가?

子以甘辭說子路而使從之8)자이감사세자로이사종지

그대는 달콤한 말로 자로(子路)를 설득해 그대의 추종자가 되게 하여,

使子路去其危冠 解其長劍9)사자로거기위관 해기장검 而受敎於子이수교어자

---

7) 縫衣淺帶(봉의천대) : 도포와 엷은 띠. 유학자(儒學者)의 옷. 학자 문인을 일컫는 말.

8) 子以甘辭說子路而使從之(자이감사세자로이사종지) : 그대는 달콤한 말로 자로를 설득해 추종자가 되게 했다. 甘辭는 달콤한 말. 說(세)는 설득하다. 子路는 공자의 훈계로 입문하여 제자 중에서는 최연장자로 본디 무뢰한이었네, 곧고 순진하여 헌신적으로 공자를 섬겼다. 공자는 그가 용기의 가치를 강조하여 그의 남보다 앞서는 용기와 적극성을 교정하였다. 뒤에 위(衛)나라에서 벼슬했는데, 내란이 일어났을 때 스스로 도의적 입장에서 전사(戰死)를 택하였다. 내란 소식을 들은 공자는 그의 죽음을 예언했다고 한다.

9) 使子路去其危冠 解其長劍(사자로거기위관 해기장검) : 자로로 하여금 높은 관을 벗어 던

자로로 하여금 높은 관을 벗어 던지고, 장검을 풀어 던지게 하고는 그대의 가르침을 받게 했다.

天下皆曰천하개왈 : 그래서 세상 사람들이 말하기를,

'孔丘能止暴禁非공구능지폭금비'

'공구가 난폭한 행동을 억눌러 나쁜 짓을 하지 못하게 했다.'고 칭찬했다.

其卒之也기졸지야 子路欲殺衛君¹⁰⁾而事不成자로욕살위군이사불성

그러나 마침내 자로는 위(衛)나라 임금을 죽이려다 이루지 못하고,

身菹於衛東門之上¹¹⁾신저어위동문지상

몸이 위나라 동문(東門) 근처에서 젓으로 담겨지고 말았다.

是子敎之不至也시자교지부지야

이는 그대의 가르침이 지극하지 못했기 때문인데,

子自謂才士聖人邪자자위재사성인야!

그대는 어찌하여 스스로 재사나 성인이라고 말하는가!

則再逐於魯즉재축어로 削跡於衛삭적어위

노나라로부터 두 번이나 쫓겨났고, 위(衛)나라에서는 자취가 지워졌으며,

窮於齊궁어제 圍於陳蔡위어진채 不容身於天下불용신어천하

제나라에서는 곤궁에 빠졌었고, 진나라와 채나라 사이에서는 포위당하

지고 그의 장검을 풀어 던지게 하다. 危冠은 높은 冠. 危는 높다는 뜻.

10) 衛君(衛君) : 위(衛)나라 장공(莊公) 괴외(蒯聵).

11) 身菹於衛東門之上(신저어위동문지상) : 몸은 위나라의 동문 가까이에서 젓으로 담겨지는 형벌을 당하다. 菹(저)는 절이다. 자로가 위나라의 신하로 있다가 왕위 다툼에 휘말려 살해된 후 그 시신이 젓으로 담겨졌다. 중국에서는 고래로부터 시신이 절여지는 형벌이 있어왔다.

여 천하에 몸을 용납할 곳이 없었다.

子教子路菹此患자교자로저차환

그대는 자로를 가르쳐 살이 젓으로 담기는 환난을 당하게 했으니,

上無以爲身상무이위신 下無以爲人하무이위인

위로는 자기 몸을 위하지 못하고, 아래로는 남 또한 위하지도 못했다.

子之道豈足貴邪자지도기족귀야?

그러니 그대의 道가 어찌 귀하다고 하겠는가?

世之所高세지소고 莫若黃帝막약황제

세상에서 높이는 자로는 황제만한 이가 없는데,

黃帝尙不能全德황제상불능전덕 而戰涿鹿之野이전탁록지야 流血百里유혈백리

황제 또한 오히려 덕을 온전히 하지 못하여 탁록(涿鹿)의 들에서 싸워 백리 사방에 피를 흘렸다.

堯不慈 舜不孝12)요부자 순불효 禹偏枯13)우편고

요는 자식에게 자혜(慈惠)롭지 않았고, 순은 불효했으며, 우는 반신불수가 되었으며,

湯放其主탕방기주 武王伐紂무왕벌주 文王拘羑里14)문왕구유리

탕은 주군을 추방했고, 무왕은 주(紂)를 정벌했으며, 문왕은 유리(羑里)

---

12) 堯不慈 舜不孝(요부자 순불효) : 요는 자식에게 자혜롭지 않았고, 순은 어버이에게 불효했다. 堯不慈는 요가 천자의 지위를 자식에게 넘겨주지 않았으니 자혜(慈惠)롭지 못한 인물이고, 舜不孝는 순이 어버이에게 미움을 받았으니 불효자이다.

13) 禹偏枯(우편고) : 우는 반신불수가 되다. 偏枯는 중풍(中風)의 하나로, 기혈(氣血)이 허하여 영양하지 못하거나 어혈(瘀血), 담(痰)이 몰려서 생긴다. 중풍 발작 후에 반신을 쓰지 못한다.

14) 文王拘羑里(문왕구유리) : 羑里(유리)는 주(周)나라 문왕이 은(殷)나라 주왕에게 잡혀 갔던 곳.

에 갇혔다.

此六子者[15)차육자자 世之所高也세지소고야

이 여섯 사람은 세상에서는 높이는 인물들이다.

孰論之[16)숙론지 皆以利惑其眞而强反其情性개이리혹기진이강반기정성

그러나 잘 따져보면, 이들은 모두 이익 때문에 그들의 본성을 현혹시켜 억지로 인간의 성정(性情)을 거슬렀으니,

其行乃甚可羞也기행내심가수야!

그들의 행위야말로 매우 부끄러워해야 할 것이다!

世之所謂賢士세지소위현사 伯夷叔齊백이숙제

세상에 이른바 현인은 백이와 숙제인데,

伯夷叔齊辭孤竹之君백이숙제사고죽지군　而餓死於首陽之山이아사어수양지산 骨肉不葬골육부장

백이와 숙제는 고죽국의 왕위를 사양하고, 수양산으로 들어가 굶어죽어 골육마저 장사지내지 못했고,

鮑焦飾行非世 抱木而死[17)포초식행비세 포목이사

---

15) 此六子者(차육자자) : 황제·요·순·우·탕·문·무를 합치면 6인이 아니라 모두 7인 이다.

16) 孰論之(숙론지) : 자세히 따져보다. 孰은 熟과 통해서 상세히, 곰곰이의 뜻.

17) 鮑焦飾行非世 抱木而死(포초식행비세 포목이사) : 포초는 고결하게 행실을 꾸미고 세상을 비난하다가 나무를 끌어안은 채 죽다. 식(飾)은 꾸미다. 포초(鮑焦)는 주(周)나라 때 은사(隱士)로, 성은 鮑 이름은 焦. 깨끗함을 지켜 세상과 임금을 비난하면서 스스로 밭을 갈아 먹고, 우물을 파서 마시고 아내가 짠 베로 만든 것이 아니면 입지 않았는데, 자공(子貢)이 그를 만나 나라도 임금도 인정하지 않는 자가 어찌 그 이익을 받느냐고 말하자, "염사(廉士)는 나아감을 신중히 하고 물러섬을 가벼이 하며, 현인은 쉽게 부끄러워하고 죽음을 가벼이 한다."고 하면서 나무를 끌어안고 선 채로 말라 죽었다.

포초(鮑焦)는 행실을 꾸미고 세상을 비난하다가 나무를 끌어안은 채 죽었으며,

申徒狄8)諫而不聽신도적간이불청　負石自投於河부석자투어하　爲魚鱉所食위어별소식

신도적(申徒狄)은 잘못을 간했으나 받아들여지지 않아 돌을 짊어지고 황하에 스스로 몸을 던져 물고기 밥이 되었고,

介子推9)至忠也개자추지충야　自割其股以食文公자할기고이식문공

개자추(介子推)는 지극히 충성스러워 자기 넓적다리 살을 베어 문공에게 먹였지만,

文公後背之문공후배지　子推怒而去자추노이거　抱木而燔死포목이번사

문공은 후에 그를 배반하였는데, 개자추는 이에 노하여 진나라를 떠나 산으로 들어가 나무를 껴안은 채 불타 죽었으며,

尾生20)與女子期於梁下미생여여자기어량하　女子不來여자불래　水至不去수

18) 申徒狄(신도적) : 은(殷)나라 말 현인으로 탕(湯)이 천하를 물려주려고 하자, 이를 부끄럽게 여겨 돌을 등에 지고 강에 빠져 죽었다고도 한다.

19) 介子推(개자추) : 개지추(介之推)라고도 한다. 진(晉)나라 문공(文公)이 왕위에 오르기 전에 아버지 헌공(獻公)에게 추방되었을 때, 19년 동안 그를 모시며 같이 망명생활을 하였다. 뒤에 문공이 진(秦) 목공(穆公)의 주선으로 귀국하여 왕위에 오르고 많은 현신(賢臣)을 등용하였으나, 개자추에게는 봉록을 주지 않았다. 실망한 그는 면산(緜山)에 들어가 숨어 살았다. 문공이 자신의 잘못을 뉘우치고 그를 불렀으나 나오지 않았다. 문공은 그를 나오게 하기 위해 산에다 불을 질렀다. 그러나 끝내 나오지 않고 어머니와 함께 그대로 타 죽었다. 한식(寒食)은 개자추가 타 죽은 것을 기리기 위하여 행사로 기념한 날로서, 이때 찬밥을 먹는다고 한다.

20) 尾生(미생) : 서주(西周) 때 노(魯)나라 사람. 진실에 따르면 여자와 다리 아래에서 만나기로 했다. 그러나 약속한 기일이 되어도 여자가 오지 않았다. 마침 홍수가 나서 강물이 갑자기 불어났는데, 약속을 지키려고 피하지 않고 다리 기둥을 붙잡고 있다가 익사하고 말았다. 이 이야기에서 「미생지신(尾生之信)」 고사가 생겨났다. "작은 명분에 집착하는 고지식하고 융통성 없다."는 비유로 쓰인다.

지불거 抱梁柱而死포량주이사

미생(尾生)은 여인과 다리 밑에서 만나기로 약속했는데, 여자는 오지 않고 물이 차오르는데도 피하지를 않고 다리 기둥을 끌어안고 죽었다.

此六子者차육자자 無異於磔犬流豕무이어걸견유시 操瓢而乞者조표이걸자

이 여섯 사람은 제사에 쓰려 찢겨 죽은 개나, 제물로 강물에 던져진 돼지, 아니면 바가지를 들고 걸식하는 거지와 다를 것이 없다.

皆離名輕死개리명경사 不念本養壽命者也불념본양수명자야

이들은 모두 명분에 구애받아 죽음을 경시했고, 사람의 본성을 생각하고 수명을 보존하려 한 자들이 아니었다.

世之所謂忠臣者세지소위충신자 莫若王子比干伍子胥막약왕자비간오자서

또 세상에서 이른바 충신으로서, 왕자 비간이나 오자서만한 이가 없다.

子胥沈江 比干剖心21)자서침강 비간부심

그러나 오자서는 시신이 장강(양자강)에 던져졌고, 비간은 가슴이 갈라지는 형벌을 당했다.

此二子者차이자자 世謂忠臣也세위충신야 然卒爲天下笑연졸위천하소

---

21) 子胥沈江 比干剖心(자서침강 비간부심) : 오자서는 시체가 오왕(吳王) 부차(夫差)에 의해 장강에 가라앉혀졌고, 왕자 비간은 조카 주왕(紂王)에 의해 가슴이 갈라졌다. 子胥는 춘추시대의 정치가로 초나라 사람이었으나 아버지와 형이 살해당한 뒤 오나라를 섬겨 복수하였다. 오나라 왕 합려를 보좌하여 강대국으로 키웠으나, 모함을 받아 합려의 아들 부차에게 자결을 명받자, 오자서는 한탄하며 문객(門客)에게, 자신이 죽으면 오나라가 월나라에 멸망하는 모습을 지켜볼 수 있도록 눈알을 도려내서 동문(東門) 위에 걸어달라고 당부하고는 자결하였다. 부차가 이 소식을 듣고 격노하여 그의 시신을 말가죽 자루에 넣어 강물에 던져버렸다. 比干은 주왕(紂王)이 간언하는 신하들을 처형하고 폭정을 멈추지 않자, "신하는 죽더라도 임금께 충간(忠諫)해야 한다."며 계속 주왕에게 간언하였다. 그러자 주왕은 화를 내며, "성인(聖人)의 심장에는 구멍이 일곱 개나 있다고 들었다."라며 비간의 충심(忠心)이 진짜인지를 확인하겠다며 그의 심장을 꺼내 가르도록 하였다.

이 두 사람은 세상에서는 충신이라고 하지만, 마침내는 천하의 웃음거리가 되고 말았다.

自上觀之자상관지 至於子胥比干지어자서비간 皆不足貴也개부족귀야

저 상고(上古)로부터, 자서, 비간에 이르기까지 모두 귀히 여길 만하지 못하다.

丘之所以說我者구지소이세아자 若告我以鬼事약고아이귀사 則我不能知也즉아불능지야

그대가 나를 설득하려는 것이 만약에 나에게 귀신 이야기를 들려주려 한다면 내가 알아들을 수 없을지 모르겠지만,

若告我以人事者약고아이인사자 不過此矣불과차의

만약에 사람의 일을 가지고 내게 이야기를 한다면 이에서 더 지나지 못할 것이다.

皆吾所聞知也[22]개오소문지야

모두 내가 이미 다 들어 알고 있는 바다.

今吾告子以人之情[23]금오고자이인지정

지금부터 내가 그대에게 인간의 실정(實情)에 대해서 말해 주리라.

目欲視色목욕시색 耳欲聽聲이욕청성

눈은 아름다운 빛을 보고자 하고, 귀는 아름다운 소리를 들으려 하며,

口欲察味[24]구욕찰미 志氣欲盈지기욕영

---

[22] 皆吾所聞知也(개오소문지야) : 모두 내가 들어 알고 있는 것이다. 《전국책(戰國策)》 〈제책(齊策)〉에, "맹상군이 말하기를, 인간의 일은 내가 이미 다 알고 있고, 내가 아직 들어보지 못한 것은 귀신의 일뿐이다(孟嘗君曰 人事者 吾已盡知之矣 吾所未聞者 獨鬼事耳)."라는 내용을 원용한 구절이다.

[23] 人之情(인지정) : 사람에 대한 실상(實情). 곧 인간의 참된 실상(實相).

입은 좋은 음식을 맛보려 하고, 뜻은 만족하기를 바란다.

人上壽百歲인상수백세 中壽八十중수팔십 下壽六十하수육십

사람의 수명은 장수하는 경우라야 기껏 백세이고, 중간 정도의 수명은 80세이며, 낮은 수명은 60세인데,

除病瘦死喪憂患제병수사상우환

그나마도 병들어 앓거나, 상을 당하거나, 걱정 근심하는 시간을 제외하고 나면,

其中開口而笑者기중개구이소자　一月之中不過四五日而已矣일월지중불과사오일이이의

그 동안 입을 벌리고 웃는 날은 한 달 가운데 4, 5일에 불과할 따름이다.

天與地無窮천여지무궁　人死者有時인사자유시

하늘과 땅은 끝이 없는데, 사람의 죽음은 때가 있으니,

操有時之具而託於無窮之間조유시지구이탁어무궁지간

이 유한한 육체를 가지고 무궁한 천지 사이에 의탁하는 것은,

忽然無異騏驥之馳過隙也25)홀연무이기기지치과극야

문득 천리마가 문틈 사이를 달려 지나가는 것과 다를 것이 없다.

---

24) 口欲察味(구욕찰미) : 입은 맛있는 것을 맛보고자 한다. 察(찰)은 맛보다.

25) 忽然無異騏驥之馳過隙也(홀연무이기기지치과극야) : 문득 천리마가 문틈 사이를 달려 지나가는 것과 다를 것이 없다. 隙(극)은 틈. 騏驥(기기)는 하루에 천 리를 달린다는 준마(駿馬). 〈지북유〉편에 "사람이 하늘과 땅 사이에 사는 것은 마치 흰 말이 달려가는 것을 문틈으로 보는 것처럼 순식간이다. 모든 사물은 물이 솟아나듯 문득 생겼다가 물이 흐르듯 사라져가는 것이다. 즉 사물은 모두 자연의 변화에 따라 생겨나서 다시 변화에 따라 죽는 것이다(人生天地間 若白駒之過隙 忽然而已. 注然勃然 莫不出焉 油然流然 莫不入焉 已化而生 又化而生)." 여기서 「백구과극(白駒過隙)」 고사성어가 생겨났다. "흰 말이 지나가는 것을 문틈으로 보듯이 눈 깜박할 사이"라는 뜻으로, 세월이 너무 빨리 지나감을 비유하는 말로 쓰인다.

不能說其志意불능설기지의 養其壽命者양기수명자 皆非通道者也개비통도자야

자신의 자연스런 욕구를 만족시키지 못하고, 그 수명을 기를 줄 모르는 자는 모두 道에 통한 자라 할 수 없다.

丘之所言구지소언 皆吾之所棄也개오지소기야

지금 그대가 말하고자 하는 것은 모두 내가 버려야 할 것들이다.

亟去走歸극거주귀 無復言之무복언지!

그러니 빨리 달아나서 다시는 내게 그런 말을 하지 말라!

子之道자지도 狂狂汲汲26)광광급급 詐巧虛僞事也사교허위사야

그대의 道는 인간의 본성을 잃고 욕심을 위해 헐떡거리며 달려가는 꼴이니, 간사스럽고 거짓될 뿐이다.

非可以全眞也비가이전진야 奚足論哉해족론재?"

따라서 인간의 참된 모습을 온전히 할 수 없는 것이니, 어찌 더 논할 필요가 있겠는가?"

孔子再拜趨走공자재배추주 出門上車출문상거

공자는 두 번 절하고는 한달음에 달려 문밖으로 나와 수레에 올라타고,

執轡三失집비삼실 目芒然無見목망연무견

고삐를 잡으려다 세 번이나 놓치고, 눈은 아찔하여 보이지도 않고,

色若死灰27)색약사회 據軾低頭거식저두 不能出氣불능출기

---

26) 狂狂汲汲(광광급급) : (그대의 道는) 인간의 본성을 잃은 채 헐떡이며 달려가는 꼴이다. 狂狂은 본성을 잃고 미친 모습. 汲汲은 급히 감. 汲은 伋(급히 가다)의 假借字.

27) 色若死灰(색약사회) : 안색은 불 꺼진 잿빛 같다. 死灰는 불기운이 없어진 식은 재. 생기 없는 사람을 비유하여 일컫는 말. 「사회부연(死灰復燃)」이라는 말이 있다. "사그라진 재가 다시 타오르다." 곧 세력을 상실한 사람(사물)이 다시 활동하다(득세하다)라는 뜻으로, 주로 나쁜 일을 비유하는 데 쓰인다.

얼굴빛은 불 꺼진 잿빛이 되어 수레 앞 가로막대에 얼굴을 숙인 채 숨조차 제대로 쉬지 못했다.

歸到魯東門外귀도노동문외 適遇柳下季적우유하계
그 길로 노나라 동문 밖에 도착해서 유하계를 만났다.

柳下季曰유하계왈 : 유하계가 말했다.

"今者闕然數日不見금자궐연수일불견　車馬有行色거마유행색　得微往見蹠邪득미왕견척야?"

"요 며칠 동안 만나지 못했는데, 거마를 보니 여행을 다녀온 모양으로 보아 혹 도척을 만나고 온 것은 아닌가?"

孔子仰天而歎曰공자앙천이탄왈 : 공자는 하늘을 우러러 탄식하며 말했다.

"然연" : "그렇네."

柳下季曰유하계왈 : 유하계가 말했다.

"蹠得無逆汝意若前乎척득무역여의약전호?"
"척이 내가 전에 말한 것처럼 자네 뜻을 거스르지 않던가?"

孔子曰공자왈 : 공자가 말했다.

"然연　丘所謂無病而自灸也28)구소위무병이자구야
"그렇다네. 나는 이른바 병도 없는데 스스로 뜸질을 한 꼴이 되었네.

疾走料虎頭질주료호두　編虎須편호수　幾不免虎口哉기불면호구재!"
달려가 호랑이 머리를 잡아당기고 호랑이 수염을 꼬았으니, 하마터면

---

28) 無病而自灸也(무병이자구야) : 병이 없는데도 스스로 뜸을 함. 스스로 곤욕을 자초했다는 뜻이다. 灸(구)는 뜸을 뜨다. 여기서 "쓸데없는 일에 정력을 쏟아 화를 부른다"는 뜻의 「무병자구(無病自灸)」 성어가 생겨났다. 긁어 부스럼이란 말이 있다. 가만히 자기 본분만 지키면 될 것을 공연히 나서 일을 망치는 경우에 쓰이는 말이다.

호랑이에게 잡아먹힐 뻔했네!"

| 해설 |

공자와 유하계와 도척의 대화를 빌려, 공자학파의 예교주의(禮敎主義)가 갖는 위선성(僞善性)과 세속성(世俗性) 곧 「거짓과 위선적인 행동(矯言僞行)」을 통쾌하게 공격하고, 아울러 천연적인 수명을 온전히 하고, 자연적인 성정(性情)에 따르는 소박한 쾌락주의(快樂主義), 곧 「참을 온전히 함(全眞)」을 역설하고 있다. 그러나 유하계를 공자의 친구로, 도척을 유하계의 동생으로 한 것은 물론 필자의 희곡적인 픽션(虛構)으로서, 곧 장자가 말하는 우언(寓言)이다. 《장자》 자체에서도 보기 드문 긴 우화다.

2.

子張問於滿苟得)日자장문어만구득왈 :

자장(子張)이 만구득(滿苟得)에게 물었다.

"盍不爲行합불위행?

"자네는 어찌 행실을 닦지 않는가?

無行則不信무행즉불신 不信則不任불신즉불임 不任則不利불임즉불리

행실을 닦지 않으면 남에게 신뢰받지 못하고, 남에게 신뢰받지 못하면 직책에 임명되지 못하고, 직책에 임명되지 못하면 이익을 얻지 못한다.

---

1) 子張問於滿苟得(자장문어만구득) : 자장이 만구득에게 묻다. 子張은 이름이 전손사(顓孫師). 진(陳)나라 사람으로, 字가 子張이다. 공자보다 48년 아래다. 공자를 따르다가 진(陳)나라와 채(蔡)나라 사이에서 곤경에 처했을 때 공자를 수행했다. 滿苟得은 성은 만(滿), 이름은 구득(苟得). 가상의 인물로, 이득을 탐하여 만족하는 사람을 비유한다.

故觀之名고관지명 計之利계지리 而義眞是也이의진시야

그러므로 명예라는 면에서 보거나, 이득이라는 점에서 생각해 보더라도 인의를 행하는 것은 참으로 옳은 것이네.

若棄名利약기명리 反之於心반지어심 則夫士之爲行즉부사지위행 不可一日不爲乎불가일일불위호"

만약 명예나 이익을 버리고 마음속으로 돌이켜보더라도 선비는 행실을 닦는 데 하루도 소홀히 할 수 없네."

滿苟得曰만구득왈 : 만구득(滿苟得)이 말했다.

"無恥者富무치자부 多信者顯다신자현

"부끄러움을 모르는 자는 부자가 되고, 말이 많은 사람은 출세하네.

夫名利之大者부명리지대자 幾在無恥而信기재무치이신

세상에서 명예나 이익 가운데 큰 것은 거의 부끄러움을 모르고 말이 많은 자이네.

故觀之名고관지명 計之利계지리 而信眞是也²⁾이신진시야

그러므로 명예로 보거나 이익으로 따지더라도 말이 많은 것이 진정 제일이네.

若棄名利약기명리 反之於心반지어심 則夫士之爲行즉부사지위행 抱其天乎³⁾포기천호!"

만약에 명예나 이익을 버리고 본심에서 돌이켜보더라도 선비의 행동은 자기가 타고난 천성을 지키는 것이네!"

---

2) 信爲是也(신진시야) : 성현영(成玄英)의 "多信(다신)은 多言(다언)과 같다(多信 猶多言 也)."고 한 해석에 따라 信을 言의 오자(誤字)로 본다.

3) 抱其天乎(포기천호) : 자연 그대로의 천성을 잘 지키는 것이다. 抱(포)는 지키다. 天은 타고난 천성.

子張曰자장왈 : 자장(子張)이 말했다.

"昔者桀紂貴爲天子석자걸주귀위천자 富有天下부유천하

"옛날 걸(桀)과 주(紂)는 귀(貴)하기로는 천자였고, 부(富)하기로는 천하를 얻었지만,

今謂臧聚曰금위장취왈 '汝行如桀紂여행여걸주'

지금 하인이나 마구간지기에게, '너희들 행동이 걸주(桀紂)와 다를 게 없다'고 하면,

則有怍色즉유작색 有不服之心者유불복지심자 小人所賤也소인소천야

부끄러운 빛을 띠고 거기에 승복(承服)하려 들지 않는 것은, 소인들도 걸이나 주는 천시하기 때문이다.

仲尼墨翟중니묵적 窮爲匹夫궁위필부 今謂宰相曰금위재상왈

공자나 묵자는 빈궁하기로는 필부였지만, 지금 어떤 나라의 재상에게 묻기를,

'子行如仲尼墨翟자행여중니묵적'

'당신의 행동이 중니나 묵적과 같다.'라고 하면

則變容易色稱不足者즉변용역색칭부족자

그는 용모를 고치고 얼굴빛을 바꾸어 정색하고서 '저는 중니나 묵적에는 미치지 못합니다.'라고 대답한다.

士誠貴也사성귀야

그것은 선비들이 공자나 묵자를 존경하기 때문이다.

故勢爲天子고세위천자 未必貴也미필귀야

그러므로 권세를 얻어 천자가 되었다고 해서 반드시 귀한 것이 아니고,

窮爲匹夫궁위필부 未必賤也미필천야 貴賤之分귀천지분 在行之美惡재행지
미악"

곤궁하여 필부가 되었다고 해서 반드시 천한 것은 아니다. 귀천의 구별
은 행위의 선악에 달린 것이다."

滿苟得曰만구득왈 : 만구득이 말했다.

"小盜者拘소도자구 大盜者爲諸侯대도자위제후 諸侯之門제후지문 義士存
焉의사존언

"좀도둑은 잡히지만, 나라를 훔친 큰 도둑은 제후가 되니, 제후의 문
에는 의사(義士)들이 몰려든다.

昔者桓公小白殺兄入嫂而管仲爲臣4)석자환공소백살형입수이관중위신

옛날 제나라 환공 소백(小白)은 형을 죽이고 형수를 자기 아내로 삼았
지만, 관중은 그의 신하가 되었고,

田成子常殺君竊國而孔子受幣5)전성자상살군절국이공자수폐

---

4) 桓公小白殺兄入嫂而管仲爲臣(환공소백살형입수이관중위신) : 환공(재위, BC 685~BC
643)의 성은 강(姜), 이름은 소백(小白)이며, 희공(僖公)의 아들이다. 희공을 이어 즉위한
형 양공(襄公)이 정치를 문란하게 하자 화를 피하기 위하여 거(莒) 땅으로 망명하였다.
이후 양공은 공손무지(公孫無知)에게 피살되었고 공손무지도 곧이어 암살됨으로써 제나
라는 군주가 없이 혼란에 빠졌다. 이에 환공은 노나라로 망명하여 노나라의 후원을 업은
이복형 공자(公子) 규(糾)와 후계다툼을 벌여 공자 규를 몰아내고 즉위하였다. 즉위 후
포숙아(鮑叔牙)의 진언으로 규의 신하였던 관중(管仲)을 재상으로 기용한 뒤 관중의 도
움으로 패자(覇者)의 위상을 확고히 하였다.

5) 田成子常殺君竊國而孔子受幣(전상자상살군절국이공자수폐) : 田成子는 진성자(陳成子) 또
는 전성자(田成子), 전상(田常)으로도 불린다. 춘추시대 제(齊)나라 사람으로 전걸(田乞)
의 아들이다. 제 간공(齊簡公) 때 감지(闞止)와 함께 좌우상(左右相)을 맡았다. 선조들의
전통을 계승하여 양식으로 대두(大斗)로 달아서 양식을 대여해 주고, 소두(小斗)로 달아
서 거둬들여 민심을 얻었다. 간공 4년 감지와 함께 간공을 살해하고, 간공의 동생 오
(鶩)를 세워 평공(平公)으로 삼았다. 전성자는 스스로 재상이 되어 국정을 장악하고, 공

전성자(田成子) 상(常)은 제나라의 가신(家臣)으로서 임금인 간공(簡公)을 죽이고 나라를 빼앗았지만, 공자는 그로부터 선물을 받았다.

論則賤之 行則下之[6]논즉천지 행즉하지

(관중이나 공자는) 말로는 (환공이나 전성자를) 천시하면서도 행동으로는 그들에게 머리를 굽혔다.

則是言行之情悖戰於胸中也즉시언행지정패전어흉중야 不亦拂乎불역불호!

이는 곧 말과 행동의 실제가 마음속에서 서로 다투기 때문이다. 이 또한 모순이 아닌가?

故書曰고서왈 : 그러므로 옛 책에서도 이르기를,

'孰惡孰美숙악숙미? 成者爲首성자위수 不成者爲尾불성자위미'"

'누가 악이고, 누가 선인가? 성공한 자는 머리가 되고, 실패한 자는 꼬리가 된다.'고 하였다."

子張曰자장왈 : 자장(子張)이 말했다.

"子不爲行자불위행 卽將疏戚無倫즉장소척무륜

"그대가 행실을 닦지 않으면 장차 친소(親疏)의 구별이 없어지고,

貴賤無義귀천무의 長幼無序장유무서

귀천의 차별이 없어지며, 장유의 질서도 없어질 것이다.

五紀六位將何以爲別乎[7]오기육위장하이위별호?"

족(公族) 가운데 강성한 이들은 모두 제거했다. 봉읍을 확대하니, 이때부터 제나라의 권력은 전씨가 독차지하게 되었다.

6) 論則賤之 行則下之(논즉천지 행즉하지) : 말로는 환공이나 전상을 경멸하지만 행동으로는 그들에게 머리를 숙인다. 下는 자기를 낮춘다는 뜻.

7) 五紀六位將何以爲別乎(오기육위장하이위별호) : 오기(五紀)와 육위(六位)를 장차 어떻게 구별할 것인가? 五紀는 다섯 가지 근본윤리를 밀하며, 세(歲)·월(月)·일(日)·싱신(星辰)·

그러니 오기(五紀)와 육위(六位)를 장차 어떻게 구별할 것인가?"

滿苟得曰만구득왈 : 만구득(滿苟得)이 말했다.

"堯殺長子 舜流母弟[8]요살장자 순류모제 疏戚有倫乎소척유륜호?

"요(堯)는 장남 단주(丹朱)를 죽였고, 순(舜)은 이복동생 상(象)을 쫓아 냈으니, 그래도 친소의 구별이 있다고 하겠는가?

湯放桀탕방걸 武王伐紂무왕벌주 貴賤有義乎귀천유의호?

탕(湯)은 걸(桀)을 쫓아냈고, 무왕은 주왕을 죽였으니, 그래도 귀천의 차별이 있다고 하겠는가?

王季爲適 周公殺兄[9]왕계위적 주공살형 長幼有序乎장유유서호?

왕계(王季)는 형을 제치고 적자(嫡子)가 되었고 주공(周公)은 형을 죽였으 니, 그래도 장유에 차례가 있는가?

儒者僞辭유자위사 墨者兼愛묵자겸애 五紀六位將有別乎오기육위장유별호?

유자(儒者)는 거짓말을 늘어놓고, 묵자(墨者)는 겸애(兼愛)를 주장하니 그래도 오기, 육위의 구별이 있는가?

역수(曆數)를 통틀어 이르는 말. 또한 60년을 말함. 한 기(紀)는 12년이다. 六位는 六紀와 같은 뜻으로, 제부(諸父)·형제(兄弟)·족인(族人)·제구(諸舅)·사장(師長)·붕우(朋友)를 말함. 또는 군(君)·신(臣)·부(父)·자(子)·부(夫)·부(婦)를 말하기도 한다.

8) 堯殺長子 舜流母弟(요살장자 순류모제) : 요임금은 자신의 장남 단주(丹朱)를 죽였고, 순 임금은 이복동생 상(象)을 쫓아냈다. 요임금이 전위(傳位)할 인물을 찾자 신하 방제(放 齊)가 단주를 천거하였는데, 요임금은 단주가 충신(忠信)한 말을 좋아하지 않고 다투기 를 좋아한다는 이유로 전위하지 않았다는 이야기가 전한다.

9) 王季爲適 周公殺兄(왕계위적 주공살형) : 왕계는 형들을 제쳐놓고 적자가 되었고, 주공은 형들을 죽였다. 王季는 문왕의 아버지 계력(季歷)이다. 태백과 중옹(仲雍)이 양위하여 즉 위하지 않았기 때문에 어린아이였던 계력이 적통을 이었다. 관숙과 채숙은 주공의 형인 데 주공이 눈물을 흘리며 죽였다. 그 때문에 형을 죽였다고 말한 것이다. 주공(周公) 단 (旦)은 주나라의 정치가로 문왕의 아들이자 무왕의 동생이다. 성은 희(姬), 시호는 문공 (文公)이다. 아들이 노나라 제후로 봉해진 이래 魯의 시조로서 받들어졌다.

且子正爲名차자정위명 我正爲利아정위리

또 자네는 명예 때문에 행동하는 것이 옳다고 생각하고, 나는 이익 때문에 행동함이 옳다고 생각하는데,

名利之實명리지실 不順於理불순어리 不監於道10)불감어도

명리의 실질이 이치에도 맞지 않고 道에도 분명하지 않다.

吾日與子訟於無約11)오일여자송어무약 曰왈:

내가 어느 날 자네와 함께 무약(無約)에게 이 문제를 따지러 갔더니, 무약은 이렇게 말했지.

'小人殉財 君子殉名12)소인순재 군자순명 其所以變其情기소이변기정 易其性역기성 則異矣즉이의

'소인은 재물에 목을 걸고, 군자는 명예에 목을 건다. 그들이 각기 그 성정을 바꾸고 그 천성을 바꾸는 까닭은 다르지만,

乃至於棄其所爲내지어기기소위 而殉其所不爲이순기소불위 則一也즉일야'

곧 그들이 해야 할 바를 버리고, 그들이 하지 않을 바를 하는 데 있어서는 마찬가지다.'

故曰고왈: 그래서 말하기를,

'無爲小人 反殉而天13)무위소인 반순이천

'소인이 되지 말고, 돌아가 너의 천성(天性)을 따르라.

---

10) 不監於道(불감어도) : 참된 道에 비추어볼 때 옳지 않음. 監은 거울삼다, 비추어보다.

11) 無約(무약) : 가상적인 인물의 이름. 제약을 받지 않는 사람이란 뜻.

12) 小人殉財 君子殉名(소인순재 군자순명) : 소인은 재물 때문에 자기 몸을 희생하고, 군자는 명성 때문에 자기 몸을 희생한다. 殉(순)은 따라 죽는다는 뜻. 殉은 順과도 통한다.

13) 無爲小人 反殉而天(무위소인 반순이천) : 재물 때문에 자기 몸을 희생하는 소인이 되지 말고 근본으로 돌아가 너의 천성을 따르라.

無爲君子 從天之理14)무위군자 종천지리

군자가 되지 말고, 천도의 이치를 따르라.

若枉若直약왕약직 相而天極상이천극 面觀四方면관사방 與時消息여시소식

굽든 곧든 그대는 자연의 원칙을 살피고, 사방의 만물을 바라보면서 때의 추이에 따라 함께 변화하라.

若是若非 執而圓機15)약시약비 집이원기

때로는 옳다 하고 때로는 그르다 하면서 道의 요체(要諦)를 잡으며,

獨成而意독성이의 與道徘徊여도배회

홀로 그대의 뜻을 이루어 나가면서 道와 함께 소요(逍遙)하라.

無轉而行 無成而義16)무전이행 무성이의

그대의 행동을 일률적으로 한정하지 말고, 그대만의 인의를 내세워 이루려 하지 말 것이니,

將失而所爲장실이소위

(그렇지 않으면) 장차 그대가 추구해야 할 참다운 道를 잃어버리고 말 것이다

無赴而富무부이부 無殉而成무순이성 將棄而天장기이천'"

---

14) 無爲君子 從天之理(무위군자 종천지리) : 명성 때문에 자기 몸을 희생하는 군자가 되지 말고 근본으로 돌아가 자연인 천(天)의 도리를 따르도록 하라.

15) 若是若非 執而圓機(약시약비 집이원기) : 때로는 옳다 하고 때로는 그르다 하면서 너의 중심축을 잡아라. 圓機(원기)는 고리의 정중앙으로 〈제물론〉 편에 나오는 도추(道樞 : 道의 요체)는 환중(環中)과 같다. 執而圓機(집이원기)는 〈칙양〉 편에 나오는 得其環中(득기환중)과 같은 의미다. 둥근 고리의 중심이란 뜻으로, 가장 알맞은 중심이 되는 위치이며 바로 '공(空)'의 상태를 가리킨다.

16) 無轉而行 無成而義(무전이행 무성이의) : 너의 행동을 일률적으로 한정하지 말고 너만의 仁義를 내세워 그것을 이루려 하지 말라. 轉(전)은 전(專)의 뜻으로 오로지.

그대의 부(富)를 추구하지 말 것이며, 그대의 성공을 위해 몸을 희생하지 말라. 장차 그대의 천성을 잃으리라.'라고 하셨다."

比干剖心\비간부심 子胥抉眼자서결안 忠之禍也충지화야

비간은 가슴을 찢기었고, 오자서는 눈알의 도려냄을 당했으니, 이는 충성이 초래한 화(禍)다.

直躬證父[17]직궁증부 尾生溺死미생익사 信之患也신지환야

직궁(直躬)이 아버지의 도둑질을 증언하다가 처벌을 당했고, 미생이 다리 밑에서 빠져죽은 것은 신(信)이 초래한 화다.

鮑子立乾포자립건 申子不自理[18]신자부자리 廉之害也염지해야

포초(鮑焦)는 선 채로 말라죽었고, 태자 신생(申生)은 스스로 변명하지 않다가 죽었으니 청렴의 화다.

孔子不見母공자불견모 匡子不見父[19]광자불견부 義之失也의지실야

공자가 어머니의 임종을 보지 못했고, 광자(匡子)가 아버지의 임종에 참석하지 못한 것은 인의(仁義)의 과실이다.

---

17) 直躬證父(직궁증부) : 직궁(直躬)이 아버지의 도둑질을 증언하다가 처벌을 당했다. 躬(궁)이 지나치게 정직하여 羊을 훔친 아버지를 관가에 일러 바쳤다는 데서 「직궁증부(直躬證父)」 고사성어가 생겨났다. 너무 정도에 지나치게 정직함은 도리어 정도(正道)에 어긋날 수 있음을 비유하는 말이다.

18) 申子不自理(신자부자리) : 태자 신생(申生)은 스스로 변명하지 않았다. 申子는 진(晉)나라 헌공(獻公)의 태자(太子) 신생(申生)을 말한다. 신생은 아버지가 여희(驪姬)를 총애하여 그 소생 해제(奚齊)를 후계자로 봉하고 신생을 팽형(烹刑)에 처하고자 했으나, 도망하지 않고 공경을 다했다.

19) 匡子不見父(광자불견부) : 광자(匡子)는 아버지를 종신토록 만나지 않았다. 匡子는 전국시대 제(齊)나라 사람으로, 맹자의 제자 광장(匡章)이다. 그는 아버지에게 선한 일을 권고하다가 다투게 되자, 사람들이 그를 불효자라고 하였으나, 맹자는 그를 변호하여 그의 행위는 불효가 아니라 책선(責善)이었다고 하였다. 責善은 친구 사이에 할 수 있는 도리인데, 아버지에게 責善을 했으니 스스로 불효라고 여긴 것이다.

此上世之所傳차상세지소전 下世之所語하세지소어

이상은 전대에서 전해져 후대에까지 이야기되고 있는 것이다

以爲士者正其言이위사자정기언 必其行필기행

따라서 선비가 된 사람은 자기의 말을 바른 것으로 여기고, 자기의 행동을 반듯하다고 여겨 실천하였는데,

故服其殃고복기앙 離其患也이기환야"

때문에 그런 재앙을 받고 그런 환난을 당한 것이다."

| 해설 |

자장(子張)과 만구득(滿苟得)과 무약(無約)에 가탁(假託)해서 명리에 사로잡혀 천성을 잃는 것을 경계하고 있다. 자장은 물론 공자의 제자로서 군자(儒者)의 입장을 대변하고, 만구득은 자기의 욕망을 채우기 위해서는 수단 방법을 가리지 않는 이기주의자로서 소인(俗物)의 생활 방도를 대표하며, 무약은 구속을 받지 않는 사람으로서 자장과 만구득의 논쟁의 조정자로 등장하여 노장적(老莊的) 자유인의 철학을 대변하고 있다. 요컨대 명리를 따라도 인간의 욕망은 만족할 수가 없고, 그것들의 해를 피하기 위해서는 명리를 버려야 한다고 주장하고 있다.

3.

無足問於知和¹⁾曰무족문어지화왈 :

무족(無足)이 지화(知和)에게 물었다.

---

1) 無足問於知和(무족문어지화) : 무족(無足)이 지화(知和)에게 물었다. 無足은 만족할 줄 모르고 끝까지 욕망을 추구하는 인물을 상징하는 가공의 인명. 지화(知和)는 중화(中和)를 아는 道를 체득한 사람을 뜻하는 가공의 인명.

"人卒未有不²⁾興名就利者인졸미유불흥명취리자

"사람들은 명예를 좇고 이익을 추구하지 않는 자가 없다.

彼富則人歸之피부즉인귀지 歸則下之귀즉하지 下則貴之하즉귀지

어떤 이가 부자가 되면 사람들은 그에게 몰려들어 몸을 굽히고, 굽히면 곧 그를 귀하게 여기는 것이다.

夫見下貴者 所以長生安體樂意之道也³⁾부견하귀자 소이장생안체낙의지도야

남이 굽실거리면서 귀히 여김을 받는 것은 오래도록 살면서 몸을 편안케 하며, 기분이 즐거워지는 방도이다.

今子獨無意焉금자독무의언 知不足邪지부족야?

지금 그대만 유독 그런 뜻이 없으니 지혜가 부족해서인가?

意知而力不能行邪의지이력불능행야?

아니면 지혜는 있는데 실천할 능력이 없어서 그런가?

故推正不忘邪고추정불망야?"

정말로 올바른 道만 추구하느라 잊은 것은 아닌가?"

知和曰지화왈 : 지화(知和)가 말했다.

"今夫此人以爲與己同時而生금부차인이위여기동시이생 同鄕而處者동향이처자

"지금 그와 같은 부자들은 자기와 같은 시대에 태어났고, 또 같은 마을에 사는 사람들로 생각하다가,

---

2) 人卒未有不(인졸미유불) : 사람들은 ~하지 않는 경우가 없다.

3) 夫見下貴者 所以長生安體樂意之道也(부견하귀자 소이장생안체낙의지도야) : 무릇 남들로 부터 머리 숙이고 존경을 받는 것이 장수하고 몸이 안락하고 기분이 즐겁게 되는 방법임. 下貴(하귀)는 다른 사람들이 머리를 숙이고 존경하는 대상이 된다는 뜻. 所以는 방도, 비결의 의미다.

以爲夫絕俗過世之士焉이위부절속과세지사언

그 사람은 세속을 뛰어넘고 세상을 능가하는 사람이라고 여긴다.

是專無主正시전무주정 所以覽古今之時소이람고금지시 是非之分也시비지분
야 與俗化世여속화세

이는 오로지 명리를 꾀하는 데 주관도 없이 다만 고금(古今)의 시대 흐
름과 시비의 분별만 판단하여 세속에 동화되기 때문이다.

去至重 棄至尊 以爲其所爲也4)거지중 기지존 이위기소위야

지극히 중요한 것(생명)을 버리고, 지극히 존귀한 것을 버리는 그런 행
동이 자기가 해야 할 일이라고 생각한다.

此其所以論長生安體樂意之道차기소이론장생안체낙의지도 不亦遠乎불역원호!

이것은 장수하고 몸을 편안하게 하고, 기분이 유쾌하게 되는 방법으로
는 또한 멀지 아니한가!

慘怛之疾 恬愉之安 不監於體5)참달지질 염유지안 불감어체

무엇이 고통스런 병이며, 무엇이 안락이고 무엇이 편안함인지 마음에
비추어보지도 않고,

怵惕之恐출척지공 欣懽之喜흔환지희 不監於心불감어심

또 불안의 공포와 환희의 기쁨도 마음에 비추어보지 않고,

---

4) 去至重 棄至尊 以爲其所爲也(거지중 기지존 이위기소위야) : 지극히 귀중한 것(생명)을
   버리고 지극히 존귀한 것을 버리는 그런 행동이 자기가 해야 할 일이라고 생각함. 성현
   영(成玄英)은 "지극히 중요한 것은 생명이고, 지극히 존귀한 것은 道이다."라고 풀이하
   였다. 其所爲는 마땅히 해야 할 일이라는 뜻.
5) 慘怛之疾 恬愉之安 不監於體(참달지질 염유지안 불감어체) : 무엇이 고통스러운 병이며,
   무엇이 안락하고 무엇이 편안함인지를 몸에 비추어보지 않음. 부귀를 추구하는 사람은
   무엇이 자기 몸에 고통스럽고 즐거운지를 제대로 살펴보지 않는다는 뜻. 慘怛(참달)은
   근심스럽고 괴롭다. 마음이 아프고 슬프다. 恬愉(염유)는 편안하고 즐거움.

知爲爲而不知所以爲6)지위위이부지소이위

하고 싶은 일을 할 줄은 알지만, 그렇게 해야 하는 이유를 알지 못한다.

是以貴爲天子시이귀위천자 富有天下부유천하 而不免於患也이불면어환야"

때문에 존귀하기로는 천자가 되고, 부유하기로는 천하를 소유한다 하더라도 결코 환난에서 벗어날 수 없을 것이다."

無足曰무족왈 : 무족이 말했다.

"夫富之於人부부지어인 無所不利무소불리

"부(富)는 사람에게 이롭지 않은 바가 없다.

窮美究執7)궁미구세 至人之所不得逮지인지소부득체 賢人之所不能及현인지소불능급

세상 좋은 것을 모두 누리고, 권세를 모두 아우르니, 지인(至人)도 여기에는 이를 수가 없고, 현인(賢人)도 이에 미칠 수가 없다.

俠人之勇力而不爲威强8)협인지용력이불위위강

(부유하면) 남의 용감한 힘을 끼고 자기 위세를 강하게 하고,

秉人之知謀以爲明察병인지지모이위명찰

남의 지략을 취하여 자기의 명찰(明察)로 삼을 수가 있으며,

因人之德以爲賢良9)인인지덕이위현량

---

6) 知爲爲而不知所以爲(지위위이부지소이위) : 하고 싶은 바를 할 줄은 알지만, 그렇게 해야 하는 이유를 알지 못한다. 자신의 욕망만 추구할 줄 안다는 뜻이다. 所以는 해야 하는 이유. 곧 부를 추구하면서도 부를 추구해야 하는 이유를 알지 못한다는 뜻.

7) 窮美究執(궁미구세) : 세상 모든 좋은 것을 다 누리고, 모두 권세를 다 아우르다. 窮은 다하다. 究는 추구하다. 執는 권세. 勢와 같은 뜻으로 쓰였다.

8) 俠人之勇力而不爲威强(협인지용력이불위위강) : 타인의 용기와 힘을 돈으로 사서 끼고서 자기의 위세로 삼는다. 俠(협)은 끼다.

9) 因人之德以爲賢良(인인지덕이위현량) : 타인의 덕행을 이용해서 자기의 현량(賢良)함을

남의 덕행을 이용하여 자기의 현량(賢良)함으로 삼아,

非享國而嚴若君父10)비향국이엄약군부

나라를 누려서 가진 것도 아닌데, 위엄은 군주와도 같다.

且夫聲色滋味權勢之於人차부성색자미권세지어인

또한 사람은 아름다운 음악이나 여색, 맛있는 음식, 권세 따위는

心不待學而樂之심부대학이락지 體不待象而安之체부대상이안지

굳이 마음으로 배우지 않아도 즐길 수가 있고, 굳이 체험해보지 않아도
이를 편히 여긴다.

夫欲惡避就 固不待師11)부욕오피취 고부대사 此人之性也차인지성야

바라고, 싫어하고, 피하고, 나아가는 것은 본디 스승의 가르침이 필요치
않으니, 이는 인간의 본성이기 때문이다.

天下雖非我천하수비아 孰能辭之숙능사지!"

세상 사람들이 비록 내가 아니더라도 누가 이 부(富)를 사양할 수가 있
겠는가?"

知和曰지화왈 : 지화가 말했다.

"知者之爲지자지위 故動以百姓고동이백성 不違其度불위기도

"지혜로운 사람의 행동은 본시 백성들의 생각을 따라 행동하기 때문
에 그 법도를 어기지 않는다.

是以足而不爭시이족이부쟁 無以爲故不求12)무이위고불구

삼는다. 因은 계기(契機)가 되다의 뜻.

10) 非享國而嚴若君父(비향국이엄약군부) : 나라를 받아서 누린 것도 아닌데, 위엄은 군주
와도 같다. 享國(향국)은 나라를 받아서 누리다.

11) 欲惡避就 固不待師(욕오피취 고부대사) : 바라고 싫어하고 피하고 나아가는 것은 본디
스승의 가르침이 필요치 않으니, 이는 인간의 본성이기 때문이다.

그러므로 만족하여 다투지 아니하며, 꼭 해야 할 것이 없으므로 추구함
도 없다.

不足故求之부족고구지 爭四處而不自以爲貪쟁사처이부자이위탐

만족하지 못하는 사람은 그것을 다른 데서 구하게 되는데, 사방에서
다투면서도 스스로는 그것을 탐하는 것이라고 여기지 않는다.

有餘故辭之유여고사지 棄天下而不自以爲廉기천하이부자이위렴

여유가 있기 때문에 사양하고, 천하를 버려도 스스로 청렴하다고 여기
지 않는다.

廉貪之實염탐지실 非以迫外也비이박외야 反監之度반감지도

청렴(淸廉)이나 탐욕(貪慾)의 실상은 밖으로부터 강제되는 것이 아니
라, 돌이켜 법도에 비추어보는 것이다

勢爲天子而不以貴驕人세위천자이불이귀교인

권세는 천자의 지위에 올랐지만, 존귀함은 남에게 교만하지 않고,

富有天下而不以財戲人부유천하이불이재희인

부유함으로는 천하를 가졌지만, 재물로 남을 업신여기지 않는다.

計其患계기환 慮其反여기반 以爲害於性이위해어성

그 근심을 헤아리고, 그 어긋남을 생각하여, 본성에 해를 끼친다고 생
각할 때는,

故辭而不受也고사이불수야 非以要名譽也비이요명예야

사양하고 받지 않으니, 그것으로 명예를 구하려는 것이 아니기 때문이다.

堯舜爲帝而雍요순위제이옹 非仁天下也비인천하야

요와 순이 천자가 되어 천하가 화합한 것은 천하에 인(仁)을 베풀어서

---

12) 無以爲故不求(무이위고불구) : 꼭 해야 힐 이유가 없으므로 군이 구하려 하시 않는다.

가 아니고,

不以美害生也불이미해생야

선정이라는 칭송을 얻기 위해 생명을 해치지 않았기 때문이다.

善卷許由得帝而不受¹³⁾선권허유득제이불수 非虛辭辭讓也비허사양야

선권과 허유가 천자의 지위를 사양한 것은 짐짓 허식(虛飾)이 아니라,

不以事害己불이사해기

세속의 일 때문에 자기의 본성을 해치지 않기 위해서였다.

此皆就其利辭기리 辭其害사기해

이들은 모두 자기 이익을 위해 나아가고 자신의 해(害)를 피한 것이다.

而天下稱賢焉이천하칭현언 則可以有之즉가이유지

천하 사람들이 그들을 어질다고 칭송하니, 그들이 현인의 명예를 가질 만하지만,

彼非以興名譽也피비이흥명예야"

그들은 자기의 명예를 위해서 그렇게 행동한 것은 아니다."

無足曰무족왈 : 무족(無足)이 말했다.

"必持其名필기지명 苦體絶甘고체절감

"그러나 사람이 반드시 자기의 명예를 지키려고 하여 몸을 괴롭히고, 맛있는 음식을 먹지 않으며,

約養以持生약양이지생 則亦久病長阨而不死者也¹⁴⁾즉역구병장액이불사자야"

---

13) 善卷許由得帝而不受(선권허유득제이불수) : 선권(善卷)과 허유(許由)가 천자의 자리를 사양하다. 善卷(선권)은 순임금 시대의 은사(隱士)로 〈양왕〉편에 순임금이 천하를 그에게 물려주려고 했으나 거절하고 왕산(枉山)에 은거했다고 한다.

14) 則亦久病長阨而不死者也(즉역구병장액이불사자야) : 그렇다면 오랜 질병으로 시달리면서

검약(儉約)으로 몸을 길러 생명을 유지하는 것은, 오랜 질병으로 시달리면서 죽지는 않고 살아가고 있는 인간과 같은 것이다."

知和日지화왈 : 지화(知和)가 말했다.

"平爲福평위복 有餘爲害者유여위해자

"평범함이 복이 되고 넉넉함이 해가 되는 것은,

物莫不然물막불연 而財其甚者也이재기심자야

사물은 그렇지 않은 것이 없지만, 그 가운데 재물은 특히 심하다.

今富人금부인 耳營鐘鼓筦籥之聲이영종고관약지성

지금 저 부유한 자들이 귀로는 종·북·퉁소·피리의 음악을 즐겨 듣고,

口嘛於芻豢醪醴之味15)구겸어추환료례지미   以感其意이감기의   遺忘其業유망기업 可謂亂矣가위란의

입으로는 맛있는 고기와 좋은 술을 실컷 먹고 흡족해져, 한편 자기가 해야 할 일을 잊게 하니, 어지러움(亂)이라고 일컬을 만하다.

佚溺於馮氣16)해익어빙기 若負重行而上也약부중행이상야 可謂苦矣가위고의

왕성한 기운에 깊이 빠져 마치 무거운 짐을 지고 비탈길을 오르는 것과 같으니, 괴로움(苦)이라고 일컬을 만하다.

貪財而取慰탐재이취위 貪權而取竭탐권이취갈

재물을 탐하여 병이 생기고, 권력을 탐하여 정력을 소모하며,

죽지는 않고 긴 세월 가난에 고생하면서 살아가고 있는 인간과 같은 것이다. 長阨(장액)은 긴 세월 가난에 고생함. 阨(액)은 고생하다.

15) 口嘛於芻豢醪醴之味(구겸어추환료례지미) : 입은 맛있는 쇠고기, 돼지고기와 탁주와 감주(甘酒)를 실컷 먹다. 嘛(겸)은 실컷 먹다. 芻(추)는 풀 먹는 짐승. 소. 豢(환)은 돼지. 醪(료)는 술.

16) 佚溺於馮氣(해익어빙기) : 왕성한 기운에 빠지다. 佚溺(해익)은 심하게 빠졌나는 뜻.

靜居則溺정거즉익 體澤則馮7)체택즉빙 可謂疾矣가위질의

조용히 있을 때는 쾌락에 탐닉하고, 몸이 기름지면 거만해지니, 가히 병이라 할 만하다.

爲欲富就利 故滿若堵耳而不知避8)위욕부취리 고만약도이이부지피

부를 바라고 이익을 추구하여 그 가득함이 담장과 같이 자신을 둘러싸고 있어도 그것을 피할 줄 모르고,

且馮而不舍차빙이불사 可謂辱矣가위욕의

그것을 의지해서 버리지 않으니, 가히 욕(辱)이라 할 만하다.

財積而無用재적이무용 服膺而不舍복응이불사

재물을 쌓아놓고 쓰지 않으며, 재물을 모으기에만 열중하여 그치지 않고,

滿心戚醮 求益而不止19)만심척초 구익이부지 可謂憂矣가위우의

마음이 온통 피폐해졌는데도 이익을 추구하여 멈추지 않으니, 이를 근심(憂)이라 이를 만하다.

內則疑刼請之賊20)내즉의겁청지적 外則畏寇盜之害외즉외구도지해

안으로는 도둑이 들까 걱정하고, 밖으로는 강도와 도적떼를 두려워해서

內周樓疏내주루소 外不敢獨行외불감독행 可謂畏矣가위외의

---

17) 體澤則馮(체택즉빙) : 몸이 윤택해지면 거만해진다. 體澤은 몸이 윤택하게 됨. 馮(빙)은 뽐내다.

18) 爲欲富就利 故滿若堵耳而不知避(위욕부취리 고만약도이이부지피) : 부(富)를 바라고 이익을 추구하여 그 가득 참이 마치 담장을 두른 듯하지만, 그로 인한 해를 피할 줄 모르다. 若堵(약도)는 담장을 두르다는 뜻으로, 滿若堵는 재물이 쌓임을 나타낸 표현.

19) 滿心戚醮 求益而不止(만심척초 구익이부지) : 마음은 온통 피폐해졌는데도 재물을 추구하여 멈추지 않는다. 戚은 근심하다 醮(초)는 수척하다.

20) 內則疑刼請之賊(내즉의겁청지적) : 집안에 있을 때에는 위협하거나 빼앗으려는 도적을 걱정하다. 刼은 劫과 같다. 刼請은 겁탈함.

집 둘레에는 망루와 견고한 건축물로 두르고, 밖으로는 감히 혼자 다니지 않으니, 이를 두려움(畏)이라 할 만하다.

此六者차륙자 天下之至害也천하지지해야

이 여섯 가지는 천하에서 가장 심한 해로움인데,

皆遺忘而不知察개유망이부지찰

그런데도 부자들은 이것들을 잊고 깊이 살필 줄 모른다.

及其患至급기환지 求盡性竭財구진성갈재

그러다가 한번 그런 화를 당하면, 지금까지 재물만 모으던 성질과 이제까지 모아놓은 재물을 몽땅 쓰면서,

單以反一日之無故而不可得也[21]단이반일일지무고이불가득야

하루만이라도 사고 없는 평온한 삶을 보내고자 해도 그렇게 되는 것은 불가능한 것이다.

故觀之名則不見고관지명즉불견 求之利則不得구지리즉부득

그러므로 재물을 구하는 일은 명예라는 입장에서 보아도 아무것도 보이지 않고, 이익이라는 면에서 보더라도 아무 얻을 것이 없다.

繚意體而爭此[22]요의체이쟁차 不亦惑乎불역혹호!"

그런데 사람들은 정신과 육체를 얽어매면서 이것을 다투니 또한 미혹된 것이 아니겠는가?"

---

21) 單以反一日之無故而不可得也(단이반일일지무고이불가득야) ; 다만 하루라도 사고 없는 평온한 삶으로 돌아가기를 구하지만, 그렇게 될 수는 없다. 故는 사고(事故), 변고(變故)의 뜻.

22) 繚意體而爭此(요의체이쟁차) : 마음을 흐트러뜨리고 몸을 얽어매어 가면서까지 명리를 다투다. 繚意(요의)는 흐트러뜨리다.

| 해설 |

　무족(無足)과 지화(知和)의 대화를 통하여 이득을 추구함은 화를 입는 길임을 역설하고 있다. 만족할 줄을 모르는 명리의 추구자 무족과, 심신의 중화(中和)를 삶의 제일의(第一義)로 삼아 道를 체득한 중화에게 가탁하여 속세의 부귀라는 허욕을 버리고 무위자연의 道에 순응해야 한다는 과욕(寡欲)·염담(恬淡)의 노장적(老莊的) 처세철학(處世哲學)을 해설하고 있다.

30. 설검
說劍

천자지검(天子之劍)·제후지검(諸侯之劍)·서인지검(庶人之劍)

설검은 칼에 대하여 설명한다는 뜻으로, 내용에서 지어낸 제목이다. 조(趙) 문왕(文王) 앞에 나가 장자가 행한 세 가지 칼인 「천자의 검」, 「제후의 검」, 「서인의 검」에 대한 유세는, 맹자가 제(齊) 선왕(宣王) 앞에 나가 "한번 노하여 천하를 편안케 하는 문왕의 용기"와 "칼을 어루만지며 질시하면서 1인을 대적하는 필부의 용기"를 말하는 대목을 연상케 한다. 그러나 문답에 박력이 없고, 다른 편에 비해 우의(寓意)도 졸렬하다. 또한 본문 중에 유가나 법가의 용어가 많아 전국 말기 종횡가(縱橫家)의 위작(僞作)으로 보기도 한다.

장자삼검(莊子三劍)

1.

昔趙文王喜劍[1]석조문왕희검 劍士夾門而客三千餘人[2]검사협문이객삼천여인

옛날 조(趙)나라 문왕(文王)은 검술(劍術)을 좋아해서 검사(劍士)가 문
전성시를 이루어 객으로 초청된 이가 3천 명이 넘었다.

日夜相擊於前일야상격어전 死傷者歲百餘人사상자세백여인 好之不厭호지
불염

매일 밤낮으로 문왕 앞에서 칼싸움을 하니, 사상자가 한 해에 백여 명
이나 되었는데도 문왕은 조금도 싫증 내지 않았다.

如是三年여시삼년 國衰국쇠 諸侯謀之제후모지

이렇게 三년이 지나자 나라가 쇠퇴해져 제후들이 조나라를 치려고 모
의를 했다.

太子悝[3]患之태자회환지 募左右日모좌우왈

태자(太子) 회(悝)가 이를 걱정하여 좌우의 측근들을 모아놓고 말했다.

"孰能說王之意止劍士者숙능세왕지의지검사자 賜之千金사지천금"

"누구든 왕을 설득하여 검사들의 칼싸움을 그치게 한다면 상으로 천
금을 내리겠소."

---

1) 昔趙文王喜劍(석조문왕희검) : 옛날 조나라 문왕이 칼싸움을 좋아했다. 趙文王(조문왕)은
趙惠文王(조혜문왕)으로 장자보다 350년 뒤의 인물이기 때문에 이 이야기의 주인공이
장자 본인일 수는 없다. 따라서 이 편의 작자는 장자의 후학으로 보는 것이 타당하다.
사마표(司馬彪)는, "趙文王은 조나라 혜문왕이다. 이름은 하(何)이고 무령왕의 아들이다.
장자보다 350년 뒤의 인물이다."라고 풀이했다.

2) 劍士夾門而客三千餘人(검사협문이객삼천여이) ; 검사들이 협문(夾門) 양쪽으로 객으로
초청된 이가 3천여 명이다. 夾門(협문)은 삼문(三門) 가운데 좌우에 달린 작은 문. 동협
문, 서협문 따위가 있다.

3) 太子悝(태자회) : 가공의 인물로 보인다. 태자 悝의 사적에 관한 기록은 보이지 않는다.
따라서 여기서 이야기하고 있는 내용은 우언에 시나시 않는다.

左右曰좌우왈 : 좌우의 신하들이 말했다.

"莊子當能장자당능" :"장자(莊子)라면 능히 할 수 있을 것입니다."

太子乃使人以千金奉莊子태자내사인이천금봉장자
태자는 사람을 보내 장자에게 천금을 바치게 하였는데,

莊子弗受장자불수 與使者俱往見太子曰여사자구왕견태자왈 :
장자는 받지 않고 사자와 함께 가서 태자를 만나 말했다.

"太子何以敎周태자하이교주 賜周千金사주천금?"
"태자께서는 내게 무엇을 시키려고 천금을 내리셨는지요?"

太子曰태자왈 : 태자가 말했다.

"聞夫子明聖문부자명성 謹奉千金以幣從者근봉천금이폐종자
"선생께서 밝고 어질다는 소문을 듣고 삼가 천금을 받들어 사자 편에
예물로 보냈는데,

夫子弗受부자불수 惺尙何敢言회상하감언!"
선생께서 받지 않으시니, 제가 감히 무슨 말씀을 더 드릴 수 있겠습니
까!"

莊子曰장자왈 : 장자가 말했다.

"聞太子所欲用周者문태자소욕용주자 欲絕王之喜好也욕절왕지희호야
"듣건대, 태자께서 저를 쓰려고 하는 뜻은 임금께서 즐기시는 것을 그
만두게 하는 일인데,

使臣上說大王而逆王意사신상설대왕이역왕의 下不當太子하부당태자
제가 위로는 대왕을 설득하다 왕의 뜻을 거스르고, 아래로는 태자의
의향에 합당하게 하지 못하면,

則身刑而死즉신형이사 周尚安所事金乎주상안소사금호?

제 몸은 형벌을 받아 죽게 될 것이니, 죽은 뒤에 천금을 어디에 쓰겠습니까?

使臣上說大王사신상설대왕 下當太子하당태자

또한 제가 위로는 대왕을 설득하고, 아래로는 태자의 뜻에 합당하게 한다면,

趙國何求而不得也조국하구이부득야"

이 조(趙)나라에서 무엇을 구한들 얻지 못하는 게 있겠습니까?"

太子曰태자왈 : 태자가 말했다.

"然연 吾王所見오왕소견 唯劍士也유검사야"

"허긴 그렇군요. 우리 임금께서 만나는 이들은 오로지 검사(劍士)들 뿐입니다."

莊子曰장자왈 : 장자가 말했다.

"諾낙 周善爲劍주선위검"

"알겠습니다. 저도 칼을 좀 다룰 줄 압니다."

太子曰태자왈 : 태자가 말했다.

"然吾王所見劍士연오왕소견검사 皆蓬頭突鬢垂冠4)개봉두돌빈수관

"그렇습니다. 우리 왕께서 만나는 검사들은 모두 쑥대처럼 머리를 풀어헤치고 구레나룻을 길게 길렀으며, 투구를 깊이 눌러 쓰고,

曼胡之纓만호지영 短後之衣단후지의 嗔目而語難5)진목이어난 王乃說之왕

─────────

4) 皆蓬頭突鬢垂冠(개봉두돌빈수관) : 모두 쑥대처럼 풀어헤친 머리에다, 길게 뻗친 구레나룻을 기르고 투구를 깊이 눌러쓰다. 鬢(빈)은 구레나룻.

5) 嗔目而語難(진목이어난) : 눈을 부릅뜨고 고함을 지르다. 嗔(진)은 눈을 부릅뜸. 語難(어

장식 없는 거친 투구 끈과 뒤가 짧은 전투복을 입고 눈 부릅뜨고 거친 소리를 질러대야 임금께서 비로소 기뻐하십니다.

今夫子必儒服而見王 事必大逆[6]금부자필유복이견왕 사필대역"

이제 선생께서 유자(儒子)의 복장을 하고서 왕을 뵌다면 틀림없이 일이 크게 어긋날 것입니다."

莊子曰장자왈 : 장자가 말했다.

"請治劍服청치검복"

"나에게 검복(劍服)을 갖추어 주십시오."

治劍服三日치검복삼일 乃見太子·내견태자

3일을 걸려서 검복(劍服)이 만들어지자, 장자가 태자(太子)를 만났다.

太子乃與見王태자내여견왕

태자는 장자와 함께 왕을 알현했다.

王脫白刃待之왕탈백인대지

왕은 번뜩이는 칼을 뽑아 들고 기다리고 있었다.

莊子入殿門不趨 見王不拜[7]장자입전문불추 견왕불배

난)은 거친 소리.

6) 今夫子必儒服而見王 事必大逆(금부자필유복이견왕 사필대역) : 이제 선생께서 유자(儒子)의 복장을 하고서 임금을 뵌다면 일이 반드시 크게 어긋날 것입니다. 유복(儒服)은 여기 등장하는 검사들의 전투복과는 상반된 옷이다.

7) 莊子入殿門不趨 見王不拜(장자입전문불추 견왕불배) : 장자는 궁전의 문안에 들어가 종종걸음으로 걷지 않고 왕을 뵙고 절도 하지 않았다. 〈도척〉편에서, "공자는 종종걸음으로 나아가 자리를 피하여 뒤로 물러나 도척에게 두 번 절했다(孔子趨而進 避席反走 再拜盜蹠)."라고 한 데서 볼 수 있듯이 추(趨), 배(拜)는 예를 갖추는 동작이다. 그런데 장자가 왕을 뵙고 종종걸음도 하지 않고 절도 하지 않은 것은 왕에 대한 예의를 무시

장자는 궁에 들어가서도 잰걸음으로 걷지 않고, 왕을 보고 절도 하지 않았다.

王曰왕왈 : 왕이 말했다.

"子欲何以敎寡人자욕하이교과인 使太子先사태자선"
"그대는 과인에게 무엇을 가르치겠다고 태자를 앞장 세웠는가?"

曰왈 : 장자가 말했다.

"臣聞大王喜劍신문대왕희검 故以劍見王고이검견왕"
"신이 듣건대, 대왕께서 칼싸움을 좋아하신다기에 검술을 가지고 왕을 뵙고자 한 것입니다."

王曰왕왈 : 왕이 말했다.

"子之劍何能禁制자지검하능금제"
"그대의 검술은 어떤 정도의 상대를 제압할 수 있는가?"

曰왈 : 장자가 말했다.

"臣之劍신지검 十步一人 千里不留行[8]십보일인 천리불류행"
"신(臣)의 검은 열 발짝 나아갈 때마다 한 사람씩 쓰러뜨리고, 그렇게 천리를 나아가는 동안 가로막을 자가 없습니다."

王大悅之曰왕대열지왈 : 왕이 크게 기뻐하면서 말했다.

"天下無敵矣천하무적의"

한 동작이다.

8) 十步一人 千里不留行(십보일인 천리불류행) : 열 발짝 나아갈 때마다 한 사람씩 쓰러뜨리고, 그렇게 천리를 나아가는 동안 가로막을 자가 없다. 여기서 "천 리나 되는 먼 길을 가도 가로막는 사람이 없다"는 뜻으로, 천하에 대적할 자가 없음을 이르는 성어 「천리불류행(千里不留行)」이 생겨났다.

"천하에 무적(無敵)이로다."

莊子曰장자왈 : 장자가 말했다.

"夫爲劍者부위검자 示之以虛시지이허 開之以利개지이리"

"무릇 칼을 쓰는 방법은 상대에게 허를 보이고, 나를 열어 상대를 유리하게 하며,

後之以發후지이발 先之以至선지이지 願得試之원득시지"

상대보다 늦게 칼을 쓰되 상대보다 먼저 칼을 상대의 몸에 이르게 합니다. 그것을 시험해 보일 수 있기를 바랍니다."

王曰왕왈 : 왕이 말했다.

"夫子休就舍부자휴취사 待命令대명령 設戲請夫子설희청부자"

"선생께서는 잠시 쉬면서 명을 기다리시오. 시합장을 마련하고 선생을 다시 부르겠소."

王乃校劍士七日[9]왕내교검사칠일 死傷者六十餘人사상자육십여인

왕이 마침내 싸울 검사들을 이레 동안 서로 겨루어 선발하였는데, 그 때문에 죽거나 다친 자가 60여 명이나 되었다.

得五六人득오륙인 使奉劍於殿下사봉검어전하 乃召莊子내소장자

그 가운데 5, 6명을 선발해서 그들에게 검을 들고 궁전 아래 모이게 한 후 마침내 장자를 불렀다.

王曰왕왈 : 왕이 말했다.

"今日試使士敦劍금일시사사돈검"

"오늘 검사(劍士)들과 검술을 겨루도록 하겠소."

---

9) 王乃校劍士七日(왕내교검사칠일) : 왕이 마침내 싸울 검사를 7일 동안 서로 겨루어 선발하였다. 校(교)는 겨루어 선발한다는 뜻.

莊子曰장자왈 : 장자가 말했다.

"望之久矣망지구의"
"오랫동안 이 날을 기다려 왔습니다."

王曰왕왈 : 왕이 말했다.

"夫子所御杖부자소어장 長短何如장단하여"
"그런데 선생이 사용할 칼의 길이는 얼마가 좋겠습니까?"

莊子曰장자왈 : 장자가 말했다.

"臣之所奉皆可10)신지소봉개가 然臣有三劍연신유삼검 唯王所用유왕소용"
"신이 휘두를 칼은 어떤 칼이든 상관없습니다. 신에게는 세 가지 칼이 있는데, 오직 왕께서 쓰고자 하시는 것을 따를 것입니다.

請先言而後試청선언이후시"
먼저 칼에 대해 말씀을 드리고 나서 시합을 하고 싶습니다."

王曰왕왈 : 왕이 말했다.

"願聞三劍원문삼검"
"세 가지 검(劍)에 대해 듣고 싶소."

莊子曰장자왈 : 장자가 말했다.

"有天子劍유천자검 有諸侯劍유제후검 有庶人劍유서인검"
"천자(天子)의 검(劍)이 있고, 제후(諸侯)의 검이 있으며, 서인(庶人)의 검이 있습니다."

王曰왕왈 : 왕이 말했다.

---

10) 臣之所奉皆可(신지소봉개가) : 신이 휘두를 칼은 어떤 것이든 좋습니다. 奉은 휘두르다, 는 뜻으로 捧과 통한다.

"天子之劍何如천자지검하여"

"천자(天子)의 검(劍)이란 어떤 것인지요?"

莊子曰장자왈 : 장자가 말했다.

"天子之劍천자지검 以燕谿石城爲鋒11)이연계석성위봉

"천자의 검은 연계(燕谿)와 석성(石城)을 칼끝으로 삼고,

齊岱爲鍔2)제대위악 晉衛爲脊진위위척

제(齊)나라와 대산(岱山)을 칼날로 삼으며, 서북의 진(晉)나라와 위(衛)
나라를 칼등으로 삼고,

周宋爲鐔주송위담 韓魏爲夾한위위협

주(周)나라와 송(宋)나라를 칼자루 테두리로 삼고, 한(韓)나라와 위(魏)
나라를 칼자루로 삼습니다.

包以四夷포이사이 裹以四時이이사시

사방 오랑캐로 그 둘레를 두르고, 사계절(四時)의 추이로 그것을 감싸
며,

繞以渤海요이발해 帶以常山대이상산

발해(渤海)로 주위를 두르고 상산(常山)을 띠로 삼아,

制以五行 論以刑德3)제이오행 논이형덕

---

11) 以燕谿石城爲鋒(이연계석성위봉) : 연계와 석성을 칼끝으로 삼다. 燕谿(연계)는 연(燕)나
라의 지명. 石城(석성)도 지명. 鋒(봉)은 칼끝.

12) 齊岱爲鍔(제대위악) : 제나라와 태산을 칼날로 삼다. 鍔(악)은 칼날. 岱(대)는 岱宗(대
종)으로 태산의 다른 이름이다.

13) 制以五行 論以刑德(제이오행 논이형덕) : 오행으로 제어하고, 형벌과 은덕에 따라 칼을
휘두르는 법을 논하다. 論(논)은 '천자의 칼을 휘두르는 법을 논한다'는 뜻이다. 刑德
(형덕)은 형벌과 은덕.

오행(五行)으로 제어하고, 형벌과 은덕으로 상벌을 논하며,

開以陰陽 持以春夏 行以秋冬14)개이음양 지이춘하 행이추동

음양으로 칼집을 열고, 봄여름에는 칼을 잡으며, 가을 겨울에는 휘두릅니다.

此劍直之無前차검직지무전

이 칼을 곧장 뻗으면 더 나아갈 곳이 없는 끝까지 이르고,

擧之無上거지무상 案之無下안지무하

위로는 끝 간 데가 없는 곳까지 이르고, 아래로 내려치면 끝 간 데 없는 바닥끝을 치며,

運之無旁운지무방 上決浮雲상결부운 下絕地紀15)하절지기

휘두르면 사방 어디고 정해진 방향이 없습니다. 위로는 뜬구름을 갈라치고 아래로는 지기(地紀)를 끊습니다.

此劍一用차검일용 匡諸侯16)광제후 天下服矣천하복의 此天子之劍也차천자지검야"

이 칼은 한번 쓰면 제후들을 바로잡고, 온 천하 백성이 복종합니다. 이것이 천자의 검(劍)입니다."

文王芒然自失曰문왕망연자실왈 : 문왕(文王)이 망연자실하여 말했다.

"諸侯之劍何如제후지검하여?"

"제후(諸侯)의 검(劍)이란 어떤 것입니까?"

---

14) 開以陰陽 持以春夏 行以秋冬(개이음양 지이춘하 행이추동) : 음양으로 칼집을 열고, 봄여름에는 칼을 잡으며, 가을 겨울에는 칼을 휘두른다.

15) 下絕地紀(하절지기) : 대지를 묶은 굵은 밧줄을 끊는다. 地紀는 大地를 두르고 있는 큰 끈을 말한다.

16) 匡諸侯(광제후) : 제후들을 바로잡다.

曰왈 : 장자가 말했다.

"諸侯之劍제후지검 以知勇士爲鋒이지용사위봉 以淸廉士爲鍔이청렴사위악

"제후의 검은 지혜와 용기 있는 사람을 칼끝으로 삼고, 청렴한 사람을 칼날로 삼으며,

以賢良士爲脊이현량사위척 以忠聖士爲鐔이충성사위담 以豪桀士爲夾7)이호걸사위협

현명하고 어진 사람을 칼등으로 삼고, 충의와 성덕이 있는 사람을 칼자루 테두리로 삼으며, 뛰어난 호걸을 칼자루로 삼습니다.

此劍値之亦無前차검치지역무전

이 칼 또한 앞으로 뻗으면 세상 끝까지 찌를 수 있으며,

擧之亦無上거지역무상 案之亦無下안지역무하

위로 쳐들면 또한 하늘 끝 간 데가 없는 곳까지 이르고, 또한 아래로 내려치면 끝 간 데 없는 바닥끝을 치며,

運之亦無旁운지역무방

휘두르면 또한 사방팔방(四方八方) 미치지 않는 곳이 없습니다.

上法圓天以順三光18)상법원천이순삼광

위로는 둥근 하늘을 본받아 해와 달과 별의 운행을 따르고,

下法方地以順四時하법방지이순사시

아래로는 네모난 땅을 본받아 사계절의 차례를 따르며,

---

17) 以豪桀士爲夾(이호걸사위협) : 지혜가 뛰어난 호걸을 칼자루로 삼다. 桀은 傑과 같다. 준걸(俊傑), 뛰어난 인재(人材).

18) 上法圓天以順三光(상법원천이순삼광) : 위로는 둥근 하늘을 본받아 해와 달과 별의 운행을 따르다. 三光은 해와 달과 별의 빛.

中和民意以安四鄕[19]중화민의이안사향

가운데로는 백성의 뜻을 살펴 나라 방방곡곡을 안정시킵니다.

此劍一用차검일용 如雷霆之震也여뢰정지진야

이 칼을 한번 휘두르면 마치 천둥번개가 진동하는 것 같아서,

四封之內[20]사봉지내 無不賓服而聽從君命者矣무불빈복이청종군명자의

사방 나라 안의 모든 백성이 공물을 바쳐 복종하며, 임금의 명령에 따르지 않는 자가 없습니다.

此諸侯之劍也차제후지검야"

이것이 제후(諸侯)의 검(劍)입니다."

王曰왕왈 : 왕이 말했다.

"庶人之劍何如서인지검하여"

"서인(庶人)의 검(劍)은 어떤 것입니까?"

曰왈 : 장자가 말했다.

"庶人之劍서인지검 蓬頭突鬢垂冠봉두돌빈수관

"서인의 칼은 모두 쑥대처럼 머리를 풀어헤치고, 구레나룻을 길게 길렀으며, 투구를 깊이 눌러쓰고,

曼胡之纓만호지영 短後之衣단후지의 瞋目而語難진목이어난

장식 없는 거친 투구 끈과 뒤가 짧은 전투복을 입고 눈 부릅뜨고 거칠게 소리를 질러대며,

---

19) 中和民意以安四鄕(중화민의이안사향) : 가운데로는 백성의 뜻을 살펴 나라의 사방을 안정시킨다.

20) 四封之內(사봉지내) : 사방 국경 안. 封은 봉강(封疆)으로 경계 안의 땅, 곧 영토. 四封은 사방 국경 안을 말한다.

相擊於前상격어전 上斬頸領상참경령 下決肝肺하결간폐

왕 앞에서 서로 칼을 휘둘러 위로는 상대의 목을 베고, 아래로는 상대의 간과 폐를 칼로 도려내는 것입니다.

此庶人之劍차서인지검 無異於鬪鷄무이어투계

이것이 서인의 검이니, 투계(鬪鷄)와 다를 것이 없습니다.

一旦命已絶矣일단명이절의 無所用於國事무소용어국사

어느 날 갑자기 목숨이 이미 끊어지게 되고 마니, 나라 일에 아무런 소용이 없게 됩니다.

今大王有天子之位금대왕유천자지위 而好庶人之劍이호서인지검

지금 대왕께서는 천자의 자리에 있으면서 서인의 검을 좋아하시니.

臣竊爲大王薄之[21]신절위대왕박지"

신은 다만 대왕을 애석하게 여길 따름입니다."

王乃牽而上殿왕내견이상전

왕이 마침내 장자를 이끌고 궁전 위로 올라갔다.

宰人上食 王三環之[22]재인상식 왕삼환지

요리사가 요리를 올렸으나, 왕은 주위를 세 번이나 맴돌며 걷기만 할 뿐이었다.

莊子曰장자왈 : 장자가 말했다.

大王安坐定氣대왕안좌정기 劍事已畢奏矣검사이필주의

---

21) 臣竊爲大王薄之(신절위대왕박지) : 신은 다만 대왕을 애석하게 여길 따름입니다. 竊은 여기서는 남몰래, 마음속으로의 뜻.

22) 宰人上食 王三環之(재인상식 왕삼환지) : 요리사가 요리를 올리자, 왕은 상 둘레를 세 번이나 빙빙 돌며 걷기만 할 뿐이다. 三環之(삼환지)는 세 번이나 그 둘레를 맴돌 뿐이라는 뜻.

"대왕께서는 편안히 앉아서 안정을 취하십시오. 칼에 관한 이야기는 모두 아뢰었습니다."

於是文王不出宮三月어시문왕불출궁삼월

그 후 문왕은 궁 안에서 석 달 동안을 밖에 나오지 않았고,

劍士皆服斃其處也[23)검사개복폐기처야

검객(劍客)들은 모두 칼싸움을 하다가 엎드려 죽었다.

| 해설 |

검술 시합에 빠진 조(趙)나라 문왕(文王)에게 장자는 천자(天子)·제후(諸侯)·서인(庶人)의 세 가지 검술의 의미를 논술하여 문왕을 일깨우는 내용으로 되어 있다. 한 편 전체가 하나의 설화로 구성되었는데, 문답에 박력이 부족하고 타 편에 비하여 우의(寓意)도 비유가 느슨하다. 따라서 후인의 위작으로 본다.

---

23) 劍士皆服斃其處也(검사개복폐기처야) : 검사들은 모두 그들이 칼싸움하던 자리에서 서로 상대를 칼로 찔러 엎드려 죽었다. 服은 伏과 같다. 斃(폐)는 넘어져 죽다. 服斃(복폐)는 伏斃와 같다. 곧 엎드려 죽다는 뜻.

31. 어부
漁父

같은 부류는 서로 따르고, 같은 소리는 서로 호응한다

대화의 중심인물인 어부로써 편명을 삼고 있다. 공자와 어부의 문답으로 주제가 논해지는데, 자공(子貢)과 자로(子路) 등 공자의 제자를 배석시켜 한 편이 하나의 설화로 이루어지고, 그 서술은 희곡적인 수법을 사용하여 문학적인 훌륭한 표현을 보여준다. 대체로 유가의 예교주의(禮敎主義)가 갖는 세속성과 위선성을 비판하면서 노장의 「道」와 「眞」을 해설하고 있다. 그러나 그 사상적 입장은 반드시 유가의 예교(禮敎)를 근본적으로 부정하는 것이 아니고, 그것이 거짓으로 행해지는지, 진실로써 행해지는지에 중점을 두고 있다. 형식보다 실질을, 외형보다 심정을, 인위보다 자연을 중시하려는 것이 〈어부〉편 작자의 입장이고, 이러한 점은 유가(儒家)를 정면으로 공격하는 〈도척〉편 작자의 입장과는 그 성격을 달리한다.

행단(杏壇)

1.

孔子遊乎緇帷之林[1]공자유호치유지림 休坐乎杏壇之上[2]휴좌호행단지상

공자가 치유(緇帷)의 숲에서 노닐다가 살구나무 그늘 행단(杏壇)에 앉아 쉬고 있었다.

弟子讀書제자독서 孔子絃歌鼓琴공자현가고금

제자들은 책을 읽고 있었고, 공자는 거문고를 타며 노래를 하고 있었다.

奏曲未半주곡미반 有漁父者下船而來유어부자하선이래

노래가 절반이 채 끝나지 않았을 때 한 어부가 배에서 내려 가까이 다가왔다.

須眉交白 被髮揄袂[3]수미교백 피발유메

수염과 눈썹이 모두 하얀데다 머리를 풀어헤치고 소매를 휘저으며,

行原以上 距陸而止[4]행원이상 거륙이지

물가를 걸어 올라와 언덕에 이르러 멈추어 자리를 잡고 앉더니,

左手據膝좌수거슬 右手持頤以聽우수지이이청

왼손은 무릎 위에 얹고 오른손으로는 턱을 괸 채 노래를 들었다.

曲終而招子貢子路곡종이초자공자로 二人俱對이인구대

---

1) 孔子遊乎緇帷之林(공자유호치유지림): 공자가 숲 울창한 치유림(緇帷林)에서 노닐다. 緇帷(치유)는 緇帷와 같다. 帷는 帷의 假借字. 치유(緇帷)는 검은 휘장. 緇林과 같은 말로 학문을 닦는 곳. 道를 강(講)하는 곳. 공자가 제자를 가르치던 곳은 검은 휘장을 친 것처럼 숲이 무성하였다는 고사에서 나온 말이다.

2) 休坐乎杏壇之上(휴좌호행단지상): 행단(杏壇)에 앉아 쉬다. 杏壇은 학문을 닦는 곳을 이르는 말. 공자가 은행나무 단에서 제자를 가르쳤다는 고사에서 유래하다.

3) 須眉交白 被髮揄袂(수미교백 피발유메): 수염과 눈썹이 모두 희다. 머리를 풀어헤치고 소매를 휘젓다. 交와 白은 모두 희다는 뜻. 交는 皎와 같다. 揄는 휘젓다. 袂(메)는 소매.

4) 行原以上 距陸而止(행원이상 거륙이지): 물가에서 걸어 올라와 언덕에 이르러 멈추어 자리를 잡음. 原은 들. 여기서는 물가. 距(거)는 이르나.

노래가 끝나자 자공(子貢)과 자로(子路)를 손짓하여 부르자, 두 사람이 그와 마주 대하였다.

客指孔子曰객지공자왈 : 노인이 공자를 가리키며 물었다.

"彼何爲者也피하위자야?"
"저 사람은 뭘 하는 사람이오?"

子路對曰자로대왈 : 자로가 대답했다.

"魯之君子也노지군자야"
"노나라의 군자입니다."

客問其族객문기족
노인이 공자의 성(姓)을 물었다.

子路對曰자로대왈 : 자로가 대답했다.

"族孔氏족공씨"
"공씨입니다."

客曰객왈 : 객이 말했다.

"孔氏者何治也5)공씨자하치야"
"공씨는 어떤 일을 하고 있소?"

子路未應자로미응 子貢對曰자공대왈
자로가 미처 대답을 못하자, 자공이 대답했다.

"孔氏者공씨자 性服忠信성복충신 身行仁義신행인의
"공씨는 태어나면서 충(忠)과 신(信)을 갖추었고, 몸소 인의(仁義)를

---

5) 孔氏者何治也(공씨자하치야) : 공씨는 어떤 일을 하고 있는가? 何治는 무슨 일을 하고 있느냐는 뜻.

실행하며,

飾禮樂 選人倫6)식례악 선인륜

예악을 지키고 인륜을 갖추고서,

上以忠於世主상이충어세주 下以化於齊民하이화어제민

위로는 세상의 군주에게 충성을 다하고 아래로는 만백성을 교화하여,

將以利天下장이리천하 此孔氏之所治也차공씨지소치야"

장차 천하를 이롭게 하려 하니, 이것이 공씨가 하고 있는 일입니다."

又問曰우문왈 : 노인이 또 물었다.

"有土之君與유토지군여?"

"영토를 가진 군주인가?"

子貢曰자공왈 : 자공이 말했다.

"非也비야"

"아닙니다."

"侯王之佐與후왕지좌여?"

"제후나 왕을 보좌하는 사람인가?"

子貢曰자공왈 : 자공이 말했다.

"非也비야"

"아닙니다."

客乃笑而還行객내소이환행 言曰언왈 :

노인이 웃으며 왔던 길로 되돌아가면서 말했다.

---

6) 飾禮樂 選人倫(식례악 선인륜) : 태어나면서 忠信을 갖추고 몸소 인의를 실행하다. 飾
(식)은 다스리다. 選은 譔(선)의 假借字로, 가르치다.

"仁則仁矣인즉인의 恐不免其身공불면기신

"그 사람 어질기는 하지만, 아마도 그 몸은 화를 면치 못할 것이네.

苦心勞形以危其眞7)고심로형이위기진

마음을 괴롭히고 육신이 수고로워 참된 본성을 위태롭게 하고 있으니,

嗚乎명호 遠哉其分於道也원재기분어도야!"

아아! 그는 참된 道에서 멀리 벗어나 있구나!"

子貢還자공환 報孔子보공자

자공(子貢)이 돌아와 공자에게 아뢰었더니,

孔子推琴而起曰공자추금이기왈 :

공자는 거문고를 밀어놓고 일어나 말했다.

"其聖人與기성인여"

"그 사람은 틀림없이 성인일 것이다."

乃下求之내하구지 至於澤畔지어택반

그리고는 행단(杏壇)에서 내려와 그 노인을 찾아 호숫가에 이르렀다.

方將杖拏而引其船방장장노이인기선 顧見孔子고견공자 還鄕而立환향이립

그 때 노인은 막 노를 잡고 배를 띄우려 하다가 공자를 돌아보고는 몸을 돌려 공자를 향해 섰다.

孔子反走 再拜而進8)공자반주 재배이진

---

7) 苦心勞形以危其眞(고심로형이위기진) : 마음을 괴롭히고 육신을 수고롭게 해서 자신의 참된 본성을 위태롭게 하다. 〈山木〉편의 "이익에 사로잡혀 자기를 잊어버리다(見利而忘其眞)."라는 구절과 유사한 맥락이다.

8) 孔子反走 再拜而進(공자반주 재배이진) : 공자는 재빨리 뒤로 물러나서 노인에게 두 번 절하고 천천히 노인 앞으로 나아갔다. 뒤로 물러났다가 다시 나아가는 것은 예의를 차림이다.

공자는 재빨리 뒤로 물러나서 노인에게 두 번 절하고 앞으로 나아갔다.

客曰객왈 : 노인이 말했다.

"子將何求자장하구"
"당신은 무엇을 찾고 계시오?"

孔子曰공자왈 : 공자가 대답했다.

"曩者先生有緖言而去9)낭자선생유서언이거
"조금 전에 선생께서는 말머리만 꺼내시고 그냥 떠나셨습니다.

丘不肖구불초 未知所謂미지소위
제가 어리석어 선생께서 하신 말씀을 잘 알지 못하겠습니다.

竊待於下風10)절대어하풍 幸聞咳唾之音행문해수지음 以卒相丘也이졸상구야"
이렇게 기다려서 선생의 풍모(風貌) 아래서 다행히 기침소리라도 듣게
되었습니다. 부디 저를 도와주시기 바랍니다."

客曰객왈 : 노인이 말했다.

"嘻희! 甚矣子之好學也심의자지호학야!"
"아, 심하구나! 당신이 배우기를 그렇게도 좋아하다니!"

孔子再拜而起曰공자재배이기왈 :
공자가 두 번 절하고 일어나 말했다.

丘少而修學구소이수학 以至於今이지어금 六十九歲矣육십구세의
"저는 어려서부터 학문을 닦아 지금에 이르기까지 예순 아홉이 되었

---

9) 曩者先生有緖言而去(낭자선생유서언이거) : 조금 전 선생께서는 말머리만 꺼내고 그냥
   떠났다. 曩(낭)은 조금 전. 緖言은 머리말, 서론.
10) 竊待於下風(절대어하풍) : 가만히 선생의 풍모 아래에서 기다림. 竊(절)은 남몰래, 슬그
    머니.

는데도,

無所得聞至教무소득문지교 敢不虛心감불허심!

지극한 가르침을 들을 수 없었으니, 어찌 감히 마음을 비우고 가르침을 기다리지 않겠습니까!"

客曰객왈 : 노인이 말했다.

同類相從 同聲相應[11]동류상종 동성상응 固天之理也고천지리야

"같은 부류는 서로 따르고 같은 소리는 서로 호응하는 것이 진실로 자연의 이치입니다.

吾請釋吾之所有[12]오청석오지소유 而經子之所以이경자지소이

나는 청컨대, 내가 지닌 道는 잠시 제쳐두고, 당신이 하는 일에 대해서 한번 따져보겠소.

子之所以者 人事也[13]자지소이자 인사야

당신이 하는 일은 인간의 일입니다.

天子諸侯大夫庶人천자제후대부서인 此四者自正차사자자정 治之美也치지미야

천자·제후·대부·서인이 있는데, 이 네 부류가 각자가 올바른 道를 지키면 최선의 치세(治世)가 되고,

四者離位而亂莫大焉사자리위이란막대언

네 부류의 사람들이 각기 자기 자리를 지키지 못하면 이보다 큰 어지

---

11) 同類相從 同聲相應(동류상종 동성상응) : 같은 부류가 서로 따르고 같은 소리가 서로 호응하다. 相應은 서로 맞아 어울림.

12) 吾請釋吾之所有(오청석오지소유) : 나는 청컨대, 내가 아는 道는 잠깐 제쳐두겠다. 釋(석)은 내놓다, 버리다. 吾之所有는 내가 지닌 道.

13) 子之所以者 人事也(자지소이자 인사야) : 당신이 하는 일은 인간의 일이다. 人事는 인간세상의 일.

러움은 없습니다.

官治其職관치기직 人憂其事인우기사 乃無所陵4)내무소릉

관리가 맡은 직분을 잘 수행하고, 사람들이 자신의 일을 걱정하며 애쓰면 서로 침범하는 일이 없을 것입니다.

故田荒室露5)고전황실로 衣食不足의식부족 徵賦不屬징부불촉

그러므로 전답이 황폐해지고 가옥이 부서지며, 입고 먹을 것이 부족하고, 세금을 제 때에 내지 못하며,

妻妾不和처첩불화 長少無序장소무서 庶人之憂也서인지우야

처첩이 불화(不和)하고 장유(長幼)의 질서가 없는 것은 서민(庶人)들의 걱정거리입니다.

能不勝任능불승임 官事不治관사불치

능력이 모자라 임무를 감당하지 못하여 관청의 일이 제대로 처리되지 못하며,

行不淸白행불청백 群下荒怠군하황태

행동이 청렴(淸廉)하지 못하여 부하들이 멋대로이고 태만하며,

功美不有공미불유 爵祿不持작록부지 大夫之憂也대부지우야

훌륭한 공적이 없어 작위(爵位)와 봉록(俸祿)이 유지되지 못함은 대부(大夫)의 근심입니다.

廷無忠臣정무충신 國家昏亂국가혼란

조정(朝廷)에 충신이 없어 국가가 혼란스러우며,

---

14) 乃無所陵(내무소릉) : 누구도 분수를 침범함이 없을 것이다. 陵(능)은 범하다. 직분 또는 계급질서를 침범한다는 뜻.

15) 田荒室露(전황실로) : 전답이 황폐해지고 집이 파괴되다. 室은 가옥. 露(로)는 지붕 없이 있디는 뜻으로 파괴되다.

工技不巧공기불교 貢職不美공직불미

공인(工人)들의 기술이 정교하지 못하여 공물(貢物)이 조악(粗惡)하며,

春秋後倫 不順天子16)춘추후륜 불순천자 諸侯之憂也제후지우야

봄가을의 조근(朝覲)에 다른 제후들보다 차례가 뒤처져 천자에게 순종하지 않음은 제후들의 근심입니다.

陰陽不和음양불화 寒暑不時한서불시 以傷庶物이상서물

음양이 고르지 못하고, 계절의 추위와 더위가 때에 맞지 않아 만물을 손상하며,

諸侯暴亂제후폭란 擅相攘伐17)천상양벌 以殘民人이잔민인

제후들은 사납고 어지러워 제멋대로 서로 공격하여 백성의 생명을 살상하며,

禮樂不節예악부절 財用窮匱재용궁궤 人倫不飭인륜불칙

예악(禮樂)에 절제가 없고, 재정이 궁핍하며 인륜이 지켜지지 않아,

百姓淫亂백성음란 天子有司之憂也천자유사지우야

백성들이 음란에 빠지는 것은 천자의 근심입니다.

今子旣上無君侯有司之勢금자기상무군후유사지세

지금 그대는 위로는 제후의 권세(權勢)도 없고,

而下無大臣職事之官이하무대신직사지관

아래로는 대신(大臣)이나 맡은 직관(職官)도 없으면서

---

16) 春秋後倫 不順天子(춘추후륜 불순천자) : 봄가을의 조근(朝覲)을 다른 제후들보다 서열이 뒤처져 천자의 명령을 잘 따르지 못하게 됨. 朝覲은 朝見(조현)으로, 제후가 천자를 배알하는 일. 貢職은 貢物. 倫(윤)은 무리. 여러 제후들을 말한다. 不順天子는 천자의 명령을 따르지 못하는 것.

17) 擅相攘伐(천상양벌) : 제멋대로 서로 공격함. 擅(천)은 멋대로 하다. 攘(양)은 물리치다.

而擅飾禮樂[18]이천칙예악 選人倫선인륜 以化齊民이화제민 不泰多事乎불태다사호

멋대로 예악을 꾸미고, 인륜의 道를 가르쳐서 만민을 교화하겠다고 하니, 지나치게 일이 많은 게 아니겠소?

且人有八疵차인유팔자 事有四患사유사환

또한 사람에게는 여덟 가지의 허물이 있고, 세상일에는 네 가지의 격정거리가 있으니,

不可不察也불가불찰야

이것들을 잘 살펴보지 않을 수 없습니다.

非其事而事之 謂之摠[19]비기사이사지 위지총

자기의 일이 아닌데도 나서기를 일삼는 것을 「총(摠)」이라고 하고,

莫之顧而進之막지고이진지 謂之佞위지녕

관심도 없는데 나서는 것을 거짓으로 남의 「비위를 맞추는 태도(佞)」라 하며,

希意道言희의도언 謂之諂위지첨

남의 뜻에 맞도록 말을 이끌어가는 것을 「아첨(諂)」이라 하며,

不擇是非而言불택시비이언 謂之諛위지유

옳고 그른 것을 가리지 않고 말하는 것을 「아부(諛)」라 하고,

好言人之惡호언인지악 謂之讒위지참

---

18) 擅飾禮樂(천칙예악) : 멋대로 예악을 꾸미다. 飾(칙)은 정리하다, 바로잡다.

19) 非其事而事之 謂之摠(비기사이사지 위지총) : 자기의 일이 아닌데도 나서기를 일삼는 것을 摠(총)이라 한다. 摠(총)은 총괄적이란 뜻으로, 나설 때 안 나설 때의 구별이 없이 아무 일에나 나서는 것을 말한다. 成玄英은 "摠은 지나침이다. 자기 일이 아닌데도 굳이 맡고 나서는 것 이른다."라고 풀이했다.

남의 결점을 말하기를 즐겨하는 것을「참소(讒)」라 하고,

析交離親석교리친 謂之賊위지적

타인의 우정을 쪼개고 친족을 이간(離間)하는 것을「해침(賊)」이라 하며,

稱譽詐僞以敗惡人칭예사위이패악인 謂之慝위지특

겉으로는 칭찬하며 속으로는 기만하여 남을 파멸시키는 것을「사특하다(慝)」고 하는 것이요,

不擇善否불택선부 兩容頰適양용협적

선악(善惡)을 가리지 않고 양쪽을 다 받아들여 양쪽에 다 얼굴을 부드럽게 대하면서,

偸拔其所欲[20]투발기소욕 謂之險위지험

자기가 갖고 싶은 것을 훔쳐 빼내는 것을「음흉하다(險)」고 하였으니,

此八疵者차팔자자 外以亂人외이란인 內以傷身내이상신

이 여덟 가지의 허물은 밖으로는 남을 어지럽히고, 안으로는 자신을 해치니,

君子不友군자불우 明君不臣명군불신

군자는 이런 사람을 벗으로 사귀지 아니하고, 명철한 군주는 이런 사람을 신하로 삼지 않습니다.

所謂四患者소위사환자 好經大事[21]호경대사

또한 네 가지 걱정거리는, 큰일에 나서는 것을 좋아하며,

變更易常변경역상 以挂功名이괘공명 謂之叨위지도

공연히 자주 변경하여 원칙까지 바꾸어 공명을 높이 세우려 하는 것

---

20) 偸拔其所欲(투발기소욕) : 가지고 싶은 것을 훔쳐 빼내다, 偸(투)는 훔치다.

21) 好經大事(호경대사) : 대사를 경영하기를 좋아함. 곧 큰일에 나서기를 좋아한다는 말이다.

을 「외람됨(叨)」이라 하고,

專知擅事[22]전지천사 侵人自用침입자용 謂之貪위지탐

지혜를 과신해서 멋대로 일을 처리해서 남의 영역을 침범하여 자기 힘을 발휘하는 것을 「탐욕(貪)」이라 하며,

見過不更[23]견과불경 聞諫愈甚문간유심 謂之很[24]위지흔

과오를 알고서도 고치지 아니하고, 충고를 들으면 도리어 더 심하게 어기는 것을 「패려궂다(很)」라 하고,

人同於己則可인동어기즉가 不同於己부동어기 雖善不善수선불선 謂之矜위 지긍

남이 자기와 견해를 같이하면 옳다하고 자기와 같지 않으면 착한 사람이라 할지라도 나쁘다고 하는 것을 「자긍(矜)」이라 하니,

此四患也차사환야

이것이 네 가지 걱정거리입니다.

能去八疵능거팔자 無行四患무행사환 而始可敎已이시가교이"

여덟 가지 허물을 버리고, 네 가지 걱정거리를 저지르지 않으면 비로소 가르칠 만합니다."

孔子愀然而歎[25]공자초연이탄 再拜而起曰재배이기왈

공자는 정색을 하고 탄식하면서 어부에게 두 번 절하고 일어나서 말했다.

---

22) 專知擅事(전지천사) : 자기의 지혜를 과신하고 멋대로 일을 처리하다. 擅(천)은 멋대로 하다.

23) 見過不更(견과불경) : 과오를 알고서도 고치지 아니하다.

24) 謂之很(위지흔) : 패려(悖戾)궂다고 한다. 悖戾는 말과 행동이 매우 거칠고 비꼬여 있음을 이르는 말.

25) 孔子愀然而歎(공자초연이탄) : 공자가 정색하면서 탄식함. 愀然은 정색하는 모양.

"丘再逐於魯구재축어로 削跡於衛삭적어위

"저는 노(魯)나라에서 두 번 추방되었고, 위(衛)나라에서는 자취까지 모조리 지워졌으며,

伐樹於宋벌수어송 圍於陳蔡위어진채

송(宋)나라에서는 쓰러지는 나무 밑에 깔릴 뻔하였으며, 진(陳)나라와 채(蔡)나라 국경에서는 포위를 당하기도 했습니다.

丘不知所失[26]구부지소실 而離此四謗者何也이리차사방자하야"

제가 무슨 잘못을 했는지 모르겠지만, 이런 네 차례의 치욕을 당한 까닭이 무엇일까요?"

客悽然變容日객처연변용왈 :

어부는 애처로운 표정으로 태도를 바꾸며 말했다.

"甚矣子之難悟也심의자지난오야!

"심하구나! 그대의 자신을 깨닫지 못함이!

人有畏影惡跡 而去之走者[27]인유외영오적 이거지주자

어떤 사람이 자기 그림자를 두려워하고 자기 발자취를 싫어하여 그것을 떨쳐내려고 도망치는 자가 있었는데,

舉足愈數而跡愈多거족유수이적유다 走愈疾而影不離身주유질이영불리신

발을 많이 들어 옮길수록 발자국도 그만큼 많아졌고, 빨리 달리면 달릴수록 그림자가 몸에서 떨어지지 않았습니다.

---

26) 丘不知所失(구부지소실) : 내가 무슨 잘못을 한지 모르겠음. 不知所失은 어떤 잘못을 저질렀는지 모르겠다고 말한 것이다.

27) 人有畏影惡跡 而去之走者(인유외영오적 이거지주자) : 어떤 사람이 자기 그림자를 두려워하고 자신의 발자취를 싫어하여 그것을 떨쳐버리려고 달려 도망친 자가 있었음. 惡跡(오적)의 惡(오)는 싫어함, 미워함. 跡은 발자취, 행적.

自以爲尙遲자이위상지 疾走不休질주불휴 絶力而死절력이사

그 사람은 스스로 자신의 달리기가 느리다고 생각하여 쉬지 않고 있는 힘껏 달리다가 끝내 죽고 말았습니다.

不知處陰以休影부지처음이휴영 處靜以息跡처정이식적 愚亦甚矣우역심의

그늘로 들어가면 그림자를 쉬게 할 수 있고, 조용히 머물러 있으면서 발자국을 쉬게 할 줄 몰랐으니, 어리석음이 정말 심하지 않습니까?

子審仁義之間자심인의지간 察同異之際찰동이지제

당신은 인(仁)과 의(義)를 자세히 따지고, 같음과 다름의 한계를 분명하게 살피며,

觀動靜之變관동정지변 適受與之度28)적수여지도

움직임과 고요함의 변화를 관찰하고, 주고받는 절도(節度)를 합당하게 하며,

理好惡之情이호오지정 和喜怒之節 而幾於不免矣29)화희노지절 이기어불면의

좋아하고 싫어하는 감정을 잘 다스리고, 기뻐하고 노여워함의 절도를 조화하려 하지만, 그렇게 해서는 화를 면할 수 없습니다.

謹修而身근수이신 愼守其眞신수기진 還以物與人환이물여인

삼가 그대의 몸을 수양하고, 삼가 그 참됨을 지켜서 외물과 사람들이 (자연으로) 되돌아가게 한다면.

則無所累矣즉무소루의

얽매이는 일이 없게 될 것입니다.

---

28) 適受與之度(적수여지도) : 주고받는 절도를 합당하게 하다. 適은 합당하게 함. 受與之度는 물건을 주고받는 절도

29) 和喜怒之節 而幾於不免矣(화희노지절 이기어불면의) : 기뻐함과 노여워함의 절도를 조화하려 하니, 그래 가지고서야 거의 危害를 면치 못할 것임.

今不修之身而求之人금불수지신이구지인 不亦外乎불역외호!"

지금 자신을 다스리지 아니하고 남에게서 구하려 하니, 역시 본질에서 벗어난 게 아니겠소!"

孔子愀然曰공자초연왈 : 공자가 다시 정색을 하고 말했다.

"請問何謂眞청문하위진"

"청컨대 무엇을 참된 道라고 하는지요?"

客曰객왈 : 어부가 말했다.

"眞者진자 精誠之至也정성지지야 不精不誠부정불성 不能動人불능동인

"진실한 道란 정성(精誠)의 지극함입니다. 순수하지 않거나 성실하지 못하면 사람의 마음을 움직일 수가 없습니다.

故强哭者 雖悲不哀고강곡자 수비불애

그러므로 억지로 곡(哭)을 하는 자는 비록 비통해 보이더라도 슬프지 않고,

强怒者雖嚴不威강노자수엄불위

억지로 성내는 자는 비록 위엄을 보이려 하여도 위압당하지 않으며,

强親者雖笑不和강친자수소불화

억지로 친하고자 하는 자는, 비록 웃으며 다가와도 어울리지 못합니다.

眞悲無聲而哀진비무성이애 眞怒未發而威진노미발이위

반면에 진정한 슬픔은 소리가 없어도 애통하고, 진정한 노여움은 드러내지 않아도 위압을 느끼며,

眞親未笑而和진친미소이화

진정한 친애(親愛)는 웃음이 없어도 사람들과 잘 어울립니다.

眞在內者진재내자 神動於外신동어외 是所以貴眞也시소이귀진야

마음속에 진정이 갖추어 있으면 신묘한 움직임이 밖으로 드러나니, 이 것이 진정성을 귀하게 여기는 까닭입니다.

其用於人理也기용어인리야 事親則慈孝사친즉자효

그것이 인간관계에 적용되어서는, 어버이를 섬김에 있어서는 자애와 효행이 되고,

事君則忠貞사군즉충정 飮酒則歡樂음주즉환락

임금을 섬김에 충성스럽고 곧으며, 술을 마심에 기쁘고 즐거우며,

處喪則悲哀처상즉비애

상(喪)을 당해서는 슬픔이 됩니다.

忠貞以功爲主충정이공위주 飮酒以樂爲主음주이락위주

충(忠)과 정(貞)은 공을 세움이 첫째이고, 음주는 즐거움이 첫째이며,

處喪以哀爲主처상이애위주 事親以適爲主사친이적위주

상(喪)을 치르는 것은 애통함이 첫째이고, 어버이를 섬기는 것은 어버이의 뜻에 따름이 첫째입니다.

功成之美 無一其跡矣30)공성지미 무일기적의

공(功)을 이루는 아름다움은 그 자취가 한 가지로 한정되지 않습니다.

事親以適 不論所以矣31)사친이적 불론소이의

어버이를 섬김에는 어버이 뜻에 맞으면 될 따름으로 그 방법은 따질

---

30) 功成之美 無一其跡矣(공성지미 무일기적의) : 공(功)을 이루는 아름다움은 그 자취가 일정하게 한정되어 있지 않다.

31) 事親以適 不論所以矣(사친이적 불론소이의) : 어버이를 섬김에는 어버이의 뜻에 맞으면 될 따름으로, 그 방법은 따지지 않는다. 不論所以(불론소이)는 방법을 따지지 않는다는 뜻.

것이 없으며,

飮酒以樂음주이락 不選其具矣불선기구의

술을 마심에는 즐거우면 그만일 따름이지 술을 담는 도구를 가리지 않으며,

處喪以哀처상이애 無問其禮矣무문기례의

상(喪)을 치를 때는 슬퍼할 따름이지 장례 절차를 문제 삼을 것이 없습니다.

禮者예자 世俗之所爲也세속지소위야 眞者진자 所以受於天也소이수어천야

예(禮)란 세속에서 인위적으로 만든 것이고, 참된 道라는 것은 하늘로부터 받은 것이니,

自然不可易也[32]자연불가역야

원래 그러한(自然) 것으로, 바꿀 수가 없는 것입니다.

故聖人法天貴眞고성인법천귀진 不拘於俗불구어속

그러므로 성인(聖人)은 하늘을 본받고 道를 귀하게 여겨 속세의 풍속에 구속되지 아니합니다.

愚者反此 不能法天而恤於人[33]우자반차 불능법천이휼어인

어리석은 자들은 이에 반하여 하늘의 법을 본받지 못하고 사람의 일을 걱정하며,

---

32) 自然不可易也(자연불가역야) : 원래 그러한(自然) 것으로, 바꿀 수가 없는 것이다. 自然은 저절로 그렇게 되는 모양. 사람의 힘을 더하지 않는 천연(天然) 그대로의 상태. 조화(調和)의 힘에 의하여 이루어진 일체(一切)의 것을 말한다.

33) 愚者反此 不能法天而恤於人(우자반차 불능법천이휼어인) : 어리석은 자들은 이에 반하여 하늘의 법을 본받지 못하고, 사람의 일을 걱정하다 恤於人(휼어인)은 사람의 일을 걱정하다 恤(휼)은 불쌍하다, 걱정하다.

不知貴眞부지귀진 祿祿而受變於俗34)녹록이수변어속 故不足고부족 惜哉석재!

道를 귀하게 여길 줄 모르고, 녹록(碌碌)하게 세속의 변화에 물들어 道가 부족하게 되니 애석합니다!

子之早湛於人僞 而晩聞大道也35)자지조담어인위 이만문대도야!

당신은 일찍이 인위(人僞)에 빠져 이제 와서야 대도(大道)를 듣게 되었습니다!"

孔子又再拜而起曰공자우재배이기왈 :

공자가 다시 두 번 절하고 일어나 말했다.

"今者丘得遇也금자구득우야 若天幸然약천행연

"오늘 제가 선생을 만난 것은 하늘이 내린 행운과 같습니다.

先生不羞而比之服役36)선생불수이비지복역 而身敎之37)이신교지

선생께서 저를 부끄럽게 여기지 아니하고 제자처럼 여기시어 친히 가르쳐 주셨습니다.

敢問舍所在감문사소재 請因受業而卒學大道청인수업이졸학대도"

감히 선생의 댁이 어디인지 여쭙습니다. 청컨대 계속 가르침을 받아 대도(大道)를 이루고자 합니다."

客曰객왈 : 어부가 말했다.

---

34) 祿祿而受變於俗(녹록이수변어속) : 녹록(碌碌)하게 세속에 의해 물들다. 祿祿(녹록)은 녹록(碌碌)의 뜻으로, 만만하다, 호락호락하다. 곧 주체성 없이 끌려 다니는 모양.

35) 子之早湛於人僞 而晩聞大道也(자지조담어인위 이만문대도야) : 당신은 일찍이 인위(人僞)에 빠져 이제 와서야 대도(大道)를 듣게 되었구려!

36) 先生不羞而比之服役(선생불수이비지복역) : 선생께서 나를 부끄럽게 여기지 아니하고 제자처럼 여겨주다. 比는 간주하다. 服役은 제자, 하인.

37) 身敎之(신교지) : 직접 가르쳐 줌. 身은 몸소, 친히.

"吾聞之오문지 '可與往者與之가여왕자여지 至於妙道지어묘도

"내가 듣건대, '함께 갈 수 있는 사람과 함께 가면 오묘한 道에 이를 수 있지만,

不可與往者불가여왕자 不知其道부지기도

함께 갈 수 없는 사람과 함께 가면 묘도(妙道)를 알 수 없으니,

愼勿與之신물여지 身乃無咎신내무구'

함께 하지 말아야 내 몸에 허물이 없게 된다.' 고 하였습니다.

子勉之38)자면지! 吾去子矣오거자의 吾去子矣오거자의!

당신은 힘쓰도록 하시오! 나는 가겠소. 나는 이제 그대를 떠나겠소!"

乃刺船39)而去내자선이거 延緣葦間연연위간

어부는 마침내 노를 저어 물가를 따라 갈대 사이로 사라졌다

顔淵還車안연환거 子路授綏자로수타 孔子不顧공자불고

안연(顔淵)이 수레를 가져다 대고, 자로(子路)가 수레 끈을 내밀었으나 공자는 돌아보지 않았다.

待水波定 不聞拏音 而後敢乘40)대수파정 불문라음 이후감승

물결이 고요해지고 노 젓는 소리도 들리지 않자 그제야 비로소 수레에 올랐다.

子路旁車41)而問曰자로방거이문왈

---

38) 子勉之(자면지) : 그대는 힘쓰도록 하시오!

39) 刺船(자선) : 배를 젓다. 撑船(탱선)과 같다. 撑船은 상앗대질하다.

40) 待水波定 不聞拏音 而後敢乘(대수파정 불문라음 이후감승) : 물결이 고요해지고 노 젓는 소리도 들리지 않자 그제야 비로소 수레에 오르다. 水波定(수파정)은 물결이 가라앉음. 拏音(나음)은 노 젓는 소리.

41) 旁車(방거) : 수레 곁. 수레 곁에 붙어 나란히 걷는다는 뜻.

자로가 수레 곁에서 걸어가며 물었다.

"由得爲役久矣유득위역구의　未嘗見夫子遇人如此其威也미상견부자우인여차기위야

"제가 선생님 밑에서 배운 지 오래인데, 선생님이 이렇듯 상대를 존대하는 것을 본 일이 없습니다.

萬乘之主만승지주 千乘之君천승지군 見夫子견부자

만승(萬乘)의 천자와 천승(千乘)의 제후들도 선생님을 만나면,

未嘗不分庭伉禮42)미상불분정항례

정원 양쪽에서 마주보고 예(禮)를 갖추지 않은 적이 없었는데,

夫子猶有倨敖之容부자유유거오지용

그 때도 선생님은 오히려 오만한 모습을 보이셨습니다.

今漁者杖拏逆立 而夫子曲要磬折43)금어자장라역립 이부자곡요경절

그런데 지금은 어부가 노를 짚은 채 마주 섰을 뿐인데, 선생님께서는 몸을 굽혀 삼가 공경하는 태도를 보이시며,

---

42) 未嘗不分庭伉禮(미상불분정항례) : 뜰 양쪽에서 마주보는 대등한 예를 갖추지 않은 적이 없었다. 分庭은 뜰 양쪽에서 주객(主客)이 대등한 관계로 만나는 것. 分庭伉禮(분정항례)는 보통 남북으로 난 집안 정원에서 주인은 동쪽, 손님은 서쪽 동서 양편으로 나뉘어 주인과 손님의 예가 펼쳐진다. 서로 함부로 상대의 구역을 침범하지 않는 게 철칙이다. 다툼의 대상이 직접적인 이해라고 해도 이렇게 나뉘어 서서 엄밀한 예법에 따라 절차를 진행하며 서로의 의도를 관철한다. 그래서 보통은 이 성어를 줄여 항례(抗禮)라 하기도 한다. 원래는 짝을 이룬다는 뜻에서 伉禮라고 했다.

43) 漁者杖拏逆立 而夫子曲要磬折(어자장라역립 이부자곡요경절) : 어부가 노를 짚고 마주 섰을 뿐인데, 선생님께서는 몸을 굽혀 삼가 공경하는 태도를 보이다. 杖拏(장라)는 노를 지팡이처럼 짚는다는 뜻. 逆立(역립)은 마주 보고 섬. 曲要(곡요)는 허리를 구부림. 要는 腰와 같다. 磬折(경절)은 몸을 굽혀 삼가 공경하는 모양의 비유. 磬은 옥이나 돌로 만든 악기의 한 가지로 등이 ㄱ자로 굽어 있다.

言拜而應44)언배이응 得無太甚乎득무태심호?

상대가 말할 적마다 절을 하고 응대하시니, 너무 심하지 않습니까?

門人皆怪夫子矣문인개괴부자의 漁人何以得此乎어인하이득차호?"

제자들이 모두 이상히 여기고 있습니다. 어부가 어찌 선생님에게서 이 같은 대접을 받을 수 있는 것입니까?"

孔子伏軾45)而歎曰공자복식이탄왈 :

공자는 수레 가로대에 엎드린 채 탄식하며 말했다.

"甚矣由之難化也심의유지난화야!

"심하다! 자로(子路)를 가르치기가 어렵구나!

湛於禮義46)有間矣담어례의유간의 而樸鄙之心47)至今未去이박비지심지금미거 進진 吾語汝오어여

예의(禮義)에 몰두한 지 오래 되었는데, 거칠고 비루한 마음을 아직도 버리지 못하고 있구나. 가까이 오라. 내가 너에게 말해주겠다.

夫遇長不敬부우장불경 失禮也실례야

어른을 만나 공경하지 않는 것은 예(禮)를 잃은 것이고,

見賢不尊견현부존 不仁也불인야

현자를 보고 존경하지 않는 것은 인(仁)이 아니다.

彼非至人피비지인 不能下人불능하인

---

44) 言拜而應(언배이응) : 상대가 말할 적마다 절을 하고 응대하다.

45) 伏軾(복식) : 수레 가로대에 엎드리다. 伏軾은 수레 앞쪽의 횡목을 붙잡고 몸을 의지하며 사열을 행하는 의식이다.

46) 湛於禮義(담어례의) : 예의에 빠지다. 곧 예의에 몰두하다.

47) 樸鄙之心(박비지심) : 거칠고 속된 마음. 樸은 꾸민 데가 없다, 거칠다. 鄙는 비루하다, 속되다.

상대가 道를 깨우친 지인(至人)이 아니라면 머리를 숙이게 할 수 없을 것이며,

下人不精하인부정 不得其眞부득기진
남에게 머리를 숙이되 순수하지 않으면 진실함을 얻지 못할 것이다.

故長傷身고장상신 惜哉석재!
그 때문에 늘 자신의 몸을 해칠 따름이니, 애석하구나!

不仁之於人也불인지어인야 禍莫大焉화막대언 而由獨擅之이유독천지
인간이 인(仁)을 모르면 그보다 더 큰 화가 없을진대, 자로는 불인(不仁)한 행동을 멋대로 하고 있구나.

且道者 萬物之所出也[48)차도자 만물지소출야
또한 道는 만물이 말미암는 근원이니,

庶[49)物失之者死서물실지자사 得之者生득지자생
모든 사물이 道를 잃으면 죽고 道를 얻으면 살며,

爲事逆之則敗위사역지즉패 順之則成순지즉성
일을 할 때에도, 道에 어긋나면 실패하고, 道를 따르면 성공한다.

故道之所在고도지소재 聖人尊之성인존지
그러므로 道가 있는 곳이면 성인(聖人)도 그것을 존중한다.

今漁父之道금어부지도 可謂有矣가위유의 吾敢不敬乎오감불경호"
지금 어부에게는 道가 있다고 말할 수 있으니, 내 어찌 공경하지 않을 수 있겠느냐?"

---

48) 道者 萬物之所出也(도자 만물지소출야) : 道란 만물이 말미암는 근원이다. 道는 만물을 생성하기 때문에 道라 일컫는다.

49) 庶(서) : 庶는 衆(무리)의 뜻이다. 여러, 무리.

| 해설 |

주로 공자(孔子)와 어부(漁父)의 대화를 빌려 인위(人爲)의 허식을 버리고 자연의 정성(精誠)을 이룰 것을 역설하고 있다. 이 〈어부〉 편 또한 앞의 세 편과 같이 편 전체의 내용에 의해서 이름 붙여진 것이다.

전편(全篇)이 하나의 설화(說話)로, 그 구성과 서술에서 희곡적인 수법을 이용했고, 문학작품으로서도 훌륭한 표현이라고 본다. 이 편도 〈도척(盜跖)〉 편과 마찬가지로 유가의 예교주의(禮敎主義)가 갖는 세속성과 위선성을 비판하면서 노장(老莊)의 道와 진(眞)을 해설하고 있다.

32. 열어구
列禦寇

도롱지기(屠龍之技)

독립된 10개의 장절로 이루어졌는데, 대체로 세속적인 영예나 지위는 심신을 편안하게 하지 못하는 것임을 말하며, 인위적인 영예를 버리고 자연의 대도(大道)에 안주하면서 완전한 자유로운 경지에 머물 것을 강조하고 있다. 끝 부분의 장자 임종의 설화는 자기적 자료로서 《장자》 구성을 의식해서 맨 끝에다 놓은 것으로 여겨진다.

도룡지기(屠龍之技)

1.

列御寇[1]*之齊*열어구지제 *中道而反*중도이반 *遇*(*伯昏瞀人*)[2]우백혼무인

열어구(列子)가 제(齊)나라로 가다가 도중에 돌아와서 백혼무인(伯昏瞀人)을 만났다.

*伯昏瞀人曰*백혼무인왈 : 백혼무인이 말했다.

"*奚方而反*[3]해방이반?" : "왜 도중에 돌아왔는가?"

*曰*왈 : 열자가 말했다.

"*吾驚焉*오경언" : "저에게 놀랄 일이 있었습니다."

*曰*왈 : 백혼무인이 말했다.

"*惡乎驚*오호경" : "놀랄 일이 무엇이었나?"

*曰*왈 : 열자가 말했다.

"*吾嘗食於十漿*[4]오상식어십장 *而五漿先饋*이오장선궤"

"제가 열 곳의 음식점에서 음식을 먹었는데, 다섯 곳에서 제게 돈을 내기 전에 음식을 갖다 주었습니다."

*伯昏瞀人曰*백혼무인왈 : 백혼무인이 말했다.

"*若是*약시 *則女何爲驚已*즉여하위경이"

---

1) 列御寇(열어구) : 〈소요유〉편에 열자(列子)로 나와 있다.

2) 伯昏瞀人(백혼무인) : 초나라의 賢士. 호(號)가 백혼무인(伯昏瞀人). 〈덕충부〉편과 〈전자방〉편에는 伯昏無人으로 표기되어 있다. 伯昏無人은 열자의 스승으로, 伯은 장(長)의 뜻. 昏은 어둡나는 뜻. 덕은 빛을 감추어 어둡게 보이기 때문에 덕의 형용. 곧 지극한 덕을 가진 무위의 인간이란 뜻이다.

3) 奚方而反(해방이반) : 무슨 까닭에 도중에 돌아왔는가? 方은 까닭.

4) 漿(장) : 마실 것을 파는 집.

"그 같은 일이 무슨 놀랄 일인가?"

曰왈 : 열자가 말했다.

"夫內誠不解부내성불해 形諜成光5)형첩성광 以外鎮人心이외진인심

"무릇 내면의 성실성이 풀리지 않아 밖으로 새어나와 빛을 이루어 밖으로 사람들의 마음을 눌렀기 때문입니다.

使人輕乎貴老사인경호귀로 而齍其所患6)이제기소환

사람들로 하여금 귀인이나 노인들을 가볍게 여겨 공경하지 않게 했으니, 그로 인해 환난을 불러들이게 될 것입니다.

夫漿特爲食羹之貨부장인특위식갱지화 多餘之贏7)다여지영

식당 주인은 다만 음식을 팔아서 남는 이익을 추구하니,

其爲利也薄기위리야박 其爲權也輕기위권야경 而猶若是이유약시

거기서 얻어지는 이익이 적고, 그로 얻어지는 권세도 별 게 아닌데도 이와 같이 하니,

而況於萬乘之主乎이황어만승지주호?

하물며 만승(萬乘)의 군주야 더 말할 것이 있겠습니까?

身勞於國而知盡於事신로어국이지진어사

몸(身)은 나랏일에 지치고, 지(知)는 일로 다 소진했기 때문에

彼將任我以事而效我以功피장임아이사이효아이공 吾是以驚8)오시이경"

---

5) 形諜成光(형첩성광) : 외면이 드러나 광채를 이루다. 諜(첩)은 渫(설)의 假借字로 泄(설 : 새다)과 같다.

6) 而齍其所患(이제기소환) : 그로 인한 환난을 불러들이다. 齍는 불러들인다는 뜻.

7) 贏(영) : 남다, 돈을 벌다.

8) 吾是以驚(오시이경) : 외물로 인해 본성을 잃고 인사(人事)를 좇다가 참됨을 잃을 것을

제가 간다면 그는 저에게 나랏일을 맡겨 공을 세우라고 할 것입니다. 저는 그 때문에 놀란 것입니다."

伯昏瞀人曰백혼무인왈 : 백혼무인이 말했다.

"善哉觀乎선재관호! 汝處已여처이 人將保汝矣인장보여의"

"훌륭하다, 너의 생각이! 네가 자신을 잘 닦아나가면 사람들이 너를 따르게 될 것이다."

無幾何而往무기하이왕 則戶外之屨滿矣즉호외지구만의

얼마 지난 뒤 백혼무인이 열자의 집을 방문했는데, 집 문 밖까지 신발이 가득하였다.

伯昏瞀人北面而立백혼무인북면이립 敦杖9)蹙之乎頤돈장축지호이 立有間입유간 不言而出불언이출

백혼무인이 북쪽을 향해 서서 지팡이로 턱을 괸 채 한참을 서 있다가 아무 말 없이 밖으로 나왔다.

賓者10)以告列子빈자이고열자 列子提屨열자제구 跣而走선이주 暨乎門曰기호문왈

빈자(賓者)가 열자에게 알렸더니, 열자가 신발을 집어든 채 맨발로 문간까지 쫓아 나와서 말했다.

"先生旣來선생기래 曾不發藥乎11)증불발약호?"

"선생님께서 모처럼 오셨는데, 어찌 저에게 약이 될 말씀 한마디 해

염려한 것이다.

9) 敦杖(돈장) : 지팡이로 턱을 괴다.

10) 賓者(빈자) : 주인을 대신해서 손님 접대를 맡은 사람. 賓은 (손님으로) 대접하다.

11) 曾不發藥乎(증불발약호) : 어찌 약이 될 좋은 말씀을 해주시지 않으십니까? 發藥은 약이 될 좋은 말을 해줌.

주지 않으십니까?"

曰왈 백혼무인이 말했다.

"已矣이의 吾固告汝曰오고고여왈 人將保汝인장보여 果保汝矣과보여의
"그만두어라. 내가 본시 너에게 고하여 말하기를, 사람들이 너에게
붙어 다닐 것이라고 했는데, 과연 그렇구나.

非汝能使人保汝비여능사인보여
네가 사람들이 너를 따르도록 시킨 것은 아니겠지만,

而汝不能使人無保汝也이여불능사인무보여야
너는 사람들이 너를 따르지 않도록 하지는 못한 것이다.

而焉用之感豫出異也[12]이언용지감예출이야
너는 어찌하여 기이한 것을 끄집어내 보여서 사람들이 감동하고 기뻐
하도록 하였는가?

必且有感필차유감 搖而本才요이본재 又無謂也우무위야
남을 꼭 감동시키려 한다면 너의 재능을 흔들어 놓을 것이니, 더 이상
무슨 해줄 말이 있겠느냐.

與汝遊者여여유자 又莫汝告也우막여고야
너와 더불어 어울리는 자들 또한 아무도 너에게 충고해 주지 않고,

彼所小言피소소언 盡人毒也진인독야
그들이 내뱉는 쓸데없는 말은 모두가 사람에게 독이 되는 것들이다.

莫覺莫悟막각막오 何相孰也하상숙야

---

12) 而焉用之感豫出異也(이언용지감예출이) : 너는 어찌하여 기이한 것을 끄집어내 보여서
사람들이 감동하고 기뻐하도록 하였는가? 而는 이인칭, 너. 焉(언)은 어찌. 感豫(감예)는
감동하고 기뻐함. 出異(출이)는 기이한 것을 끄집어냄.

스스로 깨닫는 자도 없고, 남을 깨닫게 하는 자도 없는데 어떻게 서로 성숙해지겠는가?

巧者勞而知者憂교자로이지자우 無能者無所求무능자무소구

재주 있는 자는 수고롭고, 지식이 있는 자는 근심이 많거니와, 오히려 무능한 자는 밖으로 추구할 것이 없는지라,

飽食而敖遊포식이오유 汎若不繫之舟 虛而敖遊者也13)범약불계지주 허이오유자야"

배불리 먹고 마음대로 놀면서, 매이지 않고 떠다니는 배와 같이 스스로를 비우고 자유로이 노니는 사람이다."

| 해설 |

열어구(列禦寇 : 列子)와 백혼무인(伯昏瞀人)의 대화를 빌려, 타인을 감동시키는 것은 자기의 본성에 배반하는 동기가 되므로 그것을 버려야만 유유자적하는 경지에 소요할 수도 있음을 강조하고 있다. 《열자》〈황제(黃帝)〉편에도 같은 설화가 기재되어 있는데, 거기서는 "재주 있는 사람은 고달프고 지혜로운 사람은 걱정이 많다(巧者勞而知者憂)."로 끝맺고 있다.

2.

鄭人緩也정인완야 呻吟1)裘氏之地신음구씨지지

---

13) 汎若不繫之舟 虛而敖遊者也(범약불계지주 허이오유자야) : 매여 있지 않고 떠다니는 빈 배와 같이 스스로를 비우고 자유로이 노니는 사람임. 〈山木〉편에 나오는 「虛船」과 유사한 비유다.

1) 呻吟(신음) : 음영(吟詠)하다. 음영(吟詠)은 시부를 읊조림.

정(鄭)나라에 완(緩)이라는 사람이 살았는데, 구씨(裘氏)라는 땅에서 열심히 책을 읽었다.

祗三年而緩爲儒[2]기삼년이완위유

그러기를 3년 만에 완(緩)은 유자(儒者)가 되었다.

潤河九里 澤及三族[3]윤하구리 택급삼족

황하의 강물이 구리(九里) 땅을 적셔주듯, 그의 은택이 삼족(三族)에 미쳤다.

使其弟墨사기제묵

완은 자기 동생을 키워 묵자(墨者)로 만들었다.

儒墨相與辯 其父助翟[4]유묵상여변 기부조적

유가와 묵가가 서로 논쟁을 할 때 그 아버지는 동생 적(翟)의 편을 들었다.

十年而緩自殺십년이완자살

그러기를 10년 후에 완(緩)이 자살을 했다.

其父夢之曰기부몽지왈 : 그 아버지의 꿈에 완이 나타나 말했다.

---

2) 祗三年而緩爲儒(기삼년이완위유) : 단지 3년 만에 완은 유자(儒子)가 되다. 祗(기)는 단지, 다만.

3) 潤河九里 澤及三族(윤하구리 택급삼족) : 황하의 물이 연안 9리의 땅을 적셔 주듯이 그의 은택은 삼족(三族)에까지 널리 미친다. 三族은 본래 아버지·아들·손자를 말하거나, 또는 아버지의 형제자매, 자기의 형제자매, 아들의 형제자매를 이르는 동성삼족(同姓三族)을 뜻했으나, 나중에는 대체로 이성삼족(異姓三族)까지 뜻하고 있다. 이성삼족은 종족(宗族)·본족(本族)·본종(本宗) 등으로 불리는 부계의 친족과 모당(母黨)·처당(妻黨)이라는 모계·처계 친족을 포괄하며, 이 범위를 일러 일족이당(一族二黨)이라고도 한다.

4) 儒墨相與辯 其父助翟(유묵상여변 기부조적) : 유묵(儒墨)이 서로 논쟁을 벌이자, 아버지가 동생 적(翟)의 편을 들다. 翟(적)은 제자백가의 하나인 묵가(墨家)의 시조로 전국시대 초기에 활약한 사상가인 묵자(墨子)를 지칭한다.

"使而子爲墨者사이자위묵자 子也여야 闔胡嘗視其良5)합호상시기량?

"아버지의 아들을 묵자로 만든 것은 저입니다. 어찌하여 무덤에 한 번 와보지도 않으십니까?

既爲秋柏之實矣6)기위추백지실의!"

이미 무덤 가에 심은 동백나무가 열매를 맺었습니다!"

夫造物者之報人也부조물자지보인야　不報其人而報其人之天7)불보기인이보기인지천 彼故使彼8)피고사피

무릇 조물주의 인간에 대한 보답은 인위성에 보답하지 아니하고 천성에 보답한다. 그래서 아우 적(翟)이 묵가(墨家)가 된 것이다.

夫人以己爲有以異於人부인이기위유이이어인 以賤其親이천기친

그런데 완(緩)은 자신을 다른 사람과 다르다고 생각하여 그 어버이를 경멸하였으니,

齊人之井 飲者相捽也9)제인지정 음자상졸야

---

5) 闔胡嘗視其良(합호상시기량) : 어찌하여 무덤에 한 번 와보지도 않으십니까? 良(양)은 埌(낭)과 통하여 무덤을 말한다.

6) 既爲秋柏之實矣(기위추백지실의) : 이미 무덤가에 심은 동백나무가 열매를 맺다. 동생을 공부시킨 자신의 공을 동백나무가 열매를 맺은 데 비겨 자랑한 것. 봄꽃은 춘백(春柏), 가을에 피면 추백(秋柏), 겨울에는 동백(冬柏).

7) 不報其人而報其人之天(불보기인이보기인지천) : (조물자의 인간에 대한 보답은) 인위성에 보답하지 아니하고, 천성에 보답한다. 不報其人의 人은 인위적 출세나 성공 따위를 말한다. 天은 천성. 타고난 성품을 말한다.

8) 彼故使彼(피고사피) : 그가 본시 그런 사람이 되게 되어 있었기 때문에 그리 된 것이다. 故는 본시. 곧 "그가 그런 본성을 가지고 있었기 때문에 墨子가 된 것이다."라는 의미다.

9) 齊人之井 飲者相捽也(제인지정 음자상졸야) : 우물을 판 제나라 사람이 그 우물물을 마시려는 다른 사람의 머리채를 휘어잡는 것과 같음. 捽(졸)은 머리채를 잡다. 우물물은 자연적으로 솟아나는 것인데, 자기가 팠다고 해서 독점하려 한 것이 본시 잘못이라는 말이다. 齊人(제인)을 緩(완)을 비유하여 말한 것이다.

이는 마치 우물을 판 제나라 사람이 우물가에서 물을 마시려는 다른 사람과 머리채를 잡는 것과 다름없다.

故曰고왈 : 今之世皆緩也금지세개완야

그래서 말하기를, 요즈음 세상 사람들을 모두 완과 같다고 하는 것이다.

自是자시 有德者以不知也유덕자이부지야 而況有道者乎이황유도자호?

스스로 옳다고 하는 것은, 德이 있는 사람도 자신이 德이 있는지 알지 못하는데, 하물며 道를 깨우친 사람의 경우는 어떻겠는가?

古者謂之遁天之刑10)고자위지둔천지형

옛날에는 이것을 둔천지형(遁天之刑)이라고 했다.

聖人安其所安 不安其所不安11)성인안기소안 불안기소불안

성인은 안주하여야 할 곳(自然)에 편안해하고, 안주하지 말아야 할 곳(人爲)에는 불안해한다.

衆人安其所不安중인안기소불안 不安其所安불안기소안

그런데 사람들(衆人)은 안주하지 말아야 할 곳에서 편히 지내고, 안주해야 할 곳에서는 불안해한다.

| 해설 |

정(鄭)나라 형제 학자의 학설 논쟁, 곧 유가(儒家)와 묵가(墨家)의 논쟁을 빌려, 인간 존재의 근원인 초월적 진리, 곧 천(天)을 잊고, 불완전한 인간사회에 얽매여 시비의 편견과 대립 투쟁 속에서 자신의 몸을

---

10) 遁天之刑(둔천지형) : 하늘을 어긴 형벌. 천지자연으로부터 도망쳐 형벌을 받다. 遁은 도망치다, 회피하다.

11) 聖人安其所安 不安其所不安(성인안기소안 불안기소불안) : 곽상(郭象)은 "성인은 편안하게 여김도 없고 편안하게 여기지 않음도 없어서 백성의 마음을 따른다."라고 번역했다.

망치는 어리석음을 풍자하고 있다.

3.

莊子曰장자왈 : 장자가 말했다.

"知道易지도이 勿言難물언난

"道를 알기는 쉽지만, 그것을 말하지 않기란 어렵다.

知而不言 所以之天也[1]지이불언 소이지천야

道를 알면서도 그것을 말하지 않는 것은 천연(天然)에 이르는 방법이고,

知而言之지이언지 所以之人也소이지인야

道를 알고서 그것을 말하는 것은 인위(人爲)에 이르는 방법이다.

古之人고지인 天而不人천이불인"

옛사람은 천연(天然)을 따르고, 인위(人爲)를 일삼지 않았다."

朱泙漫學屠龍於支離益[2]주평만학도룡어지리익

주평만(朱泙漫)은 지리익(支離益)에게서 용을 잡는 기술을 배웠다.

單千金之家 三年技成[3]단천금지가 삼년기성

---

1) 知而不言 所以之天也(지이불언 소이지천야) : 道를 알면서도 그것을 말하지 않는 것이 천연(天然)에 이르는 방법이다. 之天(지천)은 天道에 맞는다는 뜻.

2) 朱泙漫學屠龍於支離益(주평만학도룡어지리익) : 주평만(朱泙漫)이 지리익(支離益)에게 용을 잡는 기술을 배움. 주평만과 지리익은 모두 가공의 인물. 주평만의 이야기를 통해 장자는 위의 「지이불언(知而不言) 천이불위(天而不人)」이 道를 깨달은 성인 본연의 자세를 설명하려 한 것이다. 즉 세속의 자질구레한 일에 얽매여서는 참된 道를 깨달을 수 없다는 비유이다. 여기서 용을 잡는 기술 「도룡지기(屠龍之技)」는 참된 道를 깨우치기 위해서는 인간사의 기준으로 사물을 가르지 말라는 비유였는데, 오늘날에는 쓸데없는 일로 몸을 소모시킨다는 뜻으로 비유히게 되었다.

천금의 가산을 탕진해서 3년 만에 기술을 완성했지만,

而無所用其巧이무소용기교

용 잡는 기술을 쓸 곳이 없었다.

聖人以必不必성인이필불필 故無兵고무병

성인(聖人)은 필요한 것을 꼭 고집하지 않기 때문에 마음속에 다툼이 없고,

衆人以不必必之중인이불필필지 故多兵고다병

보통 사람들은 필요하지 않은 것도 꼭 필요하다고 여기기 때문에 마음속에 갈등이 많다.

順於兵순어병 故行有求고행유구 兵병 恃之則亡시지즉망

갈등을 따르므로 행동에는 구하는 것이 있고, 이러한 삶에 의지하여 행동하면 결국 망하게 된다.

小夫之知 不離苞苴竿牘4)소부지지 불리포저간독 敝精神乎蹇淺5)폐정신호건천

소인의 지혜는 선물이나 편지 같은 잔달은 일에서 벗어나지 못하므로 번거롭고 하찮은 일로 정신은 피폐해진다.

而欲兼濟道物 太一形虛6)이욕겸제도물 태일형허

---

3) 單千金之家 三年技成(단천금지가 삼년기성) : 천금의 가산을 탕진하여 3년 만에 기술을 완성하다. 單(단)은 모두, 죄다의 뜻으로, 여기서는 다하다, 탕진하다는 뜻이다. 家는 가산(家産).

4) 小夫之知 不離苞苴竿牘(소부지지 불리포저간독) : 소인의 지식은 선물이나 편지 같은 잔달은 일에서 벗어나지 못한다. 苞苴(포저)는 선물, 뇌물로 주는 물건. 竿牘(간독)은 편지.

5) 敝精神乎蹇淺(폐정신호건천) : 번거롭고 하찮은 일로 정신이 피폐해진다. 蹇淺(건천)은 막히고 천박하다.

그러면서도 道와 물(物)을 겸하여 닦아, 유형(形)과 무형(虛)의 것을 크게 통일하려 하니,

若是者약시자 迷惑於宇宙미혹어우주

이와 같은 사람은 광대한 우주 가운데에서 길을 잃어버리고,

形累不知太初형루부지태초

형체에 얽매여 태초의 진리를 알지 못한다.

彼至人者피지인자 歸精神乎無始귀정신호무시

그런데 지인(至人)이 된 사람은 정신을 시작도 없는 道에 귀일(歸一)하여,

而甘冥乎無何有之鄕7)이감명호무하유지향

아무것도 존재하지 않는 무하유(無何有)의 고을에서 달게 잠을 잔다.

水流乎無形수류호무형 發泄乎太淸8)발설호태청

형체가 없는 물처럼 흘러 태청의 텅 비고 밝은 경지로 흘러가는 것이다.

悲哉乎비재호 汝爲知在毫毛여위지재호모 而不知大寧이부지대녕"

슬프다! 자네는 보잘것없는 지식을 가지고 진정 큰 평안을 알지 못하는구나!"

| 해설 |

　장자의 말로 이루어졌는데, 소인은 세속의 잔달은 일에 구애되어 대

---

6) 欲兼濟道物 太一形虛(욕겸제도물 태일형허) : 道와 물(物)을 겸하여 닦아 유형과 무형의 것을 크게 통일하려 함. 太一은 중국 철학에서 천지 만물의 출현 또는 성립의 근원 우주의 본체(本體). 태을(太乙).

7) 而甘冥乎無何有之鄕(이감명호무하유지향) : 아무것도 존재하지 않는 무하유의 고을에서 달게 잠자다. 無何有之鄕은 어떠한 인위도 없는 자연 그대로의 낙토 곧 도경(道境)이다.

8) 太淸(태청) : 도가(道家)에서 하늘을 일컫는 말.

도를 달관할 수 없음을 설명하고 있다. 장자의 말은, "옛날 사람은 하늘을 따르며 인위적인 것을 일삼지 않았다(古之人 天而不人)."까지로 보는 설도 있다. 문장의 뜻이 갈래가 져 있어 몇 개의 내용을 혼성한 것이리라.

4.

宋人有曹商者송인유조상자 爲宋王使秦[1]위송왕시진

송(宋)나라에 조상(曹商)이란 사람이 있었는데, 송나라 왕을 위하여 진(秦)나라에 사신으로 갔다.

其往也기왕야 得車數乘득거수승 王說之왕열지 益車百乘익거백승

떠날 때 (왕으로부터) 단지 몇 대의 수레를 얻어서 갔는데, 진나라 왕이 그를 좋아하여 수레 백 대를 보태주었다.

反於宋반어송 見莊子曰견장자왈 :

조상이 송나라로 돌아와 장자를 만나 말했다.

"夫處窮閭阨巷부처궁려애항 困窘織屨곤군직구 槁項黃馘者 商之所短也[2] 고항황혁자 상지소단야

"비좁고 누추한 빈민굴에 살면서 구차하게 짚신이나 삼고 비쩍 말라 누렇게 뜬 얼굴로 사는 것은 내가 잘 못하는 일입니다.

一悟萬乘之主일오만승지주 而從車百乘者이종거백승자 商之所長也상지소장야"

---

1) 爲宋王使秦(위송왕시진) : 송나라 왕을 위해 진나라에 사신으로 감. 송나라 왕을 宋 언왕(偃王)으로 보았다. 使는 사신으로 가다. '시'로 읽는다.

2) 槁項黃馘者 商之所短也(고항황혁자 상지소단야) : 비쩍 마른 목에 누렇게 뜬 얼굴을 하고 사는 것은 내가 잘 못하는 것임. 馘(혁)은 얼굴, 뺨.

그런데 한 번에 만승의 군주로 하여금 깨닫게 하여, 따르는 수레가 백 대가 되게 하는 것은 제가 잘하는 일입니다."

莊子曰장자왈 : 장자가 말했다.

"秦王有病召醫진왕유병소의 破癰潰痤者得車一乘3)파옹궤좌자득거일승

"진왕(秦王)이 병이 나서 의원을 불렀습니다. 종기를 째고 부스럼을 짠 의원은 수레 한 대를 받았습니다.

舐痔者得車五乘4)지치자득거오승

그런데 치질을 핥아 고쳐 준 의원은 수레 다섯 대를 받았습니다.

所治愈下소치유하 得車愈多득거유다

치료해 주는 곳이 아래로 내려갈수록 수레를 더욱 많이 얻었습니다.

子豈治其痔邪 何得車之多也5)자기치기치야 하득거지다야 子行矣자행의

그대는 어떻게 진왕의 치질을 고쳐주었기에 그렇게 많은 수레를 얻을 수 있었습니까! 그만 돌아가시게."

| 해설 |

장자와 조상(曹商)의 문답을 빌려, 윗사람에게 아첨하여 부귀영달을 얻는 세태를 통박하고 있다. 아첨으로 사람의 마음을 기쁘게 하여 이

---

3) 破癰潰痤者得車一乘(파옹궤좌자득거일승) : 종기를 터뜨리고 부스럼을 없애주는 자는 수레 한 대를 얻음. 癰(옹)은 종기. 痤(좌)는 부스럼.

4) 舐痔者得車五乘(지치자득거오승) : 치질을 핥아 고쳐 준 자는 수레 다섯 대를 얻다. 舐는 핥다. 痔(치)는 치질(痔疾). 여기서 "자신의 목적을 위해서 수단과 방법을 가리지 않는다" 는 비유의 「지치득거(舐痔得車)」 성어가 생겨났다.

5) 子豈治其痔邪 何得車之多也(자기치기치야 하득거지다야) : 그대는 어떻게 진왕의 치질을 핥아 주었기에 그렇게 많은 수레를 얻었단 말인가! 治(치)는 치질을 핥아서 낫게 해주었다는 뜻. 何(하)는 어쩌면 그렇게도.

익을 얻는 것은 본디 본성을 잃는 행위이므로 자신의 뜻을 충족시키는 것이 아님을 역설하고 있다.

5.

魯哀公問於顏闔[1]日노애공문어안합왈 :

노(魯)나라 애공(哀公)이 안합(顏闔)에게 물었다.

"吾以仲尼爲貞幹오이중니위정간 國其有瘳乎[2]국기유추호

"내가 중니(仲尼)를 기용해서 나라의 근간을 삼고자 하는데, 나라의 병폐가 치유될 수 있겠습니까?"

日왈 : 안합이 대답했다.

殆哉圾乎[3]태재급호 仲尼方且飾羽而畫[4]중니방차식우이화

"아마도 나라가 위태로워질 것입니다. 중니는 지금 깃털 장식에다 채색까지 하여,

從事華辭 以支爲旨[5]종사화사 이지위지

---

1) 魯哀公問於顏闔(노애공문어안합) : 노나라 애공(哀公)이 안합(顏闔)에게 물었다. 魯哀公(재위, BC494~BC468)은 춘추시대 말기 魯나라 국군(國君). 이름은 蔣(장). 정공(定公)의 아들로, 당시 제나라 전상(田常)이 제간공(齊簡公)을 죽이자, 공자가 전씨(田氏)를 정벌할 것을 주장했지만 듣지 않았다. 재위 중 공자가 위(衛)나라에서 노나라로 돌아왔지만 등용되지 못했다. 顏闔(안합)은 성(姓)은 안(顏), 이름은 합(闔), 노나라의 현인으로 전해진다. 顏闔은 〈인간세〉편, 〈달생〉편, 〈양왕〉편에도 등장한다.

2) 國其有瘳乎(국기유추호) : 나라의 병폐가 치유될 수 있을 것인가? 瘳(추)는 병이 낫는 것. 또는, 병증상이 덜해지는 것.

3) 殆哉圾乎(태재급호) : 아마도 위태로워질 것이다. 殆(태)는 아마도, 圾(급)은 위태로움.

4) 方且飾羽而畫(방차식우이화) : 바야흐로 아름다운 깃털 장식에다 채색까지 하다. 羽(우)는 우모(羽毛).

5) 從事華辭 以支爲旨(종사화사 이지위지) : 화려한 말을 일삼아 지엽적인 일을 근본으로

화려한 말을 늘어놓으며, 지엽(枝葉)적인 일을 근본이라고 생각하고,

忍性以視民인성이시민 而不知不信이부지불신

교만한 본성을 백성들에게 보임으로써 백성의 믿음을 잃어버렸음을 알지 못하고 있습니다.

受乎心수호심 宰乎神재호신 夫何足以上民부하족이상민

그는 마음대로 받아들이고 자기 뜻대로 재단을 합니다. 그러니 어찌 족히 백성들 위에 설 수 있겠습니까?

彼宜女與 子頤與6)피의여여 여이여

그가 임금님과 맞겠습니까? 그와 함께 있으면 즐겁고 기쁘십니까?

誤而可矣7)오이가의

그렇다면 나라 일을 그르칠 수 있을 것입니다.

今使民離實學僞금사민리실학위 非所以視民也비소이시민야

지금 백성들로 하여금 진실을 떠나 위선을 배우게 하는 것은 백성을 가르치는 방법이 아닙니다.

爲後世慮위후세려 不若休之불약휴지 難治也난치야

후세를 위해 생각해 볼 때 그만둠만 못합니다. 그로서는 나라를 다스리기 어렵습니다."

施於人而不忘 非天布也8)시어인이불망 비천포야

생각하다. 支는 지엽(枝葉). 늡(지)는 근본.

6) 彼宜女與 子頤與(피의여여 여이여) : 그가 임금님과 친합니까? 女는 汝로 애공(哀公). 彼(피)는 중니(仲尼). 宜(의)는 서로 맞다는 뜻. 子頤與(여이여)는 그와 함께 있으면 즐겁고 기쁘십니까? 子(여)는 豫(예)의 假借字로 즐겁다는 뜻. 頤(이)는 怡(이)로 기쁘다는 뜻.

7) 誤而可矣(오이가의) : 나라 일을 그르칠 수 있을 것이다.

사람은 남에게 베풀고 그것을 잊지 않지만, 하늘의 베풂은 다르다.

商賈不齒9)상고불치 雖以事齒之 神者勿齒10)수이사치지 신자물치

장사꾼들도 그와 같지 않다. 비록 일 때문에 그와 같을 수 있으나, 그들의 마음은 하늘의 道와 같지 않다.

爲外刑者위외형자 金與木也금여목야

외부로부터의 형벌은 쇠붙이나 목제의 형틀이고,

爲內刑者위내형자 動與過也동여과야

내면으로부터의 형벌은 마음의 동요(動搖)와 과욕(過慾)이다.

宵人之離外刑者 金木訊之11)소인지리외형자 금목신지

소인(小人)으로 밖에서 가해지는 형벌을 받는 자는 쇠붙이와 목제의 형틀로 신문(訊問)하고,

離內刑者이내형자 陰陽食之음양식지

인간의 내면에서 가해지는 형벌을 받는 자는 음양의 부조화가 자신을 침식한다.

夫免乎外內之刑者부면호외내지형자 唯眞人能之유진인능지

무릇 안팎의 형벌을 피할 수 있는 것은 오직 진인(眞人)만이 할 수 있다.

---

8) 施於人而不忘 非天布也(시어인이불망 비천포야) : 타인에게 은혜를 베풀고 그것을 잊지 않지만, 하늘의 베풂은 다르다. 布는 베풀다.

9) 商賈不齒(상고불치) : 상인들도 그와 나란히 서지 않음. 齒(치)는 나란히 서다. 同列의 의미. 商賈(상고)는 상인. 상인들도 그런 사람과 나란히 서지 않는다는 뜻이다.

10) 雖以事齒之 神者勿齒(수이사치지 신자물치) : 비록 일 때문에 어쩔 수 없이 나란히 서는 경우가 있더라도 그들의 마음은 허늘의 道와 함께 서지 않음.

11) 宵人之離外刑者 金木訊之(소인지리외형자 금목신지) : 소인으로 밖에서 가해지는 형벌을 받는 자는 금속이나 목제의 형구로 신문(訊問)하다. 宵人(소인)은 小人.

노나라 애공과 안합의 문답을 빌려, 공자는 부질없이 인의(仁義) 가
운데 허례허식에 종사하는 자이므로 사람의 천성을 중요시하지 않아
위정자가 될 수 없다는 것을 역설하고 있다.

6.

孔子曰공자왈 : 공자가 말했다.

"凡人心險於山川범인심험어산천 難於知天난어지천

"무릇 사람의 마음은 산이나 강보다 험하고, 하늘보다 알기 힘들다.

天猶有春秋冬夏천유유춘추동하 旦暮之期단모지기 人者厚貌深情[1]인자후모
심정

하늘은 그래도 사계절과 아침저녁이 있으나, 사람은 표정을 두껍게 꾸
미고 진정(眞情)을 깊이 숨기고 있다.

故有貌愿而益고유모원이일 有長若不肖[2]유장약불초

그 때문에 외모는 성실해 보여도 속마음이 교만한 자가 있고, 속에 뛰어
난 德을 품고 있으면서 겉으로는 어리석은 사람처럼 보이는 자가 있으며,

有順懁而達[3]유순환이달 有堅而縵 有緩而釬[4]유견이만 유완이한

---

1) 厚貌深情(후모심정) : 표정을 두껍게 꾸미고 진정을 깊이 감추다. 厚貌(후모)는 용모를
   두텁게 꾸밈. 深情(심정)은 진정을 깊이 감춤.
2) 有貌愿而益 有長若不肖(유모원이일 유장약불초) : 외모는 성실해 보여도 속마음이 교만
   한 자가 있으며, 속에 뛰어난 덕을 품고 있으면서 겉으로는 어리석은 사람처럼 보이는
   자가 있음. 愿(원)은 성실하다. 益(일)은 교만함. 溢(일)의 假借字. 長은 뛰어나다, 뛰어난
   德을 말한다.
3) 有順懁而達(유순환이달) : 겉으로는 성급해 보이지만 사리에 통달한 자가 있다. 懁(환)
   은 성급하다.

겉으로는 성급해 보이지만 사리에 통달한 자가 있고, 겉으로는 견실하게 보이나 산만한 자가 있으며, 겉으로는 느린 듯하나 급한 사람이 있다.

故其就義若渴者고기취의약갈자 其去義若熱기거의약열

그러므로 목마르게 의를 추구하는 사람은 불에 덴 듯 의를 떠나기도 한다.

故君子遠使之而觀其忠고군자원사지이관기충 近使之而觀其敬근사지이관기경

그래서 군자는 멀리 두고 부리면서 충성스러움을 살피고, 가까이서 일을 시켜 존경심을 살피며,

煩使之而觀其能번사지이관기능 卒然問焉而觀其知졸연문언이관기지

번거로운 일을 시켜 능력을 살피고, 갑자기 질문해서 지혜를 살피며,

急與之期而觀其信급여지기이관기신 委之以財而觀其仁위지이재이관기인

급히 약속을 하여 신용을 살피고, 재화(財貨)를 맡겨 어짊을 살피며,

告之以危而觀其節고지이위이관기절 醉之以酒而觀其側취지이주이관기측

위급함을 알려서 절의를 살피고, 술을 취하게 해서 법도를 살피며,

雜之以處而觀其色잡지이처이관기색

남녀를 한곳에 있게 하여 호색(好色)함을 살펴본다.

九徵至 不肖人得矣5)구징지 불초인득의

이 아홉 가지가 다 갖추어지면 어리석은 사람을 지적해낼 수 있을 것

---

4) 有堅而縵 有緩而釬(유견이만 유완이한) : 견실한 것 같으나 실은 산만한 자가 있으며, 느릿느릿 여유 있어 보이나 실은 거칠고 조급한 자가 있음. 縵(만)은 늦음, 釬(한)은 급함.

5) 九徵至 不肖人得矣(구징지 불초인득의) : 이 아홉 가지 징험(徵驗)이 갖추어지면 어리석은 사람을 지적해낼 수 있다. 徵(징)은 징험(徵驗). 임희일(林希逸)은 "이 한 단락은 바로 공자의 말씀을 빌린 것으로, 의론이 공손하고 올바르다. 장자가 공자를 공경하지 않았던 것이 아님을 알 수 있다."라고 풀이했다.

이다.

| 해설 |

　공자의 말에 의탁하여, 사람의 진정(眞情)을 간파하는 방법을 서술하고 있다. 그러나 여기에서 말한 진정은 무위자연의 대도(大道)에 순응하는 진성(眞性)의 정(情)이 아니고 충성·공경·재능·지력·신용·인의·절개 등 인간의 공용(功用)을 주체로 해서 생각하고 있다. 따라서 현인(賢人)에 대한 언급은 없고 불초인(不肖人)만 규정해 놓고 있다.

7.

正考父一命而傴1)정고보일명이구 再命而僂재명이루

　정고보(正考父)는 처음 벼슬에 임명되자 등을 굽혔고, 두 번째 벼슬을 할 때에는 허리를 굽혔으며,

三命而俯삼명이부 循牆而走순장이주

　세 번째 경(卿)에 임명되어서는 온몸을 굽히고 담장을 따라 종종걸음으로 다녔다.

孰敢不軌2)숙감불궤!

---

1) 正考父一命而傴(정고보일명이구) : 정고보(正考父)는 처음 사(士)에 임명되었을 때 등을 굽혔다. 정고보(正考父)는 송(宋)의 정승. 대공(戴公)·무공(武公)·선공(宣公) 세 왕을 보좌했는데, 명을 받을수록 더욱 공근(恭謹)했으므로 정명(鼎銘)에 이르기를, "첫 번째 명령을 받을 적에는 고개를 숙였고, 두 번째 받을 적에는 허리를 굽혔으며, 세 번째 받아서는 담장을 따라 종종걸음을 걸었다. 이는 감히 편안하게 걷지 못하기 때문이었다." 고 했다. (《좌전(左傳)》〈소공(昭公)〉)

2) 孰敢不軌(숙감불궤) : 누가 감히 정고보를 모범으로 삼지 않을 수 있겠는가! 軌(궤)는

누가 감히 정고보를 모범으로 삼지 않을 수 있겠는가!

如而夫者여이부자 一命而呂鉅3)일명이려거

그러나 보통 사람들은 처음 벼슬을 하면 거만해져 남의 말을 따르지 않고,

再命而於車上舞재명이어거상무 三命而名諸父삼명이명제부

두 번째 벼슬을 하면 수레 위에서 춤을 추듯 하고, 세 번째 벼슬을 받으면 숙부들의 이름도 마구 불러댈 정도가 된다.

孰協唐許4)숙협당허

누가 요(堯)임금이나 허유(許由)를 따라갈 수 있겠는가!

賊莫大乎德有心5)적막대호덕유심 而心有眼6)이심유안

德을 해치는 가장 큰 적은 德에 인위적인 마음이 있고, 인위적인 마음에 만물을 차별하는 눈이 있는 것이다.

及其有眼也而內視 內視而敗矣7)급기유안야이내시 내시이패의

따라서 마음에 그러한 눈이 있게 되면, 눈이 있는 마음으로 생각하게 되니 그렇게 되면 德이 무너진다.

본받다.

3) 呂鉅(여거) : 교만한 모양.

4) 孰協唐許(숙협당허) : 누가 요(堯)임금이나 허유를 따라갈 수 있겠는가! 唐은 당요(唐堯), 許는 허유(許由), 모두 양보의 미덕을 보인 이들이다. 唐堯는 堯가 도당씨(陶唐氏)이기 때문에 이르는 말.

5) 賊莫大乎德有心(적막대호덕유심) : 德을 해치는 가장 큰 적은 德에 인위적인 마음이 있는 것임. 인위적으로 德을 이루겠다는 마음을 가지는 것은 마음을 해친다는 뜻이다.

6) 而心有眼(이심유안) : 마음에 눈이 있게 됨.

7) 及其有眼也而內視 內視而敗矣(급기유안야이내시 내시이패의) : 마음에 눈이 있게 되면, 눈이 있는 마음으로 생각하게 되니, 그렇게 되면 德이 무너진다. 內視(내시)는 내면에서 외부의 사물을 봄, 곧 마음으로 외물을 본다는 뜻이다.

凶德有五흉덕유오 中德爲首중덕위수

흉덕(凶德)에는 다섯 가지가 있는데, 중덕(中德)이 으뜸이 된다.

何謂中德하위중덕

무엇을 중덕이라고 하는가?

中德也者중덕야자 有以自好也유이자호야 而呲[8]其所不爲者也이비기소불위자야

중덕이란 스스로 좋아하는 것이 있어서 그것에 맞지 않는 것은 모두 그르다고 하는 것이다.

窮有八極 達有三必 形有六府[9]궁유팔극 달유삼필 형유육부

사람이 곤궁한 데는 여덟 가지 원인이 있고, 뜻이 통하는 데는 세 가지 조건이 있으며, 형체에는 여섯 가지 부(府)가 있다.

美髥長大壯麗勇敢미염장대장려용감

용모가 아름답고, 수염이 멋지며, 키가 크고, 몸집이 장대하며, 위세가 당당하고, 태도가 수려하며, 용감하고, 결단력이 있는 것이다.

八者俱過人也팔자구과인야 因以是窮인이시궁

이 여덟 가지가 남보다 뛰어나면 그것이 원인이 되어 곤궁하게 된다.

緣循偃佒[10]연순언앙 困畏不若人곤외불약인 三者俱通達삼자구통달

환경에 순응하고, 다른 사람을 따르며, 곤경에 빠져 남만 못한 듯

---

8) 呲(비) : 헐뜯다.

9) 窮有八極 達有三必 形有六府(궁유팔극 달유삼필 형유육부) : 곤궁하게 되는 데는 여덟 가지 극단적인 원인이 있고, 영달함에 세 가지 필연적 원인이 있으며, 형체에는 여섯 가지 부(六府)가 있다. 極은 必과 같다. 팔극(八極)은 여덟 가지 정해진 이유. 六府는 知·慧·勇·動·仁·義의 여섯 가지.

10) 偃佒(언앙) : 언앙(偃仰)과 통하여 세속에서 하는 대로 따라하는 것을 말한다.

두려워하는 것, 이 세 가지를 갖추면 영달(榮達)을 누리게 된다.

知慧外通지혜외통 勇動多怨용동다원 仁義多責인의다책

지혜는 밖으로 달려 정신을 피로하게 하고, 용기를 부리면 남의 원망을 많이 사며, 인의(仁義)를 내세우면 많은 책망이 따른다.

達生之情者傀[11]달생지정자괴 達於知者肖달어지자초

생명의 실상에 통달한 사람은 큰 인물이지만, 지식에만 통달한 자는 왜소하다.

達大命者隨 達小命者遭[12]달대명자수 달소명자조

천명에 통달한 자는 자연에 순응하고, 자신의 운명에만 통달한 자는 자기 운명에 안주(安住)한다.

| 해설 |

정고보로부터 허유까지가 한 대목이고, 그 뒤의 것은 별장(別章)이다. 앞에서는 정고보가 존귀한 지위에 오를수록 더욱 조심한 인생태도를 설명하고 있다. 뒤에서는 노장(老莊)의 무위자연의 생활태도를 말하고 있다. 그러나 스스로를 낮추어 겸손한 태도로 살아야 한다는 점에서 공통한 처세술이 될 것이다.

---

11) 達生之情者傀(달생지정자괴) : 생명의 실상에 통달한 자는 위대함. 傀는 위대한 모양. 〈달생〉편에, "생명의 실정(實情)에 달통한 자는 삶이 어떻게 할 수 없는 일에 애쓰지 않는다(達生之情者 不務生之所無以爲)"라고 했다.

12) 達大命者隨 達小命者遭(달대명자수 달소명자조) : 천명에 통달한 자는 자연에 순응하고, 자신의 운명에만 통달한 자는 자기 운명에 안주한다. 소명(小命)은 빈부(貧富)와 화복(禍福) 따위의 하찮은 운명.

8.

人有見宋王者인유현송왕자 錫車十乘석거십승

어떤 사람이 송(宋)나라 왕을 뵙고 포상으로 수레 열 대를 하사받았는데,

以其十乘驕稚莊子이기십승교치장자

그 받은 수레 열 대를 가지고 장자에게 자랑했다.

莊子曰장자왈 : 장자가 말했다.

"河上有하상유 家貧恃緯蕭而食者¹⁾가빈시위숙이식자

"황하 가에 집이 가난해 쑥대를 엮어서 먹고 사는 사람이 있었는데,

其子沒於淵기자몰어연 得千金之珠득천금지주

그 아들이 깊은 물속에 들어가 천금(千金)이나 되는 진주를 얻었다

其父謂其子曰기부위기자왈 : 그 아버지가 자식에게 말하기를,

'取石來鍛之²⁾취석래단지 夫千金之珠부천금지주

'돌멩이를 가져다가 이 진주를 깨버려라. 무릇 천금의 진주는

必在九重之淵而驪龍頷下³⁾필재구중지연이여룡함하

틀림없이 깊고 깊은 연못, 검은 용의 턱밑에 있었을 텐데,

子能得珠者자능득주자 必遭其睡也필조기수야

네가 그 진주를 얻을 수 있었던 것은 분명 그 용이 자고 있었기 때문

---

1) 家貧恃緯蕭而食者(가빈시위소이식자) : 집이 가난하여 쑥대를 엮어서 삼태기를 만들어 파는 것으로 생업을 이어가는 자. 蕭(소)는 쑥대. 緯(위)는 짜다.

2) 取石來鍛之(취석래단지) : 돌멩이를 가지고 와서 진주를 부숨. 鍛은 망치로 깨뜨리다

3) 驪龍頷下(여룡함하) : 검은 용의 턱밑. 驪(여)는 검은 용. 頷(함)은 턱. 여기서 고사성어 「탐려득주(探驪得珠)」가 생겨났다. "큰 위험을 무릅쓰고 큰 이익을 얻는 것"을 의미하는데, 나중에는 원뜻과 무관하게 문장이나 용어가 주제나 핵심을 잘 드러내고 있는 것을 비유하는 성어로 쓰이게 되었다.

일 것이다.

　　使驪龍而寤사여룡이오 子尙奚微之有哉[4]자상해미지유재'
　　만일 검은 용이 깨어 있었던들 네 몸이 털끝 하나도 남아 있었겠느냐?'
라고 하였다.

　　今宋國之深금송국지심 非直九重之淵也비직구중지연야
　　지금 송나라의 깊음은 구중(九重) 연못 정도가 아니고,

　　宋王之猛송왕지맹 非直驪龍也비직려룡야
　　송나라 왕의 용맹은 검은 용에 비할 바가 아니다.

　　子能得車者자능득거자 必遭其睡也필조기수야
　　그런데도 당신이 수레를 얻을 수 있었던 것은 분명 송나라 왕이 잠들
었을 때 만났기 때문일 것이다.

　　使宋王而寤사송왕이오 子爲虀粉夫자위제분부
　　송나라 왕이 깨어 있었다면 네 몸은 가루가 되었을 것이다.”

　| 해설 |

　　장자의 처세 태도의 기본을 보인 대목으로, 「탐려득주(探驪得珠)」
라는 숙어가 나온 전거(典據)이기도 하다. 오늘날 이 숙어는 위험을 무
릅쓰고 큰 이익을 구함을 비유하거나, 문장의 요령을 얻음을 비유하고
있다. 다시 말해서 이 대목은 임금을 섬겨 총애를 받은 자기 자신의
화나 위험을 깨닫지 못함을 경계하는 뜻이 들어 있다 하겠다.

---

4) 子尙奚微之有哉(자상해미지유재) : 네가 그래도 네 몸의 일부분인들 남아 있을 수 있었
　　겠는가. 微(미)는 몸의 일부분.

9.

或聘於莊子[1]혹빙어장자 莊子應其使曰장자응기사왈 :

어느 제후가 장자를 (재상으로) 초빙하였는데, 장자는 그 사자에게 이렇게 말했다.

"子見夫犧牛乎[2]자견부희우호 衣以文繡의이문수 食以芻叔식이추숙

"당신은 희생(犧牲)으로 쓰이는 소를 보지 못했소? 수놓은 비단옷을 입히고 꼴과 콩을 먹으며 지내지만,

及其牽而入於太廟급기견이입어태묘 雖欲爲孤犢 其可得乎[3]수욕위고독 기가득호"

결국 태묘에 끌려 들어갈 때가 되면 비록 어미 잃고 외로운 송아지로 되돌아가고자 한들 그것이 가능하겠소?"

| 해설 |

이 대목은 장자의 처세술을 피력한 대목으로, 고관에 임명되어 영화로운 생활을 하는 것도, 비유컨대 희생물이 되어 가는 소의 경우와 같아서 마침내는 생명을 편안히 유지할 수가 없다고 보는 것이다. 이와 똑같은 취지의 설화는 〈추수〉 편에서 장자가 복수(濮水)에서 낚시질할

---

1) 或聘於莊子(혹빙어장자) : 어떤 제후가 장자를 재상으로 초빙하다. 혹(或)은 《史記》 〈노장신한열전(老莊申韓列傳)〉에 근거해서 초왕(楚王)으로 추정된다. 聘(빙)은 부르다. 〈추수〉 편에서 장자가 복수(濮水)에서 낚시질할 때 초나라 왕이 두 대부를 장자에게 보내 출사를 요청하자, 장자는 큰 거북의 예를 들어 거절한 대목과 비슷하다

2) 子見夫犧牛乎(자견부희우호) : 당신은 태묘의 제사 때 희생으로 바쳐지는 소를 본 적이 있소?

3) 雖欲爲孤犢 其可得乎(수욕위고독 기가득호) : 비록 어미 잃고 외로운 송아지가 되고자 한들 무슨 소용이 있겠소?

때 초나라 왕이 두 대부를 장자에게 보내 출사를 요청하자, 장자는 큰
거북의 예를 들어 거절한 대목과 비슷하다.

10.

莊子將死장자장사 弟子欲厚葬之제자욕후장지

장자(莊子)가 임종을 맞이하자, 제자들이 성대하게 장례를 치르겠다고
했다.

莊子曰장자왈 : 장자가 말했다.

"吾以天地爲棺槨¹⁾오이천지위관곽 以日月爲連璧²⁾이일월위연벽

"나는 하늘과 땅을 관곽(棺槨)으로 삼고, 해와 달을 한 쌍의 옥(玉)
으로 삼으며,

星辰爲珠璣³⁾성신위주기 萬物爲齏送⁴⁾만물위제송

하늘에 떠 있는 별들을 갖가지 옥으로 삼고, 세상 모든 것을 부장물로
삼을 것이다.

吾葬具豈不備邪오장구기불비야 何以加此하이가차?"

그러니 나의 장례용품은 완비되지 않았는가. 여기에 더 보탤 게 뭐 있
겠는가?"

弟子曰제자왈 : 제자들이 말했다.

---

1) 棺槨(관곽) : 죽은 사람을 땅 속에 묻을 때 시신을 넣는 널. 棺은 속 널 槨은 겉 널로
   관을 담는 궤로 木材가 많다.
2) 連璧(연벽) : 두 개를 함께 꿴 한 쌍의 구슬. 해와 달.
3) 珠璣(주기) : 珠는 둥근 구슬, 璣는 둥글지 아니한 구슬이라는 뜻으로, 온갖 구슬을 다
   이르는 말.
4) 齏送(제송) : 송장품(送葬品)을 가리킨다. 齏는 보내다.

"吾恐烏鳶之食夫子也오공오연지식부자야"

"저희들은 까마귀나 솔개가 선생님을 파먹을까 걱정스럽습니다."

莊子曰장자왈 : 장자가 말했다.

"在上爲烏鳶食재상위조연식 在下爲螻蟻食재하위루의식

"위에서는 까마귀와 솔개의 먹이가 되고, 아래에서는 땅강아지와 개미의 먹이가 될 텐데,

奪彼與此탈피여차 何其偏也하기편야?"

(매장을 해서 땅에 묻으면) 저쪽 것을 빼앗아 이쪽에다 주겠다는 것이니, 아무래도 공평하지 못한 게 아닌가?"

以不平平 其平也不平5)이불평평 기평야불평

공평하지 않은 것을 억지로 공평하다고 하면 그 공평은 참다운 공평이 되지 못하고,

以不徵徵 其徵也不徵6)이부징징 기징야부징

명백하게 입증되지 않은 것을 억지로 명백하다고 하면 그런 명백함은 참다운 명백함이 되지 못한다.

明者唯爲之使 神者徵之7)명자유위지사 신자징지

---

5) 以不平平 其平也不平(이불평평 기평야불평) : 공평하지 않은 것을 억지로 공평하다고 하면 그 공평은 참다운 공평이 되지 못한다. 사람의 지혜는 불공평한 척도라 그런 불공평한 것으로써 공평하게 하려면 그 공평함은 공평한 것이 아니다.

6) 以不徵徵 其徵也不徵(이부징징 기징야부징) : 명백하게 입증되지 않은 것을 억지로 명백하다고 하면 그것은 참다운 명백함이 되지 못한다. 徵(징)은 명백하게 입증되는 것을 말한다.

7) 明者唯爲之使 神者徵之(명자유위지사 신자징지) : 눈은 다만 정신의 심부름꾼일 뿐이고, 정신이 이것을 감응한다. 明은 외물의 모습에 감응하는 시각을 말한다. 그래서 明을 눈으로 표기한다.

눈은 오로지 정신의 심부름꾼일 뿐으로, 정신은 이것을 감응하는 것이다.

夫明之不勝神也久矣부명지불승신야구의　而愚者恃其所見入於人이우자시기소견입어인

무릇 눈이 정신을 이기지 못한 지가 오래되었는데, 어리석은 자들은 본 것만을 가지고 인위(人爲)에 빠져들어,

其功外也[8])기공외야 不亦悲乎불역비호!"

그 공을 모두 밖으로 드러내려 하니, 또한 슬프지 아니한가!"

| 해설 |

　장자가 임종에 즈음해서 제자들에게 유언하는 형식으로 신지(神知)를 설명하고 있다. 따라서 이 대목은 장자의 사생관(死生觀)의 진면목(眞面目)을 나타낸 것이라 하겠다.

　요컨대 천지 실재의 근원인 道는 인격적인 것이므로, 이 인격적인 것을 파악할 때, 사물을 비인격적으로 보는 인지(人知)로는 불가능하고, 직접적으로 道 그 자체로 몰입해야 파악할 수 있다는 것이다.

---

8) 其功外也(기공외야) : 공을 밖으로 드러냄.

33. 천하
天下

천하의 도술(道術)

이 편은 두 대목으로 나뉘어져, 전반은 《장자》 후서(後序)의 형식을 취하여, 고대의 순일(純一) 무위(無爲)의 이상적 시대로부터 설명하기 시작하여 이윽고 시대에 따라 학술도 분화해서 여러 학파로 갈려 지금은 혼란을 초래한 연유를 설명하고, 각 학파가 주장하는 논점을 밝혀 비평하고, 끝으로 장자 사상을 기록하여 끝맺고 있다. 그러나 후반기에는 혜시(惠施)에 판안 비평으로 혜시를 중심으로 한 논리학파의 논증 명제, 곧 〈역물십서(歷物十書)〉와 〈변자이십일사(辨者二十一事)〉를 상세히 기술하고 있다.

혜 시

1.

天下之治方術者多矣[1]천하지치방술자다의　皆以其有爲不可加矣개이기유위불
가가의

세상에는 도술을 공부하는 사람이 많은데, 누구나 자기 도술이 제일이
라고 알고 있다.

古之所謂道術者고지소위도술자　果惡乎在과오호재?

옛날의 도술(道術)이라고 하는 것은 과연 어디에 있는 것일까?

曰왈　無乎不在[2]무호부재

말하자면 道가 존재하지 않는 곳은 없다.

曰왈　神何由降　明何由出[3]신하유강　명하유출

그렇다면 신인(神人)은 어디서 내려왔으며, 명철함은 어디서 나왔을까?

聖有所生　王有所成　皆原於一[4]성유소생　왕유소성　개원어일

성인은 태어난 근원이 있고, 왕자(王者)는 이루어지는 근원이 있으니,
모두가 하나에 뿌리를 두고 있다.

不離於宗　謂之天人　不離於精　謂之神人[5]불리어종　위지천인　불리어정　위지

---

1) 天下之治方術者多矣(천하지치방술자다의) : 세상에서 도술을 추구하는 사람은 많다. 方術
　은 도술(道術)과 같다.

2) 無乎不在(무호부재) : 있지 않은 곳이 없음. 無乎不在는 〈지북유〉 편의 無所不在(무소부
　재)와 같다.

3) 神何由降　明何由出(신하유강　명하유출) : 신인(神人)은 무엇으로 말미암아 내려오며, 명
　철(明徹)은 무엇으로 말미암아 나오는 것인가. 神人은 신령(神靈)한 사람.

4) 聖有所生　王有所成　皆原於一(성유소생　왕유소성　개원어일) : 성인은 태어나는 까닭이 있
　고 왕자(王者)는 이루어지는 까닭이 있으니, 모두가 하나에 근원한다. 聖人과 帝王의 출
　현이 「一」 즉 道에 근원하고 있음을 말한다.

5) 不離於宗　謂之天人　不離於精　謂之神人(불리어종　위지천인　불리어정　위지신인) : 道의 대종

신인

道의 근본으로부터 떠나지 않은 사람을 천인(天人)이라 하고, 道의 순수함에서 떠나지 않은 사람을 신인(神人)이라 하며,

不離於眞불리어진 謂之至人위지지인

道의 진수(眞髓)로부터 떠나지 않는 사람을 지인(至人)이라 한다.

以天爲宗이천위종 以德爲本이덕위본

하늘을 道의 대종(大宗)으로 삼고, 德을 근본으로 삼으며,

以道爲門이도위문 兆於變化조어변화 謂之聖人위지성인

道로써 문을 삼고 변화의 조짐을 아는 이를 성인(聖人)이라 한다.

以仁爲恩이인위은 以義爲理이의위리

인(仁)으로 은혜를 베풀고, 의(義)로 이치를 세우며,

以禮爲行이례위행 以樂爲和이악위화

예(禮)로 행동하고, 악(樂)으로 조화를 이루며,

薫然6)慈仁훈연자인 謂之君子위지군자

온화하고 자애로운 사람을 군자라고 한다.

以法爲分이법위분 以名爲表이명위표

법(法)으로 분별을 삼고, 명예로 의표를 삼으며,

以參爲驗7)이참위험 以稽爲決8)이계위결

(大宗)에서 떠나지 않는 사람을 天人이라 하고, 道의 정수에서 떠나지 않는 사람을 神人이라 한다. 宗은 道의 大宗, 곧 사물의 근본. 精은 道의 정수(精髓), 곧 사물의 중심.

6) 薫然(훈연) : 마음이 온화한 모양.

7) 以參爲驗(이참위험) : 비교 참고함으로써 증험(證驗)을 삼다. 參驗(참험)은 비교하여 검증하다.

8) 以稽爲決(이계위결) 참고하여 시비를 결정하다. 稽(계)는 고찰하다, 상고(詳考)하다.

비교 참고함으로써 증험(證驗)을 삼고, 고찰하여 시비를 결정하니,

其數一二三四是也기수일이삼사시야

그 상벌의 등급은 1, 2, 3, 4로 매긴다.

百官以此相齒백관이차상치

백관(百官)은 이러한 1, 2, 3, 4의 등급으로 직급이 정해진다.

以事爲常이사위상 以衣食爲主이의식위주

농사일을 일상으로 삼고, 의식(衣食)을 귀하게 여기며,

蕃息畜藏번식축장 老弱孤寡爲意노약고과위의

가축을 기르고 재물을 저장하여 노인, 환자, 고아, 과부를 특별히 보살
피니,

皆有以養개유이양 民之理也민지리야

이 모두가 백성을 다스리는 도리다.

古之人其備乎고지인기비호

옛사람들은 완전한 덕을 갖추고 있었으니,

配神明배신명 醇天地순천지 育萬物육만물 和天下화천하

신명(神明)과 짝이 되어 천지와 합일하고, 만물을 육성하며, 세상을 화
평하게 하니,

澤及百姓 明於本數 係於末度9)택급백성 명어본수 계어말도

그 은택이 백성에게 미치고, 근본 원리에 밝고, 말단 법도(法度)까지
체계화하여,

---

9) 澤及百姓 明於本數 係於末度(택급백성 명어본수 계어말도) : 은택이 백성에게 미치고,
  근본의 이법(理法)에 밝으며, 말단의 法度까지 체계화하다. 本數는 근본 理法, 곧 대도
  (大道)의 근본. 末度는 말단의 법도

六通四辟[10]육통사벽 小大精粗소대정조 其運無乎不在기운무호부재

동서남북 상하 여섯 방향으로 통하고, 사계절에 열려, 작고 크고, 정밀하고 거친 일을 불문하고 손이 닿지 않은 데가 없다.

其明而在數度者기명이재수도자　舊法世傳之史尙多有之구법세전지사상다유지 其在於기재어

그 가운데서 분명하게 법도로 나타난 것은, 옛 법을 후세에 전하는 사관(史官)의 기록에 지금도 많이 남아 있으니,

詩書禮樂者시서예악자

《시경(詩經)》,《서경(書經)》,《예경(禮經)》과《악경(樂經)》의 경전(經典)이고,

鄒魯之士 搢紳先生多能明之[11]추로지사 진신선생다능명지

추로(鄒魯)의 선비들과 유학자들이 많이 밝혀놓고 있다.

詩시 以道志이도지 書서 以道事이도사

《시경(詩經)》은 사람의 마음을 기술한 것이고,《서경(書經)》은 정사

---

10) 六通四辟(육통사벽) : 상하사방으로 통하고 사계절에 열리다. 辟(벽)은 闢(벽)과 같아 열리다. 六通四辟은 〈天道〉 편에서, "제왕의 덕을 여섯 가지 방향과 네 가지 차례대로 속속들이 안다(六通四辟於帝王之德者)."라고 했다. 六通과 四辟은 각각 六合의 공간에 통달하고 四時의 시간을 따른다는 뜻. 六은 六合, 곧 上下四方을 지칭하고, 四는 四時를 지칭한다.

11) 鄒魯之士 搢紳先生多能明之(추로지사 진신선생다능명지) : 추로(鄒魯)의 선비들과 띠를 두른 선생들 중에서 밝게 아는 이가 많음. 鄒魯(추로)는 鄒는 맹자의 출생지인 추나라, 魯는 공자의 출생지인 노나라를 이르는 것으로, 곧 맹자와 공자를 가리키는 말이다. 또는 공자와 맹자가 주창한 유교(儒敎)를 말하기도 한다. 「추로지향(鄒魯之鄕)」이라 하면 공자와 맹자의 고향이란 뜻으로, 예절을 알고 학문이 왕성한 곳을 말한다. 搢(진)은 꽂다. 搢紳(진신)은 홀(笏)을 띠에 꽂는 일로 유학자의 복장를 말한다. 따라서 여기서 紳士는 유학자나 관구를 말한다. 본래 搢紳은 벼슬아치를 통틀어 일컫는다. 또 지위가 높고 행동이 점잖은 사람을 일컫기도 한다.

(政事)를 기술한 것이며,

　禮예 *以道行*이도행 樂[2]악 *以道和*이도화

　《예경(禮經)》은 인간의 행동에 대해 기술한 것이고, 《악경(樂經)》은
조화에 대해 써놓은 것이며,

　易經역경 *以道陰陽*이도음양 春秋춘추 *以道名分*이도명분

　《역경(易經)》은 음양(陰陽)에 대해 써놓은 것이고, 《춘추(春秋)》는
명분에 대해 기술한 것이다.

　其數散於天下기수산어천하 而設於中國者이설어중국자

　그 법도가 세상에 흩어져 중국에 베풀어진 것을,

　百家之學時或稱而道之[13]백가지학시혹칭이도지

　제자백가(諸子百家)의 학파에서도 때로 언급하는 자가 있다.

　天下大亂천하대란 賢聖不明현성불명 道德不一도덕불일

　천하가 크게 어지러워지자 성현들이 모습을 감추었고, 도덕이 하나로
통일되지 못하여,

　天下多得一察焉以自好[14]천하다득일찰언이자호

　세상 사람들은 道의 한 끝만을 배워 스스로 만족하는 경우가 많았다.

───────────────

12) 樂(악) : 《악경(樂經)》으로, 육경(六經)의 하나. 진시황(秦始皇) 때의 분서(焚書)로 없
　　어져 전해 오지 않는다.

13) 百家之學時或稱而道之(백가지학시혹칭이도지) : 제자백가(諸子百家)의 학파에서도 때로
　　언급하는 자가 있다. 諸子百家는 춘추전국시대의 여러 학파. 공자·관자(管子)·노자·
　　맹자·장자·묵자·열자(列子)·한비자(韓非子)·윤문자(尹文子)·손자(孫子) 등의 총
　　칭. 제자(諸子)가 189종(種)이나 되는데, 백가(百家)라 함은 거성수(擧成數 : 일정한 수
　　효)를 일컫는다.

14) 天下多得一察焉以自好(천하다득일찰언이자호) : 세상 사람들이 한 끝만을 알고 스스로
　　만족하는 경우가 많다. 察은 일부분을 살피다.

譬如耳目鼻口비여이목비구 皆有所明개유소명 不能相通불능상통

비유하자면 귀·눈·코·입이 제각기 작용하는 바가 있어 서로 통할 수가 없는 것과 같고,

猶百家衆技也[15]유백가중지야

마치 제자백가들의 여러 학술이 서로 소통하지 못하는 것과 같고,

皆有所長개유소장 時有所用시유소용

모두 나름대로의 장점이 있어서 때로 제각기 쓰이는 바가 있는 것과 같다.

雖然수연 不該不遍불해불편 一曲之士也일곡지사야

비록 그렇지만 그들은 모든 것에 두루 통하지 못하고 한쪽에만 치우친 선비들이다.

判天地之美판천지지미 析萬物之理석만물지리

그들은 세상의 미덕을 멋대로 판단하고 본래 만물의 이법(理法)을 갈라놓고,

察古人之全찰고인지전 寡能備於天地之美과능비어천지지미 稱神明之容칭신명지용

옛사람들의 완전함을 흐트러뜨려 세상의 아름다움을 신명스럽다고 하기 힘들게 되었다.

是故內聖外王之道 闇而不明 鬱而不發[16]시고내성외왕지도 암이불명 울이

---

15) 猶百家衆技也(유백가중기야) : 마치 제자백가의 여러 학술이 서로 소통하지 못하는 것과 같다.

16) 是故內聖外王之道 闇而不明 鬱而不發(시고내성외왕지도 암이불명 울이불발) : 이 때문에 내성외왕(內聖外王)의 道가 어두워서 밝게 드러나지 못하고 막혀서 나타나지 못하게 되다. 內聖外王은 "안으로는 성인의 덕을 쌓고, 밖으로는 왕의 도리를 행한다"는 뜻으로, 이상적인 제왕의 모습을 이르는 말이다. 제왕은 요순(堯舜)을 비롯한 유가의 성왕(聖王)을 말한다.

불발

　그러므로 내성외왕(內聖外王)의 道가 어두워서 밝게 드러날 수가 없게 되고, 막혀서 나타나지 못하게 되었다.

　天下之人各爲其所欲焉以自爲方천하지인각위기소욕언이자위방

　세상 사람들은 각기 자기가 하고 싶은 대로 하면서 그것을 道라고 여겼다.

　悲夫비부! 百家往而不反백가왕이불반 必不合矣필불합의

　슬프다! 제자백가들은 앞으로 나아가기만 할 뿐 돌아볼 줄 모르니, 절대 道를 만나지 못할 것이다.

　後世之學者후세지학자 不幸不見天地之純불행불견천지지순 古人之大體고인지대체

　후세의 학자들은 불행히도 세상의 순수함과 옛사람의 큰 모습을 보지 못할 것이니,

　道術將爲天下裂도술장위천하렬

　도술(道術)은 장차 천하의 학자들 때문에　갈기갈기 찢겨질 것이다.

　| 해설 |

　이상은 이 편의 총설(總說) 격으로서 당대 학술을 개관하는 것으로부터 시작한다. 당대의 학술이 근원적인 진리, 곧 道에 대하여 갖는 일방적·말단적 성격을 비판하고, 그것을 방술(方術)이라고 규정했으며, 이 방술보다도 더 근원적인 입장에 있는 道의 체득과 그 운용에 제일의적인 관심을 두는 도술(道術)의 존재를 문제로 삼으면서 이 도술의 이상적인 실천자인 성인(聖人)이나 제왕(帝王)의 출현을 道에다 근거하

려는 것이 이 장(章)의 의도이다.

2.

不侈於後世 不靡於萬物[1]불치어후세 불미어만물

후세 사람들에게 사치를 부리지 않게 하고, 만물을 호사(豪奢)하지 않게 하며,

不暉於數度[2]불휘어수도 以繩墨自矯[3]이승묵자교 而備世之急이비세지급 古之道術有在於是者고지도술유재어시자

법도를 번드레하게 내걸지 아니하고, 엄격한 계율로 스스로를 규제하여 세상의 위급에 대비하는 옛날 도인들 중에는 이런 경향의 사람들이 있었다.

墨翟禽滑釐聞其風而說之[4]묵적금활리문기풍이열지

묵적(墨翟)과 금활리(禽滑釐)는 그 학풍(學風)을 듣고 기뻐했다.

爲之大過위지대과 己之大循기지대순

지나치게 실천에 추구했고, 지나칠 정도로 절제가 되지 않아,

---

1) 不侈於後世 不靡於萬物(불치어후세 불미어만물) : 후세 사람들에게 사치를 부리지 않게 하고, 만물을 낭비하지 아니하다. 侈(치)는 사치(奢侈)하다. 靡(미)는 호사하다.

2) 不暉於數度(불휘어수도) : 법도를 번드레하게 내걸지 아니함. 暉(휘)는 빛나다, 광채. 번드레하게 꾸밈.

3) 以繩墨自矯(이승묵자교) : 엄격한 계율을 만들어 스스로를 규제하다. 繩墨(승묵)은 규율, 自矯(자교)는 스스로 자기를 규제함.

4) 墨翟禽滑釐聞其風而說之(묵적금활리문기풍이열지) : 묵적과 금활리는 그 학문의 기풍을 듣고 기뻐하다. 禽滑釐(금활리)는 활려(滑黎) 또는 골리(骨釐), 굴리(屈釐)로도 쓴다. 전국시대 초기 사람으로, 처음에 공자의 제자 자하(子夏)에게 수업을 받았고, 나중에 묵자(墨子)의 제자가 되어 학문을 전수받았다. 묵자가 초(楚)나라가 송(宋)나라를 공격하는 것을 중지시키기 위해 그에게 제자 3백 명과 함께 방어하는 도구를 갖추어 가게 하여 송나라가 성을 지키는 것을 돕도록 했다. 說(열)은 기뻐하다.

作爲非樂 命之曰節用 生不歌 死無服5)작위비악 명지왈절용 생불가 사무복

비악(非樂)편을 짓고, 절용(節用)편이라는 이름을 붙여 살아서는 노래하지 않고 죽어서도 상복을 입지 않았다.

墨子汎愛兼利 而非鬪6)묵자범애겸리 이비투

묵자(墨子)는 널리 사람을 사랑하고, 두루 사람들에게 이익이 되게 하며, 싸움은 잘못이라고 했다.

其道不怒기도불노 又好學而博우호학이박 不異불이

노하지 않는 것을 道로 여기고, 또 학문을 좋아하여 널리 배우는 것은 남의 道와 다르지 않았지만,

不與先王同불여선왕동 毁古之禮樂훼고지례악

그의 학문은 선왕의 道와 같지 않아 옛날의 예와 악을 무너뜨리는 것이었다.

黃帝有咸池 堯有大章7)황제유함지 요유대장

---

5) 作爲非樂 命之曰節用 生不歌 死無服(작위비악 명지왈절용 생불가 사무복) : 비악(非樂)편을 짓고, 절용(節用)이라는 이름을 붙여 살아서는 노래하지 않고, 죽어서는 상복을 입는 일이 없었다. 〈비악(非樂)〉과 〈절용(節用)〉은 모두 《묵자(墨子)》의 편명이다.

6) 墨子汎愛兼利 而非鬪(묵자범애겸리 이비투) : 묵자(墨子)는 널리 사람을 사랑하고 모든 사람에게 이익을 주어야 하며 싸움은 잘못이라고 했다. 범애(汎愛)는 겸애(兼愛)를 말한다. 墨子는 이름이 적(墨翟, BC 480?~BC 390?)으로, 전국시대의 사상가이자 병법가(兵法家)로 널리 알려져 있다. 전국시대에는 제자백가(諸子百家)라고 할 만큼 많은 사상가들이 출현해서 제각기 활약을 펼쳤는데, 묵자는 당시로서는 드물게 겸애(兼愛 : 무차별적인 박애)와 평화주의를 제창한 독특한 인물이었다.

7) 黃帝有咸池 堯有大章(황제유함지 요유대장) : 황제(黃帝)에게는 함지(咸池)라는 음악이 있었고, 요(堯)임금에게는 대장(大章)이라는 음악이 있었다. 大章은 요임금 때 만든 악명(樂名). 천(天)·지(地)·인(人)의 도리를 크게 밝힌 것으로서, 순임금의 대소(大韶)와 함께 유명하다. 황제의 악인 함지(咸池)는 요제(堯帝)의 악인 대장(大章), 우왕(禹王)의 악인 대하(大夏), 은(殷)나라 탕왕(湯土)의 악인 대호(大濩), 주(周)나라 무왕(武王)의 악

황제(黃帝)에게는 함지(咸池)가 있었고, 요임금에게는 대장(大章)이 있었으며,

舜有大韶순유대소 禹有大夏우유대하

순(舜)임금에게는 대소(大韶)가 있었고, 우임금에게는 대하(大夏)가 있었으며,

湯有大濩탕유대호 文王有辟雍之樂문왕유벽옹지락

탕(湯)임금에게는 대호(大濩)가 있었고, 문왕(文王)에게는 벽옹(辟雍)이라는 음악이 있었으며,

武王周公作武무왕주공작무

무왕(武王)과 주공(周公)은 무(武)라는 음악을 지었다.

古之喪禮고지상례 貴賤有儀귀천유의 上下有等상하유등

고대의 상례(喪禮)는 귀천에 따른 의례가 달랐으며, 상하 신분의 차등이 있었으니,

天子棺槨七重천자관곽칠중 諸侯五重제후오중 大夫三重대부삼중 士再重사재중

천자는 관곽(棺槨)을 일곱 겹으로 하였고, 제후는 다섯 겹, 대부는 세 겹, 사(士)는 두 겹이었다.

今墨子獨生不歌금묵자독생불가 死不服사불복

지금 묵자만은 살아서 노래하지 않고, 죽어서는 상복을 입지 않으며,

桐棺三寸而無槨 以爲法式[8]동관삼촌이무곽 이위법식

인 대무(大武), 문왕(文王)의 악인 벽옹(辟雍)과 함께 六樂이라고 한다.

8) 桐棺三寸而無槨 以爲法式(동관삼촌이무곽 이위법식) : 오동나무 관을 세 치 두께로 만들고, 덧널(槨)은 만들지 아니하는 것을 법식으로 삼다. 내관을 널(棺)이라 하고 외관은 덧널(槨)이라 한다.

세 치 두께의 오동나무 관(棺)에 외관(槨)은 만들지 않는 것을 법식으로 삼았다.

以此敎人이차교인 恐不愛人공불애인

이런 기준으로 사람들을 가르치게 되면 아마도 사람을 사랑하지 않게 될 것이고,

以此自行 固不愛己9)이차자행 고불애기

이런 기준을 가지고 스스로 행동을 하면 자신도 사랑하지 않게 될 것이다.

未敗墨子道10)미패묵자도

묵자의 道를 공격하려는 것은 아니다.

雖然수연 歌而非歌가이비가

비록 그렇더라도, 흥겨워 노래하고 싶은데 노래를 하지 않고,

哭而非哭곡이비곡 樂而非樂낙이비락 是果類乎시과류호

곡(哭)을 해야 할 때 곡하지 않고, 즐거워해야 할 때 즐거워하지 않는 것은 과연 인정에 가깝다고 하겠는가?

其生也勤기생야근 其死也薄기사야박 其道大觳기도대각

살아서는 일에 지치고, 죽어서는 박대를 받게 되니, 그 道는 너무 각박한 것이다.

使人憂사인우 使人悲사인비

---

9) 以此自行 固不愛己(이차자행 고불애기) : 이런 기준을 가지고 스스로 행동하면 자기를 사랑하지도 않게 될 것이다. 自行은 자기 자신에게 시행한다는 뜻. 법식의 기준이 너무 엄격하여 사람들이 서로 사랑하지도 못하고 자기 또한 사랑하지 못할 것이라는 뜻.

10) 未敗墨子道(미패묵자도) : 묵자의 道를 깨뜨리려는 것은 아니다. 未는 아니다. 敗는 부수다, 깨뜨리다.

세상 사람들을 걱정하게 하고, 슬프게 할 뿐이니,

其行難爲也기행난위야 恐其不可以爲聖人之道공기불가이위성인지도

그러한 道는 실행하기 어려울 것이니, 아마도 그것을 성인의 道라고
할 수는 없을 것이다.

反天下之心반천하지심 天下不堪천하불감

세상 사람들의 마음에 반하는 것인지라, 세상 사람들은 그것을 감당할
수 없을 것이다.

墨子雖能獨任묵자수능독임 奈天下何내천하하

묵자가 비록 혼자서 그렇게 할 수 있다 한들 세상 사람들은 어찌하겠
는가?

離於天下이어천하 其去王也遠矣기거왕야원의

세상 사람들과 유리(流離)된 것이라면 왕도(王道)와도 멀어진 것이다.

墨子稱道曰묵자칭도왈 : 묵자(墨子)는 자신의 道를 이렇게 말한다.

"昔者禹之湮洪水[11]석자우지연홍수　決江河而通四夷九州也[12]결강하이통사
이구주야

"옛날 우(禹)임금은 홍수를 막고 장강과 황하의 수로를 터서 사방의
오랑캐 땅까지 온 나라와 서로 통하게 하였다.

---

11) 昔者禹之湮洪水(석자우지연홍수) : 옛날 우(禹)임금이 홍수를 막다. 우(禹)는 중국 전설
　　상의 하(夏)왕조의 시조. 요(堯)의 치세에 대홍수가 발생하여 섭정인 순(舜)이 그에게
　　치수(治水)를 명하였다. 천하를 9주(州)로 나누고, 공부(貢賦)를 정하였으며 재위 후 나
　　라 이름을 하(夏)로 고쳤다.

12) 決江河而通四夷九州也(결강하이통사이구주야) : 황하의 수로를 터서 사방의 이적(夷狄)과
　　구주(九州)를 서로 소통하게 하였다. 四夷는 고대 중국 주변에 있던 이민족(異民族)을 총
　　칭한 용어로, 동이(東夷)·서융(西戎)·남만(南蠻)·북적(北狄)을 말한다. 구주(九州)는
　　고대에 중국 전 국토를 9개의 주(州)로 나누었던 것에서 유래한다. 중국 전역을 총칭하
　　는 의미로 사용되며, 천하나 세계 전체의 의미로 사용되기도 한다.

名山三百명산삼백 支川三千지천삼천 小者無數소자무수

큰 산이 300개였고, 강물이 3,000개였으며, 작은 냇물은 셀 수도 없었다.

禹親自操稾耜우친자조고사 而九雜天下之川이구잡천하지천

우임금은 손수 삼태기와 가래를 손에 들고 세상의 내를 모아 흐르게 했다.

腓無胈 脛無毛13)비무발 경무모

장딴지는 살이 빠졌고, 정강이에는 털이 없어졌다.

沐甚雨 櫛疾風 置萬國14)목심우 즐질풍 치만국

빗물에 세수를 하고, 거센 바람에 머리털을 날리면서 나라를 일으켜 세웠다.

禹大聖也 而形勞天下也如此15)우대성야 이형로천하야여차"

우임금은 성인이었는데도 세상을 위해 자기 몸을 혹사했다."

使後世之墨者사후세지묵자 多以裘褐爲衣 以跂蹻爲服16)다이구갈위의 이기교위복

---

13) 腓無胈 脛無毛(비무발 경무모) : 우임금의 장딴지에는 살이 빠졌고 정강이에는 털이 없어지다. 腓(비)는 장딴지. 脛(경)은 정강이.

14) 沐甚雨 櫛疾風 置萬國(목심우 즐질풍 치만국) : 비에 얼굴 씻고 모진 바람에 빗질한 끝에 만국을 건설함. 櫛(즐)은 빗질하다. 여기서 "머리는 바람에 빗질이 되고, 몸은 비에 젖어 씻겨, 온몸이 비바람에 시달린다."는 긴 세월을 객지에서 떠돌며 온갖 고생을 다하며 일에 골몰한다는 뜻으로, 舜임금 시절 禹가 치수(治水)사업을 하며 고생하던 일에서 「즐풍목우(櫛風沐雨)」라는 고사성어가 생겨났다.

15) 禹大聖也 而形勞天下也如此(우대성야 이형로천하야여차) : 우임금은 대성인(人聖人)인네도 이렇듯 천하를 위해 자기 몸을 수고롭게 했다. 形勞는 수고롭게 하다.

16) 多以裘褐爲衣 以跂蹻爲服(다이구갈위의 이기교위복) : (후세의 묵가로 하여금) 거친 옷을 입고 나막신이나 짚신을 신게 하다. 裘褐(구갈)은 가죽 옷과 거친 모직물. 곧 검소한 옷의 비유. 服은 신다, 착용하다는 뜻. 跂蹻(기교)는 나막신, 짚신.

훗날의 묵가(墨家)들로 하여금 갖옷과 거친 베옷을 입고, 나막신이나 짚신을 신고서,

日夜不休일야불휴 以自苦爲極日이자고위극왈 :

밤낮으로 쉬지 않고 고생하는 것을 최고의 법도로 삼게 하며 말하기를,

"不能如此불능여차 非禹之道也비우지도야 不足謂墨부족위묵"

"능히 이와 같이 할 수 없다면 우임금의 道가 아니니 묵가가 되기에 부족하다."고 하였다.

相里勤之弟子五侯之徒7)상리근지제자오후지도

상리근(相里勤)의 제자들과 오후(五侯)의 무리들,

南方之墨者苦獲已齒鄧陵子之屬남방지묵자고획이치등릉자지속

남방의 묵가인 고획(苦獲), 이치(已齒), 등릉자(鄧陵子)의 무리들이,

俱誦墨經구송묵경 而倍譎不同이배휼부동 相謂別墨18)상위별묵

모두 묵가의 경서를 독송하고 있는데, 그 해석이 서로 같지 않았고, 서로 상대방을 묵가의 별파(別派)라고 비난하였다.

以堅白同異之辯相訾19)이견백동이지변상자

---

17) 相里勤之弟子五侯之徒(상리근지제자오후지도) : 상리근(相里勤)의 제자와 오후(五侯)의 무리. 相里勤은 다른 묵가 집단을 지칭한다. 상리근은 묵가의 후학 이름. 성은 相里이고 이름이 勤이다. 삼묵(三墨)이라 하여, 상리근(相里勤), 상부씨(相夫氏), 등릉자(鄧陵子)를 말한다. 五侯는 성이 五, 이름이 侯. 五는 伍子胥(오자서)처럼 伍라는 姓으로 본다.

18) 相謂別墨(상위별묵) : 서로 상대를 진묵(眞墨)이 아닌 별파(別派)라고 비난했다.

19) 以堅白同異之辯相訾(이견백동이지변상자) : 견백동이(堅白同異)의 이론으로 서로 비난하다. 「견백동이(堅白同異)」는 전국시대 조나라의 문인 공손룡(公孫龍)이 논한 궤변. 단단하고 흰 돌은 눈으로 보아 흰 것은 알 수 있으나 단단한지는 모르며, 손으로 만져보아 단단한 것은 알 수 있으나 빛이 흰지는 모르므로, 단단한 돌과 흰 돌은 동시에 성립하는 개념이 아니라고 하였다. 「견백론」

견백동이(堅白同異)의 이론으로 서로 비난하고,

以觭偶不仵之辭相應[20]이기우불오지사상응

홀수 짝수처럼 짝이 맞지 않고 어긋나는 말로 서로 응수하여,

以巨子爲聖人[21]이거자위성인 皆願爲之尸[22]개원위지시

서로 자기 학파의 우두머리를 성인으로 내세워 모두가 그들을 묵가의 종주(宗主)로 삼으려 하니,

冀得爲其後世기득위기후세 至今不決지금부결

자기가 묵가의 후계자가 되기를 바라면서 그런 상태가 지금까지도 끝이 나지 않고 있다.

墨翟묵적 禽滑釐之意則是금활리지의즉시 其行則非也기행즉비야

묵적(墨翟)과 금활리(禽滑釐)의 뜻은 옳았으나, 그들의 행동 방법은 잘못되었다.

將使後世之墨者장사후세지묵자 必自苦以腓無胈필자고이비무발

후세의 묵가들로 하여금 반드시 스스로를 괴롭혀서 장딴지에 살이 다 빠지고,

脛無毛경무모 相進而已矣상진이이의

정강이에 털이 닳아 없어지도록 하는 고생으로 나아가게 했을 뿐이다.

---

20) 以觭偶不仵之辭相應(이기우불오지사상응) : 홀수와 짝수처럼, 짝이 맞지 않고 어긋나는 말로 서로 응수하다. 觭偶는 奇偶, 觭는 奇數로 홀수, 偶는 짝수를 말한다. 仵(오)는 伍의 가차자로, 不仵는 不伍, 不倫과 같이 서로 순서가 맞지 않는다는 뜻.

21) 以巨子爲聖人(이거자위성인) : 자기 학파의 우두머리를 성인으로 내세우다. 巨子는 묵가 학파에서 각 파의 우두머리를 말한다.

22) 皆願爲之尸(개원위지시) : 모두가 그들을 묵가의 종주(宗主)로 삼으려 하다. 尸(시)는 주관하다.

亂之上也난지상야 治之下也치지하야

이것은 천하를 어지럽힘의 상책이요, 다스림의 하책이다.

雖然수연 墨子眞天下之好也묵자진천하지호야

비록 그러하나 묵자 자신은 참으로 세상을 사랑하였다.

將求之不得也장구지부득야 雖枯槁不舍也수고고불사야 才士也재사야

그는 구하여 얻지 못하면 비록 몸이 말라비틀어지더라도 포기하지 않
았으니, 재사(才士)라 할 것이다.

| 해설 |

묵자 사상을 비판한 대목이다. 비록 그 비판은 간단하지만 요점은
약술하고 있다. 특히 묵가의 겸애사상 비판보다는 형식 면에서 비악(非
樂), 박장(薄葬) 등에 대하여 유가의 편을 드는 듯한 입장에서 반박하
고 있다.

여러 파로 갈려 서로 싸우는 묵자의 제자들을 비판하면서도 묵자의
겸애사상(兼愛思想)은 높이 평가하고 있다.

3.

夫不累於俗¹⁾부불루어속 不飾於物불식어물 不苟於人²⁾불구어인 不忮於衆불
기어중

세속 일에 얽매이지 않고, 사물을 꾸미지도 않으며, 남에게 구차하게
굴지 않고, 백성을 해치지 않는다.

---

1) 不累於俗(불루어속) : 세속의 일에 얽매이지 아니하다.

2) 不苟於人(불구어인) : 남에게 구차하게 행동하지 아니하다. 苟는 구차하다.

願天下之安寧以活民命원천하지안녕이활민명　人我之養畢足而止3)인아지양필족이지

세상이 평안하고 백성이 잘 살기를 원하여 이웃과 나의 생활이 모두 만족하게 되기에 이르렀으니,

以此白心4)이차백심

이렇게 하여 마음을 깨끗하게 하였다.

古之道術有在於是者고지도술유재어시자　宋鈃尹文聞其風而悅之5)송견윤문문기풍이열지

옛 도술(道術) 중에 이런 것을 추구하는 사람들이 있었으니, 송견(宋鈃)과 윤문(尹文)이 이런 학풍을 배우고 기뻐하여,

作爲華山之冠以自表6)작위화산지관이자표　接萬物以別宥爲始7)접만물이별유위시

화산관(華山冠)을 만들어 자기들의 학설을 표명하고, 만물을 접할 때는 고정관념을 배제하는 것을 시작으로 삼으라고 주장하였다

語心之容　命之曰心之行8)어심지용 명지왈심지행

---

3) 人我之養畢足而止(인아지양필족이지) : 타인과 자신의 생활이 모두 만족하게 되기에 이르다. 而止는 而已와 같아 그만두다.

4) 以此白心(이차백심) : 이렇게 하여 마음을 깨끗하게 함. 白은 깨끗하게 하다.

5) 宋鈃尹文聞其風而悅之(송견윤문문기풍이열지) : 송견과 윤문이 그 학풍을 듣고서 기뻐하다. 宋鈃과 尹文은 모두 제(齊)나라 선왕(宣王) 때 사람으로 직하(稷下)에서 공부했다. 《맹자》에서는 송경(宋經)이라 했다. 송견은 저서가 1편 있고, 윤문은 2편이 있다.

6) 作爲華山之冠以自表(작위화산지관이자표) : 화산관(華山冠)을 만들어 자기들의 생각을 내외에 표명함. 華山之冠은 화산(華山)의 모양을 본떠 아래와 위의 폭을 같게 만든 관이다. 상하 균등의 상징으로 이런 갓을 씀.

7) 接萬物以別宥爲始(접만물이별유위시) : 만물을 접할 때는 구분 짓고 한계를 두는 것을 배제하다. 別은 구분 짓는다는 뜻. 宥(유)는 사로잡히다의 뜻. 別宥는 고정관념을 배제한다는 뜻. 始는 시작으로 삼음.

마음의 모습에 대하여 이를, '마음의 행위'라고 정의하였다.

以聏合驩 以調海內9)이이합환 이조해내

부드러운 마음으로 함께 즐거워하여 온 세상 사람들을 화합하게 하여,

請欲置之以爲主청욕치지이위주

청원(請顧)을 줄이는 것을 중심 주장으로 삼았다.

見侮不辱견모불욕 救民之鬥10)구민지투

모욕을 당해도 그것을 욕되다고 여기지 않고, 백성들의 싸움을 막고,

禁攻寢兵11)금공침병 救世之戰구세지전

침략을 금하고 무기를 쓰지 않음으로써 세상의 전쟁을 없애고자 하였다.

以此周行天下이차주행천하 上說下敎상세하교

이런 주장으로 온 천하를 두루 돌아다니며, 위로는 군주를 설득하고 아래로는 백성들을 가르쳐서,

雖天下不取수천하불취 强聒而不舍者也강괄이불사자야

비록 천하 사람들이 자신들의 주장을 따르지 않더라도 힘써 주장하며 그만두지 않았다.

故日고왈 上下見厭而强見也12)상하견염이강견야

---

8) 語心之容 命之日心之行(어심지용 명지왈심지행) : 마음의 모습을 말하여 정의하기를 '마음의 행위'라 함. 命은 정의하다. 行은 행위, 운행, 작용.

9) 以聏合驩 以調海內(이이합환 이조해내) : 부드러운 마음으로 함께 즐거워하여 온 천하 사람들을 화합하게 함. 聏(이)는 화(和)하다. 合驩(합환)은 함께 즐긴다는 뜻.

10) 救民之鬥(구민지투) : 백성들의 싸움을 막다. 救는 막다, 못하게 하다.

11) 禁攻寢兵(금공침병) : 침략을 금하고 무기를 철폐하다. 寢兵(침병)은 전쟁을 종식시키다, 휴전하다.

12) 上下見厭而强見也(상하견염이강견야) : 위아래로 미움을 받으면서도 억지로 만났다. 而强見也는 위의 見侮不辱(견모불욕)을 설명한 것이다.

그래서 그들을 두고, '위아래로 미움을 받으면서도 억지로 만났다.'라고 하는 것이다.

雖然수연 其爲人太多기위인태다 其自爲太少기자위태소

비록 그러하나 그들은 남을 위해 많은 일을 하였고, 자신들을 위해서는 하는 일이 거의 없었다.

曰왈 : 그리고 말하기를,

"請欲固置五升之飯足矣청욕고치오승지반족의

"사람의 욕구는 하루에 다섯 되의 밥만 먹으면 족하다.

先生恐不得飽선생공부득포 弟子雖飢제자수기 不忘天下불망천하"

선생들이 배를 고를까봐 두려워하지만 제자들은 비록 배가 고플지라도 세상을 잊지는 않을 것이다." 라고 하며,

日夜不休일야불휴 曰왈 : 밤낮으로 쉬지 않고 노력하며 말하기를,

"我必得活哉아필득활재!"

"나는 기어코 민생을 살리고야 말 것이다!" 라고 하니,

圖傲乎 救世之士哉3)도오호 구세지사재!

뜻하는 바가 크구나. 이 세상을 구제하는 인물들이라 할 것이다!

曰왈 : 그들은 말하기를,

"君子不爲苛察 不以身假物4)군자불위가찰 불이신가물

---

13) 圖傲乎 救世之士哉(도오호 구세지사재) ; 뜻하는 바가 크구나 이 세상을 구제하는 인물이라 할 것이다! 圖(도)는 도모하다. 곧 뜻하는 바. 傲(오)는 크다는 뜻. 大와 같다.

14) 君子不爲苛察 不以身假物(군자불위가찰 불이신가물) : 군자는 모질게 살피지 않으며, 자기 몸이 외물에 이끌리지도 않는다. 苛察(가찰)은 모질게 살핌. 남의 잘못을 모질게 따진다는 말이다.

"군자는 사물을 모질게 살피지 않으며, 자기 몸 때문에 외물을 해치지 않는다."

以爲無益於天下者이위무익어천하자 明之不如已也명지불여이야

세상 사람들에게 불이익이 되는 것을 추구하기보다는 그만두는 것만 같지 못하다고 여겼다.

以禁攻寢兵爲外이금공침병위외 以情欲寡淺爲內이정욕과천위내

그래서 밖으로는 침략을 금하고 무기를 버릴 것을 주장하였고, 안으로는 정욕을 줄이는 것을 수행으로 삼았으니,

其小大精粗 其行適至是而止[15]기소대정조 기행적지시이지

그 주장이 대소와 정밀함과 거친 것의 차이가 있을지언정 그들이 행하는 바는 대체로 여기에 이르러 멈춘다.

| 해설 |

무저항주의자며 반전론자인 송견(宋鈃)과 윤문(尹文)의 학식을 소개했다. 그들의 주장은 현실사회에서의 민생의 안정에 있는데, 구체적으로 특수한 것을 논하고 있지는 않다. 국가 간의 침략을 비난하고 과욕에 편안해하는 소극적인 생활방도를 시사하며, 관념적으로 연약·화합의 처세술을 설명하고 있다.

4.

公而不當 易而無私[1]공이부당 이이무사

---

15) 其小大精粗 其行適至是而止(기소대정조 기행적지시이지) : 그 주장의 크고 작음, 정밀하고 조잡함은 다르지만, 그 행동은 대체로 여기에 끝날 따름이다. 其는 송견과 윤문의 주장을 가리킨다. 精粗는 정밀한 것과 거친 것.

공평하여 치우치지 않고, 평이해서 사심(私心)이 없으며,

決然無主 趣物而不兩2)결연무주 취물이불양

허심탄회하여 자기주장이 없으며, 사물을 대할 때 나와 남을 차별하지 않으며,

不顧於慮불고어려 不謀於知불모어지

돌아보아 근심하지 않고, 지혜로 계략을 꾸미지 않으며,

於物無擇어물무택 與之俱往여지구왕 古之道術有在於是者고지도술유재어시자

외물을 선택적으로 대하지 않으며, 사물과 함께 어우러져 가는 옛 도술(道術)을 닦는 사람 가운데 여기에 맞는 사람들이 있었다.

彭蒙田騈愼到聞其風而說之3)팽몽전병신도문기풍이열지

팽몽(彭蒙)과 전병(田騈)과 신도(愼到)가 그러한 학풍을 듣고 기뻐했다.

齊萬物4)以爲首제만물이위수

그들은 만물을 평등하게 보고 차별이 없는 것을 으뜸으로 삼아,

---

1) 公而不當 易而無私(공이부당 이이무사) : 공평하여 치우치지 아니하고, 평이(平易)하여 사사로움이 없다. 易는 평이하다. 곧 평등하다는 뜻.

2) 決然無主 趣物而不兩(결연무주 취물이불양) : 허심탄회하여 자기주장이 없으며, 사물을 대할 때 나와 남을 차별하지 않는다. 사물을 대할 때 둘로 나누어 차별하지 아니함. 決然(결연)의 決은 缺과 같아 空虛(공허)의 뜻. 無主는 무심(無心)과 같다.

3) 彭蒙田騈愼到聞其風而說之(팽몽전병신도문기풍이열지) : 팽몽(彭蒙)과 전병(田騈)과 신도(愼到)가 그러한 학풍을 듣고 기뻐하다. 세 사람 모두 제나라 은사(隱士)로 직하(稷下)에서 공부하고 각기 수편의 저술을 남겼다고 한다. 장자와 거의 같은 시대에 생존 활약하였던 양주(楊朱)와 팽몽, 전병, 신도의 학설은 도가학설과 비슷한 점이 있다. 그래서 이들을 도가의 별파(別派)라고 보는 사람들도 있다. 특히 신도(愼到, BC395~BC315)의 사상에는 도가적(道家的) 색채도 있으나 법가(法家)로, 法은 물론 세(勢), 즉 권세를 중시한 점에 특색이 있다. 저서에 《신자(愼子)》 12편이 있었으나, 송(宋)나라 때 없어져 현재 5편만 남아 있다.

4) 齊萬物(제만물) : 만물을 평등하게 보다. 齊는 가지런하다, 동등하다.

曰왈 : 그들은 말하기를,

"天能覆之而不能載之천능복지이불능재지 地能載之而不能覆之지능재지이불능복지

"하늘은 만물을 덮을 수는 있지만 실을 수는 없고, 땅은 만물을 실을 수는 있지만 덮을 수는 없다.

大道能包之而不能辯之5)대도능포지이불능변지"

대도(大道)는 모든 것을 포용할 수는 있지만, 말로 표현할 수는 없다." 라고 했는데,

知萬物皆有所可지만물개유소가 有所不可유소불가

세상일에는 가능한 것도 있지만, 불가능한 것도 있음을 안다.

故曰왈 : 그래서 그들은 말하기를,

"選則不遍선즉불편 教則不至교즉부지

"선택적이면 보편적이지 못하고, 가르침으로는 道에 다다를 수가 없다.

道則無遺者矣도즉무유자의"

결국 참다운 道는 모든 것을 다 포용하여 버리는 것이 없다." 라고 했다.

是故愼到棄知去己6)시고신도기지거기 而緣不得已이연부득이

그래서 신도(愼到)는 지혜를 버리고 자기 자신을 떠나 필연의 도리를 따라,

泠汰於物以爲道理7)냉태어물이위도리

---

5) 大道能包之而不能辯之(대도능포지이불능변지) : 위대한 道조차도 만물을 하나로 포용할 수는 있어도 그것을 말로 할 수는 없음.
6) 愼到棄知去己(신도기지거기) : 신도(愼到)는 지혜를 버리고 자기 자신을 떠나다.

외물(外物)에 있는 그대로를 내맡기는 것을 도리라고 하였다.

曰왈 : 신도(愼到)는 말하기를,

"知不知 將薄知而後隣傷之者也8)지부지 장박지이후린상지자야"

"알지 못하는 것을 알려고 하면, 장차 그 알려고 하는 지(知)에 억압당해 결국 손상을 당할 것이다."라고 했다.

謑髁9)無任혜과무임 而笑天下之尙賢也이소천하지상현야

그는 아무렇게나 행동하고 게으르게 살면서 세상 사람들이 현자(賢者)를 숭상하는 것을 비웃고,

縱脫無行 而非天下之大聖10)종탈무행 이비천하지대성

예의범절을 무시하고 방종한 행위를 하면서 세상의 존중을 받는 대성인(大聖人)을 비난하였다.

椎拍輐斷 與物宛轉11)추박완단 여물완전

모난 것을 두드려 깎고 잘라 원만하게 외물과 더불어 변화하여,

---

7) 泠汰於物以爲道理(냉태어물이위도리) : 외물에 그대로 내맡기는 것을 도리라 하다. 泠汰(냉태)는 필연적 이치를 따르는 것.

8) 知不知 將薄知而後隣傷之者也(지부지 장박지이후린상지자야) : 알지 못하는 것을 알려고 하면 장차 그 알려고 하는 지(知)에 억압당해 해침을 당할 것이다. 知不知는 알지 못하는 것을 알려고 함. 薄(박)은 迫과 같아 억압당하다. 隣(린)은 磷의 가차자로, 磷傷(인상)은 해친다는 뜻.

9) 謑髁(혜과) : 바르지 않은 모습.

10) 縱脫無行 而非天下之大聖(종탈무행 이비천하지대성) : 예의범절을 무시하고 방종한 행위를 하면서 온 천하가 존중하는 대성인(大聖人)을 비난하다. 縱脫(종탈)은 예의범질을 무시하고 방종한 행위를 함. 無行(무행)은 실천하거나 행하지 아니함.

11) 椎拍輐斷 與物宛轉(추박완단 여물완전) : 모난 데를 두드리고 깎고 끊어서 원만하게 외물과 함께 변화하다. 椎는 때리다. 輐은 깎다. 宛轉(완전)은 외물과 더불어 원만하게 변한다는 뜻.

舍是與非사시여비 苟可以免구가이면

시비(是非)의 판단을 버리니, 세속의 구속을 면할 수 있으며,

不師知慮불사려 不知前後부지전후

사려분별을 스승으로 삼지 않고, 일의 앞뒤를 따지지 않으니,

魏然[12]而已矣위연이이의

홀로 높이 우뚝 서 있을 따름이다.

推而後行추이후행 曳而後往예이후왕 若飄風之還약표풍지환

떠밀려 나아가고, 끌려야 비로소 가는 것이 마치 세찬 바람이 회오리
치는 것 같기도 하고,

若羽之旋약우지선 若磨石之隧약마석지수

깃털이 빙글빙글 돌며 떨어지는 것 같기도 하며, 마치 맷돌이 돌아가
는 것 같아서,

全而無非[13]전이무비 動靜無過동정무과 未嘗有罪미상유죄

완전무결하여 그릇됨이 없고, 행동거지에 잘못이 없어 일찍이 한 번도
죄를 지은 적이 없었다.

是何故시하고?

그것은 무슨 까닭인가?

夫無知之物부무지지물 無建己之患무건기지환 無用知之累무용지지루

무릇 지(知)가 없는 자연물은 환란을 스스로 만들지 않고, 지혜를 쓰
는 번거로움이 없으며,

動靜[14]不離於理동정불리어리 是以終身無譽시이종신무예

---

12) 魏然(위연) : 홀로 높이 솟은 모양. 높이 우뚝 솟는 모양.

13) 全而無非(전이무비) : 완전무결하다.

행동거지(行動擧止)가 자연의 이치에서 벗어나지 않아, 그로 인해 죽을 때까지 명예를 얻는 일도 없다.

故曰고왈 : 그래서 신도(愼到)는 말하기를,

"至於若無知之物而已지어약무지지물이이 無用賢聖무용현성 夫塊不失道부괴불실도"

"나는 지각이 없는 자연물과 같이 되려고 애쓸 따름이지, 현인도 성인도 필요치 않다. 저 대지(大地)는 道를 잃는 일이 없다."라고 했다.

豪桀相與笑之曰호걸상여소지왈 :

천하의 호걸들이 모두 이것을 비웃으면서 말하기를,

"愼到之道신도지도 非生人之行而至死人之理비생인지행이지사인지리 適得怪焉적득괴언"

"신도(愼到)의 道는 산 사람의 행동이 아니라 죽은 사람의 도리에 이르렀으니, 단지 괴이함을 얻었을 뿐이다."라고 하였다.

田駢亦然전병역연

전병(田駢) 역시 그러하였다.

學於彭蒙학어팽몽 得不教焉15)득불교언

그는 팽몽(彭蒙)에게 배웠는데, 그로부터 가르치지 않는 가르침을 체득하였다.

彭蒙之師曰팽몽지사왈 : 팽몽(彭蒙)의 스승은 말하기를,

"古之道人고지도인 至於莫之是지어막지시 莫之非而已矣막지비이이의

---

14) 動靜(동정) : 행동거지(行動擧止). 어떤 행동이나 현상이 벌어지고 있는 낌새.

15) 得不教焉(득불교언) : 가르치지 않는 가르침을 체득하다. 不教(불교)는 不教之教, 곧 가르치지 않는 가르침.

"옛날 도인(道人)은 옳다고 하는 것도 없고, 그르다고 하는 것도 없는 경지에 도달했을 뿐이다.

其風䫻然 惡可而言[16]기풍획연 오가이언"
그 가르침은 바람이 스치듯 했으니, 어찌 말로 표현할 수 있겠는가?"
라고 하였다.

常反人상반인 不見觀불견관 而不免於鮡斷[17]이불면어환단
그는 항상 사람들의 상식에 반(反)하고, 사람들의 눈길을 끌려고도 하지 않았으나, 깎고 끊는 작위를 면치 못했다.

其所謂道非道기소위도비도 而所言之韙不免於非[18]이소언지위불면어비
그가 말하는 道는 참다운 道가 아니고, 그가 말하는 시(是)도 결국 비(非)임을 면치 못했다.

彭蒙田駢愼到不知道팽몽전병신도부지도
팽몽(彭蒙)·전병(田駢)·신도(愼到)는 道를 알지 못했다.

雖然수연 槪乎皆嘗有聞者也개호개상유문자야
비록 그러하나 대략 그들 모두 일찍이 道를 들은 적이 있었던 사람들이다.

| 해설 |
팽몽·전병·신도 등의 학설을 소개했다. 그들은 기성의 시비선악의

---

16) 其風䫻然 惡可而言(기풍획연 오가이언) : 그 학풍은 바람이 지나가듯 했으니, 어찌 말로 표현할 수 있겠는가. 䫻(획)은 바람소리.

17) 鮡斷(환단) : 깎이고 잘려져 모나지 않은 원만한 모양.

18) 而所言之韙不免於非(이소언지위불면어비) : 그의 이른바 道는 참된 道가 아니고, 그가 말하는 正義도 그릇됨을 면치 못함. 韙는 옳다.

판단은 보편타당성이 없는 것으로, 인간의 지혜나 언론은 道를 포괄하고 있지 않다고 말하고 있다. 곧 그들은 자아를 버리고 냉정한 자연에 기본한 행동이라야 참다운 자유라고 말하고 있다.

그들이 말한 바는 사회의 현실에는 통용되지 않는다고 비판을 받았으나, 道에 대한 새로운 사고방식을 나타내고 있다. 그러나 그들도 그러한 자기들의 판단에 입각해서 행동했으므로 결국 자기에 구속되는 결과가 되었다고 비평하고 있다.

5.

以本爲精 以物爲粗[1]이본위정 이물위조

근본을 정밀함으로 여기고, 만물은 조잡(粗雜)함으로 여기니,

以有積爲不足[2]이유적위부족 澹然獨與神明[3]居담연독여신명거 古之道術有在於是者고지도술유재어시자

사물은 아무리 쌓아도 부족하다 여기니, 담담하게 홀로 신명과 함께 머문다는 옛적의 도술 가운데 그에 해당하는 것이 있었다.

關尹老聃聞其風而悅之[4]관윤노담문기풍이열지

---

1) 以本爲精 以物爲粗(이본위정 이물위조) : 근본을 정묘하다 여기고, 사물은 조잡하다고 생각함. 成玄英은 "本은 無이고 物은 有이다. 無를 쓰는 것은 정묘하므로 道는 정묘한 것이 되고, 有를 쓰는 것은 일이 되므로 만물은 조잡한 것이다."라고 풀이했다.

2) 以有積爲不足(이유적위부족) : 아무리 쌓아도 부족하다고 여기다. 《노자》 제81장에 "성인은 쌓아놓지 않는다. 이미 남을 위하기 때문에 자기는 더 갖게 되고, 이미 모든 것을 남에게 주기 때문에 사기는 더 많아진다(聖人不積 旣以爲人己愈有 旣以與人己愈多)."라고 한 구절과 비슷한 맥락이다. 쌓음은 명예·지위·재물·지식 등 세속적인 것을 포괄한다.

3) 神明(신명) : 道의 신묘하고 밝은 이치를 가리킨다.

4) 關尹老聃聞其風而悅之(관윤노담문기풍이열지) : 관윤(關尹)과 노담(老聃)이 그 학풍을 들

관윤(關尹)과 노담(老聃)이 그 학풍을 듣고 기뻐하였다.

建之以常無有5)건지이상무유　主之以太一6)주지이태일

상무(常無)와 상유(常有)의 이론을 세워놓고 태일(太一)을 으뜸으로 생각하여,

以濡弱謙下爲表이유약겸하위표　以空虛不毀萬物爲實이공허불훼만물위실

부드러움과 겸손을 처신의 근본으로 삼고, 마음을 비워 만물을 해치지 않음을 진실로 삼았다.

關尹曰관윤왈 : 관윤(關尹)이 말했다.

"在己無居재기무거　形物自著형물자저

"자기에게 집착하지 않으면 모든 사물이 스스로 모습을 드러낸다.

其動若水기동약수　其靜若鏡기정약경　其應若響기응약향

그 움직임은 물과 같고, 그 고요함은 거울과 같으며, 그 반응은 메아리와 같아,

고 기뻐하다. 關尹(관윤)은 춘추시대 말기 사람으로 도가학파의 한 사람. 일설에는 주(周)나라 관령(關令) 윤희(尹喜)라고도 한다. 노자의 제자로 노자를 따라 관서지방으로 간 뒤 소식을 알 수 없다고 한다. 스승의 사상을 발전시켜 청정무위(淸爭無爲)를 주장했다. 도교에서는 무상진인(無上眞人) 또는 문시선생(文始先生)이라 부른다. 저서 《관윤자》는 당말오대(唐末五代) 두광정(杜光庭)의 위작으로 본다. 《장자》와 《열자》를 모방하여 신선방술(神仙方術)이나 불교 교리를 혼합한 내용인데, 문장은 불경을 흉내 냈다. 책머리에 유향(劉向)의 서문이 있고, 말미에 갈홍(葛洪)의 서문이 있다. (중국역대인명사전)

5) 建之以常無有(건지이상무유) : 常無(상무)와 常有(상유)의 이론을 세우다. 常無有를 두고 常無와 常有의 생략형으로 보는 견해와, 常·無·有의 세 개념으로 보는 견해 등이 있다. 《노자》제1장에 "한결같은 無에서 道의 오묘함을 보고자 하고, 한결같은 有에서 道의 작용을 보고자 한다(故常無欲以觀其妙 常有欲以觀其徼)."라고 한 것을 가리킨다.

6) 主之以太一(주지이태일) : 太一을 주재자로 생각하다. 太一은 절대적 동일성, 곧 道를 뜻한다.

茫乎若亡 寂乎若淸7)홀호약무 적호약청

희미하여 아무것도 없는 것 같고, 고요하여 맑은 샘물 같다.

同焉者和동언자화 得焉者失득언자실

여기에 동화하면 화합할 수 있고, 차지하려고 하면 잃어버린다.

未嘗先人而常隨人미상선인이상수인"

일찍이 남보다 앞선 적이 없고 항상 남의 뒤를 따라간다."

老聃曰노담왈 : 노담(老聃)이 말했다.

"知其雄 守其雌 爲天下谿8)지기웅 수기자 위천하계

"수컷을 알고서 암컷을 지키면 천하의 계곡이 되며,

知其白 守其辱 爲天下谷9)지기백 수기욕 위천하곡

그 청백함을 알고서 욕됨을 지키면 천하의 계곡이 된다.

人皆取先 己獨取後10)인개취선 기독취후"

사람들이 모두 앞서 가면 자신은 홀로 뒤에 남는다."

曰왈 : 노담이 또 말하기를,

"受天下之垢11)수천하지구"

---

7) 茫乎若亡 寂乎若淸(홀호약무 적호약청) : 희미하여 존재하지 않는 것 같고, 고요하기가 맑은 샘물과 같다. 茫은 희미하다, 황홀하다. 亡(무)는 없다, 없어지다. '무'로 읽는다.

8) 知其雄 守其雌 爲天下谿(지기웅 수기자 위천하계) : 수컷의 굳셈을 알고서 암컷의 부드러움을 지키면 만물이 모여드는 천하의 계곡이 된다. 《노자》 제28장에 같은 내용이 있다.

9) 知其白 守其辱 爲天下谷(지기백 수기욕 위천하곡) : 청백함을 알고서 욕됨을 지키면 천하의 골짜기가 된다. 《노자》 제28장에 같은 내용이 있다.

10) 人皆取先 己獨取後(인개취선 기독취후) : 사람들이 모두 앞서 나아가면 자신은 홀로 뒤에 남는다. 《노자》 제67장에, "나에게 세 가지 보물이 있으니, 지니고 소중히 여긴다. 첫째는 자애로움이고, 둘째는 검약이며, 셋째는 감히 천하 사람들 앞에 나서지 않음이다(我有三寶 持而保之 一曰慈 二曰儉 三曰不敢爲天下先)."라고 한 대목과 맥락이 유사하다.

"세상 더러움을 받아들인다."라고 했다.

人皆取實인개취실 己獨取虛기독취허

사람들이 실리를 추구할 때 자신은 홀로 비움을 추구했다.

無藏也故有餘12)무장야고유여 歸然13)而有餘규연이유여

저장하는 일이 없으니 오히려 여유가 있고, 우뚝 솟은 산처럼 넉넉하다.

其行身也기행신야 徐而不費서이불비 無爲也而笑巧무위야이소교

그 몸을 천천히 움직여 쓸데없이 기운을 낭비하지 않고, 무위(無爲)로 남들의 기교를 비웃었다.

人皆求福인개구복 己獨曲全14)기독곡전

사람들이 모두 행복을 추구하는데, 자신은 홀로 몸을 굽혀 온전함을 얻었다.

曰왈 : 노자가 말했다.

"苟免於咎15)구면어구"

---

11) 受天下之垢(수천하지구) : 천하의 모든 오욕을 내 몸에 뒤집어씀.《노자》제78장에, "그 래서 성인이 이르기를, "나라의 더러움을 받아내는 자를 일러 사직의 주인이라 부르고, 나라의 상서롭지 못한 일을 끌어안는 이를 천하의 왕이라 부른다. 바른 말은 마치 반대 되는 듯하다."고 말한다(是以聖人云 受國之垢 是謂社稷主 受國不祥 是謂天下王 正言若 反)."라고 한 대목과 유사하다.

12) 無藏也故有餘(무장야고유여) : 저장하는 일이 없기 때문에 도리어 여유가 있음.《노 자》제44장에, "많이 간직하고 있으면 반드시 크게 잃는다(多藏必厚亡)."라고 한 대목 과 비슷한 맥락이다.

13) 歸然(규연) : 홀로 우뚝 선 모양.

14) 己獨曲全(기독곡전) : 자기는 홀로 몸을 구부려 온전함을 얻는다.《노자》제22장에, "구 부리면 온전해진다(曲則全)."라고 한 대목과 비슷한 맥락이다.

15) 苟免於咎(구면어구) : 그저 허물을 면할 것이다.《노자》제46장에, "만족을 모르는 것 처럼 큰 화는 없으며, 얻고자 하는 욕심보다 더 큰 허물은 없다(禍莫大於不知足 咎莫

"그저 허물을 면할 것이다."

以深爲根6)이심위근 以約爲紀이약위기

깊음을 근본으로 삼고, 간략함을 행동의 기준으로 삼았다.

曰왈 : 노담이 말했다.

"堅則毀矣견즉훼의 銳則挫矣예즉좌의"
"견고하면 부서지고 날카로우면 무뎌진다."

常寬容於物상관용어물 不削於人불삭어인 可謂至極가위지극

언제나 만물을 너그럽게 포용하고, 남을 깎아내리지 않으니, 道의 극치에 달하였다고 할 만하다.

關尹관윤 老聃乎노담호 古之博大眞人哉고지박대진인재!
관윤(關尹)과 노담(老聃)은 옛날의 넓고 큰 진인(眞人)이었다!

| 해설 |

관윤과 노담 일파의 학설을 소개하고 있다. 그들은 일체의 유형적인 것을 엉성한(粗) 것이라 하여 유형적인 것의 근원인 허무의 대도(大道)를 깨달음을 그들 사상의 목표로 했다. 자신을 자연의 운행에 맡겨 시비를 버리고, 움직임은 유수와 같이, 고요함은 거울과 같이, 상응함은 메아리와 같이 만물에 순응하면서 연약하고 겸손하게 행동했다. 그러므로 그들은 자연의 만물과 함께 다치는 일이 없이 편안하고 그들이 얻은 바는 지극의 경지라, 그들이야말로 참으로 위대한 진인(眞人)이라는 것이다.

大於欲得)."라고 한 대목과 맥락이 유사하다.
16) 以深爲根(이심위근) : 깊음을 근본으로 삼는다. 根은 자기의 근본.

6.

芴漠無形 變化無常[1]홀막무형 변화무상

희미하고 적막하여 형체가 없고, 변화가 끝없으니 일정한 모습이 없다.

死與生與사여생여! 天地並與천지병여! 神明往與신명왕여!

죽은 것인가, 산 것인가! 천지와 함께하고 있는가! 신명(神明)과 함께 가고 있는 것인가!

芒乎何之망호하지? 忽乎何適홀호하적?

아득히 어디로 가는가? 홀연히 어디로 가는가?

萬物畢羅 莫足以歸[2]만물필라 막족이귀

만물은 모두 펼쳐져 있으나, 돌아갈 곳이 없구나.

古之道術有在於是者고지도술유재어시자 莊周聞其風而悅之장주문기풍이열지

옛날 도술 가운데 이런 경향이 있었으니, 장주(莊周)가 이런 학풍을 듣고 기뻐했다.

以謬悠之說[3]이류유지설 荒唐之言[4]황당지언 無端崖之辭무단애지사 時恣縱而不僮시자종이부당

터무니없는 얘기와 황당한 말과 밑도 끝도 없는 말을 때때로 제멋대로이면서도 치우치지 않았으며,

---

1) 芴漠無形 變化無常(홀막무형 변화무상) : 희미하여 형체가 없으며, 끊임없이 변화하여 일정한 모습이 없다. 芴(홀)은 흐릿하다, 희미하다.

2) 萬物畢羅 莫足以歸(만물필라 막족이귀) : 만물이 모두 여기에 펼쳐져 있기는 하나, 족히 돌아갈 곳이 없다. 羅는 펼쳐 놓다, 벌여놓다. 莫足以歸는 돌아가 쉴 곳이 없다는 뜻.

3) 謬悠之說(유유지설) : 종잡을 수 없는 말. 터무니없는 이야기. 謬悠(유유)는 엉터리다, 곧 터무니없다는 뜻.

4) 荒唐之言(황당지언) : 荒唐無稽(황당무계)한 말.

不以觭見之也5)불이기견지야 以天下爲沈濁 不可與莊語6)이천하위침탁 불가여장어

기이함을 자랑으로 그것을 내보이며 자랑도 아니하니, 세상 사람들이 혼탁함에 빠져 함께 바른 이야기를 할 수 없다고 여기고,

以卮言爲曼衍7)이치언위만연 以重言爲眞이중언위진 以寓言爲廣이우언위광

치언(卮言)으로 자연의 끝없는 변화에 순응케 하고, 중언(重言)으로 진실을 깨닫게 하며, 우언(寓言)으로 세상에 널리 말하며,

獨與天地精神往來독여천지정신왕래 而不敖倪於萬物8)이불오예어만물

홀로 천지의 정신과 더불어 왕래하면서도 만물 위에서 오만하게 내려다보지 아니하며,

不譴是非불견시비 以與世俗處이여세속처

시비를 따지지 않고 세속과 더불어 어울려 살았다.

其書雖瑰瑋 而連犿無傷也9)기서수괴위 이연변무상야

그의 저서(著書)는 비록 진귀하고 기이하나, 원만하게 순환하여 남을 해치는 일이 없으며,

---

5) 不以觭見之也(불이기견지야) : 기이함을 자랑삼아 그것을 내보인 것이 아니다.

6) 以天下爲沈濁 不可與莊語(이천하위침탁 불가여장어) : 세상 사람들이 혼탁함에 빠져 함께 바른 이야기를 할 수 없다고 여기다. 沈濁(침탁)은 혼탁함에 빠지다. 莊語는 바른 말. 莊은 正의 뜻.

7) 以卮言爲曼衍(이치언위만연) : 치언(卮言)으로 자연의 끝없는 변화에 순응케 하다. 曼衍(만연)은 자연의 끝없는 변화. 卮言은 앞뒤가 맞지 않는 엉터리 같은 말. 重言은 세상 사람들이 중시하는 인물의 말을 빌려 무게를 더한 말. 寓言은 다른 사물에 가탁해서 서술하는 말. 卮言·重言·寓言에 대한 설명은 〈우언(寓言)〉편 참조.

8) 不敖倪於萬物(불오예어만물) : 만물 위에서 오만하게 내려다보지 아니하다. 敖(오)는 오만하다. 倪(예)는 흘겨보다, 오만하다.

9) 其書雖瑰瑋 而連犿無傷也(기서수괴위 이연변무상야) : 그의 저서는 비록 진귀하고 기이하지만 남을 해치는 일이 없다. 瑰瑋(괴위)는 사물이 진귀하고 기이함.

其齋雖參差 而諔詭可觀10)기사수참치 이숙궤가관

그의 말은 비록 들쭉날쭉하지만, 수수께끼처럼 기발함이 볼 만하다.

彼其充實不可以已피기충실불가이이

그의 마음은 그렇게 꽉 차 있어 밖으로 나오는 것을 억제할 수 없으니,

上與造物者遊상여조물자유 而下與外死生이하여외사생 無終始者爲友무종시자위우

위로는 조물주와 더불어 노닐고, 아래로는 삶과 죽음을 도외시하며, 끝도 시작도 없는 자와 벗이 되었다.

其於本也기어본야 宏大而辟굉대이벽 深閎而肆심굉이사

그 근본적인 道의 뿌리는 넓고 크게 열려 있어 깊고 크게 펼쳐졌으며,

其於宗也기어종야 可謂稠適而上遂矣가위조적이상수의

그 道의 큰 줄기는 조화롭고 적합한 경지에 이르렀다고 할 만하다.

雖然수연 其應於化而解於物也기응어화이해어물야 其理不竭11)기리불갈

비록 그러하나, 그는 변화에 순응하여 외물에 벗어남에 있어서는 그 이치를 다 풀 수가 없었다.

其來不蛻12)기래불세 芒乎昧乎 未之盡者13)망호매호 미지진자

---

10) 其齋雖參差 而諔詭可觀(기사수참치 이숙궤가관) : 언사는 비록 들쭉날쭉하지만, 수수께 끼처럼 기발하여 볼 만하다. 參差(참치)는 參差不齊(참치부제)의 준말로, 길고 짧고 들 쭉날쭉하여 가지런하지 아니함. 差는 들쭉날쭉하다. '치'로 읽는다. 均齊(균제)의 반대. 諔詭(숙궤)는 기이하다, 익살스럽다. 곧 수수께끼 같은 말이라는 뜻.

11) 其理不竭(기리불갈) : 그 이치를 다 풀지는 못하다. 竭은 막히다, 엉기다.

12) 其來不蛻(기래불세) : 사물이 다가올 때 다 벗어날 수 없었다. 蛻(세)는 허물 벗다, 벗 어버리다. '세'로 읽는다.

13) 芒乎昧乎 未之盡者(망호매호 미지진자) : 아득하고 어두워 아직 극진하지는 못한 자이 다. 未之盡者(미지진자)는 극진하지는 못한 자. 芒昧(망매)는 아득하고 어두움.

그것이 다가올 때 다 벗어날 수 없었으니, 아득하고 어두워 아직 극진하지는 못한 자이다.

| 해설 |

중국 고래의 道의 가르침을 조술(祖術)하는 네 개의 대표적 학파, 곧 「묵적(墨翟)·금활리(禽滑釐)」, 「송견(宋鈃)·윤문(尹文)」, 「신도(愼到)·전병(田騈)」, 「관윤(關尹)·노담(老聃)」의 학설을 각각 해설 비평한 〈천하편〉은 최후에 이들의 학설을 비판적으로 계승해서 그것을 일층 근원적으로 깊게 주체화시키면서 인간의 절대적인 자유에 대해 말한 최고의 영지(英知), 곧 장자의 道의 철학에 대하여 그 특질을 개략적으로 서술했다. 따라서 이 대목은 《장자》의 후서(後序)에 해당된다 하겠다.

7.

惠施多方 其書五車[1]혜시다방 기서오거

혜시(惠施)는 학식이 풍부하여 다방면의 학문을 추구하여 다섯 수레의 책을 썼으나,

其道舛駁 其言也不中[2]기도천박 기언야부중

그 도리(道理)가 잡박(雜駁)하여 그 말이 다 들어맞지는 않았다.

歷物之意[3]역물지의 曰왈 :

---

1) 惠施多方 其書五車(혜시다방 기서오거) : 혜시(惠施)는 학식이 풍부해 다방면에 걸친 학문을 추구하여 장서(藏書)가 수레 다섯 대에 실을 정도로 많았다. 多方은 학식이 풍부함.

2) 其道舛駁 其言也不中(기도천박 기언야부중) : 그 도리가 잡박하여 그 말이 적중하지 못했음. 舛駁(천박)은 뒤섞여서 고르지 못하거나, 어수선하여 바르지 못함. 곧 잡박함.

그는 사물의 의미를 하나하나 짚어가며 말했다.

"至大無外지대무외 謂之大一위지대일

"지극히 커서 밖에 아무것도 없는 것을 일컬어 대일(大一)이라 하고,

至小無內지소무내 謂之小一위지소일

지극히 작아서 안에 아무것도 없는 것을 일컬어 소일(小一)이라 한다.

無厚不可積也 其大千里4)무후불가적야 기대천리

두께가 없는 것은 쌓아올릴 수는 없지만, 그 크기가 천리에 이른다.

天與地卑 山與澤平5)천여지비 산여택평

하늘도 땅과 더불어 낮고, 산도 못과 더불어 평평하다.

日方中方睨 物方生方死6)일방중방예 물방생방사

해는 중천에 떠오르면서 기울기 시작하고, 만물은 생겨나면서 죽기 시작한다.

大同而與小同異 此之謂小同異7)대동이여소동이 차지위소동이

---

3) 歷物之意(역물지의) : 사물의 의미를 차례로 짚어가다.

4) 無厚不可積也 其大千里(무후불가적야 기대천리) : 두께가 없는 것은 쌓아올릴 수는 없지만, 그 넓음은 천리 사방에 미친다. 두께는 없어도 넓이는 커질 수 있다는 뜻으로, 기준에 따라 달라질 수 있는 상대성을 뜻하는 것이다.

5) 天與地卑 山與澤平(천여지비 산여택평) : 하늘도 땅과 더불어 낮고 산도 못과 더불어 평평하다. 대일(大一)의 입장에서 보면 천지의 고저도 같게 보이고, 산과 연못도 평평하게 보인다. 하늘보다 더 높은 것들과 비교하면 하늘도 낮다고 할 수 있기 때문에 상대성을 말한다. 같은 논리가 〈제물론〉 편에서도, "천지는 하나의 손가락이요 만물은 한 마리 말이다(天地 一指也 萬物 一馬也)."라고 했다.

6) 日方中方睨 物方生方死(일방중방예 물방생방사) : 해는 중천에 떠오르면서 기울기 시작하고, 만물은 생겨나면서 죽어간다. 시간의 상대성을 말하고 있다. 睨(예)는 기울다.

7) 大同而與小同異 此之謂小同異(대동이여소동이 차지위소동이) : 크게는 같으면서 작게는 다른 것을 조금 다르다(小同異)고 한다. 이를테면 사람과 사람 간의 서로 다름을 들 수

크게 보면 모두 같고, 작게 보면 모두 다른 것을 소동이(小同異)라고
한다.

萬物畢同畢異 此之謂大同異[8]만물필동필이 차지위대동이

만물은 모두 같다고 할 수도 있고, 모두 다르다고 할 수도 있으니, 이
것을 일러 대동이(大同異)라고 한다.

南方無窮而有窮[9]남방무궁이유궁

남쪽은 끝이 없지만 남쪽의 끝은 있다.

今日適越而昔來[10]금일적월이석래

오늘 월(越)나라로 떠나서 어제 도착했다.

連環可解也[11]연환가해야

연결된 고리도 풀 수 있다.

我知天下之中央 燕之北 越之南是也[12]아지천하지중앙 연지북 월지남시야

있다. 大同은 크게는 같다는 뜻. 小同異는 작게는 다르다는 뜻. 同異는 같음과 다름이
있다는 뜻으로 결국 다르다는 뜻이다.

8) 萬物畢同畢異 此之謂大同異(만물필동필이 차지위대동이) : 만물이 물(物)이라는 점에서
는 다 같고, 개별로서는 다 다른 것을 일러 대동이(大同異)라고 한다. 이를테면, 동물과
식물, 무생물의 서로 다름을 의미한다.

9) 南方無窮而有窮(남방무궁이유궁) : 남쪽은 끝이 없지만 남쪽의 끝은 있다. 방향을 가리
키는 사방은 끝이 없지만, 남쪽의 특정 지역을 지칭하는 경우 끝이 있다는 뜻이다. 공
간의 상대성을 말하고 있다.

10) 今日適越而昔來(금일적월이석래) : 오늘 월(越)나라로 떠나서 어제 도착했다. 〈제물론〉
편에도, "오늘 월나라에 갔는데 어제 도착했다(今日適越而昔至也)."라고 똑같은 구절이
있다. 시간의 상대성을 말하고 있다.

11) 連環可解也(연환가해야) : 이어진 고리는 풀 수 있다. 成玄英은, "고리를 서로 연결하기
위해 꿰뚫을 때 빈 공간을 꿰뚫는 것으로, 고리 자체를 뚫은 것이 아니다. 이 때문에 두
고리가 서로 빈 공간을 꿰뚫어서 서로 다른 고리 속으로 파고들어가지 않기 때문에 각자
가 통해서 움직일 수 있다. 그 때문에 풀 수 있는 것이다."라고 풀이했으나, 난해하다.

나는 천하의 중심이 어디 있는지를 안다. 연(燕)나라의 북쪽과 월(越)나라의 남쪽이 바로 그곳이다.

氾愛萬物 天地一體也13) 범애만물 천지일체야

두루 만물을 사랑하면 사물의 차별이 없어지고, 하늘과 땅도 일체(一體)가 된다."

惠施以此爲大 觀於天下而曉辯者14) 혜시이차위대 관어천하이효변자

혜시(惠施)는 이와 같은 명제(歷物十事)를 대단한 논리라고 생각해서 천하에 알려 변자(辯者)들과 논쟁을 벌였으며,

天下之辯者相與樂之 천하지변자상여락지

세상의 변자(辯者)들도 더불어 이를 즐겼다.

卵有毛15) 난유모 鷄三足16) 계삼족

---

12) 我知天下之中央 燕之北 越之南是也(아지천하지중앙 연지북 월지남시야) : 나는 천하의 중심이 어디 있는지를 안다. 연(燕)나라의 북쪽과 월(越)나라의 남쪽이 바로 그곳이다. 燕나라는 중국의 북쪽에 있는 나라. 越나라는 남쪽에 있는 나라. 천하에는 일정한 방향이 없기 때문에 어디든 있는 곳이 중심이 될 수 있다. 지구가 둥글기 때문에 이렇게 말할 수 있다.

13) 氾愛萬物 天地一體也(범애만물 천지일체야) : 두루 만물을 사랑하면 사물의 차별이 없어지고 하늘도 땅도 하나가 됨. "외물(外物)과 자아, 객관과 주관, 또는 물질계와 정신계가 어울려 하나가 된다."라는 「물아일체(物我一體)」와 같은 맥락이다.

14) 惠施以此爲大 觀於天下而曉辯者(혜시이차위대 관어천하이효변자) : 혜시는 이 같은 명제(歷物十事)를 대단한 논리로 자부하여, 천하에 알려 변자(辯者)들과 논쟁을 벌였다. 以此爲大는 자신의 주장을 대단한 것으로 생각함. 「역물십사(歷物十事)」라 불리는 10개의 명제에 이어, 당세(當世)의 변자(辯者 : 궤변논리학자)들은 혜시와 더불어 서로 응수하면서 죽을 때까지 논쟁을 멈추지 않았다고 한다. 이 명제들은 모두 모순된 명제들이다. 증명은 없이 결론 격인 명제만 제시되었기에, 후대에 많은 증명과 추측이 난무했다.

15) 卵有毛(난유모) : 알에 털이 있다. 닭이나 새에는 깃털이 있는데 알에 털이 없다면 닭이나 새의 깃털이 어디에서 생겼겠느냐는 반론적 논리에 근거한 주장이다. 또 시간의 무한성을 기준으로 말하면 알에서 닭으로 변화하는 시간은 無와 같기 때문에 닭의 알

알에는 털이 있다. 닭은 다리가 셋이다.

郢有天下[17]영유천하 犬可以爲羊[18]견가이위양

초나라 서울 영(郢)에 천하가 있다. 개는 양이 될 수도 있다.

馬有卵[19]마유란 丁子有尾[20]정자유미

말이 알을 낳는다. 개구리는 꼬리가 있다.

火不熱[21]화불열 山出口[22]산출구

에 털이 있다고 말할 수 있다는 견해도 있다. 시간의 관념을 제거했을 때 무한의 시간으로 보면 물(物)의 변화는 없는 것이 된다.

16) 鷄三足(계삼족) : 닭은 세 개의 발이 있다. 닭의 발 둘에다, 닭의 발이라는 명칭까지 합치면 모두 셋이 된다는 주장이다. 〈제물론〉 편에, "하나라는 사실과 말이 합쳐 둘이 되고, 이 둘은 나누기 이전의 하나와 합쳐 셋이 된다(一與言爲二 二與一爲三)."라고 한 논리와 같다.

17) 郢有天下(영유천하) : 초나라 서울 영(郢)에 천하가 있다. 일설에 영(郢)을 제외하면 천하라고 할 수 없기 때문에 영(郢)이 천하를 가지고 있다고 하는 것이다. 무한한 우주공간에서 보면 작은 郢이나 천하와의 크기의 차는 無와 같다. 따라서 "천하 속에 영(郢)이 있다는 것은 郢 속에 천하가 있다."고도 할 수 있다는 주장이다.

18) 犬可以爲羊(견가이위양) : 개와 양은 본래 같지는 않지만, 같은 네 발 달린 동물이다. 네발짐승의 공통성으로 말하자면 개는 양일 수 있다.

19) 馬有卵(마유란) : 말은 알을 깐다. 상식적으로 말은 태생(胎生) 동물이다. 조류는 난생(卵生)이다. 그러나 금수(禽獸)는 동물이라고 하는 데에서는 같다.

20) 丁子有尾(정자유미) : 개구리에 꼬리가 있다. 丁子는 개구리로, 초(楚)나라 지역에서는 정자(丁子)하고 부른다. 올챙이에서 개구리로 자라는 데 걸리는 시간을 억겁의 시간에 비유하면 無이다. 따라서 그 시간을 무시하면 이 주장이 가능해진다는 뜻으로 이해할 수 있다. 또 개구리와 올챙이는 이름은 다르나 실질은 같다. 그래서 명(名)을 무시하고 실(實)만을 취하면 개구리에 꼬리가 있다는 주장도 가능하다.

21) 火不熱(화불열) : 불은 뜨겁지 않다. 불 그 자체는 뜨겁지 않다. 뜨겁다고 느끼는 것은 인간의 감각이다. 불과 열은 두 개의 다른 개념으로, 火는 熱이 아니기 때문에 불은 뜨겁지 않다.

22) 山出口(산출구) : 산은 사람의 입에서 나온다. 산은 동물이 아니므로 입이 있을 수 없

불은 뜨겁지 않다. 산은 사람의 입에서 나온다.

輪不蹍地23)윤불전지 目不見24)목불견

수레바퀴는 땅에 닿지 않는다. 눈은 보지 못한다.

指不至 至不絶25)지부지 지부절

손가락으로 가리키는 곳에 도달할 수 없으니, 손가락으로 가리키는 곳
까지의 길이는 끊어지지 않는다.

龜長於蛇26)구장어사

거북이는 뱀보다 길다.

矩不方 規不可以爲圓27)구불방 규불가이위원

지만 소리가 나면 메아리가 된다. 메아리가 울리는 것은, 소리는 입에서 나오므로 그렇
게 말할 수 있다.

23) 輪不蹍地(윤불전지) : 수레바퀴는 땅에 붙어 있지 않다. 만약 수레바퀴가 땅에 붙어 있
    다면 바퀴가 굴러갈 수 없을 것이라는 주장이다. 이 명제는 첫째, 개념적으로 바퀴와
    땅이 관련이 없고, 각자 존재하기 때문에 바퀴가 땅에 닿지 않는다. 둘째, 바퀴가 지상
    에서 땅과 접촉하는 것은 단지 한 지점일 뿐이고, 앞에 한 점을 찍으면 바로 뒤로 빠져
    나간다. 또 바퀴와 땅 사이에 틈이 있어 바퀴가 땅에 닿지 않는 것이다.

24) 目不見(목불견) : 눈은 보지 못한다. 눈으로 사물을 보려면 빛이 있어야 비로소 볼 수
    있다. 빛이 없으면 보이지 않고, 어둠 속에서는 사물을 볼 수 없기 때문에 눈은 보지
    못하는 것이다.

25) 指不至 至不絶(지부지 지부절) : 손가락으로 가리키는 곳에 도달할 수 없으니 손가락으
    로 가리키는 곳까지의 길이는 끊어지지 않는다. 손가락으로 가리키는 방향은 어느 한
    지점이 정해져 있지 않기 때문에 무한하다. 따라서 결코 그곳에 도달할 수 없고, 가리
    키는 것이 무한히 이어지므로 결코 끊어지지 않는다는 뜻이다.

26) 龜長於蛇(구장어사) : 거북이는 뱀보다 길다. 거북이보다 뱀이 길다는 것은 사람들의
    상식이다. 그러나 거북이보다 짧은 것을 거북과 비교한다면 거북이는 길고 뱀보다 긴
    것을 뱀과 비교하면 뱀은 짧다. 길이는 절대적인 것이 아니라 상대적인 것이기 때문에
    거북이 뱀보다 길다고 말할 수 있다. 또는 몸뚱이의 길고 짧음을 말한 것이 아니라 수
    명의 길고 짧음을 두고 말한 것으로 풀이할 수도 있다.

곱자로는 네모를 그릴 수 없고, 그림쇠로는 원을 그릴 수 없다.

鑿不圍枘²⁸⁾착불위예

구멍에 꽂아 넣은 쐐기를 구멍이 둘러싸고 있지 않다.

飛鳥之景未嘗動也²⁹⁾비조지경미상동야

나는 새의 그림자는 움직인 적이 없다.

鏃矢之疾 而有不行不止之時³⁰⁾촉시지질 이유불행부지지시

날아가는 화살에도 날아가지도 멈추지도 않는 순간이 있다.

狗非犬³¹⁾구비견

강아지는 개가 아니다.

黃馬驪牛三³²⁾황마려우삼

---

27) 矩不方 規不可以爲圓(구불방 규불가이위원) : 곱자로는 네모를 그릴 수 없고, 그림쇠로는 원을 그릴 수 없다. 실재의 사각과 원은 결코 완전할 수 없다는 뜻.

28) 鑿不圍枘(착불위예) : 구멍에 꽂아 넣은 장부(자루)를 구멍이 꽉 둘러싸고 있지 않다. 鑿(착)은 나무나 돌로 뚫은 구멍, 枘(예)는 한쪽 끝을 다른 쪽 구멍에 맞추기 위해 알맞게 깎아 만든 부분. 임희일(林希逸)은, "예(枘)가 비록 구멍 속에 있지만, 예(枘)가 도는 것은 구멍이 그치게 할 수 있는 것이 아니다. 그 때문에 둘러싸고 있는 것이 아니라고 말한 것이다."라고 풀이했다.

29) 飛鳥之景未嘗動也(비조지경미상동야) : 나는 새의 그림자는 움직인 적이 없다. 景은 影(그림자)이다. 그림자는 결코 그 자체로는 움직이지 않는 의존적인 존재이므로 움직인다고 할 수 없다. 나는 것은 새이지 그림자는 날지 않는다. 그림자는 빛에 의해 생기므로 빛에 의해 생기는 새의 그림자는 한 순간 한 순간 지면에 떨어져 정지해 있었을 뿐인 것이다.

30) 鏃矢之疾 而有不行不止之時(촉시지질 이유불행부지지시) : 화살이 빨리 날지만, 날아가지도 멈추지도 않을 때가 있다 鏃(촉)은 화살촉. 화살은 한 순간 한 순간은 간다고 힐 수도 멈춘다고 할 수도 없다. 나는 새의 그림자의 경우와 마찬가지다.

31) 狗非犬(구비견) : 강아지는 개가 아니다. 狗는 작은 개, 강아지. 犬은 성견(成犬). 狗와 犬은 이름이 다르므로 동일한 것이 아니다. 이 명제는 名과 實을 분리하는 전형적인 궤변의 예라 할 수 있다.

황색 말과 검은 소는 합해서 셋이다.

白狗黑33) 백구흑

흰 개는 검다.

孤駒未嘗有母34) 고구미상유모

외로운 망아지는 본시 어미가 없다.

一尺之捶 日取其半 萬世不竭35) 일척지추 일취기반 만세불갈

한 자 길이의 채찍을 매일 절반씩 잘라도 영원히 없앨 수가 없다.

辯者以此與惠施相應변자이차여혜시상응 終身無窮종신무궁

변자(辯者)들은 혜시와 함께 이러한 명제를 가지고 죽을 때까지 논쟁을 멈추지 않았다.

桓團公孫龍辯者之徒36) 환단공손룡변자지도

환단(桓團)과 공손룡(公孫龍)은 변자(辯者)의 무리다.

---

32) 黃馬驪牛三(황마여우삼) : 황색 말과 검은 소는 합해서 셋이다. 驪(려)는 가라말(털빛이 온통 검은 말). '鷄三足(계삼족)'과 같은 명제다. 鷄三足은 "닭에는 세 개의 발이 있다. 실재하는 닭의 발 둘에다, 닭의 발이라는 말(言)을 합치면 모두 셋이다."라는 주장이다.

33) 白狗黑(백구흑) : 흰 개는 검다. 순백(純白)의 개에 비해서 잿빛 개는 검어 보이고, 새카만 개에 비해서 잿빛 개는 희게 보인다. 빛깔의 상대성이다.

34) 孤駒未嘗有母(고구미상유모) : 어미 없는 망아지는 본시 어미가 없다. 駒와 孤駒를 연속된 것으로 보지 않고 별개의 개념으로 본다. 즉 孤駒가 되었던 순간 그 이전의 駒였던 것과는 단절된 것이다.

35) 一尺之捶 日取其半 萬世不竭(일척지추 일취기반 만세불갈) : 한 자 길이의 채찍을 매일 절반씩 자르면 영원히 없앨 수 없다. 반(半)은 영원히 남기 때문이다. 수학에서 미적분(微積分)과 같은 개념이다.

36) 桓團公孫龍辯者之徒(환단공손룡변자지도) : 환단(桓團)과 공손룡(公孫龍)은 변자의 무리다. 환단(桓團)은 성은 환(桓), 이름은 단(團). 조(趙)나라의 변자(辯者). 공손룡(公孫龍)에 대해서는 〈추수〉편과 〈서무귀〉편에 자세히 소개했다.

飾人之心식인지심 易人之意역인지의

사람들의 마음을 멋대로 꾸며대고, 사람들의 생각을 바꾸게 하였다.

能勝人之口능승인지구 不能服人之心불능복인지심 辯者之囿也37)변자지유야

그들은 사람들의 입을 이길 수는 있었지만, 마음을 승복시키지는 못하였으니, 이것이 변자(辯者)의 한계이다.

惠施38)日以其知與人之辯혜시일이기지여인지변

혜시는 날마다 그러한 지혜로 사람들과 변론하였는데,

特與天下之辯者爲怪특여천하지변자위괴 此其柢也차기저야

단지 세상의 변자들과 기괴한 의론을 만들었으니, 이것이 그들의 본질이다.

然惠施之口談연혜시지구담 自以爲最賢자이위최현

그러나 혜시의 구변은 스스로 가장 뛰어나다고 생각하였다.

日왈 : 그래서 말하기를,

"天地其壯乎39)천지기장호!"

"천지는 참으로 장대하구나!"라고 하였다.

---

37) 辯者之囿也(변자지유야) : 변자들의 한계이다. 囿는 域으로, 한정된 일정한 곳이나 영역.

38) 惠施(혜시, BC370?~BC309?) : 전국시대 송(宋)나라의 사상가이며, 명가(名家)에 속하는 학자로서 장자(莊子)와 같은 시대의 사람이고, 공손룡(公孫龍)보다 조금 앞 시대 사람이다. 양(梁)의 혜왕(惠王), 양왕(襄王)을 섬겨 재상이 되었으나, 종횡가(縱橫家) 장의(張儀)에게 쫓겨 초(楚)나라로 갔다가 후에 고향으로 돌아와서 생애를 마쳤다. 박학한 사람으로 알려졌으며, 그의 저서는 수레로 다섯이나 되었다고 하나, 현재까지 전하는 것은 없다. 그의 주장은 《장자》에서 가끔 찾아볼 수 있으며, 명가(名家) 중에시 궤변이 가장 뛰어났다고 하는데, 그것은 형식과 현실과의 관계를 명확하게 하고, 치세(治世)의 이상상(理想像)을 설파한 것에 지나지 않는다.

39) 天地其壯乎(천지기장호) : 천지는 참으로 장대하구나! 혜시는 오직 천지만이 자기보다 더 장대하다고 여겼다.

施存雄而無術40)시존웅이무술

혜시가 품은 생각은 웅대하였으나, 실천할 방법은 없었다.

南方有倚人焉 日黃繚41)남방유의인언 왈황료

남쪽 땅에 황료(黃繚)라는 기인(奇人)이 있었다.

間天地所以不墜不陷문천지소이불추불함 風雨雷霆之故풍우뢰정지고

그가 혜시에게 하늘이 내려앉지 않고 땅이 꺼지지 않는 이유와 바람과 비, 천둥이 치는 까닭을 물었다.

惠施不辭而應혜시불사이응 不慮而對불려이대 遍爲萬物說편위만물설

혜시는 사양하지 않고 이리저리 헤아려보지도 않은 채 대답하여 만물에 대해 두루 설명하였다.

說而不休설이불휴 多而無已다이무이

언설은 그침이 없었으며 수다는 멈춤이 없었다.

猶以爲寡유이위과 益之以怪익지이괴

그러고도 오히려 그것이 부족하다고 생각해서 게다가 괴이한 말까지 보탰다.

以反人爲實이반인위실 而欲以勝人爲名이욕이승인위명

그리하여 인정(人情)에 반대되는 것을 오히려 실제라 하고, 남을 이기는 것을 명예로 삼으려 하였다.

是以與衆不適也시이여중부적야

---

40) 施存雄而無術(시존웅이무술) : 혜시가 지닌 생각은 웅대하였으나, 실제로 실천할 방법은 없었다. 存은 지니다. 術은 방법, 수단.

41) 南方有倚人焉 日黃繚(남방유의인언 왈황료) : 남쪽 땅에 기인이 있었으니, 이름이 황료이다. 황료(黃繚)는 초나라 사람으로 변론에 뛰어난 인물로서, 뜻이 크고 기개가 있어서 남에게 자유의 구속을 받지 아니했다.

이 때문에 많은 사람들과 서로 마음이 맞지 않았다.

弱於德 强於物 其塗隩矣[42]약어덕 강어물 기도오의

덕을 기르는 데는 약하고, 외물(外物)을 추구하는 데는 강했으니, 그의 길은 치우쳐 있었다.

由天地之道觀惠施之能유천지지도관혜시지능

천지의 道의 관점에서 혜시의 재능을 살펴본다면,

其猶一蚉一虻之勞者也기유일문일맹지로자야 其於物也何庸기어물야하용!

그것은 한 마리 모기나 한 마리의 등에의 수고로움과 같으니, 사물에 무슨 쓸모가 있겠는가!

夫充一尙可 日愈貴道 幾矣[43]부충일상가 왈유귀도 기의!

그가 道의 한쪽 끝을 충당하는 것은 그런 대로 괜찮다 하겠지만, 자신의 변론이 道보다 낫고 귀하다고 하니 가히 위태롭구나!

惠施不能以此自寧혜시불능이차자녕 散於萬物而不厭산어만물이불염

혜시는 이 정도에서 스스로 안주하지 아니하고, 산만하게 외물을 추구함에 싫증내지 않고,

卒以善辯爲名졸이선변위명 惜乎석호

끝내 말 잘하는 것으로 명예를 삼았으니, 애석한 일이다!

惠施之才 駘蕩而不得[44]혜시지재 태탕이부득

---

42) 弱於德 强於物 其塗隩矣(약어덕 강어물 기도오의) : 덕을 가르는 데는 약하고 외물을 추구하는 데는 강했으니, 그가 나아간 길은 외지고 치우쳤다.

43) 夫充一尙可 日愈貴道 幾矣(부충일상가 왈유귀도 기의) : 무릇 그를 道의 한쪽 끄트머리를 충당하는 것은 그래도 괜찮지만, 자신의 변론이 道보다 낫고 귀하다고 하니 위태롭다고 하겠다. 幾는 위태롭다.

44) 惠施之才 駘蕩而不得(혜시지재 태탕이부득) : 혜시의 재능은 밋내로 행동하여 제대로

혜시의 재능은 분방하고 제멋대로여서 본질을 얻지 못했으며,

逐萬物而不反축만물이불반 是窮響以聲45)시궁향이성
만물을 쫓아가 본성으로 돌아오지 못했으니,

形與影競走也형여영경주야 悲夫비부!
이는 메아리를 멈추게 하려고 큰 소리를 지르고, 몸이 (그림자를 떨어뜨리려고) 그림자와 경주하는 형상이니, 슬픈 일이다!

| 해설 |

이 대목은 〈혜시(惠施)〉 편으로 독립된 한 편이었던 것이 후에 《장자》 판본을 정리할 때 〈천하〉 편 뒤쪽에 첨부된 것으로 추측하고 있다. 내용은 혜시의 학술을 논평한 것인데, 주요한 것은 그의 논리학을 대표하는 열 개의 논증명제(論證命題)와, 당시의 이른바 명가(名家), 곧 논리학파의 궤변적인 논증명제 21개조에 있다.

터득하지 못했다. 태탕(駘蕩)은 자유분방하다, 제멋대로이다.

45) 窮響以聲(궁향이성) : 메아리를 멈추게 하려고 큰 소리를 지르다. 궁향(窮響)은 소리를 다함, 곧 소리를 멈추게 함.

이석호 李錫浩

서울대학교 문리과대학 중문학과를 졸업했고,
동 대학원에서 박사학위 취득,
서울사범, 보성고 교사 역임,
서울대 · 이화여대 · 서강대 · 한양대 · 명지대 ·
세종대 · 청주대 등에서 강의를 했다.
중국중앙연구원 방문 연구원이었으며,
현재는 연세대학교 명예교수이다.

저서 · 역서

《공자》,《난중일기》,《동국세시기》,《중국역대수필선》,
《왕오천축국전》,《회남자》,《호적문선》,《북학의》,
《춘추좌전》,《이태백과 도교》,《채근담》,《한국도교사상사》,
《중국의 과학과 문명1 · 2 · 3》,《한성판윤열전》 등등.